宋大詔令集

中華書局

圖書在版編目(CIP)數據

宋大詔令集/司義祖整理.—北京:中華書局,1962.10
(2021.11 重印)
ISBN 978-7-101-01618-5

Ⅰ.宋… Ⅱ.司… Ⅲ詔令-匯編-中國-兩宋時代
Ⅳ.K244.065

中國版本圖書館 CIP 數據核字(2009)第 055932 號

宋大詔令集

*

中華書局出版發行
(北京市豐臺區太平橋西里 38 號 100073)
http://www.zhbc.com.cn
E-mail:zhbc@zhbc.com.cn
北京市白帆印務有限公司印刷

*

787×1092 毫米 1/16 · 72½印張 · 1340 千字
1962 年 10 月第 1 版 2021 年 11 月北京第 4 次印刷
印數:5701-6600 冊 定價:360.00 元

ISBN 978-7-101-01618-5

校點說明

詔令是封建皇朝發佈的「王言」，也就是歷代最高統治者的文書文告，所以它是研究歷史的重要原始資料的一種。

現在出版的宋大詔令集就是北宋九朝重要「王言」的彙編。這本書對於研究北宋史事和訂正補充史書的漏誤，有很大參考價值，玆略舉數事如下：

一　宋史·神宗紀：「（熙寧二年四月）癸丑，命曾公亮爲西京奉安仁宗英宗御容禮儀使」。詔令集有太皇太后、皇太后兩篇祔廟册文，本紀不記其事。

二　食貨下二·錢幣：「……（太平興國）八年，詔增市鉛錫炭價，於是得銅八十一萬斤，鉛三（從百衲本·殿本作二）十六萬斤，錫十六萬斤，歲鑄錢三十萬貫。……然民間猶雜用舊大小錢。是時以福建銅錢數少，令建州鑄大鐵錢並行。尋罷鑄。而官私所有鐵錢十萬貫不出州境，每千錢與銅錢七百七十等，外邑鄰兩浙者不用。」按詔令集除建州鑄大錢外，尚有「七年己丑禁江南私鑄惡錢」，「九年八月壬辰禁細小雜錢」兩詔，志內前後未提到這兩個禁令。

三　列傳一·仁宗郭皇后：「平盧軍節度使崇之孫」，詔令集作「贈中書令郭崇韜孫女」。傳、集名不相符。

諸如此類，俯拾卽是，不勝枚舉。

北宋各朝詔令，時有編纂，頒行諸路。如咸平元年編的敕書德音，大觀元年編的詔令，元符、政和年間兩次修的制書都是。除這些政書外，太平興國八年詔修過時政記，政和五年編過金耀門的文書檔案並搜集士庶之家舊藏的制詔（以上均見本集一百五十卷）。南宋遂初堂書目有神宗御批、元祐詔旨、大觀詔令三書的著錄。郡齋讀書志有汪藻編的元符庚辰以來詔旨。直齋書錄解題也有李邴編的玉堂制草。太祖以下各朝實錄收輯的詔令也不在少數。此外尙有各朝官私編纂的大量的典制書籍，也該算是第一手的資料，宋大詔令集可能就是從上舉這些書裏取材的。但集內僅收輯詔令三千八百餘篇（闕卷無目的不計），當然不能說是北宋時期的詔令已搜羅無遺。據我們檢查：宋會要輯稿有不少詔令不著於集內；本集卷二百，政事·刑法內所指的「（太平興國）六年十二月辛丑詔」（七四三頁十行）及「（太平興國）七年十月戊寅詔」（同頁十四行），均不載於集內，就是明證。

宋大詔令集不著編纂人姓名。四庫全書亦未收錄。據陳振孫的直齋書錄解題、王應麟的玉海、趙希弁的郡齋讀書附志認爲是宋綬子孫在紹興年間編纂的。按慶曆四年宋代第一次修成的國朝會要爲宋綬等撰輯（見文獻通考），唐大詔令集也是由他編纂經其子敏求所完成的（見唐大詔令集・宋敏求自序）。宋敏求又是新唐書修撰人之一，孫公談圃裏說：「宣獻（宋綬）家藏書過於祕府」，由這些淵源和條件來看，本集之出自宋綬子孫是可能的。

趙希弁並說本集曾在「嘉定三年，李大異刻於建寧」，陳振孫也說「經寶謨閣直學士豫章李大異伯珍刻於建寧」。查元明藏書家書目所載，都是傳抄本，六七百年來均無刊本著錄。見於清代書目著錄的有瞿鏞的鐵琴銅劍樓、陸心源的皕宋樓和李盛鐸的述古堂三種傳抄本。

全書共二百四十卷，另目錄兩卷。始自宋太祖的建隆，終於宋徽宗的宣和，分門別類，按年繫月編次。現存十七門，其中以典禮、政事兩門類目較多，特別是政事一門，共分五十餘類：類下分目，甚至有再分子目的。以現存卷帙說，幾乎近於一半。全書闕佚四十四卷及目錄上卷，存一百九十六卷及目錄下卷。闕卷計：七十一至九十三，一百六至一百十五，一百六十七至一百七十七。

清代的三種傳抄本現都存留於世。陸心源的皕宋樓本早已流入日本。現存國內的瞿鏞鐵琴銅劍樓本藏於北京圖書館（以下簡稱北圖本）。這個抄本有瞿鏞和鐵琴銅劍樓藏章，又有張月霄和愛日精廬藏章。按月霄是張金吾的別號，愛日精廬是他的齋名，應該就是張氏的原藏本。李盛鐸述古堂收藏的讀經廬抄本藏於北京大學圖書館（以下簡稱北大本）這個本子有胡惠孚、小重山館和當湖胡遂江珍藏三印，原是胡氏的舊藏本。兩種抄本行數字數雖相同，傳抄的底本可能不一樣，北大本要好些。北圖本剝蝕脫闕相當嚴重，最顯著的是卷一七八以後的二十八卷，文目及目下的紀元、年月、干支闕脫者約有七十餘處。北大本絕大部分完好無損。如：

一　北圖本文有脫闕者：

（一）六七〇頁十二行至十四行的詔令，北大本是全文，北圖本僅存「存救之術儲蓄是」「之其可及乎今豐」「共計度之省察倉」二十一字，其餘四十二字脫闕。

（二）六八九頁九行：「早持齋鐵，久衛寢戎，頗積勳勞，用加恩數」。北圖本僅存「早持」「加恩數」五字，其餘十一字作□。

（三）七四四頁十五行：「老幼疾患，不任科責者，流徒罪准律收贖，杖以下釋之」。北圖本「不」以下至「杖」十三字作□。

二　目有脫闕者：

（一）六六三頁十行：「賜潭州造茶人戶勑榜」。北圖本「茶」以下五字脫闕。

（二）六七四頁十二行：「罷忠州等處魚膏算詔」。北圖本「魚」以下四字脫闕。

三　目下紀元、年月、干支脫闕者：

（一）六三九頁十六行：「乾德四年七月丁亥」。北圖本脫闕。

（二）六四七頁十四行：「大中祥符二年十月甲午」。北圖本脫闕。

四　目及目下均有脫闕者：

（一）六七八頁六行：「令滑曹許鄭等州所納芻藁並輸本州詔。景德四年九月己未」。北圖本「鄭」以下二十字脫闕。

（二）六七九頁五行：「並取實役人數調訖以聞詔。大中祥符五年十月辛酉」。北圖本「訖」以下十四字脫闕。

以上所舉僅是七十餘條中的幾條。其餘卷帙，北圖本的脫闕現象也較北大本爲多，只是情况不這麽嚴重。

當然，北圖本完全無損，北大本闕脫的也不是沒有，不過爲數有限，其中嚴重的有：

一　一八九頁九行後：小標目「收葬」及「擇地葬秦王詔」。目及文全闕。

二　四七三頁十行目下：「景德四年二月乙亥」。八字全闕。

三　四七五頁七行目下：「大中祥符五年十一月壬寅」。十一字全闕。

四　七三八頁八行：「以紹萬世，違者以大不恭論」。十一字全闕。

從以上所列情况和我們比勘的總印象說：北大本善於北圖本是可肯定的。顯然兩本各據一種不同時期的底本。上舉二十八卷固不待辯；卽卷一至一六六，大體雖然同源，但北圖本的闕脫仍多於北大本。從全書說：兩相比較，北圖本的錯誤多於北大本。校記所載，充分說明了這點。

解放後，中國科學院圖書館收藏「夢珠樓鈔」本一部，卷帙及闕卷同於北圖北大兩本，所不同者目錄全而不分卷。書首有厲隅廉堂、小厲廉和朱頤年所藏法律典籍三印，我們用北圖北大本互校的記錄比勘：它的面目同於北圖本。

我們現在印行的宋大詔令集，是就北圖北大兩本詳加校核，採取擇善而從的辦法，分別補訂付排的；兩本因形、聲相近而誤的字也作了改動。根據北大本訂正的，一律保存原字；北圖本不誤，北大本錯的，校記也逐一記錄。這樣，除俗別體和訛錯字外，兩本的原有面目便完全保存下來，一方面可省讀者的檢查，另一方面也爲以後進行補校提供一個底本。

現將校記的主要形式，舉例於下：

一、採用北大本的。如：

一頁十六行：「付予」冲人。北圖本原作「副予」。

二、採用北圖本的。如：

五頁十五行：「敷佈」邦家。北大本原作「敷佑」。

三、聲近而誤，我們改動的。如：

四頁十三行：「獲承」洪緒。兩本原作「獲成」。

四、形近而誤，我們改動的。如：

四頁十四行：亦以同「歡心」於萬國。兩本原作「觀心」。

五、依文目或文例改動的。如：

十一頁八行：應天「廣運」。兩本原作「廣德」，按文內作「廣運」，據改。

六、兩本不誤，擇善而從的。如書末四裔的「女眞」。北圖本原作「女直」，是避遼興宗諱所改，宋明以來多沿用，今以北大本改書原字，不依北圖本。

七、兩本同有脫闕，我們採取的辦法是：(一)不能決爲何字的加「□」；(二)能決定可補的則補；(三)能有依據加的則加。如：

(一)十頁三行：農「□」天下之本。兩本農下疑漏一字，加「□」以代之。

(二)二六頁七行：清河郡開「國」公。兩本漏「國」。

(三)八二頁九行。目：欽聖肅憲皇「太」后哀册。兩本無「太」，依文加。

集內多通同假借字。兩本相同如「幾」之作「機」，「厦」之作「夏」，「晏」之作「宴」，「中」之作「忠」，「崇」之作「宗」，「故」之作「固」等，仍存原書之舊。兩本相異的，則在第一次出現時注明一條，以後不再入校記。不常見的少數俗別體，如「楊」「揚」，「岐」「歧」，「闕」「闗」等；和常見的訛誤字，如「申」誤作「中」，「功」誤作「切」，「寓」誤作「寓」，「寖」誤作「寢」等，我們採取同一辦法，也僅注明一條，以免繁複。以上三類，計共一百二十餘字，分別見於校記，茲不具錄。

其他二三見的通假字，如「婚」「昏」，「尊」「遵」，「非」「非」等，爲數不多，則在校記中逐一注明。

常見的俗別體，如「函」「亟」，「歷」「厤」，「淚」「泪」，「吏」「叓」，「躬」「躳」，「符」「苻」，「綏」「綏」，「豐」「豊」等數十字，概不入校記。

爲了讀者檢查便利，我們按現存卷目補具目錄闕佚的上卷，卽卷一至卷一一五的目錄。卷一一六以下文存目闕的，依目錄補具；目存文闕的，則於目錄內分別注明。

經過初步校訂，對本集通讀參考，可能起些幫助作用。但有些問題，如人名的歧異、年月干支的顚倒錯亂等，因兩本相同，查宋史及宋會要輯稿亦無法得到解決。我們的工作也難免有錯，並希指教。本書的出版和校訂，得到鄧廣銘同志不少幫助，謹致謝意。

司義祖　一九六二年六月

宋大詔令集目錄

卷第一

帝統一

即位

誕節

卷第二

帝統二

改元

名諱

卷第三

帝統三

尊號批答上

卷第四

帝統四

尊號批答下

卷第五

帝統五

尊號冊上

卷第六

帝統六

尊號冊下

尊號赦

卷第七

帝統七

違豫康復

內禪

遺制

謚議上

卷第八

帝統八

謚議下

卷第十五

皇太后三

卷第十六

皇太后四

卷第十七

皇太妃

卷第十八

皇后上

卷第十九

皇后中

卷第二十

皇后下

卷第二十三

妃嬪三

進拜三

卷第二十四

妃嬪四

進拜四

册文

降黜

追命

卷第二十五

皇太子

卷第二十六

皇子

皇子生德音

立子

親王一

進拜一

卷第二十七

親王二

進拜二

卷第二十八

親王三

進拜三

卷第二十九

親王四

進拜四

卷第三十

親王五

進拜五

卷第三十一

親王六

進拜六

卷第三十二

親王七

進拜七

卷第三十三

親王八

進拜八

卷第三十四

親王九

進拜九

卷第三十五

親王十

就學

優禮

出閤外邸

降黜

贈典

收葬

卷第三十六

皇女一

封拜一

卷第三十七

皇女二

封拜二

卷第三十八

皇女三

封拜三

卷第三十九

皇女四

封拜四

卷第四十

皇女五

封拜五

卷第四十一

宗室一

封拜一

卷第四十二

宗室二

封拜二

卷第四十三

宗室三

封拜三

卷第四十四

宗室四

封拜四

卷第四十五

宗室五

封拜五

卷第四十六

宗室六

封拜六

卷第四十七

宗室七

封拜七

卷第四十八

宗室八

封拜八

卷第四十九

宗室九

封拜九

卷第五十

宗室十

雜詔

貶責

贈典

卷第五十一

宰相一

卷第五十二

宰相二

卷第五十三

宰相三

進拜三

卷第五十四

宰相四

進拜四

卷第五十五

宰相五

進拜五

卷第五十六

宰相六

進拜六

卷第五十七

宰相七

進拜七

卷第五十八

宰相八

進拜八

卷第五十九

宰相九

進官加恩別使一

卷第六十

宰相十

進官加恩別使二

卷第六十一

宰相十一

進官加恩別使三

卷第六十二

宰相十二

進官加恩別使四

卷第六十三

宰相十三

進官加恩別使五

卷第六十四

宰相十四

進官加恩別使六

卷第六十五

宰相十五

罷免一

卷第六十六

宰相十六

罷免二

卷第六十七

宰相十七

罷免三

卷第六十八

宰相十八

罷免四

卷第六十九

宰相十九

罷免五

卷第七十

宰相二十

罷免六

卷第九十六

軍職二

卷第九十七

軍職三

卷第九十八

軍職四

卷第九十九

軍職五

卷第一百四

武臣二

卷第一百五

武臣三

卷第一百六至第一百十五

卷目原闕

卷第一百十六

典禮一

封禪上

卷第一百十七

典禮二

封禪下

祀汾陰

卷第一百十八

典禮三

南郊一

卷第一百十九

典禮四

南郊二

卷第一百二十

典禮五

南郊三

卷第一百二十一

典禮六

南郊四

卷第一百二十二

典禮七

南郊五

卷第一百二十三

典禮八

卷第一百二十四

典禮九

卷第一百三十四

典禮十九

籍田

卷第一百三十五

典禮二十

天神上

卷第一百三十六

典禮二十一

天神下

卷第一百三十七

典禮二十二

地示　山川　雜祀

卷第一百三十八

典禮二十三

廟制

親謁太廟

附廟上

卷第一百三十九

典禮二十四

祔廟下

祖宗加謚一

卷第一百四十

典禮二十五

祖宗加謚二

卷第一百四十一

典禮二十六

祖宗加謚三

卷第一百四十二

典禮二十七

祖宗加謚四

配饗

卷第一百四十三

典禮二十八

原廟

卷第一百四十四

典禮二十九

卷第一百四十五

典禮三十

宴集

貢獻

弋獵

卷第一百四十六

典禮三十一

喪服上

卷第一百四十七

典禮三十二

喪服下

卷第一百四十八

政事一

禮樂上

卷第一百四十九

政事二

禮樂下

卷第一百五十

政事三

經史文籍

卷第一百五十一

政事四

祥瑞

儆災一

卷第一百五十五

政事八

儆災五

卷第一百五十六

政事九

褒崇先聖

國賓

卷第一百五十七

政事十

學校

卷第一百五十八

政事十一

徵召

求遺書

出宮女

卷第一百五十九

政事十二

建都

建易州縣

卷第一百六十

政事十三

官制一

卷第一百六十一

政事十四

官制二

卷第一百六十二

政事十五

官制三

卷第一百六十三

政事十六

官制四

卷第一百六十四

政事十七

官制五

卷第一百六十五

政事十八

舉薦上

卷第一百六十六

政事十九

舉薦下

卷第一百六十七　從本卷至一百七十七卷卷缺目存

政事二十

求言上

武舉策問
殿試進士策問
特奏名策問
武舉策問
殿試進士策問
又殿試進士策問
又殿試進士策問
又殿試進士策問
殿試策問
又殿試策問
又殿試策問

卷第一百七十六

政事二十九

銓選

幕職州縣官丁憂服闋放選詔
幕職州縣官放選詔
立南曹選限詔
置審官西院詔

考課

州府判官點檢徵科帳厤詔
縣尉捕賊賞格詔
州府曹椽官令簿尉厤子長吏書績用懲過詔
知通等先給印厤自今並條決大獄更張政事詔
賜知白州蔣元振詔
張龜年遷官再任詔
兵農有可更置事令中書密院條列以聞詔
考績詔
行提轉考課詔
賜梓路運使韓璹帛詔
立守令考課御筆

卷第一百七十七

政事三十

按察

令錄簿尉諸色職官不任公事令判官錄參申舉長吏同署上言詔
令轉運司廉訪官吏能否詔
責路憲郗士堯張化後令轉運司察訪部內官吏詔
令長吏判官錄參察訪縣令主簿政治善惡詔
令轉運具知州等官能否詔
誡飭轉運使副徧詣管內檢察金穀刑訟察訪公私利害詔
諸路官吏有踰越害民本路轉運提刑不曾覺察並行朝典詔
令朝修使王旦自京至兗州省察官吏訪求民隱詔
誡約川峽廣南福建轉運提刑司體察官吏違越貪濁非法用刑詔
令慶成使向敏中經田訪里閭疾苦官吏否臧詔
令奉上寶冊使王旦所過察風俗詔
奉安西京應天禪院太祖聖容禮儀使向其所過詢謠俗察吏
令先遣體量安撫使臣赴闕委長吏安撫詔
誡約奢侈令長吏察舉孝悌力田儲蓄歲計詔
犯贓官再犯永不錄用詔
禁出牓百告官吏詔
三司提轉案察官吏詔
令提轉知通案察贓吏詔

卷第一百七十八

政事三十一

休假

俸賜

卷第一百七十九

政事三十二

營繕上

卷第一百八十二

政事三十五

田農

卷第一百八十三

政事三十六

賦斂

財利上

卷第一百八十四

政事三十七

財利下

蓄積

卷第一百八十五

政事三十八

賑恤

蠲復上

卷第一百八十六

政事三十九

蠲復下

恤窮

卷第一百八十七

政事四十

慰撫上

卷第一百八十八

政事四十一

慰撫中

卷第一百八十九

政事四十二

慰撫下

卷第一百九十

政事四十三

誡飭一

卷第一百九十一

政事四十四

誡飭二

卷第一百九十二

政事四十五

誡飭三

卷第一百九十三

政事四十六

誡飭四

卷第一百九十四

政事四十七

誡飭五

卷第一百九十五

政事四十八

誡飭六

卷第一百九十六

政事四十九

誡飭七

卷第一百九十七

政事五十

誡飭八

卷第一百九十八

政事五十一

禁約上

卷第一百九十九

政事五十二

禁約下

卷第二百

政事五十三

刑法上

卷第二百一

政事五十四

刑法中

卷第二百二

政事五十五

刑法下

卷第二百三

政事五十六

貶責一

卷第二百四

政事五十七

貶責二

卷第二百五

政事五十八

貶責三

卷第二百六

政事五十九

貶責四

卷第二百七

政事六十

貶責五

卷第二百八

政事六十一

貶責六

卷第二百九

政事六十二

貶責七

卷第二百十

政事六十三

貶責八

卷第二百十一

政事六十四

貶責九

卷第二百十二

政事六十五

貶責十

卷第二百十三

政事六十六

備禦上

卷第二百十四

政事六十七

備禦下

保疆

卷第二百十五

政事六十八

恩宥上

卷第二百十六

政事六十九

恩宥下

卷第二百十七

政事七十

招諭

貸雪

卷第二百十八

政事七十一

平亂

討伐

武功上

卷第二百十九

政事七十二

武功下

醫方

卷第二百二十

政事七十三

褒恤上

卷第二百二十一

政事七十四

褒恤中

卷第二百二十二

政事七十五

褒恤下

卷第二百二十六

政事七十九

僞國中

卷第二百二十七

政事八十

僞國下

卷第二百二十八

政事八十一

四裔一

大金

卷第二百三十

政事八十三

四裔三

契丹三

卷第二百三十一

政事八十四

四裔四

契丹四

卷第二百三十二

政事八十五

四裔五

契丹五

卷第二百三十三

政事八十六

四裔六

西夏一

卷第二百三十四

政事八十七

四裔七

西夏二

卷第二百三十五

政事八十八

四裔八

西夏三

卷第二百三十六

政事八十九

四裔九

西夏四

卷第二百三十七

政事九十

四裔十

高麗

卷第二百三十八

政事九十一

四裔十一

交阯　黎桓　李德政　李日尊　李乾德

卷第二百三十九

政事九十二

四裔十二

大理

西蕃上 唃厮囉 董氊 養子阿里骨 瞎征

卷第二百四十

政事九十三

四裔十三

西蕃下

諸蕃

宋大詔令集卷第一

帝統一

即位

太祖即位赦天下制 建隆元年正月乙巳

門下。五運推移。上帝於焉睠命。三靈改卜。王者所以膺圖。朕起自側微。備嘗艱險。當周邦草昧。從二帝以徂征。洎虞舜陟方。翊嗣君而纂位。但罄一心而事上。敢期百姓之與能。屬以北敵侵疆。邊民罹苦。朕長驅禁旅。往殄烽塵。旗鼓纔出於國門。將校共推於天命。迫回京闕。欣戴眇躬。幼主以厤數有歸。尋行禪讓。兆庶不可以無主。萬幾不可以曠時。勉徇群心。已登大寶。昔湯武革命。發大號以順人。漢唐開基。因始封而建國。宜國號大宋。改周顯德七年爲建隆元年。乘時撫運。既協於謳謠。及物推恩。宜周於華夏。可大赦天下。云云 於戲。革故鼎新。皇祚初膺於景命。變家爲國。鴻恩宜被於寰區。更賴將相王公。同心協力。共裨寡昧。以致昇平。凡百軍民。深體朕意。

太宗即位赦天下制 開寶九年十月乙卯

門下。王者繼統承祧。所以嗣神器。節哀順變。所以寧萬邦。顧歷代之通規。諒舊章而可法。先皇帝勤勞啓國。宵旰臨朝。萬幾靡倦於躬親。四海方成於開泰。念農民之疾苦。知戰士之辛勤。多壘盡平。生靈永逸。而寒暄遘厲。寢疾彌留。方臻偃革之期。遽起遺弓之歎。猥以神器。付予冲人。遵理命而莫獲固辭。涉大川而罔知攸濟。負荷斯重。攀號莫任。宜覃在宥之恩。俾洽惟新之澤。可大赦天下。云云 恭惟先皇帝推誠損己。焦思勞神。念將士之忠勤。知戰伐之辛苦。衣糧祿賜。無非經手經心。土地官封。不惜酬功酬效。生靈是念。稼穡爲憂。罷非理之差徭。去無名之侵耗。不貪□□。盡去奢華。減後宮冗食之人。停諸司不急之務。方岳止甘鮮之貢。殿庭碎珠玉之珍。獄訟無冤。刑戮不濫。凡開物務。盡立規繩。予小子纘紹丕基。恭稟遺訓。仰承法度。不敢踰違。更賴將相公卿左右前後。恭遵先旨。同守成規。庶俾冲人。不墜鴻業。宣布遐邇。咸使聞知。

眞宗即位赦天下制 至道三年四月

門下。創業垂統。于以貽後昆。嗣位承祧。于以紹前烈。爲股肱之元首。俾億兆之宅心。洪惟永圖。屬在明辟。夫何涼德。享是至休。先皇帝膺籙上元。受遺太祖臨馭迨踰於二紀憂勤遂冠於百王無一日不舉皇綱無一事不親聖覽宵衣旰食焦思勞神禹跡混同方致太平之運堯心不倦俄興弗豫之災棄大寶以上仙付沖人之神器仰遵顧命下迫推崇若涉大川罔知涯涘黽勉負荷兢畏交并宜覃作解之恩聊展奉先之意可大赦天下云云恭念先朝庶政盡有成規謹守奉行不敢失墜所宜開諫諍之路拔茂異之材鰥寡無告之民悉令安泰動植有生之類冀獲昭蘇庶幾延宗社之鴻休召天地之和氣更賴中外百執左右藎臣各罄乃誠輔茲不逮布告遐邇咸使聞知

仁宗即位赦天下制 乾興元年二月二十日

門下惟天輔德所以司牧黔黎惟后守邦所以奉承緒業稽三代傳歸之典寔百王善繼之規洪惟先皇帝紹二聖之丕圖膺三靈之眷命仁臨區宇澤浸昆蟲誕揚清靜之風聿致和平之治焦勞虔鞏二紀于茲遽興憑几之言遂起遺弓之恨肆予眇質俾荷慶基顧殞越以無容且哀荒而在疚適屬承祧之始宜覃在宥之恩可大赦天下云云恭念夙侍聖顏備承寶訓凡百機務盡有成規謹當奉行不敢失墜更賴宗工良佐中外具僚咸竭乃誠以輔不逮布告遐邇咸使聞知

英宗即位赦文 嘉祐八年四月癸酉

門下烝民之生置君為之司牧神器之重有子所以傳歸先皇帝天資慈仁聖德深厚臨御歲踰於三紀憂勤日攬於萬幾常旰昃以忘勞因晦明而遘厲寖違沖豫遂至彌留遽興憑几之言念及承祧之寄猥以大業屬于沖人永惟負荷之艱矧在哀迷之次罔知攸濟祇率舊章宜覃在宥之恩式表奉先之志可大赦天下云云恭念夙奉慈顏備聞聖訓在于庶政悉有成規惟謹奉行罔敢廢失更賴中外多士左右忠賢各盡乃誠以輔台德布告遐邇咸使聞知

神宗即位赦 治平四年正月九日

門下夫民之戴君尊如元首之奉天之與子傳有神器之歸先皇帝紹履至尊欽篤先烈圖治百王之上垂精五載之間玉几留章每及夜分之覽紫闈訪道多踰日旰之咨既寤寐之積廑因寒暄之遘厲神機未鑒遽至彌留之憂邦禍何勝已聞遺訓之託屬哀荒之靡次顧負荷之惟艱煢然自思浩莫能濟宜本承祧之始用覃澤物之私可大赦天下云云恭念先朝之摹具循四聖之業雖寡德之未類敢舊章之或隳尚覬宗社隤靈忠賢合慮以固鴻圖之守以安寶命之承咨爾萬方其體朕意

哲宗即位赦 元豐八年三月己亥

門下生黎民而立之君所以出四方之令有天下而傳於子所以維萬世之安先皇帝道極聖神德兼文武圖治三王之上儲精七閏之間緝熙事功董正法度積勤勞於日昃違沖豫于春元植璧以歸方致金縢之禱綴衣遽設忍聞玉几之言眷予沖人屬以重器永荷艱難之託曷勝哀疚之懷宜

謹始于承祧。用渙恩而及物。可大赦天下。云云 恭念先朝之治。必循五聖之謀。思祗率於舊章。用荅揚于先訓。尙賴中外列辟。左右忠賢。交修厥官。以輔予治。布告遐邇。咸使聞知。

徽宗卽位赦 元符三年正月庚辰

門下。朕承先帝之末命。嗣累聖之丕圖。若履淵水。未知攸濟。先皇帝睿明聰哲。克勤于邦。遵志揚功。篤紹先烈。十有六載。海內蒙休。憂勞爽和。遂至大漸。乃以神器。屬于沖人。負荷惟艱。怵惕以懼。用謹承祧之始。肆頒在宥之恩。可大赦天下。云云 恭念元豐詒謀。紹聖遺訓。具在天下。可舉而行。惟旣厥心。罔敢廢失。其率循于天下。用奉若于先王。更賴忠良。盡規文武。合慮永弼。乃后共圖康功。咨爾萬邦。體予至意。

誕節

宰臣等請立長春節表 建隆元年正月己未

伏聞軒帝生於壽邱。發繞樞之異。夏禹誕于石紐。流貫昴之祥。莫不炳煥靈符。延長寶厤。諒惟聖德。允叶昌符。伏惟皇帝陛下。稟天地之英。挺龍鳳之表。艱難剏業。揖讓興邦。豈可使姚墟啓聖之辰。未新嘉節。里社呈祥之日。有闕稱觴。臣等不勝大願。請以二月十六日爲長春節。群臣上壽。百司休假如式。從之。

宰臣等請立乾明節表 太平興國二年三月甲戌

聖人之生。必記其瑞。著爲令節。厥有舊章。俯及立冬之初。寔爲載誕之日。盍薦嘉號。式紀休辰。伏以乾元發祥。萬物資始。以聖繼聖。謂之大明。願合二義之稱。用表無疆之慶。臣等不勝大願。請以十月七日爲乾明節。休假宴賜如故事。從之。

宰臣丁謂等請立乾元節名表

內外文武百寮具銜丁謂等與諸軍將校謹詣東上閤門。再拜稽首上言。臣等伏以玉理誕祥。式契貫星之兆。璿樞紀厤。爰標出震之期。祇率舊章。惟新令序。臣等誠惶誠恐。頓首頓首。伏惟皇帝陛下。淸寧毓粹。聰哲凝華。襲仙系之莫京。紹帝圖之累盛。候開炎律。氣應薰風。叶離德之融暉。仰滎河之啓瑞。丕承在旦。欣戴翹心。願奉嘉名。以昭茂典。遐稽易象。虔紀聖猷。惟受命以纘戎。必體天而致治。臣等不勝大慶。請以四月十四日爲乾元節。播芳蕤於甲令。式耀多儀。介純嘏於鴻釐。彌昌寶筭。臣等無任祈天俟命瀝懇 云云

批答

省表具之。朕猥惟眇質。方嗣丕圖。念燭理以未明。若涉川而增畏。卿等情深體國。志切愛君。爰貢封章。備陳典禮。就茲誕日。記以嘉名。載念恭勤。不忘

歎尚重違誠請勉示允俞所請宜允。

宰臣等乞立壽聖節表批答

省表具之。赤制告圖。肇承題序。靑煒動陸。俯協誕期。卿等過稽舊章。列上芳牘。緣華封之素祝。建壽聖之嘉名。竊惟受天元符。撫國昌運。百辟稱觴而在席。四夷奉幣而在廷。敢以菲懷。抑于輿望。所請宜允。

宰臣等請立同天節表 二月庚寅

伏以誕聖題期。表靈源之濬發。揆時紀節。昭皇德之開先。舊典垂鴻。綿區賴慶。恭惟皇帝陛下欽承先訓。祗荷丕圖。嗣揚遹駿之聲。茂協重華之德。方緝熙於緒業。必諏度於故常。當正陽繞月之辰。乃申徽韙祥之日。慶由運會。道與天同。宜敷錫于隆名。用彰明于盛旦。請以四月十日爲同天節。從之。

宰臣等請立興龍節表

伏以德之盛者。禮文既縟。澤之廣者。源委必長。夢日儲祥。預席有開之慶。奉符踐阼。適丁利見之期。幸際熙朝。永標令節。臣等伏惟皇帝陛下誕膺駿命。祇紹燕謀。益安天作之高。方茂日躋之聖。千齡啓運。肇新出震之辰。萬國環瞻。願祝後天之筭。臣等不勝大願。謹以十二月八日爲興龍節。著之令式。布于天下。上壽宴錫。並如故事。臣等謹奉表詣東上閤門陳請以聞。

批答

省表具之。赤斷錫符。獲承洪緒。冬成肅物。用紀誕辰。卿等志切愛君。情深體國。稽前王之著令。舉列聖之大章。對揚甲觀之祥。願上興龍之號。顧惟寡昧。膺此休明。旣以申盛禮于兩宮。亦以同歡心于萬國。有嘉誠請。姑用聽從。所請宜允。

宰臣章惇等奏天寧節名表 戊申

詩紀生民。易稱出震。以表帝王之德。必膺天地之符。歷世寖昌。彌文益著。乃建殊常之號。用標載誕之期。流慶萬年。均歡四海。屬時熙洽。嗣聖統臨。敢即群心。前稽故實。云云 恭惟皇帝陛下聰明淵懿。剛健粹精。順億姓之樂推。享三靈之眷祐。時惟陽月。瑞集樞星。肇開震夙之祥。永御光華之旦。離明繼照。敷同四海之歡。天德出寧。請祝萬年之壽。列辟稱觴而拱極。殊鄰奉贄以造廷。必有鴻名。以申善頌。臣惇等不勝大願。請以十月十日爲天寧節。編諸甲令。播厥治朝。以彰甚盛之休。以配無疆之祚。

批答

省表具之。朕猥以眇躬。獲纘洪業。方此該藏之月。寔爲震夙之辰。公等志切愛君。情深體國。詩記誕彌之慶。以昭長發之祥。選建節名。旅陳章奏。勉從俞允。茲用歎嘉。所請宜允。

宋大詔令集卷第二

帝統二

改元

改太平興國元年赦天下見禁例 開寶九年十二月

門下。朕猥以眇躬。嗣守鴻業。託於人上。奄宅域中。繼先朝不拔之基。副率土樂推之意。神器大寶。既負荷以維艱。薄冰深淵。寔怵惕而爲懼。自登宸極。再易朔辰。躬親雖覽於萬幾。德澤未周於四海。而中外胥悅。遐邇謐寧。顧寡昧以何堪。賴宗社而垂祐。今者千官在列。萬國來庭。被衮冕以臨朝。順乾坤而布政。改元更號。舉前古之舊章。盪穢滌瑕。洽普天之大慶。可大赦天下。改開寶九年爲太平興國元年。云云 於戲。爲君之道。無先於克儉克勤。致理之由。必賴於同心同德。矧惟眇質。初嗣寶圖。敢忘馭朽之懷。庶致垂衣之化。允賚卿士。共竭謀猷。沃心造膝者無悋讜言。求瘼班條者勉揚善政。百職各思於振舉。兆民俾樂於和平。同施翊贊之勞。永保延鴻之祚。布告天下。咸使聞知。

改淳化元年降京畿流罪以下德音 端拱三年正月

門下。朕受天明命。司牧黎元。荷上帝之丕休。奉祖宗之洪緒。顧惟涼德。弗敢遑寧。寰區幸致於和平。稼穡屢觀於豐稔。誕膺神眷。敷佑邦家。爰念去秋。頗聞愆亢。慮將成於災沴。固深軫於憂勞。名山大川。亟令精禱。撤懸減膳。勉自勵修。精誠上通。靈應猶響。雨如膏而潤物。雪盈尺以呈祥。慰三農望歲之心。見百穀用成之象。慶茲元感。思舉舊章。是用列羽衛於彤庭。儼衣冠于著位。因斯獻歲。取象陽春。御正殿以受朝。出綸言而示衆。宜改紀元之號。仍覃及物之恩。可改端拱三年爲淳化元年。云云 於戲。聖人立言。既以慈儉爲寶。王者之道。必先兢慎爲心。永爲稽古之文。爰布順時之令。凡爾中外。當體朕懷。

改至道元年在京降流罪以下德音 正月戊申朔

朕以眇躬。纘承丕構。託于兆民之上。二十載于茲矣。夙興夜寐。罔敢荒寧。未嘗發一念不先于黎元。舉一事不先于政教。庶脩人紀。用答天工。近歲以來。荐逢災厲。蜀主暴興於狂孽。齊民頗匱於倉箱。予心浩然。罔知攸濟。是用側身思道。期洽隆平。彌增宵旰之憂。果獲昊穹之祐。妖氛漸弭。禾稼咸登。

對越上元。載深祇惕。當惟新於大政。冀永保於鴻猷。發號改元。與民更始。宜改淳化六年爲至道元年。云云於戲。欽若昊天。誕革紀年之號。霈茲德澤。爰敷作解之恩。曲赦上京。式遵舊典。凡爾黎庶。當體朕懷。

改咸平元年詔

朕誕受皇圖。纘承茂烈。深惟抑畏。豈敢遑寧。歲阜民康。邇安遠肅。承上穹之眷命。宅大寶以踰年。四序履端。萬物資始。式遵古義。俾易新元。可改至道四年爲咸平元年。

改景德元年赦天下制

門下。我國家皇天眷命。四海歸仁。太祖以神武定寰中。肇基王業。太宗以睿文化天下。光闡鴻圖。朕以眇躬。肆承丕構。荷二聖之餘慶。爲萬邦之所尊。夙夜憂勤。不遑寧處。四時遷易。七載于茲。何嘗不寤寐賢良。焦勞疲瘵。親臨庶政。期及小康。志在日新。願從人欲。時惟獻歲。氣正陽春。諸方之貢物充庭。蕃國之酋豪在列。仗衛森肅。金石成音。是宜景慕前修。昭宣令典。稽于古訓。順彼發生。覃作解之寬恩。建紀元之新號。與民更始。保國隆平。可大赦天下。改咸平七年爲景德元年。云云於戲。君人者不患無才。患于蔽固。事君者不患無位。患于詭隨。朕清滌化源。勵精君體。庶令圓首方足。漸革于澆風。四夷八蠻。永通於和氣。更賴左右輔弼。中外勳臣。同堅赤心。助成深德。誕告遐邇。明知朕懷。

改大中祥符元年赦 正月戊辰

朕欽承命厤。思惠黎元。撫御萬邦。憂勤一紀。何嘗不順考古道。欽懷永圖。嚴祀事以奉神祇。潔至誠而享宗廟。政刑是恤。茂育於群生。恩信所加。同躋于壽域。罔敢自逸。期臻太和。荷上帝之眷懷。啓靈心而降鑒。燭祥輝於寢殿。神告先期。肅清醮於齋壇。天垂寶籙。祇膺景貺。躬受丹書。所期純嘏以及人。豈止殊禧而在己。載窺秘檢。誕錫元符。清淨爲宗。濬發愛民之旨。延洪儲祉。遠踰卜世之期。嘉應非常。惕然增懼。且詳觀載籍。眇覿前聞。聖若羲黄。八卦演連山之象。功齊舜禹。九疇浮出洛之文。何涼德之感通。偕昔王之盛美。是用時均慶賜。仰答高明。虔增錫瑞之名。用易紀年之號。式均大賚。普洽洪休。可大赦天下。改景德五年爲大中祥符元年。云云於戲。麗鴻之慶。荷天意以彌彰。寅畏之心。豈予衷之敢怠。更賴文武列辟。中外藎臣。益竭乃誠。以輔台德。同底于道。不其韙歟。

改天禧元年詔 大中祥符九年十一月乙卯

朕奄受元符。克紹駿命。示以延洪之旨。誨其清淨之方。爰建號以紀年。用垂鴻而流慶。登封喬嶽。禋瘞隆脽。荐錫蕃禧。彌思昭報。是用率寰區之臣庶。崇霄極之尊稱。屬獻歲方初。涓日惟吉。詣眞居而欽潔。奉恭册以陳儀。將刊薦信之辭。式舉建元之典。歸尊之禮。庶協於惟新。誕告之文。特申于先甲。來年正月一日宜改元爲天禧。布告遐邇。當體朕意。

改乾興元年制 正月辛未

朕祇荷慶靈。嗣守鴻業。懼涉道之多昧。念守文之惟艱。未明求衣。旣昃忘食。兢兢業業。靡敢怠荒。而天地儲休。宗社垂祐。嘉生屢降。庶政斯和。民俗阜康。邊陲清謐。興言致此。益用媿懷。屬歲律之肇新。慶春祺之紛委。式建紀年之號。佇申及物之恩。宜自正月一日改天禧六年爲乾興元年。重念類甲薦誠。尙睽於亞歲。先庚施令。俾告於明庭。其今年冬南郊恩澤並移就二月一日。庶茲惠渥。亟洽群倫。其覃慶賞賚悉用南郊例。至日御正陽門宣制。有司具儀注以聞。

改天聖元年詔 正月丙寅朔

王者繼聖子民。握圖御宇。必因歲始。以正天端。肆予沖人。獲嗣丕構。兢兢業業。罔敢怠荒。而穹昊眷懷。宗社垂祐。四氣調豫。百穀順蕃。政刑交修。夷夏胥悅。顧慙涼德。享是洪休。屬萬彙發春。三朝協序。思與民而更始。宜建號以紀元。其改乾興二年爲天聖元年。

災傷改景祐元年御札 明道二年十二月丁巳

朕欽膺駿命。臨御中區。守三代之成基。爲群黎之司牧。四隅底定。一紀于茲。乃至圖任忠良。博詢讜直。罔敢暇逸。務致隆平。自明道之建元。逮作噩之居歲。祲災荐起。暵潦相仍。人多癘疫之傷。稼有蟲螟之害。亦嘗去溢美之號。損兼膳之珍。宵旰不遑。但虞於闕政。牲幣靡愛。徧禱於群神。然而豐澤尙愆。和氣猶鬱。物價騰湧。編氓阻飢。常賦旣蠲。廩粟皆振。豈惻隱之心弗至。致休若之應未臻。側身內思。其咎安在。且夫陰陽之道難測。變則能通。天地之戒甚明。順則成福。消救之言斯在。嚮應之報可期。惟上春首祚之辰。及萬物向榮之始。用舉授時之典。載更紀歲之名。祇若靈心。庶迎丕貺。式報惟新之令。先申誕告之文。宜改明道三年爲景祐元年。咨爾庶邦。當體予意。

改康定元年及尊號去寶元二字詔 二月甲辰

朕紹膺駿命。統御庶邦。祇迪先猷。甫浹九閏。何嘗不稽探前載。詢納邇言。克念永圖之安。聿求小毖之助。靡敢暇逸。迄臻治康。而近歲以來。眚異間作。霄躔示象。星舍舛期。天戒靡私。史占攸著。企湯乙在予之誥。慕周王側身之思。屢省寔勤。厥咎非遠。雖徹盛食之品。躬懷旰朝之憂。恐未足導迎至和。消伏衆變。是用推策正本。協紀求中。庶回靈鑒之孚。式新瑞厤之授。宜改寶元三年爲康定元年。重念嚮徇群請。加薦徽名。因以建年之元。冠于丕稱之上。特從損挹。益務兢修。自今上表尊號。勿復稱寶元二字。尙慮政體或疵。言路猶壅。嘉與內外臣庶。參圖闕遺。其悉上封。以輔不逮。

雨災赦天下改皇祐元年制 慶厤

朕執象御民。稽古布度。顧幅員之至廣。常臨履以自持。莫不順人之心。奉天之道。慮一物之失所。期庶政之惟和。稼穡雖登。或未臻於豐稔。兵戈載戢。尙靡格于偃銷。惕惕居懷。兢兢在念。惟茲黔庶。僅底樂康。而自春夏之交。霖雨作沴。傷暴禾麥。漂溢隄防。河朔之民。尤罹獘苦。粒食罄闕。廬室蕩空。流離鄉邦。攜挈老幼十室而九自秋徂冬。嗷嗷道塗。溝壑爲慮。愍其失業。彌甚納隍當原究其由來。冀消弭于災變。宜均霈澤。以召善祥。仍更紀歲之元。用冀自天之祐宜改慶厤九年爲皇祐元年云云於戲側身修德於政治以爲先作善降祥庶凶災之可伏。

日食正陽改皇祐六年爲至和元年德音　三月庚辰

門下。朕以寡闇守茲盈成緬念爲君之難。深惟置器之重罔敢怠忽思致治平。而王澤未孚。治道多闕。皇天降譴。太史上言。豫陳薄蝕之災。近在正陽之朔經典所忌陰慝是嫌。尋災異之攸興緣政教之所起。永思厥咎。在予一人。德不能綏理有未燭賞罰失序聽納不明庶政未協于中衆冤或壅于下。有違萬物之性。以累三光之明。上穹動感。陽精示變。此皆彰朕過失。警予省修。畏天之威。慄慄危懼。若將隕於深谷。茲用惕于夙宵。庶幾減損之誠。或蒙降監之眷是用改避正寢卻去常珍俾更元厤之名冀召太和之氣仍敷惠澤益霈告恩庶達眇沖之心更回億兆之祐宜改皇祐六年爲至和元年以四月一日爲始應天下罪人云云於戲恐懼乎未覩抑畏於未然庶竭夤恭或致消復咨爾有衆咸體朕懷。

改治平元年制

朕以尠躬。獲承鴻緒。涉道猶淺。燭理弗明。大懼菲沖。罔克負荷。深惟抑畏。曷敢荒寧。然而仰憑社稷之靈。俯賴股肱之助。先帝至德遺惠。結於人心。列聖重光流澤。長于世祚。所以自親庶政。甫涉逾年。中外乂寧。風雨時若。惟春秋之正始。蓋歷代之通規。獻歲發春。方臨於吉旦。開元易紀。祇率於舊章。宜改嘉祐九年爲治平元年。

改熙寧元年詔

朕膺憑几之遺音。遵覆盂之定業。默思至道。祇述先猷。白雲未遠於遺弓。駒景俄遷於過隙。屬窮陰之畢歲。肇蒼德以建正。乃睠時雍。是更歲紀。混齊六合。敢期盡入於甄陶。鼓舞萬民。將以一新其耳目。正月一日改治平五年爲熙寧元年。

改元豐元年詔　熙寧十年十二月壬午

朕奉承聖緒。一紀于茲。兢兢業業。罔敢暇逸。賴天之祐。年穀順成。其因來歲之正。以新元統之號。式循典舊。對越神休。宜自明年正月朔旦改爲元豐元年。

改元祐元年御札　元祐元年正月庚寅朔

朕紹承大統。遹駿燕謀。於乎皇王。永世克孝。維予小子。未堪多難。業業兢兢。夙夜欽止。尙賴親慈擁佑。神保貺臨。百穀順成。方內安乂。永惟春秋正始之義。深見天人相與之符。卽位逾年。改元布政。以僕屬景命。以作新斯民。顧惟守成。敢忘繼序。宜自正月一日改元豐九年爲元祐元年。

改紹聖元年御札　元祐九年四月癸丑

朕荷皇穹之眷命。守列聖之丕基。十年于茲。四海用乂。日聽外朝之治。躬勤萬務之幾。眇若涉淵。未知所濟。顧念祗承上帝。誕保受命。惟駿惠於先猷。以纘隆於下武。乃稽仁祖之成憲。思大文考之烈光。其因盛夏之辰。載新元統之號。庶導迎於景貺。用敷錫於群黎。宜改元祐九年爲紹聖元年。布告多方。咸體朕意。

改元符元年詔 紹聖五年五月丙寅

朕統承聖緒。紹述先猷。克享天心。屢蒙嘉貺。甘露荐降。靈光屬天。申賜無疆。神璽自出。顧德菲薄。荷帝博臨。敕命之幾。惟聖時憲。嚴恭寅畏。懼不克勝。思答神休。以協瑞應。其易統年之號。用昭受命之符。宜自紹聖五年六月朔改爲元符元年。

改建中靖國元年御札 元符三年十一月甲子

朕丕承祖宗。奉若天命。思建皇極。嘉靖庶邦。蓋嘗端好惡以示人。本中和而立政。日愼一日。期月于茲。稽厤數在躬之文。念春秋謹始之義。肇新元統。國有典常。是遵踰歲之期。以易紀年之號。豈惟昭示朕志。永綏斯民。庶幾仰協靈心。導迎景福。宜自來年正月一日改爲建中靖國元年。布告多方。咸體朕意。故茲札示。想宜知悉。

改大觀元年赦 崇寧五年十二月三十日

門下。朕膺盈成之基。式顧諟之訓。奉承大業。撫寧四方。若涉淵水。罔敢豫怠。永惟繼志之重。深念守文之艱。揔攬萬微。緝熙百度。勤於政、庶以圖天下之佚、儉於家。庶以資天下之豐。昭恩信以懷戎。敦廉恥以勵俗。迺正律度。迺賓賢能。八年于茲。海內綏靖。兵革不試。囹圄屢空。邊陲妥安。年穀豐稔。乾端垂象。日當交而不虧。坤厚薦珍。禾與芝而並秀。顧豈眇躬之克享。寔賴昊穹之博臨。嘉與群黎。導迎景貺。是用因三朝之慶會。順一氣之發生。易冠元之名。覃作解之澤。既革而當。惟新是圖。可大赦天下。云云 於戲。發政施仁。任德以承於天意。赦過宥罪。好生迺洽於民心。誕敷純被之恩。益廣布新之令。更賴百官修職。三事協恭。時若熙豐之大猷。共濟唐虞之極治。咨爾多士。咸體朕懷。

己酉朔旦冬至改重和元年赦

門下。得天之統。上帝所以申景命之休。以道爲門。聖人所以對高眞之貺。朕紹承丕緒。祗遹先猷。荷穹昊之降康。罄寰區而作乂。法全令具。禮備樂成。迺追古道之淳。迺發內經之隱。順斗布合宮之政。分方調文鼎之神。修德錫符。維新九寶。迎日推策。載列三雍。固已祉福咸蒙。天人無間。雲物龍翔而抱月。檜芝獒伏而如丹。金篆浮波。河伯順流而聽命。瓊科宣籙。青華正晝以臨壇。茲者氣應中冬。日極南至。當甲子之月朔旦。逢己酉之會復元。遂契輿區之言。上同黃帝之世。于時太一。適次乾維。基迹潛宮。仰憲紫微之象。妥神熉幄。下娛黃秘之庭。叢祥並胙於邦圖。冠號肇更於年統。與四時而合序。以莫不增。參萬歲以成統。終而復始。肆颺大號。溥宥多方。可大赦天下。云云 於戲。萬邦協和。式鑒太淸之治。五福敷錫。誕昭丕冒之仁。尙緊弼亮之聯。更勵寅恭之助。共崇妙道。永佑群元。

改重和二年爲宣和元年御札　宣和元年二月四日

農□天下之本。朕躬執耒耜以勸天下。賴天降康。禮成涓日。用協惟新之政。誕揚率土之休。可於布政之初。用冠紀元之號。宜以重和二年爲宣和元年。布告中外。咸使聞知。

名諱

改名詔　太平興國二年二月庚子

王者對越上元。祇見九廟。凡因祭告。必署名稱。稽歷代之舊章。貴難知而易避。爰遵故事。載易嘉名。炅。凡州縣、散官、職事官號及人名外。其舊名二字今後不須迴避。仍令中書門下差官擇日奏告天地社稷宗廟。

太宗藩邸諱不避詔　大中祥符二年六月戊申

太宗皇帝藩邸舊諱。溥率咸知。雖先訓之具存。俾臨文而不避。

宋大詔令集卷第三

帝統三

尊號批答上

建隆四年上尊號第三表允批答（百寮三上表上尊號曰應天廣運仁聖文武至德皇帝）

朕奄有萬國。于今四年。寅畏上元。憂勤庶政。匪敢逸豫。期于底寧。而德教未孚。干戈未戢。賦調無減。刑罰尚繁。永言生民。詎臻富壽。一念至此。予心惕然。至於二叛誅夷。三湘欵附。皆宗廟垂慶。公侯協謀。集是大勳。顧予何有。□思損抑。以答天休。而中外同辭。猥加徽號。手詔避讓。至于再三。所請益堅。情不可抑。噫。尊我以應天廣運之號。加我以仁聖文武之名。復兼至德之稱。深惟溢美之懼。群公卿士。其將何道以弼予。無使名過于實也。勉從衆議。良愧朕心。

宰相等上尊號第□表不允批答（開寶四年九月丙申）

朕自臨御萬邦。躬親庶政。惟小心而自勵。慮大化之未凝。至于邊境無虞。寰區甫定。復土疆於西蜀。被聲教于南荒。風雨應時。歲年屢稔。此皆乾坤垂祐。文武協謀。顧惟沖人。何力之有。將伸報謝。用展虔恭。大慶殊休。未洽於庶彙。鴻名懿號。先加於眇躬。三拜封章。過陳虛美。夙夜是念。豈能當之。徒嘉奉上之誠。難徇推尊之請。宜體朕意。即斷來章。

晉王等上尊號第一表不允批答（開寶九年）

今汾晉未平。燕薊未復。謂之一統。無乃過談。仍曰太平。寔多慙德。固難俞允。

省尊號詔（端拱二年十二月庚申）

朕聞在昔哲王。統臨大寶。精求治道。茂育黎元。固無尚於虛名。惟在敷于至化。矧惟眇質。獲奉丕基。上夤畏於昊穹。下憂勞於兆庶。萬幾之重。兢兢敢怠於宵衣。四海之尊。慄慄寧忘於馭朽。而涉道猶淺。燭理未明。四時罕保於太和。庶政詎臻於無事。寡昧之愧。諒亦積于予懷。龐鴻之稱。徒有加於人上。名浮於寔。甚非所宜。朕嘗覽群書。備觀前古。居尊之號。近代方行。固非軒昊之令猷。且異唐虞之舊典。載惟涼德。尤愧前王。向者群后同辭。封章見請虔懇斯至。避讓無由。勉從將順之心。遂極尊崇之稱。每一自念。深用憮然。豈敢以謙德自私。必將以古道自法。其自前所加尊號。宜從省去。今後四方所上表。只稱皇帝。庶協至公。凡百臣僚。當體朕意。

群臣上法天崇道上聖至仁皇帝號不允批答 至道元年十二月甲戌

昔者陶唐以茅茨采椽。聿脩儉德。伯陽謂孤寡不穀。用示謙稱。周室以還。時風寖薄。秦稱三五之號。唐極尊大之名。朕纂紹已來。褒崇太過。中心愧惕。啓處不遑。亟諭宰衡。盡令省去。勉徇群臣之請。尚加四字之文。法天者、蓋遵讓德之心。崇道者、庶取還淳之旨。辭避不獲。愧畏良深。今者以郊祀有期。禮容咸備。爰伸報本之義。何事溢美之名。唯聖與仁。則吾豈敢。欲益反損。其理甚明。勉體素懷。勿至勤請。

宰相上尊號不允批答 咸平二年七月乙巳崇文廣武聖明仁孝皇帝

古先哲王。尊道貴德。務宜至化。靡尚虛名。矧惟眇躬。初嗣洪業。憂勤雖極。聲教未孚。遽覽上封。過陳徽號。顧惟涼薄。但益兢慚。所請宜不允。

第五表上尊號允批答 咸平二年八月乙卯崇文廣武聖明仁孝皇帝

朕每念爲君之難。且思繼志之重。兢兢業業。罔敢怠荒。而百職交修。萬邦咸乂。歲有豐穰之慶。人無薖軸之嗟。仰賴降衷。議伸昭報。而群公百辟。猥致徽名。申諭再三。懇請彌確。且陳舊制。靡獲固辭。勉徇衆心。良增多愧。宜俟郊禮畢日受册。

群臣三上表乞加尊號不允批答 咸平五年八月崇文廣武應道章德聖明仁孝皇帝

朕以歲時登稔。告謝上元。非敢貪天之功。志在爲民祈福。而中外臣庶。再三上言。咸以虛稱。加于菲薄。且思徽號。肇自唐宗。王者有功。受之無愧。五代而下。二聖膺乾。德皆龐鴻。禮猶遜抑。惟太祖威加四海。辭立極居尊之名。惟太宗功庇生人。止法天崇道之號。肆朕沖眇。叨荷慶靈。前所推崇。已慚溢美。雖諒戴君之意。有違賓寔之言。當悉至懷。速斷來表。所請宜不允。

宰相等表上尊號不允批答 大中祥符元年六月辛亥崇文廣武儀天尊道寶應彰感聖明仁孝皇帝

位號之稱。賓實斯在。苟預虛美。人其謂何。朕荷天地之眷懷。紹祖宗之丕構。罔敢自逸。汔此小康。邇者百穀阜昌。五兵不試。祕符荐降。嘉應屢臻。顧仰鑒之斯臨。豈眇躬之能享。慶靈所集。寅畏彌深。爰以孟冬。式遵茂典。昭答殊貺。有事大封。蓋以勉徇輿情。奉承先志。遽覽來表。願益徽名。且夫儀象圓穹。尊崇妙道。惟鴻休之敷錫。垂世祚于無疆。方切欽承。更思惕厲。用爲顯號。非所克當。雖諒爾之勤誠。無重予之不德。所請宜不允。

第五表允批答 大中祥符元年六月丙辰

朕將陟介邱。躬陳大祀。報上穹貺施之德。崇二聖配侑之儀。祗薦精衷。奉成先志。而卿等率和有衆。悃愊上言。奉我嘉稱。成茲溢美。亦敦諭之期至。尚列請以彌勤。在於朕懷。非敢自大。念群心之逾確。述天命之孔昭。與其封執於素心。曷若曲從於人欲。嘉乃稱君之善。奉茲建顯之文。勉徇傾輸。良多愧惕．仍俟封禪還京日受册．

宰相等表上尊號不允批答 大中祥符三年八月丁卯崇文廣武儀天尊道寶應彰感欽明上聖至德仁孝皇帝

朕致享坤元．式昭册事．秩茲久廢之典．以介無疆之休．蓋祈福以祐民．非求名而爲己．群情忻戴．封疏咸集．罄歸美之情．極推高之說．夫以堯典攸述．寔首於欽明．洛書是陳．聿崇於睿聖．加以至哉之德．蓋表巍乎之功．茲謂鴻徽．非可輕議．顧朕涼薄．寧所克堪．方且講泰畤之遺儀．報后祇之博施．稽明察之教．姑務致恭於神．念持盈之言．安敢自大．其意但增抑畏．曷以遵從．所請宜不允．

第五表不允批答 □月甲戌

夫褒贊成功．將順其美者．臣子之志也．允恭克讓．謙尊而光者．後辟之心也．故天之廣覆．以不宰而爲先．人之持盈．惟若沖而能久．顧朕寡德．獲總多方．祇荷慶靈．豈嘗滿假．近者將祠厚德．誕告先期．俄輿誦之僉同．以徽名而來上．亟頒詔諭．未悉予懷．夫以謁款后祇．大庇黎獻．答圜丘之垂貺．冀普率之蒙休．務陳信以格神．非圖榮而爲己．確乎之懇．言罄于茲．深諒由衷．即斷來表．所請宜不允．

宰相等上尊號不允批答 大中祥符五年閏十月乙亥崇文廣武感天尊道應眞祐德上聖欽明仁孝皇帝

夫號以表功爲先．名以副寔爲重．苟或溢美．即爽至公．矧乃帝皇之尊．已兼三五之極．摯徽懿之尊稱．著典籍之明聞．欽惟祖宗．垂厥憲度．肆予寡德．敢怠丕承．曩以郊見之初．逮夫垂慶之際．再遵群議．祇受鴻名．在予眇沖．曷嘗滿假．今者至眞降格．洪應殊尤．仰基命之開先．本宗祊之積累．發祥霄極．浹慶家邦．豈於予躬．敢自崇大．遽披列奏．願益徽稱．方厲欽翼之誠．難副衆多之請．體茲勤諭．無或再三．所請宜不允．

第五表允批答 大中祥符五年閏十月壬午

朕胥遘眞期．躬延飈御．備聞大誨．洞曉仙宗．顧基緒之有開．識源流之自遠．邦家大慶．中外攸同．卿等繼率群倫．五陳封奏．加予稱謂．顧極褒揚．以爲宗稷之蒙休．所宜典册之備物．懇請彌篤．確辭靡遑．考賓實之過差．雖慙溢美．拒傾輸之盡禮．亦阻歡心．勉徇勤誠．良增愧恧．所請宜允．候奉册畢日施行．

宰相等上尊號第□表不允批答 天禧三年七月己卯體元御極感天尊道應眞寔運文德武——聖欽明仁孝皇帝

朕聞太古之時．稱謂以象德．三王之代．名號以顯美．所以紹天闡繹．昭世焜煌．顧惟菲薄．獲承丕構．寅畏元命．綏懷兆民．雖馴致于大寧．尚有慙于前烈．若夫靈章荐錫．縟禮交修．景瑞協符．群臣受職．此又穹厚垂監．祖宗降祥．豈惟眇沖．專所感召．今以就國陽之顯位．諏天正之吉辰．大備禋燔．蓋伸欽翼．遽陳衆志．願益徽稱．溢美茲多．靦顏增極．所請宜不允．

第五表允批答 天禧三年八月辛丑

朕獲奉牲瑄。昭事天地。慶靈俯及。寰宇大同。將修嚴禋。用答嘉貺。卿等遽以徽稱。加乎眇躬。還詔屢宣。輿情益固。覩臣民之克一。誠驗歡心。念名寔之未賓。愈增涼德。勉從羣懇。彌用愧懷。所請宜允。

省尊號詔 乾興元年二月庚子

朕憂勤二紀。臨制萬邦。刑法蠲苛。教條敦本。吏謹於職。民懷其生。邊烽無橫草之虞。疆隴厚如茨之蓄。矧我元子。參于政經。夙夜惟寅。權綱畢舉。粤予眇質。席此重熙。思億兆之永圖。奉盤盂之法誡。詳求簡易。庶保隆平。乃者迫以群情。屢增顯號。重違率籲。勉徇昌言。今以剛辰。肇乎元庥。爰及布和之令。獲伸□克之懷。自今中外所上表章。宜令省去尊號。用合持盈之訓。益敦進道之風。布告群倫。咸知此意。

宰相等上表請復尊號不允詔 二月辛丑

徽號之文。肇于近古。夫惟至德。乃可誕膺。朕緬慕前規。深思抑損。冀蠲虛稱。式叶憂勤。卿等遽列封章。過陳衆議。眷言誠悋。徒切歎嘉。所請宜不允。

三上表請復尊號允詔 二月癸卯

夫以涼薄之質。荷于詒燕之厚。遂臻嘉靖。用庇蒼黔。敢冒天功。過爲賓實。是用及建元之慶。協肆眚之辰。昭示素懷。咸蠲虛美。所冀同德叶贊。茂規而中外一辭。疏封三上。仍詢舊典。旅述群情。裁以質文。就爲損益。加于弗類。誠亦未遑。然念眇躬。重煩勤懇。勉循嘉請。增用恧焉。所請宜依。

宰相等表上尊號不允批答 天聖二年聖文睿武仁明孝德皇帝

眷言菲德。獲紹鴻圖。念興王之艱。罔敢自暇。賴累聖之業。聿致小康。至若封宇乂寧。陰陽調豫。官修其次。民樂其生。豈伊眇躬。能底茲道。肇中郊報。式展時思。而公卿搢紳。封號旋上。稽于舊式。加我美名。詳覽之餘。難應所請。

南郊毋得上尊號詔 天聖五年七月己未

朕荷三靈之眷祐。席累聖之基圖。業業兢兢。日慎一日。而九功未序。常緯或差。時澤不滋。瀆流匪順。雖並禱群望。精忠屢申。而顧思永圖。焦心是咎。屬歲當郊祀。已告先期。尚慮臣寮。輒沿舊典。再加徽稱。良匪予懷。將來南郊。文武百僚。毋得上加尊號。

宰相等再上表請加尊號不允批答 天聖八年

朕自宅丕后。肇禋泰壇。群心叶恭。猥加大號。每念浮寔。今猶惕然。昨之再郊。前詔拒止。習歲惟吉。拜貺有常。而囊封遽來。復形推美。已嘗敷諭。未寢溢言。顧循菲沖。獲紹基構。無忘兢業。庶保盈成。祖宗舊規。多所謙挹。矧茲不德。安敢荐膺。至于體洪覆之日生。欽妙樸之惟靜。固當勉於行己。豈須飾以爲名。徒諒祇勤。尤增愧悚。

宋大詔令集卷第四

帝統四

尊號批答下

去尊號中睿聖文武字求言詔 明道二年七月戊子

朕膺昊天之眷命。嗣烈聖之鴻圖。懼帝監之下臨。荷神器之至重。何嘗不夙宵兢畏。旰昃憂勤。務專稽古之欽明。靡敢暫時而暇佚。自文考在宥之旦。洎沖人儲兩之初。問膳寢門。已日承於謨訓。游心講肄。固動法於典墳。比纂宏基。式丁昌運。竊復詳披金匱。遊覽油緹。以謂古者因積久之承平。受自然之富貴。靡不忘大寶之慎。忽守文之難。或畋獵以肆其狂。或宴游以耽其樂。窮兵極武。震威而暴民。高臺深池。縱情而興役。朕自嚮明正宁。馭朽居懷。非大饗群臣。未嘗陳於羽葆。非防秋四鄙。未嘗動於干戈。放鷹犬而絕禽荒。屏珠玉而崇儉寶。惟天地神祇之是奉。惟宗廟社稷之是依。采納忠讜之言。倚成輔相之績。周公無逸。文王小心。雖休勿休。日慎一日。而比年之內。旱熾相仍。方春以來。蟊螣爲沴。民或闕食。田用不收。州郡之間。奏報相繼。豈朕德之不逮。將天時之使然。須自戒災。敢忘罪己。申旦不寐。畏上之威。曩者大禮越成。群公列奏。增予以睿聖之號。重予以文武之稱。雖迫於衆心。□難於克讓。而內思闕政。將溢美是名。矧乎惟睿之猷。箕疇之所演。若聖之美。漢光之靡當。文在乎化成。武由乎定亂。內惟菲薄。難以具膺。宜令天下。於朕尊號內。其表奏並不得稱睿聖文武四字。寰海之中。治化攸廣。百揆之內。事敘實煩。眷乃多方。豈無讜議。所宜采聽。以致平康。應天下賦調橫加。於民間而爲患。刑獄羅枉。阻官司而莫伸。草萊之人。負材而不能自達。里閭之下。積弊而無由可除。並許文武衆官直言極諫。朕將親覽。以裨政綱。冀表至誠。用召和氣。應天下名山大川。聖賢祠廟。能捍大災禦大患者。並令中書門下差官精加祈禱。以救萬民。朕所減尊號字。亦仰擇日告于天地宗廟。庶申朕志。以達神靈。更賴三事大臣。百司庶尹。共竭忠藎。以洽嘉祥。故茲詔示。想宜知悉。

宰相等上表加上尊號第五表允批答 寶元元年

朕奉承先猷。日儆端命。獲事上帝于茲五郊。官師率和。奏牘連委。冀緣瑞福之集。增列榮號之崇。若乃寶用善元。易冠丕稱。是惟勉德。匪曰名功。襲用舊章。差或無愧。至于英睿之烈。后辟罕兼。未寔而居。省已胡益。矧於近歲。變眚屢臻。霄舍舛期。坤載愆靜。遽加徽顯。是黷齊明。宜損溢言之華。姑循備物之典。其所上尊號內英睿二字宜不允。餘依所請。

不許上尊號詔 慶曆五年

朕以寡薄紹膺駿命。夙夜兢業。□□□□□□□□□□□□□歲一舉。朕不敢稽。間者公卿百僚率籲有衆。大事之始。乃欲增顯徽懿。以歸美于眇質。朕惟皇帝之號稱謂已極。浮文溢美。抑又何加。況今百度缺然。五紀或沴。履謙畏滿。或覬有終。三事大夫秉誼叶心。交修不逮。同底于道。顧不美歟。華言過寔之名。非朕志也。將來中外文武臣僚不得乞上尊號。咨爾多士。體朕至懷。

南郊不得乞上尊號詔 皇祐五年七月癸巳

朕以嚴配總章。于茲三歲。今恭祀泰畤。奉若丕典。期答天貺。用對神休。且慮左右近臣。中外百執。共循故事。將益徽名。既存讓德之誠。更增溢美之媿。載惟寡昧。嗣守宗祊。靡敢怠荒。固常抑畏。而念民力尙困。農望屢愆。顧稼穡之方滋。閒螟螣之爲暴。方圖大報。以佇善應。自取崇美。且異□懷。無假虛稱。以重不德。其將來南郊。文武臣寮不得乞上尊號。咨爾列位。當體朕意。

宰相等表上尊號曰體天法道欽文聰武大仁至治聖神孝德皇帝不允批答 嘉祐四年五月乙巳

朕嗣守丕業。遠監前代得失之効。蓋本沖淹者每多遐福。徇矜夸者鮮不後艱。且宗廟之祭。朕所盡志者。列尊卑。敘昭穆。致孝思以化天下也。其敢自尊顯乎。雖將順之意。有副於群情。然溢美之辭。未安於眇質。凡五上表不許。

明堂毋得上尊號詔 嘉祐七年七月壬子

朕在位四十一載。惟上天眷祐之命。先帝燕翼之謀。遺大投艱。懼不克勝。故於禮文之事。嘗盡誠意之格。季秋今月其日辛亥。事天事親。用卜惟吉。牲玉幣帛所宜蠲潔。鐘鼓管磬比於和樂。凡明祀之所舉。當致力而無懈。至於徇虛名以溢朕之美。既非交神之道。又非求己之實。徒自崇大。無益祇畏。其將來大享明堂。百寮毋得上尊號。

宰臣韓琦等上尊號不允批答 治平二年七月庚寅

省表具之。朕獲承大統。三載于茲。蒙天之休。海內清靜。方將飭齊輅。潔純犧。以祇見天地宗廟之靈。乃敢昭發丕册。揚徽垂鴻。以自施虖尊榮者哉。不圖執事之臣。列上表功之號。且臨政之日淺。未有盛烈之章。況事神之意恭。豈在彌文之飾。適增予媿。難徇所陳。所請宜不允。

第三表不允批答

省表具之。朕守神器之重。思王業之囏。歷日未長。涉道猶淺。而三事庶尹、搢紳之倫、殊隣異俗、霜露所墜。咸裒回闕廷。願得鏤寶文章鴻鑠。以薦無窮之休。茲甚盛德。顧何足以堪之。竊嘗覽前世之載、近事之寔。惟至聖爲能兼天下之嫩。惟至功爲能饗天下之報。慎微端始。莫或敢承。所請宜不允。

第四表不允批答

省表具之。昔夏禹不自矜能而閎三代之聲。漢光戒諸言聖而振東京之烈。朕顧循菲德。膺守聖圖。亦嘗遠覽其所未形。積思其所不及。蓋謙恭抑畏者靡不受多福。夸浮侈大者靡不蹈後虞。今就陽初郊。假廟始祼。大懼無以薦四時之和氣。來萬國之歡心。乃欲仰慕祖宗之烈光。過跡金石之絕記。祗登寶册。駿騰徽稱。豈朕所以答三神之休、法後王之意哉。雖情見忠者之謂報。然文溢美者未易承也。所請宜不允。

第五表不允批答

省表具之。朕接神明之統。享平富之圖。且三歲親郊。始嚴盡物之報。而百辟進旅。率籲在廷之言。考前世之遺聞。慕本朝之故事。將合群靈之祉。薦歆丕册之名。封章五陳。勤懇一志。然自躬庶政。降異相仍。永惟前王。跂德不及。載視瑣涼之質。難居尊美之稱。雖欲勉從。良不可得。所請宜不允。仍斷來章。

宰相等上尊號不允批答 熙寧元年七月己卯奉天憲道文武仁孝皇帝

朕以薄德。嗣膺基緒。繼天理物。常懼弗任。方賴交修。以熙衆治。群公卿士。外暨庶黎。欲舉鴻名。階之眇質。臣民歸美。爲義則多。揣己揆時。朕猶不敢。

宰相等上尊號第三表諭翰林學士司馬光善爲答詞詔

覽卿來奏。深諒忠誠。朕方以頻日淫雨。甲申地震。天威彰著。日虞傾禍。被此鴻名。有慚面目。況在亮陰。亦難當是盛典。誠如卿言。今已批降指揮。可善爲答辭。使中外知朕至誠。寔乃內顧慙懼。非是欺衆以邀虛名。

宰相等表上尊號不允批答 熙寧二年四月丁酉

朕攬政以來。于茲三祀。圖治不明。災變屢出。日星淩食。大河決溢。地裂朔陲。生民流徙。今復時雨愆亢。蟊賊食麥。愁嘆之聲。盈於廬井。夙夜震悼。未究消復之理。二三股肱。內外列辟。不能傾盡忠赤。共爲啓沃。弭去災咎。召來嘉祥。反務諛悅。妄稱功德之隆。甚非忠且直也。可亟罷此議。勿以虛名浼予。所請宜不允。

宰相等上尊號表不允批答 熙寧四年六月庚申

夫道以常無名爲尊。乾以不言所利爲大。朕所憲焉。至于崇飾徽號。以臨四方。非朕之所先務也。方命有司議合宮之配。以昭嚴父之孝矣。乃當前受寶册。自爲光榮哉。無使大禹之不矜不伐、漢光武之禁人言聖。獨見稱于前史也。

宰臣韓絳等表上尊號不允批答 熙寧七年七月癸卯紹天憲古文武仁孝皇帝

敕云云。朕獲紹祖宗之基。已當帝皇之號。內惟菲薄。竊慕往初。惕然憂勤。無以負荷。而公卿多士、夷夏衆民。且欲崇上徽名。昭發丕册。況夙戒於齋輅。

將親饗於泰壇惟時肅恭敢自尊顯念報上之義庶言則同然溢美之稱朕德罔克適增多愧難徇所陳

第二表不允批答

勑云云朕以謂上則天明遠稽古道文武大備以底成功之隆仁孝顯聞以躋絕德之盛茲惟二典之懿寔冠百王之賢朕仰止潛心曾未跂及而群公卿士過見褒崇集是光華作爲稱號咸造路屛再陳囊封雖歸美盡恭莫非至懇而循名揣寔未易克承維爾臣民當體予意

第三表不允仍斷來章批答

勑云云朕聞唐虞之世君臣吁俞相與勑戒以康庶事未聞有自耀其功德大爲名稱以動天下之聽朕以涼菲獲承皇緒固以極崇高之位號矣嚮者奉郊宗之祀三事大夫亦屢以徽册來上而愧不敢從方且嘉與衆賢夙寤晨興以營極治之業要之萬世建無窮之基亦有無窮之聞不猶愈於虛名歟臣之尊君義則勤至朕守弗集毋煩數陳

第四表不允批答 熙寧七年

省表具之朕聞皇帝之號幷包三五高明光大豈復可加末流增華務極徽稱蓋有以極治、而徇群下之所請亦或以否德、而崇浮侈以爲榮朕惟菲躬嗣守丕烈上既無祖宗致治之實以配鴻名下不爲後世溢美之文以事虛飾方與黎獻共圖康功遠邇華夷宜思所以調一鎭撫教化號令宜思所以總緝補完至於習俗末爲若皆可略當體至意勿復有云所請宜不允

第五表不允仍斷來章批答

省表具之夫臣之愛君惟義理是悅下之報上以誠寔爲先今法度方開更化之端事物既振積習之弊功有緒而未就俗於變而未純卿等與其崇溢美之華辭、欲加我虛名之飾孰若致弼違之一德以成予願治之心乃足以垂裕無窮比蹤前古尊榮之極何以尚茲如其不然自侈奚益勉體朕志毋或屢言所請宜不允

宰相等表上尊號不允批答 熙寧十年七月辛酉奉天憲古文武仁孝皇帝五表終不允

朕帝有天下于茲十年夙興夜寐以圖乂民然猶懼無以奉天之元憲古之道而文武仁孝之烈未足以紹休前人勉然于中庶幾及此而群公多士、諸夏衆民乃欲合是數端崇上徽號愛君之誠義則至矣浮實之稱朕無取焉

大禮罷上尊號詔 元豐三年七月甲戌

朕惟皇以道帝以德王以業各因時制名用配其實何爲加崇稱號以自飾哉秦漢以來尊天子曰皇帝其亦至矣朕承祖宗之休宅士民之上凡虛文繁禮悉已革去而近司群辟猶或時以稱號見請雖出于歸美報上之忠然非朕所以若稽先王之意自今每遇大禮罷上尊號

服除不上尊號詔 元祐元年十二月己丑

進中書省檢會故事。將來服除。百官等合拜表上尊號。朕惟先帝臨御天下。十有九年。威加四夷。澤被萬物。功德可謂博矣。然群公卿士每上徽號。則拒而不受。其謙厚不伐至矣。以眇眇之身。紹承統緒。夙興夜寐。不敢遑寧。今近司稽用典故。以爲喪禮之除。百官當崇上歔稱。此豈朕所以銜訓嗣事。紹休前人之意哉。將來服除。依元豐三年詔書。更不上尊號。咨爾中外。體朕意焉。

宋大詔令集卷第五

帝統五

尊號册上

應天廣運仁聖文武至德皇帝册文 乾德元年十一月甲子

維乾德元年歲次癸亥。十一月己酉朔。十六日甲子。攝太尉守司徒兼侍中蕭國公臣范質。守司空平章事臣王溥。尚書右僕射平章事臣魏仁浦及內外文武臣寮。馬步諸軍將校。藩郡守臣。四夷君長。緇黃耆乂等七千五百人。謹再拜稽首上言曰。惟天爲大。惟堯則之。又曰、舜有天下。無爲而理。是以古之言道德者。莫先於二帝。一則曰聰明文思。一則曰溫恭濬哲。英聲茂實。意無欲而自彰。景德洪休。心無求而自至。巍巍蕩蕩。可得而言。伏惟皇帝陛下高明博厚。宣慈惠和。純粹之德全。孝友之行著。惟精惟一。知微知章。向者龍尚處於潛淵。日未離於暘谷。歷試之際。志在扶危。險阻艱難。何往不濟。躍馬陷高平之陣。麾戈佐淮甸之征。喋血鏖兵。一月三捷。勞旋飲至。論功莫二。洎乎天鑒厥德。用集大命。人祇叶應。風雨咸若。鼎運初建。國步猶梗。始則李筠犯順。長戟指闕。并人連禍。寇我北鄙。於是有太行之行。重進怙亂。棄德崇姦。幅員千里。生民被毒。於是有廣陵之役。千乘萬騎。如霆如雷。詢彼仇方。震疊區宇。翠華宵至。堅城旦下。連平二孽。有同符契。累朝以來。出師誅暴。未有若茲之奇速也。頃者華風不競。中國政微。五嶺三江。置諸度外。殊文異軌。六紀于茲。肇啓聖謀。驅攘寇亂。荆湖底定。南土晏然。燕薊之戎。汾晉之孽也。燕巢幕上。朝不謀夕。邊事少間。理道無壅。嚴恭寅畏。一日萬幾。勤於己而泰於人。儉於躬而豐於物。明四目而高視。達四聽而遠聽。不侮鰥寡。恤天窮也。信及豚魚。遂物性也。惜力念耕耘之苦。推食閔介胄之勞。法家者流。既峻且密。乃詔大理。毋重刑名。俾盡哀矜。務從寬簡。減盜竊之罪。緩鹽麴之禁。好生之德。通於神明。若乃昧爽丕顯。坐以待旦。商湯之戒慎也。側身損己。長轡遠馭。漢文之化導也。循名責寔。信賞必罰。建武之法制也。果敢決斷。從善如流。貞觀之風烈也。帝王之道。於茲備矣。太平之業。於茲成矣。由是祇見清廟。致其孝享。圜丘展禮。對越上元。一獻而天帝降止。再獻而神人以和。三獻而萬祿攸報。祥風拂袂。休氣繞壇。熙熙怡怡。群心胥悅。國家大慶。衆庶共之。肆赦覃恩。俾民更始。與天合道。謂之應。天大無不覆。謂之廣。遠無不至。謂之運。博施濟衆。謂之仁。智周萬物。謂之聖。化成天下謂之文。保大定功。謂之武。其德無際。謂之至德。臣等不勝大願。謹奉玉册玉寶。上尊號曰應天廣運仁聖文武至德皇帝。伏惟垂日月之明。監億兆之情。

凝旒端冕。昭受鴻名。如山岳之固。若松柏之貞。乾健不息。品物咸亨。承天之祐。萬壽千齡。

應天廣運聖文神武明道至德仁孝皇帝册文 開寶元年

維開寶元年歲次戊辰十一月庚辰朔二十四日癸卯。攝太尉、左僕射、兼門下侍郎、同中書門下平章事、昭文館大學士、兼修國史趙普與內外文武臣寮。馬步諸軍將校。四夷酋長耆艾緇黃八千三百人上言曰。臣聞天生黎民。樹之司牧。非至仁無以守其位。非大號不能書其功。書契以來。簡編斯在。是以放勛光宅。居二帝之先。文命錫圭。冠三王之首。伏惟應天廣運仁聖文武至德皇帝陛下膺乾御宇。括地開基。威加海內。道洽天下。偏師南出而荆湘定。靈旗西指而邛蜀降。嘉穀屢登。休祥荐至。幾至刑措。迄用小康。爰考舊章。再陳嚴祀。六龍在御。百神受職。金石合奏。天地同和。明德惟馨。無文咸秩。昭事上帝。而三靈允懷。陰騭下民。則萬戶胥悅。巍巍蕩蕩。煥乎成功。由是含生之倫、有位之士同辭抗表。願增鴻名。陛下謙尊而光。固拒其請。群心懇至。始曰俞哉。若乃其智如神。唐堯之美也。克諧以孝。虞舜之志也。生長萬物之謂道。照臨四方之謂明。播文武之英聲。廣仁聖之至德。合茲具美。用闡鴻休。臣等不勝大願。謹奉玉册玉寶。上尊號曰應天廣運聖文神武明道至德仁孝皇帝。伏惟陛下盛德大業。治定功成。不矜于己。不有其名。坤厚載物。乾元利貞。溫恭允塞。永協隆平。

應運統天聖明文武皇帝册文 太平興國三年

維太平興國三年歲次戊寅十一月癸未朔十四日丙申。攝太尉皇弟廷美等頓首言曰。陛下挺生奇表。誕膺元貺。鍾五行之秀氣。受三靈之眷命。肇自晉邸。入纂皇圖。恭勤日躋。孝友天縱。對越穹昊。秉茲小心。駕御英雄。恢以大度。言未出口。化馳若神。心之所之。威重千里。奄有萬國。逮茲三年。勾吳盡室以來朝。閩越稽顙而獻地。海隅倔強之長。浙右狡獪之俗。不勞折簡之召。悉歸輿地之圖。百年汚俗。一夕丕變。至於遠夷之國。漠北之人。奉琛外府。述職有司者。蓋無虛月矣。群臣等沐浴元澤。瞻望清光。如戴天焉。不知其高。如飲海焉。徒極其量。且夫太上立德。非名言之所及。三五建號。有皇帝之尊稱。相與測寸管以窺。設寸表以度。詠天地之大德。睎日月之末光。僉以爲陛下應運以居中。統天而垂教。總萬幾以聖。燭萬寓以明。裁成以文。底定以武。天工帝力。群臣豈得而知。屈己狥人。上聖之所不免。至于天請。始曰俞哉。臣等因肆類之克終。屬在宥之方始。仰巍巍之德。罄拳拳之心。謹與文武百官。諸軍將校。蕃夷酋長。緇黃耆艾等凡七千四百五十四人。不勝大願。奉玉册玉寶。上尊號曰應運統天聖明文武皇帝。伏惟陛下順考古道。對揚鴻休。克綏萬邦。永錫純嘏。臣等誠歡誠抃。頓首頓首。

崇文廣武聖明仁孝皇帝册文

維咸平二年歲次己亥十一月庚辰朔七日丙戌。攝太尉、兵部尚書、平章事張齊賢與內外文武百寮。諸軍將校。蕃夷君長等。再拜稽首上言曰。臣等聞承天序以臨民。播神功而育物。符命昭晰。道德敷聞。非鴻名無以表其尊。非顯號無以明乎大。蓋王者法輿蓋於天地。聖人運舒慘於生成。上以答宗廟之靈。□以副人神之望。伏惟皇帝陛下握圖御極。觀妙宅中。纘二聖之丕休。兼列辟之通術。制事以簡。御衆以寬。天成歲□。人述日用。奉宗祏盡尊尊之禮。敍昭穆示親親之慈。至於蠲庸調之逋懸。削條章之靡密。窮神設教。便俗立防。內□公卿。外咨岳牧。嗇夫相慶。畝有餘粮。廷尉上言。府無積□。逮□乘秋講武。築臺觀兵。視學崇儒。右文宣化。非煙翥野。協氣凝霄。昭格之功。與時俱茂。耀臨之德。與天比隆。此所謂神明胥悅。天人交應者也。繇是夷夏臣庶。不謀而集。咸以爲嘉運累洽。鴻猷允塞。宜受尊稱。以符至公。群懇翕然。疏封五上。輿情難奪。帝命乃俞。夫昭德塞違。柔遠綏近。成均講道。宣室禮賢。七萃訓戎。五營練卒。邊城弛柝。絕域銷烽。大聖以叶三靈。大明以熙百度。以仁克己復禮。以孝奉先承統。該揔徽美。煥盈宇宙。臣等不勝大願。謹奉玉册玉寶。上尊號曰崇文廣武聖明仁孝皇帝。伏惟陛下膺寶命於中夏。答祺祥於上元。跨越文景。焜煌羲軒。百祉斯永。九齡克延。無疆之慶。億萬斯年。臣等誠懽誠慶。頓首頓首。謹言。

崇文廣武儀天尊道寶應章感聖明仁孝皇帝册文 大中祥符元年十二月辛卯

維大中祥符元年歲次戊申十二月丁亥朔。五日辛卯。攝太尉、工部尚書、平章事臣王旦與內外文武百官。馬步諸軍將校。及蕃夷酋長。緇黃耆艾等再拜稽首上言。臣等聞陟圜丘而禪方澤。所以勒崇垂鴻。鏤金板而書玉牒。所以飛聲騰寔。非蒼靈交感。無以兆丕應。非函夏宅心。無以建顯號。故齊聖合德。必有發揮。天意人欲。不可推拒。至於踐八九之遐迹。兼三五之徽稱。擁百神之休。爲列辟之首者。何莫由斯道也。伏惟崇文廣武聖明仁孝皇帝陛下德寓天覆。英威霆斷。宅中黃而握祕紀。席蘿圖而操絕瑞。撫臨寰海。十有二載。清心而思道。正身而率下。茂陶唐欽明之姿。敦有虞忠利之教。體禹之勤儉。而未嘗滿假。法湯之寬仁。而濟之勇智。周武慈和、而人神胥悅。漢高豁達、而小大畢力。剗復講求令典。咨度善言。建大中於民極。刑敦敍于內治。物色遺彥。體貌宗工。重慎一成之文。辨明三至之謗。仁風溥暢。王度清夷。乃者邊候弗寧。疆吏致告。戎衣徂征。武節猋厲。揚威以靖亂。修明而繼好。包束干戈。示不復用。撫和荒遠。如樂之諧。此漢宣之功光祖宗也。先園俯邇。時思罔極。按厤修謁。奠獻悲涕。覽松櫝而勤止。閱脂澤而僾然。此顯宗之孝通神明也。故得淵監儲祉。祺祥昭答。齋居乙夜。示朌蠁之期。靈門旭旦。垂圖書之錫。況施殊尤。眷命深厚。爰徇臣民之請。乃修曠絕之禮。協吉日。歷岱宗。親至上封。謁款太一。陳信辭於金策。銘休功於翠崖。彰帝王之盛節。爲天下之壯觀。誠千載之一時也。於是群卿庶尹。虎臣爪士。閭里耆艾。夷邸酋渠。咸伏闕而言曰。陛下膺圖纂服。紹休聖緒。昭姓考瑞。繼誠先志。誠宜述宣鴻德。著于徽册。端委法坐。祇受尊名。茲事體大。不可闕也。陛下猶以撝挹沖讓。至于五請。始曰俞哉。夫體元則大之謂儀天。抱一守柔之謂尊道。寶命元應之謂輔德。明章通感之謂合符。臣等不勝大願。謹奉玉册玉寶。上尊號曰崇文廣武儀天尊道寶應章感聖明仁孝皇帝。伏惟陛下總清明之妙用。賾希夷之至言。生成而不宰。勞謙而益尊。永錫難老。垂裕後昆。增重九鼎。比隆黃軒。臣旦等誠懽誠抃。頓首頓首。謹言。

崇文廣武感天尊道應眞祐德上聖欽明仁孝皇帝册文 天禧元年正月辛亥

維天禧元年歲次丁巳。正月辛丑朔。十一日辛亥。攝太尉天書儀衞使恭上寶册南郊恭謝大禮使司空兼門下侍郎平章事王旦與內外文武百寮。
諸軍將校。藩衞牧伯。郡縣官吏。蕃夷酋長。僧道耆壽等再拜稽首上言曰。臣等聞太上元始。道之宗也。應物而強名。穹昊清明。天之體也。因時而表德。
惟重熙之嘉會。集三靈之休應。廣大悠久。法象昭著。增簡册之徽烈。繫天人之合符。伏惟崇文廣武儀天尊道寶應章感聖明仁孝皇帝陛下睿知淵
凝。聖謨天遠。恭睦而敦敏。文明而柔克。恢太平大定之業。愼持盈守成之戒。孝德本乎善繼。時雍始於惇敍。典禮樂以布王澤。則異俗咸懷。輯典章以
恢邦教。則時文載郁。萬方在宥。百志惟熙。海外暢清淑之風。寰中歸仁壽之域。向以乾符紛委。坤珍紹至。故升中于天、而禮岱社。報本乎地、而享汾脽。
廣虞巡之咸秩。舉漢祠之合祛。馨德格於上下。介福浹於遐邇。既而作靈宮以模太紫。爲至神之攸處。推尊名以周群嶽。寔前載之未有。是以穹靈乃
顧。高眞荐降。協夢雲紀。覩神汾水。啓仙源於太古。諭寶脈於無疆。而復景亳鳴鸞。祈禨而濟物。睢陽按蹕。尊祖而建都。寅奉明威。昭報繁錫。稽得一善
成之道。崇生□爲大之名。徽章極於範圍。盛則踰於載籍。溥天率土。鼓舞稱慶。由是圓首方足。不謀而同。以爲神貺益章。清寧之所輔。帝緒日遠。商周
之莫京。賞善是圖。邦國之大業。盛美純備。兆庶之欣戴。竊惟稱謂。未昭懿鑠。敢稽古訓。式導群心。詔旨下臨。深形謙拒。至于五請。始奉帝俞。夫克世丕
基。惟新受命。感天也。膺籙協期。躋俗歸厚。應眞也。燕翼有初。蕃衍惟永。佑德也。高視繩契。爲之稱首。上聖也。齊明慮受。克念則哲。欽明也。矧以獻歲初
吉。奉册於殊庭。次辛協辰。升禋于吉土。方交舉於盛節。宜誕膺於茂典。率籲衆懇。俯伏丹闕。復露章五上。冀行前詔。陛下不獲已而從之。臣等不勝大
願。謹奉玉册玉寶、上尊號曰崇文廣武感天尊道應眞佑德上聖欽明仁孝皇帝。伏惟陛下總列辟之令猷。紹九皇之至德。保佑黎獻。錫羡千億。與天
比崇。萬壽無極。臣旦等誠歡誠抃。頓首頓首。

宋大詔令集卷第六

帝統六

尊號册下

體元御極感天尊道應眞寶運文德武功上聖欽明仁孝皇帝册文 天禧三年十一月丁丑

維天禧三年歲次己未十一月癸丑朔二十五日丁丑，攝太尉、中書侍郎、兼吏部尙書、平章事臣寇準，與內外文武群臣、諸軍將校、蕃夷酋長、僧道耆壽等上言：臣聞陟泰壇、肆禋享，邦國之大事也；崇丕稱、表茂功，帝皇之盛節也。惟天祐聖，故珍符休命，必務乎昭答；惟人戴君，故鴻徽鉅典，必從其欣贊。我國家奮淳耀之烈，襲神靈之系。於皇聖祖，紹天闡繹，首中古之號，詒萬世之法。藝祖文考，創業垂統，爰舉盛禮，乃受丕名。肆重熙之在庥，本善述以昭孝。奉若成憲，斯惟至心。伏惟崇文廣武儀天尊道應眞祐德上聖欽明仁孝皇帝陛下，濬明在躬，剛健成德，垂策以司契，順斗而布度。具用平之大智，講長世之善經。愼罰寶慈，劭農抑末。卑服彰乎克儉，旰食勤于屢省。五兵載戢，而殊方卽敍；至神廣運，而洪化浮流。保合太和，妥綏有截，二十三載于茲矣。曩者霄極儲祉，眞瑞應期，登封告成，刻號昭姓。寖尋汾畤，大報於坤元；推尊嶽靈，並躋於帝籙。聲明燀耀，福瑞紛沓。旣而祕感冥應，飛朝旁戾，悟鴻源之濬邈，承淵宗之右序。乃復嚴師曲里，欽衆妙之本；設都睢水，表興王之壤。卜郊吉土，以謝貺穹厚；薦册泰館，以歸美眞聖。禮樂之文著矣，天人之際交矣。方且凝神于蠖濩，繹照乎靚淵。遠猷是經，小心弗匱。崇建上嗣，億寧大本。萬邦斯正，重暉克明。繇是三泰之奧區，終南之靈阜，荐受符書之貺誕 下闕

聖文睿武仁明孝德皇帝册文 天聖二年十一月丁酉文前半闕

禮恢儒也。矧乃永懷先訓，明發時思，雖遵易月之文，終守通喪之制。戚見七廟，而愾然如有聞；恩加九族，而歡然以相睦。人情大順，天道丕應。三邊絕警，五稼屢豐。屬至景之臨冬，因圜丘而肆類。中外臣庶、藩衛夷酋，咸以爲承休襲熙，重烈敷燿，宜享尊稱，用昭衆聞。而陛下虔鞏抑畏，載執謙愨，抗封五上，始降俞音。夫惟睿作聖，所以膺景命也；懿文經武，所以紹鴻業也；顯仁爲明，所以運群物也；純孝爲德，所以刑萬方也。臣等不勝大願，奉玉册玉寶，上尊號曰聖文睿武仁明孝德皇帝。伏惟陛下俯黔首之戴，荷上靈之祥，蹈九皇之遐蹟，保四海之永康，恢一祖二宗之聖緒，與天地而無疆。

睿聖文武體天法道仁明孝德皇帝册文（明道二年）

維明道二年歲次癸酉。二月丁酉朔。十一日丁未。攝太尉具官呂夷簡等上言曰。臣聞穹旻之垂景命。必資神睿之略。以庇於方夏。臣庶之沐利澤。必薦崇高之號。以歸於尊極。炎德初基。藝祖興運。造邦戡難。不憚濡足。神宗纂治。以聖繼聖。功德宏偉。充格天地。洎乎文考。內平外成。重明累洽。禮樂大備。莫不勉膺徽册。俯循群請。度越乎前載。烜赫於無窮。洪惟尊號皇帝本神靈之系。憑積累之厚。享天下之富、而守以約。乘天下之安、而慮以危。以慈者、道之寶。乃恤孤而賑窮。以儉者、德之基。故澣衣而菲食。以天戒之可畏。間形責躬罪己之言。以人命之至重。每下欽刑慎罰之詔。乾乾翼翼。一紀于茲。故桀驁之俗。陶至化而面內。肖翹之類。被善氣以樂生。歲時大順。禾稼屢稔。乃詢輿議。刺舊聞。講希世之儀。舉盛德之事。仲春令序。土膏脉起。闢千畝之田。展三推之制。于是彤庭文武之烈。藁街夷裔之長。班白之老。緇黃之衆。屬陳盛禮。願進鴻名。中外一辭。封章五上。陛下矜其懇懿。始賜允俞。夫智迎事解。意發天合。不曰睿聖乎。興學招士。包戈遠服。不曰文武乎。居上凝命。御氣生物。不曰體天乎。執象觀妙。抱一無爲。不曰法道乎。靡惠不孚。靡幽不燭。不曰仁明乎。竭恭致養。率禮範俗。不曰孝德乎。臣等不勝大願。謹奉玉册玉寶、上尊號曰睿聖文武體天法道仁明孝德皇帝。伏惟陛下因率籲之志。順歸報之隆。緊自天之祐極。用十世之延。鴻既壽而康。申錫無窮。

景祐體天法道欽文聰武聖神孝德皇帝册文（景祐二年十一月乙未）

維景祐二年歲次乙亥。十一月辛巳朔。十五日乙未。攝太尉、南郊大禮使、推忠協謀同德守正佐理功臣、開府儀同三司、行尚書右僕射、兼門下侍郎、同中書門下平章事、昭文館大學士、監修國史、東平郡開國公、食邑一萬一千戶、食實封四千五百戶呂夷簡率內外文武百官。諸軍將校。藩衞牧伯。蕃夷酋長。僧道耆壽等再拜稽首上言曰。臣等聞以至公御衆者。必有至公之議歸之。以盛德居上者。必有盛德之事尊之。歸之不可卻。其誠尊之無能辭其美。亦猶雲蒸雨施。天地之相合也。宮動商應。律呂之相召也。推於至治。本乎自然。是以燀赫之儀。不戒而備。鴻懿之號。不謀而同。眇覿茫昧之初。逮乎繩契之際。司牧所曁。稱謂必昭。窺美大之迹。稽審諦之美。功由號顯。號以德隆。放勛重華。敷命甚美。其來尚矣。粵自炎德肇興。眞人協應。傳繼之盛。夐出百王。莫不憲古御今。詒謀垂後。乘熙洽之會。順愛戴之心。典册備物。爲萬世法。恭惟體天法道仁明孝德皇帝陛下紹累聖之緒。膺千齡之期。天贊慶靈。日躋濬哲。聲身律度。蹈伯禹之法。憯怛忠利。廣有虞之愛。若乃振舉廢墜。講求希闊。則躬執黛耜。修耕籍之儀。屛絕玩好。虔聳祭祀。則精擇美璞。爲祼瓚之器。肇新鐘律。恭薦郊廟。鄙申韓之法。務蠲煩苛。宗黃老之言。尊高清淨。納忠塈讒。而辨邪正之分。念功忘過。而無喜愠之色。虛心應物。屈己從人。前疑後承。以熙夫庶績。左嘉右肺。以達于下情。間以螽螟爲災。衆庶艱食。寅畏靈譴。抑損徽名。惟德動天。其應如答。尙執撝沖之旨。夙申敦諭之言。而中外震悚。官師怫欝。今懿綱載肅。治具畢張。綿宇安寧。含生茂遂。諏升陽之穀旦。展肆類之上儀。懷柔百神。崇侑三后。繇是大庭紳冕之列。荒服鞮譯之人。麟趾茂親。虎賁雄帥。鮐背鯢齒之老。黃冠緇服之侶。咸謂美報方畢。繁祉具應。懇陳難奪之言。願復至尊之號。傾葵向日。雖極於輿情。鏤玉塡金。未昭於丕矩。旅庭剡奏。五上一辭。陛下勉廸前尋。俯從衆欲。夫祇遹天命。修明憲度。皇猷無外。光被四表。欽文之謂也。講修鄰好。戡濟暴亂。睿知獨運。燭見萬里。聽武之謂也。知萬物之幾。妙天下之用。周流不測。變化無窮。聖神之謂也。歲歷更號。天符薦休。事沿盛唐。以冠元首。臣等不勝大願。謹奉玉册玉寶。上尊號曰景祐體天法道欽文聰武聖神孝德皇帝。伏惟膺穹厚之眷。荷祖宗之祥。置神器於安靜。納天民於阜康。惟億萬斯載。保邦祚之無疆。

寶元體天法道欽文聰武聖神孝德皇帝册文 寶元元年十一月庚戌

維寶元元年歲在戊寅十一月癸巳朔十八日庚戌。攝太尉、南郊大禮使、推忠協謀同德佐理功臣、開府儀同三司、門下侍郎、兼兵部尚書、同中書門下平章事、昭文館大學士、監修國史、上柱國、淸河郡開國公、食邑一萬一千九百戶、食實封四千六百戶臣張士遜。率內外文武官弁諸軍將校、藩衞牧伯、番夷酋長、僧道耆壽等。再拜稽首上言曰。臣等聞王者受命。上繫歲端。故謹五始之元。以立極。天子至尊。孚令臣下。故總萬國之號。以歸美。蓋夫據圖籙之正。握樞衡之寶。必有典册備物。表功于無窮。既以本顧諟之旨。又以納輸戴之誠。奉時若古。允繇斯準。神宋肇運。祖宗重熙。統一增鴻。克燀淳耀。善襲詒法。茲謂至公。恭惟景祐體天法道欽文聰武聖神孝德皇帝陛下。乾健離文。雷動淵默。淸明禺昂。天光見乎表。濬哲幾敏。德音應乎遠。紹服嘉靖。勵精持循。偃兵講和。垂裳思治。乃質故載。酌先規。覽權綱。核名寔。諗墜緒之舊。靡不緝求。□謨之助。罔有攸伏。隆儒視學。採書受道。奮辭摛藻。星漢昭回。題毫拂素。龍鸞點絢。匪徒作者之壼。寔有化成之益。四見郊時。中履農甸。祈報之誠。達陟配三后。並假二廟。尊親之孝。展考禮均樂。聲容以諧。備政詳刑。威賞自出。定著科令。辨章憲度。論材懋官。則髦士進。推恩卹後。則世祿蕃。惡比周之蠹。則斥憸諂。近端良。遴左右之選。則圖宿艾。延讜直。敦族糾愛。合小宗於朱邸。練師選將。制新書於金匱。裕民絕橫賦之暴。馭吏得善使之方。舜孳禹勤。敢或逸豫。仍歲康稔。膺庚饒衍。邊亭晏如。物無疵癘。懷生蚩蚩。不識烽燧之警。誦弦舞戚。比屋知教。獻琛贄玉。裔夷面內。屬陽升日至。帝饗習吉。靈歡交瑞。策畢繇是。卿尹群辟。藩嶽師帥。洎千夫百夫之長。要荒之酋。都鄙之耆。緇黃之侶。率籲言而窺景鑠。咸願采春秋之一元。樂經之英華。洪範之思睿。擬議徽懿。褒合尊稱。陛下高居怵然。推而弗有。群臣叫閽。五請始遷。思報可。猶以祇告儆貺。略褒節而揭初厤。至哉聖人。紓己徇下。損滿敦辭之旨。固已比皇勛。鋪帝猷。不矜不怠。自我折中。□等不勝大願。謹奉玉册玉寶。上尊號曰寶元體天法道欽文聰武聖神孝德皇帝。伏惟陛下儆置器之安。思守文之難。翕對丕名。懋恢令聲。畏天保民。遹觀厥成。於皇萬年。如日之升。本支緜緜。福祚莫京。

體乾膺厤文武聖孝皇帝册文 治平四年

維治平四年歲次丁未正月庚戌朔。攝太尉具官韓琦與內外文武百寮。諸軍將校。藩衞牧伯。郡縣長吏。暨藩夷酋長。緇黃耆艾等。再拜稽首上言。臣聞天地育萬物而不責其報。然飛走之徵。必時而有薦者。以知其本也。君德被萬寓而不有其名。然百辟之衆。必崇而有號者。以獻其誠也。故報雖不責薦而知其本者天必享名雖不有號而獻其誠者君不違是以上下之情通而古今不能以易也恭惟皇帝陛下自然之性得堯之仁不聞而式紹文之聖總百行而無不備探六藝而無不達粤在宗邸德充而晦令聞莫遏四海系心譬夫大明將升光氣前發萬目瞻望不可韜戢及乎膺受聖託纂隆皇緒信默三祀動謹先法奉養長樂孝惟克諧內嚴宮闈而細大必修外正紀綱而頽墜皆舉攬威權以歸己斡神化而獨運下暨鰥寡悉安其生至于昆蟲莫不被澤其九族之睦也俾先乎知道其百揆之序也本精乎任人若夫延見邇臣咨訪不倦有虞之好問也抑損浮費用度日約大禹之克儉也緝熙光明而德行以顯周成之保邦也綜核名寔而賞罰必信漢宣之圖治也并會衆美嗣興太平故自舟車所通日月所照皆奉順聲教無敢弗虔固足以恢四聖之閎休極百王之盛節者矣迺者肇禋吉土始見清廟祭而受福慶將逮下下之報上安可無述臣等所以合中外之志叩闔屢瀆請上丕稱以形容於萬一而陛下持易之謙執道之契德貫二儀而不自滿功偕八世而無所矜沖然弗居可詔不下自是輿情鬱邑更相責誚以爲睿聖之烈赫赫如此而不能發揚而增大之是不若飛走知本之著也今三朝之吉萬玉來會重譯有貢八音在廷臣等幸於此時冀畢前懇封奏五上莫匪傾竭陛下猶敦諭數四不得已而俞之夫道濟群生而不言所利體乾也躬膺大命而若固有之膺厤也化成天下輝光而日新文也守在四夷而兵革不試武也日用而百姓不知聖也親寧而萬國以歡孝也臣等不勝大願謹奉玉册玉寶上尊號曰體乾膺厤文武聖孝皇帝伏惟陛下無前之績本忘其名徇衆之欲勉而是誠斯亦踵祖宗之舊而慰夷夏之情惟持其盈以守其成壽考萬年以安以榮臣等誠懽誠抃頓首頓首謹言

尊號赦

上尊號訖四京畿內德音 治平四年正月

門下朕光膺眷命祇紹蘿圖遡惟守位之艱浩若涉川之廣恭勤矜慎四載于茲所幸方隅敉寧歲時和順比屋咸臻於富庶懷生率底於緝熙近者王公邇臣百辟多士咸扣閽而陳請屢囊奏以露衷共以徽名加于菲質龐鴻紀號誠愧於祇承愛戴傾心重違於勤請會茲元朔圖上寶文闡丕慶於皇家劭先猷於祖烈宜推渙澤俯逮都畿用伸曠蕩之休以懋丕平之化四京畿內見禁罪人限德音到日云云於戲宅心御極日慎於政經覃下均恩大孚於慶典咨爾有衆宜體朕懷

宋大詔令集卷第七

帝統七

違豫康復

徽恙諭輔臣手詔 天禧四年十二月乙亥

朕覺微恙發動。四體不得痊和。每念太祖太宗創業艱難。不敢懈怠。憂勞積久。成此疾疢。太子雖至性天賦。而年未及壯。須文武大臣盡忠翊贊。自今後有要切時政。可召入內都知會議聞奏。內廷有皇后輔佐。庶無憂也。

康復諸道德音 天禧五年正月十□日

門下。朕荷三寶之純祐。□二聖之宏基。慈庇萬方。寵綏庶類。博文軌而無外。罄小大以咸宜。備申昭報之誠。允集來同之祉。欽崇天道。益勵于寅恭。敷暢國經。務臻於嘉靖。克固重熙之業。聿恢至治之風。而朕旰昃彌勤。節宣徵爽。齋居滌慮。簡政怡神。夙昔以□。保寧如故。屬以芳春肇起。品物□萌。眷農事之方興。矧彝倫之式序。兆人允殖。六府交修。體陰陽之和。所期大順。□雷雨之動。用洽至仁。應三京及諸道云云。於戲。恭己嚮□。既諧於有裕。宣恩協慶。良表於胥歡。咨爾群倫。當體予意。

元符三年不豫赦 正月十日

門下。朕以夙興御朝。數冒寒氣。比嬰腹疾。未獲痊平。載念囹圄之間。不無縲繫之久。宜推恩宥。以格善祥。嘉與含生。用臻壽域。於戲。帝王之德。莫大好生。天地之心。寔惟助順。冀導迎於和氣。永孚祐於不圖。咨爾多方。咸知朕意。

康復德音 政和元年□月十一日

門下。朕守積累之宏基。撫盈□之景運。深自抑畏。靡懷宴安。顧萬物之得宜。懼一夫之失所。勤勞政治。儆戒幾微。□爽節宣。乃爲祲沴。旋日勿藥。涓辰御朝。神廌康寧。人胥慶悅。丕共三靈之眷。於昭九廟之休。嘉應翕臻。至和充塞。惟純佑命。豈備福之敢專。以浸黎民。俾湛恩之溥及。應四京云云。於戲。視履考祥。永緝熙于純嘏。發號出令。大敷錫于庶民。咨爾多方。體予至意。

內禪

宣和傳位詔 宣和八年十二月二十四日

朕以不德。獲奉宗廟。賴天地之靈。方內乂安。二十有六年。永惟累聖付託之重。夙夜祗懼。靡遑康寧。迺憂勤感疾。慮壅萬機。斷自朕心。以決大計。皇太子桓。聰明之質。日就月將。孝友溫文。聞于天下。主鬯十載。練達政經。宜從春宮。付以社稷。天人之望。非朕敢私。皇太子桓可卽皇帝位。凡軍國庶務。一聽裁決。予當以道君號退居舊宮。予體道爲心。釋此重負。大器有託。寔所欣然。尙賴文武忠良。同德協心。永底于治。

遺制

開寶遺制 開寶九年十一月甲寅

脩短有定期。死生有冥數。聖人達理。古無所逃。朕生長軍戎。勤勞邦國。艱難險阻。實備嘗之。定天下妖亂。成域中大業。而焦勞成疾。彌留不瘳。言念親賢。可付後事。皇弟晉王某。天鍾睿哲。神授英奇。自列王藩。愈彰厚德。授以神器。時惟長君。可於柩前卽皇帝位。喪制以日易月。皇帝三日聽政。十三日小祥。二十七日大祥。諸道節度觀察防禦團練刺史知州等。並不得輒離任赴闕。聞哀之日。所在軍府三日出臨。釋服。其餘並委嗣君處分。更賴將相協力。中外同心。共輔乃君。永光丕祚。

至道遺制 至道三年三月癸巳

朕聞兩曜麗天。不能逃虧昃之數。四時成歲。無以逾代謝之期。知冥運之有終。乃達人之大觀。朕以涼德。君臨萬邦。二紀于茲。庶民咸乂。爰從春首。憂勞遘災。雖藥石之載加。柰沉綿而愈劇。以至大漸。弗瘳弗興。皇太子克茂溫文。夙彰孝愛。自處前星之位。彌光主鬯之賢。嗣守丕圖。必符昌運。宜于柩前卽皇帝位。爾其任賢去邪。克遵於往誥。布德施惠。深念於黎民。更賴中外藎臣。文武多士。一心協佐。共致雍熙。諸軍賞給。並取嗣君處分。喪紀以日易月。山陵制度。務從儉約。應在外臣寮。不得擅離治所。只於本處舉哀。於戲。有生必死。品物之大端。送往事居。前哲之明訓。克愼洪業。吾無恨焉。

乾興遺詔

門下。朕嗣守丕基。君臨萬寓。懼德弗類。側身靡寧。業業兢兢。倏逾二紀。幸賴天地之祐。祖宗之靈。符瑞荐臻。邊鄙不聳。臻乎至治。無讓古先。而寒暑外侵。憂勞內積。遘茲疾疢。屢易炎涼。雖博訪良醫。偏走群望。逮諸禳禬之法。徒竭精格之誠。弗獲瘳興。至于大漸。皇太子某。予之元子。國之儲君。仁孝自天。岐嶷成質。爰自正名上嗣。毓德春闈。延企雋髦。尊禮師傅。動遵四術之敎。誕揚三善之稱。矧穹昊眷懷。寰區系望。付之神器。式協至公。可於柩前卽皇帝位。然念方在冲年。適臨庶務。保茲皇緒。屬於母儀。宜尊皇后爲皇太后。淑妃爲皇太妃。軍國事權兼取皇太后處分。必能祇荷慶靈。奉若成憲。撫重熙之運。副率土之心。更賴佑佐宗工。文武列辟。輔其不逮。惟懷永圖。諸軍賞給並取嗣君處分。喪服以日易月。山陵制度務從儉約。在外群臣止於本處舉哀。不得擅離治所。於戲。修短之數。豈物理之能逃。付託之宜。諒輿情之增慰。咨爾中外。體朕至懷。主者施行。

嘉祐遺制

朕荷國大統四十有二年。嘗懼菲涼。不足以承祖宗之鴻烈。然兵休民靖。底于丕平。顧朕何德以堪之。乃自春已來。積勤爽豫。今至大漸。恐不得負扆以見群臣。皇子某以天性之愛。朝夕寢門。未始少懈。況聰知明睿。朕素有承嗣之託矣。夫豈不順天人之望哉。可柩前即皇帝位。皇后以坤儀之尊。左右朕躬。慈仁端順。聞於天下。宜尊皇后爲皇太后。應諸軍賞給並取嗣君處分。喪服以日易月。山陵制度務從儉約。在外群臣止於本處舉哀。不得擅離治所。成服三日而除。應沿邊州鎮皆以金革從事。不用舉哀。於戲。死生之際。惟聖爲能達其歸。矧天之寶命。不墜于我有邦。更賴文武列辟。輔其不逮。朕何慊焉。咨爾中外。體予至懷。主者施行。

治平遺制 治平四年正月丁巳

朕蒙先帝之遺休。荷高穹之眷命。獲主大器。于茲五年。樂與群公。講求至治。先身以儉。冀臻四海之富康。勵志之勤。未嘗一日而暇逸。而憂勞積慮。疾恙蹤時。有加無瘳。遂至大漸。皇太子某。睿哲之性。天姿夙成。儲兩之明。人望攸矚。可於柩前即皇帝位。尊皇太后爲太皇太后。皇后爲皇太后。諸軍賞給取嗣君處分。喪服以日易月。山陵制度務從儉約。在外群臣止於本處舉哀。不得擅離治所。成服三日而除。應沿邊州鎮皆以金革從事。不用舉哀。於戲。死生之理。聖哲所同。惟賴宗社之靈。臣隣協德。輔我元子。永康王家。咨爾多方。當體予意。

元豐遺詔 八年三月戊戌

朕以菲涼。奉承大統。獲事宗廟。十有九年。永惟萬機。靡敢暇佚。賴天右序。方內乂寧。逮至首春。偶至違豫。病既益進。遂爾彌留。恐不復誓言。以嗣茲志。皇太子某。溫文日就。睿智夙成。仁厚孝恭。發於天性。人望攸屬。神器所歸。可於柩前即皇帝位。然念方在冲年。庶務至廣。保茲皇緒。寔繫母儀。皇太后聖哲淵深。慈仁惻隱。輔佐先帝。擁佑朕躬。識達幾微。聞於四海。宜尊爲太皇太后。皇后爲皇太后。德妃朱氏爲皇太妃。應軍國事並太皇太后權同處分。依章獻明肅皇后故事施行。如向來典禮有所闕失。命有司更加討論。諸軍賞給並取嗣君處分。喪服以日易月。山陵制度務從儉約。在外群臣止於本處舉哀。不得擅離治所。成服三日而除。應緣邊州鎮皆以金革從事。不用舉哀。於戲。惟生知死。惟聖人能達其情。託重受遺。惟賢者能致其義。尙賴左右輔弼。文武官師。同寅協恭。永底至治。

元符遺制

朕嗣守大業十有六年。永惟付託之重。夙夜祇懼。靡敢遑寧。賴天之休。方內乂安。蠻夷率服。乃自故冬以來。數冒大寒。浸以成疾。藥石弗効。遂至彌留。恐不獲嗣言以詔列位。皇弟端王某先帝之子。而朕之愛弟也。仁孝恭儉。聞於天下。宜授神器。以昭前人之光。可於柩前卽皇帝位。皇太后、皇太妃、保佑朕躬。恩德至厚。凡在禮數。其議所以增崇。以稱朕欲報無已之意。方嗣君踐祚之初。應軍國事請皇太后權同處分。應諸軍賞給。並取嗣君處分。喪服以日易月。山陵制度。務從儉約。在外群臣止於本處舉哀。不得擅離治所。成服三日而除。應緣邊州鎮。皆以金革從事。不用舉哀。於戲。死生之期。理有必至。宗社之奉。其永無疆。尙賴股肱近臣。中外百辟。協輔王室。底綏萬邦。咨爾臣民。咸體朕意。

謚議上

太祖謚議

朕以易名之典。抑惟舊章。所以昭著聖猷。傳示來世。流芳垂裕。永永無窮。此百王不易之道也。伏惟大行皇帝稟上聖之姿。君至尊之位。契三靈之睠命。開萬世之洪基。應乎天而順乎人。聲爲律而身爲度。奄宅區宇。十有七年。以乃聖乃神之功。守克勤克儉之德。躬決庶務。則日旰忘疲。廣覽群書。則宵分輟寐。外誡畋遊之樂。內無耳目之娛。揭進善之旌。懸敢諫之鼓。解衣推食。憫戰士之勤勞。薄賦輕徭。念農人之疾苦。萬古皇王之道。平窺於掌握之中。三方僭僞之君。生致於闕廷之下。威加四海。德合二儀。三辰順而天道無差。兆民康而年穀屢稔。功已成矣。理已定矣。而猶小心恭己。詰旦視朝。旣勤倦以勞神。致寒暄而遘厲。馬歸華嶽。方臻偃武之期。龍去鼎湖。遽促上僊之駕。今虔遵舊典。上易尊稱。謹案謚法。道德應物曰英。除亂靜難曰武。窮神知化曰聖。經緯天地曰文。陰陽不測曰神。功成民用曰德。若乃坐籌決勝。訓卒練兵。復吳蜀之土疆。弔交廣之生聚。畏天威者不召而至。慕皇風者重譯而來。豈不謂之英武乎。又若興起學校。搜訪隱淪。廣延儒雅之徒。樂聞俎豆之事。明王聖帝。靡不葺其祠宇。名山大川。靡不奉其禋祀。豈不謂之聖文乎。又若宸謀不測。睿略遐敷。先天而天不違。作事而事無愆。素功侔造化。智識洞元微。萬靈歸指顧之中。六合入牢籠之內。豈不謂之神德乎。太者。表極尊之稱。祖者。彰開基之德。洪惟淸廟。永配昊天。伏請上大行皇帝尊謚爲英武聖文神德皇帝。廟號太祖。

太宗謚議

臣聞明一合道曰皇。德象天地曰帝。聰明文思。行也。堯舜禹湯。謚也。王者膺圖受厤。應天順人。美盛德而試諸難。騰英聲而節一惠。生有尊號。終受大名。垂諸簡編。如揭日月。伏惟大行皇帝允恭克讓。豁達神武。千年誕聖。彤雲紫氣之祥。五行鍾秀。日角龍顏之表。純孝因心。奉宣祖而尊嚴父。雍睦悌弟。翊太祖而肇興王。始者姬室下衰。梁王在位。謳歌獄訟。去周歸宋。至于出征。帝亦言邁。三靈改卜。百姓與能。陳橋有切諫之言。京邑無敓攘之患。市不易肆。遂登皇極。佐聖之功大也。乃荒魯邦。乃建元侯。內總熊羆。肅淸禁衞。龍潛邸第。晦九五之迹。鳳德尹京。洽億兆之心。洎奄有四海。爲天下君。大

寶曰位其命惟新改元太平符守文之代於鑠軍政協下武之時應運之期至也蕞爾汾晉結援林胡逆節亂常兩朝三紀勞人動衆堅不可拔帝赫
斯怒定議親征矢石齊攻金湯不守折鐵易於摧枯渠魁倏已銜璧與民更始惠如春陽本封晉王終定厥土受天之命光也漳泉入覲混同文軌杭
越獻地一統寰區無思不服無遠弗屆占城于闐之封大食賓同之國獻琛奉贄歲無虛月白鷴紫鵲之異神麟丹鳳之靈嘉禾連理史不絕書中孚
之信及也經緯天地克定禍亂政之大者必躬親之高臺講武臨軒選士英儒贍文之鴻博骨騰肉飛之傑俊天下英雄落吾彀中升之峻級待以淸
華不數十年有登廊廟而定疆埸者知臣之鑒精也幽有鬼神明有禮樂墜典聿脩無文咸秩五展南郊之儀一議東封之禮籍田勸農御樓肆赦釋
老之教崇奉爲先名山大川靈跡勝境仁祠仙宇經之營之致恭之誠廣也求賢審官化民成俗爲政以德惟刑恤哉置詳刑之曹下考課之令菅蒯
不棄涇渭分流時無遺才吏皆守法興廢繼絕矜孤賑寡視民如子使無蹈乎水旱思艱食爲憂遐幽在念籲天無所增加使額勤卹人隱納隍之言
遠也俯仰山谷詳延隱淪修史氏之職改班秩之稱著治化之書貞觀之風也紀仙山之石開元之事也弧矢以威天下善射通神藥石以救齊人仙
方塡委樂正雅頌無相奪倫幸太學以談經召儒臣而侍讀卑宮室、則斲雕爲樸減尊稱、則法天崇道開理檢以登聞升便殿而崇政立儲定社稷之
本淸心希天庭之妙治世之規備也在宥天下二十有二年王澤深矣機務詳矣臣下之歸尊至矣黎甿之受賜多矣越書契以無倫盡帝王之能事
還淳反古如指諸掌泥金檢玉方卜近期而鼎成龍至聖駕上仙萬方縞素九成遏密下臣奉詔擬議徽烈丕揚耿光追惟古始巢燧之際載籍未備
炎黃已還聲明有章若乃兼商周之質文總漢唐之雄盛乃聖乃神乃武乃文敍全功與令德實映後而輝前也旁稽禮文恭案諡典應變無方不疾
而速得不謂之神乎施爲於民裁成萬物得不謂之聖乎萬邦爲憲帝德廣運得不謂之文乎保大定功奄有九域得不謂之武乎夫法太初前志謂
太上立德以宗禮經有宗祀配天惟千齡應運之君爲百代不遷之主請上尊諡曰神功聖德文武皇帝廟號太宗

宋大詔令集卷第八

帝統八

謚議下

眞宗謚議

伏以古之王者。申節惠之文。舉易名之典。取法於天地。陳禮於郊廟。蓋所以褒勸成德。彰示方來。著為令猷。歷代不易者也。伏惟大行皇帝誕膺基命。祇嗣寶圖。席二后之慶暉。接五精之正統。業隆富有。德茂□孚。端黼扆以嚮明。偃琱戈而下武。四鄙清定。九區率順。面內之夷欽嚮。充庭之貢狎至。豐澤流麗。載謠洋溢。孰遠而弗達。胡微而弗浸。仍歲大熟。方內大寧。協百志以咸熙。總萬機而惟允。勵精以思道。廣聽而博納。刑罰止息。品彙阜滋。刑忠利以宣猷。渙文明而施化。家興禮讓。俗躋仁壽。無爽物性。勤恤民隱。祇遹成憲。克務在寬。居無自我之規。動叶用中之道。乃至慎選列辟。體貌皇僚。疇咨蹇諤之臣。以箴主闕。濬發丁寧之札。以重農本。下民之言好問。聲色之娛不邇。九功灼敍。百吏肅謹。講求禮式。修明憲度。政體以之畢舉。時俗以之於變。絜誠而致祀。欽容以事天。舉必率於齊蠲。奉必資於崇寵。精專祇戒。翕習示祥。天人之際已交。帝王之制兼劭。旋荷昭回之鑒。荐膺奧祕之錫。示先期於路寢。接珍御於紫闈。丕昭濯濯之靈。怳悟綿綿之緒。博觀品列。誕告方國。均同於純貺。載嚴於崇報。隆神麗之靖宇。範端邛之睟豫。紀節物於令甲。總使職於台宰。闡繹集虛之道。奉延御辨之游。茂講景儀。專致精意。聿詢夏諺。載事虞巡。祇建天家之封。親款后皇之祀。金庭順拜。緬尊於道蔭。旻壇薦類。式報於春祺。震耀采章之容。紛綸符瑞之富。且夫修明典則。祇祓燔瘞。必歸美於祖宗。祈褫於兆庶。然後發渙汗之號。建尊顯之稱。昭禯盛之威容。騰英茂之聲烈。繇是振章天之藻翰。紀鏤石之信辭。鍾律均和。黼黻交麗。逮星灰之屢改。積緹緗而彌廣。矧乃中禁之地。侔於上帝之府。金檻叢倚。鈿軸相鮮。邁炎漢之好文。盛開元之致治。朝廷無事。皇家多懽。處帝所之祕深。叶眞風之冲漠。希微致用。睟穆居尊。體廣運於乾元。保久視於教父。齊皇極以敷訓。示太素以御民。固以守丕業於盈成。致懷生於茂遂。豈圖時有浸沴。疾生腠理。欻憑玉以大漸。遽脫屣而上仙。冢宰導乎遺音。天下瞻乎晏出。所以三靈憒慘。萬國號慕。穆卜惟吉。同軌赴辰。列哀仗以綺城。引龍輼於御道。虔遵禮典。上易徽稱。謹按謚法。經緯天地曰文。無幽不察曰明。法度明大曰章。通達先知曰聖。生善行德曰元。慈惠愛親曰孝。文以化成。明以臨照。章以垂憲。聖以廣運。元以法天。孝以述志。惟治也本乎至道。惟德也所以稱宗。則法舊史之明文。爲來葉之懿範者。蓋天之所命矣。請上大行皇帝尊謚曰文明章聖元孝皇帝。廟號眞宗。

仁宗謚議

臣聞元精磅礴。濟萬物而不昭其迹者。薦名曰天。至道汪洋。澤萬世而不有其功者。定議于帝。伏思自古帝王。膺大名。號大行。使金聲而玉振之。以紹乎無窮之聞者。帝莫盛於堯舜。王莫盛於禹湯也。蓋易名之典。下不得誄上。古者將爲至尊之謚。必質于郊。然后定之。所以推天下之至公。雖天子不得以自專也。洪惟大行皇帝。躬上聖之質。承累聖之緒。流大漢之豈弟。承放勛之欽明也。包富有之業、而能守以約。攬泰定之基。而弗恃以安。固嘗邈然馳視其未刑。俛然積思所不及。謂天命之匪易。乃嚴心戒懼。以答靈心之顧。謂民懷之靡常。乃函容照物。以陶善類之歸。知括萬慮而不可贖。恩隆四垠而不可形。如兩儀之無不幬載。如三辰之無不臨照。于時修廢官。繼絕世。禮高年。勤力穡。減常賦。卻末游。虛己以遇豪俊之材。降志以從忠直之諫。振立賞罰而權衡之。章明典禮而黼黻之。宥恕刑獄而滌蕩之。惠安困窮而衣食之。人情莫不欲逸。愛人力而不勞。人情莫不欲壽。輔其生而不傷。群公庶尹。罔不交孚。相與謀王之朝。殊隣絕區。罔弗僨寧。相與慕王之境。父父子子。兄兄弟弟。罔弗祇順。相與立王之途。仁政之施。沛然其若是。莫之能禦也。矧復耕籍於千畝之田。祫祭乎先王之廟。報天之誠篤。則八奠于圜丘。嚴父之志盡。則再侑於明堂。宗室既蕃。則廣諸分玉之愛。邦統未昭。則豫有主鬯之屬。下議樂之詔。以考鐘石之和。置寫書之官。以綴經墳之學。邇英敷席。圖講藝也。凝機被宇。賓味道也。藻思粹發。窮聖作也。飛毫洒落。肆天縱也。知聲色之靡伐於德義。于是乎屏燕飲之娛。知雉兔之獲殫於精神。于是乎絕盤游之欲。念織組之勤。則卻服御之華。念土木之費。則損宮室之麗。西羌阻命。不欲久戍勞師。而遂納玉關之誓。南蠻肆姦。不欲深入薄寇。而自致藁街之戮。時則有踰沙軼漠卓犖之貢。委應圖合課沕潏之瑞。叢四十二年于茲。可謂海內大治矣。竊迹羲皇之前。夐乎莫索其詳。自詩書之載。揆厥所元。曁乎攸卒。未有如茲之盛者也。方將勒鴻休。受永佑。豈圖神機忽厭。邦釁上延。仙鼎已成。不返荊山之御。玉衣雖在。空陳渭水之遊。嘉原既新。同軌畢至。下華蓋於北極。引龍輴之西巡。此萬國之所以摧心。三靈爲之變色。有司由是飭舊典。□丕稱。皇哉鑠乎。幾有以綏王靈而炳帝烈也。謹按謚法。一民無爲曰神。經天緯地曰文。通達先知曰聖。保大定功曰武。照臨四方曰明。慈德愛親曰孝。若乃群生嘔嘔。鼓之舞之。不知至化之所自然。非至神乎。制禮作樂。際天接地。煥乎而大備。非至文乎。惟宗廟之奉。實發先識。以建大本。非至聖乎。戴白之老。不知兵革之警。非至武乎。遐方荒昧之情。格于聰明而無所遺。非至明乎。敦敍九族。以逑奉祖先之志。非至孝乎。粤自廟號之建尚矣。惟其歷古聖賢之君。莫不極其所以尊明盛德之稱。又或至于代相襲之。夫仁者聖人之盛德。豈獨未有以當之耶。抑當時鴻儒鉅學。乃略於稽求。將天之所啓。期以克配大行之廟乎。詩云。維天之命。於穆不已。此之謂矣。惟功以創業爲祖。德以守成爲宗。皆尊尊之大義也。大行皇帝尊謚宜天錫之曰神文聖武明孝皇帝。廟號曰仁宗。

英宗謚議

臣聞惟天爲大在形器而已分惟君爲尊抑德名而後顯皇墳帝典玉板金函勒鴻垂休略見方策我宋受命以作神主乃武乃文克明克類故七世之廟可以觀德三靈之心懷于有仁保定之眷永錫景祚淳耀之烈爰集治平恭惟大行皇帝濬哲應期泰清撫運體乾元之剛健涵陽精之光鑠粤初清明在躬隱而未見則惟尊德性而道問學致廣大而極淵微儲思養正而聖功内充處謙自牧而物情已服仁宗皇帝深燭天意知人神之依曰惟汝賢授之宗器乃懷抑畏堅避歷年不易乎世無然歆羨至誠達節天下莫際其量文言曰確乎其不可拔潛龍也厤數謳謠諒非人事遂膺圖籙正位凝命景至而冬夏應氣動而風雲從震聲而離明巽齊而兑説既已保富有之業席嘉靖之治勑天之命嚴恭勵翼率時昭考之道祇奉慈儀之尊肇禋圜丘誠志内盡登祼清廟孝思惟則君道王體大本舉矣若乃勵精庶政收采群策朝以聽決至于中昃夕而訪覽迨於乙夜稽考典刑綜核名實謹憲度振綱律中庸所謂審問慎思篤行固守其自致也悉矣惟其體貌丞弼優遇耆老辨章才品慎重名器虚懷以待俊德前席以盡嘉言納用不專於親近眷接無間於疎逖推擇髦秀以充册府增置學官以訓宗胄惟日孜孜每懷靡及喜老氏之清凈則樂行其道貴大易之簡易而嘗以爲言故無有作好用敦乎儉器服纔具玩好不設未嘗致意于觀于逸于遊于田宫室苑囿無所增飾左右嬪御無一名號爵罔及於私昵恩無假於近習夙戒戚里微濯龍車馬之盛裁省主第無堂邑山林之侈身先處厚以示四方此皆治古之盛事哲主之懿鑠得其一二足以垂光載籍宣昭義問矧翕受敷施廣大悉備兹士民之所目見天下之所共聞者矣至于寬仁温厚煦然若春陽之布和莊毅明察凜然若秋霜之肅物其稽古也多識前言往行其御今也有以極深研幾而猶罷朝則敷經于外閣退食則開帙於内殿惇序宗屬撫懷戎狄欽恤刑辟蠲薄賦繇惠養鰥獨賑卹乏絶凡曰仁政不忘寤寐儻若日月得天而能久照四時更化而能久成於萬斯年永綏壽愷則雄才大略足以彌綸於高厚豐功遠烈足以輝掩于往初以此積德則三代不必企也以此立威則四夷不足攘也上儀壯觀遺風茂實奇偉倜儻竹帛不可殫紀爰厭世之已早遽乘雲而上賓植璧于壇顧金縢之靡兆遺弓在地悵龍馭之莫攀因山已穹同軌斯會爰飭舊典申詔近臣參考歷代之法崇薦對天之號謹按謚法聖能法天曰憲經天緯地曰文剛德克就曰肅保大定功曰武重光奠麗曰宣尊仁安義曰孝若夫惟天聰明惟聖攸法惟臣欽率惟民從乂兹所以爲憲典常是師俊民用章乂用明以化成天下兹所以爲文以義制事以禮制心王道正直罔失法度兹所以爲肅董正治官威懷並設六服八表靡不承德兹所以爲武丕顯哉皇祖之謨丕承哉三宗之烈緝熙景訓垂裕後昆兹所以爲宣持盈保成夤恭戒懼顧諟明命克昌統業兹所以爲孝孔子曰道之行也與三代之英某未之逮也而有志焉蓋禹湯文武三代之英者惟德有以當之不在乎禹湯文武專其美也是故繼韶夏建鴻名必本諸事業質諸公論考諸先聖而不謬垂之萬世而不疑則可以昭告于郊錫命于帝宗廟享之子孫保之言而可爲天下信著而可爲後王法蓋詩書所存斷自唐虞以下所以發揚盛德詔於無窮者用此大行皇帝尊謚宜天錫之曰憲文肅武宣孝皇帝廟曰英宗

神宗謚議

伏以生而不有。爲而不恃。澹然無極。而不可强名者。天也。感而後通。迫而後應。化育萬物。而不可爲象者。帝也。夫人君之德□天。如此則可以配神明。享天地。小大精粗。無乎不在。尙何俟於外之文哉。然爲之臣子者。必列大功。紀大行。繼韶夏。崇號謚。刻之玉册。藏之金匱。歷之春秋。垂之後世。豈特貽觀者之耳目也。蓋所以揚祖宗對天之閎休。成萬世無疆之大業。其事豈小補哉。然下不得以誄上。古之道也。惟天子制謚於南郊。以明受之于天。不敢專也。故周官太史。漢官大行。寔掌其事。其歷世莫之敢已。恭惟大行皇帝天啓上聖。人與成能。其英偉之識。高明之學。微妙之德。雋傑之功。卓乎不可名象也。然非建顯號。施尊名。則何以加施於萬物之上。充塞於天地之間。以與堯舜文武比隆。而傳示無極哉。惟王者之迹熄久矣。綿綿延延。至于五代。四方遂分裂。不合。聖人之道。浸以微滅。至宋受命。眞人出。乃能合天下於一。聖子神孫。繼繼承承。緝禮典。協音樂。定制度。一軌量。正刑辟。招儒學之士。闡仁義之塗。然後先王之道。弛而復張。鬱而復發。而天下之治。幾於三代。及大行踐阼。超然遠覽。垂意當世。旻天之所以付予有宋者。旣全安盛大如彼。而祖宗之積累德業。□豐融顯懿如此。苟不能繼志述事。以底□極治。則何以稱神靈之心哉。雖然。天下之治。必以三王五帝爲法。若秦漢以下。局促狹隘。紛糾鉤裂。蓋不足論也。□是咨諏諸儒。若稽古昔。協禮文。正法度。以庠序造士。以經術取人。以法理覈吏。以水土理財。以舍役息民。以考試任子。以六典正官。以品式馭用。以淸議馭俗。罷兼幷。抑末作。以一民之業。絀浮淫。務功寔。以致民之治。爲之師表。以教其不及。爲之醫藥。以救其夭死。爲之政以糺其偷墮。爲之刑以禁其暴傲。同度量以一之。正厤紀以齊之。昭文章比象以示之。爲等級度數以穆之。夫合祖宗。立原廟。隆至孝也。定郊祀。□一天。緝上儀也。祀明堂。脩定配。正大典也。考金石。協聲律。復雅樂也。剌六經。絀百家。扶道術也。決萬機之務也。逾□日□。掌四方之奏也。至于夜艾。其拔士也。用其所長。而棄其所短。其推賞也。紀人之功。而忘人之過。尊寵儒術。駕馭豪英。所以爲天下興利除害。變法易政。以成大功者。豈止數十而已哉。故十九年間。表裏晏然。德澤洋溢。瀸湧泉源。雲布霧散。符瑞應期。間見層出。俶儻窮變。若夫守謙抑。卻徽號。尙敦朴。去侈靡。內則繇安車輦道。以致天下之養。外則合同宗遠屬。以章天下之睦。念英考之烈也。則抱終身之憂戚。而致其慕。念光獻之慈也。則謹四時之祭。而極其哀。罷徹畋游之樂。愼節燕私之娛。其道問學也。足以幷包經術。綿絡天地。其縱神藻也。足以黼黻雲漢。陶鎔典謨。荀卿曰。欲觀聖人之迹。則於其粲然者矣。矧復審計策。奮威武。飭邊備。正馬法。實府庫。利器械。廣倉庾。謹平糴。以兵法授諸將。以什伍教人民。誅奔軍叛師以作士氣。推高爵厚祿以勸有功。其所規恢萬世之策。可謂雄深而博厚矣。然而睿聖之心。乃在於安强中國。制勝無形。而不以黷武事。夸遠略爲務。故遣使旁午。婉辭飭幣。以固北敵之好。而息邊甿之勞。出師征誅。正名問罪。以拯夏人之患。而無過時之役。是以三垂晏然。兵寢不用。大化神明。恩施浹洽。與夫勞師遠攻。快心於□望之北。傾國殫貨。以鱗介易我衣裳者。豈可同日而論哉。惜乎大業未究。荆山鼎成。遽憑玉几。道揚末命。此四海所以殞心。群臣所以泣血。乃相與稽舊章。圖徽稱。以表裏詩書。而與天地相終始也。謹按謚法。道德應物曰英。經緯天地曰文。乘德尊業曰烈。保大定功曰武。窮神知化曰聖。繼志述事曰孝。夫乂用三德。以應萬邦。非至英乎。綴禮緝樂。陶冶群生。非至文乎。藏用以爲神。顯設以爲業。非至烈乎。不怒而威。不殺而服。非至武乎。嗣天制作。民莫得名。非至聖乎繼述前烈慈惠愛親非至孝乎皇皇乎眞丕天之大律王者之絕業惟備道全美者乃能與於此粤廟號之建久矣其間聖賢之君作而應天下之治者多矣然未有以神爲號者抑神也者妙萬物以爲言而難其稱歟抑天之所啓以配大行之廟乎書載益稱堯德曰乃聖乃神乃武乃文蓋聖神所以立道文武所以立事也大行皇帝尊謚自天錫之曰英文烈武聖孝皇帝廟曰神宗

哲宗謚議

臣聞道有常道名有常名道無乎不在而名未始有極此道與名之常也古之聖人得道之常以入於有卽其應物之迹而名隨焉雖所稱異號而道之所謂常名者固存乎其中矣恭惟大行皇帝以天縱之聖承百年積累之業越在幼冲履帝之位若固有之體道以爲德故寂然不動有以見天下之賾明而用晦蓋不言者九年及南面而聽天下疏觀萬物泛應曲當其闢也開而天其闔也淵而深雖左右之人莫察其喜怒之色臨下以簡制物以靜可謂盛德之至無得而名言矣然臣考之前載質諸先王柔內直外謂之欽經天緯地謂之文思以作聖謂之睿戡定禍亂謂之武無小不見謂之昭繼志述事謂之孝于是竊迹盛德大業著於事爲而可以形容者條列而擬象之蓋外溫恭而內允塞敬天之威遇災而懼順帝之則小心翼翼動容周旋必中於禮望之如天之高不可度就之如日之溫而可愛可謂欽矣沉潛剛克高明柔克錯綜日躋其用尊敬儒學以緝熙于光明罷黜章句之小道發六藝之科指可謂文矣致虛以爲明致一以爲思思而後言言簡而切迫而後動動而不捨擴而充之至于大而能化之聖可謂睿矣不令而威不嚴而肅偏師裨將授以成筭乘邊出塞不頓一戟開疆闢地列障置守羌人扶服而請罪隴右稽顙而乞降可謂武矣吉之先見獨觀乎昭曠之原允聽萬事而不惑於是非取舍之際富善人敦有德或自一言而知難任人堲讒說或由一見而察光被四表不遺微小可謂昭矣遹駿其聲丕承其烈悼法度之板蕩則當宁太息憤姦罔之誣訕則斂容出涕政無小大追復之不奪於浮言不移於異議熙寧元豐之政復行於今日可謂孝矣十有六年海內乂安百姓蒙福天地協應姦宄不作神寶自至祥光燭天時和歲豐物無疵癘遐荒幽遠氈裘毳服左衽之俗莫不面內來臣方慨然以有爲以追迹三代之隆志未就而上賓此萬國所以摧心三靈爲之變色雖殫天下之美固不足以名而百辟卿士齋心滌慮合天下之心卽南郊之陽以請命于上帝乃按謚法威儀悉備曰欽道德博聞曰文家方蓋平曰睿闢境斥土曰武聖敬日躋曰昭繼志述事曰孝口是衆德以爲之名垂示後世於是爲稱然古之王天下者祖有功而宗有德德之可宗者莫大乎哲昔之稱堯曰知人則哲稱舜曰濬哲文明稱成湯至于帝乙曰經德秉哲稱文王至于武王曰世有哲王竊考大行皇帝運量酬酢萬世可得而宗者哲也蓋帝之所難而王之所由興非天下之至明其孰能與于此大行皇帝尊謚宜自天錫之曰欽明睿武昭孝皇帝廟曰哲宗

宋大詔令集卷第九

帝統九

謚册

太祖謚册

維太平興國二年歲次丁丑。三月壬戌朔。十八日己卯。哀弟嗣皇帝臣某謹再拜稽首上言曰。伏以膺圖受命。千年肇啓於洪基。表行稱功。萬世永揚於茂實。□哲王之懿號。乃歷代之通規。敢憑稽古之文。虔舉易名之典。伏惟大行皇帝量包四海。道冠百王。頃事周朝。實當大任。貔虎內權於萬旅。干戈外奉於四征。專戰伐而立功勳。歷艱難而刱皇業。三靈睠命。兆庶樂推。既應天以順人。乃變家而爲國。自臨大寶。光宅中區。端拱九重。留心萬務。嚮明而治。惟道是求。公車徵草澤之賢。束帛聘邱園之秀。勤恤民隱。澄清化源。秣馬厲兵。陳師鞠旅。偏將南征而湘中定。靈旗西指而劍外降。嶺表金陵相繼面縛。削平區宇。混一車書。萬物于是由庚。二儀以之貞觀。然乃無爲而治。讓德於天。四登圜壇。告類上帝。神功聖德。冠絕古今。方修檢玉之儀。遽趣上仙之駕。訴穹旻而靡及。痛弓劍以俄遺。因山之陵寢既成。陟岡之孺慕何已。臣虔遵顧命。俾奉宗祧。徒知懷翼翼之心。何以繼安安之化。爰徵舊典。奉上尊稱。謹遣攝太尉、皇弟、協謀同德守正保順功臣、開府儀同三司、檢校太尉、兼中書令、行開封尹、兼歸德管內河隄等使、上柱國、食邑五千五百戶、食實封一千七百戶齊王廷美奉寶册。上尊謚曰英武聖文神德皇帝。廟號太祖。伏惟俯鑒至誠。允膺盛禮。陵遷谷變。長垂不朽之名。地久天長。永福無疆之祚。

太宗謚册

惟至道三年歲次丁酉。八月癸巳朔。二十八日庚申。哀子嗣皇帝臣某謹再拜稽首言。臣聞天地之大。莫能形容。聖神之功。無所擬議。然而圓方之象。必取于強名。堯舜之稱。蓋從乎節惠。伏惟大行皇帝承天位極。執象臨人。其生也感大電之精。其出也應眞人之運。聲身爲律度。道德作藩籬。若日月之明。無幽不燭。如江海之量。無大不容。爰自厤數在躬。大横叶繇。舊疆來復。盡有江吳。戎輅親征。旅平汾晉。皆出於睿斷。運以聖謀。繫象不能賾其微。鬼神不能窺其奥。視宇宙於掌握。得英雄于彀中。宅諸夏以制四維。坐明堂而覲群后。髽首貫胸之類。接武於藁街。景星甘露之祥。疊書於册府。在宥天下。二十二年。當是時也。靈臺偃伯。象闕懸書。甌脫弛禁。縣道率化。物無疵癘。歲有順成。積粟腐於太倉。豐財溢乎內帑。材官劍客。皆六郡之豪。分闐登壇。盡萬人之敵。自歷代以來。未有若斯之盛者。于是賜民酺飲。展禮藉田。被袞冕于泰壇。躬俎豆於淸廟。幸成均而視學。屢覩橫經。紀延閣以垂文。嘗緬睿思。若乃生知多藝。天縱聰明。灑草隸之華。得琴棊之絕。擅弧矢之妙。洞元釋之徼。皆作世模楷。出人意表。豈力學之攸及。寔振古之未聞。大哉邈乎。不可得而論也。然猶日愼一日。雖休勿休。溫顏以盡下情。虛己以延讜議。一夫不獲。納隍之慮每深。萬邦有罪。在予之責尤切。至若省去徽號。漢后之不言聖也。杜絕田獵。元元之慮發狂也。屏藻丹之飾。夏禹之卑宮也。念黃沙之枉。成湯之祝網也。有一於此。猶謂之聖。況兼是數者乎。方將鳴鸞東夏。檢玉介邱。而天禍忽臨。仙駕長往。群臣咽絕。願贖以身。百姓哀窮。如畏厥考。顧惟寡昧。虔奉丕圖。荒疚哀迷。懼不克荷。今因山甫畢。同軌咸臻。敢薦大名。爰稽載籍。詢博士禮官之公議。叶宰衡庶尹之輿情。定謚于南郊。得請于上帝。謹遣攝太尉、右僕射、兼門下侍郎、平章事臣呂端奉寶册上尊謚曰神功聖德文武皇帝。廟號太宗。恭惟聖靈。誕膺茂典。錫茲純嘏。俾盛業之無疆。播厥鴻休。垂永代而不朽。嗚呼哀哉。

眞宗謚册

維乾興元年歲次壬戌九月戊辰朔六日癸酉。哀子嗣皇帝臣某謹再拜稽首上言曰。夫謚以行成。號以功顯。法日而明者。蓋德之甚盛。稱天以誄者。惟名之至公。三五以還。何莫由斯道也。伏惟大行皇帝稟上聖之資。襲累仁之祚。緝熙嘉靖。丕冒統一。□成覆露。踰於二紀。昔者以維城之固。膺主器之重。班政□室。始基風化。纘戎在宥。昭前善繼。淸明獨運。禺邛博臨。□幾而衆志熙。定心而萬物服。奉養長樂。極純至之性。協比九宗。隆敦睦之教。有陶唐之恭讓。同姬王之抑畏。慘怛忠利。本於好生。焦勞敏給。未嘗自滿。豁大度以含垢。詢善言而堲讒。勤軫幽隱。寶行儉樸。重糾刑之任。謹劭農之制。罰不濫而人趨本矣。廣薦能之路。嚴較材之式。官無邪而朝多士矣。述教條以勗郡國之吏。褒簡策以緝君臣之訓。倬天章以成憲。炳人文而化下。繹治古之閎論。敍彝倫於大中。物則昭明。政俗純固。曩以疆事。猶警武節。方耀親巡。河右啓和戎之利。懷柔西鄙。納保塞之款。二邊寧晏。五刃銷戢。民用休息。物皆茂遂。職貢塡於夷邸。歡謠溢於農畔。祇謁園陵。孝達乎神明。罷去羽獵。仁及乎飛走。誠和交感。休嘉震動。寶圖申錫。誕恢於景命。飈游胥接。逖知於遐冑。講崇報之則。振希闊之儀。勒成岱宗。答禮脽上。帝群岳。祠仙李。築宮於神隩。薦册乎霄極。馨香齋栗。百神以修。欽翼靜慤。萬祥見表。休烈浹洽。德澤鴻鬯。然猶處謙而歸勛。不有禔福而俾人大賚。絜元樞之至妙。穆道風於無外。巍巍端拱。稱首百王。遽厭黃屋之勤。奄從白雲之擧。函夏摧隕。攀號靡及。顧茲眇質。獲嗣丕構。哀窮迷憒。懼忝貽法。方中旣啓。同軌赴期。考尊名節惠之文。合群公庶尹之議。虔遵古訓。敢揚懿鑠。謹遣攝太尉、推忠協謀同德守正佐理功臣、開府儀同三司、守司徒、兼侍中、充玉淸昭應宮使、昭文館大學士、監修國史、上柱國、魏國公、食邑九千七百戶、食實封三千六百戶臣馮拯奉玉寶玉册。上尊謚曰文明章聖元孝皇帝。廟曰眞宗。恭惟在天。降鑒昭膺茂典。錫祉流慶。與運無極。嗚呼哀哉。

仁宗謚册

維嘉祐八年歲次癸卯九月戊戌朔二十日丁巳。嗣皇帝臣某謹再拜稽首言曰。臣聞名以賓實。謚以表行。先王之通憲也。伏羲氏躬法象。正五行。故首太皞之稱。有熊氏建中和。存萬世。故冠黃軒之號。彰大聖烈。義莫此先。恭惟大行皇帝粹天之武。純地之文。纘祖之道。繼昭之德。慘怛忠利。有唐堯之至仁。沉深寬博。有漢高之大度。身先敦朴。有夏王之克儉。己自抑畏。有高宗之無逸。昔在潛隱。早彰於睿聞。載登元良。益儲於群望。天禧之年。永定倦勤。是資監輔。乃總機務。九域奠枕而晏謐。四表覆盂而安乂。人君之量。已表於沖年矣。及嗣宅大統。紹宣聖職。以大功馭群品。以大定域群生。以四海食宗廟。以天下養文母。于時遐邇砥礪。風化景開。賓迺老臣。斥去兇黨。賞不失勞而忠義勸。罰不遺近而權倖讋。若乃旌用讜直。開納諫諍。增言職之選。廣所未聞。復制策之舉。詢及在下。士得盡忠矣。播刑之迪。所尚在寬。閑臨便坐。親慮繫囚。申警攸司。增設科法。人以不冤矣。封先代之后。錄功臣之世。民化而歸厚矣。察貢士之行。裁入流之冗。官修而無邪矣。剏復逮親邸以合族。幸學宮而尊教。杜斜封之啓寵。禁私謁之敗公。放后宮之御。以遂物情。發少府之藏。以廣平糴。致田廩以活艱食。賜爵幣以禮高年。採山抵禁。論者日報。故弛之以惠下。鑄錢亂幣。刑者歲積。故平之以利俗。加以戢兵而時動。得武之善經。當夏戎之不恭也。謀臣獻濯征之議。猶念暴師于外。卒勤款塞之請。儂冠之背叛也。上將建蕩平之策。猶慮勤人于遠。遂止深入之伐。自是二方之寇。冠帶而入朝。百越之長。梯航而請命。其禦戎懷遠之術。保邦息民之利長矣。至于明號令。信言動。遠聲色。屏佞任。邇英歲啓。惟講學之接。觀文燕居。必墳史之究。窮禮樂書射之蘊。洞陰陽圖緯之奧。斯又天縱神悟。上聖之兼得也。故能統一海內。四十有二年。熙緝光明。達于上下。三辰順軌。群瑞昭錫。九薦陽祉。皆上帝之顯臨。再類合宮。極聖人之能事矣。方當歸勛祖考。謝德穹厚。大庭特室。垂拱無爲。不圖邦禍奄棄宸極、三靈變景。萬類摧心。顧惟菲質。獲承丕緒。窮哀荒迷。懼弗克嗣。今考筮迪吉。因山有日。爰稽節惠之法、虔講至郊之文。丕承監觀。以易稱謂。謹遣攝太尉。推忠協謀同德守正佐理功臣、開府儀同三司、行門下侍郎、兼兵部尚書、同中書門下平章事、昭文館大學士、監修國史、兼譯經潤文使、上柱國、衛國公、食邑九千七百户、食實封二千四百戶韓琦奉寶册。上尊謚曰神文聖武明孝皇帝。廟號仁宗。伏惟睿靈昭格。允膺大典。錫祚流慶。與運無極。嗚呼哀哉。

英宗謚册

維治平四年歲次丁未七月丁丑朔十六日壬辰。哀子嗣皇帝臣某謹再拜稽首言曰。臣聞號者。功之表。謚者。行之迹。王者則天以爲大。非號無以立隆。法日以爲明。非謚無以垂遠。故要之于終。擬而後言。以詔乎無窮之間者。易名之謂也。眇覿前聖。率循茲範。則我昭考之光烈。其不可闕也。恭惟大行皇帝濬哲自天。紹熙有宋。得一而清明。奮用九而剛健。至粤自毓德藩房。齒學庠序。不釋卷以究先王之道。不窺牖而知天下之事。此高宗之宅河朔也。仁宗皇帝雅知興世之量。遂定主器之託。謙鞏弗嗣。控愬歷年。終迫人神之望。勉徇社稷之計。此漢文之遜代邸也。及夫紹天纂厤。正位凝命。不遍覽六合而視已明。不遍視八荒而聽已達。綜覽萬務、而指諸其掌。役用衆智、而斷之以獨。歲未再閏。表裏禔福。洋洋乎聖謨神化。不可度已。若乃荷仁廟付畀之重。盡志乎三年之喪。思慈壽鞠育之深。竭誠乎四海之養。肇禋乎郊、而萬靈秩。始祼在廟、而八室顧。孝格於人祇矣。立嚴以救政寬。故道克無弊。循名以核吏理。故下皆儆職。發廩賙歲、而流亢悉沾。除籍蠲負、而繫縲一空。澤深於黔細矣。至于好問不倦。納諫無斁。日臨經幕。以御講訓。間開別殿。延訪侍從。其用人也。拔於未顯。其求賢也。常若不及。廣宗子之學。親同姓也。增策府之員。羅遺俊也。籍兵於畎畝。復古教也。取才於跅弛。明馭術也。刓復敦朴以率儉。勤瑟以訓恭。後宮無職御之授。外家無封爵之過。輿馬之迹。不涉於苑囿。鐘鼓之音。不流於俎席。然猶□□抑畏。退託不逮。日昃而聽理。夜分而程奏。五上徽稱。□抑而未俞。再詔庶位。直言而箴闕。于斯之時。憲度清曠。品式明備。文武各致其用。農工不奪其力。北有悍敵款附而□□。西有黠羌文告而伏辜。何其德之隆、治之盛歟。夫惟創業之□固勞。守成之功易怠。今乘大□、而慮益深。御丕平、而精益勉。雖商言武丁。周云成康。亦未有純風之可擬也。宜夫天錫永命。以閎闡我祖宗之統業。而夏后勤德。忘於勞身。文王憂民。訖至損壽。遽棄天人之寶。上從飈欻之駕。三辰霧慘。兆姓血泣。肆及涼菲。獲奉寶訓。哀窮荒感。懼弗克承。因山戒期。同軌畢至。一二鄉老。洎百工庶尹。相與節大惠。稽舊章。謁款于郊。得請于帝。仰謀稱謂。以對光鑠。謹遣攝太尉具官韓琦奉寶册。上尊謚曰憲文肅武宣孝皇帝。廟曰英宗。伏惟睿靈在天。昭鑒逮下。膺是典禮。永祚來葉。嗚呼哀哉。

神宗謚册 九月己亥

維元豐八年歲次乙丑。九月壬辰朔。八日己亥。哀子嗣皇帝臣某。謹再拜稽首言曰。臣聞大象無形。孰窺於奧妙。至人無己。理絕於稱謂。然而萬物並作。道亦強爲之名。兆姓樂推。號焉以表其德。自書契所載。帝皇相因。有見於今。率由斯義。嗚呼。曾未若我聖考。道濟天下、而未始有其善。功冠帝者、而不自有其成。歸美祖宗。屏卻徽稱。雖欲頌次。無得而名。至於誄行飭終。勒崇垂後。以詔于萬世者。義不敢已。恭惟大行皇帝挺生知之資。席勃興之運。尊德性以服仁義。道問學以熙光明。爰自妙齡。克廣德業。迨膺寶命。垂福黎元。言動以爲法則。聲身以爲律度。文參乎象象。音中乎韶夏。於以考訓詩書。更正禮樂。美教化。勵風俗。修舉廢墜。剗除弊蠹。綱紀文章。粲然可述。品程條式。按之可行。至於務農訓兵。理財均力。急於所先務。行之以不倦者。要以正心誠意爲本。且承顏兩宮。篤溫凊之養。昭事十世。增悽怵之感。厚天倫之愛。禮同於家人。屈帝妹之貴。首執於婦道。閱新史則泪落簡册。享原廟則哀動左右。罷郡國之獻。節苑囿之幸。無歌鍾燕游之娛。無田獵馳騁之好。宮室以弗廣。池臺以弗繕。府寺是嚴。溝郭是固。此自家以刑國也。爵諸王之後。續功臣之世。任宗子以職事。課郡吏以法令。蠲減賦租。寬省徭役。抑兼并。禁游末。修水土之政。增農田之官。聯比閭以寓兵。按什伍以司盜。出使者以問疾苦。舉逸民以振滯淹。延對草茅。褒表嵓穴。蕃夷之長。日齒內朝。遐徼窮陬。如附畿甸。此自近以及遠也。籍天田、粢盛於是乎潔。弛禁籞、蒭蕘于是乎往。哀矜庶獄。闊略小過。發常平以賑乏絕。儲義倉以救飢踣。仁無施而不徧。物無微而不格。至於除戎器。班馬政。親程材官。指授將略。兵習其帥。士萃所屯。隱雷霆於軍聲。伏龍蛇於陣勢。其靜也淵默。其動也天行。左顧而楚越潰。右睨而河隍闢。殊絕之域。狙獷之渠。覆其巢穴。擕厥種落。相與列毳裳。弁髦首。頓顙屈膝。四面而至。請事于鴻臚者。接屬不絕。陰陽調和。符瑞沕潏。靈芝產於宮楹。慶雲覆於洛水。麒麟至。龍鳳擾。抑而弗奏者。詎可彈紀．若夫郊以一天．配以一帝．丘澤有辨．寢廟有制．旂常車服．以昭文采、鍾鑰度量．以正聲律．審渾儀．定厤象．立五學以造士．咸奉於經術．復三省以正官．率循于古訓．蓋十有九年．覃精於此．朴皇質．雕唐文．補帝典．張王綱．照臨若日月．變化如神明．善政至于累百．大功逾於數千．辯者莫能悉談．智者不可勝計．爲之而不有．視之以餘事．洋洋乎旋乾闢而闔坤戸．三代以來．未之有也．祖功宗德．自我光之．文昭武穆．自我長之．辟廱明堂．自我章之．朱崖幽垠．自我荒之．巍巍皇皇．何以尚之．當斯時也．天下安於泰山．神器重於九鼎．積勤宵旰．遽爽晦明．生民無祿．昊天不弔．棄我黃屋．欻乘白雲．望車轍者、猶徯乎東巡．思軒臺者、不敢以西向．末予小子．煢煢在疚．獲嗣丕訓．罔知攸濟．王公卿士．稽合典禮．以謂移御上宮．升祔清廟．于茲有日矣．宜剌六經之文．以聯八室之號．夫聖而不可知者、道之妙．物無以稱者、名之尊．堯勛舜華．禹文湯武．幷包衆美．庶幾萬一．是用滌濁牲幣．有請于郊．人謀天同．錫茲定命．鏤以玉册．藏之金匱．薦于几筵．告于宗社．於以示至公而彰大信．施罔極而垂無窮．謹遣通議大夫守尚書左僕射兼門下侍郎、上柱國、淸源郡開國公、食邑五千二百戸、食實封二千二百戸蔡確．奉玉寶玉册．上尊謚曰英文烈武聖孝皇帝．廟曰神宗．伏惟威靈在天．對越于下．於皇受之．式時昭鑒．維萬斯年．永裕于後．嗚呼哀哉．

哲宗謚册

維元符三年．歲次庚辰．七月丙寅朔．三日戊辰．哀弟嗣皇帝臣某謹再拜稽首曰．臣聞神妙萬物．故民莫得名．尊無二上．故下不得諱．然有其迹者．因名之所歸．命于天者．固諱之所從出．是以詩書以來．曰帝與王．生有丕稱．沒存顯號．擬議形容．蓋有不可廢者已．恭惟大行皇帝聰明剛健．出於天縱．深智遠識．洞照幾微．神考早弃萬邦．屬以宗社．踐阼之日．寔在幼沖．委政簾幃．恭默淵靜．年甫及冠．而猶沉潛用晦．十年不言．廟堂宗工．左右擕僕．朝夕陪侍．莫能窺其彷彿．一旦親政．獨運神斷．指顧號令．聳動中外．延登勳舊．屏斥姦回．威聲所加．雷迅電擊．于是祖述先業．詢圖治道．熙寧元豐之際．美政良法．切於世務．便於人情．可施于今．可傳於後者．莫不斟酌增損．舉而行之．申嚴制度．□□典刑．振肅媮惰．扶傾起廢．塡苴補闕．品式防範．粲然一新．西戎亂常．侵侮邊吏．狃於姑息．日益驕熾．赫然一怒．收擥群策．聽任裁決．終始不疑．選將練兵．指授方略．寬其銜勒．責以成效．故王師所向．囊括席卷．執俘斬馘．動以千計．橫山天都．耕牧要地．建壍列戍．十據八九．遺醜窮蹙．寖以孤弱．情見力屈．扣關請吏．而俯徇其志．亟下詔書．與之休息．隴右酋帥接踵款塞．殊鄰遠俗．莫不震慴．若夫祀一天於圜丘．以克享上帝之心．作新宮於方澤．以終成昭考之志．三講嚴配希闊之典．以親饗明堂．載收館御圖像之容．以祕藏內閣．孟祀於原廟．則致恭進退．不憚陟降之勤．祼將于太室．則輝泪歔欷．有動人之色．內則躬率子職．尊事兩宮．容典儀物．多所崇益．至於仁心所加．惻隱善類．嘗謂一言之失．不可以廢人．群小伺隙．巧詆忠良．而委曲保全．卒不使陷於橫議．邇英講讀．至樂賢之詩．則咨嗟稱頌．擢講官於不次．而寘之侍從之列．彗星見象．則側躬寅畏．深飭輔弼．以進賢退不肖．答天之戒．邇臣進對．間有異論．則締聽熟察．灼見是非．可否之間．必處其當．詳延多士．燕見紬繹．寸長片善．靡不褒旌．從官暬御．作爲姦欺．雖素所優假．行法不貸．訪問疾苦．勤恤民隱．釋逋□以惠疲瘵．損帑藏．發倉廩，以振貧窮。凶年荒歲，經營拯救，惟恐不及。凡所以事神治人，曲盡誠敬。孝愛之風，昭格幽顯。嘉言德意，聞于在位。文明武烈，見於有爲。天受神寶，不求自至。珍符瑞牒，洋溢外府。謂宜翕受純嘏，永錫難老，而視朝聽政，不避凝冽。積勤遘厲，奄至彌留。率土崩心，如失怙恃。顧惟眇質，嗣服大統，無窮之追慕，哀莫能勝。因山告成，先遠卜吉。清廟九室，升祔有期。節惠易名，實惟舊典。率籲衆志，稽謀于天。闡揚休聲，昭示來世。以章可大之業，以永無窮之傳。謹遣攝太尉、特進、尚書左僕射、兼門下侍郎、上柱國、申國公、食邑八千一百戶、食實封二千六百戶臣章惇奉玉册玉寶，上尊謚曰欽文睿武昭孝皇帝，廟曰哲宗。伏惟靈德在天，昭鑒不遠。誕膺典册，比隆唐虞。錫羡邦家，萬世無斁。嗚呼哀哉。

宋大詔令集卷第十

帝統十

哀册

太祖哀册

維開寶九年歲次丙子。十月甲午朔。二十日癸丑。太祖英武聖文神德皇帝崩于萬歲殿。旋殯于殿之西階。粵以太平興國二年。夏四月辛卯朔。二十五日乙卯。遷座于永昌陵。禮也。仙馭將升。哀歌暫闋。晨霞欲曙於東方。宿仗初辭於北闕。揭丹旐以徐進。闢素帷而待徹。龍輴雖命乎□留。象物於焉而虛設。皇帝增孺慕以何極。痛天倫之永訣。感在後之恩重。愴陟岡之望絕。瞻鳳翼兮徘徊。想龍髯兮嗚噎。爰詔輔臣。式揚徽烈。其詞曰。惟天有命。惟宋膺期。始炳靈於五緯。亦開祥於二儀。誕生仁聖。俾統黔黎。作中原之眞主。啓萬代之丕基。昔在潛躍。屢屬阽危。蕭鈇既授。寅車載馳。并汾盪寇。淮泗行師。威陵虎兕。氣懾熊羆。功既成兮不伐。訟攸歸兮豈知。天既吝周。人皆戴舜。乃御乎乾。乃出乎震。杲日上兮六合明。慶雲升而萬物潤。伐必有罪。戰皆不陣。潞寇既夷。江都俄盡。帝業於是初融。皇猷以之克振。乃發號令。乃奠寰區。雷動天際。風行海隅。物無不諕。人亦來蘇。康哉寶運。赫矣瑤圖。乃新宮闕。法乎大壯。乃肅郊祀。受茲來貺。乃立刑書。百工觀象。乃正樂章。八音交暢。諸侯繇是以駿奔。四海因茲而內嚮。大風於是泱泱。大化以之蕩蕩。若乃五材並用。誰能去兵。七德既懋。王于有征。爰命將帥。載闢寰瀛。湖湘既殄。巴蜀尋平。百越受焚巢之禍。三吳有歸命之行。四隩既宅。萬物由庚。功侔立極。道濟遺氓。逖矣媯燧。無得齊名。眇哉漢魏。孰敢爭衡。方篆玉以紀績。佇泥金而告成。俄鑄鼎於荆岫。忽乘雲於玉京。蓋萬機兮久倦。匪百疾兮能嬰。思軒臺兮如在。遏舞樂兮無聲。嗚呼哀哉。有唐之末。寓縣分裂。運既有開。天惟生哲。驅萬旅之雄師。制八方之餘孽。俾係頸以獻琛。或束身而就紲。四海以之會同。三辰爲之昭晰。何萬世之功兮如此。何九齡之夢兮杳絕。未訪道於峒山。已遊神於禹穴。嗚呼哀哉。鸞翮難驅。鸞車已乘。想鳥耕於舜葬。稽鶴語於堯崩。山獻壽兮安可信。時祈年兮何足徵。終顧命於玉几。虛納册於金縢。嗚呼哀哉。同軌斯來。因山是卜。陪鶴馭於緱嶺。閟傾曦於昧谷。悲風空揚兮簫笳。宿霧已凝於林麓。雖脫屣於人寰。永垂芳于帝籙。嗚呼哀哉。漢塋渭北。周葬岐陽。或四百餘祀。或三十六王。矧惟洪烈。諒集休祥。壽原極謹。景祚無疆。期卜年兮卜世。與地久兮天長。嗚呼哀哉。

太宗哀册

維至道三年歲次丁酉。三月乙丑朔。二十九日癸巳。太宗神功聖德文武皇帝崩于萬歲殿。旋殯于殿之西階。粤以十月壬辰朔。十八日己酉遷座于永熙陵。禮也。初啓櫕塗。夙陳備物。萬國來庭。千官執紼。殘日暉於素帷。朔吹生於元律。列天仗以啓行。整宮車而將出。孝子嗣皇帝臣某。仁孝純至。創鉅痛深。攀號遺奠。惻怛堯心。感血淚以交墜。苦哀憂之弗任。乃命宰執。卷揚德音。詞曰。五代以還。戰爭交起。上天眷命。與民更始。皇宋肇基。誕膺繁祉。我后重熙。繼天養理。將泰黎元。先制姦宄。恢張睿略。震耀武功。柔懷越儌。親殄邊戎。四夷奉贄。八表承風。神化天下。鑑清域中。聲教遐被。車書混同。而猶躬覽萬幾。焦勞庶政。辨論官材。勤恤民病。爰念刑章。實懸人命。務盡哀矜。必惟公正。九服歸仁。百靈助聖。雨霈皇恩。風宣時令。文武萬品。提封四方。一夫之不獲。一士之所長。必從拯濟。亟示明敭。天覆地載。禮具樂張。一耕帝籍。五郊上蒼。豐年薦瑞。群物交祥。多能天縱。盛德日新。飛翰延閣。橫經上庠。草隸垂乎世範。歌詞播于樂章。學究天人之際。文勝日月之光。神功不宰。聖智無方。高視前古。輝映百王。將欲登封岱岳。布政明堂。方怡神於姑射。俄寢疾於未央。成荊山之鑄鼎。往蒼梧而陟方。嗚呼哀哉。君臨二紀。澤浸四維。天崩杞國。日墜崦嵫。綴衣在御。脫屨如遺。遵憑几之顧命。抱遺弓而涕洟。烏耘增感。龍去難追。百姓摧心。徒行號而巷哭。三辰失色。競雨泣而風悲。當華渚之誕月。是輼輬之去時。嗚呼哀哉。見同軌之咸臻。訴上元而永訣。雙闕展儀。六龍就列。旌旐蔽空而色慘。笳挽沸天而韻咽。照鷺羽兮寒日悠揚。飄鳳翣兮哀飆凄切。嗚呼哀哉。薦犧罇兮已畢。儼龍輴而下來。出清禁兮顧慕。臨馳道兮徘徊。莫覩冕旒於祕殿。空送冠劍於夜臺。宸儀肅肅兮想如在。仙馭遙遙兮去不回。嗚呼哀哉。勢接高峯。地鄰洛宅。蕭蕭陵邑兮草樹寒。寂寂寢園兮霜露白。纔停靈駕兮萬邦歸。一掩元扉兮千古隔。惟赫赫寶圖。巍巍睿德。致王道之一平。布皇猷之四塞。垂萬葉之耿光。亘萬代而爲則。嗚呼哀哉。

眞宗哀册

維乾興元年歲次壬戌。二月庚子朔。十九日戊午。眞宗文明章聖元孝皇帝崩于延慶殿。三月庚午朔。四日癸酉。旋殯于殿之西階。粤十月丁酉朔。十三日己酉。遷座于永定陵。禮也。桂殿飈迴。蓬壺景滅。舜方之先遠有期。禹服之來賓永訣。孝子嗣皇帝臣某。雲望如疑。天瞻逮絕。號弓之慕山積。執紼之哀川咽。杳御辨之霓軒。攀上霄之霞輸。哽戀清光。仰懷鴻烈。爰申命於宰衡。以恭揚于聖哲。其詞曰。穹旻立極。華夏歸德。太祖膺之。四海文命。黎民時雍。太宗紹之。三葉嗣興。重熙繼明。道大天大。奉之作程。曰勤曰儉。守之立誠。無私臨照。得一清寧。岐嶷多能。温恭躋聖。三善克脩。萬邦以正。問豎皇歡。承顏帝慶。尹茲千里。表乃四方。惠均閭閈。頌洽康莊。纂承厥初。光宅爰始。物物來斯。師師仰止。淵默雷聲。風清草靡。行天子之孝。以之感人。用百姓爲心。以之致治。事無過舉。言必度思。對越后帝。載慄載祇。肅雍陵廟。是享是儀。執契居尊。握圖布政。百度允釐。萬方惟命。馭朽爲懷。靡矜全盛。烹鮮是師。庶臻大定。哀念必罰。心乎在寬。恭慎出令。慮乎行難。是作中典。訓茲理官。爰開三面。育此黎元。屬心希徽。凝神惚恍。樂只無何。寂兮罔象。端拱穆清。

獨觀昭曠。軫慮邦本。周爰率賓。以力勸穡。如傷視民。薄斂里粟。全祛算緡。延登俊良。柬擢翹秀。盡副樂育。無遺英㲉。七德奚武。五兵匪佳。惠養生植。柔懷邇遐。納賮無垠。交歡有北。戍卒餘閑。野農休息。展豫觀風。宣條問俗。渥賜耆艾。撫存惸獨。亡國之後。保其舊族。死事之孤。隆其賦祿。游心藝學。著意典墳。際天博達。冠古多聞。雅尚立言。覃精垂訓。汗簡光華。刻金英潤。登高必賦。遇物有成。珪璧六府。絲篁七情。五射神傳。八法天縱。星摘啼猿。烟毫舞鳳。不二妙本。正一淵宗。舉世與照。爲人指蒙。囿游以時。燕處以禮。出則怡怡。居則濟濟。嚴恭眞聖。奉本神靈。欽明國典。蠲薦德馨。徼福蒼黔。祈褫太紫。十極。監觀百嘉。效祉玉水。發源珠星。循軌温麥。兩岐周禾。九穗奇樹。交柯寶芝。連理瑞命。至重乾文。獨尊錫慶。皇祚呈祥。帝闥積德。下著殊勳。上存。簡易可久。淸淨是敦。治定功成。奉符展采。上儀聿修。盛德斯在。景從庶邦。風占寰海。驂馭飛龍。軒墀卿靄。六轡遵途。謳詞接響。群后述職。衘軸相望。淸蹕躊躇。湛恩曠蕩。祗款鄧壤。祀事孔嚴。弭蓋洛宅。山園載瞻。孝思卒獲。容物具兼。舉燎坎牲。茲體至大。配侑祖宗。無曠三載。堯罇共樂。漢飲多歡。駕肩懌。比戶安安。盡美升聞。至眞臨降。觀時睟容。恭瞻寶仗。賜飲瑤漿。延陪黼帳。琢玉騰文。鎔金肖像。猶龍上聖。指李仙鄉。肅增徽稱。宜答丕祥。琳館肇新。琅函斯祕。玉帝寶册。瑤壇禋類。永惟主鬯。崇建元良。大本有繫。斯人用康。夙夜寅威。若靡寧處。旰昃勤劬。遘茲弗豫。方垂裳兮穆如。忽脫屣兮弃去。嗚呼哀哉。悠悠穹蒼。哀哀父母。幅員土宇。廓然兮無覩。億兆生聚。茫然兮何怙。同軌遏密。窮荒縞素。慟劍舄於宮車。悵衣冠於雲路。嗚呼哀哉。太筮襲吉。容成戒期。望長陵而慘慘。登卑陌以遲遲。銘旌露泣。鹵簿風悲。儼時巡之仙仗。護川逝之宸儀。嗚呼哀哉。攀鼎龍兮靡皇。瞻幄鳳兮何有。霜封窆綷。塵飄翣柳。雲蒼梧兮不還。日濛谷兮難就。哭象物以淒魂。拜鳥耘而迴首。惟盛德與大功。同天長而地久。嗚呼哀哉。

仁宗哀册

維嘉祐八年歲次癸卯。三月癸卯朔。二十九日辛未。仁宗神文聖武明孝皇帝崩於福寧殿。旋殯于殿之西階。粵十月戊辰朔。六日癸酉。遷座于永昭陵。禮也。龍馭賓天。珠襦留殯。萬方之軌同臻。七月之期茲近。法仗已嚴。靈輴未進。風雲慘鬱以生悲。臣妾涕號而思殉。孝子嗣皇帝臣某。接統承堯。念親晞舜。徘徊象物。驚禁從以如存。攉慕仙遊。致哀誠兮必盡。緊臨奠以長辭。蓋終天之永恨。乃命弼臣。以文傳信。其詞曰。惟宋受命。與天無疆。藝祖以武。底定四方。太宗以文。萬邦一王。眞廟紹隆。赫然其光。逮夫仁宗。益熾而昌。厥生之初。上帝惟祜。天日之表。振古未覩。色出圭璋。步嚴龍虎。其俾眞人。來綏下土。元良之建。匕鬯是主。寢門之問。惕若文武。嗣訓之循。纂承丕緒。左右獻后。以蒙自處。大運歸乾。獨化陶甄。進良黜姦。始彰聖權。其仁如天。其度如淵。其仁伊何。得之自然。草秀而茁。蟲飛而翾。尚不忍傷。況吾民焉。惠澤之霈。滂洋幅員。物無不滋。四十二年。猗如天兮。化功則全。其度伊何。汪然莫際。巨細必容。默分誠僞。臣在言職。不知諱忌。時肆詆訐。衆嫉狂易。聖心怡然。曰此忠義。是也吾從。過焉何戾。猗如淵兮。是能致治。明慎庶獄。極于哀矜。惟法所在。未嘗妄刑。郡邑之吏。責之詳平。一失入罪。無階顯榮。尊爲天子。以儉爲貴。崇尚淸虛。屛斥紛麗。向緣不懌。輔臣入視。殿幄蕭然。茵衾故弊。率用繒素。了無文綺。衆目驚嗟。上曰何謂。吾之受用。素止如是。此民膏血。烏敢妄費。恭事天地。孝承祖宗。九視圜丘。再祇合宮。大祫于廟。親籍于東。服器精備。粢盛潔豐。小次不御。秉書禺禺。何必戶曉。民胥偃風。取士之器。務在至公。十二臨軒。策之必躬。雋髦盡得。巖穴幾空。有將有相。曰功曰庸。眇視三代。吾其比崇。北敵之強。西夏之猘。時欲跳梁。悆其貪嗜。吾以威懷。折其凶銳。而皆搖尾。從我羈餌。百蠻梯航。琛賮日至。禮樂具備。干戈不試。夫惟立嗣。天下之基。前世令主。或牽以私。事不前定。濱于亂危。我出獨斷。挺然不疑。求賢于宗。唯聖是知。神器之重。其傳有歸。廟社以安。生靈以嬉。迹其大功。堯舜之爲。昔在人上。必有偏好。或樂馳逐。或喜征討。或務宴遊。或專營造。或邇聲色。或泥丹竈。棋奕之工。擊拂之妙。有一于此。下從而效。噫吾仁宗。澹無所樂。曰吾好者。在勤政道。日必旰昃。惟先之紹。間時弄翰。或隸或草。巠掃之揮。千奇萬巧。去冬之暮。清燕之間。再闢天閣。詔呼從官。親作飛白。侍臣縱觀。心合造化。生成筆端。書幅踰百。大均寵頒。退座群玉。行觴盡歡。嗚呼哀哉。賜墨尙濕。宸章未刊。植壁斯虔。遽有金縢之禱。綴衣遂撤。俄承玉几之言。嗚呼哀哉。大變之來。天傾地裂。四海之慟。風號雨血。兆民震駭其無生。百辟冤呼而僅絕。乘雲之游兮。汗漫而自高。持顉之慕兮。儓仆而徒切。固疑前會之非常。似與群臣之敍訣。嗚呼哀哉。候律云凜。諏辰協元。儼宸輅兮以方駕。視羽幢兮始前。池竹搖雉。車旗飾鸞。背朱雀之通逵。指青龍之吉山。闢路長兮去復去。宮車晚兮還不還。痛徹六宮兮莫如逝。淚灑重疃兮胡可攀。嗚呼哀哉。終日晝昏。愁陰夜積。卷晴霓於丹旐。蕩霜波於素帟。哀笳互咽。六州之奏增悽。峻嶽前瞻。萬歲之聲何闃。大隧一扃。幽堂永寂。人間之悵空長。帝所之歡豈極。嗚呼哀哉。秦漢而下。御邦于民。夐絕三紀。纔聞數君。其間治亂以相駁。否亨之不醇。如仁宗享國之久而始終太平兮。彼安敢望吾之清塵。生而無窮者厚載。健而不息者高旻。惟至仁盛德與高厚之俱兮。萬世巍然而不泯。嗚呼哀哉。

英宗哀册

維治平四年歲次丁亥。正月庚戌朔。八日丁巳。英宗憲文肅武宣孝皇帝崩于福寧殿。旋殯于殿之西階。粤八月丁未朔。八日甲寅。遷座于永厚陵。禮也。厤在而帝。鼎成則仙。四海驚摧兮。猶考妣之喪也。群臣號慕兮。有衣冠之葬焉。哀仗初肅。靈輴卽前。孝子嗣皇帝臣某。永念罔極。痛深所天。覩象物兮如在。挽宮車兮莫旋。一奠之設兮。既已悲霄壤之隔。萬古將信兮。又將假文字之傳。乃命臣琦。繼之以言。其詞曰。惟宋之典。祀踰百年。聖聖相授。前羲後軒。於穆英宗。其承赫然。嗣世惟五。應期則千。厥初在藩。潛德固異。惟善吾樂。惟學吾嗜。朝夕詩書。寤寐仁義。顓心聖賢。舉跬孝悌。官之否臧。民之病利。必詢而得。不在康濟。明哉仁廟。知子其至。推堯之心。乃命主器。曰非所當。駭然懇避。敦迫踰年。始辭邸第。高世之行。寔出文帝。既紹統業。大猷日新。於父之道。以持以循。於母之養。以齊以勤。欲泰天下。儉吾一身。衣必屢浣。食皆屛珍。府有餘積。賜無橫緡。損約邦用。深虞害民。不戶而化。咸歸至淳。壼內之制。有妃有嬪。位號之等。其詳可聞。吾悉不備。蕭然禁宸。侍左右者。故宮幾人。爲治之本。先乎睦親。不愛苑囿。衆居以均。大興學校。群心自馴。首善之勸。于何不臻。荷天之休。所報惟慤。承先之祐。其事彌恪。始見郊廟。陰慝前作。霖霪累旬。朝位皆愕。謂宜改爲。言者交錯。聖心益堅。夙夜祗若。及期而祀。景氣澄廓。至誠之應。耈稚歌樂。庶政思乂。萬幾必躬。一令之細。惟審而後下。一言之善。則霈然是從。覽四方之奏。率至于夜艾。訪前殿之對。動踰於日中。協虞舜聰明之聖。盡漢宣綜核之公。好文之盛。前無比崇。籍兵之廣。寓之在農。既恢隆於素教。又振宣於武功。於是西之悍羌。北之強敵。威德所加。望風奪魄。陰繕戎備。斂藏貪螯。奔走間者。伺吾策畫。惟固結於明誓。幸保全於沙磧。若使天錫洪休。壽終遐歷。則累世之敝。不數朞而盡吏二國之驕。有一朝而掃迹。柰何歲甫經於再閏。年未偕於不惑。帝鄉甚邈。遽樂白雲之遊。路寢斯嚴。忽預彤裳之冊。得非嗣聖當發。興符有開。啓宏規於厥後。俾大治於將來。太平之功。既遺己而不有。億兆之衆。徒訴天而盡哀。嗚呼哀哉。違豫之來。憂民不替。蠲賦卹災。寬刑霈惠。親揮宸筆。以定儲位。明聖志之在先。俾群情之大慰。謂勿藥兮宜瘳。何與齡之終戾。嗚呼哀哉。太筮諏吉。肅辰正秋。下廣內而將旦。卽太升而弗留。臣庶攀慟。風雲慘愁。背紫臺之嶪嶪。颺丹旐之悠悠。萬乘銜悲。睇斜暉之莫返。六宮灑泣。雜暮雨以難收。嗚呼哀哉。縈圃宵嚴。氾關朝啓。登嶺道之縈回。瞰鞏郊而迤邐。池魚輕躍於帷㡆。薤露淒流於心耳。氣暝緱山。陰凝洛水。方開萬歲之阡。已湊諸侯之軌。姬嬙素寡。何須銅雀之爲。珠玉弗藏。詎有金鳧之侈。嗚呼哀哉。會聖臨右。永昭峙旁。待仙遊之縹緲。適帝所以軒翔。名素在於眞籙。迹空留於壽堂。百年之間。自比軒臺之畏肅。九嶷之下。幾瞻耘鳥之飛揚。德固不朽。慶方大昌。惟英主之號。自我而獨得兮。宜與天而共長。嗚呼哀哉。

神宗哀冊

維元豐八年歲次乙丑。三月甲午朔。五日戊戌。神宗英文烈武聖孝皇帝崩于福寧殿。旋殯于殿之西階。粤十月壬戌朔。六日丁卯遷座于永裕陵。禮也。法仗宿陳。柳宮徐引。前翿抗麾。厭車動軨。孝子嗣皇帝臣某。奠送大庭。號訣中徑。顧瞻象物。眇默光靈。去華日之昭昭。卽閟闥之冥冥。紀我先烈。屬茲近弼。寥廓登閎。其可殫述。庶彷彿其遺塵。示丕天之大律。其詞曰。皇矣上帝。既厭五季。乃眷藝祖。授之神器。朱旗所指。降王四至。施及太宗。九服會同。眞昭仁穆。涵濡蕃育。既安既久。豈無敝俗。英祖慨然。救溢扶偏。玉冊方鏤。白雲已仙。神宗丞哉。天之所開。龍顏日角。大略雄才。帝出乎振。其明斤斤。黃屋非心。宅道之深。緒餘土苴。以應天下。建用皇極。威福惟辟。爲律爲度。八斯覿德。奉親怡怡。睦于宗支。賓禮黃髮。登賢拔奇。紹志無競。遹聲有爲。翕張消息。注錯設施。顯仁藏用。妙合兩儀。王政之行。民厚厥生。弛除力役。勸相農耕。取陳卹之。視壤均征。消弭浮惰。摧抑兼并。九功以敍。百室其盈。迺建大學。以迪後覺。發揮道眞。彫蟲反朴。迺嚴二郊。奠璧薦匏。簿盛甘泉。樂追大磬。迺開明堂。宗祀孔揚。登配一天。復周舊章。迺作原廟。盡物致孝。館御列聖。泣朝遺貌。迺辨百職。循名考實。董正三省。緝熙庶績。課吏肅章。滅私偃室。化墨爲廉。以勞制食。衆言殽亂。聖學是判。講陋肅城。義高虎觀。卓乎英藻。煥乎寶翰。如河出圖。如天有漢。蠻夷獷詐。古稱猾夏。神謨武烈。莫予奸者。教士連營。伍符寓野。手畫奇正。風雲變化。黃帝振兵。宣王選馬。北懾天山。西澄玉關。南收九溪。東發三韓。重譯底貢。舊疆復還。眄彼洛水。來自熊耳。淸貫三都。漕通萬里。匪禹之績。繇我而始。蠲害興利。修廢起墜。規摹宏遠。品式具備。下迨百工。必善其事。和弓兌戈。亦足傳世。太平之効。斯民皥皥。天用降康。地無愛寶。靈芝煒煜。嘉禾芳草。澤及肖翹。況乎倪耋。駿功推而不用。徽名卻而不受。不邇聲色。不新館囿。十有九載。無荒無怠。決事日昃。擘章夜艾。豈積勤而致厲。將隘俗而厭代。嗟冊祝兮何及。揭遠游兮安在。窮萬國兮荼毒。慘百靈兮震駭。已虛璧帳之嚴凝。徒望鼎湖之晻藹。嗚呼哀哉。律變星移。春還秋去。仍几想以猶新。同軌驚其畢赴。綃幕振於寒飈。麻衣迷於苦霧。迫遠日以摧心。損初陵而啓路。嗚呼哀哉。晝漏上兮燎火微。降前殿兮背端闈。捧雲蓋兮動奎翣。駕金根兮載龍旂。紛千乘兮萬騎。羅羽林與佽飛。扈清蹕以如昔。送終天而不歸。嗚呼哀哉。歷鄭圃兮揚鑣。登虎牢兮按節。轉旌旗兮逶迤。流簫笳兮悽咽。臨西邑之山川。邈浚都之宮闕。嗚呼哀哉。儉遵末命。吉卜新宮。金鴈不藏於泉下。玉衣初幸於方中。痛既掩兮大隧。愴空回兮六龍。神既超兮倒影。臺自對兮青嵩。嗚呼哀哉。御寶歷以有期。殆眞人兮獨知。觴集英而示之以主鬯之嗣。眺延春而悠然有陵雲之思。託燕謀於文母。保興運之皇基。猗盛德與大業。非至人兮孰與於斯。嗚呼哀哉。

哲宗哀册

維元符三年歲次庚辰。正月戊辰朔。十二日己卯。哲宗欽文睿武昭孝皇帝崩於福寧殿。旋殯于殿之西階。粵七月丙寅朔。廿日乙酉。遷座于永泰陵。禮也。龍輴撤莅。蜃車載路。夙占遠日之良。將卽因山之固。二儀改色以雲愁。四海隕心而涕慕。哀弟嗣皇帝臣某。義隆繼體。創深陟岵。篤因心於致美。欽盡禮於方喪。仰神靈之如在。痛衣冠之永藏。乃命弼臣。具揚烈光。其詞曰。惟天祚宋。惟宋配天。祖功宗德。以道相沿。子繼弟及。以聖相傳。化洽區宇。治登古先。於穆哲宗。垂運應期。岐嶷聖質。循齊天資。爰在幼齡。遂纂丕基。神器有屬。人心不危。執其徽柔。保以恭默。玩心神明。不大聲色。晦若沖機。曷從而測。澹然衆美。莫知其極。量固參於天地。功永孚於社稷。迨乾綱之獨運。申巽令而風從。萬微以決。一言乃雍。監觀治本。允成聖功。凡設施于天下。已素定於胸中。深察朋比。稔爲姦欺。擅國不道。罔上徇私。交修舊怨。釋憾一時。俾正邦憲。用垂世規。國是既定。王威以強。孰敢項領。以缺斧斨。前律後令。小紀大綱。法行不撓。治具必張。遠撫旁招。公聽一視。翕受九德。樂育多士。壞植無黨。使能以器。懲虛譽於窾言。擢異才於不次。昔在神考。緝熙庶績。農服先疇。士守常職。官無濫名。法有成式。乃者紛更。莫不儆忒。邀異爲賢。惟變是力。民彝攸斁。衆聽卒惑。帝用蠹然。孝思維則。有壞必舉。既廢斯植。具遵貽謀。益顯休德。昔在神考。兼撫四夷。丕昭聖武。伐罪正辭。驅彼犬羊。固我邊陲。邇者廢弛。大興謗疵。盡弃險阻。以壞藩籬。羌勢益張。不可指麾。帝用赫然。聊命偏師。授纓以縛。折箠而笞。舊壤加斥。勝算無遺。遵神考之制而揚功。繼神考之志而述事。格典不刊。治效已試。文柔武憺。外寧內治。殊方知中國之尊。萬物蒙大君之賜。惟德之隆。惟孝之至。致嚴郊社。修敬宗祊。刺經考古。備物致誠。原制作於義起。潔精意而力行。一代之典既具。三王之制復明。智崇於天。仁根所性。時敏道學。日躋聖敬。報德劬勞。問安溫凊。致色養於兩宮。示本敬于百姓。嗟功業之日懋。弃春秋於鼎盛。嗚呼哀哉。地不愛寶。天方降康。玉璽呈瑞。神光効祥。集珍符之遝遝。何靈貺之茫茫。蓋文王之壽或損。而周世之卜寀長。嗚呼哀哉。憬彼藩酋。請降納土。靈臺頒偃伯之詔。端門受銜璧之俘。盛事久廢。大儀斯舉。方茲累足而至。不及重瞳之覩。嗚呼哀哉。聽斷忘疲。憂勤致厲。方效金縢之祝。已聞玉几之誓。鑄鼎遽成。脫屣俄逝。乘白雲於帝鄉。遺黃屋於人世。嗚呼哀哉。喪仗列素。簫笳薦悲。薤歌遞發。柳翣前馳。背高闕之岧嶢。遵去路以逶迤。極愛兄於仁。抱慟哭子於母慈。嗚呼哀哉。祖於廷兮路軷。引既發兮難攀。望秋景兮益遠。傃幽室兮不還。銀梟閉兮長夜寂。銅麟跱兮白日閑。已掩弓劍。永想威顏。嗚呼哀哉。君臨天下。十有六年。德澤浸乎含識。休聲振乎無前。軒昊接踵。堯虞比肩。噫壽算之奄忽兮。起萬方之沉冤。焕睿哲之號名兮。亙億世而不騫。嗚呼哀哉。

宋大詔令集卷第十一

太皇太后上

尊立

尊太皇太后制 治平四年正月己未

自昔聖王之有天下也。繼世以治世。示建統之正。尊親之所親。爲立孝之始。朕以菲質。逖承丕構。恭聞顧命。祗循大卞。稽諸歷古。具存典禮。皇太后以坤厚之德。載函夏以柔明之道。儷皇家。祖朝推內助之賢。先帝嚴母儀之奉。懿猷徽範。刑于邦國。迨茲沖眇。躬獲纘承。踐阼之初。禮章懋舉。謹以徽稱。仰事寶慈。謹上尊號曰太皇太后。

尊太皇太后制 元豐八年三月庚子

王者之臨御也。稽於古以爲天下法。奉其親以爲天下先。靡然兆民。協于一德。永惟寶命。誕集我家。肆予沖人。獲紹洪業。撫綏四海。亶繄宗廟之靈。裁決萬微。實賴西朝之聖。欽聞遺訓。俾正隆名。敢忘大章。用廸前烈。皇太后儷乾之健。體坤之元。明哲同符乎姜任。恭儉遠過于陰馬。輔佐英祖。內治流聞。擁佑先朝。母儀備至。迨于寡昧。夙荷芘憐。提攜拊循。教誨成就於戲極九州之養。曷盡孝誠。加萬世之名。庶承慈範。謹上尊號曰太皇太后。

太皇太后册文 熙寧二年四月壬戌

嗣皇帝臣某謹稽首再拜言曰。臣聞昔之善爲國者。未有不先事親以孝。需爲風化。充擴于區宇之間。生靈之屬。罔不悅服。遂格于丕乂之盛。此尤可景慕也。洪惟皇宋。膺寶籙。開炎歷。五聖重光。逾百年于茲。而小子獲纘令緒。常懼厥德之弗稱。故夙夜夤畏。厲精萬務。期措斯世于泰寧之域。不累祖宗昌明之鴻業。蓋庶幾于孝道者也。顧惟眇躬。荷我聖祖母愛育之厚。慈訓之深。比者肇禋圜丘。而上帝嘉饗。海內蒙福。亦惟我聖祖母保佑之力。祗載恩施。念殫天下之物。無可以將美報之意。是用稽參典禮。允協群情。而求其劇隆之徽稱。以彰懿鑠。不勝大願。謹遣攝太尉、推忠協謀同德守正亮節翊戴功臣、開府儀同三司、行尚書左僕射、兼門下侍郎、同中書門下平章事、集賢殿大學士、上柱國、魯國公、食邑一萬一千一百戶、食實封三千八百戶臣曾公亮、攝司徒、推忠佐理功臣、樞密副使、正奉大夫、尚書吏部侍郎、上柱國、南陽郡開國公、食邑二千八百戶、食實封六百戶、賜紫金魚袋臣韓絳。奉玉册金寶。上尊號曰太皇太后。恭惟太皇太后淑嘉之質。體天巽順。靜正之性。禀于坤元。進陟中闈。翊輔仁帝。修陰教以熙內治。杜私恩以全外家。逮我英考。嗣統之始。勉從確請。參決繁機。謙不臨朝。亟圖還政。此其識慮之遠。聲烈之大。夐出前古。而流爲萬世之軌法。惟末小子。又欽承撫誨之巨賜。宜乎誕受丕册。以符中外之望。於戲。顯名之並于日月。永命之參于天地。玆足以慰夫惓惓至養之心。臣某誠懽誠忭。稽首再拜謹言。

太皇太后册文 元祐

臣聞昔在太任。爲文王母。治內及外。御于家邦。功德之茂。紀于竹帛。播于聲詩。惟我有宋。以聖繼聖。仁育庶彙。積厚無極。上帝錫祚。施于子孫。篤生神母。以濟丕命。是用殫九州之富以致其養。極天下之尊以爲之名。典册備物。以熠燿于當世。恭惟聖祖母徇齊淵懿。敦大直方。學以觀萬化之厚。而不專乎彤管之一言。儉以訓天下之中。而不止乎大練之一節。高明本乎性成。慈儉得之自然。茂惟先正。勳在王室。席慶惟舊。作合自天。惟我皇祖。龍潛京邸。乾乾夕惕。聖敬日躋。至德升聞。大統斯集。爲宋英主。實繄內助。肆我文考。紹隆五聖。大孝之德。通于神明。光于四表。元豐之末。憂勤不豫。萬幾之重。仰託東朝。儲宮虛位。國本未建。惟我聖祖母睿志先定。決册一言。屬以菲躬。付之大器。踐阼之始。國步方艱。擁佑眇沖。綏靖中外。事無叢脞。人無震驚。勉徇輿情。躬親聽斷。而大公至正。道契三無。夙興臨朝。日旰忘倦。虛心盡下。待物以誠。求賢審官。不捨鑒寐。屈己從諫。易于轉規。用能不出帷幄。照臨萬宇。號令之動。德意之孚。天下莫不推戴鼓舞。肖翹之類。咸樂其生。群公近司。稽考故實。欲上徽稱。鋪昭聖烈。而展采錯事。將就正朝。亟詔在位。卻而不受。所以深鏡至理。爲萬世法。坤靜而志愈光。謙尊而道益隆。顧惟寡昧。獲奉慈訓。大懼無以答揚德意之萬一。謹諏元日。率籲衆志。不勝大願。謹遣攝太尉臣文彥博。攝司徒臣呂大防。奉玉册金寶。上尊號曰太皇太后。恭惟太皇太后誕膺洪册。允廸厥功。丕顯無疆之休。永有無窮之聞。萬壽之祉。天地同久。

誕節

建坤成節詔 元豐八年四月乙亥

朕祗膺駿命。獲紹寶圖。仰繄太母之儀。同總寧朝之政。金行氣應。素魄舒生。啓佑睿慈。保安涼菲。緣華封之善祝。建坤成之令名。以副四夷奉幣之誠。以盛百辟稱觴之禮。覬昭大慶。永傳無疆。恭以太皇太后七月十六日生辰爲坤成節。咨爾中外。體予至懷。

建宮殿

答宰臣請太皇太后建宮殿名詔 元祐元年閏二月丁未

卿等以朕紹承大統。奉事兩宮。循六世之燕謀。極萬方之至養。露章來諗。引誼甚明。謂德厚者報隆。而禮盛者文縟。宜開中禁。仰奉慈儀。崇長信之名。備洛書之介福。揭東朝之號。紹太姒之徽音。若稽古初。具存典策。漢家致孝。有朝夕上食供御之延。唐室承顏。嚴歲時踵門慶賀之道。建于列聖。咸有舊章。顧維沖人。敢忘繼序。所請宜允。候過人諒闇。令有司檢舉施行。

受册

太皇太后受册止用崇政殿詔 元祐二年三月甲寅

祥禫既終。典册告具。而有司遵用章獻明肅皇后故事。予當受册於文德殿。雖皇帝盡孝愛之意。務極尊崇。而朝廷有損益之文。各從宜稱。仰惟章獻明肅皇后輔佐眞廟。擁祐仁皇。茂業豐功。宜見隆異。顧予涼薄。絕企徽音。稽用舊儀。實有慙德。所有將來受册。可止就崇政殿。

以旱罷受册禮詔 元祐二年四月

有司奏受册當依典故。在從吉之後。夫典册備物。以致隆名。國之盛禮也。行於和平之日。懼不克稱。況今旱暵爲虐。苗稼將槁。民則何罪。咎實在予。雖側躬永思。損膳自戒。尙慮無以塞責消變。而有司乃於此時。欲以隆名盛禮加我。是重予之不德。所有將來行受册禮。宜權停罷。

御殿

太皇太后元日不御殿詔 元祐四年十一月己丑

三朝盛會。禮見群臣。王公造廷。奉觴上壽。皇帝臨御五載。恭己端莊。慶集惟新。受朝饗醴。吾總攬機務。叶助政綱。雖克享治安。而每懷抑畏。今有司乃欲以天聖故事。行會慶稱賀之儀。顧惟菲涼。豈敢比隆于先后。其在典法。亦當稽合于常規。是日皇帝致賀于禁中。群臣奉表于東廡。足以顯邦家之慶。而刑孝謹之風。何必外朝。乃爲具禮。來年正月一日更不御殿受賀上壽。候皇帝御殿禮畢。並內東門拜表。

責躬

太皇太后以旱降詔

予同攬政機。歷日未久。而陰陽錯行。雨不時若。春夏大旱。宿麥將槁。災之所被。迨徧四方。失職之民。靡所控訴。永惟天人之符。同于影響。災異若此。其何謂歟。豈予聽德不聰。刑賞不當。政弛吏慢。德澤不流。民力屈殫。土木弗止。讜言靡通。壅蔽者衆。推原厥始。咎皆在予。不然何禳祈消復久而未效也。

非恐懼修省。飭正萬事。其何以應之哉。可自今減常膳。公卿大夫其同寅協恭。輔予不逮。以答天變。

恩澤

太皇太后減聖節大禮生辰親屬恩澤詔 元祐三年閏十二月甲寅

官冗之患所從來尚矣。流弊之極。實萃于今。以闕計員。至相倍蓰。上有久閒失職之吏。則下有受害無告之民。故命大臣。考求其本。苟非裁損入流之數。無以澄清取士之源。吾今自以眇身。率先天下。永惟臨御之始。嘗勑有司。蔭補私親。舊無定限。自惟薄德。敢配前人。已詔家庭之恩。止從母后之比。今當又損。以示必行。夫以先帝顧託之深。天下責望之重。苟有利于社稷。吾無愛于髮膚。矧此恩私。實同毫末。忠義之士。當識此誠。各忘內顧之心。共成節約之制。今後每遇聖節生辰合得親屬恩澤。並四分減一。皇太后皇太妃准此。

推恩太皇太后本家骨肉詔

大行太皇太后受先帝顧託。不以東朝燕安爲意。而擁佑眇躬。憂勞庶務。大公至正。純誠一德。求之前代。未見其比。其于外家恩例。率先裁損。未嘗優假。朕追懷盛德。念無以報。大行太皇太后本家骨肉。三省密院宜並特與等第推恩。

本命

元祐七年正旦以太皇太后本命年齋醮設獄詔 元祐六年十一月辛亥

朕獲承至尊休德。託于王公之上。蒙成慈訓。海內晏然。恭惟太皇太后有聖德之徽懿。居天下之崇高。保佑朕躬。功及宗社。人神與歸。天地並貺。稽歲甲還相之次。當慶符本始之辰。仰贊壽祺。用致誠祝。昔在神考。有奉光獻之禮。嘗以前比。懇請再三。輿言傷財。面諭悉罷。永惟大德。何報方求尊安之稱。此而不圖。將何以示孝欽于萬方。而達至感于神明乎。其以元祐七年太皇太后本命歲旦日。齋在京及天下州郡。在城僧尼道士女冠一日。內在京于中太一、上清儲祥、集禧、建隆、醴泉、萬壽等六處宮觀。大相國寺十禪院。自正旦日各用僧道開建道場七晝夜。宮觀罷散日設醮座。在外州軍自正旦辦食設獄三日。並支係省錢。嘉與臣民。共增吉禱。庶機中外。均被餘禧。

服藥

以太皇太后寢疾赦見禁德音 元豐二年十月庚戌

門下。朕承列聖之基。躬萬微之務。而太皇太后受遺先帝。貽訓東朝。保佑終。憂勤夙夜。偶違康豫。遂涉晦明。日候寢門。躬調藥劑。顧忠誠之已竭。尙和氣之未孚。宜覃在宥之私。庶格無疆之祉。應四京諸道云云於戲。湛恩渙發。旣宣愛育之仁。百順來臻。覬獲痊平之報。

太皇太后服藥赦 元祐八年八月戊辰

門下。朕以沖昧。承祖宗休德。紹膺洪緒。仰賴文母大公至仁。衣被四海。保佑我國家。歷年于茲。按堵無事。然兢業萬幾。彌綸庶政。焦勞嬰疾。俄涉晦明。朕夙夜寢門。躬侍藥膳。齋誠徧禱。未獲痊平。宜廣惠心。俾求休應。可大赦天下。云云於戲。釋過宥罪。推博愛之常懷。集祉弭災。罄群生之協願。咨爾衆庶。咸體至懷。

遺誥

太皇太后遺誥 元豐二年十月乙卯

吾受兩朝之託。翊嗣聖之興。十有七年。安處房闥。皇帝天篤仁孝。日躋睿神。嘗咨務于禁中。獲助勤于天下。而炎涼屢變。疾疹乘衰。皇帝夜不解衣。朝至忘食。雖聖心之備盡。終天數之莫逾。吾嘗觀性命之原。達死生之際。生而享慶壽之養。沒則從昭陵之遊。顧循初終。夫復何恨。皇帝宜念宗廟之重。無過哀傷。更賴股肱近臣。共爲寬釋。成服之後。三日外聽政。服紀以日易月。在京文武百官十三日而除。諸司長官及近臣觀察使以上臨于宮庭。其餘臨于宮門外。諸道州府長吏以下三日釋服。軍民不用縞素。緣邊不得舉哀。釋服之後。勿禁作樂。園陵制度。務遵儉省。勉從吾志。勿事煩勞。餘並依昭憲明德皇太后故事施行。

太皇太后遺誥 元祐八年九月戊寅

吾受遺神宗。保佑聖嗣。憂勤庶務。今茲九年。未嘗以一物徇于己私。片言害于公義。神祇助順。宗社降康。方隅底寧。年穀屢稔。然吾素有末疾。已逼耆齡。寒燠所侵。疹恙時作。比欲釋天下之重負。就東朝之燕間。復辟以時。實吾之志。屢嬰沉疾。有加無瘳。皇帝以純孝之誠。盡躬侍之養。冠帶不脫。于朝夕藥食。必視其寒溫。吾安于理命之常。決于死生之分。大期有極。固不可移。寧神厚陵。夫復何恨。皇帝宜念繼統之重。躬聽斷之明。無過哀傷。勉慰物望。近臣輔弼。更爲開陳。吾稽參舊章。推恩兵衛。內外諸軍將士並與特支。在京文武臣僚幷外處管軍臣僚並與支賜。皇帝成服之後。三日內聽政。以日易月。一依舊制。在京文武群臣十三日而除。諸司長官及觀察使以上臨于宮庭。其餘官臨于宮門外。諸道州府長吏以下三日釋服。軍民不用縞素。沿邊州府不得舉哀。制服之後。勿禁樂。園陵制度。務遵儉省。勉從吾志。勿事煩勞。餘依章獻明肅皇太后典故。

宋大詔令集卷第十二

太皇太后下

謚議

慈聖光獻謚議 元豐二年十一月壬辰

右臣伏奉敕命差撰大行太皇太后謚號文臣退而考按國朝故事祖宗諸后謚號皆二字惟章獻明肅皇后以四字卽具奏稟奉御寶批付臣曰先帝以宗子入繼大統嗣位之初哀毀過度感疾逾年軍國機務無所稟決人情恟懼神器震搖賴大行太皇太后聰明睿智權宜裁處于是中外妥定宗廟獲安逮皇躬康寧匪由人言卽詔復辟退饗東朝之養十有七年以慈爲寶拊子育孫裕如也功德盛大振古無有今以四字爲謚大懼未足形容萬一姑循故事而已宜以四字定謚臣再拜稽首奉詔于是有司擇日集百官于太廟以請大行太皇太后尊謚臣謹昧死上議竊推迹上世虞夏以前質勝文隱未有謚號以名配位死生同稱降及于商雖有成湯之號而其傳蓋略無得而稽焉迨周公旦相武貽憲作爲謚法以跡行表功實往名歸大細相稱而後百王遵之莫或廢失故生有豐功盛德歿有大名顯號于以發揮光烈垂耀後世蓋其爲法下不得誄上求諸典禮后之謚必請于廟所以質諸神明示天下以至誠大公之極非臣子之敢專也恭惟仁祖道侔乾坤德配堯禹天既啓以太平至治之運乃作之合以助成關雎麟趾之化是以大行太皇太后應運挺生賦畀篤厚超絕今昔聰明睿智之性慈仁恭儉之行天成生知不習而至養德閨門則有窈窕之淑聞儷體宸極則有思齊之徽音輔佐君子朝夕憂勤有卷耳之志被服澣濯躬儉節用有葛覃之本愛均嬪庶有樛木之逮下化行隱遠有兔罝之好德退抑戚屬而飭之以恭謙惠哀鰥寡而振之以衣食教內修乎閫閾治外刑于邦家安止乎禮義之宮嬉息乎藝文之圃煒煒乎惟茲以論后妃之德固已極矣無以復加矣然猶未足以髣髴盛美萬分之一也若乃嘉祐之末仁祖春秋既高皇嗣未立中外凜凜人懷不寧已而英宗入居東宮國本既建天下之心泰然雖仁祖聖斷不惑早定大計實由大行太皇太后先知達識力贊以成及英宗卽位之初哀毀成疾于是權宜聽政廟社以安亦既復辟退處東朝委遠功名之隆優游妙道之域悟性命之理通死生之變不訪乎崆峒而得治身之要不登乎姑射而知凝神之方蓋正位宮闈垂五十載受遺兩世母儀三朝淵默而無爲饗四海之養者十有七年皇帝仁孝純至恩義致隆咨務談經問安視膳尊奉報稱在禮無違今明詔之所發揮皆

本諸至誠大公之極。斯足以照映前古。光輝無窮。記曰。文王無憂。以其有王季爲之父。武王爲之子也。恭惟大行太皇太后。仁祖以爲夫。英宗以爲子。皇帝以爲孫。聖神相承。源深流遠。以此較彼。文王爲不足侔矣。臣歷觀載籍之傳。任姒于周。有內助之効。而無聞于社稷之功。馬鄧在漢。有關政之勤。而不知乎道德之奧。猶且流聲雅頌。騰芳簡編。舉以槩今。不其狹歟。嗚呼。羲軒以前。既不可得而攷。其可攷者。自三五以來。后妃之美。未有如大行太皇太后仁功聖德之盛。昭天漏泉者也。是宜爲宋文母。以詔于萬世。謹按謚法。愛民好與曰慈。能以仁教曰慈。通達先知曰聖。窮理盡性曰聖。和寧百姓曰光。格于上下曰光。聰明睿智曰獻。博聞多能曰獻。恭惟大行太皇太后包括衆美。以集大成。神明之所顧歆。天地之所合契。宜以祖宗之命。奉上尊謚曰慈聖光獻。

宣仁聖烈謚議 元祐八年十一月乙酉

翰林學士朝奉大夫知制誥兼侍讀顧臨奏奉詔。以今月九日。集官太廟。請大行太皇太后謚。曰宣仁聖烈皇后。俾臣考謚撰議。以備玉册易名之大典。臣稽首再拜。謹昧死上議。洪惟大行太皇太后考高楚王。武烈王之孫也。妣鎭國太夫人曹氏。武惠韓王之孫也。武惠事太祖太宗。削平僭僞。混一區宇。有慈惠不殺之仁。武烈事眞宗。有見危致命協策平難之義。二人咸有大勳勞于太常。玆所以發祥演慶。誕降睿聖。配英皇。生神考。保佑聖孫。德備道隆。巍巍乎其極三后之崇也。方英皇龍蟠濮邸。乃公姓承華履泰之時。歷數冥會。天作之合。夙夜相與稽求經訓。博觀史氏歷代之載。樂將終身焉。仁皇在御。日月久。春秋高。天下之本未立。眷求宗藩。燭見潛隱。試難皇子。正命儲宮。嘉祐末年。乃位天德。配體儷極。母儀四方。膺事慶壽。師其矩度。忘崇高之奉。彌以敦素爲修身刑家之本。其服御顧非弊極。雖更歷年紀。未嘗輒易。以苟費天物。敬以婦道風天下。駿惠我慈聖之懿則。克相英宗。紹仁宗之休。榮薄海內外。罔不配天其澤。迨英皇厭代。神考繼序。崇慶寶慈。敬致色養。益懷謙抑。以尊東朝。淸明內融。仰稽天若。超心道微。泠然乎萬物之表。日繹舊學。覃思前往。增益其所自修。元豐八年。神宗寢疾。請同聽覽。俄鼎湖上仙。玉几遺命。擁保聖嗣。出震繼照。共御延和。制政四海。安正明微。不踰防範。以至拜慶册禮。上壽坤成。率避臨前朝。以推隆乎先后。監觀前世后族之家。怙勢干政。亂國殄家。昏迷顚覆。相踵而不戒者。訓飭厥家。毋得妄祈恩寵。以玷國章。乃大出所奉營第合族。阜其儥入。畢給常養。惇我親仁。以修正義。有擬仲父踐更有勞。請擢置法從。明喻非欲。以戒開寵。有以恩入官者實繁。宜以時損。首裁外家。以申厥命。妙選坤極。咸屬賢閥。輿言滿盈。確乎不可肇。自治平格于元祐。歷年踰世。家無一人翺翔任事乎顯要之路。咸以抑畏退藏。承教自勵。罔或一毫之私。冒謁諸朝。賓帝之後。其內親外戚。左右侍御之臣。惟朝夕論德流涕。而無平時僥倖之虞。考詩任姒。徽音相承。以隆周家。而光絕乎後。其治內有如此者。體坤用乾。妙乎其不爲首。研極論相。以統百官。代天器工。分乂庶務。未嘗出聰明。見適莫。專智擅事。或罹偏吝之累。曠然凝然。以仰厥成。故當國大臣。敬委任責。咸得以程大猷。申故實。曲列詳說。周旋事情。以承可否之命。尤屛絕側聽。峻防姦幾。付之庶謨。大同乃繹。增置諫員。審求端士。俾危言篤論。不留下情。暢乎上聞。以疏壅塞之弊。聽受之際。一以民爲度。民之所欲者行。民之所否者已。無所爲而不與民同者。故天下之民。不能離而議也。間或六氣戾和。三辰異軌。則輟食忘寢。反覆究省。詢過于朝。引咎于己。側身咨嗟。感動中外。二帝三王之所以治天下不過乎是。其治外有如此者。履天下之利勢。運天下之利用。不出閫閾。九年之間。無內外之難。泰定純終。由古以來。未之有也。聖心曲妙。不可形容。竊用民言。髣髴其跡。尊賢在位。使能在官。貴老興教。哀窮恤隱。省徭惜力。薄賦厚生。常武戢兵。平法輕刑。蠲藏惠民。去吝濯俗。愚夫愚婦。咸孚大公。夫是之謂宣。飭嚴其在己。恕裕其在人。內無諸華。外無四夷。哀矜一視。允懷如傷。夫是之謂仁。研幾超睿。廸順佑神。兢業言動。奠而後發。惟恐一物不當。有憂乎上帝之心。始卒一誠。二配俱極。夫是之謂聖。政貴有常。人惟求舊。允釐百度。以定衆志。倍其篤實。披靡浮華。純素之風。孚近浹遠。克相上帝。寵綏四方。詒謀燕翼。丕承烈聖之鴻緒。以固無疆之大業。夫是之謂烈。臣謹按謚法。聖善周聞曰宣。施而不私曰宣。克己復禮曰仁。功施于民曰仁。窮理盡性曰聖。裁成萬物曰聖。秉德遵業曰烈。安民有功曰烈。合是衆美。宜敬承乎祖宗之命。光大其徽稱。以信無窮之傳。謹上尊謚曰宣仁聖烈皇后。

謚册

慈聖光獻謚册

維元豐三年歲次庚申正月乙丑朔。十四日戊寅。孝孫嗣皇帝臣某謹再拜稽首言曰。臣聞道本無形。不可擬以稱謂。德合無疆。不可規以封畛。然自昔賢聖相繼。作民父母。莫不稽行以立謚。紀功而建號。著在典册。聲于郊廟。蓋休烈盛美。既有以冒于四海。則隆名尊稱。必有以照于萬世。恭惟大行太皇太后。實天祐宋。誕生淑聖。聰明淵靜。至性得于自然。慈仁粹和。懿範冠于往昔。惟藝祖肇造區夏。武惠之勳。從享太室。積德流慶。用大集于後昆。迺登中闈。作配仁祖。夙夜警戒。逾三十年。億寧神人。嘉靖內外。翊贊聖治。迄用有成。深惟宗社之重。援立先帝。大策既定。五謀協從。諒闇之初。哀疾弗豫。勉同聽決。庸濟艱難。群情于是獲安。神器以之增重。而進退以正。勞謙有終。迹不踐于外庭。歲甫朞而復辟。方且宅心道祕。頤神物表。享東朝之尊十有七年。福浸黎元。而撝挹不居。奉極天下。而恭儉自牧。較其全德遠度。休聲茂實。雖詩人所載。任姒之美。殆無以加。漢氏以來。馬鄧之列。莫得而比倫矣。顧惟沖菲。獲奉晨昏。教誨撫存。慈惠兼至。間稟要務。仰遵成規。家用平康。民以寧一。庶蒙休祐。永錫難老。以伸小子欲報之志。以慰萬方欣戴之心。不圖邦釁。上延奄棄崇極。玉衣如在。飈駕不旋。痛色養之長違。顧孺慕而何及。考卜惟吉。因山有期。迺稽舊章。□□惠□鴻名。請于祖宗。告于几筵。謹遣攝太尉、光祿大夫、行尚書禮部侍郎、同中書門下平章事、集賢殿大學士、上柱國、太原郡開國公、食邑五千五百戶、食實封一千六百戶臣王珪。奉寶册。上尊謚曰慈聖光獻皇后。伏惟明□在天。昭鑒于下。膺茲典禮。永配廟祏。儲祉錫羨。光于無窮。嗚呼哀哉。謹言。

宣仁聖烈謚册

維元祐八年歲次癸酉十二月甲辰朔二十六日己巳。孝孫嗣皇帝臣某再拜稽首言曰。臣聞聖人之興。默契天運。昔眞宗仁宗之際。章獻臨御。歲周一紀。實能協和神人。以靖國家。逮我聖考。丕厭萬國。惟末小子。未堪多難。則亦聖祖母躬受其艱。始終九年。臣民以寧。社稷以固。欲報之德。未獲其所。惟周人以諱事神。以謚易名。明詔聖德。以示後嗣。恭惟大行太皇太后。實天生德。作合皇祖。無私如天。博愛如地。內自宮省之秘。外薄華戎之廣。丕冒德澤。以生以成。昔在景德。北人弗賓。時則武烈參定大計。師于澶淵。克遂有功。南北底定。垂九十年。民獲養生送死。功書鼎彝。澤加于後。及我仁祖。將援宣考。以奠天位。亦惟慈聖。實以從母。先識潛德。宜于室家。施及朝廷。元豐之末。天地震烈。疾方彌留。群公卿士。拱手相視。罔知所措。而大策中定。與天爲謀。肆時沖人。實主神器。帷幄既施。號令時叙。稽于衆庶。庸一二老。政無舊新。以便民爲先。人無戚疏。以守正爲用。故士恥奇衺。民知嚮方。耕田而食。遂底于今。雨暘小愆。責躬菲食。饑饉時告。振廩輟漕。憂世之心。常若不及。人賴其賜。神享其誠。熏然和平。無大裁害。間修咸平之政。大弛逋責。中外所釋。以千萬計。飢寒者得以衣食。流散者得以安處。歌舞之音。流于四方。遼人恃和。時肆猾姦。一聞信義。斂然知畏。迄無一言之爭。夏人恃遠。更出侵擾。一被恩德。屢叛仍屈。卒爲乞盟之計。雖燕處于中壼。實大賚于萬邦。究觀設施。莫見其睽。惟約心以公。自二王一主。洎于外家。均遇以法。無僥倖之求。處躬以儉。自飲食服器。至于宮室。取足于用。無華靡之飾。雖履大位以天下養。而歲月之奉。子弟之薦。猶視長樂之故。是以貴戚近習。相視而愧。元臣耋老。聞風而嘆。不言而化成。不威而心服。自三代漢唐。一人而已。若夫先后舊儀。具在有司。每自抑畏。置而弗舉。受册之禮。當在文德也。而退卽于崇政。明堂之賀。當在集英也。而儀止于東闈。將成宣光。則原廟之說。自處于治隆。將損任子。則族人之恩。下比于列辟。凡輕于約身。重于違禮。推之庶政。蓋有不可勝言者矣。臣夙遭閔凶。未習師保之訓。提攜閔閔。若農夫之望歲。誘之以詩書之樂。滋之以勸講之良。示之以聽納之寬。導之以決斷之明。久而弗忘。遂以成性。方將率德以自廣。致養以盡誠。而命之弗知。哀恫邦國。臨朝憫然。未知攸濟。易月之制。既弗敢違。因山之期。茲復以告。是用博訪于卿士。受命于祖宗。惟德之至。不可以名言。而功之隆。不可以數舉。敢因古人一惠之義。益以累朝四謚之法。庶以盡子孫之誠。而慰海內之望。謹遺攝太尉、右光祿大夫、守尚書左僕射、兼門下侍郎、上柱國、汲郡開國公、食邑六千三百戶、食實封二千八百戶臣呂大防奉册寶。上尊謚曰宣仁聖烈太皇太后。伏惟靈德在天。令名垂世。光配廟祏。□于太史。沒而不忘。永永無極。嗚呼哀哉。謹言。

哀册

慈聖光獻哀册

維元豐二年歲次己未十月丙申朔二十日乙卯。慈聖光獻太皇太后崩于慶壽宮之萃德殿。旋殯于慶壽殿之西階。粤三年三月甲子朔。十日癸酉遷座祔于永昭陵。禮也。燎映九闕。漏終五夜。淒風吹以發音。儼金根其趨駕。孝孫嗣皇帝臣某痛悲遠日之至。擗踊終天之訣。飛馭莫攀。奠觴既徹。迺詔邇臣。追揚休烈。其詞曰。猗歟太母。遐矣鴻緒。承派軒后。啓封邾子。逮于武惠。爲宋方虎。陰有善慶。超漢援禹。其在後昆。篤生聖女。瑞氣天連。玉毫衆覩。當炎精之四帝。求母闈之內輔。既作之合。遂定厥祥。占陋沙麓。兆輕壽房。正家陰順。載物坤方。聰明睿智。端一誠莊。珩佩惟和。練衣猶浣。出閫無言。脫簪有諫。蠶織是親。圖書是玩。海賦聖學。鸞飛神翰。化自身先。恩無私謁。盛公族之麟趾。微外家之金穴。於穆英考。入紹仁宗。與子天下。贊□禁中□□鼎之岌岌。慰萬國之禺禺。皇躬未康。勉親機政。明辟旋復。避遠權柄。心契乎道。權歸乎正。盛德若虛。至仁斯靜。再副遺託。克昌繼嗣。勞神乎遭變之始。受養乎承平之際。一人定省。大務咨議。每顏溫而訓篤。何慈深而愛至。造金僊之妙旨。探柱史之微言。撫赤紱之諸主。弄文褓之曾孫。斗維誕日之慶。天囿嘉時之燕。壽觴舉而三宮樂。寶輿動而九逵抃。忽脫屣于紫房。遽歸神于淸漢。玉音絕兮宵何所及。黼幄空兮漠無所見。嗚呼哀哉。下詔之夕。霜霰寒初。祖庭之旦。草木春餘。驚流景之過隙。從吉占而啓途。去深殿兮背白日。指新宮兮竁黃壚。嗚呼哀哉。烟拂羽仗。月低斗城。出六衣于東闥。轉五路于西坰。紛相趨兮侍衞。怳如在兮平生。嗚呼哀哉。馬躑躅兮風蕭散。度鞏原兮臨洛岸。近橋山之衣冠。下銀海之鳧雁。龍鑒收兮將就蝕。劒戶閟兮何時晨。寢肅肅兮蒼野。簾陰陰兮綠塵。拂曉風兮泣長御。瞻暮柏兮悲宮臣。聖孝執喪于三歲。輿情結慘于八埏。嗚呼哀哉。塗山嬪兮夏盛。大任歸兮周隆。視今兮揆古。軼德兮踰功。彤管之紀。但傳于土苴。白玉之鏤。惡足以形容。嚴淸廟之登配。光億載以無窮。嗚呼哀哉。

宣仁聖烈哀册

維元祐八年歲次癸酉。九月丙子朔。四日己卯。大行太皇太后崩于崇慶宮之壽康殿。旋殯于崇慶殿之西階。有司奏謚曰宣仁聖烈。粤明年二月癸卯朔。七日己酉。遷座祔于永厚陵。禮也。□□帟空。神庭燎曨。雲似郤以復凝。月雖輝而如慘。孝孫嗣皇帝臣某。臨遺奠以興哀。瞻振容而永慕。鳳吟管以何悲。龍挾輴而若駐。羽衞羅闕。神儀布路。爰制近司。紀陳聖度。其詞曰。皇矣大宋。寶命自天。重明累聖。跨功軼宣。聖后在中。契于坤乾。校任比姒。亦逾于前。有系自姜。源深積厚。功熙我朝。方虎是偶。奄韓宅魯。益昌厥後。月瑞日□。是興太母。於鑠太母。躬義率仁。居靜猶地。含和如春。正素自稟。聰明夙聞。作合英祖。齊昇並耀。受養神考。陰功善教。體道不違。唯德是傚。元豐末命。帝念惟辟。聽斷勉同。以補天隙。擁佑神孫。立民之極。公以涖人。儉惟化俗。衣有大練。奩無片玉。房闥不出。四海在目。信義由中。九夷思服。如鑑不塵。如瑾不緇。三事大夫。正直是咨。宗藩外戚。滲漉惠慈。人爵王官。雖卑不私。廟謁靡行。外朝靡踐。池籞靡臨。唯政是勉。服御靡更。唯德是善。庸示萬方。爲則爲典。左右皇躬。日就月將。動有壇宇。居由範防。造次于是。寖隆且昌。如天淸明。霽日之光。治化方成。憂勞亦至。外若平居。中潛遘癘。坤軸斡以夜摧。月輪翳而曉墜。曾大化之靡怛。尚斯民之爲意。嗚呼哀哉。珠箔低垂兮雲霧猶隔。繐帳髣髴兮鑪烟未消。想仙馭以何適。謝人寰而已遙。萬乘號慟。哀纏九霄。千官縞素。雨泣東朝。嗚呼哀哉。人與神兮變何速。秋復春兮時已徂。儀盈兮未忘于平昔。縡動兮難留于須臾。翼八翣以爲衞。陳六衣而起塗。嗚呼哀哉。野蒼茫兮人漸遠。仗徘徊兮天欲晚。遡洛澗兮嗟備物之如在。逾鞏岸兮知神遊之不返。山川已兆于眞宅。松柏猶疑于故苑。嗚呼哀哉。玉晦龍蟄。金藏鑑昏。泉關掩夜。宮闈泣晨。車軌同兮雖來于萬國。寶座閉兮唯朝于百神。魚爲炬以非日。鴈長飛而不春。嗚呼哀哉。成内則于三朝。貽素風于千祀。致理之勤兮今已往。大道之公兮古如此。何遠其家以爲國。而憂其民之猶子。宜大書而作册。俾永光于宋史。嗚呼哀哉。

山陵

太皇太后稱山陵詔 元豐二年十月戊午

大行太皇太后輔佐仁宗皇帝。援立先皇帝。保翊朕躬。獲安宗廟社稷。功德隆盛。開于四海。垂及後世。光輝無窮。而天畀聖質。今昔絶擬。遊心道域。退託不居。淵默宸闈。福芘天下。方圖崇報。未知攸爲。今遺命陵號。于本朝舊制。乃重有貶抑。曷以茂對顯烈。慰塞中外之望乎。可詔有司。易園陵曰山陵。餘恭依遺誥施行。

易太后園陵作山陵詔 元祐八年九月己卯

太皇太后受遺稱制。保佑眇躬。勤勞九年。阜安四海。大德未報。奄棄東朝。布宣末命。中外悲怛。永惟平日謙恭之至意。每避先后臨御之常儀。逮此遺言。止以園陵爲號。既非朕尊崇之本志。又失臣下愛戴之誠心。宜詔有司。易園陵爲山陵。餘恭依遺誥。

宋大詔令集卷第十三

皇太后一

尊立

有司請上皇太后尊號奏 建隆

伏以王者立顯親之殿。所以尊母儀。開長樂之宮。所以伸子道。稽諸歷代。實有彝章。伏惟□母南陽郡太夫人。象叶陰靈。功深厚載。塗山助夏。首冠于三王。文武興周。名存乎十亂。徽號未正。闕孰甚焉。謹按漢書曰。帝祖母曰太皇太后。帝母曰皇太后。皇帝陛下膺圖資始。孝治攸先。宜彰墜鷰之祥。式表濯龍之貴。伏請上尊號曰皇太后。詔曰。恭依典禮。仍令所司。候追册四親廟畢。擇日備禮奉册。

尊皇太后制 至道元年四月乙未

王者膺顧託之重。居宸極之尊。稽考舊章。宣明孝治。用尊尊之義。慰蒸蒸之心。風化攸先。莫尚于此。顧惟眇質。獲嗣慶基。仰奉慈顏。敢忘前訓。洪惟大行皇后。坤元表德。壼範流芳。輔佐先朝。厥功斯茂。俾陳典册。式薦徽稱。謹上尊號曰皇太后。

追尊賢妃李氏爲皇太后制 至道元年十一月丙申

朕獲纂洪圖。仰懷慈訓。式遵茂典。誕舉徽章。太宗皇帝賢妃李氏。輔佐先朝。發揮內則。柔明之範。圖史傳□。顧惟涼薄之資。敢忘劬勞之德。追崇禮秩。用慰孝思。宜追上尊號爲皇太后。

追尊李宸妃位號營奉園陵詔 明道二年四月二十一日

朕哀制之中。未遑議政。皇太后謂朕曰。宸妃早事先帝。尤爲懿恭。膺降誕之符。守謙沖之德。至于號位陵寢。聿周禫祥。歸奉母儀。克勤輔佑。興居合禮。言動有常。兩播徽音。九優彝典。以賁愼終。可追崇爲皇太后。

故聖瑞皇太妃朱氏追尊爲皇太后制 崇寧元年二月十七日

門下。夫孝之至者。其愛廣。報之厚者。其禮隆。朕遹駿皇圖。極思父念兄之慼。愴懷聖瑞。盡飭終追遠之情。敷告治朝。特尊顯號。故聖瑞皇太妃朱氏。懿恭惟則。柔惠且仁。早衍慶于螽斯。克相儀于椒掖。輔佐昭考。有警戒之道。而無險詖私謁之心。保佑泰陵。助繼述之功。而遵柔懿慈儉之德。仰徽音之逾茂。嗟淑命之不融。於戲。婦順謙沖。生不及四海之崇養。寵章華煥。歿而加萬世之鴻名。惟哀慕之無窮。用褒崇于罔極。宜追尊爲皇太后。仍令所司備禮册命。

諭崇寧初姦臣損欽成舊儀詔 大觀三年二月五日

朕惟欽成皇后輔佐神考。淑愼懿恭。誕育哲宗。慈仁顧復。尊爲帝母。十有五年。就養宮闈。陰利天下。而崇寧之初。姦臣用事。飾終送往。因陋就簡。妄騁私意。悉損舊儀。屢加詰問。終莫遵承。比閱典禮。欲加是正。而歲月遄邁。既往莫追。事違本懷。情深悼惻。咨爾在位。體朕意焉。

尊號

百官上皇太后尊號不許批答 天聖二年七月甲辰

吾頃在先朝。實當內治。雖極崇高之位。常思抑損之風。昨以嗣君。始膺丕緒。聿承遺詔。協預政經。賴宗祏之降祥。復忠賢之戮力。迄臻康乂。肇擧燔煙。而鼎臣宗工。庶尹多士。遽形勤請。願上尊稱。念何德之克堪。實以榮而爲懼。眷言列位。宜察素懷。

皇太后降毋得上尊號手書 天聖五年七月己未

吾奉先朝之顧言。保嗣聖之鴻業。間臨便殿。同訪遠謀。乃至寤寐不遑。旰宵若厲。而咎證屢見。政化未孚。將戒天正。聿新郊報。慮循舊典。載上尊名。宜告在廷。當體吾意。

追尊李宸妃爲皇太后制 明道二年四月壬寅

王者撫育黎元。務恢要道。蓋孝篤于己。則化之厚。感發于心。則報必隆。有懷顧復之恩。爰擧尊崇之典。故宸妃李氏。輔佐先聖。誕育眇躬。空流彤管之音。未正軒星之位。是用順稽舊典。恭薦徽名。庶申創慕之思。以稱劬勞之德。宜追尊爲皇太后。仍令所司擇日備禮册命。

皇太后號保慶詔 景祐元年九月壬子

皇太后頃在先朝。久參內輔。顧惟沖眇之質。備承撫愛之恩。自顯受于尊名。賴總臨于中壼。益彰謙懿。思罄恭虔。載欽保祐之慈。式叶熙隆之慶。聿崇稱謂。庶表光揚。宜令宮禁上下。此後並以保慶皇太后爲稱呼。並置所居殿額。咨爾宰弼。當體至懷。

尊皇太后制 嘉祐八年四月丙子

王化之基。所先者孝。治邦典之重。莫大乎尊親。言念眇躬。獲承聖緒。况欽聞于顧命。俾祗奉于母儀。敢率舊章。式陳顯册。大行皇帝皇后。配德宸極。比大坤維柔範藹于宮闈徽音流乎天寓輔佐先帝肅雍罔違撫毓沖人愛慈至厚奉加徽稱仰慰慈顏謹上尊號曰皇太后其合行册禮令有司檢詳典故以聞

尊皇太后制 治平四年正月己未

聖人之制世馭俗也莫大乎孝治先王之正國安人也必先于禮經矧惟帝母之尊夙毗王國之化朕紹膺寶祚祇遹聖謨恭遵憑几之言深惟置器之重遵行典册仰奉徽名大行皇帝皇后柔範布于中宮陰教播于天下輔佐先帝賢德內修撫循朕躬慈訓備至恭加懿號允廸先猷謹上尊號曰皇太后其合行册禮令有司檢詳典故以聞

尊皇太后制 元豐八年三月庚子

王者之治國也莫重于禮文人子之事親也莫先于孝敬矧正母儀之位實基王化之綱顧惟沖人祇紹大統奉愛同之遺訓崇儷極之徽名申敕攸司荅揚盛典大行皇帝皇后化刑四國被教六宮輔佐先朝秉齊明之德撫循菲質致均一之仁恭廸聖猷奉加美稱可上尊號曰皇太后

追尊陳太妃爲皇太后制 建中靖國元年正月十六日

門下守位曰仁事親者仁之實教民以孝因心者孝之先煢然眇躬幼失所恃有霜降露濡之感無昏定晨省之因隆祐深慈具言于遺訓章懿盛典並列于有司明告治朝追榮顯號故皇太妃陳氏柔儀慎靖淑德齊明標茂範于皇闈藹徽音于彤史輔佐永祐肅雝內庭誕育沖人纘承大統彼蒼不弔陟屺纏哀聞雞猶想于問安吹棘徒增于隕涕既不能致四海之養銜恤無窮將何以報昊天之恩崇名爲慰用廣如存之敬以伸終慕之情宜追尊爲皇太后

瑞聖皇太妃追崇爲皇太后詔 崇慶元年正月十六日

瑞聖皇太妃昔事神考柔懿順恭無險詖私謁之心有警戒相成之道誕育哲廟饗養西宮助紹承繼述之功遵慈儉保佑之德今云殂殞良用盡傷思父念兄禮宜隆厚特申郊報載上尊名宜告在廷當體吾意

文武百寮再上表加上皇太后尊號不許批荅 天聖八年

夫道以沖而爲用易以謙而蒙福儻自矜大所不與焉吾獲紹基圖深惟抑畏蓋勉遵于先託固無助于君明曩歲群臣籲言嗣皇內請膺受丕貺良非素懷今郊報有期國家常典衆心輸嚮復上美名且方隅枚寧運厤隆治蓋天地之儲貺廟社之流祥惟帝丕承乃克臻此在吾菲德敢自爲功矧有愧于前稱諒難從于今議庶全撝挹之志免慙記注之傳

册文

皇太后尊號玉册文

維天聖二年歲次甲子十一月乙酉朔十三日丁酉。嗣皇帝臣某謹再拜稽首言。恭以爲天下之母者。愛育之功博。居域中之大者。覆載之道均。乃有飾盛禮以推崇因強名而丕顯。以恩則尊親偕極。以義則中外一辭。表德垂鴻。非可以報也。况乎保寧丕緒。撫覽權綱。格萬宇之洽平。副輿情之輸戴。式隆稱號。以播休鑠。伏維皇太后陛下聰明淑哲。淵默懿恭。襲御龍之遐源。啓曾沙之瑞命。輔佐先聖。輯睦藩房。申翊宮朝。叶敷闈教。服圖史之至誡。慕黄老之徽言。乃正位承天。居尊治内。勤儉之化。式于中閫。和平之風。被于四表。王基允固。睿問載融。曩者號弓在辰。仍几有命。粤以大寶。付于菲躬。煢煢哀荒。懼罔攸濟。實賴慈蔭。以援鴻圖。上奉顧託之明。俯慰邇遐之望。詳錄機務。咨謀政經。憲祖宗之舊章。昺官師之凝績。本乎子物之惠。濟乃守成之業。今蠻夷欵附。封宇靖安。百度聿修。六氣時若。肇禋肆類。克展上儀。享是休嘉。率由保翼。故得公卿庶尹。藩嶽守臣。武旅戎酋。緇黄耊艾。咸謂周有思齊之□。播于聲歌。漢有長樂之注。垂于竹帛。斟酌前訓。擬議盛猷。允非鴻名。莫揚盛烈。縣代曠典。自我而著。猶且推美而弗省。約己以至謙。連袂叩閽。露章五請。臣得以因人之欲。拜疏于内。甫回沖慮。乃徇公言。夫含章履順之謂應元。詔訓率下之謂崇德。體仁所以膺壽藏之福。宣慈所以隆聖善之懿。不勝大願。謹與百寮士庶。奉玉册琮寶。上尊號曰應元崇德仁壽慈聖皇太后。伏惟懋叶歡心。誕膺洪册。承七廟之流祥。受九昊之敷錫。擁佑家邦。祉祚無極。臣某誠懽誠抃。頓首頓首謹言。

明道二年皇太后尊號册文

維明道二年歲次癸酉二月丁酉朔九日乙巳。嗣皇帝臣某謹再拜稽首言。恭惟荷神器之重者。必能充其道。措天下于治者。乃可享其尊。雖復虔鞏大猷。抑畏先憲。周藏功表迹隱言外。至于體乾之健。則四德隨具。法坤之順。則萬物自光。乃知聖人施尊名。建顯號。有以答四海之望。未始缺三神之歡。况夫有親之慈。有國之典。有億衆之勤請。有沖人之奉承。則鴻徽景鑠。揭無垠而耿千古。不得爲身專辭也。伏惟應元崇德仁壽慈聖皇太后陛下徇齊懿淑。欽明惇大。覃葛表乎成德。俔天稟乎睿姿。内輔先帝。布昭陰教。柔風彷徉。太和絪緼。惟深以鈞天下之志。彌簡而知天下之限。及眞廟憑几綴衣在廷。導揚審訓。參錄庶務。時惟寡薄。嗣膺宸統。懼德弗類。惟天難忱。實緊寶慈佐佑丕業。於是進者哲。黜憸壬。鼓清風。阜群品。烝雲以濡之。揭日以照之。回霜收電。恤獄犴之苦。金聲玉振。制條令之當。不愛牲牷以裕于神。不玩印鈕以寵其勳。好直而無翳諫。育材而善多士。浣衣訓儉。程書戒勤。出入十年。上下一德。至乃師兵不試。方陲無警。一介之使。朝服以至穹廬。丈餘之組。馳軺而撫西夏。蕩然王德。無思不服。遂能内外有謐。憲度具張。俗祛奇衺。民服敦龐。簫勺之和。極天而蟠于地。義慈之愛。浹肌而淪于髓。拔其癘疵。納之仁壽。百昌蕃蕪。而競乎昏作。三辰陽明。而順乎發斂。使眇眇之質託王公之上無遺德無忝令重擁越成以緝熙于光明諒非諄誨疇克臻此曩以崖略上德形容丕稱大功日新輿情未愜方今欵謁廟祏祗見祖宗馨香升聞休嘉振動而廊廟文武相臣將臣卿尹師校家陪耆艾仙釋之淨衆要荒之渠長藹然咸造以義固爭僉曰備物不膺無以賁天命群生不懷無以綏方國既卽舊典創新制則因而易行略小節著大美唯稱而後可切訂茂實以增聖號陛下方復允恭克讓勞謙終吉連藝五請始曰俞哉夫高明資始是之謂應元思睿周達是之謂齊聖鼓舞範圍是之謂顯功敷施化育是之謂崇德睦族濟衆是之謂慈仁祈年永思是之謂保壽臣不勝大願謹遣攝太尉籍田大禮使推忠協謀同德佐理功臣開府儀同三司行門下侍郎兼吏部尚書同中書門下平章事昭文館大學士監修國史上柱國東平郡開國公食邑七千戶食實封二千八百戶呂夷簡奉玉册玉寶上尊號曰應元齊聖顯功崇德慈仁保壽皇太后伏惟欽受鴻册昭廸成功揭道觀妙援天比崇邁任姒之遐武襲黄老之淵宗乂安鼎祚以擄無窮

皇太后册文

維治平二年歲次乙巳十一月丁巳朔十有六日壬申嗣皇帝臣某謹稽首再拜言曰臣聞昔者明王之以孝治天下者非家至而日見也蓋有要道焉推所以行于己者爲天下率盡所以奉其親者爲天下先而四海靡然其承風矣洪惟有宋受命造邦百年四聖而小子獲承之以繼我仁考之遺休餘烈方與群公卿士夙夜以思勉其不逮庶幾如我仁考付界之意以申罔極欲報之心此固慄慄祗懼不敢遑寧者也顧惟眇末之質提攜鞠育慈仁咻呴至于有成自我聖母嗣位之始哀迷在疚而憂勞艱難一日萬務叶和綏靜保佑扶持功施邦家亦惟我聖母永惟至恩大德無物可稱是用稽參典禮率籲群心合志一辭懇懇惓惓不勝大願謹遣具官韓琦具官胡宿奉玉册金寶上尊號曰皇太后恭惟皇太后聖善明哲柔閑靜專粤自正位中宮內助先帝陰禮修而教行儉德著而下化遂及萬國先于正家逮夫玉几受遺遭時多難勉徇勤請權同聽決而明識遠慮動懷謙畏深鑒漢家母后之失訖不踐于外朝及歸政冲人合于易之進退不失其正之聖是惟全節鉅美固已超出前古垂法後世宜乎盛烈播于聲詩尊名光于典册惟末小子獲奉溫凊嗚呼殫九州之富以爲養未足盡于孝心享萬壽之福而無疆期永承于慈訓臣某誠懽誠抃稽首再拜謹言

皇太后册文 熙寧二年四月壬戌

臣聞子親生之而恩咻仁煦至于有成其義若天覆無有窮極矧眇躬所繫以提以護乃至託王公之上而獲承祖宗之餘烈親德所載不已極隆而愈重歟欲報之懇顧天下無物以稱其大是用率籲衆志順稽典禮一辭欣合不勝至願謹遣攝太尉推忠協謀崇仁同德贊治守正保運亮節佐理翊戴功臣樞密使劍南西川節度管內觀察處置橋道等使開府儀同三司守司空檢校太師兼侍中兼群牧制置使行成都尹上柱國潞國公食邑一萬七千二百戶食實封六千七百戶臣文彥博攝司徒推忠佐理功臣正奉大夫行右諫議大夫參知政事上柱國南陽郡開國侯食邑一千戶賜紫金魚袋臣趙抃奉玉册金寶上尊號曰皇太后恭惟皇太后靜專柔明稟協坤體以承天之順內助英考惇儉德以爲陰教之冠而世莫不矜式杜

私恩以保外家之貴而福俾之長享懿鑠遠慮高出前古肆小子纘服惟慈訓是稟夙夜夤畏不敢墜繼承之業比見上帝告成大禮仰惟我聖母保佑之力於戲養有九州之富而莫大之德不足報萬一孝形四海之廣而因心之篤不足見髣髴惟是尊名徽册合乎萬壽之無疆予末小子永惟左右之是奉茲實惓惓之願

皇太后册文元祐

臣聞鴻名顯號尊一儀而後爲大豐祿備養極四海而後爲至夫惟厚德積載則極尊靡亢純佑流澤則多福無疆愛敬盡于孝治情文達于禮本卓哉煌乎非甚盛德何以兼大名享至養哉本朝受命溥將隆化熙洽惟皇葉之昌熾由聖母之輔治陰教修而內化儉德懷於永圖遐邇一體中外禔福迨于沖人纂承皇緒母儀崇訓實賴慈寶坤元資生並及品物天地並貺華夏樂推率籲衆心不勝大願謹遣攝太尉臣安燾、攝司徒臣范純仁奉玉册金寶上尊號曰皇太后恭惟皇太后秉德聖淑處躬靜專徽音邁于三母柔範形于四表上當天心則紛綸葳蕤應誠之景貺下符民願則謳歌鼓舞傒志之群甿各敬奉寶策光顯隆祚豈特思齊詠詩紀宗周之盡美長樂注記述漢氏之懿鑠然後膺受介福降格永平如川之方至如日之始升九功之德莫匪可歌萬邦之民率由於變

宋大詔令集卷第十四

皇太后二

聽政

眞宗喪服臣寮請皇太后處分軍國事表不許批答

覽表具之。釁禍自天，先帝厭代。攀號殞越，觸地無容。雖理命之行，已聞誕告，而機務之重，豈暇親臨。遽覽露章，願遵遺旨。言念忠恪，徒增歎嘉。所請宜不許。

第二表不許批答

覽表具之。先帝升遐，率土號慕。況在寡德，豈任哀摧。眷惟輔弼之賢，咸膺顧託之重。夙宵勤瘁，中外謐淸。而薦上封章，懇陳末命。願從聽覽，實所未遑。省閱再三，愧歎無已。所請宜不許。

第三表許批答

覽表具之。先聖貽謀，嗣君纘厤。緬惟輔佐，屬任忠賢。乃眷眇躬，曷任機務。而疏封三上，中外一辭。俾預政經，仰遵遺訓。昌言無極，申諭不遑。斯用勉從，良增愧恧。所請宜許。

皇太后降軍國政事進入文字手書 乾興元年二月癸亥

中書門下牒樞密院：今月二十四日准皇太后手書，賜丁謂以下。近以釁罰所鍾，攀號罔極。上賴邦家積德，皇帝嗣徽，中外一心，永隆基搆。先皇帝以母子之愛，有異常倫。所以遺制之中，權令處分軍國事。勉遵遺命，不敢固辭。然事體之間，宜從允當。自今已後，中書樞密院軍國政事進呈皇帝後，並只令依常式進入。文書印畫在內庭，亦不妨與皇帝子細看覽商議。或事有未便，卽當與皇帝宣召中書樞密院詳議。如中書樞密院有事關機要，須至奏覆，卽許請對。當與皇帝非時召對，卽不必預定奏事日限。蓋念先朝理命，務合至公。其于文武大臣內外百辟，推誠委任，斷在不疑。緬料忠賢，各懷恩義。必能盡節，以佐昌朝。顧予菲躬，得守常典。興言及此，五內傷摧。故茲示諭，咸使知悉。

宰臣等請皇太后五日一次坐朝不許批答 乾興元年二月

覽表具之。昨者猥蒙遺制。俾預政經。勉用率循。良增愧恧。以大邦之累盛。加四海之同文。其在事機。不無繁委。每于宮掖。詳覽奏封。得與嗣君。預伸謀議。適觀抗疏。備述昌言。期徇良規。親臨便殿。載興嘉話。誠所未遑。庶叶至懷。且仍舊式。所請宜不許。

第二表不許批答 七月二十七日

覽表具之。寶緒方隆。茂規咸在。每于宮壼。詳閱政經。必循詒燕之謀。庶叶講求之式。薦覩奏牘。懇冀親臨。誠所未遑。但增多尙。所請宜不許。

第三表許批答 七月二十三日

覽表具之。昨膺付託之重。領機務之繁。眷乃嗣君。助其爲治。顧惟寡昧。靡克遑寧。日月不居。俄更素律。夙宵自勵。無爽大猷。而卿等屢上封章。備陳懇悃。以爲小大之政。必在于親臨。承弼之言。免煩于中覆。庶遵先旨。亦叶前規。堅確不回。忠悃斯見。勉從勤請。良用愧懷。所請宜許。

宰臣等上皇帝乞皇太后五日一次坐朝表允批答 乾興元年七月

省表具之。昨者先帝登遐。沖人纘服。仰承遺命。誕告群方。允賴母儀。兼總軍國。上緣慈訓。過執勞謙。久未遵行。實增哀懼。卿等克當大任。祇率聖言。懇拜封章。備陳讜議。已蒙告諭。勉徇勤誠。嘉與忠賢。同此欣慶。所請宜允。

眞宗大祥後皇太后賜宰臣等手書 天聖二年二月癸酉

皇穹降禍。先帝上升。日月靡留。祥祭云畢。百身莫贖。五內已摧。言及于茲。號殞無訴。所幸三邊徹警。五穀豐登。此皆上靈垂休。及宗廟儲祉。賢能盡力。中外協心所致也。載念天下至廣。萬務至繁。吾以受先聖顧託之深。皇帝春秋之富。助成治道。用乂蒼黔。期見抱孫之歡。永遂含飴之樂。如馬鄧流芳册書。此吾之志也。更賴三事庶尹百工群司。勉悉厥心。同底于道。

皇太后權同聽政制 嘉祐元年四月己卯

朕承大行之遺命。嗣列聖之丕基。踐祚之初。銜哀罔極。遂罹疾恙。未獲痊和。而機政之繁。裁決或壅。皇太后母儀天下。子育朕躬。輔佐先朝。練達庶務。因請同于聽覽。蒙曲賜于矜從。俾綏憂勤。冀速康復。將來聽政日。請皇太后權同處分。

皇太后第一次付中書門下還政書 嘉祐八年四月十六日辰時。降到御寶劄子令撰。當日未時御於通進司進入。不曾降出。

吾奉先帝之制。託嗣君之孤。當涖祚之初辰。結念親之永慕。煢然在疚。浩弗能支。因露言于禁中。請同政于天下。重以猝遭家難。俯徇群情。維廟社之儲靈。復乾祇之薦祉。皇躬加裕。邦統有歸。宜遵還辟之文。以副承祧之望。矧祖宗之有成憲。輔弼之有嘉謀。勉用持循。釋吾憂負。今來皇帝已遂康復。更不同聽政事。故茲示諭。當體此懷。付中書門下。

皇太后第二次付中書門下還政書 治平元年五月十一日未時，通進司降到御寶劄子令撰，當夜三更卻於通進司進入。

日者昊天不弔。先帝上賓。遽揚末命之言。乃結未亡之痛。而皇帝踐阼之始。銜哀過情。忽傳詔于外庭。請預聞于庶政。載念承邦之重。累申還辟之文。皇衷未回。群聽猶鬱。顧人子之誠雖至。然國家之事靡安。況日聽治朝。躬發神明之斷。出馳禁蹕。衆聞輿馬之音。百姓莫不交欣。三靈以之薦祉。吾嘗覩前史之戒。思累聖之圖。將退飭于母儀。庸進彊于君德。從容房闥。不□□□權同政事。候皇帝康復日如舊。今歲兩曾降手書還政。輔臣等並于皇帝御前納下。今日聖躬已安好。其軍國事更不同處分。故茲示諭。宜體至懷。付中書門下。

皇太后權處分軍國事詔 元豐八年二月乙未

朕膺昊穹之眷命。纘列聖之丕圖。夙夜精勤。興居爽豫。永惟四海之廣。慮壅萬微之繁。皇太后德盛母儀。道隆坤載。聖性聰哲。達于幾深。仰叩慈仁。許同聽斷。庶專調護。早遂康和。應軍國事並皇太后權同處分。候康復日依舊。

皇太后手書付三省

吾德薄。不敢上同明肅、宣仁。而遠戒前代稱制終身之失。自同聽斷。夙夜靡遑。不欲候□□殿殯禮畢。遂即退處。皇帝聖孝堅請再三。仍以山陵事重爲言。故茲黽勉。有愧于心。止俟將來神主祔廟。便遵此制。吾意已決。可令中外聞知。

皇太后手書付三省 元符三年六月癸亥

吾權同聽斷。本非吾志。艱難之初。欲止不敢。黽勉于茲。日計一日。苟可得已。宜不待時。乃者皇帝以大行山陵事重爲請。故候祔廟禮畢。即遂退處。今皇帝聖智日躋。萬務益習。仁明睿斷。裁決中理。海隅蒼生。咸被德澤。吾用慰心。顧復何慮。況山陵營奉就緒。引發有期。或不知止。則豈不蹈古人所戒。而失復子明辟之義哉。可不俟祔廟。止俟靈駕發引。罷同聽斷。布告中外。咸使聞知。

皇太后罷同聽斷詔 元符三年七月丙寅

朕奉皇太后手書。可不候祔廟。止俟靈駕發引。罷同聽斷。朕以眇身獲承大寶。實賴皇太后仁聖。敉寧萬邦。遽奉玉音。靡遑安處。涕泣拜請。至于累旬。雖盛德徽猷。度越今古。顧惟不類。懼弗克勝。聖志莫回。未知攸濟。勉遵慈訓。深惕于懷。布告中外。咸使聞知。

皇太后罷同聽斷德音 元符三年七月癸酉

門下。朕奉承聖緒。追述先猷。仰恃母儀。共安天下。皇太后深誡稱制終身之失。確遵復子明辟之言。薦降手書。期罷同政。超今冠古。敻不可儔。遺大投艱。懼弗克任。既莫回于聖志。思有顯于慈親。永惟此心。未知攸稱。豈特用三牲之養。固當奉四海之歡。用伸錫于渙恩。俾益孚于慈德。應四京諸道 云云。於戲。宥過無大。式于九圍。立愛惟親。加于百姓。咨爾中外。咸體朕懷。

禮儀

建萬安宮奏 咸平二年

中書門下上言。聖人之德。莫大于尊親。帝母之尊。備存于典制。皇太后輔佐先帝。母儀萬邦。雖極尊之稱。已光于坤德。而異宮之義。未叶于禮文。謹按漢制。皇太后稱長樂宮。又按唐史。穆宗郭太后居興慶宮。號興慶太后。恭宗王太后居義安宮。號義安太后。武宗蕭太后居積慶宮。號積慶太后。今皇太后宮室之制。有所未備。豈可使六宮瞻仰。俯同家人之儀。三朝慶賀。猶闕奉觴之地。臣等不勝大願。伏請命有司。爲皇太后建宮立名。以稱陛下奉養慈顏。孝治天下之意。詔曰可。仍上宮名曰萬安。

命婦見皇太后儀式詔

禮儀院劄子奏。準遺制。軍國事兼權取皇太后處分。今參詳內外命婦。今後凡遇入內見皇太后。欲望內中別設客殿延見。除長公主并親王夫人已上。許殿上起居。其餘親族命婦。並依班次序立于殿下起居。仍于宮庭量地之宜。內外命婦各設幕次。不得取便于內中交雜往還。其班序次第。及殿庭收接文字。亦乞專委自來合屬職掌之人。依此編排管勾。其命婦或有陳乞表狀。便于當職人處通下。卽不得輒自將表狀升殿。唐突務要整肅。如有違犯。並須具事由奏取聖旨指揮。及乞下入內內侍省、內東門曉示。各令知委。并下南宮、北宅。并諸宅院勾當使臣等。依此取進止。已降敕命依奏。宜令入內內侍省徧行指揮。并劄付內東門司曉示。

天安殿發皇太后册詔 天聖二年九月甲午

朕奉膺眷命。獲守宗祊。期德洽于民心。在孝治于天下。恭惟皇太后。祇膺遺訓。總覽鴻機。邦國用康。品物咸乂。將舉泰壇之類。宜尊册寶之名。躬率羣僚。式揚盛烈。比覽攸司之草具。乃于便殿以陳儀。情禮未安。臣庶何仰。宜臨正宁。恭上徽稱。將來朕以天安殿發册于文德殿上。皇太后受册于崇政殿。

尊崇皇太后儀範詔 治平元年五月

頃以嗣承大統。方執初喪。過自摧傷。遂嬰疾恙。皇太后尊居母道。時遘家艱。憫予哀荒。俯徇誠請。勉同聽覽。用適權宜。賴保護之勤劬。獲清明而康復。恭惟坤德之至靜。實厭事機之久煩。殆此彌年。荐承謀誨。顧寔煩于庶政。難重浼于睿慈。然而方國多虞。則能濟天下之務。惟時無事。亦宜享天下之安。先民有言。無德不報。雖日奉三牲之養。未足盡于歡心。而刑于四海之風。必務先于孝治。惟是事親之禮。蓋存有國之規。當極尊崇。以稱朕意。應合行儀範等。令中書門下密院參詳以聞。

尊崇皇太后典禮詔

朕祗膺寶圖。夙賴慈蔭。方決策艱難之際。實先定于睿謨。及臨朝恭默之初。復仰煩于懿政。雖明智之自得。避成功而不居。亟下手書。退安房闥。豈惟前世母后之罕及。抑亦自古聖賢之所難。至仁大恩。盛德鉅美。無物以稱。非言可宣。朕日至寢門。躬修子道。殫四海之備養。得萬國之懽心。夫惟有天下之功。固享天下之報。興言典禮。未及尊崇。肆命輔臣。裁度彝制。上以彰母儀之盛。下以廣孝治之風。頒之有司。昭示永世。皇太后出入儀衞。恭依禮部太常寺增定。餘依治平元年五月十七日慈聖光獻皇后故事施行。

違豫

皇太后不豫降死罪已下赦 咸平六年十二月戊寅

門下。朕自誕膺駿命。嗣守鴻圖。翼翼小心。兢兢馭朽。寤寐求理。六載于茲。致寓縣之底寧。賴祖宗之垂貺。而皇太后適當寒沍。偶爽康和。朕躬侍起居。親調藥餌。精勤備至。請禱彌多。而未獲痊平。頗深憂惕。祈上元之福祐。宜大賚于寰區。可赦天下。云云 於戲。曠蕩之恩。爰敷于遐邇。懇禱之至。冀獲于感通。用慰虔誠。以臻繁祉。

皇太后寢疾赦天下普度僧尼制 明道二年三月二十五日

朕膺列聖之鴻圖。撫萬方之億衆。逖守前王之格訓。內承哲后之深慈。夷憂交歡。昆蟲遂性。皇太后受先帝之定保。佑沖人之嚮明。仗台輔之協謀。御宸闈而聽政。而旰昃靡暇。憂勞所侵。發于腠理之微。浸成寒暑之疾。朕仰稟懿誨。恭侍睟顏。日至寢門。親嘗藥劑。遍詢于良苦攻治。並走乎上下神祇。稍獲安和。更資護助。且念寰海至廣。休戚殊途。犯法冒令者多。遷善遠罪者寡。以至嬰離者未解。向隅者可傷。或尙隸遐陬。或未離謫籍。將以渙散幽冤之志。介延丕祉之祥。非大施曠蕩之恩。何以召和平之氣。且復以植福之趣。能仁所宗。特推雨露之榮。廣度苾蒭之侶。並發乎朕志。上奉乎母儀。心虔切而弗遑。澤滂沲而曷恡。夫聖職教化。天鑒誠明。允期精意之獲申。所冀維祺之來顧。可大赦天下。云云 於戲。惟孝者德之本。將以悅千里之人。作解者吉之苻。于以濟□□之象。期爾百官之同志。共祝萬壽之無疆。粤乃具僚。宜體茲意。

皇太后不豫德音

門下。朕以眇躬。獲承大寶。祗□慈訓。克濟艱難。皇太后久積憂勤。寖興疾疹。雖晨夕左右。親侍藥石。殆逾旬浹。未獲康和。宜推及物之恩。益介萬年之福。應四京諸道。云云 於戲。致四海之養。方思竭于□□。膺萬壽之祺。盍導迎于和氣。冀圖休應。昭格善祥。

遺令遺誥

昭憲皇太后遺令

生死者人之常道。脩短者天之定數。考終爲福。其又奚悲。予年過六旬。比多衰病。家國之故。憂勞積念。自春及夏。風氣頻作。鍼石備至。有加無瘳。將盡天年。宜申理命。皇帝天資仁孝。親侍醫藥。衣不解帶。涉于數旬。重念軍國事繁。人神所託。勉思遠大。無過哀毀。予瞑目之後。宜以宗社爲心。更賴群臣共與開釋。皇帝成服三日聽政。以日易月。一依舊制。在京文武臣僚十三日而除。諸司長官以上。近臣列校。朝晡臨于宮庭。其餘職官臨于宮門外。諸道州府長吏以下三日釋服。軍人百姓。不用縞素。沿邊州府。不得舉哀。釋服之後。勿禁作樂。園陵制度。務從儉省。勉從予志。勿用煩勞。

皇太后遺誥 景德元年四月

內外文武臣僚等。日月運行。春秋代謝。人生定分。天道難知。予自去冬。嬰茲疾疢。百藥無効。四體積羸。有加無瘳。迫于大限。宜申治命。用示所懷。皇帝至孝至仁。克勤克儉。躬親侍奉。旦夕煎調。憂積于容。衣不解帶。然而天位至重。君臨事繁。必思軍國之大綱。無執庭闈之近禮。所宜自勉。弗用過哀。更賴股肱近臣共爲開釋。皇帝成服之後。三日聽政。服紀以日易月。一依舊制。在京文武群臣十三日而除。文武百寮諸司官長及近臣觀察使已上臨于宮庭。自餘職官臨于宮門外。諸路官吏以下三日釋服。軍民不用縞素。沿邊不得舉哀制服。釋服之後。勿禁作樂。園陵制度。務在省儉。勉從予志。勿事煩勞。

皇太后遺誥 明道二年三月乙未

吾受遺先朝。保助今聖。綿歷十載。憂勤一心。以南面之母儀。承天下之榮養。皇帝深于孝愛。濟以睿明。吾得以罄竭所懷。翊懷庶務。涼暄所薄。腠理失和。皇帝藥必親嘗。衣不解帶。而吾大期之迫。積疾無瘳。以耆暮之年。見升平之運。獲從先帝。寧魄九原。質于常情。夫復何恨。皇太妃與吾同事先帝。並佑聖躬。宜尊爲皇太后。皇帝聽斷朝政。一依祖宗舊規。如有軍國大事。與皇太后內中裁制。內外諸軍將士。並與特支。在京文武臣僚。幷外處管事臣僚。並與支賜。皇帝宜念宗廟社稷之重。毋過哀傷。更賴股肱近臣。共爲寬釋。成服之後。三日內聽政。服紀以日易月。在京文武官十三日而除。諸司官長及近臣觀察使以上。臨于宮庭。其餘臨于宮門外。諸道州府長吏以下三日釋服。軍民不用縞素。沿邊不得舉哀。釋服之後。勿禁作樂。園陵制度。務遵儉省。勉從吾志。勿事煩勞。

皇太后遺誥 建中靖國元年正月甲戌

吾冑于相門。作配神考。逮事英祖。母儀三朝。惟社稷是憂。惟臣民是恤。積勤遘厲。累月弗瘳。皇帝天性誠孝。夙宵左右。衣不解帶。藥必親嘗。禳禬消除。

靡所不至。間雖小愈。卒至彌留。然生必有終。天地之道。脩短之際。亦數之常。昨遭時艱。親決大策。屬以聖意勤請。與聞政機。曾未逾年。遽復明辟。既從容東朝。以享天下之養。而擁佑仁聖。以爲天下之福。年垂耳順。往從裕陵之游。靜惟迺心。倘復何憾。皇帝以宗社大計爲念。無過哀傷。更賴臣鄰。共與開釋。仍追尊故皇太妃爲太后。其典禮並依章懿皇后故事。成服之後。三日內聽政。服紀以日易月。在京文武百官十三日而除。諸司長官及近臣觀察使以上臨于宮庭。其餘臨宮門外。諸道州府長吏以下三日釋服。軍民不用縞素。緣邊不得舉哀。釋服之後。勿禁作樂。園陵制度。務從儉省。勉從吾志。勿事煩勞。餘依慈聖光獻皇后故事施行。

宋大詔令集卷第十五

皇太后三

謚議

明憲皇太后謚議 建隆二年六月乙卯

臣聞謚所以知行。號所以表功。功大者播之無窮。德厚者傳之不朽。惟詩人之咏。本王化之基。姜嫄發后稷之祥。太姒興武王之業。祖宗之慶。今古相沿。恭惟大行皇太后沙麓儲靈。塗山孕粹。恢張陰教。表正人倫。化行而九族惟和。法正而六宮承式。事光彤史。美溢椒塗。母儀方耀于庶邦。僊馭遽聞于厭世。褘衣褕翟。即成原廟之遊。蜃輅龍輴。將祔霸陵之寢。葬期定謚。斯曰舊章。謹按謚法。照臨四方曰明。聖善周達曰憲。請上尊謚曰明憲皇太后。

詔曰恭依典禮。

元德皇太后謚議 咸平元年正月己巳

恭惟皇太后沙麓儲祥。河洲襲慶。早服姆師之訓。茂揚邦媛之風。言德具修。圖箴是憲。爰被長秋之選。克彰象服之宜。志在進賢。恩均逮下。服澣濯而崇儉。謹珩璜而慎儀。協贊戚藩。表正帷壼。兆殊祥于申甲。揚淑問于塗山。慶奉天飛。榮疏封邑。主帝闈之陰教。載女史之徽猷。奄忽不停。光儀永謝。皇上由震宮而毓德。升皇極以纘戎。祗荷慶靈。永懷顧復。孝思罔極。典冊備陳。稽文母之功。早參于十亂。遵帝嚳之制。夙正于四妃。爰加長樂之稱。以報昊天之德。易名斯在。節惠可稽。謹按謚法。茂德丕纘曰元。忠和淳淑曰德。請上尊謚曰元德皇太后。

莊獻明肅皇太后謚議

臣聞生被大名者。德之盛。殁膺大謚者。行之高。顧善惡之敢私。在古今而難廢。若乃帝母之節惠也。議之于官府。考之于朝廷。書之于冊寶。讀之于寢廟。上之于梓宮。藏之于金匱。勒休垂世。不亦重乎。恭惟大行皇太后宅心靜專。敦厚敏惠。被遇先帝。正位中宮。左右陳圖史之言。春秋奉蘋藻之事。豈惟內正于閫則。抑亦外刑于國風。歷歲滋深。流聞曷已。及乎膺道揚之終命。申燕翼之遠謀。協佑嗣皇。交修一德。爰臨禁殿。共對邇臣。咨詢賢能。講求機務。仁澤布洽而百物遂。聖烈昭施而三靈懷。于是奉將嘉□□課太室。于以申進養。于以謝成功。皇帝荷恩慈之極深。恭□孝之□道。因展成于大祀常再薦于徽稱。震誕紀辰。會朝講事。未嘗不躬陪秘幄。祗率群臣。祝萬壽以稱觴。奏九韶之備樂。茲誠盡天下之養。極人道之尊。至于問疾宮闈。徧嘗藥石。夜不遑寢。晝不解衣。覃恩宥于多方。走禬禳于群望。方循陔而竭力。遽陟屺以纏哀。乃命有司。制舊典。隆致喪之盛禮。上表行之尊名。謹按謚法。履正志和曰莊。聰明睿智曰獻。無幽不察曰明。威德克就曰肅。伏請上尊謚曰莊獻明肅皇太后。

莊懿皇太后謚議

伏以至恩大德。欲報罔極。時則有追冊之命。鴻名顯號。欲傳無窮。時則有誄謚之典。故愛申而天下勸。事順而後王法。念親思孝。庸可後乎。伏惟追尊皇太后早事先帝。久參內治。躬履勤儉之度。天資慈仁之性。發殊祥于吉夢。毓嗣聖于昌辰。自玉几興言。龍輴戒御。往奉園寢。迄還宮闈。顧禮節而莫逾。貴遠處而弗競。方列四妃之位。未正三宮之名。忽遘沉痾。遽棄榮養。帷幌盡飾。既安殯于近原。陵域載營。將祔遷于新兆。皇帝結寒泉之永慕。釋彤管之遺音。爰命邇臣。俾論節惠。謹按謚法。履正志和曰莊。温柔聖善曰懿。伏請上尊謚曰莊懿皇太后。

莊惠皇太后謚議

名以賓實。謚以考行。古今之通義也。矧極天子之孝。致四海之養。旌慈仁之烈。答愛育之德。不亦義之大乎。伏惟保慶皇太后柔順含章。淑明成裕。襲赤泉之遐胄。流太姒之徽音。維儉約之是敦。維謙祗之是履。寬而逮下。動必得中。外族無假借之私。公室盡恩勤之意。自家刑國。表裏肅然。在昔永定登眞。實參付託之重。大明繼照。每懷顧復之恩。皇帝爰自纘承。早從依怙。是用追長樂之往制。揭保慶之尊名。親倚之隆。皇情斯厚。方且怡神黃老。比壽松喬。弗慮弗圖。光靈倏閟。因心追遠。有惻于上心。考行易名。式揚于坤範。謹按謚法。維德端嚴曰莊。慈惠遠識曰惠。伏請上尊謚曰莊惠皇太后。

欽慈皇后謚議 三月壬申

宰臣韓忠彥率群臣請追尊皇太后謚號于太廟。議曰。臣恭以奉先追遠。天子盡于事親。表行易名。聖人何以加孝。仰稽成憲。俯酌群言。丕闡清芬。永貽後世。臣謹拜手稽首。昧死上議。臣聞道與世而升降。禮制情而節文。自周之興。始行紀謚之法。逮漢而降。方有追冊之儀。歷代莫不共由。先王未之或改。載簡編而弗泯。升郊廟以無慙。孝子慈孫。豈貴三牲之養。豐功盛德。永冀萬年之觀。于皇治朝。順考舊典。撫隆平之休運。懷顧復之深恩。載惻淵衷。式欽承于先訓。爰崇顯號。庸昭示于至公。以詔無窮。以垂不朽。洪惟神考。克紹寶圖。有虞舜之風。以釐二女。有文王之化。以刑四方。修明閫儀。登進邦媛。是生聖子。來應昌辰。伏惟皇太后令質粹和。懿姿淑茂。恭儉成于所性。柔嘉得于自然。動容周旋。默中珩璜之節。夙夜儆戒。肆觀圖史之規。替隆教于紫庭。藹芳聲于彤管。尊敬阿保之訓。被服澣濯之衣。纘女工而不違。化婦道以無斁。雝穆而敦逮下之惠。信順以體資生之仁。形夢日之嘉祥。協祠禖之終吉。允昌國祚。誕育聖躬。貽社稷無疆之休。慰華夷胥徯之望。永裕之仙遊忽遠。儀坤之正位未隆。舟藏壑以密移。駒過隙而難駐。天長地久。結遺恨以何窮。日往月來。想徽音而莫覩。皇帝紹膺駿命。嗣守慶基。極孺慕以奚從。感色養而弗及。念之不見。彌深陟屺之哀。維以永傷。更甚茹荼之苦。臣敬遵故事。紀遺芳而傳史牒。涓穀旦以告廟祧。臣謹按謚法。威儀悉備曰欽。敬事節用曰欽。一心均愛曰慈。能以仁教曰慈。皇太后體該衆美。性蘊先知。名之可言。乃其髣髴。德之所被。無以形容。永對天地之休。敬承祖宗之命。恭上尊謚曰欽慈皇后。禮畢。列名奏上之。奉敕恭依。

謚册

元德皇太后謚册

維咸平三年歲次庚子。三月戊寅朔。二十日丁酉。孝子嗣皇帝臣某。伏以孝莫大乎顯親。德莫厚于追遠。生有懿範。未正于尊稱。歿有徽章。式光于幽壤。易名考行。斯爲舊典。仰承鞠育之重。永懷霜露之嘆。敢叙罔極。以明孝思。恭惟皇太后德合先朝。功存內治。肅穆以奉上。閑和以逮下。珩璜中節。車服有儀。循法度以飭躬。勵慈儉以垂訓。輔佐之美。流詠乎聲詩。婉淑之譽。傳芳于國史。音容早謝。日月云邁。高禖之祀。餘慶發祥。長樂之宮。慈顏永隔。藐是眇質。紹隆寶圖。居萬乘之尊。有四海之富。而劬勞莫報。茹慕增感。嗚呼。爲天下母。弗能享三牲之膳。爲天下君。弗能奉一日之懽。風樹不止。悠悠彼蒼。而況堯母之門。巍然空在。儀坤之廟。闕而未立。是用申明詔。下有司。務依故實。式展情禮。僉謂后妃之制。簡牘具存。以子貴者。春秋之明文。加皇太者。秦漢之故事。所宜按周公之謚。旌文母之賢。遠詢仲子考宮之儀。近取照成祔葬之禮。玉衣象服。備物如式。九原可作。保斯印綬。百代不刊。永光載籍。謹遣攝太尉、門下侍郎、兼兵部尚書、平章事張齊賢奉玉册玉寶。上尊謚曰元德皇太后。伏惟神靈降格。膺兹典禮。上配聖考。在天照臨。保佑冲人。享國長久。廟貌烝嘗。世世勿絕。嗚呼哀哉。

明德皇太后謚册

維景德元年歲次甲辰。八月癸丑朔。十二日乙丑。孝子嗣皇帝臣某。謹再拜稽首上言。伏以奉先追遠。人子之大猷。考行易名。格言之彝訓。仰懷顧復之重。莫伸孺慕之心。思極尊稱。以光懿範。恭惟大行皇太后塗山協慶。沙麓儲祥。配乾居尊。儷日垂照。而自佐佑先帝。雍容內朝。周旋合于聲詩。造次循于法度。母儀萬物。二紀于兹。九族用親。六宮是式。猥以冲昧。祇荷宗祧。夤奉寶圖。繼體宸極。橋山送往。常積于孝思。長樂問安。方榮于色養。每尊清淨之教。敢忘黄老之言。痛聖善之長違。念風樹以增感。昊天罔極。遠日有期。爰命有司。疇咨故實。節以一惠。式揚盛烈。今褘褕將秘。龜筮同寅。典禮具存。明靈如在。是用定議宗廟。告謚几筵。謹遣攝太尉、吏部侍郎、平章事畢士安奉册寶。上尊謚曰明德皇太后。伏惟神鑒昭格。體兹至公。配聖考以在天。享鴻名于永世。騰休簡册。茂揚耿光。億萬斯年。垂裕無極。謹言。

莊獻明肅皇太后謚册

維明道二年歲次癸酉。九月癸亥朔。八日庚午。哀子嗣皇帝臣某。伏以致孝之本。莫大于顯親。敦化之方。莫先于追遠。矧荷明辟之重。刑四海之風。追維鞠養之仁。永懷孺慕之感。不誄大行。何以昭衆聽。不鏤顯策。何以信後來。恭惟大行皇太后沙麓開祥。塗山鍾粹。本靜專以法地。體柔明而配天。動遵珩珮之儀。言合圖史之訓。以任姒之德。助治于周家。以陰馬之賢。翼隆于漢室。而自受遺先帝。稱制從宜。保佑菲躬。尊臨天寓。風教被乎蠻貊。仁澤及乎昆蟲。九廟展祠。六宮承式。焦勞一紀。覆育萬方。蘭殿問安。適供于孝養。椒塗淪景。奄遘于內艱。羽衞戒期。至靈協吉。用舉追崇之禮。式申顧復之恩。爰詔有司。俾刺容典。乃鋪景鑠。載颺淑聲。祇薦大名。以應丕則。謹遣攝太尉具官張士遜奉册寶。上尊謚曰莊獻明肅皇太后。伏惟尊靈降格。膺茲典禮。幽贊丕祇。對越鴻休。廟祏烝嘗。永永無極。

莊懿皇太后謚册

維明道二年歲次癸酉九月癸亥朔十三日乙亥。孝子嗣皇帝臣某。伏以奉先追遠。本孝治之篤終。述行表功。示禮章之榮後。故生未盛其位。則歿有尊其稱。仰惟慈覆之重。早興孺慕之感。念報罔極。式嚴追禮。恭惟皇太后軒星儲景。層沙證期。儷軌先朝。協華椒掖。行與道合。位以德升。動循珩珮之音。居服保阿之訓。外履質約。袿裳無文。中存禮閑。玩好不飾。蘭儀玉度。六列以爲表模。椒問輝章。四教于是領略。天隆其祐。神表惟祉。載誕孤蒙。屬當統業。積善有報。垂裕無疆。一紀于茲。四方用乂。方期顧復。永奉恩嚴。豈謂景命靡融。忽賓霄極。悠悠蒼昊。誠難堪哉。况夫君臨四海。母托萬邦。而歡嘉未伸。音旨俄隔。劬勞永感。終天曷窮。頃雖薦號閟宮。厝神淨界。禮分未稱。心焉如摧。今園寢告成。龜繇協吉。時宰庶尹。儒宗禮官。考儀緗圖。探烈彤史。咸以謂紀謚之法。實自宗周。追榮之典。蓋本炎漢。敢稽往典。虔易大名。謹遣攝太尉具官張士遜奉寶册。上尊謚曰莊懿皇太后。伏惟明靈如在。鴻典是膺。上從聖眞。陰佑皇序。祔饗清廟。與邦家無窮。

莊惠皇太后謚册

維景祐四年歲次丁丑正月甲戌朔十七日庚寅。孝子嗣皇帝臣某言。伏以敦仁厚愛。撫育之恩深。尊位大名。推崇之禮備。緬思慈已之重。追述累行之節。垂之徽册。表乎公議。恭惟保慶皇太后河汾遺胄。岷蜀遙源。早翊贊于先帝。常參聽于內治。時修蘋藻之事。動鑒箴圖之誡。簡狄佐嚳。象應四星。女英嬪虞。道存二典。被文考之末命。增皇太之尊稱。擁衞眇躬。紹承丕祚。陰教既洽。孝享是承。協恭母儀。謁欵世室。副禕重翟。服御以光。瑋瓚玉盞。祼薦有序。克成從獻之義。用達追養之心。逮夫專侍瑤齊。遂受琮鎮。避巨名之尊奉。辭歲計之供須。譽藹紫闈。音播彤史。當錫神祉。以均邦祚。而昊穹不弔。凶咎奄鍾。荷顧復之恩。每懷欲報。致踊哀之痛。永感不忘。亟下詔書。咸告中外。禁聲樂。加服紀。所以申哀素也。陳龍輴。飾鳳輼。所以嚴備物也。祔山兆。升閟宮。所以建陵廟也。訂寶謚。勒金册。所以昭德號也。有司定論。庶尹同辭。皆謂嚴正齊恭之誠。慈哲寬裕之範。積實于既往。流芳于將來。誰曰不然。斯爲允矣。謹遣攝太尉、右僕射、兼門下侍郎、同中書門下平章事呂夷簡奉册寶。上尊謚曰莊惠皇太后。伏惟慶靈垂鑒。蕃數是膺。歸安仙園。敷佐皇極。歆歲時之常祀。媲宗祏而長存。

欽慈皇太后謚册

維建中靖國元年歲次辛巳三月壬戌朔二十二日癸未。孝子嗣皇帝臣某謹稽首再拜言曰。臣聞愼終追遠。前聖之格言。立愛惟親。先王之猷訓。維末小子。未堪多難。悼菲質之靡依。痛慈顏之永隔。有懷顧復。曷報劬勞。欲申終慕之情。必盡欽崇之禮。是諏穀旦。敬上尊名。恭惟追尊皇太后。體道思齊。含章履正。柔嘉播乎德範。温惠本乎天資。中環珮之節。動儀乎紫庭。奉圖史之規。美溢乎彤管。輔佐先帝。誕生沖人。爰自潛藩。入纘大統。天地神祇。罔不祇協。社稷宗廟。咸以康寧。推原慶靈。自我聖母。而上壽未究。淑命弗融。奄捐盛時。浸閱華歲。園寢在望。音徽如存。不待承東朝之顏。不及享四海之養。昊天罔極。空勤報德之誠。春露既濡。深結愴心之感。顧久稽于位號。茲未慊于誠懷。屬慈德之上賓。形于遺命。惟章懿之故事。具在有司。是用鏤玉牒之鴻休。鋪椒塗之懿鑠。聿嚴昭薦。式慰孝思。方將啓在浚之靈宮。祔維嵩之吉宅。日先其遠。龜告厥猶。役徒繁興。功緒丕作。始因山而戒旦。終復土以有期。仗衞肅其前驅。簫笳淒以徐引。念之不見。往寧體于皇堂。慨然有聞。旋升神于清祏。于是群工庶尹。博士諸儒。考協前古之遺文。討論一代之成憲。咸以謂謚者所以迹行。號者所以表功。義有受成。名無浮實。節惠之法。厥惟舊哉。其祗率于彝章。用褒嘉于徽稱。謹遣攝太尉、左光祿大夫、守尚書左僕射、兼門下侍郎臣韓忠彥奉玉册玉寶。上尊謚曰欽慈皇太后。伏惟昭鑒在上。膺茲鉅典。永錫祚裔。垂裕家邦。於萬斯年。配天無疆。嗚呼哀哉。

欽成皇太后謚册

維崇寧元年歲次戊午某月朔某日甲子。皇帝臣某謹再拜稽首曰。夫謚者行之迹。號者功之表。歷稽前代。厥有成憲。蓋生而飛英聲。騰茂實。既有以聞于一時。歿而施尊名。隆徽稱。又將以詔于萬世。況先朝淑哲。奄忽大故。方愼終追遠。惻怛震悼。異寵彝章。腆縟輝煥。爰命有司。若稽往制。約以節惠。庶幾形容于萬一也。恭惟追尊皇太后。柔嘉靖正。體仁毓和。昔在神考。聰明睿智。勵精庶政。教化雍穆。德行陶漬。關雎之風行家人之道正。當是時。皇太后贊熙内治。協相椒闈。寤寐思服。夙夜警戒。輔佐憂勤。受祉上帝。衍慶螽斯。篤生哲宗。塗山簡狄。丕耀並麗。元豐之末。裕陵上賓。宣仁垂簾。當是時。皇太后婦職允修。皇姑是尊。崇慶慈德。朝夕祗順。承顏問安。孝恭匪懈。擁佑天下之主。有鞠育顧復之恩。而不矜其功。雖亞坤元之位。有輿服儀衞之寵。而不自挾其貴。謙沖靜默。得於誠性。終始全粹。無有間言。紹聖之初。哲廟親政。發煥睿斷。起廢興壞。丕變治功。憲度典章。復還熙寧元豐之盛。是時皇太后助紹隆之志。有啓廸贊道之益。陰功隱德。人所不知。休烈盛美。蓋有不可得而名言者矣。謂宜熾福祿。昌壽考。以長享西宮之養。而爲四海之所矜式。遐齡未究。淑命弗融。因山有期。龜筮既吉。茲用博訪于卿士。受成于祖宗。表行易名。以愜輿議。當神靈之心。而詒不朽之傳。謹遣攝太尉某官奉册寶。謚曰欽成皇太后。光靈如存。淑問不息。膺茲鉅典。懋昭厥德。對越清廟。永無紀極。嗚呼哀哉。

宋大詔令集卷第十六

皇太后四

哀册

明憲皇太后哀册

維建隆二年歲次辛酉六月癸巳朔．二日甲午大行皇太后崩于大內之寢殿．旋殯于滋德殿之西階．粵乾德二年甲子歲．四月九日遷祔于永安陵．禮也．玉座塵飛．銅壺漏咽．儼龍輴而將御．顧繐幃而已撤．九御哀慕以吞聲．駟馬悲鳴而仰秣．旌旐悠揚．笳簫愁絕．金鑪再爇兮香爲灰．玉巵三奠兮淚成血．哀子嗣皇帝臣某．痛地維之絕紐．歎月魄之淪光．方荷變家之慶．咸期享國之長．昊天不弔．叩地無疆．從蒼梧之曠野．閟漪漣之晝堂．送綵御之列侍．儼蕣靈而在旁．順大鈞之委化．貫一氣之無方．惟令名之不朽．垂億兆之彌光．其詞曰．堯爲唐侯．保姓垂祉．晉主夏盟．因封易氏．堂堂杜伯．我祖之始．貽厥無窮．聿修不墜．漢晉后族．唐梁相門．事藏汗簡．慶流裔孫．天贊興運．地發洪源．嬪我皇考．垂裕後昆．法嬀汭以禪堯．因塗山而啓夏．顧麻斁之在躬．念令名之無假．慕黃老之慈儉．道豈遠而．繼任姒之謨猷．孰爲難者．母儀是則．王道勃興．奉慈顏而不老．獻壽酒以如澠．溥天就養．任土咸徵．奚大年之不永．疑陰隲以難憑．駭積壤之告坼．鬱繁陰而弗開．奚軒星之遽隕．隨逝水以無回．冤號萬乘．震蕩九垓．鉤弋香兮是不是．甘泉魂兮來不來．嗚呼．背探珠之遠水．面檢玉之崇山．睇斜陽于郟鄏．鎖宿霧于轘轅．宰樹蕭蕭兮成列．耘鳥翩翩兮自還．漆燈有焰千載碧．銀海無波萬古寒．嗚呼哀哉．翟輦在御．精爽何之．留彤管之遺訓．乘白雲而不歸．會化石之啓毋．訪鼓瑟之湘妃．妝臺蘚蝕．菱花鈌．蠶館葉濃．戴勝飛．嗚呼哀哉．內令罷書．元宮永閟．七廟几筵．兩朝國史．□□玉衣旣掩．九原之烟靄凄涼．金輅徐還．一代之榮華已矣．嗚呼哀哉．

元德皇太后哀册 咸平三年三月丁酉

翟輅宵陳．雞人曉唱．靈庭潔乎祖載．脩路儼乎仙仗．九重天高以如慕．六宮日遠而增哀．孝子嗣皇帝．運昌繼體．孝極因心．荷寶圖之惟永．懷慈訓之下臨．考先遠兮協兆．志愼終兮感深．乃詔近侍．恭播徽音．其詞曰．皇家積慶．昊穹眷命．構象膺乾．來賓偶聖．高陽命族．厲鄉得姓．派別韓魏．門傳英偉．華轂接軫．黃雲效祉．五可夙彰．六行純備．粵自藝祖．揖讓登皇．帝尹京邑．表則四方．后治閨壼．柔順含章．流虹感粹．夢日延祥．塗山誕啓．摯氏生昌．爰洎神宗。承平御厤。汾晉盪定。閩吳來格。海外燀威。域中濆澤。輔佐邦治。温柔惠迪。登進時賢。勤勞軫惻。躬享紫壇。奉詞清廟。穜稑協恭。紘綖盡妙。動循典□。式是準繩。居玩圖史。明于廢興。聽叡周敏。顧問允膺。節勵清門。儉敦素履。環珮有節。簪珥防侈。卹隱流惠。辭封播美。賢以興化。世仰餘輝。仁則多壽。天胡有違。黃祇隕載。皓魄沉暉。皇子勝衣。受封胙土。漢邸承徽。姬宗夾輔。維寧攸賴。問安莫覯。元良肇建。萬國以清。地啓蒼震。天臨玉京。克廣丕構。長德善成。德無疆兮坤元。業有開兮聖嗣。承天道兮慶其長。啓帝緒兮昌而熾。壽觴稱慶兮養莫伸。脂澤增感兮恩靡寘。嗚呼哀哉。禮褘衣兮有奉。貴玉璽兮是膺。廟如在兮肅肅。祭以時兮蒸蒸。帝母之尊兮斯至。昊天之戚兮難勝。嗚呼哀哉。洞啓山園。風凄雲馭。企穀林之封域。拂嵩邱之烟霧。石闕沉沉兮夜臺。柏城慘慘兮朝露。嗚呼哀哉。稽任姒之壼政。冠周召之國風。唯重熙之錫羡。與三代而比隆。播彤管兮有煒。佑皇祚兮無窮。嗚呼哀哉。

明德皇太后哀册 景德元年九月

素衞宵陳。祖獻躬撤。黼幬洞啓。龍輴高轙。瞻神御之將移。痛旋宮之永訣。哀子嗣皇帝天孝攸資。雨泣纏悲。承慈顔而不及。念仙駕以難追。徽音如在。懿範長垂。爰詔下臣。奉揚芳規。其詞曰。神宗繼統。罄宇爲尊。內朝正位。契德柔坤。河洲令德。閥閱清門。彤管有煒。蘭芳玉温。仙李遐胄。日華凝秀。逮下仁深。載物恩厚。化被六宮。言孚九有。仁聖之姿。溥率之母。月吐黃芒。人施玉衣。珩珮有節。褘褕以歸。沼沚必循。穜稑無違。正名宮闈。率禮嬪妃。輔佐先帝。光昭內則。長樂居尊。大練無飾。陰教始于公宮。箴誡刑于邦國。何卜世之方隆。而降年之有極。嗚呼哀哉。日往月來。春敷冬索。故歲方暮。惟疾初作。上感宸襟。正期勿藥。寒沍外侵。風虛內薄。氷霰陰凝。軒星夜落。嗚呼哀哉。戚里悲摧。國族悽愴。草木變衰。人靈沮喪。椒風詎可以少留。蕙路徒增于悵望。嗚呼哀哉。五靈獻兆。吉日惟良。金根夙駕。神馭攸長。背都闉之凝邃。流挽唱之悲涼。歆九虞之蠲潔。享六璉之烝嘗。歎輝丸兮無効。嗟玉釜之靈芳。嗚呼哀哉。鷖輅返兮神駕收。椒殿寂兮松闕秋。昔比帝子之望舜。今如文母之興周。結遺愛而山積。宣惠問而川流。惟惇史之紀德。亙億載而揚休。嗚呼哀哉。

莊獻明肅皇太后哀册

維明道二年歲次癸酉三月甲午朔。莊獻明肅皇太后崩于寶慈殿。四月癸卯。旋殯于皇儀殿之西階。粤十月丁酉遷座于永定陵。禮也。椒闈月曉。蕙路霜凄。啓欑塗于祕殿。廞羽衞于通逵。哀子嗣皇帝臣諱。痛慈覆之長隔。悲遠日之有期。山開松檟。兆協蓍龜。徒瞻象物。來駐龍幃。從先后之不返。邈上賓以何之。爰發宸詔。下及台司。俾道揚于孝治。庶光照于母儀。詞曰。太上立德。建用皇極。惟天所輔。順帝之則。其次立功。追皇比崇。亭毒品彙。脗合鴻蒙。其次立言。徽懿是宣。有教無類。非文不傳。思齊有慈。作合先帝。總是三者。以經萬世。自昔來儀。鍾夫卓異。捫宵協夢。儷乾育粹。占麓契祥。擾龍凝系。玉度沉潛。蘭儀靜嫕。十亂同符。三辰允契。內助聖考。洽成至治。斗極交歡。天封輯瑞。六合車書。一同文軌。軒鼎既升。綴衣在辰。顧惟沖眇。以託慈仁。乃御坤元。乃助乾健。丕揚景命。順迪皇憲。游精道籥。棲志神扃。希夷自得。壽考惟寧。邃探古記。遠鑒前經。心該治亂。道應神靈。敦序天枝。奬隆宗室。顧待無二。寵嘉咸秩。善養士類。勤求畯奇。弓旌相踵。巖穴無遺。屏去雕文。敦尚樸素。織紞是親。濯衣是御。仁恕賦意。惻隱居懷。施德行惠。救患分災。歲痡蠲釋。民隱矜哀。宏開壽域。茂建春臺。方隅闓澤。遠邇胥來。珪璋之行。竹帛難紀。著在鴻臺。書之彤史。嗚呼哀哉。積焦勞之弗豫兮。厤炎涼以無瘳。對挹霞之罔驗兮。恫徂景之難留。發緒言之不佚兮。眷惟辟之垂休。嗚呼哀哉。龍輴夙駕兮、遵塗超忽。蜃車宵載兮、直城右出。分圭翣兮張徘徊。列地幰兮澹濛密霧。楚挽兮淒凝。風素旗兮慘慄。嗚呼哀哉。周原拱木兮、岑鬱蕭條。經皇帝寢兮、幽巖泬寥。脂澤生塵兮、寶奩茲暗。巾箱遂覆兮、仙鳳其遙。體魄卽安兮、協儀曩册。神明升濟兮、御辨曾霄。嗚呼哀哉。德業光大兮、信編紀聖。恩腴普博兮、群倫訓定。保我黎元兮、順時立政。佑我皇圖兮、祈天永命。生著懿範兮、九圍胥詠。歿存徽謚兮、千齡愈永。嗚呼哀哉。

莊懿皇太后哀册

維明道二年歲次癸酉。四月丙申朔。六日辛丑。追上眞宗宸妃李氏尊號。曰莊懿皇太后。粤十月癸巳朔。五日丁酉。遷座祔于永定陵之次。禮也。燎火餘熒。星華啓明。森靈衞以宿設。儼仙輼而欲行。風物淒其變采。鐸挽喝以流聲。哀子嗣皇帝臣某。痛隔慈顏。欽揚卹典。感劬勞于欲報。竭誠信于先遠。乃命執事。紀垂芳猷。琢之金玉。代彼旂旐。詞曰。函關紫氣。柱史族貴。軒轅黃龍。次妃位崇。含德之厚。是稱氣母。配天之尊。乃侔坤元。祚發竹書。運膺赤伏。三葉重雍。九圖率服。王化所先。壼政維穆。修明陰教。登進才淑。倬哉邦媛。允矣儒門。□□啓緒。積善昌源。稱詩率禮。有德有言。如松之茂。如玉之溫。託景椒塗。陪游繭館。象服斯皇。女功載纘。勤□□□。謙聞辭輦。位映紫庭。棻揚彤管。繼明昭晉。隤阯靈長。業開持禹。慶協生商。夢日興貴。祠禖感祥。載震載夙。宜君宜王。黃離□□。金榦增強。帝所無還。湘川不從。銅臺繐帷。先□是奉。安車赤綬。策禮加重。懷恩永慕。居約彌沖。攀慈宴于長樂。戒外親于濯龍。仁則宜壽。明胡弗容。奄嬰六疾。未建三宮。邈求藥兮溟津闊。杳登眞兮雲漢重。嗚呼哀哉。闇忽不追。炎涼甫換。剛健龍中。威光霆斷。躬擥維綱。緬思聖善。堯母門兮歸獨存。身毒鑒兮猶可見。嗚呼哀哉。宗章極兮情文克申。尊名茂行。厥誄斯陳。殯宮載闢。園法攸遵。變黃衣兮祚聖。對玉璽兮思親。嗚呼哀哉。鮒隅之陰。將開陵兆。夷則之奏。聿嚴□廟。追遠兮愼終。揚名兮繼孝。嗚呼哀哉。駒塵莫駐。牲膳誰羞。樹欲靜而風不止。露既零兮歲云秋。覽池閣以心痗。閱戹匜而涕流。嗚呼哀哉。東背浚郊。西瞻鞏樹。黯嵩色兮凝陰。浩洛波兮奔注。黃崗聳兮長斑苔。銀海深兮潛漆炬。矧可度兮九虞。空復還兮五輅。嗚呼哀哉。蕭蕭松柏。肅肅几筵。閟鞏珩而夷體。陪弓劍以階仙。慟極宸扆。哀深昊天。內盡志兮禹若。如事生兮僾然。嗚呼哀哉。柔明之風。始資內治。顧復之愛。終光聖嗣。含飴之樂雖違。享德之靈愈熾。伊淑範與懿聲。永奉傳于金匱。嗚呼哀哉。

莊惠太后哀册

維景祐三年歲次丙子。十一月乙亥朔。四日戊寅。保慶皇太后上僊。旋殯于皇儀殿之西階。有司奏謚曰莊惠。粤明年二月己酉。遷座祔于永定陵。禮也。雕輼夙戒。祖奠宵陳。列銘旌于廣陌。儼仗衞于淸晨。孝子嗣皇帝臣諱。感慕日滋。哀懷天至。禮有數而載加。物無容而不備。悼遠卜之遄。臨痛慈顏之永閟。爰詔詞臣奉揚遺懿。辭曰。姬周之胄。發祥憑厚。綿緒蕃昌。慶基遠茂。瑤魄凝輝。珠纏炳秀。昔在先朝。助宣內治。靜順柔明。溫恭喆惠。四星耀極。位列其次。六宮脩職。在論其事。率禮毋違。秉心罔詖。登進賢才。憂勤寤寐。協和邦族。敦厚人倫。均恩逮下。節用先身。練繒示儉。椒蘭播芬。休瑞膺期。多歡在旦。陪從周旋。侍奉閒燕。左右圖史。朝夕規諫。鼎湖升駕。玉几遺言。付託尤重。儀服斯尊。橋山送往。清廟薦蘩。烝烝展孝。翼翼告虔。洪惟聖皇。實資保育。克愛克慈。是顧是復。顯號推崇。徽章渥縟。爰作寶命。乃受琮玉。光靈如在。德範彌隆。勞謙降志。沖約處躬。辟歲入之奉。辭外戚之封。味金僊之妙典。探老氏之淵宗。方怡神于壽域。俄嬰釁于璇宮。嗚呼哀哉。天乎難諶。高不可問。生也有期。同歸于盡。迫眞馭于九清。促千齡于一瞬。嗚呼哀哉。中宸慘愴。禁掖淒涼。繐帷掩兮晝閴。攢殿虛兮夜長。嬪媛何依兮鑑奩空在。褘褕弗御兮廞縱深藏。瞻黼筵兮流塵易晦。祔陵園兮拱木相望。嗚呼哀哉。龜策告猷。龍輴進轍。服馬悲鳴。繁笳怨咽。背曾闕之浮雲。睇西郊之落月。閱逝波兮不復回。恨終天兮從此訣。嗚呼哀哉。陰陰泉隧。森森柏城。上無光兮翳白日。下無象兮潛萬靈。想神游兮莫測。惟體魄兮長寧。享閟宮之嚴祀兮。昭謚册之大名。同皇基之永固兮。侔厚載以難傾。嗚呼哀哉。

欽聖憲肅皇太后哀册

建中靖國元年歲次辛巳。正月壬戌朔十三日甲戌。大行皇太后崩于滋德殿。二月壬辰朔十一日壬寅。殯于西階。以三月壬戌朔八日己巳。戒百官。請命于太廟。謚曰欽聖憲肅皇后。太史筮之。將以五月辛酉朔六日丙寅。遷座于永祐陵。禮也。哀子嗣皇帝極永感之懷。寫無窮之慕。躬薦泂酌。奉寧輴馭。痛三牲之養。忽至于遺奠。悲萬壽之祝。俄成于晞露。謦欬如在。聲容不返。畢銅史之餘滴。動金商之淸挽。暑令忽其成淒。薰風颯其變慘。像設既嚴。物儀其有。惟是册書。用傳不朽。宮臣承詔。式虔事守。紀美寓哀。貽之永久。其詞曰。我宋隆康。恩漸動植。惟遠曁邇。生成滋息。趨走賢智。脩官懋職。遐及四裔。左衽重譯。維相向公。粱梠宗祏。逮女曾孫。□家瑞國。蚤歸王藩。旋被褕翟。至性溫溫。令儀翼翼。道意禮學。生知自德。慶壽寶慈。問安昕夕。執養寒暑。端莊不易。內輔神宗。贊助陪益。凡厥見聞。徐爲所迪。十有九年。晏粲椒掖。萬邦託慈。六宮仰式。約省外氏。湯沐脂澤。敬恭西竺。旃檀薝蔔。斯世丕平。陰與多績。比懿夏商。塗山簡狄。姜嫄太姒。聯祛並舃。元符□祀。歲執徐直。正月己卯。變同割耆。巍巍哲宗。武威文德。夫何弗祐。忽遘窀穸。上祀考廟。將次大策。于時弼臣。或藏邪慝。輒進異論。欲倒白黑。賴我聖母。沉潛剛克。折之陛前。氣殫語塞。庭羅犀渠。門屯矛戟。龍德利見。人寰慶懌。一指顧間。長寧社稷。譬如娥皇。神工妙力。鍊石補天。斷鼇立極。沖融宇宙。滉漾澡滌。靡賢不登。靡冤不釋。臣嘗侍對。與聞訓飭。曰我皇帝。聖材天錫。子道勤毖。政事祗惕。治本亂原。講磨紬繹。惠心溥博。物理研覈。帝堪多難。予復明辟。何俟祔饗。始還禁闥。幸濟初艱。後罔餘責。重下教告。亟就安適。帝扳以留。懇款襞積。數請弗回。推璽卻籍。義盡今茲。事高往昔。在漢馬鄧。固多慙色。其于邦民。憂不離臆。動履仁儉。示先壼則。服無珠璣。器無瑤碧。禁戒雕繪。棄捐組織。言祖經墳。智該儒墨。諸書過眼。疑微洞析。兢兢懼懼。殆忘寢食。涼暄密移。疹氣侵蝕。皇帝聖孝。啓處在側。藥審刀圭。術窮鍼石。禬禳山川。猶期千億。丹劑雖靈。冥算終厄。佛供晝昬。喪氛夜赤。祲象告凶。軒星示坼。數圮坤元。景淪望魄。五十八載。馳光度隙。嗚呼哀哉。梓匠奏工。嬪娥罷飾。帳殿先途。殯堂撤席。縞士鼎鼎。絳旌奕奕。左背城闕。右徑阡陌。縞綺趍蹮。紼車咿噎。簫笳悲吟。鹵簿哆赫。萬類奪輝。四民聚戚。御服苴麻。皇情欒棘。嗚呼哀哉。霧雨故宮。莓苔舊城。龍幌蕭森。獸扉虛寂。輦路鑑奩。孰非陳迹。引望山園。涕濡竹柏。惟有徽音。長留寶册。嗚呼哀哉。

欽慈皇后哀册

維建中靖國元年歲次辛巳三月壬戌朔。二十二日癸未。上神宗皇帝妃陳氏尊謚。曰欽慈皇后。粤五月辛丑朔。六日丙寅。遷座于永裕陵之次。禮也。羡道夙啓。告奠載撤。羽衛警而有行。鸞輅隱其將發。孝子嗣皇帝臣某。永慕徽音。恭率禮典。瞻黼筵以踊慟。奉靈車而躬遣。乃詔邇臣。敬揚聖善。其詞曰。維陳降氏。實生堯母。有嬀之後。維舜之胄。陳之啓封。實始于周。繇漢厤唐。或相或侯。逮我有宋。世遠彌盛。族出京兆。爲時顯姓。皇圖有赫。益光炎正。關睢成化。曾沙協慶。乃鍾淑哲。爰際神聖。女功是纘。婦職是聽。樂修四教。懋崇六行。齊戒從桑。左右流荇。儀若蘭郁。度如玉瑩。逮下惟仁。奉上惟敬。兩宮隆愛。九御憚美。女謁無私。彤管有煒。妙彰筆扎。戒視圖史。克厚人倫。以受帝祉。日符表運。履敏延祥。超任邈姒。翼夏生商。宜民宜人。爲君爲王。爰篤斯慶。于邦有光。昔在元豐。帝齡見夢。撫神鼎以號絕。睇鳳臺而茹痛。橋山忽其已遠。惜蒼梧之未從。悁兮永懷。窈兮至靜。袿裳無飭。珠藏全屏。樂施不倦。好謙自秉。憂勤克念。夙夜猶警。月望未幾。華殞斯頃。蓋與世以皆昌。胡畀年而不永。嗚呼哀哉。鉤陳動色。陰靈墮輝。林有風而不止。露在草而先晞。昊天不弔。慈顏早違。有蜃其車。有縞其旂。旐繼纚紵。翟綴厭衣。衡緫晦采。幽堂闔扉。望國郊其未遠。空故庭兮不歸。嗚呼哀哉。時龍天飛。離明玉麗。祗遹遺訓。亶隆前制。乃正坤極。允尊皇儷。瑞琮陳筍。重翟在庭。玉琢有册。寶上尊名。金範有璽。實奉至榮。文備邦禮。哀貫皇情。以萬國之貴。而聿追于後。以四海之養。而不逮其生。嗚呼哀哉。靈殿雲構。神闕山立。乘輿親謁。獻斝躬執。衣黃悅見。淚俎紛入。二儀慼而風悲。千官侍而雨泣。靈之下兮既饗。澹將歸兮陵邑。嗚呼哀哉。吉月兮辰良。嵩霏兮維霧。龜兆兮告遷。龍輴兮莫駐。鳴笳遞咽。杠旐列注。背吹臺以右轉。越鞏岡而西去。盛夏徂兮不復。春晨不復兮夜臺路。嗚呼哀哉。仰烈考兮在天。遡從之兮洛川。洛川兮斯塋。松柏兮有阡。九虞竫兮其返。神顧我兮來還。原既安兮不騫。祚後之人兮萬年。嗚呼哀哉。

欽成皇太后哀册

維崇寧元年歲次壬午。某月朔某日甲子。追上神宗皇帝妃朱氏尊謚。曰欽成皇太后。粤某月。甲子朔。某日甲子。遷座于永裕陵之次。禮也。雕輼夙戒。奠俎方徹。慘哀笳于廣陌。引素仗于明發。皇帝陛下孝治克隆。恩禮斯洽。屬羽衛之有行。念徽音之永絕。爰命侍臣。茂揚懿烈。其辭曰。維我有宋。繼天立極。王化之基。自家刑國。於皇神考。百度脩飭。元豐之功。下土是式。妙選六宮。升進淑德。靜恭柔懿。私謁不行。夙夜警戒。協謀相成。履武發祥。纂繼丕緒。奕奕西宮。是燕是處。慈仁克儉。宜壽而臧。胡不永年。忽云淪亡。嗚呼哀哉。泰陵初載。恭默不言。左右保護。惠和且溫。逮及親政。載新紹述。贊助之勤。一心密勿。遡想音容。空餘髣髴。嗚呼哀哉。厥初遘癘。覬其有瘳。禳祓禱祠。靡神不周。訪秦毉之殆遍。肆愛育以寬憂。愴隙駒之易轉。驚逝水以難留。嗚呼哀哉。永懷父兄。屬以大統。聖心孝思。報稱攸重。稽章惠之舊儀。詔議臣而折中。正位號之尊榮。稱典彝而增重。琢寶儀兮瓌奇。縷金匣兮錯綜。嗚呼哀哉。惟卜惟吉。揆時既良。仙馭杳去。銘縿載揚。背浚郊之奥壤。儀洛土之崇崗。陵寢盤兮空曲。珍木茂兮鬱蒼。流殿苔兮素月。隕壠柏兮嚴霜。閟珠襦兮寶笥。零雨涕兮宮墻。石門兮深扃。漆炬兮永夕。雲軿駕兮弗還。繐帷空兮常寂。嗚呼哀哉。有形兮必終。有數兮斯盡。生能享天下之奉兮無違。歿以歸裕陵之厚兮何恨。雖千百兮斯年。終不騫兮不隕。嗚呼哀哉

山陵

皇太后園陵稱山陵詔 建中靖國

恭以大行皇太后逮事英祖。輔佐神考。保佑先帝。遭國變故。首建大策。援立朕躬。艱難之初。暫同聽斷。日月未幾。遽欲復辟。朕固請不獲。勉徇慈旨。退處宸闈。游心道妙。謙尊鮮儷。沖靜自居。惟功隆德鉅。福被天下。永言圖報。未知所從。今遺命陵號。乃重有貶損。曷以仰酬慈德。以慰塞中外之望乎。可詔有司。易園陵曰山陵。餘恭依遺誥施行。

宋大詔令集卷第十七

皇太妃

尊立

尊太妃制 元豐八年三月庚子

朕蒙休先帝。錫羨我家。欽聞憑几之音。付畀承祧之託。眷言邦媛。久侍宸闈。俾序進于寵名。敢忽忘于大卞。德妃朱氏。發祥慶系。協德後庭。祇順兩宮。不違于盥饋。帥循四德。居念于保阿。實生沖人。獲紹正統。申隆懿號。用契舊章。謹加號曰皇太妃。其合行典禮。令有司具典故以聞。

禮儀

太后令褒崇皇太妃詔 元祐三年七月癸丑

敕中書門下。皇帝嗣位于茲四年。華夷來同。天地並應。而皇太妃以恭儉之德。鞠育之恩。雖典册以時奉行。而情文疑有未稱。皇帝以祖考之奉。尊無二上。而吾唯春秋之義。母以子貴。其推天下之養。以慰人子之心。宜下禮部、太常寺討論。如于典故有褒崇未盡事。令開具以聞。故茲詔示。想宜知悉。

令禮部太常寺禮官參詳皇太妃儀制詔 紹聖元年二月戊辰

昨朕親奉皇太后聖諭。皇太妃保育之德。著于中外。雖已備極崇奉。而儀節之間。猶有未稱。蓋舊儀雖全比皇后。而宮閤輿蓋之制。及出入所由。宜有所加。苟于本朝祖宗以來母后之制。有所差降。則褒隆之數可施行矣。朕躬承玉音。惓惓慈訓。其下禮部、太常寺禮官參考典禮儀制。及臣僚上牋拜名。命婦進見等儀式聞奏。

追命

追尊皇太妃制 元符三年正月十四日

門下。聖人之德。無以加于孝。天子之貴。亦必有所尊。朕遭家多艱。紹國大統。恭念所生之重。永懷追遠之情。故貴儀陳氏。德範載于公宮。徽猷著于天下。輔佐先帝。警戒憂勤。誕育沖人。劬勞顧復。稽諸典禮。詢于師言。有親親之恩。有貴貴之義。念之不見。感春露之既濡。率茲舊章。報昊天之罔極。宜追號皇太妃。

太后

復元祐皇后制 元符三年五月丁丑

門下。朕紹休列聖。承訓東朝。施惠行仁。既誕孚于有衆。念今追遠。用□□于我家。□□□□。頃自勳門。嬪于王室。得罪先帝。退處道宮。逮茲□□。克庸祗德。皇太后念仙遊之寖遠。撫前事以興□。□□深矜。示不終廢。申崇位序。還復宮庭。乃詔輔臣。具□□□。雖元符建號。已正位于中宮。而永泰上賓。固無嫌于□后。於戲。原情起義。蓋示親親之恩。尅己慎身。宜成婦婦之道。其率循于懿範。以上答于深仁。往服茂恩。永膺多福。可復爲元祐皇后。

加崇元符皇后詔 崇寧元年八月辛酉

朕躬念哲宗皇帝以聖德嗣有基業。推至仁無私之心。乃以神器屬于沖人。而元符皇后實受遺訓。故定策之際。欽成皇太后深所付託。永惟繼體承祧之重。敢忘追往事居之情。垂簾之初。姦臣輒議廢黜。其事未及褒顯。近上章表。敘述大功。朕思所報。允其陳請。供須等事。已降指揮。其出入儀衛等當議加崇。以昭前人之德。而稱朕友恭之意。內屬樞密院事。關送照會施行。

元符皇后進號太后賜名崇恩宮詔 崇寧二年二月甲寅

朕入繼大統。獲承至尊。永惟哲宗皇帝不克與子。而元符皇后實與定策。推之恩義。夙夜靡忘。故鄧王已追贈爲皇太子。母以子貴。于古有稽。而禮以義起。惟事之稱。宜崇位號。以慰在天之靈。稱朕友恭敦報之意。可進號太后。除依禮部所定加崇儀制外。其儀衛人數及請俸奏薦恩澤等。並依昨欽聖憲肅皇后元符三年體例施行。餘依皇后禮制施行。其宮賜名崇恩之宮。

元符皇后劉氏進號太后制 崇寧二年二月七日

門下。朕獲承至尊。嗣有令緒。顧我烈考。寔能配天。念茲哲宗。弗克與子。遂揚末命。肆及眇躬。載惟付託之大恩。實有諮謀之初議。□頒顯册。播告治朝。元符皇后劉氏。端壹誠莊。柔明懿□。謹鳴玉佩。□□□廣。友瑟流荇之仁。天下從風。則有化家邦之道。禁中□□。則有安社稷之功。宜極褒崇。以章報稱。尚循近比。乃□□時。適憲府之建言。俾曲臺之論定。蓋以弟及之義。實□其兄。母貴之因。亦繫其子。既用命已加于獻愍。則典章當視于慈徽。用斟酌于情文。爰進升于位號。備進儀物。崇建宮庭。以盡友恭之心。以明繼述之志。於戲。禮由義起。率因事以制宜。名與功昭。斯顯庸而揆實。惟德尊者物必備。而施重者報亦隆。其茂對于閎休。以永綏于遐福。可。

再廢元祐皇后詔 崇寧元年十月甲戌

朕恭惟哲宗皇帝臨御天下十有六年。休德顯功。垂裕萬世。竟以大統。屬于眇躬。夙夜欽承。猶懼有闕。而元祐皇后始緣失德。獲罪先朝。退處道宮。殆將累歲。會逢變故。政事紛更。乃有姦言上動朝聽。姑從並后之議。庶用權時之宜。雖申私恩。已致公論。今臺臣合奏。引義固爭。宰輔僉同。抗章繼上。咸以謂昨者復位。違先帝之初詔。又匪本朝之故常。典禮有慊。此則甄敍威靈在上。其肯顧歆。宗廟不可以從祀。陵寢不可以配祔。據今驗古。皆所未安。考實正名。蓋非得已。勉循前志。良用憮然。可依紹聖三年九月三十日詔旨。其元符三年五月十一日指揮更不施行。所有具諸恩數。悉如舊章。仍加優厚。以稱先帝始終待遇之意。布告中外。咸使聞知。

孟氏賜希微元通知和妙靜仙師詔 政和七年四月十三日

朕循名考實。據古驗今。凡繫稱謂之嫌。必協是非之正。華□教主玉清妙靜仙師孟沖眞。頃自紹聖。退居道宮。恩數□優。歲時滋久。比覽有司之請。尙仍教主之稱。理實未安。義當有易。爰申加于懿號。俾允迪于眞風。夫可言可行。茲惟人治之大。以靜以正。庶幾衆美之從。可加賜希微元通知和妙靜仙師。故茲詔示。想宜知悉。

宋大詔令集卷第十八

皇后上

尊立上

立琅邪郡夫人王氏爲皇后制 建隆元年八月甲申

軒轅四星。爰著正妃之象。虞舜二女。誕彰內治之功。厚夫婦而敦國風。體乾坤而修壼政。茲朕所以叙人倫、崇祀典也。告于淸廟。乃降徽章。咨爾琅邪郡夫人王氏。襲慶公侯。傳芳國史。法相可以當人主。勤儉可以率內朝。贊成開國之基。實賴宜家之慶。翬衣未舉。椒掖猶虛。旣侔太姒之賢。宜改小君之號。可立爲皇后。所司擇日備禮册命。

立隴西李氏爲皇后制 雍熙元年十二月壬辰

王者祇膺寶圖。奉若天命。必在詳求淑哲。所以翊宣風教。姬周之盛。本自姜任之烈。虞舜之聖。亦資皇英之助。蓋化行于內。而隆教以孚。位正于中。而人倫以叙。始于宮闈。逮于家邦。前典具存。敢忘脩舉。隴西李氏。柔嘉維則。和順積中。茂慶著于侯藩。盛烈傳于勳閥。淸芳桂郁。睿問川流。明惠成于自然。仁孝本于天賦。頃自作嬪帝室。毓德椒塗。象服垂風。允昭令則。關雎播美。已著樂章。內治肅而九御有倫。婦道著而六宮承式。服阿保之箴誡。知臣下之勤勞。固已績茂公桑。道光彤管。而造舟之禮。未加于徽命。厭翟之貴。未正于中宮。豈所謂昭德成訓。嗣世繼統者乎。宜考舊章。煥茲縟禮。法軒星而踐位。配皇極以爲尊。可册爲皇后。有司擇日備禮册命。

立秦國夫人郭氏爲皇后制 至道元年五月丁亥

王者法軒星之文。正椒掖之號。所以協宣陰教。敦厚人倫。故嬀汭美嬪虞之賢。塗山光翼夏之德。著之典訓。刑于家邦。斯爲大猷。朕所祇尙。秦國夫人郭氏。生彼華冑。歸于列藩。婉嫕有儀。柔嘉成性。寅恭罄奉上之禮。慈仁符逮下之規。景命維新。純禧載集。俾膺徽稱。用叶舊章。宜立爲皇后。

答群臣乞立后詔 大中祥符五年十一月乙酉

中宮正位。取法坤儀。順天德以厚人倫。率陰禮而脩內職。乃睠椒塗之列。久虛象服之尊。卿等位列秉樞。義深同體。旅陳封奏。敷述舊聞。以壼範之攸先。蓋宗祏之斯奉。形于懇惻。備體公忠。方擇善猷。聿頒禮命。所請宜允。

立德妃劉氏爲皇后制 大中祥符五年十二月丁亥

朕仰承嘉運。嗣守鴻基。思厚人倫。聿崇王化。眷惟中壼。實有舊章。宜得淑賢。佐于憂勤。爰敷明命。誕告外庭。德妃劉氏。毓粹高門。鍾英甲族。載挺閑和之質。茂昭婉嫕之風。覽圖史之格言。早揚惠問。躬組紃之懿績。實顯令猷。自升冠于掖庭。頗貿更于歲月。肅雝之美。表率于六宮。敦睦之仁。協和于九族。事遵彤管。兆叶玉衣。邦教聿隆。嬪則攸著。長秋虛位。宰府上言。援據古今。契予褒擇。於戲。詩有思齊之詠。易垂厚載之文。福祉攸滋。邦家所賴。肅膺典册。其懋戒哉。可立爲皇后。擇日備禮册命。

皇太后降立郭皇后手書 天聖二年七月庚子

皇帝仁孝天賦。聲猷日新。蒞政以來。尙虛中壼。吾晨夕思念。躬親選□。思得其人。以贊內治。贈中書令郭崇韜孫女。衣冠令族。汾晉名家。積慶流光。遂生賢淑。信可以訓齊九御。儀冠六宮。正人倫之大端。承宗廟之重事。宜納爲皇后。俟南郊禮畢降制。

立郭皇后制 天聖二年十一月乙丑

門下。古之有國家者。體乾坤之象。明教化之源。必正人倫。以齊天下。姜任之佐周道。陰馬之隆漢風。皆有茂規。垂于方册。朕猥以涼德。紹膺丕祚。允賴盈成之業。敢忘勵翼之勤。皇太后慈念素深。誨勖斯至。歷選門閥。爲求淑良。得人果協于聖心。班詔已聞于列位。茲擇吉旦。乃降命書。贈中書令郭崇韜孫女。將相之家。簪纓不絕。漸仁義于宗黨。播柔芳于閫闈。遂生賢明。式耀勳緒。炳俔天之表。負出常倫。謹佩玉之聲。率由懿範。蓋以動□圖史。言成矩模。徽音藹聞。愼簡胥叶。宜其升訓九列。統齊六宮。秉椒極之舊章。陟軒星之正位。於戲。上承宗廟之重。下契臣民之則。夫惟匪懈。克廣令猷。盡爾孝恭。事予文母。執饔膳以佐餕。端縰笄而承顏。守其靜方。濟以純儉。使四海之內。九族之中。仰褘翟之禮容。識朝廷之婦德。豈不盛歟。可立爲皇后。仍令所司擇日備禮册命。

立曹皇后制 景祐元年九月十七日

門下。王者握符御宇。繼體守文。保于萬邦。方資于外輔。率乎六列。實賴于中闈。是以塗山之興。協禹功而彌遠。有莘之娶。贊湯祚以滋昌。朕以受命昊穹。居尊夷夏。念長秋之虛位。覽上宰之敷言。且謂皇王之猷。必端天地之本。明關雎之風化。美螽斯之衆多。欲正邦基。在求德閥。是用詢于壼範。敦此人倫。誕告彤庭。庸彰懿則。贈尙書令配享太祖廟庭曹彬孫女。生于鼎族。教自公宮。眷乃祖之孫謀。著元勳于廟祀。慶流令淑。望藹高華。而性禀柔閑體含仁厚。援圖史以自鑒。節環珮而有容。宜登金屋之榮。用表玉衣之瑞。褘褕無闕。龜筮協從。於戲。立后之規。建國所繫。上承宗祏之重。內憑輔佐之勤。思進賢材。以昭陰教。修紘綖而隆禮。執圭瓚而訓恭。肅奉徽章。欽惟永命。可立爲皇后。仍令所司擇日備禮册命。

立高皇后制 嘉祐八年四月己亥

天子之有后。如天之與地。惠養萬物。如日之與月。照臨四方。苟稱號之弗崇。則臣民之安仰。京兆郡君高氏。生閥閱之後。而不自矜。大處富貴之習而能安素約。頃在藩邸。宜于室家。肆朕纂承。嘉乃輔佐。惟長樂之奉養。左右不可不虔。惟六合之表儀。晨夕不可不肅。爰正軒星之位。以爲國風之倡。舉是典册告于治朝。於戲。邦教所基。人倫茲重。塗山啓夏。太任興周。勤勞一時。焜燿萬世。乃其總笄櫛纚。日侍慈顔。衡紞紘綖。時承宗祀。庶幾天下之俗。知我門中之私。可立爲皇后。其合行典禮。令有司檢詳典故以聞。

立向皇后制 治平四年二月乙酉

王者制治。當天法陰陽而布風化。自家刑國。正夫婦以穆人倫。惟長秋之冠六宮。首內教而先萬寓。朕祗膺顧命。獲荷丕基。□□與以敦脩。□禮經而必敍。安國夫人向氏。德敷柔順。道蔚賢和。鍾相閥以挺生。積善祥而襲慶。自居藩邸。輔佐朕躬。肅珩珮以無聲。鑒圖史而有度。屬纘承于寶祚。用進陟于坤儀。咨以僉諧。重于國體。於戲。晨昏養之大思。謹奉于兩宮。粢盛□之倫。必虔恭于七廟。著雍睦爲嬪則。尙節儉爲民□□□□。猷助我善教。可立爲皇后。命有司擇日册命。

太皇太后下詔禮官檢詳六禮著爲成式納皇后 元祐五年八月乙未

吾膺先帝之託。惟宗廟之奉。惕然常恐不逮。以有愧于前聞。古者必備內外之官。以爲邦國之助。有嚴董正。釐舉故常。皇帝仁孝聰明。自天攸縱。恭欽學問。與日而新。勝衣若干。尙虛中壼。吾夙夕思念。周咨博謀。期于令德之家。介此來嬪之祉。以躬天下之陰教。宜莫重焉。顧在朝廷之禮文。所當先者。矧予良弼。茲告謀猷。同心之言。行之罔怠。其令太常禮官檢詳古今六禮沿革。參考通禮典故。具其節文。著爲成式。有司審當。然後施行。所以欽愼大昏萬世之嗣。咨爾宰輔。體吾意焉。

立孟后制 元祐七年四月己未

正家者義之先。天下從而定矣。大婚者禮之本。聖王所以重焉。朕繼體持盈。脩身思永。切守基圖之固。敢娛宮室之安。太母以萬世爲心。命虔宗事之重。大臣以兩極陳義。請建坤儀之尊。謂王道之大所由興。故人倫之始不可緩。明揚德閥之懿。簡在慈闈之公。欽承溫詔之音。俾正中宮之位。載蠲吉日。敷告大廷。故侍衛親軍馬軍都虞候、眉州防禦使、贈太尉孟元孫女。忠孝令門。善慶奕世。幽閑專靜。藹聞和聲。□睦惠慈雅。應柔則天作之合。文定厥祥。人謀協從。龜告□□。是宜入聽內職。輔宣外和。式瞻褘翟之章。上直軒龍之象。嘉典大備。並行古今之情文。盛德有開。增美國家之治理。於戲。惟恭儉爲富貴之守。惟憂勤爲康樂之資。如關雎之進賢。則可以基風化之成。如樛木之逮下。則可以將福履之盛。用久乃濟。匪初其難。勉爾欽修。以法三宮之端一。相予顯祀。以崇七廟之清明。垂光紫庭。襲譽彤管。可立爲皇后。仍令所司擇日備禮册命。

宋大詔令集卷第十九

皇后中

尊立下

答宰相請建中宮詔 元符二年九月辛丑

省所上表。中宮虛位。歷載于此。宜有建立。叶修陰教。伏望特于定省兩宮之暇。祗稟慈訓。登崇賢淑。正位內治。備舉典册之盛。俯慰中外之望。事具悉。后聽內治。以風四方。昔之盛王。茂建賢德。朕若古明訓。愼于柬求。卿等職在秉鈞。誠深體國。以長秋之虛位。援故實而有言。當稟兩宮。卽頒禮命。用承天祐。俯慰群情。所請宜允。

立賢妃劉氏爲皇后詔 元符二年九月丙午

朕以卿等上表。請建中宮事。稟于兩宮。皆以爲莫宜于賢妃劉氏。柔明懿淑。德冠後宮。誕育元良。爲宗廟萬世之慶。中宮將建。非斯人其誰可當。所宜備舉典册。以正位號。恭依慈訓。卽頒禮命。

立劉皇后制 元符二年九月七日

門下。朕獲以菲質。紹承寶圖。歷觀王化之興。莫非內德之茂。惟時淑媛。祇事掖庭。挺生天材。立我國本。其涓穀旦。升冠長秋。章婦道于家人。示母儀于天下。賢妃劉氏。心容具善。言德參和。弓韣祠禖。蚤歆帝武之敏。簟莞考室。遂占熊夢之祥。誕降元良。來符亨會。屬中宮之虛位。適宰府之有言。以七廟祭祀。必有以共承。兩宮奉養。不可以無助。朕躬稟慈訓。欽聆玉音。謂其有柔明之姿。懿淑之德。載育長嗣。垂慶萬年。諒非斯人。誰可爲后。宜舉典册之備。以正位號之崇。播告治朝。是頒休命。於戲。虞舜之釐二女。帝嚳之登四妃。冠德後宮。遠則貴人選建于永平之歲。鍾英甲族。近則德妃禮命于祥符之年。匪朕私恩。具茲故實。尙協修于陰教。其篤敍于壼彝。憂若關雎之進賢。仁如樛木之逮下。成麟趾之信厚。致螽斯之衆多。燕及家邦。永綏福祚。可立爲皇后。

立王皇后制 元符三年二月九日

門下。朕嗣守令緒。若稽前人。王假有家。所以始基邦教。天作之合。所以纂成治功。肆朕東求。惟古時憲。咨爾萬方之有衆。聽予一人之告猷。順國夫人王氏。徽柔懿和。温恭慈惠。肯自勳閥。嬪于王藩。夙夜在公。克明其德。朝夕匪懈。淑愼其身。茲入紹于基圖。用申加于位號。以承九廟之祀。以刑四方之風。於戲。古先哲王。肇修人紀。釐厥士女。御于家邦。惟克艱則罔有後艱。惟克正則罔敢不正。爾勵朕相。予惟汝嘉。朕其永孚于休。爾亦並受其福。茲爲后矣。其尚欽哉。可立爲皇后。

立鄭皇后御筆

貴妃鄭氏。柔明婉淑。謙愼持身。位極元妃。德冠宮壼。有進賢逮下之志。無險詖私謁之心。越自纘承。祗服內職。夙夜匪懈。嬪御式從。屬長秋之久虛。致大臣之懇請。遠稽東漢。近考祥符。質古參今。具存方策。宜隆位號。以正坤儀。可立爲皇后。

立鄭皇后制 大觀四年十月二日

門下。朕承七聖之烈。撫九有之師。永惟正心而修身。蓋將明內而齊外。考關雎之美。冠四始以居先。觀思齊之賢。列正雅而爲大。伊欲美于風化。必有御于家邦。敷求懿德之良。誕告治朝之聽。貴妃鄭氏。柔明婉淑。謙愼持身。位極元妃。德冠宮壼。有進賢逮下之志。無險詖私謁之心。越自纘承。祗服內職。夙夜匪懈。嬪御式從。屬長秋之久虛。致大臣之懇請。遠稽東漢。近考祥符。質古參今。具存典册。宜隆位號。以正坤儀。於戲。上以承宗廟社稷之靈。下以慰群生華夷之望。惟憂勤而罔怠。則可以輔佐于壼彝。惟警誡而弗忘。則可以化成于婦道。勉隆甚盛之德。永底無窮之休。可立爲皇后。

册文

册曹皇后文

維景祐元年歲次甲戌。十一月丁亥朔。三日己丑。皇帝若曰。天地定位。陰陽相成。人道貫之。以綱大倫。后德配之。以熙內治。聖人有以端其本也。故造舟之迎。言乎備。詩人有以美其化也。故周南之風。著乎始。粤朕沖昧。祗若丕構。深惟承荷之重。輔佐攸艱。用簡納賢明。以叶于人神之望。咨爾贈尚書令、冀王、配享太祖廟庭曹彬孫女。惟乃祖克有武略。勤勞王家。保勳不伐。榮享厥終。慶流後昆。薰然慈和。善祥憑積。生此邦媛。其漸漬醇醲。發聞馨香。所從來遠矣。起居閑習。不待姆師之勗。風容矩度。自爲宗黨之憲。長秋曠位。陰教未序。咨求訓範。統正六列。宗公鼎臣。誦言于朝。願即嘉時。聿申典禮。朕以春秋之義。必娶大國。摯疇之家。乃稱福偶。謀及秦筮。聘以穀圭。惟吉之從。有命既集。今遣使、工部尚書、同中書門下平章事李迪。副使、戶部侍郎、參知政事王隨。持節册命爾爲皇后。欽哉。夫惟肅恭。可以事上。夫惟謙裕。可以接下。泰而能約。則驕弗至。動而愼思。則悔弗萌。懋及攸德。修乃嬪職。奉承宗廟。儀刑家國。永綏無疆之祉。不其韙歟。

册高皇后文

皇帝若曰。惟坤儀承天。以亭育萬物。惟陰景配日。以照臨四方。惟后德佐王。以化成天下。蓋風乎遠者、必始于近。正乎國者、先齊其家。有莘翼商。塗山興夏。舜以二女茂昭釐降之文。周以太姒聿興大明之詠。此有國之成憲。古今之常道也。可不慎焉。朕猥當鴻業。獲奉皇圖。襲長樂之慈蔭。粤求內助。率迪故常。咨爾高氏。惟迺祖休有丕烈。顯于家邦。勳昭前人。慶浹後世。眷乃淑哲。雍和粹純。貴而能去其驕。動而能約以禮。早嬪藩邸。肇正壼儀。肆朕纘服。輔予憂勤。矧慈壽徽音。方資善繼。六宮懿範。宜有崇師。故群公卿士。念繹舊典。遂加褕翟之飾。允正長秋之位。誕告有衆。旣籲外庭。式契元龜。協諏穀旦。今遣具官曾公亮。具官陳升之。持節册命爾爲皇后。夫家人正內。易所以顯于象中。關雎進賢。詩所以爲之風首。惟其懋乃德。迪厥善。暢肅雍之化。敦螽斯之義。尙播美于彤史。以垂光于萬世。豈不韙歟。

册向皇后文 熙寧二年四月壬戌

皇帝若曰。自昔有天下。必擇建厥配。以承宗廟。以御家邦。肆朕受命。奉循前烈。愼考典册。以祈協于神民。咨爾向氏。懿柔淑恭。舊有顯聞。肇功惟祖。弼亮帝室。流德之澤。覃延後嗣。是生碩媛。比賢姜任。越朕初載。來嬪藩邸。盥饋在中。率禮無違。以至嗣服。祗承內事。齊明夙夜。罔有曠失。宜崇位號。表正宮庭。今遣攝太尉具官吳公弼。攝司徒王安石。持節册命爾爲皇后。夫惟興王。釐厥士女。咸自內始。達于四海。朕克勤。乂用弗怠。朕克儉。乂用弗奢。朕克正。乂用無敢側頗僻。爾勵相朕。乃濟登茲。於戲。匪初惟艱。惟愼厥終。爾忱念茲。朕以永享天祿。爾亦預有無疆之福。豈不韙哉。

册孟皇后文 元祐七年五月丁酉

維元祐七年歲次壬申。五月癸未朔。十六日戊戌。皇帝若曰。天地判合。以綱人倫。君后取則。以御家邦。自昔三代內德之茂。二南風化之本。治道所繫。詩書述焉。朕纂紹丕服。上蒙太皇太后聖訓。八年于茲。而長秋未建。中饋闕職。歷詢舊門。審定福耦。慈衷惟允。斯卽其人。咨爾侍衛親軍馬軍督都虞候、眉州防禦使、贈太尉孟元孫女。衣冠望族。鄒魯華胄。流光儲祉。鍾粹碩媛。有徽柔之質。不待姆師之誨。有安正之美。宜配坤極之尊。稽謀大同。儀物惟稱。今遣攝太尉蘇頌。攝司徒王巖叟。持節册命爾爲皇后。膺茲嘉禮。往踐宮朝。協宣陰教。母臨萬方。朕春秋時思。虔七廟之享。后惟衡紞是將。朕晨夕承顏。致三宮之養。后惟饔膳是視。朕卑服節儉。以躬率天下。后亦練繒是式。朕宴游省耕。以穡事爲本、后亦穜稑是資。於戲。皇天無親。惟德斯永。賚畀饗福。巽順正吉。嗣續百世。克終有慶。不其韙歟。

册劉皇后文

維元符二年歲次己卯。九月庚子朔。二十七日丙寅。皇帝若曰。古之明王。天立厥配。以贊助其行事。御于家邦。朕嗣有令緒。撫綏萬方。若稽大猷。愼所登建。以奉宗廟。非朕敢私。圖惟其人。在帝所右。咨爾賢妃劉氏。懿柔淑哲。維德之行。自初敍御。率禮不越。震夙之慶。協于聲詩。乃生元子。誕受帝祉。立我國本垂休無疆。朕率籲庶言。恭承慈訓。敷告在位。莫如爾賢。神人允諧。命爾予翼。其膺典册。正位宮庭。今遣攝太尉、金紫光祿大夫、守尚書左僕射、兼門下侍郎、上柱國、豫章郡開國公、食邑七千一百戶、食實封三千二百戶章惇、攝司徒、右光祿大夫、守中書侍郎、上柱國、長樂郡開國公、食邑三千戶、食實封六百戶許將。持節册命爾爲皇后。夫王化之美。必自內始。浹于四海。凡厥攸行。罔不在初。爾惟順。故能上承兩宮。化天下以婦道。爾惟明。故能迪朕夙夜無怠。以懋爾德。毗予一人。永綏兆民。天其申命於我家。爾亦永膺多福。豈不韙歟。

册王皇后文

皇帝若曰。天相予祖宗。茲歷世寧康。朕既敬紹丕緒。罔作麗觀。底信內外。惟法惟式。蘄以正邦。今左右弼臣。禮儀正貳。暨族老宗婦。各虔厥事。咸鋪繹舊聞。明敭于位。曰乾施坤承。日照月儷。四時不忒。萬物用成。盍稽則象。詢考卜筮。若時元吉。正名錫服。俾長首六宮。以母天下。予惟國有故常。是何敢弗率。咨爾王氏。乃祖忠勞王家。書于太史。子孫公侯。出入藩服。惟功澤逮茲。是生碩媛。淑嫕溫恭。備有嘉德。聘婦王邸。入承事皇姑。靡不若禮。上天右序。有家丕育元子。慶在宗廟。惠賚于四方。乃以某年某月某日。遣攝太尉具官某。攝司徒具官某。持節册命爾爲皇后。賜爾皇后之寶。方寸有半。文盠螭紐。授之玉册。厥簡五十。命爾翟衣笄纚。博鬢黼領。大帶以朝。暨歲時將祀于東西宮。金輿朱蓋。武賁呵衛。步障行導。是惟顯哉。爾其克后職。思后道。履中體順。茲日嚮多福。集大祐于厥躬。其尚佽助予治。昭聞于無斁。懋戒之哉。

宋大詔令集卷第二十

皇后下

廢黜

皇后郭氏封淨妃玉京沖妙仙師詔 明道二年十二月乙卯

皇后郭氏。省所奏爲無子願入道者事具悉。皇后生忠義之門。禀柔和之德。夙表石符之慶。早升蘭殿之尊。四教具宣。六宮是式。而乃秉心專靜。抗志希微。慕丹臺絳闕之游。猒金阤瑤堦之貴。陳請累至。敦諭再三。言必踐而是期。意益堅而難奪。勉循高尚。以適素懷。宜特封淨妃。玉京沖妙仙師。賜紫。法名清悟。

淨妃等外宅詔 景祐元年八月壬申

朕祇紹慶基。務敦靜治。每遵勤儉。用洽沖寧。至于宮掖之中。嬪侍之列。維僅充于儀職。而靡厚于寵私。頃以中闈有虧善道。降處次妃之位。仍從別館之居。尚邇嚴宸。未叶彝制。郭氏宜令于外宅居止。更不入內。美人尚氏。昨由下陳。列于近侍。素非令淑。但肆驕矜。宜特貸刑章。令于洞眞宮披戴。永不得入內。美人楊氏。自居左右。靡蹈箴規。宜令出內。于別宅安置。長秋之重。陰教是宣。顧厥位以難虛。必惟賢而是擇。當求德閥。以稱坤儀。屬于勳舊之家。兼咨甲冠之族。將行聘納。式助烝嘗。曩日母后垂簾。兼示慈愛。遂有臣僚戚屬進獻女口入宮。留處掖庭。頗彰物論。宜並放出。朕常思恬素。動守端莊。在于聲色之間。絕無溺惑之意。況每觀古籍。備鑒前修。上或恣于耽荒。下必爭于寵幸。虧德敗度。莫甚于茲。固深念于防閑。弗暫忘于規戒。自此八月之選。無事于訪求。九御之□。庶臻于簡肅。咨爾宰職。克輔善猷。宣布多方。知朕此意。

廢皇后孟氏批語 紹聖三年九月乙卯

皇后孟氏。縱慾失德。密構奇衺。上則不足以懿範內令。下則不足以章明婦順。朕躬禀皇太后、皇太妃聖旨。恭奉玉音。可廢居道館。仍賜四字仙師號并法名。仰三省樞密院同定。

廢皇后孟氏詔 丙辰

皇后孟氏。旁惑邪言。陰挾媚道。追從究驗。證左甚明。獄辭具孚。覆按無爽。朕夙夜惻怛。寢食靡寧。難以私恩而屈大義。躬稟兩宮慈訓。奉祓玉音。失德若斯。將何以母儀萬邦。上承宗廟。可上皇后册寶。廢居瑤華宮。賜號華陽教主、玉清妙靜仙師。賜紫。法名沖眞。其居處供帳服用廩給之類。務從優厚。稱朕所以始終待遇之意。

追命

追册會稽郡夫人賀氏爲皇后制 建隆三年四月乙巳

王者開國承家。所以膺麻數。愼終追遠。所以達幽明。爰舉徽章。用紓永恨。故會稽郡夫人賀氏。流芳閨壼。逮事舅姑。追惟漢劍之情。宜正軒星之號。可追册爲皇后。仍令有司備禮册命。

追册故夫人尹氏爲皇后詔 太平興國元年十一月甲子

柔順之德。沒有遺範。褒崇之制。抑惟令典。故夫人尹氏。含章茂族。流芳戚苑。淪謝久矣。音徽邈然。永懷內輔之賢。追加中壼之號。可追册爲皇后。

追册越國夫人符氏爲皇后制 同上

鵲巢流詠。克播于風雅。虎鈕爲贈。載詢于□典。故越國夫人符氏。勳貴之族。淑哲挺生。涵泳禮訓。優游圖史。雖茂關睢之德。靡及軒星之位。冢樹將拱。淑聲具存。爰命追崇。以正宮壼。可追册爲皇后。

追册莒國夫人潘氏爲皇后制 至道元年六月乙丑

朕仰荷慶靈。嗣守基構。永言懷舊之感。載稽追遠之文。聿舉徽章。用飾幽隧。故莒國夫人潘氏。早以華胄。嬪于沖人。克蹈圖史之規。茂著河洲之德。正名中壼。允極哀榮。可追册爲皇后。

故美人張氏特追册爲皇后制 明道二年

門下。夫生有淑美。則秩冠于九嬪。歿著柔嘉。則禮追于中壼。此王者所以彰圖史之懿。念輔佐之勤。故美人張氏。誕自華宗。流茲惠問。膺八月之上選。冠六列而有儀。德備組紃。聲齊環珮。悲蕣昭之早謝。顧苹律之亟遷。用思沙麓之祥。重進褘衣之制。亶惟茂典。抑有前規。嗚呼。位至椒塗。名留彤管。實邦之媛。想內範以空存。在河之洲。飾徽章而曷極。冀斯盛則。有慰芳魂。宜追册爲皇后。仍令所司擇日備禮册命。主者施行。

追册郭皇后制 景祐三年正月壬辰

生而有貴秩于朝沒則申恤典于第。矧密嬪于天極。而奄謝于人寰。不舉徽章。曷旌遺躅。故金庭教主、沖妙仙師郭氏。鍾會沙之慶。分寶婺之輝。動鑒圖史之規。居服組紃之事。自玉衣叶兆。金屋承榮。夙施輔佐之勤。益懋閑和之則。而乃遺情物表。探味淵宗。獨抗出塵之心。遂猒塗椒之地。靈期遽迫。朝露易晞。良增悼往之懷。載厚飾終之典。嗚呼。柔儀永隔。內範如存。躡三景之從倏。同于萬化。應四星之象。復正于尊名。芳魂有知。歆我渥命。可特追册爲皇后。

貴妃張氏追册爲皇后制 至和元年正月丁丑

內治經國。非選德無以冠後庭。正風刑家。非紀行無以□天壼。斯以舉褒懷之禮。申哀恤之文。誕告外朝。式循前憲。故貴妃張氏。起紱冕之緒。蹈圖史之規。進陪褘翟之容。邇副軒龍之象。有憂勤之助化。無矜靡之流心。向以失內禁之宵嚴。犯周廬之夕警。靡顧凶焰。來衞丹闈。逮閔雨以請。傚方責躬而引咎。復援刀而割臂。封濡翰以奏章。事旣秘而不言。物有存而可驗。報君憂國。望古無倫。遽爾長辭。邈焉如昨。宜正騩車之御。益隆虎鈕之章。鋪顯豐融。用昭慘惻。於戲。治興嬀水。旣表德于女英。美載周京。尚疏音于太姒。尊名茂渥。永享休嘉。可特追册爲皇后。仍令所司擇日備禮册命。

貴妃劉氏追册皇后御筆手詔 政和三年八月十九日

朕若昔先王。化行天下。必得內助。輔成厥功。貴妃劉氏。嬪于初載。性自天成。憂在進賢。斥遠姦慝。卑躬不伐。敏行寡言。安死生之分。達性命之理。能不怛化。白氣屬天。嗟其云亡。宜諡以禮。今攬皇后鄭氏所奏。無彼妬忌之行。有樂淑女之心。親折吏章。力爲禮懇。可以垂訓萬世。表勸六宮。嘉其誠心。用基王化。可依所奏。貴妃劉氏追册贈爲皇后。卽塋所爲園陵。置祠殿。止以明達爲諡。餘並依后制。務從簡約。令太常寺詳議以聞。

明達懿文貴妃劉氏特追册明達皇后制 政和三年八月十九日

門下。朕于古其訓。克綏厥猷。眷懷內助之良。申錫厚從之典。亶敷明命。播告大廷。故明達懿文貴妃劉氏。從容以和。閑美且異。愼終如始。寡笑與言。無傷善而有憂勤夙夜之心。不怛化而達死生性命之理。異香經日。白氣屬天。分不可踰。葬之以禮。皇后樂得淑女。憂在進賢。殄瘁其亡。悅懌其美。謂名數之未進。存歿之無殊。親札奏封。祈正名號。徽嘉其亡險詖之忌行。是用循追崇之舊章。表勸六宮。垂訓萬世。於戲。好是懿行。有如象服之宜。嗟哉懷人。□□彤管之煒。往者不可作已。神其尚或享之。可。

明節和文貴妃劉氏特追册明節皇后制 宣和三年五月庚子

門下。有憂國愛君之行。勸相我家。推追往送終之恩。率茲常典。時惟懿德。孚告大廷。故明節和文貴妃劉氏。淑愼慧雅。而飾之以文。俊明肅恭。而節之以禮。在神霄之府。號九華玉眞之妃。生南極之天。實赤文大帝之女。嬪于初載。式是六宮。振振如螽斯之多。莫莫有葛覃之本。寤寐思服。至于憂勤夙夜在公。莫遑寧息。進不以諂而以德義。不奉私而奉公。懿行莫倫。忠言猶在。被中宮之鞠育。助陰教之儀刑。不伐不矜。以和以睦。展如邦媛。可無身後之餘榮。嗟哉懷人。具有司存之恤典。用作爾祉。實慰我心。於戲。禮緣于情。定循名數之限。恩稱其義。用昭終始之全。以承王休。以光嬪則。往者不可作已。神其尙克欽哉。可。

謚議

大行皇后謚議 景德四年五月

臣聞關雎爲王化之基。坤元以厚德載物。是以椒塗在御。正位而聽內朝。蕙問旣淪。易名而示四海。流芬亙古。垂裕方來。奉節惠之文。有不刊之典。伏惟大行皇后斗維降□。沙麓儲休。令質柔嘉。懿姿純茂。靈符告于石字。吉祥驗于玉衣。粤自邦媛有歸。戚藩作儷。逮事先帝。寅奉皇姑。恭順發于誠心。正淑表于姻戚。銅扉肇啓。金璽承榮。執纂組以彌勤。服圖史而無斁。屬嚮明于大寶。爰總治于長秋。德冠六宮。母臨萬國。樛木逮下。聿協聲詩。大練爲衣。克敦儉素。而又侍養長樂。順承慈顏。朝夕勤盻悅之儀。行步有珮環之節。允釐壼則。式是邦家。所宜永服褘褕。勤事穜稑。而軒星掩曜。桂魄沉暉。遽謝昌辰。靡延鴻算。皇上悼音徽之如昨。念日月之有期。爰命下臣。仰稽前訓。庶芳猷之不泯。紀大行以長存。著在策書。告于宗廟。謹按謚法。履正忠和曰莊。賢德信脩曰睦。伏請謚曰莊穆。詔尙書集翰林學士、兩京御史臺官本省六品諸司已上定議以聞。天輕淸而秉陽。乃恢圓覆。地博厚而載物。遂正方輿。萬彙于是財成。二儀以之協濟。亦由伉儷重人倫之本。河洲隆王化之基。恭惟大行皇后承天淸明。法地柔順。稟汾陽之慶緒。襲塗山之令儀。主上銀牓升儲。謀猷夙效。玉宸嗣統。輔佐惟夤。嬪虞契月亙之明。媚周叶天飛之運。神宗聖母。昔揚賢淑之稱。淸廟閟宮。屢奉吉蠲之祀。勤宣四教。表正六宮。蹈陰陽之和。德範昭矣。服圖史之訓。善美具焉。運迫登天。哀纏率土。顧茲節惠。爰命儒臣。詳觀考行之文。允協易名之典。質于有衆。無爽至公。伏請依宗諤所議。

謚册

莊穆皇后謚册

后妃之德。風化之源。垂法象于四星。叶休符于五鹿。生則建長秋之位。取諸漢儀。沒則按彤管之書。定其周謚。所以循節惠之前典。表飾終之異數。大行皇后郭氏坤元毓粹。月魄淪精。出金穴之華宗。集玉衣之瑞命。元雲入戶。素擁于神休。吉夢捫天。果歸于帝室。逮事先聖。祇若皇姑。儷朱邸以開榮。進畫堂而增峻。粤予繼統。乃陟中宮。服以螭虎之鈕。處以椒蘭之殿。鍾鼓之禮盛。河洲之詠作。而能含章體順。率禮蹈和。厚德無疆。謙光載路。言可復于圖史。動必中于珩璜。避濯龍之游。恬澹特立。引貫魚之列。優柔逮下。抑制外族。述宣陰教。眷惟輔佐。屬在賢明。方當節用去奢。正始敦本。先蠶致享。率職于紘綖。籍田蕆事。贊獻于穜稑。而祥符素柰。釁結丹墀。嬰進賢之心。憂勤感疾。虧勿藥之喜。奄忽冥升。羽蓋虛陳。瑤齋罷宴。褘褕弗御。璋瓚空存。

掩軒曜之光芒。失塗山之翼贊。悲纏戚里。哀動掖庭。池綍講儀。園陵卜吉。庀徒斯具。練日惟良。司典上言。追崇克允。載詢公議。式賁徽章。今遣攝太尉、工部尚書、平章事王旦册謚曰莊穆皇后。垂芳竹帛。著範壼闈。永閟音猷。良深軫悼。嗚呼哀哉。

温成皇后謚册

維皇祐六年歲次甲午正月丙寅朔十九日甲申。皇帝若曰。夫內德之茂。非正位無以顯其猷。彤史所載。非大名無以表其行。矧予嬪合之懿。夙著徽柔之則。生則副珈褕翟。以寵其初。歿則襚章愍册。以垂于後。褒功節惠。繇來舊矣。故皇后張氏。坤順以大。月盈而冲。毓秀儒門。參儷天極。煩擱著于延葛。雍和見于流荇。自初選納。惟德之行。琴瑟之音。莫不靜好。椒蘭之美。服媚居多。遠貴勢而不處。履華寵而能降。翼朕偕閟天之盛。導予躋黃老之福。憂勞臣下。永念樛木之仁。檢御姻近。慨慕濯龍之戒。至於盜驚廬徼。挺身以衞至尊。時丁旱暵。刺臂以祈來貺。愛君之烈。何謝古人。禐癘難期。瘳瘉斯遘。千齡何遽。一昔而亡。奔駒逝川。追悼奚及。筮龜協吉。園兆有期。奉常據古。稽合二稱。朕揆庸較德。昭錫徽名。公言僉同。世繫攸穆。今遣攝太尉事、推忠協謀同德佐理功臣、光祿大夫、行尚書禮部侍郎、同中書門下平章事、集賢殿大學士、上柱國、安定郡開國公、食邑三千三百戶、食實封一千戶梁適奉册謚曰温成皇后。僊遊匪邈。典策是膺。茂範存于壼闈。嘉問流于緹素。音容永閟。哽結難勝。嗚呼哀哉。煩擱見詩葛覃薄汙我私注

哀册

莊穆皇后哀册

維景德四年歲次丁未四月丁卯朔十五日辛巳。大行皇后郭氏崩于萬歲殿之後殿。有司奏謚曰莊穆。以其年六月乙未朔二十一日乙卯。將遷座于陵臺。禮也。朱火昏中。靈輴夙駕。搖畫□于素旗。咽悲風于廣夏。皇帝軫深懷于內殿。痛虛位于長秋。感辟臺之不御。嗟黼帳之將收。進輴賓階。親臨祖饋。爰詔詞臣。奉揚遺懿。其詞曰。厚德載物。至哉坤元。著明垂象。倬彼星軒。關雎教始。俔天禮尊。章明內治。啓迪化源。慶屬休辰。運鍾元聖。諸夏宅心。三靈眷命。稽若前經。述宣內令。玉璽疏榮。蘭闈布政。文昭貴胄。虢仲遐枝。家承金穴。祥開翠嬀。莒華瑞命。荇棻聲詩。女圖是獻。象服攸宜。列邸承休。東朝作儷。言無出閫。義敦主饋。塗山翼贊。周姜思媚。譽藹掖庭。禮均姊姒。允升中壼。寅奉皇姑。承顏左右。上食朝晡。□待陰郭。輔佐唐虞。嬪風載穆。陰教誕敷。厭翟斯皇。濯龍希從。江漢化行。褘褕禮重。薄氏仁善。靡徼恩寵。大家經書。習聞雅頌。外戚稟訓。謙沖靜退。嬪御懷仁。祝延歆酹。半楚啓邦。罔徇私愛。褒紀舊章。尚辭封拜。陪遊温洛。致孝南陵。親易脂澤。躬薦粢盛。帝車來復。朏魄載盈。釁生椒掖。災纏玉京。嗚呼哀哉。顧兔淪輝。騰龍變彩。地震方輿。人謠素柰。西山樂兮杳無期。聚窟香兮不可待。欻駕遊兮靡留。玉音琤兮如在。金釭凝兮夜何長。白駒度兮時易改。中庭萋兮綠草生。洞戶寂兮流塵晦。嗚呼哀哉。宸居愴悼。戚里悲傷。痛深臣妾。哀極嬪嬙。□蘭宮兮女史。闃繭館兮公桑。掩遺書兮無復視。念故劍兮何時忘。閟珠襦兮畫梓。湛銀海兮

元堂。望懿藩兮車□。從先后兮雲陽。嗚呼哀哉。紞五鼓兮嚴城曙。儼六衣兮淸吹度。陳愍册兮祖庭。咽邊簫兮上路。灑涕兮重疃。吞聲兮長御。背直城而右轉。歷重崗而遐騖。遡瀰池之周原。指蕭條之拱樹。嗚呼哀哉。陵園黯兮將閉。景象凄兮若秋。瞻樂池兮永歎。覽雲居兮增愁。畢九虞兮祔營魄。節□惠兮旌大猷。挹遺芳兮彤管。詠賢德兮河洲。諒音徽之不泯。曠載祀以彌休。嗚呼哀哉。

温成皇后哀册

維皇祐六年歲次甲午。正月丙寅朔。八日癸酉。貴妃張氏薨。十二日丁丑。册謚曰温成皇后。十四己卯。殯于皇儀殿之西階。粤某月二十日乙酉遷座于菆宮。禮也。素綍整徒。靈衣戒御。祖饋宵陳。違觴晨舉。泣縞從以成雨。黯椒塗而生霧。皇帝顧懷嬪則。感切仁衷。悼副褘之不見。歎華掖之俄空。爰命詞禁。紀揚芳風。其辭曰。黄帝遐源。留封景胄。德源慶遙。蔭華族茂。玉勝啓祥。珠皋挺秀。有綽英媛。淪精降神。擬婺齊寶。瞻巫等雲。孕瑞紫闥。來翔秘宸。外毗陽化。內參陰政。助月成光。均軒騰景。六列宗模。四業純備。繁藻並修。組紃咸事。鑒史求箴。稱詩迪志。抑遠外屬。澤無偏暨。敦履素約。衣無窮麗。自頃周廬。誰何弛衞。觸瑟方警。當熊已厲。近閔時雨。責躬減味。齋助虔祝。精誠獨至。瀝血書文。請咎歸己。深誠不言。遺毫在紙。勤勩爽和。晦明生疹。醫攻失痊。禱司告□。生也弗融。天兮難問。奄忽之間。靈暉道盡。嗚呼哀哉。柘館屢闕。日懷乏應。半燭收光。方春委盛。背明世之豐樂。傃幽扃而永逝。異今昔于俯仰。變懽哀于鑒寐。動皇情于遺物。慘榮恩于卹禮。詔遏晉以盈月。當昕朝而廢視。嗚呼哀哉。柴燎光斷。金波影低。哀笳寒急。楚挽淸凄。動轜軒兮晻靄。轉霜旐兮逶遲。去復去兮寧復返。悲莫悲兮長別離。甘泉之像兮空虛名。方士之□兮終亦非。□□芳之郁烈。綿百代而揚徽。嗚呼哀哉。

宋大詔令集卷第二十一

妃嬪一

內職

置淑儀淑容順儀順容婉儀婉容宮司令詔 大中祥符元年正月庚申

眷言壺教。實繫國風。辨彤管之等威。旣存舊制。巹紫庭之位號。亦著前聞。爰考典章。用新班秩。自今增置淑儀、淑容、順儀、順容、婉儀、婉容並從一品。在昭儀上。又置宮司令一員。正四品。在尙宮上。著之甲令。以爲永式。

改定尙書內省職掌御筆 政和三年五月二十八日

先王之政。自家刑國。自內及外。惟我祖宗。董正治官。分建百職。總核萬事。然乘五代之亂。循襲舊制。名不稱實。惟我神考。內設六聯。分掌三省。各有常守。而宮闈內官。尙或沿襲。有所未暇。朝夕惟念內外家國。理當一體。則有條而不紊。機政之暇。因考古鑑。改俾各遵承。永爲定制。

尙書內省

內宰二人

副宰四人

總正六司。使帥其屬。以聽內治。掌外省六曹所上之事。

吏

都事六人

主事六人

錄事一十二人

令史一十二人

書令史二十四人
書史二十四人

內省六司
司治　視吏部
職事官
內史一員　長
治中一員　二下准此
吏
令史二人
書令史四人
書史六人
司教　視戶部
職事官
內史一員
治中一員
吏
令史二人
書令史四人
書史六人
司儀　視禮部
職事官
內史一員

治中一員
吏
令史二人
書令史四人
書史六人
司政視兵部
職事官
內史一員
治中一員
吏
令史二人
書令史二人
書史四人
司憲視刑部
職事官
內史一員
治中一員
吏
令史二人
書令史二人
書史四人
司繕視工部

職事官
內史一員
治中一員
吏
令史二人
書令史二人
書史四人

進拜一

修儀劉氏封德妃制 大中祥符五年五月戊寅

厚人倫。廣風化。始于內則。施及寰區。必妙簡於英徽。用登隆於名數。爰稽良日。申錫贊書。修儀劉氏。玉德含章。星華毓粹。展如邦媛。挺出慶門。佩圖史之箴規。懋組紃之功緒。詳閑內職。輝映後庭。勤輔佐以惟賢。謹言容而合度。是用眷求淸懿。崇進等威。亞中壼以飛聲。參列妃而處貴。爾其念禮經之垂訓。總嬪御以敦和。益著嘉猷。聿隆順道。可特封德妃。所司擇日備禮册命。

李氏可才人制 大中祥符九年二月丙申

勑某。謙祗率禮。端懿傳芳。自恪奉於宸闈。寔荐更於歲籥。久播柔嘉之譽。宜推甄奬之恩。俾陞嬪侍之榮。用勸肅恭之德。欽茲寵渥。更勵夙宵。可。

朱氏掌籍制

勑。祗事掖庭。典司禁籍。必資閑淑。爰霈寵章。司寢長洲縣君朱氏。惠問凝和。柔儀著範。早奉丹闈之列。□循彤史之規。率職有經。服勤匪懈。宜從進陟。用示旌褒升位序於蘭閨錫恩榮於芸檢荷茲明命益務虔誠可

李氏等順容制

勑。朕以欽承寶命。紹纘鴻圖。霈綸綍之恩。誕敷慶賜。眷掖庭之列。宜示褒崇。婉容李氏。和惠積中。柔嘉成德。謹言容而有度。率箴訓以自持。肅奉先朝。允隆陰教。功宣彤管。譽洽紫闈。運屬承祧。禮優改館。錫芝函之渥命。峻赤紱之寵章。益茂淑聲。以祗榮數。可。

臧氏等貴儀制

勑。朕以荷累洽之基。闡惟新之命。茂昭大慶。敷洽鴻恩。眷紫掖之宣猷。錫綈函而申獎。淑儀臧氏。性質徽令。資稟閑和。自先聖之纘臨。列內朝之位序。珩璜之節。克謹於柔儀。圖史之言。率循於懿範。宅宗伊始。敍舊載懷。特示升崇。用申優禮。欽承渥典。彌藹芳風。可。

宋惠沖淑儀制

勑。朕以荷累洽之基。闡惟新之命。茂昭大慶。敷洽鴻恩。眷紫掖之宣猷。錫綈函而申獎。淑容明眞大師宋惠沖。性資淑令。質稟閑和。自先聖之纘臨。列內朝之位序。而專師虛寂。迥厭紛華。沐于清淨之風。克勵薰脩之志。宅宗伊始。敍舊載懷。特示升崇。用彰優禮。欽承渥典。彌保通腴。可。

趙氏等尙宮萊國夫人制

勑。祇奉皇闈。典司宸禁。咨於淑哲。幹內職而有經。嘉乃寅恭。舉朝恩而惟允。司簿扶風郡夫人□當大內尙宮司公事趙氏等。淑溫居質。柔靚成儀。率屬紫庭。克彰於勤事。揚芬彤管。允茂於凝猷。宜□褒旌。特申崇進。佩章之敍。式峻於等彝。湯沐之封。荐疏於□宇。茲爲渥命。無忘欽承。可。

淑儀太和宮明眞大師朱沖惠特進封賢妃依前明眞大師制

門下。王者纘紹皇圖。欽惟祖績。言念嬪嬙之舊。嘗施輔佐之勤。亶有甄明。宜覃優渥。淑儀太和宮明眞大師朱沖惠。生資言德。性本柔閑。蘭茂畹而彌芳。玉涵仁而滋潤。頃備貫魚之序。嘗居佩觿之班。自高揖於塵寰。久寘懷於道妙。匪惟鑒於圖史。實無染於紛華。是用緣紫掖之曩恩。獎清都之素尙。超于六列。進以四妃。印綬之榮。式從於寵授。絲綸之命。姑美於懿名。欽此彝章。允充令範。可特進封賢妃。依前明眞大師。仍令所司擇日備禮册命。主者施行。

婉容沈氏特進封德妃制 慶曆五年□月五日

門下。朕早膺天緒。嗣守邦基。眷逮事於先朝。寔脩明於內範。表賢才之輔佐。著婦道之肅雍。宜褒靜婉之風。特頒徽顯之命。揆茲穀旦。申錫贊書。婉容沈氏。謙懿成姿。閑和有裕。華宗挺秀。世推台鼎之崇。淑德含章。心師圖史之訓。肇繇門閥。入備掖庭。敍宮職以有榮。陳女箴而自守。造次必循于法度。周旋務合於禮經。俾從九御之聯。進陟四星之位。於戲。典章斯渥。恩意有加。惟聖考榮遇之深。惟沖人優待之厚。往服成命。不其美歟。可。

美人張氏進封貴妃制 慶曆八年十月十八日壬午

門下。朕聞王者始風。本乎妃德。天下內治。模厥人倫。咨擇邦媛之良。懋敷嬪壼之懿。爰推異數。誕布公言。美人張氏。陶翕闢之和。生慶善之族。玉粹其度。淵靚而衷。以阿保之法自閑。以圖史之規攸服。光贊內職。叶升大猷。力蘋藻之至恭。襲珩珮之常矩。禮以爲絢。謙不忘勞。用嘉沖徽。顯啓優渥。進膺褕翟之貴。參亞軒龍之華。於戲。謹以順承。陰教惟穆。勤乃輔佐。王化所經。爾其念夕惕之虔。躬日休之裕。樛木之逮乎下。然後稱仁。彤管之記其言。于以垂美。往席寵命。毋忘訓辭。可特進封貴妃。仍令所司擇日備禮册命。

淑儀苗氏特進封賢妃制　嘉祐二年六月二十三日

門下。列妃之崇。惟德其選。粤咨邦媛。寔生帝姬。且天象垂文。位亞軒星之次。而人倫正始。事基王化之先。矧乎名暎六宮。身全四德。女圖有監。姆訓是承。頃佩觽於禖祠。嘗先九御。屬降嬪於懿主。宜正四星。爰舉徽章。以成丕則。淑儀苗氏。性鍾和粹。體賦柔嘉。動規法度之文。步中珩璜之節。加以情隆逮下。履弗違謙。九韶之音。既清遠而合雅。十玉之德。自温潤以含章。是用冠乃壼儀。率夫陰教。寵名既重。車服攸崇。於戲。當懋乃誠。無替于善。思恭順而爲己。敦靜婉以凝猷。外贊求賢。內期節用。允席丹軿之貴。永流彤管之芳。往惟欽哉。奉若嘉命。可。

德妃沈氏特進封貴妃制　嘉祐七年十二月二十一日

門下。朕膺先聖之託。臨舊貫之居。重思宮籍之英。昔預宸帷之侍。孰旌爾止。已流彤管之芳。肆命于廷。載下紫芝之煥。恩繇近始。教自外孚。德妃沈氏。賦燕婉之儀。秉柔明之德。顧乃祖服。蚤登鼎鉉之榮。逮我眞朝。居愼掖廷之選。自參嬪則。實右王休。悵僊蹕之□遐。館離房而永慕。有圖書之誡。期專蹈于前規。無詖謁之私。□略好於內治天與壽康之福。衆高賢惠之風。宜冠序於四星。益亞儀於中壼。兹爲異數。以奬夙勤。於戲。化始周南。既厚人倫之本。祗事文考。猶傳皇訓之存。是則寵有以特隆。禮不可它擬。往膺徽册。永荷嘉祥。可。

賢妃苗氏特進封德妃制

門下。帝居六宮之制。率輔於皇猷。天極四星之華。實裨於壼事。朕誕膺邦統。思穆人倫。裒臨妃掖之英。化始宸闈之順。命龜薦日。班綍布朝。賢妃苗氏。性資惠明。儀度簡肅。居蹈箴圖之戒。動循珩珮之龢。八月良家。早被後庭之選。平陽別館。爰開貴主之祥。而能退遠驕華。舉思軌範。褕衣奉祭。上以贊於后勤。彤史流徽。下以儀於嬪則。庸賁德言之茂。益陞位序之隆。名以副勞。議非骫典。而論九婦之禮。蓋視三公之尊。內有進賢之心。始安君子之佐。維正道然後式于外。顧私謁不可黷于中。往服訓辭。永綏寵命。可。

宋大詔令集卷第二十二

妃嬪二

進拜二

永嘉郡君邢氏美人制 熙寧

勑。關雎樂得淑女。以配君子。至于江漢之域。無思犯禮。而兔罝之人。莫不好德。何其盛也。朕修身齊家。有志于先王之政。愼選嬪御。以相內治之勤。以爾某氏徽柔懿恭。稟自天質。以芣苢之美。有朱芾之祥。宜膺寵嘉。褒序名品。爾其思輔佐憂勤之志。而自勉以警戒相成之道。則豈惟福履蕃衍於一時。淑德令聞。固將有以風天下。而垂之圖史也。可。

婕妤宋氏特封充媛制

勑。先王釐建婦職。正始國封。擬則外朝。典司內令。朕攬決庶務。欽承兩宮。日罔暇於燕娛。事率從於簡約。雖房闥給侍。略倣古官。而名號空存。常多缺位。掌訓四德。是爲九嬪。宜登柔賢。用贊雍睦。具官某氏。婉嫕淑茂。靜閑懿恭。素閱圖史之箴。動履珩璜之節。相儀椒掖。衍祚螽斯。宜視貴於六卿。俾秩眞於二品。永迪嘉譽。無忘渥恩。可。

某氏充媛制

勑。古者王之六宮。必有婦寺之職。所以述宣陰教。輔成內治。朕若稽古昔。登建嬪御。位不必備。唯才德之稱焉。具官某氏。徽柔懿敏。淑惠靜專。保阿之訓有光。禖祝之辭屢應。充媛之選。視秩甚隆。非爲汝私。於以求助。式燕且譽。好爾無射。資富能訓。惟以永年。允懷于茲。用對寵渥。可。

昭容朱氏進位賢妃制 元豐五年八月壬子

門下。朕惟始基王化。是資內德之良。崇建婦官。莫重列妃之選。維時碩媛。盍正寵名。爰告路朝。式孚渙號。昭容朱氏。柔明秉質。溫惠率躬。顧史問詩。進有靜專之善。佩環鳴玉。退無險詖之私。早受福於帝歆。遂發祥於哲嗣。誕著成人之德。肆膺胙土之封。是選嘉辰。有稽舊典。越視三公之秩。峻超九御之聯。以參麗於褕衣。益侈榮於彤管。揆賢斯稱。錫命惟新。於戲。綏御邦家。朕欲廣儀刑之治。憂勤夙夜。汝勿忘輔佐之誠。祗服訓辭。往其無斁。可特進位賢妃。仍令所司擇日備禮册命。主者施行。

賢妃周氏進位德妃制 元豐五年十二月丁巳

宮闈六列。實基王者之正風。天極四星。蓋輔朝廷之內治。肆沖人之嗣統。荷皇祖之詒謀。維時邦媛之良。曩預宸帷之侍。宜盼渙號。敷告群倫。賢妃周氏。世系高明。性資靜婉。居則服保阿之訓。動則聞環佩之音。誦德象之篇。嘗著後庭之法。奉增成之寵。蚤開貴主之祥。時將及於結褵。禮方嚴於築館。載褒柔度。加飭徽章。仍膺褕翟之華。序陟軒龍之亞。服雖維舊。位則愈隆。於戲。憂在進賢。故以視三公之重。坐而論禮。蓋將緝四德之休。往蹈訓辭。永綏渥命。可特進位德妃。

賢妃朱氏進位德妃制 元豐七年正月甲寅

門下。王宮六寢。允資內德之良。天極四星。昭著列妃之象。朕稽百王之故實。紹五聖之燕謀。位號雖蕃。選納尤簡。方延登於邦媛。俾輔佐於坤儀。颺於外廷。詔爾群辟。賢妃朱氏。秉誠淵塞。賦性溫恭。八月良家。蚤豫增成之列。三公視秩。進膺褕翟之華。而能謹環佩之音。師保阿之訓。高禖錫羨。屢陪弓韣之祠。吉夢應占。載協熊羆之慶。是用俯循舊典。陞賁隆名。以始國風。以論婦禮。於戲。寤寐思服。關雎樂淑女之逑。警戒相成。雞鳴陳賢妃之道。勉躬柔度。往對殊休。可特進位德妃。仍令所司擇日備禮册命。主者施行。

德妃苗氏進位貴妃制

門下。成周之隆。六寢基始正風。帝嚳之立。三妃明章內治。眷言邦媛。曩侍宸嚴。肆頒徽册之文。播告路朝之聽。德妃苗氏。承華慶閥。蒙寵後庭。仁祖御圖。已荷柔嘉之睠。英皇入嗣。益殫保護之誠。陟降歷年。終始一意。帶弓就列。克陪祀於燕禖。考室應占。發嘉祥於虺夢。越升華序。寖廣休聲。屬予纂承。恩有褒顯。擢冠軒龍之亞。進膺褕翟之華。以答舊恩。以蕃異數。於戲。率循四教。載光德象之篇。輔佐三朝。益茂增成之法。往綏優渥。用協勞懷。可特進位貴妃。

德妃周氏進位淑妃制

門下。朕以眇躬。獲承鴻緒。席昊穹之眷命。荷仁祖之詒謀。永言邦媛之良。嘗預宸帷之侍。其孚顯册。以詔庶工。德妃周氏。德協後庭。體符法相。早以良家之選。進當君子之逑。鳴玉退朝。嗣休聲於彤管。賜環就列。占吉夢於平陽。向紆褕翟之華。已陟軒龍之亞。肆予纘紹。申命褒崇。進以隆名。蕃之異數。以懋柔嘉之德。以昭輔佐之勤。於戲。思念進賢。光繼二南之美。優游論禮。更升三事之聯。往迪訓辭。永綏渥命。可特進位淑妃。

邢氏進位淑妃制

門下。朕誕膺駿命。獲紹寶圖。恭念先朝之模。率循列聖之治。嬪嬙多闕。選納尤稀。永惟內德之良。嘗預中闈之侍。其頒顯册。以詔群倫。邢氏世系高華。

性資婉嫕。居師保阿之訓。動循環珮之音。潛邸輔陪。早預雲龍之會。彤闈眷與。屢開弓韣之祥。位序浸隆。譽望彌顯。屬繼承於大統。思褒序於後庭。欽念前猷。申加美號。秩既陞於二列。品益冠於六儀。於戲。毓德柔嘉。已奉增成之寵。秉心共養。永承長信之顏。往服徽章。益膺繁祉。

秦晉國安仁保祐夫人張氏特封吳楚國安仁賢壽夫人制 元祐

勑。朕允懷先帝簪履之遺。率皆當今宮掖之貴。而況擁佑聖躬。夙夜有勞。光寵燥濕之役。行兼保傅之賢。覩致治於承平。誠有功於當世。封吳與楚。實居四海之上游。既壽且賢。殆兼五福之美。報號名之盛。前後莫倫。明發有懷。匪以爲賜。

婉儀宋氏特進位賢妃制 紹聖四年二月二十日

門下。正始之化。先齊其家。追遠之情。無加於孝。維時碩媛。逮事先朝。若古有章。諏辰錫命。婉儀宋氏。柔嘉順淑。懿敏靜專。克勤勞於王家。實輔佐於君子。夙夜儆戒。而有相成之道。寤寐思服。而無傷善之心。惟列考之在天。永言昭配。念王姬之築館。茲逮有行。用祗率於孝思。以申加於品序。播告在服。延登列妃。進超九御之聯。上直四星之次。於戲。惟靖共爾位。則可以聽天下之內治。惟肅雍其德。則可以對前人之宏休。尙肩乃心。以永終譽。可。

婉儀劉氏進位賢妃制 紹聖四年九月二十八日

朕若昔大猷。是基王化。釐厥士女。御于家邦。肆求婦德之良。往踐宮官之貴。亶孚有衆。猷告大廷。婉儀劉氏。淑愼其身。柔嘉維則。寤寐思服。而有進賢之志。夙夜匪懈。而無私謁之心。屢占吉夢之祥。益彰彤管之煒。朕富有四海。憂勤萬機。九御之嬪。靡充四妃之位。全闕。惟邦之媛。於國有章。用率籲於師言。以申加於異數。於戲。脩六宮之職。實貳於母儀。刑四方之風。將化成於婦道。爾克勤則衆用弗愉。爾克正則衆用不頗。朕其享無疆之休。爾亦保永綏之祿。可。

淑妃周氏進位貴妃制 元符三年正月二十日

門下。朕丕承基緒。思御家邦。用敦正始之風。誕布惟新之命。眷時淑媛。申錫茂恩。淑妃周氏。懿範肅雍。令儀淑愼。本葛覃之節儉。志卷耳之憂勤。教婦學之法於公宮。正王化之基於天下。佑我烈祖。格于皇天。迨茲纘繼之初。肆有褒嘉之舊。祗循國典。加進宮官。於戲。對揚王休。貴陟四妃之首。明章婦順。永爲六寢之光。服我寵榮。益綏壽嘏。可。

淑妃邢氏進位貴妃制

朕惟嗣服。若古有章。用崇建於婦官。以始基於王化。眷時邦媛。申錫茂恩。淑妃邢氏。淑德柔嘉。令猷懿美。內忘女工之事。外知臣下之勞。無險詖私謁之心。有警戒相成之道。佑我烈考。格于皇天。屬纂紹於基圖。肆永懷於謨訓。申加位號。敷錫命書。於戲。敍于王宮。登進列妃之冠。化以婦道。往對前人之光。服我寵章。益臻多福。可。

賢妃宋氏進位德妃制

門下。朕紹天明而嗣命基王化以齊家風自上行。施由近始。眷言邦媛申錫茂恩。賢妃宋氏。嬪則柔嘉。壼儀恭靖。早被良家之選。茂承君子之逑。有關雎樂得之心。有鷄鳴相成之道。佑我文考格于皇天。屬嗣守於丕圖。方遹追於先烈。申加寵典。登進列妃。表正婦官。協成陰教。於戲。無違宮事。已推樛木之仁。正是國人。益彰彤管之美。欽承休命。往介天祥。可。

昭儀武氏進位賢妃制 建中靖國元年十二月十七日

門下。朕紹開聖緒。承保天休。遹遵先猷。肇稱毖祀。外則霈龐鴻於海寓。內則昭慶善於宮庭。眷惟邦媛之良。曩預宸闈之選。肆朌徽號。敷告路朝。昭儀武氏。躬稟懿姿。動循彝矩。聲揚環珮。雅中步於咸韶。夢協熊羆。早占祥於莞簟。夙事永裕。實生賢王。有寤寐思服之心。得警戒相成之道。柔嘉自昔。淑慎于今。朕惟昭考在天之靈。靡瞻匪德。報伯氏因心之義。莫重顯親。霜露之思無窮。兄弟之恩致美。是用超從九御。升冠六儀。以均上帝之釐。以旌內德之茂。於戲。彤管有煒。進參褕翟之榮。華萼相輝。更起珠襦之慕。祗勤法度。懋迪寵光。可。

安康郡夫人劉氏等可並封國夫人制

勑。具官某氏等。朕纘隆聖緒。二年于茲矣。苟有功於國者。雖邈然孤外之人。猶且褒陟再三。而況宮闈之內乎。以爾護視朕躬。既久不懈。疏榮顯郡。未稱勤勞。用進錫於國封。以寵光乎禁掖。欽承休命。永保壽康。可。

文安郡君張氏等可並封郡夫人制

勑。具官某氏等。朕纘隆聖緒。二年于茲矣。苟有功於國者。雖邈然孤外之人。猶且褒陟再三。而況宮闈之內乎。以爾佐佑朕躬。服勤夙夜。疏恩錫號。亦既彌年。用增易於郡封。以寵光乎禁掖。惟時休命。勿替欽承。可。

掌珍薛氏等可並封典字制

勑。具官某氏。朕於掖庭之內。雖未嘗以名器假人。而久於服勞者。亦必有以報焉。以爾列職交脩。協成衆務。不改司存之舊。就遷品秩之榮。尚勵夙宵。以圖來效。可。

尙儀楊氏可封郡夫人制

勑。具官某氏。爾總率宮屬。以脩禮儀起居之事。蓋已久矣。有勞可錄。寵賜郡封。勉對恩榮。勿忘祇慎。可。

掌設張氏可封典字制

勑。具官某氏。自掌封典。其品異矣。凡厥廩賜。視以爲等。以爾服勤張設之久。故以是遷焉。勉稱朕恩。勿忘祇恪。可。

隨龍任氏可並封掌字制

勅具官某氏。宮官由掌字而上。始預品秩。蓋未嘗輕授也。以爾實自潛邸。侍朕纘圖。凡一時遭遇之人。既已在所陟。可不以是爲爾榮哉。勉稱異恩。勿忘祗恪。可。

仙韶副使王氏可掌樂充仙韶使依舊管幹仙韶公事制

勅具官某。朕方宅憂。無所用樂。汝既久於其職。當遷矣。朕亦安得而止哉。然九重之外不可戶曉。宜識此意。務遠嫌疑。庶朕慎獨之心。賴以信于天下。可。

才人鄭氏可特進封美人制

勅。天下之本在國。國之本在家。二帝三王以來。未有家齊而天下不治者也。朕率是道。以臨萬邦。厥有褒升。必先內德。具官某氏。祗事左右。秉心肅恭。動能畏於箴規。居弗形於私謁。慶襲後宮之盛。肇開元女之祥。懿範聿昭。淑聲益茂。宜遷美號。以示隆恩。惟克勤於初終。乃永綏於福祿。往其思稱。助我化風。可。

掌簿李氏可知尚書內省公事制

勅具官某氏。朕不以名器假人。蓋非特外廷爲然也。惟時內省之務。方賴協濟之勤。疇爾久勞。肆加遷陟。往其祇慎。益勵夙宵。可。

宮人朱氏可掌珍制

勅某氏。宮官由掌字而上。始預品秩。所以謹名分而嚴勸獎也。惟時寶貨之事。尤資贊助之勤。審求其人。肆以命爾。往其祇慎。以稱恩榮。可。

典簿韓氏司言等制

勅具官某氏等。宮官六尙之屬。雖以品秩爲差。非恩俾遷焉。亦何由而進乎此。朕于汝等所以錄歲月之勞。而陞典司之任也。往循名分。益務恭勤。以無愧乎朕命。則惟汝嘉。可。

宋大詔令集卷第二十三

妃嬪三

進拜三

神宗乳母張氏進封制

遠施深仁。所以來終吉殊榮異數。所以答前勞。比稽載籍之傳。式旌宸掖之舊。天且助乎順。人不以爲私。神宗皇帝乳母、韓魏國保聖贊慈安仁賢壽惠和夫人張氏。慈惠躬持。柔明自稱。親遘千齡之會。備榮五福之繁。神考膺圖。功早隆于阿保。眇躬失恃。居允賴於擁全。顧□之勤。罔辭夙夜。始終之愛。積有歲年。肆遂纘承。嘗加褒衍。雖錫十字。疏地兩邦。曾未足稱萬一而厭予志也。是用度越舊章。發揚顯號。峻超列品。增畀大名。寵膺報禮之隆。益介壽祺之永。可

婕妤鄭氏進封婉儀制

六儀之職。所以上佐坤儀。而教四德。非緣茂恩異數。蓋不可致。方茲大禮。錫賚有加。必自內庭。以及外閫。婕妤鄭氏。柔懿惠和。克勤訓則。動遵警戒。夙夜相成。宜進位於嬪嬙。示益彰於寵渥。可特授婉儀。

婉儀鄭氏進位賢妃制 崇寧元年十一月七日

門下。仰以觀天。上取四星之象。坐而論禮。外侔三事之尊。國有列妃。世無虛位。欲正人倫之本。必資邦媛之良。爰詔大廷。肆頒顯册。婉儀鄭氏。徽柔淑哲。和懿靜專。率禮稱詩。實稟眞於高胄。宣慈流化。遂冠德於後宮。動則聞環珮之音。居則視箴圖之戒。已襲嘉祥之繁衍。尚稽寵數之褒崇。循按典章。申加位號。序陟軒龍之亞。服參褕翟之華。其表正於婦官。以協成於陰教。於戲。關雎之思窈窕。而無傷善之心。卷耳之知勤勞。以有進賢之志。貽訓自昔。承休在今。尚祗服於茂恩。庶永綏於多福。可

充儀張氏進位賢妃制 崇寧二年三月三日

門下。朕嗣守邦圖。纘紹祖服。迺眷嬪嬙之舊。丞推輔佐之能。彤管流芳。著五朝之懿範。褕衣錫命。分六服之寵章。播告治庭。誕□□聽。充儀張氏。秉柔

明之則。諸燕婉之儀。法度幽閒。言容靖順。有淑哲之行。故遇於昭陵。有寬裕之心。下浹于朕御。顧年德之並茂。且名號之未崇。用嘉沖徽。肆啓優渥。參稽往則。進陟列妃。以奬夙勤。以敦異數。於戲。位峻軒龍之亞。秩侔公衮之崇。王化是基。禮文絕等。往膺休顯。永介壽康。可。

賢妃鄭氏進位淑妃制 崇寧二年五月三日

門下。六寢建官。率備高華之選。四妃辨位。尤尊淑哲之名。眷言禁掖之英。實預潛藩之舊。其頒渙號。以告治朝。賢妃鄭氏。天資靖恭。世系良顯。親值聖人之興運。茂爲君子之好逑。感會風雲。涵濡雨露。承休襲慶。屢占弓韣之祥。履正蹈和。常謹珮環之節。教行九御。秩視三公。適誕布於湛恩。肆優加于寵典。進升位序。敷錫命書。以旌輔佐之功。以懋柔嘉之則。於戲。風惟正始。朕方綏御於家邦。德必慎終。汝尚憂勤於夙夜。永膺榮祿。益遠徽猷。可。

淑妃鄭氏進位貴妃制 崇寧三年二月二日

門下。朕紹承基緒。綏御家邦。將刑四方之風。必敍六宮之職。眷惟懿媛。夙冠後庭。誕舉徽章。用孚群辟。淑妃鄭氏。柔明而靜愼。端懿而惠和。閱圖史之誡。而無矜侈之心。謹環珮之音。而有謙畏之行。令猷□出。衆譽翕歸。自膺褕翟之華。已亞軒龍之次。荐頒渙渥。□懋寵榮。屬寶婺之騰輝。濬仙源而毓秀。既受帝祉。益增厚於慶基。以承天休。宜載加于命數。是用進陟四妃之首。益昭一品之崇。茲率籲於師言。匪獨專於予惠。於戲。恩禮隆顯。密貳於母儀。德化流行。克章於婦順。惟□險詖私謁。故無傷善。惟能輔佐憂勤。故能進賢。茂介多祥。永綏厥位。可。

婉儀王氏進封德妃制 崇寧三年七月二日

門下。古者選建列妃。協脩陰教。外則視儀於三事。上則應象于四星。必惟其人。乃命以位。朕內求輔佐。愼擇柔良。六宮之制雖存。五年之□弗備。延登邦媛。敷告廷臣。婉儀王氏。稟懿淑之資。飭端壹之行。崇謙約而有士君子之操。樂靜愼而得古賢女之風。蚤陪祀於燕禖。已荐占於熊夢。弓韣之應。會靡自矜。褕翟之華。□當申錫。比屬長嬴之候。繼膺蕃衍之祥。蓋三索而得男。是萬邦之永慶。賢而多子。無愧於前聞。思以稱情。宜參於內治。進厥宮官之峻。亞于王后之尊。超始命之寵榮。踐再加之位敍。惟受帝之祉既渥。故有邦之典特隆。於戲。象服是宜。□其容者德。必稱彤管有煒。載其美者實。必孚。□既錫羡于爾躬。予則懋昭于爾善。爰頒猷訓。永迪吉康。可。

德妃王氏進位淑妃制 崇寧四年八月四日

門下。天極垂文。上著四星之象。王宮設職。內嚴六寢之官。以端本於人倫。以始基於邦化。眷惟懿媛。申錫茂恩。協以剛辰。告于列位。德妃王氏。儀度閒肅。性資惠明。動循珩珮之音。居蹈箴圖之戒。端靜好德。無私謁之心。溫和能仁。有逮下之志。屢卜維熊之夢。荐膺多子之祥。寵至而無驕。譽隆而益挹。自登褕翟之貴。已亞軒龍之儀。屬寶婺之分輝。復天孫之毓秀。既丕承於帝祉。宜茂對於邦光。是用進淑哲之隆名。舉褒崇之顯册。以侈宸闈之慶。以昭宮掖之賢。於戲。先齊其家。朕既克明於至德。相成之道。爾其益勵於徽猷。尚遠休聲。永綏多祜。可。

賢妃王氏進位德妃制 政和元年正月四日

門下。朕祇若詒謀聿脩內治。釐爾女士欲歸厚於人倫。宜其室家用始基於王化。睠惟碩媛久集叢釐。繼生嗣賢來侈昌緒。蓋舉褒隆之典。誕彰蕃衍之休。敷告大廷以敭顯册。賢妃王氏。柔明淑慎端懿誠莊。遵圖史以懋躬。謹珮環而率履。篔莞考室已符穜稑之祥。弓韣祠禖嗣啓熊羆之兆。迺涓嘉旦茂進寵名。煥褕翟以增華。炳軒龍而動色。載崇禮命兼腆情文。匪出朕私實由邦慶。惟謙恭所以自牧。警戒所以相成。往服訓言。永綏壽祉。可

婉容崔氏進位賢妃制 政和二年二月十三日

門下。王者崇建婦官遹宣陰教。等其位敍庸昭馭貴之權。協以情文厥有茂恩之典。眷時碩媛。夙侍宸闈。篤生嗣賢增侈昌祚。用率循於成憲以欽告於外庭。婉容崔氏冑自德門。體凝法相。性溫恭而靡忒。姿淑慎以多儀。顧史問詩。退有含章之美。友琴流荇。進無傷善之心。保慶譽以積躬。襲休祥於考室。燕禖錫類載茁於蘭芽。熊夢獻占繼蕃於椒實。俯揆師虞之穆。宜膺異數之加。參六寢以陞華。視三公而峻秩。有光帝祉。式輔壼彝。於戲。以御家邦。用正王風之始。施于孫子。彌資親屏之疆。爾惟無忝於好逑。朕亦奚勞於思服。往祇明訓。益茂徽聲。可

德妃王氏特進位淑妃制 政和二年二月二日

門下。隆化基而正始。必資內德之求。弼陰教以齊家。莫重列妃之選。若時碩媛。克茂徽聲。備宣夙夜之勤。茲襲篔莞之慶。肆疇厥位。敷告在廷。德妃王氏溫惠柔嘉齊莊靜一。昔鍾英於甲族。蚤登御于宸闈。率禮稱詩。匪俟箴圖之訓。進規退矩。靡愆環珮之音。綏燕御以宅躬。集吉祥而錫類。禖祠應祝。以誕降於天材。星婺儲輝。式載生于帝子。協邦彝而懋寵。昭閫則以陞華。榮躋懿淑之崇。秩峻公台之右。騰芳褕翟。增耀軒龍。於戲。警戒相成。有雞鳴之陳古。寤寐思服。樂關雎之進賢。迪惟令猷。豈愧前躅。欽予時□。其爾之休。可

賢妃崔氏進位德妃制 政和三年十一月十二日

門下。正心脩身所以假齊家之道。論禮教德所以刑治內之風。乃眷掖廷。審推碩媛。申錫高華之秩。用嘉蕃衍之休。敷告路朝。式孚群辟。賢妃崔氏令儀柔惠。懿範溫恭。動循環珮之音。居閱圖書之誡。薄言采采。應弓韣於禖祠。宜爾振振。占旐旟於吉夢。益廣天支之慶。繼開寶婺之祥。雖典册之備膺。顧容功之愈茂。稽遵成憲。敍陟寵名。衣參褕翟之榮。位亞軒龍之貴。以司輔佐之職。以美和平之期。於戲。關雎無傷善之心。樂在好逑之得。卷耳有進賢之志。詎聞私謁之行。予惟克舉於典彝。爾亦永綏於天祿。爰殫猷訓。往迪吉康。可

淑妃宋氏進位貴妃制 政和三年三月十七日

門下。朕紹承丕緒。茂對閎休。永念先猷。敢怠導揚之志。申褒內德。用昭敦敍之仁。眷言邦媛之良。久茂宮闈之懿。宜殫渙號。具詔明廷。淑妃宋氏資稟粹溫。行循柔惠。頃逮事於昭考。實克相於有家。粵繇初元。誕育上嗣。德已尊而彌劭。寵既加而愈恭。肆踰耳順之年。備著躬行之美。允膺顯册。尚位亞

妃。居緣環珮之音。每起羮牆之慕。懷熙豐之前烈。欲報何窮。撫嬪御之舊人。所存無幾。是用載稽彝典。加錫隆恩。爰登冠於號名。以進超於位序。秩次軒龍之貴。服參褕翟之華。禮命併崇。情文交稱。於戲。遹追來孝。斯式厚於徽章。淑慎其身。尚永終於慶譽。往欽猷訓。益介壽祺。可。

淑妃王氏進位貴妃制 政和四年三月二日

門下。佑民而作之君。齊家以治其國。觀天極四星之象。實亞軒輝。攷王宮六寢之名。蓋參坤厚。時惟邦媛。夙備婦官。申錫贊書之華。載褒彤管之煒。肆涓穀旦。敷告路朝。淑妃王氏。性質惠明。德容婉嫕。柔嘉維則。淑慎其身。履順體和。居閱圖書之戒。發祥降嘏。屢陪弓韣之祠。秩已視於三公。教素行於九御。謙以自牧。貴而不驕。茲符莞簟之占。益廣本支之慶。冠列妃而進位。貳中壼以開榮。舊典有稽。師言惟穆。於戲。既受帝祉。叶螽斯多子之詩。以承天休。膺褕翟成章之禮。益思譽慶。仰稱龍光。可。

德妃崔氏進位貴妃制 政和六年七月三日

門下。明章內治。必資六寢之官。協贊中闈。尤重四妃之選。若時英婉。夙侍宸庭。丕承蕃衍之休。式厚褒崇之數。亶孚有衆。猷告在朝。德妃崔氏。植性柔明。持身淑慎。居守箴圖之訓。警戒相成。動循環珮之聲。威儀是力。寵既加而愈畏。譽益顯而彌恭。蚤陪祀於燕禖。已占祥於熊夢。誕膺帝祉。荐育天孫。茲襲慶於昌圖。宜加崇於顯册。爰進超於位序。以登冠於號名。均寵三公。陞華一品。庸彰恩紀。允示眷懷。於戲。教于公宮。既克循於彝訓。化以婦道。尚勉迪於前聞。益輸輔佐之勤。以正儀刑之治。往祇新命。茂對繁禧。可。

婉儀劉氏進位賢妃制 政和六年十二月十日降

門下。朕誕受厥命。先齊其家。正王化之基。必資於內德。惟人倫之本。尤重於列妃。眷言邦媛之良。夙贊宸闈之治。降爾遐福。荐膺蕃衍之休。惠我無疆。申錫褒崇之典。肆涓穀旦。猷告路朝。婉儀劉氏。淑慎柔明。温和慈惠。祇承善訓。稔聞詩禮之言。允蹈令儀。咸中珮環之節。自居近掖。克紹徽聲。蚤陪弓韣之祠。繼獻熊羆之夢。屬仙源之分派。實寶婺之騰輝。庭對多儀。載敭顯册。秩次軒龍之貴。服參褕翟之華。寵峻三公。榮居一品。爰舉邦彝之舊。匪專朕志之私。命以時敷。禮惟情稱。於戲。則篤其慶。已叶螽斯之衆多。永孚于休。尚懋鷄鳴之警戒。用正儀刑之始。益輸輔佐之勤。仰稱龍光。毋忘訓告。可。

宋大詔令集卷第二十四

妃嬪四

進拜四

宮人王氏可特封楚國夫人制 政和

朕政先治內儀。在廣恩眷。茲禁掖之良。宜錫命書之寵。具封某氏。持身□靜。賦性柔和。蚤膺選擇之榮。入預邃嚴之列。著勤□於夙夜。履温惠於宮庭。爰示褒揚。甫隆顧遇。開疏封於大國。既渙徽章。顯仁德於嘉名。更綏眉壽。欽承懋渥。益介純禧。可。

婉容王氏進位賢妃制 政和元年十一月八日

門下。二南王化之基。實肇功於內治。四星天極之次。粤示象於列妃。眷予邦媛之良。共乃婦官之事。載占祥於蕃衍。肆錫命以褒崇。稽叶剛辰。誕敷顯冊。婉容王氏。懿柔德茂。洵美性成。靜□陰教之修。進敍宸闈之侍。坐而論禮。思在求賢。顧史問詩。居有藝文之訓。佩環鳴玉。動惟典則之循。既欽弓韣之祠。迺章門帨之設。荐膺休應。寖陟寵名。朱芾斯皇。已獻熊羆之夢。彤管有煒。宜參褕翟之華。形風四方。視儀□□□□。承於帝祉。以下穆於師言。於戲。御于家邦。輔思齊□□之盛。永錫祚胤。開既醉萬年之昌。益懋緒功。以綏福履。可。

淑妃劉氏進位貴妃制 政和二年五月一日

門下。繼體以紹天明。正始以基王化。荷帝眷佑。衍國本支。載占考室之祥。嗣保宜家之慶。亶孚明命。敷告多方。淑妃劉氏。洵美靚淵。惠柔順淑。華如月之方皎。德猶玉而更温。葛之覃兮。可以歸安於父母。鷄既鳴矣。又能儆戒於夙宵。以刑四方。以式下土。昔在南極神宵之府。是爲九華玉眞之妃。表甲午之陽光。載震載夙。應壬辰之昌運。無害無菑。用率舊章。進登位敍。實天所佑。非朕汝私。於戲。古我明王。化成婦道。姜嫄□于帝□。太任媚于周姜。故子孫有螽斯之多。族姓應麟趾之厚。往□九霄之託。以儀萬國之風。無專美於前人。以永綏于爾祉。可。

冊文

册貴妃張氏文

維慶曆八年．歲次戊子十二月乙丑朔三日丁卯．皇帝若曰．夫上憲皇極．協敷陰教．顧惟四妃之列．亞于長秋之位．正始王化．以御家邦．咨于淑哲．是謂嚋內肆發顯榮．仰惟舊章．美人張氏．淵敏居質．醇和賦□．□黻冕之令族．稟圖史之懿戒．柔明維則．克茂嬪風．婉嫕含章．詎煩姆訓．肆予涼薄．纂承丕構．樂□邦媛．參敘宮職．始明慎于選納．見勤勞于輔佐．宜伸褒拜．孚我德舉．蓋澣衣示儉．婦道于以從訓．樛木逮下．風人于以流詠．寵命既輯．爾實宜之．今遣使左諫議大夫、參知政事龐籍．樞密副使、右諫議大夫高若訥．持節册命爾爲貴妃．於戲．祇率九御．贊于壼則．惟勞謙可以處其貴．惟肅雍可以成其美．式永來譽．不其韙歟．

册貴妃沈氏文

維嘉祐八年．歲次癸卯．二月癸酉朔．二十一日癸巳．皇帝若曰．夫國風之始．以厚天下之大倫．陰教之修．以助王者之正道．顧予涼昧．奉若基序．眷言別掖之英．逮事先帝之室．維年德之並茂．且名秩之未稱．稽采往册之懿．登冠列妃之華．咨爾德妃沈氏．淵粹惠閒．柔明端靚．幼蹈儀矩．不待姆師之訓．初被選納．蓋出公相之族．鳴玉節動．陳詩戒盈．展如邦之良媛．嶷然天與遐福．朕仰欽聖烈之餘．俛懷宮籍之舊．維爾有輔佐之力．早經於大謀．維爾有澣濯之工．下式于群御．茲庸表迪懿實．敷錫徽數．亞于軒龍之象．不謂不崇．衣以褕翟之衣．不謂不寵．備物既渥．涓辰既良．咨合僉謀。答揚顯命．今遣使禮部侍郎、參知政事歐陽修．副使樞密副使、左諫議大夫胡宿．持節册命爾爲貴妃．於戲．內治起化．外姻戒權．相祭祀以時．則有周家之禮在．斥險謁之行．則有漢史之論．明當識恩禮之來．以綏賢令之止．遂永終譽．不其美歟．

册賢妃宋氏文

維紹聖二年．歲次丁丑．四月□□朔．某日甲子．皇帝若曰．昔我烈考．克明德慎行．正身齊家．燕及九御．靡不祇告．肆予沖人．丕承厥志．罔敢忽怠．以祈協於前人．咨爾婉儀宋氏．淑慎懿恭．逮事先帝．夙夜儆戒．克有燕譽．是生王姬．于茲有年．釐降以禮．是用□循彝典．率籲衆志．進于列妃．以作爾祉．今遣使通議大夫、守尚書左丞許將．副使中大夫、守尚書右丞蔡卞．持節册命爾爲賢妃．夫惟在天之德．對越未遠．永言配命．孝思惟則．乃授□□．增光無窮．於戲．匪難其初．惟克厥終．是惟□□．尚克□□．以□天之休．豈不韙歟．

降黜

降封竇氏等制

□□□□封扶風郡夫人．樂□□□□□□封隴西郡夫人．任氏降郡夫人．陳氏降封潁川郡君．司闈馬氏、司正白氏降授典正．司贊王氏降授典贊．

勑竇氏等．大行勤政遘厲．以□彌留．爾等晨昏祇事左右．而乃隱覆掩蔽．初不以聞．奄棄萬邦．痛何所及．推原罪戾．殆不勝誅．罰以示懲．尚爲寬典．可

貴妃崔氏降爲庶人制 宣和四年七月二日

門下．家道尚嚴．茲迪正邦之始．法行自貴．蓋由示衆之公．儻乖內輔之良．難逭成刑之議．制乃明命．告于外朝．貴妃崔氏．蚤以常材．濫預妃列．光依宸極．在輔佐於憂勤．榮動掖庭．宜絕情於妬忌．而乃乏柔順進賢之志．溺姦回罔上之私．惶惑奇衺．陰行媢道．散貲產以掠衆譽．泥術數以構虛聲．呪詛同列．以及於死生．指斥中宮．而形於切害．談命數以徼后福．挾厭勝以及乘輿．失德若斯．至公敢廢．興念二南基化．賢淑既愆．三典糾民．重輕奚濫．究治備至．左驗甚明．獄詞具孚．按覆無爽．何以儀刑宮壼．倡率九嬪．聊褫妃秩之隆．往就庶人之等．審求憲律．尚示涵容．於戲．以明其威．義取稽於克愛．自詒伊戚．事實果於速辜．服我寬恩．勉爾悔慮．可．

追命

故秦國延壽保聖夫人劉氏改號秦國成聖繼明夫人詔 咸平元年九月丙寅

故秦國延壽保聖夫人劉氏．仁淑內脩．柔明外洽．中壼奉謙和之則．掖庭揚覆庇之風．朕獲嗣丕圖．仰承聖緒．自臨大寶．常祝脩齡．永言哺育之恩．敢忘賢明之德．孰謂不臻眉壽．奄閟重泉．因思成聖之由．逮至繼明之治．盡憑恩煦．致此纘承．爰錫嘉名．用申卹典．可改號成聖繼明夫人．所封秦國如故．

雍王元份母任氏贈太儀詔 景德二年七月己酉

故任氏．頃由令淑．入奉先朝．景命不融．徽音早謝．先靈永閟．歲祀荐更．矧吾同氣之親．方重維城之寄．永懷慈訓．深念劬勞．追命之恩．慰茲孺慕．可贈太儀．

故貴儀曹氏可追封賢妃

敕．存著盛閥．沒有令名．念賢善之早淪．寖逾年祀．顧褒榮之未稱．益峻品儀．以爾故貴儀曹氏．夙服憲言．交脩懿矩．選自元功之後．嬪于禁掖之中．逮事先朝．早從厚夜．收神惟寂．緬太素之何歸．留範彌芳．藹祕庭而未已．申脩茂典．追寵賢妃．用昭恩禮之殊．且旌才德之茂．惟淑靈之未泯．尚名號之是歆．

故尚宮柳氏追封華原郡夫人制

敕．掖庭之嚴．並建衆職．尚宮之選．屬在令人．生而積服采之勤．歿則侈追榮之數．國有舊典．顧可弭忘．具官某氏．祇事禁省．歷年茲多．莊靜謹良．迄無罪悔．奄忽物化．怛然興懷．其疏大郡之封．仍錫小君之號．尚茲幽穸．知享異恩．可．

藩邸故知宮楊氏可特贈尙宮制

勑。某氏。靜專柔良夙事藩邸逝日愈遠賢聲不忘秩以尙宮。掖庭高選。永惟冥漠。膺此顯榮。可。

大內內侍省尙宮趙氏贈崇德夫人制

勑。先朝差擇女士。以輔陰教。侍御左右罔匪正人。矧茲六宮之選。必脩四教之法。奄然淪喪。宜極哀榮。以爾名族之英。掖庭之舊。行應圖史。言中物則。彤管有煒。旣傳好德之芳。象服是宜。無愧飾終之典。庶幾幽壤。服我寵章。可特贈崇德夫人。

故賢妃楊氏贈貴妃賜諡懿靜制

昔我神考。御于家邦。深惟三代受命之君。必先女德。稽若二南正始之道。以協國風。選建列妃。輔成陰教。朕仰稽先烈。克廣德心。其於褒崇。義所兼盡。故賢妃楊氏。頃緣嬪則之茂。選預掖庭之良。雖不有年。尙存遺範。朕肇禋先帝於淸廟。彌極孝思。顧念元豐之舊人。矧惟邦媛。盡哀卹典。追貢禮容。其陟增成之尊。序膺褕翟之列。愼終追遠。庶以答揚先烈之餘。節惠易名。抑以奉順神靈之貺。焜燿蕃渥。昭明等威。諡法溫善柔克曰懿。愼守其德曰靜。合此二名。詔于百世。維是春秋窀穸之事。旣極哀榮。庶幾山河象服之儀。以稱容德。可特贈貴妃。仍賜諡懿靜。

故賢妃林氏特贈貴妃制

朕遵仰景貺。荷上帝博臨之休。親御大廷。輯神禹告成之瑞。祇廣祉福。被于臣工。逮茲寵靈。無有幽顯。而況被遇先帝。篤生賢王。其於追榮。義無不答。故賢妃林氏。頃緣女德之茂。選預掖庭之良。備位列妃。收華早世。荐更慶賚之久。未極褒崇之稱。雖不有年。尙存遺範。朕肇禋文考於淸廟。彌極孝思。顧念元豐之舊人。矧惟邦媛。乃因介弟之請。益厚同生之親。豈無卹章。以慰追遠。母以子貴。若古聖人之言。人亡器存。嘉爾寒泉之慕。進膺褕翟之寵。序陟增成之尊。昭明等威。焜輝典册。維是春秋窀穸之事。旣極顯名。庶幾象服山河之儀。以稱容德。尙其不泯。服此茂恩。可特贈貴妃。

故美人錢氏可追贈婕妤制

勑。朕纘服以來。漏泉之澤。覃及外方。而況宮闈左右。嘗爲神考之所禮遇者乎。追加貢贈。顧曷可已。具官某氏。蚤以柔順。應于選求。助成坤載之儀。光映史書之美。奄至大故。久已歷年。追聯嬪御之崇。庸示惻傷之意。惟茲異數。實視上卿。冥漠有知。聿其欽享。可。

建安郡夫人張氏可追贈儀國夫人制（內降劉子係隨龍人）

勑。具官某氏。朕於一時攀附之人。生旣加厚。歿亦如之。所以隆褒貢之恩。全始終之意。惟爾淑愼。祇事有年。奄忽云亡。動我心惻。自郡而國。追以爲榮。尙其營魂。識此命數。可。

劉氏可贈燕越國安和順懿靜穆恭恪夫人制

恩隆疇昔。仁及始終。載嘉宮掖之良。申錫命書之寵。具封某氏。稟資温靖。飭己端莊。早侍禁嚴。克謹柔和之範。久膺眷遇。備殫夙夜之勤。奄其淪亡。深用軫惻。宜進封於二國。用增賁於九原。仍加節惠之名。併示追榮之禮。緬懷冥漠。諒克欽承。可

宮人楊氏可贈燕魏國夫人制

勤勞之舊。當念於始終。眷禮之隆。必兼於存沒。誕推渙渥。昭示至恩。具封某氏。儼恪端莊。温和淵靚。夙預宮庭之選。歷奉五朝。具膺福祿之綏。迄臻高壽。賢稱茂著。懿範猶存。顧疇昔之可懷。宜褒揚之特異。爰作九原之寵。肆加二國之封。倘想淑明。克承休顯。可

宮人馬氏可贈充國夫人制

服勤于內。既克盡誠。加惠厥終。所宜致厚。誕昭眷禮。申錫命書。具封某氏。德稟純和。性專柔靜。自參華於宮掖。曾弗懈於夙宵。茂著休稱。荐膺多祉。逮從冥漠。猶軫顧懷。爰推求舊之仁。肆有追榮之典。胙之望國。賁及泉塗。倘其有知。歆此無斁。可

宋大詔令集卷第二十五

皇太子

奏請批答

天禧二年宰臣向敏中等請建儲第一表批答

省表具之。朕以崇建儲闈。具存方册。我國家接九皇之洪緒。席二聖之永圖。卜世綿長。累功深厚。恢復疆宇。混幷寰區。肆予纂承。馴致熙盛。奉顧懷之寶命。畢封祀之上儀。基業斯隆。本枝攸重。皇靈眷祐。元子挺生。列茂親朱邸之賢。輝先帝綠車之慶。示之以明誨。佐之以通儒。而能勤于受經。樂于聞道。稟仁孝以特立。賦温文而夙成。方務敏材。期于主鬯。卿等愛君志切。體國誠堅。爰率具寮。俄形露奏。徵求典故。稱述徽猷。請升儲副之名。願濟邦家之美。聿遵舊典。備見精忠。雖衆之傾輸。實足多尚。而朕之審固。有所再思。欲其更俟長年。彌高令德。乃俯從於公論。庶允叶於通規。咨示群倫。體茲深意。所請宜不允。

第二表批答

省表具之。朕以承積累之慶。基席豐融之景貺。獲致混一。爰臻治平。嘗觀立愛之文。尤重先親之道。粤惟元子。允謂宗英。克岐嶷以夙成。見粹和之發外。而自疏封進律。寵之以大邦。温故知新。輔之以端士。歲時未幾。聲實有孚。樂善居多。問安不匱。謹横經而就傅。勤侍膳以承顏。日茂風猷。自符儀矩。雖開榮於朱邸。適聞禮於紫庭。卿等脗合嘉謀。明徵往誥。思繼洊雷之象。盛推主器之賢。特拜表於金門。願建名於銀牓。已頒批諭。復覽奏章。爾志誠堅。予心有待。欲年齡之漸長。俾德業之彌隆。方議升儲。斯爲得禮。亦如前詔。當體素懷。所請宜不允。

第三表批答

省表具之。王者奉宗稷之大。居億兆之尊。必建元良。用崇匕鬯。所以增皇器之重。承天序之隆。保有邦無疆之休。垂百王不易之典。商周享國。千祀由茲道焉。惟我祖宗。功格上下。肆予纘嗣。恢致隆平。蒼靈顧懷。眞系昭顯。敷錫鉅瑞。闡揚鴻儀。宸構愈隆。皇家多慶。誕生聖子。是爲元儲。稟正氣於高明。體奇姿於淵穆。禎祥夙著。英叡日新。禮樂之文。匪資於審諭。孝謹之度。蓋發於精誠。而自授以旌麾。錫之寶玉。分茅赤社。侍膳紫庭。入則康色而問安出則正躬而臨下。榮聞遐被。德器大成。卿等伏閤露章。盈庭奏請。稽皇王之偉制。陳監撫之盛容。願啓東闈。聿歸上嗣。朕始雖恭讓。內則深思。此乃嚴奉粢盛。保寧基業。信爲公論。安可固違。當惟永圖。用正萬國。俯從群志。式協靈心。將舉徽章。良增慶悅。所請宜依。

建立

至道元年立皇太子制

王者茂建皇極。惟懷永圖。勵宵旰之勤。所以和其庶政。立儲副之位。所以貞乎萬邦。朕獲纘丕基。誕膺景貺。四夷以之內附。八表於是攸同。臻于太和。以育群品。維卜年斯永。仰承天地之休。而主鬯猶虛。曷契人神之望。稽諸舊典。是舉彝章。皇第三子、特進、檢校太傅、兼侍中、行開封尹、兼管內河堤等使、上柱國、壽王某。符彩昭融。智謀宏遠。聰明文武。本於天賦之才。孝友溫恭。發自生知之性。而自分封大國。出尹京師。居惟秉謙。動必由禮。約己靡登于馳道。事親無懈於寢門。恪慎厥躬。祗勤古訓。推樂善好賢之德。彰愛民育物之心。是宜承祧廟之尊。爲邦家之本。踐于守器。允叶重離。宜立爲皇太子。改名某。仍令所司擇日備禮册命。

天禧二年立皇太子制 八月甲辰

朕纘紹慶基。寅恭寶命。緬懷聖緒。祇守大倫。詳觀方册之書。具載典彝之訓。古先哲后。臨御中區。何嘗不崇建天枝。登隆國本。謹玉符之命。召□象輅之威容。適及昌期。顧茲上嗣。欲懋脩於三善。繄永正於萬邦。爰揆嘉辰。誕頒明制。皇子、崇仁保運宣德守正功臣、建康軍節度、管內觀察處置等使、開府儀同三司、守太保、兼中書令、行江寧尹、上柱國、昇王、食邑五千戶、食實封二千三百戶某。惠和天賦。聰敏夙成。發自妙年。蔚爲令器。趨紫庭而遵教造。丹扆以問安。孝本因心。禮皆中度。而自毓英徽于蘭殿。進封爵于金壇。佐以儒臣。導之經術。春誦之功匪懈。日新之德彌高。乃眷具僚。三陳封□。冀陟元良之位。用符歷代之文。仰法前星。俯從群辟。念宗祊之所賴。命匕鬯而是司。僉議大同。官占協吉。重明貳極。不其盛歟。可立爲皇太子。改名某。仍令所司擇日備禮册命。

治平三年立皇太子制 十二月壬寅

維我祖宗。纘天統業。積有功德。克享上帝之心。肆其子孫。永承百世之祀。朕祗纂謨烈。詳覽古今。繄崇建於元良。實保安於國本。上尊宗廟。孝無大於奉先。下庇生民。教莫逾於居正。式宣顯册。敷告庶邦。皇子具官某。英粹日躋。中和自至。仁義充涵之美。言動惟時。禮樂交錯之華。威儀可象。抑畏疏封之重。敏脩典學之勤。亦既多聞。足當大受。是宜誕膺徽命。肇啓儲闈。懋升明兩之輝。益廣□三之道。非余私于爾某。惟天祐于余家。衍寶祚之靈長。成寰區之慶。賴往慎厥德。以荅揚列聖之光訓。不曰休哉。可立爲皇太子。仍令所司擇日備禮册命。

元豐八年立皇太子制 三月甲午

門下。建儲非以私親。蓋明萬世之統。主器莫若長子。茲本百王之謀。朕荷天地之貺。臨席祖宗之詒燕。洒睎上嗣之貴。蚤應前星之祥。宜告大廷。誕揚丕號。皇子、彰武軍節度、延州管內觀察處置等使、檢校太尉、開府儀同三司、持節都督延州諸軍事、延州刺史、上柱國、延安郡王、食邑六千四百戶、食實封二千一百戶某。温文日就。睿知夙成。方回馳道之車。能止班輪之鶩。辨正南陽之牘。允符東海之休。自疏錫於王封。益光華於德望。勝衣視膳。淵然孝友之資。好禮受經。不煩師傅之誨。是用歷盛陽之嘉日。舉列聖之大章。肇正青宮。肆頒顯册。以□離明之吉。以係天下之心。於戲。立愛始親。商以成千歲之業。建嗣必子。漢以撫四海之民。斯爲永圖。往膺徽典。可立爲皇太子。仍令有司擇日備禮册命。改今名。

皇長子出閤立爲皇太子御札 政和四年三月十六日

若昔明王。誕受厥命。建立儲二。以係天下之心。朕嗣無疆大歷。荷天之休。誕育元良。是居長嫡。長子桓。年逮志學。冠于治朝。百辟具瞻。主器之良。惟宗廟之重。父子之恩。考稽舊章。正位東宮。明兩承離。爲國大本。可以來春出閤。立爲皇太子。其建宮室。設官屬。與儀物制度。宜令有司討論典禮。前期辨具以聞。邦家之慶。與四海共之。咨爾中外。具體茲意。

政和五年立皇太子制 二月十四日

門下。若昔先王。必建儲二。以隆萬世之統。以係四海之心。朕撫世承平。念國大本。遹追來孝。垂裕後昆。永惟承業之艱。莫如主器之長。咨爾萬邦之有衆。聽予一人之告。猷皇長子、少保、武昌軍節度使、定王、食邑九千七百戶、食實封三千一百戶某。孝友得于天資。温良成于日就。出學外傅。率履無違。既冠阼階。其儀可象。方景命有僕。介壽考之萬年。而明兩作離。兆本支之百世。蔽自朕志。格于天心。孚告大廷。申錫顯册。夫慎乃德。惟忠惟孝。欽汝止。惟幾惟康。用克相於我家。以對揚於休命。可立爲皇太子。

赦

至道元年建儲赦 八月壬辰

王者紹膺寶厤。必建儲闈。春秋垂立嫡之文。易象著明離之位。所以重邦家之本。承宗廟之休。斯古今之通制也。朕纘承丕構。夙夜惟寅。荷蒼昊之垂休。致寰區之咸乂。載惟匕鬯之主。實繫人神之心。爰舉徽章。式遵成憲。皇太子某。性念仁義。體備温恭。妙識出乎機先。盛德充乎宇內。踐於明兩。非此而誰。肇啓青宮。懋昭鴻緒。發前星之彩。既耀於皇圖。因少海之波。宜孚於慶澤。可大赦天下。云云 於戲。立元良之位。允協至公。推曠蕩之恩。用惇博愛。咨爾兆庶。當體朕懷。

天禧二年建儲赦 八月十五日

門下。王者丕承天序。利建皇儲。隆永世之徽章。率御邦之通制。前星少海。稽法象以洞分。洊震重離。著典經而具在。朕肅膺正緒。祇纘寶圖。知繼體之大端。有先親之古訓。思文聖考。垂裕本枝。深仁勵黃屋之心。積善致綠車之慶。粵于元子。發秀妙年。挺岐嶷之殊姿。賦溫文之茂德。天機幼敏。王度夙成。令儀恪謹於承顏。純孝恭勤於問豎。既疏封乎列邸。彌駿發乎美聲。擇以端良。命爲僚佐。克探微於四術。宜示正於萬邦。諒資主器之賢。往踐繼明之位。已頒成命。言肇立于青宮。載協懽心。俾均覃於洪渥。可大赦天下。云云 於戲。登隆上嗣。禮盛於元良。浹洽輿情。慶流於率土。爰被霈然之澤。聿遵詒厥之謀。誕告域中。式宣朝旨。

治平三年建儲赦 十二月癸卯

門下。王者承天立極。莫不思長世之圖。爲國建儲。所以正萬邦之本。故朕親先父子。而天下皆以爲愛。命發朝廷。而天下不以爲私。粵余上嗣之良。稟自日躋之聖。出而就傅。寖窮學肆之聞。入則承顏。勤至寢門之問。比疏榮於王社。益修德於天枝。顧荷丕基之艱。猶虛正體之貳。矧漢文命嫡。著于即祚之初年。且夏后與賢。期以傳家於萬世。惟群元之所傒。實大器之所承。式符少海之祥。宜踐東朝之位。肆顯業之丕發。嘉僉言之大同。爰契懽心。用覃曠澤。可大赦天下。云云 於戲。文昭武穆。夙詒燕翼之謀。震長離明。本有承華之象。蓋義重乎先。則禮必亟舉。慶施虖上。則惠必遐流。咨爾庶方。當體朕意。

元豐八年建儲赦 七月三日

門下。父子一體也。惟立長可以圖萬世之安。國家大器也。惟建儲可以係四海之望。位序早定。而人莫不以爲悅。典禮極崇。而衆罔敢以爲私。永惟上嗣之賢。實有妙齡之譽。入而視膳。孝友見於夙成。出則好書。聰哲繇於自得。粵紹休於正統。猶虛位於東朝。爰考蓍龜之占。迺稽方册之實。載涓吉旦。肇闢青宮。周家先親。不敢忘廟社之重。夏后與子。蓋以順天人之心。宜覃曠恩。偏暨群品。可大赦天下。云云 於戲。離明震長。繇帝緒於億年。解吉渙亨。灑天仁於萬物。蓋禮之所行者大。則澤之所流者深。咨爾多方。體予至意。

政和五年建儲赦天下制 二月十四日

門下。朕若昔大猷。受天明命。永惟萬世之統。有開必先。簡在上帝之心。克昌厥後。我有元嗣。既冠阼階。方時安平。預建儲貳。蔽自朕志。孚告大廷。涓選嘉辰。誕授顯册。以隆宗社之本。以係夷夏之情。非朕敢私。實天所祐。豈特予一人之慶。亦惟爾萬邦之休。可大赦天下。云云 於戲。治國孰先。齊家主器莫若長子。肇稱盛典。均霈湛恩。播告群倫。體茲至意。

册文

至道元年册皇太子文

維至道元年歲次乙未九月甲辰朔二十四日丁卯。皇帝若曰。朕受乾坤之眷祐。副兆億之推崇。旰食宵衣。納隍馭朽。兢兢業業。日愼一日。故能躋動植於壽域。致華夷於大同。載稽古先。歷覽圖史。萬邦之本。元良是貞。守器承祧。莫斯爲重。徽章縟禮。自我而行。蓋皇王之盛典也。咨爾壽王某。粹禀天地。量吞海嶽。忠孝備於君父。友愛惇乎弟兄。達刑政禮樂之源。著寬慈惠和之美。藹五官之才藻。叶九齡之吉夢。洊雷攸震。重離克明。早分茅土。實尹京邑。誠以接物。仁以撫民。每見賢而思齊。知爲善之最樂。予懋乃德。嘉乃勳庸。爰闡承華。俾膺主鬯。詢彼中外。契于蓍龜。今册爲皇太子。改名某。於戲。正身足以率下。去邪在乎勿疑。罔咈昌言。必邇端士。企大中之道。鑒無逸之篇。戒矜伐則功愈高。師勤儉則福彌久。日新爾令。望永保我丕基。勗之哉。欽承簡册之休命。

天禧二年册皇太子文

維天禧二年歲次戊午九月庚申朔八日丁卯。皇帝若曰。夫以天下爲家者。三王之通制。居正體之貳者。萬世之大本。明嫡之建。爰主於宗器。元良之重。以正乎庶邦。國家德源深長。孫謀錫羡。丕承積累之慶。保定儲副之位。所以經大猷而暢淳烈也。咨爾皇子、崇仁保運宣德守正功臣、建康軍節度、管內觀察處置等使、開府儀同三司、守太保、兼中書令、行江寧尹、上柱國、昇王、食邑五千戶、食實封三百戶某。沖粹居質。聰哲成性。鍾淸寧之孕佑。表徇齊於飄貫。生而知於孝愛。天攸縱於藝能。奇智夙彰。英聲外發。書社南紀。毓德少陽。勤至寢門。樂游講肆。資弦誦以崇術。儀星海而昭象。寶極凝祐。官師率和。公言亟颺。輿詠胥洽。永惟長發之懿。愼固守成之業。明兩攸屬。僉謀大同。式闡承華。以旌上嗣。今册爾爲皇太子。仍改名某。於戲。體仁而不違。于以濟衆。好謙而自牧。乃能服民。惟正人之務親。惟前言之多識。師儉而固介祉於無疆。寶慈以持錫善而不匱。一乃心而祇肅。永來譽之廣淵。往欽哉。勤宣令圖。以對越我祖宗之景命。不其韙歟。

治平四年册皇太子文

惟治平四年歲次丁未正月庚戌朔十九日戊辰。皇帝若曰。夫天地有大命。其受靡常也。予不敢墜厥序。祖宗有大器。其承匪易也。予不敢私其傳。蓋春秋之誼。立嫡以正諸侯。夏后之時。因賢以家天下。豈不契群心而慮萬世也。咨爾皇長子、崇仁保運功臣、忠武軍節度、許州管內觀察處置等使、開府儀同三司、檢校太尉、同中書門下平章事、使持節許州諸軍事、行許州刺史、上柱國、潁王、食邑三千八百戶、食實封一千二百戶頊。躬濬明之資。廸溫儉之德。動而合先王之典。言而適當世之變。出就齒學。不厭詩書之樂。其志篤於古也。入親色養。不忘朝夕之愛。其行盡於孝也。矧以地極眞王。體鍾上嗣名愈就而勤愈倍寵彌至而畏彌積固足以定保元儲之位進承宗廟之事天時既符人情既叶不幾夫少海急千里之淵重曦先萬物之照歟今册爾爲皇太子於戲天地之命太子其恭之祖宗之器太子其上之知君臣之分不可踰則率民莫如忠知父子之義不可加則率己莫如孝往欽哉愼厥初惟其終以答揚予一人之休命

議政

常程事委皇太子與宰臣樞密以下資善堂會議施行詔 天禧四年十一月庚午日

朕荷元昊之眷懷承二聖之詒燕圖宅於神州之隩總制于環海之濱順考大猷以御群品罔敢逸豫馴致治平維宗祏之發祥誕元良之貳體日躋有裕天質夙成備對壽街迥達政經之要延詢望苑動遵德教之規固已博約乎六藝之言佩服乎三司之訓習聞妙善茂著温文然以軍國之事機刑治之得失尤資肄習用熟見聞伊乃宰司暨于機軸實惟同體參掌萬樞宜竭訏謨聿申裨贊已各降制命並兼東宮職任眷言同德玆謂老成日接元子之遊慰于庶民之望自今中書樞密院諸司該取旨公事仍舊進呈外其常程事務委皇太子與宰臣樞密使已下就資善堂會議施行訖奏噫周儲三善但循齒讓之儀漢客四人遂成調護之績矧吾衡軸佐此緝熙念固本之是圖實保邦而多慶咨爾中外知朕意焉

答皇太子讓資善堂議常程事表詔 天禧四年十一月庚午

國家祗荷慶靈克昌寶祚眷惟主器之重允資立愛之賢順考雅猷聿申誕告以卿孝恭著美聰哲秉彝挺其日躋之能彰厥時敏之用矧惟一德之輔暨于老成之人左右參裨周爰講貫式竚交修之績副予善任之懷何遽奏封備形謙挹勉遵成命卽斷來章所讓宜不允

辭免

皇太子辭恩命第一表批答 天禧二年八月十七日

省表具之國家舉三代之宏綱從其古道觀重離之著象垂于正經愼守洪基丕承聖緒伊露章之狎至貢確論以彌堅具徵震鬯之文永踐青宮之位顧惟懇請發自純誠卿爰禀粹和雅符善慶毓質猗蘭之殿呈祥映日之雲暨進疏封愈勤就傅克茂川升之德蔚爲天賦之賢公議有推元良允屬三上言於北闕願立志於東朝已降俞音仍宣霈澤俄觀抗表未拜明恩雖崇讓之辭敦風可尙而升儲之典成命已行罙切嘉稱卽當遵奉所讓宜不允

皇太子辭免恩命第二表批答

省表具之。王者奬元良之德。貳宸極之尊。博考前聞。具存彝制。眷言立愛。允謂推公。繄匕鬯之攸司。固宗祊而是守。矧熙朝之令典。實先聖之詒謀。奉而行之。斯亦宜矣。卿聿膺洪慶。挺秀英姿。克寬克仁。自符於皇祖。聞詩聞禮。夙造於紫庭。增脩四術之功。恪謹三朝之禮。啓吳都而進律。侍漢幄以承顏。憶昨致舜大臣。寧周多士。叩帝閽而成列。貢囊奏以達誠。願建儲闈。以隆國本。固詔諭而甚至。屢傾輸而不移。已徇輿情。特頒明制。何再陳於讓表。猶曲叙於謙詞。當拜命書。式遵朝旨。所讓宜不允。

皇太子辭免恩命第三表批答不允仍斷來章 天禧二年八月

省表具之。國家欽承駿命。長發靈源。荷天地之丕祥。恢祖宗之淳耀。思崇大本。用建元良。況乃禮重承祧。易尊守器。惟親是屬。方册具存。蓋匕鬯以攸司。冀粢盛之式奉。卿地居上嗣。象契明離。盛德日新。英猷天縱。表温文於三善。允協姬經。彰輝潤於四重。克符□詠。民有歷志。朕所注懷。考百王不易之規。覽群臣宜建之請。誕敷明詔。用示至公。乃拜囊封。載陳扆坐。精誠尤至。沖讓宜加。然念邦國永圖。皇王偉則。在昔先帝。固嘗眷予。今茲徽章。是用命汝。當遵鴻典。即斷來章。所讓宜不允。

皇太子辭免恩命第一表批答 元豐八年二月

省表具之。朕獲紹燕謀。奉承聖緒。永惟任重。靡敢皇寧。歷觀先王之所行。與夫搢紳之□□。皆以謂蚤建太子。所以尊宗廟。衞社稷。夙興夜寐。不敢忘於心。以爾有聰哲之姿。温文之德。故斷自朕志。詢于僉言。而發明詔也。以爾正體。以係天下之心。其任豈不重乎。及覽奏函。願迴成命。豈朕所以注待之意哉。往其欽承。勿庸謙避。所請宜不允。

皇太子辭免恩命第二表批答 元豐八年三月

省表具之。立嗣必子。所從來久矣。故三代之時。天下治安。至于千有餘歲者。用此道也。朕稽之古昔。法之祖宗。升德器。建春宮者。將以成萬世之業也。及覽剡奏。欲避寵名。雖撝謙之風。可激當世。而升儲之典。已告大廷。往服徽章。勉懋厥德。所請宜不允。

皇太子辭免恩命第三表批答不允仍斷來章 元豐八年三月

省表具之。朕惟王者臨照四方。必進元良、立儲貳者。豈將私于親親哉。將以司匕鬯。爲萬世無疆之休。矧予元子。德器夙成。蚤有中外之望。此朕所以發明詔也。三閱奏章。庸以命汝。往即欽服。以副朕懷。所請宜不允。仍斷來章。

皇太子辭免恩命第一表批答 政和五年二月八日

省表具之。朕奉天明命。若昔大猷。惟時邦昌。肇建國本。以卿地居長嫡。性稟元良。純粹聰明。拔于倫類。忠和孝友。靡待師承。育德日新。進學時敏。蔽於朕志。俾正儲闈。以係億兆之心。以司匕鬯之重。當國家之閑暇。衍社稷於靈長。無疆惟休。有秩斯祜。遽披奏牘。備罄悃誠。雖自抑之心。在謙沖之足尚。

然已行之命。豈渙汗之可回。宜趣欽承。無勤訓告。所請宜不允。

皇太子辭免恩命第二表批答不允仍斷來章 政和五年八月

省表具之。朕祇適昌圖。紹隆令緒。永念□宗之重。必資主器之良。舉子惟賢。立嫡且長。眷予上嗣。挺秀妙齡。稟性粹精。宅心淵懿。能本由於天縱。學無倦於月將。夙著英聲。益隆令望。涓中春之穀旦。遵歷世之舊章。肇啓震宮。密陪宸極。已頒顯命。深契輿情。乃貢封章。備形誠懇。顧謙沖之足尚。然渙號之已孚。立愛惟親。雖人倫之大本。以長則順。實天下之至公。宜體眷綏。毋勞訓告。所請宜不允。仍斷來章。

謝恩

皇太子謝恩命表批答 天禧二年八月

省表具之。朕承上眞之淵系。恢列聖之丕猷。撫育臣民。尊崇廟社。眷言守器。允屬惟親。是以仰奉靈心。俯從群請。爰啓少陽之位。式登元嗣之賢。卿正氣所鍾。英徽特異。執經之禮。天賦于勤誠。問膳之容。日形於喜氣。慶兼家國。譽藹朝廷。俾奉粢盛。以隆基緒。削章斯至。叙謝尤多。省閱之餘。嘉注良切。所謝知。

皇太子謝賜御製詩元良箴表批答 天禧二年九月

省表具之。夫建以儲闈。允隆於宗嗣。勗之儒學。式助於温文。永惟主器之賢。尙示向方之訓。卿凝猷獨立。睿識混成。率由天賦之材。馴致日新之道。榮分玉契。出處而有常。洞啓銅扉。詳延而斯盛。特頒詩什。兼錫箴規。教雖尙于温柔。詞未偕於淸壯。達予明誨。賚乃茂功。俄上表以披陳。頗推誠而恭順。嘉稱彌切。眷愛逾深。所謝知。

皇太子謝天安殿受册禮表批答

省所上表。今月八日詣天安殿受册禮稱謝事。具悉。王者厚繼體之親。所以資博愛。委主器之重。所以歸至公。斯振舉於舊章。固率循於先訓。卿卓爾韶茂。穆然粹精。挺生岐嶷之姿。方盛遠條之德。朝論允屬。國儀用彰。授以册書。升爲儲副。嘉禮明備。旭日晏温。神人叶符。中外怡悅。俄拜章而叙感。表事上以增勤。言念益恭。聿懷多尙。

慶賀

宰臣向敏中等賀建儲表批答 天禧二年八月

省表具之。洊雷著象。具載於前經。陪極推賢。式隆於舊制。眷温文之茂德。彰岐嶷于妙齡。暨進王封。愈親儒術。雖克勤於就傅。亦無闕於問安。孝合天經。學臻日益。俾承顏於漢幄。方示戒於湯盤。繄乃輔臣。逮諸列辟。累朋從而上表。固懇請以升儲。已順輿情。特頒明詔。卿等慶其適願。深于致誠。仍貢賀章。允爲多禮。□嘉稱注。屬積予懷。所賀知。

知樞密院曹利用等賀建儲表批答 天禧二年八月

省表具之。王者撫臨區宇。纂紹基圖。伊有國之宏規。在元良之重寄。粤予上嗣。挺秀妙年。居然令姿。混成德器。自日親於友傅。常志在於詩書。寵以進封。旌乎樂善。俾聞道而漸訓。方以月而繫時。惟乃近臣。暨夫群士。咸旅庭而致奏。願稽古以建儲。既敦諭而不回。遂俯從於勤請。卿等樂聞嘉禮。仍貢賀章。過形慶抃之言。備見忠純之懇。其爲多尚。無已于懷。所賀知。

答中書樞密院乞免皇太子答拜表詔 天禧四年十二月丁酉

屬以元儲。方親事典。聿存體貌。式待機衡。前制斯明。常經是率。卿等忽陳封奏。過執謙恭。嘉歎之懷。寤興無已。所請宜不允。

建牧

皇太子開封牧制

門下。訓五經之趣。既隆父子之至恩。正八命之儀。爰篤君臣之大義。朕誕膺寶緒。夤奉慶基。建國本者十年。荐毓承華之德。固皇圖于億載。肆推立愛之仁。咨爾朝紳。聽予詔綍。某稟孝友之性。賦聰明之才。位重前星。而動不舍於謙恭。望尊少海。而居必先於勤儉。聿新業履。聞正言而與正人。克慎猷爲。學古訓而師古事。淑質斯就。令名益彰。夫進于道者政有不足行。通于理者民有不足治。懋東闈之脩蘊。既觀妙善之風。試南衙之極煩。宜展阜成之効。是用特頒渙號。申錫徽章。靡拘前代之舊聞。悉考本朝之故實。增壯春宮之體。彌昭震器之光。匪徇私恩。實符公道。於戲。下九重之命。非由左右大臣之言。司千里之畿。尚賴遐邇群彦之助。欽承眷注。益勵乃心。可除開封牧。餘依故事。主者施行。

納妃

選皇太子妃御筆 政和五年三月空日

朕嗣有令緒。惟懷永圖。御于家邦。預建太子。若古之訓。揚于大廷。以篤君臣父子大倫之恩。以立宗廟社稷萬歲之本。無疆惟恤。申命用休。年既冠于阼階。禮及時而有室。必立之配。以宜其家。可令有司選皇太子妃。仍討論典禮以聞。

朱伯材女孺人朱氏充皇太子妃制

門下。朕祗承天序，懋建儲闈。既假有家，式厚人倫之本；用求厥配，助成王化之基。眷乃懿親，惟時淑女，誕揚顯命，敷告群工。少傅、恩平郡王朱伯材女、孺人朱氏，毓德粹温，秉心淵靜。以祗以順，夙資天性之良；有言有容，允蹈公宫之教。家風素劭，祖澤覃延。慶在後人，譽聞當世。出自欽成之裔，來嬪上嗣之賢。朕臨御治朝，講明盛禮。搢紳在列，金石充庭。爰親飭于邇臣，肆丕成於慶事。拂龜既吉，薦鴈甫新。宜侈閎休，以昭異數。燦然儀服之盛，申以册書之榮。國典有稽，師言惟穆。於戲！合二姓之好，是謂政先；刑四方之風，率由近始。尚廸柔嘉之則，往思盥饋之恭。克稱龍光，永膺燕譽。可選充皇太子妃，仍令所司備禮册命，主者施行。

追命

皇兄贈太尉中書令追封周王謚悼獻元祐追封皇太子仍舊謚制

門下。朕祗荷鴻基，紹承先烈。念惇親之義，莫重於天倫；舉飾終之文，特優於禮典。皇兄、贈太尉、中書令、追封謚曰悼獻，元祐炳靈，眞胄襲慶。瑤源信厚，本於天資；聰明稟乎神授。純孝之性，鍾愛於先朝；樂善之心，雅推於公族。未正青宫之位，早纏厚夜之悲。歎駒隙之易遷，瞻陵樹而將拱。是用載稽舊制，爰議追褒。懷同氣之親，彌增於感悼；備元儲之贈，用極于哀榮。英魂有知，歆茲寵數。可特追贈皇太子，仍舊謚曰悼獻。仍令所司擇日備禮册命，主者施行。

哲宗子鄧王贈皇太子改謚獻愍制

朕惟先皇帝在位十有六年，憂勤庶政，夙夜靡遑。祗遹先猷，功被天下。皇嗣克生，降年不永。重惟繼序不忘之義，宜盡因心則友之恩。用詔有官，申頒顯命。哲宗皇帝子、贈太師、尚書令、兼中書令、鄧王，謚沖獻，茂性生知，庶幾日就。命之弗淑，人以恫嗟。肆朕纘承，載加贈典。爰念初詔恩禮未隆，非所以上慰在天之靈，稱朕報施之萬一。錫之命數，正位儲宫。尚其精誠，知克嘉享。可特贈皇太子，仍改賜謚曰獻愍。

宋大詔令集卷第二十六

皇子

皇子生德音

寶元二年降皇子三京畿內德音八月丙子

朕以涼薄之姿。荷盈成之重。實緊先烈。參獻大猷。上泝深長之源。大承燕翼之福。允孚慶善。以覆本支。然自纂紹以來。十有七載。盤維思輔。星日竚輝。果獲天心。誕開邦祚。乃茲秋籥之仲。聿介春祺之祥。元嗣肇生。群倫胥慶。昔周人落寢。詠朱芾宜君之詩。戴記序官。謹銅律吹和之職。訂于古義。滋慰余懷。眷乃三都之雄。並維列聖之宅。適蕃茂祉。當異庶邦。爰曲霈於宥條。宜勸均於寰服。應三京畿內雜犯死罪云云於戲。擁休彌月。蓄害所以兼除。播澤象圜。獄市由其更始。益資首善。協濟大和。咨爾工師。明知朕意。

熙寧二年降皇子減降天下見禁德音十一月乙丑

門下。天地之任至大。負荷之克艱。祖宗之休無疆。繼承之爲重。眷言菲德。肇纂鴻圖。日奉燕謨。汔臻靖治。乃冬之仲。方歲既成。長至維時。大終厥月。候彼陽德。則一氣潛萌。驗諸物宜。則百嘉備舍。聿生元子。來會昌期。上以奉慈闈之歡。下以係綿宇之望。國本茲在。予心所安。爰施渙恩。用飾多喜。應天下見禁罪人。雜犯死罪以下。遞降一等。徒以下釋之。云云於戲。德厚者流廣。善積者慶長。三靈顧懷。萬世允賴。推是渥澤。茲福祥。布告群倫。明知朕意。

元符二年降元子德音八月十一日

門下。朕嗣有令緒。惟懷永圖。丕冒海隅。民之攸暨。靈承帝事。天乃弗違。時惟仲秋。是生元子。以篤家邦之祜。以係神民之心。茲錫羡以用光。將詒謀而有永。雖我一人之慶。亦爾萬邦之休。於戲。燕于翼子。以永萬世之傳。敷厥庶民。用均四海之福。

元符三年降元子赦四月十四日

門下。朕獲保宗廟。惟典神天。荷帝博臨。嘉應聿至。陽月之孟。祥發椒房。是生元良。爲國嫡嗣。以係天下之望。以承文母之顏。嘉與萬邦。共茲大慶。肆均惠澤。用洽民心。可大赦天下。云云 於戲。主器承家。莫如長子。舍過宥罪。大賚多方。咨爾群倫。體予至意。

立子

立皇子詔 嘉祐七年八月己卯

人道親親。王者之所先務也。蓋二帝之隆。治繇茲出。朕甚慕之。右衞大將軍岳州團練使宗實。濮安懿王之子。猶朕之子也少鞠于宮中。而聰智仁賢。見于夙成。日者選于宗子近籍命以治宗正之事使者數至其第迺崇執謙退久不受命朕默然有嘉焉朕蒙先帝遺德。奉承聖業。罔敢失墜夫立愛之道。自親者始固可以厚天下之風。而上以嚴夫宗廟也。其以某爲皇子故茲詔示。想宜知悉

立皇子告天地宗廟諸陵文 嘉祐七年八月庚子

堯親九族。以致萬邦之和顧以菲德。奉承聖緒。永念宗室之蕃庶。思所以廣恩也乃考于太宗。得濮安懿王允讓之子爲賢又於國爲近屬。今賜名曰曙。既以爲皇子。不敢不告。

親王一

進拜一

皇弟開封尹某加恩制

門下。懸法授人。自家刑國。欲名器之無假。在臨照以難私。其有地冠維城。望高諸夏。屬郊禋之展禮。司羽衞於行宮。供億且繁。夙夜匪懈。得不順景風而行賞。增井賦以疏封。用遵平施之方。適表至公之道。皇弟具官某幼稟義方生知忠孝暨贊興隆之運。彌彰恭順之心。尹我上京惠茲疲庶。每假寐而待旦。必辨色以來朝。事莫自專。動皆稟命。成我友于之義。諒茲翊戴之勤。蓋宗廟之儲祥。實邦家之共慶。則加地進律。吾何愧焉。更圖爲政之方用稱陟明之典。可。

皇弟興元尹光美加恩制

門下。命功行賞。出令無私。覃雨露之恩。遍加率土。顧絲綸之寵。寧遺至親。塤篪和而大樂方調。棣蕚榮而本枝更茂。咨爾有位。體予推公。皇弟具官某。珪璧無瑕。松筠有節。奉上而恭勤勵志。立身而卑謹爲先。雖分授鉞之權。不捨橫經之業。慕爲善之最樂。知事君之盡忠。予嘉乃誠。宜膺異渥。增井賦

而示寵渙名號以褒能勉思昇獎之榮用稱親賢之念可

皇弟秦王廷美行河南尹西京留守制 太平興國七年三月乙巳日

萬國並建宗子有藩屏之雄四方是則京國有保釐之重眷成周之舊壤實鞏洛之名墟儻非肺腑之親詎膺管鑰之寄皇弟開府儀同三司檢校太師兼中書令行開封尹秦王廷美稟靈帝胄擢秀天枝敦詩禮以檢身體溫文而毓德治浩穰以斯久撫疲瘵以咸蘇輦轂載清桴鼓自息矧茲清洛之邑久罷黃屋之游黎庶之心不勝其徯望居守之任實切於撫綏宜輟介弟之親以鎮故都之地無忘勗勵用副倚毗可特依前檢校太師兼中書令行河南尹西京留守秦王加食邑一千戶

皇長子德崇第二子德明拜官封郡王制 太平興國七年十月甲午

崇樹藩屏是著騂旄之盟並建宗室聿興麟趾之詠所以成強幹固本之義鍾錫羡繁衍之祥三代以來率由茲道皇長子德崇性資孝友質懋溫文第二子德明稟訓無違檢身有裕而皆端慤自守樂善不渝齒冑早列於膠庠趨庭粗聞於詩禮非劉之約蓋有舊章半楚之封抑惟故事並授上台之秩式遵懋建之文分裂土田用立社稷鑒乃前訓以保令猷德崇可特授檢校太傅同中書門下平章事上柱國封衞王德明可特進檢校太保同中書門下平章事上柱國封廣平郡王

皇子陳王元僖侍中開封尹制 雍熙三年十月甲辰

朕膺昊穹之眷佑荷宗社之慶靈建萬國而親諸侯既資藩翰履至尊而制六合必樹盤維所以固大業於域中渙鴻猷於天下況神皋赤縣夷夏所臻苟非親賢曷符公議皇子特進檢校太傅同中書門下平章事陳王元僖性本溫文德惟純粹動必由禮言皆有章頃自任峨桐圭道光麟趾忠順形于天賦孝弟成于自然服訓辭而愈恭體謙下而爲德侍祠泰畤陳精意於壇壝問安寢門竭至誠于夙夜以善爲樂惟道是從酌楚醴以待賢克昭令望入虞庠而齒冑綽著嘉聲體仁既□於日新從政宜親於時務睠彼浩穰之地足申撫治之方是用錫以爰田升之左相用昭茂渥以曜宗英於戲京城之地四方之所取則尹政之任中外之所仰瞻撓獄市則姦何所容任鈎距則俗爲之薄守之以強毅濟之以寬和政乃有成事則不悖佩此多訓庶幾有成可兼侍中行開封尹

皇第五子益王元傑加恩制 淳化元年正月丙戌

門下我國家承天立極方隆千載之基分土建邦式奠九州之域撫西南之巨鎮惟梁蜀之名區膺予裂地之封賚爾維城之重屬茲行慶允洽推恩皇第五子具官某宇量宏深襟靈邃遠律呂融和而有度珪璋溫潤而無瑕惟孝惟忠稟自生知之性聞詩聞禮出于神授之才位逾貴而益恭名愈尊而無傲藹然朱邸綽有令猷而自被王爵之服章殿坤維之土宇撫御遠伸於大略澄清頗被于英風言念勳庸有光茅社方霈涵濡之澤宜伸旌

異之恩。益以戶封。進其眞食。顧茲寵渥。無怪便蕃。於戲。告明命于公朝。我無虛授。享非常之天秩。爾在欽承。勉荷寵靈。勿忘箴戒。可。

皇子越王元份加恩制 淳化元年正月丙戌

門下。朕自虞膺命麻。嗣守基坰。覩稼穡之有年。愈懷恭畏。體乾坤之不宰。思去尊稱。而將相寀寮。縉黃黎老。伏閤屢傾於丹懇。拜章列上於鴻名。是用御正殿以當陽。屬孟春之初吉。改紀年之號。將庶物以惟新。降出綍之言。與萬邦而同慶。況彼親賢之列。宜覃殊異之榮。具官某。天賦貞淳。□□惇友。夙蘊閒平之德。早開魯衛之風。蔚爲朱邸之表儀。宛作皇家之符瑞。服勤絃誦。見尊師重傅之規。稟訓詩書。得資父事君之要。爰自光膺綸綍。遙制甌閩。體茲宵旰之憂。遐布鎮臨之術。盤維之望。益焜燿於紫庭。襦袴之謠。自喧騰于丹徼。既著于藩之績。爰加進律之文。眞食邑封。率由加等。於戲。好謙樂善。爾既茂於嘉猷。行慶推恩。朕豈藉於異數。勉修懿範。以輔丕圖。可。

皇子襄王某開封尹制 淳化五年九月壬辰

朕恭臨大寶。眇覿前王。何嘗不外隆藩屏之勳。內樹磐維之固。所以建宗社無疆之祉。成邦家不拔之基。乃眷神皐。素推難治。寓縣之舟車畢會。都人之版籍斯繁。若匪親賢。曷膺寵寄。詢於有位。允協至公。當吉日之在剛。舉徽章之惟允。皇第三子、荊南湖南節度、特進、檢校太保、兼侍中、行江陵尹襄王某。分輝黃道。稟訓明庭。克敦信厚之風。綽有溫文之德。而自加冠漢殿。齒胄虞庠。每出言而有章。慕爲善之最樂。忠厚謙恭之道。所謂生知。詩書禮樂之文。不因師授。向者舉展親之典。崇立愛之規。錫以苴茅。封之襄沔。而能推心待下。開館禮賢。漢上之人。望風而化。既予心之自慰。在朝論以推公。朕嘗因燕居。誨以時政。而皆洞明理體。深識化源。委以浩穰。必能綏撫。是用益爰田之多戶。加論道之崇資。榮疏邸第之封。仍正尹京之任。爾其肅清輦轂。惠化里閭。勿以至察爲聰明。勿以太寬爲高簡。惟紀綱之是正。在鈞距以何施。勉副眷懷。更思盡瘁。於戲。有家有國。汝宜保於令名。知子知臣。我無慙於前哲。往承休命。勿墜訓辭。可檢校太傅、行開封尹。兼功德橋道使。

皇子元祐光祿大夫檢校太保左衛上將軍兼御史大夫上柱國信國公制 咸平五年十一月己丑

國家崇大報之禮。修並建之文。所以遵立愛之規。成固本之義也。皇子某。體資岐嶷。性成溫文。未齒膠庠。已習在三之訓。越在髫丱。迥有成人之風。出於自然。非假外獎。況克勝衣而趨拜。所宜裂壤以疏封。特舉徽章。用符僉矚。可。

皇子某拜官制 大中祥符七年三月丁未

朕受皇天之眷命。承列聖之丕圖。寅奉寶符。肇開先緒。九宇祗定。大典並修。乃稽靈心。以建元子。皇子某。上穹降祉。五緯儲祥。粹精彰象日之姿。重懿表自天之質。既對長安之問。遂辨南陽之詞。加以爲善之規。匪由於教導。問安之禮。特發於誠明。方慶服已成。德器是用。載遵令典。爰擇嘉辰。錫以珪璋。乃昇環衞之列。分其寶玉。乃啓茅社之封。秩視帝傅之崇。權兼憲府之重。並加徽數。式示褒揚。噫。固我本枝。鍾茲鴻慶。誕告之命。既表於國祥。無疆之休。蓋承乎天序。佩服彝訓。汝其欽哉。可金紫光祿大夫、檢校太傅、左衛上將軍、上柱國、慶國公、食邑一千戶、食實封三百戶、月給俸二百千。

皇兄楚王元佐天策上將軍興元牧賜劍履上殿詔書不名制 大中祥符八年二月丙寅

朕順考古經。逖追先訓。顧名器之爲重。匪親賢而曷膺。矧夫望著宗英。地崇天屬。建侯斯久。夾輔惟勤。峻以徽章。抑惟國典。皇兄、開府儀同三司、守太師、尚書令、兼中書令、左衛上將軍、上柱國、楚王元佐、炳靈岳瀆。儲祉宗祊。孝悌飭身。温良成性。早列藩而鎮俗。退養素而葆和。肆及冲人。纘承大統。惇叙之志。允廸於前言。屏翰之功。永資於右戚。眷言同氣。實冠友于。上懷六朝之發祥。下教萬邦之立愛。特加伸等。俾耀維城。漢詔不名。蓋惟尊德。唐官殊號。豈但疇庸。備方册之令儀。首邦家之懿則。永孚多吉。用慶展親。可依前守太師、尚書令、兼中書令、天策上將軍、行興元牧、賜劍履上殿、詔書不名。依舊在宅養疾。所司擇日備禮册命。

皇弟元偓兼尚書令加恩制 大中祥符八年十一月辛酉

愼重名器。所以觀賢能。敦叙宗親。所以厚風教。伊我介弟。爲時宗英。宜峻寵章。茂昭明德。安國等軍節度觀察處置等使、開府儀同三司、守太尉、兼中書令、眞定尹、上柱國、相王元偓。恭肅純懿。簡儉敦方。動不違仁。言皆中禮。好書樂善。皆慕於前修。重士尊賢。載彰於令問。俾冠中臺之列。式隆專席之榮。仍益爰田。載加眞賦。於戲。文昌政本。機務之所先。宗子維城。邦家之攸賴。服茲茂渥。可不愼歟。可依前守太尉、中書令、兼尚書令、加食邑一千戶、食實封六百戶、餘如故。

皇子某忠正軍節度使封壽春郡王制 大中祥符八年十二月辛卯

古者立王國。所以衛京師。封諸子。所以尊宗廟。朕仰膺眷佑。馴致治平。受眞檢於大霄。啓仙源於邃古。盛儀交舉。鴻瑞洽臻。方徇群心。以建藩室。皇子、金紫光祿大夫、檢校太傅、左衛上將軍、兼御史大夫、上柱國、慶國公、食邑一千戶、食實封三百戶某。上穹降祉。列聖儲精。凝正氣以淵深。稟五精而英秀。辨惠之性。言必有章。趨進之容。動皆合禮。已成德器。猶在妙齡。而公相大臣。援引舊典。懇悃之辭遽至。恭讓之意靡追。願涓吉時。特頒明命。眷壽陽之奥壤。控淮水之明區。爰錫旌旄。俾開茅社。加左相上公之秩。增崇階美號之名。蓋示深慈。式隆徽數。於戲。維城之制。雖稽周室之彝章。半楚之封。用遵漢氏之謙德。顧茲承衛之重。聿表靈長之休。欽我訓言。無怠祗率。可特進、檢校太尉、兼侍中、使持節壽州諸軍事、行壽州刺史、忠正軍節度、壽州管內觀察處置等使、進封壽春郡王、加食邑千戶、食實封四百戶、賜崇仁保運功臣、勳如故。有司擇日備禮册命。

皇子某進封昇王制 天禧二年二月丁卯

王者尊奉宗廟。必建於列藩。承衛邦家。允屬於元子。所以保定區宇。億寧神祇。用茂本枝。聿隆天序。朕仰膺眞佑。恭守丕基。集鴻瑞之殊。尤啓慶源之淵邈。是用上稽靈意。下順群心。爰開寶玉之邦。式重盤維之寄。舉茲公詔。誕告多方。皇子、崇仁保運功臣、忠正軍節度、壽州管內觀察處置等使、特進檢校太尉、兼中書令、使持節壽州諸軍事、行壽州刺史、壽春郡王、食邑三千戶、食實封一千三百戶某。敦厚慈仁。聰明睿智。英姿體于雲日。美德冠于珪璋。識達幾微。動成乎先見。學探閫奧。克顯於生知。茂揚爲善之風。特表問安之喜。而中外臣庶。奏疏洽聞。仰譽徽之日新。顧典章而載舉。既難謙抑。是用俯從。六朝奥區。南夏雄屏。建其茅社。錫以旌旄。位兼帝保之崇。階視台儀之重。進褒功之懿號。增食采之眞封。爾其靖共。對越成命。可開府儀同三司、守太保、兼中書令、行江寧尹、充建康軍節度、管內觀察處置等使、進封昇王、食邑二千戶、食實封一千戶、賜宣德守正功臣、勳如故。仍令所司擇日備禮册命。

皇伯楚王元佐兼江陵牧加恩制 乾興元年二月仁宗卽位

門下。國家膺積累之祥。啓隆平之運。混同四海。億寧兆人。顧惟眇沖。獲紹基構。蓋遵憑几之命。深懷馭朽之憂。屬視政之方初。俾推恩而溥洽。恭念伯父長兹戚藩。宜申惇叙之懷。首舉襃崇之典。載涓剛日。誕告明廷。皇伯、天策上將軍、推誠協恭保順同德崇仁宣忠亮節守正翊戴功臣、開府儀同三司、守太師、尚書令、兼中書令、行雍州牧、兼興元牧、上柱國、楚王、食邑二萬二千五百戶、食實封八千二百戶、賜劍履上殿、詔書不名元佐。穹昊儲祥。本枝襲慶。温文表於天賦。孝友由其性成。而自神宗嗣興。先帝臨御。便蕃異數。冠映於清朝。保養太和。優游于亭會。藹有間平之譽。茂昭魯衛之親。惟南荆之奥區。實中夏之巨屏。命之兼領。用壯英猷。仍益爰田。兼加眞賦。於戲。承祧之重。方切於戰兢。睦族之規。敢忘於造次。勉隆素履。永佐昌期。可特授依前天策上將軍、守太師、尚書令、兼中書令、行雍州牧、兼江陵牧、楚王、賜劍履上殿、詔書不名、加食邑二千戶、食實封六百戶、依舊在宅養疾、功臣、散官、勳如故。

皇叔涇王元儼守太尉尚書令移兩鎭進封定王加恩賜贊拜不名制 乾興元年二月仁宗卽位

門下。周之盛也。實賴本宗有維城之助。漢之隆也。亦資藩國有磐石之親。是以廟社靈長。神人悅豫。詩稱魯衛之德。傳美間平之賢。矧乃眇躬。纘兹鴻緒。荷先帝之訓。懼夫難任。賴叔父之崇。濟其不逮。特優禮命。誕告群司。皇叔、推誠保順同德守正翊戴功臣、保平定國等軍節度、管內觀察處置等使、開府儀同三司、守太傅、兼中書令、行陝州大都督、使持節同州諸軍事、行同州刺史、上柱國、涇王、食邑一萬五千五百戶、食實封五千八百戶元儼。辰緯鍾英。河山毓秀。席昌朝之累善。該前哲之令儀。精禮樂于日新。廣藝文于天縱。夾輔聖考。丕宣大猷。寶玉是分。協堯廷之惇叙。旌麾所建。壯禹服之會朝。間屬盛辰。聿脩鉅典。從鸞旗之五輅。展寀登封。陪秬鬯之一卣。崇禧報本。懿恭之節。群品式瞻。猥念沖人。允繄凝範。擇于剛日。煥此徽章。槃陟上公。峻兼專席。總師干於近輔。析珪瑞于大邦。仍胙爰田。特疇眞賦。舉禮文之異渥。加贊謁之不名。備極便蕃。用爲褒進。於戲。祖宗儲慶。載集於重熙。兆庶懷仁。式臻于嘉會。緬冀尊屬。克揚茂勳。佑于皇家。垂裕永世。特授守太尉、尚書令、兼中書令、使持節陳州許州諸軍事、行陳州許州刺史、充鎭安忠武等軍節度、陳州許州管內觀察處置河隄等使、進封定王、加食邑一千戶、食實封六百戶、賜贊拜不名、功臣、散官、勳如故。仍令所司擇日備禮册命。

主者施行。

皇弟元儼移兩鎮改封彭王制 大中祥符八年十一月辛酉

周分寶玉。以展茂親。漢樹□□。聿□盤石。眷吾宗室。素守禮經。宜厚寵章。聿圖藩翰。安靜軍節度、劍南東川管內營田觀察處置使、開府儀同三司、檢校太尉、中書令、上柱國、端王元儼。日域分暉。天枝挺秀。自臨外屏。茂建高牙。居魯衞之崇名。峻芮彤之顯秩。寅恭自守。夙夜無違。是用疏表海之近邦。易苴茅之重地。仍加井賦。以盛寰封。於戲。懷德惟寧。詩人之所詠。爲善最樂。史牘之攸尊。爾其欽哉。往服明命。可依前檢校太尉、兼中書令、使持節青州密州諸軍事、行青州密州刺史、充鎮懷安化等軍節度、管內觀察處置、押新羅渤海兩番等使。封彭王。加食邑千戶、食實封四百戶、餘如故。

宋大詔令集卷第二十七

親王二

進拜二

皇叔元儼詔書不名加食邑實封制

朕祗守成基。汔臻嘉靖。遹遵常古之度。再奉精意之禋。陟恪以對天威。肅雝而陳孝饗。尊親偕極。純嘏來同。思與中外之倫。共茲優裕之施。眷言右戚。首舉茂恩。皇叔、推誠保順同德崇仁守正翊戴功臣、鎮安忠武等軍節度、陳州許州管內觀察處置河隄等使、開府儀同三司、守太尉、尚書令、兼中書令、使持節陳州許州諸軍事、行陳州許州刺史、上柱國、定王、食邑一萬七千五百戶、食實封七千戶、賜贊拜不名元儼。聰哲含章。温仁稟粹。序五宗而襲慶。蹈六德以敦方。粵自先朝。乃膺建國。擁戎旃而作鎮。遙制宗藩。服公衮以在庭。荐登命數。逮朕躬之纘極。率令典以欽親。贊東平而勿名。表淮陽之異寵。善猷斯藹。淑問逾昭。屬于行次之辰。式奬懷寧之美。特加奉邑。仍益真封。矧別詔之攸頒。申殊禮之為重。諒惟褒賁。增顯優崇。於戲。景命顧懷。祚本支而彌衍。明誠樂易。介戩穀以咸宜。允資夾輔之勳。永保重雍之業。克綏厥位。不其韙歟。可特授依前守太尉、尚書令、兼中書令、使持節陳州許州諸軍事、行陳州許州刺史、充鎮安忠武等軍節度、陳州許州管內觀察處置河隄等使、定王。賜詔書不名。加食邑一千戶。食實封六百戶。散官勳封如故。

皇叔鎮王元□賜劍履上殿詔書不名食邑制 天聖八年十二月五日

門下。朕以仰延貺施。克底治平。載瞻七里之郊。躬修三歲之祀。用謝成於有昊。冀蒙福於庶邦。爰布湛恩。式均丕慶。眷惟賢戚之重。冠於屏翰之良。將示先親。首圖進律。皇叔具官某。體資明粹。德著温純。茂河間好古之風。有衞康馴行之懿。爰自辟旆。利建金鈕。疏榮承善。睦於先朝。契懷和於詩雅。顧惟寡昧。獲纘基圖。寔緊夾輔之勤。共固守成之業。荐惟褒賁。益峻等彝。掌武上公。仍總三臺之秩。陪京巨鎮。聯分雙節之威。再易大封。聿申殊禮。蓋隆敦叙之典。彌懷冲約之規。適屬禋燔。誕敷麗澤。劍舄延登而攸重。井田彌食以兼豐。眞賦倍增。寵章優洽。於戲。純嘏之賜。與宗哲以並庸。名器之崇。表國經之異數。克綏多祜。永保令猷。可。

皇子昕除忠正軍節度使壽國公制 康定元年七月戊寅

朕荷高穹之孚佑。膺列聖之顧懷。增衍長源。亶生賢嗣。是惟體正之大。益茂本枝之彊。仰稽靈心。肇啓藩室。皇子昕。炳符曾宙。毓德少陽。岐嶷表于自然。温文見于異稟。金昭璧粹。蓋發於天資。震長離明。有關於象奥。向及勝衣之拜。未疏盤石之疆。爰考彝章。誕揚徽册。是用案予舊國。寵以紹封。仍循半楚之規。載徹右淮之土。苴茅制社。授節奠邦。庸建上公。尹兹南夏。併申蕃數。式厚慈衷。於戲。在昔哲王。夙圖封立。蓋欲就成器德。保輔慶基。若迪令猷。丕顯前烈。冀洽輻員之聽。永綏壽嘏之宜。汝其勉哉。對越休命。可特授特進、檢校太尉、使持節壽州諸軍事、行壽州刺史、兼御史大夫、充中正軍節度、壽州管內觀察處置等使、上柱國、壽國公、食邑三千戶、食實封一千戶、仍賜體仁贊運功臣。

皇長子仲銘除忠正軍節度同中書門下平章事封淮陽郡王制

夫惇序骨肉。所以正乎邦家。建立子孫。所以尊乎宗廟。兹先王之令典。蓋歷代之至公。惟予沖人。獲纘丕緒。奉若前憲。罔敢自私。宜因吉辰。誕舉封册。皇長子、安州觀察使、光祿大夫、檢校工部尚書、使持節安州諸軍事、安州刺史、兼御史大夫、上護軍、光國公、食邑八百戶、食實封二百戶某。親居上嗣。秀出本枝。仁孝發於自然。賢智根乎天性。已就外傅。日朝寢門。侍膳問安。惟盡恭之匪懈。敦詩好禮。矧樂善之有聞。未疏茅土之榮。曷廣盤維之固。眷黄圖之右輔。有璧假之近藩。俾聯台鉉之崇。式付節旄之重。優推功號。兼啓王封。勳級並隆。序位加衍。進實多邑。視秩上公。庶光出閤之初。仍易命名之義。於戲。親之欲貴。人道之常。位不期驕。往哲攸戒。勉服前訓。斯迪令猷。汝其念哉。對越休命。可特授檢校太傅、同中書門下平章事。使持節許州諸軍事、行許州刺史、充忠武軍節度、許州管內觀察處置等使、加上柱國、進封淮陽郡王、加食邑千戶、食實封六百戶、仍賜崇仁保運功臣、改名項。

皇子項進封潁王制 治平元年六月己亥

古先哲王。享國長久。歷世治安。蓋封建子孫。屏扞王室。所以定維城之業。成磐石之固。稽若舊典。可舉而行。皇長子、崇仁保運功臣、忠武軍節度、許州管內觀察處置等使、特進、檢校太傅、同中書門下平章事、使持節許州諸軍事、行許州刺史、上柱國、淮陽郡王、食邑一千八百戶、食實封八百戶項。天性温恭。神識英秀。爰自就學。外傅疏爵。近藩令問日新。好禮彌謹。矧居上嗣之地。當啓眞王之封。朕按輿地之圖。潁川爲大國。因景風之候。惟盛夏吉時。是用建爾國家。胙之茅土。於戲。制節謹度。故能守富貴。敷道養德。莫若盡忠孝。王其戒之。無忝予一人之休命。可特授依前檢校太傅、同中書門下平章事、使持節許州諸軍事、行許州刺史、充忠武軍節度、許州管內觀察處置等使、封潁王、加食邑一千戶、食實封四百戶、仍令所司擇日備禮策命。

皇子顥特授特進檢校太傅同中書門下平章事充保寧軍節度使加上柱國進封東陽郡王加恩賜崇仁保運功臣餘如故制

門下。夫封建親賢。崇廣藩輔。所以茂枝葉之庇。固盤維之安。古先哲王。率由兹道。皇子、明州管內觀察使、金紫光祿大夫、檢校太子賓客、使持節明州、諸軍事、明州刺史、兼御史大夫、上輕車都尉、祁國公、食邑五百戶、食實封二百戶顥。温仁本乎異稟。聰敏見於夙成。向從外傅之游。已寵廉車之拜。而能動皆率禮。孝必因心。宜用疏封。俾從出閤。按東陽之奧壤。蓋澤國之名區。分以苴茅。付之龍節。視秩帝傅之重。進列宰司之崇。錫號褒功。策勳加等。衍實多邑。併示寵章。於戲。位不期驕。祿不期侈。恭儉惟德。爾其欽哉。可

皇弟顥授光祿大夫依前檢校太尉同中書門下平章事充武勝軍節度使進封樂安郡王加勳食邑實封制

門下。朕躬大統之承。憲前王之度。並建宗子。庸廣骨肉之恩。作扞皇家。思長社稷之守。方曠恩之澤物。宜渙檢之宣朝。皇弟具官某。體行端和。神風華秀。孝友自其天性。忠謹承于世資。蚤就學於奇觚。已析封於寧宇。念鴒原之愛。嘗見急難之情。嘉麟趾之風。居多信厚之履。屬肇親於庶政。宜偏獎於近支。往踐鈞衡之崇。益疏茅社之貴。化繇近始。愛莫爾隆。於戲。禮重周盟。以薛侯而爲後。義形漢約。非劉氏者不王。懋昭淑聲。永服徽命。可

皇弟顥封岐王制 治平四年九月辛卯

朕祇紹基圖。惕循謨烈。因山功畢。輿厚地以永安。祔廟禮成。悵昊天之罔極。念同生之均戚。惟送往之良勤。爰舉典章。增陪封鎮。示茲渥命。告于大廷。皇弟崇仁保運協恭贊治功臣、武昌武安等軍節度、鄂州潭州管內觀察處置等使、開府儀同三司、檢校太尉、同中書門下平章事、使持節都督鄂州潭州諸軍事、行鄂州潭州刺史、上柱國、昌王、食邑二千九百戶、食實封一千二百戶顥。資度濬夷。德猷粹穆。善謀常法。亶康叔之宅心。好禮盡忠。有東平之雅志。已胙苴茅之社。用安盤石之宗。適緣感慕之懷。益示褒崇之意。隆名逾峻。異數寔優。於戲。作誥孟侯。實尊於方伯。推恩介弟。蓋重於天倫。尙迪厥中。以綏爾祿。可特授依前檢校太尉、同中書門下平章事、行兗州大都督府長史、使持節青州諸軍事、行青州刺史、泰寧鎮海等軍節度、兗州青州管內觀察等使。改封岐王。

皇弟頵封高密郡王制

王者正位凝命。國體所以尊安。篤親愼終。民德所以仁厚。睠橋山之已事。感淸廟之初升。顧予同氣之懷。宜先錫命之寵。皇弟、武勝軍節度、鄧州管內觀察處置等使、光祿大夫、檢校太尉、同中書門下平章事、使持節鄧州諸軍事、鄧州刺史、上柱國、樂安郡王、食邑一千七百戶、食實封六百戶頵。履和而至。行敏而恭。金聲自全。玉氣不掩。雅見方嚴之度。夙推信厚之風。宜改錫於苴茅。用增榮於齋鉞。於戲。神器之大。方圖濟於艱難。盤石之安。顧永期於夾輔。尙念猷訓。保茲寵靈。可特授依前檢校太尉、同中書門下平章事、興元尹、山南西道節度、管內觀察處置橋道等使。封高密郡王。

皇弟頵兩鎮進封嘉王制 熙寧四年二月壬申

門下。史謂建大宗之封。如安盤石之固。詩美得同氣之助。共敷棠棣之華。朕紹五聖之休。昭九族之序。固已倚天屬於本根之重。措公姓於翰幹之彊。况於至親。宜有顯册。播告群位。厥惟大公。皇弟、崇仁保運功臣、山南西道節度、管內觀察處置橋道等使、特進、檢校太尉、同中書門下平章事、興元尹、上柱國、高密郡王、食邑二千四百戶、食實封六百戶頵。燕翼發祥。温恭迪哲。英姿茂而玉裕。盛氣粹而揚休。講藝服儒。多推道術之對。好禮樂善。雅有

智思之文。鼎稽立愛之經。屢衍建侯之寵。有華上公之袞。有淑元戎之旂。賢儀寖明。師論參穆。是用端筴以審繇。按圖而定名。表爲眞王。奄受樂國。盡岷峨之野。陪以爰田。易淝渙之麾。加之兩組。循典常而出閤。謹著定以奉朝。列第環宮。彌聳開元之觀。側門通禁。永承長樂之顔。備飭愛懷。布章慶譽。於戲。展親以誠信。我則友于天倫。秉德以輔陪。爾則藩於王室。思長富貴之守。懋底忠孝之誠。往其欽哉。以對猷訓。可特授依前檢校太尉、同中書門下平章事、使持節廬州宿州諸軍事、行廬州宿州刺史、保信保靜等軍節度、廬州宿州管內觀察處置河隄等使、進封嘉王、加食邑一千戶、食實封四百戶。

皇弟顥加恩制

門下。朕祼獻太室。禋燎圓丘。方熙事之涓成。擁靈休而滋至。眷言介弟。敢後寵章。皇弟具官顥。至誠淵渟。盛氣玉粹。渾然道德之蘊。展矣忠孝之資。赤舄淑旂。奄受眞王之册。元圭黼袞。載視上公之儀。陪輔眇躬。惇宗元祀。因紫營之昭報。奉鸞輅之親行。佩韠夙興。有絜齋明之志。匏尊參薦。有虔陟降之容。適當歸胙之初。宜峻均恩之舉。特審名數。以耀龍光。於戲。友則因心。益厚同生之愛。祭維受福。永蒙時萬之祥。其遠乃猷。以綏而祿。可

皇子俊授特進檢校太尉使持節曹州諸軍事行曹州刺史兼御史大夫充彰信軍節度曹州管內觀察處置等使上柱國永國公食邑三千戶食實封一千戶仍賜體仁保運功臣制

門下。朕承景庥之昌。荷丕構之重。誕受帝祉。薦生天材。立義制名。既昭於德性。按圖錫壤。始賁於寵章。颺于明廷。詔爾群辟。皇子俊。姿函岐嶷。氣稟粹淸莊重表于覃訏。聽哲成於髫鬌。審洊雷之象。亶膺廟稷之休。考朱芾之章。嘉合君王之慶。屬近司之來諗。宜吉日以啓封。庶言則同。朕命維允。是用胙以南夏。將於東藩。以裁半楚之疆。以侈陪京之鎮。載黼斯袞。視上公之儀。有鸞其旂。嚴外閫之望。肆加功號。特峻文階。越陪邑戶之多。兼畀國租之實。並蕃異數。良協慈懷。於戲。昔利建侯。以燕翼子。周倚宗師之盛。作之翰垣。漢立公王之隆。興于襁褓。率茲成憲。匪我私恩。其服龍光之榮。以介壽臧之福。懋進乃德。往惟欽哉。可

皇子俊特授開府儀同三司加恩餘如故制 熙寧七年十二月三日

門下。思齊之美。文王增百男而紀盛。華封之祝。堯帝願多子以爲祥。蓋榮茂於天支。寔尊崇於國體。屬當明祀之畢。宜被慶恩之行。皇子、體仁保運功臣、彰信軍節度、曹州管內觀察處置等使、特進、檢校太尉、使持節曹州諸軍事、行曹州刺史、兼御史大夫、上柱國、永國公、食邑三千戶、食實封一千戶俊。璿蕚儲英。珠源毓粹。夙賦中和之性。早彰岐嶷之姿。侍膳問安。已無虧於孝謹。聞詩學禮。期有稟於義方。是用陪益乎爰田之封。褒優乎命數之寵。庸需庭渙。示均神禧。於戲。上賴祖宗之休。既幼加於爵祿。往親師傅之訓。宜日進於行能。欽哉惟時。服我新命。可

皇子儼拜官

朕承宗廟之重。荷穹昊之休。實生嗣賢。來侈昌緒。眷惟封爵。厥有典彝。爰告治朝。式敷詔號。皇子儼。挺天材之秀。膺帝武之祥。氣毓黃鍾之和。體含金玉之粹。意初能識。已彰載路之聲。德漸有成。且稱斯皇之芾。將及勝衣之始。未推受社之恩。颺言僉同。剡奏來上。是用灼龜撰吉。備物肆儀。言觀其旂。賜中軍之徒御。大啓爾宇。奄北國之山川。參視上公。兼陪眞賦。峻崇階而躐品。冠嘉號以表功。寵數惟新。慈衷滋慰。於戲。周美螽斯之衆。載歌多子之章。漢用輿地之圖。申講建侯之策。肆茲成命。允謂大公。其承明訓之猷。以綏曼壽之祉。可特授檢校太尉、使持節陳州諸軍事、行陳州刺史、兼御史大夫、鎮安軍節度、陳州管內觀察處置等使、上柱國、景國公。食邑三千戶。食實封二千戶。賜宣仁翊運功臣。

皇子傭特授特進檢校太尉充天平軍節度使均國公加食邑實封仍賜功臣制 熙寧十年十二月丁亥

門下。御家者親親。蓋人倫之大本。治國者貴貴。亦天下之達尊。乃眷嗣賢。其議褒命。剛辰載揆。渙號用頒。皇子傭。膺禖祠之祥。啓夢羆之兆。憲憲鍾德。克稟天生之材。岐岐秉知。式歆帝敏之武。幼儀始肄。聰哲夙成。師錫旣同。龜猶旣告。是宜出少府之節。按輿地之圖。建茲東藩。胙爾西土。大佩赤舄。參備公卷之華。淑旂綏章。增賁將牙之重。命功有號。序品有階。惟多邑是畀。惟眞賦是予。併疏異渥。用協榮懷。於戲。周錫王支。本實顯於百世。漢封帝子。始蓋踰于十城。綏予寵光。介汝遐福。可。

皇子价特授特進檢校太尉充武勝軍節度使建國公食邑食實封仍賜功臣制

門下。朕循燕翼之謀。保紹休之緒。載篤斯慶。增衍本支之蕃。思強厥宗。肇開藩屛之奧。誕以穀旦。告諸治朝。皇子价。性岐嶷以天成。質覃訏而日就。厥聲載路。膺上帝之嘉祥。有芾斯皇。協大人之吉卜。顧未颺於寵典。茲屢諗於僉言。乃授全師。乃徹成國。玉符班瑞。析上將之騂旄。金路啓封。備三公之黼衮。躐崇階而辨等。冠美號以詔功。並疇邑賦之多。加畀井封之實。繁推命數。備極情文。於戲。父子主恩。雖本人倫之至。朝廷尙爵。亦歸天下之公。惟敘有承。俾服無斁。可。

皇子傭特授依前檢校太尉持節鄆州諸軍事鄆州刺史均國公充天平軍節度鄆州管內觀察處置河隄等使加食邑實封勳如故制

門下。朕緬稽天若。顧畏民嵒。茲荷降康。敢忘毖祀。是以璆磬金鼓。繭牲粢盛。駿奔走於百工。丕靈承於上帝。率將多士之膚敏。具殫德產之精微。神其宴娭。福用蕃衍。方均惠術。周逮海邦。惟予嗣賢。宜與典册。皇子具官某。沿源慶善。植性惇明。弗煩詔教之勤。自格中和之懿。琱戈蕩節。峻秩禮於元戎。金路介圭。啓疆圻於大國。旣告成於熙事。俾進律於外庭。加賦爰田。陪租眞食。於戲。寵非朕出。蓋本神明之休。命豈爾私。是光文武之緒。永迪嘉德。益綏遠猷。可。

皇子均國公傭進封延安郡王制 元豐五年八月壬子

朕荷宗廟之休。宅乾坤之泰。大開邦宇。分王宗親。用建四維之安。是基萬世之福。若時慶典。屬我嗣賢。式揆剛辰。誕孚群聽。皇子、天平軍節度、鄆州管內觀察處置河隄等使、檢校太尉、持節鄆州諸軍事、鄆州刺史、上柱國、均國公、食邑四千戶、食實封一千一百戶。儲發祥帝武。毓秀仙源。岐嶷天姿。夙禀神靈之異。聰明日就。詎煩師傅之勤。自登拜於將壇。顧浸更於歲籥。雖茂成人之德。尙稽受社之榮。爰諗僉言。丕揚新命。繡裳朱舄。視儀物於上公。燾土苴茅。啓藩封於西國。兼陪眞賦。併示異恩。於戲。若古有猷。修身在永。維恭儉可以保位。維忠孝可以事君。勉悉乃心。往祗朕訓。可特授依前檢校太尉、開府儀同三司、使持節延州諸軍事、延州刺史、充彰武軍節度、延州管內觀察處置等使、進封延安郡王、加食邑一千戶、食實封六百戶、勳如故。主者施行。

宋大詔令集卷第二十八

親王三

進拜三

皇第九子佖拜官制 元豐六年閏六月壬辰

御侮者莫如親。先王未之或改。多男而授之職。天下不以爲私。朕荷列聖之休。席昊穹之祜。亶生哲嗣。來修皇圖。其頒寵章。以詔群辟。皇第九子佖。憑暉宸極。毓秀天枝。岐嶷得於自然。温文見於異稟。燕禖錫羡。肇開弓韣之祥。朱芾載光。嘉合室家之慶。將及勝衣之拜。未膺列壤之封。舊章甚明。衆議來諗。按圖輿地。惟清漢爲上游。疏爵景風。惟盛夏爲吉日。是用苴茅制社。授鉞殿邦。遂荒半楚之疆。參視上公之秩。併推異數。躐進崇階。以爰田畀之眞賦。於戲。子孫並建。誠三代之遠謀。襁褓受封。亦兩京之故事。勉承猷訓。永介壽祺。可特授檢校太尉、持節襄州諸軍事、襄州刺史、充山南東道節度、襄州管內觀察處置橋道等使、上柱國、儀國公、食邑三千戶、食實封一千戶。

皇第十子佶鎭寧節度寧國公制 元豐六年十月甲戌

立愛者始於親。商人賴之永世。制國而傳於子。漢廷恃以爲安。朕承五聖之謀。擁萬方之重。荷天右序。誕錫多男之祥。若古典常。庸建寧侯之壤。肆朌丕號。孚告外廷。皇第十子某。性稟温文。體函岐嶷。生民克祚。蚤膺履武之休。朱芾斯皇。嘉合宜君之慶。屬近臣之抗議。卜陽月以啓封。會義制名。相方辨域。天被爾祿。始徹連城之疆。我圖爾居。莫如便鎭之樂。跨河而守。惟澶爲雄。畀以金鉞之威。寵以衮衣之飾。用彊屏翰。增庇本支。申衍爰田。兼陪眞賦。於戲。周詩之言干祿。率由舊章。召誥之戒初生。自貽哲命。往承猷訓。永介壽祺。可特授太尉、持節澶州諸軍事、澶州刺史、充鎭寧軍節度、澶州管內觀察處置等使、上柱國、寧國公、食邑三千戶、食實封一千戶。

皇子俌加恩制

門下。朕以宗奉天經。肅祇郊祀。緝熙先王之典式。刑烈祖之謀。嘉牲射而一純。昭圜鍾變而萬靈接。眷言哲嗣。宜畀寵章。某疏慶皇枝。憑暉霄極。維衮及繡早備上公之儀錫山與田奄受大邦之册甫及勝衣之拜已知學禮之勤屬參訂於上儀用申嚴於毖祀朌敷大澤將期遠邇之均錫予善人豈有親疏之間。陪敦多井。肆衍眞封。於戲。因古經而接於神。維禮之重。受帝祉而施于子。蓋國之光。往服茂恩。益膺遐福。

皇子某加恩制

門下。朕勅天之命。拜貺于郊。吉□威儀。以接萬靈之奥。端闈孚號。以均四海之休。眷言嗣賢。宜渙恩典。某性緜異稟。器本夙成。早膺弓韣之祥。獨秀珩璜之德。向榮藩輔。進預褒封。鸞旗琱戈。壯中軍之徒御。桓圭袞冕。備上公之威儀。屬修元祀之文。欽用豐年之報。方徧旌於列辟。宜均饗於緐禧。申衍爰田。兼陪眞戶。於戲。修精微而備玉帛。曷盡報功之誠。蒙寵靈而貽子孫。是爲長世之策。往承貺施。以介壽康。

皇子佖加恩制

門下。朕稽古以緝禮文。因郊而定天位。乃駕齋輅。祈底烝民之生。乃熙紫壇。欽接三才之奥。肸敷大澤。徧曁四方。興言嗣賢。宜膺寵典。某資稟純粹。性合溫文。早毓慶於皇支。亟承華於朱芾。班之金鉞。夾隆屛翰之安。被以袞衣。進陟台衡之貴。適升禋於太一。且奠璧於清壇。敷錫靈釐。肆均惠術。宜褒優於天屬。俾敦厚於人倫。增衍井腴。申陪國賦。於戲。稱秩元祀。本周室之舊章。逮懿親。亦漢庭之故事。往祗異數。用介多祥。

皇弟顥加恩制 元豐郊

門下。朕以一陽之復。躬三歲之祠。登圜丘而揖太清。神其宴饗。沛胥德而麗萬世。人以歡欣。方熙事之告成。敢繁禧之專饗。肆頒丕號。寵奬近親。某躬孝友之資。端高明之學。折衝禦侮。擁兩鎭之齋旄。作翰皇家。奠全秦之美圖。屬奉承於毖祀。實顯相於上儀。旣肅雝以陪八室之祠。又嘉栗以亞中壇之獻。伸加圭賦。肆衍腴田。於戲。褒功德而闕盛衰。無疆惟恤。以賑膰而親兄弟。不顯其威。往服徽章。益茂成烈。

皇弟頵加恩制 元豐郊

門下。朕祗遹舊章。肇修吉禮。以物無上帝之稱。故祀之貴誠。以聖惟烈祖之尊。故推以陟配。蓋昭明寅畏。則精意達。慈祥悌順。則多祜臻。方褒庶位之勞。敢後茂親之奬。某德履莊重。才猷俊明。河間推道德之言。傳於至理。東平躬孝友之質。成於自然。夾隆磐石之安。奄受眞王之策。逮茲祀事。相我上儀。齊潔乎陽靈之宮。陟降乎禮神之囿。載圖嘉績。增錫寵名。申陪邑賦之封。兼衍國租之實。以華邦體。以睦民風。於戲。逆三神之釐。已極肇禋之義。施大澤之博。莫如同氣之賢。往承天休。益輔予治。

皇第十一子俁拜官制 元豐七年八月己丑

禦外侮者。莫如親。先王賴以安治。受帝祉而施於子。大雅因以詠歌。朕循累聖之燕謀。席昊穹之眷命。誕生哲嗣。未侈皇圖。颺茲寵章。詔爾群辟。皇第十一子俁。乘暉霄極。毓粹璿源。溫文得於自然。聰哲成於有識。閟宮實實。亶膺降福之休。朱芾皇皇。嘉合爲君之慶。屬近臣之抗議。擇良日以疏封。朕命不私。師論惟穆。是用胙之西土。將于中山。以臨護塞之衝。以應連城之制。惟袞及繡。有華上公之儀。秉鉞與旄。有偉元戎之任。策勳躐等。衍邑實租。

於戲。周以百子之疆、史氏書其過厤。漢用五宗之盛、議臣諭之鐫金。永惟大公、無愧前烈。往承優渥、益介壽康。可特授檢校太尉、持節定州諸軍事、定州刺史、充定武軍節度、定州管內觀察處置等使、上柱國、成國公、食邑三千戶、食實封一千戶。

皇第十二子拜官制（元豐七年十二月庚午）

荷天右序、故能傳類以蕃孳。饗國久長、必賴建親而藩屏。永惟駿命、誕集眇躬。繼生嗣賢、來侈昌緒。其孚渙號、以詔大廷。皇第十二子似、岐嶷得於自然、溫文成於異稟。燕謀錫羨、亶膺震夙之祥。熊夢應占、嘉合寢興之吉。方制名而命義、宜授社以啓封。胙以南邦、將于便鎮。以徹濱淮之壤、以裁半楚之疆。貝胄朱綅、壯中軍之徒御。華衮赤舄、備上公之威儀。視秩策勳、陪田實賦。疏榮褫褓、衍慶本支。於戲。燕及皇天、惟朕所以昌其後。自貽厥命、惟爾所慎在其初。往承寵光、永綏壽嘏。可特授檢校太尉、持節亳州諸軍事、亳州刺史、充集慶軍節度、亳州管內觀察處置河隄等使、上柱國、和國公、食邑三千戶、食實封一千戶。

皇叔顥移某軍節度進封加恩制（元豐八年哲宗嗣位）

門下。朕獲以眇躬、奉承大統。繼文之業、思負荷之艱難。見堯於羹、悵哀恫之罔極。眷言叔父、時謂宗英。亶疇藩賴之勞、誕布褒嘉之册。具官某、器宇莊重、才猷靖深。閱義理之多聞、蘊高明之善學。祗事英祖、早隆孝愛之深。同氣先朝、尤見急難之誼。奄受眞王之策、協成磐石之安。屬纂紹於宗祧、首褒揚於尊屬。苴茅於社、裂南國之名區。易節於庭、殿兩邦之重鎮。寵以懋功之典、進以隆道之官。申衍爰田、兼陪眞賦。於戲。孝文之欽楚國、賴以藩宣。肅宗之禮憲王、極於恩意。往承新命、兼介多祥。

皇叔顗移某軍節度進封加恩制（元豐八年）

門下。朕獲承大統、肇臨庶邦。繼體承祧、罔極昊天之慕。叙親孚命、敢忘季父之尊。稽用典章、增隆封鎮。載涓穀旦、布告治廷。某識達而量夷、知明而材劭。多閱天下之理、博通君子之方。承志意於西朝、惇友悌於先帝。麟應於世、如文王信厚之時。鳳集于庭、符開元羽翼之頌。屬紹承於洪緒、首褒進於近支。是用易以齋旄、殿西藩之便鎮。錫茲茅社、裂三楚之名區。陞華論道之官、申衍爰田之賦。於戲。周封康叔、惟民其勑懋和。漢重東平、諸王莫與爲比。往膺茂渥、益介繁禧。

皇弟似開府進封加恩制（元豐八年）

門下。朕誕膺歷服、肇覽政機。保文祖受命之民、益思綏靖。念皇考永世之孝、罔極哀恫。迺眷天倫、發祥帝武。其頒顯册、以告治廷。某毓秀皇枝、憑暉霄極。夙稟覃訏之質、生知孝友之方。朱芾皇皇、嘉合宜君之慶。閟宮實實、亶承降福之休。向錫命於端朝、已拜嘉於我里。屬予纘紹、敢後褒崇。越升將相之班、優侈本支之勢。疏榮王社、衍食井腴。於戲。昔熙祖流聰慧之稱、建臨淮之國。元仲表岐嶷之譽、啓平原之封。往廸令猷、益介眉壽。

皇弟俁加恩制 元豐八年

門下。朕欽膺遺訓。肇臨庶邦。聖伏神祖。恨昊天之罔極。任重守大。念寶麻之無疆。乃眷同生。最爲均慶。宜孚正號。以詔群倫。某氣稟清明。性包聰哲。早秀珩璜之德。亶膺弓韣之祥。向預褒封。進聯藩輔。被之華袞。極上宰之威儀。陟以齋壇。壯元戎之徒御。屬予纘序。維時尙親。是用越升將相之班。增重本支之勢。兼陪多井。併錫徽章。於戲。負荷艱難。永念答揚於帝訓。寵靈偏暨。莫如惇叙於天倫。往承之休。益介而壽。

皇弟佖加恩制 元豐八年

門下。朕荷天之休。繼國之序。思憑几之訓。則不敢忘負荷之艱。念維城之安。則不敢稽惇叙之典。矧予同氣。尤所注懷。具孚渙恩。以先列位。某承神明之烈。稟純粹之資。岐嶷發祥。嘉合燕禖之禱。寢興協吉。亶符熊夢之占。向繇天性之慈。已摠戎車之寄。屬予纘紹。申命褒崇。是用因淸漢之鉞旄。錫大寧之茅土。增重本支之勢。兼華輔相之班。申畀井腴。兼陪國賦。於戲。休矣皇考。以保明其身。豈無他人。不如我同父。往膺寵渥。益介壽臧。

皇弟佶加恩制 元豐八年

門下。朕奉憑几之言。受膺圖之託。乃謀庶政。以承宗祀之休。乃率舊章。以寵天倫之愛。肦敷顯册。播告路朝。某資稟粹淸。識兼岐嶷。承暉皇極。早開朱芾之祥。錫羡增成。寖侈綠車之慶。向孚邦號。丕擁將牙。屬予纘紹之初。思正褒崇之典。感興魯衞。胙啓郇滕。錫以苴茅。茲重本支之勢。畀之瑞節。兼華將相之班。申衍井腴。陪敦圭賦。於戲。剪桐睦族。遂裂河汾之疆。賜帶懷賢。誕啓東平之祚。往承休渥。益介壽臧。

皇叔顥進太傅移兩鎭制 元豐八年十二月辛未神宗祔廟

門下。朕祗遹燕謀。紹承大統。因山功畢。悼弓劍之永藏。祔廟禮成。瞻衣冠而如在。惟先帝同生之愛。有宗藩迻往之勤。錫以徽章。詔爾列辟。皇叔、成德橫海等軍節度、管內觀察處置等使、守太保、開府儀同三司、眞定尹、持節滄州諸軍事、滄州刺史、上柱國、揚王、食邑一萬一千一百戶、食實封三千七百戶、賜贊拜不名顥。姿度粹穆。材猷雋明。履孝資忠。實爲社稷之鎭。正爲樂道。不失禮義之中。擁兩鎭之節旄。殿全吳之茅社。協□□□。積功王家。適屬七月戒期。六輿取道。獨高扈從之□□見□難之情。是用寵以官常。陞之帝傅。建高牙於雍□□□□於岐山。折衝無形。注意甚遠。於戲。周封康叔。不忘保乂於斯民。漢倚東平。丕顯勤勞於王室。往膺異數。益□□休。可守太傅、依前開府儀同三司、京兆鳳翔尹、揚王、賜贊拜不名、充永興鳳翔等軍節度、管內觀察處置等使、勳官食邑實封如故。

皇叔頵進太傅移兩鎭制

門下。朕罹國大憂。紹天明命。黃陵玉庭。永綏復土之深。淸廟朱絃。序陟寧神之禮。哀恫罔極。感慕徒申。念宗藩尊屬之賢。有文考同生之愛。圖功甚茂。迻往良勤。敷告大廷。肆頒贊册。皇叔、武昌武安等軍節度、鄂州潭州管內觀察處置等使、守太保、開府儀同三司、持節都督鄂州潭州諸軍事、鄂州潭州刺史、上柱國、荊王、食邑一萬六千戶、食實封二千七百戶、賜贊拜不名。顧身端行治。識遠量宏。地則茂親。時惟明德。翼戴王室。雅有二南之風。表儀宗枝。獨包兩獻之學。協策廟社。乃心朝廷。胙賑承祧。疇勞錫命。屬緝裕陵之禮。遠護靈駕之行。事有感懷。義當褒異。是用進以官班之等。寵乎帝傅之崇。出節徐邦。建麾青社。以應釆菽來朝之賜。以慰棠棣孔懷之情。於戲。詩美大宗。是爲四國之翰。禮尊叔父。固□一人之嘉。往服寵光。益膺福祉。可守太傅。依前開府儀同三司、徐州大都督、持節青州諸軍事、青州刺史、荊王。賜贊拜不名。充武寧鎮海等軍節度、徐州青州管內觀察處置等使。勳食邑實封如故。

皇叔顥守太傅加恩制 元祐元年四月

門下。古者崇建屏翰。所以折難於諸侯。褒表親賢。所以永隆於皇室。故史有鐫金之喻。誓載帶河之言。迺眷賢王。方遷外第。允嘉沖尙。申錫茂恩。敷告治廷。肆頒顯策。皇叔、永興鳳翔等軍節度、管內觀察處置等使、守太傅、開府儀同三司、京兆鳳翔尹、上柱國、揚王、食邑一萬一千一百戶、食實封三千七百戶、賜贊拜不名顥。道醇而至。識遠而通。被服六藝之文。翼戴兩宮之治。昔在先帝。寵冠內朝。屢蘄築邸之安。懇避側門之□。□惟沖眇。方賴保綏。思承長樂之顏。深念厚陵之愛。□諭甚至。所守益堅。是用錫掌武之隆名。增建麾之異數。□□多井。加衍眞封。於戲。列第環宮。愧不及開元之盛。專□作牧。庶以紹成周之寧。往承寵榮。益彊藩輔。可特授守太尉。依前開府儀同三司、雍州牧、兼鳳翔牧、揚王。賜贊拜不名。充永興鳳翔等軍節度、管內觀察處置等使。加食邑七百戶。食實封三百戶。勳如故。

皇叔荊王頵遷官制

門下。古者受命之君。繫天而王。雖禮有損益。而事有節文。未嘗不褒顯近親。疏錫巨屏。以扞外侮。以圖大寧。矧予賢王。遷於外第。申頒贊策。敷□群倫。皇叔、武寧鎮海等軍節度、徐州青州管內觀察處置等使、守太傅、開府儀同三司、徐州大都督、持節青州諸軍事、青州刺史、上柱國、荊王、食邑一萬六百戶、食實封二千七百戶、賜贊拜不名頵。蓄德閎深。秉心淵懿。保乂王室。如旦奭之輔于周。倡帥宗蕃。若間平之翼于漢。孝至承於長樂。友愛篤於先朝。向避環宮之居。屢申築邸之請。沖尙甚確。至言莫回。寵加掌武之名。增侈維城之業。建麾鎮野。出節荊郊。益以爰田陪之眞賦。於戲。親之欲貴。茲爲天下之同心。高而不危。永蹈前人之全美。往承寵數。茂介多祥。可特授守太尉。依前開府儀同三司、眞定尹、兼江陵尹、荊王。賜贊拜不名。充成德荊南等軍節度、管內觀察處置等使。加食邑七百戶。食實封三百戶。勳如故。仍並令所司擇日備禮冊命施行。

皇弟偲拜官制 元祐元年八月壬辰

朕奉承燕謀。獲紹大統。永懷先烈。曷勝哀疚之情。眷顧同生。宜厚褒封之典。孚我明命。揚于治廷。皇弟偲。岐嶷得於自然。溫文見於異禀。挾天材之美質。應帝武之嘉祥。未臨射矢之辰。遽起號弓之慕。踰年於此。錫壤惟時。矧周人尙親。尤重本支之輔。漢廷左戚。亦隆襁褓之封。規裁半楚之疆。載徹濱河之域。苴茅□社。授鉞殿邦。用進上公。尹茲北國。策勳加等。衍邑實租。於戲。西望裕陵。敢忘幼子之愛。東朝長信。進預諸孫之游。往服恩輝。益延壽祉。

可特授檢校太尉、持節滑州諸軍事、滑州刺史、充武成軍節度、滑州管內觀察處置河隄等使、上柱國、祁國公、食邑二千戶、食實封一千戶。

宋大詔令集卷第二十九

親王四

進拜四

皇叔顥加恩制 元祐元年明堂

門下。王者採儒術以馭神。緣人情而制禮。謂遠而尊者祖。故郊以配昊天。邇而愛者親。故祀以侑上帝。朕憲章往古。緝熙曠文。孝奏而至誠通。靈游而美祥下。肆頒寵典。褒進近親。某德度粹醇。才猷明雋。楚藩季父。閱義理之多。東平賢王。全忠孝之美。執德以陪眇質。承意以事東朝。屬卜靈辰。崇嚴大事。首發三錢之賜。益均五玉之封。逮此休辰。敢忘加錫。載疏圭賦。申衍井腴。於戲。接神因古聖之經。特拜豐年之貺。歸脤交諸侯之福。無先尊屬之賢。往承閎休。永保終譽。

皇叔顒加恩制 元祐元年明堂

門下。五禮之別。首於祀。萬物之生。本乎天。朕祗遹燕謀。初紹大統。迺眷總章之地。未修嚴祀之文。載馳齋車。拜上神之景貺。出沛端闕。洒四海之湛恩。申頒寵章。褒進宗戚。某身端而行治。履順而體和。陪輔先朝。有韡韡棣華之愛。表儀公姓。協振振麟趾之風。執德以翼朕躬。制節以循侯度。屬涓吉旦。祗舉宗祈。方寵獎於皇支。首渥優於尊屬。允圖嘉蹟。增錫寵名。載徹之田。嘉樂厥福。於戲。詠我將之什。式符周室之文。歌大澤之詩。期底漢庭之盛。尙賚夾輔。協致丕平。

皇弟某加恩制 元祐元年明堂

門下。君子之於親。主夫篤敬而已矣。仁人之於弟。莫如友愛之胥然。朕祗帥詒謀。獲承洪緒。奉祠陽館。昭荅三神之釐。還御端闈。大敷四海之澤。眷言介弟。敢後寵章。某毓慶紫庭。憑暉璇極。聰哲成於異稟。岐嶷得乎自然。錫壤制名。浸被先朝之遇。勝衣進拜。早承長樂之顏。昨朕纘圖。敍親錫命。已侈殿邦之寄。用安盤石之宗。屬卜秋霜之辰。涓嚴世室之享。有華邦典。申衍井封。茲示沈恩。併爲異數。於戲。漢優帝子。寵以茅土之封。唐厚天倫。比乎羽翼之輔。往承寵渥。益介壽康。

皇弟俁加恩制 元祐元年明堂

門下。朕祇遹舊章。肇稱吉禮。奉壘眞館。所以感格於高靈。奠玉合宮。所以儀刑於前烈。咨訪儒術。包舉藝文。眷言介弟之賢。宜被寵章之拜。某承華霄極。托秀天淵。莊重見於夙成。聰哲由於自得。黼衮赤舄。早膺成國之封。鸞旂琱戈。參秉元戎之寄。屬福祿之來下。惟慶賜以遂行。憲漢庭左戚之文。廣周室尙親之澤。申頒多邑。用強本宗。於戲。騂騂角弓。雅以刺怨。振振麟趾。風以詠歌。往服徽章。益延茂祉。

皇弟偲加恩制 元祐元年明堂

門下。朕罹國多艱。紹帝明命。祈年拜況。所以格三神之歡。推父比天。將以教諸侯之孝。特下告庭之命。進褒同氣之賢。某氣函清明。性包岐嶷。閟宮錫羨。齒長信諸孫之游。朱芾承榮。有先朝少子之愛。向圖夾輔。已預疏封。錫之上宰之章。寵以元戎之寄。今緣禋祀。復示褒嘉。侈魯侯之土田。強周邦之屛翰。於戲。出則銜恤。方深何怙之悲。烝也無戎。宜厚孔懷之愛。往承神貺。益介壽祺。

皇弟佖加恩制 元祐元年明堂

門下。朕祇遹燕謀。初紹天統。爰卜肅霜之旦。躬修陟配之祠。度九尺之筵。欽拜上神之貺。進三牲之食。肆揚文考之功。乃眷同生。宜班褒典。某出神明之胄。承帝祉之光。既寢既興。亶有占夢之吉。克岐克嶷。卓有成人之風。向臨定其號名。已差量於功次。屬緝肇禋之典。兼隆睦族之恩。衍以爰田。陪之眞賦。以昭異數。以協慈懷。於戲。漢策三王。因以勝衣而錫位。唐褒十節。不待出閤而啓封。往承神釐。益遐壽祉。

皇弟似加恩制 元祐元年明堂

門下。朕憲章往古。緝熙曠儀。燕及皇天。倣玉帶上圖之制。率見昭考。隆永徽專配之文。申錫命書。褒優同產。某性函聰哲。氣亶中和。錫羨璿源。毖荷乾坤之施。啓封珠襪。寖承日月之光。屬履秋霜之辰。大修世室之享。誕敷慶澤。徧奬近親。宜遹舊章。進荒多邑。以強屛翰。以侈龍光。於戲。合禮文以事鬼神。敢言能饗。歸脤膰而親兄弟。茲曰大公。往承閟休。益茂爾祿。

皇叔揚王顥改封徐王制 元祐三年八月己卯

周分玉以致邦。乃親于叔。漢裂疆而疏爵。其大者王。矧予帝族之尊。維爾宗藩之長。進褒大國。敷告廣朝。皇叔、永興鳳翔等軍節度、管內觀察處置等使、守太尉、開府儀同三司、雍州牧、兼鳳翔牧、上柱國、揚王顥。地維茂親。屬爲諸父。夙宏膽略。望推趙郡之光。恩重禮尊。世慕東平之比。賢人之德親久。天下之義閱多。內彊輔於本根。身兼履於將相。間于兩社。位在三分。優蕭侯而勿名。益魯地以示廣。江湖吳越。亦既保於南疆。海岱淮徐。其克乂於東土。蓋名隆者封愈大。而能至者數彌加。於戲。明帝始終。有如沛獻之法度。成王左右。無若周公之勤勞。庶幾於今。不愧于古。厥服朕命。惟肩乃心。可特授依前守太尉、開府儀同三司、雍州牧、兼鳳翔牧、賜贊拜不名、充永興鳳翔等軍節度、管內觀察處置等使、改封徐王。勳食邑實封如故。仍令所司擇日備禮册命。

皇弟佶加恩制 元祐四年明堂

門下。朕惟成王尚幼而紹文武任姒之業。時其諸弟之貴。則有邘晉應韓之封。皆克保邦。以輔王室。今予仲叔之衆。咸訓祖考之謀。方宗祀于天人。以陟配于上帝。禮成弗越。孝思無窮。爰因降福之多。以均同氣之盛。皇弟、鎮寧軍節度、澶州管內觀察處置等使、檢校太尉、開府儀同三司、持節澶州諸軍事、澶州刺史、上柱國、遂寧郡王、食邑六千戶、食實封一千九百戶某。資性之粹。克孝于家。典學之初。弗煩于傅。觀其師禮之意。既有成人之才。受册苴茅。已賜盟於如礪。備儀出閤。終有賴於維城。朕方推神之休。布澤于下。豈茲貴介之弟。而有或遺。宜增多戶之封。並衍真封之賜。於戲。富而知稼穡之事。則富可保。貴而知君臣之節。則貴可全。授爵既全於四方。推恩豈後於群辟。祗服明訓。其永有詞。可特授依前檢校太尉、開府儀同三司、持節澶州諸軍事、澶州刺史、遂寧郡王、充鎮寧軍節度、澶州管內觀察處置等使、加食邑一千戶、食實封三百戶。勳如故。

皇弟似加恩制

門下。朕明發而興。有懷文武之烈。孝愛之廣。施及兄弟之親。茲擇季秋之良。躬展總侑之祀。升章烈考。昭配昊天。執幣以前。愾然如在。念遺意之所屬。顧同氣之當先。皇弟、集慶軍節度、亳州管內觀察處置河隄等使、檢校太尉、開府儀同三司、持節亳州諸軍事、亳州刺史、上柱國、普寧郡王、食邑五千戶、食實封一千七百戶似。幼有岐嶷之姿。長見肅雍之美。克勤朝夕。既已無違於家。日親詩書。知其有志於學。爵分茅土之貴。任兼將相之榮。身能處之不驕。人亦期之可久。宜益舊封之廣。仍加真食之多。於戲。顯宗之於東平。下腰腹之詔。明皇之於隆慶。歎羽翼之詩。朕既無間於伯仲之間。爾亦無忘於孝友之行。外以事國。內以顯親。可特授依前 云云 加食邑一千戶、食實封三百戶。勳如故。

皇弟偲加恩制

門下。古者教成於家。治定於國。九族既睦。萬邦咸和。今予季弟之親。未遑就傅之禮。追先帝眷懷之深意。推東朝鞠育之異恩。錫命之隆。可後於衆。皇弟、武成軍節度、滑州管內觀察處置河隄等使、檢校太尉、持節滑州諸軍事、滑州刺史、上柱國、祁國公、食邑三千七百戶、食實封一千二百戶偲。生而惇大。長則惠和。氣亶清明。有室家君王之喜。心懷恂達。知師保教訓之方。乃者擇季秋之良。終宗祀之禮。事天所以報本。嚴父所以顯親。罄海寓之人。孰非付託之重。念天倫之戚。永懷顧屬之隆。宜因慶賜之行。並衍封食之錫。於戲。父兄皆萬乘之富。豈其患貧。爵祿既五等之尊。貴於能降。罔恃得之之易。當念守之之艱。滿而懼傾。高則不墜。可依前 云云 加食邑七百戶、食實封二百戶。勳如故。

皇弟祁國公偲開府儀同三司制 元祐八年六月己未

寶玉展親。愛莫先於兄弟。車服彰德。命用錫於公侯。朕稽古大猷。監先成憲。推恩同氣。孚號在廷。皇弟、武成軍節度使、檢校太尉、祁國公偲。禀慶仙源。

承華寶蕚。孝悌得於天性。聽哲見於夙成。均愛東朝。方勝衣而趨拜。請肄外傳。已敬業而樂群。是用仍秩上公。視儀三事。以重本支之勢。俾兼將相之榮。因右輔之節旄。加爰田之井賦。於戲。親之欲貴。雖有國之舊章。位不期驕。乃先王之明訓。爾其務學時敏。作德日休。知稼穡之艱難。永思克儉。守富貴於長久。自牧以謙。尚有令聞。對茲嘉命。可特授檢校太尉、開府儀同三司。

除皇叔顥守太師改封冀王加恩制

門下。周尊公旦。倚爲四輔之師。漢重王蒼。位處三公之上。及我仁祖。加禮荊王。顧惟沖人。敢後叔父。誕敷明訓。播告治廷。皇叔、永興鳳翔等軍節度、管內觀察處置等使、守太尉、開府儀同三司、雍州牧、兼鳳翔牧、上柱國、徐王、食邑一萬四千五百戶、食實封四千九百戶、賜詔書不名顥。稟訓英皇。同氣神考。仁義根于天性。孝友冠于人倫。昔在先朝。蚤膺異數。迨宣后九年之政。無愛子一毫之私。追惟崇慶之功。罔極昊天之報。方畢太宮之祔饗。莫先尊屬之褒嘉。是用登拜師垣。仍聯使節。徹彼徐土。受茲冀方。內獎皇家。外綏侯服。進陪多賦。衍食眞封。於戲。並建親王。實爲社稷之衞。益強藩屏。用承祖考之休。膺典册之光。介壽祺之祉。式昭令德。無愧前人。可。

皇弟佖加恩制 紹聖二年九月明堂

門下。朕稽用上儀。載稱嘉饗。率見昭考。靡勝怵惕之懷。親茲同生。肆有褒康之福。其孚大號。以詔備官。皇弟、山南東道節度、襄州管內觀察處置橋道等使、檢校太尉、開府儀同三司、持節襄州諸軍事、襄州刺史、上柱國、大寧郡王、食邑八千戶、食實封二千五百戶佖。席慶休明。受姿膚敏。親之欲貴。蚤疏大國之榮。粲然有文。已有成人之度。既自勤於學殖。方有賴於宗強。爰修毖祀之文。式廣因親之愛。疇其采邑。衍此眞封。恩非予私。神亦爾祉。於戲。非彝勿用。康叔所以屛周。大雅不群。河間所以藩漢。往欽時命。尚遠乃猷。可。

皇弟俁加恩制 同上

門下。朕靈承大神。陟配昭考。相祀儀而蕆事。皆以和來。推惠術以及人。必繇近始。皇弟、定安軍節度、定州管內觀察處置等使、檢校太尉、開府儀同三司、持節定州諸軍事、定州刺史、上柱國、咸寧郡王、食邑七千戶、食實封二千三百戶俁。稟柔嘉之令則。席蕃衍之多祥。幼聞詩禮之言。故能若性。躬踐孝恭之行。是謂因心。雖未列外朝之班。而已疏王爵之貴。若時熙典。獲祐皇天。永念維城之宗。式蕃歸脈之福。因其舊履。陪厥新封。受祉既多。承休無斁。於戲。振振以厚。麟趾所以詠歌。騂騂其翩。角弓所以怨刺。予既隆於惇敍。汝其勵於操修。克盡乃心。永綏厥位。可。

皇弟似加恩制 同上

門下。朕大饗季秋。昭配神考。肅恭盛禮。蠲潔孝思。當屛息以周旋。如躬聞於謦欬。顧惟同氣。益感深思。方沛茂恩。必先諸弟。式敷大號。以告治廷。皇弟、集慶軍節度、亳州管內觀察處置等使、檢校太尉、開府儀同三司、持節亳州諸軍事、亳州刺史、上柱國、普寧郡王、食邑七千戶、食實封二千三百戶似。

分派天潢育材帝武出神明之胄固岐嶷之夙成蹈訓誨之規宜聰明之濬發蚤膺封爵方勵操修屬當熙事之成宜被寵章之渥載疏戶賦併衍眞封於戲習以爲常戒之在早仁人之於其弟固止尙恩君子之於立身是惟秉禮益茂矜㦤永底壽康可

皇弟佶加恩制 同上

門下朕祗事合宮肅見昭考仰覩榱桷俯瞰豆籩愾然如存中心摧咽推之同氣其如慕思方慶澤之流行宜褒嘉之首及皇弟鎭寧軍節度澶州管內觀察處置等使檢校太尉開府儀同三司持節澶州諸軍事澶州刺史上柱國遂寧郡王食邑八千戶食實封二千五百戶佶受材惇大毓德粹和秉遺訓於先朝自成令器邇師儒於朱邸方事通經蚤錫王封始開郡邸肅祗慶典載衍戶封用侈恩榮匪私近密於戲祀膰之錫考禮意於周邦磐石之宗本大封於漢室益恭寵數永弼丕平可

皇弟偲加恩制 同上

門下朕祗率臣工載稱宗祀百禮既至以見神明之交萬福攸同宜先兄弟之愛疏榮有典出命于朝皇弟武成軍節度滑州管內觀察處置等使檢校太尉開府儀同三司持節滑州諸軍事滑州刺史上柱國祁國公食邑五千八百戶食實封一千九百戶偲生而順祥廸是猷訓在宗載考蚤疏大國之封就學愈明日廣多聞之益既懋飭躬之志庶幾成德之風方因明禋與民大慶肆推優寵以協師言申衍本封載陪采邑用廣惇宗之愛宜昭馭貴之公於戲豈無他人莫如同氣之戚無作匪德用永承家之休往服朕言尙鴻爾慶可

皇叔顥加恩制 同上

門下朕祗循典禮莫重於親祠纘紹慶基益敦於孝治爰用季秋之月肅臨布政之宮交舉上儀大頒慶賜惟予仲父敢後寵章涓日之良敷廷以告皇叔永興鳳翔等軍節度管內觀察處置等使守太師開府儀同三司雍州牧兼鳳翔牧上柱國冀王食邑一萬五千二百戶食實封五千二百戶賜詔書不名顥粹和義肅惇大方嚴蹈信履仁惟先王墳典之習制節謹度閱天下義理之多昔友悌於先朝每推異數洎秉德以陪朕愈恪彝儀益隆體貌之崇其安步趨之節敦陪戶賦衍食眞封於戲德爵尊三更茂強高之齒親賢莫二允膺進律之文順履考祥用休終譽可

除皇叔冀王顥特授依前守太尉開府儀同三司充淮南荆南節度使進封楚王加食邑實封勳如故制 紹聖二年十月十八日

門下施有所隆惟竭情可以論報誠之既至非及物不足爲儀朕祗遹詒謀寅恭御厤荷崇慶之佑功孰大於九年奉徽音之容教式刑於四海巍乎莫或名其德惕然何所諭其思眷予叔父之賢志切親闈之慕豈無異數可致此懷諏日考良告廷敷命皇叔永興鳳翔等軍節度管內觀察處置等使守太師開府儀同三司雍州牧兼鳳翔牧上柱國冀王食邑一萬九千五百戶食實封五千五百戶賜入朝不趨詔書不名顥宅心沖㦤行己孝恭久承訓於慈仁每禔身於法度以師垣一品之貴兼雍州兩鎭之崇爵列眞王賜推重禮而造次不聞於踰矩傍徨有見於纏哀奄及祥除肆加典册

宜易冀方之號。特賜楚國之封。申衍賦田。增榮守牧。於戲。王風被化。已高麟趾之時。輿地相圖。莫如鶉尾之分。衮衣繡裳。聊以藩其飾。路車乘馬。適足昭其文。惟河間大雅之心。有東平爲善之樂。其安寵祿。永介壽康。可

皇弟佶兩鎮封端王制 紹聖三年三月辛亥

建賢立德。內以惇兄弟之親。班爵序朝。外以正君臣之分。推恩同氣。申命大廷。皇弟、鎮寧軍節度、澶州管內觀察處置等使、檢校太尉、開府儀同三司、持節澶州諸軍事、澶州刺史、上柱國、遂寧郡王、食邑九千戶、食實封二千八百戶佶。席休顯之祥。廸中和之性。克己而不詘於貴。礪行而不危於高。朱芾斯皇。早兆室家之慶。介圭入覲。將嚴表著之趨。永惟燕翼之貽謀。是篤友恭之大義。莫遠具爾。有崇禁邸之開。備言燕私。尚邇慈闈之問。疇其爵邑。建爾國家。畫東吳之大邦。寵之兩組。裂南海之奧壤。胙以眞王。蓋有天下者恩之隆。而爲人長者義之盡。於戲。毋作匪德。毋用匪彝。其尙肩於乃心。以克綏於燕譽。往服朕命。永孚於休。可特授依前檢校太尉、開府儀同三司、持節蘇州潤州諸軍事、蘇州潤州刺史、充平江鎮江等軍節度、蘇州潤州管內觀察處置堤堰橋道等使、進封端王、加食邑七百戶、食實封三百戶。

皇弟佖兩鎮封申王制

朕統承聖緒。念立愛以惟親。祗遹先猷。在因心而廣孝。眷言同氣。將列外朝。孚告庶工。誕揚休命。皇弟、山南東道節度、襄州管內觀察處置橋道等使、檢校太尉、開府儀同三司、持節襄州諸軍事、襄州刺史、上柱國、大寧郡王、食邑九千戶、食實封二千八百戶佖。爲國懿戚。受天美才。德既茂於閒平。地實親於魯衞。在宗載考。是當志學之年。率禮不愆。早著成人之度。序賢班爵。齒逮奉朝。開國建家。義當出閤。永念燕謀之錫。豈勝孝友之情。胙茅社於大邦。留邸第於中禁。外以隆彊幹之輔。內以敘本支之恩。兼兩鎮之節旄。備三公之衮繡。啓開元之觀。相輝棣鄂之華。承長樂之顏。未遠綵衣之戲。於戲。在昔周家之盛。有若申伯之賢。詩雅所歌。方册具在。用圖居於茲土。無專美於前人。尙遠乃猷。往綏厥位。可特授依前檢校太尉、開府儀同三司、持節陳州鄧州刺史、充鎮安武勝等軍節度、陳州鄧州管內觀察處置等使、進封申王、加食邑七百戶、食實封三百戶。仍並令所司擇日備禮册命。

宋大詔令集卷第三十

親王五

進拜五

皇弟偲特授依前檢校太尉開府儀同三司充武安軍節度使進封永寧郡王加食邑實封勳如故制

門下。朕欽承基緒。丕御家邦。崇建藩維。大爲翼輔。糾合宗族。於昭惇敍之仁。親茲同生。肆有褒嘉之典。皇弟武成軍節度、滑州管內觀察處置河隄等使、檢校太尉、開府儀同三司、持節滑州諸軍事、滑州刺史、上柱國、祁國公、食邑六千八百戶、食實封二千二百戶偲。躬信厚之德。賦淑乂之資。起居惟孝悌之修。夙夜專詩禮之習。衣曳其綵。日虔內寢之趨。蘭茁其芽。大鍾慈壼之愛。乃眷諸弟。皆爲眞王。獨予季之妙齡。尙建公於小國。未稱友懷之誼。詎光貽燕之謀。是用徹以土疆。進之爵號。視班冢宰。仍加公衮之榮。易地長沙。復擁將旄之重。以異姓爲後。周家蓋重於宗盟。非劉氏不王。漢室舊存於約誓。勉圖報禮。以稱殊恩。可

皇弟佖特授守司空依前開府儀同三司申王充保平奉寧等軍節度使加食邑實封勳如故制 元符元年二月壬戌就外邸

門下。蓋聞選建屏周。必資明德之彥。大封輔漢。莫如同姓之親。我有賢王。肇開新府。其誕揚於贊册。以孚告於庶工。皇弟鎮安武勝等軍節度、陳州鄧州管內觀察處置等使、檢校太尉、開府儀同三司、持節陳州鄧州諸軍事、陳州鄧州刺史、上柱國、申王、食邑九千七百戶、食實封三千一百戶佖。冑帝室之華。擢天倫之秀。不以居養而移氣體之習。不以貴富而有驕溢之心。先朝之所顧復而不忘。兩宮之所推慈而尤異。屬奉外廷之禮。久留中禁之居。屢攬抗章。懇祈就第。朕篤手足之愛。厚骨肉之恩。方賜永平之書。忍下鴻臚之筆。是循彝制。增峻隆名。改重鎮之節旄。進上公之衮繡。申陪多井。加衍眞輸。並渙寵光。茂昭徽數。於戲。賦常棣之什。永言糾合之仁。誦釆菽之詩。想見來朝之喜。勉綏福履。益介壽祺。可

皇弟佶守司空移兩鎮加恩制

朕獲以眇躬。繼保宗廟。隆廣愛之化。將以刑于四方。推惇敍之仁。宜莫先於九族。眷于同產。往卽有家。其猷告於廣朝。以亶孚於休命。皇弟、平江鎮江等軍節度、蘇州潤州管內觀察處置堤堰橋道等使、檢校太尉、開府儀同三司、持節蘇州潤州諸軍事、蘇州潤州刺史、上柱國、端王佶。甚德而度。參和

爲仁。率履不愆。在宗有裕。奉朝請而匪懈。謹扆從以惟勤。視膳寢門。先帝鍾慈而字愛。承顏禁掖。兩宮垂意以矜存。越從表著之趨。留居祕嚴之久。屬完成於國邸。實壯觀於戚藩。懇祈外遷。志不可奪。勉徇典常之舊。可勝孝友之懷。涓辰之良。開府惟吉。載更兩鎮之重。具拜三公之崇。益戶加田。幷爲寵渥。於戲。維城作屏。遠追周室諸侯之崇。列第環宮。近掩唐世五王之盛。尚思祗愼。茂對休嘉。可特授守司空、依前開府儀同三司、潞州大都督、持節潞州曹州刺史、端王、充昭德彰信等軍節度、潞州曹州管內觀察處置等使、加食邑七百戶、食實封三百戶、勳如故。仍令所司擇日備禮册命。

除皇弟俁特授依前檢校太尉開府儀同三司充河陽三城等軍節度使封莘王加食邑食實封勳如故制 紹聖五年三月二十四日

門下。因心則友。王者所以廣敦睦之恩。立愛惟親。天下所以從率仁之化。眷予同產。將列外朝。揆日諏良。颺廷敷命。皇弟、定武軍節度、定州管內觀察處置等使、檢校太尉、開府儀同三司、持節定州諸軍事、定州刺史、上柱國、咸寧郡王、食邑八千戶、食實封二千六百戶俁。修身思永。作德日休。尤疏達於經書。每被服於儒術。庭闈兆慶。蚤膺朱芾之祥。表著修容。方奉介圭之覲。既序賢而班爵。遂開國以承家。言念先帝燕翼之慈。恭惟兩宮拊鞠之意。勉徇典常之舊。曷勝衰聚之情。我圖爾居。莫如莘樂。胙之有土。卽爲眞王。衰衣繡裳。仍視三公之貴。高牙大纛。進兼兩鎮之崇。申衍眞租。增陪奉邑。恩禮惟稱。寵祿具宜。於戲。韡韡棠華。述懿親於魯史。菁菁杜葉。美同姓於唐風。尚懋忠嘉。往欽眷異。可。

除皇弟似特授依前檢校太尉開府儀同三司充橫海等軍節度使進封簡王加食邑食實封勳如故制 同上

門下。朕若昔大猷。紹休聖緒。修貴貴之義。外以正朝廷之儀。篤親親之恩。內以隆族屬之好。乃眷天倫之戚。昭陪朝列之趨。其申舊章。誕揚顯册。皇弟、集慶軍節度、亳州管內觀察處置河隄等使、檢校太尉、開府儀同三司、持節亳州諸軍事、亳州刺史、上柱國、普寧郡王、食邑八千戶、食實封二千七百戶似。孝謹天至。聰知日新。不爲貴驕。克自敕畏。居惟義理之閱。動有法度之循。已踰就傅之年。當遵出閤之禮。永念貽謀之意。靡勝愼睦之懷。爲爾相攸。莫如西土。是用賜成國之履。建眞王之封。仍視秩於三公。復兼榮於兩鎮。申加多賦。陪衍眞腴。雖錫壤於盤維。尚居留於祕近。側門通禁。未遠慈闈之承。列邸在中。丕顯戚藩之盛。以作爾祉。寔協師虞。於戲。勿用匪彝。書著孟侯之戒。毋作匪德。史載世家之言。尚廸訓辭。永綏祿位。可。

皇弟俁守司空移兩鎮加恩制 元符二年三月丁卯

詒燕孫謀。愼繩祖武。乃眷介弟。將適有居。用昭忠順之誠。肆答褒揚之典。越爾在服。其聽朕言。皇弟、河陽三城雄武等軍節度使、檢校太尉、開府儀同三司、莘王俁。宗藩之英。帝室之懿。躬信厚之德。寔化二南之風。挺文雅之材。獨高兩獻之望。克持循於素履。尤勤毖而小心。兼徽台司。開賦王社。陪扆益謹。奉朝滋恭。屢上奏封。祈就宿邸。章卻復至。意確不移。朕承兩宮之慈。厚同氣之愛。雖介圭入覲。君臣之禮有常。而朱芾斯皇。兄弟之恩無遠。姑勉從於來諗。曾莫喩於至懷。載加空土之意。爰授齋壇之鉞。未央辨色。匪遙鳴玉之趨。長樂承顏。尚邇綵衣之戲。並陪眞食。增衍本封。時惟展親。茲用愼族。於戲。馴致祿位。豈驕侈之與期。貴爲公王。在矜嚴而謹度。尚式猷訓。以綏寵榮。可特授守司空、依前開府儀同三司、徐州大都督、持節澶州諸軍事、徐州灃州刺史、莘王、充武寧鎮寧等軍節度、徐州灃州管內觀察處置等使、加食邑七百戶、食實封三百戶、勳如故。仍令所司擇日備禮册命。

皇弟偲加兩鎮進封睦王加恩制

朕承天序之重、篤人倫之親。惟時賢王、實我季弟。力辭禁掖之邃、留止宮隅之嚴。其肦贊書、孚告在位。皇弟、武安軍節度、潭州管內觀察處置等使、檢校太尉、開府儀同三司、持節潭州諸軍事、潭州刺史、上柱國、永寧郡王、食邑八千五百戶、食實封二千八百戶偲、孝悌自乎天得、聰知乃其性然。作德而心日休、遜志而學時敏。克岐宗子之秀、有俶成人之資。勝衣班朝、欲循唐室之故事。奉圭入覲、思繼韓侯之高蹤。屢覲抗章、懇請出閤。言念匪他之義、何勝相好之情。胙爾有邦、王于樂土。進兼兩鎮、揚使節之光華。仍視三公、同台司之儀物。侈食封之優衍、廣邑戶之敦陪。懋建乃家、不顯亦世。於戲、資富能訓、斯有永年之祥。居寵思危、常懷入畏之戒。往服朕命、尚慎旃哉。可特授依前檢校太尉、開府儀同三司、持節陳州亳州諸軍事、陳州亳州刺史、充鎮安集慶等軍節度、陳州亳州管內觀察處置等使、進封睦王、加食邑七百戶、食實封三百戶。仍令所司擇日備禮册命。

皇兄佖加太傅進封陳王賜贊拜不名制 元符三年正月十九日丙戌

門下。朕序朝廷之爵、以正君臣。厚宗族之情、以睦兄弟。乃眷同生之長、是爲懿戚之尊。肆推茂恩、率先群辟。皇兄具官某、誠身而廸善、遜志而履謙。早膺帝武之祥、尤篤天倫之愛。朕德不類、遭家多艱。遽聞仍几之言、恭被承祧之命。用申加於異數、以祗若於舊章。藩屏更封、大啓爾宇。鴻臚引唱、勿贊以名。易其節旄、授以帝傅。於戲、則篤其慶、是因愛友之心。必有所先、敢後褒嘉之典。往祗厥服、永孚于休。可。

皇弟俁守太保移鎮進封衞王制

門下。朕嗣訓先后、君臨萬邦。方謹始於承祧、用惇宗而序爵。惟時同氣、乃國懿親。孚告治廷、誕揚休命。皇弟、檢校太尉、開府儀同三司、鎮潼軍節度使、莘王俁、履中而廸哲、體信而居謙。早膺帝武之祥、是篤天倫之愛。屬茲纂服、用申舊章。錫壤更封、王茲大國。登壇受節、畀以兩旄。於戲、遭家多難、已重鴒原之急。在宗載考、用增棣蕚之華。尙遠乃猷、以綏福祿。可特授守太保、河東奉寧軍節度使、進封衞王。

皇弟似守司徒移鎮封蔡王制

門下。朕祗奉先猷、紹承景命。既大賚於天下、用惇敍於我家。方懷原隰之哀、宜先手足之義。皇弟、檢校太尉、開府儀同三司、橫海鎮海節度使、簡王似、秉彝而廸德、履順而體和。早膺帝武之祥、是篤天倫之愛。顧纂承之伊始、宜褒顯之有加。胙土封公、更加大國。易旄授鉞、移鎮兩藩。於戲、立愛惟親、莫如同父之戚。因心則友、敢謂他人之昆。在承天休、益介爾福。可特授守司徒、武昌武安軍節度使、進封蔡王。

皇弟偲守司徒移鎮封定王制

門下。朕恭承眷命、嗣守丕基。思繼序以不忘、用在宗而載考。肆有可懷之仲、豈同伊異之人。出命大庭、敷告多士。皇弟、檢校太尉、開府儀同三司、鎮安集慶軍節度使、睦王偲。體和而樂善。秉志而敦仁。早膺帝武之祥。是篤天倫之愛。顧承祧之茲始。宜錫命以有隆。即廟大封。進加王土。登壇寵拜。易以侯藩。加位上公。陪敦邑采。於戲。無胥遠矣。莫如兄弟之倫。胡不佽焉。用篤邦家之祜。往祗厥服。永孚于休。可特授守司徒、靖海鎮海軍節度使、進封定王。

皇長子拜官制 元符三年七月辛卯

門下。朕蒙祖宗之休。荷天地之貺。粤自纘臨之始。亟開蕃衍之祥。慶發中宮。誕生上嗣。深惟正體之重。實永太宗之承。惟在襁褓之中。難稽封拜之命。肆頒大號。敷告外庭。皇長子烜。岐嶷夙成。溫文異稟。粹矣天人之表。渾然金玉之相。弄以半圭。日奉含飴之樂。佩之朱芾。早宣開國之榮。是用推策揆成。按圖定號。包梁山之奕奕。徹爾土疆。俯漢水之滔滔。建茲旄鉞。元戎十乘之貴。袞服九章之華。視秩台司。衍食書社。以增藩輔之壯。以示本支之強。非予汝私。迺國舊典。於戲。周封十子。咸在幼年。漢立三王。甫能趨拜。矧予嫡長之懿。允協元良之稱。肅建上公。裁令半楚。庶答萬方之望。率由累聖之規。膺吾寵光。益介壽祉。可特授檢校太尉、山南東道節度、韓國公。

皇第二子煥授官制

門下。朕祗紹天明。大緝熙之光烈。誕受帝祉。開蕃衍之慶源。篤生嗣賢。來侈昌緒。多男而受職。匪曰私恩。建國以褒親。率繇往制。肆頒渙號。敷告治廷。皇第二子煥。氣稟粹溫。資涵岐嶷。早賜燕禖之羨。允符熊夢之占。弄以半圭。欲其成德之漸。佩之朱芾。表以宜家之祥。是用若古典彝。疏榮襁褓。灼龜協吉。辨域按圖。植纛建牙。壯奉寧之使節。苴茅燾土。服全魏之名邦。參視上公之儀。增峻元戎之寄。申加多賦。陪衍真腴。于以藩輔京師。則若維城之固。于以承衛天子。則如磐石之安。於戲。為龍為光。既被爾祿。乃惠乃順。尚慎厥初。欽服訓詞。益有譽處。可特授檢校太尉、持節鄭州諸軍事、鄭州刺史、充奉寧軍節度、鄭州管內觀察處置等使、上柱國、魏國公、食邑三千戶、食實封三百戶。

皇弟蔡王似加守太保改保平鎮安軍節度使制 元符三年就外邸

門下。朕惟本朝之制。厚公族之恩。列第京師。不忍使之去國。兼榮將相。未嘗責以治民。豈惟致惇敘之仁。抑亦隆夾輔之勢。矧吾寵弟。實位真王。念方屬於妙齡。將即安於外邸。雖云密邇。寧不疚懷。肆舉徽章。用孚衆聽。皇弟、具官蔡王似。出神明之胄。鍾禖祀之祥。氣稟溫良。生知遜悌。雅愛圖書之習。夙懷忠孝之誠。桐葉疏封。已侈盤維之寄。棣華致好。每敦和樂之私。比遵朝著之趨。尚處宮隅之邃。屢觀啓奏。祈避禁嚴。志雖莫回。情實未忍。思在宗之義。豈忘陵寢之哀。顧開府以時。難廢國家之典。迺涓穀旦。增峻官儀。更兩鎮之節旄。正三師之位敘。兼陪井賦。益壯宗藩。於戲。周誥孟侯。則曰無康好逸。漢詔諸子。亦云毋邇宵人。蓋位不期驕者。人情之常。寵至益戒者。前哲所尚。往服休命。永綏令名。可。

皇兄佖授守太尉改荊南節度使加恩制 山陵畢

門下。朕荷天之休。纘國之緒。方畢送終之禮。永懷事長之恩。其考協於舊章。以播告於多士。皇兄、具官佖。履和蹈順。資厚體莊。閱茲義理之多。長於富貴之守。禮既成於追往。義敢後於先恩。用進列於上公。俾躋參於九牧。內兼將相之任。外制荆揚之邦。胙土徹疆。秉旄易節。於戲。則篤其慶。敢謂他人之昆。匪思其親。莫如同氣之長。往祗朕命。永孚于休。可。

皇弟俁改護國山南西道等軍節度使加恩制　同上

門下。朕紹天明命。遭家多艱。永維同氣之親。共有天倫之戚。送終之義。躬引紼以在途。事往之情。禮反虞而躋廟。既襄厥事。用省乃成。申按舊章。播告列位。皇弟、具官俁。守謙廸己。體信誠身。學逢左右之原。行無危溢之失。比因山而肇卜。乃扈蹕以有行。道路言旋。風霜匽薄。豈無異數。用慰乃懷。易節大邦。增封列戶。於戲。式相好矣。有振振麟趾之風。翩其反而。無騂騂角弓之刺。祗服朕命。永孚于休。可。

皇弟似改鳳翔雄武軍節度使加恩制　同上

門下。朕嗣國大統。紹休前人。永惟同氣之倫。共有送終之戚。陵工告畢。廟祏既躋。用按協於舊章。以申加於異數。皇弟、具官似。率履廸常。飭躬祗德。囊席皇家之慶。誕膺帝武之祥。方作屏於周藩。比留朝於漢邸。因心而友。孔懷原隰之裒。立愛惟親。重感衣冠之閟。既獲襄於大事。用敷錫於寵章。易節大邦。增封列戶。於戲。愼乃服命。敬爾在公。無封靡於爾邦。無荒失於朕命。則予以懌時乃之休。可。

皇弟偲改武寧武勝軍節度使制　同上

門下。朕嗣先后。君臨萬方。追念在天之靈。共懷復土之感。既襄大事。因率舊章。孚錫異恩。播告在服。皇弟、具官偲。秉猷克己。樂善成心。有廸惠之吉。而不驕。履信厚之風。而有裕。曩發祥於帝武。早衍慶於天支。方圖宅憂。遭家不造。因山工畢。躋廟禮成。肆頒睦族之仁。申命同生之季。增封列戶。易節大邦。於戲。豈伊異人。當念孔懷之急。莫如同父。宜有追遠之情。尙既乃心。以永終譽。可。

皇長子改興德軍節度使進封京兆王制

門下。裂地以封同姓。而周致維城之固。立子以爲眞王。而漢享磐石之安。天相我家。國有上嗣。分茅易鎭。敷命告廷。皇子、具官桓。慶集椒房。祥生帝武。清明異禀。岐嶷殊姿。珠在淵而輝光。玉未琢而溫潤。勝衣趨拜。若素講於威儀。令德孝恭。有夙成之趣向。錫之衰服。亦已期年。因盛夏之吉時。覽司空之輿地。賜履奧壤。表東海以建旄。長安舊都。控西陲而作屏。以王公之顯秩。兼將相之寵名。位定乎九重之中。節制乎千里之外。加陪井賦。增衍眞封。遵用僉言。便蕃異數。於戲。貴世嫡所以重社稷。進藩輔所以尊朝廷。豈天性之私恩。乃先王之公義。益修子職。永迓壽祺。可。

宋大詔令集卷第三十一

親王六

進拜六

皇兄陳王佖加恩制 建中靖國元年郊恩

門下。朕受命祖廟。款謁天神。登圜丘而揖太清。奏黃鍾而歌大呂。稽聖人之能饗。幸上帝之居歆。顧彼有生之民。率皆均惠。豈吾同氣之長。可緩推恩。具官佖賦性冲夷。處躬慎靖。親則伯氏。身兼將相之官。爵乃眞王。門列荆揚之戟。朕於至日親奉精禋。惟福祿之來儀。覬兄弟之無遠。乃殖寵數。用廣神休。詔以不名。戶增厥賦。於戲。式相好矣。共存則友之心。勿替引之。永踐惟寧之德。綽有餘裕。豈不休哉。可依前守太尉、開府儀同三司、荆州牧、兼揚州牧、陳王。充荆南淮南節度、管內觀察處置等使。賜詔書不名。加食邑一千戶。食實封三百戶。

皇弟定王偲加恩制 建中靖國元年郊祀

門下。昔在唐朝之隆。上有恩而睦族。粵惟周家之盛。國多慶而宗強。朕申講曠文。夙恭大報。浹厖鴻於四海。被休顯於群工。豈無展玉之褒。示我篤親之意。直敷廷渙。以侈邦榮。具官某秉心裕和。率履純懿。東平樂善。夙賦良能。河間服儒。綽有雅制。建旄開府。寵均棣蕚之華。胙土徹疆。勢拱石磐之固。屬丕承於祀典。初祗見乎昊穹。揆日其良。飭躬載恪。濯清明於太室。揖光景於中壇。嘉德惟馨。上靈伊嘏。實惟同氣之助。不愆于儀。迨茲拜況而還。竝受其福。增崇異數。流衍眞輸。以大而封。以蕃予錫。於戲。考象于易。已殫豫薦之誠。觀雅於詩。厥有賚封之澤。顯膺明命。往其懋哉。可特授依前守司徒、開府儀同三司、徐州大都督、持節鄆州諸軍事、徐州鄆州刺史、定王。充武寧武勝軍節度使。加食邑一千戶。食實封三百戶。

皇弟衞王俁加恩制 建中靖國元年郊祀

門下。朕緝熙祀典。敷錫神休。下福群萌。沛若蓼蕭之澤。近褒同氣。歡然棠棣之恩。所以光有赫之丕圖。篤無窮之隆慶。庸孚徽號。播告治朝。具官某挺溫文之資。躬純裕之德。孝友夙稟。謙恭自持。拳拳樂善之心。勉勉廸彝之行。肆膺王社。荒大國之土疆。仍拜帥壇。建元戎之旄節。適涓臨於穀旦。肇稱奉於明禋。有虔清佩之容。實亞紫陔之獻。蒼玉凝采。嘉牲射純。帝既歆予精一之忱。衷又錫予穆清之景貺。靡祥不集。靡沴不消。斂爲振古之猷。渙作揚廷之命。何以馭貴。休有龍光。何以均羞。用頒膰胙。維井腴之再衍。維圭賦之載加。匪曰朕私。適遵邦制。於戲。明昭天綍。已綏陟配之儀。惇睦民風。更懋展親之寵。祇承輝渥。順履康榮。可特授依前守太保、開府儀同三司、河中尹、兼興元尹、衛王。充護國山南西道等軍節度、管内觀察處置橋道等使。加食邑一千戶。食實封三百戶。勳如故。

皇弟定王偲進守太保移兩鎮加恩制 崇寧□年出閣

門下。朕祗適燕謀。紹休聖統。隆骨肉之恩。以睦九族。篤兄弟之愛。以刑四方。有嘉賢王。將遷外邸。肆頒渙號。敷告庶工。皇弟、武寧武勝等軍節度使、守司徒、開府儀同三司、上柱國、定王偲。鍾純粹之姿。出神明之冑。早切磨於仁義。尤耽玩於詩書。有棣華韡韡之榮。佩朱芾煌煌之慶。儒學是好。允矣河間之風。典雅斯文。蔚然東平之譽。屢形奏牘。祈適攸居。雖益厚於眷懷。亦重違於沖尚。況懿親禦侮。寔賴維城之安。而列第環宮。固非去國之遠。是用授三師之品秩。更兩鎮之節旄。加衍舊封。陪敦眞賦。茲爲異數。庸壯戚藩。於戲。爾惟勿恃寵光。以作棐德。勿挾富貴。以用非彝。往綏令名。對我休命。可特授太保、依前開府儀同三司、眞定尹、成德定武軍節度使、定王。加食邑七百戶。食實封三百戶。

皇兄佖特授守太師充河東山南西道節度使勳食邑食實封如故 崇寧二年三月五日祥除

門下。朕席列聖之基圖。荷太母之顧復。極四海之養。靡及承顏之怡。終三年之喪。敢忘達報之禮。迺眷同生之長。共深在疚之悲。維祥事之既除。蓋命書之錫寵。我有大號。告于庶工。皇兄、荊南淮南節度、管内觀察處置等使、守太尉、開府儀同三司、荊州牧、上柱國、陳王、食邑一萬三千八百戶、食實封四千二百戶、賜詔書不名佖。資厚而行恭。氣和而履正。出神明之冑。有詩書禮樂之風。極貴富之榮。無車服珍寶之玩。飭躬惟懋。成德用章。庸進陟於上公。俾易儕於九牧。申加異數。併示寵光。於戲。居列棣華。益重開元之美。鍾鳴長樂。每懷慈德之恩。尚旣乃心。永綏厥位。可。

皇弟俁特授依前守太保開府儀同三司青州牧兼兗州牧衛王充鎮海泰寧等軍節度使加食邑食實封勳如故制 同上

門下。朕獲承至尊。克紹先烈。維時太母。嘗洪濟于艱難。肆予沖人。用永懷于追慕。迺眷天倫之戚。共驚祥事之除。宜推孚號之恩。以重慈闈之託。皇弟、護國山南西道等軍節度、管内觀察處置橋道等使、守太尉、開府儀同三司、河中尹、兼興元尹、上柱國、衛王、食邑一萬三千五百戶、食實封四千戶俁。器資純茂。識度邃夷。性自率於溫恭。行日章於孝謹。防邪僻而返中正。志爲君子之儒。閱禮樂而敦詩書。力學先王之道。俱沐欽儀之鞠育。並深哲廟之提攜。歲籥荐更。遺言未遠。禮不忘於報本。澤敢後於同生。申錫爰田。易封巨屏。以增榮於秩序。以夾輔於邦家。於戲。友則因心。親莫隆於立愛。樂乎爲善。事維務於愼終。往孚于休。以懋爾祉。可。

皇弟似特授依前守太保開府儀同三司荊州牧兼徐州牧蔡王充荊南武寧等軍節度管内觀察等使加食邑食實封勳如故制 同上

門下。朕奉先帝之燕謀。承太母之顧託。永惟宗廟之重。莫敢遑寧。睠言兄弟之親。賚以自輔。爰共深於哀疚。且甫訖於祥除。申錫寵章。庸示休命。皇弟、鳳翔雄武等軍節度、管内觀察處置等使、守太保、開府儀同三司、鳳翔尹、持節秦州諸軍事、秦州刺史、上柱國、蔡王、食邑一萬三千五百戶、食實封四千戶似。英華秀發。德善日滋。行惟禮義之歸。學有師儒之訓。逮更喪制。益見孝思。兼將相之崇資。易荆徐之新牧。載加眞食。竝衍爰田。恩非予私。文以情稱。於戲。非彝勿用。勉膺康叔之賢。大雅不群。往廸河間之哲。無替朕命。以孚于休。可

皇弟偲特授依前守太尉、開府儀同三司、揚州牧、兼雍州牧、定王、充淮南永興等軍節度使、加食邑食實封、勳如故制 同上

門下。内睦九族。爲治國之大經。服喪三年。實報親之達禮。矧我同生之季。共深在疚之悲。茲方事於祥琴。必載新於命韍。誕揚孚號。播告治廷。皇弟、成德定武等軍節度、管内觀察處置等使、守太保、開府儀同三司、眞定尹、持節定州諸軍事、定州刺史、上柱國、定王、食邑一萬三千戶、食實封四千三百戶偲。志守靖恭。氣識邁往。規東平之爲善。憲河間之好書。孝謹克家。忠醇事上。力行信厚。聿追麟趾之風。勿替急難。益重鴒原之愛。維是茞廡之飾。旣更日月之除。肅示褒崇。肆加寵賚。增陪眞賦。易殿大邦。於戲。恩浹宗強。大爲藩屏之固。世推德盛。滋多子孫之休。懋昭令名。永服茂渥。可

皇第三子楫特授檢校太尉、充山南東道節度使、上柱國、楚國公、食邑食實封制 崇寧二年五月二十一日

門下。有天下而置諸侯。國莫強於藩屏。多男子而任之職。世尤重於本支。朕欽若大猷。永思至德。昊穹孚佑。賢嗣繼生。剪鬌命名。肇新於慶禮。苴茅疏爵。增賁於徽章。誕告明廷。顯揚丕號。皇第三子楫。沖和淵靜。敏悟英奇。實鍾粹於天潢。遂發祥於帝武。嶷然有異。咸推性稟之良。卓爾不群。早見德成之漸。宜舉始封之舊典。爰因盛夏之吉時。表襄漢以建旄。徹荆衡而賜履。牙璋犀節。崇將閫之威儀。衮服繡裳。備公台之物采。兼隆勳級。併賜戶租。欲其承蕃衍之休。將以協榮懷之慶。於戲。親賢竝建。是爲周室之成規。幼稚皆封。茲用漢家之故事。蓋發政必稽於古。而命哲當在厥初。其祗服於寵光。以茂膺於壽祉。可

第三子楫特授依前檢校太尉、開府儀同三司、奉寧軍節度使、進封南陽郡王、加食邑食實封、勳如故制 崇寧三年二月八日

門下。列侯之建。莫重於宗藩。眞王之封。尤親於帝子。朕荷上穹之孚佑。承累世之乂寧。屢占考室之祥。誕受多男之慶。肆頒丕號。敷告外廷。皇第三子、山南東道節度、襄州管内觀察處置橋道等使、檢校太尉、持節襄州諸軍事、襄州刺史、上柱國、楚國公、食邑三千戶、食實封一千戶楫。玉粹而溫。純淵澄而秀。徹出神明之冑。而所禀固異。挺岐嶷之質。而自幼不群。雖未勝衣。已享上公之貴。亦旣閱歲。寖茂成人之姿。屬邦典之有稽。且臣隣之來諗。大啓爾宇。永建乃家。披圖以相攸。諏日而協吉。授以鈇鉞。易東虢之將旄。錫之山川。徹南陽之疆土。班於宰席。增厥戶租。煥台衮於光華。壯元戎之節制。以屏翰則維城之固。以形勢則磐石之安。於戲。燕及皇天。載用有嗣。自貽哲命。罔不在初。惟旣廣其德心。則必綏於福履。往其祗若。介以壽臧。可

皇第十二子植特授檢校太尉、充定武軍節度使、上柱國、吳國公、食邑食實封制 大觀二年九月二十五日

門下。朕總四海以宅師。恭三神而配命。有秩斯慶。旣錫羡於昊穹。思厥強宗。宜增雄於藩翰。爰孚爾衆。用簡于廷。皇第十二子植。天稟粹清。器鍾奇穎。

卓爾生知之質。淵然幼悟之資。著象騰輝。光顯後星之照。分茅建社。勢先磐石之隆。方用稽謀。遽觀剡奏。謂定親疎者禮之制。而嚴秩序者邦之文。恩匪緣私。法惟有舊。是用參土壤於司徒之籍。辨車旗於典命之榮。明啓將壇。擁燕南之節鉞。俾藩王室。開越北之封圻。仍峻崇階。陪敦廣賦。以表元戎之重。以揚大國之威。於戲。考大人占夢之符。早欽承於厚祉。推宗子維城之寄。茲共壯於丕圖。惟永壽祺。式彰嘉訓。可。

皇第十三子朴特授檢校太尉充鎮洮軍節度使上柱國雍國公食邑食實封制 大觀三年八月十三日

門下。朕承列聖之休。履大寶之重。荷天右序。誕受多男之祥。若古典彝。庸建寧侯之國。肆敭丕命。敷告廣廷。皇第十三子朴。毓慶皇支。凴暉霄極。挺溫姿而玉裕。藹淑質以金相。岐嶷夙成。聰文日就。方制名而命義。宜授社以疏封。胙之全雍之區。鎮彼臨洮之塞。維袞及繡。錫以上公之儀。秉鉞與旄。委以元戎之任。策勳躐等。衍邑實租。併茂恩猷。用隆國體。於戲。周過其厤。實賴維城之基。漢議深根。亦先尊子之制。往祗渙渥。永介壽祺。可。

皇第十四子□特授檢校太尉充鎮江軍節度使上柱國徐國公食邑食實封制 大觀三年九月十三日

門下。朕膺無疆之大厤。紀累洽之宏休。保佑自天。繼發祥於帝室。封建厥福。益流慶於宗藩。眷時嗣賢。申我彝典。式涓穀旦。誕告治廷。皇第十四子□。日本分暉。珠源毓粹。氣稟中和之淑。體函岐嶷之姿。溫文早著于夙成。聰智已彰於日就。是用稽立愛之前訓。率建侯之舊章。將于南國之全師。胙以東徐之樂土。載黼斯袞。備上公之威儀。有鸞其旂。壯中軍之徒御。策勳躐等。衍邑食租。併示恩猷。用崇國體。於戲。周詩之美衆子。寔昭王化之隆。漢詔之建連城。蓋尊宗廟之重。往承寵渥。永介壽祺。可。

皇第十五子樗特授檢校太尉充橫海軍節度使上柱國冀國公食邑食實封制 大觀四年七月十一日

門下。朕承寶厤之昌。荷丕構之重。天地並貺。嗣膺繁衍之華。父子主恩。爰舉褒封之典。誕揚顯號。敷告廣廷。皇第十五子樗。帝武凝休。仙源毓粹。稟中和之淑氣。涵岐嶷之英姿。溫文夙成。聰智日就。屬覽近司之請。宜循有國之章。是用授節建牙。分茅列社。胙以冀都之望。鎮于橫海之雄。備上公之袞衣。錫大將之金鉞。併廣爰田之富。兼疇具食之豐。庶言胥諧。朕命惟允。以篤邦慶。以厚人倫。於戲。周家卜年。蓋並建於藩輔。漢制強幹。亦分王於宗親。惟時大封。無愧前烈。往祗渙渥。永介壽祺。可。

皇第十六子栱特授檢校太尉充淮康軍節度使上柱國定國公食邑食實封制 政和元年正月十五日

門下。朕撫丕平之景運。荷累洽之宏基。佑命斯純。儲休滋至。屢占熊夢。翕臻藩衍之禧。迺考龜猶。俾膺封建之福。誕揚渙號。敷告治朝。皇第十六子栱。氣蘊沖和。質函秀穎。發祥帝武。挺岐嶷之英姿。毓粹天支。賦聰文之異稟。備彰德性。咸出生知。爰稽立愛之經。增重制名之義。式疇舊典。允穆僉言。是用敍金路以分茅。班玉符而授節。徹大邦於河朔。表巨鎮於淮康。袞衣繡裳。視秩公槐之貴。高牙大纛。宣威將鉞之嚴。併錫戶租。兼崇勳級。光華徽數。焜耀多儀。豈徒隆父子之恩。蓋欲重朝廷之體。於戲。協生民之載路。于以侈宗社之休。詠周雅之維城。于以篤邦家之慶。往祗榮寵。永介壽臧。可。

皇第十七子栻特授檢校太尉充靜江軍節度使上柱國廣國公食邑食實封制 政和元年九月二十七日

門下。治自內則先恩。蓋人倫之大本。禮沿情而異制。亦天下之至公。眷言洪緒之昌。誕受多男之慶。作之藩翰。增固磐維。爰擇剛辰。丕揚渙號。皇第十七子栻。銀潢疏派。璿蕚分輝。聰智夙成。氣稟乾坤之粹。覃訏日就。質凝金玉之純。屬僉論之載颺。協邦彝而茂舉。見於外寢。錫以嘉名。肇開成國之封。參建上公之貴。高牙大纛。總桂部之全師。華衮繡裳。徹番禺之奧壤。兼隆勳級。併衍戶租。敢私爵秩之崇。蓋重朝廷之體。於戲。祈天永命。罔不在厥初生。用我教辭。乃能自介用逸。其顯膺於優渥。益惠廸於吉康。可。

皇第十八子榛特授檢校太尉充建雄軍節度使上柱國福國公食邑食實封制 政和元年十一月十七日

門下。朕承列聖之基圖。荷皇穹之祐序。有室大競。聿臻傳類之祥。無疆惟休。誕啓建侯之輔。眷時賢嗣。爰及晬辰。涓吉命名。端朝孚號。皇第十八子榛。璇源毓粹。景緯儲英。美玉精金。外發山川之秀。黃鍾大呂。中函天地之和。顧令質以夙成。矧僉謀之屢諗。爰稽成憲。式舉初封。植纛擁旄。析平陽之瑞節。制畿開國。徹長樂之封疆。峻夷等以策勳。衍賦租而詔祿。恩繇立愛。義叶明倫。於戲。揖揖衆多。言若螽斯之羽。振振信厚。宜如麟趾之詩。其茂對於邦榮。用永綏於爾祉。可。

皇第十九子椿特授檢校太尉充慶源軍節度使上柱國慶國公食邑食實封制 政和二年五月十七日

門下。朕遵列聖之詒謀。荷高穹之眷命。丕承景厤。既滋有永之休。申錫多男。益侈無疆之祚。肆涓穀旦。用啓初封。其孚治朝。具詔群辟。皇第十九子椿。性資莊重。器蘊粹溫。備四序之純和。鍾兩儀之秀氣。聰文日就。已彰載路之聲。岐嶷夙成。允稱斯皇之芾。屬近司之來諗。稽褒典以疏榮。庶言則同。朕命惟允。是用錫慶源之旄鉞。表西土之山川。俾宣建纛之威。俾服苴茅之寵。載黼斯衮。視峻秩於上公。有鸞其旂。壯元戎於外閫。肇隆勳級。並衍戶租。式昭屏翰之崇。庸示磐維之固。併疇徽數。良協慈懷。於戲。父子主恩。茲謂人倫之本。朝廷貴爵。厥惟天下之公。茂對龍光。永綏壽祉。可。

皇第二十子楃特授檢校少保昭信軍節度使上柱國衞國公食邑食實封制 政和二年十二月二十八日

門下。朕紹宏基於有永。嗣寶厤於無疆。王假有家。益侈隆平之緒。天錫純嘏。繼膺蕃衍之休。方涓日以制名。宜揚廷而孚號。皇第二十子楃。璇霄稟粹。星緯儲英。性岐嶷以天成。質覃訏而日就。十旬剪鬌。適迎歲紀之新。三接疏榮。誕舉邦尋之舊。建南康而授節。徹全衞以分封。貝冑朱綅。式總齋壇之重。赤芾金舄。仍參上衮之華。載崇視秩之班。躐進策勳之等。爰敦多賦。併厚慈懷。於戲。佑下民而作之君。克昌丕祚。多男子而授之職。益固宗藩。往對恩光。永綏壽祉。可。

皇第二十一子楗特授檢校少保感德軍節度使上柱國韓國公食邑食實封制 政和三年正月二十五日

朕承列聖之燕詒。荷皇天之右序。本支百世。式增丕祚之光。壽考萬年。繼受多男之祉。方制名而示訓。宜涓日以疏恩。爰即治朝。誕揚孚號。皇第二十一子楗發祥帝武毓慶天源挺岐嶷之奇姿備中和之秀氣百辰始晬適隆剪髻之儀四履分榮已協苴茅之典是用出節少府按地輿圖授華源之全師徹韓土之樂國元戎十乘併嚴師鉞之雄命服九章兼賁公主之重視崚班於亞保多眞賦於爰田以昭邦采之崇以示民風之厚於戲漢褒衆子並興在襁之封周廣強宗用壯維城之勢往祇寵渥永介壽祺可

宋大詔令集卷第三十二

親王七

進拜七

皇長子桓特授太保依前武昌軍節度使定王勳食邑食實封如故制 政和三年正月六日

門下。朕紹隆丕緒。祗遹先猷。欲訓廸於有官。肆式序於在位。參稽於古。肇新一代之儀。是正厥今。首重三公之號。眷言元嗣。宜易崇稱。其孚告於治朝。以誕揚於顯册。皇子、武昌軍節度、鄂州管內觀察處置等使、守司空、開府儀同三司、持節都督鄂州諸軍事、鄂州刺史、上柱國、定王、食邑八千七百戶、食實封二千八百戶桓。温文性禀。聰哲天成。氣函鍾律之和。體毓珪璋之粹。聞詩學禮。已在傅而克勤。視膳問安。每承顏而有裕。自甫勝於趨拜。既申錫於褒封。徹以土疆。建之旄鉞。然念眞王之貴。尚仍六職之稱。輕重靡倫。循沿未革。茲惟前代。首用新書。盍加峻於民瞻。俾陞華於帝保。元袞赤舄。併增槐鼎之光。淑旂綏章。用壯藩維之勢。禮先列辟。慶叶新元。以示慈愛之私。以副榮懷之尚。於戲。本支百世。斯首敍於隆恩。祚嗣萬年。其永綏於吉祿。往欽時命。益懋乃猷。可。

皇子楷特授太保依前鎭東軍節度使嘉王勳食邑食實封如故制 政和三年正月六日

門下。朕祗紹先猷。緝熙庶治。永念官儀之重。尚多時制之循。以三事之崇資。襲六官之舊秩。正名稽古。悉更唐漢之餘。分職圖功。上協商周之盛。眷言賢嗣。宜渙褒章。載揆剛辰。申告列位。皇子、鎭東軍節度、越州管內觀察處置堤堰橋道等使、守司空、開府儀同三司、越州大都督、上柱國、嘉王、食邑七千七百戶、食實封二千五百戶楷。憑暉霄極。毓秀璇源。挺岐嶷之粹資。蘊中和之全德。蚤從外傅。樂循爲善之方。日侍內朝。懋著承顏之美。自及勝衣之拜。已疏裂壤之封。茲順履於新元。方肇頒於丕憲。盍先列辟。俾易隆稱。其陞帝保之華。以侈天支之貴。維袞及繡。益增台鉉之華。錫山與田。兼賁王藩之舊。以懷寧於屏翰。以篤慶於家邦。於戲。百祿是遒。斯對揚於新渥。景命有僕。益迓續於丕基。往服訓言。永綏壽嘏。可。

皇子樞特授檢校太保依前開府儀同三司集慶軍節度使建安郡王勳食邑食實封如故制 政和三年正月六日

門下。稽古建官。亦因時而用義。循名責實。俾分職以懋功。渙然三代之純。允副一隆之治。寵均衆子。欽告庶工。皇子、集慶軍節度、亳州管內觀察處置河堤等使、檢校太尉、開府儀同三司、持節亳州諸軍事、亳州刺史、上柱國、建安郡王、食邑六千一百戶、食實封二千戶樞。璿蕚儲輝。瑤房挺秀。誠和本乎自度。莊重賦於天資。稟訓日嚴。克邁詩書之教。疏榮時茂。蚤膺茅土之封。兼將鉞以董師。視台儀而備物。每懷謙畏。弗替踐修。朕謹始歲元。大熙國典。易舊稱於掌武。視峻職於經邦。式協新書。有華近著。於戲。朝廷尙爵。丕昭董正之規。父子主恩。宜厚褒崇之數。往惟祇命。益以永年。可。

皇子杞特授檢校太保開府儀同三司山南東道節度使文安郡王勳食邑食實封如故制 政和三年正月六日

門下。朕紹休七聖。圖治萬幾。將明作於有功。庶遹追於來孝。肆總齊於位序。惟古之師。因是正於官名。自今以始。眷首褒於良嗣。俾祇奉於新書。皇子、山南東道節度、襄州管內觀察處置橋道使、檢校太尉、開府儀同三司、持節襄州諸軍事、襄州刺史、上柱國、文安郡王、食邑六千一百戶、食實封二千戶杞。柔惠夙成。溫文自得。蚤叶熊羆之卜。寖凝圭璧之姿。列壤錫封。夙厚褒崇之典。勝衣進拜。彌彰輔翼之賢。茲順新元。肇頒茂憲。宜升陪於帝保。俾參視於公聯。淑旂綏章。益侈將壇之寵。赤芾金舃。用華王社之榮。以厚民彝。以昭邦采。於戲。茲率厥典。旣更三事之稱。先齊其家。庸授多男之職。往膺寵渥。永介壽臧。可。

皇子栩特授檢校太保開府儀同三司彰武軍節度使安康郡王勳食邑食實封如故制 政和三年正月六日

門下。朕紹承先志。董正治官。規恢萬世之摹。稽協三王之訓。以名爲表。秩位序而程能。以禮稱情。渙恩章而賜命。皇子、彰武軍節度、延州管內觀察處置等使、檢校太尉、開府儀同三司、持節延州諸軍事、延州刺史、上柱國、安康郡王、食邑五千四百戶、食實封一千八百戶栩。仁明異稟。聰智夙成。蚤分日域之輝。彌篤仙源之慶。班朝備物。均宰路以疏榮。宅土開疆。胙王封而賜履。茲布始和之治。肇頒更制之文。視保職以參華。襲公圭而詔位。增崇屏翰。大庇本根。於戲。據舊鑒新。式固邦圖之永。因心廣愛。用昭天性之隆。往哉惟休。尙有多祉。可。

皇子棫特授檢校太保開府儀同三司淮南節度使濟陽郡王勳食邑食實封如故制 政和三年正月六日

門下。朕誕膺駿命。克紹先猷。永念官稱之名。或違位序之實。乃稽參於古訓。允釐百工。俾祇奉於新書。以垂萬世。眷言賢胄。用錫殊榮。皇子、淮南節度、揚州管內觀察等使、檢校太尉、開府儀同三司、揚州大都督、上柱國、濟陽郡王、食邑五千四百戶、食實封一千八百戶棫。氣稟中和。才兼敏茂。蚤襲璿源之慶。屢膺金路之封。禮儀躬行。寖懋詩書之訓。謙恭自抑。居無富貴之驕。屬茂制之肇更。宜華資之申錫。爰正主兵之任。以陪上保之聯。命服九章。參貳公台之峻。元戎十乘。仍兼王社之崇。方順履於歲元。用顯揚於庭渙。以彰休寵。以示慈懷。於戲。八柄以馭其臣。蓋本朝廷之政。多男而授之職。盍隆父子之恩。往服褒嘉。益綏壽祉。可。

皇子構特授檢校太保開府儀同三司鎭海軍節度使廣平郡王勳食邑食實封如故制 政和三年正月六日

門下。堯典咸熙於庶績。允釐始自乎百工。周禮董正於治官。承德蓋先於六服。朕因時用義。惟古是師。參稽總覈之方。駿惠緝熙之緒。禮繇近始。命以時敷皇子、鎮海軍節度、青州管內觀察處置等使、檢校太尉、開府儀同三司、持節青州諸軍事、青州刺史、上柱國、廣平郡王、食邑五千四百戶、食實封一千八百戶構、毓慶紫庭、憑輝璇極。日新其德、浸茂於天成。時敏厥修、匪資於師訓。丞建齋旄之重、仍紆公袞之華。飭行彌恭、承顏靡懈。茲紹休於烈考、式誕布於宏規。視班三事之崇、易稱五兵之舊。以蕃王室、以協邦經。愛不我私、義惟情稱。於戲。名以出信、宜益懋於永圖。位不期驕、尚克祗於乃服。永綏吉祿。宜副茲懷。可。

皇子材特授檢校太保鎮安軍節度使魏國公勳食邑食實封如故制 政和三年正月六日

門下。朕遹追來孝、董正治官。將圖各廸之功、俾助惟和之政。乃眷經邦之俊、久仍掌武之崇。率由舊章、務循名而責實。式序在位、庶宿道以嚮方。屬誕布於新書、益首加於哲嗣。皇子、鎮安軍節度、陳州管內觀察處置等使、檢校太尉、持節陳州諸軍事、陳州刺史、上柱國、魏國公、食邑三千七百戶、食實封一千二百戶材、天潢鍾潤、寶蕚分輝。丞膺受社之榮、寖懋禔身之美。居仁由義、靡聞在傅之勤。閱禮敦詩、克邁趨庭之教。比稽古訓、更定官儀。其參上保之資、以固藩維之勢。命之圭冕、益昭公袞之崇。錫以山川、仍席邦封之重。以申異數、以協隆恩。於戲。化以職成、既因時而訓廸。施由親始、肆申命於褒嘉。往服徽章、益綏多福。可。

皇子模特授檢校太保武勝軍節度使鎮國公勳食邑食實封如故制 政和三年正月六日

門下。朕以德詔爵、以能懋功。丕昭烈考之謨、飭正治官之典。惟三公之坐論、上應中階。監二代之彌文、垂休萬世。誕揚顯册、褒進嗣賢。皇子、武勝軍節度使、鄧州管內觀察處置等使、檢校太尉、持節鄧州諸軍事、鄧州刺史、上柱國、鎮國公、食邑三千七百戶、食實封一千二百戶模、性賦溫良、生資肅哲。志拳拳而樂善、躬抑抑以隆謙。分閫授師、坐擁南陽之節。苴茅賜履、遙臨朔塞之疆。茲肇舉於新規、用均頒於渥命。榮參保職、寵襲公圭。允協朝經、增華位序。於戲。循名責實、交修總核之原。存愛理親、益厚盤維之固。往綏福履、茂對龍光。可。

皇子植特授檢校太保定武軍節度使吳國公勳食邑食實封如故制 政和三年正月六日

門下。朕紹休聖緒、若昔大猷。永惟故事之修、允賴臣工之助。眷時有位、或未協於官稱。肇正新名、實仰稽於古訓。宜舉邦彝之茂、用褒天屬之賢。皇子、定武軍節度使、定州管內觀察處置等使、檢校太尉、持節定州諸軍事、定州刺史、上柱國、吳國公、食邑三千七百戶、食實封一千二百戶植、毓秀璿源、繇芳寶蕚。聽哲實由於學、致溫文皆出於性成。屬在幼齡、已茂禔身之美。荐膺休命、益彰事上之恭。適順歲元、特敷廷渙。易主兵之重任、陪上保之崇資。赤舄繡裳、兼侈國封之大。琱戈犀節、併昭閫制之權。用增固於宗藩、期共承於王室。以隆化本、以厚民風。於戲。御于家邦、蓋自允釐之効。施于孫子、彌昭夾輔之勳。祗服命書、永綏榮祿。可。

皇子朴特授檢校太保鎮洮軍節度使雍國公勳食邑食實封如故制 同上

門下。朕若稽古訓。茂昭垂世之休。通駿文謨。肇正有官之治。既因名而辨位。宜渙號以申恩。褒進嗣賢。亶孚衆聽。皇子、鎮洮軍節度、熙州管內觀察處置等使、檢校太尉、持節熙州諸軍事、熙州刺史、上柱國、雍國公、食邑三千七百戶、食實封一千二百戶朴。性函聰哲。德茂淵沖。夙開帝武之祥。浚發仙源之潤。玉符頒瑞。保全雍之山川。金鉞授師。總臨洮之節制。篤孝恭而承志。敦詩禮以懋恭。屬茲謹始之元。誕布惟新之典。榮聯三事。視班保職之崇。位冠庶工。作屏帝支之盛。允爲異數。式副慈懷。於戲。言順則事成。效既興於禮樂。身端而行治。誠益勵於猷爲。惟克欽承。永綏譽處。可。

皇子楞特授檢校太保橫海軍節度使冀國公勳食邑食實封如故制

門下。朕因時以正官治。敦愛以敍人倫。稽古御今。祗奉保邦之訓。惟名與器。踵爲礪世之規。茲誕布於新書。用推褒於哲嗣。涓辰渙號。其聽無譁。皇子、橫海軍節度、滄州管內觀察處置等使、檢校太尉、持節滄州諸軍事、滄州刺史、上柱國、冀國公、食邑三千七百戶、食實封一千二百戶楞。秉德粹夷。受才膚敏。密拱乾坤之施。蚤凝金玉之姿。開國承家。徹信都之樂土。擁旄植纛。制橫海之全師。每敦率履之恭。彌篤嗚謙之行。屬茲更制。益峻視班。參華保職之崇。增煥公主之重。允資親屏。式協邦榮。於戲。欽乃攸司。宜茂本根之庇。錫茲純嘏。永孚祚嗣之休。惟命其承。師志毋怠。可。

皇子栻特授檢校太保靜江軍節度使廣國公勳食邑食實封如故制

門下。朕圖任衆材。攸明庶政。務循名而責實。因考古以驗今。肇正官稱。革百王之流弊。肆更位序。新一代之彌文。蓋敷號於朝倫。用隆恩於天屬。皇子、靜江軍節度、桂州管內觀察處置等使、檢校太保、持節桂州諸軍事、桂州刺史、上柱國、廣國公、食邑三千戶、食實封一千戶栻。緜榮寶系。襲慶璿源。美追麟趾之振振。榮繼棣華之韡韡。未親師訓。已隆禮義之端。自啓邦封。益懋謙恭之美。屬頒丕憲。宜異群工。易舊秩於主兵。視峻秩於上保。路車乘馬。僉增帥節之雄。袞衣繡裳。仍擬台衡之貴。併推異數。用協新元。以茂本支。以強藩屏。於戲。朝廷既正。申嚴總核之方。父子主恩。宜厚褒嘉之典。往惟祗服。允迪吉康。可。

皇子榛特授檢校太保建雄軍節度使福國公勳食邑食實封如故制

門下。朕丕釐帝命。通駿先猷。屬四海之乂安。緝熙百度。稽三代之制作。董正治官。矧夫位序之崇。尚習循沿之陋。聿新邦紀。褒進嗣賢。諏協剛辰。誕揚渙號。皇子、建雄軍節度、晉州管內觀察處置等使、檢校太尉、持節晉州諸軍事、晉州刺史、上柱國、福國公、食邑三千戶、食實封一千戶榛。資純茂以夙成。性溫恭而自度。周家強榦。早開南國之疆。漢戚扞藩。坐鎮臨汾之節。每循循而飭行。躬翼翼以承顏。令則彌彰。幼儀弗惰。方訓百工之治。莫高三事之聯。視保職以參華。襲公圭而懋寵。以隆藩輔。以協榮懷。於戲。必也正名。允迪聖謨之盛。慎乃在位。益孚宗屏之休。往服至恩。永綏遐福。可。

皇子椿特授檢校太保慶源軍節度使慶國公勳食邑食實封如故制　同上

門下。朕若稽治古。訓廸前王。惟贊道之隆資。仍主兵之舊號。官職相序。更修一代之儀。名實既隆。用革百王之弊。眷言賢嗣。宜易崇稱。乃先丕號之孚。

以穆路朝之聽。皇子、慶源軍節度、趙州管內觀察處置等使、檢校太尉、持節趙州諸軍事、趙州刺史、上柱國、慶國公、食邑三千戶、食實封一千戶椿。分輝璿極。鍾慶珠源。卓爲異稟之英。綽有成人之度。承顏翼翼。行彌著於恪恭。爲善孳孳。學已通於倫類。適頒茂憲。首渙褒章。陪上保之峻聯。易右資之崇秩。高牙大纛。益昭帥閫之雄。赤舃桓圭。兼視台衡之貴。義遵時制。恩協慈懷。以光帝胄之祥。以壯宗藩之勢。於戲。官正則治。既申講於新書。輔用必強。蓋大封於衆子。往欽優渥。以介壽康。可。

皇第二十三子梴特授檢校少保武康軍節度使相國公食邑食實封制 政和四年十一月六日

門下。朕誕受丕基。茂膺駿命。於穆不已。仰承列聖之休。申錫無疆。昭格多男之慶。爰制名於外寢。用敷號於明廷。皇第二十三子梴。帝武發祥。天材育粹。性稟五行之秀。氣兼四序之和。浸揚載路之聲。綽有超人之度。逮晬辰而剪髻。擇剛日以按圖。授武康之全師。徹彰德之樂國。節旄齋鉞。壯徒御於將壇。赤舃桓圭。備威儀於公袞。視班聯於亞保。敦井賦於爰田。以資屏翰之強。用侈神明之胄。於戲。親賢並建。時莫重於周盟。子孫皆封。世必從於漢約。若古有訓。非予敢私。其祗服於恩榮。以永綏於祉福。可。

皇第二十四子樾特授檢校少保平海軍節度使瀛國公食邑食實封制 政和五年七月二十一日

門下。受帝祉而施于子。聖人所以承佑命之休。教民睦者始於親。王者所以假御家之慶。肆朕纘服。若古有爲。嗣膺考室之祥。用協錫封之典。作歆外寢。誕告庶工。皇第二十四子樾。蘊聰智之少成。賦純和之異稟。毓秀後星之潤。乘暉太極之嚴。以赫厥靈。夙蹈履欽之吉。乃安斯寢。允符夢兆之占。當保負之攸初。廸幼儀之既備。挺然岐嶷。惠彼覃訏。茲臨剪髻之時。其憲有邦之則。維制名者人治之大。而序爵者天下之公。順考九儀。式敷四履。授律晉江之奧。相攸瀛海之崇。宣大將之威。擁鈇鉞車旗之盛。備上公之禮。異帶裳幅舃之華。視亞保以班朝。疇爰田而食賦。克昌厥後。永孚于休。於戲。載錫之光。其爾與聽朕教。自求多福。罔不在厥初生。肆惟德性之修。期尚榮懷之渥。以綏燕譽。茂介壽祺。可。

皇第二十五子棫特授檢校少保武安軍節度使惠國公食邑食實封制 政和五年九月二十日

門下。朕保國乂安。荷天佑序。降康錫羨。益藩衍於本支。裂壤疏封。用安強於宗社。誕錫休命。敷告治朝。皇第二十五子棫。慶發仙源。祥膺帝武。之屏之翰。緊四國之于蕃。維熊維羆。協大人之占夢。氣稟清明之粹。識全岐嶷之姿。弄以半圭。佩之朱芾。綽有超人之度。難稽賜履之榮。遵承典彝。肇啓民社。出少府之節。殿此大邦。按司空之圖。胙之樂土。陟貳公之峻秩。視三事之縟儀。併給戶租。兼隆井賦。備加寵數。庸慰慈懷。於戲。易著建侯。靡有親賢之異。禮稱就傅。徐觀德業之成。茂對恩光。永綏壽祉。可。

宋大詔令集卷第三十三

親王八

進拜八

皇弟偲加恩制 政和六年宗祀

門下。朕蒐講彌文。緝熙墜典。必有尊也。肇新王者之堂。庶或饗之。克盡聖人之孝。睠言同氣。實對盛容。方熙事之迄成。宜褒章之首及。誕孚渙號。猷告大廷。具官某。德量醇深。器資温恪。躬履五常之行。心遊六藝之淵。屏翰王家。有韡韡棣華之愛。表儀公姓。協振振麟趾之風。蹈謙畏而弗渝。守貴高而彌戒。神旗豹尾。兼兩鎮之節旄。衮衣繡裳。備三公之典策。屬秩宗祈之始。共成昭配之尊。薦獻惟時。降升有度。逮已竣於毖祀。肆丕舉於慶條。增衍戶租。敦加井賦。式彰景貺。庸示至懷。於戲。兄弟具來。永念詒謀之遠。帝親並饗。敢忘受福之同。仰對寵光。永綏燕譽。可。

皇子樞加恩制 同上

門下。萬物本乎天。式謹明禋之報。五經重於祭。是嚴昭配之文。朕重建合宮。緝熙鉅典。靈心允答。嘉應荐臻。眷予有子之賢。誕布告廷之命。具官某。發祥帝武。分潤仙潢。莊重夙成。克邁詩書之訓。温良自得。安行禮義之方。蚤疏爵於王封。仍視儀於揆路。屬修元祀。昭闡閎休。爰舉國章。載加井賦。以固本支之茂。以隆屏翰之強。於戲。孔惠孔時。既格三神之右。如幾如式。其膺萬福之同。尚廸令猷。永綏壽祉。可。

皇子朴加恩制 同上

門下。朕麻吉杪秋。肇禋重屋。以妥以侑。於昭事帝之誠。是饗是宜。克達寧親之志。群心祗率。萬福具來。眷時胄嗣之賢。當懋寵褒之典。具官某。分輝璿極。襲慶天潢。端敏自乎夙成。孝友繇於弗勉。賜大邦之履。壯威重於節旄。參上公之儀。粲服章於衮舄。會宗祈之獲考。方祭澤之誕敷。乃陪列戶之封。以廣爰田之奉。禮惟事稱。愛匪予私。於戲。成功而告神明。敢怠繼承之美。有典以詒孫子。永膺錫羨之休。往踐厥猷。以副朕訓。可。

皇子栩加恩制 同上

門下。朕厥若先王之典。率時昭考之行。裒對九筵。賓承五府。克配上帝。既申能饗之誠。孚佑下民。斯廣休成之貺。眷言賢嗣，宜渙徽章。具官某。廸德粹深稟資純秀。問學不煩於師訓。孝恭自得於天成。寵冠貂蟬。丕視台衡之貴。賜開茅土。夙推王爵之崇。謙慎彌章。恩榮洽至。屬肇新於毖祀。加備覲於盛容。中衍國租。載華邦慶。於戲。篤敍乃正。父方茂對於寵光。啓佑我後人。其克綏於茀祿。往祗朕指。益勵厥修。可。

皇子棫加恩制 同上

門下。朕丕講彌文。聿新大饗。展采錯事。默然精意之通。隤祉發祥。昭若靈心之答。天人無間。夷夏均休。中錫嗣賢。誕揚顯册。具官某生資岐嶷。性稟溫恭。具依日月之光。密拱乾坤之施。服謙有裕。率履無違。承訓中宸。克懋禔身之美。疏恩外閫。荐膺受祉之榮。茲獲考於嚴禋。宜與褒於景貺。載加井賦。併衍眞封。以隆父子之親。用篤邦家之慶。於戲。三神孚祐。敏如影響之隨。萬福來寧。燕及本支之茂。往祗明命。其體眷懷。可。

皇子某加恩制 同上

門下。朕順考前彝。肇新重屋。克禋克祀。式昭報本之心。不顯不承。庸展奉先之孝。天休滋至。帝命不違。肆敷錫於神釐。用褒崇於賢嗣。具官某憑暉霄極。席慶仙源。端重出於生資。溫文由於夙就。元戎十乘。益分將鉞之雄。命服九章。更侈公圭之寵。茲嚴盛禮。宜被渥恩。載衍邑租。益增井賦。以協邦家之喜。以彰屏翰之良。於戲。惠我無疆。既盡吉蠲之饗。降爾遐福。其開蕃衍之祥。勉服訓言。茂綏壽嘏。可。

皇子㮙加恩制 同上

門下。朕紹聞德言。面稽天若。揆季辛之穀旦。修大享於合宮。惠我無疆。既靈承於福祿。俾爾多益。用敷錫於臣民。褒厥嗣賢。揚于渙號。具官某分輝寶蕚。鍾秀仙源。溫恭本乎性成。信厚由於自得。隆師親友。蚤知義理之方。開國承家。克謹詩書之戒。茲聿稱於盛禮。宜丕衍於厖禧。陪以井封。疇其榦食。式昭惠術。庸示恩華。於戲。孝弟通神。實獲維天之祐。子孫逢吉。永同申命之休。尙愼爾猷。以祗予訓。可。

皇子樨加恩制 同上

門下。朕紹遵先烈。肅舉明禋。載稽六藝之文。首定九筵之制。我將我享。允盡於孝思。來燕來寧。恭承於純嘏。慶均裔嗣。猷告臣工。具官某端厚生知。溫仁自得。卓爾不群之度。挺然好善之誠。寵以命圭。秩等貳公之貴。授之齊鉞。威專大鎭之雄。屬盛禮之迄成。裒徽章而具舉。載疇多邑。申衍眞租。有孚邦國之光。克叶神靈之貺。於戲。既昭假爾。雖福祿之攸同。于時保之。尙子孫之勿替。往膺恩渥。益燕壽祺。可。

皇子梃加恩制 同上

門下。朕祇涵先猷。肇稱古禮。卽九筵而昭事。極四表以和來。是享是宜。克達馨香之薦。以妥以侑。具多戩穀之綏。洒眷嗣賢。肆揚廷號。具官某挺材俊秀。抱德溫純。敏惠夙成。方總髦而櫛弁。寵光荐至。爰胙土以疏封。不煩師傅之勤。自篤詩書之訓。逮已竣於毖祀。宜均錫於殊恩。衍以戶租。陪之井食。用作爾祉。以承天休。於戲。御于家邦。克寧神而示孝。中以福祿。期與國以同榮。益廸令儀。往膺寵渥。可。

皇子棫加恩制 同上

門下。朕致孝以奉先。考經而制禮。乃卽頒常布政之所。聿修嚴父配天之儀。來假祁祁。既極歡心之助。至止肅肅。宜均嘉貺之敷。誕播治朝。載褒賢嗣。具官某挺姿凝粹。稟德溫恭。宸極承顏。斯喜勝衣之拜。天庭輯瑞。早疏胙土之恩。發聞有光。檢身無怠。屬我將之竣事。爰大賚以因親。衍茲餘食之封。幷以邑田之賦。時于爾祉。匪曰予私。於戲。迄用有成。昭千齡之盛舉。並受其福。與萬國以同休。往愼厥猷。益祇朕命。可

皇第二十六子椅特授檢校少保定國軍節度使嘉國公食邑食實封制 政和八年八月二十三日

門下。親其親而愛物。聖王知當務之先。幼吾幼以及人。天下格時雍之易。朕荷上穹之右序。錫景祚之蕃昌。則百斯男。茂本支於奕世。大啓爾宇。崇屏翰於多方。肆揚顯紼之恩。用亶外朝之聽。皇第二十六子椅慶承玉府。粹毓珠潢。乃寢乃興。蚤發夢熊之吉。克岐克嶷。密符帶韣之祥。賦畀訏載。路之聲擁敦厚攸宜之福。大圭不琢。質全天地之自然。黃鍾爲宮。氣得陰陽之至正。涓日將成於左鬌。制名喜見於西階。肇肦受祉之榮。式協相攸之樂。牙璋治守。統馮翊之雄藩。金路建公。胙峨眉之名壤。馭貴兼隆於亞保。疇租仍賦於爰田。彊萬年磐石之宗。壯百辟維城之勢。於戲。根仁義之性。必因其材而篤焉。教詩禮之文。可以有志於學矣。以輔成於德器。用保固於壽祺。可

皇子楷移兩鎭加恩制 政和八年閏九月十八日就外邸

門下。王者之篤於親愛。莫隆於父子。聖人之謹於禮治。尤始於家邦。朕若古以御今。繇近而擧遠。既受帝祉。夙申蕃衍之休。于棐民彝。丕協榮懷之慶。睠言次嗣。允謂賢王。聿從就邸之安。肆有告廷之寵。皇子、太傅、武寧保平軍節度使、徐州牧、兼陝州牧、提擧皇城司、食邑一萬二千七百戶、食實封四千戶、嘉王楷。英姿玉裕。雋望川流。器函閎達之規。性亶純明之度。造道自得。既左右以逢原。經德不回。亦周旋而中禮。殖學貫三才之奧。摛辭騫六藝之華。頃偕射策之儒。入奉臨軒之問。條萬言之對。揮筆陣以當千。發內經之微。收賢科而第一。既揭桂林之冠。又刊璧海之傳。孝恭愈懋於承顏。勤毖尤嚴於衞上。飭天門而共法駕。整周列以無譁。比夕柝以扄宸闈。均遞宿而匪懈。偶屬宮城之邇。弗虔木鐸之脩。董護有方。遇事可觀於籌略。誰何唯謹。防微備罄於忠勞。茲隣七雉之隅。肇構百男之第。洊披封奏。祈卽攸居。爰俯徇於忱誠。用載加於徽數。賜爾旂纛黼黻。更兩鎭之成師。錫之山川土田。啓東藩之全國。峻兼外牧。並衍眞租。以綏譽處之崇。以侈本支之茂。於戲。上下辨而民志定。式昭名分之公。形勢彊則王室安。益賴磐維之固。仰祇慈眷。永介壽祺。可

皇子樞特授太保保平武寧軍節度使進封肅王加食邑食實封制 重和二年正月五日同上

門下。成周同姓之封。蓋並列於八百國。西漢諸子之食。或多至於七十城。朕夙承穹昊之休。申錫嗣賢之茂。天秩有禮。俾序爵以造朝。我圖爾居。肆涓辰而授第。誕揚休命。敷告庶工。皇子、檢校太保、集慶軍節度使、開府儀同三司、建安郡王、食邑八千一百戶、食實封二千六百戶樞。性稟純明。韻全鍾

律。聚陰陽之秀氣。兼四序之和。參象緯之華。躬襲五潢之潤。內極承顏之肅。外專就傅之勤。脩進及時。有春誦夏絃之樂。動容中禮。惟前言往行之師。頃親卽於廣廷。旣備加於顯服。念御家邦者莫先名分之辨。矧爲臣子者必嚴表著之儀。是用配茲出閤之舊章。處以環宮之新邸。備眞王之典册。啓西土之畿疆。六師之整我戎。特峻雙旄之建。三槐之面公位。聿先百辟之趨。仍拓爰田。併豐圭賦。於戲。多男而授之職。於昭蕃衍之祥。若德以裕乃身。斯共榮懷之慶。勉祗猷訓。益介壽祺。可。

皇子杞特授太保護國武昌軍節度使進封景王加食邑食實封制 重和二年正月五日同上

門下。思齊則百斯男。錫羡侈家邦之慶。典命以九爲節。出封嚴車服之儀。朕席寶祚之寖昌。有天材之夙就。大啓爾宇。俾班位著之崇。爰契我龜。遂卽宅章之吉。載朌顯册。丕告治廷。皇子、檢校太保、山南東道節度使、開府儀同三司、文安郡王、食邑八千一百戶、食實封二千六百戶杞。聰智少成。溫仁日茂。資純乾之始。聿申太極之休。翼大辰之明。並煥後星之次。自頃從於外傅。嘉克敏於厥脩。學禮聞詩。富卓爾不群之識。隆師親友。得信而好古之方。將全六藝之能。旣謹三加之戒。然以國觀國。則內外之治必正。而在朝言朝。則上下之分惟嚴。肆開列邸之居。用壯維城之勢。胙之樂土。表以眞王。保職之位上公。應泰階六符之象。師律之顓兩鎭。備元戎十乘之容。幷衍戶租。式昭徽數。於戲。受祉施于孫子。茲惟帝睠之承。稽古建爾國家。其永宗彊之賴。尙隆燕譽。益襲多祥。可。

皇第二十七子棟特授檢校少保雄武軍節度使溫國公食邑食實封制 重和二年正月二十六日

門下。聖人之因者本。特隆天性之恩。君子之篤於親。用謹民仁之教。眷予愛嗣。禮命初封。誕敭贊册之文。孚告治朝之聽。皇第二十七子棟。發祥帝武。擢秀天枝。金聲條理而成純。玉質孚尹而不琢。列後星之屬。秉乾象以憑暉。佩斯芾之華。儼身章之稱德。吉履先見。幼儀夙成。自然衆美之從。屬茲三月之末。涓日剪鬌。始祗見於君親。立阼命名。爰欽承於宰史。肆申馭貴之義。亦宏立愛之規。序爵上公。建邦樂土。高牙作鎭。授節制於元戎。左棘班朝。聯寵榮於亞保。轅田有衍。圭賦疇加。於戲。百福子孫之宜。實天申右。萬年祚嗣之錫。惟時太平。其益務於敏脩。以永綏於壽嘏。可。

皇子楷特授劍南西川鎭南軍節度使成都牧兼洪州牧依前太傅兼神霄玉清萬壽宮使提舉皇城等司鄆王加食邑食實封制 宣和元年十二月十六日冬祀

門下。三光開太微之庭。茲重邃嚴之祕。千列謹周廬之衞。允資總護之勤。迺眷賢王。久司禁掖。懋忠嘉而率職。罄誠愛以奉君。肆紀殊庸。式孚大號。皇子、太傅、荆南寧江軍節度使、江陵牧、兼夔州牧、兼神霄玉清萬壽宮使、提舉皇城等司、鄆王、食邑一萬四千七百戶、食實封四千六百戶楷。二儀毓粹。四序稟和。學造淵深。貫群經而自得。文摛贍麗。該衆體以兼全。裕然孝友之風。允矣恪恭之美。環隅授邸。寵先棣蕚之榮。臚唱標名。顯冠楓庭之秀。自董宮城之政。益崇宸極之尊。慮每及於未然。事必形於有備。重軒載肅。克寧莞簟之安。交戟無譁。爰整爪牙之利。屬就郊而蕆事。乃前蹕以啓行。梐枑再重綏我精禋之薦圓壇八陛格茲肸蠁之臨賴享上之誠心秩事天之元祀興念宣勞之篤聿臻計治之期用誕舉於徽章以茂揚於丕績擁旄專閫榮更兩鎮之權分土得民併領三州之牧陪敦多賦加衍眞租勢增屏翰之雄慶羡邦家之大於昭物采申示眷懷於戲虞舜之亮天工典記陟明之賞成周之安王室傳稱夾輔之勳往勵前修以祇予訓可

皇弟俁依前太傅永興成德軍節度使雍州牧兼眞定牧燕王加恩制 同上

門下朕遵列聖之丕彝答上穹之景貺於穆淸廟有嚴祼獻之將爰熙紫壇載謹燎薰之報眷言介弟克相盛儀方曠澤之時敷豈褒章之敢後式敭贊册丕告治朝具官某德粹而量閎身端而行飭亹亹廸中和之度繩繩惇信厚之風壯邦家之基有韡棣華之蕚胙山川之宇爰分桐葉之圭帥旄兼兩鎮之雄公袞位三階之峻六蜚肆祀聿陪淸蹕之行百味薦嘉式侑慶觴之奉迄茲餕惠宜首疇庸申加采邑之多兼衍圭腴之厚於戲因心則友均慶賴於天倫式禮莫愆共嘉承於帝祉往祇予訓茂對王休可

皇弟偲依前太傅鳳翔山南西道節度使鳳翔牧兼興元牧越王加恩制 同上

門下朕承景至之休辰款國陽之吉壤觚壇八陛既嚴類帝之誠端闕五門更厚錫民之澤惟予同氣克相盛容宜因拜貺之初特渥旌勞之寵載涓穀旦誕告明廷具官某氣裕而識融體莊而志正簡重出性資之茂溫恭循禮則之嚴昭譽處之休雅有閒平之度壯本支之勢蚤分魯衛之封威兼重牧之翰藩位列上公之鼎鉉莫遠具爾陪祇載於廟壇挹彼注茲預參升於爵斝用褒嘉德首畀厖禧申陪井賦之豐併詔租腴之益於戲賑膰以親兄弟不愆于儀孝悌之通神明並受其福永綏多祜祇若訓言可

皇子楷依前太傅荆南寧江軍節度使荆州牧兼夔州牧鄆王加恩制 同上

門下備萬物以告神明式達成功之美親九族而致禋祀聿昭申命之休朕荷帝降康宅師用乂乃順初陽之候恭修大報之儀天人和同煥若神光之燭月星明概肅然象物之臻眷予次嗣之賢宜首慶條之舉亶孚昭號具諗明倫皇子太傅荆南寧江軍節度江陵牧兼夔州牧兼神霄玉淸萬壽宮使提舉皇城司鄆王楷瓌韻天成英猷日裕德備四端之粹學窮六籍之微禁闥提綱忠罄君親之奉天庭射策名魁俊造之科山川開肅社之封袞舄位經邦之傅屬展紫垓之饗實前淸蹕之行嚴梐枑之再重各司其局肅勾陳之力衞有聞無聲茲並格於神釐肆大均於祭澤爰田衍厚圭食增腴於戲蒙嘉氣而獲豐年既對宴娛之貺綏眉壽而屆繁祉用同右序之榮往昭寵光益崇譽處可加食邑一千戶食實封三百戶

皇子樞加恩制 冬祀

門下合宮祼鬯義蓋本於寧神嘉時燔柴禮尤嚴於類帝朕紹膺寶麻祗遹燕謀永惟孚佑之純敢怠迎長之報精意以享薦明德之馨香釐事脩成霈鴻恩之汪濊乃眷裔賢之懿克昭相祀之誠宜錫渙章用孚群辟皇子太保保平武寧軍節度使肅王樞風猷凝遠德履溫莊霄極儲精秀稟璇源

之潤。環宮開邸。慶聯棣蕚之輝。羽儀聳鳴玉之班。旌纛極建牙之寵。載飭奉璋之度。肅陪奠璧之祠。方拜胙以均禧。肆徹圭而衍賦。是爲異數。允答殊庸。於戲。得四表之驩心。既廸降康之吉。僕萬年之景命。更隆受祉之休。茂對恩徽。益祗猷訓。可加食邑一千戶。食實封二百戶。

皇子杞依前太保兩鎮景王加恩制 同上冬祀

門下。聖無先於能饗帝。禮莫重於大報天。爰因三歲之常。仍順一陽之復。展采錯事。聿昭拜貺之休。斂福錫民。斯洽餕神之澤。眷言賢嗣。寔講上儀。肆端筴以涓辰。用揚庭而孚號。皇子、太保、護國武昌軍節度使、景王杞。挺姿凝秀。藴識純明。遵百行之源。廸良知而日裕。襲六藝之潤。濟惠問以川流。雝雝鳴玉之容。奕奕環宮之第。大啓爾宇。峻典册於眞王。言觀其旂。盛威儀於兩鎮。屬受釐於元祀。迺錫命於多男。載疇井賦之豐。更衍畲租之厚。於戲。一人有慶。其來遠邇之懽。百祿是遒。燕及本支之茂。往祗渙渥。永對榮懷。可加食邑一千戶。食實封二百戶。

宋大詔令集卷第三十四

親王九

進拜九

皇子構依前檢校太保鎮海軍節度使開府儀同三司廣平郡王加恩制 宣和元年冬祀

門下。朕紹膺景厤。袞保丕圖。帝命不違。夙荷博臨之鑒。天休滋至。敢忘昭報之恩。圭景迎長。款國陽而肆祀。靈心允答。推惠術以時敷。眷惟胄嗣之賢。爰錫寵褒之典。具官某金峰絢采。瓊榦凝暉。純明敦就傅之勤。恭恪厚承顏之愛。建辟旄之節。開四履於王封。曳繡黼之裳。聯二階於宰路。茲訖禋柴之饗。胥同胙俎之盼。乃渙廷緡。載加井賦。爰協周邦之慶。式遵成憲之常。於戲。惟典神天。既懋至誠之感。以貽孫子。用均蕃祉之蒙。尙廸令猷。永綏壽嘏。可。

皇子植依前檢校太保定武軍節度使某國公加恩制

門下。朕率籲衆髦。恭修元祀。祼鬯淸廟。神既享於克誠。颺煙紫壇。天惟親其有德。明釐允答。景命增隆。式均祭澤之休。爰錫嗣賢之慶。誕敭渙册。丕告治朝。具官某聚秀堪輿。流光象緯。趨宸闈而承訓。卽傅學以陳經。開國承家。蚤賜公主之寵。制軍詰禁。久專將鉞之威。會成肆祀之容。茂舉加田之律。併陪多戶。具協彝章。於戲。無疆惟休。既廸家邦之御。有室大競。胥同茀祿之康。往服訓言。益綏慶譽。可。

皇子□依前檢校太保鎮江軍節度使徐國公加恩制 同上

門下。朕紹基泰定。撫運熾昌。時和歲豐。肇自孚休之貺。禮制樂作。誕嚴肆祀之容。候至景於土圭。將忱誠於瑄玉。四海以職而助祭。上帝垂恩而慶成。茲大賚於嗣賢。用亶孚於猷告。具官某璠璵挺粹。鍾律參和。温其博雅之資。卓爾純明之識。櫜兜戟纛。壯威重於師干。黼旂鸞車。峻寵光於公社。屬陽垓之畢饗。詔勳府以均釐。增畀腴租。式隆徽典。於戲。天自民聽。惟一德之是親。父爲子綱。宜百祥之並受。祗膺渙渥。永對榮暉。可。

皇子榛依前檢校太保建雄軍節度使福國公加恩制 同上

門下。朕夙將珪幣。祗款廟壇。明德惟馨。匪九州之美味。精意以饗。兼四表之歡心。陽候晏温。禮容飭備。既洽來寧之慶。聿伸昭受之休。肆有明綸。孚于衆聽。具官某。五行聚粹。四氣凝和。密承璇極之輝。夙佩紫庭之訓。金路封國。首疏公社之榮。牙璋制軍。兼峻將壇之寵。屬靈承於毖祀。肆商賚於豐章。衍食加田。隆恩示眷。於戲。既多受祉。罙深昭假之思。則百斯男。其共榮懷之對。往欽訓指。益燕壽祺。可。

皇子楗依前檢校少保感德軍節度使韓國公加恩制

門下。朕厤天元之吉。繩祖武之常。款清廟以告虔。即嘉壇而拜貺。堯禋克祀。聿昭明德之馨。載暘載陰。於顯高靈之下。盛儀休畢。惠術周施。眷予有子之賢。賚爾揚庭之號。具官某。性資超譽。儀度秀華。授職宸闈。慶協堯封之頌。相攸公組。寵開韓奕之邦。兹獲蕆於明禋。肆大推於徽典。載因舊賦。特衍新畬。以惇慈愛之懷。以廣函蒙之祉。於戲。報以介福。方申錫於無疆。燕及自天。宜克昌於厥後。往膺恩渥。永屆壽祺。可。

皇子樾依前檢校少保平海軍節度使瀛國公加恩制 同上

門下。朕荐習康年。恭修美報。奉豐盛於太廟。薦嘉璧於中壇。孝奏天儀。具獲明靈之貺。雲行雨施。用均曠蕩之恩。乃眷嗣賢。宜均慶澤。兹誕揚於顯命。以率籲於庶工。具官某。鍾秀九宸。流光列宿。溫良自得。全玉質之允孚。高亮夙聞。貫金聲之條理。蚤分茅於國社。仍授鉞於將壇。屬陽燎之告成。肆疏榮而餕惠。載加幹食。併協邦彝。於戲。衷正齋明。既格天心之享。蕃衍盛大。式隆帝祉之施。益廸令儀。永綏吉祿。可。

皇子栩特授太保荊南清海軍節度使進封濟王加食邑食實封制 宣和三年就邸

門下。天祐下民而作之君。載祚本支之錫。聖多男子而授之職。式隆屏翰之彊。朕膺端命於璿穹。襲鴻休於寶緒。睠時賢胄。將造昕朝。永建乃家。甫就宅章之慶。大啓爾宇。庸昭名寵之崇。誕告群工。丕颺顯册。皇子、檢校太保、彰武軍節度使、開府儀同三司、安康郡王、食邑九千四百戶、食實封三千戶栩。珠潰毓潤。景緯儲英。韵函鍾律之和。質挺圭璋之粹。承顏問寢。懋德參於閨闈。學禮聞詩。樂善端於外傅。翼翼進修之敏。溫溫踐履之純。笄日戒賓。已廸情文之備。設儀辨位。行觀表著之趨。肆攷國章。肇遷帝室。爰居爰處。環宮開漢邸之嚴。于藩于宣。賜履侈周室之茂。是用畫圻奥壤。錫爵眞王。聯衮繡於三槐。植旌旄於兩鎮。陪敦井賦。併示恩徽。於戲。無疆惟休。若古有訓。方欽承於嘉惠。宜允廸於大猷。罔俾前人擅河間東平之譽。以克永世壯維城磐石之安。尚對邦祺。益綏帝祉。可。

皇子模特授依前檢校太保淮南節度使開府儀同三司進封樂安郡王加食邑實封制 宣和三年正月二十二日

門下。受帝祉而施于孫子。迺彰世祚之休。承天序以建爾國家。式鞏宗彊之勢。朕紹膺昌厤。衍錫多男。睠言嗣德之英。誕舉徽章之渥。擇剛斯吉。渙號惟孚。皇子、檢校太保、武勝軍節度使、鎮國公、食邑六千四百戶、食實封二千戶模。擢秀天支。憑暉霄極。璵璠作器。粹然德宇之純。韶濩諧聲。蔚若才華之譽。粤自勝衣之始。聿敦就傅之方。諏律稽經。得師友淵源之妙。守仁行義。本聖王統類之崇。儒雅不群。威儀有恪。久倚將壇之拜。尚稽王社之封。屬僉議之載颺。攷彝章而懋寵。台符炳象。儀揆席以參華。規工奠方。胙名邦而錫命。易旄巨鎮。衍食眞封。豈惟表功德以褒親賢。實亦崇本支而隆屛翰。

於戲周官以五等班爵尤高建德之圖漢制以列城受封庸謹爲藩之戒維克綏於壽愷用褒對於榮懷可

皇第二十九子桐特授檢校少保保慶軍節度使儀國公食邑食實封制 宣和三年十一月二十日百辟授官

門下奉天道以建邦式廣宗彊之勢受帝祉而施子載昭眷命之隆朕寅御安平丕膺錫羨多男授職順稽立愛之經同姓褒功肇啓分封之等協諏穀旦誕舉徽章皇第二十九子桐毓粹珠潢儲精景緯熊占四夢蚤符帶韣之祈門設左弧允兆獻穜之祚性蘊聰文之稟器凝岐嶷之資玉潤金純備著堪輿之秀蘭芳芝茂交輝華蕚之榮甫十旬剪髻之期謹外寢制名之義禮彰物采國盛典容輔以親賢周亨卜年之厤尊其子弟漢寧磐石之宗是用規樂土以苴茅析桓圭而詔爵袞衣赤舄視亞保之班聯騂節淑旂專中軍之閫制肆開井邑併侈眞租豈惟□□道之恩蓋以正朝廷之體於戲成人有德罔不在厥初生求福不回庶幾以永終譽益綏壽愷祇服寵光可

皇子構特授太保加兩鎭進封康王加食邑食實封制 出閤宣和三年十二月二十二日

門下周封同姓以惇賢式亨本根之固漢尊二等而立爵載圖磐石之安朕隆紹慶基誕膺駿命永錫祚嗣聿開帝室之榮對揚王休申畀國章之寵丕昭顯册亶告群工皇子檢校太保鎭海軍節度使開府儀同三司廣平郡王食邑九千四百戶食實封三千戶構日榦分暉珠潢疏潤斯干協吉茂嶷嶷之奇姿典命□儀稱煌煌之華芾聰達藴自然之質温文成不習之能詩禮雅言允廸聖門之訓堯舜正道率循嚴傅之規□□冠以重嘉宜遵年而出閤班趨方玉行瞻極以來朝□□旅楹即環宮而列邸載侈褒嘉之數益彰信厚之風胙南土之山川佩眞王之印綬面槐辨位聯保職於三公先乘啓行總戎麾於兩鎭併疇圭賦增渙渥恩於戲建國以朝諸侯義重本支之盛述職以朝天子勢資藩翰之良其祇服於朕辭以永綏於爾祉可特授太保遂安慶源節度進封康王加食邑一千戶食實封三百戶

除皇子模特授太保加兩鎭封祁王加恩制 同上

門下昭令德以示子孫爰廸御邦之始蕃王室以和兄弟勢隆立屛之彊朕膺眷命於叢霄繇丕圖於鴻緒既受帝祉慶流嗣類之昌永建乃家榮啓宅居之吉涓剛惟穆渙號具孚皇子檢校太保淮南節度使開府儀同三司樂安郡王食邑七千五百戶食實封二千三百戶模智敏性全端莊夙就玉潤稟粹溫之美金聲鍾條達之和曳綵彤闈承咫顏而侍膳敷經儒席究六籍以多聞懋遵幼學之儀超進成人之度筮賓重冠既喻志以孚名居邸造朝斯明倫而辨等參循舊貫酌用新規有來雝雝將謹大昕之著于時處處聿寧廣宇之華析北國之奧區崇王封之眞拜台符煥象陟公保論道之司將閫雄軍兼連帥整戎之略拓其邑賦衍以戶租於戲思齊則百斯男侈閎休於大序湛露在宗載考昭異數於戚藩恪愼遠猷底綏燕譽可特授太保武勝興寧軍節度使進封祁王加食邑一千戶食實封三百戶

皇子植特授依前檢校太保安遠軍節度使開府儀同三司進封信都郡王加食邑食實封制 宣和四年二月十二日冠禮

門下。錫山川而命國。周家賚夾輔之勳。擇郡邑以啓藩。漢制重疏封之典。眷言裔嗣。行講冠儀。建旐設旄。已席將壇之拜。加地進律。宜膺王社之榮。敷告治朝。誕揚顯册。皇子、檢校太保、定武軍節度使、吳國公、食邑六千五百戶、食實封二千戶植。分輝紫極。毓秀璿源。性淑行均。粹矣珪璋之質。內和外順。燦然黼黻之文。才譽日新。進修時敏。學自制名之始。已盼錫壤之恩。居寵益謙。雅合詩書之訓。承顏匪懈。率循忠孝之規。朕紹寶運之寖昌。嘉天材之夙就。以德詔爵。敍陞九命之儀。立愛惟親。用協多男之慶。將謹三加之戒。疇咨衆議之諧。胙北道之名城。衍爰田之多賦。鸞旂有淑。授師易閫寄之權。蟬冕增華。開府視台符之峻。丕昭異數。式示慈懷。於戲。父子主恩。庸厚明倫之教。親賢並建。益隆永世之安。祗服寵光。茂膺壽嘏。可。

皇第三十子柄授官制 宣和四年五月十日

門下。王假有家。立愛厚民風之睦。天被爾祿。多男符命祚之昌。眷言嗣德之賢。增衍宸闈之慶。爰稽舊典。誕啓初封。旅紳韠以告猷。渙絲綸而敍爵。皇第三十子柄。英材挺秀。妙質凝和。純懿稟於天資。岐嶷成於日就。良玉匪琢。夙彰潤美之文。朱芾斯皇。雅合柔嘉之則。將及勝衣之拜。甫臨剪鬌之辰。考戴禮之言。制令名而稱德。參漢庭之奏。擇吉日以具儀。寵賁徽章。允諧僉議。析公珪而合秩。位左棘以聯華。推轂授師。建汝南之旄鉞。分茅胙土。徹昌國之山川。食衍眞腴。邑陪多賦。式示眷懷之渥。丕昭物采之隆。於戲。八統馭民。兼廸親賢之義。五儀辨等。榮超侯伯之崇。載彊百世之本支。益固萬邦之屏翰。永綏壽祉。茂對恩光。可特授檢校少保、淮康軍節度使、昌國公、食邑三千戶、食實封一千戶。

皇子楷特授河東寧海軍節度使加恩制 宣和四年郊恩

門下。聖人多男授職。莫先衛翊之勤。明王立政惟人。可後褒崇之勸。眷言次嗣。久總宸居。肆頒申命之隆。式厚念功之寵。爰諏穀旦。誕告公朝。皇子、太傅、劍南西川鎭南節度使、成都牧、兼洪州牧、兼神霄玉淸萬壽宮使、提舉皇城等司、鄆王、食邑一萬五千七百戶、食實封四千九百戶楷。毓粹元精。稟神駿嶽。質蘊璠璵之美。氣融鍾呂之和。學先王之言。博極簡編之奧。策當世之務。連魁俊造之英。問望日孚。忠嘉彌劭。首錫環隅之第。亟膺錫壤之封。自綱七雄之司。益邃九重之所。螭階寧謐。虎旅肅齊。令遵守柝之時。儀整表門之列。庭嚴警蹕。寔賚翼翼之謀。班聳搢紳。咸善雝雝之度。茲畢陽陔之薦。克淸鸞輅之趨。祀典迄成。事勞逾顯。稽漢室周廬之比。有光千列之容。循虞帝考績之規。亶協三載之制。宜疏信賞。以穆師言。十乘啓行。更將旄於兩鎭。八命作牧。峻州紱於三麾。增衍爰田。陪敦眞食。以示疇庸之渥。併昭因任之榮。於戲。父子主恩。斯永祈於百世。君臣有道。期垂憲於萬邦。益邁遠猷。往綏異數。可。

皇子植特授太保寧江靖康軍節度使進封莘王加食邑食實封制 宣和四年十二月十七日就外邸

門下。周封同姓。表金路以示儀。唐寵諸王。附宮城而建第。眷予賢胄。將造昕朝。進陞位序之華。榮啓宅居之慶。丕揚典册。敷告韠紳。皇子、檢校太保、安遠軍節度使、開府儀同三司、信都郡王、食邑八千五百戶、食實封一千六百戶植。德量純和。文材英敏。宸庭接武。學勤詩禮之聞。棣蕚聯輝。行著友恭之美。進脩無爽。聞望兼隆。粤自幼齡。荐承顯渥。剖符受瑞。爵超五等之崇。涓日筵賓。禮畢三加之戒。彌謹禔身之度。率循就傅之規。朕方正家道以御邦。揆民彝而立教。念恩自貴始。莫踰父子之親。而國以宗強。用侈本支之茂。敞旅楹而授邸。相輿地以按圖。命以眞王。胙之樂土。桓圭驚冕。正保職於三槐。畫戟鸞旌。備軍容於兩鎮。申陪邑采。並衍戶租。益彰眷禮之殊。亶協師虞之穆。於戲。加地進律。式昭名器之公。脩身踐言。勉蹈聖人之訓。永綏壽嘏。茂對寵光。可。

皇子□特授依前檢校太保鎮南軍節度使開府儀同三司進封高平郡王加食邑食實封 宣和五年二月十三日冠禮

門下。周道尚親。因朝覲會同而正九儀之敍。戴禮重冠。以孝悌忠順而迪四行之全。眷言冑嗣之良。夙茂宸闈之慶。公圭頒瑞。舊膺錫壤之榮。路寢戒賓。將訓成人之慶。特敷渙號。肇啓眞封。揆以剛辰。告于列位。皇子、檢校太保、鎮江軍節度使、徐國公、食邑七千二百戶、食實封二千二百戶□。性資穎悟。德宇閎深。秀鍾海嶽之英。質挺璠璵之粹。淑身愼行。蹈聖賢矩範之修。閱禮敦詩。得師友淵源之妙。彤庭曳綵。棣蕚承輝。每勤子職之恭。彌厚天倫之愛。行備加於顯服。用考協於彝章。仍左棘之華賫。胙高平之樂土。元玉組綬。視秩禮於上公。齋鉞鸞旂。易藩垣於巨鎮。陪敦井賦。並衍幹租。益彊磐石之宗。增固維城之業。於戲。既醉詠太平之美。慶延祚裔之昌。假樂嘉祐命之純。福畀子孫之盛。欽承寵渥。永介壽祺。可。

皇子朴特授依前檢校太保靜難軍節度使開府儀同三司進華原郡王加食邑食實封制 冠禮

門下。崇藩輔以守邦。禮重親賢之建。厚人倫而立教。恩先父子之隆。眷言天屬之英。久襲義方之訓。七命賜國。已膺受祉之封。三加彌尊。行講筵賓之戒。特肦褒律。敷告治廷。皇子、檢校太保、鎮洮軍節度使、雍國公、食邑七千二百戶、食實封二百戶朴。廸己端莊。禀資純懿。參後星而拱極。列霄府以憑暉。爰自幼齡。荐膺顯渥。問安侍膳。尤嘉忠孝之兼全。欽業樂群。不以貴驕而自懈。致恭有恪。謹度弗渝。朕席景祚之寖昌。荷皇穹之錫羡。多男授職。勢隆屏翰之彊。喻志考名。寵貴服章之美。方涓辰而展事。用申命以疏榮。仍公保之崇資。啓王封於名郡。台符應象。視上宰之官儀。幷鉞宣威。易元戎之節制。陪敦爰賦。幷衍眞腴。於戲。治國始於齊家。增侈本支之盛。誠身在於明善。勉循聖哲之規。允蹈訓辭。益綏壽嘏。可。

皇第二十八子榐特授檢校少保集慶軍節度使英國公食邑食實封制 宣和七年七月二十八日

門下。聖人多男而授職。聿膺帝祉之休。大君開國以承家。式壯宗城之寄。仰璿穹之錫羡。祚寶厤以垂鴻。乃生裔嗣之賢。增衍宸闈之慶。肆肦顯册。明告群工。皇第二十八子榐。德茂淵衷。器凝温裕。九華應運。玉靈挺秀於高辰。五緯儲英。瑤蕚聯芳於東井。允矣神明之胄。粹然岐嶷之資。保祐自天。旣兆熊羆之吉。封建厥福。盍圖屏翰之彊。屬僉論之載颺。適嘉辰之甫暨。制名命義。授爵疏榮。朱芾繡裳。視班儀於亞保。神旗瑞節。壯徒御於中軍。有開壽社之封。兼厚輸圭之賦。併昭異數。擧叶彝章。朕承千載之休期。接九霄之沖鑒。載肅寅恭之度。誕揚正一之風。以赫厥靈。有相丕祚。茲茂對天之道。匪專立愛之私。於戲。佑下民而作君師。旣丕釐於駿命。承帝明而保孫子。茲允輔於昌圖。亶惟性稟之純。宜永邦祺之錫。益綏壽嘏。共侈榮懷。可。

宋大詔令集卷第三十五

親王十

就學

建資善堂詔 大中祥符元年二月甲午

朕利建元子。肇開懿藩。將崇樂善之規。式務從師之教。眷惟丹禁。夙敞清都。就茲曲密之廷。以爲弦誦之地。其元符觀皇子就學新堂。宜以資善爲名。命如京副使、入內押班周懷政爲資善堂都監。入內楊懷寶爲壽春王伴讀。仍面戒不得於堂中戲笑。及陳玩弄之具。庶事由禮。使王親近僚友。

優禮

晉王位宰相上詔 開寶六年九月壬申

周之宗盟。異姓爲後。此先王所以睦九族而和萬邦也。晉王某親賢莫二。位望俱崇。方資夾輔之勳。俾先三事之列。自今宜位宰相上。

定接對涇王儀禮詔 乾興元年二月

敕中書門下。王者展親。本乎敦叙。聖人制禮。務在從宜。粤以眇躬。荷于先構。誠資賢戚之助。克壯隆平之基。惟叔父之英藩。允居尊屬。閱前朝之故事。宜有褒崇。至於宗室諸親。盤維近族。方佐隆於丕緒。當特厚於明恩。令中書門下別定朕接對皇叔涇王儀禮及諸王親。亦令別議優加恩命。故茲詔示。想宜知悉。

推恩冀王等詔 紹聖二年十月戊寅

宣仁聖烈皇后保佑朕躬。功隆德厚。奄棄天下之養。已過大祥。追慕罔極。莫知報稱。冀王、冀國大長公主、魏王子孫。宜加恩數。庶伸孝思之誠。以稱朕意。

褒錄益王子孫御筆手詔 政和六年五月二十四日

比閲國史。見故益王頵與神考情義甚篤。在元豐末。忠言正論。力排異意。功在社稷。今其子孫。與追奉之儀。未嘗褒顯。非所以示勸。可檢會故實。取旨褒錄。

定王嘉王侍講沈錫等乞降見王侍王禮儀御筆 大觀二年二月六日

檢會祥符故事。記室翊善見諸王拜。眞宗皇帝特以張士遜爲王友。拜王答拜。以示賓禮。令讀講輔翊之官。職在訓導。亦王之友傅也。可如王友例。令王答拜。

出閤外邸

答岐王顥嘉王頵乞賜外居詔 熙寧七年二月庚午

卿以介弟之親。日奉朝請。築邸于內。時維便安。而願同宗藩。出徙外第。朕上承先帝。順事兩宮。顧豈以子舍之嫌。而有間天倫之慶。往綏汝止。深體朕懷。所乞宜不允。

答揚王顥荊王頵請居外第未允詔 元祐元年三月癸酉

惟王國之尊屬。德重位隆。被遇先朝。友愛特厚。晦朔時序。入侍寶慈。居近禁嚴。以便朝謁。親親天性。理自當然。奚爲剡章。願遷外邸。惇叙宗戚。國有典常。列第環宮。開元故事。側門通禁。祖宗舊章。姑體眷懷。少安無亟。所請宜未允。

大寧郡王遂寧郡王出閤詔 紹聖二年十月癸酉

朕嗣有令緒。獲承至尊。惟先帝休德。施及後世。博矣。共賴燕謀之錫。實蕃同氣之親。頃在妙齡。已就外學。屬柄臣之僉議。援今昔以有言。以謂年逾奉朝。禮當出閤。庶明班爵之義。以固磐石之宗。朕稽協祖宗之猷。深懷手足之愛。因心廣孝。曷諭至情。以義稱恩。姑循故事。大寧郡王佖。遂寧郡王佶。宜依所請。仍令有司修完東宮。俟來春出閤。

皇弟俁似出閤詔 元符元年二月壬辰

朕嗣守列聖遺緒。獲承至尊。休德夙夜兢兢。常畏不逮。永惟先帝孫謀之錫。所以詒燕者甚厚。故我同生。咸克嚮學。率履不越。立志惟勤。屬弼臣建言。援據故實。以謂年逮出閤。禮當奉朝。朕眷兄弟之親。篤手足之愛。隆恩睦族。寔至意之所存。約禮稱情。亦舊典之時式。其涓穀旦。出寓東宮。勉從申諭之勤。尙體顧綏之厚。咸寧郡王俁。普寧郡王似。於三月下旬內選日出閤。權就東宮。所有佖等見住位。令提舉在內修造所依先定圖子計會滕那擗截。仍疾速施行。故茲詔示。想宜悉知。

皇弟佖佶請外居未允詔

天屬之親。莫如兄弟。敦叙之禮。厥有舊章。營建邸宮。姑循故事。忽覽章奏。欲卽外遷。親玆同生。其室則邇。遽遠朝夕。豈勝此情。尙體眷懷。往安無亟。所請宜不允。

皇弟俁乞外居不允詔 元符二年正月辛亥。三表乃從

朕惟惇序之仁。莫先兄弟。雖外建於王邸。姑內處於宮隅。願言可懷。其室則邇。我思不遠。實慰朕心。遽形封章。乃欲外徙。詩不云乎。爾之遠矣。民胥然矣。王其安之。無重有請。所請宜不允。

皇弟偲上表乞出閤不允詔 元符二年正月壬子

朕惟同氣之親。愛之而欲其貴。戚之而不使疎。內奉燕朝。密居中禁。庶幾朝夕。以慰友懷。遽欲造廷。自請出閤。式相好矣。而有遐心。詩不云乎。戚戚兄弟。莫遠具爾。王其安止。毋重有言。所請宜不允。

答定王偲乞遷外第不允詔 元符三年六月壬辰

省所上奏。華構新崇。甫罷庶工之役。丹誠上列。敢辭中禁之居。冀徇彝章。獲遷宗邸。事具悉。王、國之懿親。朕之同氣。留居中禁之近。欲便內朝之趍。備言燕私。以永朝夕。忽覽來奏。遽祈外遷。列第相望。祇循故事。出居胥遠。顧豈朕心。王其念友懷之情。體敦叙之意。勉安爾止。勿重有言。

答第一表不允詔 建中靖國元年六月

省所再上表。乞遷外第事具悉。序宗族之恩。莫先乎天屬。惇兄弟之義。以厚乎人倫。朕承神考之詒謀。悼東朝之棄養。親愛同氣。曷勝此情。猶未易於練冠。遽祈遷於外邸。備覽來奏。殊咈朕懷。勉安厥居。以副眷體。

賜皇子楷乞就外第不允詔

敕楷。省所上表。乞就外第事具悉。上下辨而民定。雖崇禮教之嚴。父子篤而家肥。乃廸人倫之厚。有秩我邦之祐。若時次嗣之賢。德度純明。性資邁爽。修身以道。博學於文。比同郡國庠序之才。入對天地陰陽之問。萬言射策。彼烏敢當我哉。多士盈庭。毋能出其右者。儒術信兼於六藝。桂林獨占於一枝。敦百行之原。益謹君親之奉。飭九重之衞。尤殫夙夜之恭。密處近隅。備昭慈愛。昨懇遷外。章卻復來。顧難徇於雅懷。用申加於諄訓。所請宜不允。故茲詔示。想宜知悉。

嘉王出閤御筆 政和六年正月十一日

朕席祖宗之休。承天眷命。旣安斯寢。是生多男。篤慶本枝。以次立長。第二子嘉王楷。令德孝恭。率履不越。温凊定省。志養無違。嘉其有成。亦旣就傅。今

年踰志學。禮當異宮。靡忘天性之慈。祇若國章之舊。可於仲春。擇日出閤。布告中外。咸使聞知。

降黜

秦王廷美勒歸私第制 太平興國七年四月丁丑日

西京留守秦王廷美。地處維城。位魁群后。本支百世。爰居介弟之重。列爵五等。實啓眞王之封。寅奉內朝。疏榮列邸。友于之義。朕無愧焉。所宜體忠孝以檢身。茂溫文之毓德。乃交通於輔相。僭窺伺於君親。令小吏以往還。發醜言而充斥。昵比兇黨。結構姦謀。反易天常。圖爲不軌。比令參驗。備見端倪。豈期骨肉之間。生此蛇虺之類。百官定罪。請正常刑。朕以同氣之親。屈群臣之議。置之於法。所不忍焉。特寬鈇質之誅。用申手足之分。其秦王廷美宜勒歸私第。一房骨肉衣食供給。務從優厚。朕昧於孝治。有愧人倫。餬口四方。遺笑千古。永言慙慄。不敢皇寧。汝宜自思。勿我有怨。

秦王兒女正名呼詔 太平興國七年四月己卯日

朕宰制萬邦。敦叙九族。至於孩稚之際。備盡鞠育之恩。秦王廷美兒女等。天屬之間。撫養尤劇。女則封公主之號。兒則有皇子之稱。愛極所生。義均己子。鳲鳩之惠。朕躬豈有於間然。豺狼之心。爾父自圖於不軌。萌心若此。負我何多。言之痛傷。累至流涕。廷美已勒歸私第。男女等宜正呼名。其德恭、德隆爲皇姪。皇姪女趙氏宜去雲陽公主之號。右監門衞將軍韓崇業、宜降爲右千牛衞率府率。分司西京。仍去駙馬都尉之號。並發遣往西京就廷美安泊。

秦王降封涪陵縣公房州安置 太平興國七年五月丙辰

昨以秦王廷美顯懷逆節。將構異圖。與輔相以交謀。伺君親之動靜。情理切害。事狀顯明。包藏若斯。悖逆何甚。若徇外廷之議。合行弃市之誅。特以至親。用寬極典。止令就第。亦冀知非。而醜迹逾彰。姦謀益露。群情積怒之末已。凶人長惡之罔悛。敦九族者雖莫先於慈。治萬方者恐自亂其法。聊從降黜。以塞諠譁。迫於至公。蓋非獲已。凡爾中外。當體朕懷。其秦王廷美可降封涪陵縣公。於房州安置。

廢楚王元佐爲庶人制 雍熙二年九月庚戌

楚王元佐。童丱以來。愛慈斯厚。洎其成長。性忽變移。訓導莫從。狂誖自恣。親行殘忍之事。潛形詛詈之言。忽於宮中。縱火爲患。違教敗禮。所不能言。其廢爲庶人。均州安置。

榮王元儼降封端王制 大中祥符八年五月壬午

朕纂承基構。臨御家邦。遵惕厲以介懷。守典刑而求理。言念天倫之屬。備知日愼之規。其或不謹周防。自貽瀆□。迫于公論。用舉朝章。安靜武信等軍節度使、開府儀同三司、檢校太尉、兼中書令、榮王元儼。時惟同氣。居然茂親。昔聞道於紫庭。具膺先訓。逮疏封於朱邸。克懋善猷。勗以向方。保乎成德。所宜深慮。用警未然。而近侍之間。慢藏生隙。宮庭之內。烈焰俄興。更涉夙宵。燔延棟宇。命攸司而按問。罪既有歸。懲戢下之因循。法非獲已。粗申彝典。猶務矜寬。改分土於小邦。省建牙於兼鎮。勿忘修省。式務至公。可依前檢校太尉、兼中書令、充安靜軍節度使、降封端王。

贈典

涪陵縣公廷美追封涪陵王制 太平興國元年正月丁卯

涪陵縣公廷美。朕之同氣也。向爲姦臣所惑。溺於邪說。朕以宗社之故。迫於公議。房陵之責。不得不然。永惟骨肉之親。絕而不殊。方欲削平前事。盡復舊恩。忽爾淪謝。有志不果。痛悼之意。其何可言。宜追封涪陵王。輟視朝五日。仍賜謚曰悼。所司擇日册命。

皇故長子贈太傅追封褒王賜名昉謚靖懷詔 慶曆元年五月乙丑

朕恩厚本支。用恢基緒。眷惟元子之重。蚤興謝世之悲。念不育於始生。且屬圖於襄事。宜推卹典。少遣永懷。皇故長子岐嶷方成。風華弗競。視歲陰之如昨。顧天性以奚忘。是用襚以三師之官。封以真王之爵。尚爾營魄。知吾望思。可特贈太傅。追封褒王。賜名昉。謚曰懷靖。

皇叔荆王元儼追贈天策上將軍燕王謚恭肅制 慶曆

勑。朕負荷先業。懼德不明。實賴宗藩。以屏王室。今其亡也。何痛如之。皇叔、荆南淮南節度使、守太師、尚書令、兼中書令、行荆州揚州牧、荆王元儼。先皇帝之弟。而朕之諸父。於屬爲尊。荆淮之節。於鎮爲重。太師、三公。尚書中書令。皆一品。於官爲崇。於爵爲貴。而王皆兼之。克有令德。貴而能去其驕。富而能守以約。名重天下。聞于四夷。自遘疾以來。醫禱備至。朕嘗臨省。親爲煑藥。賜賚之物。謙而不受。話言猶在。邈可想焉。噫。享年六十。不謂不壽。天之五福。不曰不全。而朕所以悼歎之深至者。上遵先帝友于之仁。而示朕孝思之義也。故詔有司。擇位號之尤尊美者。以追榮之。而稱朕意焉。夫名載册書而不朽。澤流子孫而亡窮。魂而有知。膺我休命。可特贈天策上將軍、依舊荆南淮南節度使、守太師、尚書令、兼中書令、行荆州牧。仍加兖州徐州牧。追封燕王。謚恭肅。

皇子俊贈官制

勑。天性至愛。莫如父子之親。人情極哀。維是死生之際。粤予上嗣。方在髫年。無妄致灾。徂暈早謝。追加禮命。申示卹章。皇子、故彰信軍節度使、永國公俊。幼被溫文。生知孝友。承休七廟。服訓二宮。夙彰載路之聲。雅有成人之智。雖未親於師保。已知悅於詩書。而稟命不融。降年弗永。神儀奄逝。痛怛兼懷。命疏曲阜之封。進陟維師之秩。兼榮二令。增賁九原。稱情而立文。易名以節惠。尚其營魄。歆此厚恩。可特贈太師、尚書令、兼中書令、魯王。

皇子价贈太師尚書令追封衞王謚悼惠制

勑。父子天性之至親。愛無與厚。壽夭人生之大分。理有難齊。茲奄奪於弱齡。豈易忘於慈念。追加卹禮。用究哀懷。具官某。席緒慶靈。稟資沖懿。弗勤煩而在保。克岐嶷以有成。孝友自然。温恭日就。析圭公爵。建纛閩邦。乃罹無妄之灾。不獲降年之永。在於愍飭。宜極優隆。秩峻師瞻。位崇端右。啓王封於淇澳。考謚法於周官。尚冀營魂。知享休命。可。

皇第八子某追贈爵謚制

朕惟父子之親。人道之極。蓋父有天下。而隆名重位。逮於其子。此恩義之所始。而先王之制。不易之理也。至於禮命未及。奄遘淪亡。申以哀榮。朕何敢廢。皇第八子某。秀拔慧悟。天質異甚。不好戲豫。安於靖恭。謂及大成。必爲國器。藩輔王室。朕有望焉。而屬疾久之。醫禱備至。不幸夭閼。痛何可堪。其於陳迹。尚存音容。如接永言。傷悼莫愬朕懷。今有司上聞。揆于公議。謂宜秩以三事。介于中臺。爵之眞王。謚以嘉號。厥惟舊典。豈能抑哉。是用追錫備茲異數。嗚呼。生而有特出之姿。不得遂其美。歿而有非常之寵。所以厚其終。服我書命。尚其不昧。

皇叔顥贈太師尚書令荆州徐州牧改封魏王制

勑。春秋之義。惟世弟得以屬通。詩書所稱。蓋叔父著其殊禮。國朝並建同姓。惇叙懿親。生榮沒哀。厥有前訓。備物典策。以寓永懷。皇叔故成德、荆南等軍管內節度處置等使、守太尉、開府儀同三司、眞定尹、兼江陵尹、上柱國、荆王、賜贊拜不名顥。稟秀淵沖。毓材粹茂。閱天下之義理。爲宗室之表儀。富而好禮。貴則忘勢。推惻隱之心。每隆於濟物。廣孝敬之志。用足以臨民。河間之實事可求。東平之爲善最樂。是宜永爲藩輔。光贊本朝。淑命不融。中道摧殞。震悼傷怛。何痛如之。崇斂衰之舊典。追賜履之介寵。進陟師垣。兼官大錄。九命作牧。包南西於二楚。千乘啓封。雄魏大於三晉。於以循曲阜之前躅。繼睢陽之故事。匪王盛德。曷膺異數。尚惟幽穸。歆此休顯。可特贈太師、尚書令、荆州、徐州牧、封魏王。

追封皇第二子詔 崇寧元年五月甲戌

貴妃鄭氏。向於建中靖國元年九月二十八日。誕育男子。實皇第二子。當時降誕。纔一夕以來。未離草蓐。値殯。不曾編入宗籍。故賜名授官。皆不追及。至於欑厝。特甚草略。今因樂安郡王薨背可乘此編叙入宗籍。行第及追賜名檉。并贈官賜謚。以禮改欑。俟向去宗室合舉葬。卽祔葬于裕陵封地。

皇第二子贈太師尚書令追封兗王賜名檉賜謚沖禧制

親生於愛。固無脩短之殊。禮以飭終。豈有久近之間。閔予次子。未正卹章。宜推天性之恩。以厚人倫之本。追加贈典。用慰冥魂。皇故第二子檉。毓秀天源。發祥帝武。生而岐嶷。一夕奄終。逝者如斯。三年于此。念未離於寢蓐。顧多闕於時文。重惻于懷。俾新厥命。賜名議謚。開國啓封。寵陞端右之崇。躐進師垣之峻。叙于宗籍。改厥欑塗。併示追陞。以伸慈念。歆我異數。永綏明靈。可依前件。

皇第四子楫贈太師尙書令兼中書令追封荆王謚悼敏制

親由愛立。無先天性之恩。喪以禮成。莫重國封之典。矧予幼子。弗克永年。寵以卹章。昭夫異數。皇第四子、故檢校太尉、開府儀同三司、奉寧軍節度使、樂安郡王楫。生而特穎。朕所鍾憐。聰哲夙成。溫文日就。爰舉祖宗之制。已膺襁褓之封。偶違陰陽之和。未遂藥石之効。比改樂安之爵。庶無□滿之災。惟祈有瘳。詎云不淑。興言震悼。彌切感傷。時俾追封。以伸慈念。胙于荆邸。是爲眞王。仍幷二命之崇。進陟三師之首。併疏優渥。以寓哀懷。魂而有知。尙克歆此。可特贈太師、尙書令、兼中書令、追封荆王、謚曰悼敏。

皇子魏國公贈太師兼右弼追封魏王謚某制

隆恩廣愛。莫先天性之親。厚禮飾終。厥有國章之舊。爰疏茂典。昭示至懷。具官某。岐嶷夙成。純和自得。駿發璿源之潤。密分紫極之輝。未及勝衣。已謹溫恭之範。甫知問寢。亟全孝敬之風。有嚴將鉞之雄。載錫公圭之寵。奄其不淑。用震于衷。乃輟視朝。超加贈襚。師臣極品。位獨冠於三公。帝弼兼官。秩更尊於右省。開眞王之賜履。褒美謚以易名。少紓冥漠之思。式備哀榮之禮。尙其精爽。時克歆承。可。

收葬

擇地葬秦王詔 咸平二年閏三月丁亥

故秦王淪逝多年。旅葬它郡。先皇帝常欲改卜。屬未便宜。朕今舉行。用遵先旨。可令於汝鄧間爲擇葬地。

宋大詔令集卷第三十六

皇女一

封拜一

皇妹封燕國長公主制（建隆元年八月初適米福德再降高懷德）

王者敦睦九族。協和萬邦。厚人倫於國風。考歸妹於易象。皇妹、柔嘉居質。婉嫕有儀。動遵圖史之規。步中珩璜之節。六珈備物。百兩有期。爰稽嬀汭之封用錫魯元之號。啓疆析木。叶詠穠華。勉膺湯邑之封。無忘公言之訓。可封燕國長公主。

皇長女封昭慶公主制（開寶三年六月甲戌）

帝女下嫁。公侯主之。易著歸妹之文。書有降嬪之義。皇長女、柔閑成性。肅雍著美。奉圖史之明訓。茂桃李之穠華。爰及有行。式敷寵命。築王姬之館。欲允叶於舊章。啓沁園之封。宜先崇於懿號。可封昭慶公主。仍令有司擇日備禮册命。

皇女三公主進封國公主制（太平興國元年十月）

周稱下嫁。聿著召南之詩。漢重疏封。大啓平陽之邑。皇長女等、咸資令淑。特禀賢明。襲蘭茝以騰芳。奉蘋蘩而中節。珩璜播美。既有耀於公宮。脂澤推恩。宜並升於藩國。皇長女昭慶公主進封鄭國公主。皇第二女延慶公主進封許國公主。皇第三女永慶公主進封虢國公主。

鄭國公主進封秦國公主制（淳化元年）

門下。書稱釐降。詩美穠華。爰思濬哲之朝。已重肅雍之德。或封之善地。式彰帝子之尊。或賜以嘉名。是表王姬之貴。存乎甲令。非謂私恩。皇長女鄭國公主、婉娩天資。才明夙賦。閨門雍睦。動遵圖史之言。車服有庸。早荷絲綸之寵。加以珮環中節。蘭蕙揚芳。斯爲戚里之祥。光我公宮之訓。今者改元伊始。覃慶惟新。別疏錫壤之封。用示展親之意。於戲。名崇大國。秩視眞王。錦繡在前。勿忘組紃之制。珠璣爲飾。益思焜燿之容。若然則湯沐開封。自稱粉田之賜。簫韶合奏。永宜金埒之家。保此殊榮。彌高懿範。可。

許國公主進封晉國公主制（淳化元年）

門下。朕協和萬邦。敦敍九族。犬牙麟趾。內崇磐石之宗。魯館秦樓。外盛沁園之制。令屬元正改號。慶澤周流。宜增湯沐之封。特降絲綸之寵。爰詢吉日。宣示明廷。皇第二女許國公主、稟訓公宮。增華帝室。賢明婉淑。允謂於天資。和順柔嘉。皆符於女則。心游圖史。出言而動有箴規。譽洽閨門。舉步而不踰珩珮。而自光膺竹册。榮賜粉田。嬪儀焜燿於侯家。懿範昭彰於戚里。嘉爾肅雍之德。鍾予慈愛之心。是命別啓眞封。仍疏大國。車服表王姬之貴。簡編垂女史之褒。爾其克念組紃。無忘榛栗。明珠翠羽。其戒奢侈之容。銀牓瑤臺。長保崇高之福。佩服休命。永渙皇宗。可。

號國公主封齊國公主制 淳化元年

門下。法天改號。彤庭列受册之儀。應厤紀元。率土被如春之澤。品物既同於美利。展親諒叶於至公。爰推鳳綍之恩。華更顯翟車之貴。盛皇第三女號國公主、玉田植秀。銀牓聯輝。芬芳豈讓於椒蘭。婉淑自光於圖史。言容有則。非由姆訓之功。禮法無違。蓋稟天資之性。而自魯郊築館。沁水疏封。克彰柔順之資。尤著肅雍之美。徽猷允塞。懿範日新。是宜賁以寵章。峻茲大國。脂澤別開於善地。珩璜愈煥於令儀。爾其恭乃六姻。懋于四德。庶叶宜家之詠。以光內則之風。勿忘規箴。永荷休祉。可特進封齊國公主。

皇第四女蔡國公主進封魏國公主制 淳化元年

門下。□□朝元。四海洽會同之化。彤庭列仗。百寮陳蹈舞之容。□□陽春。覃茲大慶。況在睦親之道。難稽懋賞之文。宜錫命於絲綸。用增榮於里第。皇第四女蔡國公主、天姿婉淑。日茂襛華。載符堯女之祥。克叶周姬之德。珮環有節。清風早肅於公宮。蘭茝騰芳。令範允符於內則。自膺釐降。益顯宜家。紀年方改於嘉名。大國別封於懿號。斯爲異渥。用渙徽章。當更茂於肅雍。庶永光於圖史。佩服丕訓。欽之誡之。可。

皇第七妹陳國長公主封吳國長公主號報慈正覺大師制 大中祥符二年八月癸卯

惇族之仁。御邦之本。洪惟列聖。誕啓昌源。當錫羨之垂祥。有肅雍之成德。被服公宮之訓。便蕃封邑之榮。緬慕眞宗。克隆道味。協茲雅志。申以徽章。皇第七妹陳國長公主、爰自先朝。特鍾慈愛。出於至性。不茹葷辛。資夙習以非常。悟清幾而迥異。專師沖寂。深厭紛華。尤軫聖考之懷。俾服空王之教。朕頃侍左右。嘗聆誨言。早以仲妹之賢。已達竺乾之旨。棲心有素。從欲靡違。懿茲同氣之親。能繼出塵之跡。睿訓斯在。欽念惟寅。屢稽釐降之文。備形惇諭之意。而潔齋無改。至願彌堅。期以脩練之勤。上報劬勞之德。矧先志之允屬。且素範之不渝。良難重違。徒積多尚。是用擇徽名於梵苑。疏茂渥於脂田。國邑進封。禪林錫號。併伸寵數。式示褒揚。可進封吳國長公主、號報慈正覺大師、賜紫、法名清裕。仍令所司擇日備禮册命。

福國長公主進封鄧國長公主 仁宗即位

門下。重熙之運。允洽於亨期。敦敍之風。式崇乎至教。□□眇質。仰奉詒謀。方纂紹於慶基。用均覃於茂渥。眷無□□外館。迺堯族之近親。式霈寵靈。誕敷明制。福國長公主、蘭儀婉穆。蕙問懿芳。自毓粹於乾霄。聿騰英於邦媛。公宮稟敬。率循圖史之規。戚苑降嬪。克茂肅雍之德。藹然壼範。式是天姻。屬當踐祚之初。爰舉序親之典。惟粉田之增賦。擇大國以疏封。錫以芝函。渙于王綍。適示褒崇之禮。聿加尊顯之稱。於戲。廣愛之仁。用昭於前訓。旣優之澤。載厚於本宗。欽此徽章。外揚懿淑。可特進封鄧國大長公主。

建國長公主進封申國大長公主依前報慈正覺大師制 仁宗即位

門下。國家三葉重熙。萬邦承式。猥惟眇質。獲嗣丕基。且念夙侍先朝。恭聞聖訓。惟孝恭可以奉祖考。惟恩禮可以睦宗親。佩服于茲。造次不忘。屬惟新於景命。宜特舉於徽章。建國長公主、報慈正覺大師、賜紫清裕寶婺。分輝絳河。稟慶肅雍。表於賢德。柔婉彰於令儀。鑒圖史之言。克成懿範。習紘綖之藝。載茂芳猷。而又靡尙世紛。深探眞諦。辭疏榮於外館。願棲志於空門。光景屢遷。薰修益至。方均渥霈。式示褒揚。發芝檢於中宸。賦粉田於大國。仍遵彝制。茂建崇名。冀體至懷。荷此成命。可特封申國大長公主。依前報慈正覺大師。

鄂國長公主進封冀國大長公主制 仁宗即位

門下。王者敦自近之教。式于萬邦。宣廣愛之風。親于九族。粤以涼德。昭茲慶圖。服寶訓之惟明。湛至和而無外。乃眷宗屬。首覃茂恩。率循典章。誕告徽命。鄂國長公主。漢闈挺秀。軒曜分華。中禮法於天資。盛言容於閫範。文祖啓運。□事親之孝恭。先聖御期。應歸妹之元吉。湯沐開賦。珩璜展儀。善循四戒之文。用集六姻之慶。永言嗣厤。實荷重□。協于剛近之辰。霈此褒嘉之數。進美名於尊顯。易大國以建封。於戲。儀服之榮。蓋侔於藩戚。肅雍之道。可厚於人倫。無忘令猷。式保隆懿。可特進封冀國大長公主。

封福康公主制 寶元二年九月己亥

朕蒙天之祐。纂皇之圖。多慶發於邦家。燕謀及於孫子。爰頒徽册。以告治廷。皇長女、挺邦媛之英。鍾皇室之慶。蚤知柔順之節。能遠驕華之風。教乎公宮。將習組紃之事。主之同姓。未疏湯沐之田。宜錫美名。且旌賢度。於戲。王姬有等。本著召南之詩。皇女皆封。蓋用漢家之制。往祇寵命。自憲箴言。可封福康公主。

封崇慶公主制 同上

朕紹休聖圖。膺履帝極。實承積累之緒。以享衆多之祥。載揆嘉辰。誕敷休命。皇次女、秉柔婉之慶。賦穠華之容。雖粤在於妙年。已蚤成於淑範。宜疏湯沐之奉。庸副車服之華。庶厚人倫。匪專私愛。於戲。考西京之故事。皆主於上公。援唐室之近儀。更賜之美號。茲爲殊渥。以懋芳規。可封崇慶公主。

皇第三女封安壽公主制 慶厤二年五月癸卯

朕膺淳耀之烈。承燕翼之休。惟懿主之挺生。實皇支之多裕。載涓吉旦。孚告大廷。皇第三女、毓粹仙宗。儲輝寶婺。方居妙歲。以就令猷。宜疏湯邑之恩。以茂公宮之德。於戲。儀服之盛。遠摹漢章。稱號之嘉。近講唐制。茲爲光寵。永懷福釐。可封安壽公主。仍令所司擇日備禮册命。

皇第四女封寶和公主制 慶曆三年八月乙未

朕履皇極之尊。經人道之大。慶流天緒。式見本枝之蕃。禮主國公。用昭車服之等。匪揚贊命。曷穆化風。皇第四女、懿質自持。芳儀日至。雖越在於妙歲。已積流於惠聲。寶婺占祥。既協天孫之象。沁園疏寵。未開帝女之封。宜擇美名。誕盼顯册。於戲。事當師古。蓋通酌於前規。教務因親。匪專留於私愛。往綏柔度。永格多休。可封寶和公主。仍令所司擇日備禮册命。

皇第八女保慈崇祐大師幼悟封鄧國公主仍舊師號制 慶曆五年四月辛卯

朕執契當天。膺圖纂極。荷高穹之孚佑。席厚德之流光。蕃衍開祥。早洽公宮之慶。柔明就德。宜疏封國之榮。皇第八女、保慈崇祐大師幼悟。懿度夙成。童心早斷。彼月斯主。上分寶婺之輝。與佛有緣。遂嚮金仙之教。超然覺路。攝以戒珠。車服之華。雖不施於魯邑。空色之盛。顧無累於竺園。宜考舊章。用加美稱。於戲。度門示法。本由清淨之源。人道因親。必屬孝慈之性。按圖善壤。比秩諸王。服是寵靈。副予仁愛。可特封鄧國公主。仍舊保慈崇祐大師。及令所司擇日備禮册命。

鄧國公主進封齊國長公主制 慶曆五年四月己酉

朕膺天地之休。席祖宗之慶。眷惟愛主。實振柔儀。既啓秩於公宮。宜增封於大國。庶崇命數。庸合典章。皇第八女、保慈崇祐大師、鄧國公主、器質清夷。資懷敏慧。當妙齡之資始。固姆訓之未參。亟劭清規。願遊覺路。綺紈無以被其體。珠玉無以怡其顏。而生自宮闈。慶聯廟社。宜解竺園之號。益疏東海之疆。以正邦儀。以隆人道。於戲。惟至親之性。有深愛之懷。服是休嘉。副吾保養。可進封齊國長公主。仍令所司擇日備禮册命。

皇長女福康公主進封兗國公主制 嘉祐二年六月丙寅

門下。天道之美。濟下而光明。王化之行。繇中而洽被。唐堯有釐降之典。召南載肅雍之詩。範俗崇風。於是乎在。國家慶靈憑厚。德教深長。迪厥眞源。育茲懿主。儀我皇室。緊于舅門。待年及於有行。涓日伸其誕告。皇長女福康公主、閑和居德。秀映棲神。聰悟之姿。匪繇於外奬。徽柔之性。乃蹈於自然。朕懷先后之慈。篤外家之愛。將敦美化。是選密親。教著沁園。尊人倫之婦順。恩加渭水。廣天下之孝思。是用詳按舊章。稽合嘉禮。爰築其館。載肅之車。卜以仲秋。祉茲元吉。向班初册。嘗擇其名。未拓膏腴。尙闕湯沐。進開曲阜之國。衍食龜陰之田。儀服有光。號名增重。於戲。貴宜□降。富勿期驕。尙懷圖史之言。緬念衿縭之戒。往服休寵。永綏壽昌。可特進封兗國公主。仍令所司備禮册命。

册長女兗國公主文

維嘉祐二年歲次丁酉七月乙亥朔二十三日丁酉。皇帝若曰。二姓合好。肇正人倫。諸女畢封。著于典册。風化自出。物采有庸。惟皇度夷。稽諗故實。揆古釐降。錫命是彝。咨爾長女福康公主、慧悟哲溫。柔嘉敏達。夙憑詒翼之慶。祗蹈婉和之箴。徽智天成。韶華日茂。鄘胙國邑。期之壽康。而夷亮自持。莊靚愈恪肅。侍左右勤孝盡恭。承顏愿色。純至非勉。寔緊能養。乃底燕寧。朕緬慕先慈。參詢福耦。謀及外黨。得玆善逑。枚卜休辰。申寵褒數。益以東魯之地。廣以龜蒙之疆。服爾盛儀。率遵舊典。今遣戶部侍郎、參知政事王堯臣、樞密副使、禮部侍郎田況持節册命爾爲兗國公主。爾其欽師內範。敷繹令猷。動監圖史之規。時稟衿褵之戒。懋乃懿躬。淑德祇服。祖宗之攸訓。永流惠聲。不其猗歟。

皇第九女封福安公主制　嘉祐五年正月甲寅

門下。朕稽有國之彝章。著皇女之稱謂。取其主以同姓。所以見王體之尊。必也錫之美名。所以彰禮命之寵。載涓吉日。敷告在廷。皇第九女、岐嶷之姿。有生知之異。稟柔順之質。得天性之自然。方嚴保傅之規。以養肅雝之德。仰遵舊典。褒以徽章。嘉乃妙齡。盛我儀服。考僉言而惟允。非予意之敢私。於戲。隆仁恩以厚親。茲惟教愛。習圖史而循法。緊乃夙成。祇若訓言。往膺渙命。可特封福安公主。仍令所司擇日備禮册命。主者施行。

皇第十女封慶壽公主制　同上

門下。詩紀王姬之盛。車服之制甚嚴。漢優帝女之儀。湯沐之封並列。蓋敦國體。以厚人倫。惟始被於寵章。常推擇於嘉號。載稽成憲。誕告外廷。皇第十女、寶婺分輝。仙源襲慶。天姿異稟。溫而有儀。姆教不煩。生而知善。方居妙歲。蔚有令猷。仰承燕翼之謀。膺茲蕃衍之祉。俾新禮命。式示褒崇。於戲。寵秩旣崇。在乎有德。名稱甚美。享乃多儀。祇服茂恩。勿忘明訓。可封慶壽公主。仍令所司擇日備禮册命。主者施行。

皇第十一女封永壽公主制　嘉祐六年三月壬寅

門下。朕聞帝女之號。本主以上公。王姬之儀。才下於一等。古有成訓。今庸可私。皇第十一女、瑤姿瓊質。內蘊自天之溫。蘭英茝華。居懷香國之懿。言皆無擇。行不忘恭。疏潤寶源。誕秀沖魄。蹈珩璜之素矩。服圖史之前箴。諒席蕃衍之祥。能挺柔明之美。語年雖妙。推德已隆。用煩慶言。申錫嘉稱。於戲。上智攸稟。雖本於生知。內則所儲。尤資於克念。益循圖史之戒。前竚聲詩之華。往服茂恩。聿光徽範。可特封永壽公主。仍令有司擇日備禮册命。

皇第十二女封寶壽公主制　同上

門下。朕聞自家所以刑國。治內本乎先親。況天挺王姬。邦善封典。舉循厥舊。今也惟時。皇第十二女、儲光婺躔。肖順坤極。未覽古而知教。雖尙幼而好仁。在姆弗勞。處躬不怠。德範已就。褒册難稽。是用涓選休辰。焜照蕃渥。順格景風之懿。播聞穠李之華。商錫嘉名。護成淑質。於戲。周推車服之懿。漢啓脂澤之榮。匪曰親私。繫乎治體。無替前習。更竚來恩。可封寶壽公主。仍令有司擇日備禮册命。

宋大詔令集卷第三十七

皇女二

封拜二

岐國公主進封越國長公主制 治平

門下。朕宅天景命。紹國洪圖。外則正朝廷之儀。以經夫丕治。內則愼骨肉之序。以燦虖至恩。庸一風化之歸。敢私名分之寵。岐國公主、鍾先帝之愛。列貴主之尊。被女德之肅和。飭婦言之柔靖。魯郊築館。早符下嫁之祥。沁水疏園。遂享棻封之賦。方布休於群位。宜展睦於至姻。更荒大國之田。益賁皇家之裔。雖稽舊典。蓋協僉言。於戲。報極劬勞。痛昭陵之晚。篤義深友愛。慰長樂之晨顏。勉輯芳猷。往欽茂數。可

寶壽公主進封順國長公主制 英廟

門下。朕握元符。以建中天之統。合茂族。以厚萬國之風。矧惟同氣之親。鍾在先朝之愛。流徽載册。□告敷朝。寶壽公主、儀度夙成。聰明日就。衍于皇裔。實爲邦媛之長。主以上公。蚤錫天孫之號。奄罹鉅痛。適履妙齡。追膝下之素遊。發禁中之永慕。顧膺聖麻。義篤人倫。□□愛於友懷。宜蹤榮於邦數。胙封名壤。德播穠華。於戲。古有□女之圖。旣飭以組紃之事。上承文母之訓。又勉以蘋藻之儀。爾祉是綏。厥休惟永。可

皇長女封德寧公主制 英廟

門下。朕荷九旻之顧。奉四聖之圖。恭陟厥后之尊。大纂有邦之慶。蓋化行虖中。則治之本。思發于近者。愛之隆。旣展睦於皇宗。矧鍾慈於天性。稽我成憲。豈云私親。皇長女、秉幽靖之儀。賦柔明之德。神祚衍於遐派。天賚茂于芳年。有勤澣服之工。嘗攬繪圖之戒。肆鴻休之丕冒。宜徽稱之肅成。方主以同姓之賢。復視以眞王之秩。可欽匪寵。可愼非猷。於戲。美王姬之華。昔起召南之詠。建帝女之號。近尊唐室之彝。勉流淑聲。永保隆福。可

皇長女德寧公主進封徐國公主 治平 降王師約

門下。周美王姬之華。下正后之一等。漢推帝女之寵。主同姓之諸公。故至愛形而九族歡。內則正而四海順。乃睠公宮之懿。適從世閥之逑。宜合丕彝。用孚群聽。皇長女德寧公主、僊支襲慶。邦媛流徽。鍾天性之深慈。躬女圖之茂矩。幼而勤組紃之習。亦旣飭婦事之脩。長則有室家之歸。將以經人倫

之始。維衿鞶之有命。維車馬之有行。卜仲冬之嘉辰。祉大易之元吉。瓊華在著。已戒齊風之醲。粉水疏園。莫如徐國之樂。侈燕謀於皇裔。充美化於民閭。顯錫徽章。大旌柔度。於戲。前攬唐家之制。盥饋不可以闕。供近稽仁廟之撫。冠服乃從於少損。蓋肅雍者賢之檢。儉約者古之師。其體至懷。自膺長譽。可。

順國長公主進封冀國大長公主制 神廟　仁宗十二女

門下。朕承帝祚之休。則知繼繼之所以重。經人道之始。則知親親之不敢遺。發大政於初朝。錄群宗於舊牒。化行編宇。惠本皇閨。順國長公主、性嶷而色恭。德專而言靖。躬霄明之盛。則慕彤史之遺芳。蓋先朝同氣之親。有慈壽少女之愛。雖湯沐之賦。蚤視眞王之所封。而車服之容。不以貴主而自侈。肆纂承之未類。懼尊遇之靡昭。重緣訪落之謀。誕錫颺言之册。既加之長號。又益以大名。載疏連土之腴。式副諸姑之寵。於戲。王姬亞后。本召南之正風。帝女開田。用西京之故事。往膺嘉數。思廣徽音。可。

徐國公主進封陳國長公主制 神廟

門下。朕承天纂極。雖賴祖宗之休。經國範民。奚先族屬之愛。維是殖常之始。矧予同氣之親。敷告治廷。嗣朌顯册。徐國公主、體專正慤。德懋柔明。蚤佩箴管之儀。知女工之無不至。時觀葅醢之奠。知婦事之無不虔。比從築館之行。每念結褵之訓。應天飛於神運。孚邦號於渙風。載荒南國之腴。且擬沁園之盛。化維近始。愛實中流。於戲。表鮑女之宗。嘉外事之所不及。抑館陶之子。戒內謁之不可興。勉迪前規。永綏介福。可。

寶安公主進封舒國長公主制

門下。漢推女愛。皆主上公之隆。堯廣族恩。遂變黎民之睦。顧荷先謨之託。敢忘近屬之褒。適臨政幾。誕朌廷渙。寶安公主、生知淑訓。日就芳儀。維越在於妙年。已積流於惠問。永念先帝。實深天性之情。載惟冲人。□輯邦風之美。方鴻恩之冒物。因厚意以展親。雖無分玉之華。亦有加田之寵。錫之大國。蓋擬諸王之封。益以長名。□□同氣之屬。以孚至化。以應前彝。於戲。慰長信之慈。惟孝愛所以刑國。考大家之誡。維驕盈不可儀人。往承之休。益懋爾祉。可。

祁國長公主進封衛國長公主制 熙寧三年四月辛巳

門下。帝妹中行。易象贊其元吉。王姬下嫁。召南美其肅雍。命服亞正后之尊。主禮用上公之貴。寵光之盛。維昔而然。矧同氣之至親。推異數而何愛。祁國長公主、席靈長之緒。承濬哲之祥。稟乾坤之粹和。鍾日月之明潤。淵懿可度。柔嘉有章。志女功而忘勞。承師教而不倦。今王笄在首。厭翟戒塗。方結帨於皇家。將執笄於士族。宜疏沐土之邑。俾適富平之孫。肅展茂恩。誕孚釃化。於戲。琴瑟靜好。式昭和樂之音。雷風順承。是爲常久之道。勿以夫家之平素。有虧婦德之聽從。祗服訓詞。永綏福履。可進封衛國長公主。

皇第二女封寶慶公主制

仁篤於親．時方底風化之美．事師於古．衆不以名分爲私．適攬近司之陳．且旌皇女之號．靡顓予愛．用迪厥彝．皇第二女、慶發温潰．秀生紫掖．如素舒之秋耀．如禯李之春華．未舉公宮之儀．已昭賢女之範．將輔成於淑質．宜商錫於美名．加之以褕狄之衣．副之以辟邪之玉．雖曰命上公之主．不敢擬半楚之封．然而秩視眞王．禮參正后．茲爲人子者貴之盡亦有天下者親之隆．匪颺大謨．曷穆群聽．於戲．皇室多祉．嗣膺百世之昌．天孫下遊．更洽三宮之慰．益勉柔度．進服殊休．可封寶慶公主．

皇第三女封淑壽公主制 熙寧八年十二月己丑

書紀欽哉．釐降垂芳於堯典．詩歌禯矣．肅雍流美於召南．乃知皇女之崇．厥有聖經之載．朕承積累之慶．集衆多之祥．宜推廣於愛慈．用寵嘉於稱謂．諏是穀旦．敷于治廷．皇第三女、毓秀仙源．分輝寶婺．恭順不違於姆教．懿柔寔稟於天資．雖當齠齓之初．已覿言容之婉．列侯視秩．將遵漢室之儀．美名受封．爰考唐家之制．於戲．淑者善之義．期正德之温純．壽者福之先．庶椿齡之長遠．勉服明訓．對予懋恩．可特封淑壽公主．

邠國大長公主進封魯國大長公主制

門下．周美王姬之華．爲之築館．漢推帝女之寵．主以諸公．宜沿舊典之常．褒顯尊屬之懿．誕揚明命．播告大廷．邠國大長公主、邦媛嗣徽．天支毓秀．鍾仁祖之深愛．服東朝之誨言．居守圖史之規．動循環珮之節．維中行之協吉．宜異數之有加．疏封大邦．更易舊邑．率西水之土．雖曰邠荒．保東方之田．莫如魯樂．惟德是稱．既克佩車服之華．率禮而行．又將成室家之美．尚膺長譽．以蹈訓辭．可特進封魯國大長公主．仍令所司備禮册命．

冀國大長公主進封魏國大長公主制

王姬有行．成周隆車服之飾．帝女下嫁．西漢疏湯沐之封．永言貴主之賢．蓋有諸姑之重．禮將嚴於築館．義敢後於進邦．敷告治廷．肆颺贊册．冀國大長公主、柔明蚤就．婉懿自持．實先帝同氣之親．膺東朝少女之愛．而能問圖史之誡．佩箴管之儀．將從合好之行．以侈宜家之吉．選勳門之裔．得汾陽之善遂．賦連土之腴．荒大名之邇服．如月幾望．在鈞惟緡．愛自中流．化由近始．於戲．誦昭陵之聖．知教德之夙成．追光獻之慈．嗟結褵之何及．往膺嘉數．茂協多祥．可特進封魏國大長公主．

魏國大長公主進封楚國大長公主制 元豐八年

門下．朕欽奉詒謀．獲紹大統．承祧繼序．方懷翼翼之心．經國範民．宜廣親親之教．粤惟帝子．夙表天嫺．載揆嘉辰．肆頒明制．魏國大長公主、席皇支之慶．擅尊屬之賢．言動協於箴規．功緒符於圖史．宜春啓館．亶承仁祖之休．沁水疏園．浸被先朝之睠．屬守成之伊始．宜錫命以有加．易北道之名區．啓南郊之善壤．載蕃異數．申賁隆名．以茂龍光．以華湯沐．於戲．周崇懿戚．固以大姬爲賢．唐敘近親．必以襄城爲法．往膺優渥．永介壽康．可特改封楚國大長公主。仍令所司擇日備禮册命。主者施行。

淑壽公主進封温國長公主制 元豐八年

門下。膺圖踐祚。不敢忘繼繼之難。惇俗範民。莫若厚親親之愛。矧下配天之澤。宜先同氣之賢。播告治朝。肆頒顯册。某、承華帝系。毓秀天淵。聰悟見於少成。婉嫕由於自得。澤雷興象。位已光於中行。莞簟既安。祥遂符於吉夢。屬纘乾飛之運。大敷渙散之恩。卽淛水之奧區。疏永嘉之成國。以昭惇叙。以協榮懷。於戲。錫以長名。本漢廷之故事。封之眞戶。亦唐室之遠猷。往承其休。益介而壽。

韓國大長公主進封周國大長公主制 元豐八年

門下。仁始親親。先王未之或改。體崇貴貴。天下不以爲私。方總覽於政機。宜頒敷於恩典。輿言帝子。席慶皇枝。稽合舊章。肆頒褒律。某、聰哲明遠。柔閑靜專。被昭陵覆育之仁。有光獻顧復之愛。如月幾望。雖乘貴寵之行。在釣維緡。式茂雝和之德。應乾飛之洪緒。命渙散之庬恩。易梁地之奧區。荒周邦之善壤。以隆尊屬。以迪大名。於戲。南平肅恭。遂成有國之美。漢陽勤約。迄爲近戚之師。往服寵光。永膺福祉。

皇第四女進封康國長公主制 元豐八年

門下。朕荷天之統。纘國之圖。肦布湛恩。周流於四海。惇崇大號。欽奉於兩宮。永言貴主之賢。早侈皇枝之緒。申頒贊策。用迪舊章。某、毓秀温潰。承暉太極。教未親於保傅。德深協於柔嘉。立愛先朝。睠特隆於天性。承顏長樂。意祗順於母儀。肆予纘承。聿懷褒顯。誕敷徽典。申錫長名。載荒康國之腴。以擬諸侯之秩。泱泱汶水。未修築館之文。奕奕漢儀。光啓疏園之澤。往膺茂渥。益介繁禧。

皇第八女進封沂國長公主制 元豐八年

門下。愛之欲其貴。是爲天下之同心。授之不以私。蓋有先王之故事。輿言帝子。毓秀皇支。方均踐祚之恩。特下告廷之命。某、性稟聰悟。體備柔嘉。穠李詠於召南。明光見於漢水。未卽公宮之教。已流中壼之聲。方紹述於先猷。敢忽忘於大卞。特頒徽策。申錫長名。載荒沂國之封。且擬沁園之盛。佩之紫綬。同度數於諸侯。錫以乘車。亞威儀於正后。於戲。言飾其館。未修東魯之文。將勝于衣。永奉西朝之睠。勉躬柔度。用對殊休。

皇第十女進封德國長公主制 元豐八年

門下。朕誕膺駿命。肇臨庶邦。斟酌百王之曠文。遵循六聖之大典。眷言貴主。毓秀皇闈。申錫寵章。具孚群聽。某、性包聰悟。體協柔嘉。席長大之慶源。挺少成之令譽。蘭芬玉振。亶符考室之占。日暉月明。首兆後庭之訓。屬纂承於洪緒。思頒布於庬恩。載疏北國之腴。用契先朝之愛。該循舊典。匪曰私恩。於戲。徽册維新。正啓開元之封戶。長名加錫。將主同姓之諸公。往迪恩輝。益遐壽祉。

皇第十九女進封嘉國長公主制 元豐八年

門下。欽奉燕謀。紹承大業。咨揚帝訓。永惟負荷之難。睠與天倫。思極褒嘉之意。其孚正號。以詔治廷。某、體聰悟之姿。席靈長之緒。稟乾坤之全□。鍾日月之盛明。有桷其楹。首兆彤闈之慶。載衣之裼。早開右帨之祥。方茲纘承。越有褒序。以厚同生之愛。以荒成國之腴。進以長名。蕃之異數。於戲闕

衛國長公主進封冀國大長公主制

門下。朕荷二儀之休。承六聖之業。渙湛恩於萬國。隆懿號於兩宮。永惟貴主之賢。保有皇支之寵。載頒新命。以告治廷。衛國長公主、性備柔嘉。德兼專靖。有寶慈季女之愛。寔先朝同氣之親。中以貴行。亶荷休明之烈。宛然左辟。不忘法度之循。慶屬承祧。恩先敍族。誕頒徽册。易沐土之奧區。申錫大名。荒冀郊之美國。特蕃異數。良協慈衷。以穆民風。以陪湯賦。於戲。琴瑟靜好。夙聞和樂之音。車服穠華。允稱肅雝之德。往承渥命。永介繁禧。可特進封冀國大長公主。仍令所司擇日備禮册命。主者施行。

温國長公主進封曹國長公主制　元祐七年二月日丙寅降

周制王姬。下於重翟之一等。漢封帝子。主以同姓之諸公。維尊貴而有行。顧肅雝之甚寵。人倫伊始。風化所基。仰懷謀烈之休。祗率典常之舊。前期築館。茲命有家。温國長公主、儲寶婺之靈輝。倅素舒之華耀。柔嘉爲德。生資濬哲之祥。淑慎有儀。居迪寶慈之訓。夙啓蘭陵之大邑。將駕金根之右騑。忠賢之家。莫如□樂。湯沐之賦。其以濟陽。於戲。常卦長陰。相與協雷風之象。召南婦道。彼穠如桃李之華。鳳凰于飛而和鳴。琴瑟在御而靜好。永維爾室之燕譽。益重我邦之榮懷。可特進封曹國長公主。仍令所司擇日備禮册命。

宋大詔令集卷第三十八

皇女三

封拜三

冀國大長公主進封秦國大長公主制 紹聖二年十月己卯宣仁外除

立愛篤親。繫於王者之風化。從□謹禮。必以人情而節文。朕永慕徽音。俯終哀制。論功紀德。而不能□其報。竭誠盡順。而無以致其恩。眷惟近戚之賢。常有慈顏之念。禮宜有稱。義所不忘。爰居大廷。式頒休命。冀國大長公主、肅雝成性。淑愼有儀。以帝女之貴而不習於驕。以皇姑之尊而能茂厥德。懿範成於靜正。善行發於薰修。屬當祥禫之周。同深霜露之感。匪加褒册。曷廣孝心。中冀開榮。已視眞王之品。咸秦錫號。更增大國之封。於戲。安享隆名。所以厚□國之慶。仰懷先訓。豈復矜車服之華。益蹈箴規。期綏祉福。可進封秦國大長公主。仍令所司擇日備禮册命。

皇長女封福慶公主制 紹聖三年二月丙子

敦天性之愛。則以義而稱情。叙人倫之恩。則因親而立教。眷予元女。有國舊章。爰卽治廷。誕孚明命。皇長女、天枝發秀。坤掖分輝。早符設帨之祥。首兆塗椒之慶。柔明日就。雖未逮及笄之年。岐嶷天資。已肇有成人之度。考循彝典。敷錫美名。主之同姓之公。視以眞王之秩。以親天屬。以揚王休。於戲。周美王姬。下其車服之等。漢尊帝女。胙以湯沐之封。茲無愧於前人。其永綏於多福。可特封福慶公主。

皇第二女封德康公主制 紹聖三年五月辛卯滿月

朕嗣有令緒。獲承至尊。先正其身。以迪家人之吉。乃安斯寢。繼膺女子之祥。敷錫寵名。誕揚休命。皇第二女、英華秀出。婉孌性成。天實祐於皇枝。人聿懷於邦慶。載震載夙。旣踰彌月之期。克岐克嶷。將兆成人之美。諏辰協吉。若古有章。申之以父子之至恩。主之以公侯之同姓。是基王化。式厚人倫。於戲。禮以待年。雖未築魯侯之館。風將正始。庶克紹平王之孫。其對揚於殊休。以永綏於多福。可特封德康公主。仍令所司擇日備禮册命。

康國長公主進封定國長公主制 紹聖四年二月庚午降

朕始基王化。敦叙人倫。維時同生。乃國懿戚。爰託體於先帝。將下嫁於諸侯。孚于大廷。寵以休命。康國長公主、徽猷順穆。懿行裕和。有王姬之肅雝。有靜女之婉孌。發祥考室。慶昔兆於占蛇。合好承家。禮甫成於奠鴈。築茲外館。建爾大邦。胙以脂澤之封。下其車服之等。以祉中行之元吉。以伸維則之孝思。於戲。惟聿脩厥德。則宜其家人。惟淑慎其身。則成於婦道。永綏厥位。尙遠乃猷。可特進封定國長公主。仍令所司擇日備禮册命。

皇第三女封懿康公主制 紹聖四年六月丁未周晬

夫家道克正。乃爲王化之基。人倫之親。莫先天屬之愛。眷予幼女。周晬斯辰。其猷告於外廷。肆誕頒於顯册。皇第三女、天潢毓粹。寶婺儲輝。早應設帨之祥。未至及笄之歲。德柔嘉而日就。性岐嶷以自然。用商賚於美名。以輔成於淑質。視以眞王之秩。主之同姓之公。豈惟懋閨壼之修。抑以廣宮闈之慶。是稽成憲。豈曰私親。於戲。彼襛桃李之華。周詩述王姬之德。洵美瓊琚之佩。鄭風稱有女之賢。尙遠乃猷。克將而福。可特封懿康公主。

皇第四女封懿寧公主制 元符元年九月壬戌

國家祚運重熙。宮闈襲慶。有齊季女。方在孩提。率由舊章。宜蒙位號。其頒顯册。以詔外廷。皇第四女、孕粹璇源。參華寶緒。犀帳珠褓。不煩傅姆之勤。瑜珥瑤環。丕著成人之度。信帝子之來降。眞天孫之下遊。誕彌六寢之歡。燕及兩宮之慰。適臨晬日。肇錫華名。視以眞王。主之同姓。蓋推恩者、必幼吾幼而立愛者、在親其親。非朕爾私。厥循彝訓。於戲。于魯築館。未及議高門之姻。半楚疏封。方將啓大國之壤。益愼爾止。往承之休。可特封懿寧公主。仍令所司擇日備禮册命施行。

周國長公主進封燕國長公主制 元符三年正月甲午祐陵即位

門下。朕嗣守大訓。君臨庶邦。念遭難於我家。用奉若於先后。乃眷諸姑之長。時惟近屬之尊。播告庶邦。爰申顯册。周國大長公主、徽猷淑美。順德裕和。履帝武以發祥。執婦道而下嫁。念茲皇祖。久對越以在天。末予沖人。大統承於遺緒。稽其舊邑。已建周邦。寵以命書。胙之燕國。以揚初政。以示敦宗。於戲。流光垂榮。申錫曾孫之慶。開封列壤。用增常棣之華。服我寵章。益綏繁祉。可。

楚國大長公主進封吳國大長公主制 同上

門下。朕罹國大憂。紹天明命。昭格烈祖。方懷追遠之情。問我諸姑。肆有褒嘉之舊。其頒顯册。敷告治朝。楚國大長公主、育粹仙源。發祥帝武。高無危溢之累。貴有法度之循。曷不肅雝。非獨尙車服之美。莫不靜好。是用嘉琴瑟之和。屬纘服之云初。宜茂恩之申錫。胙之大國。寵以命書。於戲。貽厥孫謀。永念昭陵之德。軌茲婦道。益彰魯館之休。往服寵榮。用綏多福。可。

秦國大長公主進封越國大長公主制 同上

門下。朕嗣守厤服。綏御家邦。顧未堪於多艱。示惟新於厥德。乃眷諸姑之長。肆申睦族之恩。秦國大長公主、懿範順和。令猷洵美。昔文祖英廟。□天性之慈。我烈考神宗。厚天倫之友。頃疏封於秦土。已築館於魯邦。茲獲紹於前人。用申加於異數。進登大國。敷告治朝。豈曰私親。是稽成憲。於戲。下其車服之等。克邁周姬。申之湯沐之封。式隆漢主。尙迪有祿。永孚于休。可。

曹國長公主進封冀國長公主制 元符三年正月二十八日乙未

門下。朕篤愛天倫。肇修人紀。率時昭考。永□欲報之恩。視茲同生。誕布惟新之命。曹國長公主、柔閑有則。淑婉自將。穠如桃李之華。孌若絲綸之釣。昔我先后。推則友以因心。末予沖人在□先而改後。□榮有典。出命于廷。於戲。豈無他人。莫如同父之戚。□□□□□次諸姑之尊。尙祗乃心。以綏厥祿。可。

定國長公主進封鄧國長公主制 同上

門下。朕紹明命以宅師。□大猷而□□。惟新厥德。以治其家。眷同氣之懿親。乃天倫之近屬。其申顯册。播告庶工。定國長公主、懿美積中。柔明秀外。早發祥於帝武。頃下嫁於諸侯。有穠桃李之華。有蕃瓊琚之佩。下其車服。不繫其夫。錫以土田。主之同姓。屬茲纘紹。是用褒嘉。申錫命書。進登大國。於戲。猶執婦道。□繼周王之姬。宜其家人。增重魯侯之館。其祗寵命。以介多祥。可。

德國長公主進封慶國長公主制 同上

門下。惟天降割。遭家多難。末予沖人。嗣大厤服。茲承懷於烈考。用申命於天倫。德國長公主、懿美閑和。柔嘉順□。□靜女之婉孌。懋王姬之肅雝。雖未隆婦道之行。然動守□箴之戒。方履承祧之始。肆頒睦族之恩。孚告明廷。進登□國。以作爾祉。以揚王休。於戲。立愛惟親。式隆帝乙之妹。因心則友。尙繼平王之孫。往承天休。益介爾福。可。

德康公主進封榮國公主制 二十九日丙申

門下。朕嗣無疆之大厤。宣列聖之重光。方謹始以承祧。顧敦宗之有典。誕敭明命。申錫懿親。德康公主、岐嶷生知。柔嘉日茂。永懷先后。遽罹罔極之憂。肆予沖人。敢後有先之義。用篤因心之友。是增慈幼之情。錫以命書。胙之封國。於戲。莫遠具爾。重念前人之休。從而進之。示敦猶子之愛。往綏爾祿。涵觀厥成。可。

懿康公主進封嘉國公主制 同上

門下。朕恭天眷命。纘國慶基。用推敦敍之仁。誕布惟新之政。乃眷懿主。告于治朝。懿康公主、淑德日新。令儀天賦。克師承於傅姆。已訓順於公宮。方就養以無方。遽纏哀於罔極。茲切因心之美。用增慈幼之情。錫命告廷。疏榮開國。以作爾祉。以揚王休。於戲。惟新陟王。永篤在天之慕。莫如同父。用申睦族之恩。祗服寵光。益臻多福。可。

皇長女特封德慶公主制 建中靖國元年五月二十九日

門下。政先治內。禮貴緣情。雖曰王姬。實繫國風之重。乃生元女。允爲家道之祥。稽厥典章。嘉其性習。爰頒美號。用告大廷。皇長女、桂魄分輝。天枝發秀。柔嘉自得。無煩傅姆之賢。聰悟夙成。知習公宮之教。載占穀旦。咨用僉諧。特加封邑之榮。增重宮闈之慶。於戲。妙齡岐嶷。已多淑愼之儀。內則漸磨。更茂肅雝之德。益遵懿範。以永殊休。可。

皇第二女特封永慶公主制 建中靖國元年二月庚子

門下。篤親所以興仁。正始所以基化。國必有禮。命之異人。不以名分爲私。粵惟帝女之尊。高視列侯之貴。嘉循舊典。敷告外廷。皇第二女、寶婺流徽。仙源疏派。稟幽閒之淑德。賦柔靜之懿姿。早符設帨之祥。載茂塗椒之吉。覃訏異秉。信天人之儀刑。岐嶷夙成。均日月之明潤。未習公宮之教。無煩傅姆之賢。爰諏令辰。肇新美號。擬眞王之秩。主同姓之公。以厚人倫。以蕃帝室。於戲。親之欲貴。豈特盛車服之崇。戒之用休。于以廣宮闈之慶。往膺多祉。進懋殊恩。可。

皇第三女特封順慶公主制 崇寧二年三月

門下。朕迹風化之源。則治繇近始。率敦敍之典。則恩必內崇。仁匪私親。禮將明分。皇第三女、柔嘉之則。稟自生知。岐嶷之姿。得之天性。穠華滋發。賢範日新。無煩傅姆之勤。蚤著成人之度。思輔淑質。用加美名。主之同姓之公。視以眞王之秩。庸侈皇圖之慶。益昭家道之祥。於戲。詩紀王姬。蓋推車服之盛。漢尊帝女。實優湯沐之封。惟克順承。乃膺多福。可。

皇第四女封淑慶公主制 崇寧二年三月三日

門下。朕纂承丕基。欽篤前烈。帝室多祉。誕膺邦國之祥。天孫下遊。更浹宮闈之慶。眷予愛女。爰錫美名。豈曰私親。是惟成憲。命龜薦吉。孚號告廷。皇第四女、毓粹仙源。分榮寶系。英華秀發。婉慧生知。性自得於柔嘉。教靡煩於保傅。將盡增其異稟。茲寵賚於徽章。秩視眞王。禮參正后。主公侯之同姓。申父子之至恩。以協公言。以恢大化。於戲。愛形乎內。仁斯覆於萬方。治先於家。風遂行於四海。往履多福。勉流淑聲。可。

冀國長公主封秦國長公主制 崇寧二年五月六日

門下。朕承燕詒之考烈。賴雍佑之母慈。禮變禫祥。甫畢三年之制。恩隆骨肉。將刑四海之風。惟時同生。乃國貴主。特頒顯册。爰告治朝。冀國長公主、毓秀璇源。發祥寶緒。質美瑛瑤之粹。姿穠桃李之華。大國名都。視以眞王之秩。高門勳胄。主之同姓之公。寵祿愈光。賢聲彌劭。逮茲免服。肆以推恩。易中冀之舊封。啓咸秦之新壤。用彰懿範。期廣孝心。於戲。帝妹既歸。當靳於受祉。天姻惟隔。亦尙於宜家。益懋徽猷。永膺遐福。可。

皇第五女特封延慶公主制

門下。朕嗣有令緒。率由舊章。帝祚是承。敢忘繼繼之重。人治爲大。孰先親親之恩。眷惟諸女之封。茲實有邦之制。誕告列辟。庸示至公。皇第五女、柔明夙成。詔令日就。天資自度。姆教靡勤。雖越在於孩提。宜進膺於位序。以侈宮闈之慶。以將閨壼之脩。盍舉前彝。用昭寵數。於戲。主之同姓。惟王室之是

尊錫以美名。見天孫之特異。勉循圖史之戒。茂對車服之華。嘉聲垂延。多福□□。可。

韓國長公主特封魯國長公主制　崇寧二年五月六日

門下。睦族惇宗。是惟天子之孝。分封錫號。斯亦聖人之公。朕紹業泰陵。蒙休慈德。感慕甫終於哀制。褒崇當及於懿親。其布徽章。以孚衆聽。韓國長公主、稟資令淑。造行柔嘉。遠積潤於紫潢。夙揚輝於寶婺。從傅姆之教。則樂善以忘勞。飭王姬之車。則降嬪而盡禮。素顯宜家之譽。屢疏封國之腴。祗服寵光。率循憲度。肆易名於韓土。爰析壤於魯郊。以昭惇敍之仁。以協榮懷之慶。於戲。施深則報重。屬近則恩隆。刑孝友之風。庶其無愧。茂肅雍之德。時乃有休。益蹈箴規。永綏壽祉。可。

慶國長公主進封益國長公主制　同上

門下。朕席昭孝之閎休。承欽儀之至德。竭誠盡禮。顧未足以報功。立愛施仁。宜莫如於敍族。欲致廣恩之道。必先同氣之親。其詔治廷。以頒褒册。慶國長公主、秉心淵懿。履行粹和。慶鍾長發之源。資稟少成之智。動循典訓。居蹈箴規。淑愼爲儀。則有齊之季女。肅雝迪德。則彼美之王姬。必錫號以分封。猶待年而築館。誕增燕譽。益懋寵先。改慶朔之名區。撤岷梁之善壤。以敦天屬。以睦民風。於戲。授之不以私。蓋有古今之通誼。親之欲其貴。實存仁孝之至情。祗服訓辭。永膺壽嘏。可。

宋大詔令集卷第三十九

皇女四

封拜四

皇第六女特封壽慶公主制 崇寧二年五月六日

門下。篤天性之至愛。則仁始於親。尊王道之丕彝。則禮先乎近。眷予幼女。早膺設帨之祥。舉國舊章。爰布告廷之命。皇第六女、柔嘉異禀。溫惠夙成。分寶婺之凝輝。毓璇源之秀潤。剪髻午建。方觀婉孌之初。帶瑷丁辰。已著肅雝之漸。瑟彼瓊琚之佩。煜然桃李之華。雖未教於公宮。寖克諧於姆訓。屬諏龜之協吉。乃出綍以疏榮。氣當長養之時。樂具舒和之奏。主之同姓。視以眞王。以昭考室之祥。懷以須築館之燕。譽於戲。壽特高於五福。以莫不增。慶本自於一人。求錫爾類。茂綏嘉號。翕受沖祺。可。

益國長公主進封冀國長公主制 崇寧三年十一月十一日

門下。朕親睦九族。惇勸萬方。惟王化之始基。本人倫之大義。乃眷帝室之戚。有如王姬之賢。將下嫁於諸侯。當主婣於同姓。肆肦顯册。敷告治廷。益國長公主、毓秀天源。託質神考。賦肅雍之美德。體柔嘉之令儀。洵若瓊琚。華如桃李。恩既崇於築館。禮宜備於承家。爰錫寵章。更舊封於益部。誕膺異數。開大國於冀方。豈獨盛其儀服之容。亦以厚其湯沐之奉。惟國之舊。匪予所私。於戲。鳳皇于飛。蓋得女歸之吉。琴瑟在御。勉成婦道之隆。尙體朕懷。毋忘爾事。可。

皇第七女特封惠慶公主制 崇寧四年六月十三日

門下。以御于邦。治必由於家始。欲明其德。愛寔自於親先。矧惟帝女之隆。肆有國章之舊。誕颺成憲。敷告外廷。皇第七女、毓秀仙源。分暉寶婺。聰惠著于覃訏之際。柔嘉見於岐嶷之初。得天性之自然。賦生知之異禀。雖未逮及笄之歲。顧已有成人之姿。朕仰承燕翼之謀。荐膺蕃衍之慶。將輔就於淑質。俾商錫於美名。主之同姓之公。視以眞王之秩。載涓穀旦。式舉丕彝。以厚人倫。以基王化。於戲。周詩美車服之等。漢氏啓湯沐之封。恩匪親私。義惇國體。其對揚于休命。用永介于鴻禧。可。

皇第八女特封安慶公主制 崇寧

門下。朕克紹先猷。敢忘於繼繼。用隆天性。思篤於親親。是爲王化之基。時乃人倫之本。眷□諸女。有國彝儀。涓選嘉辰。對揚休命。皇第八女、儲祥寶婺。毓秀璿源。淑質得於天成。徽聲聞於日就。吉□大人之兆。宜爾弟兄。美播王姬之時。華如桃李。雖未離於襁褓。固已□□言容。既下天孫之津。來符景運。未降帝子之渚。宜受始封。屬吉日之斯臨。率舊章而誕布。匪惟私昵。蓋有典常。主以上公。加之美號。安乃康寧之謂。俾壽而臧。慶兼福祿之稱。方興未艾。佩以辟邪之玉。陳之厭翟之車。協我慈懷。錫爾寵數。於戲。亞于王后。實稽周室之隆。冠以徽名。亦用唐家之舊。往膺優渥。益介繁禧。可。

皇第九女封和慶公主制 崇寧四年十月三日

門下。敦天屬之親。所以刑風化之本。率邦章之舊。所以嚴名分之公。茲恩義之大方。寔古今之彝制。朕□□家人之吉。繼膺女子之祥。肇舉徽儀。誕敭休命。皇第九女、□華寶緒。毓粹璇源。蘭茁其芽。居懷香國之懿。玉瑩其質。內蘊自天之温。未煩傅姆之勤。已著成人之度。屬命龜之薦吉。孚出綍以疏封。商錫美名。備崇顯册。視以眞王之秩。主之同姓之公。以昭帝祉之休。以篤天孫之慶。於戲。克岐克嶷。既彰和惠之資。無非無儀。寖懋肅雍之德。永綏壽嘏。益對龍光。可。

吳國大長公主特進封吳越國大長公主制 崇寧五年十月二十四日

門下。朕纂紹丕圖。欽篤前烈。睠昭陵之愛女。寔尊屬之懿親。義所當隆。恩宜有稱。申加異數。敷告外朝。吳國大長公主、柔惠而性純。端莊而言靖。席王姬之貴富。而體尚清恬。居帝子之高明。而動遵沖約。夙顯宜家之譽。荐膺徹土之封。固已禮秩視於眞王。儀服參於正后。而遽遘釐居之戚。重興感惻之情。是用進兩國之隆名。敭大廷之徽册。以展愛親之意。以昭優異之章。時惟茂恩。式□彝典。於戲。念茲皇祖。每懷圖報之衷。問我諸姑。肆厚褒賢之渥。尚祗光寵。永介壽祺。可。

皇第十女進封康慶公主制 崇寧五年十一月十六日

門下。爲政以德。治其國者齊其家。立愛惟親。發乎邇而見乎遠。朕祗率典訓。稽參情文。以厚人倫之風。以惇王化之本。睠惟幼女。肇啓初封。播告在廷。誕揚顯册。皇第十女、仙源毓粹。寶婺儲英。岐嶷得之生知。柔順資於天性。承徽日茂。鍾秀增華。未覯公宮之彝。已昭邦媛之度。列侯視秩。將圖炎漢之規。嘉號別名。爰放有唐之制。主上公之同姓。亞王后之盛儀。以彰命數之隆。以侈皇家之慶。於戲。欲其貴富。既伸天屬之恩。曷不肅雍。其懋王姬之美。往承休命。永介繁禧。可。

魏國大長公主進封制 大觀三年六月二十八日

門下。迪追遠以展親。蓋將廣孝。因敍情而疏寵。所以隆恩。眷言近屬之尊。粤有釐居之戚。顧深優遇。盍厚褒章。涓以休辰。告于列位。魏國大長公主、稟賚和惠。履行温恭。席王姬之貴。而迪德有常。處帝姑之崇。而率禮無越。久著宜家之質。荐膺賜邑之榮。視爵秩於眞王。參儀服於正后。比軫私庭之感。屢興中夜之思。義所當先。命惟有稱。是用胙以兩國。廣湯沐之新封。册于大廷。備聲容之縟典。併超彝制。益示龍光。於戲。以慰其心。推厚陵之慈念。用錫厥祉。協神考之友懷。尚服殊休。永綏多福。可。

除皇第十四女特封□福公主制 大觀二年七月五日

門下。立愛惟親。用致人倫之厚。以名出信。蓋彰命數之崇。眷予治假於有家。時乃慶鍾於幼女。宜申異寵。以稱隆恩。爰告大廷。式孚群聽。皇第十四女、璿源毓粹。寶婺分輝。懿範天成。潛蘊瓊琚之美。淑姿日就。寖敷桃李之華。自膺設帨之祥。茲屆剪鬌之祉。載涓穀旦。肇錫徽章。主之同姓之公。視以眞王之秩。以昭惇敘。以主榮懷。於戲。曷不肅雝。益懋成人之德。欲其富貴。特加大國之封。其茂對於龍光。以永綏於壽嘏。可。

皇第十五女特封綏福公主制 大觀四年正月十八日

門下。朕欽承丕緒。祗紹燕謀。王假有家。誕厚人倫之本。天錫純嘏。繼膺女子之祥。惟時初封。厥有彝憲。載涓穀旦。敷告大廷。皇第十五女、寶婺分輝。仙源毓粹。英華秀發。煜然桃李之姿。温惠生知。瑟彼瓊瑤之質。將兆成人之度。宜新迪德之名。主于同姓之公。視以眞王之秩。盛其儀服。册以命書。以昭典禮之光。以侈宮闈之慶。於戲。周詩正始。寔美王姬之車。唐制彌文。斯崇帝女之號。對揚恩渥。茂介壽祺。可。

瀛國公主特進封陳國公主制 大觀四年三月四日

門下。朕誕膺景命。祗紹寶圖。永懷天顯之親。惇敘人倫之本。睠言懿主。鍾愛泰陵。念女子之有行。雖王姬而下嫁。宜崇異數。用粲至恩。敷告治廷。肆敭贊册。瀛國公主、仙源毓粹。寶婺分輝。聰惠敏明。稟天姿而特異。婉柔端靜。在姆教而弗煩。動遵圖史之規。居飭組紃之習。方迨及笄之茂。將從外館之歸。是用易河間之□□。啓□陽之新壤。亞于正后之等。主以上公之尊。□□□之嘉辰。□大易之元吉。以合二姓之好。以基萬化之源。於戲。遠監周詩。匪專榮於車服。近觀唐戒。亦成美於家邦。往懋肅雍。永綏壽嘏。可。

皇第十六女特封顯福公主制 大觀四年七月八日

門下。朕紹承聖緒。祗荷天休。宜其家人。永迪御邦之慶。乃生女子。繼膺考室之祥。惟時初封。厥有彝憲。載涓穀旦。誕告群工。皇第十六女、質稟□□。性□慧□。秀毓璇源之潤。榮分寶婺之輝。婉娩以從。雖未卽公宮之教。柔嘉自得。顧無煩傅姆之勤。屬□日之甫臨。盍徽章之肇舉。參稽茂實。褒進美名。主同姓之上公。視眞王之峻秩。以昭內治。以厚民風。於戲。推敦敘之隆恩。庶幾廣愛。成肅雍之懿德。罔不在初。往服寵光。益綏壽祉。可。

皇第十七女特封熙福公主制 大觀四年十二月二十八日

門下。因親立愛。茲以御于家邦。若古有猷。用特昭於禮命。惟時幼女。爰啓初封。敷告治廷。誕揚徽數。皇第十七女、□胥錫美。帝室儲輝。變彼惠心。厥有成人之度。温其粹質。豈緊傅姆之勤。屬晬日之迎辰。協嘉名而懋寵。乃涓穀旦。肇舉彝章。視峻秩於眞王。主上公於同姓。以敦天屬。以厚大倫。於戲。考室于宜。巳卜莞簟之慶。疏恩於漢。並開湯沐之封。既增渙於壼闈。寔併崇於位敍。膺茲休渥。永介壽康。可。

皇第十八女特進壽福公主制 政和元年三月三日

門下。朕丕膺純佑。□洽蕃釐。慶覃考室之占。載生女子。化迪御邦之要。必本人倫。肆涓吉以肇封。用敭廷而孚命。皇第十八女、柔閑自得。婉惠夙成。惟時襁褓之初。巳粹英華之美。珠躔挺秀。寔誕降於天孫。蘭渚涵姿。過來游於帝子。茲屆剪鬋之旦。允符設帨之祥。屬來諗於近司。用特昭於徽數。協之華序。錫以令名。班峻秩於眞王。亞備儀於正后。義敦皇緒。教棐民彝。於戲。啓脂澤之豐。恩固加於親愛。宜車服之盛。德尤在於肅雍。茂對龍光。益諧燕譽。可。

皇第十九女特封順福公主制 政和元年三月二十五日

門下。朕稽邦家立愛之經。著皇女疏封之訓。主於同姓。秩茂視於眞王。錫以美名。禮特隆於初命。具□丕報。申詔群工。皇第十九女、粹岐嶷之姿。茂柔良之質。純然稟異。允矣生知。繼圖史之芳。宜有性□之善。養肅雍之德。諒無姆教之煩。庸畢協於師言。□肇頒於渙渥。是將序贊敍于位。以御治朝。陳金石于庭。以□顯册。敦崇國體。循用邦彝。嘉乃妙齡。膺茲徽數。於戲。周盛車服之飾。所以重王姬。漢優湯沐之恩。所以尊帝女。惟時舊典。匪曰予私。尚益介於壽康。以永綏於祉福。可。

慶國公主特進封韓國公主制 政和二年二月五日

門下。立愛惟親。所以致人倫之厚。因心則友。所以明天顯之恭。睠皇室之賢姬。迺哲宗之季女。禮將優於下嫁。恩莫盛於增封。諏叶嘉辰。誕敭徽册。慶國公主、柔良自得。淑慎無違。夙開銀牓之祥。茂毓珠躔之粹。重爲楷則。奚煩師氏之規。居靡驕盈。尤習公宮之□。鴈奠甫諧於出御。龜猶爰及於有行。稽大國以相攸。孰如韓樂。詔治廷而錫命。無若汝宜。載穠車服之華。彌重琴瑟之好。以尊帝胄。以侈邦榮。於戲。合姓惟寅。蓋謹造端之義。于歸以祉。允孚元吉之中。其益蹈於箴圖。用永綏於燕譽。可。

皇第二十女特封□福公主制 政和三年四月十六日

門下。敦愛理親。將厚家邦之□。設儀辨位。孰先祓命之崇。矧誕受於天休。式載生於女子。甫臨晬日。爰啓初封。協以嘉辰。告于列位。皇第二十女、□姿淑□。秉德粹純。膺璇極之儲輝。遡珠躔而□□。□□玉質。蚤□□□之祥。茁彼蘭芽。茲屆剪鬋之旦。颺□□。錫以寵□。□□□之殊榮。亞后儀之一等。用□□□□。允□政壼之華。於戲。半楚國之封。圻視秩蓋□□□魯人之候館。疏恩前示於嘉稱。宜懋肅雍。益□□□□□□□。

韓國大長公主特改封賢德懿行大長帝姬制

門下。朕躬攬萬機。□□□□□□□□□制。褒敍懿親。率昭考之謨。緝熙□矩。□睠諸姑之重。□□近屬之尊。錫以豐章。告于□位。韓國大長公主、性姿柔惠。□稟靜專。極徽數於累朝。蚤敦慶□。□大名於兩國。弗□□□。矧玆邦典之新。式表帝族之盛。載崇□命。彌厚化風。於戲。車服不繫厥夫。蓋由前訓。富貴弗更其守。益懋遠猷。往服恩榮。永綏壽嘏。可。

徐國長公主特改封柔惠長帝姬制

門下。朕監觀周道。祗若先猷。表實定名。飭正循沿之陋。因心廣愛。肇頒新美之稱。眷是賢姬。時□同氣。宜載揚於丕號。用孚告於群工。徐國長公主、溫惠柔明。謙恭靜壹。愛鍾烈考。蚤承顧育之慈。鸞降勳門。彌著肅雍之譽。屬誕更於往制。庸改錫於徽章。考德謂宜。申恩惟舊。於戲。事師於古。方跨越於三王。仁篤於親。庶儀刑於四海。尚綏福履。無怠訓言。可。

陳國公主特改封淑和帝姬制

門下。朕若古猷訓。因時緝熙。睠□帝子之疏封。尙緊侯邦之築館。肆遵先志。聿新一代之規。肇舉嘉稱。用亶群工之聽。陳國公主、柔良自度。淑愼有儀。席慶皇闈。迺哲宗之愛女。言歸甲族。疏沁水之新封。屬誕正於前彝。宜申加於異數。式昭懿行。僉穆師言。於戲。按實定名。允協邦圖之永。因心則友。彌敦天顯之恭。祗服龍光。永孚燕譽。可。

韓國公主特改封淑愼帝姬制

門下。立愛惟親。莫重因心之友。以儀辨等。孰先表實之稱。眷皇室之賢姬。乃哲宗之季女。遹申前詔。誕布新章。韓國公主、秉德溫良。凝姿秀粹。蚤習公宮之教。柔則內融。蔚爲戚畹之華。徽聲外著。茲舉周家之制。肇更漢室之封。以正邦經。以昭古訓。於戲。成緝熙之茂憲。必也正名。侈敦敍之隆恩。庶幾廣愛。往敍寵渥。益介壽祺。可。

除嘉福公主特封嘉福帝姬制 政和三年四月十五日

門下。朕若古有猷。紹休成訓。因親立愛。誕昭天性之隆。以義制名。式表帝姬之重。睠予元女。鍾慶宸闈。冠美號以申恩。詔昕廷而敭命。嘉福公主、珠躔毓粹。坤掖凝輝。法度生知。已著言容之德。柔嘉自得。靡煩圖史之規。茲肇舉於新章。用丕宣於令則。載崇位敍。增典情文。於戲。洵美且都。有穠華之盛服。俾耆而艾。襲壽愷之多祥。勉迪徽聲。以綏純嘏。可。

榮福公主特改封榮福帝姬制

門下。祗奉丕圖。遹追先志。備一朝之大典。酌三代之彌文。惟時帝子之尊。尙襲王制之舊。雖親之欲其貴。禮務極於優隆。然名之必可言。事盍師於古始。其盼明命。用誥多方。榮福公主、氣稟中和。性鍾淑愼。彤管有煒。克遵圖史之規。象服是宜。允蹈珩璜之節。頃稽故事。誕啓初封。秩視眞王。主之同姓。

載念循沿之弊。必求訓迪之方。申錫恩章。肇新爵號。以光國體。以厚民風。於戲。雅推敦敍之仁。將輔成於美化。克懋肅雍之德。其務稱於殊榮。祇服訓言。益綏壽祉。可。

安福公主特改封安福帝姬制

門下。朕丕釐景命。遹駿先猷。稽成周制作之隆。正炎漢循沿之誤。惟時懿女。未易華稱。雖秩視眞王。備存於彝訓。而主以同姓。徒襲於虛名。爰卽大廷。誕揚孚號。安福公主、分流銀燿。挺秀金枝。夙符寢簟之祥。茂叶塗椒之慶。謹珩璜之節。久著柔儀。衍湯沐之封。荐膺異數。方肇新於令典。宜申錫於徽章。以昭天屬之恩。以厚人倫之本。於戲。親之欲貴。必隆惇敍之仁。名必可言。尚懋肅雝之德。益綏祉福。茂對龍光。可。

康福公主特改封康福帝姬制

門下。仁以親親。蓋示明倫之本。義兼貴貴。宜隆辨等之儀。朕爰考周詩。仰循先訓。躬裁善制。釐築館之舊稱。敷錫美名。聳班朝之師聽。康福公主、慶鍾華禁。祥發閟宮。岐嶷天成。居習組紃之教。肅雝日就。動無珩璜之譁。茲肇舉於新章。用丕宣於懿則。沿情斯稱。表實謂宜。於戲。位敍載崇。仍視眞王之秩。箴圖克謹。毋忘師氏之規。往對茂光。益綏多福。可。

崇福公主特改封崇福帝姬制

門下。朕考古立制。與周匹休。明德睦親。自家刑國。惟是帝姬之貴。尚遵公館之名。錫厥嘉稱。用緝熙於先志。渙其大號。宜惇敍於我家。崇福公主、蘭茁騰芳。瑜華稟粹。柔閑自得。靡煩傅姆之勤。莊重夙成。允發天孫之秀。茲誕揚於褒典。式增穆於徽稱。禮命載崇。寵私惟舊。於戲。穠如桃李。聿瞻儀服之華。佩以瓊琚。彌見德音之茂。尚綏介福。無愧前脩。可。

昌福公主特改封昌福帝姬制

門下。朕稽三代之盛隆。斥百王之卑陋。載惟帝女。尚循外館之稱。肇正邦經。追本先皇之志。爰肦渙號。增賁寵名。昌福公主、景緯儲輝。皇枝孕秀。溫其淑質。允孚珠玉之華。變彼惠心。蓋稟乾坤之粹。茲大釐於彝制。用申錫於褒章。恩以親隆。命惟時舉。以厚宮闈之慶。以紹位敍之榮。於戲。曷不肅雝。旣弗愆於姆訓。成其福祿。宜永荷於天休。往服眷私。益虔率履。可。

宋大詔令集卷第四十

皇女五

封拜五

衍福公主特改封衍福帝姬制

門下。朕光膺景命。寅奉丕圖。稽神考之燕謀。酌成周之盛典。眷言懿女。肇易華稱。其孚號於大廷。以猷告于多士。衍福公主、分輝寶婺。毓秀璇源。迪德有常。雖未卽公宮之教。率禮不越。顧已騰中壼之□。載惟郡國之封。蓋本漢唐之陋。循沿旣久。□正未遑。茲誕舉於徽章。宜申加於茂渥。以篤邦家之慶。以隆父子之恩。於戲。必也正名。旣盡遵揚之義。庶幾廣愛。用昭惇敍之恩。尚懋柔儀。永綏純嘏。可。

徽福公主特改封徽福帝姬制

門下。朕監成周之隆。遵昭考之訓。以□□位。孰先帝女之尊。以禮稱情。爰舉邦彝之茂。聿新厥命。誕告于廷。徽福公主、襲慶璇源。啓封襁褓。涵姿明潤。蜜瞻日月之華。秉德粹温。蚤著瑛瑤之度。□載殞於令典。用敷錫於嘉稱。秩視眞王。恩從舊數。於戲。有空□競。益蕃宮壼之榮。無疆惟休。增侈龍光之施。勉循懿範。式介純禧。可。

顯福公主特改封顯福帝姬制

門下。朕丕膺令緒。祇奉燕謀。眷惟諸女之賢。以主上公之貴。雖存故事。徒襲虛文。茲誕布於宏規。宜申加於顯册。顯福公主、珠躔挺秀。璇極分輝。柔惠夙成。瑟彼珪璋之質。英華日就。煜然桃李之姿。頃徹初封。式彰異數。載念兩漢循沿之故。有慙三代制作之隆。爰錫恩章。肇新爵號。以篤家邦之慶。以昭教化之原。於戲。立愛自親。朕敢忘於敦敍。以名出信。爾務稱於龍光。尚懋乃猷。永綏厥福。可。

順福公主特改封順福帝姬制

門下。朕若稽于古。莫如三代之隆。訓迪厥官。肇正百王之誤。惟時懿女。申錫徽名。爰協休辰。式孚渙號。順福公主、璇源毓慶。寶婺儲輝。早符莞簟之祥。克謹珩璜之度。頃疏茂渥。旣徹初封。以同姓之親。秩視眞王之貴。雖存故事。止襲虛稱。茲誕舉於宏規。宜首加於異數。以隆國體。以棐民彝。於戲易湯沐之封。朕既丕承於先志。異車服之等。爾其益懋於柔儀。往對殊休。永膺多福。可。

柔福公主特改封柔福帝姬制

門下。朕董正治官。緝熙先志。眷惟懿女。尙仍炎漢之封。肇易徽稱。悉本成周之制。爰諏穀旦。誕告治朝。柔福公主、毓秀星輝。儲精潢潤。柔嘉自得。不渝圖史之規。婉娩以從。靡佚保阿之訓。頃□□□徹初封。秩視眞王。儀參正后。載念熙寧之詔。備□□□□□更制新名。申隆異數。以篤御邦之慶。以增考室之祥。於戲。器不假人。庸厚展親之禮。名以出信。益隆報上之心。其體至懷。永綏多福。可。

皇第二十一女特封申福帝姬制

門下。朕躬臨熙治之期。世格和平之樂。旣受帝祉。茂膺男子之祥。雖則王姬。益卜家人之吉。爰諏穀旦。肇錫美名。敷告治廷。茂颺休命。皇第二十一女、鍾日月之明。潤稟乾坤之粹。純德性生。知未習公宮之訓。禮容自飭。無煩阿保之勤。甫當剪鬌之辰。已著成人之度。動合圖書之戒。未疏典册之封。是用循魯館之稱。載稽周制。鄙沁園之號。盡革漢規。眷爾柔嘉。伸之福祿。厥惟彝憲。匪曰私恩。於戲。立愛惟親。茲廣家邦之教。以儀辨等。徐觀車服之華。褒對龍光。永綏壽嘏。可。

皇第二十二女特封寧福帝姬制 政和四年五月二十七日

門下。朕膺溥臨之命。纂累洽之圖。將受厥明。屢協□宮之祝。乃安斯寢。嗣占右帨之祥。誕告治廷。式孚群聽。皇第二十二女、濯潢流之秀。疏星極之輝。蚤惠夙成。瑟彼英華之粹。覃訏日就。煜然文采之華。未即教於女師。已服勤於姆訓。甫十旬初晬之吉。侈三日剪鬌之儀。考圖徽章。褒時縟禮。異車服之節。亞□□后之尊。徽脂澤之封。視以眞王之秩。用敦皇緒。俾厚民風。於戲。王假有家。方茂榮懷之慶。天被爾祿。永綏壽嘏之純。□□□□□承燕譽。可。

皇第二十三女特封保福公主制 政和四年四月六日

門下。立愛惟親。式本御家之治。以名爲表。莫嚴辨位之儀。眷帝位之方隆。嗣王姬之載育。諏辰協吉。敷策揚廷。皇第二十三女、膺莞簟之殊。□蕃壼閫之顯。福。柔明蚤惠。婉嫕夙成。被穠蘭茝之華。洵美瑛瑤之度。實訏異稟。在傅弗勤。聿當初晬之期。爰擧始封之制。誕昭徽數。侈亞后之豐章。商錫新稱。協有周之舊典。以閎敦敍之休。於戲。禮重剪鬌。相德容之有俶。詩言衣褟。飭內行以無違。進席龍光。永綏壽愷。可。

嘉福帝姬特進封嘉德帝姬制 政和五年四月二十八日

門下。禮本於昏。茲實明倫之重。名以出信。是惟立愛之先。眷予元女之賢。蚤即公宮之教。將備脩於嘉事。其商賚於豐章。猷告治廷。亶敷載册。嘉福帝姬、端莊而婉懿。淑慧而溫恭。祥發日月之明。稟異乾坤之正。潢流席慶。茲穠桃李之華。俶極承顏。浸服組紃之訓。謹女圖而自飭。肅珩珮以無譁。議年甫迨於勝笄揆德克閑於執盥比求良席爰得勳門載涓請吉之期盡具納成之典肇疏園之寵既參褕翟之輝光築館之行宜大粉田之渥仰惟前代于棐民彝肆啓命字之嚴盡黜裂封之陋申朌顯號用相柔儀於戲致棗栗之虔往迪家人之吉視衿鞶之戒毋忘宗事之脩其益懋於言容以永綏於壽祉可

皇第二十四女特封榮福帝姬制 政和五年九月十一日

門下上天之載有蕃傳類之休女子之祥嗣協宜家之吉將誕敷於顯祚其順考於豐章涓選剛辰式孚列辟皇第二十四女稟令儀之靜婉躬柔度之端良設帨於門蚤襲椒塗之懿載衣之裼具昭莞寢之華德容發于震夙之初惠問成于覃訏之始孌彼潢流之秀煜然天紀之輝方卜□於保阿已弗勤於傅御三月之末爰當翦鬌之期九十其儀用兆結縭之祉商錫王姬之制允釐公館之稱表實定名設儀序位佩之帶玦等異數於眞王錫以乘車亞禕威於正后則篤其慶永孚于休於戲古我先王時若棐民之化有齊季女克成治內之風尙勉蹈于徽猷思輔成于淑質往綏燕譽以介壽臧可

榮福帝姬特進封榮德帝姬制 政和六年二月二十三日

門下朕仰惟前代若昔大猷重嘉禮以厚人倫爲國始本雖王姬而執婦道作民孚先名既正於疏封恩亦隆於築館誕揚明册播告庶工榮福帝姬、淑性惠溫柔度燕婉華穠桃李質粹瓊琚保傅不勤幼而循圖史之戒組紃既習長則有家室之歸維昏姻之及時實風化之正始逮茲下嫁豈曰貴驕奠鴈甫期知龜筮之協告施衿示訓親盥饋以教恭車服有行典章增賁我圖懿範更錫美稱用昭慈愛之懷肆顯肅雝之德師言維穆庭渙匪私於戲化行周南朕則釐女士而以道貴惟帝子爾其循法度以宜家永保令儀自膺慶譽可

崇福帝姬特進封崇德帝姬制 宣和二年五月二十八日

門下周適王姬於諸侯首論肅雝之德唐尙公主於五品聞行盥饋之儀眷予季女之賢將有勳門之降宜昭寵數用告薦紳崇福帝姬、發叢霄璿玉之祥分寶宿天孫之慶靜專出於德性婉孌茂於天姿聞閱詩書雅有宮庭之訓自知紡績不煩傅姆之勤桃李之華而歸以時條梅有實而迨其吉瑟琴靜好宜其家人鳳凰和鳴予得吉卜廼考始笄之故事有光外館之攸行寵申帝女之封貴比眞王之秩結衿鞶而既戒當遠去於親闈躬蘋藻以薦羞尙恪修於婦事於戲毋以貴而廢舅姑之恭順毋以富而忘杼軸之艱難館陶求郎上之有請謁之戒竇主踰制下之有奢靡之譏能迪予言則爲爾福可

皇第二十九女封令福帝姬制 宣和

門下受祉而施于子有開女夢之祥立愛而始于家克迪民彝之厚朕荷天右序錫祚熾昌聿生姬德之音實衍邦祺之盛宜孚詔號用告朝紳皇第

二十九女、毓粹星潢、承休霄極、蘊徽柔之則、襲芬潤於芳蘭、擢岐嶷之姿、敷秀華於穠李、將惠姆師之淑訓、寖昭壼室之令儀、朕惟有天下者、務親其親、爲人父者、必幼吾幼、爰侈占蛇之慶、載爲剪瞀之容、假太龜之神、肆涓辰於穀旦、佩辟邪之綬、廼商賚於嘉名、式隆天性之恩、以正人倫之本、於戲、詩著國風之義、德專美於肅雝、禮存內則之言、教莫先於婉娩、永綏壽嘏、益協榮懷、可。

皇第三十女特封華福帝姬制

門下、考室占女子之祥、載羨蕃昌之盛、唐棣喩王姬之德、亶昭徽美之聲、仰帝極之申休、玩坤元而得索、協稽舊典、誕舉茂恩、揆以剛辰、告于外寢、皇第三十女、分輝寶婺、毓秀仙源、亶聰慧以性成、鍾靜柔而敏達、瑤瑛溫潤、蘊四德以中存、桃李穠華、稱六珈而□□、俯屆十旬之晬、將嚴右瞀之儀、備展情文、具形憲度、朕方受天多祜、流祚無疆、則百斯男、正顯本支之盛、有齊季女、允諧千億之詵、爰因幼幼之慈、式厚親親之惠、商嘉名而□實、煥新禮以增榮、物陳亞后之崇秩、等眞王之峻、以增皇緒、以輔民彝、於戲、象服是宜、勉愼言容之習、彤管有煒、務遵圖訓之規、益介壽祺、永光懿範、可。

皇第三十一女特封慶福帝姬制

門下、朕端眷命於璿霄、緜鴻休於寶緒、乃生女子、衍流祚類之昌、以明人倫、宏闡化風之穆、推御邦而厚本、敍施德以疏榮、登告群工、丕揚顯册、皇第三十一女、韶姿夙茂、懿度天成、設帨於門、應享占於虺夢、載衣之裼、稱柔飾於鞶絲、孌彼惠溫、華然淑秀、如習公宮之範、靡煩傅姆之規、外館重嘉、已兆結縭之始、午羈謹晬、先陳剪瞀之文、酌漢朝帝女之封、攷周室王姬之號、車服異等、備參褕翟之華、湯沐多租、大啓粉田之渥、以名爲表、立愛惟親、綏其福履之光、侈乃室家之慶、蓋循彝憲、豈曰私恩、於戲、教婉娩以字笄、其寖承於令訓、執肅雝而成德、尙終迪於芳猷、永對渥慈、益膺繁祉、可。

昌福帝姬特進封成德帝姬制 宣和五年六月四日

門下、正男女以合二姓之逑、聿時循於嘉事、因父子以惇九族之愛、用疇協於彝章、朕仰承上帝之休、衍有公宮之懿、比拂龜而得吉、將執盟以教恭、孚告治朝、誕揚顯册、昌福帝姬、柔明遠識、溫惠令資、儲輝寶婺之躔、肖靜坤輿之體、言容兼淑、穠如唐棣之華、法度有持、動成佩玉之儆、少而飭組紃之事、長則奉圖史之規、靡由在姆之勤、蓋禀自天之美、議年斯及、於禮有行、乃卜慶門、肇新外館、詩陳下於正后、煥其車服之儀、史載主以上公、黜彼情文之陋、視眞王則親之欲其貴、著成德則名之必可言、商此徽稱、蔚爲異數、於戲、內和理而家可久、宜思戴氏之經、幼習貫而性自然、無替賈生之說、惟衿鞶是戒、惟蘋藻是循、副予慈懷、綏爾壽履、可。

雜詔

公主行舅姑禮詔 治平二年二月壬辰

朕嘗侍先帝左右。恭聞德音。以本朝舊制。士大夫之子。有尙帝女者。輒皆升行。以避舅姑之尊。習行既久。義甚無謂。朕常念此。寤寐不平。豈可以富貴之故。屈人倫長幼之序也。可詔有司革之。以厲風俗。朕開喩之始。欽仰稱歎。至于再三。不幸先帝後嬰疾疹。其議中寢。朕躬承遺旨。敢不遂行。中書門下議降詔有司。以發揚先帝盛德。詔曰。蓋聖人制禮。造端乎夫婦。所以正人倫。先王立教。莫善於孝悌。所以厚風俗。王姬下降。舊典有儀。其於舅姑。當行盥饋。然歷代相沿。習爲矜汰。至於亂昭穆之序。廢長幼之節。是爲作法於涼。何以使民。先皇帝暇日嘗以爲言。欲加申飭。俾成禮順。旋屬違豫。未遑著于令也。末予沖眇。肇服休命。德音在耳。曷敢昏逾。率循大卞。盡先遺志。豈曰善繼。用彰我昭考垂憲。足以貽謀後世者。其體茲旨。令有司案典禮奉行。仍令陳國長公主行舅姑之禮。王師約更不升行。

改公主名稱御筆手詔

比覽神考實錄。在熙寧初有詔釐改公主郡縣主名稱。當時群臣不克奉承。以至于今。比詔有司。祇若先志。循沿既久。莫能董正。稽考前王。周稱王姬。見於詩雅。姬雖同姓。法古立制。宜莫如周。今帝天下。而以王封臣。可改公主爲帝姬。郡主爲宗姬。縣主爲族姬。仍以美名二字易其國號。內兩國者以四字。

降黜

皇女兗國公主降封沂國公主制 嘉祐七年二月壬子

陳車服之等。所以見王姬之尊。啓脂澤之封。所以昭帝女之寵。茲唯親愛之攸屬。時乃風化之所關。與不能安諧於厥家。則何以觀示於流俗。兗國公主。生而甚惠。朕所鍾愛。故於外家之親。以求副車之配。而保傅無狀。閨門失歡。歷年于茲。生事弗順。達於聞聽。深所駭然。雖恩義之常。人所難斷。至於賞罰之際。朕安敢私。宜告大廷。降徙下國。於戲爾惟肅雍。以成美德。惟柔順以輯令名。及其悔思。庶承來福。可降封沂國公主。

贈典

皇妹故道士七公主仍賜號淸虛靈昭大師賜紫法名志沖制

門下。先親立愛。有國之彝章。滲澤漏泉。飭終之厚禮。載優贈卹之典。用推惇敍之恩。皇妹、故道士七公主、寶婺分輝。天枝發秀。夙禀柔嘉之質。迥懷喆惠之心。爰自妙齡。即依道範。遽賓仙而長往。俄早世以纏悲。歲籥屢更。晉容永謝。宜舉追褒之命。庶申軫悼之懷。賦邑脂田。特開於大國。徽名懿號。並法於眞都。尙冀營魂。歆茲異數。可特追封衛國長公主。仍賜號淸虛靈昭大師。賜紫法名志沖。仍令所司擇日備禮册命主者施行。

故蜀國長公主追封越國長公主賜謚賢惠制

勑。生有封爵之榮。歿有贈襚之寵。迺國常典。施諸貴近。況在先帝之中女。寔朕同氣之至親。奄忽淪亡。可無褒卹、某少而蘊慧淑之資。弗勤於保傅。長而成肅雍之美。是宜於室家。車服亞王后。而增輝國邑。視公侯而不侈。朕嘉乃淑德。茂乃懿範。將極寵數。以熙長樂之愛。不幸嬰疹。夭于盛年。悲動慈闈。痛均手足。不有追賁。曷紓朕懷。茲用申勑有司。擇壤地之大者、莫如越。以加汝封。稽參謚法。明德有誠之謂賢。柔質慈仁之謂惠。以易汝名。庶幾休聲。可□詔世。汝有知也。尚克歆承。可。

故魯國大長公主賜謚賢懿追封荊國大長公主制

勑。先王制禮。文以稱情。永惟貴主之尊。奄及追命之際。輿言痛悼。用賁諸幽。具位、生有令儀。席慶皇祖。肅雍之美。協於聲詩。遭命不淑。以至大故。蓋王姬之車服。下后一等。而不繫其夫。其位高者其享厚。其情至者其文縟。貴貴親親之義也。改封大國。被以休名。歿而有知。尚克膺此。可。

越國賢惠長公主追封大長公主制

勑。王姬之貴。而能執婦道以成肅雍之美。朕嘗聞召南唐棣之詩矣。永惟皇祖之慶。篤生淑女之賢。賦命不融。中道而沒。哀榮之典。茲何敢忘。故越國賢惠長公主、襲寵宮庭。生知禮義。儀降王后、有車服之榮。德配君子。稱室家之懿。逮茲享帝之澤。推余尊祖之誠。大長之稱。寵榮斯極。追錫成命。以賁九泉。

神宗第九女贈蔡國長公主追封兗國長公主制

勑。王者惇同氣之戚。厚追往之恩。豈獨致親親之私。所以風示四方。助成世教也。神宗皇帝第九女、贈蔡國長公主、鍾祖宗之慶。襲神明之胄。貴爲帝子。蚤慧夙成。方奉宮闈之懽。未膺車服之寵。奄先物化。寖歷歲時。朕纂服之初。縈縈在疚。手足之愛。尚慰予心。爾生不辰。墓木已拱。想念疇昔。音容邈然。申錫密章。進荒大國。庶幾窀穸。識此哀榮。可。

故燕國長公主追封唐國長公主賜謚賢穆制

朕惇敍天倫。興崇孝治。永念昭考。篤生淑女之賢。載惟眇躬。實深同氣之愛。遽閱告終之訃。敢忘追卹之恩。故燕國長公主、稟資柔明。毓德專靜。蚤合勳門之好。率循婦職之恭。雖脂澤之封。蚤視眞王之秩。而車服之等。靡矜貴主之尊。言常協於箴規。事必稽於圖史。謂膺上壽。永輩繁禧。何期盛年。奄至大故。宜極哀榮之典。用伸痛悼之懷。陟疏名邦。仍錫美謚。冥靈弗昧。寵渥是歆。可特追封唐國長公主。賜謚賢穆。

故熙福公主追封華國公主制

先王立愛以隆親。莫先於天性。君子緣情而制禮。豈吝於恩章。眷予幼女之姿。並毓靈源之粹。宜膺壽祉。忽遘淪亡。爰加贈飾之章。庸示褒榮之典。故熙福公主、穠華日茂，慧淑性成，年未及笄，已久流於芳譽，命有所制，嗟奄奪於妙齡，肆追錫於愍書，用曲伸於慈念，胙之名國，啓以新封，爾尚不忘，歆此徽數。可特追封華國公主。

晉國長公主不起罷承天節上壽詔 大中祥符二年十二月辛巳

惟妹之親，愛均於同氣，終天之訣，哀切於深衷。屬以誕節屆辰，庶邦畢會，有司獻議，願罷樂懸，在於朕心，亦所未忍，俾停展禮，用表追懷。其日群臣上壽，宜令權罷。

宋大詔令集卷第四十一

宗室一

封拜一

皇叔德文忠武軍節度使加恩制

門下。朕仰紹鴻烈。惟懷永圖。每糾宗族之恩。疇先伯叔之懿。用推厥愛。以展予親。具官德文。道與粹和。天畀宗謹。有言而踐百行。含章而暢四肢。早建將牙。兼穆台鉉。邦洽斯譽。神勞以祥。歲艾而精明不衰。爵隆而悔吝彌遠。比詢朝論。已啓王封。尚圖久勞。更膺異獎。改疏假璧之奧。進服温貂之華。仍廣轅疇。以大租入。於戲。脩人道之睦。我惟惇敍。閱天下之理。爾實老成。益美翰垣。參重宗稷。秉德陪義。是惟顯哉。可。

皇兄允讓寧江軍節度使加恩制

門下。禮重祭膰。寵伯仲之國。詩標常棣。廣親族之愛。稽古敦睦。朕能行之。具官某。器令而周。志和而立。懿作休德。奮爲嘉猷。早秉中權之雄。復正大宗之領。協我公姓。光於前人。閒侍郊宮。參獻彝瓚。服攸箴而惟謹。攝爾儀而罔愆。向者已徇朝言。特疏王爵。載惟褒渥。尚慊成勞。俾眡秩於台階。且仍華於將閫。優實多戶。併示隆恩。於戲。武穆文昭。其流斯遠。元戎茂宰。注意所兼。爾其浚明日孜。蹈道時敏。欽助予治。丕纘膚功。可。

皇兄允弼武康軍節度使加恩制

門下。朕惟一二兄弟。屏扞吾家。每推骨肉之愛。以強本根之託。矧在爾屬。早休厥聲。適及剛辰。進膺異數。具官允弼。甚德而度。參仁以和。居貴而罔流心。訓恭而遠祇悔。間陪郊獻。佐庀宗司。抑抑攸儀。舉皆率履。綽綽斯裕。內無違言。成於敍親。時乃修職。比者雖疏王爵。未厭寵名。宜停後務之煩。俾領元戎之制。增食爰賦。兼實幹封。於戲。磐石而宗。寄莫重焉。扞城於國。義莫先焉。何壯非猷。何順非廸。仍暢折衝之遠。姑隆綏族之恩。往惟懋哉。顯對嘉命。可。

皇弟允良安德軍節度使加恩制

門下。堯惇茂族。於變時雍。周建懿親。時庸展愛。朕參式先憲。褒序吾宗。僉同公言。誕舉恩册。具官允良。氣韶質美。馮信厚之餘。體和履順。遠沖孺之習。

早經留務。常止上都。以爾考有叔父之尊。帝室之屏。勛昭彝器。慶裕後昆。向嘉家嫡之承。已疇王爵之顯。斷自予志。中付節旄。因見官儀。衍實封祉。於戲。古有謨訓。汝其念聞。夫寵不期驕而驕從。謙不待益而益務。脩也可以思永。愼也可以寡尤。移孝圖忠。欽服茲命。飭躬靖位。往卽爾藩。可。

皇弟允廸安靜軍節度使加恩制

門下。朕聞立愛莫先於親。繁支實庇其本。每念攸訓。匪伊異人。用推惇序之仁。期光夾輔之體。具官允廸。承扆天祐。衍慶宸孚。舉動嚴方。趨尚閑敏。思長富貴之守。寢安朝夕之虔。向留使華。允穆公路。頃以王邸徂謝。予懷悼驚。念其堂構眘深。喬梓義重。維城有寄。墨經還朝。載隆近屬之恩。俾領中軍之節。仍增邑食。且實戶封。於戲。乃考之忠勛。四邦是式。乃兄之光寵。十乘有儀。爾偕厥榮。毋或滋怠。欽即殊獎。祇勵厥猷。可。

皇弟允良加恩制 郊祀

門下。朕率祖宗之常。謹郊廟之饗。迎日涓選。蕭燎告成。衍三靈之歡豫。肆萬民之慶告。既飲其至。因賚爾勞。矧一二兄弟之親。參陪夙夜之恪。宜縟恩典。以寵懿藩。具官允良。履尚詳華。機采明悟。世不忘於濟美。孝乃移於事君。王社以光。帥節云重。向因侍祀。彌見協恭。闐然陽氣之休。禬如盛服之美。我禮尤具。惟神克歆。特緣膰胙之頒。首篤鄂跗之愛。進加功號。兼拓爰封。且詢中石之規。更增多戶之實。於戲。自天介祉。既輯於上儀。爲國懋能。敢私於同姓。往祇異數。勤劭壯猷。可。

皇弟允良特授特進依前檢校司空同中書門下平章事華原郡王充奉寧軍節度使加恩制 嘉祐元年恭謝

門下。朕沿康復之慶。薦昭報之忱。合祀乾祇。大陳牲玉。先期祓乎路寢。申詔約乎圜丘。禮文昭明。儀體簡大。既執量幣。獲侑祖宗之靈。復因祭膰。以親兄弟之國。蓋合揚於貺施。用均布於福釐。矧堯之變時雍。始於睦族。而周之厚民德。繇厥睦親。式是仁恩。揚茲慶號。具官某。資質淑茂。體行端莊。令問夙昭。善猷允履。戚藩云建。使節是持。按圖所封。載擇膏腴之地。班槐就列。兼崇台宰之儀。入侍齋祠。居奉朝請。有莊恪之敏。得肅雍之稱。朕享告成。爾庸惟穆。既飲斯至。乃澤厥勞。鄭伯列於郟郊。滕侯先於異姓。班茲盛策。進以崇階。仍增井牧之封。益寵雲臺之號。並爲異數。用洽至恩。於戲。訖是上儀。布茲大喜。群工庶尹。既國典之是孚。至戚密親。在家情之允洽。益愼爾德。以對厥休、可。

皇弟允初建節制 嘉祐五年以前五月二十八日

門下。爵賞當功。則爲善之勸廣。名器不假。則至公之道存。然而隆恩睦親。所以厚乎風俗。建侯作屏。所以扞於王家。非余敢私。乃國舊典。具官允初。質性純茂。禀乎天資。學問發明。由於師訓。惟我叔父。時爲賢王。緬懷遺烈之存。屬乃克家之善。自被蕃宣之寄。久參朝請之聯。宜從留務之繁。進委臨戎之重。節旄並建。井賦兼增。僉謀克諧。寵數惟渥。於戲。干戈衞社。內有宜勤夙夜之臣。甲胄在躬。外有奮力行伍之將。爾其念宴安之懷毒。知富貴之難居。戒損于滿。而罔敢自驕。勞身以謙。而克保其位。無忘勉勵。往服恩榮。可特授依前檢校尚書右僕射、使持節耀州諸州事、耀州刺史、兼御史大夫、充感德軍節度使、耀州管內觀察處置等使、仍加食邑七百戶、食實封二百戶、散官、勳、封如故、主者施行。

皇弟允初特授特進依前檢校尙書右僕射兼御史大夫感德軍節度使加恩制 嘉祐四年祫享

百世必祀。德厚者流光。三歲乃祫。文繁則禮縟。朕訓四海之孝。合七世之靈。因時永懷。備物親享。祾容粲若。寶鎭在焉。來九服之朝。用六代之樂。於時藩岳伯舅。二三弟兄。助祭在茲。侍祠有恪。嘉享云究。慶賜遂行。具官某。體韻詳和。性質淳固。本賢王之後。資聖源之先。遙制侯藩。委高牙之重。宿留京邸。奉介圭之朝。能纂善猷。綽有淑問。自惇宗之講祀。繇奉常以肄儀。結佩入齋。展軨從蹕。淸廟在望。極駿奔之恭。朱芾侍祠。有肅雍之美。朕以皇祖右饗。大嘏告慈。熙事備成。景福來格。還衡肆眚。進律疇庸。乃眷戚藩。益開土宇。仍進表功之號。更陞躐等之階。恩禮之隆。固先於異姓。名數之懋。滋表於展親。於戲。承積累之祥。膺節制之重。齋祠□奉。靈寵荐加。益愼爾猷。往服朕命。

皇兄允弼依前檢校尙書右僕射充寧國軍節度使同中書門下平章事北海郡王加恩制 嘉祐四年祫享

門下。稽若先王。制茲大祫。謂四時之常祭。未極孝思。約一閏之小成。誕爲精厚。朕詳案舊禮。考卜孟冬。駕言屬車。登享祖廟。行踐朝之禮。歌長發之章。惟時親賢。豫我祠祀。盡肅雍之美。同悽愴之懷。亦既解嚴。宜有褒賞。用敷渥典。式告大廷。具官某。地則茂親。時惟明德。繫二南之化。躬兩漢之風。表儀王家。有嚴重之質。導訓宗子。得祗穆之和。兼徽台司。開賦王社。宿邸彌謹。奉朝滋恭。而自先甲肇禋。中嚴始事。率郇滕之諸國。逮魯衞之密親。侍齋幄之深。從昭鑾之近。太室戾止。廣樂繹如。奉亞祼之升。極其恭志。正赤舄之履。亶無流心。祖宗格思。祝嘏告止。歆乃孝享。賜朕祥釐。膰肉是頒。用先兄弟之愛。芳酒斯擧。以澤公侯之勤。優衍采田。益疇眞食。仍加功號之美。並昭名數之華。國典攸宜。家情允洽。於戲。同寅恤祀。既獲無疆之休。夾輔愼徽。益保有終之吉。往欽厥命。永孚于休。

宗實起復依前右衞大將軍泰州防禦使知宗正寺制 嘉祐七年十月壬辰

先王糾合宗族。而分職以治之。所以嚴宗廟。宗廟嚴則禮俗成。天下治。其事豈可輕哉。皇姪右衞大將軍、岳州團練使宗實。惠仁孝恭。忠信純篤。故遷厥位。以修予宗正之官。亦先王治親之意也。士之欲施於政。未有不學而能者。學所以修身也。身修則無不治矣。朕言惟服。爾往懋哉。可起復依前右衞大將軍、泰州防禦使、知宗正寺。

皇叔允良檢校太保兼中書令泰寧軍節度使襄陽郡王加恩制 嘉祐八年四月十二日英宗卽位

門下。朕以眇躬。奉承鴻緒。在哀荒之罔極。方震悼以交深。然以慶澤之行。國體惟舊。惇敍之典。王政所先。乃眷親賢。首加恩禮。載涓吉旦。誕告治廷。皇叔推誠保順同德亮節守正翊戴功臣、彰信軍節度、曹州管內觀察處置等使、開府儀同三司、檢校司空、兼侍中、使持節曹州諸軍事、行曹州刺史、上柱國、華原郡王、食邑一萬二千七百戶、食實封肆千戶允良。蘊信厚之姿。席本支之慶。樂於爲善。貴而無驕。粤自先朝。夙膺異數。位尊王爵。地重戚藩。

榮兼齋鉞之雄。進服温貂之貴。屬纂承之伊始。宜尊顯之有加。是用極令品於西臺。易節旄於東魯。苴茅建社。據襄沔之雄。論道經邦。視保空之重。仍加眞食。增衍戶封。併示寵休。務隆褒渥。於戲。神器之重。方愧於傳歸。磐石之隆。更資於夾輔。永綏厥位。不其盛歟。可。

宋大詔令集卷第四十二

宗室二

封拜二

皇叔允初開府儀同三司檢校司空同中書門下平章事感德軍節度使加恩制 嘉祐八年四月十二日

門下。承祧繼體所以正神器之傳。建屏疏封所以隆磐石之故。興言涼德。獲奉丕基。矧踐祚之始。初有推恩之典。故盍中孚號。庸示眷私。皇叔、推誠保順守正翊戴功臣、感德軍節度、耀州管內觀察處置等使、特進、檢校尚書右僕射、使持節耀州諸軍事、行耀州刺史、兼御史大夫、上柱國、天水郡開國公、食邑六千九百戶、食實封一千八百戶允初。時之懿親。屬在仲父。淳固之性。得之自然。明清厥修。介乎無撓。惟先帝之甚愛。在沖人而敢忘。改領軍麾。升服公衮。進階遷秩。陪賦衍封。於戲。藐爾孤煢。未堪多難。尚茲信睦。於變時雍。惟宗英彌懋於遠猷。庶前烈愈光於來裔。可。

皇伯允弼檢校司徒兼中書令護國軍節度使東平郡王加恩制 嘉祐八年四月十二日同上

門下。國家膺纍聖之圖。啓中天之運。重惟菲德之嗣。惕若先猷之承。仁恩滲于萬方。親厚始於九族。有如伯父。實曰賢王。宜因涓日之嘉。誕布告虔之渙。皇伯、推誠保順同德亮節守正翊戴功臣、武寧軍節度、徐州管內觀察處置等使、開府儀同三司、檢校尚書左僕射、兼侍中、行徐州大都督府長史、上柱國、北海郡王、食邑一萬四千戶、食實封三千八百戶允弼。氣和而履順。資正而行恭。源流發於天淵。本支茂於邦榦。推河間之學。務勤詩禮之聞。蹈宣父之言。思長富貴之守。服我文考。冠於內朝。以宣夾輔之勤。以董宗盟之事。帥壇命節。既專仗鉞之行。帝蹕陪輿。又寵冠蟬之飾。肆紹休於丕緒。首旌德於茂親。進階右相之尊。視秩三卿之貴。尹虞郊之舊俗。裂汶土之奧封。益以爰田。衍之眞賦。褒隆邦錫。美協師謀。於戲。念祖宗之基。固起艱難之迹。維骨肉之分。敢忘敦睦之懷。勉迪順猷。永綏多福。可。

皇伯允弼授依前東平郡王加食邑實封賜功臣制 治平郊

門下。朕乘初陽之序。建大祀之儀。親祓鬯圭。始見清廟。夙駕齋輅。肇禋紫營。有旻博臨。賜朕純嘏。於時日景温霽。坤倪肅清。逮蠲熙事之成。敢後茂親之獎。皇伯、具官某。性蹈謙恭。體函忠醇。丕擁皇支之祚。倬爲藩戚之表。董我宗正。爰惇敘族之賢。胙之東平。蓋符樂善之美。此先帝之加遇。而沖人之用欽。會華玉之展祠。被温貂而在位。未有神明接而福莫享。親賢隆而教靡尊。是用孚慶第勞。褒功錫號。疇其多邑。衍以眞租。萃爲寵章。以渙惠術。於戲。躬天地之報。既靡靈顧之私。廣骨肉之恩。用篤人倫之愛。往綏吉祿。永懋休聲。可。

宗樸除使相制（治平四年五月庚子）

朕膺符赤伏之靈。繼序炎精之烈。圖本支之盤據。倚形勢之扶維。緊我宗藩。推尊帝室。雖懋帥旄之寵。未參公袞之華。孚告大廷。誕敭顯命。皇伯、彰德軍節度、相州管內觀察處置等使、金紫光祿大夫、檢校右散騎常侍、使持節相州諸軍事、相州刺史、兼御史大夫、上柱國、濮國公、食邑三千四百戶、食實封六百戶宗樸。器涵廉靜。德履端純。聳儁望以高騫。奮雅才而獨秀。玉符傳瑞。拜之上將之壇。金輅啓封。胙以先王之國。載涓剛日。特峻彝儀。秩兼揆路之榮。位協宰廷之貴。衍疏眞實。增煥隆名。於戲。盟載册書。尚推同姓之長。賜均寶玉。況如伯父之尊。立愛自親。承流及遠。揚成美化。勉著休聲。可特授檢校尚書左僕射、同中書門下平章事、使特節相州諸軍事、相州刺史、濮國公、充彰德軍節度、相州管內觀察處置等使、加食邑七百戶、食實封三百戶。

皇伯祖承亮授檢校工部尚書榮國公感德軍節度使加食邑實封制

門下。蓋周興建土。遂膺年厤之長。秦失罷侯。靡復藩維之援。此國家所以監用往制。封崇茂姻。以夾輔於王家。以懷柔於天下。肆膺皇緒。渙舉丕彝。皇伯祖、具官某。躬耆德之英。被忠訓之厚。曾無車服珍寶之玩。固有詩書道術之明。稽帝堯之仁。疇先骨肉之愛。顧秦悼之後。不減祖宗之蕃。自居留務之榮。浸廣皇支之譽。按戊午之新澤。合南陽之近親。華蕁承跗。旌樂和於列邸。犬牙交壤。寄雄峻於帥旄。既衍爰田之封。又陪眞食之入。助建大統。圖緊老成。於戲。積厚者流長。雖本神明之祚。德隆者爵重。況如宗族之賢。均履多祥。勉欽渥命。可。

皇伯宗諤授光祿大夫檢校尚書左僕射同中書門下平章事虢國公集慶軍節度使加食邑實封制（神宗即位）

門下。朕纂臨丕基。欽篤前烈。蓋義尊虖祖。愛因隆於六親。治刑於家。風遂行於四海。適緣曠澤。先暨皇支。皇伯、具官某。器介而用通。體莊而資裕。多閱天下之誼。盡讀河間之書。考潤邸之藩。誰及宗英之望。追濮園之舊。實猶子愛之深。比旌拜於帥壇。允夾隆於王室。慶屬皇圖之啓。惠加同姓之褒。其服大僚。以即台路。易以近藩之節。陪之多邑之賦。雖本異恩。亦稽先矩。於戲。唐封近屬。悉留京師之居。漢寵諸王。少在公卿之列。維是高華之保。莫如法度之脩。矧屬英懷。詎煩至戒。可。

皇伯宗樸授光祿大夫依前檢校尚書左僕射同中書門下平章事充彰德軍節度使加食邑功臣制（熙寧郊）

門下。郊廟。大事也。禮莫盛於躬行。天地。一功也。義蓋尊於合祀。朕盡奉先之孝。嚴反始之文。既獲能饗之名。以要三神之顧。又膺無窮之祉。以浹四海之歡。矧我茂親。敢稽渙命。皇伯、具官某。德莊而氣粹。性靖而量夷。系出帝者之本支。多閱天下之義理。慕二獻之學。自樂詩書之聞。聯三事之榮。靡務富貴之守。屬至景之乘序。卽圜丘而告禋。精佩無譁。夙助齋居之恪。明蠲致潔。屢陪獻禮之升。維翟事之肅成。方勞恩之誕舉。雖無崇鼎分器之錫。亦有濮田多井之加。旣益號於功臣。復進階於文散。以華邦族。以變民雍。於戲。聖人因親。必廣同宗之愛。賢者奉祭。宜蒙百順之休。其勉善猷。永有吉祿。可。

皇伯宗旦除崇信軍節度使制 熙寧二年九月

舜敍九族之親。實先愼厚。周封同姓之國。遂底盛疆。眷言近屬之尊。稽用前王之故。庸加優拜。誕告治朝。皇伯、鎭潼軍節度觀察留後、金紫光祿大夫、檢校右散騎常侍、使持節華州諸軍事、華州刺史、兼御史大夫、知大宗正事、上柱國、天水郡開國公、食邑五千一百戶、食實封一千七百戶宗旦。德度甚夷。才資兼茂。襲世緒而克篤其慶。處貴冑而不流厥心。而自表正宗藩。居留後鎭。閱天下之理。益爲精明。推門內之恩。見稱友睦。爰舉陟明之典。遂旌樂善之風。自漢以東。惟隨爲大。錫之瑞節。衍以眞封。考于舊章。時曰異數。於戲。益戒者處寵之道。鮮失者惟約爲然。往其欽哉。以永終譽。可特授依前檢校右散騎常侍、使持節隨州諸軍事、隨州刺史、兼御史大夫、知大宗正事、崇信軍節度、隨州管內觀察處置等使。加食邑七百戶。食實封二百戶。

皇伯祖承亮特授依前檢校工部尚書充感德軍節度使改封泰國公餘如故制 熙寧三年六月十八日

門下。國家世承燕謀。天祚明德。乃眷祖宗之裔。未正封爵之科。豈朕所以上隆尊統之風。下形惇族之愛。肆考厥典。載謀有司。其肦顯册之書。以孚群位之聽。皇伯祖、推誠保順功臣、感德軍節度使、耀州管內觀察處置等使、金紫光祿大夫、檢校工部尚書、使持節耀州諸軍事、耀州刺史、兼御史大夫、上柱國、榮國公、食邑八千四百戶、食實封二千六百戶承亮。廣陵之嗣。昭武之孫。系出帝者之本支。多閱天下之義理。安處樂善。匪車服能侈其心。夙興奉朝。雖風雨不渝其節。故宗族仰其循則。神明相之高年。屬崇建於近親。方按求於故壤。自隴而右。奄有土疆之長。如麟之時。更旌信厚之履。以應古之遺法。以率民於至仁。於戲。廣同姓之封。大爲屏藩之固。觀盛德之世。永保子孫之休。益茂英猷。尙對嘉命。可。

皇伯從式保康軍節度使制 熙寧四年七月乙酉

分王于國。周以廣同姓之恩。設壇於軍。漢以優上將之禮。朕惇敍天屬。儀圖耆成。稽用龜猷之良。眷言麟應之厚。誕颺褒典。播告治廷。皇伯、彰化軍節度觀察留後、金紫光祿大夫、檢校右散騎常侍、使持節涇州諸軍事、涇州刺史、兼御史大夫、上柱國、安定郡王、食邑五千五百戶、食實封二千四百戶從式。經哲秉彝。體和履順。閱義理之衆。忱恂自得於性資。奉法度之中。奇衺不接於心術。鄉推朝渙。奄徹王封。載惟使務之留。未侈宗支之寵。宜崇異數。越進元戎。服授鉞之輝華。增苴茅之顯重。敦加井賦。衍食戶租。於戲。懷王業之艱。永荷祖宗之烈。念藩翼之衛。實賴伯叔之賢。維圖壯猷。迄稱休命。可特授依前檢校右散騎常侍、使持節房州諸軍事、房州刺史、兼御史大夫、安定郡王、充保康軍節度、房州管內觀察處置等使。加食邑七百戶。食實封二百戶。

皇伯祖允弼授依前北海郡王加食邑實封功臣制 熙寧宗祀

門下。朕肅膺駿命。懋述先猷。思所以廣嚴父之孝。昭事神之道。而合宮寢制。太微寓饗。且皇祐之議。猶參百靈之從。故辛亥之獻。獨尊上帝之配。相我大事。時惟茂親。休有寵章。格於公聽。具官某性資英邁。檢履淳固。天發神明之裔。世資忠厚之德。每伏謁禁朝。還休燕室。進退亦有常處。紛華而無留心。考公子之詩。既協關雎之應。受王者之社。遂荒徐郊之封。維先甲大禋。大宗董屬。鳴佩結玉。以深齋戒之思。重觴薦席。又陪陟降之恪。至精以來神聽。強立以蕆禮成。詳稽陟典之常。表錫功號之美。胙之多邑。衍之眞賦。且明宗周異姓之後。兼懋帝堯九族之和。於戲。福祿之臨。有若岡陵之固。急難之儆。莫如兄弟之懷。茲庸展親。其往廸訓。可。

宋大詔令集卷第四十三

宗室三

封拜三

皇伯宗諤加恩制 郊祀

門下。朕載禋紫壇。先見淸廟。舉柴颷燎。以格上帝之歆。歸祚受釐。以孚同姓之愛。越敷丕號。申詔大廷。皇伯、具官宗諤。莊重醇深。簡溫直亮。傳謀彝鼎。奉栒邑之琱戈。視秩袞衣。賜韓侯之赤舄。屬我圜丘之祀。眷言伯父之賢。協成宗祈。預有顯助。方普均於惠術。宜肆衍於徽章。於戲。對天地之休。敢不恭於嚴祀。推骨肉之義。敢不粲於至恩。其懋壯猷。以膺寵命。可。

皇伯宗旦復崇信軍節度使知大宗正事如故制 熙寧八年十月二十五日

門下。法始於貴。所以毆馭於群臣。恩展於親。所以敦敍於九族。眷惟伯父。右我王家。方授鉞以率官。宜告廷而發號。皇伯、推誠保順功臣、降授彰化軍節度觀察留後、光祿大夫、檢校右散騎常侍、持節涇州諸軍事、涇州刺史、兼御史大夫、知大宗正事、上柱國、天水郡開國公、食邑七千二百戶、食實封二千五百戶宗旦。誠忱莊厚。肅哲粹和。躬忠義不疚之資。履爵齒兼尊之寵。洊分帥閫。浸衍井封。隱若翰藩。外以承寧於方鎭。端如圭表。內以糾正於宗支。繇狂孽之干誅。絓典刑而褫服。屬更肆眚。首用疏榮。俾還西將之嚴。載撫東隨之舊。齋旄故在。詔綍惟新。於戲。粲骨肉之恩。式孚於朕志。長富貴之守。當愼於爾終。往肩寵光。以永終譽。可。

皇伯祖承選特授依前檢校工部尚書充保大軍節度使加食邑食實封餘如故 熙寧十年二月二日

門下。帝堯睦族。將以變黎民之和。成周尚親。蓋以禦外侮之至。永惟列聖之矩。參用先王之模。崇建宗枝。收功於作扞之際。付畀齋鉞。厭難於未然之前。肇臨頒命之辰。播告在廷之聽。皇伯祖、彰武軍節度、觀察留後、金紫光祿大夫、檢校工部尚書、使持節延州諸軍事、延州刺史、兼御史大夫、上柱國、開國公、食邑七千一百戶、食實封二千六百戶承選。器閎而識遠。體莊而用周。裒術學以裕其心。斥玩好以抗其志。承賢王之後。早聞善繼之聲。處留務之榮。洎無負貴之累。終始一節。周全十年。宜旌拜於將壇。用嚴莊於帥律。既衍爰田之入。又陪眞戶之輸。維嘉老成。茲茂寵數。於戲。爵以德授。寧賫汗馬之勞。國以宗強。實賴擁旄之輔。祗膺殊渥。益懋壯猷。可。

皇伯宗誼特授依前檢校右散騎常侍充昭化軍節度使加食邑食實封餘如故制 熙寧十年二月二日

門下。國家若稽先王。統御重器。覩舜族之睦。則廣敦敍之仁。念周京之強。則崇屏翰之勢。故能宴衎而德澤洽。維持而王功成。渙發至恩。誕敷群聽。皇伯淮康軍節度觀察留後、金紫光祿大夫、檢校右散騎常侍、使持節蔡州諸軍事、蔡州刺史、兼御史大夫、上柱國、天水郡開國公、食邑四千五百戶、食實封一千五百戶宗誼。智慮膚敏。器懷閎深。樂詩書浩博之求。斥輿服侈靡之好。逮事先帝。已峻廉車之榮。暨予沖人。進膺留務之拜。信厚一節。歲華十周。乃眷宣勞之多。未加褒禮之渥。宜圖茂烈。稽合陟文。轉淮西之旌旗。總漢陰之節鉞。既衍爰田之入。復陪真戶之輸。併疏寵光。庸示優異。於戲。禮重伯父。蓋推宗屬之賢。史美宗英。實首多聞之學。勉蹈前績。以廸吉祥。可。

皇伯祖承裕特授依前檢校工部尚書充寧武軍節度使加食邑食實封散官勳封如故制 熙寧十年八月一日

門下。教民睦者。莫如宗族之愛。安王室者。必先形勢之彊。永惟五聖之撫。若稽三代之制。崇建屏翰。付畀節旄。以折天下之衝。以成天下之化。皇伯祖、定武軍節度觀察留後、金紫光祿大夫、檢校工部尚書、使持節定州諸軍事、定州刺史、兼御史大夫、上柱國、天水郡開國公、食邑八千二百戶、食實封二千七百戶承裕。器懷閎曠。業履粹純。孝友自其性成。道術得之學力。越升留務。屢易歲陰。有天屬之尊。而處之不驕。饗祿賜之重。而守之以約。籍列漢親之近。望高秦邸之英。宜進陟於帥壇。俾夾隆於王業。既衍爰田之入。兼陪真食之封。公族多賢。固如麟趾之厚。元戎對掌。益茂棣華之榮。於戲。戚而不見殊。無以昭仁孝之美。貴而不能降。無以保爵祿之崇。勉圖淑聲。欽服休命。可。

皇伯宗樸進封濮陽郡王制 熙寧十年九月甲戌

朕紹帝統緒。思皇本支。以仁展親。蓋厚善藩之衞。以禮合族。矧惟伯父之賢。尊之欲其同於家。貴之欲其異於國。渙發大號。明颺廣朝。皇伯、推誠保順翊戴功臣、彰德軍節度、相州管內觀察處置等使、開府儀同三司、檢校尚書左僕射、同中書門下平章事、使持節相州諸軍事、相州刺史、上柱國、濮國公食邑六千八百戶、食實封一千三百戶宗樸。行履溫恭。資函信厚。閱天下之誼。敏而多聞。求河間之書。慎以寡過。肅將金鉞之重。參視袞衣之華。德譽彌充。世寵宜紹。是用錫左貂之新服。兼著隆名。徹磐石之舊疆。且班崇爵。爰田茂衍。真賦載加。無封爾邦。不顯予命。於戲。齒滕侯以長。示無周後之盟。約劉氏而王。永有漢存之國。其共乃位。以服朕言。可特授依前檢校尚書左僕射、兼侍中、使持節相州諸軍事、相州刺史、彰德軍節度、相州管內觀察處置等使、進封濮陽郡王、加食邑七百戶、食實封四百戶。

皇伯宗誼拜使相封濮國公制 熙寧十年十月癸巳

周用宗而彊過厤之休。孚於永漢。以族爲輔。異姓之勢不能陵。朕躬大器之承。憲前王之度。思進褒於尊屬。俾翼衞於王家。揚於大廷。詔爾群聽。皇伯、昭化軍節度、金州管內觀察處置等使、金紫光祿大夫、檢校右散騎常侍、使持節金州諸軍事、金州刺史、兼御史大夫、上柱國、天水郡開國公、食邑五千二百戶、食實封一千七百戶宗誼、質粹而履順、居安而節和、自樂詩書之聞、泊無富貴之習、擁嫣城之鉞、已宣屏翰之勤、考濮邸之藩、益茂忠嘉之望、宜膺寵數、用穆師言、進加上宰之章、申錫陪京之壤、有華其佩、視揆路之班、載淑其旂、侈元戎之貴、衍之多邑、益以眞封、澤雖甚蕃、德亦惟稱。於戲、追累聖之烈、知親親之不可忘、念賢王之勳、知承承之不可忽、勉圖永譽、以廸多祥、可特授檢校尚書左僕射、同中書門下平章事、使持節金州諸軍事、金州刺史、昭化軍節度、金州管內觀察處置等使、封濮國公、加食邑七百戶、食實封三百戶。

皇伯宗暉淮康軍節度使濮國公制　元豐元年二月甲寅

御侮尙親、先王未之或改、折衝授鉞、天下所以久安、眷惟尊屬之賢、蚤有皇支之譽、具敷褒律、以告治廷。皇伯、邕州管內觀察使、金紫光祿大夫、檢校右散騎常侍、使持節邕州諸軍事、邕州刺史、兼御史大夫、上柱國、天水郡開國公、食邑四千八百戶、食實封一千四百戶宗暉、器宇閎深、履尙方重、詩書自樂、慕漢邸宗英之聞、孝友夙成、有濮園天性之愛、爵隆而無負貴之累、祿厚而懷約己之風、陞拜廉車之崇、益增公族之重、是用疇庸躐等、辨域展圖、付名部之整軍、奉賢王之明祀、維袞及繡、視上公之儀、錫山與田、壯元戎之寄、兼陪眞賦、庸示寵章。於戲、親親主恩、非異數無以昭其意、繼繼在德、維嗣訓可以孚于休、更恢遠猷、以稱茂渥、可特授依前檢校右散騎常侍、使持節蔡州諸軍事、蔡州刺史、兼御史大夫、充淮康軍節度、蔡州管內觀察處置等使、封濮國公、加食邑七百戶、食實封二百戶。

皇伯宗諤檢校司空移鎭進封豫章郡王制　元豐元年四月乙丑

爲人主者、廣骨肉之愛、有天下者、先形勢之強、長萬夫而易旄、冠二等以疏爵、大褒邇屬、孚告明廷。皇伯、推誠保德翊戴功臣、集慶軍節度、亳州管內觀察處置、河隄等使、開府儀同三司、檢校尚書左僕射、同中書門下平章事、使持節亳州諸軍事、行亳州刺史、上柱國、虢國公、食邑九千一百戶、食實封二千六百戶宗諤、資厚體莊、履和蹈順、遐哉神靈之胄、展矣肅哲之風、夙總戎旃、身愈隆而能降、參紆宰韍、位益高而不危、齋鉞未更、瑞圭旣告、其保宏父、以帥南方、且寶玉之分于周、厥親者曰伯、剡土疆之制於漢、其大者惟王、茂圖爾能、丕顯予命、旣陪敦於邑賦、復增實於邦租、茲惟隆名、不曰異寵。於戲、毋獨斯畏、翰雖在於大宗、豈無它人、佽莫如於同姓、惟懋以蕃王室、惟愼以承天休、欽哉汝諧、允若朕訓、可特授司空、依前同中書門下平章事、使持節都督洪州諸軍事、行洪州刺史、充鎭南軍節度、洪州管內觀察處置等使、進封豫章郡王、加食邑七百戶、食實封四百戶。

皇伯宗暉拜使相制　元豐二年七月庚辰

朕若稽前王、愼柬列位、親賢並建、所以彊本支、內外相維、所以壯形勢、眷我伯父、是惟宗英、揚於大廷、詔爾群聽。皇伯、淮康軍節度、蔡州管內觀察處置等使、金紫光祿大夫、檢校右散騎常侍、使持節蔡州諸軍事、蔡州刺史、兼御史大夫、上柱國、濮國公、食邑五千五百戶、食實封一千六百戶宗暉、謙恭而有常德，沈靜而無流心，樂聞詩書，多閱義理，處易佚之地，而不以居養移其性，懷易盈之氣，而不以富貴驕於人，好禮得東平之風，慕賢踰江夏之美。淮康仗鉞，譽望著於蕃宣，濮國奉祠，勤勞見於夙夜。宜甄成德，丕錫殊休，進聯揆路之榮，增視宰衡之峻，敦加多邑，兼衍眞封，庸穆僉言，併昭異數。於戲！惟禮義可以固重祿，惟忠信可以保令名，勉廸善猷，益隆雋望。可特授檢校尙書左僕射、同中書門下平章事、使持節蔡州諸軍事、蔡州刺史、濮國公、淮康軍節度、蔡州管內觀察處置等使，加食邑七百戶，食實封三百戶。

宋大詔令集卷第四十四

宗室四

封拜四

皇伯宗暉進封濮陽郡王制 元豐三年四月乙酉

門下。仰惟聖考入守宗祧。方隆正統之承。尙抑本生之報。繼志述事。在我後人。起義稱恩。昭乃先烈。比嚴改祔之制。庶厚追崇之誠。若時親賢。實主禮典。疇頒大號。孚告群工。皇伯、淮康軍節度、蔡州管內觀察處置等使、金紫光祿大夫、檢校尙書左僕射、同中書門下平章事、持節蔡州諸軍事、蔡州刺史、上柱國、濮國公、食邑六千二百戶、食實封一千九百戶宗暉。寬惠秉衷。懿恭率行。望隆父屬。慶茂天支。訓詩書而不懈於勤。保祿位而不期於侈。路車乘馬。擁節淮邦之嚴。袞衣繡裳。承宗濮國之重。迨祠園之展吉。倡公族以協修。襄事聿成。孝心彌篤。是用進班五品。增顯世封。克綏前猷。永奉常祀。於戲。疏爵錫福。式推惇敍之仁。謹度廸彝。益勵靖恭之守。往安譽處。懋對眷休。可特授依前檢校尙書左僕射、同中書門下平章事、使持節蔡州諸軍事、蔡州刺史、淮康軍節度、蔡州管內觀察處置等使、進封濮陽郡王。散官、勳、封如故。主者施行。

皇伯宗暉移鎭檢校司空加恩制 元豐

門下。朕蒙遺休於先帝。集景命於我家。入居儲闈。遂紹大統。歲月如鶩。寤寐不忘。趨謁濮宮。嗟物存而人遠。顧瞻伯父。歎年高而德修。肆頒顯冊之文。播告治朝之聽。具官某。智明而意美。器博而量夷。不侈不驕。泊無負貴之累。迺惠迺順。居有納忠之誠。向應相紱之華。已擁將旄之重。屬興懷於感慕。加異數以褒崇。錫以山川。光紹先王之禮。易之旌鉞。增嚴外閫之權。視秩空土之崇。申衍爰田之入。以華邦族。以穆民風。於戲。躬款章陵之祠。涕零何以還顧魯侯之壽。情實惻然。益茂遠猷。用承渥命。

皇伯宗晟安化軍節度使加恩制 元豐

門下。朕紹承燕謀。廸稽古訓。圖化未乂。時則隆睦族之風。折衝未萌。時則嘉擁旄之拜。方進褒於尊屬。俾夾輔於皇家。誕布徽章。具敷群聽。具官某。禔身謙恭。育德粹和。系出神明之支。學通儒術之博。爲善最樂。蹈憲王之高風。大雅不群。合河間之偉望。適興懷於感慕。宜錫命以褒優。惟高密之奧區。

實東州之名部。分以苴茅之寄。付之龍節之嚴。併示寵章。兼陪多邑。以屏王室。以糾宗支。於戲。戚而不見殊。無以著親親之意。貴而不能降。無以昭繼繼之休。往服殊恩。益茂成德。

皇叔宗綽建寧軍節度使加恩制

門下。枝葉茂蕃。則異姓弱而不能間。形勢強盛。則諸侯懾而不敢謀。眷惟尊屬之英。久侈戚藩之譽。肆稽舊典。載訪近司。誕揚寵章。播告群辟。具官某。履和而至。行敏而恭。閱義理之多。自得天資之厚。奉法度之守。不忘世軌之循。惟便鎮之居留。蓋歲陰之屢易。建安舊壤。南國奥區。錫之旌纛之雄。付以茅社之寄。陪加多井。申究至恩。於戲。崇大本支。周邦隆卜世之永。推明道術。漢藩成後世之名。往承其休。茲茂欽德。

皇叔宗隱保信軍節度使加恩制

門下。周用宗強。獨高三代之庥。漢以族輔。外折諸侯之謀。茲先王已試之遠猷。而有國遹循之大典。方褒懿屬。誕布徽章。具官某。清明沖和。博大惇裕。濮園流祉。早膺世系之休。文考尙親。夙厚天倫之愛。自居留務。浸易歲華。屬興感慕之懷。宜極褒崇之典。高幢亘轂。壯瑞節於中軍。元袞介圭。錫苴茅於西屏。陪之多井。衍以眞封。於戲。親而不疏。蓋王者強宗之道。滿而不溢。迺戚藩謹度之心。往服訓言。益茂成烈。

皇叔宗瑗漢東軍節度使加恩制

門下。深根而弗敢傾。周邦由之安治。尋斧而無所芘。秦人所以孤睽。朕若稽古先。遵循憲度。思廣本支之輔。以圖形勢之安。乃眷近親。綽有嘉德。肆頒顯册。孚告大廷。具官某。器懷閎深。資識明茂。席慶大宗之後。揚徽屬籍之英。兼親與尊。蓋若東平之貴。甚文而禮。早晞衞武之風。濱漢之區。惟隨爲大。畀以擁旄之寄。錫之胙土之封。申衍井腴。增華邦族。於戲。一人有慶。史稱盛德之隆。千載自全。傳載寧侯之世。往茂爾烈。以輔我家。

皇叔宗愈寧國軍節度使加恩制

門下。王者建封親賢。崇廣藩輔。以恩隆殺。爲國重輕。故騂騂角弓。雅以刺怨。振振麟趾。風以詠歌。永惟沖人。祇紹大業。追監已然之迹。敢忘惇敍之恩。進寵宗英。肆頒顯册。具官某。業履清簡。器識高閎。位不期驕。早遠綺紈之習。富而好禮。自全藩翰之風。越居留務之華。屢覿歲陰之易。屬懷先烈。增沛徽章。惟華原之奥區。實西州之名部。頒之瑞節。錫以苴茅。申衍上腴。併昭異數。於戲。瞻濮園之館御。慨慕無窮。眷文考之天倫。矜嗟何已。往承渥命。用勉多祥。

皇伯宗暉加恩制 元豐六年郊

門下。朕乘長至之景。緝肇禋之文。躬執祼圭。薦鬯乎清廟。夙駕齋輅。升煙於紫壇。維時近親。相我熙事。肆朌渙號。敷告治廷。具官某。性資粹純。器識忠固。被之袞冕。進居上宰之班。錫以山川。光紹先王之履。屬舉宗祈之祀。預有顯相之勞。方均布於靈釐。宜褒加於寵典。陪之多邑。衍以眞封。於戲。制祭而必於郊．蓋答昊天之命．歸賑而受之福．莫先伯父之賢．益茂遠猷．以承介祉．

皇伯祖宗暉移充鎭南軍節度加恩制 元豐八年哲宗即位

門下．膺圖踐祚．不敢忘繼繼之難．扞侮折衝．莫若廣親親之輔．永惟尊屬．時謂宗英．宜疇衞社之勤．申錫告廷之命．具官某．識度粹穆．才資濬明．承慶濮園．富貴無危溢之累．被遇先帝．爵祿有褒嘉之崇．接物以謙．禔身以約．華衮赤舄．進聯上宰之班．鸞旂琱戈．奄宅先王之國．屬纂承之伊始．宜惇敍之有加．是用易宛邱陪輔之疆．錫漳水鎭臨之節．增隆多邑．申衍眞田．以侈維藩．以昭異數．於戲．紹封四履．允惟世系之光．同日五王．疇若天倫之盛．往承渥命．益茂遠猷．

皇伯宗晟移彰化軍節度開府加恩制 元豐八年哲宗即位

門下．崇建本支．所以成百世之業．廣強藩輔．所以維四海之安．矧予沖人．獲紹大統．睠惟尊屬．茲曰賢王．誕因訪落之辰．申錫告廷之命．具官某．謙恭而勁正．清明而粹純．流祉濮園．被遇先帝．卓爲屏翰之表．載嚴莊靜之稱．董我宗盟．彌得治親之誼．胙之東土．允符樂善之誠．初聽覽於政機．益褒隆於邦族．是用易以鉞旄之鎭．進之將相之班．增衍井腴．陪敦圭賦．於戲．蒙休列聖．荷神器之傳歸．錫羡近親．掖寶圖於嘉靖．永綏厥位．不其盛歟．

皇伯宗隱移保信軍節度開府檢校司空加恩制 同上

門下．受命之君．繼天而王．雖禮有損益．事殊質文．至於崇建懿親．保安皇緒．考之百世．皆出一塗．矧予沖人．獲紹大統．申褒宗戚．孚詔治朝．具官某．行愿而恭．履和而至．閱義理之學．蓋求光大之知．循法度之中．獨遠紛華之習．進總戎車之重．遂疏王社之封．適屬纂承．理當尊顯．是用按圖輿地．易節大廷．擁便鎭之鉞旄．陟隆名於將相．視秩空土．衍食爰田．於戲．唐册五王．奕世之休孚於永．漢啓九國．異姓之勢不能陵．尙肩乃誠．以輔予治．

皇伯祖宗瑗移昭信軍節度開府儀同三司檢校司空制 同上

門下．朕欽膺顧命．獲嗣寶圖．肆予沖人．永思艱敢忘大卞．於乎皇考．謹克孝務極丕承．乃眷近支．時謂尊屬．稽用故常之典．申嘉褒序之文．揚於明廷．詔爾列辟．具官某．德度粹穆．才猷靖深．溫溫恭人之基．兢兢當世之業．宅心知訓．廸康叔之善謀．大雅不群．負河間之偉望．越自將牙之寵．進疏王社之封．屬朕承祧．以仁睦族．易鉞旄於舊履．陟將相之隆名．視秩空土之崇．衍食爰田之入．於戲．休烈盛美．而歸之二后．本周王之至懷．折難成業．而賴之諸侯．亦漢家之遠御．往拜嘉命．以永淑聲．

皇叔祖宗勝武泰軍節度使加恩制 同上

秦變三代也．則忘同姓之封．周監二王也．則廣懿親之輔．此前古之已試．而有邦之所稽．矧惟沖人．嗣膺大厤．眷予尊屬．實表宗藩．其敷顯册之文．以告治廷之聽．具官某．氣和而勁．行愿而恭．博通義理之方．洞達國家之體．迺惠迺順．早揚樂善之稱．不溢不危．泊無負貴之累．越留使邸．屢易歲陰．維繼序之云初。宜疏恩之加等。泝峽而邁。惟黔爲雄。錫之瑞節之華。寵以元戎之寄。申加多井。增衍眞封。考于舊章。時曰異數。於戲。振振信厚。有如麟趾之時。韡韡光明。相望棣華之盛。往承休命。益茂遠猷。

皇叔祖宗綽改保靜軍節度使開府儀同三司檢校司空加恩制 同上

門下。朕以眇躬。奉承大統。循五聖之成憲。稽百王之舊章。封建親賢。廣強藩屏。以侈本支之勢。以固磐維之安。其敷渙恩。以詔列辟。具官某。性資純厚。器識淹通。河間雅材。久擅漢藩之譽。衛叔馴行。允爲周翰之良。自申錫於將牙。益夾隆於王室。先帝感慕。特疏裂壤之封。沖人纘承。敢忘尙親之典。易以鉞旄之寄。陞之將相之班。衍食爰田。視秩空土。於戲。行純茂而不顯異。何以示人。守富貴而不戰兢。無以謹度。服我嘉命。益茂遠猷。

宋大詔令集卷第四十五

宗室五

封拜五

皇叔祖宗祐寧遠軍節度使加恩制 元豐八年同上

門下。朕獲膺駿命。肇臨庶邦。衛卹宅宗。惕循於祖烈。折難成業。實賴於宗英。方申進律之文。宜布告廷之號。具官某。才資茂美。德度曠夷。承慶濮園。允廸休明之緒。被遇先帝。久膺藩輔之勤。自使邸之居留。閱歲陰之流邁。屬承祧之伊始。宜錫命以有加。陟以齊壇。肆嚴外閫之望。華之金鉞。增固維城之安。陪益爰田。衍加眞賦。於戲。無獨斯畏。蓋載風人之所譏。懷德惟寧。茲本先王之遠憲。益思遠懋。以對寵光。

皇叔祖宗愈移昭化軍節度開府儀同三司制 同上

門下。朕承祖宗之休。履王公之上。訪予落止。敢忘負荷之難。肆其靖之實。賴藩維之勢。眷言尊屬。蓋出近支。宜疇厥勞。申錫褒律。具官某。智明而意美。材敏而量夷。爵隆而持之以謙。祿豐而守之以約。時疆維翰。已顯將閫之雄。事發感懷。進啓王封之重。屬紹承於皇極。首褒序於懿親。是用易以鉞旄。陞之將相。兼陪多井。增衍眞租。以應國之大章。以廸古之遺法。於戲。惟樂道可以正身娛意。惟建親可以禦侮折衝。往其欽哉。服我休命。

皇叔祖宗楚建武軍節度使加恩制 元豐八年同上

門下。朕蒙休先帝。錫羨我家。欽寶命之承。肇親於庶政。沛大澤之博。偏暨於皇支。宜渙徽章。以孚群聽。具官某。材資敏茂。識度曠夷。越承濮邸之休。寖被先朝之遇。優游學海。益窮義理之閫。表率宗藩。斥遠驕華之習。自居留務。屢易歲陰。肆朕承祧。以時敍族。是用應近古之法。按輿地之圖。就頒齋鉞之雄。往總元戎之寄。申陪多井。併示殊私。於戲。周建本支。史氏書其過厤。漢裂疆土。議臣諭之鐫金。勉廸壯猷。答揚休命。

皇伯祖宗晟加恩制 元祐元年明堂

門下。朕承季秋之序。緝吉禮之文。肇祀昊穹。陟配文考。神歆如答。嘏告厥祥。維時近親。翼我大事。肆頒寵典。敷告治朝。具官某。德度粹夷。材資茂敏。襲世緒而能濟其美。處勢榮而益持以謙。越自董正宗盟。進膺封爵。考閱義理。有古賢王之風。惇敘本支。爲時懿戚之冠。屬舉宗祈之典。實多顯相之勞。

既齋明以陪真館之祠。又陟降以贊合宮之薦。申加異數。增衍本封。於戲。德厚者流光。禮盛者文縟。執圭幣以事上帝。茲曰鉅儀。歸脤膰以及諸侯。敢忘尊屬。往膺介福。益保隆名。

皇伯祖宗暉加恩制 元祐元年明堂

門下。朕祇適舊章。肇稱吉禮。以承天者祭之所重。故躬三歲之祠。嚴父者孝之所先。故度九筵之制。蓋禮行而精意達。恩厚而多祜臻。方褒庶位之勞。宜首懿親之獎。具官某德性莊重。才猷靖深。錫山與田。奄紹先王之國。維袞及繡。進華上宰之章。屬此宗祈。相於鉅典。陪薦籩於真館。參獻斝於合宮。宜疇厥勞。多錫之邑。以強屏翰。以芘宗支。於戲。逆三神之釐。茲實太平之盛。歌大雅之詠。敢忘尊屬之賢。往協榮懷。益思勵翼。

皇叔祖宗楚加恩制 元祐元年明堂

門下。朕躬執珪幣。祇見帝親。惕然履霜。敢忽忘於前烈。沛然下澤。恩蒙被於東方。惟時近親。翼我大祀。宜頒惠術。以詔群倫。具官某國之懿親。朕之尊屬。維屏維翰。無斷宗子之詩。不溢不危。能謹諸侯之度。自擁旄於南國。遂疏爵於郎山。屬修薦鬯之誠。實賴奉璋之助。多錫之邑。用疇厥勞。於戲。格三神之歡。方獲成於鉅典。均四海之澤。宜褒厚於宗藩。往承之休。益輔予治。

皇叔祖宗綽加恩制 元祐元年明堂

門下。朕肇稱元祀。躬享總章。嚴父配天。將以答三靈之貺。因親教愛。所以刑四國之風。迺眷宗藩。實陪熙事。宜頒孚號。播告治朝。具官某器度閎深。業履端重。承慶大宗之後。揚徽屬籍之間。英祖御邦。最厚天倫之愛。先皇睦族。亟膺王爵之封。位隆而將之以恭。祿厚而守之以約。屬修宗祀之典。實相我將之勤。宜厚褒嘉。用昭惇序。俾食大都之賦。兼陪真邑之封。以侈蕃釐。以彰異數。於戲。帝親兼饗。大虞禮樂之未明。賢戚並隆。實賴本支之爲輔。益肩惠順。往承寵靈。

皇叔祖宗祐加恩制 元祐元年明堂

門下。朕紹膺洪緒。祇適先猷。惟至神無方。非宗祀無以明其報。惟爽德在上。非昭報無以極其誠。涓選肅霜之辰。躬修大饗之禮。肆頒寵典。首暨懿親。具官某性愿而和。材明而敏。保寵無驕溢之累。造行有忠嘉之稱。屏翰王家。擁南邦之旄鉞。帥循侯度。殿洛邑之山川。逮此休成。實資顯相。方均敷於惠術。宜褒進於寵名。增厚宗盟。陪敦井賦。於戲。神靈享而萬物輯。豈朕敢專。本支強而百世寧。遲爾爲輔。嘉樂厥福。永孚于休。

皇叔祖宗瑗加恩制 元祐元年明堂

門下。朕祇用舊章。躬修宗祀。執圭展采。所以拜上帝之休。侑食致嚴。所以儀昭考之烈。孝奏而精意達。靈游而多祜臻。乃眷宗藩。宜膺異數。具官某體和履順。經哲秉彝。博求義理之聞。獨遠紛華之習。持循侯度。協麟趾之振振。屏翰王家。明棣華之韡韡。屬涓剛日。褒對上儀。恭駕約軝。來承大糦。方肆均於靈貺。宜進祓於寵章。申衍爰田。增陪眞賦。於戲。四海各來助祭。百官肅然薰心。接神者旣竭於精誠。睦族者敢忘於惠術。往承休命。益茂壯猷。

皇叔祖宗隱加恩制

門下。朕刺六經之制。躬三歲之祠。奠斝琳宮。將以迎至神之貺。執圭陽館。所以企上帝之臨。奉承閎休。敷錫庶位。肆頒明命。先奬近親。具官某。屛翰之賢。宗戚之望。擁旄帥路。常折難於未然。受册王家。益協恭而不懈。寵榮滋至。謙㧑浸聞。屬緝百王之文。躬修九室之祀。迄由顯相。用底思成。衍食爰田。陪輸眞戶。於戲。禮樂明備。以逆三神之釐。枝葉扶疎。茲爲萬世之策。往膺異數。永介多祥。

皇叔祖宗愈加恩制元祐元年明堂

門下。孝莫大於嚴父。惟至誠可以格神。禮莫重於配天。惟盛德爲能侑食。朕荷孫謀之燕翼。緝鉅典以成休。眷惟尊屬之賢。時爲戚藩之表。咸預齊祓。宜均福休。具官某。器宇曠夷。性懷信厚。日惟義理之學。居有忠孝之聞。循法度以養其心。無驕侈以易其介。被濮園之愛。早蒙枝葉之榮。啓華原之封。益致盤維之輔。方奉騂犧之享。進陪振鷺之班。均錫藩釐。陪敦多井。於戲。禮盛者儀縟。本大者末閎。誰其配之。是爲烈考。於穆不已。無愧文王。往承之休。益揚厥問。

皇伯祖前彰化節度判大宗正事宗晟起復制

門下。曾閔之哀。喪不貳事。漢唐之舊。禮有奪情。矧予藩屛之親。實兼臣子之重。雖閨門以恩掩義。而公侯以國爲家。伯臣司宗。職不可曠。要絰服事。古有成言。非予爾私。其聽朕命。皇伯祖前彰化軍節度、涇州管內觀察處置等使、檢校司空、開府儀同三司、持節涇州諸軍事、涇州刺史、判大宗正事、上柱國、高密郡王、食邑七千八百戶、食實封一千四百戶宗晟。天資純茂。德履方嚴。襲餘慶於祖宗。蹈格言於師保。典司屬籍。克有令名。郢客卒業於浮邱。辟疆受知於高帝。允釐厥位。無愧昔人。屬此閔凶。累然毀瘠。嗟日月之愈邁。重職業之久虛。宜復寵名。式從權制。於戲。出居官次。非王事不該。退適倚廬。循喪祭之禮。則忠孝兩得。人無間言。功名益隆。親有顯譽。勉服朕訓。光昭前聞。可特起復。

皇伯祖宗暉加恩制

門下。宗祀配天。所以教諸侯之孝。加地進律。所以廣上帝之恩。矧維天屬之尊。世奉濮園之享。相予肆祀。綏我思成。躬率父兄之和。以致天人之應。用敷大號。昭告治朝。皇伯祖、鎭南軍節度、洪州管內觀察處置等使、檢校司徒、開府儀同三司、持節都督洪州諸軍事、洪州刺史、上柱國、嗣濮王、食邑二萬一千一百戶、食實封三千七百戶宗暉。爵封世王。名冠屬籍。貴而能降。富而不驕。孝悌肅恭。率本天姿之懿。威儀問學。蚤承師訓之良。同我絜齋。獻於饋熟。進退知於禮節。升降比於樂章。逮此休成。宜均多福。益衍舊封之廣。仍加眞食之優。於戲。承安懿之後。思繼前人之令猷。兼將相之隆。勉圖夾輔之休烈。茲因受爵之寵。益起循牆之恭。庶無間然。克有終譽。可特授依前檢校司徒、開府儀同三司、持節都督洪州諸軍事、洪州刺史、嗣濮王、充鎭南軍節度、洪州管內觀察處置等使、加食邑一千戶、食實封三百戶。勳如故。

宋大詔令集卷第四十六

宗室六

封拜六

皇叔祖宗祐加恩制

門下。朕出款原廟之嚴。入謁總章之祕。師臣外帥多子。以靖吾國。宗卿內帥諸父。以正吾家。親賢既和。天人咸若。膺受多福。施及四方。矧惟族屬之尊。宜有寵光之異。皇叔祖、寧遠軍節度、容州管內觀察處置等使、持節容州諸軍事、容州刺史、上柱國、鞏國公、食邑五千八百戶、食實封一千六百戶宗祐。恥爲富貴之習。動由禮義之中。祇順父兄。親近師友。肅若閨門之治。穆然朝謁之容。秉旄鉞而四方之志行。錫茅土而諸侯之禮備。遠鎮容管。近殿洛師。處之若無。久而益慎。爰推大賚之澤。益彰有德之榮。增衍故封。懋錫眞食。於戲。考之晉人。則安平之於武帝。求之唐室。則元嘉之於高宗。皆以德重屬、高恩隆禮異往。祇服於明命。思無愧於古人。可特授依前持節容州諸軍事、容州刺史、鞏國公、充寧遠軍節度、容州管內觀察處置等使、加食邑七百戶、食實封二百戶、勳如故。

皇叔祖宗楚加恩制 元祐四年宗祀

門下。漢封同姓之國。勢遂疎於本朝。唐任宗室之隆。用每雜於他族。祖宗酌古今之典。篤兄弟之親。雖極茅土之封。常居朝謁之地。眷禮特異。前世莫倫。皇叔祖、建武軍節度、邕州管內觀察處置等使、持節邕州諸軍事、邕州刺史、上柱國、鄖國公、食邑五千八百戶、食實封一千六百戶宗楚。孝友根心。文藝飾性。居處恭。故不聞過行。室家理。故可以涖官。師保不煩。朋友稱信。乃者顯相原廟之祀。齋宿總章之廷。嚴假無言。質明成禮。顧惟大賚之澤。宜處群臣之先。益衍故封。陪敦眞食。於戲。宗祀之典。所以教孝於諸侯。賜胙之恩。所以均福於上帝。誠觀禮以知義。尙修身而保終。祇服寵光。永有燕譽。可特授依前持節邕州諸軍事、邕州刺史、鄖國公、充建武軍節度、邕州管內觀察處置等使、加食邑七百戶、食實封二百戶、勳如故。

皇叔祖建雄留後宗景建節制 元祐七年十月乙卯

門下。敦敍九族之親。虞朝所以勵翼。大封同姓之國。周室所以盛彊。逖觀屏翰之謀。必重本支之正。用修顯命。敷告治廷。皇叔祖、建雄軍節度觀察留後、持節晉州諸軍事、晉州刺史、同知大宗正事、上柱國、天水郡開國公、食邑六千三百戶、食實封一千八百戶宗景。度博有容。心莊克畏。守爵以謙、而無驕貴之累。享祿以約、而無侈富之非。儀刑公族之忠。左右時雍之睦。更閱天下之理。善推門內之恩。眷惟近屬之尊。宜昭樂善之勸。乃置常遷之典。特施優拜之榮。總感德之全師。易平陽之留務。雖專持於齋鉞。復佐貳於宗藩。衍食井封。佚居將閫。駢蕃異數。烜赫隆名。於戲。寵至者位危。官久者任實。惟始卒一操。可以居寵。惟夙夜一慮。可以宿官。欽服茂恩。以永終譽。可特授持節耀州諸軍事、耀州刺史、同知大宗正事、充感德軍節度、耀州管內觀察處置等使、加食邑五百戶、食實封二百戶、勳如故。

皇伯祖宗晟特授檢校司徒依前開府儀同三司判大宗正司事充武安軍節度使進封嗣濮王加食邑食實封勳如故

門下。苴社受封。所以大戚藩之形勢。加地進律。所以侈帥閫之光華。況於襲爵王家。典祀園廟。宜褒施於異數。以敷告於大廷。皇伯祖、彰化軍節度、涇州管內觀察處置等使、檢校司空、開府儀同三司、持節涇州諸軍事、涇州刺史、判大宗正事、上柱國、高密郡王、食邑八千八百戶、食實封二千七百戶宗晟。誠忱自將。業履無爽。裔於神明之胄。躬有肅乂之資。循法度之守。而靡愆於中。閱義理之多。而能識其要。地兼將相。而不忘於謙挹。富有榮祿。而無蹈於驕奢。選諸近屬之尊。董我大宗之秩。靖恭厥位。治辦有聞。顧祗奉於烝嘗。蓋推先於肺腑。胙之以先王之賜履。寵之以半楚之中權。視秩上公。增陪眞賦。豈惟丕承文祖之遺志。抑以率循烈考之舊章。於戲。繼世象賢。既蒙休於餘澤。追養致敬。當盡志於孝思。益圖令名。尚介多祉。可。

皇叔祖宗景特授檢校司空持節曹州諸軍事曹州刺史同知大宗正事充彰信軍節度曹州管內觀察處置等使加食邑食實封勳如故制 紹聖元年十二月十四日壬午

門下。朕嗣膺駿命。祇遹先猷。糾合懿親。所以成信厚之化。推崇近屬。所以疇率表之勞。乃眷宗英。特頒異數。夙涓良日。敷告治廷。具官某。德度恭寬。才猷惇大。出神明之胄裔。而躬履蹈於謙和。保公侯之世家。而不驕盈於富貴。端莊朝路。雖寒暑以虔脩。肅謹官常。格親疏而無間。惟爾公族。統于大宗。惇敍訓齊。掓宏規於文祖。選掄委遇。被隆眷於先朝。終始十朞。靖恭爾志。顧旌勤舊。誕舉典章。俾加拜於上公。益內遷於巨鎮。陪敦井賦。衍食眞封。併示顯膺。式昭體貌。於戲。加地進律。非以私親。禦侮折衝。是惟報國。益循制節。永底壽康。惟時老成。無待多訓。可。

皇叔祖宗愈特授檢校司徒依前開府儀同三司充鎮安軍節度陳州管內觀察處置等使進封嗣濮王加食邑食實封勳如故制 紹聖二年四月六日

門下。唐堯睦族。用於變於時雍。周室大封。以塡臨於天下。眷惟近屬。世襲眞封。祇遹先猷。徧逮諸子。乃涓吉日。播告大廷。皇叔祖、寧國軍節度、宣州管內觀察處置等使、檢校司空、開府儀同三司、持節宣州諸軍事、宣州刺史、上柱國、華原郡王、食邑九千八百戶、食實封三千戶宗愈。肅乂不疵。溫良有裕。生高明之胄系。而弗汰於貴驕。蹈德性之中和。亦動遵於法守。惟卽園而建廟。本繼世以象賢。紀念懿親。典司祀事。非止次升之有序。亦惟德選之允諸。用是崇進上公。徙臨近鎮。陪敦眞食。增衍戶封。於戲。相樂土於楚郊。視官聯於政路。膺玆儀物。屬我親賢。勉致力於奉承。諒弗煩於訓誡。可。

皇叔祖宗楚特授檢校司空充武勝軍節度使加食邑食實封勳如故制 紹聖二年四月二十二日

門下。朕纘紹丕圖。昌隆成業。外崇黎獻。內睦懿親。積日累勞。加地進律。率循大卞。敷告治廷。具官某寬靜毅和。慈良肅恪。襲賢王之華冑。則居貴而不流。守維城之善藩。則處位而彌恪。肅從賓贊。淹歷歲華。罔蹈尤違。益彰沖挹。雖靖恭之守。無寒暑燥濕之移。而褒崇之科。有親賢德齒之稱。是用視秩空土。徙節南陽。衍食爰田。陪敦眞賦。併爲異數。宜體茂恩。於戲。無忝所生。以蹈聖經之誡。秉德陪朕。益隆繼世之休。可。

皇叔祖宗祐特授檢校司空充橫海軍節度使加食邑食實封勳如故制

門下。朕尊祖敬宗。右賢左戚。其褒崇於近屬。悉循用於至公。圖惟積勞。稽參陟典。涓玆良日。告爾在廷。具官某體備中和。才膺肅乂。出神明之冑。而躬愷悌之資。襲王公之封。而寡流宕之過。沖靖無懈。寬裕自持。擁旄節者十年。守恭寬之一德。居勤爲善之樂。動符閱理之多。是用視秩上公。徙臨近鎮。益敦井賦。陪衍眞封。服我殊恩。併爲異數。於戲。親賢並建。國家所以休明。富貴不驕。社稷所以長久。矧我成德。無待訓詞。可。

皇叔祖宗景特授依前檢校司空開府儀同三司判大宗正事充彰信軍節度使特封濟陰郡王加食邑食實封勳如故制 紹聖二年八月□日

門下。金印盩綬。冠三事之崇階。渠門赤旗。開百里之成國。遹膺盛典。時屬親賢。涓日之良。揚廷以告。皇叔祖、彰信軍節度、曹州管內觀察處置等使、檢校司空、持節曹州諸軍事、曹州刺史、知大宗正事、上柱國、天水郡開國公、食邑八千戶、食實封二千四百戶宗景謙虛敦大。寬裕靜莊。襲慶善於高門。而無亢詘之過。總訓齊於屬籍。而躬表率之勞。既法立於閨闈。宜職修於國族。睦是懿戚。迄無間言。疇其宿官。已更進律。崇於專任。益懋寵光。是用超二等以疏封。憲萬邦而作弼。敦陪井賦。衍食眞封。於戲。德爵之高。既莫尊於近屬。將相之重。蓋益壯於宗藩。祗率履祥。愈隆受祉。顧惟成德。無待訓詞。可。

皇叔祖宗綽特授檢校司徒依前開府儀同三司持節孟州諸軍事充河陽三城節度使進封嗣濮王加食邑食實封勳如故制 紹聖二年九月己亥襲封

門下。朕祗遹先猷。務敦孝治。本篤親而重祀。肆進律以疏封。襲乃故邦。用推崇於烈祖。遍逮諸子。考盛典於先朝。茂建宗英。誕敷優策。涓玆吉日。告於治廷。皇叔祖、保靜軍節度、宿州管內觀察處置河堤等使、檢校司空、開府儀同三司、持節宿州諸軍事、宿州刺史、上柱國、建安郡王、食邑八千八百戶、食實封二千四百戶宗綽性守中和。天資明晤。恪從賓贊。循法度以無違。陪輔藩宣。秉謙恭而有裕。緊園廟之建嗣。用天倫以次升。惟我賢王。益諸輿議。是用大荒賜履。褒進上公。增衍戶封。敦陪眞食。於戲。分茅苴土。侈宗子之大封。繼世象賢。修先王之常祀。益祗乃事。無忕於盈。可。

皇叔祖宗祐加恩制 紹聖二年九月明堂

門下。朕躬執珪幣。並饗帝親。式德莫愆。具膺徂賚之福。在宗載考。肆有褒嘉之恩。播告治朝。咸聽朕命。皇叔祖、橫海軍節度、滄州管內觀察處置等使、檢校司空、持節滄州諸軍事、滄州刺史、上柱國、鞏國公、食邑七千七百戶、食實封二千二百戶宗祐。齊莊自表。信厚不渝。出神明之胄。而無倨貴之心。兼爵德之尊。而有勞謙之聞。並受帝祉。克蕃王家。屬籲奉琫之旄。以承祀事。眷言授鉞之將。乃在宗盟。逮此慶成。申之寵奬。用酬多邑。增衍本封。於戲。不溢不危。所以謹諸侯之度。乃順乃惠。所以覩前人之光。往哉惟休。是以有譽。可。

宋大詔令集卷第四十七

宗室七

封拜七

皇叔祖宗綽加恩制 紹聖二年九月明堂

門下。朕順考典章。肅恭明祀。益紹隆於先軌。重祇恪於孝思。躬卽合宮。遹昭嚴父。禮成獻饗。澤被臣工。播告在廷。敷揚成命。皇叔祖、河陽三城節度、孟州管內觀察處置河堤等使、檢校司徒、開府儀同三司、持節孟州諸軍事、孟州刺史、上柱國、嗣濮王、食邑九千五百戶、食實封二千七百戶宗綽。秉德純厚。賦性強明。蚤緣近屬。以殿藩重襲世封而奉祀。富而好禮。居無充詘之尤。恭而不驕。雅有中和之守。是爲茂器。見謂戚藩。方慶澤之流行。宜親賢之首及。增衍戶賦。進食眞封。益壯戎昭。用嚴藩衞。於戲。本支並茂。見帝室之蕃昌。鄂跗相輝。識三門之襲慶。益祇寵渥。永底壽康。可。

皇叔祖宗景加恩制 同上

門下。朕祇奉寶圖。肅恭毖祀。涓選穀旦。展盛禮於合宮。昭格明靈。侑嚴親於上帝。忱恂旁達。貺施下臨。惟時湛恩。用先近屬。敷揚大號。布告治廷。皇叔祖、彰信軍節度、曹州管內觀察處置等使、檢校司空、開府儀同三司、持節曹州諸軍事、曹州刺史、判大宗正事、上柱國、濟陰郡王、食邑八千五百戶、食實封二千六百戶宗景。瓌瑋宏材。中和德性。動惟絜矩。宣義問於宗支。率以敦和。久訓齊於公姓。奉祠惟恪。蕆事有勞。方茲慶澤之流。矧在親賢之右。進陪戶賦。衍食眞封。事雖考於彝章。情益隆於異數。於戲。位望之重。固素履之不渝。祉福之多。宜明神之所相。益期康靖。永翊丕平。可。

皇叔祖宗楚加恩制 紹聖二年九月二十四日同上

門下。吉禮之屬。惟毖祀以居先。嚴父之文。亦配天而爲大。朕遹遵先典。躬造總章。盛禮告成。慶賜交擧。顧茲進律。首及近藩。布告治廷。敷揚大號。皇叔祖、武勝軍節度、鄧州管內觀察處置等使、檢校司空、持節鄧州諸軍事、鄧州刺史、上柱國、鄖國公、食邑七千七百戶、食實封二千二百戶宗楚。珪璋美質。杞梓成材。分支派於天潢。壯藩宣於王室。蹈履貴盛。而弗至於尤違。躬行謙勤。而益敦於孝悌。謹爾侯度。爲時宗英。方茲渙汗之行。宜在晉康之典。載疇井賦。增衍眞封。於戲。篤親之恩。不論於稱伐。崇貴之義。亦在於戒盈。順保福釐。益隆壽祉。可。

皇叔祖宗楚除開府儀同三司進封南陽郡王制 紹聖三年二月壬午

門下。朕若昔大猷。紹隆丕構。自我烈祖入承累聖之基。肆其先王克有分濮之社。載考大宗之籍。未加諸子之封。義所當隆。恩宜有稱。其孚大號。以詔庶官。皇叔祖、武勝軍節度、鄧州管內觀察處置等使、檢校司空、鄖國公、食邑八千四百戶、食實封二千四百戶宗楚。信厚積中。齋莊迪己。年彌高而有柔嘉之則。屬最近而無充詘之心。已秉節於將壇。未徹疆於王土。稽用屏周之義。申加輔漢之藩。荒南陽之大邦。即武勝之舊履。有華上公之衮。有淑元戎之旂。敦厥井封。班之宰席。蓋師言之我錫。非朕志之汝私。於戲。惟修身則可以覲前人之光。惟制節則可以謹諸侯之度。往服朕命。永孚于休。可特授依前檢校司空、開府儀同三司、持節鄧州諸軍事、鄧州刺史、充武勝軍節度、鄧州管內觀察處置等使、進封南陽郡王、加食邑五百戶、食實封二百戶。

皇叔祖宗祐除開府儀同三司封景城郡王制 同上

門下。有天下者得盡其貴貴之恩。立人道者必致其親親之義。考大宗之近戚。眷烈祖之同生。咨爾庶官。申聽朕命。皇叔祖、橫海軍節度、滄州管內觀察處置等使、檢校司空、鞏國公、食邑八千四百戶、食實封二千四百戶宗祐。修身時敏。作德日休。服大雅之不群。知爲善之最樂。保爵祿之貴而不溢。出紳明之胄而不驕。屬近而行尊。年高而德劭。已備登壇之拜。未加裂土之封。蓋將何以對前人之休。亦非所以厚同姓之愛。因其舊履。錫以命書。衮衣繡裳。班於上宰。苴茅社土。王此大邦。於戲。崇德象賢。所以固宗盟。制節謹度。所以蕃王室。往綏厥位。尚遠乃猷。可特授依前檢校司空、開府儀同三司、持節滄州諸軍事、滄州刺史、充橫海軍節度、滄州管內觀察處置等使、進封景城郡王、加食邑五百戶、食實封二百戶。

皇叔祖宗楚封嗣濮王制 紹聖三年二月乙亥

門下。廣因心之教者。莫大於親親。善述人之事者。莫大於繼繼。昔我文祖。嘗推本於所生。肆予沖人。其克綏於厥後。申加明命。播告治朝。皇叔祖、武勝軍節度、鄧州管內觀察處置等使、檢校司空、開府儀同三司、南陽郡王、食邑八千九百戶、食實封二千六百戶宗楚。履順居謙。秉猷迪吉。身修而多義理之閱。屬近而有法度之循。是咨公族之宮。建邦而啓土。俾紹大宗之裔。繼世以象賢。徹以武昌之疆。賜之濮園之履。參官將相。列爵公王。爲龍爲光。率舊章於昭考。我將我享。承祀事於先王。於戲。惟祗乃心。所以不期於驕。惟慎厥終。所以長守於貴。庶有辭於永世。以無忝於前人。可特授檢校司徒、依前開府儀同三司、持節鄂州諸軍事、鄂州刺史、充武昌軍節度、鄂州管內觀察處置等使、進封嗣濮王、加食邑七百戶、食實封三百戶、仍令所司擇日備禮册命。

皇叔祖宗祐除檢校司徒依前開府儀同三司充淸海軍節度使進封嗣濮王加食邑食實封勳如故制 紹聖四年八月二十四日

門下。朕荷上穹之眷。承累聖之基。表正萬邦。惇叙九族。自予皇祖入嗣統於大宗。肆爾先王肇建邦於有濮。徧逮諸子。厥惟殊恩。載諏象德之賢。誕布颺廷之命。皇叔祖、横海軍節度、滄州管内觀察處置等使、檢校司空、開府儀同三司、持節滄州諸軍事、滄州刺史、上柱國、景城郡王、食邑八千九百戶、食實封二千六百戶宗祐、温仁而寡過、夷粹而有容、行克謹而惟禮樂之修、年彌高而多義理之閲。光輝屬籍、誰並宗英之遊。儀表戚藩、久隆耆俊之望。俾襲封於大國、爰視秩於上公。遂荒南海之圻、盡賜先君之履。駝鈕盭綬、禮極眞王之崇。豹尾神旗、任總元戎之重。申衍爰田之賦、陪敦眞食之輸。萃是寵章、發爲渙渥。以懋昭於乃德、用焜燿于而家。非朕汝私、實國舊典。於戲。無忝爾祖、繼恭靖之後而彌昌。追配前人、奉安懿之祠而勿替。尙肩慶譽、茂對寵光。可。

皇叔祖宗漢特授開府儀同三司充昭化軍節度使改封安康郡王加食邑食實封勳如故制

門下。夫克明其德、堯睦族而變時雍。愼修其身、舜惇宗而明勵翼。蓋正其家者必先諸己、篤其愛者必始於親。朕眷禮庶工、推先同姓。永惟安懿之後、實嗣濮陽之封。藐焉諸孤、存者無幾。矧密聯於宗屬、獨未建於高牙。載惻予懷、肆頒顯命。皇叔祖、保寧軍節度、觀察留後、持節婺州諸軍事、婺州刺史、上柱國、東陽郡王、食邑四千戶、食實封一千戶宗漢、温恭而迪德、莊重而秉彝。爲宗室之表儀、閱天下之義理。本支孫子、系神明之冑。而無驕室家君王、席富貴之資而不溢。爰疇碩望、申錫殊榮。越從留務之崇、躐拜元戎之重。班於冢弼、秩以眞王。衍食敦封、加地進律。並推渥洽、增渙寵光。以慰文考優異近族之心、以稱沖人追崇先烈之意。是循彝訓、允穆師言。於戲。磐石之宗、子弟有犬牙之地。關雎之應、公族如麟趾之時。尙迪令猷、永綏吉祿。可。

皇叔祖宗景特授依前檢校司空復開府儀同三司濟陰郡王食邑食實封勳如故制

門下。立愛惟親者、所以睦族。宥過無大者、所以廣恩。惟時宗藩、久罹邦憲。錫以寵命、揚于治廷。皇叔祖、彰信軍節度、曹州管内觀察處置等使、檢校司空、持節曹州諸軍事、曹州刺史、上柱國、濟陰郡王、食邑九千五百戶、食實封二千九百戶宗景、履富貴之資、出神明之冑。頃偶違於禮分、遂自冒於簡書。幾年於茲、在法當敘。嘉乃省循之行、用申敦睦之情。金鉞齋旄、仍畀將牙之舊。繡裳赤舄、復參公袞之華。蓋將粲骨肉之恩、庶以厚枝葉之芘。於戲。親親者義必盡、法有三宥之恩。貴貴者禮必隆、恩無一眚之廢。往共爾位、尙愼厥終。可。

皇叔祖宗漢特授檢校司空依前開府儀同三司充彰德軍節度使進封嗣濮王加食邑食實封勳如故制

門下。夫建邦啓土、國家所以廣親親之仁。崇德象賢、先王所以終繼繼之義。苟紹大宗之裔、若時尊屬之良、我有渙恩、播於群聽。皇叔祖、昭化軍節度、金州管内觀察處置等使、開府儀同三司、持節金州諸軍事、金州刺史、上柱國、安康郡王、食邑四千五百戶、食實封一千二百戶宗漢、抱疏通之識、躬膚敏之才。席貴富而惟圖書之衷。居戚近而遠綺紈之習。昔在文祖、寔隆季弟之懷。逮於先朝、尤嘉諸父之敬。屬有建旄之拜、越躋開府之崇。方且祗奉寢園、虔共時祀。宜極褒嘉之典、以申優異之心。其仍上將之班、遂賜先君之履。徹疆濮土、換節相臺。俾襲慶於王家、復參華於台路。陪之眞食、衍以多田。往並服於寵光、庶克修於饋享。於戲。遍逮諸子、朕惟遵昭考之模。保有故封、爾尙篤前人之烈。勉綏燕譽、益懋誠勤。可。

宋大詔令集卷第四十八

宗室八

封拜八

皇叔祖宗漢檢校司徒移鎮制 元符三年正月庚寅徽宗即位

門下。朕紹國之緒。承天之休。未堪多艱。惟新厥德。用謹惇宗之義。以昭踐祚之恩。皇叔祖、檢校司空、開府儀同三司、彰德軍節度使、嗣濮王宗漢。迪德有常。誠身弗越。長於富貴之守。閱夫義理之多。固有賴於宗強。實克隆於世美。苴茅胙土。久膺同姓之封。世德象賢。寵踐先君之履。承王休而無斁。秉祖烈以攸茲。屬纘丕圖。申加異命。其永藩於王室。以茂對於前人。尚肩乃心。體我初政。可特授檢校司空、寧江軍節度使。

皇叔祖宗絳建節制 元符三年正月辛卯同上

門下。繼世象賢。所以固本支於王國。加地進律。所以強屏翰於戚藩。惟予沖人。嗣大厤服。眷言尊屬。敷錫徽章。皇叔祖、某軍節度觀察留後宗絳。信厚而不渝。恭儉而有制。斥驕奢之末習。安理義之大方。屬纘紹之云初。顧褒嘉之可後。賜頒瑞節。用壯元戎。陪益爰田。衍加眞食。以昭馭貴。以示敦宗。於戲。粲骨肉之恩。申以屏周之義。茂枝葉之庇。蓋隆輔漢之藩。往哉惟休。無廢朕命。可特授昭慶軍節度使。

皇叔仲賜建節制 同上

門下。睦族敬宗。所以厚化本。建侯立屏。所以扞王家。矧惟踐位之初。厥有渙恩之舊。誕揚明命。孚告庶工。皇叔、某軍節度觀察留後仲賜。識度曠夷。材資敏茂。承賢王之後。早聞善俗之聲。居留邸之榮。訖無負貴之累。肆予纘紹。宜有褒嘉。用旌拜於將壇。式光華於帥閫。陪敦眞食。增衍實封。以示先親。以昭馭貴。於戲。神器之重。方共濟於多艱。磐石之隆。尚更資於夾輔。永肩慶譽。茂對寵光。可特授保康軍節度使。

皇叔仲御建節制 同上

門下。朕嗣有令緒。獲承至尊。肆大賚於多方。用敦敘於九族。眷言諸父。時乃宗英。寵錫命書。誕告多士。皇叔、某軍節度觀察留後仲御。體和履順。迪德秉彝。有猷有守。而知法度之循。不溢不危。而長富貴之守。早居留務。涉歷歲時。董正宗司。協和公族。屬茲纘緒。申錫異恩。登之大將之壇。授以元戎之節。以光帝冑。以揚王休。於戲。微我弗顧。無騂騂角弓之譏。懷德惟寧。協振振麟趾之應。尚惟勵翼。服我寵嘉。可特授保寧軍節度使。

皇伯仲損制 元符三年正月壬辰同上

門下。朕恭膺眷命。嗣守宗祧。用奉若於先王。以大賚於天下。眷言近屬。時謂宗英。祇率舊章。誕敷明命。皇伯、感德軍節度觀察留後仲損。氣和而愿。體順而恭。早居留務之班。彌歷歲陰之久。屬予纘紹。宜有褒嘉。陟以齋壇。肆嚴外閫之望。畀之金鉞。增固維城之安。申錫爰田。仍加眞食。於戲。益戒者處寵之道。愼始者乃能有終。往其欽哉。以永多譽。可特授保大軍節度使。

門下。朕嗣訓先后。君臨萬邦。永綏繼序之艱。克篤在宗之愛。誕揚顯命。敷告廣廷。皇伯、寧遠軍節度觀察留後世雄。體中而蹈和。含章而履潔。允爲尊屬之秀。厥有老成之風。朕惟神考之謨。褒藝祖之後。嘗下明詔。申飭有司。以肇造區夏之功。其特議封爵之制。求子孫之近者。裂壤地而王之。是用推以異恩。選於留務。建牙植纛。登寘將壇。胙土苴茅。啓封王社。申加采食。并衍眞租。於戲。尊我大宗。于以報創業垂統之德。服于高位。尚其思奉先追孝之仁。往迪令猷。以永終譽。可特授崇信軍節度使。特封安定郡王。

皇伯世雄建節封安定郡王制 元符三年三月癸巳同上

門下。朕嗣膺駿命。祗奉先猷。付以中軍。思得詩書之帥。倚其外禦。孰如兄弟之賢。我有懿親。國之近屬。涓辰授鉞。發號告廷。皇兄、寧武軍節度觀察留後孝騫。厚陵愛孫。燕國冢嗣。清素有同於寒士。靜淵不邇於宵人。寵辱弗驚。進退以禮。久居留務。未慰僉言。是用建昭化之將旄。進廣陵之王爵。正其分閫。但賓帷幄之謀。優以造朝。安處京師之邸。增封井邑。衍食戶租。異數便蕃。隆名烜赫。於戲。毋康好逸。勿用非彝。我祖宗創業之艱難。今子孫圖休於康靖。兢兢庶事。每思瓞蔓之榮。勉勉一心。益重棣華之愛。尚對休命。往其欽哉。可

皇兄孝騫除昭化軍節度使封廣陵郡王制 建中靖國元年六月甲寅

門下。周封五等。姬姓之國爲多。漢建諸侯。劉氏之封最盛。矧兼將鉞之重。宜得宗親之賢。稽考舊章。咨謀近弼。乃揚明命。以告大廷。皇兄、保信軍節度觀察留後孝參。博古知今。清心明理。妙出賢王之統。蔚聞善繼之風。卓爾不群。雅類河間之質。簡而無傲。力踐后夔之言。宜有褒遷。以旌信厚。奉國重地。超拜元戎之權。信都名藩。寵進眞王之爵。處帷幄而折衝千里。留邸地而坐鎮連城。仍衍食封。併爲異數。於戲。好善忘勢。故能貴而無驕。居寵思危。然後滿而不溢。弗畏入畏。雖休勿休。惟永爾圖。無廢朕命。可

皇兄孝參除奉國軍節度使封信都郡王制 同上

皇兄孝參加恩制 建中靖國郊祀

門下。朕受命舉祟。尊祖而親考。積薪實體。升煙以報陽。上帝居然以歆。四海來以其職。相予肆祀。至止而和。其容敬爾在公。迄成而遣於廟。既大賚於

寰寓。乃均惠於宗藩。爰即治朝。誕敷渙號。具官某處身愼靜。秉志塞淵。允升大猷。克勤小物。同其福祿。方無間於君臣。親以賑膰。宜莫如于兄弟。是用進升勳秩。增衍戶封。於戲。下國駿厖。光對榮名之寵。庶邦丕享。益思明德之修。是究是圖。無廢朕命。可特授依前持節明州刺史、信都郡王、充奉國軍節度使、明州觀察處置等使、加上柱國、食邑五百戶、食實封二百戶。

皇叔仲忽開府儀同三司加恩制

門下。朕祗荷詒謀。欽承丕緒。廣唐堯之親睦。外協萬邦。稽虞舜之敍惇。內崇九族。咨予尊屬。時乃賢王。其告大廷。肆頒顯命。皇叔、定國軍節度、同州管內觀察處置等使、持節同州諸軍事、同州刺史、同知大宗正事、管勾宗子學事、上柱國、普安郡王、食邑八千戶、食實封一千九百戶仲忽。性資純厚。操履淸修。位彌高而靡富貴之矜。寵益至而篤詩書之習。允矣神明之胄。卓然俊乂之姿。望雅著於戚藩。名久隆於邦翰。好學博古。進無干請之私。行法涖官。退有靖共之實。典司屬籍。寖歷歲時。旣臻肅穆之風。益見表儀之術。式疇褒渥。茲謂至公。是用入聯上宰之班。增重元戎之節。申陪多井。加衍眞租。豈徒彰濮邸流澤之光。蓋欲繼文考敦宗之盛。於戲。任兼將相。所以固磐石之基。地處親賢。所以壯維城之勢。尚肩德義。茂對休嘉。可特授開府儀同三司、依前持節同州諸軍事、同州刺史、普安郡王、同知大宗正事、管勾宗子學事、充定國軍節度、同州管內觀察處置等使、加食邑七百戶、食實封二百戶、勳如故。

仲忽進同判大宗正事提舉宗子學事制

門下。爵祿所以厲世。時用展親。名器不以假人。蓋將稱事。眷言懿屬。久列崇資。宜隆職守之稱。以正邦彝之舊。誕揚渙號。孚告明廷。皇叔、定國軍節度使、開府儀同三司、知大宗正事、管勾宗子學事、普安郡王、食邑八千七百戶、食實封二千二百戶仲忽。德度粹溫。才猷敏裕。誠身有道。閱天下義理之多。式禮莫愆。迪哲人中和之尙。自總司宗之政。尤彰表衆之勤。績允賴於訓齊。化助成於信厚。雖視儀揆路。已兼台鉞之華。而正號國聯。未協陛廉之勢。爰陞茂典。併席前封。以昭敦敍之懷。以示褒嘉之渥。於戲。位不同而異數。恩則有加。寵旣至而益恭。貴斯長守。尙終譽處。往對寵光。可特授依前定國軍節度使、開府儀同三司、同判宗正事、提舉宗子學事、普安郡王、食邑實封如故。

仲靦鎭西節度加恩制

門下。朕紹先猷而興衆學。稽古訓以制新書。善俗明倫。克備一王之制。烝髦論秀。庶追三代之風。眷時宗屬之良。具著行能之懿。宜疏廷號。周勸藩英。皇叔、保平軍節度觀察留後、天水郡開國公、食邑三千五百戶、食實封二百戶仲靦。率履粹溫。秉資信厚。服儒雅而無富貴之累。樂名教而有法度之循。美衆積於閨門。譽久稱於族黨。比攬司宗之奏。實符著令之公。言念操脩。顧深歎尙。矧是賢能之選。曾靡遐遺。豈於全備之材。敢忘近始。是用解陝郊之後務。授麟□之成師。建節擁旄。加峻元戎之命。苴茅胙社。益光賜履之封。仍衍爰田。併敦眞食。於戲。推爲善之賞。斯首茂於殊恩。肩好德之誠。尙永綏於吉祿。往褒寵渥。益介壽臧。可特授鎮西軍節度使、加食邑七百戶、食實封二百戶、封如故。

皇叔祖宗粹加恩制 政和六年宗祀

門下。朕欽承駿命。永賴燕謀。迺稽六籍之傳。建茲陽館。欲罄一純之意。饗以秋辛。明德馨聞。高靈潛格。眷乃本宗之盛。預陪祀禮之行。用輯朝倫。肆頒渙册。具官某處躬端靖。飭行純和。侃然最樂之誠。卓爾不群之度。屬尊而近。位稱以隆。井鉞參旗。克壯三軍之帥。元衮赤舄。大開四履之封。閎義理之寖多。守謙恭而不怠。屬上儀之獲考。推慶賚以惟均。宜錫徽章。以孚景貺。敦加奉邑。申衍眞租。於戲。多福以來。首均敷於同姓。四方其訓。尙弗替於前修。往服朕言。益綏爾祉。可。

皇叔仲忽加恩制 同上

門下。朕虔饗帝之誠。極奉先之禮。追盛儀於三代。取定制於六經。興八牕五室之堂。自我作古。備四海九州之薦。對越在天。惟熙事之時成。有賢王之予翼。其頒贊册。以告治朝。具官某識遠而行純。氣壯而志固。雍容道義。知爲善最樂之方。涵泳詩書。有大雅不群之度。兼榮將相。任糾宗枝。一心永肩。九族既睦。茲秩明禋之典。大施廣寓之恩。顧歸脤之有常。豈均釐之可後。乃疇多邑。並衍眞租。於戲。昭先人之功。予不忘於丕訓。教諸侯之孝。爾尙率於周親。往迪令猷。益綏多福。可。

皇叔仲軏加恩制 同上

門下。朕參考冬官。肇興陽館。卜惟辛吉。聿來四表之歡。薦以德馨。罙謹二精之奉。美光交燭。嘉貺荐臻。眷我本宗。相茲毖祀。宜誕敷於恩典。用申告於朝倫。具官某率履靖莊。稟姿和裕。躬文雅而無富貴之累。樂名理而惟法度之循。寶牒騰芳。益壯維城之勢。齋壇受任。式隆專閫之威。屬盛禮之休成。褒慶條而具舉。拓封多邑。衍食眞租。於戲。時屬展親。詎敢忘於敦睦。祭則受福。其茂對於榮懷。往迪訓言。益昭令譽。可。

皇叔仲理加恩制 同上

門下。自仁率親。欲教諸侯之孝。以職助祭。必來萬國之歡。朕奉若先猷。肇稱元祀。允賴肅雝之相。迄成希闊之儀。嘉我宗英。誕揚渙號。具官某持心淑愼。制行端良。居存忠義之規。克顯神明之胄。帥典常而勿替。踐猷訓以彌恭。外專將閫之威容。內藹宗支之慶譽。故侍祠之有恪。知秉德之弗違。肆衍本封。併申茂渥。於戲。我將我享。旣蒙貺施之臨。惟德惟康。共保安榮之吉。往祗眷賚。益介壽祺。可。

皇兄孝參加恩制 同上

門下。朕考六藝之文。建四阿之宇。涓展揆日。逌從季秋之辛。盡志專精。恭行太室之饗。靈心允答。景貺荐臻。熙事之克成。宜湛恩之並受。肆揚渙號。以寵親賢。具官某稟質粹溫。持躬淑愼。勤毖有迪常之吉。靖共多好禮之風。錫以山川。光紹先王之履。被之衮繡。進參上宰之班。望重价藩。勢隆磐石。

茲舉嚴禋之始。有嘉顯相之勤。載衍爰田。併加眞食。以侈神釐之茂。以昭國典之華。於戲。明德惟馨。既獲自天之祐。善人是富。益思事上之忠。往服訓言。永綏壽祉。可。

皇兄孝騫加恩制 同上

門下。朕寅奉丕圖。永懷先烈。崇崇陽館。有嚴體國之經。翼翼明禋。叶用配天之典。乃睠近親之愛。預輸顯相之勤。式霈綸章。具孚朝聽。具官某材猷膚敏。識度淵深。居每閱於藝文。動必循於禮法。流芳寶籍。稔德善之有稱。席寵齋壇。加威儀之無爽。屬此靈休之格。時維渥澤之均。乃侈幹封。併增邑奉。以示優隆之眷。仍昭敦睦之光。於戲。迄用有成。詎敢專於邦慶。既多受祉。庶克迪於宗彊。益愼操脩。以承猷訓。可。

皇姪有古加恩制 同上

門下。朕講配帝之上儀。極寧親之精意。克達聖人之饗。肇熙王者之堂。神罔時恫。既丕釐於景命。福不專饗。用敷錫於庶民。訓予制閫之臣。宜有告廷之號。具官某材謀英決。氣識靖深。蘊韜略以自將。烜威聲而夙著。頃倚帥旄之貴。出臨方面之雄。厭伏未形。隱若干戈之衞。殲夷弗譓。迄無疆埸之虞。屬懋舉於宗祈。盍咸緊於加德。肆均渥澤。併衍眞封。於戲。不顯不承。茲廣受釐之慶。有嚴有翼。尚資共武之勤。往服訓言。仰膺光寵。可。

宋大詔令集卷第四十九

宗室九

封拜九

皇姪有恭建節制。

門下。爲政友于兄弟。靡忘同姓之恩。立愛始於家邦。茲厚展親之典。眷言猶子。近造昕朝。式孚渙册之辭。丕告群工之聽。具官某。稟資温茂。蘊識粹融。憑祖武之暉。自秀神明之胄。探經術之奧。具多詩禮之聞。振振夙謹於威儀。翼翼甫趨於表著。有華人物。克肖父風。雖欣棣蕚本支之蕃。良深楚邸手足之念。昔相好矣。今用惻然。及東平之處家。曾未帶列侯之印。見隆業之諸子。其可無千戶之封。是用授將鉞於慶陽。啓封藩於邕管。申加邑采。并實圭腴。匪顓近屬之私。蓋侈前寧之澤。於戲。修德而固宗子。永底維城之安。繼世以立諸侯。載顯象賢之美。欽予時命。告於文人。可。

皇叔祖克暢依前保康軍節度使加恩制 宣和六年冬祀

門下。朕誕膺帝顧。丕乂邦圖。廟饎蠲登。克致寧神之孝。郊柴欽燎。聿申報本之誠。明德馨聞。繁禧來下。迺睠懿藩之重。宜先慶澤之施。肆舉綸章。具孚朝聽。具官某。持身淑慎。制行端良。爵齒兼尊。夙藹宗支之舉。親賢並茂。久專將鉞之威。屬嘉禮之涓成。渙庬恩而申錫。乃疇多邑。並衍眞租。以彰敦睦之風。以示優隆之寵。於戲。相予肆祀。旣嚴昭事之儀。賚我思成。式介攸同之福。尙祇猷訓。永迪壽祺。可。

皇叔祖宗粹依前昭化軍節度使開府儀同三司信安郡王加恩制 同上

門下。朕祇率舊章。恭修大報。大宮祼鬯。具宣列聖之光。吉土升煙。昭格萬靈之貺。迄成熙事。敷錫曠恩。若時歸胙之初。敢後維城之老。爰頒渙渥。用諗庶工。具官某。屬近且尊。德者而俊。鳴謙自牧。雅推好禮之風。率履無違。允有迪常之吉。纛社席王藩之寵。珥貂參揆路之崇。茲嚴重燎之祈。肆廣宴娭之慶。迺申加於井賦。仍增實於圭腴。以遵廣餕之經。以茂展親之義。於戲。稱秩元祀。旣茂對於神休。錫予善人。宜亟蒙於祭澤。其欽時命。以介壽祺。可。

皇叔仲御依前檢校少傅泰寧軍節度開府儀同三司嗣濮王加恩制 同上

門下。朕荷叢霄之祐。襲仍歲之豐。燕及皇天。敢怠迎長之祀。衍我烈祖。式嚴陟配之儀。肆申賚於鴻恩。咸率由於彝憲。矧在濮園之裔。宜均宣室之釐。

爰輯廷紳。亶孚制綍。具官某性資純茂。德度粹夷。動惟典則之循。居有圖書之好。紹先王之履。謹籩豆大房之承。參上宰之班。兼黼黻琱戈之賜。謙惟自牧。富且弗驕。方躬薦璧之祠。載屬珥貂之助。迨颺煙之竣事。推渙澤以旌勞。申衍多田。陪敦眞食。於戲。降福簡簡。聿觀昭假之遲。庸勳親親。宜共榮懷之尙。往祗猷訓。益迪壽康。可。

皇叔仲忽依前檢校少師鎭安軍節度開府儀同三司判宗正事兼神霄玉清萬壽宮使提舉宗子學事普安郡王加恩制　同上

門下。朕祗膺鴻緒。誕緝彌文。載乘三歲之祥。躬秩一純之饗。天惟德輔。歆至治之馨香。人以職來。睹太平之禮樂。眷惟近屬。董我宗支。宜因歸胙之初。首渙揚廷之寵。具官某高明而端靖。博達而閎深。學窮六藝之英華。識綜三王之制作。處亞師之位。更崇茅社之封。通上宰之班。兼峻琳霄之使。相此嚴禋之舉。率惟同姓之親。有來麟趾之衆多。臨以貂冠而肅戢。用稽勳策。併衍租田。以昭物采之隆。以侈邦祺之茂。於戲。受百神之貺。旣歌成命之詩。惇九族之和。采昭廣德之化。益綏燕譽。永對寵光。可。

皇叔仲爰依前檢校少保奉寧軍節度使開府儀同三司江夏郡王加恩制　同上

門下。朕涓辰日至。脩報國陽。風馬來臨。具格精純之意。星雞飛動。肆敷曠蕩之恩。惟縟典之時成。賴賢王之予翼。式昭祭澤。以侈神休。誕敫綸綍之言。孚告紳緌之德。具官某處躬端靖。飭行醇和。帥前載之規。旣懋有常之德。處宗司之位。尤高易退之風。有淑元戎之旂。有華三事之袞。耆明就列。宗族稱仁。茲竣事於嚴禋。迺均釐於近屬。矧我達尊之懿。用疏慶賚之隆。增畀邑租。申加良幹。於戲。四方承祭。敏如影響之隨。三壽作朋。燕及本支之固。益綏令譽。仰對榮輝。可。

皇叔仲麋依前鎭潼軍節度使淮安郡王加恩制　同上

門下。朕紹膺駿命。誕撫多方。荷天之休。允洽承平之化。裒時之對。荐申報本之誠。旣薦廟籩。遂升郊燎。茲大施於祭澤。當首及於宗盟。爰輯朝紳。式頒詔綍。具官某性資樂易。德度温謙。內堅信道之誠。外廣崇仁之譽。四騏導節。擁蒲坂之帥旄。五玉分封。開淮安之王社。矧預陪於吉禮。用申錫於渙恩。特衍多田。更分眞食。於戲。克禋克祀。誕嚴肆類之文。是饗是宜。爰厚均釐之典。往祗恩遇。以對殊恩。可。

皇叔仲營依前崇信軍節度使安化郡王加恩制　同上

門下。朕祗紹丕圖。遹脩元祀。奕奕清廟。聿申祼獻之恭。肅肅紫壇。肆達燎薰之報。神娭響座。祝嘏告祥。眷予近屬之良。宜有蕃禧之及。誕孚渙號。猷告庶工。具官某性稟純和。行推信厚。內列維城之寄。外分閫制之嚴。爰膺胙土之封。夙啓王藩之寵。適此精禋之舉。允多景貺之臻。爰輯慶條。載疏褒律。疇敍爰田之奉。衍其圭賦之腴。於戲。時庸履親。詎敢忘於惇敍。祭則受福。其茂對於榮懷。往迪訓言。益昭令譽。可。

皇兄孝參依前檢校少保武寧軍節度使開府儀同三司豫章郡王加恩制　同上

門下。朕撫熙洽之運。懷夤畏之心。乃因至景之辰。爰舉豐年之報。王入太室。馨聞圭鬯之和。帝臨中壇。光騰璧玉之潔。信星報饗。解澤流鰲。茲申惠以隆親。肆涓神而孚號。具官某。慶開祖武。韻秀宗支。揚秩秩之德聲。夙謹義方之念。聽霏霏之英辨。雅多儒術之聞。疆圻疏王社之榮。符采映台躔之峻。爰勵駿奔之助。克祗毖祀之承。既獲考於上儀。迺亟疏於褒律。載陪多賦。并實本封。以答賢勞。以均神貺。於戲。並受其福。式隆同姓之恩。永孚于休。尚迪有邦之衞。往祗明命。益體眷懷。可。

皇兄孝騫依前寧國軍節度使開府儀同三司晉康郡王加恩制 同上

門下。朕遵列聖之緒。習三歲之祥。對越在天。嚴祼圭而致孝。昭事上帝。肅齊輅以承禋。聿來四表之歡。並授百神之職。惟予近屬。實相盛儀。宜渙褒章。以孚群聽。具官某。氣資莊厚。德履粹溫。樂名理而惟法度之循。力威儀而無富貴之累。晝九畿之籍。既疏爵於王封。炳六符之躔。兼視儀於揆路。屬陽壇之畢燎。詔勳府以均休。載疇多井之封。并錫眞租之益。以昭隆眷。用協彝章。於戲。萬福來求。愛莫先於同姓。四方其訓。義勿替於前修。往服朕言。益綏爾祉。可。

皇兄孝詒依前保寧軍節度使加恩制 同上

門下。朕肇熙吉土。肆燎欽柴。罄寰宇以子來。崇昊穹而父事。百靈並貺。嚴象物之宴娭。五福時敷。流渙恩之德澨。眷言近屬。相我盛儀。誕敷贊册之辭。用諗庶官之聽。皇兄保寧軍節度使孝詒。器局深裕。行矩醇和。寶牒聯芳。□壯維城之勢。齋壇受任。夙嚴顒闓之容。屬毖祀之涓成。□徽章而具舉。載疇邑采。申衍戶租。於昭邦國之光。以叶神人之慶。於戲。展采錯事。既申報本之誠。產嘏降祥。宜厚近親之典。其祗休命。往迪令猷。可。加食邑七百戶。食實封二百戶。

皇弟孝穎依前德慶軍節度使加恩制 同上

門下。朕受命祖廟。謁款天神。禮罄一純。明德昭而上格。樂成六奏。高靈降而下娭。美光燭壇。休氣合燎。迺眷近親之懿。宜均純嘏之綏。我有恩緡。敭於朝位。具官某。姿儀丰秀。性識純明。蹈履中和。挺挺前人之似。雍容文藝。彬彬儒者之風。蚤圖戎翰之良。既秉齋旄之峻。茲甫臨於元□。特申錫於豐章。疇以多田。衍其眞食。於戲。肆類上帝。方蕃祉福之承。大賚善人。其共榮懷之向。往欽余訓。益懋敏終。可。

皇叔仲爰嗣濮王制

門下。盛德垂百世之祀。斯繼世以象賢。同姓厚二等之封。式因心而教愛。朕惇敘九族。祗奉先王。祭謹十倫。俾潔烝嘗之饋。馭嚴八柄。進疏貴富之榮。揚於大廷。錫是定命。皇叔檢校少師、奉寧軍節度使、開府儀同三司、判大宗正事、江夏郡王、食邑一萬三千戶、食實封三千九百戶仲爰。持心樂易。毓德粹溫。學洪詩禮之聞。慶廣神明之胄。兼隆爵齒。處天下之達尊。久殿藩垣。壯周王之封國。再總司於近屬。茲表迪以淳風。欽惟安懿之休。濬發英皇之祚。子□次襲。深形寧考之聖言。盥薦時修。具載諸賢之故實。昭穆有序。後先不踰。緜系譜以迭居。衍流澤而彌遠。克昌厥休。於昭積累之傳。永建乃家。丕顯寵光之渥。升孤傳之典禮。祚濮國之山川。王土苴茅。賁身章於盭綬。雙旌導節。更將律於戎容。仍參相紱之華。增重宗盟之勢。陪其采賦。示乃眷私。於戲。後嗣以廣親親。既篤統承之舉。有國以明善善。宜思濟美之規。益邁令猷。勉祗予訓。可特授檢校少傅、定武軍節度使、依前開府儀同三司、判大宗正事、進封嗣濮王、加食邑七百戶、食實封三百戶。

宋大詔令集卷第五十

宗室十

雜詔

賜大宗正司誡勵宗子修學詔 慶歷五年二月己未

朕思古之人君，莫不厚親戚以輔王室，始家邦而化天下。近鑒前史，有足觀者。如漢河間之好書，東平之樂善，不亦爲風教之助乎。國家之興，八十餘載，子孫蕃衍，幾數百人，比令建置宗室，開敞居第，所以示糾合之義，敦睦之愛。亦嘗臨遣儒士，往授經訓，雖忠孝篤行，人皆夙習，而詩書成業，罕聞來上。自今帥諸宗子，勵翼一心，周旋六藝，以廢學爲恥，以飾身爲賢，朕豈爵賞之恡哉。使四方謂朕有懿親茂族，爲國盤維之固，誠不媿於前代也。宜令睦親南北宅諸院教授官，常具聽習經典文辭書翰功課以聞，咨爾宗室，體我眷懷。

宗室遷官詔 至和三年八月壬子

朕祗遹先謨，特遵常憲，載惟考績之令，蓋疇莅事之勤。況本支茂於皇宗，盤維固於王室，儻用法而削，則傷睦族之恩，苟見勞而遷，且匪徇公之道。又念奉朝既久，樂善不言，常協用於前彝，宜特寬於新制，使尊卑各敍，進官者率以限年，若德業衆稱，加祿者亦有異數，並期祗飭，無怠省躬。先朝舊制，皇族在班及十年者，具名取旨，令中書樞密院檢勘，自明堂覃恩後及十年者，特以名聞，當議依天禧元年正月宗正寺所定年勞次第，各與遷官。其近因特恩遷官者，以更理十年，方依此施行。

允弼允良朝朔望詔 治平四年正月丙寅

護國軍節度兼中書令東平郡王允弼、泰寧軍節度中書令襄陽郡王允良，古之王者，褒禮近屬，所以廣親親之恩。伯祖、叔祖，皆先帝之所甚重，而沖人所當優待者也。其朝朔望，以表異數。

封藝祖後一人爲王詔 熙寧元年九月甲子

昔我藝祖之興，以天發之期，兵未始一血刃，而卒肇造區夏，其大謀盛烈，被諸萬世而莫高焉。朕奉聖緒，夙夜不敢康，乃顧後之子孫，寖微不顯，而有司未嘗議封爵之文。豈朕所以尊大統、推親親之意哉。且積厚者其流必遠。施大者其報必豐。宜令中書門下考大宗之籍。以屬近而行尊者一人裂土地而王之。使常從獻於郊廟。世世復續。以稱朕尊祖報本之志焉。故茲詔示。想宜知悉。

宗子恩禮詔 熙寧二年十一月甲戌

自我祖宗惇敍邦族。大則疏封於爵土。次則通籍於閨臺。並留京師。參奉朝請。然而世緒寖遠。皇枝益蕃。屬有親疏。則恩有隆殺。才有賢否。則祿有重輕。今而一貫於周行。是亦奚分於流別。雖敦睦之道誠廣。而德施之義未周。故廷臣數言。宰相繼請。謂宜定正限。以等夷。朕惟親戚之間。經史有訓。漢唐之世。典故具存。或以九族辨尊卑。或以五宗紀遠近。或聽推恩而分子弟。或許自試而効才能。或宗子之賢得從科舉。或諸王之女自主婚姻。盡前世之所行。顧當今之未備。况我朝制作。動法先王。豈宗室等衰。乃無定著。因俾群公之合議。將爲一代之通規。載覽奏封。具陳條目。以謂祖宗昭穆。是宜世世之封。王公子孫。抑有親親之殺。若乃服屬之既竭。洎于才藝之並優。在隨器以甄揚。使當官而勉懋。至於任子之令。通婚之儀。凡曰有司之常一用外官之法。僉言既允。朕意何疑。告以將來。用頒明命。宜依中書樞密院所奏施行。

賜濮邸諸父加恩詔 元豐七年二月庚辰

朕自嘉祐中從先皇帝入居儲宮。離濮邸已二十餘年。今日緣奠故伯宗輔。因得趨謁濮安懿王祠堂。顧瞻諸伯叔父。所存者無幾。皆齒髮衰遲。儀形非往日之比。深用惻然。其議加恩諸父。

六房擇最年長與官御筆 大觀二年八月二十二日

上皇之孫。於屬雖遠。親親之義。族有戚疏。恩有厚薄。未有仁而遺其親者也。聞上皇之孫、未有官者。六房餘三十人。至或貧乏不能自存。爲之惻然。已降指揮。置敦宗院。可令疾速措置聞奏。其六房內各擇最長、年二十以上。與三班奉職二人。一房及六人以上者加一人。仍並添差監當差遣。

貶責

責允言詔 大中祥符三年四月辛亥

皇姪、左屯衞將軍允言。罔遵教導。嘗冒憲章。雖坐左遷。曾無悛革。家庭之內。慘虐屢聞。尊屬之間。侵凌斯甚。及茲按劾。備見尤違。在於公朝。合從吏議。尙念素嬰心疾。特屈簡書。止降秩於春坊。俾省躬於私第。可責授太子左衞率府副率。絕其朝謁。

莒國夫人和氏不得入內詔 景祐元年八月甲戌

六宅使從演、尋訪美人尙氏骨肉。及以所使霞質送遺與尙氏。八作副使從湜。輒上表章。爲尋得尙繼斌乞酬奬改轉。并受尙氏寄下金銀財物等。奉勑從演、從湜。幸居戚屬。久服使聯。荷茲惇敘之恩。盍謹操脩之節。而乃規圖爵位。干託掖庭。爲尋訪其近親。仍私遺於幸婢。兼陳封奏。妄覬寵榮。靡顧廉隅。備彰瀆慢。兼通信問。潛寄貨財。有玷宗枝。且傷風教。尚以近經赦宥。薄示譏懲。聊左降於班資。仍禁止於朝謁。所有從演、從湜責降已從別敕處分。其母莒國夫人和氏不能訓導。頗助妄庸。今後不得入內。

皇弟安靜軍節度使允迪責授監門衞大將軍制

勑皇弟允迪。五刑之屬三千。其罪莫大於不孝。小民無知犯者猶鮮。況爾燕恭肅王之子。而朕之諸弟也。宜率訓義。以迪四方。而乃忘苴麻哭泣之哀。爲酣飲沉酗之佚。肆情鄙行。害于而家。達於朕聽。嗟惋無已。朕苟貸法。何以處王公之上。而教天下哉。宜歸爵秩。下領屯衞。蓋寬於馭過。而欲循省其非。無蹈後悔也。

皇伯宗諤落同中書門下平章事制

門下。朕紹休祖宗。崇建藩屏。所以合邦族之愛。厚人倫之風。雖於近親。若共維之一體。厥作棐德。亦難廢於大公。皇伯具官某。席慶皇支。參華天路。惟安富貴之習。靡躬法度之修。乃外招事權。內轢宗黨。知省劵難分。而移文固析。知官寺有禁。而遣吏輙通。致風憲之上言。加議論之並起。朕閔失戒愼。務全仁恩。其上宰相之章。仍領元戎之節。欲止不獲。誰咎之貽。於戲。臣無有作福威。以杜諸侯之漸。上不敢私賞罰。以一萬民之歸。宜勉自思。庶復來譽。可。

皇叔祖宗景落開府儀同三司罷判大宗正司制 紹聖三年十一月

門下。法以制恩。雖親而不敢廢。禮以明分。雖貴而不敢踰。義苟弗容。罪其可逭。咨爾在服。其聽朕言。皇叔祖、彰信軍節度使、檢校司空、開府儀同三司、判大宗正事、濟陰郡王宗景。職在敦宗。地居邇屬。無檢身律下之操。有溺情廢禮之私。蔽其不聘之姻。妄有欲笄之請。逮從詢究。始見誕欺。豈足以正邦族之親。適足以害天下之義。其上大宗之印。仍還開府之司。蓋示至公。良非得已。於戲。干國之憲。豈朕可私。亂人之倫。惟爾自底。往務循省。毋重悔尤。可特落開府儀同三司。罷大宗正事。依前檢校司空、持節曹州諸軍事、曹州刺史、充彰信軍節度、曹州管內觀察處置等使、濟陰郡王、勳封食邑食實封如故。

皇叔叔牙降海州團練使制

皇叔、雄州防禦使、秦國公叔牙。朕君臨萬邦。惇敘九族。親親之恩。惟慮不廣。至於弗率訓典。抵冒憲章。亦不敢以私而置也。爾以公族尊屬。位列御侮。而迺忘靖恭之義。懷僥覬之望。喧瀆內朝。屢干非法。黜官一等。姑示小懲。往其省循。無重尤悔。可特降授海州團練使。依舊秦國公。

贈典

皇弟故保信軍節度觀察留後德彝可贈昭德軍節度使特追封信都郡王制

朕以稽唐堯之睦族。念姬周之展親。生則分寶器以建藩。示盤維之重。歿則加袞章而爲襚。推惇敍之仁。眷吾友悌之賢。方資夾輔之力。播懿風而允穆。何景命之不融。遽謝韶華。良深震悼。舉其愍册。用飾幽扃。具官某。性茂淵冲。體含和雅。夙有温文之裕。克遵信厚之規。而能祗率徽猷。欽奉靈訓。屬昌辰之多慶。贊盛則以彌恭。業廣惟勤。每善三雍之對。既富方穀。乃登連率之雄。易以名邦。兼茲留務。夙夜匪懈。周旋奉朝。倏遘沈痾。俄聞不起。遄救弗瞖。泣涕無從。嗚呼。邸第斯崇。惜其爲善之樂。天倫是愛。難遏孔懷之悲。特申追命之書。式表漏泉之澤。高牙是建。聿升節制之榮。大郡移封。實增王爵之貴。良深賁獎。以慰營魂。可。

皇伯宗諤贈太尉韓王制

敕。王者之於天屬。覆之以光榮。而恤其死喪之戚。所以本人倫、教天下也。具官某。以德則循禮小心。始終無悔。以功則受命仁祖。趣定儲極，以位則渠門赤舃。任兼將相。以爵則躐於五等。列爲眞王。以親則先帝之從父兄。而余曰伯父。顯名美實。福祿之全。可謂盛矣。奄遘癘疾。至於不起。余聞震悼。臨奠致哀。再不御朝。以伸情禮。是用追加書贊。進秩上公。啓此大邦。隆崇號稱。余於親親之恩。可謂備矣。尚惟不昧。服此寵章。可。

皇伯故湖州觀察使克勤贈鎮寧軍節度使儀國公制

敕。古先哲王。治四海以孝。親九族以仁。生則致敦睦之恩。死則盡追榮之數。民德歸厚。朕甚慕焉。具官某。序于宗藩。躬迪善行。無驕慢過差之悔。有端莊謹重之稱。永言奄亡。良用傷盡。恩禮之厚。屬在親賢。授鉞建旄。錫封南國。尚其冥漠。膺此休榮。可。

皇伯故鎮安留後宗袞贈武寧軍節度使兼侍中追封彭城郡王　元豐元年閏九月

敕。宗室近屬。藩維盛官。生而尊顯於朝廷。歿則褒嘉於泉隧。古之道也。其可忘乎。具官某。幼服義方。躬率善行。温恭信厚。夙以賢稱。謂宜蒙榮。享有眉壽。不幸及於大故。用震悼於朕心。親賢俱隆。禮秩務稱。建旄授鉞。序爵至王。名兼左相之崇。位蓋人臣之極。尚其冥漠。膺此寵章。可。

皇伯祖宗儒贈太尉追封北海郡王制

夫以三公之位。冠諸侯之爵。元勳盛德。有不能兼。非我父兄親貴之隆。加死生哀榮之極。則朕豈以此授非其人哉。某生於高明。克自抑畏。忠孝以爲質。禮敬以爲文。貴窮人爵。而無驕佚之譏。老終天命。而有歸全之美。始終之際。中外所賢。日月有時。窀穸告具。備物典策。以將余哀。豈獨慰九泉之思。蓋將勸庶邦之義。

皇伯祖克瑜贈忠正軍節度使開府儀同三司制

勅。國家蒙累聖之深澤。眷宗室之多賢。雖設官以董其私。置傅以導其學。而重以吏事責之。懿親青衿而服簪纓。白首以奉朝請。雖有間平之盛德。歆向之異材。皆湮沒而無傳。顧嘆息之何及。尙賴本宗之茂蔚爲邦國之華。不幸云亡。惻然永悼。具官某忠厚以爲質。禮敬以自文。持滿矜高。蓋得諸侯之孝。履信思順。合於大有之賢。小心自將。沒齒無過。方朕不言之際。遽茲永逝之悲。日月有時。窀穸告具。貴有旄旌之寵。仍兼將相之榮。豈獨慰九泉之思。亦將勸庶邦之義。可。

皇伯仲暉贈保寧軍節度使進封東陽郡王制

祖宗之德。天地並隆。施及子孫。皆享民社。勝衣有朝請之奉。闔棺有茅土之封。始終之間。哀榮斯極。具官某寬厚寡過。雍容有常。生不煩於父師。沒見思于姻族。既得考終之道。可無追遠之恩。豹尾神旗。守臣之威命。金璽盭綬。諸侯之寵章。服我龍光。以賁窀穸。可。

皇伯仲嬰贈奉寧軍節度使追封申國公制

勅。祖宗之義。仁孝爲先。孝故專篤於親。仁故閔勞於事。雖豐功盛烈。不見於宗室。而令名美實。克全於始終。死喪之罹。哀歎何及。具官某少而簡素。輔以溫文。既克己以歸仁。亦樂善而忘勢。信順多助。蓋大有上吉之祥。高明令終。亦既醉太平之福。建元戎之六纛。錫上公之九章。雖以勸忠。豈云虛授。庶幾幽壤。服我寵靈。可。

皇伯仲郃贈保靜軍節度使開府儀同三司制

勅。親親以藩王室。賢賢以尊朝廷。古之道也。況于死生之際。恩禮之重。國有常典。我其敢忘。具官某生於高明。克自祗畏。出就外傅。聞好禮之勤。退省其私。有爲善之樂。云何不淑。罹此閔凶。慰我永懷。豈無異數。袞衣赤舄。寵均王事之臣。玉節牙璋。坐享專征之器。豈云虛譽。維以飾終。庶幾有知。服我休命。可。

皇伯故感德軍留後仲顗可贈開府儀同三司追封崇國公制

勅。朕惇敍九族。以訓迪天下。故於其生也。既有以篤其恩。則於其歿也。亦有以異其禮。具官某於朕爲諸父。於朝爲顯官。而能務遠悔尤。克循軌範。居有刑家之美。動推事上之勤。曾不百年。奄經一世。冠爵名於五等。視儀物於三司。用將痛悼之情。以茂哀榮之數。尙其不昧。服我殊恩。可。

皇伯叔元贈昭化軍節度使追封欽國公制

高官厚祿。此有邦所以篤於親。贈馬襚衣。惟王者爲能備其禮。俯以風民德之厚。仰以廣孫謀之安。皇伯、故楚州防禦使叔元。席神裔之休。懋宗英之美。莫予敢侮。居多扞禦之勞。念祖聿脩。助濟艱難之業。是惟茂戚。而殞元身。於戲。尊屬則禮必隆。德積則報之厚。靡豐于昵。祗迪厥常。六纛啓途。增重帥垣之寵。九章命袞。仍疏公社之封。併錫愍章。用昭幽穸。可特贈昭化軍節度使、追封欽國公。

皇叔仲峭贈昭化軍節度使制

先王崇建藩屏。無專享於文武之功。同姓分錫賑膰。庸展親于伯叔之國。乃眷公族之懿。鬱爲王國之華。其於云亡。惻然永悼。皇叔、故感德軍節度觀察留後仲峭。小心而畏義。強志而婉容。頎然高明。輔以禮樂。用能帥乃舊德。光於前人。豈獨恭儉孝悌之修。沒有遺範。以至始終哀榮之極。備于歸全。日月有時。窀穸告具。其錫爾社。以將余哀。雖云飾終。特出異數。苴茅元社。易乃通侯之封。金節雕戈。畀以元戎之命。可特授昭化軍節度使。

皇叔仲曉贈保康軍節度使追封房國公制

贈飾之典。國有彝章。眷言近屬之尊。宜錫追崇之命。皇叔、故吉州防禦使仲曉。皇家席慶。義訓禔身。恭慎寡尤。致位禦侮。遽茲淪謝。良劇震傷。寵以節旄。胙之邦國。庶極褒榮之數。用申惇睦之恩。尚期冥魂。膺此休顯。可特贈保康軍節度使、追封房國公。

祔葬

濮王三夫人遷祔詔

濮安懿王。先帝斟酌典禮。即園立廟。詔王子孫。歲時奉祠。義叶恩稱。後世無得議焉。今三夫人名位或未正。塋域或異處。有司置而不講。曷足以彰明先帝甚盛之德。仰承在天之志乎。可並稱曰王夫人。命所司擇歲月遷祔濮王園廟。歲時奉祠。

宗室今後更不祔葬濮園御筆 大觀三年正月十五日

濮安懿王園寢。山川氣象。得地之勝。近接陵廟。形勢相連。而其子孫祔者不已。穿泄地脉。已踰十數。甚非尊祖奉先之意。宗室今後更不祔葬濮園。改祔柏谷之原。選差太史局官前去相度。可與不可增廣。

宋大詔令集卷第五十一

宰相一

進拜一

趙普拜相制 乾德二年正月庚寅

閎散同功。歸馬遂隆於周道。蕭張叶力。斷蛇因肇於漢基。必資佐命之臣。以輔興王之業。推忠協謀佐理功臣、樞密使、光祿大夫、檢校太保、兼御史大夫、上柱國、天水縣開國伯、食邑七百戶趙普。功參締構。業茂經綸。稟象緯之淳精。契風雲之良會。洎贊樞機之務。屢陳帷幄之謀。沃心方佇於嘉猷。調鼎宜膺於大用。俾踐台衡之位。仍兼書殿之榮。爾其罄乃一心。熙予庶績。君臣相正。勿忘獻納之規。夙夜在公。勉致隆平之化。往服休命。無愧前修。可門下侍郎、同中書門下平章事、集賢殿大學士。功臣、散官、勳、封如故。

薛居正拜相制 開寶六年九月

財成天地者。元后之道。燮理陰陽者。冢宰之權。其有早踐巖廊。久參機務。旣著彌綸之効。宜升輔相之資。吏部侍郎、參知政事薛居正。文作國華。才爲人傑。夙推重望。久服大僚。朕自祗膺寶圖。茂建皇極。酌用舊制。簡求輔臣。特命預大政於萬機。下丞相之一等。顧惟全德。無忝明恩。于今歷年。厥有成績。疇庸之典。無所吝焉。是用擢正台司。仍兼史職。懋官進秩。眞食增封。於戲。知臣者君。予雖慙於往聖。以道佐主。汝宜念於前賢。永保令圖。以承休命。可門下侍郎、同中書門下平章事。依前監修國史。兼提舉淮南、湖南、嶺南諸州水陸三司發運等使。仍進封河東郡開國公。加食邑一千戶。食實封二百戶。

沈義倫拜相制 開寶六年九月

輔弼之臣。邦家是寄緝熙庶政。必賴其嘉謀。鎭撫四夷。實資於重德。睠機衡之近列有霸府之舊僚。疇佐命之功。俾當爰立。委調元之任。允契具瞻。樞密副使、尙書戶部侍郎沈義倫。儒行飭躬。貞規邁俗。保晏嬰之儉德。富韋賢之經術。自首建興運。厤踐通班。掌漕坤維。清風播於遠俗。詢謀密地。素履光於盛時。是宜擢副鼎司。倚爲國相。正中樞之貴位。冠仙殿之群儒。式重元勳。且符公望。於戲。刱業垂統。予方致於治平。當國秉鈞。爾宜思於經制。務恢遠略。以贊永圖。可中書侍郎、同中書門下平章事、集賢殿大學士、兼提舉劍南、荆南諸州水陸轉運使事、仍進封吳興郡開國公。加食邑一千戶。食實封二百戶。

趙普拜昭文相制 太平興國六年九月辛亥

協比者德皇王之大猷。圖任舊人邦家之令典。其有功宣締構。望著巖廊。出領藩宣。入奉朝請。輿頌所屬。嘉言孔彰。宜膺作礪之求。再授秉鈞之寄。開府儀同三司、太保、天水郡開國公趙普。建邦元輔。命世偉才。早踐台衡。載更時序。蕭何畫一之法。著於廟堂。甘盤舊學之臣。屈在班列。朕方寤寐良弼。寅亮天工。詢于元龜。歷選群后。用煩舊德。弼于眇躬。外以鎮撫四夷。內以平章百姓。康濟庶務。當思舟楫之言。品題群材。俾適輪轅之用。左右寡昧。臻于治平。毋使丙魏房杜。專美於前代也。可守司徒、兼侍中、昭文館大學士。

宋琪李昉並相制 太平興國八年十一月壬子

平章百姓。唐堯所以疇咨。總領衆職。漢宣由是致治。非賢罔乂。得士則昌。聿求經濟之才。爰授弼諧之任。枚卜斯允。成命則行。刑部尚書、參知政事宋琪。宇量深沖。規模宏遠。工部尚書、參知政事李昉。鬱有公望。久服大僚。而皆罄竭謨明。裨贊樞軸。君臣之際。人無間言。公家之事。行有餘力。修經術以自輔。體方直而靡渝。是宜擢正台衡。職茲調燮。朕所注意。不假審象之求。汝既得君。當思補袞之効。唯用虛己。佇茲沃心。欽若訓詞。往踐乃位。並守本官同中書門下平章事。加金紫光祿大夫。琪封廣平郡侯。昉封隴西郡侯。

趙普昭文相制 端拱元年二月庚子

尊賢養老。上古格言。念舊錄勳。前王令典。而況再登廊廟。三秉節旄。始終不易於純誠。出入咸膺於大用。爰疇茂德。用降徽章。山南東道節度、襄州管內觀察處置等使、檢校太師、兼侍中、許國公趙普。大昴儲祥。維嵩挺秀。翊天飛之景運。名冠公王。蘊台輔之嘉謀。功書簡册。早從黃閣。荐擁高牙。隆中盡偃於仁風。峴首更歌於善政。加以心惟許國。道在安民。封章屢納於忠言。致理率陳於正道。佑予涼德。繄乃宗臣。朕所以卜在會朝。委之論道。彝倫未敍。將俟於緝熙。庶政缺然。佇期於夤亮。是以輟從藩輔。復踐巖廊。加帝保之崇資。冠鑾臺之舊列。咨上公而詢庶政。彌切倚毗。昌洪業以永丕圖。更資光輔。可守太保、兼侍中、昭文館大學士。

呂蒙正拜相制 同上

天道無私。日月星辰助其照。皇王不宰。股肱輔弼代其功。所以端拱仰成。垂衣致治。建千年之昌運。追三代之令猷。其有業茂經綸。才推謹厚。參大政而再罹寒暑。秉純誠而無替初終。宜推爰立之恩。式副至公之選。朝散大夫、給事中、參知政事、上柱國、賜紫金魚袋呂蒙正。四氣均和。五行鍾秀。蘊濟時之明略。輔之以温恭。挺命代之宏材。守之以淵默。凡膺歷試。畢振芳猷。公忠推社稷之臣。凝重見廟堂之器。睠茲大體。久鬱具瞻。爰資作礪之功。用正秉鈞之任。崇階駁貴。列爵增封。兼修太史之書。載踐地官之秩。爾宜周旋庶政。左右眇躬。綏茲宵旰之憂。翊我隆平之運。同底于道。豈不美歟。可光祿大夫、中書侍郎、兼戶部尙書、中書門下平章事、監修國史。

呂蒙正起復制

門下。移孝資忠。蓋格言之攸著。節哀順變。亦人子之大端。朕撫御中區。司牧黎庶。宵衣旰食。雖切於憂勤。一日萬機。良繫於輔弼。豈顧曾顏之細行。尙隳稷卨之殊庸。眷我台臣。遽鍾艱疚。爰舉奪情之典。克遵以義之文。揚于明庭。告爾有位。具官呂蒙正。陽秋稟氣。金玉含貞。負經濟之材。守之以道。懷挺持之操。保之以和。燮調而元化不愆。邁種而芳猷益茂。文學早光于訓誥。重輕無爽於權衡。適隆注意之懷。俄迫茹荼之痛。得不舉茲綸綍。起自苫廬。抑絕奬純至之情。副當宁倚毗之旨。勗從王事。以代天工。苟盡瘁之誠。竭于奉上。則罔極之報。豈廢因心。宜體急賢。勉祗成命。可

李昉張齊賢並相制 淳化二年九月己亥

國家並建庶官。歷選群后。聿求公輔之器。付以燮調之權。上以增三光之明。下以慰兆民之望。參用耆舊。所以坐鎮雅俗。疇咨俊乂。所以垂拱仰成。得人惟艱。枚卜惟允。金紫光祿大夫、守尙書右僕射、上柱國、隴西郡開國公李昉。學窮緗素。識茂經綸。久服大僚。嘗居台席。奉行故事。蔚有賢相之風。師長庶僚。聿爲外廷之表。中大夫、尙書刑部侍郎、參知政事、上柱國、淸和郡開國公張齊賢。臨事能斷。好謀而成。再總樞機。備親獻替。勵謇謇之節。知無不爲。體恂恂之規。動必由禮。而皆久積學問。深練謨明。屬茲宵旰之勤。宜符夢卜之選。是用並命陟于黃扉。汝其澄汰九流。緝熙百度。以昉畫一之法。足以申昭舊章。以齊賢不貳之心。足以斟酌元化。同德盡瘁。底予于休。當念致君於唐虞。無使專美於丙魏。服是休寵。欽若訓詞。昉可守本官、兼中書侍郎、同中書門下平章事、監修國史。齊賢可金紫光祿大夫、尙書吏部侍郎、同中書門下平章事。

呂蒙正拜相制 淳化四年十月辛未

昔者虞舜之時。優游於巖廊之上。周武王垂拱而天下理。此無他術。蓋得人而委之政也。因念萬幾之劇。屬在中樞。民具爾瞻。朕所注意。是用疇咨庶尹。對越上元。敷求良材。付以茲任。光祿大夫、吏部尙書、上柱國、東平郡開國公呂蒙正。卷懷經濟。蹈詠中和。而自踐歷華資。弼諧庶政。識謨明之大體。罄勤瘁之小心。出領天官。坐鎮雅俗。炎涼載貿。望實彌優。方今百度將隆。兆民思泰。朕勵精更始。昭德塞違。載詢廊廟之訏謨。用建朝廷之經制。若涉大水。浩無津涯。爰咨髦碩之賢。再踐公台之位。秉國鈞而建皇極。允人望而代天工。汝其薦藥石之讜言。輔茲不逮。贊金玉之王度。致於無爲。弼予一人。永底于道。可守本官、同中書門下平章事。

呂端拜相制 至道元年四月癸未

王者對越穹壤。司牧蒸黎。必求班白之賢。寘於輔相之任。總領衆職。俾朱紫之洞分。鎭撫四夷。使兵革之不用。夙夜宥密。朝夕論思。聿求其人。乃命以

位。朝散大夫、左諫議大夫、參知政事、東平郡開國伯、賜金紫魚袋呂端。簡直夷曠。宣慈惠和。挺王佐之偉材。負人倫之碩望。頃自擢參樞軸。再歷炎涼。運奇兵於廟堂。詢謀惟允。貢昌言於帷幄。謇諤可嘉。適當求理之辰。益見匪躬之節。矧又周知大體。多識舊章。用晦而明。中立不倚。王商厚重。旣遠懾於羌戎。謝傅元虛。可坐鎮於雅俗。宜踐公台之位。克符師尹之瞻。汝當思堯舜以致君。無使其不及。體黃老而行化。用致乎無爲。欽若告言。以終令問。可銀青光祿大夫、行尚書戶部侍郎、同中書門下平章事、上柱國、進封東平郡開國侯。

呂蒙正拜昭文相制　咸平四年三月庚寅

外撫四夷。內親百姓。壹統類。調陰陽。時惟弼臣。兼總其職。特進、行尚書左僕射、上柱國、東平郡開國公呂蒙正。綽有文行。冠於群倫。學在先朝。已更大用。久勞于外。民具爾瞻。宜復鼎司。再持國論。祗若前憲。毗予一人。可同中書門下平章事、充昭文館大學士、加食邑五百戶。

向敏中拜集賢相制　咸平四年三月庚寅

表正萬邦。宣揚百度。眷是股肱之任。其惟楫礪之求。俯徇僉同。用頒明命。金紫光祿大夫、行尚書兵部侍郎、參知政事、上柱國、河內郡開國公向敏中。器宇宏遠。風規淑清。鑒洞化原。績周時務。粤踐鈞衡之任。茂成飪實之和。予嘉乃勳。爰立作相。佐王興化。茲有望焉。可同中書門下平章事、充集賢殿大學士、加食邑五百戶。

畢士安拜同中書門下平章事監修國史加恩制　景德元年八月己未

門下。璿樞觀象。三階驗乎泰平。金鉉調元。四輔佐於神化。朕纘承鴻緒。恢闡皇猷。思欲固大業於隆熙。躋兆姓於仁壽。寤興爲念。惕厲于懷。爰得老成。簡在圖任。金紫光祿大夫、行尚書吏部侍郎、參知政事、上柱國、太原郡開國侯畢士安。性體純厚。德包元和。羽翼沖人。夙昭彝範。徊翔近署。實壯嘉猷。中外迭更。矩儀斯茂。遂贊大鈞之任。勤宣百揆之功。屬鼎席之求賢。命槐庭而正秩。併加徽數。以叶舊章。膺茲眷懷。往踐于位。可依前吏部侍郎、同中書門下平章事、監修國史、進封開國公、加食邑五百戶、食實封二百戶。

寇準拜同中書門下平章事集賢殿大學士加恩制

門下。朕繼統二聖。光宅萬方。旰食宵衣。愛民治國。敢忘欽翼。仰奉燕詒。思得忠良。弼于機務。三司使、光祿大夫、行尚書兵部侍郎、上柱國、上谷郡開國公寇準。嘗以公望。佐于昌朝。讜議嘉謨。清規直道。冠於當代。休有令聞。自膺屏翰之權。洎商金穀之任。藹然茂績。副我精求。用詢朝僉。委以柄政。允賴股肱之力。罄宣帷幄之謀。往欽訓詞。勿懈于位。可依前兵部侍郎、同中書門下平章事、集賢殿大學士、加食邑實封、改賜功臣。

王旦拜集賢相制　景德三年二月戊戌

作朕股肱。斯惟輔相。詢求讜議。精擢寶臣。允符審象之求。乃降卽眞之命。金紫光祿大夫、尚書左丞、參知政事、上柱國、太原郡開國公王旦。五行鍾秀。

四氣均和。有華國之文、負經邦之業。言皆中禮。動不違仁。頃由近密之司。陟預鈞衡之列。盡規納誨。克慕前修。正色直躬。聿隆時望。居然國器。簡在朕心。俾正位於中樞。且升榮於起部。同底于道。爾其欽哉。可工部尚書、同中書門下平章事、集賢殿大學士、加食邑實封。仍賜功臣。

向敏中拜集賢相制 大中祥符五年四月戊申

王者奉若天憲。裁成物宜。萬樞之繁。實總於元弼。六府之重。乃法於泰階。必惟其人。乃底于道。資政殿大學士、光祿大夫、行刑部尚書、兼秘書監、上柱國、河內郡開國公向敏中。誠存忠恪。識洞幾微。經以懿文。彰乎雅用。山甫之志。式古訓以惟精。魏絳之仁。利公室而斯在。早以一德。贊乎先朝。洎登翊於朕躬。旋正名於台席。出納大命。懋昭永圖。沃心居多。宣力盡瘁。出撫方面。荐樹於風聲。再委居留。能鎮於雅俗。自凝嚴之入侍。固體貌之有加。洽聞辰告之猷。增仰時中之道。英規彌茂。雋望攸歸。是用陟于巖廊。對掌鈞軸。代工之任。仰成在茲。蕃錫徽章。式申褒異。於戲。朕承積累之慶。以致乎小康。念輔弼之難。豈忘於枚卜。咨乃耆舊。佐予眇沖。所宜遵臣鄰之言。愼幾康之戒。總率衆職。寅亮九功。欽哉勗哉。無懈于位。可依前刑部尚書、同中書門下平章事、充集賢殿大學士、加食邑一千戶、實封四百戶。

宋大詔令集卷第五十二

宰相二

進拜二

樞相王欽若拜相制 天禧元年八月庚午

邦家之政。實本於中樞。輔弼之臣。必資於同德。俾主代工之任。式光注意之求。樞密使、開府儀同三司、行尚書右僕射、檢校太師、同中書門下平章事、充會靈觀使、兼群牧制置使、判禮儀院、上柱國、太原郡開國公王欽若。象緯儲精。珪璋挺秀。文含雅正。學擅兼該。而自協贊機衡。周旋帷幄。夙宵匪懈。歲月屢遷。岱嶽建封。成矢謨先置之績。汾脽展禮。著陪祠扈蹕之勞。繼舉鴻儀。實詢嘉話。誕昭景鑠。臻此至寧。是用斷自朕心。列于台席。升榮左揆。命秩右臺。方圖奮庸。無懈凝績。可尚書左僕射、兼中書侍郎、同中書門下平章事、依前會靈觀使、加食邑實封、餘如故。

寇準拜相制 天禧三年六月戊戌

中樞之任。大政攸資。式敍九功。用熙百度。將協群倫之望。允求經濟之才。簡自予衷。乃頒綸命。山南東道節度使、開府儀同三司。檢校太尉、同中書門下平章事、上柱國、上谷郡開國公寇準。清識淵深。懿文雅正。自顯躋於廊廟。久冠映於簪紳。中外亟更。謨猷日廣。介圭入覲。鳴玉在朝。朕方圖任舊人。以凝庶績。荐升台宰。仍進冢卿。置于股肱。繄乃棟幹。朝廷天下之根本。機軸王化之表儀。接道以言。爲臣不易。罄一心而翼戴。副四海之具瞻。其惟朂哉。以弼台德。可中書侍郎、兼吏部尚書、同中書門下平章事、充景靈宮使。

李迪拜集賢相制 天禧四年七月丙寅

握魁柄之重。于以擬乎三階。調羹味之和。于以熙乎百志。贊大熙之成物。總重職以敍功。陟降於巖廊之塗。彌綸乎天衮之闕。諒非人傑。曷副尹瞻。金紫光祿大夫、行尚書禮部侍郎、參知政事、兼太子賓客、充會靈觀使、上柱國、隴西郡開國侯李迪。沖識表微。宏材緯俗。蘊瑰琦而立行。濯江漢以凝姿。敏學兼該。達夷吾之治體。英文鼓動。精射父之訓辭。爰自首冠英髦。荐參班署。剸煩司會。書命右曹。涖戎闈以樹風。董漕輸而成務。酬其雅望。入直內庭。稟禁誡而惟寅。暢帝猷而載郁。擢參邦政。式佐台司。罄輸感遇之誠。圖講亮工之業。咨擇令典。遵故實而不愆。啓迪徽言。體忠藎而無隱。實贊元子。

賓于東朝。調侍宣勞。規益備至。稽枚卜之吉。愼㩲假之求。若時升庸。俾輔予治。進拜天臺之秩。專奉眞館之嚴。傅于承華。申翊儲后。敦邑之數。寵名並臻。於戲。股肱惟良。所以成蕩蕩之化。棟幹是賴。所以固丕丕之基。屬興治之在辰。務保民而綏德。益懷布策之訓。式符肖象之求。往欽哉。無忽我選衆之舉。可吏部侍郎、兼太子少傅、同中書門下平章事、充景靈宮使、集賢殿大學士。仍加上柱國、食邑實封、進封開國公。

丁謂拜昭文相制 天禧四年七月庚午

昔者軒后。得六相而合神明。洎于陶堯。舉八元而熙外內。朕協于夢卜。得茲股肱。爰擇剛辰。誕敷徽命。樞密使、金紫光祿大夫、吏部尚書、檢校太尉、上柱國、濟陽郡開國公丁謂。識淸體遠。學富文高。包孔氏之四科。懋皐陶之九德。自珍符之昭降。屬靈館之經謨。能竭精忠。克符素志。矧復劚壇展禮。湯社巡方。翊鑾輅於殊庭。洽祺祥於霄極。乃勳克茂。人望斯隆。邇者召自侯藩。再諧揆政。察其寅亮。授以樞機。經百慮以不回。守一誠而事上。宜加禮命。用冠台衡。舉集懋恩。聿昭異數。將允僉屬。時惟汝諧。勵翼乃心。往踐厥位。可依前吏部尚書、同中書門下平章事、充玉淸昭應宮使、昭文館大學士、監修國史、加食邑實封。

昭文相丁謂進左僕射太子少師 天禧四年十月庚午。謂以戊辰同李迪罷知河南府。翊日。依舊視事。當具知河南府銜。仍用相銜。誤也。

蒼震承基。允隆乎丕業。黃扉賦政。實總於群司。屬躋德之有聞。思任賢而爲助。授受之際。詢謀允諧。金紫光祿大夫、吏部尚書、同中書門下平章事、充玉淸昭應宮使、昭文館大學士、監修國史、上柱國、濟陽郡開國公丁謂。抱器挺生。含章秀發。學洞聖門之奧。辭鏘天律之和。自佐大鈞。罄宣忠力。翊勵精之治。責實攸先。參同德之倫。專徽斯稱。外臨藩翰。益樹風聲。因秉瑞之來庭。復登樞而贊治。荐掌機要。乃升公台。斟酌于一氣之和。緝熙于百度之政。良肱斯賴。崇棟在茲。俾其首輔儲闈。兼登揆路。峻鸞臺之茂級。冠鼎席之至榮。翊宣令猷。庶協僉議。可尚書左僕射、兼門下侍郎、太子少師、同中書門下平章事。餘如故。

馮拯拜集賢相太子少傅制 天禧四年十一月庚午

朕祇若盛猷。紹膺洪業。乃眷儲貳。實鍾善祥。任以政經。俾其練習。眷言協贊。允屬輔臣。樞密使、開府儀同三司、行吏部尚書、檢校太傅、同中書門下平章事、上柱國、始平郡開國公馮拯。沉厚秉彝。粹溫凝識。蘊廉深之雅度。抱顯達之宏材。凡所踐更。必揚休問。丞居兩府。翊贊九功。勵操方嚴。秉心勤盡。乃者政成西邑。歲覲紫庭。謁見風規。荐加圖任。總樞機之宥密。竭心膂以燮調。屬我震闈。漸親時政。賴股肱之明略。助星日之重暉。是用擢正台司。列于揆路。兼榮內史。傅德承華。煥此綸章。允夫僉屬。勉伸贊諭。務罄忠勞。可尚書右僕射、兼中書侍郎、太子少傅、同中書門下平章事、充景靈宮使、集賢殿大學士。餘如故。

馮拯守司徒兼侍中充玉淸昭應宮使昭文館大學士監修國史加恩制 乾興元年七月十五日

門下。乾曜三台上承斗極。皇王四輔下秉國維。峻法象於民瞻。寄弼諧於邦略。其有績伸調護。道冠經綸。秉一德而有常。贊九功而多裕。宜因旌別之際。載陟等威之崇。允叶僉謀克揚令典。推忠協謀同德守正佐理功臣、開府儀同三司、守司空、兼侍中、充景靈宮使、集賢殿大學士、上柱國、魏國公、食邑八千七百戶、食實封三千二百戶馮拯。早事先帝。蔚爲正臣。深識體於機繁。敏學該于道要。歷登兩府。協佐萬樞。一統類以從宜。格風化而歸厚。暨由方牧。再列近司。屬以沖人。適臨庶務。兼六傅之重。聿資表儀。翊三善之風。不忘訓範。迄于纘紹。備見精忠。念王業之惟艱。賴仁傑而同濟。爰加進擢。用奬勳勞。乃眷眞宮。俾升使任。名山儒館之局。書社苺田之封。率循舊規。咸舉優渥。於戲。國有元老。人之大鈞。庶遂陰陽之和。益隆棟榦之吉。弼我鴻業。永孚于休。可特授守司徒、侍中、充玉淸昭應宮使、昭文館大學士、監修國史、魏國公、加食邑一千戶、食實封四百戶、功臣散官勳如故。主者施行。

王曾授中書侍郎同中書門下平章事集賢殿大學士會靈觀使制 七月十五日

門下。舜績方茂。選衆而舉皐陶。周邦既隆。降神而得山甫。良弼之任。群黎式瞻。必惟其人。同底于道。令朕博采輿議。用符東求。擢茲調護之勳。列于宰衡之重。載涓令日。誕舉徽章。推忠協謀佐理功臣、光祿大夫、禮部尚書、參知政事、上柱國、太原郡開國公、食邑三千戶、食實封一千一百戶王曾。簡亮忠純。直精萃厚。學窮師法。文擅國華。登俊選於昌辰。冠時名於多士。荐當大任。遂翊鴻鈞。達胡廣之朝章。究房喬之吏事。出臨都會。克樹於風聲。來復近司。愈隆於望實。閔緣沖眇。始涖政經。實預師賓。以資訪問。方紹隆平之業。豈忘輔翼之勞。是用旌一德之贊商。舉三篇而命說。九功將序。咨乃緝熙。衆志未融。賴于訓道。契風雲之交感。叶夢卜之不違。乃眷眞庭。夙隆任使。俾其總領。庶極寅恭。於戲。上法乾台。方崇於體貌。下和民則。益峻於表儀。懋宣令猷。往踐于位。可特授行中書侍郎、兼禮部尚書、同中書門下平章事、集賢殿大學士、充會靈觀使、功臣散官勳封如故。主者施行。

王欽若拜相制 天聖元年九月丙寅

朕猥以眇質。獲紹丕圖。言念爲君之難。實惟任賢之重。輔茲不逮。眷於老成。聿采民瞻。用符帝賚。銀青光祿大夫、刑部尚書、上柱國、琅琊縣開國子、食邑五百戶王欽若。逮事先帝。嘗升近司。彌綸萬幾。夷險一節。向均勞逸。出涖藩垣。政胥穆於民風。心雅存於王室。屬廟堂虛位。龜筮協謀。疾置召還。嘉猷入告。俾復升於台路。仍併躐於徽章。於戲。三公無官。以師百僚之治。一人有慶。以遺兆民之休。坐恢國猷。永作賢弼。可特授推忠協謀同德守正佐理功臣、開府儀同三司、守司空、兼門下侍郎、同中書門下平章事、充玉淸昭應宮使、昭文館大學士、監修國史、上柱國、太原郡開國公、食邑一萬五千四百戶、食實封六千五百戶。

王曾進昭文制 天聖三年十二月癸丑

朕紹休三聖。躬覽萬幾。眷乃股肱之臣。方居鼎軸之重。進圖賢業。擢冠宰廷。適涓剛辰。誕告明命。推忠協謀同德佐理功臣、特進、行中書侍郎、兼禮部尚書、同中書門下平章事、充會靈觀使、集賢殿大學士、上柱國、太原郡開國公、食邑四千戶、食實封一千五百戶王曾。同寅一德。入贊兩朝。懿學洪文。

通天人之極摯。沉識厚望。竦中外之具瞻。綱紀群倫。緝熙百度。是用總祠眞館。正位黃扉。加命地卿。兼榮史觀。秉我魁柄。穆於政途。於戲。天之三台。以上幹於元緯。國有四輔。以下經於大謨。其懋乃功。往弼予治。可特授門下侍郎、兼戶部尚書、同中書門下平章事、充玉清昭應宮使、昭文館大學士、監修國史。

張知白拜相制 同前

朕以四海至廣。萬幾至繁。惟時惟幾。寔賴良輔。推忠佐理功臣、樞密副使、特進、行尚書右丞、充祥源觀使、上柱國、清河郡開國公、食邑四千一百戶、食實封一千七百戶張知白。恭允篤實。清直惠和。頃從禁涂。入贊樞極。忠嘉有守。方毅不回。是用擢正宰司。升華省座。進兼書殿之職。仍總靈宮之祠。於戲。代天之工。上列三階之象。秉國之務。下遂萬物之宜。益宣令猷。式副予倚。可特授工部尚書、同中書門下平章事、充會靈觀使、集賢殿大學士。仍賜推忠協謀佐理功臣。

張士遜拜相制 天禧六年二月壬子

鈞宰之司。總裁萬化。故道存兼濟。若舟楫之乘巨川。義在相須。若股肱之衞元首。自非邦雋。曷慰民瞻。爰擇剛辰。式頒顯册。推忠協謀佐理功臣、樞密副使、行尚書左丞、充祥源觀使、清河郡開國公、食邑三千三百戶、食實封一千戶張士遜。材膺敏達。德蹈中和。先皇帝簡自聖心。寘之清貫。蚤輔學於儲禁。遂密謀於宥廷。而能愼密自持。將明有裕。屬予纂序。彌所仰成。適從選衆之求。粤有登庸之拜。既兼榮於書殿。仍加秩於禮卿。益以邑封。副之眞食。斯惟異渥。以寵舊勞。於戲。開德宣符。其本泰階之象。參坐議政。莫如公袞之尊。惟正色可以弼違。惟純誠可以亮采。無使房魏姚宋專美於有唐也。可特授禮部尚書、同中書門下平章事、充集賢殿大學士、加食邑一千戶、實封四百戶。

呂夷簡拜集賢相制 天聖七年二月丙寅

王者之建宰職也。上法台象。以代天工。下裁物宜。以統萬類。熙衆志而敍彝倫。調四時而翊元化。允資名器。必契僉同。疇其貳政之能。寵以登庸之拜。金紫光祿大夫、行尚書戶部侍郎、參知政事、修國史、充會靈觀使、上柱國、東平郡開國公、食邑二千三百戶、食實封八百戶呂夷簡。學探奧賾。器蘊宏深。夙推經世之才。動著首公之節。以懿文而潤謨訓。以精力而劇繁。譽滿朝端。績成官下。朕初臨邦統。尤渴時賢。擢佐鼎司。嘉聞國論。勵匪躬之道。而無失守節。叶成務之宜。而弗忘稽古。方今遵祖宗之憲度。致中外之治平。懷於永圖。緊乃良輔。已試之効。既彰於時。爰立之恩。素定于志。俾對司於衡軸。用正位於鈞台。總職眞宮。兼榮書殿。仍增命數。載峻寵章。於戲。自昔哲王。注懷重任。或營求方獲。或枚卜乃從。曷若閱于臣鄰。得此棟榦。既稔彌綸之業。更資翼亮之功。聳列辟之具瞻。繼宗門之茂躅。勤宣休聞。式荷至榮。可特授依前戶部侍郎、同中書門下平章事、充景靈宮使、集賢殿大學士、加食邑一千戶、食實封四百戶、仍賜推忠協謀佐理功臣、散官、勳、封如故。

呂夷簡進昭文相制 天聖七年八月己丑

統和庶工。運理群物。惟時元弼之重。以承上天之休。咨合僉謀。誕告列位。推忠協謀佐理功臣、金紫光祿大夫、行尚書戶部侍郎、同中書門下平章事、集賢殿大學士、監修國史、上柱國。東平郡開國公、食邑三千三百戶、食實封一千二百戶呂夷簡。道通元本。學富經綸。勤勞兩朝。終始一節。惟寬厚足以鎮俗。惟忠嘉足以熙朝。文昌上相之司。以進恢於乾緯。天官冢卿之貳。以均治於邦彝。儒館秘局。爰田多戶。併加異數。用示注懷。於戲。外鎮撫四夷。蓋自近始。內親附百姓。必以身先。汝惟欽哉。罔假多訓。可特授行尚書吏部侍郎、同中書門下平章事、昭文館大學士、監修國史、加食邑七百戶、食實封三百戶、功臣、散官、勳、封如故。

宋大詔令集卷第五十三

宰相三

進拜三

張士遜拜相制 明道元年二月庚戌

國家登用邦傑。緝熙政途。出則偃息而爲藩。入則從容而論道。聿圖舊望。再陟近司。推誠保德翊戴功臣、定國軍節度、同州管内觀察處置等使、特進、檢校太傅、持節同州諸軍事、同州刺史、兼御史大夫、知許州、兼管内隄堰橋道勸農使、管勾開治溝洫河道事、上柱國、清和郡開國公、食邑五千五百戶、食實封一千九百戶張士遜。直諒兼容。純和秉粹。文學資其器用。忠厚本於誠明。蚤自宰廷。出臨方面。壽分將鉞。作鎮陪京。荐彌歲時。亶有聲績。雖均勞逸之任。靡忘寤寐之懷。是用還秩秋卿。參調鼎鉉。特疏多邑之賦。仍加眞食之封。誕舉徽章。式諧僉論。於戲。奉天惟聖。用憲於聰明。代工其人。允歸於燮理。勉興盛治。以昌宏圖。可特授行刑部尙書、同中書門下平章事、集賢殿大學士、加食邑一千戶、食實封四百戶、仍改賜推忠協謀佐理功臣。

張士遜進昭文相制 明道二年四月己未

門下。代天工者在乎庶官。總邦治者繫乎冢宰。苟非巖廊宿望。棟幹奇才。何以副區夏之具瞻。荷朝廷之大任。我有良弼。僉曰其人。方隆眷注之懷。宜被甄升之命。聿申誕告。式協至公。推忠協謀同德佐理功臣、特進、行中書侍郎、兼兵部尙書、同中書門下平章事、集賢殿大學士、上柱國、清河郡開國公、食邑八千二百戶、食實封二千一百戶張士遜。明允凝心。粹和毓質。懿行循於憲度。嘉言本乎典常。朱邸效官。有諒直之益。青宮分職。存輔導之規。逮進位於樞庭。復聯榮於相府。罄弼諧之素志。存將順之深忠。旣而偃息藩垣。撫綏黎庶。大布中和之治。每懷翼戴之誠。因出建於節旄。遂入居於台鉉。益顯和羹之譽。彌張補袞之能。協贊萬機。見百工之咸績。周旋一德。俾庶政之克諧。是用登左省之崇資。兼文館之重任。旣加采邑。仍錫眞封。用是褒嘉。式符毗倚。於戲。萬方砥厲。允賴於謨猷。四氣均和。方資於燮理。宜循古訓。以佐眇躬。俾協大中。無忝休命。可特授行門下侍郎、兼兵部尙書、同中書門下平章事、昭文館大學士、監修國史、加食邑一千戶、食實封四百戶、功臣、散官、勳、封如故。

李迪拜集賢相制 同前

門下。舜命夔龍。用熙於庶績。周褒申甫。以掾於萬邦。惟公論之攸歸。在良臣之是任。分持政柄。共代天工。苟非出類之英。曷稱登庸之選。資政殿大學士、金紫光祿大夫、工部尚書、判尚書都省、上柱國、隴西郡開國公、食邑二千五百戶、食實封七百戶李迪。襟懷平粹。宇量閎深。榮名夙冠於俊賢。涖事素聞於敏幹。典機衡於相府。頗見深忠。備輔翼於儲宮。允爲舊德。俄出臨於外郡。繼改領於雄藩。星琯屢遷。聲猷益著。德諧民庶。式昭撫育之功。道濟邦家。宜荷彌綸之寄。是用斷自朕志。擢於書林。爰賚熙載之能。復正調元之位。不離起部。遂陟台階。加馭貴之榮。資改仙殿之重。秩爰申美號。併示恩章。於戲。宰弼之司。治亂是繫。內則燮和庶事。俾協大中。外則鎮撫四方。用俾至化。豈非任重。允謂才難。副我倚毗。勉爾寅亮。可特授光祿大夫。依前行工部尚書、同中書門下平章事、集賢殿大學士、加食邑一千戶、食實封四百戶。仍賜推忠協謀佐理功臣。勳、封如故。

呂夷簡拜昭文制 明道二年十月戊午

門下。王者澄清化元。陶甄庶品。必求茂宰。以付大鈞。其有碩望鎮時。雄才傑世。處阿衡之重任。久籍告猷。殿陪京之巨邦。彌深注意。再陟三階之上。庶符四海之瞻。允叶至公。爰伸誕告。推誠保德崇仁忠亮翊戴功臣、武勝軍節度、鄧州管內觀察處置等使、開府儀同三司、檢校太傅、同中書門下平章事、使持節鄧州諸軍事、行鄧州刺史、判陳州軍州事、兼管內堤堰橋道勸農使、及管勾開治溝洫河道事、上柱國、東平郡開國公、食邑九千戶、食實封三千七百戶呂夷簡。道包經濟。學富典彝。秉惠和肅哲之資。蘊輔相彌綸之業。被遇先聖。亟歷榮途。弼贊沖人。早登柄用。自預聞於機政。洎首冠於槐庭。敍皐陶之九功。總魏相之衆職。宣明國體。茂遂物宜。荷寵祿而屢辭。蹈謙光而不伐。萬事皆理。實賴胡公之賢。四國于蕃。暫勞申伯之政。思儀刑而是渴。在寤寐以寧忘。是用特舉徽章。入司魁軸。天官正秩。文館崇資。史職勳名。並還舊貫。仍益爰田之賦。載加眞食之封。蓋示優褒。式彰異數。於戲。任能圖舊。旣獲於正人。垂衣仰成。佇臻於大治。繄乃者德。豈煩訓辭。可特授門下侍郎、兼吏部尚書、同中書門下平章事、昭文館大學士、監修國史、加食邑一千戶、食實封四百戶。仍改賜推忠協謀同德守正佐理功臣。散官、勳、封如故。主者施行。

王曾拜相制 景祐二年二月辛未

樞謨靖密。所以制乎邊兵。鼎飪燮和。所以均乎國政。維是文武之柄。屬在股肱之良。爰擇剛辰。以敷大號。推忠協謀同德守正佐理翊戴功臣、樞密使、開府儀同三司、行吏部尚書、檢校太師、同中書門下平章事、上柱國、太原郡開國公、食邑九千八百戶、食實封四千戶王曾。性資端亮。器識淵沖。蔚爲英材。克對休運。蹈夷險之□□。厲夙宵之素勤。泰階六符。重昭於天象。尚書百揆。式總於民常。進書殿之美名。益爰田之多賦。玆爲異寵。實副僉言。於戲。萬微之繁。非腹心而罔寄。四鄰之近。蓋體貌之所加。維乃協恭。副予圖舊。可特授行尚書右僕射、兼門下侍郎、同中書門下平章事、集賢殿大學士、加食邑一千戶、食實封四百戶。

王隨拜昭文相制 景祐四年四月甲子

朕惟萬微之務。屬於三事之臣。必疇咨于老成。可燮輔于元化。誕揚丕制。敷告明廷。推忠協謀佐理功臣、金紫光祿大夫、行尚書吏部侍郎、知樞密院事、上柱國、琅琊郡開國公食邑三千四百戶、食實封六百戶王隨素履含章。純誠格物。受知先帝。早踐禁塗。輔德沖人。宣勞儲邸。旋參政論。復總樞謀。屢詢黃髮之言。彌見素絲之節。是用擢司邦柄。進代天工。兼榮史觀之華。加食輳田之賦。維時寵數。蓋協師僉。於戲。周以申伯揉萬邦。漢以魏相修衆職。著于載籍。屬在良臣。爾其燮調陰陽。鎮撫夷夏。作我良弼。不其韙歟。可特授門下侍郎、同中書門下平章事、昭文館大學士、監修國史。加食邑一千戶。食實封四百戶。仍賜推忠協謀同德佐理功臣。

陳堯佐拜集賢相制 同前

朕纂紹丕圖。億寧中夏。審度時宰。付畀國鈞。維是老成之才。允茲枚卜之吉。誕揚明命。敷告群倫。推誠保德功臣、金紫光祿大夫、行尚書戶部侍郎、知鄭州軍州事、兼管內河堤勸農使、上柱國、潁川郡開國公食邑四千戶、食實封一千六百戶陳堯佐望重朝端。遠猷經世。出入中外。勤勞夙宵。二府告猷。居稔忱恂之德。大邦賦政。固多愷悌之風。是用擢正階符。參調鼎味。兼榮書殿之職。重錫雲臺之名。采地眞封。併加異數。於戲。師尹之重。式副民之具瞻。股肱之良。允謂國之同體。祇服厥命。勿替□誠。可特授依前行尚書戶部侍郎、同中書門下平章事、集賢殿大學士。加食邑二千戶。食實封四百戶。仍賜推忠協謀佐理功臣。

張士遜拜昭文相制 寶元元年三月戊戌

鼎實調元。蓋顯國政。台星著象。式煥天光。矧□□□□□舊德。宜入持於□柄。用大副於群瞻。推誠保德崇仁翊戴功臣、山南東道節度、襄州管內觀察處置等使、開府儀同三司、檢校太師、同中書門下平章事、使持節襄州諸軍事、行襄州刺史、判河南府、兼西京留□□□□□、畿內勸農使、上柱國、清河郡開國公食邑一萬九千戶、食實封四千二百戶張士遜夷粹含□。中庸體道。茂昭一德之美。協贊萬幾之微。頃自冢司。往□□□。澄淸□□。敦厚時風。若歲之和。汝惟霖雨之潤。□堂之□。汝惟棟榱之良。是用還司上台。進位左省。兼領夏卿之任。仍專史觀之華。褒功賦田。並躐彝數。於戲。代天之化。以布氣於四時。秉國之鈞。以主宰於萬事。勉勤猷念。庸副旁求。可特授行門下侍郎、兼兵部尚書、同中書門下平章事、昭文館大學士、監修國史、加食邑一千戶。食實封四百戶。仍賜推忠協謀佐理功臣。

章得象拜集賢相制 同前

朕躬履邦圖。厲精治本。參贊萬微之務。遴求四近之賢。矧對掌於大鈞。必允符於枚卜。登我碩輔。告于明廷。正奉大夫、尚書兵部侍郎、同知樞密院事、上柱國、京兆郡開國公食邑二千五百戶、食實封四百戶、賜紫金魚袋章得象沖簡直溫。懿厚和粹。高文見於典册。茂行涵于珪璋。頃由禁林。進筦樞極。愼重之望。可以表儀朝倫。經綸之才。可以緝熙皇化。爰立作相。永孚于休。於戲。斷自朕心。固僉謀之罔間。協于一德。豈盛業之難圖。若時老成。奚俟深訓。可特授金紫光祿大夫、依前行尚書戶部侍郎、同中書門下平章事、集賢殿大學士、加食邑一千戶、食實封四百戶、仍賜推忠協謀同德佐理功臣。

呂夷簡再相制（康定元年五月壬戌）

王者設丞疑之臣。同股肱之體。出宣王化。以偃价人之藩。入總機猷。以儀朝宰之位。載侍枚卜。誕告明廷。推誠保德崇仁協恭守正忠亮翊戴功臣、鎮安軍節度陳州管內觀察處置等使、開府儀同三司、檢校太師、同中書門下平章事、使持節陳州諸軍事、行陳州刺史、判天雄軍府事、上柱國、東平郡開國公、食邑一萬三千七百戶、食實封五千七百戶呂夷簡。體涵中和。性尙敦壹。器更大用。勳著一時。內外必平。有魏絳之風烈。夙夜匪懈。維山甫之將明。國之老成。世所標準。是宜解旌纛之權于外。專鼎鼐之職於中。榮還右揆之崇。峻兼左輔之重。屬我舊德。合于衆謀。於戲。代天之工。注意於相。眚祥屢見。則消復之是圖。疆埸未寧。則攻守之是計。爾其燮陰陽以導善氣。申威懷以鎮四夷。勉而忠勞。紓我宵旰。可特授行尚書右僕射、兼門下侍郎、同中書門下平章事、昭文館大學士、監修國史、加食邑一千戶、食實封四百戶。仍改賜推忠協謀同德守正亮節佐理翊戴功臣。

呂夷簡守司空餘如故制（康定二年十月壬午）

天地之道。運一氣而施生。帝王之功。須元宰而凝化。故湯曰大聖。惟厥阿衡。周有治臣。蓋先同德。眷言九服之重。日有萬幾之煩。審擇雋髦。俾熙政務。歷選時望。疇咨老成。特加八命之殊。式敍三槐之位。載涓剛日。敷告治廷。推忠協謀同德守正亮節佐理翊戴功臣、開府儀同三司、行尙書右僕射、兼門下侍郎、同中書門下平章事、昭文館大學士、監修國史、上柱國、申國公、食邑一萬四千七百戶、食實封六千一百戶呂夷簡。體涵中和。性蹈忠篤。被遇文考。受知沖人。保明哲之大方。迪中庸之全美。陟降幾於二紀。勤勞盡於一心。嚮以羌種弗懷。邊烽尙警。幸圖舊德。以暢遠猷。若時宏父之崇。庸建上公之秩。坐而論道。旣峻於等威。官惟其人。式昭於憑賴。於戲。憲宗委裴度之義。亟復淮西。昭肅信德裕之才。迄平上黨。緊君臣之交濟。致聲烈而並光。逖瞻前人。期底嘉靖。可特授守司空。餘如故。仍令所司擇日備禮册命。

呂夷簡依前判樞密院事制（慶曆二年七月戊午。九月丙午制改兼樞密使。）

王者崇建上宰。統理萬微。以燮調於陰陽。以鎮撫於夷狄。近世兵事。一委樞庭。分設攸司。不統公府。屬邊烽之尙警。思妙略之協宜。宜委老成。使之兼領。推忠協謀經邦同德守正亮節佐理翊戴功臣、開府儀同三司、行尙書左僕射、兼門下侍郎、同中書門下平章事、昭文館大學士、兼修國史、上柱國、許國公、食邑一萬五千七百戶、食實封六千五百戶呂夷簡。中庸載德。沉密體和。夙以英才。列於政路。講求賢濟治之要。知尊主馭下之方。自正元台。寔釐庶績□倚耆哲。兼司武經。以專二府之謀。以靖三陲之警。爰田加食。併示徽章。於戲。歷攷前王。維御諸夏。或簫勺以淸群慝。或干羽而來遠人。匪用兵威。務恢王度。維乃碩輔。博通舊聞。當有遠圖。以副朕意。可特授依前尙書左僕射、兼門下侍郎、同中書門下平章事、判樞密院事、昭文館大學士、監修國史、許國公、加食邑一千戶、食實封四百戶。

宋大詔令集卷第五十四

宰相四

進拜四

章得象兼樞密使制 慶曆二年七月戊午

朕祗紹丕圖。勤求至治。永惟皇王之道。爰立輔相之官。鎮撫四夷。宰制群類。而兹疆場之事。乃專樞宥之司。非通筦於冢卿。曷統一於機務。推忠協謀同德守正佐理功臣、特進、行尚書戶部侍郎、同中書門下平章事、充集賢殿大學士、上柱國、京兆郡開國公、食邑五千五百戶、食實封一千六百戶章得象。懿文華國。深識達神。寬裕表於性情。誠明彰於術業。矧夫密勿之地。本總綏於四夷。弼諧之臣。固倚平於萬事。宜正使名之重。以符邦體之隆。寶賦爰田。倂申褒異。於戲政有未乂。允咨黃髮之謀。知無不爲。更勵素絲之節。往服休命。勿忘欽哉。可特授依前尚書戶部侍郎、同中書門下平章事、兼樞密使、集賢殿大學士、加食邑一千戶、食實封四百戶。

呂夷簡罷判密院除兼樞密使制 慶曆二年九月

門下。朕以建置二府。分掌萬機。體貌所加。等威宜峻。其有台庭元老。王國藎臣。適疇總領之能。遂頒崇拜之典。累辭渙汗之渥。益諒由衷之言。沖遜彌高。褒顯惟允。具官呂夷簡。器懷端實。識慮淵深。自參贊於朝權。皆練達於世務。夙契股肱之詠。克副師尹之瞻。今以疆場未寧。屯戍猶廣。矧居首相之位。克副基命之司。膺此寵名。示於優待。安石廟堂之量。鎮靖攸先。山濤帷幄之籌。祗勤匪懈。能崇廉遜之節。更增簡注之懷。曲狥乃誠。特頒恩制。列于樞府。改賜使名。內輯朝猷。以夔龍之道。外嚴邊瑣。以良平之謀。克念遠圖。方侯成績。於戲軍國之要。展經濟者藉宏材。富貴之崇。畏盛滿者嚮多福。著美當代。弼予一人。可特授依前行尚書右僕射、兼門下侍郎、同中書門下平章事、兼樞密使、昭文館大學士、監修國史、許國公、功臣、散官、勳、食邑、實封、如故。

呂夷簡守司空加恩軍國大事與中書門下密院同議制 慶曆三年三月戊子

朕覽前史之載。見大臣之爲。進而盡忠。靡不流利澤之益。老而謝事。亦足厲廉恥之風。維時上宰之賢。式符高誼之舉。推忠協謀經邦同德守正亮節佐理翊戴功臣、開府儀同三司、行尚書右僕射、兼門下侍郎、同中書門下平章事、兼樞密使、昭文館大學士、監修國史、上柱國、許國公、食邑一萬七千六百戶、食實封六千九百戶呂夷簡。器識沈雅、風猷雋明。一登治朝、三貫台席。間屬疆埸之用武、兼總樞機而制謀。勞於夙宵、嬰此疹疾。遣上醫而加視、賜優告以就寧。封章繼來、誠請彌確。雖閔勞以官職之務、且不敢忘故舊之臣。俾命上公、以憲百辟。於戲、委遠時柄、既遂沖高之懷。贊襄國猷、尚圖忠益之補。勉綏福履、用副寵光。可特授守司空、監修國史、兼譯經潤文使、加食邑一千戶、食實封四百戶、仍改賜推誠保德翊戴亮節宣忠崇仁協恭守正功臣。每有軍國大事、與中書門下、樞密院同議以聞。

章得象進首相制　慶歷三年三月戊子

朕聽覽萬機、維御群品、詢謀輔弼、和同天人。矧登冠於百寮、方審圖於一德。爰諏剛日、以告治廷。推忠協謀同德守正佐理功臣、特進、行尚書戶部侍郎、同中書門下平章事、兼樞密使、集賢殿大學士、上柱國、京兆郡開國公、食邑六千五百戶、食實封二千戶章得象。學洞精微、性資沈密。居然廊廟之器、職在鈞衡之司。勵精力以緝朝綱、稽猷訓以經世務。清濁不可以澄撓、重輕不可以低昂。向以敵人犯邊、王師在野、爰兼樞筦、以會兵機。旋陳宏濟之詞、居多暗合之論。茲用擢首台鉉、進都冬卿。文館之華、爰田之賦、併茲命數、式是注懷。於戲、若涉川、爾爲舟楫之濟。若作室、爾爲垣墉之茨。勉恢盛猷、勿替前烈。可特授行工部尚書、同中書門下平章事、兼樞密使、昭文館大學士、加食邑一千戶、食實封四百戶。

晏殊拜集賢相制　同上

古之有天下者、曷嘗不疇之庶工、審求良弼、剸屬時柄、協宣化風。朕承三聖之休、總萬機之要、爰立作相、必惟其人。推忠佐理功臣、樞密使、開府儀同三司、檢校太尉、行刑部尚書、同中書門下平章事、上柱國、臨淄郡開國公、食邑九千五百戶、食實封二千七百戶晏殊。文經朝猷、器適時用。夙事聖考、見知沖人。向以儲禁之師臣、委知樞密之武事。忠勞形於夙夜、謀略制於邊陲。宜正台鉉之司、尚參兵幄之議。益升華於書殿、更衍食於眞封。雖倚大謀、且旌舊德。於戲、百官各稱其位、萬物各得其宜。是謂天子之毗、非曰宰相之任。勉圖丕績、式副群瞻。可特授依前刑部尚書、同中書門下平章事、兼樞密使、集賢殿大學士、加食邑一千戶、食實封四百戶、仍賜推忠協謀佐理功臣。

杜衍集賢相制　慶歷四年九月甲申

朕紹膺聖圖、迄茲二紀。惟賢是擇、閱相攸難。曷嘗不審其材猷、察其識望。其責任也重、其注意也深。庶幾得人、輔予不逮。推忠協謀佐理功臣、樞密使、金紫光祿大夫、檢校太傅、行尚書吏部侍郎、上柱國、京兆郡開國侯、食邑一千八百戶、食實封四百戶杜衍。道大而正、德簡而廉。感會亨辰、便蕃膴仕。昌言可以贊道、清節可以服人。久在內樞、實濟丕務。宜參謀於鼎路、仍總畫於機庭。夫外恢經武之方、內擅富民之術、倚乃元老、輯於顯庸。既兼書殿之榮、迨疏公爵之貴。參之功効、增以戶封。並爲孚號之華、式副禮賢之舉。於戲、法天之象、以正位於三階。秉國之鈞、以財宜於萬物。往體厚遇、益宣盛猷。可特授依前行尙書吏部侍郎、同中書門下平章事、兼樞密使、集賢殿大學士、進封開國公、食邑一千戶、食實封四百戶、仍賜推忠協謀佐理功臣。

賈昌朝拜集賢相制 慶厤五年正月丙子

國家致理興化。欲侔三代之隆。選衆舉賢。審求四輔之望。適登庸於駿德。宜誕告於治廷。推忠協謀佐理功臣、樞密使、光祿大夫、檢校太傅、行尙書工部侍郎、上柱國、常山郡開國公、食邑二千戶、食實封二百戶賈昌朝。學際幾微。行歸純直。露門勸講。每陳道義之言。紫掖下書。多摹訓告之體。乃尹神圻之劇。乃專憲府之嚴。曾未累年。復更二府。矧定謀於枚卜。特正命於中階。進兼書殿之華。尙筦樞庭之務。用人之速。近歲罕階。於戲。仰法乾台。以運四時之化。坐司宰席。以裁萬物之宜。無使邴魏姚宋專美於前世也。可特授依前尙書工部侍郎、同中書門下平章事、兼樞密使、集賢殿大學士。

賈昌朝拜昭文相制 慶厤五年四月戊申

朕奉若天命。撫寧中樞。眷惟神務之難。實重台衡之寄。其有左右一德。表儀群倫。宜敷告於治廷。庸冠升於宰路。推忠協謀佐理功臣、光祿大夫、行尙書工部侍郎、同中書門下平章事、兼樞密使、集賢殿大學士、上柱國、常山郡開國公、食邑二千戶、食實封二百戶賈昌朝。方嚴迪志。亮肅存誠。學貫變通之源。辭搴質文之粹。早逢昌會。寖陟要塗。進不越於數年。位已更於二府。魏相之總衆職。輯其大經。巫咸之乂王家。孚以純德。方仰成於鴻業。俾進踐於台司。肆臨褒拜之辰。並舉便蕃之數。於戲。陰陽未豫。實繄邦論之和。股肱惟良。乃起帝歌之載。勉恢閎略。終致丕平。可特授依前行尙書工部侍郎、同中書門下平章事、兼樞密使、昭文館大學士、監修國史、兼譯經潤文使、加食邑一千戶、食實封四百戶。

陳執中拜集賢相制 同前

朕統御幅員。靖綏生齒。眷言調燮之任。實賴謨明之良。爰擇雋髦。用登衡弼。推忠佐理功臣、金紫光祿大夫、行尙書工部侍郎。參知政事、上柱國、潁川郡開國侯、食邑一千八百戶。食實封三百戶陳執中。材資鯁亮。德範純深。推忠先帝之朝。進服沖人之御。淸規表乎百辟。厚望鎭于一時。總臨邊瑣之衝。參貳政塗之訪。有金石之爲操。無毫釐之近私。宜升四輔之班。式應具瞻之望。況樞廷之儋威武。書殿之萃藝文。雖屬兼材。蓋昭殊渥。於戲。如堂遠地。亦既隆人主之尊。若舟涉川。豈不賴丞相之濟。往服茲訓。茂經迺成。可特授依前行尙書工部侍郎、同中書門下平章事、兼樞密使、集賢殿大學士、進封開國公、加食邑一千戶、食實封四百戶、仍賜推忠協謀佐理功臣。

陳執中進昭文相制 慶厤七年二月乙未

朕若古先王。旁求碩輔。以託四海之重。以寄萬機之繁。眷倚既殊。授受匪易。推忠協謀佐理功臣、金紫光祿大夫、行尙書工部侍郎、同中書門下平章事、集賢殿大學士、上柱國、潁川郡開國公、食邑二千八百戶、食實封六百戶陳執中。器懷沉特。材用敏長。紹名臣之世家。爲先帝之策士。一言詒萬世之福。直道貫三代之行。肆朕纂臨。遂參顯用。如國寶玉。能庇患灾。若時元龜。坐判凝結。固朝廷之風采。實方夏之表儀。嚮者擢自近司。進聯宰席。萬事不理。繄胡廣之能言。四夷未寧。藉陳平之多知。宜冠階符之貴。且仍卿貳之崇。陪賦褒功。並隆徽數。於戲。王業之重。非賢士無以共承。國論之難。非獨見之所能盡。朕用丞相。不在茲乎。可特授依前行尚書工部侍郎、同中書門下平章事、昭文館大學士、兼修國史、兼譯經潤文使、加食邑一千戶、食實封四百戶、仍賜推忠協謀守正佐理功臣。

文彥博拜集賢相制 慶曆八年閏正月戊申

膺重任者。必勵許國之忠。建奇功者。必峻登賢之賞。其有早毗大政。夙負偉才。自奮臨戎之行。遂成盪寇之略。宜揭顯命。以告大廷。推忠佐理功臣、右諫議大夫、參知政事、上輕車都尉、平陽郡開國侯、食邑一千戶、賜紫金魚袋文彥博。器業異倫。智謀適用。有強明果斷之才。而濟之以溫裕。有周通敏治之識。而輔之以端方。自班政塗。浸發賢蘊。向以與政之地。深念擇人之難。采西南之治聲。陪左右之幾論。屬兇徒搆孽。孤壘偷生。巢幕之勢雖危。拒轍之狂尚肆。始定恢於聖策。往卽殄於妖氛。賞而緩功。庸何以勸。宜升台席之貴。更陟中臺之榮。兼書殿之美資。行轅田之真賦。褒功馭貴。併示優崇。於戲。舍爵策勳。已奉謀於太室。代天理化。終濟治於王家。其懋乃猷。用祗攸訓。可特授金紫光祿大夫、行尚書禮部侍郎、同中書門下平章事、集賢殿大學士、上柱國、開國公、加食邑一千戶、食實封四百戶、仍賜推忠協謀佐理功臣。

宋大詔令集卷第五十五

宰相五

進拜五

文彦博進昭文相制 皇祐元年八月壬戌

國家欽遇宰衡。登進髦傑。上則順導時令以代虖天工。下則綏和政綱以經虖王業。疇克用乂。我得其人。推忠協謀佐理功臣、金紫光祿大夫、行尚書禮部侍郎、同中書門下平章事、集賢殿大學士、上柱國、平陽郡開國公、食邑二千戶、食實封四百戶文彦博。風力幹彊。器資夷達。蹈危機而不顧。臨大事而有謀。比與翊於政塗。旋對司於時柄。百姓遂耕桑之樂。二邊無兵革之虞。惟時謨明。實朕倚屬。若起居得股肱之助。若視聽繫耳目之明。若鹽梅施于太羹。若霖雨沃于旱歲。宜以天官之秩。首爲邦輔之賁。於戲。君有求賢之心。孰若得臯夔之佐。士有致主之略。亦欲臻堯舜之風。其勉交修。庶輿盛治。可特授尚書吏部侍郎、同中書門下平章事、昭文館大學士、監修國史、加食邑一千戶、食實封四百戶。

宋庠拜集賢相制 同上

國家崇建宰府。並持鈞衡。外以鎮撫四夷。內以綏寧百姓。必得賢傑。以副眷毗。推忠佐理功臣、樞密使、金紫光祿大夫、檢校太傅、行尚書工部侍郎、上柱國、廣平郡開國公、食邑三千三百戶、食實封一百戶宋庠。綽有雅才。對于嘉運。嘗策異等。寖階顯塗。文章盛于一時。事業服于衆志。樞謀之慎。既折侮于戎心。鼎飪之和。宜調元於政路。爰進夏官之秩。兼隆書殿之華。功號邑封。併推異數。於戲。丞弼之任。忠賢是圖。國體繫乎重輕。政化從而薄厚。勉思所職。以稱朕懷。可特授行尚書兵部侍郎、同中書門下平章事、集賢殿大學士、加食邑一千戶、食實封四百戶、仍賜推忠協謀同德佐理功臣。

龐籍拜昭文相制 皇祐三年十月庚子

門下。懋建宰職。慎付國均。仰代天工。俯熙庶績。惟同體之誼。則處之股肱。極濟時之勤。則況之舟檝。非得人傑。孰副朕求。推忠佐理功臣、樞密使、光祿大夫、檢校太傅、行尚書戶部侍郎、上柱國、始平郡開國公、食邑四千三百戶、食實封一千二百戶龐籍。器識宏通。材猷凝正。早承亨會。歷踐禁班。入儀臺閣之華。出宣屏翰之憲。向屬羌人賓欵。邊候晏寧。胥協師僉。預參戎柄。遂對毗於機政。旋升峻於斗樞。勵翼一心。將明萬務。宜正中階之象。越升上衰之崇。總領史闈。增榮功號。衍封眞食。併示優隆。於戲。履衡軸之機。冠柱石之任。循至公以授受。懋同德以倚毗。褒和四方。表憲百辟。思服休寵。劭宣行勞。可特授依前行尚書戶部侍郎、同中書門下平章事、昭文館大學士、監修國史、兼譯經潤文使、加食邑一千戶、食實封四百戶、仍賜推忠協謀佐理功臣。

陳執中進昭文相制 皇祐五年閏七月

門下。置相之重。賚燮正於辰階。修輔之先。在緝熙於王道。用人嘉於求舊。注意厚於既安。爰稽考愼之文。茲得老成之望。使纂舊服。入冠冢司。允穆僉言。式孚大號。推誠保德崇仁忠亮翊戴功臣、集慶軍節度使、亳州管內觀察處置河堤等使、持節亳州諸軍事、行亳州刺史、判大名府、兼北京留守司公事、管內河堤勸農、同群牧使、充大名府路安撫使、上柱國、潁川郡開國公、食邑六千五百戶、食實封二千一百戶陳執中。神機峻茂。道致閎深。蔚生梁棟之材。紹迪前人之哲。奮繇直道。厲王臣之匪躬。倡發忠謀。出人倫之先覺。名惟時重。才則汝賢。比總治於藩條。旋參司於樞筦。服勞匪懈。宣哲居多。間亦分東夏之符書。委西州之節度。出處一致。望實兼優。圖前後已試之功。因內外具瞻之美。迺擢參於宰路。遄升冠於台司。協比庶工。將明衆職。調鼎羹而既久。宰社肉以惟均。底于治平。緊乃寅亮。嘗懇辭於機政。比控敍於奏函。自右輔之偃休。實朝家之瞻賴。荐委北門之重。且邇大河之防。綏緝有勞。眷毗增厚。考嘉績而惟茂。質枚卜以僉同。爰擇剛辰。再付魁柄。復冢卿之舊秩。衍井牧之眞封。舉洽至恩。益昭異數。於戲。表率庶尹。裁成萬樞。秉至公以宰朝。抑惟其舊。執咸德而輔朕。尙克有終。益竭乃心。同底于道。可特授行吏部尚書、中書門下平章事、昭文館大學士、監修國史、兼譯經潤文使、加食邑一千戶、食實封四百戶、仍賜推忠協謀同德守正佐理功臣。

梁適拜集賢相制 同上

門下。取法台文。崇建宰職。上以正三光之序。下以暢萬物之宜。宣哲維人。居承平注意之重。用乂厥辟。濟垂拱仰成之安。自匪傑才。疇允巖望。參圖已試之効。昭試爰立之文。頒告外廷。夬揚休命。推忠佐理功臣、正奉大夫、行給事中、參知政事、上護軍、安定郡開國侯、食邑一千五百戶、食實封二百戶、賜紫金魚袋梁適。風鑒明亮。器釆方嚴。學淹貫於九流。知該通於衆志。臨機敏斷。韞干鏌之雄鋒。任重偉材。挺楩楠之厚榦。肖于世德。翼我朝猷。鄉升禁職之崇。仍護強藩之要。濟師以肅。撫戎惟和。還合虎符。延登武帳。訪猷爲而宏遠。嘉策識之周通。擢寘機廷。實本兵柄。遄參宰路。陪翼政綱。毅然國體之誠。宜於兩府。卓爾端朝之表。聳厥庶工。乃眷宸階。久虛鉉席。宜疇衆績。參徇師言。進春官之貳卿。正西垣之次相。益加榮號。仍馭貴階。陪輔朕躬。用治予釆。於戲。昔武丁以若金作礪。命於其臣。傅說以如木從繩。詔於厥后。予違汝弼。可不勉哉。可特授金紫光祿大夫、尚書禮部侍郎、同中書門下平章事、集賢殿大學士、加上柱國、進開國公、食邑一千戶、食實封四百戶、仍賜推忠協謀佐理功臣。

劉沆同中書門下平章事集賢殿大學士加恩制 至和元年八月丙午

門下。朕寅奉丕圖。思臻至治。總萬機而日謹。舉盛典以交修。期與輔臣。底寧繇寓。其有翼宣王度。裁成物宜。燮陰陽之和。處丞弼之任。式賚茂宰。秉于大鈞。矧茲選才。久嘗著効。爰登中鉉。敷告外廷。推忠佐理功臣、正奉大夫、尚書工部侍郎、參知政事、上護軍、彭城郡開國侯、食邑一千七百戶、食實封二百戶、賜紫金魚袋劉沆。雅性內融。敏識先覺。以沖約而率禮。不夷險以易心。文成國華。學臻道奧。樂名教以爲己任。罄知慮以翊帝謨。迺者擢自書林。更於右史。亟升西掖。出守南方。屢換圭符。實宣精力。屬中邦之擇尹。正內閣以參華。歲律未周。風績彌著。式圖寅亮。用贊謨明。俾任股肱之良。參斷邦國之務。具瞻斯屬。嘉猷誕彰。進聯右輔之崇。允協庶邦之望。兼榮書殿。仍峻貴階。增勳級與褒功。益爰田而眞食。於戲。贊萬樞之重。允賴於忠純。底率土之和。必資於英傑。當申茂略。以恢遠圖。可特授金紫光祿大夫、依前尚書工部侍郎、同中書門下平章事、集賢殿大學士、上柱國、開國公、加食邑一千戶、食實封四百戶、仍賜推忠協謀佐理功臣。

文彥博拜昭文相制 至和二年六月戊戌

朕若稽古訓。考愼柄臣。萬機百揆之微。九功三德之事。熙朕之載。時能奮庸。若予黃髮之英。嘗居冢弼之任。誠貫金石。功書旂常。還來相予。寔允公議。推誠保德忠亮翊戴功臣、忠武軍節度、許州管內觀察處置等使、檢校太尉、使持節許州諸軍事、行許州刺史、兼御史大夫、永興軍路馬步軍都總管、安撫使、兼知永興軍府事、管內勸農使、上柱國、平陽郡開國公、食邑六千四百戶、食實封二千戶文彥博。大忠至正。明識敏材。學究九流之微。身兼數器之用。自參乘於近侍。即升贊於機廷。出撫翰垣。惟國方召。入冠台路。乃時夔龍。丹青帝謨。金玉王度。威賞惟敘。紀律寖張。閒均逸於師垣。居納忠於王室。柱石之望。雖外而益隆。股肱之良。匪賢而曷寄。宜還齋鉞。入正衮司。仍更勳籍之華。兼益輳田之賦。用昭體貌。以佇賢庸。於戲。圖任舊人。朕方循於彝訓。一二仲父。爾當體於仰成。往舒勵翼之誠。以膺眘任之重。遂底嘉靖。豈不美歟。可特授行吏部尚書、同中書門下平章事、昭文館大學士、兼譯經潤文使、加食邑一千戶、食實封四百戶、仍改賜推忠協謀同德佐理功臣。

富弼拜集賢相制 同上

朕厤選賢辟。亮成天功。必得非常之才。以輔有爲之主。矧予思治之際。敢忘注意之求。上以揚祖宗之休。下以酬士民之望。若予髦彥。宜正鈞衡。推誠保德功臣、宣徽南院使、金紫光祿大夫、檢校太保、判并州軍州事、兼管內勸農使、河東經略安撫使、并代澤潞麟府嵐石路馬步軍都總管、上柱國、河南郡開國侯、食邑一千八百戶、食實封四百戶富弼。淵閎敏明。忠亮方正。學貫文武。識通天人。早參清問之求。絕出諸臣之右。荐揚近序。協贊治庭。心勞王家。已任大事。間分符於外屏。居聞問於中朝。金石之誠。不移於燥濕。秋陽之惠。實濟於疲羸。宣力四方。蹈道一節。天下寖聞於風采。朝家實賴於謨明。是用斷自朕心。召升宰席。增陪食邑。褒錫勳名。用圖賢勞。以贊大治。於戲。三階之任。非肅乂無以奮庸。萬事之微。非幾深無以成務。勉惟皇極之訓。以佇王功之成。遂登丕平。無忝休命。可特授戶部侍郎、同中書門下平章事、集賢殿大學士、加上柱國、進封開國公、加食邑一千戶、食實封四百戶、仍賜推忠協謀佐理功臣。

富弼拜昭文相制 嘉祐三年六月丙辰

門下。中樞治本裁教化之宜。上相台元長官師之任。用緝熙於百度。賁燮正於三階。乃眷右垣。時惟哲匠。委政事而已試。考名實以相符。誕揚大廷。付畀魁柄。推誠協謀同德佐理功臣、光祿大夫、行尚書戶部侍郎、同中書門下平章事、集賢殿大學士、上柱國、河南郡開國公、食邑三千八百戶、食實封一千二百戶富弼。任重道遠。性正德全。閎敏推於上材。博洽通於衆志。撓之不濁。偉量表於彌沖。簡而易從。盛業彰乎可大。首膺魁壘之舉。歷踐禁嚴之塗。蹇諤發於爾躬。啓沃盈於朕聽。鼐綴樞省。出殿藩方。名聲聳於遠夷。風采繫於諸夏。遂膺枚卜。實契具瞻。朝有偉人。物無異論。持重守正。參濟以和。告猷納忠。一本於治。屬以冢卿謝政。首鉉佇能。諏俊乂之大臣。疇若予采。冠丞疑之上席。僉曰汝賢。是用升自政塗。處以師尹。仍進秩宗之重。復兼史觀之名。衍以優封。昭茲異數。用旌茂績。允穆師言。於戲。播化鈞而理陰陽。操國柄而撫辰象。惟無心故能感物。惟虛己所以受人。格于太和。繫我眞宰。往踐乃位。永孚于休。可特授行尚書禮部侍郎、同中書門下平章事、昭文館大學士、監修國史、兼譯經潤文使、加食邑一千戶、食實封四百戶。

韓琦同中書門下平章事集賢殿大學士加恩制 同上

門下。亮成天功。實繫於宰職。緝熙王道。允寄於賢才。矧久服於機廷。且周知於治體。俾正中階之象。用膺次相之求。既考師言。復涓剛日。式揚孚號。誕告庶工。具官某。志度純深。才識高妙。行足厚於風俗。言必合於典常。立於本朝。毅然懷體國之色。訪以大略。直哉有匪躬之風。曩者敵人擾邊。勤兵宿野。始仗指蹤之略。遄升基命之階。間從書殿之華。就寵師干之拜。持中山之帥節。臨大漠之盛秋。寂無邊虞。深得君重。召言還國。申命極樞。總是煩機。議茲舊物。謀而鮮過。度不及私。備竭猷爲。罄宣忠力。文武參議。固亮節之卓然。台宰對司。在至公之允若。是用參之龜策。付以機衡。仍登書殿之名。更拓土田之賦。於戲。賚亮天地之化。調序陰陽之和。衡石無心。以平而爲體。橐籥有道。以虛而爲宗。懋宣乃猷。同底于治。可特授依前刑部尚書、同中書門下平章事、集賢殿大學士、加食邑一千戶、食實封四百戶。

宋大詔令集卷第五十六

宰相六

進拜六

富弼起復制 嘉祐六年七月弼不拜

門下。禮有變而從宜。君子謂之義。經有反而合道。聖人謂之權。故知所重者不可顧其輕。志於遠者不可懷其近。若漢舊制。方進弗敢有渝。於唐盛時。房喬起而視事。歷鑒前載。茲爲至公。具官富弼。博大有容。直方無撓。勤勞一節。感慨百爲。向緣親喪。遽解國政。三月而變。亦既厤時。萬機之繁。豈可久曠。矧今治平之勢。實繫協輔之良。雖前規後隨。具有較畫。而始謀終事。當見成功。惟俯就奪情之文。庶益昭移孝之美。於戲。朝廷專於制治。以義斷恩。閨門主於私情。以恩掩義。與其致毀有憂於終身。孰若顯親揚名於後世。勉思體國之道。用副急賢之心。其聽朕言。復于爾位。可特起復。

韓琦進昭文相制 嘉祐六年閏八月庚子

禮載六卿、而莫先冢宰。書稱四輔、而莫重前疑。蓋地隆者付畀甚嚴。職近者責任彌大。苟非全德。疇副具瞻。推忠協謀同德守正佐理功臣、開府儀同三司、行工部尚書、同中書門下平章事、集賢殿大學士、上柱國、南陽郡開國公、食邑六千七百戶、食實封二千二百戶韓琦。有質重之資。而濟之以敏。有方毅之氣。而守之以和。左右厤年。夙夜一節。至於弛國之禁。而惟刑之卹。均民之賦而惟力之紓。茲太平之本原。寔眞宰之事業。若時茂績。宜服寵嘉。是用進司寇之聯。正中台之位。載惟毗倚之重。不亦授受之難。於戲。譬諸濟川。汝惟舟楫。如彼作室。汝惟垣墉。往其欽哉。祗率朕命。可特授行刑部尚書、同中書門下平章事、昭文館大學士、監修國史、兼譯經潤文使、加食邑一千戶、食實封四百戶。

曾公亮拜集賢相制

朕惟宰相之任。外鎮撫四夷。內親睦百姓。使二氣協和於上。而群生茂遂於下。授受之際。豈輕也哉。推忠佐理功臣、樞密使、金紫光祿大夫、檢校太傅、行尚書禮部侍郎、兼群牧制置使、上柱國、廬陵郡開國公、食邑三千一百戶、食實封六百戶曾公亮。體被中和。性資夷雅。知略足以經遠。德望足以鎮浮。若時登庸。基命宥密。樞機之務。日有萬微。夙夜惟勤。居然一意。邊鄙不聳。師徒以寧。時乃之功。朕用嘉止。進秩天官之貳。對司魁柄之隆。成是民瞻。

相我天事。於戲。君以任臣爲重。在付畀之所專。臣以得君爲難。惟極竭而後已。往其欽服。副朕命焉。可特授行尚書吏部侍郎、同中書門下平章事、集賢殿大學士、加食邑一千戶、食實封四百戶、仍賜推忠協謀同德佐理功臣。

富弼拜昭文相制 熙寧二年二月己亥

秉籙膺圖。將繼配天之大業。銓時論道。必資名世之元臣。以言乎體貌。則舊德之英。以言乎望實。則群材之表。爰立作相。宜莫如公。推誠保德崇仁亮忠佐運翊戴功臣、觀文殿大學士、開府儀同三司、行尚書左僕射、上柱國、鄭國公、食邑一萬戶、食實封三千八百戶富弼。學足以造聖人之微。幾足以通天下之變。繇賢科之得雋。據遠業以奏功。在仁祖時。則首冠廟堂。有弼諧九德之美。在英考時。則再登樞府。有折衝萬里之謀。庶績已熙。太平將洽。屬留侯之多病。容裴度之暫休。愷悌所宜。神明自復。是用召從方守。進拜元台。仍左揆之舊班。兼東臺之茂秩。爰田衍賦。盟府易勳。茲實異恩。庸昭注意。於戲。上理乎天工。則日月星辰以之順。下遂乎物宜。則山川草木以之蕃。近則諸夏仰德以承流。遠則四夷傾風而待命。凡予欲治。維爾責成。可特授依前行尚書左僕射、兼門下侍郎、同中書門下平章事、昭文館大學士、監修國史、兼譯經潤文使、鄭國公、加食邑一千戶、食實封四百戶、仍改賜推忠協謀同德守正亮節佐理功臣。

曾公亮進昭文相制 熙寧二年十月丙申

王者攬髦傑以盡天下之謀。總神幾以濟天下之務。故君臣同力。相得益彰。陰陽並和。以至大治。適登碩輔。庸告群倫。推忠協謀同德守正亮節佐理翊戴功臣、開府儀同三司、行尚書左僕射、兼門下侍郎、同中書門下平章事、集賢殿大學士、上柱國、魯國公、食邑一萬一千一百戶、食實封三千八百戶曾公亮。德應中孚。道經皇極。躬清愼之一守。歷險夷之百爲。巫咸之乂商家。雖載六臣之列。留侯之安漢祚。未膺上宰之榮。朕拂龜而見祥。端扆而定志。稽用師言之錫。進居台路之元。若股肱之輔予躬。若垣墉之保予室。顧於倚用。維以蒙成。於戲。覽前載之文。考名臣之事。蓋創業之佐。其迹易。而守成之相。其功難。宜勉輯於盛猷。庶共恢於遠御。可特依前行尚書左僕射、兼門下侍郎、同中書門下平章事、昭文館大學士、兼修國史、兼譯經潤文使、魯國公、加食邑一千戶、食實封四百戶。

陳升之拜集賢相制

色齊三階。則風雨不失其序。聖如二帝。然股肱亦繫其人。朕上撫乾緯之明。下愼國鈞之寄。方審求於賢輔。俾參穆於政途。若時登庸。蓋出定命。推忠協謀佐理功臣、光祿大夫、尚書左丞、知樞密院事、上柱國、潁川郡開國公、食邑二千八百戶、食實封一千戶陳升之。識幾聖蘊。謀合皇猷。學積于原而心彌充。智酬于變而力彌裕。早膺仁祖之擢。以遺文考之知。肆予沖人。克即大任。問甲兵則有鎭撫四夷之略。問衣食則有運理群物之心。朕方稽百王之謨。經一世之績。宜進躐於賢序。以延登於宰廷。夫知歷選之既藉。體委用之既重。則義莫得以憂已。道維專於澤民。豈特無疆之休。亦有無窮之問於戲。論金穀之計。其歸內史之司。作霖雨之滋。是應高宗之命。往熙帝載。庸代天工。可特授行禮部尚書、同中書門下平章事、集賢殿大學士、加食邑一千戶、食實封四百戶。

韓絳昭文相制 熙寧三年十二月丁卯

三王臣主雖賢。不能止誥誓之事。二帝揆嶽在內。其維協天人之和。蓋近迹狹而易循。至化默而難運。夫欲馳寥廓之見。舍攣拘之文。大起不世之君。須謀非常之輔。推忠佐理功臣、正奉大夫、尚書吏部侍郎、參知政事、同譯經潤文使、上柱國、南陽郡開國公、食邑三千三百戶、食實封八百戶、賜紫金魚袋韓絳。蹈先聖之學。躬上賢之姿。思功名為己圖。慕忠義之前躅。而復正色自峙。綽有大臣之風。臨機不回。多適庶事之要。文武兼備。其器股肱。實繫其人。朕登延閎材。旣偕群策之慮。度軼往制。何愛隆名之私。顧金節之未還。將袞衣之已屬。其位百寮之冠。以司大政之元。且唐相之願為良臣。終授君以顯號。秦穆之尚詢賢老。猶躋□於多盤。豈伊英猷。不至上治。於戲。形範正金錫美。則為國利器之彊。陰陽和風雨時。則為天泰階之應。往宣一德。庸底丕平。可特授金紫光祿大夫、依前行尚書吏部侍郎、同中書門下平章事、昭文館大學士、兼譯經潤文使、加食邑一千戶、食實封四百戶、仍賜推忠協謀佐理功臣。

王安石宰相制 同前

夫天地至神也。非通氣運物。則功不足見於時。聖賢一道也。非經世裕民。則名不足見於後。故士莫不待辰而欲奮。志莫如得位而遂行。矧夫居三公之官。而有臨四海之勢。豈不能究利澤。躬義榮。以事施于一時。而譽動于後世者哉。朝散大夫、右諫議大夫、參知政事、上護軍、太原郡開國侯、食邑一千一百戶、賜紫金魚袋王安石。良心不外。德性攸尊。至學窮於聖人。貴名薄於天下。不以榮辱是非易其介。不以安危利害辭其難。方予訪落之初。勞乎用賢之務。昭發猷念。與裁政機。衆訾所傷。曾靡損身之憚。孤忠自許。唯知報國之圖。朕取其知道者深。倚以為相者久。茲合至公之首。肆敭大命之休。若作室。用汝為垣墉。若濟川。用汝為舟檝。予有違而汝弼。汝有為而予從。於是大亨。蓋出絕會。於戲。自成湯至于帝乙。靡不懷畏相之心。若孟子學於仲尼。其唯達事君之道。尙祈交敕。卒俾蒙成。可特授金紫光祿大夫、行尚書禮部侍郎、同中書門下平章事、監修國史、上柱國、進封開國公、食邑一千戶、食實封四百戶、仍賜推忠協謀佐理功臣。

陳升之起復集賢相制 熙寧四年正月壬子。後升之請終喪。從之。

門下。閔子經而服政。先聖稱得事君之宜。晉侯墨以臨戎。前志謂達變禮之用。矧予丞弼。奄遘閔囏。久虛席以思賢。宜敷朝而渙號。前推忠協謀佐理功臣、光祿大夫、行禮部尚書、同中書門下平章事、集賢殿大學士、上柱國、潁川郡開國公、食邑四千八百戶、食實封一千四百戶陳升之。蘊温厚之量。挺高明之才。體備四氣之至和。智通萬方之遠略。發紓一德。感會三朝。經武斗樞之庭。則王靈震疊。贊元鼎鉉之府。則邦治協寧。端正百度之原。章明九敍之極。向鍾家疚。遂解政機。稽之師言。厥有成憲。桓焉奪服。其惟詔使之從。趙熹罹憂。未始宰司之去。盍來復於台路。以大熙於天工。於戲。斷恩從權。自昔弗踰於國制。移孝扶義。維時尙乂於王家。勉一乃心。無替朕命。可特起復推忠協謀佐理功臣、光祿大夫、行禮部尙書、同中書門下平章事、集賢殿大學士、上柱國、潁川郡開國公、食邑四千八百戶、食實封一千四百戶。

韓絳拜相制 熙寧七年四月丙戌

王者臨四海之廣。總萬機之繁。仍欲措世於治安。其在求賢而輔助。我圖元弼。玆得藎臣。錫以茂恩。告于列位。推誠保德翊戴功臣、觀文殿大學士、光祿大夫、行尙書吏部侍郎、知大名府、兼北京留守司公事、上柱國、南陽郡開國公、食邑四千八百戶、食實封一千二百戶韓絳。受材宏博。涉道深醇。知略足以經遠猷。忠嘉足以任大事。而自與謀帷幄。正位鈞衡。抗論在前。義無曲學。宣力于外。勞不辭難。質於僉言。屬乃舊德。冠宰司之重。實賴於謨明。總史觀之華。更賚於良直。賦之多邑。衍以眞封。併示褒章。允爲異數。於戲。百姓尙困。惟在厚厥生。四夷未賓。當使服吾化。勉輔丕丕之業。以成晏晏之風。可特授依前行尙書吏部侍郎、同中書門下平章事、監修國史、加食邑一千戶、食實封四百戶。改賜推忠協謀佐理功臣。

王安石拜昭文相制 熙寧八年二月癸酉

門下。乾健坤順。二氣合而萬物通。君明臣良。一德同而百度正。眷予元老。時迺眞儒。若礪與舟。世莫先於汝作。有衮及繡。人久佇於公歸。越升冢席之崇。播告路朝之聽。推誠保德崇仁翊戴功臣、觀文殿大學士、特進、行吏部尙書、知江寧府、上柱國、太原郡開國公、食邑四千六百戶、食實封一千二百戶王安石。信厚而簡重。敦大而高明。潛於神心。馳天人之極摯。尊厥德性。泝道義之深源。延登傑才。裨參魁柄。傅經以謀王體。考古而起治功。訓齊多方。新美萬事。爾則許國。予惟知人。讒波稽天。孰斧斨之敢鈌。忠氣貫日。雖金石而自開。向厭機衡之煩。出宣屏翰之寄。遽周歲厤。殊拂師瞻。宜還冠於宰司。以大釐於邦采。兼華上館。衍食本封。載更功號之隆。用侈台符之峻。於戲。制天下之動。爾惟樞柅。通天下之志。爾惟蓍龜。繫國重輕於乃身。毆民仁壽於當代。往服朕命。圖成厥終。可特授依前行吏尙書、同中書門下平章事、昭文館大學士、兼譯經潤文使、加食邑一千戶、食實封四百戶。改賜推忠協謀同德佐理功臣。

吳充拜相制 熙寧九年十月丙午

門下。燮理陰陽。蓋資輔弼之任。運動樞極。當籍經綸之材。必惟其人。可付以政。推忠佐理功臣、樞密使、金紫光祿大夫、行尙書工部侍郎、兼群牧制置使、上柱國、渤海郡開國公、食邑二千戶、食實封四百戶吳充。秉心平直。成性沖深。沉機洞究於典常。卓識該通於權變。總司宥密。灼著猷爲。宜從樞筦之嚴。擢處鈞衡之重。仍陪封邑。昭示寵私。於戲。君義臣行。既著將明之效。予違汝弼。亦期獻替之忠。務殫乃心。協贊於治。可特授依前行尙書工部侍郎、同中書門下平章事、監修國史、加食邑一千戶、食實封四百戶。仍賜推忠協謀佐理功臣。

王珪拜集賢相制　同上

門下。天尊地卑交泰而四時合序。君倡臣和相須而庶績咸熙。矧惟魁柄之司。茲實官師之表。將新寵命。爰告路朝。推忠佐理功臣、金紫光祿大夫、行尚書禮部侍郎、參知政事、同譯經潤文使、都大提舉三館祕閣抄寫校勘書籍、上柱國、太原郡開國公、食邑三千五百戶、食實封八百戶王珪。以辭章甲賢科。以行誼階仕籍。學窮經史之奧。識洞天人之交。自參貳於台衡。已著更於歲律。茂宣忠力協贊治功。宜陞調鼎之聯。庶盡秉鈞之效。於戲善事者先利其器。朕既庸於材能。言古者必驗之今。卿當勉於事業。輔成美化。無忘訓辭。可特授依前行尚書禮部侍郎、同中書門下平章事、集賢殿大學士、加食邑一千戶、食實封四百戶、仍賜推忠協謀佐理功臣。

宋大詔令集卷第五十七

宰相七

進拜七

王珪左相制 元豐五年四月癸酉

門下。臨政願治。不因時而損益。則心雖勞而莫成。膠柱調絃。不解琴而更張。則力愈多而益紊。朕大修庶職。丕正百工。以道揆任廟堂之閎謀。以法守聽官府之小治。作起萬事。紹隆三王。疇庸命渥之頒。爰有弼諧之長。宜敷廷號。以聳民瞻。銀青光祿大夫、兼門下侍郎、同中書門下平章事、監修國史、上柱國、太原郡開國公、食邑六千九百戶、食實封二千二百戶王珪。秉義竭忠。率身勵下。見聞殫洽。多識前載之傳。論議雍容。尤達當今之務。一德是履。十年不渝。比議廢官。肇更丕典。興滯補敝。寔宣是正之勤。據舊鑒新。皆出將明之助。爰正名於左相。俾分侍於東臺。邑衍眞租。食陪多賦。名雖考古。事悉因今。鼎鉉不移。益峻台衡之望。袞衣載錫。更增宰路之華。於戲。欲法之經遠持久者。在濟之以有終。欲吏之嚮方宿業者。在董之以無倦。爵名初易。衆人尚狃於故常。法度已完。群下未知於循守。往率在位。共修厥官。可特授依前銀青光祿大夫、守尚書左僕射、兼門下侍郎、加食邑七百戶、食實封三百戶、勳封如故。主者施行。

蔡確右相制 同上

門下。朕量材授位。常跂商周之哲王。稱事任人。猶愧漢唐之盛際。法壞既久。官隳莫興。後先奪倫。小大失當。循名核實。方新萬化之原。考古驗今。大正百年之弊。將仰成于宰弼。爰妙簡於俊良。乃先渙號之頒。以竦治朝之聽。太中大夫、參知政事、同譯經潤文使、都大提舉三館祕閣抄寫校勘書籍、上輕車都騎、清河郡開國侯、食邑一千戶、食實封四百戶蔡確。靖密無貳。裕和有容。自其初時。由朕所識。洎歷近選。靡勞弗宣。嘗總中司。肅紀綱之頹廢。入陪大政。罄夙夜之贊襄。朕方分職以馭群臣。因能而裁庶位。圖事愼始。非專心致思不能起天下之功。立政惟人。非聚精會神不能成天下之務。疇若予采。莫如汝賢。宜陞揆席之崇。兼列侍班之峻。仍增勳秩。陪衍戶封。勞絕一時。望隆百辟。於戲。惟厚德可以儀刑風俗。惟小心可以勵相邦家。燮調陰陽。四時乖錯。則汝之責。興正法度。庶工隳曠。則汝之羞。往堅乃誠。以永厥譽。可特授依前太中大夫、守尚書右僕射、兼中書侍郎、加上柱國、食邑七百戶、食實封三百戶。主者施行。

右相蔡確進左相制 元豐八年五月戊午

門下。嗣先人宅丕后。思康濟于艱難。位冢宰正百工。盍眷圖于耆舊。疇茲碩輔。擢冠上台。以翊亮乎天功。以緝熙乎天度。誕揚渙號。敷告治廷。通議大夫、尚書右僕射、兼中書侍郎、上柱國、清源郡開國公、食邑四千五百戶、食實封一千九百戶蔡確。敏識造微。訏謨經遠。任重不撓。凜凜棟梁之材。含章于中。渾渾廊廟之器。蚤周旋於要路。多啓迪於嘉猷。遂膺夢卜之求。更處丞疑之重。佑我烈考。時維弼諧。肆予沖人。實在顧託。定策社稷。救寧邦家。永言訪落之初。是謂持盈之際。矧衆言之師錫。仰天意之賚予。若舟楫之濟巨川。若股肱之成一體。茲惟哲艾。屬在倚毗。於戲。后德惟臣。不德惟臣。予方祈於訓告。子帥以正。孰敢不正。衆有賴於儀刑。尚率勵乎前修。共圖安於洪業。克相朕志。永孚于休。可特授依前通議大夫、守尚書左僕射、兼門下侍郎、加食邑七百戶、食實封三百戶。餘如故。主者施行。

知樞密院韓縝拜右相制 同前

門下。訪予落止。以陟降厥家。秉心宣猶。以考慎其相。眷言舊德。久執事樞。遺予沖人。繄我昭考。延登宰席。播告治朝。通議大夫、知樞密院事、上柱國、廣陵郡開國公、食邑三千三百戶、食實封八百戶韓縝。天資剛明。世載忠諒。服勤小大之務。居有中外之勢。被遇先朝。周旋近列。遂參圖於宥密。彌叶贊於謀謨。蹇蹇王臣之風。巖巖師尹之望。遭家不造。降割自天。永惟憑几之辰。實奉綴衣之訓。定策社稷。書勳旂常。鞏固太山之安。扶維神器之重。進疇異數。擢秉大鈞。以師長於百工。以弼諧於一德。顧茲毗倚。屬在老成。於戲。繼序不忘。無疆惟恤。若康王之率大卞。而高宗之求多聞。匪予耆明。孰克勵相。宜旁招於俊乂。共宏濟於艱難。底于康公。綏我緒業。可特授依前通議大夫、守尚書右僕射、兼中書侍郎、加食邑七百戶、食實封三百戶。

門下侍郎司馬光拜左相制 元祐元年閏二月庚寅

門下。帥群臣宿道而嚮方。在慎取相。佐王者修政而美國。莫若求人。顧惟眇躬。獲嗣大統。儲思業業。不敢忘六聖之休。注意賢賢。將以總萬方之治。褒進上宰。敷告外廷。正議大夫、守門下侍郎、上柱國、河內郡開國公、食邑三千四百戶、食實封一千二百戶司馬光。受材高明。履道醇固。智足以任天下之重。學足以知先王之言。逮事厚陵。徧儀侍從之列。被遇文考。擢總樞機之繁。有大臣特立之風。蹈君子難進之節。方予訪落之始。起應秉鈞之求。調娛萬機。必先教化之意。辨察百職。不失禮義之中。是用諮諏僉言。褒加異數。越升左揆之路。兼峻東臺之班。申衍爰田。陪敦眞食。於戲。上寅亮於天心。則陰陽風雨以之順。下遂字乎物理。則山川草木以之寧。內阜安於兆民。外鎮撫於四裔。蓋輔相者爲之基杖。而老成者重於典刑。勉行所聞。以底極治。可特授依前正議大夫、守尚書左僕射、兼門下侍郎、加食邑七百戶、食實封三百戶。餘如故。主者施行。

門下侍郎呂公著拜右相制 元祐元年四月壬寅

國莫難於置相。君莫重於知人。堯舜之隆。蓋以疇咨而熙載。商周之盛。至以夢卜而求賢。天降割于我家。予未堪于多難。思用耆德。交秉政機。其敷寵章以詔群辟。金紫光祿大夫、門下侍郎、上柱國、東平郡開國公、食邑五千四百戶、食實封一千六百戶呂公著。行應儀表。學通本原。忠義得於天資。功名自其世美。被遇先帝。嘗入贊於樞廷。暨予沖人。遂同寅於政路。傳經意以謀國體。推上澤以紓民心。斂高雋賢。補葺法度。方重不倚。雅有大臣之風。調娛適中。遂通當世之務。是用升之右揆。委以繁機。申衍爰田。陪敦眞賦。爾則代天而理物。予則羞耇以惟君。於戲。丞相之位。未嘗無其人。儒者之效。久不白於世。孟軻言無有者數百歲。揚雄稱自得者二三臣。蓋迪遠業者其功難。循近迹者其力易。勉行所學。以底丕平。可特授依前金紫光祿大夫、守尚書右僕射、兼中書侍郎、加食邑七百戶、食實封三百戶。

守太師致仕文彥博拜太師平章軍國重事制 元祐元年四月壬寅

師傅道之教訓。先王所以迪厥官。老成重於典刑。天下所以重其智。迺睠舊德。時謂元勳。謀合祖宗之心。名載鼎彝之器。申頒贊册。播告外朝。河東節度管內觀察處置等使、守太師、開府儀同三司、太原尹、致仕、上柱國、潞國公、食邑二萬五千一百戶、食實封一萬六百戶文彥博。敦大而清明。方嚴而信厚。出則秉乎旄鉞。入則持我鈞衡。文武兼備其才。險夷能致其力。畢公之弼四世。三紀于茲。傅說之總百官。萬邦其乂。爵隆無富溢之累。名遂有身退之榮。神明相其壽康。人心想其風采。是用還之論道。倚以經邦。以帝者之師臣。謀議廟堂之上。以天下之大老。制馭中外之情。庶幾有為。底于極治。陪敦多井。申衍眞封。於戲。呂望惟賢。起佐文王之治。周公已老。留為孺子之師。矧我耆英。無愧前哲。往宣一德。用格多盤。可特授太師、平章軍國重事、加食邑一千戶、食實封四百戶。仍令所司備禮册命。

右相呂公著拜守司空同平章軍國事制 元祐三年四月辛巳

門下。仁莫大於求賢。智莫良於選衆。既得天下之大老。彼將安歸。以至國人皆曰賢。夫然後用。今朕一舉。仁智在焉。宜告治朝。以孚大號。金紫光祿大夫、守尚書右僕射、兼中書侍郎、上柱國、東平郡開國公、食邑七千一百戶、食實封二千三百戶呂公著。訏謨經遠。精識造微。非堯舜不談。昔聞其語。以社稷為悅。今見其心。三年有成。百揆時敍。維乃烈考。相于昭陵。蓋清淨以臨民。亦勞謙而得士。凡我儀刑之老。多其賓客之餘。在武丁時。雖莫追於前烈。作召公考。固無異於象賢。而乃屢貢封章。力求退避。朕重失此三益之友。而閔勞以萬機之煩。是用遷平土之司。釋文昌之任。毋廢議論。時游廟堂。於戲。大事雖咨於房喬。非如晦莫能果斷。重德無逾於郭令。而裴度亦寄安危。罔俾斯人。專美唐室。可特授司空、同平章軍國事、加食邑七百戶、食實封三百戶。餘如故。仍一月三赴經筵。二日一朝。因至都堂議軍國事。仍令所司擇日備禮册命。

中書侍郎呂大防拜左相制 同前

門下。朕聞天子有道。其德不可得而名。輔相有德。其才不可得而見。故漢之文景。紀無可書之事。唐之房杜。傳無可載之勳。當時安榮。後世稱頌。予欲清心而省事。不求智名與勇功。天維顯思。將啓承平之運。民亦勞止。願聞休息之期。眷予元臣。咸有一德。咨爾百辟。明聽朕言。中大夫、中書侍郎、上柱國、東平郡開國公、食邑二千二百戶、食實封三百戶、賜紫金魚袋呂大防。造道醇深。受材宏毅。果藝以達。有孔門三子之風。直大而方。得坤爻六二之動。久踐右闥。蔚爲名臣。宜升左輔之崇。兼總東臺之務。加賦進秩。寵數益隆。得位與時。眷責彌重。於戲。若古有訓。無競惟人。崔公建中之風。以除吏八百而致。裴垍元和之政。以薦士三十而能維。公乃心。何遠之有。可特授太中大夫、守尚書左僕射、兼門下侍郎、加上柱國、食邑七百戶、食實封三百戶、餘如故。

同知樞密院范純仁拜右相制 同前

門下。朕惟朝廷之盛衰。常以輔相爲輕重。若根本強固。則精神折衝。故蔿呂臣奉己而不在民。則晉文無復憂色。汲長孺直諫而守死節。則淮南爲之寢謀。朕思得其人。付之以政。使天下聞風而心服。則人主無爲而日尊。咨爾在廷。咸聽朕命。中大夫、同知樞密院事、上柱國、高平郡開國侯、食邑九百戶、食實封二百戶、賜紫金魚袋范純仁。器遠任重。才周識明。進如孟子之敬王。退若蕭生之憂國。朕覽觀仁祖之遺迹。永懷慶歷之元臣。強諫不忘。嘉臧孫之有後。戎功是似。命召虎以來宣。雖兵柄之與聞。疑遠猷之未究。坐論西省。進貳文昌。增秩益封。兼隆異數。於戲。時難得而易失。民難安而易危。予欲守在四夷。以汝爲偃兵之姚宋。予欲安於百姓。以汝爲息民之蕭曹。勉思古人。以稱朕意。可特授太中大夫、守尚書右僕射、兼中書侍郎、進封高平郡開國公、加食邑七百戶、食實封三百戶、勳如故。

門下侍郎劉摯拜右相制 元祐六年二月辛卯

王者以得人輔政爲功。宰相以代天理物爲任。故三階色齊。則風雨莫不次序。百姓內附。則陰陽以之協和。朕難其才。久虛右揆。登進賢輔。孚告外廷。中大夫、守門下侍郎劉摯。受材清明。涉道醇粹。智足以經天下之務。學足以究先王之言。勤勞百爲。論議一致。被遇先帝。偏儀臺閣之華。陪輔朕躬。參預鈞衡之任。而能彌縫以藏其用。調燮不失其中。故諏訪於師言。俾秉持於大政。坐論西省。進貳文昌。增衍爰田。陪敦眞賦。於戲。朕稽前載之迹。考名臣之心。房杜以能斷善謀。治效幾乎三代。姚宋以應變守正。功業盛於一時。勉舒爾猷。允蹈前美。可特授太中大夫、守尚書右僕射、兼中書侍郎。

右丞蘇頌拜右僕射制 元祐七年六月辛酉

朕荷天地之貺。維祖宗之成。上承文母之慈。萬機俾乂。下賴輔臣之正。一德交修。眷俊老之精忠。合外廷之公議。延登相位。敷告治朝。右光祿大夫、守尚書左丞、上護軍、武功郡開國侯、食邑一千九百戶、食實封二百戶蘇頌。粹資中和。休譽英特。學富經邦之道。文高華國之章。浹萬事之風材宿四朝之偉望。逮予初政。歸爾近班。進服天官。抑人材之阿黨。優游翰苑。還帝制之坦明。曁擢寘於近司。頗接聞於密論。雍容雅正。多援古以開陳。練達精明。亦宜今而裁制。維是深識。居然遠猷。是用躐陛右弼之崇。兼總西臺之重。秩階增峻。勳爵並隆。申衍爰田。陪敦眞食。茲見充文之慶。尤爲稽古之榮。於戲。惟聖賢相遇之難。以君臣得時爲盛。矧惟成德。協我至公。如房喬之善建嘉謀。遽啓唐風之兢。如魏相之好觀古事。終扶漢道之尊。勉跂前修。用孚美業。可特授右光祿大夫、守尚書右僕射、兼中書侍郎、加上柱國、加食邑七百戶、食實封三百戶、勳封、如故。主者施行。

宋大詔令集卷第五十八

宰相八

進拜八

范純仁拜右丞相制 元祐八年七月丙子

朕嗣宅丕后。若昔大猷勞於求賢。職在論相。眷言舊德。還位宰司。乃頒命書。播告在位。觀文殿大學士、太中大夫、上柱國、高平郡開國公、食邑三千戶、食實封一千一百戶范純仁。秉心直諒。履道坦夷。寬閎出於天資。忠義本於家學。始終一節。出入四朝。向解鈞衡。久臨藩屏。介圭修覲。喜見儀刑。公袞言歸。益隆體貌。是用延登右弼。仰應中台。寵進文階。增陪井賦。於戲。高宗恭默思道。得傅說以代言。康王垂拱仰成。有畢公之正色。惟賢能俊傑。盡其用則陰陽寒暑得其和。外鎮四夷。內附百姓。非至公不能成庶務。非一德無以底丕平。其殫乃心。無替朕命。可特授通議大夫、守尚書右僕射、兼中書侍郎、加食邑七百戶、食實封三百戶。勳封如故。

章惇左正議大夫左僕射兼門下侍郎制 紹聖元年二月

門下。爲政之道。無競惟人。思得骨鯁挺特之純臣。適修彌綸康濟之緒業。圖我舊德。冠于宗功。孚號大廷。播告多士。資政殿學士、降授通議大夫、提舉杭州洞霄宮、上柱國、豫章郡開國公、食邑三千七百戶、食實封一千八百戶章惇。器博以大。志剛而明。才之所施。則酬酢萬變而無窮。學之所造。則貫通百家而不惑。蚤席華問。寖登近班。自結聖神之知。荐登丞弼之地。佑我昭考。格于丕平。肆予纘服之初。身任受遺之託。定策社稷。底寧邦家。方政令出於簾幄。權柄歸於廊廟。善政良法。多所紛更。正色危言。不憚彊禦。十年去國。一德保躬。雖風波並起乎畏途。而金石不渝於素履。朕親覽機務。緝熙事功。卓創業垂統之艱難。念繼體守文之怵惕。典刑具在。績効可稽。究觀民情。以知利害之實。斟酌時變。以適增損之宜。克昭前人之光。實緊良弼之助。矧封疆無以懲外侮。田里無以安常生。四方之休戚。壅於上聞。群臣之忠邪。徭於公議。眷求眞宰。秉我國成。是用起爾燕閒之中。位諸公輔之上。超進祿秩。寵陪戶封。南山巖巖。久隆師尹之望。赤舄几几。行俟衮衣之歸。於戲。賢能相推而庶官和。號令必臧而下民若。如治梓材。汝惟丹雘。若作和羹。汝惟鹽梅。朕方注意以佇壯猷。爾其奮庸以叶朕志。修明百度。率勵庶工。期共恢於遠圖。尙無替於先烈。亟共爾位。終底厥成。可特授左正議大夫、守尙書左僕射、兼門下侍郎、加食邑七百戶、食實封三百戶、勳封如故。主者施行。

韓忠彥除右僕射制 元符三年四月庚寅

門下。朕紹膺大位。蒙賴母儀。召自咸藩。延入翼室。遂嗣服於大麻。首圖任於舊人。咨爾在廷。明聽予告。具官某。植性純懿。秉德裕和。粹矣老成之姿。渾然大中之度。素出相門之胄。蔚爲勳閥之光。朕永惟仁祖之朝。實緊先正之助。建定大策。書功宗彝。惟爾克承厥家。世濟其美。召由北道。入總東臺。謀謨益嘉。操守彌固。屬丕基之肇受。眷右相之久虛。敷時繹思。訪予落止。將繼猶於泮渙。以大濟於艱難。其登右揆之崇。遂兼西省之峻。惟帝賚予良弼。惟天祚我有邦。陞其文階。衍以封邑。於戲。四裔以衰弱僅存之勢。猶懷桀驁之謀。黎庶當安平無事之時。尙有流亡之患。罔虛內以事外。無傷財而害民。予欲綏定四方。汝爲。予欲救寧百姓。汝翼。予欲作功成之樂。汝聽。予欲制治定之禮。汝明。汝言予從。予違汝弼。王政有闕。以汝爲補袞之樊侯。民澤未加。用汝爲作霖之傅說。尙奮熙於帝載。共寅亮於天工。永孚于休。同底于道。可。

韓忠彥除左光祿大夫左僕射進封儀國公制 元符三年十月丁酉

門下。朕仰惟前代。訓廸厥猷。敷求哲人。考愼其相。疇若予采。是資世德之良。屢省乃成。俾陟冢司之任。咨爾有衆。明聽朕言。具官某。敏識造微。令猷經遠。智足以任四海之重。才足以應萬事之機。屬予訪落之初。擢總代工之右。百辟承式。萬邦作孚。旌其世庸。進是位序。正名左揆。分侍東臺。增衍爰田。陪敦眞食。於戲。在昔大有爲之主。必有不二心之臣。用保斯民。以登乃辟。子帥正。則孰敢不正。民罔中、而惟爾之中。其允廸於前人。以有聞於永世。可。

曾布除右銀青光祿大夫右僕射制 元符三年十月壬寅

門下。左右制相。以總吾喉舌之司。東西分臺。以幹我鈞衡之任。居中如鼎足之峙。承上若台符之聯。相須而成。缺一不可。迺登次輔。以告大廷。具官某。敏識造微。懿文貫道。器周小大之用。智適古今之宜。被神考特達之知。亟躋禁從。膺先朝倚注之重。久執事樞。而能悉心公家。宣力夙夜。忠以廸上。誼不辭難。憂勤百爲。壯老一節。肆朕纂臨之始。大嘉翼戴之勞。參稽師言。圖任舊德。文昌端揆之列。紫微陪侍之班。合茲寵名。作我近弼。仍遷階秩。增衍戶封。於戲。朕有休息百姓之心。汝則覿文而匿武。朕有綜覈庶工之志。汝則務實而去華。以至甄序材良。敦奬正直。澄清風俗。振肅紀綱。使萬物各得其平。無一夫或失其所。汝之職也。尙往欽哉。可。

蔡京除右僕射 崇寧元年七月五日戊子

門下。文昌萬物之源。源淸而流潔。僕射百僚之表。表正而景端。若昔保邦。敷求俊德。肆予共政。厥有舊人。咸造于廷。明聽朕訓。中大夫、尙書左丞蔡京。才高而識遠。氣粹而行方。蚤逢聖旦之有爲。徧歷儒林之妙選。徊翔滋久。趣操益醇。出殿侯藩。入居翰苑。適草元符之末命。預聞翼室之多艱。去就甚明。忠嘉具在。人之艱矣。動以浮言。天實臨之。賚予良弼。是用延登右揆。總領西臺。超進文階。增陪井賦。慨念熙寧之盛際。闢開端揆之宏基。弛役休農。

尊經造士。明親疏之制。定郊廟之儀。修義利之和。聯比閭之政。國馬蕃乎汧渭。洛舟尾乎江淮。周卿率屬以阜民。禹迹播河而入海。經綸有序。威德無邊。而曲士陋儒。罔知本末。強宗巨黨。相與變更。凡情狃於尋常。美意從而蠹壞。賴遺俗故家之未遠。有孝思公議之尙存。愼圖厥終。正在今日。於戲。武王繼志。昭哉文考之功。曹參守規。蔚若蕭何之迹。其輔台德。永孚于休。可特授通議大夫、守尙書右僕射。

蔡京除右光祿大夫尙書左僕射 崇寧二年正月丁亥

門下。綏四方。復大業。屬在於眇躬。佑乃辟。康兆民。允資於元輔。進陟時傑。秉操國鈞。粤惟先正之臣。克任天下之重。爰旌丕烈。誕告朝倫。通議大夫、守尙書右僕射蔡京。器博而用周。名高而實茂。學際天人而不惑。材兼文武而具宜。被遇裕陵。早預叡神之制作。發文紹聖。久勤禁密之論思。逮予訪落之初。首建紹休之訓。孤忠自許。惟堅體國之誠。經德不回。曾靡合時之術。自延登于政府。暨擢寘於宰司。謀猷益嘉。夙夜匪懈。攷古而修紀律。設屬而講事功。庶官惟和。百度以正。適遠戎之弗率。緊多算之是圖。師不逾時。慮無遺策。四裔偃兵革之氣。百姓厚衣食之源。疇若顯庸。升華左揆。分侍東臺之峻。躐躋文階之崇。增衍爰田。陪敦眞食。萃茲寵渥。併示眷懷。於戲。位冠群臣。孰越蕭何之畫。爵隆五等。蓋先裴度之功。惟乃殊勳。無愧前哲。永協于治。往孚于休。可。

趙挺之拜右相制 崇寧四年三月

門下。朕若昔大猷。考愼其相。眷求一德。協贊萬幾。顧難其人。久虛右揆。肆登賢輔。誕告大廷。具官趙挺之。受資清和。涉道醇粹。智足以周天下之務。學足以究先王之微。方時紛更。獨陳讜論。逮予總攬。首建忠言。秉心不回。持議甚確。自參裨於邦政。彌弼成於治功。同寅協恭。奉公履正。是用進貳中臺之柄。坐論西省之謨。超陟文階。增陪井賦。以昭注倚。以厚寵光。於戲。惟聖賢相遇之隆。以君臣咸德爲盛。丙魏推同心而輔於政。聲顯漢廷。房杜持衆美而効之君。望高唐室。益祗遠業。克紹前休。可特授右銀青光祿大夫、守尙書右僕射、兼中書侍郎。加食邑七百戶。食實封三百戶。

蔡京司空左僕射兼門下侍郎制 大觀元年正月

天子之置三公。與之論道。丞相之總百揆。維以佐王。朕親事法宮。宅師區夏。朝廢食而思務。夜振衣而慮微。顧非眞儒。孰翼丕治。廼眷求於舊弼。俾還秉於洪鈞。播告大廷。誕敷群聽。具官蔡京。識推先覺。德懋碩膚。智造物之未形。學窮神而獨至。擢自文考。爰遇泰陵。更險夷之百爲。持中正之一節。逮予躬攬。冠位宰司。罄謀猷之贊襄。緝綱紀之蠹壞。佐周王之辟國。無如召公。佑商后之格天。有若伊尹。力復先烈。輔成遠圖。庶績已熙。太平將洽。屬緣災而引咎。旣避位以踰年。顧茲袞繡之聯。殊失股肱之助。矧今符瑞荐至。講禮樂以文頌聲。賢能並興。恢庠序而善風俗。有懷制作。多所建明。是用載登左揆之崇。兼峻東臺之秩。陪敦爰賦。彌聳具瞻。斯爲異恩。庸示注意。於戲。舉皐陶而不仁者遠。朕則克難於任人。賢周公而大治至今。爾其永休于前政。往服定命。勉成厥功。可特授依前司空、尙書左僕射、兼門下侍郎、魏國公。加食邑七百戶、食實封三百戶。勳、封如故。

何執中特進左僕射兼門下侍郎加恩制 大觀三年六月

門下。惟前代之建官。孰先於輔相。圖舊人而共政。尤屬於老成。眷言心腹之臣。久貳機衡之任。肆加考愼。宜在褒延。其誕布於綸恩。以式孚於朝聽。具官何執中。高明而守正。純厚而履常。才兼文武之優。學貫天人之賾。自出陪於昌運。首被遇於先朝。爲時名儒。事朕潛邸。方纘承之始。已召寘於從班。逮躬攬之初。遂擢參於近弼。謀有嘉而必告。事靡勤而弗宣。備嘗夷險之更。克懋始終之固。朕念持盈者保太平之盛。敕命者謹時幾之微。矧祗紹於成謨。敢怠遑於庶治。疇若予采。以共濟於康功。惟選爾勞。蓋莫踰於壽俊。其登庸於左揆。兼總務於東臺。進序勳階。衍封采食。併侈寵章之峻。用昭眷意之隆。於戲。罔不同心。傅說所以廸高后。咸有一德。伊尹所以格皇天。尚繼美於前人。以孚休于永世。可特授特進、尚書左僕射、兼門下侍郎、加上柱國、食邑七百戶、食實封三百戶。勳封如故。

鄭居中少保太宰兼門下侍郎制 政和六年五月

門下。格于皇天。實繫贊元之任。渙其大號。罔非同德之求。若時樞筦之臣。久鬱鈞衡之望。用熙帝載。俾正台司。式涓剛日之良。誕告治朝之聽。特進、知樞密院事、滎陽郡開國公、食邑四千七百戶、食實封四百戶鄭居中。高明而篤厚。直諒而純和。識探道奥之微。謀合皇猷之藴。馳顏閔之極摯。丞擅儒宗。非堯舜則不陳。是爲國器。粤繇簡識。洊被褒揚。徧躋禁路之華。再陟本兵之峻。直道之行弗撓。辰猷之告允臧。進則盡忠義。不阿世。退而載采言。可底行。眷名實之並孚。歷險夷而一節。肆念纘承之重。莫先圖任之艱。有能奮庸。既灼知于弼直。爰立作相。其遂顯於謨明。載崇爲國之九經。以乂建邦之六典。陰陽和而萬物得。燮茲一氣之元。上下交而其志同。惠在四隣之睦。允廸朕志。畢協師虞。就升亞保之崇。資克佇貳公之美。化疇封井。戶加食租田。併隆體貌之恩。增重股肱之寄。於戲。帝賚予弼。茲用亶於延登。民具爾瞻。益毋忘於夙夜。若古有訓。無兢維人。惟說命之暨乃僚。如尹躬之佑厥后。從欲以治。罔不同心。尚克邁于遠圖。以對揚于休命。可特授少保、太宰、兼門下侍郎、加食邑七百戶、食實封三百戶。餘如故。仍令所司擇日備禮册命。主者施行。

劉正夫特進少宰兼中書侍郎加恩制 政和六年五月

門下。灼于四方。蓋本明良之會。式是百辟。莫先承弼之圖。乃眷宗臣。丞陪幾務。具協民瞻之素。俾居宰揆之崇。涓選剛辰。亶孚列辟。銀青光祿大夫、中書侍郎、彭城郡開國公、食邑四千七百戶、食實封一千三百戶劉正夫。直清而惇裕。閎博而醇深。行高儒席之珍。識探聖文之奥。廸九德之美。蔚然蓍蔡之資。挺三俊之休。允矣巖廊之望。歷更中外。綽著猷爲。頃入輔於文昌。旋進參於政本。夙勵致君之節。動昭享上之誠。入告辰猷。其克從先王之烈。肆疇嘉績。惟簡在上帝之心。言輒契于朕謀。人莫渝於汝守。若昔交修之助。維時共政之求。將用繹於天工。知人則哲。宜使熙於帝載。秉國之鈞。位班袞職之隆。名亞鼎司之重。克灼知厥若。久堅勵翼之懷。率惟茲有陳。用底經綸之藴。誕揚休命。式副僉俞。載超賜位之聯。增賁奮庸之任。剖封爰賦。衍食加田。疏恩渥之便蕃。示延登之簡注。於戲。爰立作相。永言考慎之艱。罔不同心。益邁謨明之協。仰惟前代。圖任舊人。由成湯至於文王。若伊尹至於閎夭。時乃格天之業。具存經體之勳。尚懋遠圖。以期予治。可特授特進、少宰、兼中書侍郎、加食邑七百戶、食實封三百戶、勳、封如故。

鄭居中起復制 政和七年十一月

門下。人主之職。在乎論相。允賚朝夕之親。太宰之任。專以佐王。實繫幾微之重。眷予台揆。茲遘閔藭。時惟虛席之思。禮有奪情之制。亶孚命册。播告治廷。具官某。簡重而裕和。高明而博達。學貫六經之奧。器涵九德之純。勁節精忠。屹莫渝於金石。遠猷先識。敏若兆於蓍龜。夙宣樞筦之勞。遂正鈞衡之拜。謀入告於爾后。德乃降於國人。厥棐有恭。股肱喜而元首起。惟動丕應。陰陽和而風雨時。願爲稷契皋陶之良臣。必適堯舜文王之正道。方賴濟川之助。忽纏陟屺之憂。朕惟天下之安。注意于相。門外之治。以義斷恩。載稽魯人有爲之言。深嘉閔子服事之孝。晉侯始墨。豈限三年之常。房喬起官。蓋難一日之去。乃趣成於窀穸。俾歸輔於巖廊。式符中外之瞻。率用祖宗之典。誕惟休命。爰示至懷。於戲。揚名顯親。報乃伸於父母。適權合道。分當篤於君臣。克全愛日之誠。懋建格天之業。上以調元化而遂萬物。下以莅中國而撫四夷。惟爾丕命具承。則予從欲以治。可。

余深特進少宰兼中書侍郎制 政和七年十一月

門下。承天子以贊助萬機。時乃代工之任。熙帝載而使宅百揆。莫先同德之求。眷我宗臣。久于政路。爰繹師虞之素。俾升宰席之崇。涓擇剛辰。誕揚顯册。具官某。直方而敦裕。肅乂而純明。學參聖域之優。識達道原之大。威儀是力。凜然廊廟之材。文武兼資。允矣邦家之望。夙延登於近輔。實具紹於先猷。明哲自將。忠忱一致。載執黃扉之柄。益隆巖石之瞻。皋陶之陳帝謨。既懋弼諧之義。山甫之將王命。有嘉出納之勤。具昭成憲之休。未究大儒之蘊。朕仰惟前代。守文爲難。相我愛民。非賢罔乂。若四方之是訓。則九叙之可歌。視君如腹心。矧務同於一體。用汝作舟楫。庶克廸於多盤。其進秉於國鈞。仍兼釐於政本。特超賜位。併衍眞租。聿彰倚注之殊。式示寵光之渥。於戲。時則有若伊尹。推斯道而覺民。王曰惟爾君陳。以嘉猷而告后。允蹈昔人之美。迄臻庶事之康。三階平則風雨得其時。衆賢和而天地爲之應。亶惟乃辟是佑。則於永世有辭。

余深太宰兼門下侍郎制 宣和二年正月

門下。太微者天子之庭。上相冠東藩之位。北斗者人君之象。輔星近開陽之光。仰觀乾緯之明。俯眷經邦之重。叙登元宰。亮翼衆功。誕賜綸綍之言。孚告紳緌之聽。具官某。端方而肅括。敦裕而清通。學足以探天人之原。智足以周事物之會。古訓是式。卓然經世之姿。直道而行。凜若立朝之氣。徧儀三省。殆閱十年。頃進秉於國鈞。實參熙於帝載。惟動丕應。徯志御事。厥棐有恭。辨察群材。極明王立政之助。調娛庶務。協太平守成之規。朞年于茲。萬方俾乂。上之則陰陽寒暑得其序。下之則綱紀法度適于中。德音不瑕。已諗姬公之美。袞職有闕。孰先山甫之圖。是用簡於巖瞻。授以魁柄。兼峻東臺之侍。乃陪多戶之封。受任既隆。仰成彌重。於戲。予欲遠追二帝三王之治。爾盍自擬百揆四嶽之賢。置相之良。載籍可數。若漢以蕭曹爲冠。丙魏乃相繼有聲。如唐之房杜居前。姚宋亦並稱於後。顧曾何比予於是。矧時則勿有間之。勉恢大猷。追紹隆古。可。

王黼少宰加恩制 宣和元年正月

北辰居所而衆星拱。道蓋尙於無爲。明主好要而百事詳。術莫先於論相。天實生於碩輔。世方賴於眞儒。用詢師虞。延登揆席。肆卽治廷之大。亶孚詔號之嚴。具官王黼。直諒而粹夷。閎深而博遠。學通千載。而會歸於道德之奧。識造萬微。而動合於理義之方。讜論明謨。允矣佐王之略。高文大册。傑然冠古之才。國之光輝。予有疏附。頃自左綱之峻。亟陞右省之崇。敕天之命惟時幾。益馨同寅之助。役志于享無爽侮。聿多載采之勳。豈惟衆賢和而物和。兹乃百姓足而君足。三台之階兩兩。疇爲齊色之占。南山之石巖巖。爰屬秉鈞之望。惟帝賚弼。若時登庸。其遂相予。無以易汝。俾陟宰司之重。兼釐政本之繁。懋官超彝典之常。賜位躐文階之冠。申加多邑。幷衍眞租。於戲。尹躬曁湯而克享天心。高宗得說而咸仰朕德。相與之妙。於今可師。矧書垂告戒之言。有嘉謀則順于外。而史述彌縫之用。持衆美以效之君。故四方其訓。以無競惟人。必三后協心。而同底于道。往賚予翼。式副民瞻。可特授特進、少宰、兼中書侍郎、充神霄玉淸萬壽宮使、加食邑七百戶、食實封三百戶、勳、封如故。

起復通奉大夫尙書左丞李邦彥除銀青光祿大夫少宰兼中書侍郎神霄宮使加恩制 宣和六年九月十四日

門下。太微授符列宿。次輔共三光之庭。文昌賦政四方。宰臣揆六官之務。眷予近弼。時謂眞儒。履正奉公。協濟休明之治。贊元經體。宜膺考愼之求。敷告朝倫。誕揚命渥。起復通議大夫、尙書左丞、神霄宮副使、隴西郡開國公、食邑二千八百戶、食實封六百戶李邦彥。端方而肅乂。簡重而裕和。偉望傑才。夙擅縉紳之譽。博聞強識。兼通典籍之醇。登翊化鈞。荐更歲律。廊廟訏謨之議。無有黨偏。政機綱目之繁。備宣忠恪。嘉言底績。膏澤在民。方國家閒暇之時。席祖考隆昌之緒。以內治則立經陳紀。以外攘則保大定功。政事集熙豐之成。疆宇復燕雲之舊。惟克紹先烈。乃臻夷夏之安。而聿懷永圖。尤切淵衷之念。唯志慮叶於克一。則功業底於丕平。是用延升揆路之崇。式貳西臺之要。爽邦由哲。載圖弼亮之勳。立政惟人。佇展經綸之藴。陪敦眞食。超進文階。以昭體貌之隆。以厚股肱之眷。於戲。納誨輔德。式昭傅說之欽承。以道覺民。罔俾阿衡之專美。務恢遠業。以副具瞻。可銀青光祿大夫、少宰、兼中書侍郎、神霄宮使、加食邑七百戶、食實封三百戶。

宋大詔令集卷第五十九

宰相九

進官加恩別使一

范質等進官制 建隆元年二月乙亥

虞舜有納麓之功。弗迷風雨。夏后享錫圭之瑞。乃奠山川。然後大洽謳謠。光符揖讓。顧惟涼德。驟集鴻名。既用心以存公。思與物而更始。式宣景化。屬在冢司。乃眷弼臣。宜疇異數。推忠協謀佐理功臣、開府儀同三司、守司徒、兼門下侍郎、同中書門下平章事、昭文館大學士、參知樞密院事、上柱國、蕭國公、食邑二千戶、食實封四百戶范質。鎮時雅量。緯俗宏材。明去就於幾先。識變通之可久。巖廊益峻。衡石無欺。十載于茲。萬邦咸乂。推忠協謀佐理功臣、光祿大夫、尚書右僕射、兼門下侍郎、同中書門下平章事、監修國史、參知樞密院事、上柱國、太原郡開國公、食邑一千五百戶、食實封二百戶王溥。策名藩府。佐命前朝。冠顏子之四科。陳咎陶之九德。秉彝不紊。惠廸有光。寅亮之功。搢紳允矚。推忠協謀佐理功臣、樞密使、光祿大夫、行中書侍郎、兼刑部尚書、同中書門下平章事、集賢殿大學士、上柱國、鉅鹿郡開國公、食邑二千戶、食實封四百戶魏仁浦。謙和有立。慎重自持。周旋三事之司。練達萬機之務。言無洩露。望洽彌綸。康濟之才。邦家所注。咨爾三台。弼予一人。而皆稽元象以酌群情。率具寮而遵外禪。是用進爲常伯。命作司空。叙百揆以奮庸。張四維而是賴。於戲。託王公之上。既開國以承家。倚輔相之臣。斯代天而治物。各踐厥位。時惟欽哉。質可依前守司徒、兼侍中。溥可守司空、兼門下侍郎、同中書門下平章事。仁浦可尚書右僕射、兼中書侍郎、同中書門下平章事。餘如故。

趙普加恩制 淳化元年七月

門下。咨詢舊德。尊重大臣。實有國之徽章。乃爲君之鉅美。朕之元老。何讓古賢。適當覃慶之辰。首舉疇庸之命。揚于著位。斯叶至公。具官趙普。道比皐夔。才兼伊呂。創業弼諸於先帝。守文佐佑於冲人。進則盡忠而言。退則歸美於上。三登黃閣。人推燮理之功。連擁碧幢。吏服廉平之政。書諸國史。格彼上元。雖蕭曹稱漢室之賢。房杜濟唐宗之美。校其勳德。未接聲容。間以偶失宣調。遂嬰微疾。雖居假告。常渴儀刑。深持知止之心。疊上陳情之表。言皆切直。意足嘉稱。然而上台之位難虛。求舊之思益切。方伸毗倚。不允敷揚。因獻歲之發春。屬改元而建號。榮加奉邑。兼益眞封。於戲。書契以還。君臣之際。上以用賢爲急。故親而信之。以保其終。下以徇節爲誠。故愛而戴之。同底於道。况我興隆之運。式繄鎮靜之才。更竭謀猷。毋煩訓誡。可。

呂端轉官制 至道二年正月庚辰南郊畢

讓德于天。聿舉吉蠲之典。注意於相。宜推蕃庶之恩。銀青光祿大夫、行尚書戶部侍郎、同中書門下平章事、上柱國、東平郡開國侯呂端。嶽瀆粹靈。陽秋正氣。自參大政。式副具瞻。接物之誠。蔑聞於澄撓。致君之節。曷有於磷緇。朕倚之爲股肱。人望之爲霖雨。頃以郊祀上帝。祈福天宗。琮璧具陳。梯航畢至。汝左右薄質。翊宣大猷。威儀三千。率周禮而無爽。玉帛萬國。奉禹會而益恭。文物聲明。震疊華裔。將順其美。時乃之功。是宜踐黃閣之崇。正夏卿之任。併增階秩。式是寵光。勉罄嘉謨。永輔台德。可門下侍郎、兼兵部尚書、依前同平章事。餘如故。

李沆遷官制 咸平四年三月庚寅

東臺貳職。實筦樞機。繄朝近司。多所兼領。祗若彝憲。加于輔臣。褒德奬賢。於是乎在。光祿大夫、行中書侍郎、同中書門下平章事、監修國史、上柱國、隴西郡開國公李沆。純厚方直。堅明粹和。事朕東朝。有翼成之範。秉鈞黃閣。仗棟榦之隆。三階以和。百揆攸叙。宜登異數。益懋顯庸。可門下侍郎。加食邑。

向敏中景靈宮使制 大中祥符七年八月甲寅

尊祖事天。所以罄寅恭之志。尚賢崇德。所以申優異之恩。眷予藎臣。宜有嘉命。特進、行中書侍郎、兼刑部尚書、同中書門下平章事、集賢殿大學士、上柱國、河內郡開國公向敏中。亮節致君。懿文經國。蔚爲時棟。克煥王猷。朕仰接眞儀。側聆諄誨。開陳長發之緒。誨諭無疆之期。式建琳宮。永膺靈祕。蒞茲重職。允屬台臣。勉竭純誠。以稱隆渥。可特授景靈宮使。加食邑一千戶。食實封四百戶。

王旦進官制 大中祥符九年二月戊子史成

股肱之任。與元首而同體。公袞之崇。列三階而敷化。經邦論道。非賢罔居。疇其嘉庸。登是徽數。開府儀同三司、守司空、兼門下侍郎、同中書門下平章事、充玉淸昭應宮使、昭文館大學士、監修國史、上柱國、太原郡開國公王旦。簡溫方厚。惠直篤誠。懿文德以含章。矢嘉謀而廸哲。材膺注意。業振代工。叔敖爲心。實勵愈恭之志。曹參奉法。載彰畫一之謠。允矣元臣。時之厚棟。朕以祖宗盛烈。思播策書。乃擇名儒。共加刊紀。統領之任。良直攸歸。而能炳煥舊章。沉研祕思。言罔私於懲勸。事必鑒於婉微。逮此成篇。永彰詒法。沓爾典令。昭報茂功。進秩槐庭。增榮鼎席。衍食之邑。寵名並臻。彌宣懿猷。祗服厥命。可守司徒、依前兼門下侍郎、同中書門下平章事、加食邑一千戶。食實封四百戶。餘如故。

向敏中進官制 大中祥符九年五月庚申不拜

璿穹降鑒。飈馭格思。擇勝地於神京。仰營邃館。驗靈蹤於祕載。謀奠眞居。嘉輪奐之維新。介福禧而尤盛。眷言總領。允屬輔臣。爰因考室之初。特峻疇庸之命。開府儀同三司、行中書侍郎、兼刑部尚書、同中書門下平章事、充景靈宮使、集賢殿大學士、上柱國、河內郡開國公向敏中。純和毓德。端厚存誠。清識邁倫。懿文經國。參萬樞之密勿。克愼幾微。佑百度之財成。務遵體要。頃肇基於宏構。思肅奉於晬儀。爰正使名。庶揚厥職。逮鳩工之告備。故底績之有聞。褒勸是宜。徽章斯在。夏官之秩。名數甚優。俾膺進律之榮。益重禮神之寄。可依前行中書侍郎、兼兵部尚書、同中書門下平章事、餘如故。

王旦拜太尉兼侍中制 天禧元年五月戊申不拜

朕倚毗舊德。眷奬大臣。期勞逸之適中。必優崇而異等。開府儀同三司、守太保、兼門下侍郎、同中書門下平章事、充玉清昭應宮使、昭文館大學士、監修國史、上柱國、太原郡開國公王旦。履道坦夷。秉心純懿。雅量均於澄撓。厚德本於直方。陟於近司。寔贊元化。代天工而總衆職。宰邦政而熙大猷。契偃戢之休期。翊封崇之盛典。懿文經國。碩望鎭時。寒燠屢遷。聲猷益茂。而累陳章奏。懇避鈞衡。言念報功。所宜加禮。超進上公之重。兼升左相之榮。俾遂頤神。簡其入謁。庶雍容而坐論。得親近於老成。漢氏之尊孔光。唐室之褒杜佑。惟吾耆艾。宜厚恩勤。欽奉寵章。彌綏福履。可太尉、兼侍中。許五日一赴起居、□日入中書、或遇軍國重事、不限時日、並令入預參決。餘如故。

王旦加恩每三五日一起居入中書制 天禧元年五月庚申

優賢加奬。從欲推仁。匪惟侍中外之情。抑亦篤君臣之分。太保、兼門下侍郎、平章事王旦。執心沖粹。蹈德清方。辭體要而邁倫。學鈎深而足用。自升丹地。遂貫鼎司。負欽嚴鎭定之姿。著寅亮弼諧之績。彌綸庶政。克致於太和。贊相鴻儀。誕昭於懿鑠。一昨繼陳封奏。縷述衰羸。願罷機衡。退就班列。尋增隆於異數。復懇拜於讓章。雖申敦諭之懷。莫回堅確之志。朕亦念其多疾。察彼由衷。勉徇所陳。用寢前命。止益爰田之賦。仍增眞食之封。務便養頤。簡其朝謁。佇臻勿藥之喜。洽聞論道之言。光輔丕圖。永綏多福。可依前太保、兼門下侍郎、平章事、加食邑一千戶、食實封六百戶、每三五日一起居、三日一入中書、或遇稍安、勿拘此制、若有軍國重事、不限時日、入預參決。

宋大詔令集卷第六十

宰相十

進官加恩別使二

向敏中進官制 天禧元年八月壬申

上法台耀。式崇宰司。所以刑四方之風。敍百官之職。永懷眷獎。屬在老成。揆茲靈辰。錫以徽數。開府儀同三司、行中書侍郎、兼吏部尚書、同中書門下平章事、充景靈宮使、集賢殿大學士、上柱國、河內郡開國公向敏中。應期良佐。命世宏材。綿歷兩朝。踐揚二府。蘊哲明之德。式是民瞻。告良顯之謀。亮於邦采。協贊斯久。燮諧實多。方切倚毗。久宜崇進。升峻資於右揆。兼榮秩於東臺。監總信書。陪增多邑。冠於鼎席。咨乃棟臣。益懋嘉庸。輔宣至化。可尚書右僕射、兼門下侍郎、同中書門下平章事、監修國史、加食邑食實封如故。

丁謂進司徒兼侍中制 乾興二年二月仁宗即位

門下。王者丕承寶業。總攬懿綱。必資同德之賢。式贊代工之治。眷惟元宰。早佐先朝。屬綴衣之在庭。奉眇躬而纂緒。上遵於遺旨。下副於群心。克竭明誠。茂宣忠力。敢緩報功之典。聿隆加等之恩。申錫命書。告于列辟。推忠協謀佐理功臣、金紫光祿大夫、守司空、兼門下侍郎、太子少師、同中書門下平章事、充玉清昭應宮使、昭文館大學士、監修國史、上柱國、晉國公、食邑七千七百戶、食實封二千八百戶丁謂。星辰異稟。公輔宏材。執德不回。蹈禮居正。精誠可以斷大事。懿文可以潤鴻猷。惟聖考之知臣。列台司而論道。嘉言罔伏。盡獻替之宜。故事奉行。叶簡易之理。矧復領師傅之重。訓寡昧之姿。善誘居多。蒙益滋甚。方勉親於庶務。宜首舉於徽章。是用進地官之崇名。升左相之貴位。加其階級。增以戶封。於戲。才大者任崇。勳高者賞重。斯爲彝制。允叶至公。往惟欽哉。永輔休運。可特授開府儀同三司、守司徒、兼侍中、依前充玉清昭應宮使、昭文館大學士、監修國史、晉國公、加食邑一千戶、食實封四百戶、功臣、勳、封如故。仍令所司擇日備禮册命。主者施行。

馮拯司空兼侍中制 同前

門下。古之紹皇圖、立民極者。必有柱石之佐。以翊邦家之隆。況予沖人。夙荷丕訓。自膺儲兩之重。即奉賓師之賢。日聞茂規。動有成範。迨茲纘服。敢忘報功乃擇剛辰告于群辟推忠協謀同德佐理功臣開府儀同三司行尚書左僕射兼中書侍郎太子少傅同中書門下平章事充景靈宮使集賢殿大學士上柱國魏國公食邑七千七百戶食實封二千八百戶馮拯道冠先覺器涵元和潛識究於幾神敏行臻乎律度弼亮文考勤勞王家研百慮以求中講四維而端本兩府之劇交修於善經兆民所瞻克揚於洪化覩靈臺之戢刃從喬岫之繩金明略有融昌期允協洎先帝勤思妙道頤養大廷乃眷眇躬俾參庶務實以三槐之傑兼于六傅之崇內則陟降延英盡彌綸之業外則雍容博望極箴誨之宜協比寀寮靖恭夙夜辨璆琳於火烈識松柏於歲寒訖當仍几之辰咸受綴衣之命輔予翼室襲此鴻基昭順變之禮容涣維新之號令萬邦允哲丕績茂焉是用俯叶僉同博詢典制秩優平士位進納言疇食賦之增封賜銘勳之美號聿崇廉級上應階符於戲三聖垂休二儀儲貺編町品物懷禹德以寖深列位群司仰蕭規而克一嘉與元老勤思永圖克宣至仁以潤天下可特授守司空兼侍中依前充景靈宮使集賢殿大學士魏國公加食邑一千戶食實封四百戶仍賜推忠協謀同德守正佐理功臣散官勳如故仍令所司擇日備禮册命主者施行

馮拯加恩制 十月二十七日

門下賞功褒德有國之大猷送往事居爲臣之亮節其有位隆台袞望重搢紳綴帷扆之訏謨奉寢園之彝制竭誠匪懈率禮無違遽上封章願辭大任宜降疇庸之命且旌崇讓之風具官馮拯道業淵冲性質嚴重言惟有信動不違仁逮事先朝荐升宰府彌綸事典克堅夙夜之心亮采邦家靡渝金石之操洎冲人之纂緒道末命以揚廷中外晏然緊乃之力一昨因山展禮同軌戒期實摠使權聿終襄事永念匪躬之效敢忘進律之文美號褒功俾增於異數爰田食采更益於眞封於戲當萬邦咸乂之辰乃百度惟新之始咨爾元老罄其嘉猷永輔昌期同底於道可特授依前守司徒兼侍中充玉清昭應宮使昭文館大學士監修國史魏國公加食邑一千戶食實封四百戶仍賜推忠協謀同德守正保節佐理功臣散官勳封如故主者施行

杜衍加恩制 慶曆四年十一月南郊

門下朕祇飭齋軨躬款泰壇昭事天明交修地察侑升二后賓筵萬靈昭鑾次於都畿欽柴燎於霄極越惟雋輔相我盛容方錄解嚴之勤疇先釁假之懿用信賞典以告治朝具官杜衍清明以和練達而敏有罔伏之亮奮於知思有含章之美發於事業向圜元祀之毖允賴若時之庸假節大廷告謚慈祐奉瑤册而虔鞏祕金鎮之邃嚴而又率籲適司奉行故典牲牷肥腯玉斝精純接神明以歆馨塞穹壤而凝祐遂頒大慶胥洽衆歡永言皤髮之良欽從屬車之至職勞而賞惟敏則功宜增號表之榮仍崇階等之貴廣開厥邑優實乃租於戲靈眷備成恩章差沛所期君臣有以相戒休恤有以無疆熙其未明開其未睹俾乂予治聿臻爾猷可

韓琦依前工部尚書同中書門下平章事集賢殿大學士加恩制 嘉祐四年祫享

門下。春秋大事。載合食之文。建武舊儀。有親祠之典。朕永追來孝。邈企前徽。因時物成。考古祫祭。具法物之駕。款神祖之廷。儀采焜煌。牲玉純潔。殊方底貢。群岳入陪。誠志孚通。聖靈開饗。涵成熙事。誕賦祥釐。翼我盛容。時惟茂宰。爰疇爾賞。式告于朝。具官某秉志忠純。蹈道夷正。居然時傑之望。司我大政之均。有惟深之明。以通於衆志。有咸德之美。以弼于朕躬。而自奉高矢謨。先庚孚號。總乃容臺之議。協于齋殿之恭。率籲群工。拱侍祼獻。明發不寐。朕深惕然之思。蠲假無言。爾有禺然之色。自欝酒之云盥。訖丹燎之既升。率履弗違。右饗如荅。至陽顯見。積晦開消。還御端門。歆至太寢。益以褒功之號。拓茲衍食之封。實賦有加。異數斯在。於戲。相予肆祀。既格于休嘉。勉爾亮工。益思於輔拂。時惟良顯。往其懋哉。

韓琦授依前同中書門下平章事進封儀國公加食邑實封制 宋祀嘉祐七年

門下。朕按奉高之儀。思承上帝之福。詠我將之什。知配文王之功。諏辰季秋之良。盡志孝饗之事。應一郊之定卜。躬三歲之宗祈。于時陳物采于國中。接神明于堂上。璧玉溫潔。粢盛令芳。靈光燭於大廷。休氣蒙于重宇。疇相丕祀。於顯元臣。肆膺拜胙之釐。首布告廷之命。具官某。命世發德。佐王矢謨。財萬化於物宜。熙百工於帝載。已任沈機之斷。力陳遠馭之圖。若歲爲霖。可以濟天下之旱。如易占筴。可以判天下之疑。責大而智愈深。事昭而精猶勉。廼先庚之詔。靡物備而不然。雖自昔之文。或禮闕而不講。使朕得□六天之對。款七廟之靈。輯于昭曠之儀。顧匪烈文之輔。茲庸錫之名壤。建爾上公。寖廣奉田之腴。復敦眞食之賦。汝爲汝聽。汝勞汝嘉。於戲。在福不敢康。蓋天有難忱之命。於德如不及。蓋民無常懷之心。雖朝廷之甚休。益君臣之相敕。宜興盛治。允答靈歆。可。

宋大詔令集卷第六十一

宰相十一

進官加恩別使三

韓琦受門下侍郎兼兵部尚書依前同中書門下平章事進封衞國公加食邑實封制 嘉祐八年四月十二日

門下。王者紹景運之序履皇極之尊。永惟置器之難屬在佐王之略。睠夫上宰翼我先朝適及委裘之辰肆予奉珥之始。決策宗社。貫心神明。逮躬丕務之咨敢後元勳之獎首敷邦渙誕告朝倫具官某器博而適時道閎而濟民稟星辰之精粹會日月之休明歷宣外勞更倚二柄蹈夷險之一節寄安危之大機仰文考之知賢選時髦而登用維召公之托嘗聞顧命之言維漢相之謀終應大橫之兆。蓋懷先見者識之邃。決至慮者材之英。天扶不拔之基神贊非常之輔是用進文昌之卿序正黃閣之台符隆以封爵之文益之戶田之賦以蕃爾數。以懋爾庸於戲天視靡私居飭有邦之畏民心曷戴一歸厥后之仁。念先猷之弗敢康。顧成業之不可恃益經茂烈用佐昌圖。可。

曾公亮特進兼禮部尚書加恩制 嘉祐八年

門下。自昔繼體守文之君。承祧踐祚之始。必賴輔弼共寧邦家。況予沖人。惟德不類。仰惟托付之重。俯念奉稱之難。方倚謀猷。以隆政道。推忠協謀同德佐理功臣、光祿大夫、行尚書吏部侍郎、同中書門下平章事、集賢殿大學士、上柱國、廬陵郡開國公、食邑五千一百戶、食實封一千四百戶曾公亮履道沖素秉德溫恭才適世務之周器包王佐之略而自輔佐先帝幹翼本朝遠圖是經大事能斷中外咸乂社稷以安逮於憑几之辰矧在受遺之列共推盼質獲纂慶基任莫重焉禮無違者稽舊章之順變孚大號以維新報德褒功於是乎在紫微右掖貳卿居獻替之崇文昌中臺八座司出納之命衍加真食增益戶封仍峻崇階併隆寵數於戲我國家四聖相繼百年于茲恩德結於民心聲教衍乎方表粲典章而具在顧持守以維艱嘉與忠賢奉若成憲守而勿失永孚于休可

韓琦進右僕射制 治平元年閏五月戊辰

無德不報者。古人之甚重。有功而賞者。當國之所先。況乎輔弼之良。嘗任社稷之寄。豈無異數。於昭大猷。推忠協謀同德守正佐理功臣、開府儀同三

司、行門下侍郎、兼兵部尚書、同中書門下平章事、昭文館大學士、監修國史、兼譯經潤文使、上柱國、衛國公、食邑九千七百戶、食實封三千四百戶韓琦天資惇惇世濟英敏擢自先帝付于沖人藩邸側微首與建儲之義宮車出駕復推定策之忠尋屬過哀之所傷在於機務而咸發乃能勵一德以無懈底庶工之允修逮茲平康寔用嘉歎進升右相兼領東臺重啓多封益陪眞賦於戲書載伊尹勳格于天史稱霍光義形于主今朕所得宜無愧焉可特授行尚書右僕射兼門下侍郎同中書門下平章事昭文館大學士監修國史兼譯經潤文使衛國公加食邑一千戶食實封四百戶

曾公亮進戶部尚書制　同前

在昔公旦之輔成王子孟之立昭帝皆承統緒之正且無疾疢之憂而其史册之所傳有丹青之不泯顧予賢弼克廸賢良推忠協謀同德佐理功臣、特進行中書侍郎、兼禮部尚書、同中書門下平章事、集賢殿大學士、上柱國、廬陵郡開國公、食邑六千一百戶、食實封一千八百戶曾公亮才猷靖深性資端雅能任經術以斷國論天意與子預定大謀上心察臣令受遺詔重惟嗣位之始加以積哀之傷中外事爲罔或不濟惟德之報此焉其期是用仍西省之祕嚴兼地官之長率陪敦多邑增衍爰田於戲社稷之功與古無愧廊廟之器惟時所瞻勉祇寵休以副朕意可特受依前行中書侍郎、兼戶部尚書、門下平章事、集賢殿大學士、上柱國、加食邑一千戶、食實封四百戶

韓琦受依前同中書門下平章事進封魏國公加食邑實封功臣制　治平二年郊

門下朕考成命之頌以報天地之仁奏興安之歌以詠祖考之德維燎升而至精薦維祼行而至孝通顧國事之大不敢康本神惠之至不敢愛矧予秉德之輔固有相祠之勞宜錫嘉辰首告列位具官某篤亮純正靖莊簡夷辭氣涵和社稷之計已定誠明孚達陰陽之變已調追言聖考之知肆及沖人之造屬肇躬於元祀實總使於先期鍾石在廷而譯譆籩簋在席而嘉潔感靈觀之右答底熙典之備成上功太常既爲一代之寵析土全魏又繼前人之休廣爰田之載腴陪眞賦之載厚蕃庸爾數庸暢爾猷於戲上下合祛日格群蠢之貺左右同體益圖永世之寧往服茂章聿綏純履可

曾公亮除門下侍郎兼吏部尚書依前同中書門下平章事進封英國公加食邑實封功臣制　治平四年

門下大火基宋實開五聖之符六龍乘乾遂繼中天之運乃睠近弼荐更三朝元勳冠於百僚利澤施於萬世載涓穀旦敷告治廷具官某學通天地之微謀合聖賢之舉包剛柔於九德固夷險之一心丕膺皇祖之求爰履公台之位有皐夔之論能變堯民於時雍有丙魏之聲不改漢家之故事肆我文考遺予沖人咨顧命之老臣輔初政於天下重宣至策終仰丕成進首中臺之班往專東省之務既疏榮於公社益蹴數於爰田功之所加寵不敢後於戲恐德弗類念高宗之末言俾民不迷繫尹氏之素力共祇天鑒永佑邦休可

曾公亮進左僕射封兗國公加恩制　治平四年九月壬寅

上天之縡運四時不能以全功睿主之謀統群物不能以獨化矧予眇德之御方攬萬機之難實仰成於輔臣以經起於邦治爰旌丕烈庸告群倫推

忠協謀同德守正亮節佐理功臣、開府儀同三司、門下侍郎、兼吏部尚書、同中書門下平章事、集賢殿大學士、上柱國、英國公、食邑九千一百戶、食實封三千戶曾公亮．明允篤誠．温恭𨗳啓．動合聖賢之檢．言形社稷之忠．丞遘聖期．遂宜台路．子孟之承宣帝．預定於大謀．召公之保三朝．率躬於一德．乃眷積勤之舊．未昭報禮之隆．其總揆於中臺．益侈封於大國．加以爰田之類．陪之眞戶之輸．誕惟寵章．優我茂宰．於戲．王命山甫．悉是百辟之瞻．天錫魯侯．祚爾千齡之福．更恢遠略．永弼昌圖．可特授行尚書左僕射、依前兼門下侍郎、同中書門下平章事、集賢殿大學士、進封兗國公、加食邑一千戶、食實封四百戶．

曾公亮授依前同中書門下平章事進封魯國公加食邑實封功臣制 熙寧二年

門下．夫物生本夫天．人道始於祖．故有天下不可不嚴大報．爲人子不可不懷孝思．朕肇禋紫壇．光薦清廟．誕舉合祛之事．遹駿定配之彝．繼賚顯相之臣．有若元勳之考．宜告烈位．以澳丕謨．具官某．躬咸德之良．履上宰之任．運理群物．人厚衣食之原．塡撫四夷．時無兵革之氣．乃候景初至．因丘自圜．始朕既執祼玉以見宗祖．又將滌牲幣以事天地．而上下莫不有嘉德．內外莫不有歡心．高靈鑒觀．休應顯見．玆庸加爾以太常之功號．錫爾以東魯之大邦．而復益以爰田．衍之眞賦．並躐寵名之異．以彰賢業之隆．於戲．考越紼之文．知尊祀之不敢廢．修歸脤之禮．顧神惠之不敢專．往承天休．更起予治．可．

王安石進左僕射制 熙寧八年六月辛亥三經義成

周公之制禮樂．位斯貴於一時．孔子之删詩書．道蓋尊於萬世．惟三經之甚奧．曠千載以難明．若咨宗師．爰建義訓．果成編於至當．足貽惠於將來．參詳竄定之勞．並需遷官之賞．唱導主張之任．宜加異數之文．屬茲良辰．告迺庶位．推忠協謀同德佐理功臣、特進、行吏部尚書、同中書門下平章事、昭文館大學士、兼譯經潤文使、上柱國、太原郡開國公、食邑五千六百戶、食實封一千六百戶王安石．識貫古今．術該聖賢．服仁義以維其功．仗公忠而奮其節．覺斯民也．任同伊尹之心．如蒼生何．居起謝安之志．入籌當世之務．闢至治於無窮．出納聖人之書．彰微言於不朽．質舊說之難到．正先儒之未安．理既炳于丹青．義可刊于金石．覽觀具悉．開發洪多．是用升左揆之榮班．兼東臺之要職．仍陪封邑．併示褒恩．於戲．斥乎異端．功已齊於荀孟．見於行事．名當邁於皐夔．往懋訏謨．輔成美化．可特授尚書左僕射、兼門下侍郎、同中書門下平章事、昭文館大學士、兼譯經潤文使、加食邑一千戶、食實封四百戶。

宋大詔令集卷第六十二

宰相十二

進官加恩別使四

王珪授銀青光祿大夫兼門下侍郎依前平章事監修國史制 元豐三年九月

門下。朕稽若古訓。肇新庶官。必也正名。率由道揆。因以制祿。庶無食浮。粤惟宰制之司。首被甄升之命。誕揚渙號。播告治朝。尚書禮部侍郎、同中書門下平章事、集賢殿大學士王珪。直恭惠和。敦大簡重。富有賢業。蔚爲名臣。選繇譽髦。擢秉機務。夙夜匪懈。毀譽不回。納忠告猷。有謨明弼諧之效。揆策圖事。得消萌禦侮之謀。歷選是從。具瞻惟允。進西臺之要地。兼右相之崇資。若時茂恩。屬我良弼。於戲。循明責實。庶圖保乂之勳。經體贊元。允賴惠疇之輔。往踐厥位。永孚于休。可特授銀青光祿大夫、兼門下侍郎、依前平章事、監修國史、勳、封、食邑如故。主者施行。

王珪加恩制 元豐五年兩朝史成

朕誕膺駿命。恭紹慶基。永惟仁祖之享邦。暨我英皇之垂統。惟神功莫得而紀。念後嗣其何以觀。寤寐興懷。逸遺是懼。董成丕典。時倚宗工。稽訂故常。峻躋位序。誕孚渙號。申告治朝。具官某。望具師瞻。寄隆邦揆。克勤小物。夙纘事爲之勞。多識前言。雅長體要之事。於皇二后之美。對越百王之休。後先相望。今古絕擬。而文謨武烈。尚故牒之弗倫。義士忠臣。或幽光之未發。首咨鴻博。三屬雋髦。採摭殘編。網羅隱德。品章甫就。齋祓再觀。旁貫異聞。固多金匱之舊。昭示來世。不愧名山之藏。上足慰往聖貽謀之心。俯以成眇躬繼志之善。忠嘉所止。欽歎弗忘。肆舉褒章。進崇寵秩。及貳中臺之劇。肇開西土之封。併厚恩私。式殊體貌。於戲。禮稱達孝。蓋能述事以圖終。史重良才。謂匪耀文而失實。燦然絕迹。著在新書。豈特朕獲伸罔極之恩。亦惟爾與有無窮之聞。尚期交飭。勿替前修。

王珪加恩制 元豐六年郊

門下。朕以方隆底定。年穀屢豐。迺承景至之辰。躬脩郊見之禮。歸中壇之承宇。以逆三神之釐。啓南端之特闈。大均四海之澤。眷于上宰。褒進寵章。某清明而沖醇。和裕而宏毅。巖廊敷論。贊元經體者歷年。華省正名。亮釆惠疇者一節。屬舉肇禋之典。顯相鉅儀之修。樂奏而神意娭。禮行而天休至。百工莫不有嘉德。四海罔不格歡心。是用錫爾以成國之封。衍爾以上腴之賦。以圖丕績。以蕃寵名。於戲。惟神祇祖考之安。迺膺於介福。惟耳目股肱之翼。迺底於丕平。往承之休。益茂爾烈。

蔡確加恩制 元豐六年郊

門下。朕遹追舊章。肇稱吉禮。祼鬯清廟。所以儀前人之休。升禋紫壇。所以拜上帝之貺。咨訪儒術。包舉藝文。孝奏而精意昭。靈游而眞符下。眷言右弼。宜霑徽恩。某材敏而慮明。器博而用遠。秉鈞宰路。緝群物以興和。貳令中臺。帥六卿而倡治。屬躬修於元祀。實顯相於上儀。樂變而神光游。禮行而乾端露。百辟雍肅。萬方嘉娭。維介福之來同。首炳臣而加錫。陪敦多邑。申衍本封。以協榮懷。以昭勵翼。於戲。專饗獨美。其福豈朕之心。同寅協恭于衷。時汝之任。往承渥命。益起茂功。

左相王珪進金紫光祿大夫封岐國公制 元豐八年

門下。朕鄉荷燕謀。奉承大麻。繼猶泮渙。永惟寶器之安。宏濟艱難。實賴辰猷之告。睠夫上宰。翊我寧朝。利澤昭于四方。元功冠於百辟。肆頒顯册。敷告治廷。某學蹈高明之方。辭兼麗雅之訓。敷文西掖。早膺文祖之知。持橐北門。浸被厚陵之遇。越事皇考。遂持政鈞。士多新美之才。時無兵革之氣。屬紹休於皇緒。預定議於禁塗。傳說之總百官。倚之輔德。畢公之弼四世。惟以仰成。是用進以崇階。錫以名國。陪敦多井。增衍眞封。以協榮懷。以隆體貌。於戲。儲思恭默。念高宗之宅憂。秉德柔嘉。賴樊侯之賦命。往承茂渥。永底丕平。

蔡確進通議大夫制 元豐八年

門下。朕蒙休烈聖。錫羨我家。承明繼成。懼未堪於多難。贊元經體。思圖任於舊人。迺眷炳臣。久儀宰路。協籌謨於一德。挈法度於四方。褒序元功。賜頒顯册。某智崇而慮遠。器博而用通。包深厚之訓辭。蹈高明之善學。服采禁途之近。特爲宣帝之知。總厥百官。進貳中臺之令。間於兩社。首持黃閣之均。外緝三陲。內遂百物。及處受遺之列。尤嘉定議之功。安勸庶邦。有若召公之老。可屬大事。莫如周勃之忠。是用進以崇階。陪之多井。以昭睠倚。以協榮懷。於戲。欽若聖神之謨。新美政事之序。其風采號令。足以震慴於四裔。其典章文物。足以維持於億年。嘉與忠賢。共循大治。覬成前烈。永底丕平。

左相蔡確轉正議大夫加恩制 元豐八年十二月辛未山陵祔廟

門下。王者優禮輔相。所以念守成之難。褒賞勳勞。所以昭礪世之法。迺眷上宰。典領庶工。扈從裕陵之行。奉承清廟之祔。訖我大事。合於陟文。宜布明綸。以詔群辟。通議大夫、守尚書左僕射、兼門下侍郎、上柱國、清源郡開國公、食邑五千二百戶、食實封二千二百戶蔡確。方嚴而敦裕。敏達而粹醇。貫通萬物之微。馳騁六藝之學。被遇文考。早踐鈞衡之崇。陪輔沖人。首聞龜鼎之託。方茲涖政之始。尤致調元之忠。倡帥百寮。嘉靖四國。適屬因山典禮同軌戒期。出總使聯。協襄祀事。言念匪功之節。申頒進律之章。錫以爰田。陪之眞戶。以蕃異數。以圖茂功。於戲。丙魏之弼漢廷。推同心而輔於政。房杜之相唐室。斂衆美而効之君往廸壯猷。用紹前烈。可正議大夫、加食邑七百戶、食實封三百戶。餘如故。主者施行。

右相韓縝轉正議大夫加恩制 同上山陵祔廟畢

門下。朕欽膺駿命。獲紹寶圖。卜方中之陵。不敢忘憑几之訓。祔顧成之廟。蓋以合尙親之文。斟酌百王之撫。昭明萬世之序。迺眷近弼。茲有茂功。宜頒顯册之章。播告路朝之聽。通議大夫、守尙書右僕射、兼中書侍郎、上柱國、廣陵郡開國公韓縝。器宇甚重。材資劭通。輔我朝猷。肖于世美。逮事文考。巳冠機廷之崇。協德眇躬。預聞翼室之託。越躋揆路。益勤王家。寬裕四方。總脩衆職。屬以裕陵復土。祏室升神。載疇定策之忠。申錫進階之寵。陪敦邑賦。開衍井腴。以厚龍光。以昭注倚。於戲。父子之閒國政。巳紹緇衣之宜。兄弟之燮神階。疇若棣華之盛。蓋遇之厚則報必稱。任之重則責益隆。往茂爾猷。用若予采。可正議大夫、加食邑七百戶、食實封三百戶。

文彥博加恩制 元祐元年明堂

門下。朕倣先王之文。嚴宗社之制。我將我享。躬薦進於三牲。有壬有林。助緝熙於百禮。將事而乾端露。薦鬯而神意娭。感格純休。朌敷大澤。興言耆德。宜霈徽章。某執時機衡。翊朕祖考。留侯智勇。進爲王者之師。裴度功名。顯乎天下之事。威望聞於四裔。寵遇冠乎一時。屬涓路寢之嚴。追倣合宮之祝。奉承五室。雖不隋執玉之班。總齊百官。蓋有賴秉鈞之老。頒敷邦渙。肆衍井腴。於戲。得萬國之歡心。未足明於美寵。報四朝之全德。庶有輔於丕平。益茂壯猷。往宜至化。

呂公著加恩制 元祐元年明堂

門下。王者制行以合禮。昭孝以馭神。圜丘之祀。則事之以天道。明堂之享。則接之以人情。天道貴質也。故配之以祖烈。人情尙文也。故侑之以禰宮。朕追憲舊章。緝熙大事。昭明寅畏而精意達。慈祥悌順而多祜臻。申錫命書。褒進右弼。某明國家之體。通道德之原。論議而據於經。維時儒者之望。彌縫而藏其用。有古大臣之風。順民所祈。躋時至治。屬崇嚴於宗祀。實董正於鉅儀。四海莫不格歡心。百工莫不有嘉德。是以錫爾以上腴之賦。衍爾以眞戶之封。以慰民瞻。以敷邦渙。於戲。專饗獨美。其福蓋漢文之所羞。同寅協恭於衷。亦舜官之所尙。往膺異數。茂輯元勳。

宋大詔令集卷第六十三

宰相十三

進官加恩別使五

呂大防加恩制 元祐四年明堂

門下。昔吾祖宗革五代之遺。復三王之舊。皇祐之盛。始寓總章於外朝。元豐之隆。乃嚴上帝之定位。厥有成憲。敷遺後人。朕因而循之。罔有失墜。乃辛巳之吉。躬被冕服。祇率群工。禮成不違。神貺昭答。誕降多福。均被在廷。大中大夫、尚書左僕射、兼門下侍郎、上柱國、汲郡開國公、食邑二千九百戶、食實封六百戶呂大防。篤實而文。寬厚而慄。在英祖時。納忠不忘。爲名御史。在神考時。宣力不懈。爲賢守臣。逮茲纘承。卽與丞弼。旣全付之鈞軸。遂能任我棟梁。正顏色而誠意宣。出詞氣而忠邪辯。左右三載。咸乂四方。民無煩苛。羌率舊職。稼穡茂遂。神人燕安。俾我蕆事。告成舊章不墜雖荷帝祉。時維乃功。宜因賜胙之恩。遂有進律之典。增大國邑。申衍食封。疇爾茂勳。勸我多士。於戲。公爾忘私。非獨得君。亦以獲佑於帝。寬而有制。非獨善始。亦以克要厥終。及茲休成。同底至道。可特授依前大中大夫、守尚書左僕射、兼門下侍郎、加食邑一千戶、食實封四百戶、勳封如故。

呂大防轉官制 元祐三年三月丙子實錄成

朕蒙先帝之休。荷神器之重。奉若彝憲。敉寧邦家。懷聖烈於無窮。託信編於不朽。曩擇縉紳之士。咸施鉛槧之能。領其宏綱。付在元宰。實總研覃之職。久輸宿夜之勤。已奏成書。宜錫寵數。乃涓穀旦。敷告治廷。大中大夫、尚書左僕射、兼門下侍郎呂大防。秉心忠醇。蹈道淵粹。以經國之用。謨謀於百度。以周物之智。緝熙於萬源。禮樂中和。旣洽大儒之效。詞章溫麗。自兼良史之才。表率群英。纂修鉅典。具寫對天之偉業。載揚垂世之鴻名。堅如金石之傳。炳若丹青之著。究微旨於五例。流善譽於三長。房喬上祖宗之書。固無遺美。張說典文學之任。雅同高風。是用進陟崇階之榮。增隆封邑之賜。嗚呼。行爵出祿。以敦勸於在廷。褒德顯功。蓋稽參於故實。膺此光渥。往其欽哉。可特授右正議大夫、依前守尚書左僕射、兼門下侍郎、加食邑七百戶、食實封三百戶、餘如故。

左僕射呂大防進官制 元祐七年六月辛酉

惟人主御民之道。憲天爲公。惟大臣體國之誠。與上同德。眷時英宰。久輔本朝。用疇宣力之勞。懋服保庸之寵。乃蠲吉日。以告大廷。右正議大夫、守尚書左僕射、兼門下侍郎、上柱國、汲郡開國公、食邑四千六百戶、食實封一千三百戶呂大防。敦裕有容。開明無滯。行全君子之正。學造聖人之微。時起諸生之間。早推眞相之器。不因人進。自結主知。出入逮乎四朝。險夷更而一節。威懷雍部。恩諭屬城。召列禁林。訓詞得深厚之體。進專選部。銓綜有澄清之風。擢登輔廷。超冠宰席。肅然方恪。聳四海之儀刑。蹈厥中庸。諧萬事之綱紀。靖謀謐清。馴致安佚。廷議取平。挺至正而不撓。國鈞倚重。徇大公而獨持。偉望彌尊。僉言允穆。是用褒嘉成德。顯侈茂功。躐進朝階之崇。增華揆路之重。賦之多邑。衍以眞封。併示恩章。亶明異數。於戲。予違汝弼。益惟盡道之心。君明臣良。終處俱賢之譽。罔怠厥志。永孚於休。可特授右光祿大夫、依前守尚書左僕射、兼門下侍郎、加食邑七百戶、食實封三百戶、餘如故。主者施行。

章惇加恩制 紹興二年九月

門下。朕涓選休辰。稱秩元祀。我將我享。內盡靈承之心。有壬有林。具輸顯助之力。眷惟一相。祇率群工。揚于大廷。申以休命。左正議大夫、守尚書左僕射、兼門下侍郎、上柱國、豫章郡開國公、食邑四千四百戶、食實封一千一百戶章惇。器博而用遠。寔茂而聲宏。尊其所聞而不疑。載之行事而可紀。佑我烈考。有社稷之茂勳。毗予沖人。以廟堂之鯁議。荐膺圖任之寵。升冠弼階之隆。民言維□。國是以定。屬備成於百禮。方大賚於萬邦。申衍食封。式蕃恩數。於戲。咸有一德。伊尹所以致格天之功。罔不同心。傳說所以盡康民之道。爾勵朕相。予維汝嘉。用奉若于先王。終有辭於永世。可。

建西安州併諸路進築宰執轉官詔 元符二年五月辛巳

脩建西安州。併諸路進築要害城砦。經直相通。悉已工畢。經營措畫。誠賴柄臣夙夜勤勞。以輔不逮。致茲全利。永固邊方。章惇可除金紫光祿大夫。曾布轉三官。許將、蔡卞、黃履各轉兩官。

章惇金紫光祿大夫加恩制 元符二年五月乙丑

嗣先人宅丕后。亶祇紹於慶基。附百姓。撫四夷。寔仰成於良弼。於赫上帝。賚予元臣。具殫夙夜之勤。其下褒嘉之典。蔽自朕志。揚於王庭。左正議大夫、守尚書左僕射、兼門下侍郎、上柱國、豫章郡開國公、食邑六千四百戶、食實封一千九百戶章惇。業亮天工。道熙帝載。訏謨廸哲。烈文孔昭。致遠有王佐之才。任重得大臣之體。擢自文考。登翼天朝。密協贊於睿謨。寔導揚於末命。建議定策。力挫姦臣之謀。扶顚持危。終安神器之重。功爛竹帛。名光鼎彝。逮予親政之初。首寘秉鈞之任。修起法度。振張維綱。屬黠羌之弗庭。資長晝以馭遠。內有論道經邦之寔。外有開疆復宇之休。列障相望。道路無壅。爰及叩關之請。坐臻偃革之期。疇成効於一時。進文階於五等。爰田眞食。並衍本封。出於異恩。靡有前比。於戲。克無疆惟恤。則亦無疆惟休。建無窮之基。斯有無窮之聞。共熙庶績。式靖四方。底於丕平。昭我先烈。可特授金紫光祿大夫、依前守尚書左僕射、兼門下侍郎、加食邑七百戶、食實封三百戶、

左僕射章惇轉特進申國公制 元符三年五月二十一日戊子

門下。朕遭家不造。罹國大憂。念投艱於朕身。用端命於上帝。惟時元輔。祐我先王。播告治朝。誕揚休命。具官章惇。弼亮三世。勸勞百爲。上以贊乎天工。下以定乎國是。廟堂鯁議。操守一心。帷幄深籌。決勝千里。當昔受遺之際。綏定我家。逮居述事之時。克篤先烈。茲繼猶於泮渙。方宏濟於囏難。申國異恩。錫位特進。陪敦邑采。加進國封。於戲。后德惟臣。臣良惟聖。爾其立政立事。勿用非謀非彝。尚遠乃猷。克祗厥辟。則予一人以懌。惟爾永世有辭。可特授特進。依前尚書左僕射、進封申國公。

右僕射韓忠彥轉右光祿大夫制 元符三年九月奉陵復土

門下。朕嗣宅丕后。惟君萬邦。賴弼直於幾康。以繼猶於泮渙。迨終爲大。獲考方中之陵。宗事不忘。克祔顧成之廟。用猷告於多士。肆申命於寵章。具官某。徽柔懿和。敦大明裕。智周天下之務。學造古人之源。民言惟嘉。世濟其美。自我神考。進除從班。肆予沖人。延登宰府。緝熙帝載。勤勞王家。方宏濟於多艱。已克襄於大事。考循彝典。敷錫命書。增衍戶封。超躋位序。以祚爾祉。以揚王休。於戲。惟爾前人。佑我烈祖。同底於道。克成厥功。其尚既於乃心。以克綏於令德。父子相繼。克紹緇衣之宜。君臣同心。永補袞職之闕。往祗朕命。其遠乃猷。可。

韓忠彥加恩制 建中靖國元年郊祀

門下。朕奉先思孝。事神克艱。當一陽來復之辰。講三歲親祠之典。舉罍清廟。告七世以致其嚴。燔柴紫壇。禮昊天而盡其志。嘉與士庶。共綏福休。矧惟冢司。寔總祀事。誕揚大號。敷告外庭。具官某。德度宏深。性資醇厚。儀刑中外。靜重足以鎮浮。掌握樞機。謀謨足以經遠。比由次輔。擢正元台。時惟先正之臣。自任天下之重。予方訪落。汝則相陟降保明之休。予卽清宮。汝則有肅恭顯相之効。均頒靈貺。增衍食封。於戲。燕及皇天。既賴克昌之業。率時昭考。更資善繼之圖。爾交修予。寧煩多訓。可特授依前光祿大夫、守尚書左僕射、兼門下侍郎、加食邑一千戶、食實封四百戶、勳、封如故。

曾布加恩制 同上

門下。朕仰憲聰明。俯臻寧一。嗣先人宅丕后。懷寅畏以保邦。有嘉德。無違心。欽馨香而祀帝。精忱昭假。貺嘏幽蒙。天隆旱麓之基。民被蓼蕭之澤。相維右宰。申以徽章。具官某。寔大而聲宏。氣剛而識遠。幾深足以亮采。端慤足以秉成。體重股肱。望隆柱石。貳中臺之令。四方之若否具明。矢巖廊之謨。百辟之從違是式。逮欽崇而蕆事。賴肅侃以贊儀。清廟蠲烝。祼將竭膚敏之助。紫陔陟配。顯相儼雝肅之容。樂繹純而奏和。禮嚴辨而致恪。天宇昭泰。神光燭臨。既膺蕃羨之祥。宜懋烈文之寵。是用加田眞食。拓井大封。爾陪朕祠。朕錫爾祉。於戲。丕靈承帝命。永綏泮渙之圖。迪簡在王庭。益大贊相之業。往欽眷賚。克紹謀彝。可特授依前左銀靑光祿大夫、守尚書右僕射、兼中書侍郎、加食邑一千戶、食實封四百戶、勳、封如故。

宋大詔令集卷第六十四

宰相十四

進官加恩別使六

蔡京進左銀青光祿大夫依前左相制 崇寧

門下。位宦宰司。總儀刑於百辟。功昭邊圉。亶鎮撫於四夷。若時帷幄之謀。克復河湟之境。不有褒典。曷彰顯庸。敕告治廷。誕揚休命。右光祿大夫、守尚書左僕射、兼門下侍郎、上柱國、南陽郡開國公、食邑四千一百戶、食實封九百戶蔡京。惇大而敏達。高明而裕和。自予親攬於萬微。乃始延登於三事。凡有所建。咸底於成。四民樂業而遂生。五緯循軌而靡忒。逮此捷奏。尤爲膚功。蓋彼邈川。寔我故壤。永泰拓土。亟垂希世之勳。巨姦誤朝。敢行蹙國之計。列堡既棄。峙粻悉捐。民思漢而自深。地非羌之宜有。歸如赴壑。先料勝於萬全。易若建瓴。果收功於一舉。朕以紹復爲志。專在倚毗。卿於精審之才。動中機會。陟文階之三等。示嘉績於萬方。申衍爰田。陪敦眞食。併錫茲寵。用以旌賢。於戲。我武惟揚。既資於多算。西戎即敍。尚賴於壯猷。自昔君臣會遇之難。於今天人叶應之著。時哉勿失。展也大成。益邁遠圖。共承先志。可特授左銀青光祿大夫、依前守尚書左僕射、兼門下侍郎、加食邑七百戶、食實封三百戶、勳、封如故。

何執中進司空制 政和二年哲宗實錄成

門下。朕奉循聖緒。遹駿丕圖。永維四德之作求。敢替友恭之大義。勒諸信史。對揚天地之休。總其宏綱。永賴鈞衡之重。奏篇來上。寵册誕敷。協以剛辰。告於列位。特進、尚書左僕射、兼門下侍郎、上柱國、南陽郡開國公、食邑四千四百戶、食實封一千三百戶何執中。器函敦裕。履尚粹夷。造幾有成務之才。居簡得鎮時之望。尊德樂道。是惟舊學之臣。經體贊元。克懋交修之志。廸庶明而勵翼。躬一德以周旋。穆穆迓衡。惓惓盡節。弼違獻可。既勤入告之辰猷。比事屬辭。備載無前之偉績。淵然謨訓。炳若丹青。豈專筆削之能。式契紹承之美。是用參稽勞烈。特峻官班。陟宏父之崇資。渙公台之備物。優加井賦。申衍眞租。併示恩榮。益昭仕遇。於戲。書存二典。唐虞遂冠於百王。位正三槐。丞輔孰先於一相。往欽異渥。永格丕平。可特授司空、依前尚書左僕射、兼門下侍郎、加食邑七百戶、食實封三百戶、勳、封如故。仍令所司擇日備禮册命。

蔡京加恩制 明堂禮成

門下。朕若昔大猷。教民美報。誕舉宗祈之典。燕及皇天。實惟論道之臣。式是百辟。勵肅雝而顯相。致福祿以來崇。宜有褒章。用疇多績。太師、魯國公、食邑一萬四千九百戶、食實封五千二百戶蔡京。高明而方重。博大而宏深。協千載之亨期。維持國是。膺兩朝之異眷。敷遺朕躬。訖登三事之崇。迨此十年之久。有如傅說。紹乃辟於先王。端若周公。篤前人之成烈。險夷一致而無累。酬酢萬變而不窮。琴瑟載張。振和聲於舊律。斧斤罔缺。發游刃於新硎。興禮樂於百年。布膠庠乎四海。貨通物阜。財足政成。爰萃集於歲祥。方靈承於祀事。濟濟多士。罔不祗師言。穆穆迓衡。惟助成王德。大正緝熙之典。尤殫夙夜之勤。肆申衍於食封。以共承於神惠。於戲。惟聖爲能饗帝。莫重精禋。非賢罔與守邦。宜膺休享。往惟不怠。永治丕平。

何執中進少傅改太宰兼門下侍郎加恩制

門下。五帝莫盛於堯。在則天而體道。三王莫高於禹。爰制器以告功。藴衆妙以含章。冠多祥而稱瑞。朕丕膺眷祐。登濟隆平。於昭錫羡之祥。翕受非常之貺。端朝凝命。既誕舉於彌文。渙號疇庸。用敷宣於顯册。具官何執中。才周而用博。資厚而履祥。訏謨足以經遠猷。敏識足以裁庶務。感會潛藩之眷。雍容禁橐之華。坐執銓衡。著激濁揚清之美。入陪帷幄。有進思退補之忠。既選衆以登庸。彌竭誠而勵相。陰陽敍順。法度修明。靡忘小物之勤。尤盡大臣之節。薰然協氣。式萃降於嘉生。訂是珍符。彌有資於顯助。矧在表儀之地。方新訓廸之原。總名實以詔功。期予于治辨。公孤而序職。惟古之師。超陞亞傅之崇。肇正宰司之重。爰田衍賦。真食陪封。用併侈於神休。益共釐於邦采。於戲。紹天明而即命。式克欽承。遵世德以作求。昭茲來許。尚謹時幾之敕。永孚福祿之同。罔俾前人。有斯專美。可特授少傅、改太宰、兼門下侍郎、加食邑、食實封、勳、封如故。

何執中進少師依前太宰制

朕垂精勵志。膺天地並貺之休。度律均鍾。作君臣相悅之樂。式燕以衎。既和且平。豈惟飾喜以滌情。蓋以移風而善俗。仍眷將明之助。式隆襃序之恩。爰詔大廷。誕揚顯册。具官何執中。靖莊而廸哲。方重而秉彝。篤周畏之小心。韞經綸之大略。雍容道義。是惟舊學之良。密勿謀謨。蔚有嘉言之益。若股肱而成一體。若舟楫之濟巨川。用底大寧。允資神告。朕稽參古訓。協正新音。增徵角之招。備瓠土之器。播諸遠邇。革彼淫哇。庶尹允諧。萬邦維慶。欲懋賢勞之績。孰先寅亮之臣。其陞冠於三孤。仍陪敦於多賦。併昭禮遇。式聳儀刑。於戲。勸以九歌。方迓太平之盛。佑于一德。尙肩勿替之誠。往綏厥猷。以對光命。可特授少師、依前太宰、兼門下侍郎、加食邑一千戶、食實封三百戶、勳、封如故。

何執中加恩制 政和郊祀

門下。朕祗若舊章。薦稱吉禮。類于上帝。於昭報本之誠。推以配天。載嚴尊祖之義。眷時元宰。爲世眞儒。寔率籲於庶工。用協成於元祀。宜頒明命。以寵殊勳。少師、太宰、兼門下侍郎、南陽郡開國公、食邑七千四百戶、食實封二千二百戶何執中。道直以方。器深而博。識際天人之精祲。學窮德義之淵源。

陪輔潛藩。徊翔法從。剛正不撓。凜乎廊廟之才。敦大有容。渾然金玉之質。式符民望。登秉國成。朝無間言。事底咸績。登彼二公之任。冠於三少之崇。弼予一人。宅茲百揆。逮獲精禋之答。尤嘉顯相之勞。歸胙云初。均恩可後。是用加畀井封之實。並疇邑賦之多。以示龍光。以蕃物采。於戲。皇受其福。敢專饗于神釐。永孚于休。其共熙於帝載。往膺徽册。益茂遠猷。可

鄭居中進少傅制 政和八年七月四捷

天子之宰。通四海。允兼治外之方。仁人之兵。同一心。斯有告成之効。眷時台揆。翊我邦圖。協宣廟算之良。克致師干之勝。肆頒渙册。昭答顯庸。具官某。學博而行醇。智周而慮遠。之才之美。有姬公望道之思。至大至剛。得孟軻養氣之義。出陪熙運。越執鴻樞。屢罄謀猷之嘉。具多文武之憲。頃進持於魁柄。俾欽亮於天工。經德不回。古訓是式。若金用汝礪。言每沃於朕心。作室乃肯堂。事必揚於先烈。百度攸飾。三階以平。惟彼夏戎。自干天討。運籌決勝。本茲帷幄之中。惇德允元。宜爾蠻夷之服。共恢遠略。遂殄邊虞。已申無敵之威。爰有非常之寵。貳公洪化。特陞亞傅之崇。舍爵策勳。更詔多田之益。以隆體貌。以重鈞衡。於戲。樊侯以明哲保身。佐宣王之常武。張仲以孝友處內。濟吉甫之膚公。尚懋交修。永毗予治。可

余深進少保制 政和八年四月四捷

門下。宰相親內而撫外。莫先馭遠之圖。王兵無戰而有征。尤賴處中之助。粤惟次輔。參秉化工。爰茲多算之奇。遂奏膚公之敏。我有大號。播於廣廷。具官某。材備而氣完。德全而行飭。正色不撓。同畢公率下之風。多聞是求。協傅說師古之訓。周旋三省。出納萬微。具殫夙夜之忠。每共時幾之戒。逮延登於揆席。益丕享於朕心。懋亮采之誠。克篤先猷之治。廣顯俊之路。久爲多士之歸。代工無曠於庶官。報政不踰於期月。有廸彝教。方隆德於國人。能用眞儒。宜無敵於天下。曾是必亡之□□□匪茹之誅。師克在和。莫予敢侮。謀合其適。迄用有成。式昭繼伐之思。時涣策勳之渥。峻升亞保。聯孤棘於外朝。申衍爰田。胙公圭於方國。褒加徽數。庸示眷懷。於戲。元老之克壯其猷。實邁南征之雅。三后之同底於道。乃賓椎髻之人。尚食明謨。以揚休命。可

余深加恩制

王者之兵。若時雨。茲大悅於民心。朝廷之相。用眞儒。宜無敵於天下。眷時元宰。翊我丕圖。助成廟略之彊。坐暢國威之遠。肆頒顯册。丕告群工。具官某。器博而用周。量閎而行飭。學探聖謨之淵妙。識參易繫之幾微。經德不回。素堅君子之守。正色率下。共推王佐之才。擢預政機。殆更歲紀。乃延登於揆路。旋進處於冢司。舉萬物各得其宜。無一夫不被其澤。致蠻夷之服。既聞永進而允元。處帷幄之中。兼倚運籌而決勝。屬夏戎之匪茹。整王旅以徂征。弗迓克奔。茲大申於天討。無思不服。將永靖於邊虞。廟社告成。神人滋喜。慮無失策。疇先軍勝之褒。明不踰勳。首作弼諧之勸。用加陪於井賦。仍衍實於圭腴。以峻巖瞻。以華袞職。於戲。昆夷惟其喙矣。既昭震疊之威。周公方且膺之。更賚塡撫之效。往欽時命。益罄嘉猷。可

蔡京加恩制 宣和元年冬郊

門下。聖王成民而致力於神。乃涓休於元祀。昊天其子而式序在位。用均祝於宗工。朕荐卜康年。肇稱吉禮。祼將在廟。薦來薌粹米之和。褒封中壇奉四圭邸璧之潔。桑登黛耜之躬籍。幣用鞠衣之獻功。大饎徹而羽鶴儀。欽柴燎而祥光燭。方龐恩之敷錫。睠元老之同寅。咨爾百執之臣。聽予一人之訓。太師、魯國公蔡京忠孚金石。智兆蓍龜。文考佑我後人。遺立政造事之傑。上帝賚予良弼。應尊主庇民之求。逢辰千一之隆。圖治三五之上。經邦論道。燮元化之陰陽。開德宣符。平泰階之風雨。禮樂明備。乾坤宴安。爵齒德之達尊。謀面用而丕訓。七百里國之封。曲阜勳勞已邁於姬公。二十四考之較。中書福祿將逾於郭令。兹迄成禋之盛。有嚴致使之勤。詔盟府以疇庸。徹籍田而加賦。式殊體貌。併厚恩私。於戲。遂物之宜而寒暑時。既授百神之職。敕天之命而股肱喜。更欣庶事之康。無競惟人。永錫難老。可依前魯國公。加食邑一千戶、食實封四百戶。

余深加恩制 同上

門下。上帝儲祉。以慶成兹廸先禋之典。宰相代天而理物。允資寅亮之功。朕祗紹先猷。聿修元祀。眷時上宰。實贊鉅儀。迄祼典之告虔。賴徽章而錫寵。肆颺詔綍。用亶廷紳。少保、太宰、兼門下侍郎余深。德厚而器竑。才高而識遠。正色率下。渾然璞玉之純。直道事君。凜若嚴霜之潔。論議早聞於憲府。夙猷彌奮於中臺。勤勞百爲。夷險一致。爽邦由哲。旋陟機席之崇。經體贊元。遂正鼎司之重。朝夕納誨。輔德左右。厥辟宅師。御事有恭。俾予從欲。雨暘時而百穀茂。妙參燮理之圖。黜陟公而庶事康。克底緝熙之績。比祓觚壇之薦。有嘉績佩之容。方拜胙以均禧。肆疏恩而孚渙衍之寘賦。錫以名邦。併示龍光。益蕃物采。於戲。大報天而至日。遹觀釐事之成。使宅揆而惠疇。更賴碩膚之敏。尚廸有祿。永孚于休。可依前官職、進封衞國公。加食邑一千戶、食實封四百戶。

王黼加恩制 同上

門下。迎日之至以報天。斯重齊民之薦。餕神之餘而觀政。用同祉祿之承。朕習用歲祥。躬承帝類。瑞穰穰而山委。昭德産之精微。月穆穆而金波。焱雲陰之解駮。禮儀既備。慶賜遂行。惟英袞之協恭。實衆髦之丕式。亶孚有訓。欽德無譁。特進少宰。兼中書侍郎、兼充神霄玉清萬壽宮使、魏郡開國公、食邑四千戶、食實封一千一百戶王黼。學貫道淵。識幾聖蘊。備衆美而不器。兼優孔氏之四科。蹈大猷而有常。并載皐陶之九德。凜若經邦之傑。協於夢帝之休。自進陟于宰司。益恢施於賢業。輔贊彌縫。藏諸用。殫股肱心膂之誠。推正調娛。中於和。格天地陰陽之應。萬物由儀而茂。遂百寮宿道而靖恭。迄有成功。登兹毖祀。用詔租腴之益。以疇使指之庸。典册增華。眷懷渠渥。於戲。天無親。惟德是輔。聿蕃並受之釐。后克聖不命其承。永廸丕平之効。惟恭御事。以覺斯民。可特授依前官職、加食邑一千戶、食實封四百戶。

王黼進少傅加恩制 宣和三年九月

門下。明主之論一相。恢贊元經體之謀。大臣之慮四方。茂和衆安民之略。比將師律。往靖寇攘。蕩平雖自於武功。鎮撫實繫於廟算。載念策勳之重。疇先宅揆之榮。誕告治廷。亶孚群辟。少保、太宰、兼門下侍郎、兼充神霄玉清萬壽宮使、魏郡開國公、食邑五千七百戶、食實封一千八百戶王黼。巖瞻偉望。帝賚英資。器凝璿玉之龢。識妙蓍龜之信。言成文而動成德。體君子之躬行。仁也柔而義也剛。凜古人之節守。蚤預政機之要。延登宰席之嚴。遂萬物而順四時。載懋格天之業。釐百工而熙庶績。允諧亮采之謨。辨邪正於常情。爽侮之初。肅紀綱於流弊。叢淆之際。人識熙豐之舊。世揚文武之休。道德成乎安強。已覿靈臺之偃伯。政刑脩於閒暇。豈復潢池之弄兵。夫何嘯聚之徒。尙恣包藏之慝。肆遄戎乘。遐咢皇威。雖師徒行謀。自有必擒之計。而廟堂消患。尤資常勝之圖。未踰再籍之淹。果上執俘之奏。全大功而安四極。尤高奠枕之勳。褒有德以懷萬邦。敢後司盟之典。陞華亞傅。衍食眞封。增光孤棘之聯。益侈袞衣之寵。於戲。澤潞之策未定。汝惟善斷於群疑。淮夷之績既平。汝實誕昭於文德。若予碩輔。克邁前文。尙殫寅亮之思。永弼隆昌之運。可特授少傅、依前太宰、兼門下侍郎、兼充神霄玉清萬壽宮使、加食邑一千戶、食實封三百戶。

王黼遷少師加恩制 宣和四年七月哲宗實錄成

門下。求多聞而建事。莫先信史之傳。宅百揆以惠疇。式重宏綱之宰。仰泰陵之遺緒。開紹聖之洪模。盛德休功。亶著丕天之烈。直文核事。蓋資實錄之良。睠乃弼臣。總茲鉅典。成書來上。寵數惟公。少傅、太宰、兼門下侍郎、兼充神霄玉清萬壽宮使、魏郡開國公、食邑六千七百戶、食實封二千一百戶王黼。碩大而閎深。粹明而博達。剛柔不倚。行居九德之成。才學兼全。文擅三長之譽。久陟禁林之密。峻躋宰路之嚴。自登冠於冢司。益兼持於國是。彝倫皇極。參裁庶績之和。一日萬幾。助酌群情之當。邦畿彌固。民俗永綏。因石室之紬書。正台符而蒞象。稽哲廟九年之恭默。初政赫新。紹寧人七閏之經營。詒謀渙備。雖裒集以周于辰紀。而改爲甫閱于歲時。事別源流。允矣八書之目。世釐先後。昭哉二典之文。循雅頌之舊章。發春秋之新意。評高玉潤。褒加重於袞衣。化妙洪鈞。權增隆于相筆。嘉論輯之攸就。諒貫穿之惟勤。肅御便朝。躬覽簡編之富。祕藏寶構。永遵謨訓之成。宜錫異恩。以旌殊效。敍亞師而授秩。啓成國以疏封。倂衍圭腴。用光禮貌。於戲。文武之政。布在方册。獲觀善美之規。孝弟之至。通於神明。敢怠繼承之念。尙期賢佐。允廸皇猷。丕宣大業之昌。永翊無爲之化。可特授少師、餘如故、加食邑一千戶、食實封三百戶、進封崇國公。

宋大詔令集卷第六十五

宰相十五

罷免一

范質等罷相制 乾德二年

開物成務。旣仲佐國之功。以逸代勞。宜與優賢之典。其有位參四輔。功著累朝。始終克茂於嘉猷。進退敢忘于異禮。司徒、兼侍中、昭文館大學士范質。貞規鎮俗。淸德服人。司空、兼門下侍郎、平章事、監修國史王溥。經緯全才。搢紳雅望。樞密使、右僕射、兼中書侍郎、平章事、集賢殿大學士魏仁浦。素通儒術。兼練武經。而偕挺金石之淳誠。廓江湖之偉量。夙夜匪懈。知無不爲。佐予開刱之基。賴爾緝熙之績。維位隆三事。所宜勉輔于沖人。而日有萬幾。安可久煩于舊德。俾令就第。用解持衡。升一品于春宮。總六卿于會府。永保崇高之秩。用光翊戴之勳。質可太子太傅。溥可太子太保。仁浦可依前守尚書左僕射。

趙普罷相授使相制 開寶元年八月甲辰

代天治物。厥功旣成。仗鉞臨戎。所委尤重。雖弼諧而是賴。且勞逸以宜均。睠惟孟津。介於河洛。索爲奧壤。況乃近藩。爰命台紳。俾分閫寄。尚書左僕射、門下侍郎、平章事、昭文館大學士趙普。昔在霸府。實爲元勳。洎當草昧之初。首贊經綸之業。千載起興王之運。十年居調鼎之司。帷幄伸謀。股肱宣力。燮和萬彙。已施濟物之功。鎮撫三城。適表藩垣之實。帥壇受任。相印兼榮。永隆屛翰之權。更勵始終之節。可特授檢校太傅、同中書門下平章事、使持節孟州諸軍事、孟州刺史、充河陽三城節度、孟懷等州觀察處置、管內河堤等使。仍改賜推忠佐運同德翊戴功臣。

盧多遜罷相責授兵部尚書制 太平興國七年四月戊辰

調梅作礪。中外之所瞻。加膝墜淵。古今之攸誡。矧於輔相之任。必全進退之宜。中書侍郎、兼兵部尚書、同平章事、范陽郡公盧多遜。早中科名。亟更臺閣。久徊翔于近列。常際會於先朝。擢預中樞。俾參庶政。洎予臨御。荐正台衡。補衮之効蔑聞。由徑之蹤盡露。節虧忠藎。道有依違。倘塵廊廟之榮。曷厭搢紳之議。爰推念舊。用示匿瑕。俾領夏官。以奉朝請。用全終始之分。以彰廣大之恩。可責授兵部尚書。

沈倫罷相責授工部尚書制 太平興國七年四月庚辰

左僕射、兼門下侍郎平章事監脩國史沈倫頃自諸生。幸逢興運。亟登廟□。遂踐鼎司。閥閱無聞。際會斯極。洎予臨御。尤所倚毗。七年于茲。恩寵備至。所宜盡心竭慮。知無不爲。使中外和平。苛慝不作。此宰相之任也。昨盧多遜包藏逆節。結構異端。豈無奸邪之謀。見于舉措之際。汝則與之同列。積有日時。安然坐觀。曾不先覺。稔其醜跡。上瀆朝經。離我友于之親。傷我寬仁之德。貪榮竊位。于汝安乎。雖復謝病引年。拜章上綬。儻更優其爵秩。何以肅于搢紳。非我無恩。蓋全大體。六卿之任。位望特隆。深屈憲章。粗申警勵。可責授工部尚書。其子都官郎中繼宗本由父蔭。不宜更在朝行。可落班簿。

趙普罷相授太尉兼侍中武勝軍節度使制 太平興國八年十月己酉

入總國政。實冠三司之崇。出分閫寄。聿當二老之任。所以推恩禮于輔弼。仰倚注于勳賢。斯爲大猷。豈敢虛受。開府儀同三司、司徒、兼侍中、昭文館大學士、梁國公趙普挺鍾間極。富稟誠明。草昧之初。締創之功克著。巖廊之上。啓沃之効居多。朕疇咨老成。參用舊德。再授鹽梅之寄。用師藥石之言。彌縫之績既彰。調燮之勤斯著。頃我著艾。職茲樞衡。授以蕃宣。均其勞逸。用加掌武之秩。以增衞社之雄。大啓南陽。夾輔王室。可特授太尉、兼侍中、行鄧州刺史、武勝軍節度使。

宋琪罷相歸班制 雍熙二年十二月丙辰

王者欽若大猷。允釐庶政。必稽台輔。以張化源。上所以燮和陰陽。下所以康濟黎獻。惟公是務。與衆共之。或時望有虧。物情未允。進退之際。公議在焉。門下侍郎、兼刑部尚書、同平章事宋琪早以時材。嘗依藩邸。荐更歲月。久効官常。洎朕纘承。載懷求舊。攀附鱗翼。騰躍風雲。擢於會府之中。處以公台之任。而識非廣大。望□具瞻。曾無端慎之稱。但有詼諧之誚。朝章政典。無所發明。百度彝倫。如何欽式。豈可以承倚毗之重。當憂責之任哉。宜以秩卿俾還相印。退之以禮。不謂無恩。勉務欽承。自求安逸。可刑部尚書。

李昉罷相除左僕射制 端拱元年二月庚子

端拱崇資。文昌右相。蓋非賢而不授。諒出綍以爲公。告示具僚。舉茲明命。中書侍郎、兼工部尚書、同中書門下平章事李昉。巖廊舊德。文學名儒。踐臺閣之通班。素高問望。處鈞衡之大任。久展謀猷。謙和秉君子之風。純懿擅古人之美。今者輟從三事。總彼六卿。董齊喉舌之官。載光北斗。領袖搢紳之列。首冠南宮。用咨鎮俗之清規。式表尊賢之茂典。異數適尊于表著。睠懷別視于股肱。佩服渥恩。優游名器。恭踐厥位。惟往欽哉。可尚書左僕射。

趙普罷相除兼中書令河南尹制 淳化元年正月戊子

帶河之誓。蕭相首於群臣。分陝之寄。周公冠于二老。矧乃公宣締構。績著巖廊。懇辭金鉉之崇。願遂安車之志。不加殊禮。曷報茂勳。開府儀同三司、守太保、兼侍中、昭文館大學士、上柱國、許國公趙普宇量淵深。風規震肅。翊戴先帝。實有佐命之勳。弼諧沖人。益見匪躬之節。而自再持將鉞。三冠鼎司。

䂂假宜歟。寅恭協德。小大之務。知無不爲。夙夜之勤。寖以成疾。聿遵賜告之典。懇陳避位之言。喻之再三。終不可奪。鞏洛之地。成周舊壤。王畿之廣。實切於保釐。京邑之重。允瞻於表則。乃兼八柄之秩。往撫千里之邦。勉荷寵章。式資臥理。可依前守太保、兼中書令、行河南尹、兼功德使、兼西京留守。

呂蒙正罷相除吏部尚書制 淳化二年九月己亥

宰相之任。所以代天工統人物。內以平章百姓。外以鎮撫四夷。華夏具瞻。安危攸繫。其有訏謨獻納。蔑聞苦口之言。朋黨比周。深失蒼生之望。宜行策免。以肅朝經。光祿大夫、中書侍郎、兼戶部尚書、同中書門下平章事、監脩國史、上柱國、東平郡公呂蒙正。擢□□平。累遷清要。驟登三事。于茲九年。所宜盡瘁公家。厲精庶政。任當補袞。而曷嘗有聞。知在挈缾。而曾無所守。但務引援于親暱。不思澄汰于品流。竊祿偷安。莫斯爲甚。匿瑕藏垢。誠合自知。儻更倚於雍諧。是自貽於蒙蔽。政之有闕。悔不可追。用全進退之宜。式表始終之分。尚居會府。俾領天官。允謂優隆。勿忘循省。可吏部尚書。

張齊賢罷相除尚書左丞制 淳化四年六月丙寅

居元首者。寔賴于股肱。濟巨川者。必資于舟楫。其有自升廊廟。載歷星霜。粗彰夙夜之勤。宜全進退之禮。吏部侍郎、同平章事張齊賢。伏膺儒術。策名清塗。久參宥密之司。嘗委折衝之寄。每好談于方略。頗自許與功名。驟遷鈞軸之權。尋正燮調之任。疇咨俊德。輔佐眇躬。而力不逮心。名浮于實。况多居於假告。特宜解於鈞衡。俾遷左轄之崇資。勉舉南宮之故事。可尚書左丞。

李昉罷相制 淳化四年十月辛未

燮和陰陽。輔相天地。秉至公而貞百度。熙庶績而刑四方。宰相之任也。苟或依違在任。啓沃無聞。雖居廊廟之崇。莫著彌綸之効。宜敷朝旨。用罷鼎司。金紫光祿大夫、守尚書右僕射、兼中書侍郎、同中書門下平章事、監修國史、上柱國、隴西郡公李昉。夙仕昌辰。荐升華冠。朕嗣膺丕構。渴見老成。驟遷侍從之班。再荷鹽梅之寄。所宜翊宣帝載。啓迪皇猷。竭智慮以代天工。體誠明而操國柄。歲時屢換。績用缺然。朝廷損益之彝章。社稷安危之大計。疇咨闕決。屬在廟堂。汝自處機衡。曾無規畫。雍化原而斯久。孤物望以何深。朕纂服臨民。虛心待理。儻□□要務。尚委於具臣。則蒼昊景靈。懼貽於深譴。宜免公台之重。庶全進退之私。俾長中臺。尙爲優渥。可依前尚書右僕射、罷知政事。

呂蒙正罷相除右僕射制 至道元年四月癸未

邦國政治。蓋出于中書。朝廷紀綱。盡在於會府。矧乃端揆之任。聿居師長之崇。苟非台鉉之賢。曷慰搢紳之望。光祿大夫、吏部尚書、同中書門下平章事、上柱國、東平郡公呂蒙正。挺身英器。符合昌期。自光夢卜之求。遂荷鹽梅之寄。謨明匪懈。亮直不渝。爰自天官。再持政柄。洎和鼎寔。時惟老成。朕欽若丕圖。建用皇極。雖彌綸大體。固未協于康哉。而勵翊小心。亦備觀於勤止。頗鬱隆平之望。宜均勞逸之功。長是金臺。式茲百辟。地高務簡。足以養頤。勉服寵光。往踐乃位。可尚書右僕射。

張齊賢罷相歸班制 咸平三年十一月丙申

昨以陽律肇升。會朝展禮。笙鏞備樂。冠劍在庭。不意宰司。忽虧儀範。用明常憲。誕告具寮。光祿大夫、行門下侍郎、兼兵部尚書、同中書門下平章事、上柱國、清源郡開國公張齊賢。頃忤先帝。亟居外藩。洎朕纂承。復膺委任。位崇喉舌。職在鈞衡。居三事之崇。享萬鍾之厚。屬當大禮。表率周行。而乃酣醟盃觴。欹傾冠弁。瀆茲朝著。悖我盛儀。合寘典刑。用糾違慢。念久更於顯用。尚曲示於寬恩。期乃省躬。知予宥過。可依前行兵部尚書歸班。

向敏中罷相歸班制 咸平五年十月丁亥

廟堂之上。輔弼之臣。實代天工。式隆政本。苟徇私踰矩。罔上圖安。其在公朝。曷副僉屬。光祿大夫、尚書兵部侍郎、同中書門下平章事、集賢殿大學士、上柱國、河南郡開國公向敏中。逮事先帝。嘗列中樞。洎朕纂承。遂正台宰。翼贊之功未著。廉潔之操蔑聞。喻利居多。敗名無恥。始營故相之第。終興嫠婦之詞。對朕食言。爲臣自昧。宜從罷免。用肅群倫。可戶部尚書歸班。

呂蒙正罷相除太子太師萊國公加恩制 咸平六年九月甲辰

國有承弼。時惟股肱。入既賴於嘉猷。退亦全其養素。特進、守司空、兼門下侍郎、同中書門下平章事、昭文館大學士、上柱國、東平郡開國公呂蒙正。文雅之行。簪巾所推。出入兩朝。踐揚三事。經百度之繁會。集九功之惟和。夙夜致勤。腠理生疾。願辭衡石。屢削疏章。重違至懷。式降優命。可太子太師。進封萊國公。加食邑七百戶、食實封三百戶。改賜功臣。

寇準罷相除刑部尚書制 景德三年二月戊戌

弼諧之任。體貌宜隆。其有踐歷台階。貿遷歲律。彌綸事典。盡瘁夙宵。俾從進退之宜。用保初終之分。聿頒明命。誕告具僚。光祿大夫、行中書侍郎、兼工部尚書、同中書門下平章事、集賢殿大學士、上柱國、上谷郡開國公寇準。蔚有壯圖。出逢昌運。器幹標於國棟。符采冠於時髦。向以先帝舊臣。虛懷厚遇。擢進會府。遽列近司。左右朕躬。緝熙帝載。眷言機務。不欲重煩。解黃閣之劇權。正秋卿之峻秩。荷茲寵命。式保令猷。可刑部尚書。改賜功臣。餘如故。

王旦罷相拜太尉制 天禧元年七月丁巳

旌賢尚德。邦國之彝章。圖舊念功。臣臣之厚契。在出綸而加等。表注意以攸深。開府儀同三司、守太保、兼門下侍郎、同中書門下平章事、上柱國、太原郡開國公王旦。淳固守和。宣慈迪哲。本於沖識。經以懿文。碩德首於民彝。徽言彰乎國論。自付魁柄。冠於宰庭。著論思亮采之謀。輔端拱財成之化。得魏相總領之要。敦曹參清淨之規。盡瘁所由。感疾甚篤。囊封屢上。懇辭榮緐。是峻以徽章。簡其趨謁。雖深眷倚。彌執謙沖。遂輟茂恩。俾從素志。庶諧偃息。漸保和平。而露奏繼陳。忠懷愈懇。載念萬機之重務。久煩一德之元臣。特厚褒崇。用均勞逸。上公峻秩。眞館清祠。俾遂養頤。茂臻戩福。可太尉。依前充玉清昭應宮使。加食邑一千戶、食實封六百戶。改賜功臣。擇日備禮册命。

宋大詔令集卷第六十六

宰相十六

罷免二

王欽若罷相除太子太保歸班制（天禧三年六月甲午）

門下。承弼之臣寄任尤重。所以運動樞機。感會於天人。鎮靜邦家。親附於黎獻。苟或顯膺柄用。寖歷歲時。宜有均勞。式昭同德。開府儀同三司、行尚書左僕射兼中書侍郎、同中書門下平章事、充景靈宮使、上柱國、太原郡開國公王欽若。才術精敏。機慮研深。擢秀儒科。飛名俊域。早由慎柬。歷踐榮途。顧待非常。寵靈殊等。樞庭任職。常參帷幄之謀。台席代工。遂委燮諧之寄。載司衡軸。能率典彝。言念勤庸。俾諧優逸。命傅儲禁。聿隆表儀。無忘壯猷。往踐厥位。可太子太保歸班。

寇準罷相太子太傅歸班封萊國公制（天禧四年六月丙申）

王者倚注相臣。必舉疇咨之命。體貌舊德。乃推優協之恩。惟望實以素隆。在眷懷而斯厚。推忠協謀同德守正佐理功臣、開府儀同三司、行尚書左僕射兼中書侍郎、同中書門下平章事、充景靈宮使、集賢殿大學士、上柱國、上谷郡開國公、食邑一萬二百戶、食實封三千七百戶寇準。宏材博達。敏識周通。久於踐揚。茂著風釆。嘗內幹於機密。亦出總於藩宣。氣序屢更。寵任尤重。洎再謀於揆政。實專委於國權。恪居樞會之司。益顯勤勞之志。矧以詔令所出。朝廷式瞻。既久洽於和平。亦重煩於耆艾。爰加霈渥。俾解鴻鈞。升宮傅之崇資。啓國封於寧宇。仍移美號。益表隆恩。於戲。輔相之宜。邦之攸賴。用舍之際。朕安敢私。往踐厥官。毋忘恭順。可特授太子太傅歸班。制封萊國公。仍改賜推誠保德崇仁忠亮翊戴功臣、散官、勳如故。主者施行。

丁謂罷相授戶部尚書歸班制（天禧四年十一月戊辰。辛巳。遣入內都知張景宗、副都知鄧守通傳詔。遂謂赴中書。依舊視事。）

朕慎重名器。眷待鈞衡。矧首領於謨明。固常加於體貌。黜陟之際。典章繫焉。金紫光祿大夫、吏部尚書、中書門下平章事、充玉淸昭應宮使、昭文館大學士、監修國史、上柱國、濟陽郡開國公丁謂。粤自儒流。夙逢嘉會。備更重職。素有能名。參宰輔之告猷。陟齋壇而授律。來朝丹陛。再列近司。亟正樞庭。遂冠台衮。朝夕納誨。方深於倚毗。寵辱若驚。宜循於軌範。遽致周列。面興訓辭。實駭予聞。有傷國體。俾解調元之任。尚居顯列之崇。汝惟欽哉。苟此申警。可戸部尚書歸班。

李迪罷相授戸部侍郎歸班制 天禧四年十一月戊辰

衡軸之司。棟幹攸寄。所以昕夕延見。動靜咨訪。苟爽民瞻。必伸朝憲。金紫光祿大夫、行吏部侍郎、兼太子少傅、同中書門下平章事、充景靈宮使、集賢殿大學士、上柱國、隴西郡開國公李迪。策名殊等。奮跡亨塗。亟擢雋於深嚴。極爲儒之榮遇。未踰一紀。參預近廷。勤力自強。能名亦著。采其懿望。賓於東朝。載陟台階。是司大柄。宜尊禮範。用鎭時風。當旅對之揚廷。忽抗言而興憤。駭予聞聽。厥有彝章。爰罷宰司。式存寬典。爾惟循省。無益悔尤。可戸部侍郎歸班。

丁謂罷相謫太子太保分司西京敕 乾興元年六月

上宰之司。財成於百度。大臣之舉。稽正於四方。其或理道有虧。修身寡愼。比周非類。玷辱具瞻。當我至公之朝。難居繄假之令。具官丁謂。夙承委遇。遂極顯榮。而罔念圖猷。密交孽寺。致山園之擅易。曾靡敷陳。形簡札以潛通。備彰款昵。私營器用。竊役工徒。證左甚明。違辟斯顯。宜從黜免。用肅群倫。俾降秩於春坊。仍分曹於洛邑。猶存進退之禮。且示含容之懷。噫。戚實自貽。智不慮遠。未爲竄謫。無忘省循。可降授金紫光祿大夫、守太子太保、分司西京。

張士遜罷相出知江寧府制 天聖七年二月丙寅

入斡萬機。以總代天之職。出倡九牧。以宣美俗之風。維時輔弼之賢。迭爲朝廷之任。其頒明制。以告治庭。推忠協謀佐理功臣、特進、行禮部尚書、同中書門下平章事、集賢殿大學士、上柱國、清河郡開國公、食邑四千三百戸、食實封一千四百戸張士遜。識用沖深。器懷沈遠。早從朝路。旣陪東學之游。肆翼天飛。遂正中階之列。秉節在位。宣勞有年。念經邦務之煩。庸寄藩符之佚。天臺之峻。司寇帥於五刑。澤國之饒。秣陵都於一會。載更顯序。往布寬條。於戲。君之遇臣。要始終而盡禮。下之報上。無出處而或渝。允迪乃休。以服朕命。可特授刑部尚書、知江寧府、兼管內勸農使、改賜推誠保德翊戴功臣。

張士遜罷相刑部尚書知江寧府制 與實錄不同重載於此

萬機之會。任切於國鈞。六官之卿。秩崇于朝著。惟出處之更踐。表恩禮之周隆。仍委翰垣。益彰眷遇。推忠協謀佐理功臣、特進、行禮部尚書、同中書門下平章事、集賢殿大學士、上柱國、清河郡開國公、食邑四千三百戸、食實封一千四百戸張士遜。中和夷粹。樂易敦方。蘊智用以惟精。藹德名而逾劭。夙因時選。荐著官成。朕曩在藩儲。賓延儒彥。振春華之望。久侍於銅樓。參晝訪之謀。旋升於丹地。逮於纘嗣。彌厚寵嘉。擢從近樞。對執魁柄。聿茂虔恭之節。載申叶贊之謀。以其自列弼臣。預聞機事。便蕃左右。貿易歲時。備觀陟恪之勤。式示褒優之旨。天臺之峻。司寇率於五刑。澤國之饒。秣陵處乎都會俾遷華序。往布寬條。資息偃以攸寧。賴撫綏而有謐。於戲。君臣之義。期篤於初終。台宰之司。攸深於體貌。解其重務。服在大僚。不亦美歟。無忘欽率。可特授刑部尚書、知江寧軍府事、兼管內堤堰橋道勸農使、仍改賜推誠保德翊戴功臣、散官、封、勳、食實如故。

王曾罷相知兗州制 天聖七年六月甲寅

朕紹膺丕緒。臨撫群元。內資輔弼之良。外倚蕃宣之重。君臣之遇。出處攸同。推忠協謀同德守正佐理功臣、開府儀同三司、行門下侍郎、兼吏部尚書、同中書門下平章事、充玉淸昭應宮使、昭文館大學士、監修國史、上柱國、太原郡開國公、食邑六千戶、食實封二千三百戶王曾。學洞聖機。識窮物表。早冠倫於多士。荐宣力於先朝。逮予纘承。尤所倚屬。爰定謀於枚卜。遂擢寘於冢司。眷言靈宮。總在宰職。追惟文考之奉。具有列聖之祠。妖焰挻灾。一夕而旣。俾紓勞於鼎路。且賦政於師垣。矧惟累牘之陳。時乃素懷之遂。於戲。事君盡禮。維舊德之靡違。觀過知仁。亦至公之難廢。勉膺明命。往惟欽哉。可特授依前行吏部尚書、知兗州軍州事、兼管內勸農使、及管勾兗州仙源縣景靈宮太極觀公事、仍改賜推誠保德崇仁忠亮翊戴功臣。

呂夷簡罷相授使相判澶州制 明道二年四月

門下。我國家欽崇寶命。撫育緜區。必求絕俗之才。以副經邦之寄。其有久居政府。夙冠台司。著績用以滋多。執謙沖而愈甚。俾遂蕃宣之志。用均勞逸之宜。推忠協謀同德守正佐理功臣、開府儀同三司、行門下侍郎、兼吏部尚書、同中書門下平章事、昭文館大學士、監修國史、上柱國、東平郡開國公、食邑八千戶、食實封三千三百戶呂某。道本中和。行存端厚。早負彌綸之業。每彰優裕之聲。尹正邦畿。繼聞善治。參裨宰府。屢進忠言。逮膺命相之求。彌顯致君之略。動遵舊典。靜守常規。山甫保躬。不違明哲。弱翁行事。罔失便宜。歲月逾深。謀猷益著。以至刊修詔令。裁成國書。營繕宸居。弼諧縟禮。事光簡策。名播華戎。何寵利之不居。惟恬和而是務。斯用升節旄於近鎮。視帝傅之崇資。倂增采邑之封。仍改褒功之號。俾臨巨屏。用示優恩。於戲。入輔出藩。盡賢人之美事。進禮退義。協聖典之格言。服我徽章。無忘勵翼。可特授檢校太傅、同中書門下平章事、使持節鄧州諸軍事、行鄧州刺史、充武勝軍節度、鄧州管內觀察處置等使、判澶州軍州事、管內河堤勸農使、加食邑一千戶、食實封四百戶、仍賜推誠保德崇仁忠亮翊戴功臣、散官、勳、封如故。

張士遜罷相判河南府制 明道二年十月戊午

輔相之官。蓋專國政。蕃宣之寄。以牧民彝。惟逸勞之是均。豈出處之爲異。推忠協謀同德佐理功臣、特進、行門下侍郎、兼兵部尚書、同中書門下平章事、昭文館大學士、監修國史、上柱國、淸河郡開國公、食邑九千二百戶、食實封三千五百戶張士遜。學貫通變。行篤忠沈。傅羽翼於初潛。契股肱之一德。秉節據正。允蹈忠臣之風。經事造微。能成天下之務。寵至而心益戒。望高而氣愈沖。宜升揆路之華。聽守留都之重。於戲。文昌百僚之長。旣屬於老成。洛邑四方之中。寔資於保治。往綏厥位。以服予恩。可特授尚書左僕射、判河南府、兼西京留守司、群牧勸農使、加食邑五百戶、食實封二百戶、仍改賜推誠保德崇仁翊戴功臣。

張士遜罷相授使相判許州制（士遜以左僕射罷告謝坐楊崇勳□□改命使相衛當新除左僕射乃用舊衛設）

門下。上相之文。炳太微之右。諸侯之秩。分列土之封。儻全德之著稱。則兼榮而咸事。疇茲碩望。誕布湛恩。告于王庭。光斯閫寄。推忠協謀同德佐理功臣、特進、行門下侍郎、兵部尚書、同中書門下平章事、昭文館大學士、監修國史、上柱國、清河郡開國公、食邑九千二百戶、食實封一千五百戶張士遜。言成軌範。氣稟中和。行積厚而表倫。文含英而華國。夷險一致。出入三朝。自朕主鬯之辰。資乃爲賓之助。洎歷樞衮。逮授麾旄。入居台階。雅爲邦杜。錫爾爵秩。車輿服。而以庸冠。乃崇公名。將實而相輔。總因山之卜吉。行舍爵而策勳。謙引居多。寅恭可亮。是用付之將鉞。兼以鼎司。殿襄漢之巨藩。加圭韍之常賦。飾之美號。重以維師。簡自朕心。協茲耆德。於戲。注安危之意者。在乎所任。被富貴之崇者。戒乎執規。況夙踐於要司。今復更於劇委。往服丕訓。永保令猷。可特授檢校太師、同中書門下平章事、使持節襄州諸軍事、行襄州刺史、充山南東道節度、襄州管內節度處置等使、判許州軍州事、兼管內堤堰橋道勸農使、管勾開治溝洫河道事、加食邑一千戶、食實封四百戶、仍改賜推誠保德崇仁翊戴功臣、散官、勳、封如故。主者施行。

李迪罷相進刑部尚書知亳州制（景祐二年二月戊辰）

朕統臨寰區。審求輔相。倘式昭於物議。難久處於台司。宜告在廷。俾從罷秩。推忠協謀佐理功臣、光祿大夫、行工部尚書、同中書門下平章事、集賢殿大學士、上柱國、隴西郡開國公、食邑二千五百戶、食實封二千戶百戶李迪。早逢昌會。式展嘉猷。嘗參護于儲宮。遂延登于政路。乃姻聯之內。險詐相朋。靡先事而上言。頗爲臣而有隱。豈可更居袞職。以肅朝章。且出守于便藩。尤加榮於憲部。仍陪多賦。以禮舊臣。於戲。其代天工。當絕近私之蔽。乃心王室。毋懷去任之嫌。往而省思。尚克祗服。可特授刑部尚書、知亳州軍州事、兼管內勸農使、加食邑五百戶、食實封二百戶、仍改賜推忠保德翊戴功臣。

呂夷簡罷相判許州制（景祐四年四月甲子）

持衡宰路。以裁萬化之宜。授節齋壇。以總元戎之略。豈出入之有異。蓋勞逸之是均。爰擇剛辰。誕告列位。推忠協謀同德守正亮節佐理功臣、開府儀同三司、行尚書右僕射、兼門下侍郎、同中書門下平章事、昭文館大學士、監修國史、上柱國、申國公、食邑一萬二千戶、食實封四千九百戶呂夷簡。黃中通理。明允篤誠。克肩一心。以廣庶績。佐時論道。十有六年。頃從价藩。還冠台席。方茲倚賴。同底治平。而歲朞之間。囊封十上。願解要劇。以圖便安。宜加將鉞之崇。兼視師垣之貴。褒功益賦。崇示寵休。於戲。中外迭居。莫如將相之重。終始一節。實契君臣之知。勉率訓詞。益宣令問。可特授檢校太師、同中書門下平章事、使持節陳州諸軍事、行陳州刺史、充鎮安軍節度、陳州管內觀察處置等使、判許州、兼堤堰橋道勸農使、及開治溝洫河道事、加食邑一千戶、食實封四百戶、仍改賜推誠保德崇仁翊戴功臣。

王曾罷相授大資政判鄆州制 同前

朕紹膺丕構，統御庶邦，用覽萬幾之繁，並建四輔之職。其有久任國事，屢奏囊封，宜解近司，用昭美志。推忠協謀同德守正亮節佐理翊戴功臣、開府儀同三司、行尚書右僕射、兼門下侍郎、同中書門下平章事、集賢殿大學士、上柱國、沂國公、食邑一萬一千八百戶、食實封四千八百戶王曾，誠存方格，識蘊精微，感遇先朝，踐揚膴仕。逮纘承於大緒，尋擢正於台衡，實賴嘉謀，共熙庶績。顧閔勞於政路，宜鈞逸於藩符，進長中臺之班，兼榮祕殿之職。褒功易號，疏邑陪封，式是茂恩，以復優顧。於戲！儀刑百辟，協宣左右之勞；體貌大臣，務全進退之禮。往祗明命，姑徇私懷。可特授行尚書左僕射、充資政殿大學士、判鄆州軍州事、兼管內河堤勸農同群牧使，加食邑七百戶、食實封三百戶，仍賜推誠保德崇仁守正協恭忠亮翊戴功臣。

宋大詔令集卷第六十七

宰相十七

罷免三

王隨罷免建節制 寶元元年三月戊戌

秉鈞之府。旣咨上宰之謀。經武之才。亦仗元戎之略。式頒明制。誕告外廷。推忠協謀同德佐理功臣、金紫光祿大夫、門下侍郞、同中書門下平章事、昭文館大學士、監脩國史、上柱國、琅琊郡開國公、食邑四千四百戶、食實封一千戶王隨。器業宏深。才猷敏達。自贊襄于袞職。旋總領於星樞。簡于朕懷。付以魁柄。繇厲精而宣力。久結疾以愆和。疊上奏函。懇辭政路。謙徽滋至。夷退可嘉。靡欲機務之煩。重勞耆舊之德。是用擇於近屏。建以高才。兼榮台鉉之司。仍視師臣之秩。於戲。辭隆釋重。聊遂於素懷。味道養恬。勉綏于吉履。祇服渥命。益宣令猷。可特授太傅、同中書門下平章事、使持節曹州諸軍事、曹州刺史、充彰信軍節度、曹州管內處置觀察等使、加食邑一千戶、食實封四百戶。仍改賜推誠保德崇仁翊戴功臣。

陳堯佐罷相建節判鄭州制 同前

亮釆奮庸。方委持衡之重。避榮遜寵。宜推從欲之私。誕舉徽章。孚告列位。推忠協謀佐理功臣、金紫光祿大夫、行尚書戶部侍郞、同中書門下平章事、集賢殿大學士、上柱國、潁川郡開國公、食邑五千戶、食實封二千戶陳堯佐。沖和挺質。懿厚脩身。視履存乎時中。力學探乎古始。內外更踐。滯榮相參。間自近司。出臨巨屏。載圖舊德。擢正中階。協調台鼎之和。對掌神機之務。遽因災異。繼有奏陳。援漢家賜策之文。徇申伯于蕃之志。屢形詔諭。固執確衷。仍疏寵于齋壇。俾兼榮於將紱。陪京右地。姑以優賢。於戲。君子得進退之宜。用符于終吉。大臣無出處之間。要盡于一心。往阜吾民。實均於倚。可特授檢校太傅、同中書門下平章事、持節蔡州諸軍事、蔡州刺史、充淮康軍節度、蔡州管內觀察處置等使、判鄭州軍州、兼管內河堤勸農使、加食邑一千戶、食實封四百戶、改賜推誠保德翊戴功臣。

張士遜致仕制 康定元年五月壬戌

秉鈞當國。進以儀於官師。告老於朝。退以厚於風俗。去就以禮。古今所難。宜推高懷。誕布列位。推忠協謀同德守正佐理功臣、開府儀同三司、行門下侍郎、兼兵部尚書、同中書門下平章事、昭文館大學士、監脩國史、上柱國、鄧國公、食邑一萬二千戶、食實封五千一百戶張士遜志尚恬約。器涵沖深。逮事眞朝。參輔朱邸。忠嘉一節。夙夜無渝。導命樞庭。愼翊萬微之要。調元宰路。翕宣庶政之和。乃懇上於印章。願退休於田野。載旌茂節。以傳龍光。用居師臣之班。仍恢國土之胙。歲時之會。朔望以朝。恩數便蕃。實出朕意。於戲。功成身退。蓋本道家之常。憲老乞言。尙希惇史之益。往綏德履。俾介壽期。可特授太傅致仕、進封鄧國公、加食邑七百戶、仍改賜推誠保德崇仁忠亮守正功臣。宜朝朔望及大朝會。並綴中書門下班。

呂夷簡守太尉加恩制 慶曆三年九月戊辰

同寅協恭。和衷則帝謀遂遠。功成名遂。身退乃天道之常。眷言者哲之臣。屢形高尙之請。特推異數。以示群倫。推誠保德宣忠亮節崇仁協恭守正翊戴功臣、開府儀同三司、監脩國史、守司徒、兼譯經潤文使、上柱國、許國公、食邑一萬八千六百戶、食實封七千三百戶呂夷簡。當世傑才。爲國重器。逮自聖考。服在邇聯。肆予沖人。延登上宰。出入中外。勤勞夙宵。間以幾務之煩。寖嬰疾恙之劇。懇陳封奏。願解鈞衡。拒之再三。確然不已。姑循靖退之節。以厲恬淡之風。於戲。臣享全名。得進退之道。君明大義。貴終始之恩。並保至和。以綏遐壽。可特授守太尉致仕、加食邑七百戶、食實封三百戶。宜朝朔望及大朝會。並綴中書門下班。仍令所司擇日備禮册命。

晏殊罷相工部尚書知潁州制 慶曆四年九月庚午

夫乾台之任。鼎足承君。奮時謨明。均國休戚。朕既不敏。委政輔臣。冀成斷金之情。以濟涉淵之懼。苟昧茲道。疇爲協恭。推忠協謀佐理功臣、開府儀同三司、行刑部尚書、同中書門下平章事、集賢殿大學士、兼樞密使、上柱國、臨淄郡開國公、食邑一萬五百戶、食實封三千一百戶晏殊。夙有雅才。被遇文考。實參儲寀之選。因附天鱗之華。程其器能。與我朝柄。或間守屛翰。或主領劇煩。比緣樞省之勞。遂正冢司之總。屬邊場日駭。調擾頗興。老師留屯。旰食焦慮。而罔念艱疚。頗圖晏安。廣營產以殖私。多役兵而規利。致乃公論。達於予聞。永惟宰輔之方。思全進退之禮。俾上機政。改秩冬官。仍委州邦。且邇京邑。於戲。承弼未驗。罷免所宜。眷舊人之弗忘。匪至公之獲已。當體恩遇。毋怠省循。可特授行工部尚書、知潁州軍州事、管內勸農使、管勾開治河道事、散官、勳、封、食邑、食實封如故。

杜衍罷相進左丞知兗州制 慶曆五年正月丙戌

天子不正責之輔。三公無備惟其人。其有師表百僚。踐更二府。雖夙夜之匪懈。眷春秋之已高。以至公而升。以至公而退。宜作明命。以告大庭。推忠協謀同德佐理功臣、光祿大夫、尚書吏部侍郎、同中書門下平章事、兼樞密使、集賢殿大學士、上柱國、京兆郡開國公、食邑三千八百戶、食實封一千二百戶杜衍。夙以盛明。歷於膴仕。孤風足以鎭浮俗。遠識足以造機微。若時奮庸。亦既滋久。頗以蕃宣之績。入參帷幄之疇。嘉爾奉職之勤。助予厲精之治。而自居鼎輔。靡協巖瞻。頗彰周比之風。難處咨謨之治。顧群議之莫遏。豈舊勞之敢私。文昌綱轄之貲。曲阜麾持之寄。俾特膺於出守。仍改賜於襃功當體素懷。尚祗優數。於戲。公台之位。本上代於天工。岳牧之臣。亦下及於民澤。往飾乃職。厥惟欽哉。可特授行尚書左丞、知兗州軍州事、兼管內勸農使、管勾兗州仙源縣景靈宮太極觀公事。改賜推誠保德崇仁翊戴功臣。仍放辭謝。

章得象罷相授使相判陳州制 慶曆五年四月戊申

朕稽載籍之明訓。見君臣之大方。進惟盡忠。旣勤夙夜之力。退必由禮。將篤始終之恩。矧茲師尹之臣。久處巖廊之地。屢陳懇素。祈解鈞衡。爰以剛辰。告于列位。推忠協謀同德守正亮節佐理功臣、開府儀同三司、行工部尚書、同中書門下平章事、兼樞密使、昭文館大學士、監脩國史、兼譯經潤文使、上柱國、京兆郡開國公、食邑八千五百戶、食實封二千八百戶章得象。器懷中裕。風度外高。徧歷仕塗之華。雅通治道之要。自進登於宰席。仍總決於樞庭。有經遠之術。可以懷異俗。有厚生之功。可以阜齊民。方隆嘉靖之風。益賴著明之德。而乃愼持謙節。確避寵名。旣諒由衷之言。莫留俞往之命。俾將牙之分閫。仍相紱之儀朝。雖徇雅懷。豈忘厚遇。於戲。義形許國。固出處之一心。材足濟時。自文武之兼用。勉綏賢履。茂對邦休。可特授檢校太傅、同中書門下平章事、使持節陳州諸軍事、行陳州刺史、充鎭安軍節度、陳州管內觀察處置等使、判本州事、食邑一千戶、食實封四百戶。仍改賜推誠保德崇仁守正忠亮翊戴功臣。

賈昌朝罷相使相判大名府制 慶曆七年三月乙未

丞相之任。方國是毗。入以贊國之萬機。出以副邦之九牧。中外更處。靡有間然。推忠協謀佐理功臣、光祿大夫、行尚書工部侍郎、同中書門下平章事、昭文館大學士、監修國史、兼譯經潤文使、上柱國、常山郡開國公、食邑三千戶、食實封六百戶賈昌朝。敏識造機。沖器貫道。自參□於朝路。頗宣力於王家。以至講道露門。代言西省。正尹畿甸。執法臺端。綽有諍臣之風。居稔良肱之賴。鄉輿謀於柄府。旋進斡於斗樞。遂旌乃庸。聯陟上下。夙夜一致。勤勞百爲。覽剡奏之累陳。嘉抗懷之莫抑。其領元帥之節。仍兼丞相之章。出殿留都。且邇還服。易上公之美號。陪舊食之眞封。是寵光副我眷賴。於戲。公槐鼎鉉。旣極巖廊之崇。齊鉞路車。更分方嶽之寄。恩禮之重。其有擬乎。可特授檢校太傅、同中書門下平章事、使持節鄧州諸軍事、行鄧州刺史、充武勝軍節度、鄧州管內觀察處置等使、判大名府、兼北京留守司事、加食邑一千戶、食實封四百戶。改賜推誠保德翊戴功臣。

陳執中罷相除兵部尚書知陳州制 皇祐元年八月辰戌

宰物調元。久屬三台之老。阜名宣化。亦繫四岳之良。爰以明倫。告于列位。推忠協謀同德守正佐理功臣、光祿大夫、尚書工部侍郎、同中書門下平章事、昭文館大學士、監修國史、兼譯經潤文使、上柱國、穎川郡開國公、食邑四千八百戶、食實封一千四百戶陳執中。方厚特立。敏彊內融。諤諤昌言。率皆社稷之計。琅琅治行。遂藹搢紳之聞。逮登秉於政幾。寔罄輸於忠力。嚮以河防潰溢。民版流移。露章上陳。恪守不易。用是躐進省坐之秩。擇守輔藩之封。顧於舊臣。豈易忘德。於戲。君臣之際。惟大義之是先。出處之間。要令名之所保。姑循素欲。其諒菲懷。可特授行兵部尚書、知陳州、仍加食邑一千戶、食實封四百戶、仍賜推誠保德崇仁忠亮翊戴功臣。

宋庠罷相進刑部尚書觀文殿大學士知河南府加恩制 皇祐三年三月庚申

君臣謀國。本同體以協心。朝廷遇賢。豈重內而輕外。雖在倚毗之重。且均勞逸之宜。推忠協謀同德佐理功臣、光祿大夫、行工部尚書、同中書門下平章事、集賢殿大學士、上柱國、廣平郡開國公、食邑五千三百戶、食實封一千九百戶宋庠。性稟融明。行推沈厚。溫如淸廟之器。挺然大廈之材。達於在邦。敏而好古。而自參綜大務。屢聞旨言。進領樞衡之司。旋升鼎軸之路。百度修舉。三辰昭華。間延對而瀝衷。累抗章而引謝。再加敦諭。固守靖夷。宜保治於洛師。主留司於言鑰。仍峻中臺之秩。兼榮祕殿之班。衍食褒功。允為異數。於戲。麟符分寵。一都之寄甚雄。天邑居中。四方之瞻是則。當勤恤隱。益勵奮庸。可特授行刑部尚書、充觀文殿大學士、知河南府、兼西京留守司事、畿內勸農使、加食邑一千戶、食實封四百戶、仍改賜推誠保德崇仁忠亮功臣。

文彥博罷相進吏部尚書觀文殿學士知許州制 皇祐三年二月庚子

堯之四岳。出總諸侯。周有三公。外倡九牧。蓋咨承弼之重。以分方鎮之憂。推忠協謀同德佐理功臣、光祿大夫、行禮部尚書、同中書門下平章事、昭文館大學士、監修國史、兼譯經潤文使、上柱國、平陽郡開國公、食邑四千戶、食實封一千二百戶文彥博。氣識宏深。風德高劭。才足以經世務。謨足以啓帝猷。夙夜勞於百爲。夷險蹈乎一節。荐申奏述。懇避寵榮。其聽改於近司。且往臨於輔郡。載嘉勤瘁。俾遂偃休。於戲。居則諧鼎味之和。行則寄國藩之憲。股肱心膂。惟體貌之所均。社稷人民。匪忠良而安屬。勉祗厥服。用究乃功。可特授行吏部尚書、觀文殿學士、知許州軍州事、兼管內河堤橋道勸農使、仍管勾開治溝洫河道兼同群牧事、加食邑一千戶、食實封四百戶、仍改賜推誠保德忠亮翊戴功臣。

宋大詔令集卷第六十八

宰相十八

罷免四

龎籍罷相除依前尚書戶部侍郎知鄆州仍改賜推誠保德翊戴功臣散官勳封食邑食實封制 皇祐五年閏七月壬申

門下。圖治之世。宜本至公。預政之文。合防嫌迹。矧居四輔之首。允在百僚之先。苟羅干請之名。殊失仰成之意。兼沿章劾。俾解政機。推忠協謀佐理功臣、光祿大夫、行尚書戶部侍郎、同中書門下平章事、昭文館學士、兼脩國史、兼譯經潤文使、上柱國、始平郡開國公、食邑五千三百戶、食實封一千二百戶龎籍。志度淵沖。業寓明劭。韞才謀而敏達。更事典以兼通。早冀望於本朝。荐服勞于近職。雅有風采。蔚著猷爲。乃者西州用兵。延安近寇。屬輕裘而謀帥。煩籌筆以制邊。戎索以清。夏人來附。乃眷西顧。予嘉乃勳。始召置于樞庭。旋擢參于宰府。關域無事。頗見于匪躬。天下既安。允膺于注意。遂正斗樞之號。遄升邦鉉之名。固宜屬以正方。繩于群下。而乃親聯交構。私謁彰聞。逮有司之訊詞。合杜門而待罪。及行蔽斷。仍失重輕。致公議之弗容。在人言之莫遏。尙矜舊德。兼覽奏函。聽避位於台司。俾均勞於藩服。委東平之安輯。使樂土之康嘉。於戲。罷免之科。蓋拘於典制。進退之禮。用正於臣鄰。勉副寬條。弗忘成績。可特授依前尚書戶部侍郎、京東西路安撫使、知鄆州、仍改賜推誠保德翊戴功臣。

梁適罷相特授依前行尚書禮部侍郎知鄭州仍改賜功臣制 至和元年七月戊辰

門下。祕機政之煩。均屏翰之逸。左右修輔。善陟恪之久勞。內外賜勤。在眷毗之一體。爰孚廷號。用告朝倫。推忠協謀同德佐理功臣、光祿大夫、尚書禮部侍郎、同中書門下平章事、集賢殿大學士、上柱國、安定郡開國公、食邑三千五百戶、食實封一千戶梁適。局致夷通。性業開爽。入我轂英之選。參於橐從之華。召自北門。侍於邇閤。預贊書於明命。備進讀于邱墳。嘉話納於論思。敏用彰于強濟。鼎圖制閫之效。擢易本兵之司。職典樞機。地親帷幄。亟參聞于政道。遄敷燮于辰階。出入五年。周旋二府。苛匿比作。變異重仍。積有煩言。達于予聽。曾淑聲之莫建。在淸議之弗平。屢上封章。求還印綬。朕思全進退之體。務崇始卒之恩。參錄舊勤。尙仍前秩。以春官亞旅之重。涖皇圖右壤之雄。臨長鄭人。班錄漢詔。於戲。台宰之職。任國綱維。寰輔之邦。陪京襟帶。往服茲命。尙體至恩。可特授依前尚書禮部侍郎、知鄭州、管內勸農使、及管勾群牧公事、提點牛羊司、外群牧司、仍改賜推誠保德忠亮翊戴功臣。

陳執中罷相除使相判亳州制 至和二年六月

門下。代天之任。入則宜寅亮之謨。分陝以居。出則膺藩翰之寄。矧予宿艾。久冠臣隣。宜均休逸之恩。用昭進退之遇。具官陳某。風猷端粹。材識敏明。早事先朝。實開忠益之路。屬予下武。歷更機近之繁。彌綸之效固多。直淸之望無玷。向自上還玉節。再陟袞司。畫一之規。動遵於彝憲。難進之槩。居亮其素懷。矧茲年德之高。閔勞機軸之任。宜授符於齋閤。乃均寵于宰衡。近委价藩。增陪邑賦。於戲。君臣之分。固當徇于至公。中外迭居。寔同歸於大任。推乃心于王室。尙俾熾於壽祺。往哉汝諧。思對休命。可檢校太尉、同中書門下平章事、使持節青州刺史、充鎭海軍節度、青州管內觀察處置等使、判亳州軍州、加食邑一千戶、食實封四百戶。仍賜推誠保德崇仁守正忠亮翊戴功臣。□□□

劉沆罷相授工部尙書觀文殿大學士知應天府制 嘉祐元年十二月壬子

門下。罄一節以事君。中外之任無間。處大臣而有體。進退之禮必優。矧予輔弼之良。方賴股肱之寄。屢形懇避。嘉敦懿之弗移。宜峻寵章。示眷懷之特異。推忠協謀同德佐理功臣、光祿大夫、行尙書兵部侍郎、同中書門下平章事、監修國史、彭城郡開國公、食邑四千八百戶、食實封一千四百戶劉沆。質性剛鯁。姿材敏明。早以藝文。策雋科於異等。遂追髦彥。騰夷路以飛華。入必侍於淸閒。出屢更於仕任。翼翼是則。有聲京邑之雄。巖巖具瞻。遂參廊廟之用。乃疇嘉績。爰正台司。執毀譽不回之心。篤於自信。勤宿夜匪懈之志。久而益勞。□方厚於倚毗。何遽思於退讓。宴見之際。有言而必誠。封章之來。雖卻而復至。察其所守。蓋亦重違。惟茲秘殿之嚴。眷乃留都之重。旣增美秩。仍益眞封。寵我邇臣。斯爲異數。雖如爾志。尙朿予衷。於戲。秉國之鈞。居則坐而論道。爲時耆老。往則殿於大邦。是惟出處之榮。勉服便蕃之命。可特授行工部尙書、充觀文殿大學士、知應天府、加食邑一千戶、食實封四百戶。改賜推誠保德崇仁忠亮功臣。散官、勳、封如故。主者施行。

文彥博罷相特授檢校太尉同中書門下平章事充河陽三城節度使判河南府加恩制 嘉祐三年六月丙午

門下。四輔居中。用緝熙於邦采。二伯治外。亦藩屛於王家。雖易地而略殊。在殿邦而迭重。眷言茂宰。未解冢司。有嘉靖退之風。特舉褒優之典。兼徽台鉞。誕告臣工。推忠協謀同德守正佐理功臣、開府儀同三司、行吏部尙書、同中書門下平章事、昭文館大學士、兼修國史、兼譯經潤文使、上柱國、平陽郡開國公、食邑八千四百戶、食實封二千八百戶文彥博。格量沖深。體用安重。賌疏通之明識。蘊強濟之敏猷。卓爾偉才。本克生於王國。居然奇璞。早見器於聖朝。拔自時髦。經我世務。歷樹風於方面。亟聞政於宰司。屬以盜發甘陵。氛生朔壘。義能首奮。師以凱還。名繫民瞻。功惟朕念。爰立作相。遂正三階之文。用乂於朝。乃總萬樞之務。殆分垣翰。遄受旄旌。□幕府於常安。委節制於全雍。眷求奇弼。圖任茂勳。式序上司。復光舊物。居百度將明之重。比歷暄涼。在三事弼諧之先。尤彰夙夜。方篤仰成之眷。遽陳謝去之章。諭言且勤。誠意頗固。興化致治。雖賌秉質之良。均逸偃藩。亦廣養恩之意。姑從所欲。仍示寵章。榮以鳳池。輔之虎節。析□津之勞。瑞委宅中之符。書加衍圭田。申崇功號。悉舉□□之數。誕昭懋賞之文。於戲。出處之方。並揚于休命。進止之度。有美于庶言。往惟欽哉。無忘夾輔。可特授檢校太師、同中書門下平章事、持節孟州諸軍事、孟州刺史、充河陽三城節度、孟州管內觀察處置等使、判河南府、兼西京留守司、畿內勸農使、加食邑一千戶、食實封四百戶、仍賜推忠保德崇仁忠亮翊戴功臣。

韓琦罷相除陳鄭兩鎮節度出判相州制 治平四年九月辛丑

朕光宅萬邦。肇新駿命。正權綱之遠御。慎名器之大方。眷予宗臣。特崇異數。推忠協謀同德守正亮節佐理翊戴功臣、開府儀同三司、守司空、兼侍中、昭文館大學士、監修國史、兼譯經潤文使、上柱國、魏國公、食邑一萬二千七百戶、食實封四千六百戶韓琦。宣昭賢業。熙亮天工。光翊三朝。咸有一德。材周五則之用。體備四時之和。社稷是經。文武惟憲。在成功而弗處。實有大以能謙。荐上奏封。懇辭政柄。顧倚毗之厚。詔諭數煩。而精勤之堅。誠辭難奪。增寵上階之峻。特開兩鎮之崇。蔽自朕心。事非舊典。於戲。臣行其志。茲爲自得之全。君篤於恩。深惜老成之去。無安帥節之樂。猶待袞衣之還。乃情本朝。遐不謂矣。可特授守司徒、檢校太師、兼侍中、持節陳州鄭州諸軍事、行陳州鄭州刺史、鎮安武勝等軍節度、陳州鄭州管內觀察處置營田等使、判相州軍州事、同群牧、兼管內勸農使、加食邑一千戶、食實封四百戶、仍改賜推誠保德崇仁守正協恭贊治亮節翊戴功臣。

富弼罷相除武寧軍節度判亳州制 熙寧二年十月丙申

三台處中。以裁萬物之化。四嶽總外。以牧黎民之蕃。如山河之經九州。如股肱之衛一體。出處之際。朕無間然。推忠協謀同德守正亮節佐理功臣、開府儀同三司、行尚書左僕射、兼門下侍郎、同中書門下平章事、昭文館大學士、兼修國史、兼譯經潤文使、上柱國、鄭國公、食邑一萬一千戶、食實封四千二百戶富弼。復貫有□蹈中弗免。學幾聖而獨至。識造物之未形。貴名起於三朝。盛德儀于百辟。嚮召從於列屏。俾進相於冢司。爲日尚新。何恙靡已。未及經邦之務。遽陳避位之辭。詔雖屢而莫回。章甫卻而復至。朕憮然自念。嗟莫能勝。既閔勞於政機。其聽遂於私佚。建武寧之節。以殿東郊。守景亳之符。以長南社。仍位鴻鈞之貴。尙優黃髮之行。於戲。不處成功。專老氏榮名之畏。其旋元吉。要義經履道之終。雖弗從於吾游。可自保於爾福。可特授檢校太師、依前行尚書左僕射、同中書門下平章事、鄭國公、行徐州大都督府長史、武寧軍節度、徐州管內觀察處置等使、判亳州、仍改賜推誠保德崇仁忠亮佐運翊戴功臣。

曾公亮罷相建節集禧觀使制 熙寧三年九月庚子

朕紬尋前載之文。樂見名臣之節。蓋位至者予國。公有加于澤民。功成者本天道。惟在於抑己。誕敭贊册。以告治庭。推忠協謀同德守正亮節佐理翊戴功臣、開府儀同三司、行尚書左僕射、兼門下侍郎、同中書門下平章事、昭文館大學士、監修國史、兼譯經潤文使、上柱國、魯國公、食邑一萬二千一百戶、食實封四千二百戶曾公亮。懷器適時。潔身絕類。蚤逢熙於神運。寖發蘊於賢謨。膺二后之顧言。奉沖人於大統。自初輔政。十有五年。而四夷守于封疆。百姓遂其衣食。匪圖近歲。繼託一誠。深據禮經之陳。欲還君務而去。雖終食而屢嘆。卒高情之莫回。況留侯未衰。何遽遺於人事。且周公雖老。顧猶在於京師。其保宏父之居。兼管納言之任。高旂鉅節。遙臨踐土之津。閭館珍臺。獨揖浮邱之袂。於戲。以退爲進。踐天下難儷之風。不德其功。應君子有終之吉。往祇茂寵。更穆英猷。可特授守司空、檢校太師、兼侍中、使持節孟州諸軍事、行孟州刺史、河陽三城節度、孟州管內觀察處置河堤等使、集禧觀使。仍改賜推誠保德崇仁守正協恭忠亮翊戴功臣。仍詔大勑繫銜在曹佾上。出入如二府儀。五日一奉朝請。

韓絳罷相入官知鄧州制 熙寧四年三月丁未

門下。丞輔之任。非端良而罔居。典刑之行。雖貴近而無間。我有明命。颺於大庭。推忠協謀佐理功臣、金紫光祿大夫、行尚書吏部侍郎、同中書門下平章事、昭文館大學士、兼譯經潤文使、上柱國、南陽郡開國公、食邑四千三百戶、食實封一千二百戶韓絳。歷事三朝。浸更衆職。比疇勁正之器。進服弼諧之司。屬者羌渠陸梁。戎候騷動。輟自貳公之列。往定安邊之圖。而聽用匪人。違盭初詔。統制忘狀。綏懷寡謀。暴興征師。深入荒域。卒伍駭擾。橫罹轉戰之傷。丁黃馳驅。重疲齎糧之役。邊書旁午。朝聽震驚。朕以其推忠之勤。誠爲盡瘁。出師之績。亦已居多。方公論之騰喧。覽奏封之引咎。其伸憲法。以解機衡。仍舊秩於天官。殿近蕃於京輔。於戲。奉使失指。雖生事之靡容。原誠無他。亦注懷之素厚。往服成命。無忘省言。可特授行尚書、依前吏部尚書、知鄧州軍州、兼管內勸農使、京西路安撫使、提舉本路兵馬巡檢盜賊事。仍改賜推誠保德翊戴功臣。

宋大詔令集卷第六十九

宰相十九

罷免五

王安石罷相進吏部尚書觀文殿大學士知江寧府制 熙寧七年四月丙戌

門下。入則冠宰路之重。百辟之所儀刑。出則寄師垣之尊。萬邦之所憲法。苟非令德。奚稱異恩。粤予端揆之臣。久託機衡之任。錫之寵渥。均厥賢勞。推忠協謀同德佐理功臣、光祿大夫、行尚書禮部侍郎、同中書門下平章事、監修國史、上柱國、太原郡開國公、食邑三千一百戶、食實封八百戶王安石。稟明質之資。蹈柔嘉之則。學問淵博。爲時儒者之宗。議論堅明。有古直臣之烈。間疇偉望。升冠近司。憂勤百爲。夷險一節。方籍壯猷之助。且觀盛化之流。遽上封章。願還政事。確誠莫奪。茂典載加。正位天官之聯。升華殿幄之侍。仍加賦邑。以重藩維。於戲。納忠告猷。卿所素尚。尊德樂道。朕豈或忘。毋怠乃心。而不予輔。可特授行吏部尚書、觀文殿大學士、知江寧軍府事、兼管內勸農使、兼江南東路屯駐駐泊兵馬鈐轄、加食邑一千戶、食實封四百戶、改賜推誠保德崇仁翊戴功臣。

韓絳罷相進禮部尚書觀文殿大學士知許州制 熙寧八年八月庚戌

門下。國家登延弼疑。內以起工於庶事。分畀藩翰。外以發政於四方。閔勞申恩。倚重均體。肆敷丕號。庸諗廣朝。推忠協謀同德佐理功臣、特進、行尚書吏部侍郎、同中書門下平章事、監修國史、上柱國、南陽郡開國公、食邑六千八百戶、食實封二千戶韓絳。躬莊厚之資。涵良悅之度。脩世美以特立。告辰猷而具臧。屢陪國均。實輔台德。嚮自保釐之寄。再膺翼亮之咨。高平師師。總修衆職之釆。公孫斤斤。參聽百官之成。久宜于勤。間愬以疾。確辭幾務之劇。祈即燕申之休。感于朕聽。姑徇爾欲。宜還宰䡅。往建州麾。陟春官常伯之尊。兼禁殿隆儒之冠。載更功號。增衍井封。於戲。乃眷臣鄰。雖爾身之在外。不忘壽耇。豈茲心之謂遐。其服寵章。以將福履。可特授行禮部尚書、充觀文殿大學士、知許州軍州事、兼管內勸農使、京西北路安撫使、兼提舉本路兵馬巡檢公事、加食邑一千戶、食實封四百戶、仍改賜推誠保德崇仁翊戴功臣。

王安石罷相拜太傅鎮南軍節度同中書門下平章事判江寧府制 熙寧九年九月丙午

門下。入居丞弼。用表儀於百官。出總翰藩。將師帥於九牧。地雖中外之異。體亦重輕之均。推忠協謀同德佐理功臣、特進、尚書左僕射、兼門下侍郎、同中書門下平章事、昭文館大學士、監修國史、兼譯經潤文使、上柱國、太原郡開國公、食邑六千六百戶、食實封二千戶王安石。得古人之風。蘊眞儒之學。眘方深於台輔。志彌懋於政經。挈持綱維。糾正法度。俄屬伯魚之逝。遽興王導之悲。引疾自陳。丐閑斯確。宜仍宰路之秩。載加袞鉞之榮。於戲。大官大邑以庇身。建節雖臨于鄉郡。嘉謀嘉猷而告后。乃心猶在於朝廷。約忠不忘。懷德甚邇。可特授檢校太傅、依前尚書左僕射、同中書門下平章事、使持節都督洪州諸軍事、行洪州刺史、鎮南軍節度、洪州管內觀察處置等使、判江寧府、兼管內勸農使、充河南東路兵馬鈐轄、加食邑一千戶、食實封四百戶。改賜推誠保德崇仁翊戴功臣。

吳充罷相進吏部尚書觀文殿大學士西太一宮使制 元豐三年三月乙丑

門下。進惟疇德。式圖亮采之功。退則均休。蓋厚優賢之禮。眘予耆哲。比爽節宣。屢抗忱詞。力還幾務。誕揚孚號。布告治庭。光祿大夫、行尚書工部侍郎、同中書門下平章事、監修國史、渤海郡開國公、食邑四千戶、食實封一千二百戶吳充。體道靖深。秉義莊直。朝之碩輔。民所具瞻。常武有經。雅重國兵之寄。遠猷克濟。迄成帝載之熙。庶事用康。群工作乂。茲新美於法度。方倚任於謀謨。夙夜協恭。左右盡瘁。至感晦明之癘。未臻藥石之痊。祈即便安。務和攝禮。雖撫循之愈厚。顧懇款之彌堅。朕亮矜乃誠。閔勞以事。進位天官之峻。陞華禁殿之嚴。衍食爰田。服休眞館。賓蕃寵數。併示眘恩。於戲。注意有加。朕以篤股肱之義。專神自養。汝無忘金玉之恩。尚惟廸終。副乃虛佇。可特授行吏部尚書、觀文殿大學士、西太一宮使、加食邑一千戶、食實封四百戶。仍詔大朝會綴中書門下班。依大藩例支添給。

蔡確罷相除觀文殿大學士知陳州制 元祐元年閏二月庚寅

門下。入則處機衡之崇。以佐萬機之務。出則膺屛翰之寄。以維四國之安。粤予同德之臣。久托贊元之任。均勞申典。孚號詔廷。正議大夫、守尚書左僕射、兼門下侍郎蔡確。材猷靖深。德宇方重。躬夷險之一守。歷勤勞之百爲。越升從橐之班。特被先朝之遇。秉鈞黃閣。貳令中臺。逮沖人踐極之初。膺翼室受遺之託。方倚舊德。協致丕平。屢上封章。願還機政。誠忱甚確。鐫諭莫回。宜陞殿幄之嚴。往正師垣之重。以宣惠澤。以答賢勞。於戲。廟堂歷年。素亮始終之節。股肱一體。固無內外之殊。往壯茂猷。以輔予治。可特授依前正議大夫、充觀文殿大學士、知陳州。

韓縝罷相轉觀文殿大學士出知潁昌府制 元祐元年四月戊子

元首之於股肱。始終貴乎一體。本朝之視郡國。內外均乎爲民。眘吾柄臣。久執機務。屬有賢勞之懇。可無體貌之優。若稽古常。昭異寵數。正議大夫、守尚書右僕射、兼中書侍郎、上柱國、廣陵郡開國公、食邑四千七百戶、食實封一千四百戶韓縝。嚴莊毅重而持之以敏識。疏通博辯而濟之以小心。出將明命於蕃宣。以綏方面。入告嘉猷於帷幄。以長中樞。簡自先朝。遺予眇德。事業之會。端揆以居。左右朕躬。夙宵大政。方倚謨明之效。庶增康濟之期。

而至誠屢抗於封章。自訟恐妨於賢路。異乎矜功要名而去者。尤得難進易退之體焉。是用遷秩崇階。陞華禁殿。陪敦邑賦。增衍戶封。而況鄭璧近邦。于門故里。爲國藩輔。曾是燕閒之餘。乃心王家。勿忘啓沃之志。於戲。咸有一德。永孚于休。往其欽哉。毋斁朕命。可特授光祿大夫、充觀文殿大學士、知潁昌府。

范純仁罷相觀文殿學士知潁昌府制 元祐四年六月甲辰

百揆居中。所以和庶政。九牧在外。所以阜兆民。茲出入之勢有殊。而始終之恩無間。式敷厥命。其告諸朝。太中大夫、守尚書右僕射、兼中書侍郎、上柱國、高平郡開國侯、食邑一千六百戶、食實封五百戶范純仁。心總天常。道濟民極。顯致朝廷之上。並收文武之長。越進陪於萬機。遂升正於三事。趙公入相。歎先父之遺忠。韋氏繼侯。嗟後人之愈畏。方倚成而熙績。遽引疾以退身。言雖重違。禮宜增厚。加殿中之近職。涖寰內之大州。斯崇寵名。益懋恩數。於戲。九德咸事。無曠官而代天工。四國于蕃。有良翰而周邦喜。位隆者報益重。志深者用彌堅。勉廸爾猷。往宣予治。可依前太中大夫、充觀文殿學士、知潁昌府。□□□□

文彥博太師加兩鎮致仕制 元祐五年二月庚戌

門下。周公未嘗之魯。老亦居豐。留侯晚雖彊飡。終不任事。蓋委寄之重。初無間然。止足之風。所不敢廢。惟我耆舊。歷事祖宗。纘服之初。復命以位。雖師保之地。優佚不煩。而邱樊之心。朝夕以請。布告在位。俾聞高風。太師、平章軍國重事、上柱國、潞國公、食邑二萬八千一百戶、食實封一萬一千八百戶文彥博。克孝而忠。允文且武。其在師旅。有方召之勳。其在朝廷。有崇璟之業。士民視其去就。邊圉震其威名。時更四朝。躬蹈一節。先皇帝愍勞以事。既許其歸越。予訪落之年。凜有涉淵之志。起之既老。待以仰成。出入五年。終始全德。進而論道。日聞典訓之言。待以折衝。卒靖邊防之警。委成功而不處。指莫景以求安。勤請屢聞。誠心莫奪。顧瞻閭井。近在洛師。郭氏有永巷之嚴。裴公有綠野之勝。豈以簪紱之累。久致形氣之勞。貴極上公。既無復加之爵。特畀二節。宜從近比之優。仍廣舊封。益衍真食。殫盡人臣之寵。歸從父老之游。於戲。晉聲不遐。尚有就問之眷。几杖以俟。復期親祀之陪。勿以進退之殊。而廢謨猷之告。式燕且譽。俾壽而康。可特授太師、開府儀同三司、河中興元尹、充護國軍山南西道節度管內觀察處置橋道等使致仕。加食邑一千戶。食實封四百戶。仍令所司備禮冊命。

劉摯罷相觀文殿學士知鄆州制 元祐六年十一月乙酉

用其言而顯其身。所以崇君子之正直。進以禮而退以義。所以敦大臣之始終。在國體之宜然。實朕心之致慎。惟吾宰弼。荐貢囊封。根於至誠。躬乃自厚。肆孚明命。播告外庭。太中大夫、守尚書右僕射、兼中書侍郎劉摯。淵源閎博。而持之以易良。廉隅靜方。而廸之以柔則。術足以熙千載之統。謀足以詔萬世之徽。越予求助之初。嘉乃盡規之節。衆政是賴。爾猷居多。謂蕃侯無吐茹之嫌。咨之補衰。而傅說有朝夕之誨。倚以濟川。方垂拱以仰成。亦康幾而相敕。施德云懋。歷年未朞。亟辭揆叙之繁。深服謙光之益。抗章弗已。陳義甚高。易退之風。勉從厥志。是用疏秘殿之華職。付東維之鉅藩。式均賢勞。茲示體貌。於戲。民人社稷。無容中外之殊。元首股肱。固匪明良之異。若斧藻其德。毋金玉爾音。乃心王家。同底于治。可充觀文殿學士、知鄆州。

蘇頌罷相觀文殿大學士集禧觀使制 元祐八年三月甲申

朕登賢輔弼。所以圖幾康之功。均逸燕間。所以盡始終之遇。誕揚成命。敷告治庭。左光祿大夫、尚書右僕射、兼中書侍郎、上柱國、武功郡開國公、食邑三千六百戶、食實封九百戶蘇頌。蹈德沖和。博聞通貫。樂處厚以敦薄。善援古以證今。法從宗工。儒林祭酒。踐更衆職。夷險一心。先朝訓官。居獨當於淸問。邇英進讀。茲有益於多聞。實應王人之求。式觀賢業之効。擢從政路。進執宰衡。曾未期年。屢求歸老。嘉能遷而安退。足戒得以興廉。禮雖及於傳家。忠未輕於去國。是用躋華秘殿。休養眞宮。腆厥茂恩。適其高志。於戲。優游自裕。卽解秉鈞之勞。闕失有聞。毋忘補袞之素。勉脩茲義。允篤于衷。可特授依前左光祿大夫、觀文殿大學士、集禧觀使。餘如故。

呂大防罷相進左光祿大夫觀文殿大學士知潁昌府加恩制 紹聖元年三月乙亥

登賢入輔。儼師長於天工。均逸出蕃。密股肱於王室。視內外之用雖異。要始終之遇無殊。咨爾在廷。聽予施命。右光祿大夫、守尚書左僕射、兼門下侍郎、上柱國、呂大防。凝方重之質。富將明之才。修責難之恭以致君。恢包荒之度以安衆。任可大乎賢人之業。期永底乎蒸民之生。夙夜百爲。憂勞一致。改元而後。與政歷九年之間。有國以來。首相踵三人之久。愼乃經德。撫我嘉師。興言總覽之初。實倚遠猷之助。懇祈避寵。難抑能遷。是宜躋密殿隆儒之華。兼開府陪京之寄。崇階進秩。衍食增田。膺乃茂恩。錄其舊服。於戲。毋忘君憂。不同畎畝之人。自亮臣忠。益厲廟堂之日。惟旣乃義。永增厥休。可特授左光祿大夫、充觀文殿大學士、知潁昌府、加食邑七百戶、食實封三百戶。

范純仁罷相右正議大夫觀文殿大學士知潁昌府制 紹聖元年四月

門下。謀謨廟堂。入則股肱於大政。偃息藩翰。出則師帥於一方。維時宗工。引疾辭位。均佚近輔。敷告大庭。通議大夫、守尚書左僕射、兼中書侍郎、上柱國、廣平郡開國公、食邑三千七百戶、食實封一千四百戶范純仁。端良禀于世資。樂易成于天性。有砥名礪行之志。有面折廷爭之風。越自累朝。寖更華選。曁冲人之嗣服。適文母之仰成。咨予臣隣。付以宥密。一踐樞要。再持國鈞。朕恭己紹庭。向明圖治。緝熙緒業。追遹先猷。方有望於弼諧。遽固辭於機務。重違爾志。姑卽厥安。增視秩之榮名。進陪封之寵數。式隆體貌。何吝眷私。於戲。論道經邦。嘗在倚毗之地。承流宣化。勿忘勵翼之心。祗服朕言。往共爾位。可特授右正議大夫、充觀文殿大學士、知潁昌府、加食邑七百戶、食實封三百戶、勳、封如故。主者施行。

宋大詔令集卷第七十

宰相二十

罷免六

章惇罷相責本官知越州制 元符三年九月初八日辛未

門下。奉先者事忘如存。追往者送終爲大。朕祗若先后。率循舊章。考卜因山之陵。夙命秉鈞之使。慮愆有素。職隳弗虔。其孚大庭。以詔多士。特進、尚書左僕射章惇。早以時望。揚于庶工。出逢聖作之時。參陪國是之論。比以宰衡之任。總護容車之行。稽留半塗。暴露通夕。惟邇不任。慨然永懷。累上封章。自陳誠懇。乞還相印。出守州符。深務矜容。俯從勤請。於戲。君臣之分。體欲曲全。朝野之言。咎將誰執。往祗成命。服我寬恩。可特落尚書左僕射、依前特進、知越州、仍放謝辭。

韓忠彥罷左僕射除觀文殿大學士知大名府制 崇寧元年五月六日庚申

門下。入則經體贊元。允釐庶績。出則承流宣化。以迄外庸。若時元臣。往殿近服。用猷告於多士。其孚命于大廷。具官某。躬受美材。世載令問。被遇神考。冠于儀曹。受知泰陵。長茲樞府。爰始嗣服。延登宰司。斯奉若于先王。以克紹于乃辟。然士有覆出之惡。而人無事上之忠。匪大猷之是經。誰執其咎。賴朕志之先定。不潰於成。封奏繼來。人言荐至。其解鈞衡之重。俾司留鑰之嚴。仍寵其行。用加厥職。於戲。進退以禮。無用舍之殊。出處惟均。何內外之異。無替朕命。往哉惟休。可。

曾布罷右僕射除觀文殿大學士知潤州制 閏六月壬戌

門下。審去就之分者。大臣所以盡道。優進退之禮者。人君所以勸忠。載嘉亮輔之賢。申錫偃藩之命。顧內外之或異。在體貌以惟均。誕布策書。式孚群聽。具官某。器識閎博。性資聰明。早發越于猷爲。久踐更於事任。從容應物。有王佐之才。慷慨立朝。得仁者之勇。被遇神考。翺翔侍從之華。見知泰陵。密勿樞機之府。肆朕纘承之始。登於弼亮之司。丕揚繼述之功。尤賴將明之助。遽露誠悃。祈解政機。雖眷倚之彌加。覽封章之屢至。眷其有守。寔亦重違。是用峻秘殿之隆名。鎮丹陽之便郡。遂其休逸。寵厥勤勞。於戲。論道經邦。居則儀刑於百辟。承流宣化。出則師帥於一方。往服渥恩。乃心王室。可。

趙挺之罷相拜金紫光祿大夫觀文殿大學士中太一宮使加恩制 崇寧四年二月

揆路疇庸。方懋弼諧之德。琳宮置使。用隆均逸之恩。乃眷股肱之良。宜惇體貌之厚。肆頒明命。敷告治庭。具官趙挺之。篤實沖深。剛明博達。懿文華國。早躋禁掖之聯。直道事君。浸歷憲臺之長。讜言屢進。正色不回。辯國是于群邪復熾之秋。詔先烈于衆訕愈盈之日。雖朕志之素定。在汝言之實難。既擢預於政機。益輔成于台德。履信思順。同寅協恭。任賢去邪。而罔有二心。興滯起廢。而克諧一德。載嘉乃績。深簡予衷。俾同秉于國鈞。遂對持于政柄。式賴耆舊。永佑隆平。乃引疾以力陳。復投誠而備至。念遠猷尚資於辰告。難去朝廷。而大臣不可以暑行。勉留神館。加隆名于秘殿。增峻秩于文階。衍邑爰田。益封眞食。得推寵數。特示眷懷。於戲。懇辭機務之繁。閔勞以事。聽即祠庭之佚。尙嗇乃神。往服褒嘉。益綏福履。可特授金紫光祿大夫、充觀文殿大學士、中太一宮使。加食邑七百戶、食實封三百戶。勳、封如故。

何執中罷相太傅致仕加恩制 政和六年四月

進則經邦。任陟宰司之峻。退而就第。寵升帝傅之崇。保茲名節之全。寔乃初終之美。其誕揚於渙號。用褒顯于宗工。具官何執中。敦重而有容。直方而不撓。蘊濟務之圖。而將以遠識。廸匪躬之操。而持以小心。學爲儒宗。達不聞於離道。材推王佐。進必務于輔忠。粤祇事于潛藩。旋登庸于揆路。宣王之倚方叔。克賴壯猷。高宗之式甘盤。亦惟舊學。時若格天之業。蔚然奠枕之勳。承弼八年。勤勞百度。比既諧于物藥。方虛佇于贊元。有懷知足之規。遽起告歸之志。露章數上。引諭莫回。祈盡解於政機。獲永休于家食。閔勞以事。思亶乃誠。特蕃命數之隆。庸示老成之厚。咸有一德。念克底于成功。茲惟三公。用載光于得謝。拓封賦邑。加食爰疇。擁貂冠赤舄之華。從鳩杖安車之適。眷言碩望。垂訓無窮。於戲。下膏澤于民。予敢忘于丕績。告嘉謀于后。爾毋遂於遐心。祈服殊榮。永綏備福。可特授太傅致仕。依前榮國公。加食邑七百戶、食實封三百戶。

鄭居中罷相行服制 重和元年閏九月

門下。大臣爲國之表。持躬惟古誼之師。聖王因人之情。立教以禮經之訓。眷言宰輔。復自閔艱。外殫共政之勤。內極慕親之念。其孚詔綍。用亶朝紳。具官某。性稟方嚴。器涵莊重。學術早推于禁路。機疇備罄于樞庭。式辟四方。允茂昭工之助。使宅百揆。載深亮釆之圖。遽興陟屺之悲。爰執居廬之制。肆予求舊。勉爾斷恩。起于苫塊之中。付以鈞衡之任。良非得已。今既逾年。茲屢有陳。懇祈去職。屬撫盈成之運。宜惇順睦之原。惟時股肱。實首風俗。矧君臣相與之際。當諒乃心。顧忠孝兩全之難。重違所請。俾成其志。庸慰厥思。於戲。當軸處中。既克明於進退。立身行道。尙無替于顯揚。往悉至懷。具欽時命。可。

蔡京守本官致仕御筆 宣和二年六月二十四日

太師魯國公蔡京近年以來。章數十上。陳乞致仕。自夏祭禮畢。引疾告老。又復十數。親筆批諭。諄誨再四。遣官宣押。堅臥不起。其詞激切。確然不拔。可依所乞守本官致仕。依舊神霄玉清萬壽宮使。在京賜第居住。其恩禮俸給之屬。及見役官吏人從等。并依舊。仍朝朔望。令晚付翰林降制。只令具熟狀進入。

余深罷相授鎮西軍節度少傅知福州制 宣和二年十二月一日

門下。熙帝載而宅百揆。內嚴論道之崇。倡九牧以阜兆民。外倚承流之寄。顧本末之一致。期左右以同寅。睠予壽俊之良。久處政機之務。閔高年而寬委責。茲爲貴老之先。欽大臣而備禮儀。式示優賢之厚。誕敷丕律。播告治庭。少傅、太宰、兼門下侍郎、兼充神霄玉清萬壽宮使、衞國公、食邑一萬一千八百戶、食實封三千八百戶余深。剛大而粹夷。高明而敏達。才周繁劇。蘊多識以濟時。學妙淵源。貫群言而博古。蚤深王佐之略。衆推儒術之規。揚禁近之清班。躋鈞衡之要路。正色率下。諒鎮服于未形。直道事君。嘉啓沃而入獻。載登左闥。進冠冢司。赫赫具瞻。維邦基於柱石。禺禺令望。定國是於蓍龜。三年有成。百度惟正。賴彌縫之善訓。贊紹述之休功。方須帷幄之誠。遽慕林泉之適。露章踵至。瀝懇殊堅。俯諄諭之甚勤。抗忱辭而益固。惟尊德樂道之義。宜罔咈乎朕懷。念難進易退之風。且重違於雅志。是用解上相之印綬。畀中權之節麾。亞傅華資。仍貴袞衣之寵。閩山奧壤。允光晝錦之榮。拓乃邑疆。衍之租食。於戲。曹參遵職。嗣興寧一之歌。伊尹告歸。遠思寵利之戒。尙仰成於注意。毋專徇于遐心。緊我宗工。奚俟多訓。可。

尊禮

令宰相立親王上詔 太平興國八年十一月甲寅

並建子弟。所以蕃屏王室。申命輔相。所以羽翼公朝。藩邸之任雖崇。鈞衡之寄尤重。聿分內外。須至等差。自今宰相序立。宜在親王之上。

陳升之位文彥博下詔 熙寧二年十月丙申

二府者。政事之出也。惟是一二股肱之臣。日謀謨於廟堂之上。皆朕所尊禮之。顧其勢豈有重輕哉。伏觀仁宗實錄。天聖時。二府之相。猶以其職高下定位。則知往者不若今制之拘也。今文彥博蓋朝廷之宗臣。朕方倚以疆陲之事。雖用陳升之爲宰相。其令升之仍位彥博下。以稱朕遇賢之意。故茲詔示。想宜知悉。

許文彥博位陳升之下詔 熙寧二年十月壬子

朕惟國朝之制。雖兵民分于二府。然其委用者。皆所爲執政之臣。豈獨相樞密者爲使相邪。朕嘗惑之。故丙申之詔。令彥博在升之之上。所以尊老成而均政體也。今彥博數言。武臣之例。非可同于親王之班。有所未便。執謙慮損。情有莫回。予思惘然。雖拒勿得。其令中書門下。如所請施行。

內降付中書省司馬光許肩輿至內東門扶掖入對小殿

左僕射兼門下侍郎司馬光。爲足瘡妨拜跪。已指揮免起居。許乘轎子至尚書省等處治事。今有劄子辭免。可依前降指揮。不許辭免。乃令閤門告示。許肩輿至內東門外。令男康扶掖至小殿引對。特免起居。引見前一日聞奏。

內降司馬光入對小殿

三省同奉聖旨。令乘轎子至崇政殿門外。於延和殿垂簾日引對。餘並依前降指揮。

賜文彥博恩禮詔 元祐元年四月壬寅

朕紹宣皇緒。臨御寶圖。涉道未明。罔知攸濟。乃睠元老。弼亮三朝。功被生民。名垂當世。天錫眉壽。旣艾而昌。宜還師臣。輔我大政。已降旨授太師。平章軍國重事。可一月兩赴經筵。六日一入朝。因至都堂與執政議事。如遇有軍國機要事。卽不限時日。並令入預參決。其餘公事。只委僕射以下僉書發遣。俸賜依宰臣例。

文彥博呂公著免拜詔 元祐二年八月己亥

朕聞几杖以優賢。著之典禮。耋老無下拜。書於春秋。魏太傅鍾繇。以足疾乘車就坐。自爾三公有疾。以爲故事。而唐司徒馬燧。亦以老疾自力。對於延英。詔使毋拜。今吾耆老大臣。四朝之舊。德隆而望重。任大而憂深者。惟卿與公著而已。方賓其著龜之告。豈責以筋力之禮。今後入朝。凡有拜禮。宜並特免。卿其專有爲之報。略無益之宜。毋或固辭。以稱朕意。故茲詔示。想宜知悉。

文彥博呂公著辭不拜恩命允詔 元祐二年八月丁未

省表具之。朕優禮師傅。達德齒之尊。以亟拜爲可略。古之道也。卿嚴肅朝廷。謹君臣之分。以不拜爲未安。禮之節也。道並行而不悖。義有重而難移。勉徇所陳。不忘嘉歎。所請宜允。

太皇太后答文彥博呂公著不拜恩命許詔 同上

覽表具之。抑陛廉之儀。重股肱之任。陛廉遠則堂皇峻。股肱逸而元首安。故出異恩。特鐫苛禮。而卿深執躬巽。立守典刑。確然自陳。義不可奪。勉從其意。愧嘆於中。所請宜許。

太師京三日一造朝御筆 政和六年五月十四日

太師京。近三上章。劄乞致仕。親札詔書。不允所請。仍止來章。兼面諭再四。意確未回。京位三公長。爲帝者師。然三省機政。事無巨細。自合總治。外可從其優佚之意。自今特許三日一造朝。仍赴都堂。及輪往逐省通治三省事。以正公相之任。事畢從便歸第。

太師京五日一朝次赴都堂治事諸細務特免簽書 政和七年十一月□日

太師魯國公京。自載還廊廟。于今七年。社稷之重。寄于師臣。風雨時若。地平天成。宵旰無虞。垂衣裳而天下治。此陶鈞之力也。邇者章數十上。卻之復來。繼以消息盈虛之理。告老乞骸。期於得請而後已。朕體貌元老。義均休戚。不欲固違。尚繫重柄。有煩參訂。其諸細務。特免簽書。可五日一朝。次赴都堂治事。恩禮寵數。並仍舊制。

宋大詔令集卷第九十四

將帥

賞功

曹彬宣徽南院使義成軍節度使制 乾德五年正月丁巳

策勳飲至。春秋之格言。褒德賞功。國家之彝典。其有董齊軍旅。戡定土疆。爰念勤勞。宜加寵數。內客省使曹彬。夙聞詩禮。頗厲忠貞。沈厚有謀。強明善斷。久踐軒墀之列。彌堅金石之誠。昨者問罪巴庸。分兵夔峽。護其戎事。督彼征行。奉辭統王者之師。制勝曉兵家之法。而能動遵成算。不犯秋毫。有次公撫士之方。無陳平受金之謗。古之良將。何以加焉。是用不次推恩。卽時懋賞。俾升近列。仍殿大藩。內隆三接之知。外總十連之柄。於戲。無德不報。宜保於令名。作善降祥。勉思於自効。服我休命。汝其欽哉。可特授宣徽南院使、行滑州刺史、充義成軍節度使。

李延渥遷團練使詔 乾德六年十一月丁巳

昔漢祖思得猛士以守四方。蓋以知防秋備邊。國之重事。干城禦敵。勞而必圖。賞不踰時。人乃知勸。西京左藏庫使、知瀛州軍州事李延渥。選於近職。出守塞垣。屬□□之無厭。率控弦而入寇。長圍孤壘。急擊彌旬。延渥勗勵興師。鳩合衆力。親當矢石。固守金湯。大剉兇渠。式保生聚。懋功進秩。朕何悋焉。可本州團練使。

曹利用進官詔 景德元年十二月丁亥

國家推大信於萬方。來遠人於四裔。輶軒將命。允謂難才。儻申專對之能。必加非次之命。殿直閤門祗應曹利用。單車奉使。出境會盟。旣交遠國之歡。實稱行人之職。息民繼好。爾勞居多。顧惟寵章。豈限彝等。可金紫光祿大夫、檢校尚書左僕射、使持節忠州刺史、兼御史大夫、上柱國、東上閤門使。

姚雄授正任防禦使制 引進使、秦州刺史知河州・元符三年四月

敕。朕於人之勞。雖微必錄。矧能立功羌戎。底定一隅。可無寵光。以示奬勸。爾勇毅謀略。兼人所長。隴右之役。深入其阻。摧堅獲醜。所向無敵。克服異類。完師而歸。數最較多。爾居其右。正禦侮之使號。仍洮西之閫寄。是爲異數。服我恩榮。可

涇原路修築大都臨羌寨西安州种建中已下轉官制

敕。漢唐故疆。復爲王土。修列堡障。疏鑿湟池。版築告成。不愆于素。爾等經度董督。咸與有勞。元帥以聞。宜示勸賞。進官一等。各懋爾功。可。

高昌言等轉官制 元符三年五月丁亥

敕。頃以羌戎猖獗。侵擾邊陲。間命偏師。震威塞外。高昌言等夙懷忠勇。斬獲有勞。特進厥官。用勸邊吏。服我休命。益懋乃功。可。

東頭供奉官李志等轉官制 元符二年五月辛卯

敕。朕圖疆埸之功。常以靜勝爲優。斬獲爲下。顧如爾等立效西陲。實在前日。第勞行賞。則有舊章。其往自今。當體朕意。可。

客省使劉安等賞功轉官制 元符三年六月

敕。爲國乘塞。爾不顧身。惟帝念功。朕豈愛賞。劉安等忠義自信。驁勇有聞。統領甲兵。親冒矢石。上功幕府。震威氐羌。疇厥戰多。錫茲寵數。□膺懋渥。益茂厥忠。可。

洛苑使麻宗永等賞功轉官制

敕。開斥王土。控制羌戎。相示山川。建置堡障。版築告畢。不愆于期。有司第功。爾勞應賞。進官一等。時惟茂恩。益罄乃忠。以圖報效。可。

童貫進檢校太尉移鎭武信軍節度加食邑實封制 政和元年九月二十四日

門下。柔遠能邇。聖人所以保安民之功。戢兵豐財。先王所以爲經武之實。眷予宿將。蔚有成勞。矧將命之甚勤。豈疇庸之可緩。式疏褒典。誕告明廷。中太一宮使、奉寧軍節度、鄭州管內觀察處置等使、檢校司空、持節鄭州諸軍事、鄭州刺史、提舉龍德宮、熙河蘭湟秦鳳路宣撫使、上輕車都尉、鴈門郡開國公、食邑二千三百戶、食實封五百戶童貫、謀略精深。材資敏達。忠純夙著。雅推心膂之良。智勇自將。久寄爪牙之任。威名讋於夷俗。誠節簡於予衷。有開疆拓地之膚公。有足國裕民之至計。比將使指。徧撫邊陲。出不踰時。慮無愆素。言皆底績。寔寬西顧之憂。事不辭難。克稱忠權之重。頃揚綸制。力抗封章。尤高謙挹之風。益顯靖共之操。是用併疇嘉績。特侈殊榮。進掌武之崇階。易遂寧之巨鎭。陪敦多邑。載衍眞租。以昭懋賞之功。以示勸能之厚。於戲。內外無患。既先烈之彌光。輕重眂功。宜明恩之甚渥。尚欽眷獎。茂對寵休。可特授檢校太尉、持節遂州諸軍事、遂州刺史、充中太一宮使、武信軍節度、遂州管內觀察處置橋道等使、依舊提舉龍德宮、熙河蘭湟秦鳳路宣撫使、加食邑五百戶、食實封二百戶、勳封如故。

童貫移鎭武信軍節度使加食邑實封制 政和四年十二月十二日

門下。賞必眂功。分閫特專於制節。爵以馭貴。本兵實亞於樞衡。眷言心膂之臣。久委爪牙之任。易藩巨鎭。置使殊庭。肆疇邑戶之多。用侈勳勞之大。載颺詔綍。敷告朝紳。太尉、武信軍節度使、充中太一宮使、鴈門郡開國公、食邑四千戶、食實封一千一百戶童貫、智略沉雄。器模宏達。挺忠君之操。密侍禁嚴。懷經遠之謀。助綏四裔。往共武服。屢奏膚公。來旬來宣。燕及皋蘭之境。于疆于理。誕延積石之區。漠北慕義以願交。河右畏威而效順。寬我西顧。念茲戎功。逮款附之貢章。屬司存之訖事。更彭門之奥壤。仍掌武之崇資。衍食幹封。兼華眞館。有蕃物采。增耀龍光。惟時顯庸。服我異數。於戲。方叔涖止。克壯其猷。召公告成。用錫爾祉。圖稱朕命。益肩乃心。可。

童貫檢校少保開府儀同三司護國軍節度使制 政和六年九月三十日

門下。朕經武以綏萬邦。信賞以勵群辟。有懷寧考。不忘疆埸之虞。肆命信臣。爰整干戈之衛。總護諸將。屢奏膚公。誕揚猷告之言。寵錫勞還之禮。太尉、武信軍節度使、充中太一宮使、直宣和殿、陝西河東路宣撫使、鴈門郡開國公、食邑四千五百戶、食實封一千三百戶童貫。直方莊重。敦厚裕和。器任大而有容。謀經遠而克斷。秉忠自奮。內宣心膂之勤。仗義不回。外著爪牙之助。頃膺中詔。往撫西陲。事靡辭難。言皆底績。出入韜鈐之略。縱橫帷幄之籌。日百里以開疆。新城列峙。月三捷而獻馘。狂敵殄殲。招來逋逃。懲革姦矯。羌人請命。四裔鄉風。茲聆奏愷之音。爰舉疇庸之典。視秩上宰。聯袞繡之盛儀。易節雄藩。峻旄麾之寵。寄名進二公之貴。封陪多戶之優。凡厥恩章。時惟褒律。蔽自朕志。協于師虞。於戲。吉甫以伐玁狁之功。來歸自鎬。召公以平淮夷之美。告成于王。迺眷壯猷。無愧前哲。往綏祉福。豈俟訓言。可特授檢校少保、充護國軍節度使、開府儀同三司、依前中太一宮使、加食邑五百戶。食實封三百戶。差遣封如故。

貶責

責田仁朗詔 雍熙二年四月庚寅

判四方館事田仁朗。任寄腹心。職居近侍。昨因戎卒騷擾邊陲。令總師徒。往申平蕩。而稽違詔旨。詿誤軍謀。畏懦不前。張皇邊事。遂使腥□□□。敢搖蠆毒。傾陷我城堡。俘掠我吏民。翫寇長姦。實由於爾。敗吾師律。合寘嚴誅。尙念嘗侍軒墀。久經歲月。屈於朝憲。伸我私恩。勉懷思過之心。以荷曲全之惠。可責授商州團練副使。令御史臺遣吏監送赴任。

推治曹彬等失律罪詔 雍熙二年六月戊午

天平軍節度使曹彬、河陽軍節度使崔彥進。侍衛親軍都指揮使、彰化軍節度米信。沙州觀察使杜彥圭、內客省使、武州團練使郭守文。日騎天武四廂都指揮使、雲州防禦使傅潛。亳州刺史蔡玉、光州刺史陳庭山、文思使、儒州刺史薛繼昭等。昨者付以兵權。授之成算。據其事勢。決合成功。而乃逗留略無規畫。挫士卒驍勇之氣。長□□桀黠之心。國有常刑。固當推鞫。宜令翰林學士賈黃中、右諫議大夫雷德驤、知雜李巨源詣尙書省推治之。

責曹彬等諭中外詔 雍熙三年七月庚午

衛。有功必賞。有罪必懲。所以敷大信於域中。示無私於天下。爲邦之要。何莫由斯。天平軍節度使曹彬等位重藩侯。職司戎律。委齋壇之重寄。總禁之雄師。授以成謀。委之邊事。乘拉朽摧枯之勢。乏應機制勝之謀。發言各率於心胸。臨敵殊疎於韜略。遂使七十州生聚困於饋運之勞。二十萬師徒翻作遷延之役。沮武旅之銳氣。長□□之姦謀。復念山後之民。制乃□□。喜王師之致討。皆南面以宅心。及聞軍旅之旋。多罹荼毒之禍。致人於此。職汝之由。不寘刑章。焉明沮勸。載閱搢紳之議。合從斧鑕之誅。特示寬恩。聊從薄譴。曹彬已下並別敕處分。朕昨者興師動衆。伐罪弔民。上順天心。下從民欲。非謂貪其土地。樂在佳兵。誠以念彼生民陷於異域。豈期擇帥有昧知臣。致此喪師。寧忘自咎。其臣僚將校有沒於軍陣或陷於寇戎者。宜加優恤。錄其子孫。應諸道州府百姓有運糧不回者。令給復二年。仍賜其家粟三石。

責潘美制 雍熙三年八月辛亥

忠武軍節度使檢校太師潘美。位處殿邦。任隆分閫。總貔貅之旅。執金鼓之權。昨以雲朔吏民不忍委之敵國。因令南徙。俾其率兵援之。而道路非遙。軍士亦衆。不能申明斥候。謹設隄防。陷此生民。失吾驍將。據其罪戾。合置嚴誅。尚念久在邊陲。累分憂寄。爰申念舊。特示從輕。可削三任。爲檢校太保。

王侁劉文裕除名配金登州制 雍熙三年八月辛亥

西上閤門使、蔚州刺史王侁、軍器庫使、順州團練使劉文裕等。早膺任使。久侍軒墀。昨出師徒。俾其監護。固合明宣紀律。動協機宜。而乃墮撓軍謀。窘辱將領。無公忠之節。有狠戾之愆。違衆任情。彼前我卻。失吾驍將。陷此生民。合塞群情。抵於嚴憲。特從寬宥。止隸方州。侁可除名配金州。文裕可除名配登州。

削奪劉廷讓官詔 雍熙四年十月丙午

左驍衛上將軍劉廷讓。位居上將。任處邊城。兼茲統帥之權。制彼羌戎之境。而乃擅離任所。輒赴京師。不畏憲章。頗孤寄委。有司議罪。當在極刑。特從寬貸之恩。止降削除之命。所宜自省。知此優恩。宜削除在身官爵。送商州安置。

削奪傅潛張昭允官爵詔 咸平三年正月乙酉

昨以引兵之黨。入寇邊封。爰擇武臣。授之兵柄。而鎭定高陽關三路行營都部署、侍衛馬步軍都虞候、忠武軍節度使傅潛。都鈐轄、西上閤門使、富州刺史張昭允。遷延不戰。畏懦偷安。縱蛇豕之猖狂。抑貔貅之武怒。致其侵軼。毒我生靈。責帥之文。舊章斯在。訪於群議。合寘嚴誅。念其逮事先朝。屢經驅策。特從寬典。俾貸微生。宜並削除在身官爵。潛長流房州。昭允長流道州。

責楊瓊等詔 咸平四年閏十二月丁丑

邠寧涇原環慶州副都部署楊瓊等。各奉朝恩。外司戎律。宜堅志操。式遏欲攘。而畏懦偷安。從容養寇。縱茲蛇豕。突潰城隍。乃復毀棄糧儲。燔燒寨柵。

爰從吏議，合置嚴誅，特屈常刑，止投荒服。楊瓊流崖州，副部署、海州團練使潘璘流康州，鈴轄、尚食使李讓，內園使馮守規，並流瓊州，都監、崇儀使張繼能流儋州，西京左藏庫副使劉文質流雷州，如京使、順州刺史、知環州王懷普流賀州。

責王超詔 景德二年正月戊辰

侍衛馬步都虞候、天平軍節度使王超，總握禁兵，時推上將。一昨戎人犯塞，外屏留屯，既當督護之權，曾乏驅攘之効，稽違詔旨，緩失師期，訖致殘人。雅當責帥，尚念向於行闕，曾覽奏章，瀝血伸誠，省躬待罪，尋降矜寬之詔，復該赦宥之文，特示優容，止移藩翰，庶保君臣之分，無傷夙舊之情，屈法推恩，竚圖後效，可崇信軍節度使，便道之任。

宋大詔令集卷第九十五

軍職一

劉延翰加恩制 郊

門下。王者光昭大業。肆類上元。就陽既謹於嚴禋。允膺丕應。率土用均於霈澤。諒表寵章。其有望重帥壇。力扶王室。早茂拱宸之績。方隆誓嶽之功。宜命加恩。式符進律。具官劉延翰。衡星利器。逐電奇蹤。閱禮樂而敦詩書。共推良將。執干戈而衛社稷。僉謂純臣。勳高而益務持謙。忠懋而惟思効用。一昨扈隨鑾輅。整天仗於圜丘。巡撫神京。靜皇居於雙闕。萬旅禀如霜之命。九衢無出軌之塵。予嘉乃勞。故有茲命。是用進崇階而馭貴。加實賦以推恩。厚增食采之封。俾預燔柴之慶。仍改褒功之懿號。諒疇竭節之深誠。朕之寵綏。斯亦至矣。爾之忠藎。無忘勗哉。可

米信檢校太傅加恩制 端拱元年二月十六日耕籍

門下。我國家舉百王之墜典。興千載之昌期。躬祀先農。以祈嘉穀。蕆事於天地社稷。寅供於醴酪粢盛。陟青壇而既畢盛儀。迴玉輅而爰覃慶澤。況乎勳舊。豈悋恩榮。揚于公朝。告爾有位。忠果翊戴功臣、彰武軍節度、延州管內觀察處置等使、光祿大夫、檢校太保、持節都督延州諸軍事、行延州刺史、兼御史大夫、上柱國、江夏郡開國侯、食邑二千戶、食實封三百戶米信。早彰勁節。夙蘊純誠。虎牙標禦侮之材。鷰頷得封侯之相。入參禁衛。肅師旅以無譁。出總藩宣。恤黎民而有裕。開玉帳而靜論韜略。橫琱戈而動著風稜。方當行慶之辰。豈悋惟新之澤。進功臣之美號。視帝傅之崇資。眞食增榮。井田加賦。併為優渥。足表睠懷。於戲。加地進律之文。我斯行矣。勸農勉人之術。爾宜勵焉。將隆三代之風。宜致九年之積。舉茲丕訓。告爾守臣。可

傅潛進開國公加恩制 淳化元年

門下。朕自祇膺大寶。幸致小康。況當元會之辰。思布陽春之令。上以答昊穹之眷命。下以契億兆之懽心。冀與物以惟新。爰更鳳曆。思法天而行道。勉受鴻名。宜覃出綍之恩。以及拱辰之列。具官某。神資正氣。天賦純誠。咸推勇敢之方。妙得韜鈐之訣。荷風雲之際會。罄忠勤。執鞭弭以周旋。尤增翊戴。爰自握兵禁籞。建節藩垣。彌彰盡瘁之誠。愈得臨戎之要。肆覃大慶。宜舉徽章。進公爵之殊榮。益井田之異數。於戲。礪山帶河之誓。爾既欽承。加地進律之文。予何愛悋。愈宜勵翼。以答寵光。可

戴興加恩制 淳化元年

門下。朕恭承景命。欽若昊天。三元推獻歲之辰。萬彙應惟新之令。順時行慶。允洽於太和。惟帝念功。克符于茂典。是降出綸之命。用伸加地之恩。具官某。智合孫吳。才稱頗牧。稟峒山之粹氣。授黃石之奇書。而自擢以將材。命之侯爵。堅大節而確如金石。挺英姿而森若松筠。統我虎貔。衞予宮禁。聞夙夜之無懈。見始終之不渝。勤勞可嘉。光寵何愜。是以益其眞食。增以戶封。用旌武衞之勞。仍進國公之秩。於戲。盡忠者爲臣之令範。賞功者爲國之舊章。欽惟稽古之文。豈有至心之愧。服我休命。爾惟戒哉。可。

米信依前馬步軍指揮使田重進依前步軍指揮使並進封郡公加恩制 雍熙南郊

門下。禋天祀地。帝王行昭事之文。舍爵策勳。將相受疇庸之命。羽衞方迴於天仗。慶恩尋被於人寰。其有早陟將壇。方司禁旅。慷慨立忠貞之節。驍雄成戰伐之勳。爰卜剛辰。俾膺並命。具官米信。誠堅鐵石。氣勵風霆。八陣成圖。洞識孤虛之變。萬夫觀政。同推智勇之材。具官田重進。道合孫吳。名齊衞霍。韜門示暇。咸驚射戟之能。玉帳論兵。不廢投壺之禮。加以留心政典。宣力邦家。張皇我六師。佐佑我大禮。出警入蹕。肅靜而纖塵不飛。同寅協恭。齋戒而大神來格。臣誠若此。朕甚嘉之。是命併錫恩華。咸增爵邑。俾易功臣之號。仍新馭貴之階。於戲。節鉞之權。朝廷所重。惟謙和可以保祿位。惟信義可以答神明。勉思帶礪之言。勿墜典謨之訓。可。

高瓊進封郡公加恩制 淳化四年

門下。朕以慶寰寓之混同。荷乾坤之佑助。屬茲獻歲。奠珪璧而禮百神。爰擇剛辰。降絲綸而寵群后。況予信近。豈愜恩榮。忠果雄勇功臣、侍衞親軍步軍都指揮使、歸義軍節度、沙州管內觀察處置等使、光祿大夫、檢校太保、使持節沙州諸軍事、行沙州刺史、兼御史大夫、上柱國、渤海郡開國侯、食邑一千七百戶、食實封四百戶高瓊。直氣干霄。丹誠貫日。以英雄而自負。勵忠孝以立身。遇雲龍千載之期。居貔虎萬夫之長。養勇誓平於勁敵。操心自合於神明。一昨清廟宿齊。紫壇肆類。爾則訓齊禁旅。警衞宸居。顧忠力以尤多。在褒崇而豈愜。是用進其公爵。益以戶封。揚于廣庭。告諸有位。爾其感茲殊寵。益懋奇功。保終始之令猷。敦君臣之至分。更練龍韜之謀略。佇圖麟閣之儀刑。服我訓詞。永錫繁祉。可。

王超進殿前都指揮使加恩制 淳化四年正月二十七日

門下。稽古前王。創業垂統。法昊穹之懸象。置藩衞之親軍。以奉宸居。以威天下。總茲禁旅。屬在勳臣。殿前都虞候、河西軍節度、涼州管內觀察處置押蕃落等使、光祿大夫、檢校太師、使持節涼州諸軍事、行涼州刺史、兼御史大夫、上柱國、琅琊郡開國公、食邑二千七百戶、食實封八百戶王超。天賦韜鈐。神資智勇。剛毅能斷。深沉有謀。負攻戰之良材。契風雲之嘉會。自升戎級。益勵純誠。入則司拱極之嚴。出則受殿邦之寄。功既高而不伐。祿愈厚而能謙。戴君若皇天。撫士猶赤子。向者恭承朝旨。暫駐邊方。鎮右地而屹若長城。秉亮節而皎如秋日。塞垣罷柝。時乃之功。朕爰念勳勤。特疏寵澤。俾踐天兵之將領。靡更藩服之節旄。井賦功臣。併爲優渥。汝宜祇荷明命。昭宣令猷。叶僉議於雲臺。增警嚴於徼道。佩服成訓。永孚于休。可。

戴興加恩制 淳化四年正月二十七日

門下。外殿侯藩必先於賢傑。內嚴禁衞允賴於忠良。其有旄鉞分憂。遙振撫綏之舉。腹心是寄。久彰訓練之功。宜因行慶之辰。特授惟新之澤。忠果雄勇功臣、殿前都指揮使、定國軍節度、同州管內觀察處置等使、起復冠軍大將軍、右金吾大將軍員外置同正員、檢校太尉、使持節同州諸軍事、同州刺史、兼御史大夫、上柱國、譙郡開國公、食邑二千八百戶、食實封六百戶戴興。珪璋挺秀。禮樂騰芳。韜鈐洞黃石之書。忠孝得神人之助。而況早攀鱗翼。奮捧日之純誠。仍總虎貔。集拱辰之懿績。昨從郊禋之禮。頗伸武備之雄。得不旌彼勤勞。加之渥澤。俾增崇於井賦。仍更益於眞封。爾其衞社彌堅。事君愈至。垂功名於不朽。保富貴於長年。茲爲令圖。勿墜明訓。可。

李繼隆加恩制 同上

門下。朕上奉天休。下敷邦教。是以朔當獻歲。展孝饗於閟宮。心膂之臣。邦國是賴。內則訓齊武士。仗作帥之才。外則藩屏皇家。法建侯之象。峻升台位。以重帥垣。侍衞馬軍都指揮使、鎭安軍節度使、特進、檢校太傅、兼御史大夫、隴西郡開國公、上柱國李繼隆。珠緯純精。金方勁氣。智窮韜略。學富縑緗。蘊孫吳料敵之機。有衞霍扞邊之効。地聯勳戚。志篤謙恭。總護師營。已重殿邦之寄。兼榮相印。用光熙載之猷。繄乃宗臣。鎭于近輔。往踐厥位。時惟欽哉。可依前檢校太傅、同中書門下平章事、陳州刺史、鎭安軍節度等使。

傅潛檢校太傅移鎭加恩王超檢校太傅移鎭加恩制 至道三年四月九日眞宗卽位

門下。將帥之材。古今攸重。建旌旗而淸絕塞。出定封疆。總貔虎以衞宸居。入親旒扆。咸宣武力。斯謂殊庸。我有將臣。宜膺並命。忠果雄勇功臣、侍衞親軍馬步軍都虞候、武成軍節度、滑州管內觀察處置河堤等使、金紫光祿大夫、檢校太保、使持節滑州諸軍事、滑州刺史、兼御史大夫、上柱國、潁川郡開國公、食邑四千三百戶、食實封一千二百戶傅潛。崆峒挺粹。沙漠馳聲。善射則雙帶兩鞬。勇戰則獨當一隊。書于靑史。自負威名。忠果雄勇功臣、殿前都指揮使、河陽三城節度、孟州管內觀察處置河堤等使、光祿大夫、檢校太保、持節孟州諸軍事、行孟州刺史、兼御史大夫、上柱國、琅琊郡開國公、食邑四千二百戶、食實封一千四百戶王超。鐵石爲心。風雷作氣。料敵則縣知千里。突圍則不限數重。畫像凌烟。可侔飛將。而皆卑以自牧。常務於謙恭。知無不爲。罔辭於寇難。當此纘承之始。收其盡瘁之勞。明示優恩。特加異數。三帥進秩。十乘啓行。移土地於壁田。換節旄於汶水。崇階馭貴。奉邑增封。分而授之。併爲茂寵。於戲。上事先帝。已彰佐命之功。迨予沖人。更贊守文之運。高官重賞。我無悋焉。潛可 闕

宋大詔令集卷第九十六

軍職二

李繼隆高瓊並檢校太傅移鎭加恩制 同上

門下。周道興隆。申伯遂荒於南土。漢文纘紹。宋昌尋掌於衞兵。一以圖伯舅之勳。一以勸良臣之効。朕仰遵遺制。獲嗣鴻基。戰兢若履於冰淵。夙夜思崇其屛翰。既得人而斯盛。俾建社以爲宜。允叶至公。乃敷明命。忠果雄勇功臣、侍衞親軍馬軍都指揮使、靜難軍節度使、邠州管內觀察處置押蕃落使、光祿大夫、檢校太保、使持節邠州諸軍事、行邠州刺史、兼御史大夫、上柱國、隴西郡開國公、食邑五千戶、食實封一千二百戶李繼隆。文武兼備。智勇俱高。營平之克定羌戎。山西上將。葛亮之自方管樂。天下奇才。忠果雄勇功臣、侍衞親軍步軍都指揮使、保大軍節度、鄜州管內觀察處置等使、光祿大夫、上柱國、渤海郡開國公、食邑二千三百戶、食實封一千戶高瓊。勁正不欺。驍雄有識。畢萬之凡經七載。動有成功。李廣之善撫三軍。衆皆樂用。而自擢居十乘。分總六師。安民而洽著休聲。蕩寇而舉無遺策。睠是勳績。宜加寵榮。朕以曹杜奧區。淮陽重鎭。允謂股肱之郡。實資心膂之臣。分命統臨。必能惠養。升太傅之位。所以重其威。遷特進之階。所以馭其貴。仍加邑賦。俾耀侯藩。於戲。爵人于朝。予用遵乎賞典。受命于廟。爾宜樹彼風聲。彰厥永圖。以蕃王室。繼隆可 闕

王超加恩制 咸平二年十一月十三日郊祀

門下。朕承二聖之洪基。心惟負荷。舉三年之大禮。志在親行。升紫壇而享百神。御層樓而宣肆赦。抃賀稱慶。恩煜有光。睠惟肘腋之臣。方委腹心之寄。特加異寵。用奬殊勳。忠果雄勇功臣、殿前指揮使、天平軍節度、鄆州管內觀察處置河堤等使、特進、檢校太傅、使持節鄆州諸軍事、行鄆州刺史、兼御史大夫、上柱國、琅琊郡開國公、食邑五千二百戶、食實封一千六百戶王超。勇可鬭雷。威能縛虎。太公韜略。早通金匱之書。葛亮征行。自有木牛之利。昨以閶闔風至。太白星高。當霜郊隼擊之時。布雲陣魚麗之勢。爾能登壇誓衆。舉幟麾兵。五申而萬騎爭趨。再鼓而六師知止。旌旗蔽野。士庶榮觀。暨朕將適行宮。致齋清廟。夙夜戒嚴而整肅。往來翊衞以寅恭。時惟乃功。國有上賞。適隆注意。併示徽章。已增奉邑之封。仍益眞食之數。於戲。中權虎旅。密侍龍庭。雄稜爲諸將之先。福祿冠重侯之右。心欲小而膽欲大。戰必勝而攻必取。勉成勳効。佐我皇家。惟予功臣。何假訓勵。可。

高瓊開府儀同三司制

門下。朕當太平之運、伸報本之誠。謁清廟而享祖宗。登紫壇而祀天地。千祥萃止。大慶攸宜。爰均雨露之新恩。用寵公侯之貴位。忠果雄勇功臣、侍衛親軍步軍指揮使、彰信軍節度、曹州管內觀察處置等使、特進、檢校太傅、使持節曹州諸軍事、行曹州刺史、兼御史大夫、上柱國、渤海郡開國公、食邑四千三百戶、食實封一千二百戶高瓊。風雲交感。金石爲心。未駕廉車。便擁臨戎之節。自提將印。亟成衛社之勳。斬馘獻俘。神勇冠三軍之衆。攻城略地。戰機符八陣之圖。太宗委遇以非常。涼德倚毗而斯至。早臨代郡。最悉邊陲。軍井未成。何嘗先飲。匈奴未滅。不以家爲。鴈門之烽燧收光。虎帳之威名自遠。書功竹素。畫像雲臺。暨再統天兵。控臨河朔。韓信立齋壇之上。大振軍容。條侯屯細柳之營。別嚴兵法。今以方覃兌澤。再念雄風。其增食采之封。更益前茅之氣。將令有衆。上重元戎。於戲。職在安邊。名高宿將。據鞍矍鑠。當思馬援之賢。仗策麾軍。更勵辛毗之德。永全功烈。長享崇高。可特授 闕

王漢忠加恩制　同上

門下。蒼璧黃琮。取象以禮乎天地。雲門太簇。成聲而乃降神祇。受釐適及於人倫。覃慶是均於天下。其有崆峒勇銳。江漢英靈。授圯橋黃石之書。遇光武赤伏之讖。高攀鱗翼。克致天飛。書功已列於旂常。進律優分於閫寄。告於有位。用表無私。忠果雄勇功臣、殿前都虞候、威塞軍節度、新州管內觀察處置等使、光祿大夫、檢校太保、使持節新州諸軍事、行新州刺史、兼御史大夫、上柱國、琅琊郡開國公、食邑二千五百戶、食實封三百戶王漢忠。敵受萬人。言成三陣。神功善射。石似虎以潛通。高義疎財。金在橐而必散。頃分朝寄。久次邊庭。士寒而無慍鮮衣。天雨而猶未張蓋。加以伐謀制勝。整暇爲容。祭遵每雅歌投壺。羊祜常輕裘緩帶。寬惟得衆。猛不殘人。斯爲社稷之忠臣。豈限詩書之上將。克貞師律。鎮守北門。式遏寇戎。絕聞南牧。烽煙罷警。亭障無虞。屬茲慶賜之辰。宜寵崇高之位。爰田奉邑。併示殊榮。於戲。伊呂蕭曹。孫吳衛霍。皆由文武。立大功名。惟俊傑之用心。乃古今而無間。景行先哲。企而及之。又何煩于我訓也。可

傅潛開府儀同三司加恩制　同上

門下。天子六師。戰士鼓熊羆之氣。將軍三令。陣圖分鵝鸛之形。鑠威武者乃可訓齊。兼智勇者方能統御。朕之上將。僉謂得人。忠果雄勇功臣、侍衛親軍馬步軍都虞候、忠武軍節度、許州管內觀察處置等使、光祿大夫、檢校太傅、使持節許州諸軍事、行許州刺使、兼御史大夫、上柱國、潁川郡開國公、食邑五千三百戶、食實封一千四百戶傅潛。德比藩籬。忠爲甲胄。長風破浪。多陳決勝之言。駿馬如龍。每勵追奔之志。蒐萬騎而軍中有禮。總連營而衆且無譁。早成戡定之勳。佐我隆平之運。昨以輟從左廣。受寄北門。以信義守疆場。烽煙不動。以恩威撫吏士。甘苦皆同。宛符衛霍之賢。並合孫吳之法。不矜不伐。讓諸將以分功。且戰且耕。務屯田而興利。機宜動得。武略斯全。爰因類帝之辰。大洽溥天之慶。宜加寵命。用奬元侯。多增井賦之雄。更益師壇之峻。於戲。料敵宜審。在三思而後行。用法惟明。期一成而不變。慎守盤盂之戒。永光帶礪之言。位列公侯。長保富貴。可

康保裔特進加恩制　同上

門下。文言示訓。通三爲王者之稱。列宿騰光。太一乃將星之號。推轂既聞於往語。鑿門佇委於專征。久立殊庸。屬茲覃慶。用獎元戎之寄。宜加異數之恩。忠果雄勇功臣、侍衛親軍都虞候、彰國軍節度、應州管內觀察處置等使、光祿大夫、檢校太保、使持節應州諸軍事、行應州刺史、兼御史大夫、上柱國、潁川郡開國公、食邑三千五百戶、食實封三百戶康保裔。氣勁金方。威宣玉塞。趫捷咸推於飛將。機鈐早得於神姝。賈勇爭雄。道左則曾攻霹靂。先登駭衆。城頭則立取蝥弧。戰爭綿麻以居多。臨莅周旋而試可。政如河內。令肅條侯。國家方畢於嚴禋。茅土並加於霈澤。況于宿舊。何悋恩華。既增奉邑之封。仍益眞食之戶。俾其優厚。稱乃崇高。於戲。刑馬誓功。誠信著于天下。椎牛饗士。畏愛洽于軍中。霍去病不以家爲。馬伏波老當益壯。孤虛陣法更成偃月之功。鷙虎奇姿。將畫凌煙之像。永光信史。佑我丕圖。可。

葛霸特進加恩制　同上

門下。克昌洪緒。屬車書混一之期。昭祀嚴禋。納宗祀無疆之慶。而有早居邊鄙。久勤戎旃。捍防克建於勳庸。旌勸特加於命數。忠果雄勇功臣、殿前都虞候、保順軍節度、洮州管內觀察處置等使、光祿大夫、檢校太保、使持節洮州諸軍事、行洮州刺史、兼御史大夫、上柱國、琅琊郡開國公、食邑二千五百戶、食實封三百戶葛霸。性惟忠實。氣負雄稜。早激勵於壯圖。獲遭逢於先帝。擢居近衛。荐領觀風。屬朕纂臨。尤深倚注。爰誕敷於恩遇。特寵授於節旄。俾分軍旅之權。出奉疆埸之寄。克貞師律。善運兵鈐。遙張犄角之威。式遏控弦之卒。方覃慶賜。宜示恩華。特加多邑之封。式耀元戎之貴。仍疏眞食兼進崇階。於戲。十乘啓行。是人臣之極致。四裔無侮。仗將帥之宣威。佩服寵光。勿忘功業。可。

高瓊檢校太尉加恩制

門下。朕肅陳羽衛。親祀圜丘。前則有華蓋鈎陳。後則有千乘萬騎。雖牲牢玉帛。助祭分命于儒官。然戈甲旗旌。警扈實繁於武校。成茲大慶。宜舉新恩。忠果雄勇功臣、殿前都指揮使、彰信軍節度、曹州管內觀察處置等使、開府儀同三司、檢校太傅、使持節曹州諸軍事、行曹州刺史、兼御史大夫、上柱國、渤海郡開國公、食邑五千七百戶、食實封一千八百戶高瓊。時會風雲。志如霜雪。先朝驍將。代邸虎臣。通金匱玉版之書。布龍翼鳥雲之陣。委之兵柄。周旋能得於士心。付以藩條。遠邇共欽於仁政。自移左廣。入典中軍。北落師行。人皆整肅。西山將出。敵畏強明。榮褒翊戴之勳。特錫優隆之命。成予大禮。乃時之功。是宜加掌武之官。廣疏封之壤。式昭異渥。更錫眞封。於戲。善則稱君。忠臣美事。老當益壯。前哲嘉言。廉頗強飯以憂時。馬援據鞍而報國。切宜師範。副朕倚毗。可。

葛霸檢校太傅加恩制　同上

門下。伏旌鉞以統戎。所以專其威柄。盟山河而錫社。所以重其侯封。矧先朝佐命之臣。總親衛騎軍之任。屬因行慶。允協推恩。忠果雄勇功臣、侍衛親軍馬軍都指揮使、感德軍節度、耀州管內觀察處置等使、特進、檢校太保、使持節耀州諸軍事、耀州刺史、兼御史大夫、上柱國、琅琊郡開國公、食邑四千戶、食實封九百戶葛霸忠厚爲人。英果致用。滅煙塵而誓志。樂戰鬬以圖勳。摧鋒陷堅。不俟大黃之弩。橫行深入。寧環武剛之車。臥䍦出守於邊城。射虎氣吞於賊境。乃者禋燔展禮。大駕纂嚴。整羽衛以無譁。扈鈎陳而尤肅。大祀云畢。寵澤斯行。特升爲傅之資。仍加食賦之秩。於戲。外宣師律。內握兵權。非宿將之雄材。豈二柄之兼授。勉於訓練。更懋功名。副我深誠。伊乃良帥。可

宋大詔令集卷第九十七

軍職三

王超開府儀同三司檢校太尉加恩制 同上

門下。禮畢禋天恩覃率土伊方面專統戎之寄而山河分作翰之權。三神絡大饗之儀百順均受釐之錫。都虞候、天平軍節度、鄆州管內觀察處置河堤等使、特進、檢校太傅、使持節鄆州諸軍事、行鄆州刺史、兼御史大夫、上柱國、琅琊郡開國公、食邑八千二百戶、食實封二千八百戶王超挺生將材。優有戰術。戮力推誠於興運一心効命於邊庭。行軍用師識孤虛之向背。下營布陣辨山川之險夷。所至而率多奇功。久次而常聞集事。遇南郊之大慶加北落之新恩。進厥崇資協於懋賞。開府視三司之重。掌武冠一品之尊。仍益戶封并加眞食。於戲。忠孝爲事君之本。謙恭乃行己之方。苟驕侈之不萌在富貴之長守。佩茲警訓。光爾勳庸。可。

貢贇依前河西節度侍衞親軍副都指揮使加恩制 同上

門下。朕端玉珪被龍袞升泰壇之午陛接上帝於元穹。祖考配天。神祇昭格。于以擁鴻休於宗社。于以兆景福於烝人。禮畢二儀。恩覃四海。內先相輔。外暨師臣。悉舉彝章。光昭大禮。具官貢贇德惟持重。氣聳雄稜。嘗探鬼谷之書。通知秘訣。不學猿公之劍。自有神鋒。少年爲朱邸之臣。風雲佐命。晚歲歷盧龍之塞。遠近知名。洎適副東求。擢爲主帥。御衆則多多益辦。畫謀則一一惟精。如虎如貔。共饗推財之惠。無小無大。咸推殪兕之功。方資沙漠。宜威何止雲臺畫像。是用伸明賞典。勸獎雄材。寵以秦官。榮茲漢將。加奉邑實封之戶數。責安邊拓地之勳庸。於戲。利叶建侯。時惟遇主。常思身先士卒。不以賊遺君父。念推功之諸將。思無愧於古人。汝惟不矜。善則歸己。可。

劉謙加恩制 大中祥符元年正月十三日天書降

門下。朕荷高穹之降鑒。垂寶籙以儲休。粤以上春之初。仰膺純嘏之錫。既誕彰於眷祐。思大賚於寰區。矧惟心膂之臣。方董貔貅之士。宜均慶渥。式協徽章。忠果雄勇功臣、殿前副都指揮使、振武軍節度、勝州管內觀察處置等使、金紫光祿大夫、檢校太保、使持節勝州諸軍事、行勝州刺史、兼御史大夫、上柱國、彭城郡開國公、食邑二千三百戶、食實封八百戶劉謙。蔚有將材。允爲人傑。啓元戎之十乘。掌天子之六師。拱衞鈞陳。訓齊蘭錡。是司禁旅。實掌中權。當按蹕以省巡。屬櫜鞬而陪從。軍容自肅。師律載嚴。睠乃忠勤。方隆倚注。屬茲行慶。宜示疇庸。乃降命書。式伸寵數。進功臣之懿號。益井賦

之眞封於戲寄重爪牙任隆屏翰惟嚴明可以馭衆惟寬大可以服人勉揚竹帛之名以耀旌幢之貴服是丕訓時惟欽哉可

曹璨加恩制 同上

門下朕荷祖宗之丕訓獲嗣洪基受穹昊之貞符荐膺純錫是均大賚以及中區乃眷虎臣方提爪士奉穆清之拱衛謹夙夜之誰何爰當行慶之初首舉褒功之典忠果雄勇功臣侍衛親軍都指揮使天德軍節度豐州管內觀察處置等使金紫光祿大夫檢校太保使持節豐州諸軍事行豐州刺史兼御史大夫上柱國廣平郡開國公食邑四千三百戸食實封六百戸曹璨神鋒峻整器宇淵深究詩禮之格言挺公忠之亮節緇衣濟美茂宣文武之風玉帳論兵洞合孫吳之旨而自總連營之突騎扈交戟之清塵六轟啓行唯國襲重侯之慶八屯迭警俾朕諸高枕之安細柳之令載嚴大樹之威斯著方隆倚任宜峻寵章是用錫凌烟之名以旌茂烈增眞社之數用洽湛恩頒明制於外庭示至公於著位於戲事君之道汝備熟於前經知臣之明予無愧於往哲勉荷殊獎勿替乃誠可

王隱加恩制 同上

門下朕纂紹丕圖撫綏中夏荷上天之垂祐錫秘籙以儲祥元文闡清靜之宗寶籙示延鴻之祚仰膺景貺俯媿眇躬式順靈心宜敷霈澤其有親提禁旅方踐齋壇屬當慶賜之辰遂舉褒揚之命忠果雄勇功臣侍衛親軍步軍副都指揮使保順軍節度洮州管內觀察處置等使金紫光祿大夫檢校太保使持節洮州諸軍事洮州刺史兼御史大夫上柱國琅琊郡開國公食邑二千八百戸王隱謀能制勝勇號冠軍風雲自契於昌期心膂實膺於重寄當革車順動抗十乘以啓行洎清洛時巡率六師而景從誠堅許國志切愛君疇茲衛社之勞允協策勳之義用均殊社爰降明恩益其井賦之封賚以功臣之號仍加眞食併示徽章於戲舍爵疇庸邦家之茂典悉心事上臣子之令猷勉荷寵榮更兼亮節祗我成命勿忘訓詞可

劉謙移鎭保靜軍加恩制 大中祥符元年十月十五日東封

門下禮崇封祀屬茂集於景祥慶洽華夷廣宣揚於休命矧十連之良帥提七萃之親兵克壯軍容允資戎重居總干戈之衛出陳羈靮之勞宜示明恩告諸有位忠果雄勇翊戴功臣殿前副都指揮使振武軍節度勝州管內觀察處置等使金紫光祿大夫檢校太保使持節勝州諸軍事勝州刺史兼御史大夫上柱國彭城郡開國公食邑二千八百戸食實封一千戸劉謙丹心匪石勁節凌霜挺生致果之材深蘊出奇之略而自辛勤歷職慷慨論兵乘傳翼於天飛奮宏圖於海運擢司禁旅遙建藩麾茂宣十乘之威精練百金之士昨以東封喬岳夙駕皇衢專扈從於驂騑頗伸嚴於紀律帝居星拱輦路塵清獲成檢玉之儀備展陪鑾之効旣旋京闕宜被絲綸是用賞衛社之洪勳正董戎之重任國東奧壤宿維近邦俾移總於翰垣仍荐加於食賦於戲便蕃異數焜燿徽章爰易地以推恩表一時之殊寵爾其務脩軍政益懋忠規秉亮節以戴君罄純誠而許國奉予宸扆光乃節旄佩服訓言祗踐厥位可

王隱加恩制 大中祥符元年十一月十五日

門下。王者升中名山。所以舉元封之禮。肆覲東后。所以遵時邁之規。茂典克修。鴻恩載洽。矧乃藩衛之長。實推心膂之臣。屬均被於寵靈。宜首加於命數。忠果雄勇翊戴功臣、侍衛親軍步軍副都指揮使、保順軍節度、洮州管內觀察處置等使、金紫光祿大夫、檢校太保、持節洮州諸軍事、洮州刺史、兼御史大夫、上柱國、琅琊郡開國公、食邑三千三百戶、食實封一千戶王隱。純誠匪石。勁氣橫秋。蘊命中之奇。能達治戎之善志。而自荐升勇爵。入侍鈎陳。訓練惟勤。卒乘以之輯睦。誰何是寄。輦轂以之澄清。時惟衛社之賢。方重建牙之任。今上儀克舉。大賚載周。乃眷帥臣。適總兵要。爰考司勳之策。俾徽進律之文。是用申以贊書。疇其茂績。正中權之位號。加食采之戶封。載降三錫之恩。俾洽八屯之政。於戲。忠而能力。當念克終之言。位不期驕。勉思受益之訓。荷茲眷遇。更勵誠明。勿替乃庸。誕揚英烈。可。

曹璨移鎮彰國加恩制 大中祥符元年十一月二十五日東封

門下。王者膺圖御極。所以荷宗社之景靈。勒崇垂鴻。所以答昊穹之丕貺。顧惟涼薄之德。獲修曠絕之儀。既大典以克成。霈鴻恩而允洽。其有早提禁旅。方踐齋壇。用旌翼戴之茂勳。宜示便蕃之異渥。忠果雄勇翊戴功臣、侍衛親軍馬軍副都指揮使、天德軍節度、豐州管內觀察處置等使、金紫光祿大夫、檢校太保、使持節豐州諸軍事、豐州刺史、兼御史大夫、上柱國、廣平郡開國公、食邑四千八百戶、食實封八百戶曹璨。謙和有守。沉厚寡言。秉王常金石之心。擅卻縠詩書之美。玉鈐金匱。信謂神傳。龍節虎符。聿光世濟。而自屢貞師律。護彼塞垣。得中權後勁之謀。有左馬右人之勇。馭衆之名夙著。扞邊之効居多。迺者建以雙旌。董吾萬騎。謁山園於洛邑。崇封祀於喬邱。當和鑾展義之時。奉心膂居留之寄。而能儆巡輦轂。訓練貔貅。紀律用張。里閭自肅。屬純禧之是錫。在慶澤以宜均。俾正名於戎麾。仍易地於侯服。胙土併加於井賦。拱宸益耀於動庸。是謂寵遷。固無虛授。於戲。公侯必復。已符有後之言。富貴不驕。更勵若驚之志。式昭前烈。勉樹休聲。服我訓詞。勿忘祇荷。可。

張旻加恩制 祥符五年十一月十一日聖祖降

門下。近以上靈通感。吉夢開先。當夕漏之未央。迓雲軿之來泊。述瑤源於振古。貽寶訓於冲人。欽聞聖言。祇膺景祐。非常之慶。允集於皇家。進律之文。宜先於侯闔。乃眷星藩之上將。方提北落之雄師。參掌中權。典司宿衛。當湛恩之允洽。諒成命以難稽。忠果雄勇功臣、侍衛親軍馬軍副都指揮使、威塞軍節度、新州管內觀察處置等使、金紫光祿大夫、檢校太保、使持節新州諸軍事、新州刺史、兼御史大夫、上柱國、清河郡開國公、食邑二千二百戶、食實封四百戶張旻。氣稟精剛。材推間傑。挺橫秋之英概。勵拱極之純誠。敦閱是資。致和門之輯睦。誰何匪懈。增帝室之密清。夙參侍於嚴宸。能述宜於善志。訓戎昭而咸乂。講兵要以彌精。茲惟信臣。輔予興運。今以眞僊降格。福祿來同。慶典誕敷。繁禧均被。疇咨賢帥。首被鴻私。馭貴之階。特升於峻品。褒功之號。更益於美名。仍加采邑之封。式渙泥書之名。是爲優渥。以示便蕃。於戲。師帥之臣。所以輔國。純嘏之錫。豈獨在予。屬景祐之惟新。洽寵章之異數。所宜體茲待遇。益勵誠明。懋昭永圖。克荷榮獎。可。

王能加恩制 同上

門下。近以玉虛示貺。肇啓於靈徵。飈馭戒期。俯臨於禁闥。躬聞道誨。遂悟僊源。識基緒之深長。荷禎祺之疊委。欽承錫羨之貺。誕敷渙汗之恩。乃眷將臣。方司戎重。宜首膺於朝霈。用均被於天休。忠果雄勇功臣、侍衛親軍步軍副都指揮使、振武軍節度、勝州管內觀察處置等使、金紫光祿大夫、檢校太傅、使持節勝州管內諸軍事、勝州刺史、上柱國、琅琊郡開國公、食邑二千七百戶、食實封四百戶王能。志禀精忠。材彰毅勇。著威名於一代。練奇術於九功。勳門素高。戎昭荐厤。無雙之譽。早擅於冠軍。盡瘁之誠。彌彰於許國。而自入參藩衛。內侍凝嚴。訓簡惟精。見旅賁之輯睦。誰何匪懈。致豪傲之肅淸。藩方外總於六師。貞實注懷於邦翰。屬茲大慶。允洽徽章。是用增文散之貴階。以隆其名秩。錫功臣之懿號。聿示於褒稱。仍增多邑之封。有煥揚廷之命。茲爲優渥。式懋勳庸。於戲。國之爪牙。伊帥臣之爲重。帝錫純嘏。豈朕躬之敢私。惟崇獎所以勸勞。惟傾輸所以荷寵。勿替乃志。永孚于休。可。

宋大詔令集卷第九十八

軍職四

曹璨加恩制 同上

門下。對越高眞。表誠明之交感。覃延霈澤。洽中外以咸均。緊拱極之賢侯。居董戎之近衞。素推勳藎。宜示褒崇。斯茂錫於純禧。特班宣於休命。擇茲剛日。錫以徽章。忠果雄勇翊戴功臣、殿前都指揮使、保靜軍節度、宿州管內觀察處置河堤等使、金紫光祿大夫、檢校太傅、使持節宿州諸軍事、宿州刺史、兼御史大夫、上柱國、廣平郡開國公、食邑六千戶、食實封一千三百戶曹璨。世濟深謀。天資令德。罄忠貞而許國。閱詩禮以敦風。象賢不墜於家聲。匪石夙堅於臣節。典司禁旅。宿衞宸階。屬聖祖之下臨。諭靈源之濬發。聿承鴻祉。誕布殊恩。眷言總衆之勞。特被疇庸之典。是用升之峻級。增乃公田。仍嘉奉上之誠。載益褒功之號。於戲。天祺紛委。國慶便蕃。優獎信臣。朕既隆於寵數。協宣武力。爾無忘於忠規。更申翼佑之心。以副倚毗之旨。勉服箴訓。永保嵩高。可。

曹璨特進加恩制 大中祥符七年三月九日祠亳

門下。朕昨以膺神錫之祥。虔修順拜。舉時巡之制。俯慰輿辭。洎旋軫於國陽。爰潔粢於郊報。鴻儀有煥。厚福來同。當慶賜之遂行。獎勳勤之斯在。矧吾良帥。恪奉嚴祠。乃擇剛辰。首頒明命。忠果雄勇推誠翊戴功臣、殿前都指揮使、保靜軍節度、宿州管內觀察處置河堤等使、光祿大夫、檢校太傅、使持節宿州諸軍事、行宿州刺史、兼御史大夫、上柱國、廣平郡開國公、食邑六千七百戶、食實封一千六百戶曹璨。鼎鍾濟美。象緯儲精。識洞武經。才推義府。忠厚之誠夙著。矜嚴之體彌莊。而自入衞宸居。總齊戎律。中權後勁。允協於師貞。淑旂綏章。屢膺於徽數。贊止戈之遠略。揚坐樹之雄名。屬展事於殊庭。逮升禋於吉土。備參法從。實冠和門。夙夜儆巡。無廢五申之令。周全翊戴。克清九達之逵。縟禮荐成。茂功昭著。宜加襲寵。式勸勞能。升馭貴之階。既優賞典。增爰田之數。用壯藩麾。仍併厚於眞封。庶特旌於懿績。於戲。任隆閫限。我方無慊於朝章。勳載旂常。爾可益修於世德。當念握兵之重。勉施報國之勤。期於有終。佩茲多訓。可。

蔚昭敏移鎮充殿前副都指揮使加恩制 天禧三年七月十七日

門下。秉十連節制之權。統七萃紀綱之士。任惟親信。位處崇高。當愼擇於仁賢。固不輕於倚注。其有謀猷允茂。忠烈兼資。克符授鉞之求。夙被登壇之命。俾遷師律。簡在朕心。忠果雄勇保順功臣、侍衛親軍馬軍副都指揮使、建武軍節度、邕州管內觀察處置等使、金紫光祿大夫、檢校尚書左僕射、使持節邕州諸軍事、邕州刺史、兼御史大夫、上柱國、善陽郡開國公、食邑三千戶、食實封二百戶蔚昭敏。銳氣無前。雄材傑出。周旋致力。克施馭衆之勞。慷慨論兵。洞曉知方之勇。凌雪霜而挺操。貫金石以推誠。每願奮身。寧辭衽革。飛榮戎秩。厤職轅門。著整軍經武之能。有許國忘家之志。自選掄而拜將。委部分以雄邊。屢易歲時。蔚爲保障。會中堅而制敵。禦外侮以呈才。是用特改近藩。擢司禁旅。肅九重之宮闕。壯萬乘之威容。仍示寵章。併加食賦。於戲。握兵符而處右。宜務訓齊。侍宸極以居中。倍持兢慎。謹申嚴於戎政。思保乂於皇家。永荷明恩。聿遵休命。可。

蔚昭敏加恩制　乾興元年二月五日□□御樓

門下。朕昨以仲春戒序。初吉在辰。躬御端闈。式覃霈澤。采章焜燿。克展於盛儀。貺施紛綸。誕昭於鴻慶。眷吾良帥。實典衛兵。謹申令以有方。奉乘輿而匪懈。宜疏寵渥。式告明廷。忠果雄勇保順功臣、殿前副都指揮使、靜難軍節度、邠州管內觀察處置等使、金紫光祿大夫、檢校太保、使持節邠州諸軍事、邠州刺史、兼御史大夫、上柱國、善陽郡開國公、食邑四千四百戶、食實封六百戶蔚昭敏。沉雄邁倫。忠厚成性。鬱有公侯之表。咸推將帥之材。而自出偶亭期。驟登勇爵。鎮臨邊部。蘊全師保勝之謀。拱衛宸居。著警夜巡晝之績。洎領蕃宣之重。載揚旌鼓之威。式是中權。叶于衆望。是用荐舉疇庸之典。俾從進律之文。增食采之眞封。加褒功之美號。便蕃斯在。眷注彌隆。於戲。賞以勸能。既循於成憲。貴而奉上。宜竭於乃心。服我訓辭。勉圖令問。可。

夏守贇加恩制　同上

門下。布和行慶。所以順邦常。進律疇庸。所以協王制。仰惟聖烈。逮及沖人。幸寰寓之大寧。遂蒼黔之樂育。思與中外。群辟華夷。兆民同此福禧。底於仁壽。乃以首春之吉。易號而紀年。迨茲仲月之初。緩刑而流澤。眷于列位。霈及豐恩。我有帥臣。用行嘉命。護衛忠果雄勇功臣、侍衛親軍馬軍副都指揮使、河西節度、涼州管內觀察處置等使、金紫光祿大夫、檢校司徒、使持節涼州諸軍事、涼州刺史、兼御史大夫、上柱國、琅琊郡開國公、食邑三千四百戶、食實封四百戶夏守贇。忠純秉質。勇勁知方。服先訓之教忠。負長材而適任。統良家之六郡。貔虎載嚴。莅北落之五戎。翰垣斯壯。爰褒武節。入掌騎兵。煥然七萃之容。蔚有萬夫之望。式臻嘉會。宜享至榮。增唐典之敍功。益夏書之分土。於戲。有國名器。在賞勞而不私。爲王爪牙。必宣力而無懈。往服明訓。其惟令圖。可。

夏守恩進檢校司空威塞軍節度使侍衛親軍步軍副都指揮使加恩制　乾興元年仁宗即位

門下。天地以生殖推仁。后王以慶賞分化。必允僉議。用符至公。朕獲稟詒謀。嗣膺丕構。欽惟纘厤之重。敢怠宵衣之勤。眷中外之良材。任文武之二柄。咸加獎擢。式勸勳勞。忠果功臣、殿前都虞候、安遠軍節度觀察留後、金紫光祿大夫、檢校禮部尚書、使持節安州諸軍事、安州刺史、兼御史大夫、上柱國、會稽郡開國公、食邑三千四百戶、食實封四百戶夏守恩。亮節超倫。沈謀適變。蘊金方之氣。兆應將星。得渭水之韜。學該戎略。早以嘉會。事於先朝。

扈八駿於昆臺。捧大明於閶闔。屢分符棨。載掌貔貅。萬乘有投醪之均。控弦多貫石之勇。外雄北洛。資漢帝之撫和。內直周廬。遂文王之問寢。多歷年所。彌彰幹勤。屬此承祧。嘉其任職。特峻擁麾之拜。俾兼平水之崇。訓我徒兵。壯于親衞。邑封民賦。咸有加焉。於戲。王者六師。蓋先於經武。聖人四教。莫大於盡忠。惟恭肅可以訓人。惟精純可以事上。往踐厥位。爾其懋哉。可特授檢校司空、使持節新州諸軍事、新州刺史、充威塞軍節度、新州管內觀察處置等使、充侍衞親軍步軍副都指揮使、加食邑七百戶、食實封三百戶、功臣散官勳封如故。主者施行。

蔚昭敏檢校太傅移鎮保靜軍節度殿前都指揮使加恩制 乾興元年二月二十七日仁宗即位

門下。王者紹承先業。敷大賚於庶邦。伸獎勳賢。示隆恩於異數。斯爲茂典。可舉而行。朕猥以眇沖。嗣于基構。載念纂圖之始。宜推懋賞之文。眷乃帥臣。實惟舊德。方司王旅。用霈徽章。忠果雄勇保順翊戴功臣、殿前副都指揮使、靜難軍節度、邠州管內觀察處置等使、金紫光祿大夫、檢校太保、使持節邠州諸軍事、邠州刺史、兼御使大夫、上柱國、善陽郡開國公、食邑五千七百戶、食實封九百戶蔚昭敏。岳立奇姿。淵停偉量。識洞韜鈐之要。學窮詩禮之言。聿遘亨期。早登勇爵。克勵匪躬之節。允懷盡敵之謀。爰自先朝。荐膺隆獎。樹風聲於藩翰。總師律於禁營。秉王常金石之心。精忠克劭。冠祈父爪牙之任。善志彌宣。授將鉞以增雄。衞宸居而載肅。訓齊董率。厥有成勳。屬涖政之云初。顧念勞而加等。惟苻離之奧壤。實近輔之名邦。易以麾幢。委之節制。俾兼榮於帝傅。仍總統於戎昭。復益爰田。載優眞賦。於戲。加地進律。予方示於報功。經武整軍。爾無忘於國事。勗茲多訓。以保令猷。可特授檢校太傅、使持節宿州諸軍事、宿州刺史、兼御史大夫、充保靜軍節度、宿州管內觀察處置河堤等使、充殿前都指揮使、加食邑七百戶、食實封三百戶、功臣、散官、勳、封如故。主者施行。

王守斌檢校太保移鎮感德軍侍衞親軍馬軍都指揮使加恩制

門下。國家設禁衞之軍。所以崇乎武備。命良能之帥。所以式是戎昭。眷其勳舊之臣。克勵靖恭之節。洪惟聖考。夙簡清衷。屬當憑几之辰。實參交戟之地。共推眇質。獲奉慶基。言念乃勞。豈忘懋賞。擇茲剛日。聿降命書。忠果雄勇宣力翊戴功臣、侍衞親軍馬軍副都指揮使、河西軍節度、涼州管內觀察處置等使、金紫光祿大夫、檢校司徒、使持節涼州諸軍事、涼州刺史、兼御史大夫、上柱國、琅琊郡開國公、食邑四千一百戶、食實封七百戶王守斌。嶽瀆儲靈。星辰稟粹。矜嚴成質。果敢馳稱。早探黃石之書。洞究穰苴之法。而自升名勇爵。列職和門。出護塞垣。樹風聲而載遠。入司禁旅。謹甲令以惟勤。戴君之節彌彰。馭衆之材斯見。蔚爲邦彥。茂著時名。顧聽政之云初。諒推恩而惟允。是用授其將鉞。俾渙於侯藩。正彼使名。用嚴於師律。仍兼榮於帝保。且加賦於井田。復益眞封。併隆異數。於戲。處萬夫之長。董七萃之徒。倚任非輕。寵光亦至。勉圖報効。服我訓詞。可特授檢校太保、使持節耀州諸軍事、耀州刺史、兼御史大夫、充感德軍節度、耀州管內觀察處置等使、充侍衞親軍馬軍都指揮使、加食邑七百戶、食實封三百戶、功臣、散官、勳、封如故。主者施行。

夏守恩加恩制 乾興元年十一月二十七日山陵畢

門下。朕恭循典禮。崇樹寢園。以龜洛之奧區。乃柏城之舊域。就占吉壤。果叶詢謀。特疇親衛之臣。往莅方中之役。因山有制。同軌畢臻。襄事克成。念勞斯在。用符穀旦。昭示寵章。忠果雄勇功臣、侍衛親軍步軍副都指揮使、威塞軍節度、新州管內觀察處置等使、金紫光祿大夫、檢校司空、使持節新州諸軍事、新州刺史、兼御史大夫、上柱國、會稽郡開國公、食邑四千一百戶、食實封七百戶夏守恩。頃事先朝。實逢嘉會。忠而好禮。廉以飭身。備繁使以彰。能徇前規而戮力。統如貔之衆。來護密清。屯貫石之師。外臨陑落。迄持戎鉞。尚帥軍和。□自遠之戒期。俾軺車而蒇職。訓齊什伍。嚴飭隧封。人不告疲。令無慾素。表軒臺之可畏。成里陌之永安。嘉乃盡心。協予追孝。是用爰田併啓。眞食驟加。降綸璽以揚廷。叶茅圭而進律。於戲。國有明賞。時惟序功。誕告群倫。蓋無虛授。欽服茲命。永懷令圖。可。

宋大詔令集卷第九十九

軍職五

殿帥王守斌罷軍職移鎭加恩制 天聖二年十月二十七日

門下。師帥之臣。心膂攸屬。寄深宿衞。則留制八屯。禮縟優賢。則往蕃十乘。式示均勞之旨。爰稽易地之文。用奬老成。載頒渥命。忠果雄勇宣力翊戴功臣、殿前都指揮使、感德軍節度、耀州管內觀察處置等使、光祿大夫、檢校太保、使持節耀州諸軍事、行耀州刺史、兼御史大夫、上柱國、琅琊郡開國公、食邑六千五百戶、食實封一千六百戶王守斌。誠明許國。方略傳家。倜儻言兵。早擅無雙之譽。周旋好禮。克彰不伐之風。而自董率天營。拱侍宸極。抗元侯之大旆。冠上將之經躔。每儆巡於殿中。亦專制於閫外。朝廷愛子顏之謹。夷落懷張奐之清。軍政戒修。藩垣倚重。由奉公而盡瘁。久賜告以頤神。聿籍威名。尚期臥護。而懇辭戎柄。累上奏函。仄席之心。確乎難奪。金革之事。誠以重煩。惟貝邱之奧區。實冀北之雄屛。換其節制。遂乃謙沖。仍升馭貴之階。併錫陪封之邑。恩勤載篤。褒眷攸申。於戲。偃息而爲國藩。允資鎭靖。愷悌而綏福履。乃保燕寧。惟簡厚可以化民。惟肅恭可以守位。服兹寵數。以永令猷。可特授特進。依前檢校太保、持節貝州諸軍事、行貝州刺史、兼御史大夫、充永清軍節度、貝州管內觀察處置等使、加食邑七百戶、食實封二百戶、功臣、勳、封如故。

楊崇勳建節殿前副都指揮使制 同前

內司禁旅。所以任王之爪牙。外長藩封。所以爲國之垣翰。其有夙懷勁節。茂著嘉庸。博探軍制之經。洞習和門之政。是宜付之齋鉞。陟以將壇。率彼寢戈。以冠親衞。叶于公論。申錫贊書。忠果雄勇功臣、侍衞親軍馬軍副都指揮使、彰德軍節度留後、金紫光祿大夫、檢校司徒、持節相州諸軍事、相州刺史、兼御史大夫、上柱國、宏農郡開國公、食邑五千戶、食實封八百戶楊崇勳。氣稟溫嚴。材推傑俊。激昂自許。尤尚於功名。沈毅有謀。深明於韜略。久服近庭之侍。載綏密甸之邦。志彌劭於公忠。勳罔渝於德禮。間者疇其宿望。俾亞中堅。握西馬之瑞璋。出分方面。提羽林之轂騎。入護宸居。張武備於星藩。震威聲於柳壁。會兹謀帥。爰用建侯。擢升節制之權。首布譙何之令。訓七萃如貔之勇。增千廬交戟之嚴。式厚倚毗。載優等數。於戲。方叔之猶克壯。乃總師干。郤縠之學彌惇。是稱義府。祗膺茂寵。緬鑒前良。勤宣令圖。益保休譽。可特授特進。檢校司徒、使持節勝州諸軍事、勝州刺史、兼御史大夫、充振武軍節度、勝州管內觀察處置等使、殿前副都指揮使、加食邑七百戶、食實封二百戶、功臣、散官、勳、封如故。

彭睿建節侍衛馬軍副都指揮使制　同前

靈臺授節。式宣外閫之威。蘭錡司兵。載纘中權之政。處十乘元戎之貴。應二藩列將之權。聿圖衛社之勳。爰寵登壇之拜。俾遷帥領。仍殿方隅。在詢衆以僉同。乃揚廷而敷告。保順忠果雄勇功臣、侍衛親軍步軍都指揮使、建雄軍節度觀察留後、金紫光祿大夫、檢校尚書左僕射、使持節晉州諸軍事、晉州刺史、兼御史大夫、上柱國、宜春郡開國公、食邑三千六百戶、食實封一千戶彭睿。襟靈夷廓。材氣沈雄。蘊忠德以自將。偶亨辰而致用。爰自董率材官之旅。周旋巖陛之間。挾轂宣勤。超亭賈勇。歷更武爵。遂建使旟。洎參掌於戎昭。亦荐臨於邊要。羊羹均享。虎落沈氛。桃李之信克彰。椒蘭之譽益塞。允升近衛。乃訓烝徒。聽申令以推明。奉警巡而增肅。載深親倚。用示甄酬。總萬騎於連營。擁雙旌於列鎮。資于謹質。申翊凝嚴。仍進重封。併推茂獎。於戲。德刑具舉。魯史述夫善經。惠直兼資。周詩美其良翰。懋講整軍之要。罄輸奉上之誠。欽服訓言。以對休命。可特授依前檢校尚書右僕射、使持節洮州諸軍事、洮州刺史、兼御史大夫、充保順軍節度、洮州管內觀察處置等使、侍衛親軍馬軍副都指揮使、加食邑七百戶、食實封二百戶、功臣、散官、勳、封如故。

夏守贇建節侍衛步軍副都指揮使　同前

王者制軍之宜。載崇於藩衛。命帥之重。必擇於仁賢。況乎分二廣以奉宸。長十連而觀政。師門進律。戎乘宣風。眷言勳舊之臣。早居親信之地。甄升斯允。奬渥惟行。忠果雄勇功臣、殿前都虞候、保信軍節度觀察留後、金紫光祿大夫、檢校尚書右僕射、持節廬州諸軍事、廬州刺史、兼御史大夫、上柱國、會稽郡開國公、食邑三千九百戶、食實封八百戶夏守贇。方厚存誠。精剛稟質。材謀特立。義勇兼聞。自奮迹以宿官。乃首公而宣力。聲猷茂洽。志節彌堅。爰資馭衆之能。亟佐脩戎之任。惟太原勁兵之處。洎常山臨代之衝。俾護屯師。時惟固圉。是用疇資明効。特被寵章。樹長纛以前驅。遙臨外屏。統旅賁而參侍。近冠中軍。增衍食以兼優。表注懷而斯厚。於戲。風雲之會。叶千載之逢辰。兄弟之華。美一門之競爽。而爾之伯氏。同遘昌期。既迭處於五營。復對持於雙節。非常之寵。當世鮮偕。爾其感念殊榮。傾輸素蘊。勵直躬而慎禮。講善志以知方。懋昭厥庸。無忝我至公之舉。可特授依前檢校尚書右僕射、使持節邕州諸軍事、邕州刺史、兼御史大夫、充建武軍節度、邕州管內觀察處置等使、侍衛親軍步軍副都指揮使、加食邑七百戶、食實封二百戶、功臣、散官、勳、封如故。仍放朝謝。

彭睿移鎮進侍衛馬軍都指揮使制

忠而能力。允濟於事經。賞不踰時。式申於國典。眷言良帥。總治洪津。既績用之有成。在寵章而何恡。保順忠果雄勇功臣、侍衛親軍馬軍副都指揮使、保順軍節度、洮州管內觀察處置等使、金紫光祿大夫、檢校尚書左僕射、使持節洮州諸軍事、洮州刺史、兼御史大夫、上柱國、宜春郡開國公、食邑四千三百戶、食實封一千二百戶彭睿。夙懷勁氣。深練祕鈐。外分將鉞之權。中講軍和之政。威名克著。謹信勿渝。屬以白馬之區。金堤久潰。圖下畚而完塞。賚握節以統臨。役鼓觀功。親程於衆力。安瀾順道。亟復於舊川。酌素慮以不忘。屹巨防而永固。寔繄武幹。乃集勤庸。是用擇夏口之名藩。換其六纛。頒司勳之采地。益以重封。載洽朝恩。愈光戎壘。於戲。懋功之舉。蓋勉于有勞。論報之方。益思於匪懈。荷茲奬命。爾宜欽哉。可特授依前檢校尚書左僕射、使持節都督鄂州諸軍事、鄂州刺史、兼御史大夫、充武昌軍節度、鄂州管內觀察處置等使、侍衛親軍馬軍都指揮使、加食邑七百戶、食實封二百戶、功臣、散官、勳、封如故。

夏守贇加恩制 郊祀畢

吉土正謀。致颸烟於太乙。端闈出令。浹渙汗于庶邦。蓋以荷神祇之眷懷。昭貺施之浹洽。矧在握兵之任。宜酬扈蹕之勞。進律是先。懋功斯允。忠果雄勇功臣、侍衛親軍步軍副都指揮使、建武軍節度、邕州管內觀察處置等使、金紫光祿大夫、檢校尚書右僕射、使持節邕州諸軍事、邕州刺史、兼御史大夫、上柱國、會稽郡開國公、食邑四千六百戶、食實封一千戶夏守贇。誠存志慤。器蘊深和。早遘遇于光華。亟騰凌于祕近。牙璋莅衆。鏚鉞登壇。綏列障以妥安。訓徒兵而輯睦。鴒原繼美。鳧藻均歡。一昨陪侍禋郊。董司離衛。威容浸盛。翊齋輅以無譁。晨夕警嚴。護帷宮而載肅。信臣攸賴。勳策用彰。俾增厚於轅田。仍眞封于井賦。賁茲忠力。嘉以榮名。式壯戎昭。良爲慶典。於戲。寵祿是荷。保其位者惟恭。軍政所觀。循其言而在德。益思祗恪。以答褒嘉。可特授依前檢校尚書右僕射、使持節邕州諸軍事、邕州刺史、兼御史大夫、充建武軍節度、邕州管內觀察處置等使、侍衛親軍步軍副都指揮使、加食邑七百戶、食實封三百戶、仍賜忠果雄勇宣力功臣、散官、勳、封如故。

楊崇勳加恩制 天聖六年

門下。國家候日至之元辰。展國陽之大禘。旋衡雙觀。孚號萬邦。示福賜之溥均。與臣工而胥賴。矧惟良帥。實扈淸塵。書勳策而可稽。推寵章而惟允。具官某。夙懷忠德。綽蘊壯猷。探軍志以惟精。服官箴而多裕。早由榮會。厤侍近墀。出宣廉部之風。入贊期門之政。乃司羽騎。遂直巖除。應太微二將之躔。處都督萬人之長。訓齊增肅。親倚尤深。比者祇饗郊宮。爰經信次。星槍組甲。提七萃以奉車。皇邸旌門。擁八屯而戒夜。勤庸克茂。圖政攸先。是用增麟閣之美名。賁其誠効。益爰田之多賦。陪以眞封。誕告外朝。併申嘉命。於戲。因文事而陳武備。克輯於帝容。行慶賞以勸勞臣。式昭於國典。荷茲密渥。勵乃深衷。勤思善經。無忘恪位。可。

夏守贇移鎮殿前都指揮使加恩制 明道元年十一月

門下。奉天地者以德則來輔。守宗祏者以惇則攸親。眹以四海之同文。丁千齡之華旦。因上帝之申儆。屬新宮之亟成。賚及萬邦。改于元厤。且以將帥之長。實有宿衛之勤。增授厥官。以勸事上。擇茲剛日。告于明庭。忠果雄勇宣力保順功臣、殿前副都指揮使、保大軍節度、鄜州管內觀察處置等使、金紫光祿大夫、檢校司空、持節鄜州諸軍事、鄜州刺史、兼御史大夫、上柱國、會稽郡開國公、食邑八千一百戶、食實封二千二百戶夏守贇。練達韜鈐。敦閱詩禮。早崇秩序。亟涉歲時。亦嘗仗節而乘邊。必先諸將而料敵。忠謹可尚。進止有儀。逮司蘭錡之師。能遵司馬之法。戎章式遏。軍政無譁。訪之和門。謂爲良率。今者冬官蕆事。賴爾董護之勤。禮卿繕儀。資乃警巡之効。致中外之輯睦。諒夙夜以勤勞。是因舍爵之初。覃及策勳之命。殿陞劇委。韓奕名區。加以五教之榮。升之交戟之衞。戶封眞賦。併以爲優。推此寵章。舉以疇爾。於戲。止戈爲武。誠及於時平。惟器與名。允無於虛授。祗服休渥。永保令猷。可。

高繼勳檢校尚書右僕射昭信軍節度仍舊軍職加恩制 明道元年十月御樓

門下。國家以宮寢落成。國容斯舉。昭謝天地。祗見祖宗。建號紀元。式布惟新之令。均禧及物。普行大賚之恩。乃眷帥臣。特頒渥典。衞聖忠果功臣、侍衞親軍馬步副都指揮使、保順軍節度、洮州管內觀察處置等使、金紫光祿大夫、檢校戶部尚書、使持節洮州諸軍事、洮州刺史兼御史大夫、上柱國、渤海郡開國公、食邑五千一百戶、食實封八百戶高繼勳。忠純夙稟。幹勇兼資。早列職於近墀。亟効能於煩使。入提禁旅。出撫邊城。備彰經武之才。克著訓戎之略。洎領齋壇之鉞。仍司蘭錡之兵。藉乃腹心。鎭於方面。恩威克濟。紀律有嚴。屬茲覃霈之初。宜舉懋功之賞。撫南康之巨屏。視端揆之崇資。載益戶封。併申徽數。於戲。荷龐鴻之福。恩爰洽於寵靈。盡俯僂之恭。分勿忘於典訓。祗服丕命。以保令猷。可。

宋大詔令集卷第一百

軍職六

夏守贇加恩制 明道二年二月七日籍田

門下。國家致嚴清廟。薦陳昭謝之儀。有事方壇。特舉躬耕之禮。備威容而式序。霈德澤以惟新。乃眷將臣。首膺賞典。忠果雄勇宣力保順功臣、殿前都指揮使、定國軍節度、同州管內觀察處置等使、金紫光祿大夫、檢校司徒、使持節同州諸軍事、同州刺史、兼御史大夫、上柱國、會稽郡開國公、食邑八千八百戶、食實封二千五百戶夏守贇。性敦沉毅。行本忠純。早承先帝之知。久踐近司之職。委之方面。頗著於威聲。侍夫軒墀。屢聞於事政。尋加外鎮。俾副中權。爰策勵於徒兵。乃階升於騎帥。勳庸斯懋。倚任彌隆。總周衛之爪牙。授元戎之節鉞。昨以絜齊禁殿。祼享宗祊。駐大駕於帷宮。手洪縻於帝耤。巡晝警夜。戒千列而奉嚴宸。執銳披堅。統萬師而扈清蹕。勤勞斯至。褒寵攸宜。是用加食采之眞封。進敍功之美號。斯爲異數。諒協僉諧。於戲。縟禮克成。湛恩允洽。況率虎貔之旅。每持金石之心。特荷徽章。勉思報効。愈增勵翼。無忝眷稱。可。

高繼勳加恩制 同上

門下。命社建侯。列土有傳家之美。擁麾爲帥。因時膺行賞之文。屬典禮之交脩。乃徽章之並茂。遘茲寵渥。誕告彝倫。衛聖忠果功臣、侍衛親軍馬軍都指揮使、昭信軍節度、虔州管內觀察處置等使、金紫光祿大夫、檢校尚書右僕射、使持節虔州諸軍事、虔州刺史、兼御史大夫、上柱國、渤海郡開國公、食邑五千八百戶、食實封一千一百戶高繼勳。詳練戎鈐。該明戰器。達武侯之八陣。研曲逆之六奇。自仗節以臨邊。善甘絕而待士。撫和而訓下。式遏以防閑。自登齋壇。益嚴師律。隱若巨屏。輯此遐氓。今者卜吉之從。紫掖奉明馨之薦。惟春之仲。金根躬耕耨之儀。況率貢之爰來。宜觀能而覃及。載書盟府。錫賦轅田。重以貞封。允爲優數。於戲。平時之將。在撫衆以爲先。渙汗之恩。固疇功而攸茂。勉茲令譽。克鎮大邦。可。

夏守贇加恩制 景祐二年十二月十五日□□南郊

門下。朕荷上天之凝祐。致縣寓之大寧。恭陳歸命之儀。以答豐融之貺。仍俯從於輿議。勉祗授於鴻名。思與群倫。共均純嘏。眷惟良帥。早著殊勳。爰疇扈蹕之勞。首被出綸之命。忠果推誠宣力保順功臣、殿前都指揮使、定國軍節度、同州管內觀察處置等使、金紫光祿大夫、檢校司徒、使持節同州諸軍事、同州刺史、兼御史大夫、上柱國、會稽郡開國公、食邑九千五百戶、食實封二千八百戶夏守贇。性資沉勇。器茂淵沖。明軍志以惟寅。厲忠規而益壯奉干城之重寄有洽衆之宏才被遇先朝契風雲之嘉會典司禁旅挺金石之純誠彌彰夙夜之勤備罄傾輸之節一昨吉士陪侍皇輿整仗衛以無譁訓師兵而惟肅宜示褒優之寵式旌翊護之能峻以崇階增其多戶益兹眞食併舉徽章於戲精意之禋荷靈心之昭答懋功之賞在國典以斯行祗膺旣渥之恩益勵浚明之德可

李用和加恩制 慶曆四年十一月□□南郊

門下國家涓景至之辰行郊報之禮祭莫尊於饗帝體莫鉅於配天惟典領於禁兵寔扈陪於齋輅歆至之始進律是先載揆剛辰告於列位忠果功臣、殿前副都指揮使、建武軍節度、邕州管內觀察處置等使、金紫光祿大夫、檢校右散騎常侍、持節邕州諸軍事、邕州刺史、兼御史大夫、上柱國、隴西郡開國侯、食邑一千六百戶李用和性資沉謹志勵傾輸知經武之善猷蹈保身之懿戒而自訓齊爪士出入巖除節制載加式耀鬬旄之寄誰何克謹久司殿衛之雄爰屬類禋寔緊恭恪總師兵而輯睦侍警蹕之凝嚴允謂武材載圖忠力特伸崇拜用示僉疇烟閣之名井田之數仍增貞賦用極褒恩於戲俯僂荷王命之恭斯爲令德嚴莊總軍律之要可著威名汝惟勗哉往服于訓可

李昭亮加恩制 慶曆七年南郊

門下類帝致誠禮訖修於吉土荷天敷祐慶遐浹於縣區其有世嗣公侯躬榮將帥夙著總戎之効宜循進律之文爰降絲綸誕告中外忠果守正功臣、殿前副都指揮使、寧武軍節度、利州管內觀察處置等使、金紫光祿大夫、檢校兵部尚書、使持節利州諸軍事、利州刺史、兼御史大夫、上柱國、隴西郡開國公、食邑九千五百戶、食實封一千三百戶李昭亮性鍾端敏智適變通有制衆之良謀爲承家之令器環拱早揚於茂績藩宣荐洽於休聲詩曰貽謀易稱善慶帶河礪嶽能紹於先猷授土苴茅不忝于世烈虎豹習韜鈐之略貔貅歸臂指之蹤統翊衛之六師總東西之二廣風清號令日著威名具揚七德之方豈止萬夫之特屬修郊禮爰侍皇輿勤勞載宣忠力彌劭是用進加寵數式示恩私號美褒功賦增多邑旌崇之命煥耀爾躬於戲衎戚里之芳猷揚名有裕副將壇之休烈愼守無虧勿渝金石之誠佇列旂常之績可

許懷德檢校尚書左僕射充殿前都指揮使保平軍節度使加恩制 皇祐二年十月明堂

門下惟聖薦誠肇崇於元祀惟天孚佑覃及於庶官其有夙擅武材久推忠幹聯本兵之任總中禁之司錫乃徽章告於列位衛聖忠果雄勇翊載功臣、殿前副都指揮使、寧遠軍節度、容州管內觀察處置等使、金紫光祿大夫、檢校右散騎常侍、使持節容州諸軍事、容州刺史、兼御史大夫、上柱國、潁川郡開國公、食邑二千九百戶、食實封六百戶許懷德沉雄餘力夷廓多能錄効戎旅之資旌勳旄鉞之貴典戍屯之重則尺籍至明掌環尹之嚴則儆蹕彌肅向者出陪景從入扈齋居七萃無譁千廬有謐爾惟勤藎予實嘉之屬宗饗之方行均福釐而旁暨易節東陽之壤增華左揆之稱申正師名併疇井賦於戲顧諟天命非大祭不能祗其歡對揚王休非良臣不能懋其賞欽服茂渥往惟勗哉可

許懷德加恩制 皇祐五年十一月十一日南郊

門下。王者稱禋宗之禮。秩祼京之文。展羞天地之靈。款侑祖宗之聖。翕臻帝嘏。交集神歡。布慶恩章。申褒懿律。揆茲穀旦。揚于外廷。衛聖忠果雄勇翊戴功臣、殿前都指揮使、保寧軍節度、婺州管內觀察處置等使、金紫光祿大夫、檢校尚書左僕射、使持節婺州諸軍事、婺州刺史、兼御史大夫、上柱國、潁川郡開國公、食邑二千六百戶、食實封九百戶許懷德。植操溫嚴。蘊材沉毅。亶威名而有裕。宣武略以無前。向歷藩垣。比登巖陛。克資謹密。允賴訓齊。比者自宮徂郊。再宿爲信。屬車之列。扈從以淸塵。皇邸之居。譙何而警夜。服勞斯美。圖効所先。是用員峻于三大夫。品崇於八柱國。疇其多賦。增及爰田。以洽殊私。以昭異獎。於戲。精而勤力。式壯於聲容。賞以勸功。載陞於命數。往膺茂典。益宜欽哉。可。

許懷德加恩制 嘉祐元年九月十六日□□恭謝

門下。王者受天明福。百順之享弗顯。肆眚緜區。萬方之慶斯洽。矧予良帥。久扈禁宸。屬祭日以賞功。循國章而進律。俾宣成命。申告外庭。衛聖忠果雄勇翊戴功臣、殿前都指揮使、保寧軍節度、婺州管內觀察處置等使、光祿大夫、檢校尚書左僕射、持節婺州諸軍事、婺州刺史、兼御史大夫、上柱國、潁川郡開國公、食邑四千三百戶、食實封九百戶許懷德。剛直而和。樸忠以實。練達軍政。參究武經。居得士類之歡心。動叶幾先而發慮。善敢勇以行己。能謹畏而飭躬。頃護塞垣。奮乃執戈之効。親提禁旅。毅然御衆之才。一登將壇。屢更帥節。蔚有莊重之稱。固勤宿衛之勞。翊我齋居。訖于祠事。奉威儀而有恪。肅內外以無譁。宜疇爾能。以申朕命。特峻貴階之等。仍加采邑之田。眞食衍封。徽章備舉。於戲。神休擁集。方懌以克承。王澤孶覃。無忘於是。荷勉膺光寵。益勵訓齊。可。

許懷德加恩制 嘉祐四年十一月日□□祫享

門下。賞以懋功。俾有能之知勸。祭之爲澤。思在位以咸均。嘉盛禮之斯成。務推恩而惟廣。矧乃耆明之彥。是爲心膂之臣。宜爾優隆。式揚誕告。衛聖忠果雄勇翊戴功臣、殿前都指揮使、保寧軍節度、婺州管內觀察處置等使、特進、檢校尚書左僕射、使持節婺州諸軍事、行婺州刺史、兼御史大夫、上柱國、潁川郡開國公、食邑五千戶、食實封一千二百戶許懷德。勁勇之質。蓋禀天資。忠厚之良。自爲國器。少有四方之志。出逢千載之辰。蘊其材謀。能自奮勵。訓我士卒。號令之信甚明。爲予爪牙。介冑之色難犯。爰采軍中之譽。俾分閫外之權。遂膺髦節之榮。專董貔貅之旅。宿衛宮禁。周旋歲時。宣力其勤。有知無不爲之節。盡瘁後已。加老而益壯之心。誠未耗於精明。豈但矜于矍鑠。屬受釐之均慶。方浹宇以蒙休。載推圖舊之懷。式敍疇勞之典。益其封食。錄乃功庸。於戲。享爵祿之崇高。荷寵靈之優渥。挺金石不渝之操。茲惟事上之誠。知富貴克守之難。用保有終之吉。勉矣來効。往其欽哉。可特授依前尚書左僕射、使持節婺州諸軍事、行婺州刺史、兼御史大夫、充殿前都指揮使、保寧軍節度、婺州管內觀察處置等使、加食邑七百戶。仍賜衛聖忠果雄勇宣力翊戴功臣、散官、勳、封如故。主者施行。

李璋授殿前副都指揮使武康軍節度使制

門下。羽林神兵。北環天衞之象。黃帝戰法。中嚴邦律之師。國家邕武林於四遐。提禁屯於千列。進總凝巖之護。歷圖勁傑之資。稽衆得人。告廷孚命。具官某。氣沉而果。事性裕而知方。厲許國之單忠。達治兵之善志。緒服高華之望。名推親信之良。朕念常樂之慈。愴不及養。顧渭陽之族。聞蓋多賢。自擢領于戎昭。已積遷于留寄。屬巖除之缺帥。宜齋鉞之命才。六纛啓途。既襲重侯之貴。萬兵留帳。方資綏帶之安。雖其素勞。不曰異寵。於戲。執干戈則有社稷之衞。常愼於假人。聽鼓鼙則懷將帥之思。實深於注意。維蹈忠義者急於報主。蓋喜功名者要之逢時。勉規壯圖。尙率明訓。可

宋大詔令集卷第一百一

軍職七

李璋依前殿前副都指揮使武康軍節度使加食邑實封功臣制 明堂

門下。夫物莫不本於天。人莫不嚴於父。朕靡牲玉之愛。所以反始之祈。感霜露之臨。所以奉先之饗。於是稽祥符之肇志。酌皇祐之闓文。載蠲路寢之居。以放合宮之位。音和而群物至。孝奏而上臨通。翕受天符。發爲邦渙。具官某。性質沉毅。材謀肅良。動於三略之微。隱矣萬夫之禦。蹈世忠於舊閲。楙邦器於遠圖。朕富具中區。靡逮親顏之侍。恩流外戚。莫隆舅族之賢。固已仗帥鉞於殿除。襲侯章於茅社。會講大事。倚綏勁臣。自齊居紫闈。肅陳千列之衞。迺順祇清廟。安護六飛之行。適拜胙於禋庭。首議勞於盟府。功以號進。勳如賦加。式推神惠之蕃。並爲師服之寵。於戲。保富貴之匪易。而要德之所以終。期功名之匪難。而要時之不可失。往率至訓。益思令圖。可。

李璋授依前武成軍節度使加勳食邑制

門下。朕肇禋陽郊。先事世室。禮行而孝慈服。誠至而福瑞熙。參繹內外之勞。合乎上下之施。疇先列位。我有勁臣。具官某。性稟沉雄。材資敏濟。蹈世忠之一節。明軍志之大方。況西京之外家。實先帝之內弟。千廬列位。入提禁旅之巡。十乘啓行。出總藩旄之寄。輯敷士訓。綏弭民苛。屬講宗祈之文。首虔方貢之職。肆靈娭之昭聽。按奬典以均休。陪以列戶之封。錫之茂勳之等。茲爲異數。以格前彝。於戲。有命自天。甫渙風霆之號。乃心爾位。尚綏車服之榮。不懈其承。惟慎無斁。可。

郝質授殿前都指揮使安武軍節度使加勳食邑實封制

門下。國家統御之勢大。維持之業隆。外倚四嶽藩翰之臣。中謀萬夫貔虎之帥。故奉委裘而群情固。聞受瑁而三靈趨。肇臨發政之辰。首下頒朝之命。具官某。性資莊厚。氣略沉雄。通玉帳之善經。體金行之正氣。自昔先帝。知爲勁臣。因其勳舊之名。立在親信之地。會綴衣之陳。肅提衞甲之環。宮曾無夜鑿之譁。自得剛牙之重。紹帝符於景祚。渙邦號於前彝。視秩冠於文昌。徙節臨乎安武。加以總正使範。敦封井腴。並旌巖陛之勞。以奉師干之寵。於戲。天之壁壘。象在羽林。王之爪牙。職于圻父。蓋地嚴則必資拱扆之力。師衆則尤賴訓齊之方。往堅壯圖。思答殊遇。可。

李璋檢校右僕射殿前都指揮使建雄軍節度使加恩制 嘉祐八年四月十二日

門下。朕奉憑几之遺言。膺踐祚之重寄。惕焉若厲。懼不克勝。惟時賞賚之行。厥有政常之舊。盍申前訓。昭示至公。翊衛功臣、殿前副都指揮使、武康軍節度、洋州管內觀察處置等使、金紫光祿大夫、檢校工部尙書、使持節洋州諸軍事、洋州刺史、兼御史大夫、上柱國、平原郡開國侯、食邑一千一百戶、食實封四百戶李璋。當朝近親。奕世積德。地連戚里。不以貴富而自矜。職在殿巖。惟知樸謹之爲守。先王違豫。肆朕纘承。儆巡有嚴。表裏惟穆。倘書右相。全晉大邦。臨長師聯。進開國公。重陪多賦。仍衍眞封。寵光所加。賢令攸屬。於戲。遭家不造。方艱疚於予懷。衛社有勞。宜襃優於乃績。勿忘忠藎。永對丕圖。可。

賈逵建武節度殿前副都指揮使制 元豐元年七月癸亥

觀羽林之文。上以環於帝極。列鉤陳之位。內以扈於王宮。引天下之精兵。飭殿中之厚衛。咨爾良帥。告予大廷。雄勇忠果亮節保順守正翊戴功臣、侍衛親軍馬軍副都指揮使、昭信軍節度觀察留後、金紫光祿大夫、檢校吏部尙書、使持節虔州諸軍事、虔州刺史、兼御史大夫、上柱國、河內郡開國公、食邑四千九百戶、食實封一千戶賈逵。氣毅以和。性沉而敏。心通奇正之學。謀合韜鈐之書。久握軍符。寖更事務。且外屯萬騎。自先十乘之行。而中附千廬。孰長萬夫之政。命惟予愼。才莫汝宜。是用遠班戟纛之嚴。近付貔貅之衆。總司尺籍。密侍禁除。維旌節之有綢。維爪牙之無卹。於戲。戎車靡伐。既居上將之元。師律允臧。乃迪丈人之吉。蓋喜功名者時患易失。保富貴者終懼難圖。尙有壯猷。思率明訓。可特授依前檢校吏部尙書、持節邕州諸軍事、邕州刺史、兼御史大夫、充殿前副都指揮使、建武軍節度、邕州管內觀察處置等使。

楊遂寧遠軍節度使殿前副都指揮使制 元豐二年正月壬午

國家宿勁兵於京師。嚴近衛於宮禁。有周廬之千列。應如畢之七星。肆擇忠良。董司紀律。孚此顯命。告于治朝。侍衛親軍副都指揮使、容州管內觀察使、金紫光祿大夫、檢校工部尙書、使持節容州諸軍事、容州刺史、兼御史大夫、上柱國、南陽郡開國公、食邑四千一百戶、食實封九百戶楊遂。稟肅毅之資。懷沉敏之略。奮身許國。彰趙士之曼纓。厲志圖功。撫臧宮之鳴劍。揚我武節。爲時虎臣。出臨塞垣。歸總屯騎。屢闕陛巖之帥。疇當齋鉞之權。老於治軍。無以易汝。由廉車而建大纛。提尺籍而扈中宸。位既超榮。地在親倚。於戲。維士伍輯睦。乃免祈父之譏。維號令信明。則無李法之慢。畏愼所以持富貴。勤勞所以荅龍光。往肩爾誠。勿替予訓。可特授依前檢校工部尙書、使持節容州諸軍事、容州刺史、兼御史大夫、充殿前副都指揮使、寧遠軍節度使、容州管內觀察處置等使。

楊遂依前殿前副都指揮使寧遠軍節度使加恩制

門下。朕涓練時日。共嚴帝親。款祠靈宮。告假清廟。備鸞車之肦飾。張黼幄之熉黃。惟咸一德股肱之臣。與不二心熊羆之士。或相祀左右。或禦侮後先。逮熙事之休成。宜寵光之布濩。具官楊遂。矯矯嗜義。惓惓秉忠。得氣俗於山西。有威名於疆外。總司武旅。訶衞鉤陳。肅若萬兵之無譁。逮茲三獻之畢禮。屬均靈貺。特舉褒章。增衍爰田。陪敦眞食。於戲。欽翼祗慄。已極事天之誠。夷易龐鴻。俾同稱物之澤。毋怠丕訓。益宣壯猷。

盧政授殿前副都指揮使武泰軍節度使制 元豐三年十二月癸未

內衞王宮。莫重親兵之寄。外分將閫。有嚴總帥之權。肆擇虎臣。式綏貔旅。誕揚明命。孚告大廷。侍衞親軍馬軍副都指揮使、黔州管內觀察使、使持節黔州諸軍事、黔州刺史、定州路副都總管、上柱國、平原郡開國公、食邑四千戶、食實封三百戶盧政。受材勁彊。秉志莊翼。義色形于介冑。奇略得于韜鈐。蚤更武服之勞。久握軍符之重。赴功不懈。治衆有方。顧千列之周廬。拱三階之紫極。申嚴師律。緊予心膂之良。增廣國威。屬爾爪牙之任。錫之徒御。授以鉞旄。非特厚顧榮之私。蓋以觀董齊之政。於戲。維寬猛允濟。洒輯睦於士心。維忠順迪常。可保承于天寵。往肩誠節。勿替訓辭。可特授依前持節黔州諸軍事、黔州刺史、充殿前副都指揮使、武泰軍節度、黔州管內觀察處置等使。赴闕貢職。

燕達除殿前副都指揮使武康軍節度使制 元豐四年八月己巳

祈父之官。司王爪士。上將之任。爲國虎臣。予得智勇之材。俾共左右之衞。誕揚休命。播告大廷。侍衞親軍馬軍副都指揮使、金州管內觀察使、持節金州諸軍事、金州刺史、上柱國、河南郡開國公、食邑二千二百戶燕達。拔迹戎行。厲躬武節。深明分數之守。兼識變通之權。捍外侮于西陲。佐濯征於南服。嘗鼓儳趨阨。以奮率烝徒。能降城艾旗。以盪定逋寇。夙付簡稽之籍。進督號噭之軍。人知訓齊。衆不譁亂。是嚴師律。擢護殿巖。越從廉車。遂總齋鉞。於戲。惟威愛足以臨下。惟忠義可以報君。勤懋乃心。欽迪朕意。可特授持節洋州諸軍事、洋州刺史、充殿前副都指揮使、武康軍節度、洋州管內觀察處置等使。勳、封如故。主者施行。

燕達加恩制 南郊元豐七年

門下。朕祼鬯于廟。以承祖宗之休。颺煙於郊。以迎天地之貺。時則有搢紳之輔。以昭相於祀儀。時則有貔虎之臣。以肅淸于兵衞。肆頒明命。敷昭群倫。具官某。謀果而周。氣和而毅。訓齊師律。素號于嚴莊。總治戎昭。亦多乎整暇。屬我肇禋之舉。扈予淸蹕之行。林林萬夫。晨趨於鑾輅。嚴嚴三帥。夜警於帷宮。旣獲考于禮文。宜肆均於神惠。錫以茂勳之等。陪之多井之腴。於戲。徠祇郊而神所懷。旣叶天人之助。上有澤而下必至。宜先將帥之臣。益茂乃忠。以對予寵。

燕達授檢校司空加恩制 元豐八年哲宗嗣位

門下。周之有德也。選將以一三軍之心。漢之全盛也。擇人以折四方之難。矧惟寡德。獲紹丕圖。宜褒序于虎臣。俾總綏于貔旅。具官某。氣勁而勇。謀果而周。出治戎車。固多整暇之譽。入齊師旅。素載嚴莊之稱。遭國宅憂。肆朕承極。儆巡甚肅。表裏維寧。是用更華將鉞之雄。總職殿巖之寄。視秩空土。衍食爰田。於戲。安不忘危。予則寵干城之烈。忠而能力。爾則保爵祿之榮。往服休嘉。益思懋勉。

燕達加恩制 元祐元年明堂

門下。朕卜季秋之辰修宗祀之禮。我將我享。載祈上帝之休。丕顯丕承。祗誦禰宮之烈。惟卜萬夫之長。董予諸衛之師。其敷寵章。以詔群辟。具官某。遘世熙洽。取位顯融。稟氣俗於山西。積勤勞于閫外。擁旄遂野。早傳師律之莊。折馘嶠南。嘗懋戰多之賞。屬舉合宮之饗。扈陪大駕之行。方申錫於靈符。宜進膺于寵典。多輿之邑。以圖爾勞。於戲。緝古曠文。實國大事。內則倚搢紳之輔。以協相於祀儀。外則賴貔虎之臣。以肅齊於士氣。往承寵渥。益茂忠嘉。

步軍副指揮使苗授建節殿前副都指揮使制 元豐三年七月丁巳

出總元戎。作先聲于士氣。入爲環尹。寓軍政于國容。將伸閫外之威。以迪師中之吉。咨于爾衆。朕得其人。侍衛親軍步軍副都指揮使、威武軍節度觀察留後、持節福州諸軍事、福州刺史、上柱國、濟南郡開國公、食邑二千八百戶、食實封三百戶苗授。早以異材。見稱武略。被服忠義。有烈丈夫之風。砥礪廉隅。得士君子之概。荐揚邊圉。益著勞能。拔自衆人。既蒙先帝之遇。遂拜大將。無復一軍之驚。祗扈殿巖。肅將斧鉞。予欲少長有禮而兵可用。汝其夙夜在公而令必行。於戲。愛克厥威。罔功茲爲深戒。師衆以順。爲武古有成言。惟懋乃衷。毋忘朕訓。可特授持節黔州諸軍事、黔州刺史。充殿前副都指揮使、武泰軍節度、黔州管內觀察處置等使。勳、封、食實封如故。

苗授罷殿帥檢校司空移鎮知潞州制 元祐四年七月十日

門下。上將之任。本智略以爲先。萬夫所望。亦材武之兼尚。惟擢拜之未幾。亟辭疾以告勞。言念悃誠。式敷明命。殿前副都指揮使、武泰軍節度、黔州管內觀察處置等使、持節黔州諸軍事、黔州刺史、上柱國、濟南郡開國公、食邑二千八百戶、食實封三百戶苗授。早讀兵法。有志事功。久踐戎行。自奮邊鄙。入參環列。既被遇于先朝。累積歲勞。適謀選於元帥。遂分旄節之寄。克諧卒乘之權。宿衛逾年。勤勩爲請。眷獨賢於煩使。俾暫佚於近藩。爵加貴名。邑衍眞食。潞子之舊俗。武而淳。守土之臣。事簡且暇。於戲。建纛而出。知寵數之不移。勿藥有瘳。幸年歲之未暮。臥理非壯士之節。力疾有忠臣之風。勉竢安平。起就勳業。可特授檢校司空、持節房州諸軍事、房州刺史。充保康軍節度、房州管內觀察處置等使、知潞州軍州事、兼管內勸農使、兼提舉澤晉絳慈遼州威勝軍屯駐駐泊就糧本城兵馬巡檢公事。替韓宗古。加食邑五百戶、食實封二百戶。勳封如故。

劉昌祚授殿前副都指揮使武康軍節度使制 元祐四年七月十日

門下。都畜衛兵。莫如國朝之盛。次補元帥。蓋本祖宗之常。顧惟萬騎之選。師重以千廬之嚴。儆欲衆心之素服。非宿將而莫當。誕告在廷。咸聽朕命。侍衛親軍步軍副都指揮使、冀州管內觀察使、持節冀州諸軍事、冀州刺史、上柱國、彭城郡開國公、食邑一千九百戶、食實封一百戶劉昌祚。奮由弓劍。資以韜鈐。整於治軍。材出邊將之右。勇於對敵。聲著隴山之西。乃者取其先朝指縱之餘。授以平原總護之責。穹廬久困。既款塞以來廷。環尹適虛。歸釋甲而御衆。爰加旄節之重，以壯轅門之觀。旌旆不移，什伍如故。當使少加號令，自益精明。於戲，仁足附衆，則六師不擾；威能克愛，則萬夫可齊。亦俾貔貅之徒，咸知忠孝之節。勉矣來効，往其欽哉。可特授持節洋州諸軍事、洋州刺史、充殿前副都指揮使、武康軍節度、洋州管內觀察處置等使、勳、封、食邑、實封如故。

宋大詔令集卷第一百二

軍職八

劉昌祚加恩制 元祐四年宗祀

門下。朕因路寢之正。舉合宮之祠。禮樂法商周之隆。車服兼漢唐之盛。出款原廟。還向上穹。職貢充庭。工師履位。兵衛如植。旌旆不煩。實惟有人。以克成禮。殿前副都指揮使、武康軍節度、洋州管內觀察處置等使、持節洋州諸軍事、洋州刺史、上柱國、彭城郡開國侯、食邑一千九百戶、食實封一百戶劉昌祚。天資鷙勇。性本忠良。結髮從軍。號馬上之飛將。授鉞臨塞。皆關中之要區。方西鄙之須材。會中軍之謀帥。畀之旄節之重。付之貔虎之師。歸閱浹旬。旋聞輯睦。逮此熙成之慶。賴其宿衛之勤。既增封爵之崇。仍加眞食之厚。於戲。古之明主。立賞以待有功。古之賢將。有功而恥自列。服于霈澤之異。勉爾勳名之思。貴當益恭。老當益壯。可特授依前云云進封開國公。加食邑七百戶。食實封二百戶。勳如故。

苗授殿前副都指揮使保康軍節度使制 紹聖元年正月庚寅

國家重內輕外。彊本弱枝。簡稽將帥之臣。總率熊羆之士。式敷渙號。圖任舊人。檢校司空、右衛上將軍、上柱國苗授。爲時虎臣。學古兵法。智略發於洮隴。威名震乎邊庭。被遇先朝。擢司禁衛。迺者進受元戎之寄。肅將齋鉞之嚴。出偃价藩。退休祠館。祭遵好禮。緩帶而雅歌。欽德成功。深居而高臥。疇若中軍之任。莫如宿將之良。藉其老成。起以舊節。入爲環尹。祇扈殿巖。於戲。帥乘用和。唯忠勇則兢勸。旌麾不改。竚號令而一新。往懋乃心。無忘朕訓。可特授檢校司空、充殿前副都指揮使、保康軍節度、房州管內觀察處置等使。

姚麟建節制 紹聖二年九月丁巳

外則提將之符。折衝萬里。內則握兵之要。環列千廬。非有斥境干城之材。曷副授鉞擁旄之任。得人以兢。揚命惟休。侍衛親軍馬軍副都指揮使、建武軍節度觀察留後姚麟。嚴翼以善謀。沈雄而有暇。蚤共武服。同訖天誅。自奮直前。稟山西之勁氣。所當輒破。馳塞外之威名。積有戰多。顯登勇爵。荐歷營屯之長。寵加後務之留。惟是親兵。重於謀帥。綏予熊旅。緊我虎臣。其解平涼之章。還秉武康之節。總司尺藉。密侍禁塗。備大將之威儀。壯中軍之鋒穎。於戲。宣王弗純乎正雅。以祈父之不聰。周公戒用於常人。在虎賁之知恤。往祗朕命。尚悉乃心。可特授持節洋州諸軍事、洋州刺史、充殿前副都指揮使、武康軍節度、洋州管內觀察處置等使。

殿前副都指揮使姚麟移鎮升使制 元符三年正月徽宗嗣位

門下。朕欽承寶位。纘紹丕圖。遺大投艱。惕循祖考之烈。扞難禦侮。實賴爪牙之良。宜褒衛社之勤。申錫告廷之命。武康軍節度使、殿前副都指揮使姚麟。器質剛毅。術略深沉。馳塞外之雄名。稟山西之勁氣。蚤分將閫之鉞。允護殿巖之兵。遭家宅憂。肆朕紹服。儆巡肅給。內外無譁。用更瑞節之旄。俾易名藩之屏。越升位序。申衍井腴。於戲。任賢使能。王者所以御世。歸美報上。忠臣所以事君。勉廸壯猷。答揚休命。可特授檢校司空、充殿前都指揮使、建雄軍節度使。

曹誦罷軍職建節充中太一宮使制

門下。朕順名器以昭大功之治。簡材能以授元戎之權。乃眷沉雄之英。允揚忠實之効。肆頒異數。誕告群功。侍衛親軍馬軍副都指揮使、福州管內觀察使曹誦。賦篤實之姿。懷閎博之量。閱試惟舊。才猷有聞。扈殿陛之寅恭。總禁屯而嚴翼。況武惠之烈。著在邦家。慈聖之仁。覆于寰海。汝惟勳戚之緒。克殫勤勞之誠。豈獨聯肺腑之親。實亦膺爪牙之任。繇居環衛。屢易歲陰。茲用褒嘉。特遷位秩。處以祠庭之逸。錫之將鉞之華。付洋川之樂郊。畀武康之鉅鎮。於戲。敦詩閱禮。夙高元帥之風。植纛建旄。益壯中軍之勢。往其勉懋。對此寵光。可特授持節洋州諸軍事、洋州刺史、充中太一宮使、武康軍節度、洋州管內觀察處置等使。勳封食實封如故。主者施行。

姚古昭慶軍節度使加食邑實封制 政和六年七月二十日

門下。建牙授鉞。式嚴外閫之威。剖竹分符。久重要藩之寄。眷時宿將。克著膚公。顧捷奏之上聞。豈褒章之可後。亶孚群聽。明告治朝。侍衛親軍步軍副都指揮使、保平軍節度觀察留後、充環慶路經略安撫使、兼馬步軍都總管、兼知慶州軍州事、及管內勸農使、吳興郡開國侯、食邑一千六百戶、食實封一百戶姚古。智慮精深。材資果達。共武之服。仗忠信以必行。中事之機。歷艱難而獨奮。世稟山西之氣。衆推河右之功。內則分衛于千廬。外則折衝於萬里。威名夙著。號令益精。備禦得宜。拊循有素。爰整其旅。往城于方。係執豪酋。蕩平種落。坐據襟喉之地。潛銷疆埸之憂。是用頒右渫之節旄。固慶陽之屏翰。併增多賦。申衍眞封。載昭懋賞之功。式示見知之厚。於戲。每懷靡及。允資心膂之良。用戒不虞。尙倚干戈之衛。無煩予訓。益奮爾庸。可。

高俅拜太尉制 政和七年正月十日

門下。朕祗遹先猷。肇新武選。眷乃主兵之任。允爲極品之官。肆圖其人。允愼茲位。惟時宿將。嘉成績之居多。揚於大廷。渙褒章而首及。殿前都指揮使、奉國軍節度使、渤海郡開國公、食邑二千戶、食實封九伯戶高俅。材周以敏。志大而剛。果斷沉雄。夙著爪牙之効。忠勤恭愼。肆推心膂之良。嘗事潛藩。永肩誠節。頃臨邊寄。屢奏戰多。暨密侍於殿巖。實入提于禁旅。寬而有制。肅以無譁。載念勳庸。申加位序。惟亞居近輔。時爲掌武之臣。而列衛周廬。亦曰總戎之寄。名與實稱。非賢莫居。命以時敷。稽衆惟允。不改旌麾之舊。有嚴號令之新。於戲。四方無虞。蓋倚干戈之衛。萬邦爲憲。尙資帷幄之籌。益既乃心勿忘朕訓。可。

郭仲罷軍職除建武軍節度使佑神觀使制 政和七年八月十八日

門下。提兵環衛。克殫共武之勤。解組和門。宜飭閱勞之典。眷乃虎臣之近。力辭騎旅之嚴。其考協於恩章。俾超陞於位序。亶揚詔綍。歆告廷紳。侍衛親軍馬軍副都指揮使、婺州觀察使、永嘉郡開國侯、食邑一千二百戶、食實封三百戶郭仲。率德沈雄。稟資勇毅。夙邁韜鈐之略。聿高介胄之才。從王旅以宣威。擁戎旜而敵愾。如江如漢。載纘武功。我陵我阿。有指疆土。蔚彼山西之望。藹然徼外之名。粤被蒐揚。荐膺器使。周廬千列。丞陪星位之師。尺籍伍符。久總羽林之政。進則侍殿巖之祕。退則修軍律之繁。彈壓有方。肅淸爲最。累籲天而瀝懇。祈引疾以投閒。式諒忱誠。許休禁務。越自廉車之重。峻躋師鉞之崇。置使祠庭。疏封采邑。以示初終之遇。以昭出處之光。於戲。雖曰均休。尚倚藩垣之寄。勉圖勿藥。用符鼙鼓之思。仰對褒嘉。永綏壽嘏。可。

劉延慶保信軍節度使充殿前副都指揮使制 政和八年五月五日

門下。設齋壇而授閫外。崇邊圉之庸。提尺籍以典軍內。峻殿巖之寄。惟予勇將。克著膚公。肆因振旅之還。併錫揚庭之寵。侍衛親軍步軍副都指揮使、泰寧軍承宣使、鄜延路馬步軍副都總管、彭城縣開國子、食邑五百戶劉延慶。材全果毅。資賦勁嚴。沈雄推塞上之豪。精厲得金行之氣。誓心許國。嘉忠節之不回。結髮從戎。凛威名之已播。擣虛而入。則有折馘執俘之効。乘機而動。則有攻城略地之謀。久當一面之虞。允謂萬人之敵。蠢茲夏寇。自速天誅。勤我樞臣。出宣廟算。以爾有幹方之武。于時分統衆之權。徒御嘽嘽。蟻螻之群大潰。臨衝茀茀。鳥鼠之穴遂平。逖觀奏愷之音。用飭懋官之典。俾建高牙於巨屏。入聯環尹於周廬。進開侯服之封。申衍戶租之食。於戲。聽鼓鼙而思將帥。予方厚於勤歸。衛社稷而執干戈。爾益堅於報上。欽承明訓。圖稱異恩。可。

劉延慶檢校太保制 宣和元年六月十七日

門下。曜神武而折遐衝。非威懷何以示德。勸有功而厲戎士。惟名器不可假人。比興薄伐之師。往殄弗庭之寇。若時奏愷。既宜辟國之圖。逮此策勳。並渙懋官之典。肆朌明命。孚告群工。殿前副都指揮使、保信軍節度使、彭城郡開國侯、食邑一千戶、食實封二百戶劉延慶。稟質沈雄。挺資果銳。聲聞邊鎭。負材氣之無雙。勇冠戎行。推戰功之第一。屢奏鏖兵之勝。每覩得雋之奇。有蠢跳梁。尚闚吾圉。實佐鋒旗之討。既先貝胄之行。王旅嘽嘽。方厲援旌之氣。虎臣矯矯。已成拔幟之謀。烝徒被羽而鷹揚。敵國望風而獸駭。西戎卽敘。爰輸款附之誠。四方既平。斯播勞還之雅。乃寵褒于飛將。俾進陟于貳公。以暢天聲。庸作爾祉。於戲。有德以立武事。允臻疆埸之安。稽首以揚王休。肆共勳名之保。無忘壯略。期稱異恩。可。

劉仲武瀘川軍節度使制 宣和元年六月十七日

門下。王者之師無戰。討叛所以伸威。天子之錫有功。班爵所以厲世。蠢茲夏寇。警我邊陲。載昭師律之嚴。夙授廟謨之祕。惟時良將。克著顯庸。誕孚贊册之辭。用聳治朝之聽。侍衛親軍步軍副都指揮使、保靜軍承宣使、彭城縣開國子、食邑五百戶、食實封一百戶劉仲武。識通武志。材壯戎容。慮先千里之徼。勇冠萬夫之表。援桴鼓之急。誓弗及於身。謀躬介冑之勞。憤每形于義色。夙有履軍搴旗之効。矧兼牧人御衆之長。方王旅之濯征。指賊鋒而迅往。中權後勁。乘鼓儳阻隘之機。彼竭我盈。有拉朽摧枯之勢。所獲萬計。悉平三城。丕昭辟國之圖。永絕窺兵之釁。周廬改組。用彰注意之專。巨屏建旌。肆懋策勳之渥。既多受祉。式遄其歸。於戲。欽至而昭文章。茲有告成之典。制軍而糾邦國。尙賢馭遠之方。祇服恩輝。益肩忠略。可。

种師道保靜軍節度使制 宣和元年六月十七日

門下。政典以九伐平國。莫嚴負固之誅。勳官以六賞等功。爰重戰多之眡。乃眷乘邊之帥。久勤經武之圖。比涖師征。遂成軍勝。方序勞而詔爵。宜孚號以揚廷。侍衛親軍馬軍副都指揮使、降授隴州防禦使、涇原路經略安撫使、兼馬步軍都總管、兼知渭州軍州事、管勾神霄玉清萬壽宮、及管內勸農使种師道。氣勁以莊。智明而果。邱樊養素。家承谷口之賢。草木知名。代有山西之將。蚤以風猷之劭。歷更事任之繁。惟奇正之兼通。故弢鈐之洞貫。改付戎昭之重。實提閫政之雄。屬逋寇之陸梁。統烝徒而討殄。天戈直指。無利兵彊弩之乘。賊壘盪平。何戰格雍門之拒。襟帶拓蕭關之戍。風霆開靈武之圉。肆茂舉於徽章。亶丕揚於偉績。解和門之祕。其還號嗷之軍。授齋鉞之嚴。用壯藩垣之寄。矧已肦於申命。茲併示於眷懷。於戲。脩我戎而整六師。允屬憲邦之望。矢文德而洽四國。尙資固圉之謀。益勵乃忠。以欽時命。可。

高俅除使相制

門下。紫樞通帝極之嚴。茲謹九重之衞。槐位辨外朝之正。式尊四近之賢。睠言宿將之英。久總禁戎之重。厚德惟美。用孚圖舊之求。嘉績居先。宜訂陟明之選。誕揚褒律。敷告庶工。太尉、奉國軍節度、充殿前都指揮使、兼神霄宮副使、渤海郡開國公、食邑三千四百戶、食實封一千三百戶高俅。智敏而行完。才宏而量博。弧矢之威天下。妙臻百中之能。詩禮之帥中軍。雅著異聞之善。遘風雲之亨會。依日月之休光。將幣邊庭。耀使華於漠北。收疆戎塞。聳戰氣於山西。峻更三帥之雄。嗣董周廬之次。侍殿陛者幾二十載。護貔旅者踰百萬夫。號令嚴明。肅和門而無犯。軒墀邃密。拱宸扆以攸寧。冠增武品之階。超視政機之數。爰念勳勞之舊。孰可與儔。載惟攀附之良。見存無幾。宜疏殊寵。以示眷懷。髀節珥戈。仍高牙於鉅鎮。元衮赤舄。通揆路之華班。用增國體之崇。尙倚兵權之要。進叢霄之使組。敦釆邑之圭腴。丕昭因任之明。茂舉報功之利。於戲。爵祿之詔八柄。允諧德業之修。文武之憲萬邦。期輔安強之治。懋膺予訓。益邁爾庸。可特授開府儀同三司、依前奉國軍節度使、兼領殿前都指揮使職事、充神霄宮使、加食邑七百戶、食實封三百戶。

宋大詔令集卷第一百三

武臣一

除拜

江南進奉使李從善泰寧軍節度使制（開寶五年閏二月癸巳）

爵賞之設。所以勸忠藩屏之寄。適彰無外。睠惟江表夙奉朝經。每竭勤王之誠。尤恭事大之禮。屬朕新平南越。再祀上元。命同氣以入朝。備充庭而助祭。雷雨均覃於慶澤。旌幢宜被於明恩。江南進奉使李從善和順積中。孝友成性。稟先正義方之訓。叶詩人愷悌之稱。爰受教於乃兄。來獻琛於上國。苞茅入貢。既伸述職之心。胙土分封。是委殿邦之任。矧惟兗海素號奥區。俾資鎮撫之才。豈悋便蕃之寵。上公亞相用示兼榮。當體睠懷。勉思佩服。可特授光祿大夫、檢校太傅、使持節兗州諸軍事、行兗州刺史、兼御史大夫、上柱國、充泰寧軍節度使、兗沂等州觀察處置等使、仍封隴西郡開國侯。食邑一千戶

折御勳加恩制（太宗即位）

門下。上帝睠懷。獲纘卜年之運。良臣推戴。頗彰宣力之勞。寰區之大慶方行。雨露之明恩是降。屬茲剛日。爰舉徽章。具官折御勳。武略資身。勳門襲慶。佐國頗輸於忠節。傳家不墜於令名。北方克靜於煙塵。東魯尋膺於節制。適屬承祧之運。宜嘉進律之恩。俾陟崇資。用明優寵。知我旌酬之意。勉傾恭順之誠。無忘訓詞。永受多福。可特授 闕

石守信高懷德加恩制（太宗即位）

門下。朕昨者上遵遺旨。下迫群情。登九五之統。臨億兆之司。牧顧惟眇質。何以克堪。允資推戴之勳。宜舉旌酬之典。具官石守信。星辰間氣。社稷元臣。洞戰伐之沉機。秉忠貞之大節。具官高懷德。戎門襲慶。煙閣圖形。傳弓冶之良基。享公侯之貴位。而皆翊扶昌運。伸展壯圖。威臨重地之山河。才作萬家之襦袴。屬予纘嗣。特示褒揚。紫微顯陟於崇資。左相榮昇於重位。仍踐維師之秩。用優進律之恩。勉傾盡瘁之明誠。永輔惟新之至化。伊爾舊德。何假訓詞。守信可 闕

李重勳李漢瓊劉遇楊美加恩制 太宗即位

門下。朕纘嗣基圖。統臨寰宇。荷上帝睠懷之命。賴良臣翊戴之勞。宜當布政之辰。特舉疇庸之典。具官李重勳。橫戈負勇。撫劍圖功。挺金石之明誠。激風雲之壯氣。具官李漢瓊。爲時宣力。臨敵增雄。親矢石以無辭。聞鼓鼙而竊抃。具官劉遇。洞明軍志。深達戰機。服甲冑以忘勞。指烟塵而必殄。具官楊美。山西擅譽。隴上知名。奮雄略以平戎。竭忠規而許國。而皆受十連之重寄。典萬旅之雄師。九霄特示於殊恩。一品咸遷於重秩。斯爲異數。允答茂勳。更資拱極之忠。永佐守文之運。欽哉四帥。各勗乃心。重勳可特授、漢瓊可特授、劉遇可特授、楊美可特授、闕

趙贊馮繼業加恩制 太宗即位

門下。上元睠命。鍾厤數於眇躬。群后叶心。著勳勞於王室。雨露方均於慶澤。絲綸特舉於彝章。當予纘嗣之辰。表我便藩之寵。具官趙贊。重侯襲慶。餘力知書。臨戎彰大樹之名。化俗繼甘棠之美。具官馮繼業。戎韜覩奧。武略資身。握兵知善戰之方。御下有必行之令。而皆佐千年之景運。享十乘之殊榮。里閭盡革其澆風。封部自成於樂土。宜示褒揚之寵。並覃優異之恩。啓大國以疏封。表沖人之注意。各奉山河之寄。無忘帶礪之言。佩服訓詞。永揚休問。贊可特授、繼業可特授、闕

孟元喆定武軍節度使崔彥進河陽三城節度使制 太平興國二年十一月

門下。王者出綸宣命。易地畀恩。用旌鎮撫之勞。特示便藩之寵。況中山名部。河上要津。苟非守土之良臣。豈副分茅之重寄。推誠保順翊戴功臣、永清軍節度、貝州管內觀察處置等使、特進、檢校太師、使持節貝州諸軍事、行貝州刺史、兼御史大夫、上柱國、平原郡開國公、食邑三千五百戶、食實封一千戶孟元喆。鸞鳳秀質。珪璧淸輝。孤虛素練於戎機。寬猛善通於民政。推誠奉國忠貞翊戴功臣、彰信軍節度、曹州管內觀察處置等使、金紫光祿大夫、檢校太師、使持節曹州諸軍事、曹州刺史、兼御史大夫、上柱國、淸河郡開國公、食邑二千七百戶、食實封二百戶崔彥進。鷹鸇俊氣。干鏌雄鋩。橫戈早負於壯圖。躍馬常摧於堅陣。而皆明誠自許。亮節無渝。山河分屏翰之憂。竹帛著勤勞之節。佐予昌運。咸竭忠規。是宜降雨露于明廷。改節旄於雄闉。賚爾惠民之政。體予求理之懷。欽哉二臣。無替朕命。可。

孟元喆開府儀同三司加恩崔彥進加恩制 同前

門下。被衮冕而事上元。祗寶玉而膺徽號。時惟重禮。當舉霈恩。首於裂土之臣。得進奉牽之命。推誠保順翊戴功臣、定武軍節度使、定州管內觀察處置北平軍等使、特進、檢校太師、使持節定州諸軍事、行定州刺史、兼御史大夫、上柱國、平昌郡開國公、食邑三千五百戶、食實封一千戶孟元喆。藉於貴冑。綽有俊才。溫恭不懈於檢身。寬裕克敦於履道。向從分器。迭委殿邦。政頗洽於風聲。事善循於侯度。推誠奉國忠貞翊戴功臣、河陽三城節度、孟州管內觀察處置河堤等使、金紫光祿大夫、檢校太師、使持節孟州諸軍事、孟州刺史、兼御史大夫、上柱國、淸河郡開國公、食邑二千七百戶、食實封

二百戶崔彥進望重舊勳任崇上將截水犀而有勇較岸虎以揚名績既茂於轅門貴遂分於戎閫治亂繩則姦豪屛息行甘雨則疲瘵潛蘇俱懸就日之心益驗凌霜之操俾光懿節並錫寵章爾其挺金石之誠勉堅始卒煥旂常之業永保聲猷可

李漢瓊劉遇加恩制 同上

門下對越穹旻祗膺典冊率土既敷於大慶列邦首屬於茂恩當公則行朕命惟允推忠宣力同德功臣彰德軍節度相州管內觀察處置等使銀青光祿大夫檢校太傅持節相州諸軍事行相州刺史兼御史大夫上柱國隴西郡開國侯食邑一千二百戶食實封二百戶李漢瓊白猿授術飛騎馳名荷總戎秉律之權嚴而申令積斬將搴旗之効勇以立勳自膺分閫之榮克奉頒條之寄事惟不撓法亦無私推忠宣力同德功臣彰信軍節度曹州管內觀察處置等使光祿大夫上柱國彭城郡開國公食邑一千二百戶食實封二百戶劉遇雄材磊落武略縱橫威而不殘寬而能斷策戰功之不一登勇爵以居高向錫虎符往臨侯社敷惠和而立政執忠順以事君禮爰屬於燔柴覲俱申於輯瑞宜增食賦兼陟勳階樹德務滋可以永綏多福愼終如始可以長保徽猷欽哉二臣無替朕命漢瓊遇可 闕

劉遇崔翰加恩制 郊

門下我國家三代同風百神受職紫壇紺席圜丘奉昭事之文尺籍伍符方面委元戎之寄錫玆並命屬在名臣具官劉遇器業宏深聲光顯赫穰苴陣法潛通九地之元諸葛戰機自有七擒之妙具官崔翰材謀剛決氣貌雄棱郤縠治兵時謂詩書之將留侯佐主深懷帷幄之謀而皆昭著戎功詳閑政典自輟中軍之柄咸膺分閫之權安邊則頗牧齊名撫俗而龔黃接武邇者將陳大禮疊貢飛章適當奠玉之時恭備獻琛之禮肆疇亮節優示寵靈是宜改賜功臣榮增封邑賞爾惟良之政知予進律之恩於戲任重苴茅官崇仗鉞履此垂裳之運方開偃革之期移訓練爲葺綏彌機鈐於政教輔成王道永作賢侯遇可特授翰可特授 闕

錢惟治孫承祐李繼捧加恩制 端拱□年郊恩

門下泰壇昭事迎上帝之降祥魏闕覃恩答諸侯之助祭矧价藩之傾竭奉王室以恭虔爰被寵章式昭優渥具官錢惟治勳門紹慶侯國傳榮閱禮敦詩宛是承家之器分茅胙土尋膺列辟之封具官孫承祐義府修身齋壇受寄臨戎撫士早彰英偉之才問俗宣風蔚有循良之舉具官李繼捧金方稟銳玉塞知名大旆高牙不墜弓裘之業文茵暢轂克承鍾鼎之勳而皆輔翊昌朝鎭臨雄閫忠同金石勵尊主之深誠操尙松筠懋殿邦之丕績屬圜丘之大饗沛麗澤以無私金輅還宮遽聽釆菲之曲瑤階錫福咸增釆邑之封仍推進律之恩並賜褒封之號宜各膺於朝奬當善守於藩條用答寵綏載彰休問惟治可特授承祐可特授繼捧可特授 闕

李繼捧移鎭制 雍熙

門下。朕夤奉國圖。總司人紀。治萬邦之至廣。率二柄以居先。宜以剛辰。式宣明命。告于有位。示我推公。具官李繼捧。紹纘祖宗。勤勞藩屏。獻琛奉贄。矜持事上之心。服冕乘軒。允執來朝之禮。爰自優游魏闕。輝耀周行。殿河朔之封疆。已逾星歲。易漢東之土宇。別佇風謠。載觀綏撫之能。益重懷柔之旨。於戲。權分節制。位正通侯。人臣目之爲寵榮。民吏仰之爲主帥。至廉至愼。斯須無忘於修身。惟孝惟忠。然後可勝於重祿。揚我休命。爾宜欽承。可特授

劉繼元授保康軍節度使制 雍熙三年十二月癸丑

門下。無黨無偏。是稱於王道。有始有卒。方謂於聖人。朕稽彼古先。恭臨大寶。遵創業守文之理。思棄瑕用大之言。申彼至公。告於有位。爰詢剛日。利建元侯。開府儀同三司、檢校太保、右衛上將軍、兼御史大夫、彭城郡公、劉繼元。頃在并門。隱爲敵國。干戈問罪。初興九拒之謀。鑾輅親征。歸我一平之運。銜璧既諭於誠款。執珪尋列於朝班。感予在宥之恩。備罄資忠之節。圜丘展禮。齋莊見助祭之容。紫殿宴私。温克盡爲臣之禮。綽有令譽。流於衆多。是宜特舉徽章。授茲節制。顯示優豐之澤。全其富貴之心。仍進戸封。永光閫寄。於戲。昔之皓叔寶。不聞分命於山河。近則孟蜀李吳。止是流連於京闕。膺斯重委。斷自朕心。勉樹風聲。永蕃王室。可特授依前檢校太傅、持節房州諸軍事、房州刺史、兼御史大夫、充保康軍節度、房州管內觀察處置等使。闕

米信彰武軍節度使制 雍熙

門下。人惟求舊。實有國之宏規。德貴日新。乃爲臣之亮節。其有早推忠孝。宿秉端莊。方緊平塞之功。偶失貞師之律。雖行微譴。難抑壯圖。宜頒綸綍之恩。復授節旄之寵。庶觀來効。以贊丕基。具官米信。閒世偉人。佐時飛將。百戰咸欽于果毅。三軍早藉於撫綏。挺許國之純誠。皎如日月。著扞城之殊績。煥若丹青。自與帶礪之盟。實處腹心之寄。一昨救陷蕃之生聚。興問罪之車徒。資爾機鈐。覆其巢穴。雖原野頻經於苦戰。而貔貅久滯於長驅。既稽蕩定之期。須舉逗留之責。自從容於環衞。彌激勵於精誠。宜頒湛露之恩。俾復苴茅之任。往殿延安之重鎮。庶揚朔漠之雄名。美秩貴階。功臣井賦。併以授爾。予何愛焉。於戲。捨過從新。滌瑕蕩垢。非予果斷。不能明爾之深心。非爾忠純。豈得復予之慶澤。更懋總戎之遠略。佇成破敵之殊勳。勉荷鴻恩。無忘丕訓。可特授闕

崔翰定國軍節度使制 雍熙

門下。天子建國。必選賢而任能。諸侯有功。則加地而進律。朕操文武之大柄。居華夏之至尊。名器無私。忠勞是屬。伊我良帥。時惟舊勳。爰旌坐樹之威。更建爪牙之寄。具官崔翰。韜鈐夙賦。仁勇兼資。挺鶚立之雄棱。有虎臣之英概。安民布政。則俗詠甘棠。訓士戒嚴。則風生細柳。邊事每勤於經略。壯心自許於國家。是宜降北闕之殊恩。臨左馮之重地。關輔素推於奧壤。旌旄用慰於來蘇。仍益爰田。併隆異渥。爾其冰霜勵操。金石推誠。慕辭第於前賢。追勒銘於往事。爲吾保障。賴爾腹心。永享崇高。勿忘訓誓。可特授闕

宋大詔令集卷第一百四

武臣二

崔彥進復官制 雍熙

門下。乾坤無私。蓋含容之至廣。江海善下。因停蓄以攸尊。朕體道垂衣。握契當宁。取長捨短。所以推赤心。宥過錄勳。所以恢大信。欲盡用材之義。爰徵求舊之言。是擇剛辰。載舉成命。具官崔彥進。便蕃戎閫。綿歷累朝。秉純厚以立誠。仗恭勤而奉上。寇恂河內。深洞達於政經。魏尚雲中。頗諳練於邊事。昨者授之成算。貳彼出征。既違紀律之文。遂作逗遛之欲。朕力排廷議。獨斷群疑。將遠馭以賚忠。遂薄懲而示誡。自居環衞。俄涉歲時。而聞益勵增修。動深循省。鯨漏網而良非獲已。蠅玷玉而何爽稱珍。是用盡滌前非。俾伸後効。復膺推轂。往鎮近藩。預論道之重資。美褒功而加邑。俱爲異渥。特示睠懷。朕之於臣。斯亦至矣。爾其荷茲綸綍。竭力肺肝。夙宵勿忘於揣摩。甘苦必同於士卒。惟將身許。當盛世而建功。不以家爲。効前賢之立志。服我明訓。保爾令猷。可特授

趙保忠加恩制 淳化元年

門下。朕司牧烝黎。居尊寰海。天地之所覆載。日月之所照臨。書軌大同。聲教無外。改紀年之號。適履元正。推在宥之恩。以順和氣。其有土茅荷寵。旄鉞傳家。副我倚毗。爲予保障。得不舉疇庸之典。稽懋賞之文。具官趙保忠。義則君臣。親由父子。爲高門之良冑。富朔野之英材。獻籍來朝。早見舉宗之恭順。襲封舊地。能安奕世之土疆。師貞而紀律申明。政洽而袴襦和煦。式當行慶。方切念功。絲綸爰降於九霄。渥澤用光於十乘。錫井田之多戶。增邱甲之眞封。俾壯戎容。益雄閫寄。於戲。貴爲將相。位重公侯。有愛有威。則民俗感恩而稟令。惟忠惟孝。則神明助福而降祥。克隆家國之勳。更茂弓裘之業。服我訓勵。永享崇高。可

安遠軍節度使錢惟濬加恩制 淳化元年

門下。帶礪同盟。西漢寵王侯之位。江山挺秀。東吳生俊傑之臣。殊功則奕世貂蟬。美譽而一庭蘭玉。早膺異禮。別舉徽章。具官錢惟濬。孝則因心。忠惟令德。佩服詩書之訓。張皇閥閱之門。舊邦曾殿於兩藩。上國聯榮於三鎮。加以謙而好禮。貴不驕人。拂霧朝元。備盡肅恭之節。宣風鎮俗。遙分撫養之名。嚮以在疚端憂。奪情有命。遷鳳池之二品。秉虎節之十連。愛戴益堅。齊莊無逸。是用因獻歲改元之始。洒溥天覃慶之辰。奉邑眞封。併加懋賞。崇官

重錄。愈稱新恩於戲。爾先之積德累功。垂於信史。爾身之英才令望。播在昌朝。勉思三世之嘉猷。翼我千齡之景運。可。

鎮州節度田重進加恩制 淳化元年

門下。常山巨鎮。眞定名藩。南臨趙魏之郊。北控燕雲之塞。非英才不能以撫俗。非雄略不可以安邊。我有忠臣。膺茲重寄。具官田重進。好謀有勇。臨事無疑。搖羽扇以揮軍。執琱戈而衛社。山河著誓。昔刑白馬之盟。日月得天。早會飛龍之運。爰自輟從肘腋。付以腹心。委元戎十乘之權。授三令五申之制。而能寬則得衆。幕中之賓客盡心。奮不顧身。帳下之偏裨用命。貞予師律。知爾將才。屬滋覃慶之辰。宜盛推恩之典。旣加奉邑。仍益眞封。用寵勳賢。斯爲異渥。於戲。式遏亂略。勤勞王家。豐功則顯列旂常。懋賞則榮分節鉞。當年富貴。封侯豈讓于韓彭。蓋世勳名。佐主永高於衛霍。宜揚武力。保佑皇朝。可。

崔韓加恩制 淳化元年

門下。改號紀元。當四敍之伊始。推恩行慶。順三陽之布和。蓋慮德未動天。仁不周物。思與率土。同臻大中。况我勳臣。方提戎律。仗旄鉞而克清邊塞。降絲綸而宜舉徽章。具官崔韓。忠節明誠。周材幹蠱。夙契風雲之會。早膺茅土之封。嚴重可以總十連。惠和可以安千里。効去病之辭第。每勵純誠。想孟堅之勒銘。思齊茂績。合膺出綍。適示疇庸。芝泥爰錫於命書。采邑俾增於歲率。仍加眞食。用壯雄藩。爾其鐵石爲心。冰霜勵操。肉飛山立。冠勇氣於萬夫。弦急韋寬。兼政能於四善。佇靈臺之偃伯。期煙閣以圖形。欽承寵光。永戴興運。可。

米信加恩制 淳化元年

門下。順時司令。王者所以奉先。褒德賞功。國家所以行慶。鳳曆方新於大號。鴻休允洽於四方。宜伸進律之恩。以重握兵之寄。具官米信。驍勇無敵。智勇不群。有藩翰之舊勳。乃節旄之良帥。而自統茲師律。恢我武經。賁虎貔旗鼓之威。保襟帶山河之地。豐功利俗。克揚露冕之風。明略安邊。屢獻前茅之捷。嘉乃丕績。爲予藎臣。三朝方屬於履端。列辟宜伸於懋賞。益其眞食。增以戶封。告於明廷。用叶公望。於戲。爵祿之設。所以錄勳勞。封疆之勤。所以報榮寵。爾惟盡瘁。服我寵靈。可。

張訓加恩制 淳化元年

門下。朕恭承寶命。祗荷丕基。方期在宥於域中。敢不勵精于人上。惟國良將。爲予藎臣。安邊方倚於大藩。行慶固先於群后。爰以休命。告彼公朝。具官某。忠以戴君。勇於報國。威聲可以震殊俗。機略可以決群疑。統貔貅而久衛宸居。擁旄鉞而榮分閫寄。自臨巨屏。以長萬夫。令行而旗鼓風生。惠洽而山川雨潤。藹然令望。著彼一方。屬茲獻歲之辰。式舉賞功之典。益其眞食。增以戶封。用報勳勞。無忝優異。於戲。行爵出祿。所以旌有功。受命忘家。所以成茂績。爾惟盡瘁。服我寵靈。

劉繼元加恩制 淳化元年

門下。朕以握圖御宇。端冕臨朝。當勾芒布令之初。屬太簇均和之始。宜順時而行慶。冀與物以惟新。爰推作解之恩。復舉疇庸之典。具官某。氣鍾淳粹。道著謙恭。挺拱極之明誠。抗朝宗之亮節。靜專循默。見傾輸奉上之心。動率變通。得明哲保身之道。爰自膺絲綸於丹陛。擁旄鉞於雄藩。體予求理之懷。勵乃安民之術。方覃大慶。宜被殊恩。井田載廣其疏封。眞食率由於加等。是宜荷茲眷注。罄爾忠勤。永隆屏翰之功。克保始終之分。長享富貴。豈不美歟。可。

劉延翰加恩制 淳化元年

門下。朕順考古道。欽承大猷。慕皇王垂拱之風。應天地發生之氣。紀元改號。與品彙以咸新。褒德賞功。體時令而行慶。矧惟方面。式仗勳賢。用伸寵靈。諒允僉矚。具官某。武能卻敵。智足應機。挺峻拔之奇姿。稟堅剛之異氣。執戈衛社。松筠之貞節不渝。仗鉞臨戎。貔虎之英威自振。克奉疆埸之寄。已銘帶礪之勳。資爾忠勞。爲我藩屏。式降旌酬之命。用均渙汗之恩。增以戶封。進其眞食。朕於勳望。夫何悋焉。於戲。竭忠正以事予。德無不報。加寵章而待汝。恩實無私。宜保乃心。用服予訓。可。

李繼隆加恩制 淳化元年

門下。我國家卜世卜年。寶運啓無疆之祚。如礪如帶。列侯分壽土之封。惟屏翰于大邦。在忠勞之良將。應四序發生之候。行二儀普暢之恩。咨我藎臣。允膺休寵。具官李繼隆。英姿挺立。亮節不群。習三陣之機鈐。有七擒之智略。仗鉞受封疆之寄。橫戈推金石之心。臨戎則勇實無前。撫士則寬而有裕。壯予邊鄙。資爾器能。而又閱禮敦詩。著名臣之令望。好謙樂善。懷哲士之淸風。採於輿言。允謂賢帥。式舉賞功之命。雅符行慶之辰。益以戶封。進其眞食。寵予才傑。無悋便蕃。於戲。穰苴以受命忘家。去病以禦戎辭第。惟昔賢之令躅。著青簡之耿光。勉徇功名。副茲毗倚。可。

錢惟濬落起復加恩制 淳化元年

門下。緣情制禮。聖賢既著於通規。以道事君。忠孝貴存于具美。其有早聞在疚。勉徇奪情。當日月之既除。宜絲綸而降命。具官某。賢王令嗣。昭代純臣。河目龜文。自稟公台之相。琱戈鞏甲。咸推將帥之才。檢身靡恃於重侯。折節常聞於下士。爰自方榮侍膳。遽屬寢苫。曾子絕漿。曲盡執親之禮。晉侯始墨。旋膺順變之文。既及外除。無虧子道。俾削從權之號。仍加食采之田。於戲。累世勳庸。藏於盟府。當年富貴。光彼德門。常思帶礪之言。無忽盤盂之誡。欽哉丕訓。斯爲令圖。可。

錢惟治落起復加恩制 淳化元年

門下。移孝資忠。乃爲亮節。承家事國。始謂純誠。我有良臣。享茲全德。既畢苴麻之禮。宜頒綸綍之恩。具官某。氣稟星雲。心堅金石。晦功名而不宰。處富貴以無驕。閱禮敦詩。固潛資於韜略。輕裘緩帶。常獨示於優閑。加以政術融明。襟懷洒落。班條亘屛。咸推皐俗之才。抗疏丹墀。屢有遺榮之請。愈見貞純之操。實敦廉潔之風。自屬哀摧。顧聞毀瘠。殆將滅性。遄及外除。宜還馭貴之崇階。仍益爰田之多戶。於戲。修身之孝。無忘孔子之言。必復之榮。勉繼臧孫之後。益思砥礪。稱我寵光。可。

高瓊加恩制 淳化元年

門下。朕受命上元。作民元后。御明堂而布政。執大象以居尊。體乾坤煦嫗之仁。法雷雨涵濡之象。屬茲元會。用沛鴻休。言念勳勞。何慳優渥。具官高瓊。志惟許國。忠實忘身。勵勇氣於熊羆。挺純誠於金石。而自擢其材傑。付以節旄。築壇膺將帥之權。推轂受疆埸之寄。而能橫戈奮勇。執戟揚威。有孫吳馭衆之方。得頗牧禦戎之略。適行慶賜。宜被寵靈。是用增以戶封。益其眞食。仍寵加於侯爵。用併示於朝恩。於戲。建牙仗鉞之勞。爾宜思報。礪岳帶河之誓。予非敢欺。膺此訓辭。更茂勳績。可。

張旻移鎭開府儀同三司制 天禧二年十一月辛丑

齋壇受律。本諸侯分閫之雄。黃閤兼榮。同上宰秉鈞之貴。其有早隆勳望。夙蘊謨明。竭心膂以致君。積勞能而許國。舉茲朝命。式奬信臣。河陽三城節度使、起復冠軍大將軍、檢校太尉、兼御史大夫、上柱國、清河郡開國公張旻。克富卿材。蔚爲邦傑。詩書繕學。金石存誠。頃嘗視武邊陲。總戎禁掖。有經遠之明略。蘊事君之茂功。荐以徽猷。翼于樞近。屬申威於大旆。俄銜恤於素冠。既腰絰以奪情。且執圭而來覲。朕曩由儲邸。備覩忠公。得將帥之宏規。韜文武之英術。是用錫之瑞節。鎭彼彭門。佩以印章。偕於漢弼。仍益井田之賦。允優綸綍之恩。荷此寵靈。永孚厥位。可依前檢校太尉、同中書門下平章事、行徐州大都督府長史、充武寧軍節度觀察等使。加食邑一千戶。食實封四百戶。

陳堯咨武信軍節度使知河陽制

門下。國家建侯胙土。授鉞殿邦。以鎭撫戎麾。屛翰王室。爰議登壇之拜。允資名世之才。叶是僉俞。式申誕告。武勝軍節度觀察留後、金紫光祿大夫、檢校太保、使持節鄧州諸軍事、鄧州刺史、兼御史大夫、上柱國、潁川郡開國公、食邑四千五百戶、食實封一千八百戶陳堯咨。學該韜略。心富經綸。早逢熙盛之辰。首入英雄之彀。亟升膴仕。驟陟榮塗。裁成帝誥之言。徧歷詞臣之職。侍中天之內閣。貳文昌之六官。凡所踐敭。益彰問望。乃至撫臨藩郡。尹正神畿。剸繁劇而有餘。振綱條而不紊。尋領觀風之任。居多鎭俗之方。爰自帥聯。總司留務。長萬夫而賦政。克壯其猷。趨一節以來朝。增隆乃眷。疇茲寵典。久注予懷。特推進律之文。俾正中權之節。擇遂寧之巨鎭。遙建高牙。守孟津之奧區。佇殞美化。舉斯優渥。蓋示褒榮。於戲。啓茅土之封。旣推異數。爲詩書之帥。無媿前良。祗荷明恩。勉圖懿效。可特授依前檢校太尉、使持節遂州諸軍事、遂州刺史、兼御史大夫、充武信軍節度、遂州管內觀察處置、橋道等使、知河陽軍州事、兼管內河堤勸農使。散官勳封食實封如故。

宋大詔令集卷第一百五

武臣三

狄青落起復加恩制

門下。盡誠而思孝。聿臨終制之期。陳力以在公。宜去奪情之號。載稽明式。肅降寵光。具官狄青。優負智謀。素推驍果。屢膺戎寄。久練武經。往者西師在邊。外勤將略。參著幄畫。助嚴邦威。擅賈復折衝之能。得亞夫持重之體。報功居最。騰譽寖高。方厚委毗。旋罹凶釁。起之苴経。躋以節旄。惟孝謹之克成。矧忠勞之兼峙。歲月云既。徽章用加。增之峻階。併衍封邑。於戲。疆埸之重。戍更之煩。顧其謀猷。緊在帥領。惟盛明可以安事體。惟信順可以服人心。勉思善經。毋替前効。可。

狄青彰化軍節度使加恩制

門下。萬夫之長。所以觀師政之宜。四方于宣。所以寄國都之重。誠治外之攸繫。固用人之匪輕。我有勳賢。時惟帥任。當圖茂績。以正中權。載諏剛辰。敷告列位。具官狄青。體沉鷙之度。懷忠毅之資。策名兵鋒。受任邊瑣。權謀形勢。該通四種之書。叱咤喑嗚。居擅萬人之敵。自種方之背德。至邊吏之載書。綿祀于茲。寔由四紀。增兩使之留務。兼七萃之禁營。委之朔陲。俾乂戎索。迨遘塊苫之戚。起從金革之權。立節益堅。歷時茲久。戎防有謐。疆候弗譁。每念膚公。盍先懋典。用宣猷於庭論。且伻視於版圖。得彰化之全軍。控密須之近壤。往班瑞節。就領將衙。以至增環尹之階。進告圭之爵。加近田而衍食。更重號以報功。併示寵嘉。以殊獎遇。於戲。建旌居內。制閫在邊。有社有民。可以述宣條教。足兵足食。可以綏定疆埸。勉恢令圖。毋忝我謀帥之舉。可。

張茂實依前檢校工部尚書充寧遠軍節度使加恩制 嘉祐元年恭謝

門下。朕嚮以日中聽政。夜分觀書。雖禹湯求理之心。未嘗敢怠。而黃老養性之術。頗有所虧。賴穹厚之惠康。蒙宗社之敷佑。善氣來復。吉履以強。恭卽路朝。述修祀事。以虔大報。用荅元祺。藩岳底貢而畢臻。神祇呈貺而胥穆。薦享之夕。儀物粲然。丹燎告升。休景彌燭。策勳有典。班胙著文。眷言戎翰之臣。用孚建號之慶。具官某。誠節果壯。志度深沉。濟美本於勳良。好謀通於奇正。習安邊之將略。善於拊循。佐絕域之使才。得其要領。以忠謹之操。入衛於巖廬。以武毅之風。出分於制轂。牙旗云建。師律有嚴。十國爲連。總普寧之奧壤。萬夫觀政。殿上黨之強藩。封守以安。方貢惟謹。遹成熙事。均賦祥釐。參繹內外之勞。昭示幅員之慶。時惟良帥。崇以勳名。仍開衍食之封。益示陪敦之寵。茲爲異數。庸顯茂功。於戲。邦國用光。天人助順。康哉之慶。豈獨在予。霈然之恩。庶均惟屏。往服茲寵。益慎爾猷。

張茂實檢校司徒集慶軍節度使加恩制 嘉祐八年英宗卽位

門下。朕欽承顧命。獲纂慶基。永惟守衞之難。彌深注倚之意。眷言宿帥。方殿近藩。爰擇剛辰。式加朝渥。推忠保順翊衞功臣、淮康軍節度、蔡州管內觀察處置等使、光祿大夫、檢校司空、使持節蔡州諸軍事、行蔡州刺史、兼御史大夫、上柱國、清河郡開國公、食邑六千五百戶、食實封一千六百戶張茂實。性根忠謹。氣稟沉雄。蘊智略以自將。契風雲而感會。內則典兵提旅。著宿衞之勤。外則禦侮折衝。副推轂之望。加以肅祇畏事。勤瘁飭躬。遠名勢以不居。享富貴而能保。壯猷益茂。進律是宜。峻視秩之崇。往敷五教。易擁旄之寄。逐長十連。衍眞食以陪敦。益戶封而光啓。於戲。高秩厚祿。無恡于褒嘉。顯績英姿。勉圖於報稱。無煩多訓。往服恩章。可。

姚雄加檢校司空泰寧軍節度使致仕進封開國公制 政和元年十二月十一日

門下。壯猶方懋。肅將師律之嚴。旅力既愆。式燕里居之逸。義固齊於出處。禮均厚於始終。申賁恩章。誕敷渙號。武康軍節度、洋州管內觀察處置等使、持節洋州諸軍事、洋州刺史、提舉西京嵩山崇福宮、上柱國、吳興郡開國侯、食邑一千八百戶、食實封六百戶姚雄。資函沈勇。世服忠勞。凜然介冑之容。濟以鈐符之略。內拊循于儌衞。外均制於戎區。自奮直前。蓋稟山西之勁。所當輒破。尤高河表之勳。暨復起以造朝。屬荐膺于分閫。牧寧武事。屢奏膚公。方注意以程能。亟陳情而告病。俾休祠館。姑徇所安。惟閱囊封。莫回厥志。再念爪牙之舊。閔勞官職之勤。勉遂辭榮。豈無懋寵。峻冬卿之視秩。易輔鎭之齋旄。序爵疇庸。加田衍賦。併爲優渥。式增耀于言歸。想在老成。宜益敦于報効。於戲。壽胥與試。副予黃髮之詢。公爾忘私。時乃素懷之尙。勿云謝事。而有遐心。可。

劉法保大軍節度使充熙河蘭湟路經略安撫使馬步軍都總管知熙州制 政和六年五月二十六日

門下。周官以八柄詔王。莫先馭貴。左氏以七德經武。亦曰定功。迺眷爪牙之臣。克勤疆埸之衞。涓辰錫命。孚號揚廷。具官某。器宇沉雄。性資嚴翼。奇謀必中。擅玉帳之威名。義勇無前。稟金行之勁氣。久共武服。積有戰多。茲統銳兵。往築新壘。悉乃心力。濟予事機。誅斬寇讎。曾隻輪之不返。肅清邊徼。方百堵之皆興。用答殊庸。特頒優賞。洛郊顯鎭。俾進秉于將旄。狄道雄藩。兼寵專於帥閫。益隆寄任。併示褒嘉。於戲。往城于方。出車所以美南仲。用錫爾祉。江漢所以命召公。無替前修。尙觀遠業。可。

張維加恩制 政和六年宗祀

門下。朕祇荷天明。丕承考翼。誕舉宗祈之典。越伸昭配之誠。陟對一堂。穆若帝親之饗。賓筵五室。怳兮物象之臻。方熙事之備成。有湛恩之汪濊。肆揚廷號。以寵忠勞。具官某。挺德粹溫。秉心恪愼。疏榮分閫。靡聞矜大之尤。領使眞祠。彌勵寅恭之節。屬肇嚴于新禮。宜共享于鴻禧。申衍眞租。載陪多賦。

用隆眷遇。允協彝章。於戲。賚我思成。旣稱秩于元祀。受茲介福。其錫予於善人。益勵爾爲。以欽朕訓。可。

郭重加恩制 同上

門下。朕紹承列聖之休。稽考先王之典。肇新重屋。申講彌文。用嚴祀事之明。允盡孝思之則。天人無間。福祿來成。眷言宿將之良。比護周廬之近。式均惠術。孚告治廷。具官某。氣節沈雄。才資勇毅。蚤共武服。馳塞外之威名。久握兵符。肅軍中之紀律。赴功不懈。馭衆有方。力丐便安。載加勳舊。寵以齋壇之重。假之祠館之閒。屬舉精禋。肆敷慶澤。加田眞食。拓井陪封。於戲。來熙來寧。宜共旣神之祉。惟忠惟孝。尙堅衞社之誠。仰服恩華。益祗丕訓。可。

劉法檢校少保制 政和四年四月七日

門下。和衆安民。蓋本聖人之德。第功行賞。茲爲王者之權。眷時宿將之良。蚤列元戎之貴。載稽勞烈。式示恩章。播告治朝。誕孚群聽。保大軍節度使、充熙河蘭湟路經略安撫使、兼馬步軍都總管、兼知熙州軍州事、及管內勸農使、彭城郡開國侯、食邑一千七百戶、食實封四百戶劉法。沈雄而獨斷。精勇而善謀。事不辭難。竭智能而自奮。義無反顧。仗誠信而必行。頃分洛水之旄。出鎮臨洮之寄。戎容克壯。師律加嚴。潛破陰謀。豫圖遠計。深入其阻。兵無鏃矢之遺。往城于方。地據襟喉之要。烝徒不擾。斥候甚明。旣宣力之滋多。豈疇庸之可後。宜視貳公之峻。式昭次保之榮。寵數特殊。眷懷良厚。益振軍中之氣。愈嚴閫外之威。於戲。整我六師。久倚干戈之衞。辟國百里。荐分疆埸之虞。尙肩乃心。往祗朕命。可。

姚古檢校少保制 政和七年九月十六日

門下。保邦馭遠。莫先經武之謀。制爵序勞。斯有懋功之典。乃睠乘邊之帥。嘗專統衆之權。旣上膚公。宜疏渙渥。肆朌恩綍。孚告朝紳。昭慶軍節度使、充環慶路經略安撫使、馬步軍都總管、兼知慶州軍州事、及管內勸農使、吳興郡開國公、食邑二千二百戶、食實封五百戶姚古。智慮沉深。材資驚勇。家傳方略。識兼龍豹之弢。世有威名。令信貔貅之旅。荐守慶陽之藩翰。實當西夏之襟喉。比命樞臣。出宣廟算。式煩總護。往遂討除。臨衝閑閑。傅堅城而亟下。征夫捷捷。俘群醜以具來。功初易于建瓴。勢終同於破竹。包劇山川之險。坐安障塞之虞。茲飲至以勞還。首疇庸而進律。視儀亞保。衍食眞封。以增閫寄之榮。並暢天聲之廣。於戲。方叔率止。固已壯於師干。召伯成之。尙克寧於疆土。勉祗朕訓。益勵爾猶。可。

劉法檢校少傅制 政和八年八月五日

門下。陳干戈而示告。時惟天罰之恭。行鼓鍾鎛以愷還。茲重王師之大獻。肆舉策勳之典。疇先奮武之臣。爰輯朝紳。誕颺命綍。檢校少保、保大軍節度使、充熙河蘭湟路經略安撫使、兼馬步軍都總管、兼知熙州軍州事、管勾神霄玉淸萬壽宮、及管內勸農使、彭城郡開國公、食邑二千二百戶、食實封六百戶劉法。材資剛毅。智慮沉深。夙懷忠信之誠。兼究弢鈐之學。任方面之寄。居則閱禮樂而敦詩書。整軍旅之容。動則貴攻取而賤退守。名震邊裔之草木。計安洮隴之金湯。每邁烈烈之征。益見多多之辦。屬夏臺之干紀。咨公保以撫邊。載常服以飭戎車。首用鷹揚之帥。奉靈旗而指伐國。俾平蟻聚之區。曾無頓戟之煩。遂盪堅城之險。襟喉肇據。壁壘並興。繼伐廣聲。蓋莫如於今日。懋功詔爵。宜顯答於殊勳。用陞亞傅之班。增衍腴田之錫。於戲。功多而賞則厚。予用勸於臣勞。輔周而國必彊。爾尚恢於將略。往祗恩渥。務體訓言。可

姚古檢校少傅制 宣和元年六月十七日

門下。王者之兵本仁義。蓋禁暴以安民。天下之將通神明。用折衝而禦侮。眷予良帥。久扞邊陲。肅將威罰之行。茂錫愷還之渥。肆敡制綍。用亶朝紳。檢校少保、昭慶軍節度使、吳興郡開國公、食邑二千七百戶、食實封七百戶姚古。資尙沈雄。氣懷宏遠。寬嚴有制。得將略之五權。機速如神。達兵家之三陣。自領幹方之寄。益昭恢武之經。克壯其猷。不顯亦世。屬夏臺之匪茹。咨樞輔以有征。授鉞興師。式副探薇之命。執俘獻馘。俄收破竹之功。要衝逋下於三城。震壘坐清於萬里。方款叩關之敵。遂開偃伯之期。戎乘啓行。已著持軍之効。介圭入覲。敢忘詔爵之圖。用陞亞傅之崇資。仍領价藩之舊節。文武是憲。威儀則多。於戲。櫜弓矢而戢干戈。予式敷于文德。敦詩書而閱禮樂。爾尙保於智名。往體至懷。益綏慶譽。可

郭仲依前建武軍節度佑神觀使加恩制 宣和元年冬祀

門下。朕荷霄辰之眷命。遵祏室之詒謀。稱祀迎長。並受百神之職。推恩肆宥。聿同萬宇之休。眷言爪士之賢。嘗典五符之重。逮茲廣餕。敢後疇庸。肆申出綍之華。式告造廷之衆。具官某賦材果毅。秉節沈雄。肅介冑之容。動必形于忠義。護貔貅之旅。久益著于恩威。中匄便安。荐加優渥。俾使琳宮之邃。仍分金鉞之雄。屬熙事之涓成。裒慶條而誕舉。徹圭敦賦。益戶衍封。於戲。祗戒精專。茲獲居歆之貺。亟蒙祉福。特蕃賚予之私。尙服恩榮。益祗猷訓。可

劉仲武加恩制 宣和元年冬祀

門下。朕治百禮於熙晨。肅六蜚於近甸。陞侑烈祖。燕及皇天。精意上昭。茲親德而饗道。景光下燭。示隤祉以發祥。靈承滋至之休。敦錫無疆之福。矧予宿將。可後寵章。瀘川軍節度使、提舉亳州明道宮、彭城郡開國侯劉仲武。稟姿沈雄。植德端亮。有嚴有翼。智略洞乎韜鈐。不吳不揚。威聲聞乎草木。隱若敵國。賢於長城。閫將擁旄。屢閱膚公之奏。琳宮曳組。載隆恩禮之優。茲于大報之成。宜有龐禧之寵。陪之采邑。衍厥戶封。於戲。申命用休。旣特均于慶賚。永錫難老。尙克紹於謀彝。往服褒嘉。益綏燕譽。可加食邑五百戶、食實封二百戶。

高敦復建武軍節度使醴泉觀使制 宣和二年五月三日

門下。爵以馭貴。祿以馭富。所以作人主之福威。能者服采。賢者服休。所以等朝廷之位敍。若時諸將。護以元戎。蓋必有非常之功。然后行不次之賞。暴揚偉烈。播告在廷。崇信軍承宣使、提舉西京嵩山崇福宮、安康郡開國侯、食邑一千二百戶高敦復。謹畏而小心。沈毅而有勇。任職滋久。而未嘗有過。遇事不擇。而居惟盡忠。源之深者流必長。善之積者慶不揜。煌煌朱輪。驷馬之盛。粲粲金章紫綬之騈。眷爾嗣人。事予潛邸。赤心左右。一節初終。如宋昌以謀議而戴孝文。如王常以親信而從光武。服在掌武。均于柄臣。屬者杖使節以載驅。銜王命而抗論。凜凜而義形于色。諤諤而言皆匪躬。相如入

秦。爛然完璧之蹟。蘇武守節壯哉引佩之辭奇節隱而不言。信賞稽於時舉。有嘉謙德。未協師言。肆頒朕恩。用貤爾父。彤戈𥳑節。授建武之旌。皂蓋朱轓。易崇信之帥。均休眞館。衍食𩊱田。併示殊私。於昭異禮。於戲。功大者賞不可後。寵至者志當愈堅。眷惟老臣。奚俟多誥。守義方之訓。有懷狐突之教忠。及親仕之榮。兼厚曾參之孝養。永綏壽考。益礪精忠。可

檢校少保建武軍節度使韓正提舉嵩山崇福宮制宣和六年

敕。玉帳論兵。出擁將旄之重。琳宮嚮道。入參台紱之華。眷惟武德之臣。嘗委侯藩之寄。特頒休命。以答丕功。具官某。器識宏深。才猷俊偉。蹈恭勤於世習。稟義勇於天資。頃膺推轂之求。備罄守邊之略。宣力匪懈之分。閫外之憂。治衆有方。時廸師中之吉。肆嘉來覲。益侈褒章。盪節彤戈。極元戎之異禮。繡裳朱舄。視亥保之彝儀。齋鉞不移。眞祠自佚。既陪敦於邑賦。復增衍於邦租。并舉恩徽。式昭厚遇。於戲。崇階顯秩。授豈予私。壯志純誠。報將汝責。惟謹恪。可以圖終譽。惟忠孝可以保寵榮。勉宣令猷。無墜明訓。可

宋大詔令集卷第一百十六

典禮一

封禪上

宰相等表乞封太山答詔 太平興國九年四月甲申

朕常乙夜觀書。鑒前王之事迹多矣。若乃至聖同堯。大功超舜。底績類于伯禹。敷佑比於成湯。然後可以高蹈介丘。遐登日觀。告成功於上帝。祈景福於下民。歷萬代以流光。冠百王而擅美者也。其或功虧治定。德謝欽明。道未洽於黎甿。信未孚於寓縣。安可告成天地。展禮云亭。朕自纘丕圖。若涉淵水。方思日愼。以答天休。止期粗洽於小康。焉敢輒言於大禮。卿等忠於事主。善則稱君。誠雖可嘉。事則未暇。省覽數四。愧畏良深。所請宜不允。

宰相三上表答詔 四月甲午

朕聞在昔帝王。虔膺命厤。罔不登封於岱嶽。降禪於云亭。所以昭大業於寰區。告成功於穹昊。遠則軒皇舜后。禋燔之迹可尋。近則漢武玄宗。銘記之文斯在。國家承百王之軌統。撫萬國之蒸民。屬唐梁離亂之餘。接漢晉衰微之後。四方文軌。尚未混同。萬里土疆。猶多僭僞。肆予小子。嗣守丕基。九域之中。旣恢於禹迹。八紘之內。悉奉於周正。帝業於是會昌。人寰以之再造。加之俗無疵癘。歲有豐穰。蓋上帝之儲休。匪沖人之所及。方思日愼一日。安夫難安。粗答天休。敢言時邁。而宰衡庶尹。方岳大臣。蕃夷酋長之徒。耆艾緇黄之輩。共排閶闔。三貢表章。謂爲治定功成。可以繼三五之跡。升中肆覲。可以副億兆之心。其辭確然。無以遜避。且欲致孝以伸昭祀。祈福以庇蒼生。勉順群情。良深愧畏。朕以今年十一月二十一日有事于太山。咨爾執事之臣。曁于司禮之士。各揚其職。用副予懷。永惟對越上元。要在誠意。侈靡之飾。何所用焉。況仗衛素嚴。文物昭備。宜遵典故。勿致煩勞。諸路藩鎮。不得以修貢助祭爲名。輒有率斂。庶從簡儉。以洽靈心。凡爾臣僚。當體茲意。

罷封禪十一月二十一日有事南郊詔 太平興國九年六月壬寅

朕以眇躬。嗣守丕構。涉道猶淺。布政未孚。中心惕然。常所祇懼。昊天垂祐。黔首小康。豐年屢臻。四鄙不聳。豈敢暇逸。自懷宴安。昨者文武群臣。洎乎耆耋。盈庭抗疏。連袂扣閽。謂當治平之時。請舉升中之禮。顧惟涼德。豈所克堪。而陳請再三。因以俞允。載惟盛禮。終覺愧懷。況封禪之儀。廢之已久。百司祇奉。辦集尤勞。萬姓供輸。勞擾斯甚。且令停罷。更俟後期。國門之南。圓丘素備。宜輟登封之禮。聿修柴燎之誠。朕以十一月二十一日有事于南郊。凡爾臣僚。當體朕意。

先有發掘前代石檢隳壞古之壇墠修完詔　雍熙二年十二月甲子

瞻彼泰嶽。奠乎魯郊。升中告成。歷代之儀斯在。泥金檢玉。前聖之迹猶存。所宜肅恭。常加營護。先有發掘前代石檢隳壞古之壇墠。並令修完。如故。州縣常謹視之。

答知兗州邵煜請東封詔　大中祥符元年二月

喬岱群嶽之宗。登封盛德之事。非道格穹壤。運屬隆平。在於告成。豈可輕議。而東土黎老。闕里諸生。咸傾望幸之心。請舉升中之禮。汝典司郡政。允迪輿情。爰奉奏章。罄述忠懇。以爲五兵載戢。多稼屢登。嘉瑞荐臻。祥符昭錫。合遵舊典。告謝上穹。顧惟眇躬。祗荷丕構。焦勞庶政。勤恤下民。懼理道之或愆。方夙夜而祗畏。矧敢追蹤列聖。紀號崇山。深諒乃誠。未遑斯舉。所請且不允。

答宰相等乞封禪第一表詔　大中祥符元年三月壬午

歷觀列辟。遐覩哲王。農軒已來。唐漢而上。非鴻勳格於穹昊。厚福浸於黎元。憲度著明。休應昭晰。則何以肅祇嚴祀。益厚以增高。告厥成功。封巒而禪社。顧以眇質。嗣茲慶基。荷三靈之眷懷。紹二聖之休烈。夕惕若厲。旰食靡遑。幸寓縣之小康。且干戈之載戢。四時大順。五穀荐登。斯蓋祖宗之顧懷。神靈之協贊。方思日慎。以答天休。而公卿大夫。岳牧庶尹。將校緇黃之衆。蕃夷耆艾之倫。僉以時洽治平。物無疵癘。寶符肇降。鴻貺孔昭。適當偃革之期。願舉升中之禮。備稽典故。共拜封章。雖簡册以具存。豈涼薄之能享。披覽之際。循省增慙。徒諒衆誠。固難輕議。

答宰臣等請封禪第二表詔　大中祥符元年三月癸未

古之王者。膺期御厤。必舉登封之禮。式昭元命之符。所以讓德於皇穹。推功於厚載。非有鴻烈。疇能當之。朕以沖眇之軀。託於億兆之上。欽承丕訓。寅紹寶圖。念守位之惟艱。懼涉道之猶淺。憂勤聽斷。一紀于茲。至於尉候無虞。倉箱流衍。政清訟息。俗阜人和。上則荷霄昊眷佑之仁。下則賴文武叶宣之力。汔臻大定。敢曰予功。眷言封岱之儀。實爲盛德之事。在於往聖。猶罕遽行。何中外之勤誠。奉表章而繼至。冀追蹤於三五。將紀號於云亭。覽之惕然。彌用增愧。難從衆懇。已諭至懷。載念傾虔。但深嘉尚。所請宜不允。

答宰相等請登封第三表詔　大中祥符元年三月甲申

夫封巒藏事。所以對越高明。刻石紀功。所以儀炳今昔。自開元之後。垂三百年。豈無令王。尚闕斯禮。誠以典章久廢。非可遽行。德澤未孚。不欲輕議。肆朕寡昧。獲膺運厤。承累洽之慶。介純嘏之休。方隅甫寧。黎獻從乂。萬樞粗治。九縣汔康。而厖鴻之恩。未浹於品庶。中和之頌。未暢於風聲。金土之價未均徽纆之刑未措。踵武前哲。良用恧焉。矧敢舉帝王之上儀。涉天孫之喬嶽。備物輯瑞。考四巡之舊規。建號勒功。爲百王之稱首。茲事體大。寧所克堪。當悉予懷。卽斷來表。

答宰相等請登封第四表詔 大中祥符元年三月丙戌

夫升中告成。帝王之盛禮。時巡展義。三五之令猷。自非膏澤浸於群黎。至德敷於九有。休烈浹洽。福應昭明。然後俯叶輿情。疇茲故實。就此發生之序。肅祇崇報之儀。顧予沖人。獲纘鴻業。每淩兢於馭朽。敢逸豫以圖安。居常內思。懼弗克荷。矧以政治猶鬱。德教未孚。詎可繼踵於前王。奉荷於岱岳。諒非飾讓。難徇衆懷。所請宜不允。

答宰相等請封禪第五表詔 大中祥符元年四月甲午

朕博考簡編。遐觀往昔。若乃誕膺帝籙。撫有中區。華夏底寧。珍符沓至。曷嘗不陟降東岱。對越上穹。益厚增高。讓德而崇化。昭姓考瑞。建號以飛聲。由無懷已來。略可概舉。逮開元之後。因而曠廢。我國家誕膺駿命。肇啓丕圖。太祖以神武濟三才。太宗以至仁綏六合。豐功美利。累洽重熙。蓋五十年于茲矣。肆朕涼薄。獲承基構。懼德弗類。因時而惕。勵精以求治。虛己以納善。案節以展義。潔粢以事神。仰畏高明。不遑中昃。賴宗祊之儲祉。荷靈祇之顧懷。鑒茲小心。介以景福。五兵載戢。百穀屢豐。寓縣謐淸。王猷允穆。而又眞官預告。祕檢下臨。示卜世之休期。表自天之眷命。恭承景祐。靡敢遑寧。期以大享明堂。聿脩郊禮。備伸昭事。以達至誠。不謂魯國諸生。東山黎老。來自千里。同竭一心。連袂荐臻。扣閽有請。罄陳徯望之懇。願舉升中之儀。而宰衡官師、岳牧庶尹、緇黃將校、酋長耆年。不謀而同。奉疏來上。敍天人之交感。述方册之前聞。以爲登岱勒封。古之盛典。奉符行事。今也其時。五表繼陳。衆願彌確。荐加敦諭。難奪傾輸。若以荷無疆之休。當盛德之事。發揮茂實。丕顯成功。益用愧懷。非所宜請。止於報謝天地。備物而告虔。升配祖宗。尊親而致孝。式揚先烈。以耀大猷。是爲素心。何敢崇讓。朕以今年十月內。式遵典禮。有事於太山。咨爾百執之臣。掌禮之士。各揚乃職。勿曠攸司。朕之是行。昭答神貺。匪求仙而邀福。在報本以潔誠。至乃珪幣所須。牲牷攸給。並資豐備。以格神明。其有司供帳之規。乘輿服御之物。悉從節減。勿致煩勞。式盡嚴恭。務遵簡儉。凡百費用。並支官物。一路止增修館舍。就建行宮。經由州縣。所用什物。亦以官物置辦。不得差擾。輒借及有科率。諸司須索。非敕命。州縣不得供給。所在馳道。勿差丁夫。廣有修葺。其香臺畫甃。靑繩闌干。亦不須設。諸路長吏。無得擅離本任。來赴行在。仍勿以修貢助祭爲名。輒有率斂。起居章表。附驛以聞。

宋大詔令集卷第一百十七

典禮二

封禪下

禁泰山樵採詔 大中祥符元年四月丙申

朕將陟介邱。祗答鴻貺。方遣先置。已諭至懷。而嶽鎮之宗。神靈攸處。尤宜安靜。以表寅恭。慮草木之有傷。在斧斤之不入。庶致吉蠲之懇。式符茂育之仁。應公私不得於泰山樵採。違者具以名聞。重行科斷。

封禪戒約京東州軍刑獄務從寬恕詔 大中祥符元年四月辛丑

朕登岱勤封。爲民祈福。庶獄訟之勿擾。在刑典以惟寬。用副哀矜。資於明恤。應京東州軍刑獄務從寬恕。無得非法決罰。

封禪離京日至封禪不舉樂詔 大中祥符元年五月癸未

朕勉從人望。將陟靈封。常惕厲於精誠。庶虔恭於大禮。當齋結佩。猶防鳴玉之音。祗事戒塗。豈尚成文之奏。務從嚴肅。無或喧煩。自離京日至封禪以前。並不舉樂。經歷州縣。無得令樂人迎候。

封禪禁屠宰詔 大中祥符元年八月乙巳

朕爰以良月。有事介邱。答穹昊之眷懷。爲蒼黔而祈福。屬在告虔之際。宜施育物之恩。冀洽好生。式崇昭報。應天下並禁屠宰一月。以十月一日爲始。

於崇政殿習東封儀詔 大中祥符元年九月癸未

朕祗荷美祥。聿修封祀。爰從歷代。久曠上儀。將表嚴恭。宜先肄習。冀精祥於陟降。固罔憚於躬親。朕取今月二十八日於崇政殿習東封儀。

命考制度使詔 大中祥符元年十月庚寅

王者舉時巡之規。會方岳之下。布憲昭度。率遵於禮制。陳詩納賈。用觀於民風。至於察郡吏之政能。大明黜陟。稽爲邦之品式。申禁奇衺。詢利病於閭閻。訪隱淪於屠釣。勤恤人隱。周給天窮。斯皆展義之舊章。前經之丕訓也。朕以寡德。祗建大封。三神交歡。百祥總集。是用疇咨故實。參酌典彝。克遵設教之文。庶叶徯予之慶。宜以御史中丞王嗣宗攝御史大夫。爲考制度使。右正言知制誥周超攝中丞爲副。所經州縣。採訪官吏能否、民間利病。市物之價、舉察儀制車服、權衡度量不如法則者。有奇才異行隱淪不仕者。與所屬長吏詢求論薦。鰥寡惸獨不能自存者。量加賑恤。官吏政迹尤甚。民受其惠及不守廉隅昧於政理者。孝子順孫、義夫節婦爲鄉里所稱者。並條析以聞。

登封泰山赦天下制 大中祥符元年十月

門下。式觀邃古。眇覿前王。功成治定之餘。時和歲豐之際。三靈孚祐。萬寓宅心。則有登封降禪之文。建顯垂鴻之禮。無懷而下。閒封祀於崇巒。開元以來。曠講求於徽典。時更五代。運應千年。當聖祖之開基。肇平郊壘。暨神宗之繼統。益固邦基。升喬嶽以未遑。謂沖人之克構。肆予纂紹。每務精勤。期經畫於永圖。庶奉成於先志。顧惟寡德。素昧王猷。遵奕世之貽謀。承慶靈之及遠。屬以五兵銷偃。四海澄清。良民洽歸厚之風。嘉穀茂重華之歲。荷鴻符之昭錫。示天厤以無疆。允叶昌期。寔繁靈眷。威蕤絕瑞。覺悟輿情。是用承列聖之垂休。徇衆臣之勤請。聿崇大報。躬造神區。文物聲名。具陳於法駕。豆籩珪幣。悉奉於彝章。紫壇申嚴配之儀。玉檢視封崇之制。諒三神之降鑒。伊百福之潛臻。輯瑞班朝。率從肆覲。省方問俗。用慰來蘇。遵王度以無徭。展國容而有耀。既被紛綸之景貺。宜覃渙汗之洪恩。冀與群生。共膺純嘏。可大赦天下。云云 於戲。升中展采。曠古之盛儀。尊祖配天。哲王之鴻範。既周旋而集事。諒中外以咸歡。載省眇躬。獲成大禮。猥當殊慶。愈勵深衷。思廣聽於嘉謀。貴同裨於闕政。更賴朝廷勳舊、藩輔親賢。逮諸文武之臣。共立忠勤之効。式扶昌運。永保丕休。

玉牒文 大中祥符元年十月辛亥

有宋嗣天子臣某。敢昭告于昊天上帝。運啓大同。惟宋受命。太祖開階。功成治定。太宗膺圖。重熙累盛。粤惟沖人。丕承列聖。寅恭奉天。憂勤聽政。一紀于茲。四隩來暨。丕貺殊尤。元符章示。儲慶發祥。清淨可致。時和年豐。群生咸遂。仰荷顧懷。敢忘繼志。僉議大封。聿申昭事。躬陟喬嶽。對越上天。率禮祗肅。備物吉蠲。以仁守位。以孝奉先。祈福逮下。佑神昭德。惠綏黎元。懋建皇極。天祿無疆。靈休允迪。萬葉其昌。永保純錫。

改奉高宮曰會眞宮詔 大中祥符元年十月辛亥

朕以祗膺祕籙。茂建元封。答三神之眷懷。揚二聖之徽烈。顧奉高之遺址。著輿地之舊聞。俯按頌祇之庭。允謂受釐之館。惟玉虛之上聖。領金闕之衆眞。垂賚眇沖。屢臻瑞應。上儀克舉。大慶已成。將申嚴奉之心。用報厖鴻之祉。宜改上太上奉高宮曰會眞宮。增葺室宇。務從嚴潔。無事雕飾。自京選名德道士住持焚修。仍給供具物。

改登封省方逍遙輦詔 大中祥符二年五月乙卯

輿輦之設。典式具存。屬萬仞上封。千里東狩。遂從宜而立制。當因用以得名。宜以天平輦爲登封輦。辟塵逍遙輦爲省方逍遙輦。

祀汾陰

答群臣請親祠汾陰表詔 大中祥符三年五月辛丑

至哉坤元。資生於品物。瞻彼汾曲。崇建於靈祠。稽唐漢之舊章。載縑緗而可覩。並行親祭。因祝厖禧。朕寡昧承祧。虔恭守位。念大事之在祀。仗至誠而感神。仰膺覆載之休。豈忘明察之訓。蓋以曠絕斯久。振舉尤難。非有盛德之升聞。曷致上靈之來享。比者再得守臣之奏。備達輿人之情。荐錫詔書。拒其誠請。亦內省之甚熟。固輕議之未遑。卿等不謀而同。奉章來上。褒揚斯至。稽述有倫。雖蒙懇之甚勤。在予衷而增惕。徒深歎尚。莫克遵從。所請宜不允。

有事汾陰后土詔 大中祥符三年八月丁未

王者膺籙受圖。保邦纂極。必竭誠於明察。期隤福於蒼黔。朕以寡昧之資。紹庬鴻之業。丕承先訓。奄有中區。欽事上靈。協和庶績。常勵守成之戒。聿丁下武之期。向者寶命自天。真符錫祚。荷鑒觀之垂祐。罄溥率以蒙休。福應沓臻。人祇訢合。揚祖宗之盛烈。體蒼昊之眷懷。稽增封廣禪之文。追昭姓考瑞之事。勒成展寀。繼志垂鴻。交歡三神。均恩萬寓。顧以台德。建茲上儀。匪敢遑寧。益思惕勵。不謂蒲阪遺耋。冀部守臣。稽合輿情。述宣舊典。且以汾河之曲。素嚴后土之祠。遠貢封緘。繼陳勤請。載惟曠絕。難議允俞。復又拱著之倫。扣閽來至。以爲運格熙盛。俗洽阜康。野多稌之謠。邊靡贏糧之役。奉祠脽壤。昭報坤元。非得而辭。所宜利往。奏疏三上。群情益堅。恭念席廟社之慶。靈被穹壤之況。施陟封喬岫。已展於告虔。祈穀柔祇。理當於親祭。爰舉歲巡之典。式申母事之誠。冀集禔祥。永孚黎獻。朕取來年春有事于汾陰后土。咨爾掌禮之士。暨於有位之臣。當謹攸司。各揚乃職。禮神珪幣。致享犧牲。並務吉蠲。庶申欽奉。其乘輿服御供帳。群司勿致勞煩。悉從節減。應有費用。皆以官物置辦。不得差擾。輒借科率。諸司須索。非敕命州縣不得供給。所從道路。無役丁夫。廣有修葺。仍不用香臺青繩欄干等物。諸路長吏無得擅離本任赴行在。仍不得以脩貢助祭爲名。輒有率斂。兩京諸州起居表附驛以聞。

以祠后土諭宰臣等詔 大中祥符三年八月丁未

朕前歲以靈眞告期。祕文垂貺。乃升岱岳。以展明誠。冀受百祥。阜康九域。而汾陰后土。盛典闕焉。雖奉祀北郊。降禪社首。瞻言脽壤。久屬朕懷。況元鼎親祠。開元蕆事。肸蠁所答。方册具存。若尊卑之禮或偏。則明察之報漸廢。前史所謂郊天而不祀地。失對偶之義也。朕恐茲禮未周。貽譏後代。昨東魯升中。除奉神之外。庶事省約。途中次舍。務在簡儉。往復千里。絕無擾民。今蒲津父老。屢扣闕庭。斯亦人事所啓。深符宿意。當議潔蠲。用答景貺。

誡約行事官職掌人詔 大中祥符四年正月辛巳

朕親臨汾曲。對越后祇。冀蒼黔之蒙福。眷乃侍祠之列。洎于執事之倫。務罄恪恭。副予精意。應汾陰行事官、職掌人敢懈慢者。委監察御史糾舉。遇赦不原。

改奉祇宮曰太寧宮設后土聖母像道士焚脩詔 大中祥符四年二月辛酉

朕纘承大統。撫御庶邦。荷祖宗之詒謀。膺穹厚之丕錫。勒封岱嶽。已報於天休。謁款魏脽。式脩於地察。眷惟齋館。俯邇嘉壇。實清宴之攸寧。固蕃釐之舉集。宜慎方中之候。特施必葺之功。闢乃殊庭。鎮茲遺址。率取清都之制。詳延羽服之流。庶假精脩。以申嚴奉。宜改上奉祇宮曰太寧宮。設后土聖母塑像。選道士焚脩本廟崇奉。一如舊制。

祀汾陰赦天下制

門下。爲人倫之紀律。禮曰天經。著王者之誠明。祀惟大事。凡致恭於燾載。永介福於黎元。已建圜封。是崇方澤。考坤元之設象。配乾健以同符。厚德無疆。柔祇定位。矧高脽之靈境。有前古之嚴祠。誕集祺祥。荐從禋瘞。登隆祭典。焜燿國容。歷五運以下衰。曠六飛之戾止。顧予菲德。獲纂慶基。欽燕翼之貽謀。荷豐融之敷祐。既無文而咸秩。因墜典以交修。多愧眇沖。獲遵盛美。率由勤請。勉徇輿情。慰蒲津佇望之民。奉郊上親祀之事。百神幽贊。九服駿奔。黄瑞畢升。靈休允答。遂涓良日。式展鴻儀。務極洗心。以申精意。薦豆籩而惟絜。奠琮幣以斯嚴。禮樂相資。人祇胥悅。集顧懷之殊貺。契茂育之元功。是用周覽時風。肆覲西后。輯瑞圭而成列。羅琛賮以充庭。和氣沖融。頌聲洋溢。肇迎嘉慶。適鍾神賜之祥。均被華夷。宜廣雲行之施。可大赦天下。云云

於戲。厖鴻之澤。既浹於八區。眷佑之靈。普臻於兆庶。更賴宗親勳舊。文武忠良。罄同德之端誠。贊卜年之景祚。庶期寰宇。永洽純熙。

后土廟上號曰太寧禁民庶祈賽止拜庭中詔 大中祥符四年四月己未

恭惟厚德。夙蘊至靈。降宅脽邱。載嚴廟貌。爰展親祠之禮。允膺至況之祥。宜薦嘉名。以彰景祐。避尊稱而斯在。達昭事以惟宜。脽上后土廟。宜上額爲太寧宮。本殿周設欄楯。民庶祈賽。止拜于庭中。官吏非祠祭。亦勿升殿。

宋大詔令集卷第一百十八

典禮三

南郊一

建隆四年有事南郊詔 八月

王者誕膺駿命．光啓鴻圖．罔不升中於泰壇．昭事於上帝．著諸令典．是謂彝章．朕自撫中區．行周四載．稼穡繼聞於豐稔．邦家屢集於休禎．豈涼德之升聞感茲多祜蓋上穹之降鑒．錫我小康．得不祗率前文．躬行大禮．式展奉先之志．虔申報本之誠．用答天休．且符人欲．朕以今年十一月十六日有事南郊．宜令所司各揚其職．務從省約．無令勞煩．諸道州府不得以進奉爲名．輒有率斂．庶遵儉德．以奉嚴禋．中外臣僚當體朕意．

乾德六年有事南郊詔 八月甲寅

朕以眇末之身．居億兆之上．永言臨御．敢怠寅恭．向以蜀土不賓．自開釁隙．洎興師而問罪．俄輿櫬以來降．既成不陣之功．實荷自天之祐．加以歲年豐稔．黎庶咸安．三邊無擊柝之虞．五緯有連珠之異．覩鴻休之若此．顧涼德以何勝．宜伸報謝之誠．適展告成之禮．朕以今年十一月二十四日有事南郊．凡百有司各揚其職．務遵典故．無致煩勞．諸道不得以進奉爲名．輒有率斂．布告中外．知朕意焉．

開寶四年有事南郊詔 七月甲午

朕父事圜穹．君臨萬國．聲教既通於南夏．田疇屢慶於西成．黎民乂安．邊鄙不聳．斯蓋上天垂祐．清廟降靈．豈予沖人．致此多福．敢不虔遵龜筮．親潔豆籩．式展嚴禋．載申昭報．朕以今年十一月二十七日有事於南郊．凡百有司．各揚其職．諸道州府不得以進奉爲名．輒有率斂．凡在中外．當體予懷．

開寶九年有事南郊詔

定鼎洛邑．我之西都．燔柴泰壇．國之大事．況削平江表．底定南方．惟率土之混同．自上天之降祐．內慙涼德．感是洪休．得不馨以恭虔．申其告謝．睠洛京而西顧．兆陽位於南郊．豆籩陳有楚之儀．黍稷奉惟馨之薦．朕今暫幸西京．以四月內選日有事于圜丘．宜令所司各揚其職．禮容儀衞．典故在焉．祗事肅誠．無得煩擾．諸道州府．不得以進奉爲名．輒有率斂．凡在中外．當體予懷．

太平興國三年有事南郊詔 八月癸丑

王者昭事天地。嚴配祖宗。被衮冕以升泰壇。薦牲牢而饗上帝。國之大事。禮有舊章。朕以眇躬。嗣守洪業。載罹寒暑。混一車書。五稼屢登。四郊不聳。蓋昊穹之儲祉。豈涼薄之能然。宜親潔豆籩。恭陳柴燎。祗見九廟。昭謝上元。朕以今年十一月冬至有事于南郊。凡百有司。各揚其職。務遵典故。無致煩勞。諸道不得以助祭爲名。輒有裒斂。中外臣庶。當體朕懷。

太平興國六年有事南郊詔 九月乙卯

朕祗膺眷命。克荷天休。頃以參墟不朝。戎輅薄伐。賴穹昊之助順。纔刻漏以時平。汾晉之邦。千里而廣。輿賦聿歸於天府。土疆咸復於地圖。今夏雨澤愆期。蟲蝗爲患。朕躬徹常膳。心祈上元。亟命使車。並走群望。桑林之禱。靡憚朽索之懼。實深至誠感通。冥貺昭答。膏澤頻降。甫田載滋。飛蝗盡殪。炎火不秉。皆蒼昊之垂鑒。祖宗之儲祥。俾予沖人。享是多福。不伸大報之典。曷展㷔恭之誠。朕以今年十一月冬至親享太廟。有事於南郊。凡爾執事之臣。率循經制。無至煩勞。

改用正月十日有事南郊詔 至道元年十一月丁亥

昨頒詔旨。將奉圜丘。取來歲之仲春。伸大報於上帝。載稽方策。旁求故實。二月初吉。蓋是中和之辰。獻歲上辛。合伸祈穀之典。當從改作。庶叶通規。今以來年正月十日有事于南郊。詔凡有司。各揚爾職。布告中外。咸使聞知。

咸平二年有事南郊詔 七月壬辰

夫繼統承祧。必崇禋類。國之大事。實有彝章。朕奄宅萬邦。倏焉三載。每念纂承之重。敢忘夤畏之心。而稼穡屢登。干戈載戢。四方率俾。庶政惟和。此蓋上穹降靈。列聖垂祐。思陳大報。以啓鴻休。特用剛辰。告示群品。朕以今年十一月七日有事於南郊。申命有司。各揚其職。諸路州府。不得以進奉爲名。輒有率斂。務遵儉約。稱朕意焉。

咸平五年有事南郊詔 七月甲午

朕承天子民。正位居體。庶邦用乂。六載于茲。寔賴乾坤降祥。宗祏垂裕。顧朕寡德。曷臻是哉。夙夜以思。罔敢暇逸。國之大事。禮有舊章。庶伸謝況之誠。恭展就陽之祀。以今年十一月十一日有事于南郊。凡百有司。各揚其職。諸路州府。不得以進奉爲名。輒有率斂。務從簡儉。稱朕意焉。

景德二年有事南郊詔 七月丁巳

王者合祭天地。祗見祖宗。所以馨追遠之心。申肆類之報。今者干戈偃戢。徼塞底寧。縣宇懽康。大田豐楙。荷茲並貺。惕然在懷。肅事禋燔。其合經訓。朕以今年十一月十三日有事於南郊。咨爾有司。各揚其職。務遵法度。無至煩勞。向來每因郊祀。於京畿近州配率供億。念茲氓庶。良所優矜。宜令三司未得循例施行。別候進止。諸道州府。不得以進奉爲名。輒有科斂。庶從簡靜。以享天休。中外臣民。當體予意。

來年正月一日上玉皇聖號有事南郊恭謝之禮詔 大中祥符九年五月甲辰

朕以菲德。獲紹慶基。法前王昭事之心。荷元昊惟新之命。祕圖申錫。靈貺鴻均。封祀紹脩。誠明合答。遘僊宗之降格。示寶系之緜長。錫祚蕃滋。輸祥紛沓。爰於前歲。特發精衷。式瞻霄極之尊。虔上帝眞之號。仍期奉册。別擇吉年。屬明律之再更。果揆辰而有得。今以來歲元月。適叶上辛。願同億兆之誠。共薦穹崇之稱。信辭眞迹。匪懈於躬親。金簡玉文。庶垂於永久。舉冠絕未行之事。報高明洪覆之恩。謹以來年正月一日。詣玉清昭應宮。與天下臣庶恭上玉皇大天帝聖號寶册。重念獲契隆平。荐臻豐楙。慶歡樂之普洽。膺眷祐以殊深。爰稽禋祀之儀。仰答顧懷之貺。又謹以正月十一日。有事于南郊。行恭謝之禮。諸軍賞賜。並以內藏物充。三司勿催促諸路錢帛。諸州軍監。無得以脩貢助祭爲名。輒有率斂。務從簡約。無至煩勞。凡百有司。各供其職。

天禧三年有事南郊制 七月戊辰

朕以菲德。襲茲鴻圖。緬想艱難。未嘗暇豫。席二后之成命。集百珍之降祥。封岱展儀。含生被澤。承平斯久。固恢綽以彌文。祭祀惟勤。盡精嚴於大報。屬以歲時登稔。海域清寧。見高厚之顧懷。慶蒼黔之富庶。周脩禋類。式展孝恭。以今年十一月十九日。有事于南郊。咨爾弼臣。洎于列位。各揚其職。以稱朕心。諸路州府。不得以進奉爲名。輒有科率。庶符簡易。式召和平。

天聖二年有事南郊御札 七月戊子

朕猥以眇躬。獲嗣丕構。粤在諒闇。倏踰再朞。從念守文之難。未躬事天之祭。兢兢業業。不敢怠遑。所賴皇穹降康。宗廟垂祐。四時協豈。百穀順成。荷此休嘉。彌用惕畏。爰卜履長之旦。虔申報本之誠。式示先期。俾從誕告。朕以今年十一月十三日有事南郊。咨爾百司。各揚其職。務遵典故。無或勞煩。諸道州府。不得以進奉爲名。輒行科率。

天聖五年有事南郊御札

王者紹膺寶命。祇若靈心。必盡物以嚴親。乃先柴而類帝。顧慙凉德。欽述前彝。乃因郊而就陽。式反始而報本。爰申誕告。用誠先期。朕以今年十一月十七日有事南郊。咨爾百司。各揚其職。諸道不得以進貢爲名。輒行科率。致有煩勞。

天聖八年有事南郊御札

昭事天地。嚴配祖考。國之大事。時不可曠。況兵革偃戢。車書混同。七政以齊。群物並楙。皆上穹之貺施。而三后之福祉。報本復始。於是乎在。朕以今年十一月十九日有事于南郊。咨乃攸司。各揚所職。諸道不得以進奉爲名。輒行科率。

景祐二年有事南郊御札

王者舉告類之儀，所以謝成於天地；重嚴配之典，所以昭孝於祖宗。考諸舊章，寔曰大事。朕祗膺靈命，奄宅中區，賴上天降康，七廟儲祉，時序休若，方隅底定，美應荐臻，生物咸遂。內惟涼薄，惕荷顧懷。卜茲景至之辰，躬修郊報之禮，將以升侑三聖，秩祀百神，庶熙事之克成，與群元而同享。爰申誕告，用示先期。以今年十一月十五日有事南郊，諸道州府不得以進奉爲名，輒行科率，致有煩勞。

寶元元年有事南郊御札

朕猥以涼菲，獲承基緒，祗率丕訓，茂昭前人，兢兢業業，罔或寧暇。賴上穹鑒祐，列聖保綏，方隅晏然，氣物時若，民徼艱食之阻，邦輯阜財之經，翔洽太和，莫非靈貺。雖復犧牷有楚，粢芼載蠲，申飭祠官，謹修歲事，然齋輅停軫，欽柴輟薰，弗躬于行，怳以成闕。祭疎則怠，心焉增惕。矧紫營在望，奚敢憚勤。黃流並祼，庶幾能享。爰諏景至之日，恭迓帝臨之休，愼舉鴻儀，式先誕告。朕以今年十一月十八日有事南郊，咨爾攸司，各揚乃職。應諸道州府不得以進奉爲名，別行科率，裕神約禮，稱朕意焉。

康定二年有事南郊御札

夫事天致誠，饗親繼孝，緬惟前代，容典具存。迨于我朝，彩章彌縟。七廟時其祫食，三歲卽以卜郊，躬接神靈，奉將牲幣，爲民昭報，朕弗敢忘。今憲度交修，禮樂明備，日月所燭，咸佇旅庭之來；陰陽以和，無失豐盛之荐。匪嚴大事，曷答丕祥。朕以今年十一月二十一日有事于南郊，咨爾攸司，各揚乃職。務從簡儉，勿俾煩勞。應諸道州府不得以進奉爲名，別行科率。

慶曆四年有事南郊御札

勅內外文武百僚等：朕荷祖宗之謀，託黎元之上，日愼夕惕，罔或怠遑。故嘗六款圓丘，祗見上帝，今賴天之福，浹宇以和。雖右輔留屯，南方薄稔，已加撫輯，期底靖安。匪云交脩，思有昭報。聖則能饗，誠懇於寡德；祭不欲數，旣及於三年。適奉先規，講求多物，愾聞列聖之祫，裒對明靈之臻。況祈祉下民，弗爲專美，在國大事，其敢憚行。朕以今年十一月二十五日有事于南郊，咨爾攸司，各揚乃職。凡于供億，毋俾煩勞。應諸道州府等不得以進奉爲名，別行科率。比者多緣嚴配，加上徽名，止循率籲之常，徒爲荐誠之累。且應神以實，何用虛文；與禮之奢，不如寧儉。其文武百官、僧道、父老等不得因郊祀上表，請加尊號。永言有衆，宜喩先庚，共推至虔，以副朕意。故茲札示，想宜知悉。

慶曆七年有事南郊御札 七月丙子

夫對越穹昊，昭配祖宗，蓋列聖之通規，爲有邦之大事。朕惟寡德，獲纘珍圖，兢兢萬機，迨逾二紀。品物蕃阜，陰陽統和，靡躬修於至儀，曷申答於靈貺。方且致祼太室，奠玉圓丘，昭靈監之溥臨，均懷生之盛福。在予沖質，其敢憚勤。朕以今年十一月二十八日有事于南郊，咨爾攸司，各揚迺職。凡所供僊。毋俾煩勞。應諸道州府。不得以進奉爲名。別行科率。

皇祐五年南郊御札 七月壬寅

敕內外臣僚等。夫四時常祀。戒在有司。三歲親祠。敢稽舊典。迪惟列聖。光施沖人。獲執牲瑄。以事郊廟。永惟欽栗。弗敢怠遑。間亦耕籍而共粢盛。宗祀以虔珪幣。合祛天地。並侑祖宗。庶幾告誠。豈曰能饗。惟時上帝。賜朕有年。嘉生順蕃。黔細滋殖。豈瑣涼之致此。抑右序之俾然。矧今區夏謐。如風雨時若鍾石俯就。壇場在望。四海助祭。竢蒼璧之舉。百神受職。係皇邸之設。思欲祼鬯酒於世室。進純犧於泰畤。因以範俗延祉。庇民敢憚躬親。而廢大報朕以今年十一月四日有事于南郊。咨乃攸司。相予肆祀。各揚爾職。勿懈于位。諸道州府。不得以進奉爲名。輒行科率。務循靖壹。勿使煩勞。咨爾庶邦當體朕意。

治平二年有事南郊詔 七月壬戌

天地者、生之本。先祖者、類之始。禮有報本反始。而事天地。尊先祖。于是乎致虔恭焉。國朝之制。郊以三歲。朕以沖眇之資。荷顧託之重。巍乎王公士民之上。懍乎宗廟社稷之寄。日愼一日。唯恐勿任。而三靈眷懷。僊姓禔福。天淸日潤。雷動風行。嘉生訖臻。□氣蕩定。固可以薦四時之和氣。總萬國之歡心。以報本乎天地。而反始乎先祖也。朕以今年十一月十六日有事于南郊。咨爾攸司。務勤厥職。諸道州府。不得以進奉爲名。輒行科率。必循其故。毋或煩民。

熙寧元年有事南郊御札 七月甲戌

有天下者。莫重靈神之報。爲人子者。莫嚴宗廟之承。率躬三歲之祠。常候一陽之應。緬慕先聖。光施沖人。載循禋類之期。適在亮陰之際。大懼不能備飭儀物。奉將粢盛。於是剌六經之文。傳博士之議。皆以謂喪有以權而順變。祭無以卑而廢尊。矧稽參西漢之彝。緣用景德之制。顧予涼菲。賴帝貺臨遂卜天正之辰。往修郊見之禮。方且進祈茂祉。以大芘黎元。昭格至精。以終圖熙事。庶幾能饗。其敢憚勤。朕以今年十一月十八日有事于南郊。咨爾攸司。各揚厥職。諸道州府。不得以進奉爲名。輒行科率。其百司、除事神之物。並宜一切仍舊外。餘應于供奉所須。務令淳約。以稱朕不忘孝思之義。故茲札示。想宜知悉。

宋大詔令集卷第一百十九

典禮四

南郊二

熙寧七年有事南郊御札 七月戊戌

王者饗帝圜丘。以虔報本之義。尊祖清廟。以將反始之誠。人道至隆。國章茲重。維五聖之故事。有三歲之親祠。朕以不德。獲承先憲。以時稱秩。其敢怠荒。且卜天正。往脩郊類。庶繇精意之享。以祈烝民之生。且詔先期。用孚群聽。朕以今年十一月己未有事于南郊。咨爾有司。各揚厥職。相予祀事。罔或不恭。

熙寧十年有事南郊御札 七月辛亥

燔柴而祭泰壇。執幣以事上帝。陟配烈祖。靈承天明。永惟五聖之謀。率用三年之禮。顧朕菲德。纘時丕圖。亟蒙宗廟之休。寖對神祇之佑。屢迪熙典。汔登至平。是用卜天之正。考日之至。致精而嚴大報。嚮福而莅黎元。戒以前期。告于有衆。朕以今年十一月甲戌有事于南郊。咨爾攸司。各揚乃職。協成祀事。稱朕意焉。

元豐六年有事南郊御札 七月丁未

王者揚烟泰壇。以致承天之義。禋祀清廟。以嚴達孝之誠。永惟五聖之謨。必躬三歲之祀。肆惟菲德。獲紹丕圖。賴帝博臨。豐年屢應。群生和而草木茂。三光全而寒暑平。宜卜天正。恭修郊類。比對篤周之祜。以展放唐之文。特戒先期。用孚大號。朕以今年十一月丙午有事于南郊。咨爾有司。各揚厥職。相予祀事。罔或不恭。

元祐七年有事南郊御札 七月戊子

萬物皆本於天。顧何以報。五禮莫重於祭。所貴者誠。惟本朝郊禘之文。有列聖典章之舊。朕勤遵太母之訓。祗守丕基之成。八年於茲。萬寓以治。深惟菲德之及此。實由上帝之祐民。宜修親享之恭。以盡欽承之義。奠玉以致純潔。升烟以達高明。嘉與臣工。共圖熙事。朕以今年十一月十四日有事于南郊。咨爾有司。各揚厥職。相予禋祀。罔或不恭。故茲札示。想宜知悉。

元符元年有事南郊詔 七月己酉

朕纘承聖緒。紹述先猷。以微眇之身。託士民之上。惟德弗類。荷帝降衷。錫之元符。申以景命。天休滋至。殆弗克堪。黎民時雍。西戎卽敘。協氣來應。豐年屢臻。永惟方夏之底寧。寔自穹昊之眷佑。若稽大報之義。蓋講宗祈之文。煬高煙於柴壇。薦鬱鬯於清廟。庶幾祖考之格。其獲明靈之歆。嘉與臣工。共圖釐事。亶孚有衆。申戒前期。朕以今年十一月二十日有事南郊。咨爾攸司。各揚乃職。

建中靖國元年有事南郊御札 六月甲子

敕內外文武臣僚等。祭莫重於天。聖人極郊丘之報。德無加於孝。王者嚴宗廟之儀。朕以眇躬。獲嗣丕構。煢然銜恤。逮茲踰年。欽惟三歲之郊。每候一陽之應。稽諸典禮。不以卑而廢尊。越予沖人。亦惟事而師古。矧德弗類。賴帝降康。諸夏乂安。遠人款附。四時不忒。百穀用成。若稽先王之猷。祇遹列聖之訓。順迎穀旦。躬饗圜壇。以致靈承之心。以祈右序之貺。用孚大號。誕告前期。朕以今年十一月二十三日有事于南郊。咨爾攸司。各揚厥職。相予禋祀。罔或不恭。故茲札示。想宜知悉。

政和三年冬至日祀天圜壇御札 十月五日

朕惟乃聖乃神。克禋克祀。舉三歲之大典。不數不疏。得四海之歡心。以妥以侑。肆予菲德。遵國舊章。升煙紫壇。伸昭事上帝之義。祼鬯清廟。嚴衎我烈祖之誠。宜卜景長。往修郊類。俾緝熙于純嘏。用敷錫於庶民。誕告前期。式孚群聽。朕以今年冬至日祀天于圜壇。咨爾攸司。各揚乃職。相予祀事。罔或不恭。故茲札示。想宜知悉。

宣和元年冬至日祀天圜壇來年夏至日祭地于方澤御札

內外文武臣僚等。朕席累聖之宏基。撫重熙之昌運。乾健坤順。夙昭眷佑之休。時和歲豐。茲極敉寧之效。布政叶陰陽之序。率民同道德之歸。遐方慕化而來庭。逋寇畏威而款塞。霄宸降嘏。每從御便之遊。日觀迎釐。荐閱升中之請。若時報本。無越親祠。其乘二至之祥。載秩一純之薦。祓紫陔而事上帝。肅方澤以對桑林。假于太宮。前謹祼將之奉。佑我烈祖。並嚴陟配之常。用仰達于精誠。庶函蒙於丕況。誕敷大號。明戒先期。以今年冬至日祀天于圜壇。來年夏至日祭地于方澤。咨爾攸司。各揚乃職。相予肆祀。罔或不恭。故茲札示。想宜知悉。

建隆四年南郊改乾德元年赦天下制 十一月

門下。朕自三靈睠命。五讓興邦。躬親罔憚於萬幾。德教將加於四海。歲時屢稔。華夏大同。干戈漸偃於靈臺。文軌皆通於象闕。俗阜而南薰風競。刑清而貫索星稀。仰觀則日月麗天。俯視則龜龍在沼。加以物無疵癘。民樂雍熙。蓋元穹垂祐於皇家。非涼德自隆於昌運。繇是考百王之舊制。遵千古之憲章。墜典必修。無文咸秩。潔犧樽而謁清廟。披大裘以郊上元。萬乘雲屯而在途。千官星拱而就列。公侯助祭。共江漢以朝宗。鐘鼓在懸。與風雷而相薄。百靈受職。群后受釐。明德既馨。神心有答。非烟塞望以呈瑞。嘉氣浮空而襲人。民具爾瞻。禮無違者。乃迴金輅。乃御應門。律具協於黃鍾。日正臨於甲子。順三元而更始。慶萬彙之咸亨。而又藩岳勳臣。宰衡庶尹。外達蠻貊。內暨緇黃。謂予厤數在躬。以應天廣運。順其美謂予溫恭允塞。以聖文神武成其功。兼至德之鴻名。盡哲王之能事。物議斯允。予衷莫違。宜覃曠蕩之恩。用慰黎元之望。可大赦天下。改建隆四年爲乾德元年。云云 於戲。崇德報功。取天地無私之象。眚災肆赦。推雷雨作解之恩。更賴中外大臣。佐佑厥辟。必使萬邦黎獻。盡躋仁壽之鄉。百姓昭明。致我勛華之上。布告億兆。咸使聞知。

乾德六年南郊改開寶元年赦天下制 十一月

門下。我國家受天景福。率土咸賓。聲明洞照於萬方。德教咸加於四海。風雨順而年歲稔。干戈戢而刑政清。域中共慶於小康。海外咸欽於至化。朕顧惟寡昧。祇奉元穹。荷上帝之垂休。致中原之大定。遂發誠意。再舉舊章。恭陳告謝之儀。仰答自天之祐。羽衛森羅而在野。王公肆類而在庭。六樂無不調。五禮無不備。躬奠玉爵。陟配紫壇。具物薦誠。神心昭格。非煙塞望以呈瑞。嘉氣浮空而降祥。宜與寰區。同茲胥悅。象緯既還於綵仗。鷄竿大舉於鴻恩。當玉厤之惟新。與蒼生而共慶。盡日月照臨之內。罔間幽遐。極車馬混同之邦。咸均雨露。庶咸端拱。永洽可封。可大赦天下。改乾德六年爲開寶元年。自今年十一月二十四日昧爽已前天下犯罪人 云云 於戲。皇王報本之義。乾坤助順之祥。既舉彝章。諒無闕政。更賴中外。宜力將相同心。保黎庶之乂安。致邊隅之寧靜。扶持景運。翊亮皇猷。長懷魚水之歡。共樂太平之化。布告億兆。咸使聞知。

開寶四年南郊赦天下制 十一月

門下。我國家膺上天之景命。洽四海之歡心。車書大同。聲教遐被。爰自塵清五嶺。浪靜南溟。開萬里之封疆。致兆民之蘇息。山川尅復。日月光華。風雨順時。歲年大稔。朕君臨天下。道洽人寰。致率土之同清。自元穹之垂貺。於是恭循典禮。親執豆籩。當愛日之迎長。罄虔誠而告謝。群后執珪而肆覲。神郊備物以陳儀。柴燎既升。乾光下燭。瑞氣浮空而不散。生民鼓舞以同歡。宜覃作解之恩。用洽自天之慶。可大赦天下。云云 天地垂休。所以祈開泰。皇王報本。所以告成平。盛禮行而人神協和。慶澤流而寰海胥悅。文武列位。將相具僚。同心同德以逢時。盡節盡忠而宣力。宜勤翊亮。共致太平。

開寶九年西京南郊赦天下制 四月

門下。我國家受命開基。化民育物。荷乾坤之垂佑。致文軌之大同。內則朝政雍熙。外則武功震耀。洎西川尅復。五嶺蕩平。被聲教于寰瀛。納生靈于富壽。唯有江表。未息埃塵。暫勞動於六師。尋廓清於一境。數千里風霾既殄。百萬家生聚知歸。蘇其久困之民。布以惟新之化。非沖人之克乂。皆上帝之儲休。今者卜首夏之良辰。就西都之正位。備其燔燎。潔以豆籩。躬申告謝之誠。用達恭虔之志。奠玉之盛儀既畢。普天之慶澤方行。宜覃曠蕩之恩。用表混同之化。可大赦天下。云云於戲。牲牢報本。所以答天地之殊休。雷雨行恩。所以答華夷之大慶。御鳳闕而風雲助順。揭鷄竿而士庶同歡。眷惟文武之具僚。並效忠勤之亮節。佐我隆平之運。寔多翊戴之勞。方切注懷。更宜宣力。布告中外。咸使聞知。

太平興國三年南郊赦天下制

門下。王者負扆居尊。繼天垂統。順三靈之眷命。契萬國之歡心。宵衣旰食以忘疲。恤物愛民而爲念。自臨宸極。再易炎涼。朝政允釐。嘉穀屢稔。四海盡同於文軌。九州重正於封疆。顧菲薄以何功。賴穹昊之降佑。爰循舊典。親祀上元。獻琛而率土皆來。執玉而諸侯畢會。風雲助順。羽衞增華。慶皇祚之昌隆。見禮容之繁盛。而又三公庶尹。中外具僚。同傾愛戴之心。奉我厖鴻之號。億兆之願。豈獨在予。宜覃大賚之恩。用洽可封之化。可大赦天下。云云於戲。郊天祀地。牲牢已薦於至誠。布惠行恩。雨露均霑於萬彙。灑渥澤而瑕疵盡滌。出縲囚而囹圄皆空。凡諸有位之臣。體我無私之意。更資忠力。共贊皇圖。寰區克致於太平。竹帛永光於千古。布告中外。咸使聞知。

太平興國六年南郊赦天下制十一月

門下。王者繼統垂尊。握圖臨極。法二儀而行化。親萬務以忘勞。兢兢如涉於大川。蕩蕩期臻於至化。日愼一日。于茲六年。八紘之文軌大同。四序之陰陽不忒。兵鋒偃戢。年穀順成。蘇杭千里之土疆。盡歸臨照。汾晉一方之生聚。頓愈瘡痍。邊陲載息於戰塵。宇宙但凝於和氣。顧惟涼德。享是豐功。蓋穹昊之降靈。兼祖宗之垂祐。虔伸大報。特備嚴禋。被袞冕以降圜壇。薦牲牢而饗上帝。而又中外列辟。文武庶寮。復以徽名。加於眇質。尊崇之號。念何德以克堪。億兆之心。須抑情而從徇。祇膺典禮。良用兢慙。宜覃作解之恩。用洽普天之慶。可大赦天下。云云於戲。玉帛薦誠。已陳於盛禮。雲雷覃慶。咸被於殊休。効忠良者悉與旌酬。負瑕釁者皆從滌盪。百神受職。萬國來庭。當景運之昌隆。見禮容之繁盛。風雲薦瑞。士庶同歡。更資有位之臣。共贊無私之化。各宣忠力。永輔皇家。布告寰區。咸令知委。

太平興國九年南郊改雍熙元年赦天下制十一月

門下。惟皇撫運。樹鴻業於中區。惟辟奉天。表至誠於大報。既謹就陽之禮。宜章及物之恩。用慶昌期。式符前典。朕自膺寶運。嗣守瑤圖。九載于茲。一心無怠。雖寰區既乂。敢忘於旰食宵衣。而風雨不迷。屢覩於年豐俗阜。加以非煙甘露。霽霏繼灑於八寰。瑞獸珍禽。馴擾咸歸於御苑。四塞之干戈自息。八方之文軌大同。集是丕休。匪由涼德。斯蓋元穹之所降鑒。淸廟之所儲祥。朕所以躬事禋燔。告謝天地。千官景從。陪玉輅以拱宸。諸侯駿奔。叩元壇而助祭。矧乃文物大備。聲明孔修。當六變以升聞。荷百神之昭格。純嘏之錫。豈獨在予。思與萬邦。同茲大慶。仍改紀元之號。遐均作解之恩。可大赦天下。改太平興國九年爲雍熙元年。云云於戲。景運方隆。荷乾坤之眷祐。彝倫式序。在刑政以交修。更賴文武藎臣。方岳庶尹。各伸乃力。共泰吾民。無使擊壤之謠。獨美唐堯之代。可封之俗。但稱虞舜之朝。凡在含靈。知予厚意。

宋大詔令集卷第一百二十

典禮五

南郊三

淳化四年南郊赦天下制 正月

門下。我國家創業垂統。踰三十年。禮讓興行。車書混一。外則五侯九伯。立屏翰之奇功。內則三事庶寮。罄股肱之亮節。共贊無私之化。成茲不拔之基。加以紫壇屢饗於天宗。青輅早修於農事。既禮交而樂舉。致遠肅而邇安。內顧眇躬。享茲介福。是用就上辛之良日。薦大報之至誠。乾坤既錫於鴻休。祖考是崇於嚴配。八鑾景附。咸伸助祭之儀。百辟雲從。盡展陪鑾之禮。覩士民之繁盛。望雨露之駢羅。思與普天。同茲大慶。宜布惟新之澤。爰覃作解之恩。可大赦天下。云云 於戲。郊天地以致誠明。咸遵典故。法陽春而施德澤。盡滌瑕疵。華夷共播於歡聲。宇宙徧凝於和氣。更資有位。益勵乃誠。展安民濟物之謀。助旰食宵衣之化。庶俾照臨之內。俱躋富貴之期。咨爾萬方。咸知朕意。

至道二年南郊赦天下制 正月

門下。我國家千齡啓運。百世其昌。惟列聖之在天。介鴻休于下土。朕自祗膺眷命。嗣守皇圖。垂三十餘年。居億兆之上。域中四大。常師古聖之言。天下一家。幸接隆平之運。遠肅而蠻夷率服。時和而風雨弗迷。盡禹別之九州。來修厥貢。懋堯咨之四岳。咸建庶官。刑政於是相宜。聲明以之大備。夫何涼德。集是丕休。皆由九廟之儲靈。寔荷二儀之降鑒。得不討論方策。博採乎禮情。祗奉郊丘。興崇於祀事。達孝思於清廟。祈景福於上元。用薦精誠。斯爲大報。百神効祉。諸侯駿奔。羅羽衞於康莊。煙霞動色。設宮懸於兩觀。金石成文。千官扈蹕以雲從。萬姓歡呼而雷動。禮終嚴祀。嘉成昭事之心。候屬載揚。廣布惟新之慶。宜覃恩宥。溥洽寰區。可大赦天下。云云 於戲。時當獻歲。禮畢嚴禋。祖宗之純嘏無疆。天地之祥符有耀。仰資元貺。敷佑蒼生。更賴三事大臣、六師上將。炳人文而宣化。揚我武以定疆。逮夫庶邦冢君。凡百執事。咸有一德。永孚于休。俾我邦家。超絕前代。盡善盡美。不其韙歟。告示萬方。明知朕意。

咸平二年南郊赦天下制 十一月

門下。天祚明德。民懷有仁。惟景運之開階。寔昊穹之睠命。太祖皇帝以武功定亂。驅除八方。四登泰壇。親行大禮。太宗皇帝以文德柔服。混成一統。五奠玉爵。合祭二儀。粤以沖人。仰嗣丕構。三年無改。恭依典禮之文。百穀用成。亟獲豐年之瑞。退朝之暇。內省于懷。未熟化源。旣成治定。夫何涼德。集是鴻休。上由天地之元符。人神叶贊。復荷祖宗之餘慶。輔弼宣功。履春冰而常積戰兢。涉大川而詎知涯涘。非惕厲不能繼先業。非精虔何以答上元。必在乎假淸廟而擁神休。舉皇儀而陳備物。于以示昭報。于以申孝思。爰當亞歲之辰。躬展事天之禮。玉帛在笥。金石在懸。一陽生而寰海會同。九奏成而神祇下降。禮無違者。天必從之。宜覃作解之恩。共洽無疆之祐。可大赦天下。云云 國容全盛。天仗班旋。非煙散朱雀之街。旭日麗蒼龍之闕。歡聲雷動。喜氣雲從。肆士庶之榮觀。顯皇天之大慶。更賴文武多士。將相藎臣。各竭忠規。順成元化。同心同德。咸罄於嘉猷。無怠無荒。不忘乎明誠。同底于道。不其韙歟。覃告萬方。宜知朕意。

咸平五年南郊赦天下制 十一月

門下。禮莫大於事天。孝莫重於嚴父。因心崇陟配之義。垂訓懋爲子之規。自伯考建萬世之基。聖父纘重熙之業。莫不三年而郊上帝。九廟以饗神宗。用薦精誠。以伸昭報。顧予寡薄。獲猗慶靈。奉以周旋。焉敢廢墜。矧乃寰區底定。黎庶幾於小康。農畝豐登。稼穡呈於上瑞。皆元穹之所降佑。列聖之所垂休。得不飾備物以告虔。升禋燎而報本。吉蠲之祀。庸致福於兆民。曠蕩之恩。宜大賚於四海。可大赦天下。云云 於戲。天下之至大。萬務之至繁。雖勵精以自強。顧恭己而便治。更賴藩岳列辟。股肱元臣。暨禦侮之群材。迨盈庭之多士。咸盡忠於奉上。皆無隱乎厥誠。俾予垂拱而仰成。致俗一變而至道。共臻多福。永孚天休。

景德二年南郊赦天下制 十一月

門下。朕自仰紹慶基。君臨寓縣。奉若天道。馴致時雍。常念守位惟難。纂圖斯重。納隍軫慮。旰食視朝。于今九年。罔敢逸豫。幸元穹之降鑒。荷宗廟以垂休。農祥荐臻。邊候不警。屬天正上元之日。陳吉士饗帝之儀。因得躬執豆籩。祇見祖考。牲牢備物。珪幣薦誠。四海九州。皆來助祭。六變三獻。斯用降神。仰景貺之自天。慶蒼生之蒙福。報本旣行於盛禮。迴鑾乃御於應門。萬國來庭。集梯航而入貢。九賓就列。覩書軌之混同。直大賚於中區。洽鴻恩於庶品。永言純嘏。豈獨在予。爰稽肆眚之文。式布惟新之澤。可大赦天下。云云 於戲。順天行慶。俾渙汗以惟均。與物皆春。浹幽遐而廣被。偃革已臻於開泰。垂衣方示於穆淸。更賴文武具僚。中外列辟。體君臣之同德。罄金石之純誠。躋政教於和平。納生民於富壽。共扶昌運。永孚于休。

天禧元年恭謝南郊赦天下制 正月辛亥

門下。國家皇基博厚。寶緒緜長。繄三聖之永圖。啓千年之興運。武功旣集。悉恢復於封陲。文教誕敷。乃混同於書軌。內顧涼德。夙稟詒謀。爰暨纂承。惟懷惕厲。靈臺偃節。豈欲乎佳兵。璧沼崇儒。但期乎化俗。率由先訓。馴致大和。諸侯述職以貢輸。九域務農而滋殖。庶事淸簡。烝民阜安。應上帝之降祥。

愧一人之有慶。自元符之紹至。獲盛則以交修。繼封祀以告成功。勤撫巡而慰群望。並稽古道。獲擁神休。而復丹府感通。景輿來格。示本源之深遠。明世祚之蕃昌。肅奉睟容。欽聞諄誨。玉虛真聖。誕示於顧懷。金闕仙宗。茂彰於孚佑。荷殊尤之丕貺。竭崇報之至誠。逮於太室之靈。咸上徽名之册。事天盡禮。所以歸眷命之仁。尊祖致恭。所以廣人倫之孝。仍率嚴禋之令典。聿伸昭謝之虔。誠百職具揚。鴻儀云展。克成祗薦。諒符億兆之歡心。仰導純禧。宜布雲雷之殊澤。可大赦天下。云云 於戲。展嚴恭之禮。必罄於精衷。推浹洽之恩。庶資於繁祉。更賴忠良之佐。同傾愛戴之心。協贊昌辰。式延丕祐。咨爾中外。體朕意焉。

天禧三年南郊赦天下制 十一月

門下。朕仰欽皇緒。夙奉慶基。自列聖之貽謀。逮眇躬之纘統。兵戈銷偃。海域混同。何嘗不日慎居懷。時乘在御。絕畋遊而育物。戒服玩以敦風。納民歸仁壽之區。涉道究希夷之際。撫安四極。賓延萬靈。表下武以丁辰。致彌文而熙載。講求典禮。肅恭神人。燕處穆清。聿懷沖粹。荷太霄之孚佑。示祕籙以降祥。靈運嘉亨。景輿臨暨。載聆諄誨。逖悟仙源。勵翼彌堅。欽修備至。考古先之盛則。畢封祀之洪徽。崇尚真宗。登隆妙號。庇群生而是務。達精意以忘勞。乃至利建儲闈。奉承天緒。言念元良之嗣。生知至德之方。善訪名山。特開真館。膺壽昌之介祉。見忠孝以存誠。疊委寶文。愈昭殊應。是用荅顧懷於穹厚。展禋享於壝壇。薦玉幣以精虔。陳豆籩而蠲潔。金匏協奏。文物駢羅。九賓相儀。百神受職。天祺總集。既彰祚國之休。王澤涵濡。宜洽均禧之慶。可大赦天下。云云 於戲。展嚴恭之禮。獲擁神休。覃霶霈之恩。式符衆望。諒周隆於慶賜。增激勵於誠明。更賴中外信臣。文武列辟。竭以忠勤之節。傾其愛戴之心。協贊重熙。永膺多福。

天聖二年南郊赦天下制 十一月三日

門下。三載一郊。國朝茂典。蓋所以報貺天地。致虔祖宗。盡欽翼之心。膺錫俾之福。昊穹眷命。三聖重光。化無遠而胥懷。惠無幽而不浹。肆予寡昧。纂是隆平。端扆永思。臨淵積懼。幸賴母儀申誨。先烈在民。三事群卿。裨我以中道。百工庶尹。贊我以遠圖。政嘗敦本。閑邪刑必蠲苛。聳善邊陲撤候。方夏修歡。南東之畝屢登。陰陽之沴不作。是用秉甘泉之曩制。訪委粟之前經。度土就陽。占辰亞歲。預祠真館。恭饗太宮。乃陟嘉壇。肅陳景幣。群司戒絜。千品協恭。瞻來格於窈冥。納降衷於高厚。天清日潤。禮備樂崇。克伸妥侑之文。實荷厖鴻之賜。宜均渙號。溥及含生。可大赦天下。云云 於戲。積累之業存乎時。涵濡之澤加乎遠。邦家所著。憲度甚明。予惟遵行。罔敢失墜。班朝文武。有位忠賢。庶殫盡規。以弼涼德。勿忘屢省。稱朕意焉。

天聖五年南郊赦天下制 十一月十七日

朕以紹膺端命。祗服睿圖。六載於茲。萬機在念。守大中之曩訓。遵聖善之懿猷。被四表以宅心。浹群倫而從乂。有祈必應。惟動斯和。歲事省成。河流順復。此皆三靈敷佑。列聖顧懷。乃底輯寧。愈增惕厲。奉先之道。固竭於精衷。報本之儀。聿循於舊典。既卜郊而叶吉。粤定位之載嚴。沿襲有初。講求惟允。

格太宮而祼獻率迪肅雍類上帝以燎熏並昭妥侑馨齋莊而備至荷肸蠁以居歆矧乃眞系垂謨夙展欽崇之禮玉虛攸館將申裒對之文回寶睠以博臨介純禧而舉集顯無疆之大慶豈獨在予霈作解之洪恩式均有衆可大赦天下云云於戲天人交感緊默定之有孚中外胥歡諒寵綏而宜治尚賴旣睦之宗戚同體之忠良曁諸邇臣逮夫庶士協一德以脩輔廣四聰而必聞愼固基扃振明紀律無隱厥志用恢永圖

天聖八年南郊赦天下制 十一月

門下朕以寅畏大寶在宥多方紹列聖之宏基荷上穹之凝命何嘗不勤求治古馴致洪寧逖惟祖始之遐源肅奉母儀之弼教允資日愼丕顯時雍遠人無察匿之辭宰旅積規承之賦浮琛浚羽並占候以來朝共穗幷柯盡紛綸而紀瑞頌揚聲而載路糧棲畝以如坻肆朕眇躬茂膺馨烈此乃高厚之所均化幽明以之獻期是以祝告于靈區祼將乎世室爰因景至祗薦陽郊精意爲禋升煙而昭達群望咸秩受職以攸宜縟禮聿脩鴻儀具舉回旅輅於嶢闕藻羽衛於端闈答天地之垂休法雨雷之作解所以恩霑動植澤洎幽遐集中夏之至歡旣偕乃衆念萬邦之有罪敢忘在予思與寰瀛同茲榮賚可大赦天下云云於戲聖有謨訓固定保之弗違天惟顯思緊聽鑒而斯久顧守文之不易懷降福之無疆尚賴台輔協恭藩戚敦德祗服王室之政永底烝民之生益竭藎忱以康泰宇

景祐二年南郊赦天下制 十一月十五日

門下朕擁天地之丕貺席祖宗之慶基五典咸融兆民祗若休祥狎應大田屢錫於豐年髦俊並生多士協寧於景運熙平在御燕翼有光諸侯靖共納黎元於富庶三公論道升遺逸於簪紳豈惟沖人克臻茂實必修報本之義以答上靈之心盛服展儀至日惟吉欽從謨訓率致精明淸廟肅雍旣備陳於圭瓚閟宮靜位復恭薦於豆籩被袞就陽燎柴定位嚴配並饗聿昭於至誠陟降交歡誕膺於純嘏念紹庭之垂裕顧受福之永昌思與萬邦同茲大澤禮交樂舉旣明嚴上之規雷動風行宜覃渙汗之號可大赦天下云云於戲大事在祀聿從裒對之文與物爲春用穆好生之化更賴股肱良弼賢戚維藩文武藎臣中外庶尹體恭肅以濟輔本中和而在寬俾敦孝友之倫咸躋仁壽之域翼宣王度永底時雍

景祐五年南郊改寶元元年赦天下制 十一月

升禋陟配誠孝所以兼申擁休肆眚人靈於是交豫朕奉承丕厤欽率先謨永惟置器之重浩若涉川之廣托在尊極弗敢遑寧幸席成規侵尋至治而疆陲賓款歲物頗蕃民罔時恫政克用乂斯皆穹昊開右之貺宗祏燕詒之謀幽贊于茲朕將何力內循涼寡期保顧存是用圖講舊章祗修大報嚴飾壇兆潔豐粢盛虔會迎長之辰躬陳合祭之典至于前獻道祖歷祼昭廟蓋經禮必先之文庶哲王能享之義措事之日備物有嚴百執駿奔三聖參侑獲率强力以底盛容居歆在上降監如答迪拜貺之吉敢曰余勤霈崇朝之澤方思衆共再念嚮徇群議許加徽名深揆浮實之華有乖克己之訓宜因冠號俾易建元顧無專享之福更示惟新之命可大赦天下改景祐五年爲寶元元年云云逮下之愛方與物而皆昌屢省之勤冀後天而攸奉尚賴三事庶尹列辟衆司交輸乃誠躋格鴻化茂對乾施永孚于休

宋大詔令集卷第一百二十一

典禮六

南郊四

康定二年南郊改慶厤元年赦天下制 十一月丙辰

朕誕膺寶命。嗣守丕基。荷上靈降監之祥。奉列聖紹庭之憲。撫寧興運。司牧黎元。愼保盈成之難。思隆久大之業。祗勤抑畏。垂二十年。何嘗不中昃厲精。幽微博聽。慮一夫之不獲。期百志之惟熙。務湯銘之日新。致禹疇之時若。至於秉慈儉之訓。絕游畋之娛。器服屏雕文之工。刑政革煩苛之弊。雖未臻於往古。亦無怠於始初。幸以諸夏謐淸。百嘉彙茂。民涵豐楙之樂。物違疵癘之傷。玉燭四時。簫勺群慝。斯皆三神之所眷佑。九廟之所撫綏。豈繄眇眇之躬。克召穰穰之福。是用順考聲明之典。寖尋禋燎之文。嚴飾壝壇。祗爲瑄斝。揆天元景至之 原抄本下闕二十四行 道。以臨總渙大號而胥歡。嘉與群元。共臻斯路。

慶厤七年南郊赦天下制 十一月二十八日

門下。朕常博覽載籍。詳觀古今。每資取於典彝。用昭晰於政教。且夫大事在祀。所期奉而益恭。讓德於天。必欲善不自處。斯皆垂芳簡策。作範邦家。歷代相因。百王不易。在沿革而雖異。諒稽參而靡渝。故假廟致虔。掃地尙質。寔奉先而嚴配。取報本以貴誠。粤自纘承。茲踰二紀。遵述詒謀之訓。企及欽明之風。愼持守於盈成。念懷柔於遠邇。萬幾之務。罔怠於旰宵。含生之倫。冀登於富壽。尙兢虞於譴戒。彌鑒省於昏荒。以期治格隆平。物無疵癘。制作禮樂。敢謂其時。協和人神。當蕆厥事。是用虔修毖祀。參講縟儀。抑非德之徽稱。增先皇之顯諡。祗見覲德之室。嚴禋定位之方。圜壇載陛。長日協吉。順考舊典。傾竭精衷。九州獻力以惟夤。百神受職而咸秩。紛綸之貺。仰降於高穹。曠蕩之恩。宜覃於率土。可大赦天下。云云 於戲。惟聖饗帝。益馨於齋莊。惟德動天。敢忘於惕厲。尙冀祖宗垂祐。輔弼協謀。繄維城親懿之賢。暨衞社忠勞之士。百工庶尹。咸一乃心。共贊昌期。永臻皇極。

皇祐五年南郊赦天下制 十一月己巳

門下。欽柴報本。宗禮經之親郊。渙號宣恩。廣陽春之大告。朕肅膺統業。寅奉政機。未昭厥塗。猶涉淵水。荷乾祇之敷佑。賴宗祏之擁全。治克用平。無思不服。茂錫生齒。屢登康年。蓋先烈之累仁。省眇躬之何德。比舉秩於元祀。用答揚於靈休。仍紀于茲。涓吏敢怠。自合宮之訖饗。卽陽邱以系誠。申命攸司。詳稽舊典。卜日南之長晷。祀地上之圜丘。前詔諸儒。考正雅樂。蓋以遵達孝之述事。昭盛德之流光。逌觀厥成。升於泰祀。庶德音之政。相接於天人沿豫象之辭。登配於祖考。率前期而戒誓。復先甲而絜齋。欽翼秘宮。款見於道祖。肅虔在廟。永懷於前人。懼饗弗能。臨祼惟惕。紫營未除。赤霄在望。執事有恪。備物無違。蒙上帝以居歆。奉列聖以參侑。蒼璧既奠。朱燎以升。惠我無疆。肅然有感。欽惟天表之應。誕揚壽康。嘉與宇內之人。均承貺施。可大赦天下。云云 象日之幾。惟民所息。如砥之道。其賦當平。頗聞征繕之科。有違中正之法。宜從薄斂。以示寬恩。云云 於戲。合法大祀。固靡神之不宗。在宥群方。思與物而更始。尚賴左右承弼。中外臣工。秉德輔予。竭忠圖治。惟休惟恤。永底康哉。

治平二年南郊赦天下制 十一月壬申

門下。朕承祖宗之休。託王公之上。纘嗣丕構。誕隆慶基。夫王者體道誠明。率仁高厚。躬履純儉。天俾壽臧。熙然億兆之懷。隆於父母之愛。禮樂明備。制作成於百年。書軌大同。歡心逮於四表。憲度著明而可則。軌迹夷易而可遵。肆朕沖人。逌承大寶。祇荷先訓。抑繄母慈。永念繼體之難。居有涉冰之懼日愼一日。三歲于茲。曷嘗不究皇極之建中。蹟乾剛之正命。登顯賢俊。鑒循典刑。未明以求衣。中昃而暇食。宮室池囿之好。咸弛以便民。鐘鼓管磬之音。固不以從欲。前日文武多士。中外臣工。連上封章。求薦稱號。朕以繼志述事。未有以揚緝熙。持盈守成。未有以章休烈。下之方以底百室之福。上之方以接三神之歡。義所未安。抑而不受。豈自以得勤民之意。蓋將以洪修己之誠。深惟就陽國郊。肇禋吉土。振古盛節。本朝上儀。儲精逆釐。欲止不敢維孝能享。庶幾與焉。是以因黃宮之氣萌。迨南極之景至。躬執圭幣。潔修粢盛。祼薦淸廟之庭。燔燎泰壇之地。侑以烈祖。對越上穹。於時祥景晏溫。大圜精粹。和氣充塞。積曀肅淸。茲皆諸神受祀。於懷柔有昊眷顧。而饗答發祥隤祉。豈獨朕躬之敢專。洗心自新。嘉與海內之均慶。可大赦天下。云云 於戲。崇大報之禮。有以達於誠心。覃渙汗之恩。是用孚於至信。期爾阜安之俗。旣臻恥格之風。尚賴忠藎揚廷。謨明在服。共勵勅天之志。永底無疆之休

熙寧元年南郊赦天下制 十一月十八日丁亥

門下。王者祇遹聖緒。所以永無疆之休。對越顯穹。所以凝溥將之命。朕惟列聖垂統。盛德在天。積累熙洽。付畀沖眇。夫以制作大定之丕矩。在宥恥格之休風。夷易所存。燕翼維允。肆朕述遵而無改。恭默以仰成。再期于茲。百度咸若。是以群生蒙福。方內大寧。稽人有秋而屢豐。遠裔稽服而慕義。兵革靡試。疵癘莫興。蓋昭天之功。自上仁而已厚。故佑民之澤。迨下武而益深。乃眷太和。寔荷隆慶。內惟寡德。懼不克任。粤稽拜貺之文。茲有就陽之祀。報本反始。事孰重焉。夫恭之所隆。不可以恩揜。禮之所闕。尚貴乎義起。矧乃眞聖舊章。著爲成訓。搢紳蹟論。折衷前經。斷自朕心。博觀輿議。是用因一陽長極之序。舉三歲親見之儀。朝薦殊庭。賓祼淸廟。而後升煙燎於泰畤。合祛祀於柔祇。昭假上靈。配侑烈祖。六樂備儛。萬玉旅廷。侯衞駿奔。蠻貊縱觀至誠胥感。方交神而塞明。祥祉來臻。且日升而川至。顧予菲質。敢以專饗。思與黎庶。同底自新。可大赦天下。云云 於戲。接三神之歡。惟禮可以致孝饗

均兆民之慶。惟刑可以示哀矜。茲朕一心期底于道。尚賴股肱碩輔。陪側藎臣。共勵協恭之誠。以格可封之俗。

熙寧七年南郊赦天下制 十一月

門下。王者欽崇神天。嚴奉宗祏。就郊以饗。所以詔天下之恭。假廟而烝。所以教天下之孝。洪維五聖之烈。誕集百王之文。肆予沖人。昭事上帝。載念物無以稱。維一誠可以展大報之儀。祭不欲煩。維三歲可以述躬行之典。會協康年之順。道迎至日之長。是用朝薦殊庭。祼將太室。乃進登於陽時。以裒對於皇穹。合祛柔祇。陟配文祖。祝燧告潔。贊犧尚純。六樂變音。舞奏而諸物至。二精揚燎。煙升而萬靈交。方丕事之獲成。敢蕃禧之專饗。宜敷大號。以賚多邦。可大赦天下。云云 於戲。意盡精禋。既秩宗祈之舉。政施惠術。亶昭慶宥之行。維時黎元。綏我德澤。尚賴謨明四近。忠藎群材。儀圖新美之功。勵相隆平之運。同底于治。永孚厥休。

熙寧十年南郊赦天下制 十一月甲辰

門下。國莫重於祭。所以作民恭之先。禮無大於郊。所以報物生之始。朕懋建丕命。寵綏四方。夙寤晨興。任大守重。惟文武之謨烈。心罔敢弗承。惟上下之神祇。志罔敢弗肅。聿終三歲之祀。稽用一陽之正。嚴大路以備儀。款殊庭而先享。於穆清廟。怵惕以見祖宗。爰熙紫壇。明察而事天地。推本陟配。升燎合煙。裒萬靈而誠交。變六樂而物致。顧迄成於鉅典。敢專嚮於蕃釐。渙揚予恩。敷錫爾衆。可大赦天下。云云 於戲。答三才之奧。無以稱德產之徵。均萬國之懽。有以知惠澤之至。尚賴左右勵翼。內外交修。永孚厥休。同底于道。

元豐六年南郊赦天下制 十一月丙午

門下。天者、物生之始。非肇禋無以極其誠。親者、民恭之先。非假廟無以致其孝。永惟五聖之烈。必躬三歲之祠。顧惟沖人。嗣膺厤服。敢不祗率。以時欽修。然而禮意寖而不明。樂文雜而未正。故剌六經之說。考諸儒之言。緝熙曠儀。是正鉅典。奉罍以款真宇。祼鬯以享宗祊。齋戒乎端誠之宮。清肅乎禮神之囿。陟配烈祖。對侑昊穹。於時維太常之旂。備金玉之駕。迺搢大圭。以爲國之綴。迺服大裘。以放古之文。欽柴之燎四施。燭煬泰一。圜鍾之樂六變。繳繹崇邱。孝奏而日月光。靈遊而風馬下。顧獲成於熙事。敢專嚮於繁禧。宜大澤之肆均。與群生而共慶。可大赦天下。云云 於戲。答三靈之介祉。既秩於宗祈。格四海之歡心。在敷于惠術。尚賴秉文之輔。經武之臣。相協厥恭。同底于治。布告遐邇。咸使聞知。

元祐七年南郊赦天下制 十一月癸巳

門下。朕承六聖鴻烈之休。御千載丕平之運。逖觀歷代之治。無若本朝之隆。充塞乎協氣之流。洋溢乎頌聲之作。然而重熙累洽。所以應之者惟艱。持盈守成。所以保之者靡易。顧茲沖眇。紹乃基圖。永惟幾深。罔敢逸豫。仰賴文母。維持我家。保佑八年之間。申錫九疇之敍。賓禮故老。子惠困窮。上順帝心。下從人欲。廣祖宗之遺澤。蒙天地之降康。欽言肇郊。躬行大禮。念嘗再饗乎穹昊。未始祇事乎皇祇。是用推本建隆之舊章。復舉熙寧之故實。執鬯以祼八室。奠玉以合兩儀。嚴烈祖以配天。洽百神而承宇。于時禮行而誠意格。樂變而祥光浮。誕受三神之釐。敢專四海之福。宜思均施。溥宥群倫。可大赦天下。云云於戲。乾坤之元始生。俯仰之觀象法。以爲君臣之道。以成覆載之功。咨爾內外之庶工。咸罄文武之致用。惟新厥德。永孚于休。

元符元年南郊赦天下制 十一月二十日甲子

門下。朕保極以宅尊。奉元而繼統。駿惠先烈。愼懷永圖。躬攬萬幾。于茲五載。顧德不敏。賴天博臨。四夷咸賓。萬邦作乂。師干獻捷。農扈告豐。錫之珍符。授以神策。嘉瑞紹至。祲氣亟消。豈眇末之克堪。實穹昊之眷佑。興言大報。莫重禋郊。是用遵昭考之詒謀。舉隆周之墜典。稽協彝制。發揮禮容。未奉皇祇之祠。先嚴蒼昊之饗。乘一陽之復。習三歲之常。卽路寢以齋居。至殊庭而朝獻。廣于肆祀。初假廟以詔虔。欽柴宗祈。遂升壇而謁款。配侑烈祖。對越明神。樂成繹純。禮敬敕備。於時乾端澄霽。冬序晏溫。靈心嘉虞。精意昭格。師象山則。孝奏天儀。申命之休。既昭受于上帝。斂時之福。其敷錫於庶民。揚于端闈。孚我大號。可大赦天下。云云於戲。告事大成。敢專饗於緐釐。申宥眚災。宜溥覃於曠澤。尙賴輔弼寅亮。官師協恭。共維太平之基。永底無疆之祚。

宋大詔令集卷第一百二十二

典禮七

南郊五

建中靖國元年南郊改來年崇寧元年赦天下制（十一月丁丑）

門下朕紹膺寶命祗遹鴻圖躬節儉以御邦本寬仁而敷政維先訓是式惟師虞是從永言繼序之囏克謹持盈之戒荷皇天之降祐蒙列聖之貽謀方夏人寧蠻夷賓服三時不害六府孔修建皇極而王道明卽康功而民志愜以迪純熙之運以刑平富之風豈朕德之能勝繄帝臨之下屬肇稱禋祀祗答閎休是用參酌上儀鋪昭廣典奉神考初行之志繹紹聖申講之文符蕆事於皇祇先致饗乎穹昊迺候景涓日飭躬致虔祼清廟以肅將款圓壇而拜享侑我烈祖秩于百神禮嚴欽翼之容樂被雍和之奏蒼璧既奠紫烟其升乾象粹清靈心嘉嚮和氣洋溢景光陸離瑞慶大來俾緝熙于純嘏膏澤幷下用敷錫厥庶民豫建新元誕揚渙號可大赦天下（云云）仍自來年正月一日改元爲崇寧元年於戲潔誠拜貺永祈申命之休肆宥均釐時乃配天其澤尚賴成德之彥正事之臣率黎獻以協衷斂庶明而懋績贊我溥將之緒迄茲渙汗之猷

崇寧三年南郊赦天下制（十一月二十六日）

門下祼獻清廟所以承祖宗之靈禋祀紫壇所以答乾坤之貺朕駿膺寶命重受厖禧丕宣文武之光盡緝熙豐之典取士于學稽古建官亮采百工庶幾三代凡厥盛王之式率由昭考之行而九廟垂休兩儀協佑生民底乂年穀屢豐修德錫符上粲璣衡之政鑄金象物下隆鼎鼐之基疵癘聿消雨暘咸若茲豈眇躬之能假時惟上帝之弗違是用奠玉陽邱涖牲泰畤嚴配烈祖對越皇天于時圭景晏溫璇穹登監二端立而禮無不洽六樂變而物罔不興靈心載嘉精意咸享受茲殊福豈予一人之敢私錫厥庶民思與萬邦而共慶我有渙號揚于端闈可大赦天下（云云）於戲作善降之百祥既茂膺於純嘏惟天佑于一德可共翼於丕平尚賴三事股肱百辟文武咸勵同寅之業永底無疆之休

大觀四年南郊改來年政和元年赦天下制（十一月三日）

門下朕紹膺駿命祗奉燕謀永惟置器之安常軫臨淵之慮躬攬萬務茲越十年荷上帝之降康底群生之咸遂禮制樂作仁洽道豐撫五緯以宣精

翕九河而順軌。干戈弗試。囹圄屢空。同雲應尺澤之祈。甘露協中臺之瑞。三登既格。六府允修。昭受閎休。敢忘大報。是用率循彝典。稱秩上儀。乘景至之熙辰。備星陳之法駕。祼獻清廟。初鬻饎以揭虔。謁款紫壇。遂欽柴而展采。推本烈祖。對侑昊穹。表潔純犧。薦誠蒼玉。于時協氣充塞。高靈宴娭。肅然精意之通。紛若美祥之下。惇崇元祀。屬熙事之涓成。申宥眚災。宜湛恩之誕布。可大赦天下。云云 朕奉承聖緒。遹追先猷。荷穹昊之休。蒙宗廟之佑。昭事有翼。夙夜惟寅。中外靖綏。年穀登稔。禮樂明備。百志用成。嘉與多方。布新顯號。可以來年正月一日改元政和。云云 於戲。一人有慶。既敷錫於蕃釐。庶政惟和。其永綏於極治。尚賴輔弼勵相。官師交修。增隆不拔之基。益固無疆之祚。

政和三年南郊赦天下制 十一月六日

門下。朕承列聖之丕基。奉至尊之休德。繼志述事。持盈守成。躬攬萬機。茲踰一紀。荷皇天之垂佑。浹函夏之底寧。年穀屢登。雨暘式敘。遐邇請命。川嶽効珍。禹功無濫溢之災。堯瑞告平成之治。永惟多祜。誕集沖人。屬三歲之親祠。剌六經而定制。率時昭考。欽修特祀之尊。若昔大猷。盡正相沿之陋。乃齋居於路寢。乃朝獻於殊庭。得四表之懽心。駿假于廟。乘一陽之至景。大報于郊。對越昊穹。佑我烈祖。陶匏象性。犧牷貴誠。奠蒼璧以禮神。秉元圭而拜貺。器協商周之舊。樂兼韶濩之純。紫烟燎而爟火升。美光屬而風馬下。禮儀既備。知帝顧之弗違。福祿來崇。豈朕躬之專享。宜敷渙號。溥洽群倫。可大赦天下。云云 於戲。申命用休。俾戢熙于純嘏。配天其澤。用敷錫厥庶民。尚賴同德藎臣。秉文多士。咸克勵翼。永保隆平。

政和六年冬祀赦天下制 十一月十日

門下。朕紹膺景命。嗣守丕基。尊臨九有之師。親攬萬微之務。翼翼敢忘於夤畏。兢兢常謹於繼承。躬宵旰之勤。以圖天下之乂。軫淵冰之慮。以保天下之安。屬者百穀順成。五緯來敍。干戈載戢。囹圄屢空。元命之辰。九天占南極之瑞。誕彌之旦。三山紀黃流之清。樂作而羽鵠翔。鼎定而慶雲集。名山顯位。蘄封禪者億萬人。絕域殊方。來臣妾者十一國。有邦之應。於豈朕功。仰念物生本乎天。惟聖人為能饗人道。先乎祖。雖天子必有尊。迪惟古訓之循。實重國陽之報。固嘗辨二至之吉禮。庶乎革合祭之非。奉上帝之徽稱。蓋以正異名之失。茲協豐年之屢。載迎至日之長。乃建鸞旗。以迻神降之休。乃執大圭。以嚴紫壇之薦。于時歌昊天成命之詩。奏圜鍾六變之樂。奠璧以致蠲潔。升煙以達高明。克禋克祀。而精意昭來。假來饗。而珍符下肆。戢熙于純嘏。以敷錫于庶民。其播大猷。用推廣澤。可大赦天下。云云 於戲。報本反始。得萬國之懽心。蕩垢滌瑕。對三靈之蕃祉。尚賴股肱良弼。屏翰雋臣。益殫忠藎之圖。光輔隆平之運。同底于道。永孚厥休。

宣和元年冬祀赦天下制 十一月九日

門下。觀會通以行其典禮。允符昌運之隆。美盛德而告於神明。茲迪精禋之饗。朕肇膺駿命。嗣守鴻基。撫九有之嘉師。開萬邦之壽域。兢業克艱。於底乂夤威。罔怠於求端。聿承燕翼之謀。裒對溥臨之貺。屬者道源闡教。帝社迎釐。農扈載謠。黍稷報千倉之慶。時堂御厤。璣衡瞻七政之齊。氐羌款塞以咸賓。狴犴空囹而不式。滎河順紀。喬嶽錫符。丹闕瓊臺。屢下叢霄之蹕。彤烏秀草。丕昭炎德之祥。永惟奕世之休。罔匪自天之祐。爰申毖祀。以答眞祺。是用測嶰籥以迎長。備鸞輿而展采。羽林綺列。闢五門象魏之嚴。法駕星陳。正六引旗章之度。夙祗淸廟。恭駿崇壇。耨玉籍以奉粢盛。載謹豐年之報。潔宮蠶而修幣□。用永端命之祈。景鍾導和樂之音。嘉秬薦太尊之齊。純精昭格。肸蠁潛通。月璧星珠。紛燎煙而上徹。雲車風馬。欻飆馭以來臨。肆均拜胙之禧。式霈滌瑕之宥。誕揚渙號。敷告多方。可大赦天下。云云 於戲。佑烈祖以格皇天。予惟克邁乃訓。綏多福而熙純嘏。邦其永孚于休。尙賴輔弼同夤。官師勵翼。共浹無爲之化。茂隆累洽之圖。

宣和四年冬祀赦天下制

門下。事上帝而懷多福。非禋祀不足以昭報本之誠。紹大業以綏四方。非升侑不足以極奉先之孝。朕荷三靈之儲祉。奉列聖之詒謀。制治保邦。克懋盈成之訓。立政造事。敢忘繼序之思。彌文鑒虞夏之隆。成憲復熙豐之舊。百度惟正。庶績其凝。士迪典常。盡革朋淫之習。民興淳樸。式符道紀之昌。人傒志以丕欽。天鑒誠而孚佑。淸臺觀象。瑞占七政之齊。陽館頒常。運協四時之序。雨澤應期而播潤。河宗聽命以回流。農扈奏功。黍稷嗣豐年之慶。燕民效順。封疆歸輿地之圖。刑淸而囹圄屢空。物遂而動植咸若。驗諸福之畢至。豈成功之敢居。恭念祭不欲數者。禮之經。物無以稱者。天之德。肇卜迎長之旦。聿修肆類之儀。簠簋豆籩。秩九州之嘉薦。旗常警蹕。儼八衞之祲容。庶邦虔貢以駿奔。多士秉文而顯相。稽魯人先□之義。以前饗於太宮。歌周王成命之詩。肆靈承於有昊。衍我烈祖。徧于群神。禮三獻而精意昭。樂六奏而靈斿下。祥光旁燭。景貺備臻。修德錫符。已應克誠之享。行慶施惠。用均拜胙之禧。嘉與萬方。共膺純嘏。可大赦天下。云云 於戲。百神受職。知帝命之不違。五福錫民。浹海隅而丕冒。尙賴忠良修輔。文武協恭。益堅勵翼之忠。永底輔寧之治。爰咨爾衆。咸體朕懷。

宣和七年南郊赦天下制 十一月十九日

門下。皇武肇禋。是創萬年之業。文明制禮。爰釐二至之祠。朕恭承休光。永念丕緒。衍我烈祖。實賴賢能之衆多。格于皇天。當由閭里之安樂。整飭百度。撫綏兆民。神明享持守之誠。華夏樂憂勤之政。屬者多稼徹燕雲之野。齊民安海岱之區。遠人慕義而玉帛來。川后畏威而波濤弭。荷天休之震動。莫不率從。奉王業之艱難。庶無罪悔。是用誕舉豐年之報。肅迎景至之期。吉事有祥。先致殊庭之薦。大禮必簡。併嚴淸廟之承。焜煌千乘萬騎之容。終始七戒三齋之德。洒潔盛於陽館。遂祗事于泰壇。風馬雲車。仰百靈之睠顧。星珠月璧。知四海之淸明。其錫繁禧。用宏大賚。可大赦天下。云云 於戲。薦馨香之治。蓋承九廟垂裕之休。施曠蕩之恩。更應一陽發生之候。尙賴官師協德。黎獻輸忠。共扶不拔之基。永篤無疆之慶。

合祭天地詔 元祐七年九月戊戌

國家郊廟時祀。祖宗以來。命官攝事。惟三歲一親郊。則先饗淸廟。冬至合祭天地于圜丘。元豐間。有司援周制。以合祭不應古義。先帝詔定親祠北郊之儀。未之及行。是歲郊。不設皇地祇位。而宗廟之享。率如權制。朕以涼昧。嗣承六聖休德鴻緒。今茲禋禮。奠幣上帝。祼鬯廟室。而地祇久未親祀。矧朕方修郊見天地之始。其冬至日南郊。宜依熙寧十年故事。設皇地祇位。以嚴並貺之報。仍令有司擇日遣官奏告施行。厥後躬行方澤之祀。則修元豐六年五月之制。俟郊禮畢。依前降指揮。集官詳議親祠北郊事及郊祀之歲廟饗典禮以聞。

罷議合祭詔 元祐八年四月丁巳

朕聞五帝不相沿樂。三王不相襲禮。世有損益。因時制宜。惟我祖宗。嚴奉郊廟。當遣官攝事。皆考合於前文。惟奠玉親祠。自裁成於大禮。每以三歲對越二儀。咸秩百神。大賚四海。迄先帝元豐之末。講方澤特祭之儀。蓋將補一代之闕容。振百王之墜典。朕惟菲德。嗣守丕基。列聖已行。謹當遵奉。先朝未舉。懼不克堪。是以昔歲仲冬。竭誠大祀。神祇饗答。祖考燕寧。前詔有司。載加集議。猶欲咨度諸儒之論。稽參六藝之文。然理既不疑。則事無可議。斷自朕志。協于僉言。祗率舊章。永爲成式。今後南郊合祭天地。依元祐七年例施行。罷禮部集官詳議。

冬祀執元圭御筆手詔 政和三年十月五日

朕若古之訓。惟天爲大。舉天下萬物。無以稱之。故先王以類而求。祀於圜丘。象其形。奠以蒼璧。象其色。冬日之至。取其時。大裘而冕。法其幽。而未有以體其道。夫天元而地黃。天道也。朕荷天顧諟。錫以元圭。內赤外黑。尺有二寸。旁列十有二山。蓋周之鎭圭。有法乎是。祇天之休。于以昭事上帝。而體其道。過周遠矣。將來冬祀。可搢大圭。執元圭。庶格上帝之心。以敷佑于下民。永爲定制。

賜與

加賜輔臣親王文武臣僚內外諸軍將士詔 天聖二年十一月己亥

迺者因長至之吉。擁萬靈之祥。發寶册於大庭。奉鴻名於慈極。載惟菲德。亦徇群情。稽列聖之彌文。享一王之殊號。茲爲盛禮。式煥休辰。應輔臣、親王於南郊所賜外。各加一千。文武百僚因郊得賜者。亦給之。內外諸軍將士。並與大特支。

陪祠

召河陽三城節度使守太傅檢校太師兼侍中致仕曾公亮武寧軍節度檢校太師守司空同中書門下平章事致仕富弼太子太師致

仕張昇太子少師致仕趙槩赴闕南郊陪位詔 熙寧十年

朕展寀圜丘。祗見上帝。相我大事。屬在群公。矧惟老成。宜有顯助。勉輿就位。以稱朕心。

賜王安石免陪位詔 元豐

勑。朕獲典天神。三就郊見。而在外元老。乃以疾辭。不能相予之祀。雖懷之憮然。顧不得不聽也。可免赴闕陪位。故茲詔示。想宜知悉。

太師致仕文彥博陪祠詔 元祐七年八月

朕嚴郊丘。執珪幣。肇禋于上帝。眷惟顯相。莫重乎師垣。秉德論道。弼亮四世。左右我祖考。燕及皇天。勳在王室。賁于帝師。歸老而家。茲或弗與。乃心缺然。謂遺舊德。何如彊起陪朕。同寅熙事。毋以勞爲辭。

太子少師宣徽南院使致仕馮京陪祠詔 同上

朕丕承休烈。肇修郊饗。小大之臣。罔不夙夜。協衷同恭。以佑我熙事。至于疎逖。亦懷駿奔。矧惟耆德。弼諧文武。有勞乎先世。告老謝事。休佚中都。夷曠裕康。可弗與乎。厥惟勉起。相予肆祀。儀刑在列。毋或憚勞也。

太子少傅致仕韓維陪祠詔 同上

朕祗率訓典。齊于郊宮。以饗上帝。必賴秉文之臣。肅雍在列。以相厥事。乃眷耆賢。歸老輔邦。先帝青宮之舊寮。定命黃扉之宿德。對越之際。而弗豫焉。其如尊賢重故之義何。勉力承命。陪朕咸休。

宋大詔令集卷第一百二十三

典禮八

北郊

罷合祭詔 紹聖三年正月戊午

朕惟先王之祀天地。其時物器數。各以其象類求之。故以陽求天。祀於冬至之日。以陰求地。祭於澤中之丘。載於典經。其義明甚。而合祭之論。特起於腐儒之臆說。歷世襲行。未之有改。先皇帝以天縱大智。緝熙王度。是正百禮。以交神明。遂定北郊親祀之儀。將舉千載已墜之典。雖甚盛德。無以復加。乃者有司不原本指。或因陋肆。予沖人嗣有令緒。仰惟先志。其敢忽忘。宜罷合祭。自今間因大禮之歲。以夏至之日。躬祭地祇於北郊。應緣祀事儀物及壇壝道路帷宮等。宜令有司參酌詳具以聞。

北郊前詣景靈宮朝獻太廟朝饗詔 元符三年六月丙午

致明察者。莫重於郊丘之祀。極優肅者。莫嚴於祖考之薦。乃者奉若猷訓。憲章古昔。罷合祭之瀆。修特禋之典。將以夏至之日。祇款皇祇之靈。比覽有司之陳。欲寢前期之告。朕惟朝獻於原廟。祼將于太室。詎容曠歲之久。不及躬祠之奉。豈獨異事天之禮。抑未稱饗親之誠。怵惕氷懷。靡遑寧處。其欽承於先烈。用悉講於多儀。匪敢憚勤。庶幾盡志。將來親祠北郊。前二日。躬詣景靈宮朝獻、太廟朝饗。並依南郊儀制。

祭地方澤御筆手詔 政和三年九月二十日

昔先王父天母地。嚴恭祀祭。躬行而歲徧。朕承嗣丕構。率循舊章。三歲一郊。大賚天下。祗載郊廟。荷天之休。罔有不格。率時昭考。既革合祭之非。率狃故常。尚稽夏至之禮。大報天地。弗及方丘。夙夜以思。靡遑寧處。夫祭不欲數。數則煩。不欲疎。疎則怠。廢而不舉。其可乎。惟明與察。不敢不虔。自今每遇冬祀大禮後。祭地方澤。其儀物仗衛應奉事。悉從減省。從祭臣僚與隨駕衛士。量與支賜。簡而易行。無偏而不與之失。以稱朕意。可令禮制局裁定以聞。

夏祭禮成德音 政和四年五月十七日

門下。負陰而抱陽。萬物所以格生成之化。尊天而親地。王者所以隆輔相之功。眷言二至之專祠。浸紊千齡之墜典。自我作古。其駿惠于先猷。迄用有成期盡循于周道。考協珪幣牲牷之薦。咸秩山林川澤之文。爲壇再成。若樂八變。籩豆有楚。肇新簿正之規。日月爲常。始辨車官之制。用侑登於烈祖。以對越於皇祇。丕昭三壤之豐。大報九功之敍。密雲不雨。協氣橫流。屑然景象之旁臻。紛若祥光之下燭。禮儀平度。含洪之慶無疆。福祿來崇。博厚之臨有假。抃飭慮囚之澤。肆盼孚號之恩。應四京諸道云云。於戲。聖人成能。既假三神之祉。君子有解。式敷四海之休。維爾群倫。欽予至意。

夏祭禮畢德音 政和七年五月二十五日

門下。順承天之義。莫踰厚載之功。資事母之誠。寔重廣禋之祭。顧惟菲德。獲履至尊。永言紹述之圖。敢怠夤恭之志。若時大業。底此丕平。天惟惠民。具格高明之錫。地不愛寶。荐膺翕闢之休。水行敍而河流清。農扈修而年穀熟。陵阿疏于九服。琛贄走乎八荒。禁籞發祥。甘醴協流衍之應。宮庭効異。神芒超案牒之古。有茲並受之符。悉繄咸亨之況。屬者肇修曠典。祇上鴻名。率辭揆方。既闡一元之化。報功饗德。宜遵三歲之祠。是用躬事方輿。親承大號。盡黜合祛之陋。載嚴侑配之崇。黃玉奠而休氣臻。函鍾奏而靈斿出。于時神心昭晢。精意交通。景光燭壇。密雲不雨。凱風入律。厥壤可游。惟祭澤之下流。豈視釐之專饗。誕施慶宥。均賚多方。應四方諸道云云。於戲。含萬物以化生。茲尚坤能之祉。斂五福而敷錫。是昭解吉之仁。咨爾群黎。體予至意。

夏祭畢德音 宣和二年五月二十四日

門下。總丹府以御九霄。天弗違於道妙。坐明堂而觀八極。地不愛於珍符。功敢自居。禮宜有報。上遵祖宗三歲郊見之舉。也講於舊章。下黜漢唐二儀合祛之非。肆稱於新禮。乃者柔祇顧貺。嘉應荐臻。豐年屢而黍稌多。和氣交而風雨節。下房効神芝之產。厥壤洊甘露之零。河流不揚。寶鼎自至。屬夏戎之款塞。環陝右以休兵。正朔加敦煌以西。烽火息天山之外。惕惟菲德。何以臻茲。永思錫類之休。敢忘美報之義。乃以夏至之日。款于方澤之中。萬玉旅廷。六樂備奏。器用古以尚質。嘏因時而合經。黃琮奠而精意交。函鍾變而靈斿出。侑以烈祖。徧于群神。于時嶽祇駿奔。川后來會。驅疾霆而號召。驟宿雨以蠲除。一清宇宙之翳氛。盡廓乾坤而呈露。慶雲覆野。美光燭壇。底熙事之休成。欽祭澤而敷錫。赦過宥罪。蕩垢滌瑕。嘉與萬方之人。並受三神之祉。應四京諸道云云。於戲。后皇顧享。至哉坤元之功。闓翟均釐。介爾太平之福。尚賴有官君子。三事大夫。永肩一心。同底于治。

恭謝壇殿 就郊壇者已見南郊門

親祠亳州太清宮回日恭謝天地詔 大中祥符六年八月庚申

朕以眇躬。纘茲大寶。荷樂康於穹壤。膺錫類於祖宗。明發之心。嘗增於勵翼。大同之俗。獲固於隆平。蓋積累於善祥。豈涼薄之能致。而自欽承瑞命。祇奉元符。陟元岱而上封。款魏脽而大報。再臨鞏洛。躬祀寢園。天監孔章。民和旁洽。暨太宮之歸格。乃宣室而凝神。屬以上眞。荐迴嘉貺。洪惟寶緒。逖悟於有開。復念休期。肇隆於無斁。故將協吉春序。卜勝神臯。恭建壇壝。親謝天地。竊思三才之始。是謂道精。萬化之宗。允惟教父。顧譙都之舊壤。峙曲里之珍祠。炎漢庶民。薦芬馨而祇肅。有唐繼孝。奉寶綬而尊崇。俾浹宇之咸康。實上淸之幽贊。當乘法馭。順拜殊庭。方冀詢謀。未遑誕告。而景亳耆耋。趨丹闕而獻封。外朝官師。伏彤墀而抗疏。願修盛節。允契素懷。是用祇考元辰。緬遵令典。彼渦之曲。既奉於蕭薌。在國之陽。復薦於圭幣。朕以來年春。親詣亳州太淸宮行朝謁之禮。先於東京置壇。迴日恭謝天地。一如南郊之制。咨爾蒇事。及夫撰儀。勿曠攸司。各揚乃職。祀禮所用。必極於豐崇。乘輿所須。務敦於簡儉。應于費用。並從官給。一路但增修館驛以備行宮。所用什物。亦官自營辦。不得輒有科率及差役丁夫。諸路長吏不得擅離本任。來赴行在。及以修貢爲名。輒有率斂。兩京諸路起居章表附驛以聞。

恭謝大赦天下制　大中祥符七年二月壬辰

門下。王者誕受丕圖。所以集神祇之貺。欽崇毖祀。所以罄明察之誠。矧道蔭之斯隆。蓋靈心之乃眷。故襄駕展順風之禮。虞巡昭肆類之文。用能儲思希微。沈研於妙本。降衷肸蠁。丕冒於群民。播厥英聲。垂於永裔。顧惟眇質。祗紹慶基。念守成之惟艱。常馭朽而增惕。焦勞靡息。菲薄自居。庶保善經。期臻治古。而皇穹降鑒。荐錫於秘符。飆馭下臨。聿彰於鴻緒。上儀畢舉。寶契遐昌。屬尉候之謐淸。復歲時之豐楙。克廣重熙之業。允符全盛之期。言念垂休。敢忘修報。是用朝眞渦曲。俯協于輿辭。定位國陽。肇崇於福時達明馨於泰館。備精享於太宮。焜燿采章。極彌文之制。寅威配侑。申有恪之容。萬玉旅陳。八神警蹕。鳴鸞方甸。薦樊嘉壇。三靈以之交歡。百順於焉介祉。荷祖宗之來格。膺高厚之顧懷。獲奉吉蠲。良深感慶。殊禧山委。既祚於邦家。渥澤風行。宜均於寓縣。可大赦天下。云云 於戲。潔粢報德。有國之彝章。解網推仁。前王之懿範。諒至誠之旁達。致縟典之具揚。期遵日愼之規。益盛時雍之化。永延純錫。大庇斯民。更賴良弼茂親。協宣於忠力。虎臣爪士。共謹於戎昭。暨有位之具寮。逮庶邦之守吏。交修厥職。用副予衷。咨乃群倫。同底于道。

恭謝天地于大安殿謁太廟赦天下改明道元年制　天聖九年十一月甲戌

朕紹膺駿命。欽奉先猷。繼累聖之成基。爲群元之司牧。內則慈闈申誨。叶助於懿綱。外則多士盡規。僾寧於百度。獲保丕構。于茲十年。念守文之至難。思置器之攸重。罔敢自逸。期臻太和。居常慮善納忠。憂勤於旰日。務農勸穡。敦厚於時風。懋建永圖。庶無缺政。昨以仲秋在序。炎燎擬災。諒儆戒之有繇。顧眇沖而增懼。既闢讜言之路。仍覃肆告之恩。祇若靈心。導迎和樂。洎禁闥之胥葺。遂不日以斯成。此蓋哲輔同寅。群材共濟。自軒墀之列職。逮斡力之近臣。咸集事功。聿新絺構。載安燕御之所。敢忘修省之懷。是用答二儀並貺之仁。荷九廟發祥之祉。潔齋路寢。于以致明察之誠。薦鬯大宮。于以伸優肅之志。精衷克展。純嘏方來。因紀號以建元。庶順時而布惠。爰臨端闕。大賚庶邦。可大赦天下。宜改天聖十年爲明道元年。云云 於戲。惟民多辟。爰須在宥之文。與物咸新。式霈如春之澤。更賴臣隣弼贊。中外傾輸。體茲欽翼之心。共享淸寧之祐。

大慶殿行恭謝之禮御札　嘉祐元年五月甲申

勅內外文武臣寮等。執珪璧以事神。嚴祖宗而配帝。雖有國之常典。亦因時而制宜。朕承三聖之丕基。撫萬邦之有衆。儉于己、思天下之民豐。勞于心、致天下之民佚。罔敢怠忽。庶幾治平。而首春以來。偶爽調適。賴三靈敷祐。百福來臻。順以節宣。獲茲康裕。加以邊隅不聳。風雨以時。雖庶務之咸和。顧眇躬而增惕。是用稽先朝之成憲。詢故實於有司。卽廣殿之秘嚴。擇令辰之良吉。式伸昭謝。以格純休。宜示先期。俾茲誕告。朕取今年九月內於大慶殿行恭謝之禮。其今年冬至親祀南郊。卽宜權罷。所有合行諸般恩賞。並特支。就恭謝禮畢。一依南郊例施行。至日朕親御宣德門宣制。仍令所司詳定儀注以聞。務遵典禮。勿俾煩勞。咨爾多方。咸體予意。故茲扎示。想宜知悉。

恭謝前謁太廟宰臣上第三表請攝事答詔 嘉祐元年八月丙寅

朕欽懷景貺。昭謝明靈。率按前彝。以圖鉅禮。前款廟祏。則將徧迪饋嘗。還禋路庭。所以合答穹厚。永惟灌鬯。疇可弗躬。雖重諉於建言。未卽從於來請。而卿等固謂在天之后。巳配帝而申嚴。觀德之宮。有遣官之著式。質諸典禮。皆適經權。勉循勤誠。式終熙事。將來特遣大臣詣太廟攝事。務從嚴恪。以稱朕恭。

恭謝天地于大慶殿大赦改嘉祐元年制 嘉祐元年九月辛卯

門下。朕纘承基緒。統御幅員。總攬萬機。周旋三紀。思守文之尤重。念居上之至難。或未明而衣。或旣旰乃食。惟正人是用。惟公論是稽。恬然過勤。舉不知困。比春云始。平履忽虧。荷高明之博臨。膺厚順之丕擁。宗社降福。士民輸忠。眇眇之躬。遄臻於綏乂。便便之政。率逐於講修。雖屬水潦搆災。河流移道。眷言萬國。咸克妥安。邦經所繫。朕力何有。亶茲循省。彌用戰兢。秋凜戒期。農收畢務。誕詢故事。參繹前猷。約郊壝之儀。嚴路廷之制。工師虔鞏。物品晏淸。祇馨誠忱。潔伸款見。上以答本元之開佑。下以蘄生聚之樂康。寖通明靈。交示肸蠁。宜與兆庶。共均休嘉。式覃渙汗之恩。仍易紀年之號。以孚神貺。以順物宜。可大赦天下。宜改至和三年爲嘉祐元年。於戲。崇配侑之經。所以迪宣純孝。布寬仁之法。所以昭格大和。先朝茂規。有國常典。更賴明廷百辟。皆謹乃官。率土群黎。各安其業。康助盈成之化。永躋仁壽之風。

宋大詔令集卷第一百二十四

典禮九

明堂一

雜詔

明堂合祭天地太祖太宗眞宗配日月河海諸神悉如圜丘從祀詔 皇祐二年三月乙丑

明堂之禮。前代並用鄭康成王肅兩家義說。兼祭昊天上帝。已爲變禮。國朝自祖宗已來。三歲一親郊。卽徧祭天地。而百神靡不從。故太祖皇帝雩祀、太宗眞宗皇帝祈穀二禮。本無地祇位。當時皆合祭天地。以祖宗並配。而百神從祀。今祀明堂。正當三歲親郊之期。而禮官所定。止祭昊天五帝。不及地祇。又配坐不及祖宗。未合三朝之制。況比年以來。水旱地震。稼穡不登。今移郊爲大享。蓋亦爲民祈福。若祭天而不祭地。又祖宗不得偏配。於禮未安。其將來親祀明堂。宜合祭皇地祇。奉太祖太宗眞宗並配。而五帝神州地祇亦親獻之。日月河海諸神悉如圜丘從祀之數。以稱朕恭事天地祖宗神靈之意。

明堂罷從祀群神詔 元豐三年七月丁亥

朕惟先王制行以起禮。孝莫大於嚴父。嚴父莫大於配天。一也。而屬有尊親之殊。禮有隆殺之別。故遠而尊者祖。則祀於郊之圜丘而配天。邇而親者禰。則祀於國之明堂而配上帝。天足以及上帝。而上帝未足以盡天。故圜丘祀天。則對越諸神。明堂則上帝而已。故其所配如此。然後足以適尊親遠近之義。昔者周公之所親行。而孔子以爲盛者也。事載典册。其理甚明。而歷代以來。合宮所配。既紊於經。乃至雜以先儒六天之說。此皆因陋昧古。以失情文之宜。朕甚不取。其將來祀英宗皇帝於明堂。惟以配上帝。餘從祀群神悉罷。故茲詔示。想宜知悉。

太皇太后明堂禮成罷賀賜中書門下詔 元祐四年

勑門下。皇帝臨御。海內晏安。五經季秋。再講宗祀。克有君德。以享天心。顧吾何功。獲被斯福。今有司因天聖之故事。修會慶之盛禮。將俾文武。稱慶于庭。吾自臨決萬機。日懷秖畏。豈以菲薄之德。自比章獻之明。矧復皇帝致賀于禁中。群臣奉表于閤左。禮文既具。夫又何求。前朝舊儀。吾不敢受。將來明堂禮畢。不受賀百官並內東門拜表故茲詔示想宜知悉。

明堂圖御筆手詔 崇寧四年八月二十四日

朕若先王饗帝之義嚴父之禮布政之居夏有世室。商有重屋。周有明堂。對越在天。以孝以享朕承祖宗積累之緒。永惟先帝盛德休烈。懼無以稱。而宗祀之報。尙或闕焉。中夜以興怵惕靡安比詔有司審加論定具圖來上於禮有稽。追三代之墜典。黜諸儒之異說。作而成之庶幾乎古朕將秩禮祗載昭事上帝右我烈考斂其五福用敷錫于庶民其姚受仁等所奏明堂圖議可依所定營建唯不得科率勞民仰並從官給仍令學士院降詔施行。

建明堂一物以上並從官給御筆手詔 政和五年五月十一日

嚴父配天國之大典百世之下久失其傳考古驗今得其時制比詔建立。以篤孝思。鳩匠聚材經始不亟。州郡應辦深恐從期赴功輒行科擾。人用告勞可令一物以上並從官給勿取於民般挈運載優給其直以稱尊事上帝率見昭考之意。

修建明堂御筆手詔 政和五年七月十日

孝莫大於嚴父嚴父莫大於配天遠而尊故配祖以郊。近而親故配父於明堂今三歲一郊右我烈祖而宗祀明堂以配上帝寓於殿寢。禮蓋云缺朕嗣承先烈君臨萬邦。罔極之懷。欲報無所夙興夜寐靡遑寧處崇祀之初嘗詔建立去古既遠歷代之模無足循襲。朕萬機餘閑黜諸儒臆說剌經稽古度以九筵分其五室通以八方上圓下方參合先王之志心庶幾焉相方視址于寢之南僝工鳩材自我作古以稱昭事上帝率見昭考之心咨爾中外其體至懷。

明堂制度御筆手詔 政和五年八月十五日

明堂之制自三代以還有爲之君雖欲稽法先王。終不能如古。蓋違經徇俗惑於衆說。失其旨意朕永惟嚴父饗帝之禮尙闕未備。取考工記所載。考其互見之文得其制作之本命工倂圖莫不備具無一不合夏后氏曰世室堂修二七廣四修一五室三四步四三尺九階四旁兩夾窗考夏后氏之制名曰世室又曰堂者則世室非廟堂修（二七廣四修）一則度以六尺之步其堂修十四步廣十七步之半又曰五室三四步四三尺者四步益四尺中央土室也三步益三尺木火金水四室也每室四戶戶兩夾窗此夏后氏之制也商人重屋堂修七尋崇三尺四阿重屋商人名曰重屋而又曰堂者非寢也卽堂也度以八尺之尋其堂修七尋又曰四阿重屋阿者屋之曲也重者屋之複也則商人明堂有四隅之阿四柱複屋則知下方也周人明堂度以九尺之筵三代之制不相襲夏曰世室商曰重屋周曰明堂則知皆堂也東西九筵南北七筵堂崇一筵五室凡室二筵者九筵則東西長七筵則南北狹所以象天形則知上圓也夏商周之名雖不相襲其制則一唯步、尋、筵廣狹不同爾考工記所言三代之制亦各互見朕萬機之暇取夏后氏益五室之度兼商人四阿重屋之制從周人度以九尺之筵上圓象天下方法地四戶以合四序八窗以應八節五室以象五行十二堂以應十二朔。九階四阿。每室四戶。夾以八窗。兼三代之制。黜諸儒之臆說。饗帝、嚴父、聽朔、布政、於一堂之上。於古皆合。其制大備。宜令明堂使司遵圖建立。以稱朕意。布告中外。咸使聞知。

明堂專以配帝嚴父御筆手詔 政和七年四月二十三日

若稽古明王。稱情制禮。遠而尊。故配祖於郊。近而親。故配帝以稱明報。天事帝、尊祖嚴父之義至矣。朕嗣承先志。考協禮經。肇建明堂。得其時制。上圓法天。下方象地。陰陽、五行、四時、八方之義。裒對於一堂之上。逮茲有成。庶幾三代。有司奏言。將頒常。見視朔以朝諸侯。雖於古有合。顧何德以堪之。夫辨方正位。僝工鳩材。有嚴宗祀。蓋以欽若昊天。率見昭考。兢兢業業。懼不克歆。而末予沖人負扆南面以聽天下。其敢遑處。將來明堂專以配帝嚴父。餘悉移於大慶文德殿。以伸昭事孝思之心。布告中外。咸使聞知。

建明堂推恩毋得為例御筆手詔 政和七年六月

明堂鉅典。曠古紛紜。粵政和五年。建官設屬。親授規矩。荷天之休。工用有成。上追三代。下陋漢唐。於是昭是孝思之志。夙夕以寧。不其韙歟。應修建一行所推恩數。悉出親筆。度越常格。深慮官司日後應緣功效。輒有攀援。妄亂陳請。具擬體例。僥冒賞典。三省樞密院常切檢察。自今毋得為例。有妄陳請官司。以違御筆論。吏杖脊。黥配海島。諸房入吏不檢舉。中書後省不繳詞頭。門下後省不封駁。御史臺不彈劾。並與陳請官司同罪。仍許互糾以聞。不分首從。不以赦降去官原減。

明堂五室御筆手詔 政和七年八月十八日

宗祀明堂。以配上帝。後世循沿末習。配於六天。而又遍以群神從祀。違經失禮。瀆神為甚。昔我烈考下詔改革。是正禮經。今肇禋明堂。並依先帝詔旨。從祀悉罷。明堂五室。不可虛設。考之周書。有大裘而冕與設大次小次之文。則義當親祠而不廢。有司以議來上。嘉從其說。已降指揮。親祀五帝於五室。革末世瀆神之陋。上承先帝已行之旨。而協周人饗帝之恭。故茲詔示。俾喻至懷。

秋饗明堂如孟月朝享禮詔書 政和八年四月二十七日

朕肇建合宮。稱秩元祀。既右烈考。以配上帝。載稽國典。參質時令。季秋大饗。歲所常行。朕將躬執豆籩。承神致孝。自今以始。著為定制。惟先王之世。大禮必簡。觀天下之物。無以稱其德。則以內心為貴。帝親之奉。其敢弗欽。而明堂近在宮城。秋饗實薦時事。行之久遠。宜極簡嚴。其每歲季秋親祠。如孟月朝獻禮。更不差五使、儀使等。其合行事件。令所屬條具申請。故茲詔示。想宜知悉。

御札

皇祐二年有事明堂御札 三月戊子

事天事地。治國之善經。饗帝饗親。聖王之盛節。所以懋昭孝本。惇訓民先。致理之原。率繇茲舉。朕欽膺瑞命。撫有中區。賴高厚之顧臨。加人祇之協贊。方隅底屬。歲物順蕃。濟此丕平。莫匪靈貺。緬稽先憲。祇見昊穹。而祈穀于春。祭雩以夏。迨升禋於景至。皆親展於國容。惟明堂布政之宮。尊嚴父配天之禮。雖崇精享。未即躬行。言念及茲。心焉載惕。今將涓季秋之令旦。舉宗祀之上儀。恭接神明。奉將牲幣。庶成繼孝。豈敢憚勤。朕以今年九月內擇日有事于明堂。罷今年冬至親祠南郊之禮。諸道州府不得以進奉爲名。輒行科率。

嘉祐七年有事明堂御札 七月戊午

朕蒙上神之休。膺列聖之緒。兢兢業業。罔敢怠荒。惟皇祐之再秋。薦五精於重宇。明以教萬民之孝。幽以通群靈之歡。歷年于茲。天曠弗舉。今四時和裕。群物茂豐。奉牲告成。曷勤之憚。況夫容臺獻議。去並侑之煩。樂府考音。推至和之本。宜恢盛制。用戒先期。朕以今年季秋擇日有事於明堂。其合行恩賞。並如南郊故事。諸道州府不得以進貢爲名。輒行科率。致有煩勞。

熙寧四年有事明堂御札 五月辛亥

朕荷二儀之休。履四海之富。經庶政之至治。秩將禮之彌文。欽惟五聖之謨。常躬三載之祀。自纘隆於大業。已肆類於圓丘。興言總章。未紹嘉饗。維仁祖之式。宜謹於遵修。維文考之尊。宜嚴於陟配。況萬寶時楙。三光仰澄。官師協恭。方隅底定。是用稽仍路寢之制。涓選肅霜之辰。上以裒對天明。展昭事之重。下以飭厲民志。示追養之勤。特戒先期。以孚大號。朕取今年季秋擇日有事于明堂。合行恩賞。並依南郊例施行。諸道州府不得以進奉爲名。輒行科率。

元豐三年有事明堂御札 四月丙辰

朕躬履儉勤。纂承歷服。荷二儀之眷佑。致萬國之和平。見帝郊丘。寧神廟祏。彌文屢請。精義已通。維典章之上儀。實陟配之鴻禮。雖嘗宗祀。未稱孝思。矧四時順成。百物豐美。臣工協濟。華夏交懽。宜卜肅霜之辰。載考合宮之典。具嚴昭事。用伸報本之誠。明示有尊。兼廣教民之道。其敷大號。以戒先期。朕取今年季秋擇日有事于明堂。咨爾攸司。各揚厥職。

元祐元年有事明堂御札 六月癸酉

祭莫重於承天。故昭事以極其報。禮莫先於嚴父。故陟配以達其誠。於皇辟王。永世克孝。蓋未嘗不修大饗之禮。稽六經之文。顧惟沖人。獲紹正統。煢然銜恤。亦既踰年。興言總章之堂。未躬上帝之祀。卜用秋杪。裒對天明。以儀式刑文考之謨。以清緝熙烈祖之典。覬迎介祉。燕及群生。宜戒先期。特孚大號。朕取今年季秋擇日有事于明堂。禮成。宣制恩賞。並依南郊例施行。咨爾攸司。各揚厥職。

元祐四年有事明堂御札三月戊寅

朕蒙天地降康，纘宗廟休緒，內師文母之聖，以底綏四方，外率昭考之行，以統正萬事，而百度允若，五年于茲，民物和而風雨惟時，四裔服而兵革不作，顧以不敏，其何能臻，永惟繼序之黷，益思嚴父之報，矧聖德無以加於孝，唯宗祀莫大於配天，俾由舊章，爰秩新禮，乃卜季秋之饗，以侑上帝之尊，申戒前期，誕告有衆，朕取今年季秋擇日有事于明堂，禮成，宜制恩賞，並依南郊例施行，咨爾攸司，各揚厥職。

紹聖二年有事明堂御札四月壬午

朕丕承基緒，惟典神天，上賴明靈之歆，用綏華夏之福，而三辰軌道，九扈奏功，邇遐允懷，動植咸若，有秩斯祜，實自前人之光，無疆惟休，敢忘昭考之烈，惟饗親之爲孝，惟配帝之爲嚴，當致靈承之心，以明昭報之義，稱秩新禮，率由舊章，申戒前期，誕告有衆，朕取今年季秋擇日有事于明堂，禮成，宜制恩賞，並依南郊例施行，咨爾攸司，各揚乃職。

政和七年季秋宗祀明堂御札五月十八日

勑內外文武臣僚等，燕及皇天，禮寔嚴於大饗，率時昭考，孝莫重於宗祈，比稽治古之隆，肆考合宮之壯，相方視址，于國之陽，面勢飭材，循周之舊，裒對四時之序，甄陶二氣之和，達鄉重簷，脗合六經之墜緒，方輿圓蓋，是興萬世之閎摹，永觀厥成，不愆于素，顧豈人謀之可致，茲惟帝命之不違，爰念紫壇，暨于泰館，裹格燎禋之歲，既修瘞祀之專，永維繼志述事之圖，敢忘嚴父配天之禮，況明靈之妥佑，方符瑞之旁臻，其圖太室之儀，用卜杪秋之吉，侑登禰廟，對越上穹，賓延五府之神，祇薦九州之味，具申報本，斯昭萬寶之成，誕示寧親，以教諸侯之孝，亶孚有衆，式告前期，朕以今年季秋宗祀于明堂，咨爾攸司，各揚乃職，相予肆祀，無或不恭，故茲札示，想宜知悉。

宋大詔令集卷第一百二十五

典禮十

明堂二

赦文

皇祐二年明堂赦天下制 九月辛亥

門下。朕恭紹淳烈。顯綏庶邦。懋維禮樂之原。緬遵聖孝之節。洪惟事天四祭。而上辛雩禘。間或躬行。奉郊三年。而大神祖宗。頃崇並侑。憲矩若稽於盛古。革因昭迪於本朝。惟時總章。未展嚴報。矧文考之肇志。顧沖德之燕承。當講闕儀。遹圖熙事。屬方隅泰定。斂穡阜成。祥應屢臻。和氣周洽。荷幽明之叶佑。答高厚之錫康。是用沿酌舊章。參求博議。式涓路寢。以奠合宮。裒對二靈。陟配三后。賓以太微之坐。陪以赤縣之祇。幣玉普登。精純咸薦。四海來職。六樂具修。越前款於琳宮。後祗祼於淸廟。逮茲宗祀。率慶休成。祓神貺以無垠。掞國容而有體。既膺丕嘏。廼御端闈。嘉與萬方。同均介祉。寓縣之懽交感。雷雨之施流行。可大赦天下。云云。於戲。並饗帝親。既盡誠于大祭。均敷慶惠。宜渙號於溥天。尙賴三事宗工。百執列位。罄乃衆志。弼予一人。永孚于休。同底于治。

嘉祐七年明堂赦天下制 九月辛亥

門下。朕承三聖之基。履四海之貴。深惟持國之日久。益念爲君之道難。有臨德之勤。庶以圖天下之佚。無奉養之靡。庶以賫天下之豐。兢兢萬幾之惟微。勉勉前事之所戒。倚以左右輔弼之正。予敢有弗欽。事于上下神祇之明。予敢有弗肅。屬九穀登富。三辰昭華。象來桂海之祥。塵絕玉關之警。有邦之應。於朕豈功。恭念爲天之子者。必修報本之禋。爲人之子者。必懷追養之慕。重循菲德。屢緝曠文。頃按明堂之圖。如古路寢之制。載經斯室。載度斯筵。直大火之辟芒。乘季秋之肅氣。物無上帝之稱。非躬祠不足昭虔。虔聖惟文考之尊。非嚴配不足盡虔孝。於是備法物之駕。服大冕之章。格靈娭於眞庭。款淸德於太宇。還祇宗祀之舉。具飭純誠之將。迺神光陸離。燭于薦鬯之夕。嘉氣休晏。被于欽柴之時。亶丕事之告成。敢蕃釐之專鄉。宜敷廷渙。以契天心。可大赦天下。云云。於戲。承神之胙。既均煇翟之徽。盪俗之瑕。渙若風霆之布。蓋禮鉅則澤之博。孝至則勸以遐。尙賴秉文之英。經武之傑。厲同寅於王室。恢大治於邦圖。共荷無疆之休。亦膺無窮之問。

熙寧四年明堂赦天下制 九月辛卯

門下。王者尊親之禮。莫隆於昭配之嚴。聖人饗帝之誠。莫善於靈承之實。朕席五聖之丕緒。荷二儀之眷休。永念守成之難。敢忘小毖之義。曷嘗不體一元而端本。飭五事而承天。內屏遊畋之娛。外親保惠之政。選任賢哲。付以輔相之宜。登顓俊良。責以事功之效。旣黜陟以三考。又平成其九功。五年于茲。百度咸若。尚且慮一夫之弗獲。虞庶事之未康。每形引咎之言。深軫遇災之懼。天監明德。民懷至仁。陰陽和平。華夏溫晏。底此休功之盛。率予昭考之行。興言考思。未舉宗祀。爰擇季秋之吉。以代至日之禋。敕四海之職、以相其儀、致九州之味、以備其薦。遠述周公之志。近循仁祖之規。按合室之古圖。仍路寢之時制。裒對上帝。將以示民之有尊。賓延五精。不忘報祖之由出。況乃款謁清廟。奉祠紫宮。爰稱秩於無文。率先期而致告。禮樂明備。上有以懷柔百神。天人協和。下得以緝熙純嘏。非予一人之能饗。惟爾萬方之綏成。宜均福釐。廣逮臣庶。可大赦天下。云云於戲。親嚴之饗。由憯怛於朕心。在宥之恩。推愛慈于天下。庸示更新之令。期臻恥格之風。尚賴左右宗工。中外多士。同濟泰寧之治。永享無疆之休。

元豐三年明堂赦天下制 九月二十二日辛巳

門下。朕承五聖積累之基。接千載神靈之統。順迪古訓。惠綏黎元。玩心於幾微。儲思乎昭曠。夙興夜寐。永惟二帝之盛時。日就月將。思繼三王之絕業。然而禮殘於商周之後。樂失於韶濩之餘。究觀本原。寖紊彝制。祀事習行、而怙於舛誤。祠官妄舉、而闊不講修。迺者剌六經之文。采諸儒之議。祓飾陋典。發揮褘容。祗奉乎天地神祇之尊。答揚乎祖宗功德之懿。于時五疉來敘。三農屢豐。星氛弭消。民氣休靜。乃涓路寢之室。乃度崇堂之筵。諏季秋之靈辰。備庶物之美報。念神莫帝之大。肇新專饗之儀。念人莫親之隆。載陳嚴配之禮。於是駕齋輅之潔。建鸞旗之華。被袞冕以款琳宮。執㽬圭以祼清廟。還登陽館之陛。大奏我將之詩。文物燦庭而輝煌。璧玉爛席而華絢。昭事上帝。克禋克祀。而精意通。燕及皇天。如幾如式。而美祥下。悽然涼露之感。肅然榮光之臨。豈朕眇沖。敢私貺施。垂恩隤祉。旣膺自天之降康。蕩垢滌瑕。嘉與含生而均慶。可大赦天下。云云於戲。德隆報薄。無馨氣以動于神明。享厚施豐。有膏澤以洽于黎庶。保乂中外。輯寧邦家。尚賴三事協恭。群公輸力。如股肱之衞予體。如符契之合予心。豈獨一時、天人助信順之至。又將百世、君臣同福祿之多。

元祐元年明堂赦天下制 九月六日

門下。聖人之德。無以加孝。帝王之典。莫大承天。朕以眇眇之身。煢煢在疚。永惟置器之重。惕若臨淵之深。承明繼成。思有以迪先王之烈。紹志述事。未足以慰天下之心。仰緊母慈。總攬政體。緝熙百度。和樂四方。賴帝況臨。浹富寧乂。三陲之兵靡警。萬邦之年屢豐。庶幾大同。光嗣成美。深惟六聖之制。必躬三歲之祠。維茲肇禋。屬予訪落。喪有以權而從變。祭無以卑而廢尊。欽言總章。古重宗祀。以教諸侯之孝。以得萬國之心。我享維天。下武式文王之典大孝嚴父孔子謂周公其人追惟先猷嘗講茲禮包舉儒術咨諏搢紳刺六經放逸之文斥衆言淆亂之蔽嘉與四海靈承一天革顯慶之並尊隆永徽之專配成於獨斷畀予沖人遵遺教於前著成法於後涓選吉日裒輯上儀奉罍琳宮奠玉路寢神之弔矣燕及皇天誰其配之既右烈考於時夙齋輅之駕被袞冕之章備庶物之微追三牲之養靈斿而風馬下孝奏而日月光惕然履霜詎勝悽愴之意僾然出戶如聞歎息之音秩祐賚我思成侍臣助予惻楚既迄成於熙事敢專饗於閎休宜布湛恩以暨諸夏可大赦天下云云於戲漢廷祀帝著於郇祚之踰年唐室施仁固以御門之吉日蓋禮盛者文縟澤大者流長尚賴文武之英屏翰之雋協恭政治以輔邦國

元祐四年明堂赦天下制 九月辛巳

門下治人莫急於重祭嚴父莫大於配天昔者周公祀明堂而致孝鴻惟仁祖撫路寢以尊親參合古今之宜茲謂情文之盡肆我昭考稱秩彝祠周爰群策之長專崇一帝之配聖作明述事並功偕稽呂令之文則饗以秋季案魯經之載則日用吉辛允協靈心奉為常憲朕纂圖宸極承訓慈闈事舉於中禮循其舊嚮講親祠之制一遵先聖之謨對越上神翕受純嘏五韙來備三稔于茲屬方隅之底寧嘉河流之順復物無疵癘民用平康荷穹昊之降休致函生之蒙祉復會一郊之歲前詢七數之謀而乾象垂文辰集房心之次朝儀取法是為政教之宮適及其時茲用展采陳千乘萬騎之儀衛極四海九州之貢羞蓋欲有以致其嚴猶懼無以稱其德前期戒衆各揚職以盡恭先甲端誠集中虛而思道始欽柴於眞館旋備物於大庭作主有神席與親而並饗奠匏及瓚薦暨祼以交行一純馨而高明歆四氣和而諸福應有司已事祝嘏既告以孝慈與物惟新風霆爰布於號令式均惠澤溥被敷天可大赦天下云云延州要藩上郡舊境皇朝建彰武之節以開帥庭先帝寵三爵之封以賜朕履惟山川之嚴峻本土俗之敦厖宜加府號之稱用旌受命之地延州升為延安府云云於戲合內朝之祀事既因錫羨以推仁得萬國之歡心又將使民而致孝蓋布德行惠者非賢罔乂任大守重者惟后克艱尚賴文武藎臣股肱碩輔共底緝熙之治庶幾忠厚之風咨爾群倫其體朕意

紹聖二年明堂赦天下制 九月辛亥

門下順考禮經莫先於祭典遹遵成業蓋重於孝思朕以眇躬獲承休德訪予落止奉長信於簾幃始初清明紹先朝之矩矱不懈于事惟既乃心延登雋良修飭治具每懷兢慎懼怵盈成方海寓之晏寧亦雨暘之順序心存偃伯誠在劭農十有一年允釐庶務豈朕寡德致此休嘉洪惟禰宮垂茲佑助益勵從先之志適丁親祀之期配帝饗親用周公之故事明堂路寢協仁祖之宏規月用季秋日維辛吉備千乘萬騎之儀衛先有事於琳宮極四海九州之貢羞用親祼於太室駿奔揚職肸蠁薦誠一純馨而高明歆四時和而福禧應有司已事慶熙洽之告成與物惟新布惠和而肆眚式揚大號爰及敷天可大赦天下云云於戲歲祠總章所以告諸侯之孝推恩綿宇所以致天下之和更賴三事協恭百官修職共申勵翼永底丕平

大觀元年明堂赦天下制 九月二十八日

門下。帝爲大神。非精禋無以獲其格。親則皇考。非專饗無以極其嚴。鴻惟本朝。上稽周室。宗祀明堂而致孝。規圖廣殿以陳儀。時選杪秋之良。卜用維辛之吉。協靈心而昭事。崇侑食以來寧。肆于菲躬。紹乃大統。發揮古訓。率循舊章。禮緝熙豐之討論。樂用崇觀之制作。雖度筵猶因乎路寢。而均律已得乎中聲。矧故事之維醇。抑嘉祥之滋至。鉅河澄徹。咸壤豐登。王德洽而狴犴清。壬人退而蠻夷服。顧惟寡昧。底茲乂安。實賴謨烈之燕詒。與夫昊穹之眷佑。念無得而施報。在薦誠而必躬。是用朝獻殊庭。祼將太室。還登陽館之陛。大奏合宮之歌。駿奔之多士秉文。顯相之群公咸一。故明靈昭格。貺施衍蕃。祝嘏並告乎孝慈。風馬胥來而肹蠁。既多受祉。誕膺帝命之休。用錫庶民。欽敷時斂之福。揚于端闕。賚爾多方。可大赦天下。云云。於戲。信順之助。丕應乎天人。祭祀之澤。均覃於海宇。茂爾臣民之賚。慶篤予邦國之榮懷。尚賴德惠流行。垢瑕掩滌。小大盡輸於忠義。邇遐咸奮於事功。永底丕隆。並綏茀祿。

政和七年宗祀赦天下制 九月六日

門下。祗承于帝。膺駿命者必昭大報之誠。對越在天。竭孝思者必謹肇禋之舉。乃眷度筵之制。久隳考室之文。若有大猷。稱秩元祀。規天矩地。遹追三代之隆。負陰抱陽。衷對一堂之上。八牖以達八方之氣。四阿以施四序之和。丕應旁臻。珍祺紹至。靈臺底厤。星占出柳之符。農扈儲祥。邕協維秠之瑞。帝省山則。隆棟來于雲壑。嶽修貢則。文石擬乎龜書。方程屬植之功。已考司空之辟。是緊神策。匪直人謀。爰熙太室之崇。大饗肅霜之吉。有尊禰廟。嚴配昊穹。四海會同。用繼皇祐肇基之志。五位時序。益增元豐垂裕之光。工祝告親製之辭。備樂奏躬修之律。駿奔在廷者、皆知秉德。祗栗于位者、無有違心。苾苾芬芬。齊誠允格。洞洞屬屬。神保是修。方鉅典之涓成。既繁禧之顯被。其敷惠術。誕霈恩綸。內均四守之微。外浹萬邦之衆。可大赦天下。云云。於戲。上天孚祐。獲承帝親並享之休。下國駿厖。敢後福祿攸同之錫。疇咨遐邇。共對榮懷。

陪祠

召文彥博明堂陪祠詔

朕將以季秋大饗於明堂。宗祀神考。以配上帝。惟卿舊德。夾輔四朝。國之耆賢。其來顯相。二都密邇。無憚少勞。明堂大禮。可赴闕陪位。

召韓維王存明堂陪祠詔

朕將以季秋大饗於明堂。宗祀神考。以配上帝。惟卿舊德。嘗列近司。嘉與寅恭。顯相熙事。克副虛佇。無憚少勞。明堂大禮。可赴闕陪位。

允太師致仕文彥博免陪祠 紹聖二年十月壬子

茲朕大饗合宮。昭配聖考。嘉與股肱舊臣。協相盛禮。剡章來上。告以罷癃。其即所安。體茲眷注。可免赴闕陪位。

宋大詔令集卷第一百二十六

典禮十一

明堂三

政和八年戊戌歲運（歲運自八年頒詔書）

政和七年十月朔皇帝御明堂平朔左个申命牧司頒告八年戊戌歲運厤數于天下皇帝若曰古我先后先天而天弗違後天而奉天時其歲月日時無易民用平康今朕臨觀八極考建五常以天地日月星辰氣運之數敷錫庶民以待來歲之宜惟爾萬邦率茲典常奉若天道欽厥時憲保于有極外溥四海罔或不祗政和八年戊戌歲運氣陽火太過運行先天太徵少宮太商少羽少角五氣運行各終朞日赫曦之紀北政司天丹天之氣經于戊分太陽司天左間厥陰右間陽明太陰在泉左間少陽右間少陰歲半之前天氣太陽主之歲半之後地氣太陰主之水土合德上應辰星鎮星寒化六熱化七濕化五木位爲初氣大火爲二氣相火爲三氣土位爲四氣金位爲五氣水位爲終氣是爲主初之氣少陽相火居木位二之氣陽明燥金居火位三之氣太陽寒水居火位四之氣厥陰風木居土位五之氣少陽大火居金位終之氣太陰濕土居水位是爲客氣戊火太過赫曦之紀戊爲太陽司天之政太陽寒水有以勝火火既受制其氣適平故曰上羽與正徵同蓋火之太過爲太徵不及爲少徵平爲正徵以運推之陰氣內化陽氣外榮炎暑施化物得以昌其氣高其性速其收齊其病痓其穀麥豆其畜羊彘其果杏栗其氣赤白元其味苦辛鹹其祭肝心肺其蟲羽鱗以氣推之天氣肅地氣靜寒政大舉澤無陽燄少陽中治時雨乃注還於太陰濕化乃布寒濕之氣交歲半以前民感寒氣病本於心平以辛熱佐以甘苦以鹹寫之歲半之後民感濕氣病本於腎治以苦熱佐以酸淡以苦燥之以淡泄之一歲之間宜食元黅之穀以全其眞資化源以助天氣無使暴過而生痰是謂至治政和八年戊戌歲厤布告中外咸使聞知

政和七年十月月令（自是月始頒）

政和七年十月朔皇帝御明堂平朔左个以是月天運政治布告于天下曰孟冬之月斗建辛亥日在氐昏女中曉星中朔日乙卯律中應鍾戊午立冬盛德在水水始冰地始凍雉入大水爲蜃虹藏不見其位金其氣厥陰風木五之氣終木火交司地氣始閉人氣在心其德淒滄其化爲肅其政爲

靜。其令爲寒。是月也去寒就温。無泄皮膚使氣亟奪。病在四支。逆冬氣則少陰不藏。春爲痿厥。厥陰所至爲風生。終爲肅。爲毛化。爲生化。爲撓動。爲迎隨。暖風來至。草乃生榮。民氣和。養生之宜。愼無犯温。補宜以辛。寫宜以酸。穀宜用麥。是月也朔告于廟。皇帝居平朔左个。申命有司立冬之日。祀黑帝。迎氣於北門之外。祀中太一。祀北方嶽鎭海瀆。祀健鼎。祀行。乃以後亥祀司中、司命、司民、司祿。甲子祭神州地祇。卜吉薦享于宮。是月也以新薦于寢廟。羞以兔。果以栗。蔬以山蕒。是月也天氣上騰。地氣下降。天地不通。閉塞而成冬。皇帝始裘。乃以朔日頒裘服于內外群辟。大府以軍士來歲春服之式陳閱于庭。凡樂以應鍾爲宮。南呂爲商。林鍾爲角。仲呂爲閏徵。姑洗爲徵。太簇爲羽。黃鍾爲閏宮。是月也皇帝受來歲之厤。頒之天下。申命有司。理橋梁。修道路。揀補禁旅不足之數。禁野燒。休城池卒役。閱習樓櫓器備。是月也申命有司。農務畢。乃受田訟。申詔部使者。舉恤刑之典。命長吏慮囚徒。察枉濫。毋或廢怠。工師校弓弩者。以是月爲準。訓民兵以射藝坐作進退之法。歲帛豫市於民者。州縣以是月請于州。是月也小雪至。有司歸役兵于營屯。是月也錄老疾孤幼不能自存。察乞丐之非遊墮者。藉其姓名。以待賑給。孟冬行春令則凍閉不密。行夏令則國多暴風。蟄蟲復生。行秋令則雪霜不時。惟爾萬邦黎庶。用天之道。毋或有違。凡厥攸司。率爾典常。申厥政令。其或不恭。邦有常刑。

十一月月令

政和七年十一月朔。皇帝御明堂南面以朝百辟。退授民時。布政事於天下。曰仲冬之月。月建壬子。日在尾。昏室中。曉翼中。朔日乙酉。律中黃鍾。己丑、大雪。盛德在水。鶡旦不鳴。虎始交。荔挺出。其位水。其氣少陰。火居之。是月也水復地。氣合其德淒滄。其化爲肅。其政爲靜。其令爲寒。人氣在腎。去寒就温。無泄皮膚使氣亟奪。病在四支。逆冬氣則少陰不藏。春爲痿厥。奉中者少。少陰所至爲熱生。終爲寒。爲羽化。爲榮化。爲曛。是月也陽氣布候。洒温蟄蟲出見。流水不冰。民感其氣。其病爲温。其味寫宜以鹹。補之以苦。穀宜用豆。其聲黃鍾爲宮。太簇爲商。姑洗爲角。蕤賓爲閏徵。林鍾爲徵。南呂爲羽。應鍾爲閏宮。調以羽使氣適平。民用平康。是月也朔告于廟。以新薦于廟寢。羞以鴈。命有司祭馬步。日至祀昊天上帝于圜壇。祀寶鼎。皇帝大朝會于路寢。是月也以朔日給老疾不能自存與乞丐非慵墮者之食。計老幼之數。爲之差等。命有司循行繫囚。督遣毋留。犴獄禁肉給火。假以襦袴。凡罪人毋令於市。諸軍坐配流、若逋逃應部送遣行者。隨所至留役於州。飯之。勿遣。河防工役分緩急三等。急其先者。是月也天應節有罪毋決。三日日至停決大辟囚。役夫舍其功之半。雨雪則止。斤斧毋入山林。凡老疾孤幼若丐乞化於途。命官賑救。給以饘粥。官爲收養。是月也籍來歲蠶者鹽數。縣申州以待來歲給之。凡縣給納之官。勿離治所。仲冬行夏令則旱氛霧冥冥。雷發聲。行秋令則天時雨。瓜瓠不成。行春令則蟲蝗爲敗。水泉咸竭。人多疥癘。惟爾萬邦黎庶。奉若天道。欽若攸司。遵于時憲。舉而行之。罔或不虔。其令諸路監司郡守。行訖以聞。

十二月月令

政和七年十二月朔。皇帝御明堂平朔右个。以是月天運政治。布告于天下。曰季冬之月。月建癸丑。日在斗。昏奎中。曉亢中。朔日甲寅。律中大呂。盛德在水。鴈北鄕。鵲始巢。雉雊。雞乳。征鳥厲疾。水澤腹堅。是月也。冰復結。地氣合。其性凜。其德凄滄。其化淸謐。其政凝肅。其令爲寒。在地爲水。其在人也。去寒就温。無泄皮膚使氣亟奪。是月也。主位寒水。客氣少陰火。客氣所至火居之。爲暄。爲大火府。爲舒榮。爲形見。爲熱生。中爲寒。爲羽化。爲榮化。爲大暄寒。爲高明焰。爲燻。陽氣布。候復温。蟄蟲來見。流水不冰。大寒節前。太陽水之位。以後厥陰木之位。客氣少陰火。至是交於少陽。二火交司。其病温。宜調少陰之客。以鹹補之。以甘寫之。食歲穀之丹。以安其氣。食間穀之豆。以去其邪。凡樂之聲。大呂爲宮。夷則爲徵。夾鍾爲商。無射爲羽。中呂爲角。黃鍾爲閏宮。林鍾爲閏徵。客氣少陰火。調以羽。尙羽而抑徵。使氣適中。民迺平康。是月也。朔告于寢廟。以戊臘大享。卜吉薦新。羞以魚。以癸酉祭社稷。配以勾龍后稷。大蜡八。以祀四方。祭司寒。納冰于凌陰。是月也。縣以選士升于州。州以貢士升于辟雍。凡學校諸生行藝同者。以日月爲差。咸以待來歲之試。醫生校藝業而後遣者。亦以是月至于局。乃命有司。會常平之歲用。總居養之開收。安濟之所全活。漏澤之所埋藏。悉以其實來上。較常平官之功過。以爲等差。弗虔于職。邦有常憲。是月也。命戶部具天下民數之陞降。禮部上歲中祥瑞。刑部會已斷大辟。兵部揭諸路民兵。水部檢舉頒藥役兵。以備疾疫。□部預頒祭藏印。以防姦僞。是月也。日窮于次。月窮于紀。星回于天。歲將更始。凡上供之穀。毋敢不入。凡糧草之數。毋敢不□。監司互巡。必徧所部計帳勾稽。各上本曹軍器增虧與功程進退。以是月比較。若軍卒逃亡。理欠多寡。以是日賞罰。乃命有司。以衣給飢流之民。諸郡長吏較縣令勸農勤惰。以爲優劣之等。部使者會盜賊已獲未獲之數。較令佐添植桑柘之實。以其最多最少者。聞于吏部。奉常長貳。凡天地社稷百神壇壝。必周察之。毋或不完。有司大儺。索室驅疫。磔牲于南門之外。是月也。自大寒後。二氣交司。主位風木。客氣少陽相火。得戊戌歲之初氣。季冬行秋令。則白露早降。介蟲爲妖。行春令。則胎夭多傷。人多痼疾。行夏令。則水潦爲害。時雪不降。冰凍消釋。咨爾有衆。用天之道。隨時之宜。立政立事。罔非先王成憲。尙克率循。無時豫怠。其或不恭。必罰無赦。

政和八年正月月令

政和八年正月朔。皇帝御明堂青陽左个。以是月天運政治布告于天下曰。孟春之月。月建甲寅。日在虛。昏胃中。曉房中。朔日甲申。七日庚寅、立春。盛德在木。其帝太皞。其神勾芒。其色蒼。其音角。其數八。律中太簇。東風解凍。蟄蟲始振。魚上冰。獺祭魚。鴻鴈來。草木萌動。是月也。天氣始亨。地氣始發。人氣在肝。天度至此。風氣乃行。天地神明。號令之始。其性暄。其德敷和。其化生榮。其政舒啓。其令宣發。其在人也。逆春氣。則少陽不生。夏爲寒變。奉長者少。是月也。主位風木。客氣少陽相火。其氣所至。爲熱府。爲長。爲蕃鮮。爲燔燎。爲光顯。爲形雲。爲曛。爲羽化。爲火生。終爲溽蒸。少陽中洽。時雨乃沛。是月也。地氣遷。氣迺大温。草乃早榮。民迺厲。温病迺作。宜調少陽之客。以鹹補之。以甘寫之。食元穀以全其眞。避虛邪以安其正。司氣以熱。藥食之宜用熱。凡樂之聲。太簇爲宮。南呂爲徵。姑洗爲商。應鍾爲羽。蕤賓爲角。大呂爲閏宮。夷則爲閏徵。是氣少陽相火。與歲運同。火氣太過。調宜羽。致其和。是月也。朔告于廟。皇帝大朝會於路寢。命有司以上辛祈穀於上帝。配以太宗。祀感生帝。配以宣祖。以立春祀青帝、東太一。祀東方嶽鎭海瀆。祀龢鼎。祀戶。命州縣出土牛示農早晚。乃以後亥享先農。辛丑祀風師。卜吉薦享於廟。朝獻於宮。乃擇元辰。皇帝載耒耜。以玉輅。率公卿大夫躬耕帝籍。播時種稑。是月也。薦新于寢廟。蔬以韭葑。配以卵。是月也。元日釋菜于先聖。命諸生作樂。凡學歲終校定。是月以聞。乃大比貢士而去取之。命監司牧守各舉勸農御筆。以督所部。察其勤惰。命宗正以宗藩慶系錄來上。戶部覈戶口登耗之實。刑部遣郎吏督繫囚留獄。都水以河隄圖狀上于工部。凡關津幾察。城門啓閉。司門舉其禁令。是月也。止伐木。申埋胔之命。凡法令增改。錄目徧下。舉寬恤手詔。以惠兆民。是月也。揭捕蝗法。起上供物之守凍者。凡八路夏糴。若四路河索。必預戒毋乏事。乃命帥臣按諸將兵馬。較其強惰肥瘠。以為殿最。諸軍官騎營屯空舍。歸明除附。咸以其數上於本曹。給鹽以利蠶者。歲帛之市於民者。豫予之直。命部使者具循行所至月日。考郡守任內催科。為優劣等。農田水利役作輟。若場務歲課增虧。皆聞於所隸。孟春行夏令。則雨水不時。草木早落。行秋令。則民大疫。猋風暴雨總至。藜莠蓬蒿並興。行冬令。則水潦為敗。雪霜大至。首種不入。於戲。惟天難諶。惟聖時憲。惟臣欽若。惟民從乂。咨爾有衆。其克率循毋怠。

二月月令

政和八年二月朔。皇帝御明堂青陽。以是月天運政治。布告於天下曰。仲春之月。日在室。昏參中。旦尾中。朔日癸丑。乙卯、草木萌動。庚申、驚蟄。斗建卯。昏井中。曉尾中。桃始華。乙丑、倉庚鳴。庚午、鷹化為鳩。律中夾鍾之正聲。乙亥、春分。日在奎。昏井中。曉箕中。乙鳥至。庚辰、雷發聲。律中夾鍾之中聲。盛德在木。其帝太皞。其神勾芒。其色蒼。其音角。其數八。是月也。生氣淳化。萬物以榮。其性暄。其德敷和。其化生榮。其政舒啓。其令宣發。其在人也。逆春氣。則少陽不生。夏為寒變。奉長者少。是月也。厥陰風木之位。少陽相火加之。其氣為熱。府為長。為蕃鮮。為燔燎。為光顯。為彤雲。為曛。為羽化。為□化。為火生。終為溽蒸。是月也。氣迺火濕。民迺厲溫。病乃作。宜調少陽。以鹹補之。以甘寫之。以鹹耎之。食元穀以全其眞。避虛邪以安其正。樂食之宜。用熱遠濕。凡樂之聲。夾鍾為宮。無射為徵。仲呂為商。黃鍾為羽。林鍾為角。太簇為閏宮。南呂為閏徵。調宜羽。致其和。是月也。朔告于廟。以上丁釋奠於先聖。上戊釋奠於武成王。祭社稷。配以勾龍后稷。春分朝日于東門之外。祭司寒。開冰。先薦寢廟。享育鼎。祀高禖。奉弓韣。胙酒入于宮中。乃擇元日祀九宮貴神。祀五龍。祀馬祖。命宗正選官薦獻陵寢。諸州祀古帝王逮其功臣。命有司第大比公試之士。以名聞。郡縣發常平金穀。省耕農務。方興。毋受田訟。是月也。始禁野燒。毋捕鳥獸。頒藥以救民疾。浚溝洫。頒春服于內外官暨吏卒。始役壯城卒治城池。課河隄吏植榆柳。行視工役。無敢怠息。凡以條枚槀秸輸河備者畢至。部送之隸。留役於州者遣之。是月也。諸路上守令課績。省曹較監司功過。縣列戶口登耗之實于州。役卒以大寒歸營而逃亡者。州總其數報役所。凡宜借卒代更名數。若場務立歲額。保伍造新帳。皆聞於所隸。是月也。春分後。主位少陰。客氣陽明。金火交司。為二之氣。行秋令。則國大水。寒氣總至。行冬令。則陽氣不勝。麥乃不熟。行夏令。則國大旱。煖氣早來。蟲螟為害。於戲。咨爾多方。欽于時憲。夙夜承序。毋斁。

三月月令

政和八年三月朔。皇帝御明堂青陽右个。以是月天運政治布告于天下曰。季春之月。朔日癸未。日在奎。昏井中。曉斗中。辛卯、清明。斗建辰。昏柳中。曉斗中。得季春之節。桐始華。丙申、田鼠化爲鴽。辛丑、虹始見。律中姑洗之正聲。丙午、穀雨。日在胃。昏張中。曉斗中。得季春之中氣。萍始生。辛亥、鳴鳩拂其羽。月後四日丙辰。戴勝降于桑。律中姑洗之中聲。東方生風。風生木。其性暄。其德敷和。其化生榮。其政舒啓。其令宣發。是月也。天氣正方。地氣定。發人氣在脾。少陰火之位。是月也。客氣陽明燥金所至。爲清化。爲收。爲露。爲燥生。終爲涼。爲介化。爲堅化。爲烟埃。爲勁切。爲悽鳴。是月也。溫涼不時。大涼復至。火氣遂抑。民有氣鬱中滿之疾。宜調陽明之客。以酸補之。以辛寫之。以苦泄之。食元穀以全其眞。避虛邪以安其正。凡樂之聲。姑洗爲宮。應鍾爲徵。蕤賓爲商。大呂爲羽。夷則爲角。夾鍾爲閏宮。無射爲閏徵。客氣陽明。尙徵以抑金。使氣適平。是月也。朔告于廟。癸巳、享先蠶。命太常視五方齋宮壇壝。薦新于寢廟。羞以含桃。寒食、停決辟囚。前五日趣斷獄訟。遣官朝諸陵。清明、出新火賜近臣。臨軒策士而官之。命學校謹考選之始。是月也。弊吡訟。無妨田事。民授□田。至秋始賦。凡輸河備。毋或不集。所屬以沿河卒歲終逃亡數報所隸。是月也。卒戍于外者。預頒冬服。選夏糴。大閱諸軍。以肄武事。衞尉會軍器增損。太府具都城內外場務歲課來上。御史以察案書吏賞罰上之都省。州以戶口帳上之漕司。是月也。出馬于牧。繕馬廄。治陂隁。發上貢。戶部考在京筦庫之息。凡上供物數。若饑漕移用。官舍僦直。諸軍官馬。胥吏功過。鑄錢登耗。皆聞于本曹。縣給蠶者鹽。若老疾貧乏丐乞之給食者。盡是月止。行冬令。則寒氣時發。草木皆肅。行夏令。則民多疾疫。時雨不降。行秋令。則天多沉陰。淫雨早降。於戲。若古有訓。惟辟奉天。朕發政施仁。罔匪時憲。咨爾有衆。祗予猷告。

宋大詔令集卷第一百二十七

典禮十二

明堂四

四月月令

政和八年四月朔皇帝御明堂左个。以是月天運政治布告于天下曰。孟夏之月。朔日癸丑。日在胃。昏張中。曉斗中。辛酉、立夏。斗建巳。日在昴。昏翼中。曉斗中。得孟夏之節。螻蟈鳴。律中仲呂之正聲。丙寅、蚯蚓出。辛未、王瓜生。丙子、小滿。日在昴。昏軫中。曉女中。得孟夏之中氣。苦菜秀。律中仲呂之中聲。辛巳、靡草枯。月後五日丙戌。小暑至。其帝炎帝。其神祝融。其色赤。其音徵。其數七。盛德在火。其性暑。其德彰顯。其化蕃茂。其政明曜。其令熱。其在人也逆夏氣則太陽不長。秋爲痎瘧。奉收者少。是月也。少陰火之位。客氣陽明燥金。爲清化。爲收。爲霧露。爲躁生。終爲涼。爲介。爲堅化。爲烟埃。爲勁切。爲悽鳴。是月也。大涼復至。火氣遂抑。民有氣鬱中滿之疾。宜調陽明之客。以酸補之。以辛寫之。以苦泄之。是月也。小滿之後。屬三氣之初。金水交司。其位少陽相火。其氣太陽寒水。天政始布。雨寒間至。凡樂之聲。仲呂爲宮。黃鍾爲徵。林鍾爲商。太簇爲羽。南呂爲角。姑洗爲閏宮。應鍾爲閏徵。調宜尚徵。使氣適平。是月也。朔告于廟。命有司以立夏祀赤帝。迎氣於南郊。祀中太一。祀熒惑。祀南方嶽鎮海瀆。祀潔鼎。祀竈。以壬申祀雨師。以辛未雩祀上帝。配以太宗。卜吉薦享于廟。朝獻于宮。薦新以彘嘗麥。是月也。天祺節。有罪毋決。三日立夏。停決重囚。部使者舉恤刑條制。頒時藥於五門。督疾醫分而治之。申伐木之禁。軍馬聽擇官地繫蔭。其在櫪者。芻豆半給。大農遣舟致麵麥。京畿入兩學租。夏田應訴災。水田應訴稅。若圭租給前後官者。皆以是月爲限。諸州以秋稅籍及吏皂之願試刑法者。聞于所隸。保甲應造帳者。上都帳于戶部。趣沿流上供物。幾甸封樁與凡官馬季帳。各以時上。行秋令。則苦雨數來。五穀不滋。行冬令。則草木蚤枯。後乃大水。行春令。則蝗蟲爲災。暴風來格。秀草不實。於戲。五運之政。其猶權衡。高抑下舉。繫之人事。朕奉若時令。以敷錫庶民。爾欽承其無怠。

五月月令

政和八年五月朔皇帝御明堂。以是月天運政治布告于天下曰。仲夏之月。朔日壬午。日在畢。昏軫中。曉虛中。辛卯、芒種。斗建午。日在參。昏角中。曉虛中。得仲夏之節。螳蜋生。律中蕤賓之正聲。丁酉、鶪始鳴。壬寅、反舌無聲。丁未、夏至。日在井。昏亢中。曉危中。得仲夏之中氣。鹿角解。律中蕤賓之中聲。月後一日壬子、蜩始鳴。六日丁巳、半夏生。是月也。天氣盛。地氣高。天地氣交。萬物華實。天度至此。炎熱盛行。其在人也。宜順養長之道。使志無怒。使氣得泄。逆之則太陽不長。心氣內動。奉收者少。是月也。客氣太陽寒水。居相火之位。其氣所至。爲寒。生中爲溫。爲藏。化爲鱗化。是氣也。天政布。寒氣行。雨迺降。民病寒反熱中。有心熱瞀悶之疾。宜調太陽之客。以苦補之。以鹹寫之。以苦堅之。以辛潤之。食元穀以全其眞。避虛邪以安其正。凡樂之聲。蕤賓爲宮。大呂爲徵。夷則爲商。夾鍾爲羽。無射爲角。仲呂爲閏宮。黃鍾爲閏徵。客氣寒水。調宜尙宮以抑之。以適其平。是月也。朔告于廟。日至祭后土皇地祇于方澤。配以太祖。祀明鼎。丙戌、享先收。耤田登麥。獻瓜。乃薦新于寢廟。嘗雛以黍。羞以瓜。蠶事畢。苑吏效絲。是月也。寧貺節。毋決重辟。三日。命刑部郎吏御史督遣中都繫囚。監司分趣所部。案在大理者畢讞。犴獄關牕。以達鬱氣。設漿飦。五日一濯梏拲。毋以日中施刑罪人。毋令於市。是月也。申河橋之禁。郡貳月視塘堤。修其圮壞。遣戍卒冬服。邊臣蕃官及軍吏應賜裘者。上其名數。是月也。舍役徒功之半。毋課伐木于山林。諸軍晨閱士卒。京畿與諸路始督夏賦。峙芻糧。必以時。給納之官毋或離次。行冬令。則雹凍傷穀。行春令。五穀晚熟。百螣時起。行秋令。則草木零落。果實早成。民殃於疫。於戲。古我先后。罔不求端于天。肆朕祗承。動惟時憲。咨爾有衆。其克率循。

六月月令

政和八年六月朔。皇帝御明堂右个。以是月天運政治布告于天下曰。季夏之月。朔日壬午。日在井。昏氐中。曉室中。壬戌、小暑。斗建未。日在井。昏氐中。曉室中。得季夏之節。溫風至。律中林鍾之正聲。丁卯、蟋蟀居壁。壬申、鷹乃學習。丁丑、大暑。日在柳。昏心中。曉奎中。得季夏之中氣。腐草化爲螢。律中林鍾之中聲。月後二日壬午、土潤溽暑。七日丁亥。大雨時行。南方生熱。熱生火。其德爲顯。其化爲茂。其政爲明。其令爲鬱蒸。其性爲暑。其用爲躁。其變爲炎爍。是月也。寒水客氣相火主位。其氣至。則寒氣行。雨迺降。民病寒反熱中。宜調客氣。以苦補之。以鹹寫之。以苦堅之。以辛潤之。是月也。甲戌、土王用事。時爲長夏。大暑之後。始得四氣之初。厥陰風木下臨太陰濕土。風濕交爭。風化爲雨。凡樂林鍾爲宮。太簇爲徵。南呂爲商。姑洗爲羽。應鍾爲角。蕤賓爲閏宮。大呂爲閏徵。調宜尙宮。以致其和。是月也。朔告于廟。薦新羞以菱芡。甲戌、祀黃帝。祀陰鼎。祀中嶽中鎭。祀中霤。奉祀五方齋宮壇壝。庚午、初伏。始頒冰。是月也。天貺節。停決重辟。漕臣具戶口都帳。若場務官之殿最上于戶部。憲司具盜賊已獲未獲之數。至秋以聞。繕塘隄。以是月畢工。按增植榆柳之實。金部趣內帑金帛之入。州縣鎭寨會芻糧廣儲峙。不足則列于漕司。監司遣吏之與選者、至于刑部。百工日課。收十之八。是月也。以軍器功程進退。若錢監鼓鑄分數。較工匠而陟降之。州縣葺犴獄。視共用。無或不備。按捕盜官器甲。凡被受法令之目。若捕盜兵級之數。營屯關舍倉庫借用。皆聞于所隸。行春令。則穀實鮮落。國多風欬。行秋令。則邱隰水潦。禾稼不熟。行冬令。則風寒不時。鷹隼蚤鷙。於戲。欽若昊天。五者來備。用訓厥道。付畀四方。其無替朕命。

七月月令

政和八年七月朔。皇帝御明堂總章左个。以是月天運政治布告于天下曰。孟秋之月。朔日辛巳。日在柳。昬尾中。曉奎中。壬辰、立秋。斗建申。日在星。昬尾中。曉婁中。得孟秋之節。涼風至。律中夷則之正聲。丁酉、白露降。壬寅、寒蟬鳴。戊申、處暑。日在張。昬箕中。曉昴中。得孟秋之中氣。鷹乃祭鳥。律中夷則之中聲。月後三日癸丑。天地始肅。戊午、禾乃登。其帝少皞。其神蓐收。其色白。其音商。其數九。盛德在金。則性涼。其德清潔。其化緊斂。其政勁切。其令燥。其在人也逆秋氣。則太陰不收。冬爲飧泄。奉藏者少。是月也。風木客氣。濕土主位。其氣所至。爲撓動。爲迎隨。爲風生。終爲肅。爲毛化。地氣上騰。濕化乃布。風濕交爭。風化爲雨。迺長、迺化、迺成。民有大熱少氣注下之疾。宜調厥陰之客。以辛補之。以酸寫之。以甘緩之。食黅穀以全其眞。避虛邪以安其正。凡樂之聲。夷則爲宮。夾鍾爲徵。無射爲商。仲呂爲羽。黃鍾爲角。林鍾爲閏宮。大簇爲閏徵。調宜尚商。使氣適平。是月也。朔告于廟。以立秋祀白帝。祀西太一。祀西方嶽鎮海瀆。祀順鼎。祀門厲。乃以後辰祀靈星。卜吉薦享于廟。乙未、朝獻于宮。嘗粟與稷。羞以稟黎。是月也。先天節有罪毋決三日。監司牧守各舉勸農御筆。以督所部。法令已頒而增改者。錄目偏下。錫緡錢于太學。州具上供物數。以發之月日。若吏卒姓名上于本部。沿流所受。是月畢發。命有司計河備。以待來歲之用。徒役應調者亦如之。防河卒特支有差。凡芻稾市於畿甸者。漕司觀稼。以年之上下聞于戶部。州選官以司羅事。縣官給納。毋或離次。監司督繫囚。始徧所部。封椿季帳上之都省。秋田應訴災傷。徒收半功。皆以是月爲限。應倉庫歲計物。及禁軍闕額請給。若軍器官馬之數。皆聞于所隸。行冬令則陰氣大勝。介蟲敗穀。行春令則陽氣復還。五穀無實。行夏令則寒熱不節。民多瘧疾。於戲。朕奉若天道。平民無貳。咨爾有衆。秪予猷告無斁。

八月月令

政和八年八月朔。皇帝御明堂總章。以是月天運政治布告于天下曰。仲秋之月。朔日辛亥。日在張。昬箕中。曉昴中。癸亥、白露。斗建酉。日在翼。昬斗中。曉畢中。得仲秋之節。鴻雁來。律中南呂之正聲。戊辰、乙鳥歸。癸酉、群鳥養羞。戊寅、秋分。日在軫。昬斗中。曉參中。得仲秋之中氣。雷乃收聲。律中南呂之中聲。月後四日。蟄蟲坯戶。戊子、水始涸。西方生燥。在地爲金。在氣爲成。其德爲清。其化爲斂。其政爲勁。其令霧露。其在人也逆秋氣。則太陰不收。冬爲飧泄。奉藏者少。是月也。風木客氣。居濕土之位。爲撓動。爲迎隨。風濕交爭。風化爲雨。迺長、迺化、迺成。民病大熱少氣肉萎。宜調厥陰之客。以辛補之。以酸寫之。以甘緩之。歲穀宜黅。秋分後。木火交司。始得五之氣。陽明之位。水火居之。候迺舒。凡樂之聲。南呂爲宮。應鍾爲商。大呂爲角。姑洗爲徵。蕤賓爲羽。夷則爲閏宮。夾鍾爲閏徵。調宜尚商。以致其平。是月也。朔告于廟。上丁釋奠于先聖。上戊釋奠于武成王。甲戌、祀九宮貴神。祭馬社。丙子、祀寶成宮。戊寅、祭社稷。配以勾龍后稷。夕月于西郊。祀蘊鼎。祀壽星。卜吉薦新于寢廟。嘗麻與稻。羞以菱萌。命官薦獻陵寢。仍按禁地遺祠。祀古帝王逮其功臣。是月也。士貢悉至于邸。擇日燕群臣。部使者攷守令善最以聞。參選而應試若有戰功而願較武技者。皆赴于本部。具獄之在法寺者。毋或留讞。朝廷封樁季帳上之都省禁軍缺額請給季帳上之樞密院畿漕具芻藁市直若移用起發之數上之戶部秋折色具報大農夏賦至是畢輸常平錢穀以時斂納頒冬服于內外官暨吏卒諸軍始晚教大閱犒賞以作士氣凡水田應訴災若郡貳周視塘堤軍馬繫蔭官地皆以是月爲限行春令則秋雨不降草木生榮行夏令則蟄蟲不藏五穀復生行冬令則風災數起收雷先行於戲奉若天道平秩西成凡厥攸司各恭爾事

九月月令

政和八年九月朔皇帝御明堂總章右个以是月天運政治布告于天下曰季秋之月朔日庚辰日在軫昏斗中曉參中癸巳寒露斗建戌日在角昏斗中曉井中得季秋之節鴻雁來賓律中無射之正聲戊戌雀入大水化爲蛤癸卯菊有黃華戊申霜降日在亢昏牛中曉鬼中得季秋之中氣豺乃祭獸律中無射之中聲盛德在金此謂容平天氣以急地氣以明其德爲清其化爲斂其政爲勁其令霧露其在人也逆秋氣則太陰不收冬爲飧泄奉藏者少是月也客氣少陰火居燥金之位其至爲暄爲瞟爲舒榮爲形見陽復化草廼長廼化廼成民廼舒有瘍胗身熱之疾宜調少陰之客以鹹補之以甘寫之歲穀宜黅凡樂之聲無射爲宮黃鍾爲商太簇爲角仲呂爲徵林鍾爲羽南呂爲閏宮姑洗爲閏徵調宜尚羽以致其平是月也朔告于廟辛巳親祀上帝于明堂配以神考薦新于寢廟嘗菽羞以兔果以棗是月也命奉常視五方齋宮壇壝九日錫群臣宴於園苑戶部總諸路常平金穀之數以旁通圖冊來上畿甸始督秋賦宗正寺以屬籍應修纂之事報宗司太史具新厤以待頒之天下郡貳季視塘堤騎兵甸出教習毋踐禾稼是月也命有司理梁橋工師始警弓弩綱運暴糧第寬期日藁秸和市于民者豫給之直畿漕輸緡錢備河無或乏事夏峙芻糧以是月畢秋糴始納授田起賦待夏廼斂圭田給前後官者以是月爲限場務以災免較者眂稅爲差行夏令則人多鼽嚏行冬令土地隆坼行春令則人多懈惰於戲寒氣總至百穀用成乃宣布于四方欽予時命

閏九月月令

政和八年閏九月朔皇帝御明堂門闔左扉以是月天運政治布告于天下曰季秋之閏月斗建戌亥之間朔日庚戌日在亢昏牛中曉柳中癸丑草木黃落己未蟄蟲咸俯甲子斗建亥日在氐昏女中曉星中得立冬之節水始冰律中應鍾之正聲己巳地始凍甲戌雉入大水化爲蜃盛德在金得五氣之中天氣以急地氣以明其德爲清其化爲斂其政爲勁其令霧露其在人也逆秋氣則太陰不收冬爲飧泄奉藏者少是月也客氣火居燥金之位其氣至爲熱生中爲寒爲羽化爲大暄寒陽復化草廼長廼成民廼舒有警惑惡寒戰慄譫妄之疾宜調少陰之客以鹹補之以甘寫之歲穀宜黅凡樂之聲無射爲宮仲呂爲徵黃鍾爲商林鍾爲羽太簇爲角南呂爲閏宮姑洗爲閏徵調宜尚羽以致其平立冬節應鍾爲宮蕤賓爲閏徵大呂爲商夷則爲羽夾鍾爲角無射爲閏宮中呂爲閏徵是月也朔告于廟以立冬祀黑帝祀中太一祀北方嶽鎮海瀆祀健鼎祀行乙亥祀司中司命司民司祿是月也始涖官若當代而補考者其日聽理圭租給前後官以所附月爲限場務較租額亦如之州縣別計抵當之息馬以在櫪給芻豆之半者盡是月止行夏令則人多鼽嚏行冬令則土地隆坼行春令則人多解惰於戲閏以正時時以作事各修乃職克勤無怠

宋大詔令集卷第一百二十八

典禮十三

明堂五

十月月令

政和八年十月朔。皇帝御明堂平朔左个。以是月天運政治布告于天下曰。孟冬之月。朔日己卯。斗建亥。日在心。昏危中。曉張中。小雪得十月之中氣。律中應鍾。虹藏不見。甲申天氣上騰。地氣下降。己丑。閉塞而成冬。甲午、大雪。斗建子。日在尾。昏室中。曉翼中。得十一月之節。律中黃鍾。鶡鳥不鳴。己亥、虎始交。盛德在水。其帝顓帝。其神元冥。其德凄滄。其化清謐。其政凝肅。其令寒。其在人也。宜順養藏之道。逆之則傷腎。春爲痿厥。奉生者少。是月也。客氣太陰濕土居太陽寒水之位。其氣所至爲雨府。爲濡化。爲晦暝。化氣正濕。令行陰凝。太虛埃昏。郊野。民迺慘悽。寒風以至。民有中滿胕腫之疾。宜調太陰之客。以甘補之。以苦寫之。以甘緩之。凡樂之聲。應鍾爲宮。大呂爲商。夾鍾爲角。蕤賓爲徵。夷則爲羽。無射爲閏宮。仲呂爲閏徵。大雪之後。黃鍾爲宮。大蔟爲商。姑洗爲角。林鍾爲徵。南呂爲羽。應鍾爲閏宮。蕤賓爲閏徵。調宜尙角。以致其平。是月也。朔告于廟。皇帝始裘。頒裘服于內外。受來歲之厤頒于天下。壬午、祭神州地祇。卜吉朝獻于宮。以新薦于寢廟。是月也。天寧節。禁屠宰。弛刑三日。給繫囚食。原杖罪之輕者。都水具役兵數上于水部。備河緡錢。是月畢輸豫頒戍卒春服。部使者舉恤刑之典。縣以歲帛豫市於民者。請于州。揀補禁旅之闕。廂兵役于外者歸之營屯。休北城卒役。以肄守具。是月也。農務畢。然後訓民兵。受田訟。鄉戶應造簿者亦如之。命有司繕橋梁。治道路。增場授炭于細民。日給官衣有差。籍老疾孤幼不能自存、若非游惰而丐者之名數。以待施惠。工師校弓弩。以是月爲則。行春令則凍閉不密。行夏令則國多暴風。蟄蟲復生。行秋令則霜雪不時。於戲。吉日陽朔。上天之載。率由舊章。惟爾萬邦。夙夜承之無怠。

九年氣運

政和八年十月朔。皇帝御明堂平朔左个。以九年己亥正朔氣運頒布于天下。皇帝若曰。古我先后。先天而天弗違。後天而奉天時。其歲月日時無易。民用平康。今朕臨觀八極。考述五常。敷錫庶民。以待來歲之宜。惟爾萬邦。率茲典常。奉若天道。欽于時憲。政和九年己亥之歲。土運南政。黔天之氣經于角軫。司天陰風木。左少陰。右太陽。厥陰在上。則少陽在下。左陽明。右太陽。風火同德。上應歲星熒惑。風化三。濕化五。火化七。己爲少宮。五運之序。少宮、太商、少羽、少角、太徵、少宮。土之不及。運行後天。是謂卑監之紀。是謂減化。化氣不令。生政獨彰。長氣整。雨迺愆。收氣平。風寒並興。草木榮美。秀而不實。其味酸甘。其色蒼黃。其聲宮角。其穀豆麻。其果李栗。其蟲倮毛。其發濡滯。其病留滿否塞。其應正宮。其眚四維。上角與正角同。歲半之前。厥陰司之。天氣擾。其政撓。歲半之後。少陽司之。地氣正。其令速。風生高遠。炎熱從之。雲趨雨府。濕化迺行。風行乎上。熱行乎下。風燥暖復行乎中。風淫所勝。則平以辛涼。佐以苦甘。以甘緩之。以酸寫之。火淫于內。則治以鹹冷。佐以苦辛。以酸收之。以苦發之。初之氣。自斗建丑正至卯之中。風木之位。陽明居之。爲淸化。二之氣。自斗建卯正至巳之中。大火之位。太陽居之。爲藏化。三之氣。自斗建巳正至未之中。相火之位。厥陰居之。爲風化。四之氣。自斗建未正至酉之中。濕土之位。少陰居之。爲灼化。五之氣。自斗建酉正至亥之中。燥金之位。太陰居之。爲黅化。六之氣。自斗建亥正至丑之中。寒水之位。少陽居之。爲苦化。析其鬱氣。贊其運氣。資其化源。畏火之氣。無妄犯之。無使邪勝。是謂適平。布告中外。咸使聞知。

十一月月令

政和八年十一月朔。皇帝御明堂。南面以朝百辟。退坐于平朔。授民時。布政於天下。曰。仲冬之月。斗建子。朔日己酉。昏室中。曉軫中。日南至。蚯蚓結。得是月之中氣。甲寅。麋角解。己未。水泉動。乙丑。小寒。鴈北鄉。得十二月之節。庚午。鵲始巢。乙亥。野雞始雊。盛德在水。其德淒滄。其化清謐。其政凝肅。其令寒。其在人也。宜順養藏之道。逆之則傷腎。春爲痿厥。奉生者少。是月也。客氣太陰濕土。居太陽寒水之位。上應鎮星辰星。寒濕之氣。特以氣交。爲陰凝埃溽。民乃慘悽。是月也。建子水王。接間少陽之氣。迺鬱寒氣。布濕令行。是月也。少角木運。生氣不及。化氣迺揚。收氣迺暴。民則有中滿足萎之疾。宜調太陰之客。以甘補之。以苦寫之。以甘緩之。凡樂之聲。黃鍾爲宮。太簇爲商。姑洗爲角。林鍾爲徵。南呂爲羽。應鍾爲閏宮。蕤賓爲閏徵。小寒之後。大呂爲宮。夾鍾爲商。仲呂爲角。夷則爲徵。無射爲羽。黃鍾爲閏宮。林鍾爲閏徵。調宜尙角。以致其平。是月也。朔告于廟。薦新羞以鴈。日至。大朝會于路寢。祀昊天玉皇上帝于圜壇。祀寶鼎。停決重辟。戊午。祭馬步。是月也。天應節。毋決囚三日。案大理者。暨望畢讞罪人。無令于市。囹圄給薪炭。假囚以襦袴。命郎官御史循行中都獄。督遣毋留。是月也。始給老疾貧乏與丐乞者之食。都城諸廟錄養無常數。卒坐配若逋逃應部送者。所在留役。而飤之。分河防工爲三等。先其急者。凡徒役舍其工之半。雨雪則止。毋課伐木于山。是月也。有司舉浚渠之令。申都林水縣豫籍蠶者鹽數。上于州。給納之官。毋或離次。行夏令。則旱氛霧冥。雷乃發聲。行秋令。則天時雨汁。瓜瓠不成。行春令。則蟲蝗爲敗。水泉咸竭。於戲。一陽來復。終則有始。監于成憲。與時偕行。咨爾多方。各欽乃事。

重和元年十二月月令

重和元年十二月朔。皇帝御明堂平朔右个。以是月天運政治布告于天下。曰。季冬之月。朔日戊寅。斗建癸丑。日在女。昏婁中。曉氐中。律中大呂。庚辰、大寒。雞始乳。得是月之中氣。乙酉、鷙鳥厲疾。庚寅、水澤腹堅。己未、立春。東風解凍。得正月之節。庚子、蟄蟲始振。乙巳、魚上冰。是月也。盛德在水。其德淒滄。其化淸謐。其政凝肅。其令寒。其在人也。宜去寒就溫。毋泄皮膚。以順養藏之道。是月也。客氣太陰濕土。臨太陽寒水之位。凡二日。如仲冬之月。宜調太陰之客。凡味。以甘補之。以苦寫之。以甘緩之。大寒始交己亥之初氣。客氣陽明燥金。臨厥陰風木之位。寒始肅。收氣方至。民病寒於右之下。是月也。其運少宮。卑監之紀。厥陰神首司天。臨震木。入木宮。命曰天符合德。金雖客勝。無傷天令。燥氣亦平。木持德不侮土。土從木化。濕令迺行。陰晴間。應宜調陽明之客。凡味。以酸補之。以辛寫之。以苦泄之。凡樂之聲。大呂爲宮。夾鍾爲商。仲呂爲角。夷則爲徵。無射爲羽。黃鍾爲閏宮。林鍾爲閏徵。立春之後。太蔟爲宮。姑洗爲商。蕤賓爲角。南呂爲徵。應鍾爲羽。大呂爲閏宮。夷則爲閏徵。調宜尙徵。以適其平。是月也。朔告于廟。以戊臘大享。卜吉薦新。羞以魚。乙酉、祭社稷。配以勾龍后稷。大蜡八。以祀四方。祭司寒。納冰于凌陰。立春祀靑帝。祀東太一。祀東方嶽鎭海瀆。祀龢鼎。祀司命戶。辛丑、祀風神。奉常周察天地社稷之壇壝。無敢不飭。是月也。凡學諸生較其行藝。注之籍。士貢于辟廱。若醫生試藝而入太醫局者。是月畢至。有戰功而以武技選赴兵部者亦如之。是月也。命有司登民數。上歲中祥瑞。覆民之籍。頒印帑藏。以待來歲之輸。案在大理者。無或留讞。刑部具歲斷重辟以聞。會常平金穀。若居養安濟漏澤。各以其數來上。凡軍器增虧。若工程進退。場務歲課登耗。理欠多寡。軍卒逋逃。皆較而賞罰之。漕司籍河防工役。拘財用計帳。上于所隸。發戍卒春服。舉役兵夏藥之令。凡上供之穀。至是畢輸。令佐添植桑柘。較其多寡之尤者。聞于吏部。監司分按所部。必徧會強盜已獲未獲之數。除日大儺。磔牲于南門之外。行秋令。則白露早降。介蟲爲妖。行春令。則胎夭多傷。人多痼疾。行夏令。則水潦爲害。時雪不降。冰凍消釋。於戲。星回于天。歲將更始。咨爾有衆。克愼厥初。惟其終。永弼予治于時憲。

重和二年正月月令

重和二年正月朔。皇帝御明堂靑陽左个。以是月天運政治布告于天下曰。孟春之月。朔日戊申。斗建寅。日在危。昏畢中。曉尾中。庚戌、雨水。得是月之中氣。律中太簇。獺祭魚。乙卯、鴻鴈來。庚申、草木萌動。乙丑、驚蟄。斗建卯。日在室。昏井中。曉尾中。得二月之節。律中夾鍾。桃始華。庚午、倉庚鳴。丙子、鷹化爲鳩。盛德在木。其帝太皞。其神勾芒。其色蒼。其音角。其數三。天氣始方。地氣始發。天地神明號令之始。其德敷和。其化生榮。其政舒啓。其令宣發。其在人也。宜順養生之道。逆春氣則少陽不生。夏爲寒變。奉長者少。是月也。陽明燥金。下臨厥陰風木之位。其氣所至。當爲淸勁。爲收。爲肅。爲燥。終爲涼。爲霜。其運少宮。當風令數舉。然司天風木。太一神首同入天衝木司之室。化應於春風。不暴物。陽明客勝。而未得時位。故金不傷木。土運不及。而木以德化。故木不侮土。燥濕不爭。爲蒼埃霧露。凡味。木位之主。其寫以酸。其補以辛。陽明之客。以酸補之。以辛寫之。以苦泄之。凡樂。以太簇爲宮。南呂爲徵。姑洗爲商。應鍾爲羽。蕤賓爲角。大呂爲閏宮。夷則爲閏徵。驚蟄之後。夾鍾爲宮。無射爲徵。仲呂爲商。黃鍾爲羽。林鍾爲角。太蔟爲閏宮。南呂爲閏徵。調宜尙徵。以適其平。是月也。朔告于廟。命有司以辛亥祈穀于上帝。配以太宗。祀感生帝。配以僖祖。卜吉薦享于廟。朝獻于宮。薦新。羞以韭蒟以卵。甲寅迄壬戌。祀九奇太一。乙亥、率公卿大夫躬耕帝藉。命有司享先農。元日釋菜于先聖。被貢者咸與。命學校以歲終校定來上。州具報于所隷。凡學之士試三舍于有司。吏部以參選應試。若試刑法官者附于貢院。宗正上宗藩慶系錄。監司牧守舉勸農御筆以督所部。帥司按諸將兵騎卄強惰肥瘠以爲殿最。選補禁旅之缺。是月必徧倉部屯田較三河漕運。若官莊課入之增虧。憲司具盜賊已獲未獲之數。是月以聞。部使者循行所至月日上之都省。州封樁季帳亦如之。常平官具歲用金穀糶糴總數。若農田水利、已修未修上之戶部。諸路會山澤寶貨上之虞部。起上供物之守凍者。沿流所受附併悉發。戶部類士貢名數。以其額注之籍。州峙芻糧必度歲用。以夏賦豫約。缺則列于漕司。是月也。命刑部遣郎吏督繫囚。毋留獄。赦令格式頒降而增改者。錄目徧下。舉寬恤手詔若赦令。以究德澤。元日、上元節停決重囚。天慶節禁屠宰。有罪毋決三日。是月也。舉埋胔之令。揭捕蝗法以諭民。止伐木。戒八路夏糴毋或失時。秋糴始畢。命開封謹酒禁。監司考郡守催科之等。應選士卒者所至畢選。凡諸軍官騎營屯空舍。若場務較歲課。州斷大辟數。皆聞于本曹。是月也。戶部聚戶口登耗。兵部總歸明除附。夏賦始造帳。秋租若幾埽藁秸至是畢輸。豫給歲市帛之直。始與蠶者鹽。沿汴售炭盡是月止。課河塘官植榆柳。凡任河防毋得受代。應修治者併役。都水趣四路河備督完固之報。都城始浚溝洫。太僕繕馬厩。縣共材。毋或乏事。司門戒關津。幾察中城門啓閉出入之禁。卽燎燈于望。非外城聽勿闔。工師校弓弩。以是月爲則。行夏令則雨水不時。草木蚤落。行秋令則其民大疫。猋風暴雨總至。藜莠蓬蒿並興。行冬令則水潦爲敗。雪霜大至。首種不入。於戲。陽德明來。四序資始。凡爾有衆。往愼乃司。無替朕命。

二月月令

重和二年二月朔。皇帝御明堂青陽。以是月天運政治布告于天下曰。仲春之月。朔日丁丑。斗建卯。日在壁。昏井中。曉箕中。辛巳、春分。得是月之中氣。律中夾鍾。乙鳥至。丙戌。雷乃發聲。辛卯、始電。丙申、清明。斗建辰。日在奎。昏柳中。曉斗中。得三月之節。律中姑洗。桐始華。辛丑、田鼠化爲鴽。丙午、虹始見。盛德在木。其性暄。其德敷和。其化生榮。其政舒啓。其令風。人氣爲肝。宜順養生之道。逆之則夏爲寒變。奉長者少。是月也。風木之位。客氣陽明居之。凡四日。如孟春之月。春分日水下六十二刻六分。酉中之北。交二之氣。客氣太陽寒水。下臨少陰六火之位。上應辰星。熒惑。考其氣所至。當寒不去。華雪水冰。肅氣施化。當霜降。名草上焦。寒雨數至。陽復化。民病熱於中。然按少陰君火。接行天令。則寒從温生。爲先温後寒。爲寒雨間熱。其運少宮。土氣不令。王水乘之。風令迺行。然其神三風。與司天君棋同入震宮。當春分正王。君棋務德。大風數舉而不傷。濕令木火備化。土氣適平。水不冰。草木榮美。民病寒熱。凡味火位之主。其寫以甘。其補以鹹。太陽之客。以苦補之。以鹹寫之。以苦堅之。以辛潤之。樂之聲。夾鍾爲宮。仲呂爲商。林鍾爲角。無射爲徵。黃鍾爲羽。清明之後。姑洗爲宮。蕤賓爲商。夷則爲角。應鍾爲徵。大呂爲羽。調宜尙宮。以致其平。是月也。朔告于廟。以上丁釋奠于先聖。命諸生作樂。上戊釋奠于武成王。亦如之。祭社稷。配以勾龍后稷。春分、朝日于東郊。獻羔享司寒。以冰薦寢廟。祀育鼎。祀高禖。以弓矢弓韣奉胙酒入于宮中。乃擇元辰祀九宮貴神。祀五龍。祀馬祖。命宗正奉常遣官薦獻陵寢。按視禁地。遺祠祝祀古帝王暨功臣。寒食停決重囚。前五日趣斷獄訟。眞元節禁屠宰。有罪毋決三日。清明、賜近臣新火。命學校。其三舍士與選者來上州。申于所隸。發常平金穀以振農乏。農事既舉。毋受田訟。具未決報所屬。其被旨者以聞。給內外官暨吏卒春服。趣軍裝之具自京陝而西者。豫聞于度支。是月也。禁野燒田。毋捕鳥獸。頒時藥。救民疾。朝廷封椿季帳上之都省。禁旅缺額請給帳上之密院。宜借卒代更名數上之兵部。縣列戶口增減之實于州。造保伍新籍。常平官總之。寬暴糧期日。場務歲課之耗。以時行罰。始與壯城卒役都部送之隸。以大寒留行者至是乃遣。役兵歸冬裘于官。巡河吏行隄。毋敢懈。塘隄應繕修。若歲料始充。役覆較軍器功程。補植河塘楡柳。皆以是月畢。諸路輸條枚藁秸備河。毋敢不集。是月也。凡部使者課績互上于省曹。監司攷守令治狀。省曹校監司功過。場務應立新額。若季覛塘隄完固。咸以其實聞于上。行秋令。則大水。寒氣總至。行冬令。則陽氣不勝。麥乃不熟。行夏令。則大旱。煖氣早來。蟲螟爲害。於戲。陽中於春。平秩東作。告爾多方。克勤乃事。

宋大詔令集卷第一百二十九

典禮十四

明堂六

宣和三年三月月令

宣和元年三月朔。皇帝御明堂青陽右个。以是月天運政治布告于天下曰。季春之月。朔日丁未。斗建辰。日在婁。昏星中。曉斗中。辛亥、穀雨。得是月之中氣。律中姑洗。萍始生。丙辰、鳴鳩拂其羽。辛酉、戴勝降于桑。丙寅、立夏。斗建巳。日在卯。昏翼中。曉牛中。得四月之節。律中仲呂。螻蟈鳴。辛未、蚯蚓出。是月也。盛德在木。其性暄。其德敷和。其化生榮。其政舒啓。其令風。天氣正方。地氣定發。人氣在脾。是月也。客氣太陽寒水。下臨少陰之位。當寒不去。華雪水冰。肅氣化。霜乃降。名草上焦。寒雨數至。陽復化。民病熱於中。然左間少陰君火。入天柱艮方。火守長生。接行天令。其氣爲暄。爲舒榮。其神五風八風。同會於艮。爲暴風數舉。風火合德。宜嚴火禁。是月也。丁未子中東運交太。商上生寒水。溫寒間應。爲旦清晝溫。君火勝金。肅氣微。廼生濕化。凡味。火位之主。其寫以甘。其補以鹹。以苦堅之。以辛潤之。凡樂之聲。姑洗爲宮。蕤賓爲商。夷則爲角。應鍾爲徵。大呂爲羽。立夏之後。仲呂爲宮。林鍾爲商。南呂爲角。黃鍾爲徵。太簇爲羽。調宜尙宮。以致其平。是月也。朔告于廟。以吉日享先蠶。命奉常視五方齋宮壇壝。薦新于寢廟。蔬以筍蒲。魚以鮪。果以含桃。立夏。祀赤帝。祀中太一。祀熒惑。祀南方嶽鎭海瀆。祀罡鼎。祀竈。壬申、祀雨師。上巳錫群臣宴于苑囿。擇日大宴于集英。命有司閱舟師。立夏停決重囚。是月也。官上舍士之與上等者。弊訟毋妨農功。陸田起賦。若圭租給前後官。以是月爲限。選官夏糴。預頒戍卒冬服。出馬于牧。軍馬始擇地繫蔭。凡戶口增減。吏皂丐試刑法。州驗實報漕司。覆上供之籍。胥史以功過應陞降。若鼓鑄登耗。官舍儆直之增虧。皆聞于本漕。太府以場務歲課來上。試驗弓弩。旬教騎兵。若場務。眡秋稅免較者。盡是月。止老疾貧乏丐乞之給食者。亦如之。御史以察案書吏賞罰。上之都省。憲司以禁旅闕額請給食帳。上之密院。凡治河卒逃亡。漕司具數報所屬。衞尉會軍器增損。令部類合同勾籍。大閱士卒。選補其缺。畿縣修馬庌。大河倂工役。給蠶者鹽。積河薪。完陂堰。皆以是月畢。行冬令。則寒氣時發。草木皆肅。行夏令。則民多疾疫。時雨不降。行秋令。則天多沉陰。淫雨早降。於戲。無輕民事。維暮之春。欽爾在公。夙夜匪懈。明聽予一人誥。

四月月令

宣和元年四月朔。皇帝御明堂左个。以是月天運政治布告于天下曰。孟夏之月。朔日丙子。斗建巳。日在昴。昏翼中。曉女中。王瓜生。辛巳、小滿。得是月之中氣。苦菜秀。昏軫中。曉女中。丁亥、靡草死。壬辰、小暑至。丁酉、芒種。得五月之節。螳蜋生。昏角中。曉虛中。壬寅、鵙始鳴。其帝炎帝。其神祝融。其色赤。其音徵。其數七。盛德在火。上爲熒惑。其德爲顯。其用爲燥。其化爲茂。其政爲明。其令鬱蒸。天地始交。萬物華實。逆之則太陽不長。心氣內洞。奉收者少。是月也。小滿之前。二氣生之。凡五日。季春之月。小滿日水下五十一刻。交三之氣。厥陰之客居少陽之位。其氣所至。爲和平。爲風生。終爲肅。爲生化。爲毛化。爲飄怒大涼。爲撓動。爲迎隨。天政布。風廼時舉。民病泣出。耳鳴掉眩。其運太商。燥氣行。然左間君大接行天政。君道施德。其氣舒榮。其神八風。與厥陰同宮。飛鳥與接間合氣。木雖退。飄怒時舉。終無肅。無大涼。太商金運。承乘二火。燥氣自折。土化不令。凡味。火位之主。其寫以甘。其補以鹹。厥陰之客。以辛補之。以酸寫之。以甘緩之。凡樂之聲。仲呂爲宮。黃鍾爲徵。林鍾爲商。太簇爲羽。南呂爲角。芒種之後。蕤賓爲宮。大呂爲徵。夷則爲商。夾鍾爲羽。無射爲角。調宜宮羽。以適其平。是月也。朔告于廟。以辛丑雩祀上帝。配以太宗。卜吉薦享于廟。朝獻于宮。薦新以彘嘗麥。是月也。天祺節。宰臣率百辟朝謁神霄宮。諸郡則長吏與其屬造聖祖殿。有司弛刑三日。是月也。部使者舉恤刑條制。郡守行訖以聞。寬恤手詔、若赦令、民應通知者。申命揭示。頒軍民時藥於五門。遣醫分而治之。京畿入兩學秋租。圭租水田之入前後官者。以是月爲限。軍馬在廄。給芻秣十之五。畿甸則增其二。命有司備酒材。大農遣舟致麴麥。夏田應訴災。水田應起賦。郡貳季視塘隄。保伍應發造都帳。皆無過是月。申伐木之禁。始造秋稅籍。治並河山路。以引漕舟。舉撲掘蝝蝗之令。會朝廷封樁物數。上之都省。具姦細羈隸姓名。若禁軍缺額請給。上之密院。軍器支收。上之兵部。沿流所受上供物。附併畢發。行秋令。則苦雨數來。五穀不滋。行冬令。則草木早枯。行春令。則蝗爲災。暴風來格。秀草木不實。於戲。四月維夏。萬物潔齊。奉若天道。誕告多方。爾有衆用丕式見德。

五月月令

宣和元年五月朔。皇帝御明堂。以是月天運政治布告于天下曰。仲夏之月。朔日丙午。斗建午。日在井。昏角中。曉危中。丁未、反舌無聲。壬子、夏至。得五月之中氣。昏亢中。曉危中。鹿角解。丁巳、蜩始鳴。壬戌、半夏生。丁卯、小暑。得六月之節。昏氐中。曉室中。溫風至。壬申、蟋蟀在壁。是月也。一陰氣上。與陽始爭。是謂盛陽之陰。天度至此。炎熱盛行。逆之則傷心。秋爲痎瘧。奉收者少。是月也。司天風木。居相火之位。當天布政。其政舒啓。風廼時舉。民病泣出。耳鳴掉眩。然風雖在上。少陰接間。風熱參布。辛酉、運交羽。水化不及。濕氣乘之。君火治天。相火司地。二火生土。風化爲雨。天時太一。上合鎮星。臨實沈之次。暴雨時至。起于戌分。凡味。火位之主。其寫以甘。厥陰之客。以酸寫之。以甘緩之。凡樂。蕤賓爲宮。大呂爲徵。夷則爲商。夾鍾爲羽。無射爲角。小暑之後。林鍾爲宮。太簇爲徵。南呂爲商。姑洗爲羽。應鍾爲角。調宜尚宮羽。以致其平。是月也。朔告于廟。日至祭后土皇地祇于方澤。配以太祖。祭彤鼎。戊午。祭先牧。乃薦新寢廟。嘗雛以黍。羞以瓜。寧貺節。宰臣率百辟朝謁上清儲祥宮。停決囚。不上大辟之案者三日。是月也。籍田登麥。諸有罪日中不刑。毋令于市。申命有司。闢狴犴。總牖。以達其氣。設漿飲。濯柸械。無敢不謹。命郎官御史循行中都。督遣繫囚。奏牘已上者。都省約法斷下。諸路則使者分詣所部。是月也。大理畢讞疑案。申命有司固河梁。巡塘隄。盡完其圮壞。捨役功之半。毋課伐木於山林。諸軍士卒惟早教。頒百官諸司時服。邊臣將校應賜裘者。豫上其名數。遣戍卒之冬服。是月也。州縣始督夏賦。給納之官毋或離次。兩學入餘路租課。芻糧峙必以時。行冬令。則雹凍傷穀。行春令。則五穀晚熟。百螣時起。行秋令。則草木零落。果實早成。民殃於疫。於戲。惟先哲王立政立事。稽于天時。克由繹之。以告爾方國。

六月月令

宣和元年六月朔。皇帝御明堂右个。以是月天運政治布告于天下曰。季夏之月。朔日丙子。斗建未。日在井。昏房中。曉壁中。丁丑、鷹乃學習。壬午、大暑。得六月之中氣。昏心中。曉奎中。腐草化爲螢。丁亥、土潤溽暑。壬辰、大雨時行。戊戌、立秋。得七月之節。涼風至。癸卯、白露降。是月也。己卯土王。時爲長夏。其帝黃帝。其神后土。在氣爲克。在藏爲脾。其性靜兼。其德爲濡。其化爲盈。其令雲雨。天氣盛。地氣高。人氣在頭。逆之則太陽不長。秋爲痎瘧。奉收者少。是月也。壬午之前。司天主之。凡六日。如仲夏之月。大暑日交四之氣。少陰居火。居太陰之位。中見少羽。土承水。水承火。其化爲大暄。寒溽暑濕熱相薄。爭於左之上。金燥受邪。民病黃癉而爲胕腫。然少陰之客同天布政。少陽交司。地氣奉天。爲大炎熱。爲蒸鬱。氣交之中。運水不及。濕土勝之。雨涼間應。其神天時。與八風會于地。畠室風從雨行。盛火勝金。宜贊收政。凡味。土位之主。其寫以苦。少陰之客。以甘寫之。凡樂林鍾爲宮。太簇爲徵。南呂爲商。姑洗爲角。應鍾爲羽。立秋之後。夷則爲宮。夾鍾爲徵。無射爲商。仲呂爲羽。黃鍾爲角。調宜商羽。以致其平。是月也。朔告于廟。薦新。羞以菱芡。以己卯祀帝鼐。祀黃帝。祀中嶽中鎮。祀中霤。以立秋祀白帝。祀西太一。祀西方嶽鎮海瀆。祀皐鼎。祀門厲。以甲辰祀靈星。是月也。天貺節。宰臣率百辟朝謁神霄宮。諸郡則長吏與其屬造聖祖殿。有司弛刑三日。奉常按視五方齋宮壇壝。初伏頒冰。是月也。命州縣葺囹圄。凡厥供用。毋或不備。大理讞案在未服前者。都省約法斷下。役人暴露者。損其日功之半。諸工損十之二。按沿塘所植榆柳之實。畢修隄岸之罅漏。以攷戶口增損。較筦榷殿最。上之戶部。憲司具已獲未獲之盜。次季以聞。若亡逸多者奏劾。金部趣內帑金帛之入。州縣鎮寨會芻糧之數。儲峙不足。則列於漕司。若畿內稾秸不足。則體量和市。國子監豫申歲賜以備養士。監司遣應選之吏至刑部。閱諸將與捕盜官之甲兵。較軍器功程。與鑄錢之數。升降其工匠。凡被受法令條目。銜校增減優重。官吏渡關津之有幾禁者。財用借兌於有司。與夫所斂馬皮牛角之數。場務之已未售。營房之已未具。皆聞于所隸。其坑冶課利名色。捕盜名級之籍。次月以申。行春令。則穀實鮮落。國多風欬。行秋令。則邱濕水淹。禾稼不熟。行冬令。則風寒不時。鷹隼蚤鷙。於戲。五運更治。六府孔修。茲率厥典。克施有政。爾有衆。其欽于時命。

七月月令

宣和元年七月朔。皇帝御明堂總章左个。以是月天運政治布告于天下曰。孟秋之月。朔日乙巳。斗建申。日在張。昏尾中。曉胃中。戊申、寒蟬鳴。癸丑、處暑。得是月之中氣。律中夷則。鷹乃祭鳥。戊午、天地始肅。癸亥、禾乃登。戊辰、白露。得八月之節。日在翼。昏斗中。曉畢中。鴻鴈來。癸酉、乙鳥歸。是月也。其帝少皞。其神蓐收。其色白。其音商。其數九。是月也。少陰之客居太陰之位。其運少羽。其化所至爲大暄寒溽暑濕熱相薄爭於左之上。民病黃癉而爲胕腫。處暑之前地氣上騰。凡九日。令如六月。處暑之後天氣下降。少陰接間歲半之後。猶行其政。又少陽司地。火氣爲多。少羽之運。後交少角。水木不及。則土勝。濕土之位與歲運同。土旺得時。火土相乘。濕熱盛行。是月也。八風與司地右間會于雨府。山澤浮雲。風雨時至。甚則爲暴。凡味。土位之主。其寫以苦。少陰之客。以甘寫之。凡樂夷則爲宮。夾鍾爲徵。無射爲商。仲呂爲羽。黃鍾爲角。白露之後南呂爲宮。姑洗爲徵。應鍾爲商。蕤賓爲羽。大呂爲角。調宜尚宮。以致其平。是月也。朔告于廟。卜吉薦享。朝獻于宮。薦新嘗粟與稷。羞以棃棗。是月也。先天節。宰臣暨百僚造天興殿。州則長吏率其屬朝謁聖祖。禁屠宰。毋決囚三日。中元節一日。是月也。監司牧守各舉勸農御筆。以督所部。敕令格式已頒而增改者。錄目遍下。園苑進華實上供物數。其始發月日、吏卒姓名。聞于本部。沿流所受附併。悉發朝廷。封樁帳上之都省。禁軍闕額請給。應倉庫歲計物軍器官馬之數。各聞于所隸。諸路會山澤寶貨上之省部。有司預計河備及徒役應調者。以待來歲之用。監司周督繫囚。選官以司羅事。縣司給納毋或離次。凡徒役收半功。行冬令。則介蟲敗穀。行春令。則陽氣復還。五穀無實。行夏令。則寒熱不節。民多瘧疾。於戲。七月流火。欽授人時。惟時懋哉。各致其事。

宋大詔令集卷第一百三十

典禮十五

明堂七

八月月令

宣和元年八月朔皇帝御明堂總章。以是月天運政治布告于天下。曰仲秋之月。朔日乙亥。斗建酉。日在翼。昏斗中。曉畢中。戊寅、群鳥養羞。癸未、秋分。日在軫。昏斗中。曉參中。得仲秋之中氣。雷乃收聲。戊子、蟄蟲坯戶。癸巳、水始涸。戊戌、寒露。得九月之節。日在角。昏斗中。曉井中。鴻鴈來賓。是月也。盛德在金。其性爲涼。其德清潔。其化緊斂。其令霧露。天氣以急。地氣以明。人氣在肺。逆之則太陰不收。冬爲飧泄。奉藏者少。是月也。八日令如孟秋。四氣主之。秋分交五之氣。太陰濕土居陽明之位。中見少角。燥濕更勝。沉陰迺布。寒氣及體。風雨迺行。氣運卑監。土氣不及。少陰君火接行天政。相火司地。臨于畾室。土弱火多。收氣宜虧。然火土金相生順臨。濕不爭其神。五行飛鳥于七宮。風雨清涼。燥熱更生。凡味金位之主。其補以酸。太陰之客。以甘補之。凡樂南呂爲宮。姑洗爲徵。應鍾爲商。蕤賓爲羽。大呂爲角。寒露之後。無射爲宮。仲呂爲徵。黃鍾爲商。林鍾爲羽。太簇爲角。調宜尙商。以致其平。是月也。朔告于廟。上丁釋奠于先聖。上戊釋奠于武成王。秋分夕月于西郊。祀畾鼎。祀壽星。丙戌、祀九宮貴神。祭馬社。戊子、祭社稷。配以勾龍后稷。庚子、祀寶成宮。薦新于廟。嘗麻與稻。命官薦獻陵寢。案視禁地。遣祠祀祀古帝王暨功臣。是月也。元成節。群臣朝謁神霄宮。禁屠宰。弛刑三日。擇日大宴。士貢會于邸。頒內外官曁吏卒冬衣。若塘濼役兵所隸親給監司攷守令治最以聞。案在法寺。無或留讞。朝廷封樁禁旅闕額請給帳。上之都省、密院。畿漕會芻稾及起發錢數。聞于戶部。參選面應試。若有戰功而願校武技者。各赴于本部。諸夏賦畢輸。常平散於民者。以時斂納。諸軍始早晚教。軍馬繫蔭官地。郡貳月視塘隄水田。訴災皆以是月爲限。行春令則秋雨不降。草木生榮。行夏令則蟄蟲不藏。五穀復生。行冬令則風災數起。收雷先行。於戲。正得秋而實成。率由舊章。奉若天道。百官承式。萬邦作孚。

九月月令

宣和元年九月朔皇帝御明堂總章右个。以是月天運政治布告于天下。曰季秋之月。朔日甲辰。斗建戌。日在角。昏斗中。曉井中。雀入大水化爲蛤。己酉、菊有黃華。甲寅、霜降。日在亢。昏牛中。曉鬼中。得季秋之中氣。豺乃祭獸。己未、草木黃落。甲子、蟄蟲咸俯。己巳、立冬。得十月之節。日在氐。昏女中。曉星中。水始冰。是月也。在氣爲成。其德爲凊。其化爲斂。其令霧露。其在人也。收斂神氣。無外其志。逆之則太陰不收。肺氣焦滿。是月也。五氣之分。太陰濕土。下臨燥金之位。運次少角。木爲不及。金土自勝。君火接間。天政尚布。歲土上合太陰。陽明復當兌正。燥濕盛行。收令自正。沉陰廼布。寒氣及體。然太一與八風合于陽宮。其爲應也。温凊間作。風雨時行。凡味。適平。凡樂。無射爲宮。仲呂爲徵。黃鍾爲商。林鍾爲羽。太簇爲角。立冬之後。應鍾爲宮。蕤賓爲徵。大呂爲商。夷則爲羽。夾鍾爲角。調宜尚宮。以致其平。是月也。朔告于廟。薦新。嘗菽。羞以兔。栗。卜吉親祠上帝于明堂。配以神考。以立冬祀中太一。祀北方嶽鎮海瀆。祀魁鼎。祀行。命奉常視五方齋宮壇壝。是月也。九日宴群臣于園苑。太史備新厤。以待頒賜。戶部總諸路常平金穀。旁通圖册來上。倉部較三河斛斗。及見峙芻糧之數。以聞。宗正報大宗正纂修屬籍。畿漕調緡錢。益儲薪芻。以供河防。郡貳季視塘隄。畿甸始督秋賦。工師視弓弩之成。弛張之驗。其良否。騎兵旬出教習。毋踐禾稼。馬在櫪減給芻豆者。盡是月止。畿縣豫給和市稾秸之直。綱運寬暴糧期日。命有司繕橋梁。圭租入前後官者。以是月爲限。夏糴畢。秋糴始納。場務免較者。眡稅爲差。授田起賦者。來夏廼斂。行夏令。則人多鼽嚏。行冬令。則土地隆坼。行春令。則人多解惰。於戲。茲率厥常。各廸有功。斂乃攸司。無時豫怠。

十月月令

宣和元年十月朔。皇帝御明堂平朔左个。以是月天運政治布告于天下曰。孟冬之月。朔日甲戌。斗建亥。日在氐。昏虛中。曉張中。地始凍。己卯、雉入大水化爲蜃。甲申、小雪。得十月之中氣。律中應鍾。虹藏不見。日在心。昏危中。曉張中。己丑、天氣上騰。地氣下降。甲午、閉塞而成冬。己亥、大雪。得十一月之節。日在尾。昏危中。曉翼中。鶡鳥不鳴。律中黃鍾。盛德在水。其帝顓頊。其神元冥。其德凄愴。其政凝肅。其令寒。其色黑。其音羽。其數一。其在人也。宜順養藏之道。逆之則傷腎。春爲痿厥。奉生者少。是月也。小雪之前。五之氣主之。凡十日。小雪之後。始交終之氣。少陽相火。居太陽寒水之位。畏火司令。陽廼大化。蟄蟲出見。地氣大發。草廼生。人廼舒。其病温厲。其氣所至。爲蕃鮮。爲飄風燔燎。爲霜凝。爲光顯。爲彤雲。爲曛。其運太徵。然少陰接間。統行一歲。在泉相火。不司其令。炎熱廼平。歲土不及。寒水自勝。雖爲冬温。寒氣間作。其神太一。與飛鳥帝符合。其後。晝温夜寒。埃昏風雨。凡味。水位之主。其補以苦。少陽之客。以甘寫之。凡樂。應鍾爲宮。蕤賓爲徵。大呂爲商。夷則爲羽。夾鐘爲角。大雪之後。黃鍾爲宮。林鍾爲徵。太簇爲商。南呂爲羽。姑洗爲角。調宜尚羽。以致其平。是月也。朔告于廟。皇帝始裘。頒裘服于內外。受來歲之厤。頒于天下。乙亥、祀司中、司命、司民、司祿。壬午、祭神州地祇。卜吉薦享于廟。薦新。羞以鴈。是月也。天符節。朝謁神霄宮。天寧節。弛刑。停奏大辟。凡三日。天符節亦如之。禁屠宰。日有差。天寧節。設禁囚食。罪輕聽免。稍輕聽贖。下元節有罪無決。趣法寺畢斷獄案。部使者舉恤刑之典。御筆寬恤。若赦令應通知者。申命揭示。察老疾貧丐非游惰者。籍其名數。以待施惠。是月也。朝廷封椿帳。申于都省。禁旅闕額請給帳。申于憲司。都水具河防應役廂兵、若官騎之數。各聞于本部。上供金帛。畢入于內府。緣流所受。附倂悉發。頒戍卒春服。

揀補禁旅之闕者。壯城興役盡是月止。廂兵役于外者。歸之大河長吏督察其屬。預巡視所至之月日。凡以條枚秸藁之直。備河事者畢輸。歲計修河具所屬預會其數報都水。應役兵功料分三等注之籍。若屯田塘濼堤道。計工修治報所屬繕橋梁道路。是月畢功。畿邑溝河令佐周視。計其所當開治與否者。申漕司以聞。縣申預買物帛。是月也。農務畢。民訟皆受之。民之版籍應升降。必以實。三路練民兵。毋或失時。工師校弓弩。以是月爲則。給借役兵裘。增場售炭于細民。縣舉行捕蝗之令。開封申酒禁。行春令則凍閉不密。行夏令則國多暴風。蟄蟲復生。行秋令則雪霜不時。於戲。三時就緒。茲月惟良。欽爾有官。往敷乃訓。

十一月月令

宣和元年十一月朔。皇帝御明堂平朔。以是月天運政治布告于天下。曰。仲冬之月。斗建子。朔日癸卯。日在尾。昏室中。曉軫中。甲辰、虎始交。己酉、荔挺出。乙卯冬至。得十一月之中氣。律中黃鍾。日在斗。昏壁中。曉角中。蚯蚓結。庚申、麋角解。乙丑、水泉動。庚午、小寒。得十二月之節。律中大呂。日在斗。昏奎中。曉亢中。鴈北鄉。盛德在水。水復地氣。合人氣在腎。是月也。其位太陽。其氣少陽。其運太徵。其神太一。五風飛鳥。其德、其性、其政、其令、其爲常也。爲凜爲淒滄。爲凝肅。爲寒。其變則時爲大暄。霜凝。疾風陰雨。蟄蟲出見。流水不冰。藏令不正。草乃榮。其於人也。爲溫厲。爲嚏嘔。當順養藏之道。逆之則傷腎。凡味水位之主。其補以苦。少陽之客。以甘寫之。凡樂黃鍾爲宮。林鍾爲徵。太簇爲商。南呂爲羽。姑洗爲角。小寒之後。大呂爲宮。夷則爲徵。夾鍾爲商。無射爲羽。仲呂爲角。調宜尚羽。以致其平。是月也。朔祭于廟。天□節。朝謁受福。迎眞宮。冬至祀天于圓壇。群臣稱慶。獻告□祭。典禮備舉。祀寶鼎。祀九宮貴神。州長吏率其屬朝謁聖祖殿。學校行奠謁之禮。戊辰、薦新于寢廟。羞以鷹。祭馬步。是月也。應停決止奏案。禁屠宰。禀令毋違。囹圄給假寒具。毋令罪人于市。都則命官循行督遣。毋或留獄。舉濬渠之令。老疾貧丐撫養無常數。應給食。以是月止。部送軍兵量情留役而食之。以三等籍河防軍工。暴露徒役之工。則舍其半。雨雪則止之。山林艱於採造。聽免程課。屯田務官聽以代去。給納之官毋或離次。封樁季帳狀之朝廷。畿甸課入輸之兩學。行夏令則旱氣霧冥。雷乃發聲。行秋令則天時雨汁。瓜瓠不成。行春令則蟲蝗爲敗。水泉咸竭。人多疥癘。於戲。陽來則長。彝倫攸敘。奉若天道。監于成憲。播告中外。無替朕命。

十二月月令

宣和元年十二月朔。皇帝御明堂平朔。右个。以是月天運政治布告于天下。曰。季冬之月。朔日癸酉。斗建丑。日在斗。昏奎中。曉亢中。律中大呂。乙亥、鵲始巢。庚辰、雉始雊。乙酉、大寒。雞始乳。得是月之中氣。日在女。昏婁中。曉氐中。庚辰、鷙鳥厲疾。乙未、水澤腹堅。庚子、立春。東風解凍。得正月之節。日在虛。昏昴中。曉心中。是月也。盛德在水。水冰地坼。人氣在腎。凡十二日令如仲冬。乙酉大寒。交庚子歲初氣。少陰司天。位於巽。風天輔。統歲之運。同於正商。其位厥陰。其氣太陽。其運太商。其神八風。五風。其候寒。迺始蟄。復藏。水迺冰。霜復降。甚則陰風昏曀。暄寒間。應其在人也。關節禁固。腰脽痛。當去寒就溫。以順養藏之道。凡味。木位之主。其補以辛。太陽之客。以甘寫之。凡樂。大呂爲宮。夷則爲徵。夾鍾爲商。無射爲羽。仲呂爲角。立春之後。太簇爲宮。南呂爲徵。姑洗爲商。應鍾爲羽。蕤賓爲角。調宜尙角。以復其令。是月也。朔告于廟。以戊臘大享。卜吉薦新。羞以魚。乙酉、祭社稷。配以勾龍后稷。大蜡。以祀四方。祭司寒。納冰于淩陰。立春、祀青帝。祀東方嶽鎭海瀆。祀牡鼎。祀司命。戶。辛丑、祀風師。奉常周察壇壝。是月也。凡學校諸生行藝而書之。士貢中都。醫試藝而遣者。至毋後期。命有司上祥瑞。登民數。稽民兵。會金穀。斷繫囚。程工藝。較器數。居養安濟漏澤。若重辟奏貸。皆以數聞。頒印內外。以待輸納。檢舉夏藥。以待施惠。凡勸農勤惰。植桑多寡。治狀優劣。官屬功過。塘濼增減。收種名數。諸河漕運。諸郡理欠。省部監司郡守較其實而上之。會漕計帳。河渠工費。寇盜縱獲。募役支酬。勘覆文計。戍卒春服。皆及期舉行之。較逋逃之卒。以待賞罰。監司案治。分偏所部。入上供穀。毋或未備。給納之官毋或離次。除日儺除。祭于南門之外。行秋令。則白露早降。介蟲爲妖。行春令。則胎夭多傷。人多固疾。行夏令。則水潦爲害。時雪不降。冰凍消釋。於戲。協用五紀。平在朔易。終則有始。彝倫攸叙。播告中外。承休無斁。

宣和二年正月月令

宣和二年正月朔。皇帝御明堂青陽左个。以是月天運政治布告于天下曰。孟春之月。朔日壬寅。斗建寅。日在危。昏昴中。曉心中。乙巳、蟄蟲始振。庚戌、魚上冰。乙卯、雨水。日在危。昏畢中。曉尾中。得是月之中氣。律中太簇。獺祭魚。庚申、鴻鴈來。丙寅、草木萌動。辛未、驚蟄。斗建卯。日在室。昏井中。曉尾中。得二月之節。律中夾鍾。桃始華。是月也。天氣始方。地氣始發。人氣在肝。盛德在木。其帝太皡。其神勾芒。其色蒼。其音角。其德敷和。其化生榮。其政舒啓。其令宣發。是月也。太陽寒水臨風木之位。其運太商。少陰遷正位於天輔風木之室。其候寒雰切冽。陽氣乃鬱中爲溫。其神帝符太尊。三風會於離宮。其應風。春陰雨。其在人也。關節禁固。宜順養生之道。凡味。木位之主。其補以辛。太陽之客。以鹹寫之。凡樂。太簇爲宮。南呂爲徵。姑洗爲商。應鍾爲羽。蕤賓爲角。驚蟄之後。夾鍾爲宮。無射爲徵。仲呂爲商。黃鍾爲羽。林鍾爲角。調宜尙角。以順其令。是月也。朔告于廟。廼頒歲運。命有司。辛亥、祈穀于上帝。配以太宗、祀感生帝。配以僖祖。卜日薦享于廟。朝獻于宮。薦新以韭、以葑、以卵。癸亥、祀先農。元日釋菜用樂。以禮先聖。凡學登行藝之實。州具報于所隸貢院試三舍生。吏部參選試法者咸附。宗正上宗藩慶系錄。倉部上諸河漕運。戶部覈戶口登耗。類進士貢籍其名數。八路夏糴。以其數預頒之。若秋稅。畿埽芻藁。至是畢輸。屯田較官課之增虧。兵部總歸明除附。虞部入山澤寶貨之數。命都水備四路河索。毋或乏事。督完固之報。官毋或受代。浚治都城溝洫。補植隄塘榆柳。應修築者聽併役。命開封謹酒禁。司門幾察關津。城門出入啓閉。望夜燎燈。非外門者聽勿闔。太僕修馬庌。刑部遣郎吏督繫囚。元日、上元節。勿斷大辟。天慶節。壬戌、禁屠宰決獄。毋令囚于市。配卒逃兵。聽所在留役。以飯之。凡役減工。以紓民力。沿汴售炭。以施惠。中伐木之禁。揭捕蝗之法。舉埋訾之令。勅令格式已降而改易者。錄目偏下。寬恤手詔。若德音、必示毋隱。監司牧守舉勸農之令。帥臣按諸將騎卒。計強弱肥瘠。爲殿最。部使者以巡按月日上之都省。封樁季帳亦如之。攷郡守催科之等。揀補軍旅。必偏所部。凡軍營空舍。場務歲息。州斷大辟之數。各聞于所隸。憲司具盜賊已獲未獲之日以聞。常平官歲會金穀糴糶總數。若農田水利。已修未修。上之戶部。起上供之守涷者。沿流所受附併。至是悉發。州峙芻糧。必度歲用。闕則列于漕司。以所直收附出納。始造夏稅帳。豫給市帛之直。工師造弓弩。以是月爲則。行夏令。則雨水不時。草木早落。行秋令。則其民大疫。猋風暴雨總至。藜莠蓬蒿並興。行冬令。則水潦爲敗。雪霜大至。首種不入。於戲。面稽天若。率由舊章。欽授民時。布德施惠。其克丕承無斁。

宋大詔令集卷第一百三十一

典禮十六

明堂八

宣和二年氣運

宣和二年正月朔。皇帝御明堂青陽左个。以是歲氣運頒布于天下。皇帝若曰。天地定位。寒暑相臨。五運回薄。各有所先。德化政令。不同其候。升降出入。無器不有。朕御六氣之辯。合六氣之精。以佐五穀。以育群生。惟爾萬邦。欽于時憲。宣和二年歲在庚子。其運大商。素天之氣。經于昴畢。少陰司天。左太陰。右厥陰。陽明司地。左太陽。右少陽。燥熱相臨。金火合德。上應熒惑、太白。熱化七。清化九。燥化九。主時之運。太商、少羽、少角、太徵、少宮。統歲之運紀曰堅成。天氣潔。地氣明。陽氣隨。陰治化。燥行其政。物以司成。其化成。其氣削。其政肅。其令銳切。其德霧露蕭飋。其變肅殺凋零。其穀稻黍。其畜鷄馬。其果桃杏。其蟲介羽。少陰之政。寒交暑。熱加燥。雲馳雨府。濕化迺行。時雨迺降。水火寒熱。持於氣交。熱生於上。清生於下。熱寒相犯。爭於中。民多欬喘。血泄、鼽嚏。目赤眥瘍。寒厥入胃。心痛腰痛。腹大嗌乾腫上。初之氣。自斗建丑正至卯之中。風木之位。太陽居之。其化寒風。二之氣。自斗建卯正至巳之中。大火之位。厥陰居之。其化風濕。三之氣。自斗建巳正至未之中。相火之位。少陰居之。其化大暑。四之氣。自斗建未正至酉之中。濕土之位。太陰居之。其化大雨。五之氣。自斗建酉正至亥之中。燥金之位。少陽居之。其化溫清。六之氣。自斗建亥正至丑之中。寒水之位。陽明居之。其化濕寒。藥食之宜。上鹹寒。中辛溫。下酸溫。食歲穀以全眞氣。食間穀以辟虛邪。資其歲勝。折其鬱氣。先取化源。是爲至治。

二月月令

宣和二年二月朔。皇帝御明堂青陽。以是月天運政治布告于天下。曰。仲春之月。斗建卯。朔日壬申。日在室。昏井中。曉尾中。丙子、倉庚鳴。辛巳、鷹化爲鳩。丙戌、春分。得二月之中氣。律中夾鍾。日在奎。昏井中。曉箕中。乙鳥至。辛卯、雷乃發聲。丙申、始電。是月也。天氣始方。地氣始發。人氣在肝。盛德在木。凡十有五日。同孟春之令。是月也。其位少陰。其氣厥陰。氣交之中。其神太皞。飛鳥。其政、其令。爲大暄。爲舒榮。爲形見。其爲變也。則爲風暴飄拉。爲小雨。爲青肅。春氣以正。萬物應榮。民迺和。其病淋。目瞑目赤。氣鬱於上而熱。甚則溫厲。宜順養生之道。凡味。火位之主。其寫以甘。厥陰之客。以辛補之。後十有三日、運交少羽。凡樂夾鍾爲宮、無射爲徵、仲呂爲商、黄鍾爲羽、林鍾爲角、調宜尚角。以致其平。是月也。朔告于廟。上丁以樂奠于先聖。上戊祀武成王亦如之。命官享獻陵寢。巡行禁地。朝拜陵墳。朝日、高禖、蒼鼎、司寒。則秩祀事以春分之日。開氷薦寢廟。九宮貴神、五龍、馬祖、古君臣。則秩祀事以元日。社稷、則秩祀事以社日。是月也。有眞元朝謁之日。有停決重囚之日。有屠宰之禁。有採捕之禁。有燒田野之禁。咸稟令毋或違。以學校之法。考選舍生而升之。以考績之法。舉察群吏而上之。發金穀以濟民乏。頒時藥以療民疾。毋受治訟而違農時。是月也。上季帳。稽民數籍。民兵發軍裝。給春服。還冬裝。按河防。濬溝洫。斷獄訟。若場務新額。理欠科罰。屯田季狀。河堤藁秸。輿夫較器之工。類宣借之數。遣留役之卒。報還營之故。寬暴糧之期。有司各舉乃事、毋或失時。壯城之役。塘濼之役。以是月興。堤埽栽植。緣塘補種。以是月止。行秋令。則大水。寒氣總至。行冬令。則陽氣不勝。麥乃不熟。行夏令。則大旱。暖氣早來。蟲螟爲害。於戲。寅亮天時。欽若成憲。□心朕德。敷告四方。令出惟行。其欽承無怠。

三月月令

宣和二年三月朔。皇帝御明堂青陽右个。以是月天運政治布告于天下。曰。季春之月。斗建辰。朔日辛丑。清明日在奎。昏柳中。曉斗中。得是月之初氣。律中姑洗。桐始華。丙午、田鼠化爲鴽。辛亥、虹始見。丙辰、穀雨日在胃。昏張中。曉斗中。得是月之中氣。萍始生。辛酉、鳴鳩拂其羽。丙寅、戴勝降于桑。是月也。其位少陰。其氣厥陰。其運少羽。氣交之中。其神太一天皇。天時其德、其化、其政、其令、爲大暄。爲生。爲榮。其變則爲風飄怒。爲晝昏暝。日有暈。風迺逼。春氣以正。萬物應榮。清氣時至。其爲病也。爲目赤。爲衄衊。爲瘍彌。氣鬱於上而熱。其氣温厲。凡味。以苦發之。以酸收之。凡樂。姑洗爲宮。應鍾爲徵。蕤賓爲商。大呂爲羽。夷則爲角。調宜尚徵。以折其鬱。以抑其勝。以適其平。是月也。朔告于廟。薦新。丁巳、享先蠶。太常按視齋宮壇壝。清明、出新火賜邇臣。上巳、賜群臣宴于園苑。禊日宴集英。壬戌、停奏決。禁屠宰。是月也。官太學辟廱醫學士行藝居上等者。州縣弊吒訟。毋妨農功。閱舟師。出牧馬。選羅官。上都城場務歲課。較其虧贏。前計河防之具。預出戍卒冬服。凡戶口增減。吏皂試刑法者。州上之漕司。覆上供實數。類官舍僦直。覈鼓鑄登耗。稽胥吏功過。閱軍器增損。各上本曹。陸田起秋賦。以是月爲限。繕馬庌。散蠶鹽。繕河隄。以是月畢。旬閱營騎。挽試弓弩。災傷場務。眡秋稅。免較貧乏丐者、籍姓名給食。皆盡是月止。六月輸河防。諸州發上貢。畿漕司補折之數。諸路類申官馬。皆毋逾是月。御史以察吏賞罰上都省。憲司籍禁軍闕額上密院。州兵大閱。徙河堤積薪。金部勾稽合同五路具逃亡河卒。較營田課。完治陂堰。以是季畢。行冬令。則寒氣時發。草木皆肅。行夏令。則民多疫。時雨不降。行秋令。則天多沉陰。淫雨早降。於戲。稽天垂憲。咸可底行。誕布多方。率循無怠。

四月月令

宣和二年四月朔。皇帝御明堂左个。以是月天運政治布告于天下。曰。孟夏之月。朔日辛未。斗建巳。日在昴。昏翼中。曉牛中。立夏得是月之節。螻蟈鳴。丁丑、蚯蚓出。壬午、王瓜生。丁亥、小滿。得是月之中氣。日在畢。昏軫中。曉女中。苦菜秀。壬辰、靡草死。丁酉、小暑至。是月也。天氣正方。地氣定。發盛德在火。

其帝炎帝。其神祝融。其味苦。其音徵。其數七。凡十有七日同季春之令。是月也。其位少陽。其氣少陰。其運少羽。其神太一。五風。其政、其令爲大暄。爲暵。爲長榮。其變時爲大涼。爲飄風。爲疾雨。病氣厥心痛。寒熱更作。宜順養長之道。凡味宜甘。凡樂仲呂爲宮。黃鍾爲徵。林鍾爲商。太簇爲羽。南呂爲角。調宜尙宮。以致其和。是月也。朔告于廟。命有司以立夏祀赤帝。祀中太一。祀熒惑。祀南方嶽鎭海瀆。祀罡鼎。祀竈。以壬申祀雨師。以辛卯雩祀上帝。配以太宗。卜吉薦享于廟。朝獻于宮。薦新以彘嘗麥。是月也。天祺節宰臣率百官朝謁于宮。州長吏與其屬詣聖祖殿。有罪毋決三日。立夏停決重囚。有司舉恤刑之典。行訖聞于上。頒夏藥。遣醫分治民疾。秋稅始造籍。夏田應訴災。水田應起賦。京畿入兩學秋租。圭租水田入前後官者皆毋過是月。聽擇官地繫蔭軍馬給芻秣之在廢者。開封謹酒禁。所屬報大農舟致麴麥以備酒材。沿流所受上供物併畢發。是月也。手詔寬恤。若赦令。應民間通知者。檢舉以行禁止伐木。揭捕蝗之令。鼓販條約。先期諭民使之無犯。季視屯田塘堤具完毀狀。若水增減數皆報本司。大河山道縣切按視。以待檢修會朝廷封樁物數。若官騎及禁軍闕額請給。保伍應造都帳。軍器支附城池料用奸細羈隸姓名各聞于所隸。行秋令則苦雨數來。五穀不滋。行冬令則草木早枯。行秋令則蝗蟲爲災。暴風來格。秀草不實。於戲。欽若昊天。施於有政。令出惟行。萬邦惟無斁。

五月月令

宣和二年五月朔。皇帝御明堂。以是月天運政治布告于天下曰。仲夏之月。斗建午。朔日庚子。日在參。昬軫中。曉虛中。壬寅、芒種。得五月之節。日在參。昬角中。曉虛中。螳蜋生。丁未、鵙始鳴。壬子、反舌無聲。丁巳、夏至。得是月之中氣。日在井。昬亢中。曉危中。鹿角解。壬戌、鵰始鳴。丁卯、半夏生。是月也。天氣盛。地氣高。盛德在火。天地氣交。萬物華實。其位少陽。其氣少陰。其運少羽。辛亥運交少角。其神五行三風。是月也。天政布大火。行令行之常。爲暑。爲災亢。爲蕃茂。爲蒸鬱。氣交之變。爲清涼。爲陰昬。爲風雨。民病寒熱更作。咳喘目赤。其在人也。宜順養長之道。凡味宜甘。凡樂蕤賓爲宮。大呂爲徵。夷則爲商。夾鍾爲羽。無射爲角。調宜尙徵。以致其平。是月也。朔告于廟。日至躳祭地于方澤。配以太祖。遣官祭大社、大稷。祭彤鼎。先一日祭都門。戊辰、祭先牧。薦新寢廟。嘗雛以黍。羞以瓜。籍田登麥。寧貺節宰臣率百官朝謁上清儲祥宮。州長吏率其屬朝謁聖祖殿。毋決刑。毋上大辟案。凡三日。壬戌亦如之。毋施刑。日中毋令有罪于市。杻械五日一濯。中都繫囚命郎官御史循行督遣。奏牘已上都省約法斷下。諸路者分詣所部大理疑案畢讞。始夏糴。始督夏賦。兩學入餘路地租。縣官給納毋或離次。固河梁塘堤。郡貳月視其完毀。報所屬。其在春季者審實來上。收役功之半。毋課伐木。給百司時服。廂軍將校邊臣應賜裘者先期檢舉。左藏豫備特支。諸軍唯早教。遣戍卒冬服。軍匠功程。是月畢較。行冬令則雹凍傷穀。行春令則五穀晚熟。百螣時起。行秋令則草木零落。果實早成。民殃於疫。於戲。欽若成烈。稽謀自天。誕告萬方。茲率厥典。聽予一人之作猷。

六月月令

宣和二年六月朔。皇帝御明堂右个。以是月天運政治布告于天下曰。季夏之月。斗建未。朔日庚午。日在井。昬氐中。曉室中。壬申、小暑。得六月之節。日在井。昏氐中。曉室中。溫風至。丁丑、蟋蟀居壁。癸未、鷹乃學習。戊子、大暑。得是月之中氣。日在柳。昏心中。曉奎中。腐草化爲螢。癸巳、土潤溽暑。戊戌、大雨時行。是月也。天氣盛。地氣高。其氣少陰。其位少陽。其運少角。其神帝符天時五風。凡十九日令同仲夏。戊子、交四之氣。太陰客居濕土之分。爲暑爲濕疾風陰雨寒熱互至。甚則雷霆驟注。其病寒熱嗌乾。黃癉鼽衄。其在人也。宜順養長之道。凡味宜苦。凡樂林鍾爲宮。太簇爲徵。南呂爲商。姑洗爲羽。應鍾爲角。調宜尚徵。以致其平。是月也。朔告于廟。薦新以菱芡。乙酉、祀帝鼎。祀黃帝。祀中嶽中鎮。祀中霤。奉常按視五方齋宮壇壝。伏日頒冰。天貺節宰臣率百官朝謁景靈宮、天興殿。州長吏率其屬造聖祖殿。有司弛刑三日。罪杖以降情輕聽罰。又輕者釋之。凡獄五日一滌枷械。都省催結大理開封已上之讞。郡縣差官檢集囹圄供葺之費。日中無得行刑。免刑之人當令于市者。諸役之功損十之二。暴露者收功半。戎器之匠有度程。泉監之工有升降。財用免移有籍。關河厲禁有守。率加攷察焉。屯田按緣塘之楡柳。護隄防之壅罅。度支預造國信禮物。預計河役特支。工部揭皷販之禁。飭樓櫓之制。內藏庫趣輸金帛。國子監前申歲賜。畿內計積芻秣。凡戶口之增減。吏課之優劣。糧草儲營之備。馬牛皮角之數。則漕司舉之。凡將校之籍甲兵之簿。營房之已未具。盜賊之已未獲者。則憲司舉之。凡銜校優重。坑冶名色。與坊場之已未給者。則常平司舉之。其吏之試選而應發者。赦降條制之均被者。諸司各以其時而致其事。行春令。則穀實鮮落。國多風欬。行秋令。則邱濕水潦。禾稼不熟。行冬令。則風寒不時。鷹隼蚤鷙。於戲。上稽天道。俯授人時。輔相裁成。克底時若。惟爾有衆。其祗若朕命。

七月月令

宣和二年七月朔。皇帝御明堂總章左个。以是月天運政治布告于天下曰。孟秋之月。朔日己亥。斗建申。日在星。昏尾中。曉婁中。癸卯、立秋。得是月之節。涼風至。戊申、白露降。癸丑、寒蟬鳴。戊午、處暑。得是月之中氣。日在張。昏箕中。曉胃中。鷹乃祭鳥。癸亥、天地始肅。戊辰、禾乃登。是月也。盛德在金。其帝少皞。其神蓐收。其色白。其音商。其數九。是月也。四氣之分。太陰居濕土之位。其運少商。甲子交太徵。其神太尊三風五風。其候爲溽暑。爲風陰。寒暑不時。甚則霖霪驟注。其病寒熱嗌乾。黃癉鼽衄。其在人也。宜順養收之道。凡味宜苦。凡樂夷則爲宮。夾鍾爲徵。無射爲商。仲呂爲羽。黃鍾爲角。調宜尚商。以順時令。以致其平。是月也。朔告于廟。立秋祀白帝。祀西太一。祀西方嶽鎮海瀆。祀皁鼎。祀門厲。以甲辰祀靈星。卜吉薦享于廟。朝獻于宮。薦新嘗粟與稷。羞以棃棗。是月也。先天節宰臣率百官詣景靈宮、天興殿。州長吏與其屬朝謁聖帝。禁屠宰。停奏案。毋斷刑三日。壬戌日亦如之。中元節一日。奏案已上者。都省約法斷下。法寺趣斷獄。監司決繫囚。日中毋行刑。毋令有罪人于市。監司牧守以勸農御筆舉而行之。揭示寬恤詔令。已頒制書。則錄增改之目而下之。園苑進華實。畿漕察秋稼。開封申酒禁。士卒唯早閱。暴露收半功。給納毋離次。選官以司糴事。秋田聽訴災。闕額季帳聞于所隸。私錢鼓鑄。示以條禁。祠部則有屯田之令。河防則有都水之令。歲賜則有國子監度支之令。上供封樁則有倉庫之令。若山澤寶貨。修完功程。獄具杻械。軍器什物。各舉乃事。無或失時。選籍僑寓。歲計約支。廐牧官馬。各以名數上之省部。行冬令。則陽氣大勝。介蟲敗穀。行春令。則陽氣復還。五穀無實。行夏令。則寒熱不節。民多瘧疾。於戲。仰觀俯察。以知天時。以授民事。紹述成憲。敷錫萬方。其欽無斁。

宋大詔令集卷第一百三十二

典禮十七

明堂九

八月月令

宣和二年八月朔皇帝御明堂總章。以是月天運政治布告于天下曰。仲秋之月。朔日己巳。斗建酉。日在翼。昏箕中。曉畢中。癸酉、白露。得是月之節。日在翼。昏斗中。曉畢中。鴻鴈來。戊寅、乙鳥歸。癸未、群鳥養羞。戊子、秋分。得是月之中氣。日在軫。昏斗中。曉參中。雷乃收聲。甲午、蟄蟲坏戶。是月也。太陰居濕土之位。凡二十日。令同七月。秋分交五氣。其氣少陽。其位燥金。其運太徵。氣交之中。其神天皇大尊。其候畏火臨。暑復至。其病溫。其在人也。宜順養收之道。凡樂南呂爲宮。姑洗爲徵。應鍾爲商。蕤賓爲羽。大呂爲角。凡味宜辛。調宜用商。以適其平。是月也。朔告于廟。上丁釋奠于先聖。上戊釋奠于武成王。秋分夕月于西郊。祀皛鼎。祀壽星。戊子。祭社稷。配以勾龍后稷。擇日祀九宮貴神。祭馬社。祀寶成宮。薦新于廟。嘗麻與稻。命官薦獻陵寢。巡視禁地。祀古帝王逮其功臣。是月也。元成節。朝謁神霄宮。禁屠宰。停奏大辟。監司致守令善最以聞。宴群臣于集英。士貢會于邸。給內外冬衣。法寺斷獄。毋或留讞。朝廷封椿季帳上之都省。禁旅闕額請給季帳上之密院。綫漕會芻藁市置移用起發之數。聞于戶部。參選而應試。若有戰功而願較武技者赴本部。諸路夏賦畢輸。常平錢穀視稅斂納。諸軍始早晚教。郡貳月視塘堤。軍馬繫蔭官地。以是月止。行春令。則秋雨不降。草木生榮。行夏令。則蟄蟲不藏。五穀復生。行冬令。則風災數起。收雷先行。於戲。面稽天若。恭授人時。播告庶邦。無替朕命。

九月月令

宣和二年九月朔皇帝御明堂總章右个。以是月天運政治布告于天下曰。季秋之月。朔日己亥。斗建戌。日在軫。昏斗中。曉井中。水始涸。甲辰、寒露。得是月之節。日在角。昏斗中。曉井中。鴻鴈來賓。己酉、雀入大水化爲蛤。甲寅、菊有黃華。己未、霜降。得是月之中氣。日在亢。昏牛中。曉鬼中。豺乃祭獸。甲子、草木黃落。是月也。天氣以急。地氣以明。其德清潔。其化堅斂。其運大徵。燥金之位。少陽臨之。爲光顯。爲彤雲。爲曛。爲飄風。五氣之分。火居兌室。其應草木蚤枯。其病熱行於下。治以辛寒。佐以苦甘。以酸平之。其在人也。宜順養收之道。逆之則冬爲飧泄。奉藏者少。凡樂無射爲宮。仲呂爲徵。黃鍾爲商。林鍾爲羽。太簇爲角。調宜尙商。以適其平。是月也。朔告于廟。薦新。辛亥、親祀上帝于明堂。配以神考。大祠之日。毋決重囚。錫宴于園苑。奉常視齋宮壇壝。戶部上旁通圖策。宗正官玉牒修纂。司農較三河芻糧。畿甸備河防緡錢。預備藁秸之直。免比則有場務之令。起納租稅則有賦役之令。試驗弓弩則有軍器之令。修治橋梁則有營繕之令。馬政則有軍防廐牧之令。糴買則有倉庫之令。圭田則有田令。毋或違時。行夏令則疾多鼽嚏。行冬令則地或隆坼。行春令則人乃解惰。於戲。欽若天時。誕揚成憲。惟爾萬方。其遵承無斁。

十月月令

宣和二年十月朔。皇帝御明堂平朔左个。以是月天運政治布告于天下。曰。孟冬之月。朔日戊辰。斗建亥。日在氐。昏女中。曉柳中。己巳、蟄蟲咸俯。甲戌、立冬。得是月之節。水始冰。日在氐。昏女中。曉星中。己卯、地始凍。甲申、雉入大水化爲蜃。己丑、小雪。得是月之中氣。虹藏不見。日在心。昏危中。曉張中。甲午、天氣上騰。地氣下降。陰氣始凝。地氣始閉。盛德在水。其帝顓頊。其神元冥。其音羽。其數六。是月也。主氣陽明燥金。客氣少陽相火。猶當五氣之餘。治同九月小雪之後。終氣始交。主氣太陽寒水。其德凄滄。其化淸謐。其政凝肅。客氣陽明燥金。其化爲淸勁。爲收。爲霧露。爲悽鳴。其氣相得。無過不及。達則少宮。神則招搖。其在人也。宜順養藏之道。去寒就溫。無泄皮膚。逆之則傷腎。春爲痿厥。奉生者少。凡味宜甘。其寫以鹹。其補以苦。陽明之客。以酸補之。以辛寫之。以苦泄之。凡樂。應鍾爲宮。蕤賓爲徵。大呂爲商。夷則爲羽。夾鍾爲角。調宜尙羽。以致其和。是月也。朔告于廟。皇帝始裘。錫裘服于內外。受來歲之厤而頒之。甲戌、祀黑帝。祀龍德太一。祀北方嶽鎭海瀆。祀魁鼎。祀行。乙亥、祀司中、司命、司民、司祿。丙戌、祭神州地祇。擇日朝獻景靈宮。祫享薦享于廟。薦新。羞以鴈。天寧節。緩刑辟。釋輕罪。食繫囚。禁屠宰。下元。降聖。天符節。內外朝謁如儀。毋決大辟。禁屠宰有差。是月也。舉恤刑之典。上封樁之數。凡御筆手詔及寬恤、若赦令、書而揭之。籍老疾貧弱非游惰者。以待施惠。上闕額禁軍帳于憲司。上供金帛。畢輸內官。具官馬季帳。頒戍卒春服。休壯城。放役兵。水官率其屬以視河防。力役分等注于籍。橋梁道路畢修。計度屯田塘濼。周視畿內溝河以聞。是月也。農務畢。然後受婚田之訟。第戶產之籍。嚴保伍之政。申預買之數。工師校弓弩。以是月爲則。行春令則凍閉不密。行夏令則蟄蟲復生。行秋令則雪霜不時。於戲。時惟陽月。百穀用成。敷告萬方。其祗協于成憲。

十一月月令

宣和二年十一月朔。皇帝御明堂平朔。以是月天運政治布告于天下。曰。仲冬之月。斗建子。朔日戊戌。日在尾。昏危中。曉翼中。己亥、閉塞而成冬。乙巳、大雪。鶡鳥不鳴。庚戌、虎始交。乙卯、荔挺出。庚申、冬至。蚯蚓結。日在斗。昏壁中。曉角中。乙丑、麋角解。是月也。冰復結。地始坼。人氣在腎。萬物氣藏於中。當順其化。無擾于陽。以應養藏之道。逆之則春爲鼽衄。冬至之前。終氣惟初。陽明燥金。居寒水之位。爲淸勁。爲堅化。爲霧露。爲煙埃。爲悽鳴。冬至之後。終氣惟中。司地之氣。其化在泉。爲辛。司氣爲素。間氣爲淸。其運少宮。其神太陰。天氣以肅。地氣以靜。冷氣暴至。民病而嗽。宜調土運。以甘和之。其化廼平。

凡樂。黃鍾爲宮。林鍾爲徵。太簇爲商。南呂爲羽。姑洗爲角。調宜尚羽。以順其令。是月也。朔告于廟。薦新。羞以鷹。日至祀昊天玉皇上帝。祀寶鼎。州長吏率屬朝聖祖。行奠謁之禮于學。毋決重辟。釋輕罪。天應節。壬戌、禁屠宰有差。丙辰、祭馬步。是月也。刑人免令于市。趣斷奏讞。惠貧弱老疾。減役功。停採造。矜逃配。謹租賦。給納。較軍器度程。第河防功限爲三等。籍蠶鹽之數。上封椿之帳。修溝洫之政。行夏令。則氛霧晝冥。雷乃發聲。行秋令。則雨雪雜下。行春令。則水泉減竭。蟲蝗爲敗。於戲。一陽來復。誕敷訓典。以迎天休。惟爾庶邦。祇承無斁。

十二月月令

宣和二年十二月朔。皇帝御明堂平朔右个。以是月天運政治布告于天下曰。季冬之月。斗建丑。朔日丁卯。日在斗。昏壁中。曉角中。庚午、水泉動。乙亥、小寒。鴈北鄉。日在斗。昏奎中。曉亢中。庚辰、鵲始巢。乙酉、雉始雊。庚寅、大寒。雞始乳。日在女。昏婁中。曉氐中。乙未、征鳥厲疾。是月也。歲德在水。人氣在胷。大寒之前。候猶終氣。其位太陽。其氣陽明。其運少宮。令與十一月同。大寒之後。辛丑初氣之分。其位厥陰。其氣風木。其神地一。其化初平。地氣遷。寒迺去。風溫相薄。犯之則爲血溢、筋絡拘強之疾。凡樂。大呂爲宮。夷則爲徵。夾鍾爲商。無射爲羽。仲呂爲角。音宜尚羽。以致其平。是月也。朔告于廟。薦新。羞以魚。丙戌、臘享。前一日祭大社大稷。配以勾龍后稷。大蜡四方。納冰于凌陰。享司寒。是月也。貢士畢集辟廱。奉常視壇壝及其器服。登民數。案民兵。斷繫囚。籍罪辟。覆計帳。較工程。隄防道路橋梁。各舉其政。考常平之課。第勸農之績。會內府金帛。諸路漕運。若河渠功役。以其實。監司徧詣所部。除日大儺。磔牲于南門之外。行秋令。則白露蚤降。介蟲爲妖。行春令。則胎夭多傷。人多痼疾。行夏令。則時雪不降。冰凍消釋。於戲。平在朔易。以成歲功。咨爾萬方。其率循毋怠。

宣和三年正月月令

宣和三年正月朔。皇帝御明堂靑陽左个。以是月天運政治布告于天下曰。孟春之月。斗建寅。朔日丁酉。日在女。昏胃中。曉房中。庚子、水澤腹堅。乙巳、立春。得是月之節。斗建寅。東風解凍。日在虛。昏昴中。曉張中。辛亥、蟄蟲始振。丙辰、魚上冰。辛酉、雨水。得是月之中氣。獺祭魚。日在危。昏星中。曉尾中。是月也。天氣始方。地氣始發。盛德在木。人氣在肝。其帝太皞。其神勾芒。其色蒼。其音角。其政舒啓。其令宣發。其德敷和。其化生榮。是月也。厥陰之位。氣爲風木。運爲少羽。太陰正位。土室天符合德。其應雲雨昏埃。人氣條舒。風溫相薄。犯之則爲血溢拘強之疾。宜調風木之客。以酸寫之。凡樂。太簇爲宮。南呂爲徵。姑洗爲商。應鍾爲羽。蕤賓爲角。音宜尚角。以順其時。是月也。朔告于廟。頒歲運于天下。命有司釋菜。禮先聖。辛丑、祈穀于上帝。配以太宗。祀感生帝。配以僖祖。立春祀靑帝。東太一。東方嶽鎮海瀆。牡鼎。司命、戶。州縣以土牛示農時。癸丑祀風師。卜日薦享于廟。朝獻于宮。薦新。以葑、以卵。宗藩上慶系錄。大比天下士。宗子若選吏部應試者。咸附監司郡守。舉勸農之詔。凡寬恤及赦令。咸使周知。敕令格式有所增易者。錄目遍下。察囚禁。犴獄。矜逃配役工。申伐木之禁。舉埋胔之令。仁政所加。毋或不周。濬治郡城溝洫。補植隄防楡柳。總常平之用。約芻糧之費。止封椿之帳。給豫買之直。閱諸將兵騎。會諸河漕運數。覈戶口登耗。考催科勤惰。較場務增虧。計屯田租課。興水利。除盜賊。咸以實聞。籍士貢。考上供。治橋梁。按弓弩。命開封申酒禁。司門謹幾察。望夕燎燈。非外門毋闔。凡舟舡守凍者。以是月悉發。倉庫糴買。河歸輸納。以是月止。行夏令。則雨水不時。草木蚤落。行秋令。則風雨總至。藜莠蓬蒿並興。行冬令。則水潦爲敗。霜雪大至。首種不入。於戲。奉若天道。欽授民時。惟愼厥初。乃克有成。敷告萬方。其祗承無斁。

宣和三年歲運

宣和三年正月朔。皇帝御明堂青陽左个。以是歲氣運頒布于天下。皇帝若曰。天地設位。聖人成能。治厤以明時。對時以育物。精神之運。上下同流。朕稽謀自天。建用皇極。嘉與萬邦。底于大順。今歲在辛丑。其運少羽。元天之氣。經于張翼。太陰司天。左少陽。右少陰。太陽司地。左厥陰。右陽明。濕寒合德。上應辰鎭。歲水不及。絕田涸流。以所不及。加同歲會。歲乃適平。宜爲靜順。藏而勿害。靜順之紀。五化咸整。其氣明。其令寒。其用沃衍。其化凝堅。其穀豆。其果栗。其蟲鱗。其畜彘。其色黑。其味鹹。其音羽。其數六。厥陰、少陰、太陰、少陽、陽明、太陽。爲歲中六氣。少羽、少角、太簇、少宮、太商。爲歲中五運。羽化五寒化一。爲正化之日。倮蟲靜。鱗蟲育。羽蟲不成。爲動物之化。歲半以前。太陰主之。其化以濕。歲半以後。太陽主之。其化以鹹。初之氣。自斗建丑正至卯之中。風木之位。厥陰居之。其化風。二之氣。自斗建卯正至巳之中。大火之位。少陰居之。其化暄溫。三之氣。自斗建巳正至未之中。相火之位。太陰居之。其化溫熱。四之氣。自斗建未正至酉之中。濕土之位。少陽居之。其化溽暑。五之氣。自斗建酉正至亥之中。燥金之位。陽明居之。其化淸燥。終之氣。自斗建亥正至丑之中。寒水之位。太陽居之。其化寒。藥食之宜。先苦熱。中苦和。下苦熱。食歲穀以全其眞。食間穀以保其精。折其鬱氣。益其歲氣。無使邪勝。是謂和平。稟茲猷告。其欽承無斁。

二月月令

宣和三年二月朔。皇帝御明堂青陽。以是月天運政治布告于天下曰。仲春之月。朔日丙寅。日在室。昏觜中。曉尾中。鴻鴈來。辛未、草木萌動。丙子、驚蟄。斗建卯。始得是月之節。日在室。昏井中。曉尾中。桃始華。辛巳、倉庚鳴。丙戌、鷹化爲鳩。辛卯、春分。得是月之中氣。日在奎。昏井中。曉箕中。乙鳥至。是月也。初氣之分。其位厥陰。其氣風木。其運少羽。爲和平。爲風搖。爲撓動。其變爲飄怒大涼。春分交二氣之分。其位少陰。其氣大火。其運少角。爲風埃。爲蒸濕。雨廼時降。凡味。春分之前。以酸寫之。以辛補之。春分之後。以甘寫之。以鹹補之。凡樂。夾鍾爲宮。無射爲徵。仲呂爲商。黃鍾爲羽。林鍾爲角。調宜尚角。以順其平。是月也。朔告于廟。上丁釋奠先聖。上戊祀武成王。戊子祭大社大稷。配以勾龍后稷。乙亥皇帝率公卿大夫躬耕帝籍。享先農。辛卯朝日。祀高禖。蒼鼎司寒。擇良日祀九宮貴神。五龍。馬祖。歷代帝王。薦獻諸陵。視禁地。薦新于寢廟。以冰眞元節朝謁建隆觀。禁屠宰。是月也。上考課。賑貧乏。頒時藥。錫春服于內外。驗戶口增虧。較軍器功程。上封樁保甲之帳。謹受納暴糧之期。會條枚藁秸之輸。修河塘柳楡之政。毋受田訟。毋留逋逃。毋燒原野。毋捕鳥獸。毋殺胎卵。行秋令。則大水。寒氣總至。行冬令。則陽氣不勝。麥乃不熟。行夏令。則煖氣早來。蟲螟爲害。於戲。平秩東作。時惟仲春。惟爾萬方。其率遵成憲。

宋大詔令集卷第一百三十三

典禮十八

明堂十

三月月令

宣和三年三月朔。皇帝御明堂青陽右个。以是月天運政治布告于天下曰。季春之月。朔日丙申。日在奎。昏井中。曉箕中。雷乃發聲。辛丑、始電。丙午、清明。得二月之節。日在奎。昏柳中。曉斗中。桐始華。辛亥、田鼠化爲鴽。丙辰、虹始見。壬戌。穀雨。得是月之中氣。萍始生。日在胃。昏張中。曉斗中。是月也。其位少陰。其氣大火。爲暄。爲舒榮。爲形見。爲熱生。然其運少羽。主歲太陰。濕而熱蒸。寒生雨間。乙巳、運交少角。其應風埃。濕蒸相薄。雨迺時。其變爲大暄寒。其病温厲。凡味以甘寫之。以鹹補之。凡樂姑洗爲宮。應鍾爲徵。蕤賓爲商。大呂爲羽。夷則爲角。調宜尚角。以順其平。是月也。朔告于廟。薦新。丁巳享先蠶。命太常視齋宮壇壝。上巳宴群臣于苑囿。選日大宴集英。寒食禁刑。遣官朝陵。清明以新火賜近臣。壬戌禁屠宰。是月也。臨軒策士。攷其行藝而官使之。州縣訟無妨農功。凡登土貢。具歲帳。給軍裝。市糧草。課都城場務。備諸河材費。若會馬數。及其庌牧之事。以是月爲限。惠貧乏。校吏稽。記帛幣。覈戶口。總樓店之入。攢上供之數。以是月終畢。考察案賞罰。第田課增虧。修隄防。具兵帳。各如其命。行冬令則寒氣時發。草木皆肅。行夏令則民多疾疫。時雨不降。行秋令則天多沉陰。淫雨早降。於戲。惟春之祺。欽若時憲。咨爾有衆。其克遵承。

四月月令

宣和三年四月朔。皇帝御明堂左个。以是月天運政治布告于天下曰。孟夏之月。朔日乙丑。日在胃。昏張中。曉斗中。丁卯、鳴鳩拂其羽。壬申、戴勝降于桑。丁丑、立夏。始得是月之節。日在昴。昏翼中。曉牛中。螻蟈鳴。壬午、蚯蚓出。丁亥、王瓜生。壬辰、小滿。得是月中氣。日在畢。昏軫中。曉女中。苦菜秀。是月也。天氣正。地氣發。小滿之前。其位少陰。其氣大火。其神君棊。爲暄。爲熱。濕蒸相薄。雨迺時降。小滿之後。其位相火。其氣太陰。其運少角。爲風埃。爲晦暝。其變爲驟注。風烈。其病腫瘤痞隔。凡味以甘寫之。以鹹收之。凡樂仲呂爲宮。黃鍾爲徵。林鍾爲商。太簇爲羽。南呂爲角。調宜尚徵。以順其化。是月也。朔告于廟。立夏祀赤帝。熒惑。中太一。南方嶽鎮海瀆。罡鼎竈。卜日朝獻景靈宮。己卯薦享于太廟。薦新。羞以彘。嘗麥。甲申祀雷師、雨師。辛卯雩祀昊天上帝。

配以太宗。天祺節。內外朝謁如儀。緩刑辟。舉寬恤。嚴盜鑄。頒夏藥。籍軍器。謹伐木之禁。申捕蝗之令。起田賦。修馬政。視河防。督上供。造稅帳。聽民訴。皆以是月爲限。行秋令則苦雨數來。行冬令則草木早枯。行春令則暴風來格。秀草不實。於戲。純陽用事。百物阜安。紀時典常。其循率無怠。

五月月令

宣和三年五月朔。皇帝御明堂。以是月天運政治布告于天下曰。仲夏之月。朔日甲午。日在畢。昬軫中。曉星中。丁酉。靡草死。壬寅。小暑。丁未。芒種。得是月之節。螳蜋生。日在參。昬星中。曉虛中。壬子。鵙始鳴。丁巳。反舌無聲。壬戌。夏至。得是月中氣。鹿角解。日在井。昬亢中。曉危中。是月也。其位少陽。其氣太陰。其運少角。爲暑。爲顯。爲茂。爲明。其變爲沉陰。爲埃昬。爲濡濕。爲雷霆。雨乃時降。其病跗腫腹滿。凡味宜以苦寫之。凡樂蕤賓爲宮。大呂爲徵。夷則爲商。夾鍾爲羽。無射爲角。調宜尙徵。以致其平。是月也。朔告于廟。薦新嘗雛以黍。羞以瓜。日至。祭后土皇地祇于方澤。配以太祖。祭彤鼎。籍田登麥。寧貺節。宰臣率百官朝謁上淸儲祥宮。州長吏率屬朝聖祖殿。緩刑禁屠。詔日中毋行刑。毋令罪人于市。命郎官御史督遣中都繫囚。使者分趣所部。都省促奏牘。大理畢疑讞。凡獄之具。疏滌以時。是月也。始督夏賦。給納之官毋或離次。頒時服。第軍賜。減役功。停採造。護河橋。視塘隄。總封樁之數。嚴羅買之期。諸軍晨閱。以是月爲始。行冬令則雹凍傷穀。行春令則五穀晚熟。行秋令則草木零落。於戲。向明而治。仰承天休。惟爾萬邦。其率時猷訓。

閏五月月令

宣和三年閏五月朔。皇帝御明堂門。闔左扉。以是月天運政治布告于天下曰。仲夏閏月。斗建午未之間。朔日甲子。日在井。昬亢中。曉室中。丁卯。蜩始鳴。癸酉。半夏生。戊寅。小暑。溫風至。得六月之節。癸未。蟋蟀居壁。戊子。鷹乃學習。是月也。其化炎爍。其令鬱蒸。土居相火之位。爲赤雲。爲濕生。爲注雨。其病下熱脇滿。凡味以苦寫之。以甘緩之。凡樂蕤賓爲宮。大呂爲徵。夷則爲商。夾鍾爲羽。無射爲角。調宜尙徵。以致其平。是月也。朔告于廟。擇日祭先牧。祀帝鼐。祀黃帝、中嶽、中鎮、中霤。官吏理考。抵當計息。田訴展期如令。給軍馬。較場務。咸以所附月爲政。行冬令則雹凍傷穀。行春令則五穀晚熟。行秋令則草木零落。於戲。定時成歲。庶績其凝。咨爾萬方。祗協予訓。

六月月令

宣和三年六月朔。皇帝御明堂右个。以是月天運政治布告于天下曰。季夏之月。朔日癸巳。日在柳。昬心中。曉奎中。大暑。腐草化爲螢。戊戌。土潤溽暑。癸卯。大雨時行。戊申。立秋。涼風至。日在星。昬尾中。曉婁中。癸丑。白露降。戊午。寒蟬鳴。是月也。其運太徵。大暑之前太陰司之。大暑之後太陽司之。濕土主治。少陽來居。爲鬱蒸。爲炎爍。爲雷電雲雨。其病煩熱。凡味宜苦。補之以鹹。凡樂林鍾爲宮。太簇爲徵。南呂爲商。姑洗爲羽。應鍾爲角。調宜尙徵。以致其平。是月也。朔告于廟。薦新羞以菱芡。立秋。祀白帝、西太一、西方嶽鎮海瀆、皐鼎、門厲。丙辰。祀靈星。天貺節。宰臣率百官朝謁景靈宮。郡長吏率其屬朝聖祖。緩刑辟。釋輕罪。伏日頒冰。壬戌禁屠。是月也。促斷奏牘。檢治囹圄。凡獄具五日一濯。日中毋行刑。無令罪人于市。是月也。上版籍。會儲峙。幾財貨。紓工程。奉常視齋宮壇壝。度支考國信禮物。司金趣輸納。成均計調度。揭鼓鑄之法。嚴守禦之具。繕器甲。除盜賊。覈泉課。較榷酤。市馬芻。按營房。有司遵奉條詔。謹察津梁。若試胥吏。定衙役。具坑冶之帳。修塘隄之政。罔或不共。行春令。則穀實鮮落。國多風欬。行秋令。則邱隰水潦。禾稼不熟。行冬令。則風寒不時。鷹隼蚤鷙。於戲。欽若昊天。時惟長養。其懋乃職。克成厥功。

七月月令

宣和三年七月朔。皇帝御明堂總章左个。以是月天運政治布告于天下。曰。孟秋之月。朔日癸亥。日在張。昏箕中。曉胃中。得是月中氣。處暑。鷹乃祭鳥。戊辰、天地始肅。癸酉、禾乃登。戊寅、白露降。鴻鴈來。得八月節。日在翼。昏斗中。曉畢中。甲申、乙鳥歸。己丑、群鳥養羞。是月也。盛德在金。其帝少皞。其神蓐收。其色白。其音商。其數九。是月也。天氣以急。地氣以明。戊辰之前。其運太徵。己巳之後。其運少宮。其應溽蒸。霖雨時作。其病爲瘧。甚則跗腫。凡味宜苦。以鹹補之。凡樂夷則爲宮。夾鍾爲徵。無射爲商。仲呂爲羽。黃鍾爲角。調宜尚商。以順其時。是月也。朔告于廟。中元節朝獻靈景宮。卜日薦享。薦新嘗粟與稷。羞以棗梨。先天節宰臣率百官朝謁天興殿。州長吏率百屬朝聖祖。禁屠。緩刑有差。是月也。趣斷獄。決繫囚。日中毋行刑。毋令罪人于市。舉勸農之詔。備河塘之防。修園苑之貢。謹糴納之令。凡寬恤詔條。若法令之有增損者。皆隷本下之。封樁上供軍器廐馬之數。與坑冶財貨。皆上其籍。是月也。度支約歲用。吏部攷寓居。申榷酤之制。揭盜鑄之禁。紓工程。寬教閱。盡是月止。行冬令。則寒氣大勝。行春令。則五穀無實。行夏令。則寒熱不節。民多瘧疾。於戲。憲天聰明。惟臣欽若。各懋乃情。用協于成。

八月月令

宣和三年八月朔。皇帝御明堂總章。以是月天運政治布告于天下。曰。仲秋之月。朔日癸巳。日在軫。昏斗中。曉參中。甲午秋分。雷乃收聲。得是月中氣。己亥、蟄蟲坏戶。甲辰、水始涸。己酉、寒露。鴻鴈來。得九月節。日在角。昏斗中。曉井中。甲寅、雀入水化爲蛤。己未、菊有黃華。是月也。秋分之前。其位濕土。其氣相火。秋分之後。其位燥金。其氣陽明。其運少宮。天氣潔。地氣明。爲涼。爲清。爲勁。爲緊斂。其應霧露早霜。其病燥煩咽乾。凡味宜辛。以酸補之。凡樂南呂爲宮。姑洗爲徵。應鍾爲商。蕤賓爲羽。大呂爲角。調宜尚商。以致其平。是月也。朔告于廟。薦新嘗麻與稻。上丁釋奠文宣王。上戊祀武成王。秋分夕月。祀晶鼎。壽星。戊戌祭社稷。配以勾龍后稷。戊申祀九宮貴人。祭馬社。祀寶成宮。薦獻陵寢。按禁地。祀歷代帝王暨功臣。元成節朝謁神霄宮。緩刑禁屠。擇日燕群臣于集英。是月也。促斷獄。給冬衣。謹常平之政。嚴課績之法。試選吏。解武士。考封樁。會土貢。修廄牧之政。具芻藁之直。司金覈內帑之入。度支舉和買之數。大農計科納。屯田視塘隄。夏賦畢輸。諸軍晚教。自是月始。行春令。則秋雨不降。行夏令。則蟄蟲不藏。行冬令。則收雷先行。於戲。奉若天道。平秩西成。各勉有功。欽于時憲。

九月月令

宣和三年九月朔。皇帝御明堂總章右个。以是月天運政治布告于天下曰。季秋之月。朔日壬戌。日在亢。昏牛中。曉井中。甲子霜降。得是月中氣。豺乃祭獸。己巳、草木黃落。甲戌、蟄蟲咸俯。己卯立冬。水始冰。日在氐。昏女中。曉星中。甲申、地始凍。庚寅、雉入大水化爲蜃。是月也。其位燥金。其氣陽明。立冬之前。其運少宮。立冬之後。其運太商。爲涼。爲淸。爲勁肅。爲收成。爲明潔。其病欬逆滿痛。凡味宜辛。以酸補之。凡樂。無射爲宮。仲呂爲徵。黃鍾爲商。林鍾爲羽。太簇爲角。宜尚少商。以致其平。是月也。朔告于廟。薦新。嘗菽。羞以兔栗。卜吉親祠上帝于明堂。配以神考。立冬祀黑帝。祀龍德太一。祀北方嶽鎮海瀆。祀魁鼎。祀行。丁亥祀司中、司命、司民、司祿。壬戌禁屠。是月也。宴群臣于園苑。奉常視祠壇。宗正纂屬籍。修橋梁。試弓弩。稽田令。攷馬政。上常平之數。舉糴買之令。較漕運。按塘堤。行夏令。則疾多鼽嚏。行冬令。則地或隆坼。行春令。則民氣解惰。於戲。對時育物。百穀用成。咨爾多方。其率循彝憲無斁。

十月月令

宣和三年十月朔。皇帝御明堂平朔左个。以是月天運政治布告于天下曰。孟冬之月。斗建亥。朔日壬辰。日在心。昏虛中。曉張中。乙未小雪。得是月中氣。虹藏不見。庚子天氣上騰。地氣下降。乙巳、閉塞而成冬。庚戌大雪。得十一月節。日在尾。昏室中。曉翼中。鶡鳥不鳴。乙卯、虎始交。庚申、荔挺出。是月也。盛德在水。其帝顓頊。其神元冥。其音羽。其數六。其色黑。小雪之前。其位燥金。其氣陽明。小雪之後。其位寒水。其氣太陽。其運太商。爲凜。爲肅。爲靜。爲藏化。爲周密。其應冰雪寒雰。其病腰足脛。凡味宜鹹。以苦補之。凡樂。應鍾爲宮。蕤賓爲徵。大呂爲商。夷則爲羽。夾鍾爲角。調宜尚羽。以致其平。是月也。朔告于廟。皇帝始裘。頒服于外。受來歲之厤。頒之天下。甲午祭神州地祇。擇日朝獻景靈宮。薦享于廟。薦新。羞以鴈。天寧節。禁屠。緩刑。釋輕罪。下元降聖天符節。朝謁如儀。是月也。謹詔條。畢供輸。惠煢獨。閱保伍。飭恤刑之典。舉休役之令。第民產。受田訟。習守禦。會封椿。按隄防。視塘濼。導溝洫。成橋梁。攷廐馬季帳。給戍卒春衣。揭鼓鑄之法。計預買之數。凡較弓弩。以是月爲準。行春令。則凍閉不密。行夏令。則蟄蟲復出。行秋令。則雪霜不時。於戲。時惟陽明。錫福庶民。欽爾攸司。率循無怠。

十一月月令

宣和三年十一月朔。皇帝御明堂平朔。以是月天運政治布告于天下曰。仲冬之月。斗建子。朔日壬戌。日在箕。昏室中。曉軫中。乙丑冬至。日在斗。昏室中。曉角中。蚯蚓結。庚午、麋角解。乙亥、水泉動。庚辰小寒。鴈北鄉。得十二月節。日在斗。昏奎中。曉亢中。乙酉、鵲始巢。庚寅、野鷄始雊。是月也。其運太商。客氣太陽。居寒水之位。爲凜冽。爲淒滄。爲淸謐。寒與濕化。霜積陰凝。其應堅冰寒雰。其中爲温。其病痞滿寒熱。以苦補之。以鹹寫之。凡樂。黃鍾爲宮。林鍾爲徵。太簇爲商。南呂爲羽。姑洗爲角。調宜尚羽。以致其平。是月也。朔告于廟。薦新。羞以麕。日至祀昊天玉皇上帝。祀寶鼎。州長吏率屬朝聖祖。毋決重辟。釋輕罪。天應節。壬戌緩刑禁屠如令。戊辰祭馬祖。是月也。促斷獄。遣繫囚。免刑人之當令于市者。謹給納之令。上封椿之籍。寬工作之程。弛採伐之課。賑貧乏。卹老疾。校軍匠。視河防。行夏令。則氛霧晝瞑。行秋令。則雨雪雜下。行春令。則水泉咸竭。於戲。陽德惟亨。天休滋至。各守爾典。聽予一人作[illegible]。

十二月月令

宣和三年十二月朔。皇帝御明堂平朔右个。以是月天運政治布告于天下曰。季冬之月。斗建丑。朔日辛卯。日在牛。昏婁中。曉氐中。乙未大寒。得是月之中氣。雞始乳。日在女。昏婁中。曉氐中。辛丑、鷙鳥厲疾。丙午、水澤腹堅。辛亥立春。東風解凍。得正月節。日在虛。昏昴中。曉心中。丙辰、蟄蟲始振。是月也。大寒以前。候猶終氣。其運太商。客氣太陽。居寒水之位。令與十二月同。大寒以後。交壬寅初氣。其運大角。其位風木。其氣少陰。爲風。爲陰雨。其病脾胃。以酸寫之。以辛補之。凡樂大呂爲宮。夷則爲徵。夾鍾爲商。無射爲羽。仲呂爲角。調宜尙羽。以順其時。是月也。朔告于廟。薦新羞以魚。戊戌臘享。祭大社大稷。大蜡四方。享司寒。納冰于凌陰。立春祀青帝。東太一。東方嶽鎭海瀆。牡鼎。司命。戶。癸丑祀風師。是月也。登民數。上計帳。促獄。較漕運。監司徧歷所部。攷常平勸農之課以聞。是月也。成均校行藝。奉常視壇壝。覈內帑之入。奏大辟之數。閱工程。籍民兵。會儲峙。恤鰥寡。按塘濼。謹津梁。除日大儺。磔牲于南門之外。行秋令。則白露蚤降。行春令。則胎夭多傷。行夏令。則冰凍消釋。於戲。星回于天。平在朔易。各恭乃事。克成厥終。

宋大詔令集卷第一百三十四

典禮十九

籍田

有事東郊籍田詔 雍熙四年九月辛丑

王者上事昊穹。下臨黎獻。遵執古御今之道。推愛民育物之心。必務穡以勸分。庶家給而人足。朕嗣守大寶。惟懷永圖。發一言必念生靈。嘗一膳必思稼穡。雖燔柴告類。紫壇屢薦於至誠。而執耒親耕。青輅未行於盛禮。敦本之道。不其闕歟。三推宜舉於舊章。百代永垂於信史。其以來年正月擇日有事於東郊籍田之禮。宜令有司詳定儀注以聞。無至煩勞。務遵典故。

來年耕籍皇太后恭謝太廟御札 明道元年十二月庚子

庶政之本先於農。五禮之經重於祭。所以惇化阜俗。昭孝息民。致理之原。率由茲道。朕荷上靈之眷。承列聖之休。屢講郊禋之儀。未躬耕籍之事。今欲述神宗之茂憲。舉先穡之精祠。申命攸司。因時展寀。皇太后大恢聖則。夙夜匪躬。于茲十年。克成丕業。而未嘗親見太室。奉陳嘉牲。況室寢之肇新。加厤元之更始。宜修闊禮。用戒先期。朕取來年二月擇日耕籍田。先請皇太后恭謝宗廟。來年冬至。更不行南郊之禮。其合行恩賞。並禮畢施行。仍令有司草具儀制以聞。務循典故。毋致煩勞。

雍熙五年耕籍改端拱元年赦天下制 正月乙亥

門下。握圖御極。膺駿命於元穹。務穡勸農。示至誠於天下。朕躬臨大寶。十有三年。翼翼小心。孜孜求理。時豐歲稔。寰區雖致於升平。旰食宵衣。夙夜敢忘於兢業。車書既混。邊塞無虞。異畝同穎之禾。屢編於簡册。一茅三脊之貢。尚抑於典章。匪涼德之使然。蓋上帝之垂祐。是以振前王之闕典。修耕籍之盛儀。載陟青壇。肅事接神之禮。躬推黛耜。用恢敦本之風。寧惟奉眷祐於乾坤。兼亦備粢盛於宗廟。萬國來庭而述職。千官景從以拱辰。望宮闕城社之尊。睹聲明文物之盛。豈予眇末。獨荷於丕休。思與華夷。同均於大慶。特改紀年之號。宜覃作解之恩。可大赦天下。改雍熙五年為端拱元年。云云

於戲。舉歷代難行之事。已煥鴻猷。輔昌朝不拔之基。良資盡瘁。況煙塵弭息。億兆阜安。更賴中外藎臣。文武有位。交修庶政。共泰吾民。勿使比屋可封。

獨推於堯舜。刑措不用。但紀於成康。凡在生靈。體予茲意。

明道二年籍田赦天下制

門下。王者握機御極。負扆凝神。敦德惠以洽民心。闡文明而化天下。必舉非常之典。用宣以順之風。矧在眇躬。幸臨縣寓。欽承皇統。每勵精心。尊奉母儀。敢忘要道。勤勞一紀。底定萬邦。莫由穹昊降康。宗祊錫羡。干戈不試。馴致鴻均。憲度式彰。允臻嘉靖。復以陽郊嚴配。既屢表於孝思。儲駕躬耕。尚未遵於祖則。是用秩開元之遺事。述端拱之舊章。毖祀農壇。親臨帝籍。六卿執耒而陪侍。人士側肩而聳觀。于以荷靈休。于以勸力穡。載念慈闈垂訓。涼德承顏。素依保祐之仁。克紹延鴻之祚。由是請祗見於淸廟。先昭謝於成功。鑾輅雲行。纓紳星列。陳禁衞之萬騎。飭宮掖之六車。圭瓚告虔。翬行從獻。樂崇九奏。禮備三犧。寧惟薦飲食之苾芬。抑亦示威容之褥盛。上儀交舉。純嘏是膺。爰御應門。特頒明制。感神人之協贊。致華夏之同歡。宜覃霶霈之恩。庶浹豐融之祉。可大赦天下。云云於戲。禮成內外。屬四方平泰之期。澤布邇遐。應一氣發生之序。恭己常循於舜治。安民深切於堯心。更賴藎臣。共敦至化。茂宣忠力。永輔帝圖。

宋大詔令集卷第一百三十五

典禮二十

天神上

封翊聖將軍詔 太平興國六年十一月壬戌

太平宮神。禀命上元。降靈下土。苾芬致薦。肸蠁有聞。庇我蒸民。屢垂景貺。宜加美號。用答神休。其封神爲翊聖將軍。

列子追號沖虛至德眞人詔 景德四年二月乙亥

先王御極。萬類宅心。允資衆妙之言。以助無爲之化。沖虛眞人列子。凝神顥素。毓質希夷。隱跡忘懷。著書見志。蓋所謂軼世之達士。上古之至人。瞻言鄉舊。實有遺廟。式旌茂躅。俾薦強名。宜追號沖虛至德眞人。

別建壇享九宮貴神號詔 大中祥符元年八月庚寅

九宮之神。所職尤重。財成元化。陰隲下民。始於有唐。乃崇祀典。乘輿親享。方册具存。爰自近年。復舉明制。益其牢幣。升爲大祀。今禮屬建封。義資咸秩。惟介邱之從祭。在列位以無文。所宜俯邇岱宗。別興壇壝。式昭寅奉。聿致苾芬。將來封祀。宜別擇地建壇致享。

上九天司命上卿保生天尊號詔 大中祥符元年十月辛亥

上卿九天司命眞君。幽贊高穹。財成元化。掌群生之命厤。奠喬岳之靈區。屬封祀之告虔。賴紫虛之降鑒。載瞻珍館。聿薦明誠。爰舉徽章。用伸昭報。宜尊懿號曰九天司命上卿保生天尊。設像於會眞宮別殿。委道籙院具科儀以聞。仍令給事中馮起詣舒州靈仙觀祭告。

尊青帝感生眞君詔 大中祥符元年十月辛亥

名岳配天。乃衆生之推長。盛德在木。實品物之資生。惟眞宰之攸司。蓋靈篇之具紀。珍祠夙建。方志可稽。爰屬時巡。式瞻神館。載揚景貺。祗奉徽名。用表欽崇。永綏福祉。宜尊青帝眞君懿號曰青帝感生眞君。

公私文字言玉皇者並須平闕詔 大中祥符二年四月癸卯

朕欽崇至道。保乂蒸民。苟眷祐以錫符。思寅恭而昭事。恭以玉皇正位。霄極居尊。茂育群生。照臨下土。稽禮文之所著。固嚴奉以有常。爰申教誡之文。庶盡精虔之懇。今後公私文字中有言玉皇者。並須平闕。

奉天庇民詔 大中祥符三年二月己巳

王者上承天。下佑民。俾乎無思不服。有祈必應。故在罄誠明而勿貳。守典則以靡忘。然後感動於三靈。保乂於兆姓。而況邦之大事。在乎接神。苟或接神而不恭。何以爲民而祈福。國家神明之佑。彰乎在者。祭祀之禮。所宜曲盡。而自太祖受命。太宗繼文。每奉郊禋。皆御葷茹。舉典禮之所未載。蹈人情之所甚難。旣云洗心。亦以勵意。由是受茲純嘏。保乎會昌。暨予沖人。敢違先訓。三祀上帝。一乃至虔。但以事處內庭。理絕外聽。故行之雖久。而聞之蓋寡。前載祗受祕檢。恭陟岱宗。始自戒塗。卽從蔬食。而大臣極諫。庶尹抗章。忠賢事君之誠。於斯備矣。涼德事天之意。其可已哉。迄于上封。未之廢惰。由斯精感。允格繁禧。今者祗祀后祇。率循曩志。乃眷公輔。屢貢箴規。雖其意之可嘉。蓋其理則未達。朕子育黎庶。母事坤元。將令民獲其康。兵弭其患。雖以身薦。亦所無避。成湯上聖。且有翦爪之勤。矧在朕躬。豈甘玉食之美。恭祈丕應。固已確然。但慮官師。暨夫羽衛。咸思勉勵。並絕鮮肥。道路緜長。筋力虛匱。聊期自抑。庶以利人。警蹕之初。止進常膳。瀍澗已往。誓守夙心。毖祀旣成。膳羞乃御。雖復王公卿士。孜孜爲請。亦不能少移也。因述斯文。俾用見志。

聖祖降大赦 大中祥符五年十月己未

門下。衆妙之宗。蘊道樞而斯秘。非常之應。稽天眷以有孚。事夐絕於前聞。理克彰於合契。洪惟偉兆。實煥祥經。朕猥以眇沖。嗣承基構。荷九疇之眷命。遵二聖之詒謀。不敢怠皇。粗臻嘉靖。頃以上眞告貺。祕檢垂文。祗膺元命之符。中錫無疆之祚。間歲之內。盛典交修。秩衆祀以咸甄。感靈心之允答。彌懷惕厲。愈務欽崇。而穹昊顧懷。不忘於涼德。神祇鑒燭。薦發於休祥。粤以冬初。警於宵夢。戒先期而誕告。約眞馭以下臨。宿設靈場。仰祈洪應。果於穀旦。肅奉晬儀。仙霧鬱葱。異香芬郁。衆眞列侍。寶訓躬聞。示基緒長發之源。見希夷交感之盛。久留扃禁。倏返虛無。惟瑞異之親逢。曠古今而罕記。載循寡昧。奚以奉承。蓋祖宗在天。永錫爾類。而雷雨作解。思及於民。用均純嘏之休。普洽龐鴻之慶。可大赦天下。云云 於戲。至神善應。旣本於無方。王澤誕敷。俾周於有截。匪獨在予之慶。式均典物之春。內省菲躬。荷茲殊貺。彌增抑畏。罔敢荒寧。更賴文武藎臣。中外列辟。共欽元吉。各勵乃誠。叶宣永圖。同底于道。

上聖祖尊號制 大中祥符五年十月己巳

先天者大道。總衆妙以爲宗。無方者至神。感精衷而斯應。朕嗣守丕業。惕厲一心。祇荷殊休。紹膺秘檢。奉符云岱。報本淮脽。祕祀交修。鴻儀克舉。凌兢旣積。顧諟非常。遽奉眞遊。仰聞諄誨。啓洪源於古始。隆多祚於本支。永惟長發之祥。敢罄歸尊之志。虔遵寶訓。聿薦徽名。咨爾有司。肅揚令典。謹上九天司命保生天尊聖祖上靈高道九天司命保生天尊大帝擇日備禮奉册。上穹降祐眞馭下臨親奉聖言迺知遐胄顧眇沖之蒙祉蓋宗社之儲休式達至誠聿昭皇命朕以今月七日詣太廟行告謝之禮宜令所司詳定儀典。

聖祖降告謝太廟詔 大中祥符五年閏十月丁卯

大道之始實本於混元二儀之生肇從於太極伊先天之孕粹由大電以發祥靈感誕昭仙源斯啓進崇祖德已煥於徽章欽奉母儀敢宜於慈教恭薦隆號式達至虔謹奉上聖祖母懿號曰元天大聖后。

上元天大聖后號詔 大中祥符五年閏十月乙亥

聖祖名易其字詔 大中祥符五年十一月壬寅

前詔公私文字不得干犯聖祖名宜令逐處隨宜改易其上遇仙道事卽曰眞顏色曰黝下字曰明臨文取意速卽改避違者坐之。

奉安聖像訖曲赦東京建安軍揚州高郵軍楚泗宿亳應天府減降制 大中祥符六年五月

門下國家重熙鼎盛席慶善之鴻基百祿惟新承穹昊之蕃錫爰自縣區底定寶籙荐臻叶千載之昌辰舉一王之茂典肇營泰館式耀丕圖偉嘉會以元亨荷大靈之昭格昔者九龍垂馭啓道德之仙源五老告期顯唐虞之瑞命天人交應古今同符昨以鍊楚越之良金法紫淸之妙像肅陳仗衞迎致國都縈觀焜煌歡呼沸涌上眞高聖凝一氣之殊姿英祖神宗儼重瞳之粹質屬朝修之禮畢罄恪謹之誠深動色相趨降祥允集宅靈秘宇永申崇奉之儀賜福群倫宜霈覃延之澤可赦自大中祥符六年五月十六日昧爽已前應東京建安軍、揚州高郵軍、楚泗宿亳州、應天府見禁罪人云云。於戲昭事上帝惟懷永圖克己彌恭務守盈成之業保民在念庶躋仁壽之區更賚碩德之臣叶贊承平之治咨爾中外體予意焉。

加上東嶽司命上卿佑聖眞君詔 大中祥符六年七月甲午

鬱蒼之岳實主於發生惚恍之靈蓋司於統治夙昭善應常佑丕圖頃屬升中之儀時申旌德之命近者欽聞寶誨迺示鴻源恭念發祥早承於茂緒，永惟尊祖增薦於徽稱瞻彼介邱紀茲仙籍宜別崇於嘉號庶益洽於純禧謹加上九天司命上卿保生天尊曰東嶽司命上卿佑聖眞君。

答群臣請祠亳州太淸宮表詔 大中祥符六年七月丁巳

渦水名區伯陽舊里前王欽奉縟禮具存顧省眇躬敢忘繼志眘言守長迨及士民遠貢露章來趨魏闕願遵舊制展禮僊祠庶符順勤之文深罄傒來之懇卿等樂聞興頌旅拜封章省覽嘉稱不忘予意所奏知。

上太上老君混元上德皇帝聖號制 大中祥符六年八月庚午

二儀剖判。實本於洪濛。萬化弛張。聿宗於清淨。蓋體包於群有。遂功冠於三才。洪惟教父之尊。克總帝先之妙。洞希夷之壼奧。挺三午之純精。自升降於靈區。乃慶流於遠裔。顧循菲德。夙慕眞風。承穹昊之眷懷。恢祖宗之緒業。元符錫祚。荐披黃紫之文。茈祀潔誠。屢展煙燔之制。丹輿來格。寶訓昭垂。此皆上帝之所降衷。至眞之所敷佑。載懷道蔭。敢怠寅威。旋飭庶工。考儀往册。俾涓吉序。仰達純誠。重念戩福是膺。徽章可舉。雖沖虛不宰。固絕於強名。而肸蠁無方。豈忘於昭事。式隆稱謂。以極推崇。謹奉上眞元皇帝聖號曰太上老君混元上德皇帝。擇日備禮奉册。

自離京至奉祀不舉樂所經州縣無令樂人迎候詔 大中祥符六年十月乙丑

朕款謁靈宮。虔修眞祀。享獻之禮。備考於典章。警蹕所經。務從於嚴肅。屏茲聲樂。庶極齋明。朕自離京至奉祀以前不舉樂。所經州縣。無令樂人迎候。

太上老君混元上德皇帝册文 大中祥符七年正月戊申

嗣天子臣諱。謹再拜稽首言。伏以先天地母萬物。大道強名而混成。一希夷。總衆妙。元聖無私而獨運。肆結繩之上世。逮凝旒之應期。必敦清淨之風。乃洽醇熙之化。伏惟太上元元皇帝。神凝氣祖。粹蘊帝先。絕學以闡眞宗。襲明而聞道奧。聖母發祥於夢日。宣尼興嘆於猶龍。微言闡幽。大象垂教。二儀長久。本清寧而不居。兆庶樂康。資恬淡而無欲。首出萬古。式是百王。天付烝民。運興有宋。烈祖之開創。神宗之治平。率慈儉為永圖。遵樸素為常道。慶鍾長發。猥及眇躬。寶籙葳蕤。惟新於先命。玉音昭晰。親遘於神期。諭皇世之有開。示高眞之幽贊。上帝克享。妙本是依。仰止靈區。虔伸順拜。周爰徽稱。益表欽崇。夫恍惚無形。生三為太。茲之謂混元。淵默守中。吹萬自化。茲之謂上德。雖善貸常存於不有。而可名恭薦於至誠。謹遣攝太尉右僕射兼門下侍郎平章事王旦。奉玉册玉寶。上徽號曰太上老君混元上德皇帝。伏以因大成而曲全。循尊道而貴德。儲祉善建。保鴻基之配天。降鑒勤行。佑沖人之治國。萬方富壽。世祚千億。愛養蒸黎。永永無極。謹言。

曲赦亳州及所過州縣流罪以下制 同上

門下。朕夤畏天明。緬懷道蔭。思答延洪之祉。敢忘欽翼之誠。經始嘉壇。將薦馨於陽位。瞻言福壤。實接畛於都畿。惟金闕之誕靈。宅琳宮而有素。順風款謁。方在於詢謀。比屋傒來。屢形於勤請。靡辭時邁。庶禱民禧。揆乃元辰。備茲法從。嚴恭嘉薦。告享之禮克成。祗奉秘文。警衛之容載肅。極尊稱於典册。達精意於蕭薌。丕應紹臻。神期仰接。顧循眇質。獲舉上儀。凝蹕所臨。眘民謠之斯洽。經塗所出。念官守之惟勤。宜均純嘏之祥。用布龐鴻之澤。可赦應亳州管內及自京行幸所歷縣分云云。譙邦故地。曲里名區。夢日降祥。夙崇於珍館。巡方案節。復耀於鴻徽。升列藩垣。永昭旌賁。亳州升為節制。仍以集慶軍為額。上德降生之地。眇躬親祀之邦。用保殊休。特加優澤。管內特放云云。於戲。朝眞頒慶。荷景貺之來同。行慶布和。俾群心之胥悅。宣布中外。知朕意焉。

改明道宮奉安玉皇像詔 大中祥符七年正月己酉

恭惟祕館。式展虔祠。精意允孚。蕃釐總萃。乃眷齋心之宇。斯爲集福之庭。是宜肅按沖科。改營仙室。法清都之偉制。增大壯之新規。庶延飇欻之遊。用介蒼黔之祉。奉元宮宜改曰明道宮。奉安玉皇大帝像。

親書天書刻玉篇號題紀年月詔 大中祥符七年八月丙子

元命博臨。瑞文昭錫。報璇穹之景貺。已建喬封。佑寶祚之昌期。載營珍館。荷茲顧諟。厲厥寅恭。思以秘符。刻於温玉。明標篇號。協紀歲時。上奉高明。庶伸虔翼。天書刻玉篇號題紀年月。並朕親書。

以來年正月一日告上玉皇大帝聖號御札 大中祥符七月辛卯

穹昊蓋高。允昭於下濟。妙道爲大。實著於強名。而况端拱璿樞。財成寶麻。總九陽之政令。布萬民之福禧。俯致隆平。方膺於聖蔭。仰崇稱謂。思闡於神功。所以伸有國之至虔。謝蒸藜之介祉。伏惟玉皇大帝宅尊紫宙。制治清都。居二儀之先。爲萬物之主。至仁不宰。覆冒於群倫。妙用無方。監觀於浹宇。是謂莫闚其際。曷得而踰者也。顧以眇冲。纘茲基緒。元符申錫。祗受於睿懷。懿典紹揚。欽隆於保佑。勒封梁阯。報本鄭邱。百禮咸宜。八紘狎至。僊宗荐降。諄誨密彰。大芘家邦。寵綏海域。故得俗躋仁壽。歲洽順成。七政以齊。百嘉並邕。慶懷生之多幸。感美應之有孚。天造降衷。雖巍巍之罔報。夙興勵志。庶翼翼之獲伸。由是度越前聞。肇新寶號。將以祇率億兆。虔叩希夷。內傾齋慄之心。上達高明之聽。與天下臣庶上玉皇大帝聖號。謹以來年正月一日躬申薦告。其册寶親撰文及書。天下亦此日奏告。仍定儀式頒下。其奉上册寶。委中書門下命禮官參詳儀注。別擇吉年。恭行大典。咨爾有位。體于朕懷。

誡約諸州奉上玉皇聖號官吏務遵嚴肅詔 大中祥符七年九月戊戌

朕嚴恭寶命。寅奉紫清。達率土之純誠。崇虛皇之聖號。仍從獻歲。虔告璇穹。猶虞覆載之間。未達齋莊之懇。宜敷誕告。用一群心。儻將事以有違。必常刑之無赦。諸州將來奏告、奉上玉皇聖號官吏等。務遵嚴肅。稍有違懈。委轉運使察舉按劾以聞。

宋大詔令集卷第一百三十六

典禮二十一

天神下

加號翊聖保德眞君詔 大中祥符七年十一月癸未

誕敷景命。仰荷於至神。昭報殊休。虔增於懿號。蓋爲邦之大典。庇民之深旨也。而况翊宣元化。表式衆靈。同陰隲於含生。播明威於福地。當王基肇啓。固降監而已彰。洎文考纘承。復先期而斯應。繇是亟營珍館。並薦徽章。蒙介福於無垠。佑鴻圖於累盛。顧惟眇質。紹撫繇區。典禮交修。祺祥沓委。緬懷幽贊。敢怠欽崇。是用益以丕稱。奉之茂則。庶伸美報。式達至精。翊聖將軍。宜加號曰翊聖保德眞君。

申告上聖號赦文 大中祥符八年正月壬午

國家欽奉駿命。馴致大寧。茂積累之祥。集圜方之祐。肆予涼德。祗紹慶圖。夙夜之懷。靡忘於恭已。穹昊之顧。屢降於維祺。而自申錫秘文。交脩盛則。升紫煙於云岱。瘞黃玉於魏脽。降歘馭於杳冥。逑璿源於悠永。以至黍稷豐楙。疆場謐淸。景風甘雨以應期。肆伐濯征而咸息。鴻藻純懿。煥乎而可觀。墜典闕文。昭然而並舉。內循菲薄。克廣帝猷。蓋自出震。誕垂道隆。是崇明號。祗答珍符。由是揆獻歲之初。率繇區之衆。虔瞻層宙。肇薦強名。恭展皇儀。親臨靖宇。望益高於霄極。達封奏於元都。加以奉溫玉之寶章。登明霞之宏構。延茲介祉。庇及群黎。巨禮財成。靈心嚮答。無疆之美。既集于邦家。渙汗之恩。宜覃於海域。式布惟新之澤。用頒大賚之仁。可大赦天下。繫囚已殺人、十惡罪至死、官典犯正枉法贓、不赦外。鬬殺情可憫者奏裁。自餘咸赦除之。天書儀衞使已下並加錫賜。天書儀仗兵士並與特支。迎奉天書道官、行事官、第與支賜。馬步軍將士並特支。在京職任京朝官。遷秩及三年、應景德四年七月四日勅命磨勘者。並令審官院考課引見。其外任未經磨勘者。具歷任申審官院奏裁。得替幕職、州縣官。及殁王事親屬授司士參軍。白衣選人年及格者。並放選。貶降授官等第。陟陞量移叙用。除名、追官、停職任、放逐便人。許於刑部投狀。衝替未得與官。諸色違礙選人。許於南曹投狀。舉人因事殿舉。永不得入科場。不經刑責者。許依例應舉。三京諸路。大中祥符七年終已前。夏秋及緣科稅賦貸粮和糴見欠者除放。緣河江淮兩浙水災民田。不曾除破省稅者。並蠲之。諸路州軍監。自今災傷不稔。並須卽時聞奏。當職官議體量振卹。東封、汾陰、奉祀主持官物少欠非侵欺者並放。諸坑冶不敷歲課悉蠲之。京東西、河北、修河地分歲役人夫科配物料。念我蒸庶、得無重勞。宜令轉運司及本州長吏、察訪官員、使臣、州縣吏有能究其本末、知其利害、省功減料、以惜民力、而河防津要、歲不衝決者、具事以聞。如實獲其利、當卽行奬擢。諸路親民官廉白持操、恪謹從公、不用刑而常賦登、不害民而庶事集、獄訟無撓、里閭共推者、轉運司以聞。天下才器之士、或淹下位、或滯草萊、及高年不仕、德行可稱、義夫節婦、孝子順孫、具名以聞。孤寡惸獨、不能自給者、倍加存撫。沒王事官子孫、並與錄用。岳瀆名山大川、歷代聖帝明王、忠臣烈士、載祀典者、所在精潔致祭。近祠廟陵寢、禁其樵採。祠宇壞者、官爲完葺。亡命軍人盜賊、許百日之內首露。蹤限不至、復罪如初。是日、令天下州府致醮、內外臣庶之家設香燭。於戲。九域隆平、三神眷祐。薦紫淸之稱謂、已展於精衷。奉河洛之圖書、復揚於丕則。顧福禧之所及、諒溥率以咸均。咨爾庶邦、膺茲灑澤。體予深意、益務愼修。

畫趙氏神仙四十八於景靈宮廊廡詔 大中祥符八年七月丙辰

朕躬對飇馭、獲聞系源。載懷尊祖之心、用構列眞之宇。顧惟宗姓、實富靈仙。遂命樞密使同平章事王欽若、於道藏中檢閱、凡得趙氏神仙四十八事跡、所宜寫以丹靑、列於殿廡。觀古人之象、恭以奉先。炳帝者之儀、森其在望。庶昭懿範、永示方來。宜令修景靈宮司畫於廊廡。

以來年正月二日上聖祖徽號詔 大中祥符九年十月壬申

乃者蒼昊顧懷、眞游降格。側聆諄誨、逖悟仙源。允昭積累之祥、洞協希微之應。宗祊蒙佑、遐邇均歡。是用率籲群誠、歸尊上帝。揆首春之穀旦、薦徽典於眞宮。式戒先期、已申誕告。重念答太霄之洪覆、旣竭寅恭。崇聖祖之丕名、合遵嚴奉。爰因吉序、並展盛儀。以來年正月二日詣景靈宮、奉上聖祖天尊大帝徽號。咨爾中外、體茲意焉。

上玉皇大天帝聖號袞服册 天禧元年正月辛丑

臣聞曰至曰妙、道之精也。爲昊爲蒼、天之大也。雖上德不德、曷可以詳言。而常名無名、於是乎丕顯。所以上受之而弗讓、下奉之而歸尊。蓋三才之至公、億齡之巨典也。伏惟玉皇大帝、剛健純粹、高明博臨。生造化之先、居正眞之始。九陽有命、恭己而財成。萬寓無疆、克仁而大芘。若乃廣運之聖、不測之神、總治百靈、統齊七政。茫茫率土、祇仰於監觀。蠢蠢流形、欽承於覆冒。是以自翕闢之始、浹融結之區。照日月之輝、沐雷雨之澤。爲物爲變之類、麗天麗地之疇。道蔭誕敷、故諧其茂遂。皇靈昭著、故積其震威。宜乎有國者兢兢而不忘、乾乾而內馨者也。臣顧惟眇質、獲紹睿圖。繼祖考之慶基、守區宇之大器。向以干戈倒載、符瑞交臻。荐告先期、疊頒祕籙。云岱之嶽、紀號而勤宗。河汾之邱、省方而報本。承僊宗之降格、述寶緒之開先。由是盛則隆興、純禧紛委。嘉生並育、善氣彌充。俗阜醇和、路盈雅訟。豈云寡昧、能致於升平。蓋自顧懷、茂彰於保祐。夫杳冥之況、旣表於殊尤。菲薄之誠、敢忘於勵翼。於是擧邦國未行之事、報太紫曲成之仁。祗率輿民、奉崇寶號。太上者首出庶務、開天者資始六合、執符御厤者冠于司牧、含眞體道者契于自然。瞻玉宸之崇高、思璿霄之尊極。合爲丕稱、奉于淸都。臣不勝大願、謹率天下臣庶、奉玉册玉寶、恭上聖號曰太上開天執符御厤含眞體道玉皇大天帝。伏惟允彰鴻名。俯昭至精。永流介福。下及懷生。翼翼小心。誕膺於乃睠。昭昭嘉應。永保於咸亨。臣某惶恐再拜謹言。

以正月十五日行宣讀天書禮詔 天禧元年正月丙午

朕以眇躬。獲紹隆構。仰慶靈之積累。荷穹昊之監觀。祕籙垂文。珍圖錫祚。告卜世卜年之業。諭時萬時億之祥。載惟涼薄之姿。寅奉殊尤之貺。每增夕惕。祗荅天祺。登岱嶽以垂鴻。巡魏脽而育穀。而又飈輪臨蹔。濬發於仙源。曲里朝修。崇嚴於道蔭。曠典以之交舉。厚福繇是咸懷。遂同海域之心。恭上紫清之號。揆首春之穀旦。陳徽册之盛儀。復造殊庭。薦稱神祖。導珍符而展采。標瑞厤以建元。乃至潔祀太宮。升禋吉土。式罄奉先之孝。克伸大報之誠。福貺來同。感悅交集。夙宵內省。寅畏靡遑。思與官師。共遵天誨。體清淨之妙本。保悠永之眞風。是用順考靈辰。宣揚祕諜。共守大中之道。愈欽皇極之規。謹以今年正月十五日行宣讀天書之禮。緊爾宰府。體茲意焉。

上聖祖聖號仙衣册 天禧元年正月壬寅

粤以生三爲大。實本乎道樞。得一以靈。聿資乎神教。洪惟聖祖。降自先天。位冠眞階。功宣民極。施及中古。再撫庶邦。修德振兵。舉賢播穀。順風而訪道。迎日以授時。大勳布昭。淳化宣洽。乘生氣於五勝。司命紀於九清。陟降霄昊。財成品彙。復應帝命。垂庇皇宗。昭啓孫謀。永綏天祿。曩以秘文申錫。靈眷是將。協夢告期。奉符拜貺。今復警于宵寐。彰厥殊休。紆乃雲軿。戾於禁闥。衆眞翊導。尊象粹和。躬聽至言。獲知洪緒。俯循沖菲。實荷顧懷。欽膺羨錫之祥。丕闡莫京之冑。璿源惟永。寶厤無疆。純嘏荐臻。感應交集。是用敷求令典。申薦徽名。稽衆妙之淵宗。述無方之況施。本枝所系。仰祖德之有開。天極至高。儼帝宸而增煥。表茲崇尚。以荅高明。謹奉玉册玉寶。恭上聖號曰聖祖上靈高道九天司命保生天尊大帝。伏惟監德霄垠。貽休宗社。永隆孚佑。誕集禔祥。丕冒群倫。翕受蕃祉。

太極觀上聖祖母元天大聖后徽號册

維天禧元年歲次丁巳三月庚子朔六日乙巳。嗣皇帝臣某再拜稽首上言曰。恭以大道無形。爲一氣之祖。至神毓粹。居二儀之先。洪惟靈懿。無方柔明。有赫總妙本而資始。啓眞緒以肇基。乃眷沖人。嗣守洪構。夙持勵翼。思致洽平。乃者層宇監觀。秘符申錫。佐繇長之祐。示清淨之方。瑞命殊尤。景貺紛屬。繇是勒封云岱。展事汾脽。既明察以交修。復禔祥而荐至。仙馭告期於中禁。睟儀來自於太霄。法從儼其音容。諄誨受於清密。諭感祥於大電。聆育聖於高邱。厚德孚先。璿源長發。猥紹詒謀之慶。敢忘克荷之難。享是休嘉。永懷欽奉。惟祖德之盛。爰上丕稱。而母儀之尊。未崇顯號。斯所以順稽鉅禮。式耀徽章。允罄精衷。肅伸昭報。謹奉玉册玉寶。恭上懿號曰聖祖母元天大聖后。恭惟誕膺茂典。丕赫殊休。垂佑後昆。永錫繁祉。

封眞武靈應眞君詔 天禧二年六月丁巳

洪惟眞武。定位陰方。幽贊上穹。亶彰妙用。京室之奧。見象斯殊。岦涌神泉。迥爲地寶。克蠲民疾。丕顯靈休。茂建眞祠。式申嚴報。爰講求於盛典。特崇麗於徽名。永耀眞階。益延民祉。眞武將軍宜加號曰眞武靈應眞君。

唐葛周將軍加號眞君詔 嘉祐八年三月丁巳

神聖至幽。必有驗於顯。誠心至著。必有達於微。音容相交。符應若合。上仙隱影唐將軍。上靈飛形葛將軍。直使飛眞周將軍。階列仙遊。名在眞籍。頃朕違豫。煥然感通。孚佑有加。康復如故。唐將軍加號道化眞君。葛將軍加號護正眞君。周將軍加號定志眞君。仍於在京宮觀內營建殿宇。庶殫精衷。庸答休證。

梅福封壽春眞人制

敕某。在漢之際。數以孤遠。極言天下之事。其志壯哉。晚而家居。讀書養性。卒遺俗高蹈。世傳爲仙。今大江之西。實存廟像。禱祠輒應。能澤吾民。有司上聞。是用錫茲顯號。光靈不泯。其服朕恩。可。

郴州蘇仙山蘇耽賜號沖素眞人制 元符三年五月戊寅

勅。維爾生於遐裔。世傳爲仙。歷千餘年。猶能惠澤一邦。有請輒應。州上其事。朕用歎嘉。因民之心。錫以顯號。尚其敷佑。永庇斯人。可。

赤松凌虛眞君制 元符三年九月

敕。道無方體。供物之求。兆見禨祥。發於感忽。赤松眞君。紀于仙籙。神農之師。雨暘並時。有求必應。一方所仰。千載如存。祗答靈休。用申茂典。可加號赤松凌虛眞君。

建長生宮詔 崇寧元年七月三日

朕以火德熒惑眞君。耀赫垂照。執法于天。視晳禮修。星躔循軌。若逆守則示罰。或退舍以昭祥。巨宋勃興。寔緊炎德。宜崇靈館。仰答眞休。冀獲鑒臨。敷錫壽祉。已令就洞眞君舊基。脩建殿宇。設像寅奉。可改賜曰長生宮。

上玉皇上帝尊號御筆手詔 政和六年四月二十九日

道不可名。而隱於無名。名以既有。則可名於大。可名於小。故自古及今。其名不去。強而名者曰道。形而上者曰天。神而應之曰帝。三者同出異名。朕德不類。獲承至尊。惟道之大。微妙元通。深不可識。夙夜祗栗。恐不足以體法而順承之。永惟玉皇大天帝昊天上帝。至宰萬化。名殊實同。而昔之論者。析而言之。不能致一。故於徽稱。闕而未備。今興建明堂。以享以配。而名實弗稱。震于朕心。大懼無以承天之休。欽帝之命。謹涓日齋明。恭上尊號曰太上開天執符御厯含眞體道昊天玉皇上帝。其令有司備禮。奉上玉寶玉册。以稱朕意。

上玉皇徽號赦 政和六年九月五日

門下。朕嗣守洪圖。紹膺駿命。誕受函蒙之祉。潛孚簡在之心。于時保之。既昭假爾。惟混茫之莫測。顧稱謂之或殊。稽考前王。循沿舊典。雖著克誠之享。未聞至當之歸。朕欽若昊天。昭事上帝。夙興夜寐。不敢康寧。必也正名。合而爲一。式涓穀旦。丕講盛容。聿申虔告之文。肆展躬行之禮。製爲寶册。恭薦徽稱。精意默通。靈心響答。報以介福。豈予一人之敢專。錫厥庶民。嘉與萬邦而共慶。導迎和氣。均霈鴻恩。可肆赦天下。云云。於戲。帝命不違。敢怠靈承之意。天休滋至。用覃肆靑之仁。尙賚修輔之勤。永弼隆平之治。爰綏爾衆。咸體朕懷。

天神下視太師蔡京乞宣付史館御筆手詔 政和三年十一月九日

朕德不類。獲承至尊。永惟天地宗廟之重。夙夜惕厲。罔或弗祇。乃以冬日之至。欽修四祀。爰命有司。規法三代。肇造禮器。體茲大道。改用元圭。祇戒精專。以期昭感。自宮徂郊。顧瞻空際。天神降格。輦輅仗衛。見於道左。雲剎日出。視之顯然。裒時之對。來止來臨。非特影響形聲之應。顧朕何德以堪之。天人之際。夫豈遠哉。緬稽天若。其敢不欽。惟爾百辟卿士。務叶乃心。交修罔怠。用答揚我休。應可依所奏。止東上閤門拜表。

圖寫九星二十八宿朝元冠服頒行天下詔 宣和元年五月二十七日

朕丕承寶緒。撫育黎元。遵道庇民。咸躋壽域。其於嚴恭肖像。罔有弗虔。比覽宮觀祠宇。九星二十八宿眞形。有服牛乘馬、操戈執戟者。有戎衣端坐露頂跣足者。或裸袒其體。或甕缶以居。率皆誕怪萬狀。黷侮靡常。欲祈降格上眞。丕冒景貺。莫可得也。朕以謂高辰列曜。參拱玉帝。以輔元化。莫非冠服端肅。儼然之相。隱顯雖殊。天人不遠。正如世諦君臣之理。曾何若是。萬幾暇日。稽考瓊文玉笈。究其杳然。果得其詳。躬御丹青。圖寫九星二十八宿朝元冠服圖。頒行天下。昭示多方。庶使群動傾瞻。咸趨妙道。穰穰之福。以逮邦家。豈不偉歟。

宋大詔令集卷第一百三十七

典禮二十二

地示　山川　雜祀

五嶽四瀆廟長吏每月點檢令兼廟令尉兼廟丞詔　開寶五年三月壬辰

五嶽四瀆。典禮斯在。廟貌祭器。肸蠁是依。向以主者不恭。民祠罔禁。至使屠宰於階戺之側。庖爨於廊廡之間。黷彼明神。汨于常祀。屢經損穢。幾致傾頹。昨已特命修崇。咸臻顯煥。宜申告誡。俾務精虔。自今逐處長吏每月親自檢視。仍各以本縣令兼廟令。尉兼廟丞。祀事一以委之。常須灑掃。務從蠲潔。無縱士庶輒有損敗。其東海廟等亦准此。

賜靈源廟額詔　咸平元年四月戊戌

衞之百門廟。門之水出焉。神靈攸居。貌像斯設。凡所請禱。答以勤誠。不有嘉名。孰謂昭報。宜賜額曰靈源。

加號仁聖天齊王詔　大中祥符元年十月辛亥

節彼岱宗。載乎祀典。列九州之鎮。冠五嶽之雄。眷言封勒之區。允謂神靈之府。朕肅承景貺。恭展上儀。惟肸蠁之垂休。乃紛綸而薦瑞。宜增美號。以報神功。泰山天齊王宜加號仁聖天齊王。修飭廟宇祭器。又封威靈將軍爲炳靈公。令兗州加葺祠廟。封泰山涌泉廟爲靈派侯。亭亭廟爲廣禪侯。兗州鄒縣嶧山廟爲靈巖侯。各遣官致告祭。

進號顯聖靈源公詔　大中祥符元年十一月丙子

四瀆之雄。九河居要。夙著浮沉之典。式尊正直之神。朕展采喬嶽。致誠有昊。爰歷宣防之地。緬懷烈聖之功。皇運肇開。澄瀾宿應。欽惟善利。用錫嘉名。宜進號顯聖靈源公。仍遣右諫議大夫薛映往河中府。比部員外郎丁顧言就壇祭告。

遣官祭河詔　大中祥符四年十二月辛酉

中冀之區。洪河所出。汾川合注。禹跡遺靈。四瀆所宗。五祠惟舊。方致虔於厚載。屢發祉於靈長。善利無涯。澄瀾有泚。永惟崇報。茲用講求。爰自封勒之

初已增煥赫之號難從再瀆彌積至虔宜令太常少卿直昭文館謝泌致祭仍告已封之意

西嶽加號順聖金天王詔 大中祥符四年二月乙丑

豫鎮雄基河神遠跡主少陰而成物介西夏以奠方制蹕經塗崇巒在望惟炳靈於駿極實幽贊於沉潛昭報冥休用增顯稱西嶽金天王宜加號順聖金天王遣鴻臚少卿裴莊詣祠致告

五嶽升帝號詔 大中祥符四年五月乙未

峻極之嶽上配於圓穹聰直之神助司於元化緬惟前代並建王封奉祈報以惟寅蘊休祥而匪測顧惟凉德久荷蕃釐自祇陟於神房洎親祠於吉壤造發生之宇獲薦明馨款削成之峯載瞻廟貌精一之心克協肸蠁之應沓臻惟彼嵩高超於衡服爰暨朔巡之鎮實臨代北之區咸茂粹靈以綏黎獻是用昭升帝籙允答神功永增徽册之華益厚群元之祉今加上東嶽曰天齊仁聖帝南嶽曰司天昭聖帝西嶽曰金天順聖帝北嶽曰安天元聖帝中嶽曰中天崇聖帝仍各遣官詣嶽祠致告擇日備禮奉册命翰林學士李宗諤、龍圖閣直學士陳彭年與禮官詳定儀注

奉神述 大中祥符四年六月乙巳

朕還衡汾壤舍爵太室鴻儀畢舉慶賜大行歷代之文靡有不講百神之祭靡有不崇上以答純禧下以揚盛則庶元休之昭降俾黔民之和樂也眷惟列嶽實輔柔祇設固一方盤根千里雲霧之所滋泉源之所吐草木之所殖鳥獸之所蕃故明神攸居陰騭斯顯察群生之善惡司庶彙之禍福至若百穀之豐儉兆人之壽夭雖云命厤仰制於天心然而政令下屬於神道經典之所載史氏之所傳或加其珪弊或禁其樵採或增其奉邑或尊其名稱罔不寅畏則嘉應昭格怠惰則咎徵咸作暨乎琅函之閟籍金簡之隱書並著微言具存妙迹雖幽顯而莫測故影響而可知向者祼鬯寢園望嵩邱之峻極奉符鄒魯登云岱之鬱蒼祈穀魏脽涉太華之靈異覩流形之爲大知降福之無方由是中心愈增祇肅復念獲以凉薄嗣臨區宇五兵倒載萬國來同稼穡保於順成蒸黎息於疵癘苟非兩儀之垂貺萬靈之幽贊何以彰茲交感成其永圖今乃備邦國之徽章極方册之令範恭以懿號薦于嶽神豈獨斷自朕懷抑亦參之古義夫域中之大其名有二唐虞謂之帝商周謂之王奚必商周之崇名可以施於臣下唐虞之尊稱莫得奉於明靈每夙夜而靖思實寤寐而罔措以茲折中亮爲至當加以車服之制羽衛之容夙以同符今復何避況惟此舉本用庇民在乎眇躬且絕私禱儻使神錫其祐民獲其惠溥天之下靡有後艱含生之流荐膺多福予之願也人其鑒焉則前代所無後王所建詳觀舊史實繁有徒但詢厥意何如豈憚事有改作尙虞率土未照此誠乃率爾成文亦庶幾言志云爾

加上五嶽后號詔 大中祥符四年十一月戊戌

朕以列嶽奠方配天作鎮粹靈所宅百代仰其聰明雲雨所滋萬物承其化育寔憑幽贊思極欽崇由是昭備物儀推尊帝號矧柔靈之作合儼象服

而有容載罍徽章式光內位其加上東嶽天齊仁聖帝淑明后南嶽司天昭聖帝景明后西嶽金天順聖帝肅明后北嶽安天元聖帝靖明后中嶽中天崇聖帝正明后之號仍遣官祭告

令杭州吳山廟春秋建道場詔 大中祥符五年五月乙未

杭州吳山廟神實主洪濤聿書往冊頃者湍流暴作閭井爲憂致禱之初厥應如響禦災捍患神實能之用竭精衷有加常祀庶憑誠感永庇居民宜令本州每歲春秋建道場三晝夜罷日設醮其靑詞學士院前一月降付

封焦山詔 大中祥符七年三月戊寅

丹徒古郡焦岫靈祠聞舟檝之人禱祈多應聰明是仰崇報有經峻國爵之等威備祠官之嚴奉焦山在江中近海門禱之有應故加封號仍製文告之刻石廟中

崔府君封護國顯應公詔

昔漢令遺愛房祀洛郊蔣侯能神廟食吳壤矧都鄙所馭肹蠁載臻眷是靈祠本于外服且以惠存滏邑恩結蒲人生著令猷歿司幽府案求世系史逸其傳尸祝王宮而民賴其福陰施茲厚寵數未崇非所謂咸秩無文報有德也宜錫顯號加視上公牢具采章咸稱其禮崔府君宜特封護國顯應公

封嘉嶺山神詔 康定元年五月甲申

太一宣威允賚神祐鍾山致禱實壯司征曩爾氐羌傀焉嘯聚違德背惠自奸不祥崛彼雲峯寔惟守祀遘梯衝之向海興雨雪而外凌闇冥之交髣髴有覩狂寇驚潰堅壘妥安扞民成功蒙福斯厚而名爵未著牢具不豐非所以重依人尊受職也宜彼稱號視秩群公肅恭奉祠咸與加等特封延州嘉嶺山神爲威顯公仍令本州差官往彼祭告

商州黃砂嶺廟特封靈澤侯制

勑神依人以見其用而人亦賴神以濟蓋處于陰陽行于幽明而迭相爲利者也惟嶺有祠祈罔不答守臣上其事朕嘉異焉錫爵加號以報神惠食于其土永孚民休可特封靈澤侯

曹州髣山神封豐澤侯制

勑守臣言曹州有髣山神或以爲始封君之廟歲首旱暵躬致禱焉雨致若期苗稿而復實藉德澤以芘一州朕加厥功思所以報疏爵錫號爲神休光可特封豐澤侯

岳州昭烈靈妃錫號詔

湘湖之神。主福方國。位秩名數。可無稱哉。岳州昭烈靈妃、純孝加人。生禀至性。利澤及物。死而不忘。瞻言祠宮。奠彼州服。比因旱暵。甘雨應祈。有司請焉。宜有昭答。敷錫懿號。顯揚靈休。

丹州咸寧郡王廟可忠武王沂州艾山神廟可靈鎮侯安州龍泉廟可靈澤侯制

勑。古之諸侯。得祀其境內山川之神。非使之徼福以利乎己也。蓋神之德及民。則思所以報之。眷言靈祠。奠彼邦服。比因旱暵。嘉澤應祈。有司請焉。宜有昭答。疏爵錫號。顯揚神休。可。

鄆州靈津廟龍女可特封神濟夫人制

勑。某神幽而難明也。朕於祠事。顧何所適莫哉。惟功逮吾民。斯報之而已矣。鄆州上奏。農歲旱暵。有謁于廟。興雲油然。利澤玆土。加錫美號。用孚光靈。永庇一方。尚有常享。可封神濟夫人。

靈惠侯進封靈惠應感公制 内降。近年京中人民。春夏間多疫疾。於靈惠侯廟請水。往往痊安。奉聖旨云云。

爾父守蜀。建二江之利。功施於後世。爾亦以神顯于西土。父子廟食。相傳至今。比歲京師賴以爲福。民罹札瘥。請禱輒應。夫有及人之功者。必饗爵秩之報。幽顯雖異。朕何間焉。建爾上公。申錫嘉號。式從民志。以侈神休。宜特封靈惠應感公。

顯靈順應神妃立廟賜冠帔詔 紹聖四年八月戊戌

北有御河。久堙弗治。疏源導滯。還復故流。厥績既成。神實有相。顯靈順應神妃、出應無方。幽贊工事。卽其舊號。俾建新祠。揭虔妥靈。加賜冠服。昭答神貺。永庇一方。可依前黃河顯靈順應神祀建立廟額。仍賜冠帔。

靈感軍山廟封嘉惠侯制 元符三年五月癸巳

勑。南豐之境。峯巒聳秀。望之見於數百里之外。是爲軍山。有神祠焉。禱祈輒應。使玆一方無旱乾水溢之患。神之爲賜彼土大矣。而封賁之秩。未有以稱報事之心。宜錫命書。俾新美號。尚期靈貺。永庇吾民。可封嘉惠侯。

皮場土地制 建中靖國元年六月戊午

勑。皮場土地。人神之分異矣。傳稱以道涖天下。則其効至於神不傷人。爾神非特不傷人而已。瘍醫之所難療者。又能愈之。以顯濟于一方。朕咸秩無文。肆及遐外。而况都邑之內。靈貺若此者乎。爰視侯封。褒錫美號。益隆初惠。以助吾仁。可特封靈貺侯。

皮場土地封靈貺公制 中書省奉聖旨。皮場土地靈貺侯、以灰藥救疾。所療輒愈。尚居侯列。未稱其神。可封以公爵。

勑皮場土地靈貺侯。夫神與吏有功吾民。則褒崇之。雖幽顯不同。而示天下之公一也。惟爾有神。療民疾苦。所療輒愈。厥功著焉。易侯而公。以稱先靈。以慰民望。祗予之誠。以示朕愛民寵神之意。可特封靈貺公。

後苑土地可封顯應侯制

勑。後苑土地。爾神分職幽間。實在禁籞。數有顯應。動乎見聞。宜昭正直之功。用錫列侯之號。享千秋祀。與國無窮。可封顯應侯。

在內城隍土地封昭貺侯制

勑。某神。朕惟百神受職於都邑之內。猶百官之在朝廷。各司其事而不相亂。苟有功於國。則必有以報之。亦無幽顯之異也。爾主吾城隍。爲日久矣。而能肅鎮方隅。敉寧中外。旣昭殊貺。宜煥褒崇。用比秩於上公。仍寵膺乎顯號。尚惟顧享。益致閎休。可特封昭貺侯。

邵武軍泰寧縣孚應廟靈符侯封寧惠公靈祐侯封寧順公制

邵武軍泰寧縣孚應廟靈符侯、靈祐侯。朕惟民功。祀典所秩。矧彰靈貺。宜有寵褒。惟神作庇遐方。威信夙著。殄災降福。有禱必從。曩在先朝。已膺顯命。閱時未久。休應屢聞。宜錫恩榮。增崇褒爵。尚其歆懌。益祐彼氓。靈符侯可特封寧惠公。靈祐侯可特封寧順公。

福州古田縣惠應廟侯山神封順寧侯制

福州古田縣惠應廟侯。山之神自唐。廟食于今數百年矣。我崇寧初。始賜廟額。而疏封之榮。蓋未及也。邇者漕臣上言。卽縣水旱祈禱。屢應雨旣若時。歲乃大熟。冀加褒顯。用答靈休。朕用汝嘉。錫之侯爵。尚其歆懌。永庇一方。可特封順寧侯。

台州仙居縣括蒼洞徐眞人封靈應眞人制

台州仙居縣括蒼洞徐眞人。至德之人。用心若鑑。損虛汎應。下視無方。加惠吾民。在所昭報。申之顯號。茲謂國章。尸而祝之。俾永承事。可特封靈應眞人。

道州營道縣靈濟廟封靈濟夫人壽州壽春縣靈濟廟封普惠侯制

道州營道縣靈濟廟等。惟爾有神。廟食滋久。克有靈貺。以爲民休。肆加褒崇。錫以封爵。尚其歆懌。永福此邦。道州營道縣靈濟廟可特封靈濟夫人。壽州壽春縣靈濟廟可特封普惠侯。

靈惠應感公封昭惠靈顯王制

靈惠應感公。惟神邁迹右蜀。克載典祀。飈馭赴感。蒙福京畿。至靈克昭。有祈必應。夢協朕志。襲于嘉祥。王師西征。叛羌負固。能出雲雨。遂殄醜夷。實繄神威。默相予武。夫有功不顯。旣應廟食之隆。而昭報尤殊。宜恢王爵之奉。歆是褒寵。永孚靈休。可特封昭惠靈顯王。

安泰門外天曹掠剩使者李大夫封靈德侯制

城北安泰門外天曹掠剩使者李大夫祈禱累有應驗可特與封侯爵制曰天曹掠剩使者李大夫惟神所宅在國之陰赴感應祈有赫斯德疏封錫號用侈厥靈其永邦休以綏廟食可特封靈德侯

歸州黃魔神封顯濟侯鄜州建威將軍封靈應侯制

歸州黃魔神鄜州建威將軍等神者民之依也維聰明正直丕爲靈享以有廟食潛播陰德祈必感孚宜侈恩封式昭殊應肆加侯爵仍易徽名尙廸神休載光典祀黃魔神可特封顯濟侯建威將軍可特封靈應侯

永康軍崇德廟郭舍人封威濟侯制

永康軍崇德廟郭舍人惟爾有神英惠靈顯父子擒水怪以成茂功故能託茲廟食介福于民時之水旱人之疾苦祈禱輒應申錫侯封用昭殊効其克歆承永垂靈祐可特封威濟侯

永康軍崇德廟昭惠靈顯王夫人封章順夫人制

永康軍崇德廟昭惠靈顯王夫人朕惟有外治者必有內助非特顯而在人者有之幽而在神者亦與有焉昭惠靈顯王功昭西蜀福被中都護國惠民利澤尤著意夫人之靈有以助之也寵錫榮名用彰異蹟服茲茂渥尙其居歆可特封章順夫人

杭州天目山昭應廟神封淵源侯制

杭州天目山昭應廟神之應物敏猶影響之隨爵以報功罔有幽明之間惟神變化不測升降自如靈德託乎三池惠澤浸于一境旱災或至所禱輒通沴氣潛消豐年屢格旣藹聞于朕聽宜申錫於侯封永芘下民益施美利可特封淵源侯

成都府溫江縣潔惠廟范長生封妙感眞人制

成都府溫江縣潔惠廟范長生其存也著賢號於一方其歿也施靈德於千載自非體道含眞之士疇克爾哉當其歲或水旱民致禱祈時若雨暘應如影響聿清乖氣易爲豐年有司上聞良用嘉歎式昭美報申錫榮名庇此蜀民永垂道蔭可封妙感眞人

施州清江縣永福廟神封加惠侯制

施州清江縣永福廟朕秩祭祀以馭神頒爵位以稱德儻潛敷於利澤宜顯被於褒榮惟神德及一方功施品物民致誠禱應如響隨時若雨暘驅除癘疫寵加美號申錫殊封歆乃茂恩佑茲遠俗可特封加惠侯

五鎮進王爵制

東鎮沂山東安公。南鎮會稽山永興公。西鎮吳山成德公。北鎮醫無閭山廣寧公。中鎮霍山應靈公。朕治格平成。世躋嘉靖。柔祇協應。珍瑞遝來。何昭貺於百祥。由孚靈於列鎮。乃眷元豐之舊。嘗加成德之封。賜舉徽章。遹追先志。惟神委凝博厚。性本靜安。敷佑含生。東安公奄奠東土。永興公奄奠南服。成德公奄奠西土。廣寧公奄奠朔土。應靈公奄奠中土。宜增崇於王爵。用顯正於邦儀。尚冀歆承。永臻定泰。可茲封王。

昭惠顯靈王封眞人賜中書門下詔

門下。天下有道。聿多助順之休。聖人成能。斯極感神之妙。昭惠顯靈王英明夙降。變化無方。治水救民。本上穹之所命。紀功載德。有往牒之具存。肇自祖宗。間興師旅。能施雲雨。復濟陰兵。致殄羌戎。備昭靈蹟。比濯征於夏寇。乃克相於天威。雷霆聲震於敵城。人物飇馳於空際。盪平巢穴。肅靜疆陲。矧茲京邑之繁。尤被福禧之廣。册封王爵。血食廟廷。尙仍祀典之常。昌侈天眞之貺。宜更顯號。以示欽崇。可改封昭惠顯靈眞人。故茲詔示。想宜知悉。

后土尊號御筆手詔　政和六年十月十五日

王者父天而母地。事天明。事地察。明故先之而弗違。後之而奉時。察故俯以觀其文。卑以觀其法。動靜翕闢。一陰一陽。其稱名殊。其爲道一。乃者祇率萬邦黎庶。爲之名號。以玉册玉寶昭告于上帝。至哉坤元。萬物所資生。直方以大。未有稱謂。非所以顯微闡幽。通神明之德。朕夙夜祇慄。罔敢怠忽。若稽在昔。夏日之至。于國之北。將求神於澤中之邱。雖名不足以盡道。而道隱於無名。則名不可已也。夫順承于天。効法于下。厚德載物。含宏光大。地德也。謹以是德上徽號曰承天効法厚德光大。以盡兢兢業業母事之禮。可令有司檢會故實。擇日恭上。布告中外。咸使聞知。

地祇尊號內加后土二字御筆

恭上地祇尊號。永惟地道。上順承天。皇天后土。陰陽之理也。舊地祇未有后土之稱。可於尊號內加后土二字。

杭州英烈王可封昭顯英烈王制

朕惟非常之傑。就功烈於一時。不亡者神。示英靈於千載。式褒祀典。爰重王儀。具位某神。智足殭吳。力能破楚。顧威名之已著。曾忠諫之弗衰。祠于胥山。肇自戰國。歲事必禱。江潮以平。比因海邦貢使之還。能體朝廷綏遠之意。有祈輒應。克濟且安。旣昭顯於精誠。用增崇於美號。尚懷助順。以永孚休。可。

宋大詔令集卷第一百三十八

典禮二十三

廟制

有司請議立宗廟奏 建隆元年

伏以王者應天順人。顯受元穹之命。祖文宗武。合陳淸廟之儀。今景運惟新。孝思追遠。舊章未舉。闕孰甚焉。請下百官議立宗廟。從之。

百官兵部尚書張昭等上廟室議 建隆元年一月己巳

張昭等上言。得權判名表主客郎中任澈狀言。宗廟之制。簡册具存。有司爰考於舊章。祀典庶光於大事。謹案堯舜禹皆立五廟。蓋二昭二穆、與其始祖也。有商建國。改立六廟。蓋昭穆親廟之外。祀契與湯也。周立七廟。蓋親盡之外。祀太祖及文王武王也。漢初立廟。悉不如禮。魏晉採周官。始復七廟之制。江左相承不改。然七廟之中。猶虛太祖之室。斯皆考法於前古。定議於一時。隋文代周平陳。博訪兩朝群議。但立高曾祖禰四廟而已。唐因隋制。廟止四親。蓋由始興之君。有功之祖。皆在親廟之中。故隋唐之初。定二昭二穆爲四廟。自唐授梁晉。至於前朝。四廟之規。不易其法。有司立議。無能異同。諒由稽古之制不可改也。臣以謂建立四廟。深合禮文者。臣昭等據任澈所議。伏惟王者孝惟報本。禮極奉先。瘞方澤而燎圓丘。爲邦大典。左宗廟而右社稷。有國常經。其壇墠之規。昭穆之數。百王不易。三代同風。伏惟皇帝陛下承光宅之本基。尊武靈之洪緒。謳謌自逼。華裔知歸。欲疇宣孟之勳。式合商周之典。其所立太廟七室。及追尊四親廟。請如任澈所議。制曰。恭依典禮。

祖宗陞配詔 景祐二年五月甲申朔

朕聞王者奉宗廟。貴功德。禋天祀地。則有侑神作主之尊。審禘合食。則有百世不遷之重。朕以寡薄。獲承天序。寔賴先烈。汔臻治平。懼不能揚祖宗之休。丕顯懿鑠。夙夜惟念。弗遑寧居。恭以太祖皇帝奮淳耀之精。輯樂推之誠。屬五代澆季。中華剖裂。英威一震。罔不率俾。夷僭黜暴。皇綱再張。革其桀驁。納諸軌度。規模宏遠。詒萬世法。太宗皇帝躬神聖之資。乃膺繼述。來閩粤。復汾晉。方夏一統。尉候萬里。興文教。拔群材。思皇政經。憂勞庶務。惠澤漸漬。浹人骨髓。眞宗皇帝欽明孝熙。恢纘鴻緒。勤儉以率下。哀矜以愼刑。撫和二邊。兵不復用。民靡知役。物遂其生。因時昭泰。憲章考古。登封巡祭。聲明焯燿。享國多載。仁恩溥博。昔商周之際。則長發大禘。嚴父配天。逮於漢氏。亦能尊二宗。立廟樂。朕甚慕之。肆我藝祖之受天命。建大業。可謂有功矣。二聖繼統。重熙累洽。可謂有德矣。其令禮官稽案典籍。辯崇配之序。定二祧之位。中書門下審加詳閱。稱朕意焉。

議祧遷賜中書門下詔

敕中書門下。廟祧之序。蓋有典彝。所以上承先王。下法後世。朕嗣宅大統。獲奉宗祀。而世次遷毀。禮或未安。討論經常。屬我哲輔。於以佐朕。不逮而仰稱祖宗追孝之心。朕覽之瞿然。敢不祗服。宜可所請施行。故茲詔示。想宜知悉。

令議仁宗神宗廟制詔 元符三年九月乙亥

蓋聞有天下者事七世。則迭毀之制有常。祖有功而宗有德。則不遷之廟非一。歷觀商周。下逮兩漢。雖禮不相襲。而率由茲義。末予小子。獲奉匕鬯。常懼德薄。不足以對越在天。增光前烈。伏以藝祖應天順人。肇造區夏。太宗受命繼代。底定寰宇。眞宗以聖繼聖。撫全盛之運。奉太平之業。登岱告成。文物典章。於斯大備。昔在仁祖。並尊爲百世不祧之廟。恭惟仁宗皇帝躬天地之度。以仁治天下。在位四十二年。利澤之施。丕冒四海。蚤定大策。授英宗以神器之重。措宗社於泰山之安。功隆德厚。孰可擬議。英宗皇帝享祚日淺。未究施設。奄棄萬國。神宗皇帝以聖神不世出之資。慨然大有爲於天下。興學校。崇經術。勸農桑。寬徭役。禁暴以武。理財以義。凡政令法度有未當於理、不便於時者。莫不革而新之。功業盛大。何可勝紀。群臣援舊典。數上徽號。然既深自謙挹。終抑而不居。其聖規模宏遠。凜凜乎三代之風矣。而廟祏之制。殊未議所以尊崇之典。闕孰甚焉。此朕夙興夜寐之所以不敢忘也。宜令禮官稽參商周兩漢故事。考定仁宗神考廟制。詳議以聞。庶成一代之典。以章本朝累聖功德之盛。以副朕爲人子孫顯揚尊奉之意焉。

復九廟詔

崇寧三年五月二十七日、三省同奉手詔。朕惟有天下者事七世。古之道也。乃者有司以哲宗皇帝嗣承神考。父子相繼。自當爲世。故上祧宣祖於夾室。據經合禮。已依所奏施行。去古既遠。禮文殘缺。諸儒之說不同。鄭氏以謂太祖及文武不祧之廟。與親廟四。并爲七。是不祧之宗在九廟之內。王氏謂非太祖而不毀。不爲常數。不祧之宗在七廟之外。歷選列辟。當措之宜。因革各異。惟我祖考功隆德大。萬世不祧者。今已五宗。則七廟當祧者二宗而已。遷毀之禮。近及祖考。殆非先王尊祖奉先之意。禮以義起。稱情爲本。可令所司集官議定。詳具典禮以聞。

復翼祖宣祖廟詔

崇寧三年十一月四日、尚書省准十一月二十九日詔書。勅門下。朕誕膺文武之緒。祗遹前人之光。肆纂宏休。肇爲九廟。用丕闡於彝訓。爰敷告於庶邦。仰惟翼祖。在天毓璿源而駿發。安陵有衍。際皇武於始基。然循七世八室之規。則數合於古。遵四廟五宗之法。則禮未應遷。是用仰奉二祧之靈。復還列聖之次。雖豐而不昵。雖遠而當禮。豈惟遵三代之徽猷。蓋亦用本朝之故事。宗廟體大。朕何敢專。惟卿士之協同。引典章而具列。庶靈承於廟祏。

以上安於威神。其已祧翼祖。當祧宣廟。並復故。故茲詔示。想宜知悉。

親謁太廟

親享太廟詔 端拱二年七月丁亥

朕嗣守丕基。君臨海寓。孜孜爲善。常思虞舜之仁。翼翼小心。每慕周文之理。行之夙夜。勿敢遑寧。徒堅師古之心。每愧動天之德。所賴上元降鑒。宗社儲休。率土之濱。三時不害。至於今歲。爲大有年。豈涼薄之所能。寔祖宗之垂祐。是思躬謁淸廟。祗見明靈。陳豆籩庶品之羞。薦金石九成之樂。謝茲元貺。聊展孝思。非惟上感於天功。亦冀虔伸於子道。凡爾中外。當體至懷。朕取今年八月二十四日親享太廟。宜令所司詳議儀注。務從簡約。無至煩費。

停謁廟詔 端拱二年七月辛丑

朕撫臨區宇。司牧蒸黎。勤恤憂勞。夤畏祗慄。不敢自從於暇逸。惟思惠育於生靈。近者以稼穡豐登。風雨調叙。豈繄涼德。致是有年。實賴上靈垂茲景貺。將欲歸功於天地。爰思告謝於祖宗。已選良辰。躬謁淸廟。庶展因心之祝。兼行及物之恩。而精誠未通。懸象垂誡。朕常歷覽圖史。備覩古今。彗孛爲祅。簡册具載。三代而下。百王以還。或減膳撤懸。或責躬避殿。能變災而爲福。由克己以安人。若嚴仗衞於百司。鳴和鑾於五輅。犧牲成列。金石盈庭。雖云志在孝思。無乃自虧貶損。事既干於典禮。情合酌於變通。有瀆備物之儀。恐非列聖之意。所宜改作。貴在得中。謁廟宜停。仍令所司擇日御乾元門肆赦。噫。朕不敏不明。託于人上。敢辭宵旰。務泰華夷。欲使萬方咸知引咎。凡爾中外。當體朕懷。

上尊謚畢躬謝太廟詔 大中祥符元年十一月壬辰

朕祗事上封。克成大典。洎言旋於輦轂。合致謝於祖宗。蓋以昭答景靈。增崇尊謚。屬未行於禮册。難遽展於虔誠。今仰薦徽名。已陳明祀。特申祗見。用達寅恭。式尊歸格之文。庶表奉先之志。朕取今月二十七日俟上尊謚禮畢。躬謝太廟。宜令有司詳定儀注。

孟冬親詣太廟行祫享御札 嘉祐四年四月丁卯

朕顧循非質。膺守聖圖。潔幣玉以事乾祇。嚴圭鬯而奉宗廟。惇修將禮。舉秩無文。亦嘗復耕籍於靈壇。恢宗祀於路寢。斯牲匪愛。靡神不尊。用能誠志達於幽明。馨香格于上下。靈休見擁。至治用康。永言孝思。有懷先烈。惟祫享之義。著禮經之文。大祭先王。合食祖廟。盛禘嘗之薦。深肅僾之懷。追孝奉先。莫斯爲重。茲享之廢。歷年居多。有司所存。出於假攝。禮之將墜。朕甚悼焉。卜以孟冬。備茲法駕。欵於太室。親薦嘉籩。宜示先期。以伸誕告。朕取今年十一月內擇日親詣太廟行祫享之禮。其今年冬至。親祠南郊。宜卽權罷。所有合行諸般恩賞。並特就祫享禮畢。一依南郊例施行。至日。朕親御宣德門宣制。仍令所司詳定儀注以聞。務遵典禮。勿俾煩勞。咨爾多方。咸體朕意。故茲札示。想宜悉知。

諸后祫享依舊詔 嘉祐四年八月丁亥

朕惟春秋大事。在於禘祫。前詔太常崇案舊禮。期以孟冬之吉。躬祠祖廟。庶因合食。聖靈相接。以廣烝烝之孝。而一二禮官。於別廟四后。有疑論焉。訂之諸儒。議久未一。深惟祖宗之祭。至重至嚴。祖宗以來。有司攝事。行之久矣。祥符中、復經聖考著定明詔。當時禮官講求。已云義莫可廢也。矧茲眇末甫崇孝享。其敢廢先妣之舊禮。重違先帝之聖志哉。今親享在近。未可輕議。其孝章、孝惠、淑德、章懷皇后祫享且依舊典。候過大禮。令禮官重與討論。咨爾輔臣。務於仍貫。故茲詔示。想宜知悉。

嘉祐四年祫享赦天下詔

門下。厚人倫者。惟孝是先。熙國典者。以祀爲大。朕紹承祖武。膺荷邦圖。眷言任重以至艱。渺若臨深而增惕。居常進擢端士。詢求善經。所期者五事之協中。所尙者四民之安業。或終宵而循省。或待旦以討論。外雖晏如。中亦勞止。至於苑囿行幸之樂。歌鍾宴遊之娛。繇厥歲時。僅乎屏去。一誠于是三紀寖踰。茲顧諟之下垂。幸休嘉之丕擁。方夏和乂。甫田順成。戎更亡勤。亭障徹警。溥被涵育。庶幾大同。欽念宗祊之嚴。古稱合食之重。禮久不講。心焉靡遑。是用沿酌情文。審稽義訓。肇迎寒律。時及孟冬。前詣琳宮。奉疊而祇欵。還升閟室。祼瓚以會祠。儼然軒楹。差秩位序。八簋豐靖。三牲具純。音容怳瞻。氣象歆格。于以答神明之孚祐。于以示子道之恪恭。庸綏政綱。且勸天下。宜繹宣於靈貺。俾鋪洽於湛恩。可大赦天下。云云於戲。奉廟祏以罄精誠。祲容交舉。恤刑名而寬罪咎。仁化誕敷。尙賴輔政隣臣。盈庭列辟。參輸忠藎之力。永廸治平之風。

祔廟上

答群臣請元德皇后升祔表詔 大中祥符八年七月庚子

朕獲承大統。欽奉宗祊。每思積累之勤。敢怠絜豐之享。洪惟聖妣。早輔先朝。沙麓表祥。河洲著範。載惟冲眇。實荷慶靈。永懷顧復之恩。實動淒濡之感。卿等職當謨弼。志在傾輸。屢貢封章。備陳典故。謂孝爲德本。必盡烝烝之心。禮緣人情。宜篤親親之敬。願從升祔。式慰孝思。載覽忠規。特俞勤懇。所請恭依。

元德皇后升祔明德皇后之次詔

朕以眇質。仰承慶基。顧復之恩。增悲於罔極。烝嘗之典。期協于大中。祗循奏封。肇諧升侑。卿等奉予孝治。稽乃禮文。采儀坤之舊章。著昭成之先食。省覽云畢。感咽良多。載念尊親。蓋爲極致。在乎升陟。非敢措辭。惟以祔廟之歲時。用爲合饗之次序。矧夙膺於慈訓。實永念於冲謙。思抑畏以攸遵。庶明靈之來格。宜恭以元德皇后神主祔于明德皇后之次。

元德皇后升祔太宗室册文

維大中祥符六年歲次癸丑十月己未朔三日辛酉。孝子嗣皇帝臣某。謹再拜稽首上言。恭以婉嫕生之德。莫大於母儀。隆歸厚之基。率由於子道。夫其貫統百行。漸被四海。日用不匱。天經爲本。内顧菲薄。粤自沖幼。夙膺皇訓。允廸化源。故得罄烝烝翼翼之心。尙尊尊親親之教。守國令典。承家積慶。函蒙博愛。蘊結孝思。永慕有慈。聿懷追遠。伏惟元德皇太后。星軒凝粹。文定儲祥。靄彤史之淸芬。耀白雲之冠族。輔佐先帝。誕生眇躬。鞠育之念深。顧復之恩重。惠和宮掖。茂宣憲度。周仁恕以惻隱。盡箴規而達聰。方流詠於河洲。遽纏哀於風樹。屬當嗣服。弗逮承顏。徒以尊長樂之稱。廣儀坤之制。成易名於懿實。契節惠於前經。有恤斯嚴。惟馨致薦。日月逾邁。霜露增感。劬勞曷報。瞻言罔極。是用展因心之孝。從有位之謀。考明規於舊章。遵合饗於清廟。庀職攸叙。揆日斯良。式竭至誠。恭行盛禮。謹遣攝太尉、右僕射、兼門下侍郎、平章事王旦。奉寶册。改上徽名曰元德皇后。升祔于太宗皇帝殿室。恭惟聖靈。諒鑒勤懇。仰慶登格。永申配侑。協符介福。延施無疆之休。謹言。

眞宗山陵祔廟畢曲赦兩京德音 乾興元年十月辛酉

門下。孝本天經。愼其終而爲大。令行國典。達其下而必言。粤惟沖人。祇嗣丕構。屬以亮陰在旦。陵寢戒期。比將號從靈輿。必躬襄事。而外迫群議。内奉慈顏。理奪至情。哀增罔極。賴穹厚垂祐。宗社延祥。元宰敷猷。皇僚率職。洎諸百執。咸一乃誠。備物之容。靡閒於濡滯。因山之制。遂仰於鬱芊。虞載爰歸。神祔允肅。念營奉之克濟。且供億之惟勤。宜申惠慈。用敦風教。應兩京畿內云云。於戲。奉先思孝。率循佑啓之謨。守位以仁。良切慰綏之念。更繄臣衆。務竭忠規。保固成基。永臻多祐。布告中外。體兹意焉。

章獻明肅祔廟畢曲赦兩京德音 明道二年十二月二十一日

門下。兹者母后上僊。寢園卜吉。祔因山之舊制。報彌月之至慈。創鉅之痛滋深。攀號之懷靡及。而有司庀具。元宰繕儀。奉池翣以安神。歷都畿而戒道。九重慰霜露之感。二陵無風雨之虞。物有其容。禮終乎事。自祖載之始。至廟祭之初。靈休洽和。中外竭力。念惟往還之所。咸備供億之勞。旁及鄰封。亦資率役。刑有從於重典。賦亦復其常科。因明孝感之心。以敦風俗之化。應兩京云云。於戲。奉親之志。哀切於終天。及物之恩。澤豐於厚下。繄乃官守。體此矜寬。冀惠訓之不忘。俾黎民之受賜。布告遐邇。知朕意焉。

莊惠皇太后祔廟畢曲赦兩京德音 慶曆五年閏五月壬子

門下。朕欽永寶訓。嗣守慶基。治惇叙於人倫。務誕隆於化本。莊惠皇太后。在河表德。逮下均仁。資柔範之徽明。協宣內治。膺先朝之顧託。保祐菲躬。禮命方崇。僊遊遽迫。懷慈儀而思報。增服紀以盡誠。歸祔穀林。送終而云畢。升尊嫄廟。昭享以有嚴。皆宰弼敷猷。樞臣將命。攸司庀職。執事輸勤。載念都畿。暨於近郡。惟輴車之經歷。煩頓舍之供須。式恢及物之仁。特舉推恩之典。應兩京云云。於戲。復土之制。奉園寢以從宜。灑澤之榮。順陽春而布惠。咨爾中外。體朕意焉。

令禮官議升配三后詔 慶曆五年閏五月壬子

朕有事于太廟。格于奉慈。每懷保育之仁。僾若見乎其位。惟時禘祫之饗。未升昭穆之序。禮久不講。心靡遑寧。恭惟章獻皇后輔佑先帝。母儀道備。實荷顧託。參決萬機。勤勞十年。助成大業。章懿皇太后徽柔靜恭。惠廸法度。受帝之祜。篤生沖眇。永錫景祚。啓茲靈長。章惠太后肅雍思齊。闈掖攸憲。率正內職。惟德之行。矧是菲躬。實賴撫護。三后厭代。多歷年所。肆饋合食。猶隔閟宮。有司不時討論。使國有闕典。朕甚懼焉。其令禮官爰稽古籍。議升祔之禮。中書門下審加詳考。以稱朕意。

宋大詔令集卷第一百三十九

典禮二十四

祔廟下

祔章獻明肅皇后于章穆皇后之次詔 慶厯五年七月乙巳

國之大典。無若宗廟之制爲重也。比朕以奉慈三室未登禘祫之位。四時之感。每懷靡寧。故命奉常講求舊章。而又參質于近臣。考詳於宰司。庶無謬違。以竭誠盡孝。而卿等稽正衆論。奏章來上。乃曰緣人情而制禮。則切而有實。奉先訓以作古。則顯而易遵。載味此言。實契朕志。祇覽祥符之詔。深原文考之旨。極意尊親之際。重興升降之辭。故以祔廟之歲時。用爲合饗之次序。義無差別。情靡重輕。矧在菲涼。欽率成憲。今日之議。敢或異諸。先廟祔元德故事。恭依禮官奉章獻明肅皇太后序於章穆皇后之次。上承奉先之順。下成繼志之美。永修明祀。翼享靈心。

祔章獻明肅皇后于眞宗室册文

維慶厯五年歲次乙酉十月癸丑朔九日辛酉。孝子嗣皇帝臣某恭聞宗廟之制。昭穆有定位。禘祫有常禮。是故婦緣姑次。所以示恭順之大。后從帝饗。所以隆恩義之至。憲度昭布。典經具存。伏惟章獻明肅皇太后陰教純備。寶慈炳廸。膺荷顧託。保康沖眇。延洪積累之慶。增固盈成之守。以豐功溥博。至德曼羡。流之於廣宇。浹之於生民。向采攸司之議。遂崇別廟之薦。瞻言閟祏。尙隔太宮。禮典之所未宣。神心之所未協。至於霜露濡降。春秋祼獻。惕然念慮。亶無遑寧。是用講配食之明文。稽奉先之正範。上以率乎大誼。下以詢乎群謀。謹遣攝太尉、佐理功臣、光祿大夫、行尙書戸部侍郎、同中書門下平章事、兼樞密使、昭文館大學士、監修國史、兼譯經潤文使、上柱國、常平郡開國公、食邑三千戸、食實封陸伯戸賈昌朝奉玉册玉寶。改上徽名曰章獻明肅皇后。升祔眞宗廟室。伏惟降格先靈。昭孚顧諟。丕佑聖考。永嚴宗祊。垂休寶圖。錫佑生齒。世世潔祀。底于無疆。

祔章懿皇后于眞宗室册文

孝子嗣皇帝臣某恭以孝莫大乎顯親。禮莫大乎嚴配。父以配天。母以配父。若稽古先帝。推本禮意。神宗三后。並升祏室。敢率成憲。參用群策。恭祔昭主合食于位。伏惟章懿皇太后儀德坤載。融精月魄。柔嘉齊栗。靜淵粹和。誕集慶靈。克昌基祚。維眇躬之纘服。悼慈顏之早隔。緬懷鞠育。哀悼罔極。頃從權制。就饗別廟。日月其邁。昭穆未正。爰稽舊典。陟序禰宮。庶伸追養之誠。以明欲報之志。謹遣攝太尉、推忠協謀佐理功臣、金紫光祿大夫、尚書工部侍郎、同中書門下平章事、兼樞密使、集賢殿大學士、上柱國、潁川郡開國公、食邑二千八百戶、食實封六百戶陳執中奉玉册玉寶。改上徽名曰章懿皇后。升祔眞宗廟室。恭惟神監歆茲吉蠲。永侑文考。百世不遷。流徽音於彤管。光淑範於青編。禴祠烝嘗。億萬斯年。

章獻章懿皇后升祔太廟赦

朕荷穹昊之睠。紹祖宗之緒。恢宅函夏。靖康群生。何嘗不講求善經。稽合古誼。以格至順。以循大中。恭念二慈之親。並膺先帝之託。章獻明肅皇后宣導陰教。輔隆寶業。章懿皇后丕擁慶羨。實生眇沖。顧復之恩深。保綏之念重。神馭長往。仙遊茲邈。嗟乎。爲天下之母。育天下之君。不迨乎九重之承顏。不及乎四海之致養。念言一至。追慕增結。向崇閟宮之制。未侑太室之饗。參驗故實。懼非經據。遂涓穀旦。交舉盛儀。工師協恭。海寓延矚。咸秩祀事。式寧神心。上以伸罔極之孝思。下以厚重號之風教。宜誕均於純嘏。俾周暨於普天。可大赦天下。云云於戲。陟配奉親。所以尊神靈於冥漠。擁休肆眚。所以致動植於清明。考諸前謨。茲實大典。尚賴三事庶尹。列辟衆司。交輸有恪之誠。共底無疆之福。咨爾中外。體予意焉。

仁宗祔廟畢曲赦兩京德音 嘉祐八年十一月己酉

朕欽承先烈。嗣守丕圖。奄鍾同軌之期。甫畢因山之制。哀煢在疚。感慕增懷。然念寢園獲襄事之終。廟祏嚴反虞之祔。典章備具。營奉肅祗。茲皆中外協心。士民勤力。因舉恤勞之報。宜推惠施之恩。於戲。愼終追遠。孝理之所先。肆赦告災。仁政之攸尚。更賴黎獻列辟。竭節慭忠。毗予一人。永底于治。咨爾群庶。當體至懷。

英宗山陵祔廟畢兩京鄭孟減降德音 治平四年

門下。朕祗膺駿命。紹宅丕基。遵仍几之訓言。舉因山之儉制。顧惟沖菲。屬在哀煢。賴穹厚之延休。暨臣民之協力。寢園備物。既畢於反虞。廟室寧神。已嚴於升祔。唯事經之克濟。率典禮以無愆。宜推厚下之仁。用篤愼終之制。應兩京、鄭州、孟州、雜犯死罪已下降一等。杖已下釋之。云云於戲。奉先昭孝。實本於天經。肆眚推恩。蓋循於國典。咨爾有衆。欽予至懷。

慈聖山陵祔廟畢曲赦兩京河陽德音 元豐三年三月戊子

門下。朕遘卹東朝。祇述儉訓。爰因山而宅吉。迨祔廟以薦嘉。儀物具嚴。神靈來妥。顧眇躬之在疚。幸丕事之有成。率緊衆謀。允廸徂指。宜頒霈號。用格驩心。應兩京畿內、河陽管內三月戊子以前見禁罪人云云於戲。維愼終可以厚民。維奉先可以昭孝。肆是近圻之渥澤。本予太母之遺仁。咨爾群黎。尚孚至意。

升祔四后四京德音 孝惠、孝章、淑德、章懷、元豐六年七月丙辰

門下。朕荷昊穹之睠。席累聖之休。奉承郊宮。剌六經之成憲。崇事祖妣。放二帝之彌文。永懷四后之慈。輔翊三朝之治。俔天生德。爲內殿之元妃。儷極嗣徽。宅樹庭之正位。向採曲臺之論。未陪清廟之祠。援魯頌閟宮之文。違周人同几之義。肆惟菲德。獲紹寶圖。若稽古昔之大猷。斟酌搢紳之輿議。涓辰升配。備物肆儀。設重翟之車。嚴中宮之服。御奉四時之祀。侑太室之威神。燕寧靈心。稱秩禮典。下以厚丕平之風教。上以申罔極之孝思。宜覃恩休。以惠京甸。應四京畿內限德音到日。見禁罪人云云於戲。宗廟之重。豈予一人之敢專。霈澤之行。宜爾近民之克暨。布告在位。當體朕懷。

神宗山陵畢兩京畿內河陽德音 元豐八年十一月辛丑

門下。朕罹國大憂。紹天明命。七月同軌。至誕啓裕陵之封。四方以和來。遂升清廟之祔。顧惟沖眇。罔極哀恫。遵仍几之言。雖隆儉約之制。扈大升之駕。亦多營奉之勞。嘉中外之協心。暨士民之宣力。宜均霈澤。以廸舊章。應兩京畿內、河陽管內、德音到日以前。見禁罪人死罪以下。遞降一等。杖罪以下釋之。應奉官量與恩澤。人戶緣山陵事致妨耕種者。免租稅有差。欠官物非侵盜者。特與除放。於戲。惟送終可以當大事。蓋先王之所甚難。惟推恩足以保斯民。固人心之所同悅。咨爾有衆。體予至懷。

宣仁祔廟畢兩京河陽鄭州德音 紹聖元年二月癸亥

門下。遘難東朝。送終西洛。遺誥訓儉。因山永厚之陰。成事薦嘉。躋祔英皇之室。天時助順。民氣協恭。永懷亙極於遐陬。畢給多從於近甸。神靈休嚮。始卒安行。推本德心。肆嘉惠澤。應兩京畿內、河陽、鄭州、德音到日已前。見禁罪人除常赦所不原減外。其餘死罪遞降一等。至杖釋之云云於戲。叙勞次賞。不遺大小之功。有罪矜刑。各底重輕之適。實承慈寶。以寵嘉師。咨爾黎蒸。咸諭朕意。

哲宗山陵祔廟畢兩京河陽鄭州管內德音 元符三年九月丁卯

門下。朕欽崇先猷。寅奉大事。圖宅兆之吉。卒窆山園。攷班祔之文。既躋廟祏。維官師供億之衆。丁壯追胥之勤。霖潦頻仍。賦調煩數。人亦勞止。朕甚憫焉。宜覃在宥之恩。且優蠲復之惠。應兩京畿內、河陽、鄭州管內云云於戲。慎終致敬。下以風於多方。恤隱施仁。斯少休於近甸。咨爾衆庶。體予至懷。

欽聖山陵祔廟畢兩京畿內河陽鄭州管內德音 建中靖國元年五月二十八日

門下。朕紹休先烈。遘恤東朝。痛隔慈顏。寅遵儉訓。寢園宅吉。永懷復土之悲。廟室薦嘉。甫畢寧神之禮。天時助順。官師協心。以克有終。不愆于素。尙念炎歊之候。肆多供億之勞。爰頒渙恩。用周近甸。兩京、河陽、鄭州管內云云於戲。送終致孝。既盡事親之心。宥罪推仁。宜覃及物之惠。咨爾有衆。庶體至懷。

欽成皇后園陵畢西京畿內河陽鄭州管內德音 崇寧元年六月壬辰

門下。朕厚奉欽成。送終西洛。追崇禮典。肆嚴飭於寢園。燕寧靈心。甫隮升於廟祏。神祇助順。上下協恭。方時蘊隆。乃克幹濟。雖已終於大事。尤加惻於黎元。尙慮繇役暴興。供億匪易。宜推渙渥。以及近畿。應兩京畿內、河陽、鄭州管內。云云於戲。視民如傷。常軫撫綏之念。配天其澤。用覃矜宥之仁。咨爾庶民。咸體朕意。

惠恭園陵祔廟畢曲赦兩京河陽鄭州德音 大觀三年正月十四日

門下。殿闈長秋。悵光塵之愈遠。兆陪永裕。屬園寢之既安。甫旋重翟之容。初祔閟宮之恤。眷言近甸。良亦勞人。雖費出縣官。豈無調發之擾。而時當冬令。諒多皸瘃之傷。宜推在宥之恩。仍廣復除之惠。以寬民隱。以慰后慈。應兩京畿內云云於戲。追遠送終。致厚坤儀之禮。滌瑕赦過。肆施解澤之仁。咨爾群倫。體予德意。

昭懷原陵祔廟兩京畿內河陽鄭州德音 政和三年六月十八日

門下。朕欽承永泰之緒。篤厚昭懷之終。已畢寢園。方告成於虞事。乃躋廟祏。以歸祔於宗祧。眷近輔之繕營。加暑雨之煩溽。調發或擾。供億既勞。而工無愆期。人畢出力。載惟暴露之久。軫于朕躬。用揚渙汗之恩。慰彼黎庶。應兩京畿內、河陽、鄭州管內。云云於戲。勤恤民隱。無敢忽小人之依。顧諟天明。以推廣好生之德。

祖宗加謚一

四廟謚議

臣聞后王受命。祖宗發祥。尙禮以尊之。奉先之道也。靡不致誠淸廟。追謚鴻名。埳空其墻垣。倣像其宮室。奉神涖止。思孝齊如。爰稽考於前朝。咸遵行於盛禮。伏惟皇帝陛下應機御極。惟德司元。休氣榮光。祚長於天塹。赤文丹字。德兆於靈圖。乘運膺期。變家爲國。夫乾坤不能頓爲寒暑。寒暑漸爲陽秋。君后不能驟作基扃。基扃存乎考妣。恭惟皇高祖文安府君。履行高潔。蘊德粹深。宏闡英風。遐鍾聖世。惟克成之鴻烈。自開始之長源。謹案謚法。道德博聞曰文。聰明睿智曰獻。請上尊謚曰文獻皇帝。廟號僖祖。陵曰欽陵。恭惟皇曾祖中憲府君。英秀虛元。溫明惠哲。詒謀錫善。奕世重光。傳積聖以無窮。實先幾而有兆。謹案謚法。柔質慈民曰惠。主義行德曰元。請上尊謚曰惠元皇帝。廟號順祖。陵曰康陵。恭惟皇祖驍騎府君。沖素無渝。光謙是尙。樹基立本。緯義經仁。合赤詔之居尊。自黃裳之元吉。謹案謚法。平易不疵曰簡。正德美容曰恭。請上尊謚曰簡恭皇帝。廟號翼祖。陵號定陵。恭惟聖考太尉府君。明允篤誠。肅恭純懿。武全七德。排大敵而立豐功。善降百祥。保太和而御遐福。美談同於萬口。休詠播於八音。焜燿耿光。權輿丕命。謹案謚法。明德有功曰昭。折衝禦侮曰武。請上尊謚曰昭武皇帝。廟號宣祖。陵號安陵。又案謚法。行見中外曰懿。容儀恭美曰明。布德執義曰穆。皇高祖妣崔氏。請上尊謚曰文懿皇后。皇曾祖妣桑氏。請上尊謚曰惠明皇后。皇祖妣京兆郡太夫人劉氏。請上尊謚曰簡穆皇后。伏以謚也者。行之丹青。號也者。

言之表著非謚無以彰其迹非號無以辨其名是以開創之君追崇其禮增敷前烈恢闡令猷俾徽音永流異世彌振以對天地以虔宗祧師師在位之庶官禺禺式瞻於盛典制曰恭依典禮

太祖太宗加謚詔 大中祥符元年六月庚寅

肆予寡昧獲奉宗祧恭膺累洽之祥汔致小康之治乾文昭錫瑞命荐臻仰承孚佑之仁尚賴詒謀之慶迫於輿誦將議升中蓋以答三靈之眷懷奉二聖之登配潔粢致享用導於孝思勒石垂鴻式昭於前烈戒期有素講禮惟寅且念建號施名蓋率遵於典故奉先尊祖宜罄盡於追崇考於舊史之文乃存加謚之制卽當講求茂實蹈詠鴻徽備物典章祗薦於寢廟佑神宗祀對越於高明庶盡沖人之心昭報昊天之德太祖英武聖文神德皇帝太宗神功聖德文武皇帝宜令所司定加尊謚俟封禪禮畢擇日恭上寶册

令王旦撰太祖太宗謚議詔 大中祥符元年七月丙寅

朕以昭答元符將舉陟封之典誕揚茂烈載嚴升侑之儀誠篤奉先志期歸美冀追崇於顯號用丕耀於方來特命元台尸茲重事庶盡虔恭之意聿昭嚴奉之誠太祖皇帝太宗皇帝謚議宜令工部尚書平章事王旦撰

太祖加謚議 大中祥符元年八月一日

恭以追遠之誠爰伸大孝尊親之道斯謂鴻猷昭升屬以建封丕顯期於歸美節其壹惠惟懿號而是崇法乎二儀取強名而斯在用彰茂實以導永懷伏惟太祖英武聖文神德皇帝授瑞聖之符藴神武之略兆民欣戴群后駿奔顯龍顏日角之奇無黃鉞白旄之罰大勳克集神器有歸列郡承風苛政斯革四方竊號汙俗尚存於是興節制之兵遣折衝之將弔民伐罪勢若風霆代虐以寬惠如時雨與民休息務嗇於先疇異類懷來委質於重譯誕敷聲教震疊皇靈得猛士以守方式清牧圉擇循良而共治俾撫黎苗威振殊鄰化孚品彙增修人紀丕變時風聖謨汪洋動探於理本帝德廣運高出於古先復萬國之忠淳蕩累朝之澆季省官而修衆職法度著明節用而養群生黎元滋殖憂勞勤於庶政恭儉過於百王振經國之宏規啓卜年之鴻緒王猷煥於方册德澤浸於齊民焦思勞身同文命之底績雄才大略啓天漢之美名濬哲紹興丕圖累洽釀化溥博庶工緝熙大詒厥之謀布惟新之命民躋仁壽之域吏載符瑞之富丕應昭格群議僉同傾頌美之誠獻登封之奏屢形謙拒難奪於臣誠乃示帝俞式咨於典故仍從論旨固避告成上報洪休奉揚先烈象功昭德庶禮樂以交脩紀禪勒封詠祖考之來格嚴配之儀具舉孝思之念滋深發自宸衷誕垂詔旨慰霜露之感無大易名委廊廟之臣式重其事表堯舜之行賾天地之功寅奉靡遑發明何及博詢淸議載考前聞且啓運膺圖造邦立極火德滋盛乾綱以正龐鴻錫祚立丕丕之功純至因心有烝烝之孝合是具美益其大名伏請加上尊謚曰啓運立極英武聖文神德元功大孝皇帝

宋大詔令集卷第一百四十

典禮二十五

祖宗加謚二

太宗加謚議 大中祥符元年

恭以錫羡儲祉啓無疆之休孺慕增懷申罔極之報矧從輿頌方屬慶成封禪盛儀式揚於景鑠典章備物恭上於尊名表讓德之至虔慰因心之永感伏惟太宗神功聖德文武皇帝撫同文之運鍾上聖之姿初創寶圖肇膺駿命佑我烈祖登大寶之尊首進昌言下先庚之令京邑安謐寰海底寧允符後后之心已著動天之德爲宗社之鎮早洽於謳謌以天日之表自當於厤數躬承嘉命式恢大業羈縻之國獻地負固之邦泥首霜露所墜文軌攸同黎庶有覆盂之安蠻貊走占風之貢俗用丕變時臻大和軒后治兵神武之功定帝堯稽古文思之化行由是廣典校之司增庠塾之制待賢良以不次班憲度以惟明咸秩無文允釐庶政革尙貪之弊布在寬之教霈勤恤之惠式洽民和盡哀矜之情幾至刑措長楊罷獵靈臺偃伯示慈而好生也卑宮菲食黄收純衣節用而昭儉也日旲聽理而忘倦乙夜觀書而爲樂窮神知化將聖多能脗合淵宗高視治古盡哲王之能事煥帝者之大猷詠歎聲詩汪洋汗簡威神燀赫瞻雲馭以在天福祉靈長延龜圖於卜世早留成範爰抑升中條制具存講求斯備遺功有待垂裕無窮屬在欽明深惟纂服廣鴻猷而善繼敦至道以丕承脩德錫符荐膺純嘏之貺展寀錯事咸上登封之書瑞命下臨物情上迫勉思從欲仍示好謙匪自告於豐功止奉承於先志茂對穹昊答孚佑之仁肅奉神宗展昭配之典尙形至性垂詔宰司極歸美之誠追崇斯至副顯親之重擬議何偕祖述唐虞範圍覆載載循節惠之文爰採至公之論且惠綏仁育道洽化醇則太極之二儀奉混元之三寶皇明被於八表燭幽無私孝德邁於百王化民歸厚薦兹顯號以永英聲伏請加上尊謚曰至仁應道神功聖德文武大明廣孝皇帝

太祖加號册 大中祥符元年十一月二十七日

孝子嗣皇帝臣某謹再拜稽首上言臣聞長發其祥流芳於商頌克昌厥後播美於周詩慶以積善而綿長祖以有功而丕顯純熙之祉舄奕無疆由資始於景靈爰錫美於來裔追崇盛典仰屬洪猷伏惟太祖英武聖文神德皇帝奮武開階膺圖遘象神機天縱睿斷飈馳爰自五代荒屯四方剖裂

號令競出。文告靡賓。興運有開。正塗斯廓。靈旗直指。革路親征。多壘蕩平。中區俾乂。剷去澆季。蠲除苛虐。敦紹農業。欽愼刑書。憲度章明。禮樂脩舉。偃五兵而不用。謹百職以咸宜。建皇極以叙倫。振長策以御遠。民用丕變。時臻大同。遺烈具存。信書攸紀。臣猥以沖眇。遠茲纂承。履大寶之尊。奉神器之重。寤寐思治。旰昃忘勞。動循燕翼之謀。克致治平之化。兵鋒載戢。年穀順成。琛賮來庭。邊防罷警。仰昊穹之敷佑。緊宗社之儲休。景貺荐臻。寶符申錫。將行昭報。祗事禋燔。而臣庶相趨。表章狎至。願遵時邁。固請升中。勉徇輿情。用成先志。上封喬岳。旣畢於遵高。歸格太宮。敢忘於尊祖。粤若應期之康濟。創業之艱難。底績之基扃。歸厚之風化。垂于不朽。可得而言。欽奉威靈。重揚懿號。謹遣攝太尉、工部尙書、平章事王旦奉册寶。謹加上尊謚曰太祖啓運立極英武聖文神德元功大孝皇帝。在天降鑒。錫祚有孚。眷祐後昆。永永無極。

太宗加號册

孝子嗣皇帝臣某謹再拜稽首言。臣聞膺期受命。聖人所以致太平。卜世其昌。上帝所以祚明德。然則升中昭事。旣報本於圜方。順美歸尊。當增崇於簡册。伏惟烈考太宗神功聖德文武皇帝。丕功不宰。妙用無方。若唐堯之聖神。有周公之材藝。在朱邸也。垂象集連珠之慶。紹寶厤也。長江出瑞石之文。閩越來同。幷汾盪定。若乃得人而致治。用文以立教。經武以定功。信賞而愼罰。講三王之禮。備六代之樂。躬肆類以享帝。尊一祖以配天。百靈效祥。九譯來貢。和氣充塞。德澤涵濡。然猶旰食厲精。實行躬儉。除宮室之藻飾。絶弋獵之嬉遊。省去名稱。抑罷封禪。積德深厚。垂慶綿長。俾臣薄躬。誕膺丕錫。守位一紀。率土咸懷。疊委祥符。屢惟稔歲。徇黎庶之虔請。循虞夏之舊章。告成介邱。昭紀大號。奉揚前烈。傳之無窮。而陟配方嚴。鴻名未稱。敢不周爰古道。俾揣大猷。上以協靈祇之心。下以伸臣子之志。再章節惠。永播英聲。謹遣攝太尉、工部尙書、平章事王旦奉册寶。加上尊謚曰太宗至仁應道神功聖德文武大明廣孝皇帝。恭惟至神。俯歆令典。延休萬葉。介福兆人。

六廟加謚二字制 大中祥符五年閏十月乙亥

猥以眇質。獲紹寶圖。緬念聿脩。居懷若厲。比者躬延眞馭。啓廸帝先。孚佑黎元。積封功於上古。保綏宗祏。垂鴻慶於後昆。錫羨聿昭。感慰交集。是敢揚祖宗之丕烈。增典册之徽稱。茂展孝思。用光燕翼。太廟六室各奉上尊謚二字。擇日備禮奉册。

僖祖加謚册文 天禧元年正月己酉

臣聞肇基王迹。實自於上仁。貽厥孫謀。仰緊於至德。矧茂克昌之烈。誕彰錫羨之靈。佑寶緒之重熙。感仙游之來格。用展遜追之禮。式昭駿惠之風。伏惟僖祖文獻皇帝。潛隱韜明。廣淵藏用。禀元氣而毓粹。積純嘏以流輝。陟降自天。始恢於成命。儀刑後裔。大集於繁禧。臣猥以眇沖。獲膺嗣服。奉宗祧之重。惟懷永圖。卹寓縣之勞。敢忘丕則。祗受貽訓。馴致太平。屬禋瘞之交脩。荷穹昊之報降。眞期允協。飈馭載臨。諭長發之遐源。申聿懷之多福。監觀攸接。允謂於凝祥。烏奕有開。實賚於累洽。謹奉玉册玉寶。加上尊謚曰僖祖文獻睿和皇帝。道隆觀德。孝極因心。方期對越之靈。適播龐鴻之祐。時億時萬。永矣無疆。

順祖加謚册文

伏以無疆之緒。自積累以承基。祗遹之心。仰開先而尊祖。孝之大者。禮其捨諸。故列辟之所先。曩籍之攸尚。恭惟順祖惠元皇帝。儲精剛健。稟氣中和。守素知常。含輝隱耀。沖襟默而自運。盛德晦而彌章。笙鏞之音。將從於丕變。龍蛇之蟄。固蘊於多奇。惠流千乘之邦。道冠六藝之圃。創業垂裕。仰藉於慶靈。資始守成。緬懷於燕翼。宜乎隆會昌之帝祉。受丕顯之尊名。臣以眇姿。紹膺元厤。荷貽謀於接統。成至治於丕平。鉅則交脩。眞游狎降。邦家襲吉。允戴於發祥。禮典考言。敢忘於追遠。稽合古訓。濬發皇猷。謹奉玉册玉寶。加上尊謚曰順祖惠元睿明皇帝。伏惟威神下濟。福祿荐臻。克敷洪鑒。永保後昆。

翼祖加謚册文

恭以肇基皇統。實本於累仁。祗遹孫謀。克昌於永裔。屬交脩於鉅禮。復遡晤於僊宗。稽靈命以致虔。方伸昭事。述鴻徽而昭孝。敢竭精忠。伏惟翼祖簡恭皇帝。宅粹洪源。澄神妙鍵。茂岐豳之至德。啓姚姒之丕圖。道協惟幾。功歸不宰。發祥垂世。飛玉籙之名。屈己濟人。踐朱轓之任。開階列聖。錫祚眇躬。削五代之荒屯。契三神之幽贊。武臻銷偃。文洽化成。蠻貊承風。混同而無外。昆岐浸澤。衍溢而咸懷。覩飈馭之格思。荷璿穹之眷佑。紹靈長之業。獲對眞期。奉尊極之稱。式隆美報。永惟觀德。斯用薦誠。仰止太宮。備茲縟典。外盡物而內盡志冀達明馨。由大德而受大名。益揚顯懿。謹奉玉册玉寶。加上尊謚曰翼祖簡恭睿德皇帝。群后在列。六樂是陳。祗若嚴祀。載刻温珉。令問不已。褆福惟新。

宣祖加謚册文

臣聞天序丕承。運膺於纘服。祖功錫羨。禮重於歸尊。純嘏鋪昭。靈期以之協應。徽名升薦。慶典以之宣明。伏惟宣祖昭武皇帝。醇粹在躬。幾神周物。總戎師以致用。殖德基而憑厚。勤王懋績。佑武申威。道濟乎三才。慶垂乎千億。赤符啓祚。黄圖宅中。萬寓來同。二聖善繼。賡詠緜瓞。增茂於本支。濬發深源。誕流乎重潤。肆臣凉薄。獲紹宗祏。邊鄙不聳。神人以和。勒崇仙閭。奉祗汾曲曠絶交舉。聲文寖盛。偉兆彰戒。飛軿降臻。悟聞聖系。翕受褆福。景命懷屬。率由燕翼之謀。榮號講求。丕昭積累之業。惟睿洞乎奧賾。齊聖兼乎哲明。懿鑠誕敷。休烈惟大。謹奉玉册玉寶。加上尊謚曰宣祖昭武睿聖皇帝。冀紆沖鑒。膺受丕稱。謦欬如聞。敷佑無極。

太祖加謚册文

臣聞闢大統者。功侔於蒼昊。建皇極者。德被於黎元。膺厤數以在躬。固天人之合契。若乃廓九圍而底定。恢億載以熙隆。長發其祥。詒謀於永世。有秩斯祜。儲慶於後昆。禮莫大於易名。孝莫先於追遠。率循令範。丕顯鴻猷。伏惟太祖啓運立極英武聖文神德元功大孝皇帝。凝命有孚。惟睿作聖。奮成湯烈烈之武。布周文赫赫之明。天授寶圖。運興淳耀。登閎大業。震疊皇稜。總八極以居尊。乘六龍而行健。削平多壘。康靖群生。混一車書。敉寧區夏。稽三古之憲度。革五代之荒屯。至化醇流。英聲載路。垂無疆之茂烈。固累盛之鴻基。臣猥以眇躬。欽承聖緒。獲鍾亨會。允洽純休。祇受元符。誕昭靈貺。繇是升中喬嶽。報本隆脽。既盛則以章明。仰僊遊之臨暨。侍睟容於咫天。聞景命於希微。斯蓋穹厚之降祥。宗祏之垂祐。惟眞祖之德。爰奉尊稱。而列聖之靈。載崇丕號。于以述宣景鑠。對越威神。稽節惠之文。導永懷之感。謹奉玉册玉寶。加上尊謚曰太祖啓運立極英武睿文神德聖功至明大孝皇帝。恭惟昭升盛禮。允鑒至誠。誕慶徽章。永隆純嘏。

太宗加謚册文

臣聞有開之福。申錫無疆。允文之功。克昌厥後。矧惟丕烈。降誕景靈。對越皇天。茂昭于道。蔭肆于累葉。克集於神休。仰膺妙用之仁。敢怠顯承之志。伏惟太宗至仁應道神功聖德文武大明廣孝皇帝。二儀宅粹。五緯儲精。德宇淵明。威霆震疊。黎民於變。播陶唐惟大之功。五典克從。秉虞舜愼徽之道。惠和宣浹。英武渙揚。拯汾晉之民。方隅底定。納吳越之欵。天下同文。爰偃節以建櫜。每臨軒而旰食。綴學立制。儀式於典章。類帝禋宗。發揮於禮樂。登庸亮直。體象清明。報降有融。尙抑封崇之事。儀刑是式。誕彰遹駿之聲。宣哲詒謀。積仁垂慶。俾臣沖眇。獲奉宗祧。仰承燕翼之私。日勵躬勤之志。紹休景貺。保集太和。四氣凝祥。嘉生茂育。百工獻頌。毖祀交脩。荷上帝之鑒觀。感高眞之昭格。睟儀欽覿。諄誨親聞。論寶胄之龐鴻。悟洪基之邃遠。廣敷純錫。遐被嘉生。載惟永世之祥。實賴在天之慶。方嚴陟配。合薦鴻名。茂宣錫羡之祥。用極夤威之志。謹奉玉册玉寶。加上尊謚曰太宗至仁應道神功聖德文武睿烈大明廣孝皇帝。恭惟神超物表。化炳幾先。混六合而一統。恢大寶於億年。踰繩越契。際地蟠天。仰妙道之行矣。實無象以名焉。增崇聖緒。永祚仙源。

眞宗加謚詔 天聖二年八月

先帝臨御八紘。憂勞萬務。兩巡河朔。親御戎師。以櫛風沐雨之勤。成展義省方之事。繇是殊鄰修好。中夏偃戈。西裔稱藩。三邊絕警。蒸民老幼。得全其生二十年間。最爲隆盛。而於謚號之內。略其威武之稱。中外之人。咸有鬱嗟之論。斯豈朕所以奉揚先烈之意。始於前歲。嘗議增加屬奉山陵。因而稽緩。今者類禋俯及。孝饗方伸。矧祖宗之舊規。嘗再加於徽册。爰昭美稱。式播無窮。宜於先帝謚號內加二字。依先朝再上祖宗謚號故事施行。仍令兩制與太常禮院同詳定以聞。

眞宗加謚議

恭以眞宗皇帝躬文明之資。秉神武之略。兩河之狩。申大信於殊鄰。喬嶽之封。格元功於靈顯。於是偃戈而淸三塞。奠枕而臨四方。名高百王。無與比盛。謹案謚法。克定禍亂曰武。威強睿德曰武。大慮慈民曰定。安民法故曰定。王者統天育民。表德建謚。傳於册府。貽厥來世。所以奉彝制而揚徽烈也。

伏請加上謚曰文明武定章聖元孝皇帝。詔恭依。

章穆皇后改謚册文

維慶厤四年歲次甲申十一月戊午朔二十二日乙卯。孝子嗣皇帝臣某伏以尊母儀者功歸于聖淑。配宸極者體同於稱謂。稽夫漢有光烈。唐有文德。所以著大法示來葉也。若乃飾鴻徽揚景鑠。古今通誼也。恭以皇妣莊穆皇后郭氏。河汾甲族。姜任令猷。總治長秋。正位坤掖。輔佐聖考。述宣陰教。謙肅以居體。慈懿以流譽。靡臻曼壽。永貽茂範。升祔清廟。垂裕彤管。夫以宗祊之重。有司定論。僉以託母天下。體無攸遂。式遵先典。仰圖懿實。追正禮謚之失。稽合禰宮之號。順公議之協濟。正徽名而允穆。上以廣思齊之美。下以伸涵追之孝。謹遣攝太尉、推忠協謀同德守正佐理功臣、特進、行工部尙書、同中書門下平章事、兼樞密使、昭文館大學士、監修國史、兼譯經潤文史、上柱國、京兆郡開國公、食邑七千五百戶、食實封二千四百戶章得象奉玉册玉寶。改上尊謚曰章穆皇后。伏惟昭格明靈。具膺典册。祐蕃昌之緒。流顯懿之聲。協宣景耀。攄之罔極。謹言。

章獻明肅皇太后改謚册文

孝子嗣皇帝臣某伏以奉宗祧。遵聖緒。莫重于顯親。正坤極。母天下。匪專于殊號。嘗講求因革。參稽遺墜。昔藝祖在御。易昭憲之稱。惟禮所以接情。惟名所以配德。垂鴻萬葉。敢不詳正。恭以莊獻明肅皇太后俔天稟靈。曾沙膺慶。輔佐文考。正位內朝。關雎之德。賢才是進。濯龍之誡。外戚咸勸。顧惟菲質。夙荷慈蔭。保佑丕構。億寧中夏。長樂之駐。椒聲無已。今容臺定論。援據有經。謂東漢諸后。法同帝謚。宜以章聖稱天之誄。冠夫德號。茲臣工之所盡志。典册之所正。名著之方來。不可闕也。謹遣攝太尉、推忠協謀佐理功臣、金紫光祿大夫、行尙書吏部侍郎、同中書門下平章事、兼樞密使、集賢殿大學士、上柱國、京兆郡開國公、食邑二千八百戶、食實封八百戶杜衍奉玉册玉寶。改上尊謚曰章獻明肅皇太后。伏惟徽音無極。靈鑒聿昭。顯受丕構。幽贊鴻祉。子孫千億。垂休無疆。謹言。

莊懿皇太后改謚册文

維慶厤四年歲次甲申十一月戊午朔二十二日己卯。孝子嗣皇帝臣某恭聞母統父尊。生民之大訓。后緣帝謚。前辟之成法。曩在乾德。秩正彝倫。易題昭主。協配宣室。國著丕範。疇敢不承。恭以莊懿皇太后稟順坤極。憑華月體。於赫慶羡。實誕眇躬。雖託帝武之歆。早違天下之養。向者遵舊制。易崇名。鏤于玉牒。藏于金匱。比咨公議。頗謂失傳。亟下攸司。事得詳處。咸曰中以無遂爲美。禮以有從爲隆。若引文考之惠。冠長樂之號。得體之正。厭神之衷。臣稽求典常。參訂宜稱。上不敢不循太祖之烈。下不敢不繫眞宗之義。以章易莊。信示來葉。謹遣攝太尉、推忠協謀佐理功臣、金紫光祿大夫、行尙書吏部侍郎、同中書門下平章事、兼樞密使、集賢殿大學士、上柱國、京兆郡開國公、食邑二千八百戶、食實封八百戶杜衍奉玉册玉寶。改上尊謚曰章懿皇太后。伏惟孚厥靈鑒。膺是徽章。據柔德以大受。奮內則之幽光。垂憲億年。與祚無疆。謹言。

宋大詔令集卷第一百四十一

典禮二十六

祖宗加謚三

章懷皇后改謚册文

孝子嗣皇帝臣某伏聞周稱文母。漢著光烈。繫王之號。與廟俱傳。雖忠質遞變。詳簡殊尚。至於奉先統。尊母極。其誼一也。恭以莊懷皇后。挺俔天之稟。率流荇之恭。作儷儲禁。收華早世。逮卽丕祚。追位長秋。時推內範之懿。厥有大名之受。眞宗升遐。天諸垂鴻。攸司持循。偶失參考。今議者援述祖則。執據舊章。以謂后無外事。法不尊謚。況春秋之善大乎復古。聖哲之訓必也正名。禮雖溢美。神弗安饗。敢以章易莊。中告典册。奉承聖孝。順廸母儀。謹遣攝太尉、推忠協謀佐理功臣、樞密使、金紫光祿大夫、檢校太傅、行尚書工部侍郎、上柱國、河內郡開國侯、食邑一千戶、食實封二百戶賈昌朝奉玉册玉寶。改上尊謚曰章懷皇后。伏惟光靈有在。監諟孔昭。捨可改之權制。安不遷之永憲。錫類昌後。以攄無窮。謹言

章惠皇太后改謚册文

孝子嗣皇帝臣某恭聞先帝時懷穆二后早世上仙。崇告天謚。用題廟主。有爲而作。未從定制。明肅厭務。容臺誄功。因仍前比。遂聯懿號。弗繫於眞聖。不可謂順。有異於祖法。不可謂宜。惕然深念。思從追正。恭以莊惠皇太后。端靜淵柔。仁明厚博。輔佐聖考。知臣下之勞。擁衛眇質。均母氏之愛。向緣閟祏。已易大名。不當神心。未協禮意。是以採攸司之執奏。稽中古之成憲。統尊則有典。據舊則易遵。間諮公議。弗謀而協。謹遣攝太尉、推忠協謀佐理功臣、金紫光祿大夫、尚書吏部侍郎、同中書門下平章事、兼樞密使、集賢殿大學士、上柱國、京兆郡開國公、食邑三千八百戶、食實封八百戶杜衍。奉玉册玉寶。改上尊謚曰章惠皇太后。伏惟慈烈如在。容物是膺。捨暫誤之華謂。揭永孚之淑聲。子子孫孫。式克欽承。謹言

令兩制太常禮院詳定增眞宗謚詔 慶曆七年七月辛巳

先皇帝繼聖御圖。右文敷化。睦鄰講好。封岱告成。二紀之間。三代可復。載惟謚號之册。未殫善美之文。夙夜匪遑。人神缺望。屬肇脩於元祀。宜加上於徽名。傳之無窮。庶申永慕。將來南郊。宜增眞宗皇帝尊謚。如先期再上祖宗謚號之儀。其令兩制太常禮院詳定以聞。

眞宗增謚奏 慶曆七年八月丙辰

恭以先帝奄宅八區，逮將二紀，文經緯乎天地，武震耀乎戎夷，西土懷德以稱藩，朔漠畏威而講好。於是包干戈於武庫，息烽燧於邊亭，含氣之倫，極乎休養，戴白之老，不見夭瘥。乃登岱宗而薦成，禪云亭而繼號，汾脽分美報之典，渦曲擧順動之行，協氣旁流，象物昭格，禮交樂擧，咸秩於彌文，乾符坤珍，荐蒙於上瑞。高拱而覃清淨之教，淵嘿而臻治定之風，可謂昭受珍圖而順考古道，元功克成而盛德能讓者矣。臣等伏思陛下以先帝之丕鑠未極美稱，上配祖考猶有闕然，迺降明詔，發德音，追崇景光，揚于麗億，臣等得以奉承之。伏請加上謚號曰膺符稽古成功讓德文明武定章聖元孝皇帝。詔恭依。

仁宗加徽號體天法道極功全德濬哲明孝皇帝議 元豐六年閏六月庚子

臣等聞名者實之昭也，實著則名美；號者功之表也，功駿則號隆。此自然之符，不易之道也。故自昔睿哲之君，臨制四海，其道至於配神明，享天地，其德至於澤萬物，和天下，治侔往初，功無與二，然生必膺大名，終必崇徽號，而後能揚對天之烈，昭無窮之聞，罔允蹈而不昌，疇或違而能存。夫冠德卓絕者莫崇乎二帝，收功雋偉者莫隆於三王，稽其所行，率由茲道。故典謨之所紀，盤誥之所載，生商、長發之所歸美，淸廟、執競之所詠歌，赫乎如日月，震乎如雷霆，傳之子孫，與天無極。惟宋有天下，以聖繼聖，以神繼神，蓋未嘗易此也。恭惟仁宗皇帝躬上聖之質，宅丕平之期，有聰明睿知之才，有徽柔懿恭之德。粤自握乾符，闡坤珍，則儲思於極治，垂監於太淸，馳仁聖之極摯，蹈帝王之登閎。若夫知落天池而不自慮，辯周萬物而不自悅，虛己以延俊乂之策，和顏以徠直諒之諫，拂心忤耳，罔不并容，此乃虞舜之察邇言也。汎愛黎庶，惟刑之恤，建明察以官之，擇慈惠以長之，文疑者請讞，罪疑者予民，用法誤入，斥而不復，故微文巧詆之俗易，勝殘去殺之化成，此乃帝堯之哀庶戮也。履三聖之重熙，乘四海之既富，貲與地侔，廣賦與山比崇，而克己循禮，以先天下，斥侈靡，示太素，此乃文王之卑服即功也。昭事上帝，小心翼翼，雨暘之不時，天異之或見，未嘗不潔誠齋戒，側身修行，以答塞咎應，導迎福祉，此乃高宗之寅畏天命也。玉几聽斷，至于日中，黼帷訪覽，迨于夜艾，擥權綱，核名實，欲吏之瘽也；明賞信罰以勸沮之，欲民之裕也；簡政敷惠以撫循之，天宇之下，涵養理極，薰以太和，灑以時雨，凡其所欲，不謁而獲，凡其所惡，不祈而息，戴白之老，不識兵革，澤浸而益深，仁翔而益溥。迨夫乘久安之期，閔積累之敝，則奮然進用大臣，收斂豪俊，欲變更天下之治，以進復三代之隆，數開延閣以訪其先務，又降宸翰以督其施爲。群臣承命，震慴奔走，發德音，下明詔，興學校，勸農桑，修廢官，擧逸民，破拘攣之例以薦進人材，革因循之法以旌別能否，節用度而先之宮禁，制財賦而歸之有司，減任子之數，設守宰之課。于時四方拭目，以觀太平績熙之蹟，過乎於穆盛德之頌，續於猗那。躬籍以率天下之耕，祫祭以教天下之孝，八見郊祀而拜況肇禋之禮成，再祀明堂而嚴父報本之志盡，收遺俊，理秘文，以潤色鴻業，定雅樂，均鈞石，以逆釐三神，合大宗於外邸而惇睦辯章之化洽，錫諸將以新書而攻守應敵之略具，陟配三名，並假二廟，隆孝至也；親屈車駕，臨幸太學，崇儒術也；制定九經，罷黜百家，揭正道也；奮辭摛藻，昭回雲漢。明聖作也。廢放鄭聲。屏棄田獵。抑損燕私。以勞天下。尊德性也。秘殿之下。錦儿之上。論經居前。勸誦在後。道問學也。其禦戎也。迫而後應。其治兵也。動而必勝。故靈旗西伐。而玉關請盟。天戈南麾。而兇渠就戮。揚威絕域之表。勒功朱垠之野。雖詩之雷霆。易之折首。不能過也。至於決大策。建大本未嘗不圖萬世之安。符四海之望。稽天從人。援立聖子。而社稷以安。九有以寧。雖禹之知啓。文之立武。不能踰也。故四十二年。表裏褆福。紀綱完密。易治也。法度昭明。易則也。英才鱗集。易用也。軌迹平夷。易循也。德澤之流。川衍海沛。旁魄四塞。沾濡行葦。蒙被馬牛。符瑞之衆。泉涌山出。間見層布。編於史牒。詠於歌樂。莊周曰。美成在久。信乎其久也。孔子曰。必世後仁。信乎其仁也。覿之前聖。考之近古。蓋未有殊尤絕迹。善始善終。如此其盛。夫澤被天下。民莫能名。非體天乎。爲而不恃。應而不藏。非法道乎。兵寢不試。刑錯不式。非極功乎。六通四闢。兼濟萬物。非全德乎。制作禮樂。蟠極天地。非神文乎。不怒而威。不殺而服。非聖武乎。占天與子。以嗣大厤。非濬哲乎。旁燭無疆。萬物並照。非至明乎。慈惠愛親。刑于四海。非至孝乎。卓乎照爛。眞神明之表也。備道全美。孰能兼此。伏請上徽號曰仁宗體天法道極功全德神文聖武濬哲明孝皇帝。

仁宗加上體天法道極功全德神文聖武濬哲明孝皇帝册文

維元豐六年歲次癸亥十一月壬寅朔二日癸卯。孝孫嗣皇帝臣某謹再拜稽首言曰。臣伏觀古先哲王。莫不大名發於前。而大惠昭於後。其法皆本於至公而不可易。至後世臣子。又欲盡報上之道。以謂君德甚盛。其言不足以包衆美。於是有至郊加誄之文。夫欲推事存之禮。述追遠之志。則奉素享之榮號。益新紀之鴻烈。謀群公。請太室。洋洋虖際天接地而震顯之。不亦當靈心而傅古誼乎。恭惟仁宗神文聖武明孝皇帝。躬清明之資。賦神睿之略。乾行施之不息。仁性根於自然。時乘六龍。端御大器。知窮八荒而不見其迹。澤及萬彙而不居其功。爾乃簡拔畯賢。放遠邪佞。宥恕刑獄。懷保鰥寡。賞不偏所私。罰必當於理。興農桑之本務。緝禮樂之墜文。有惨怛好生之心。吏或誤入重辟。必終身見斥。有寬裕從諫之度。言者屢進狂直。必曲意見容。念兵革之傷夷。則不殺而服。念稼穡之勤勞。則罔寧于逸。矧履天下之尊而持之以抑畏。饗天下之富而寶之以儉素。輿馬不聞于遊盤。鍾鼓不涉於間燕。宮室無奢靡之飾。器服亡瓌奇之玩。加以夙夜齋栗。事天之誠盡。霜露怵惕。念親之感深。方朝廷之久安。迺大革因循。而聖政又新。爲社稷之重計。迺前定禍亂。而皇嗣早立。故四十二年。仁恩川流。涵濡薰蒸。格於上下。日月華。風雨均。四時龢。百穀蕃。北有強敵而不能驕。西有黠羌而不能軼。蟲魚遂性。自安川藪之遊。男女潔成。更趨耕織之樂。固有幽遐荒昧之俗。不約而子來。奇偉倜儻之瑞。不掓而特見者矣。丕赫哉。憲度鴻明。聲文沛施。自載籍之傳。蓋未有休功盛業可加于茲也。重循凉菲。永念猷訓。今將欸清廟。陟紫壇。遂受厚福。以浸黎元。宜於此時。臨彤庭。發玉版。上不敢隳祖宗之典。下不敢拂紳民之情。如堯如舜。如禹如湯。豈不高一世之聞。而流萬世之聲哉。爰飭上儀。載揚景鑠。謹遣銀青光祿大夫、尚書左僕射、兼門下侍郎、上柱國、太原郡開國公、食邑七千六百戶、食實封二千五百戶王珪。奉玉册玉寶。加上徽號曰仁宗體天法道極功全德神文聖武濬哲明孝皇帝。恭惟明德在天。臨受徽稱。維億萬年。永錫皇祉。謹言。

英宗加上徽號體乾膺厤隆功盛德憲文肅武睿神宣孝皇帝議 元豐元年五月二十五日

臣等聞運行無窮。槖籥萬物。而其迹不可見者天也。微妙不測。化育萬類。而其功不可名者帝也。天之迹雖不可見。然言其氣則謂之昊。言其仁則謂之旻。帝之功雖不可名。然稱其化則謂之聖。稱其妙則謂之神。亦道其可見與其可名者而已矣。故自五福初起。以還聰明睿知之主。莫不察天人之眷。與歌詠之心。紀祖宗殊尤卓偉之烈。崇徽號。備典册。以協大公之議。以稱褒揚之誠。炳之四方。傳之後世。豈不盛歟。恭惟英宗皇帝受命穆清。履道淵懿。乘乾之剛健。體離之文明。粤自潛隱宗藩。出就庠序。其神靈之德。粹美之行。已穎然自見於宗室之表。篤於學問。待旦不寐。究道德之高明。原仁義之歸趣。察古今之變異。蹈聖賢之中庸。斯乃高宗之學于河洲所不能方也。故養正聖功。裕然自得。於穆令問。廣莫不聞。譬夫應龍之將飛也。必文采著見。而後能撽膠葛。騰九閡。大明之將升也。必光氣前發。而後能掀氛翳。燭六合。此神明之祚。自然之符也。仁宗皇帝深見天命。燭知至隱。斷之聖心。授之宗器。而謙畏自守。弗卽承詔。有予德不嗣淵穆之對。有確乎不拔中正之操。逮乎越歲踰時。乃始遷思回慮。以表相邦家。贊揚睿哲。斯乃漢文之遜代邸所不能偕也。及夫膺當天之明命。乘炎上之興運。則抗意於閎眇。儲思於泰寧。念昭考之託也。則達三年之戚、而不改其道。念文母之慈也。則極四海之養、而能竭其誠。拜況圜邱。則刺六經。綴禮樂。而肅祇群神之禮備。登祼清廟。則合諸侯。諧金石。而顯相多士之德洽。決萬微之務也。踰於日昃。攬四方之奏也。至於夜艾。其於政也。興同利而除同害。其於民也。與所欲而捐所惡。發廩以振窮乏。抑末以勸農桑。患吏之寬則濟之以嚴。患俗之薄則矯之以厚。施不次之賞。用不測之罰。明忠信以示之。振綱律以維之。勵冥冥之志。成昭昭之明。秉翼翼之心。就赫赫之蹟。體貌大臣。賓禮故老。悅色以開諫爭。前席以待雋乂。數下明詔。敷求讜言。至于日臨經帷。以延講議。隆學也。間開秘殿。以詢獻納。廣聽也。置宗子之學。以隆蕃衞。洪業也。增册府之員。以育英才。盛觀也。合兵於農而不牽浮論。明斷也。拔材於隱而不問跅弛。善馭也。糾合公族而斥棄禁籞。至仁也。入繼大統而嚴於尊祖。上德也。躬定聖嗣以安天下。光哲也。若夫承富有之業。而示之以敦朴。宅丕平之期。而蒞之以勤毖。絕郤聲色之好。屏去遊田之娛。左右嬪嬙。無椒風增成位號之授。苑囿臺沼。微長楊屬玉觀覽之靡。克己以化民。力行以帥下。左右齋栗。懷金貂慕學之善。貴戚循理。杜濯龍車馬之僭。四方承風。百僚仰法。況復宣藝祖之重光。襲仁宗之遠略。信幣北指。強敵畏恐以謹盟。輶軒西馳。黠羌震懾而請命。不頓一戟。不煩尺組。而三垂晏然矣。是以五年之間。大勳允集。寰海之內。含生之倫。莫不蒙被潤澤。其效祥薦瑞。應圖合牒者。馴擾垌牧。厲揭邦畿。卓犖郡國。洋溢要荒。儻天開永命。增錫壽愷。則將度三王之軌躅。歷五帝之登閎。奮張德威。斥大疆土。揚旌北戶之野。飲馬幽崖之水。文加乎日域。令肅乎河源。包上聖之所不征。盡至仁之所不服。爛然竹帛。不可殫紀者也。臣謹稽之前古。考之行事。察搢紳之所傳。究六藝之所趣。夫剛健粹精。不言所利。非體乾乎。繼天統極。傳之無疆。非膺厤乎。丕承之烈。盈塞天淵。非隆功乎。輝光日新。格于上下。非盛德乎。華藻昭爛。經緯乾坤。非憲文乎。四裔震疊。莫不來享。非肅武乎。窮理而通。致一而明。睿也。鼓舞萬物。民莫能名。神也。昭明義聞。不匿厥指。宣也。承顏安親。惇序九族。孝也。盛哉鑠乎。眞帝王之極致。今昔之上儀。足以焜燿四方。鳥奕千載。非澹然無極。衆美從之。孰能與此。伏請上徽號曰英宗體乾膺厤隆功盛德憲文肅武睿神宣孝皇帝。

神宗增謚十字詔 紹聖二年三月丙申

朕恭惟先皇帝經德秉哲。君臨萬邦十有九年。若古之道。措之政事。功烈之茂。匹休三王。而謚號所紀。曾未足以究宣。萬一朕嗣有大業。懼德不類。無以光昭前人。蓋聖人之在天下也。神化獨運。民無能名。而盛德形容。莫可擬象。矧是追崇之禮。固存列聖之規。其率舊章。申加徽稱。用揚顯烈。傳之無窮。先帝謚號。見今六字。宜增上徽號十字。如祖宗故事。令三省樞密院官、御史中丞、雜學士以上同太常寺集議。仍令禮官詳具典禮以聞。

宋大詔令集卷第一百四十二

典禮二十七

祖宗加謚四

神宗加上徽號紹天法古運德建功英文烈武仁孝皇帝議 紹聖二年五月

臣等聞功者德之緒。名者實之賓。時有險夷。故事有先後。道有顯藏。故言有微章。是故堯舜以帝而紹。文武以王而興。皆聖人也。而書稱其德。或謂之俊。或謂之元。清廟祀文而深妙眇冥。以見文王之清。執競祀武而宣著煒煜。以揚武王之烈。非其不同。稱實而已。歷選列辟。揆其所成。自周之衰。道與世降。秦漢隋唐之君。見聞單狹。其所講究不至三代以上。天下之民不獲與被王澤之施者千有餘年矣。我宋受命。克享天心。叡哲相承。與周同符。恭惟神宗皇帝躬上聖卓然之姿。而輔之以光明緝熙之學。深智妙用。有開于天。蓋自伏羲之所畫。黃帝之所名。箕子之所陳。仲尼之所繙。微辭奧義。意會心徹。而得其所不言者。故於立政造事。稽之以爲驗。操之以爲决。動皆合於先王。而非俗學小道之所能察也。自初紹服。歷監前代。法久而弊。變而通之。非常之元。異意交沮。公聽並觀。與神爲謀。信任同德。率圖康功。用能拔舉一時之才。盡飭難變之蠱。本數末度。無不畢陳。文物聲明。煥乎可述。加惠天下十有九年。百姓蒙福。四夷來賓。此其功在天下而章明較著者也。若夫事親之盡其道。睦族之致其恩。修身之慎。齊家之飭。從善之易。臨政之勤。事天之畏。禮神之恭。有後世欲治之主、得一以爲賢者。而身兼之。篤行之士勉強以爲難者。而安行之。可謂濬然無極。而衆美從之者也。功大而不有。名顯而不居。發揚閎休。實在後嗣。是以明詔以謂乃者謚號所紀。未足以究宣萬一。無以尊大誼。施無窮。率循舊章。增上徽稱。臣等謹考諸行事。質之先王。蓋先之以合其幾。後之以奉其時。所以爲紹天。若之以經其常。稽之以緯其變。所以爲法古。存諸內者天而神。被諸外者動而化。此德之所以運作。其大而小者述之。立其本而末者從之。此功之所以建。撫道之餘以應物。開物之禮以明民。此之謂英文。惟剛也故立而莫競。惟神也故威而不殺。此之謂烈武。不自以爲足而尊所可尚之謂欽。兼利天下而已不與有之謂仁。以道爲門。兆於變化之謂聖。而終始於人道。以立天下之本者。孝也。合是衆德。以爲之名。名以賓實。莫之可誣。擬其形容。庶可概見。伏請增上徽號曰神宗紹天法古運德建功英文烈武欽仁聖孝皇帝。

謚册文

孝子嗣皇帝臣某。謹再拜稽首言。臣聞帝莫盛於堯。堯無能名也。然頌其德。則曰乃神乃聖。乃武乃文。王莫賢於禹。禹惟不伐也。然稱其美。則曰克勤克儉。成允成功。夫聖人精神之運。道德之妙。天下雖欲稱之。蓋非言辭之所能喻。然而善積而譽來。功顯而名立。則位號之至。亦有所不可得而辭。嗚呼。惟我聖考在宥天下。十有九年。功德成就。巍巍蕩蕩。齊乎堯之難名。深執謙沖。屏却徽稱。同乎禹之不伐。澤流當時。施及後世。四方誦之。萬世施之。殫竹帛之載。不足以叙述。馨雅頌之奏。不足以形容。然而清廟宗德之稱。臣子歸美之報。積崇累鉅。非止一再。肆予小子。竊稽大義。其敢苟且。恭惟神宗英文烈武聖孝皇帝。挺黃帝之神靈。而服虞舜之大孝。兼成湯之勇智。而勵文王之小心。紹列聖無疆之休。當百年承平之久。弗恃其安。弗有其治。望古以有爲。愛日如不及。閔自晚周以來。王者之迹熄。而言治者無復見古人之大體。慨然以唐虞三代爲可復。顧秦漢而下。卑不足議。臨御之初。卽引名世之士。講明六經之文。得於言意之表。黜諸儒拘攣之論。革千載玩弊之習。興造事業。作新人才。當是時也。民懼非常。士守固陋。淫朋比德。環視蠭起。倡險膚之說。以震驚於下。合流俗之衆。欲取必於上。然而曲學不能撓禮義之正。異意不能移委任之專。闢正道於群枉。必爭之際。拔孤忠於衆讒必毁之中。屏黜乖謬、而莫敢以沽激爲異。放遠憸佞、而莫敢以希合爲同。雖頑狠敖戾。皆革面退聽。天下曉然知德意志慮之所在。以身爲度。以稽爲決。言必據經。事以道揆。探索其隱奧。發揮其精華。默焉而天潛。動焉而神會。叙有典。秩有禮。章有德。討有罪。官正其名。士典于學。寓兵于農。隸軍于將。弛役以便農。平估以抑末。刊法令。定律呂。自熙寧之始。迄于元豐之際。文章制作。樞機品式。粲然而一新。覆載之內。有耳有目者。莫不延頸企踵。奔走承聽。相與孚其德。樂其成。斯是謂大有爲之時。曠世難逢之會也。嗚呼。其道妙矣。不可得而言矣。所可言者。緒餘土苴。應帝王之迹而已。廼者王公卿士。逮蠻夷之長。叩閽稽顙。願上尊號者至於數十。卒詔有司。毋復以言。及夫升祔太室。有請于郊。人謀天同。錫茲定命。然尚懼幷包衆美。未能髣髴十年于茲。靡遑夙夜。爰卜季秋。躬修宗祀。而中外合辭。祇遹舊典。方開明堂。配上帝。宜增紀徽名。對越祖考。赫然金聲。揭之玉版。猶之度量天地。莫測其高厚。模寫日月。徒駭其光明。姑述所知。其以自竭。於以彌古今之文。申人神之願。擬而象之。垂世無極。謹遣左正議大夫、守尚書左僕射。兼門下侍郎、上柱國、豫章郡開國公、食邑四千四百戶、食實封四千一百戶章惇。奉玉册玉寶。加上徽號曰紹天法古運德建功英文烈武欽仁聖孝皇帝。伏惟明德在天。降鑒于下。於昭受祉。永綏厥後。謹言。

重定神宗徽號詔

崇寧三年三月二十八日勅門下。朕惟神宗皇帝以道涖天下。而以政事治之。若稽唐虞三代之隆。垂裕萬世無窮之統。與天地造化相爲始終。其功德之盛。豈言之一二所能該徧哉。奉上徽號。循用舊章。必假丕揚。著於典册。紹聖之詔。竭意追崇。當時議臣。講求弗盡。夫帝德廣運。非運德也。巍巍乎其有功。非建功也。言既未安。理亦隨失。殆未足以仰慰在天之神靈。而昭示於後。哲宗皇帝屢欲更號。未及終行。肆予纘承。安敢輒止。宜令三省樞密院官、御史中丞、雜學士、太中大夫以上。與太常寺同共集議典禮。詳具以聞。故茲詔示。想宜知悉。

謚議 崇寧三年七月二十三日

臣等聞天子之孝。所以事宗廟者。莫大於率籲衆志。發揚宏休。知歷世之君。皆有徽稱。著在典册。以詔無窮。然名止於實。必求其當。揆之以理。則協施之於言則順。質之前聖而有合。垂之後世而不惑。然後可以慰在天之神。而成孝思之美。若乃群臣之議。出於一時。非不大也。而理猶未稱。非不盛也。而言猶未安。則雖嘗請於太室。薦于神明。亦將審義度情。以時更定。葢事之大。烏可已哉。恭惟神宗皇帝以聰明睿智莫可企及之姿。輔之以廣大悉備無所不通之學。自初嗣服。慨然遠觀。當百年承平、內外流弊之餘。非大有爲、則不能飭萬事之蠱。憫秦漢而下。卑陋狹促。無足以論。而久不與被先王之澤。於是獨取堯舜二代之所爲。見於詩書者。舉而行之。至於性命之原。道德之妙。則又自得於心術之間。而操以爲驗。稽以爲決者。悉本於聖人之訓。故內則孝養於兩宮。惇叙於九族。外則登任同德。信任不疑。拔舉賢能。咸以類進。異意交沮。不潰于成。非常之元。率無所懼。於是立政造事。百度一新。尊經術以革取士之科。明義訓以變俗學之弊。募力役以除差擾之害。時斂散以行補助之仁。勸農桑。阜貨賄。嚴保伍。均賦租。修水土之官。厚衣食之本。以至立原廟以燕祖考。別二郊以事神祇。酌六典以正官名。制九軍以飭戰法。拔士於片言、而拓河隴之境。築城於遐徼、而附蠻荆之酋。問罪于西夏、而師不踰時。通使于東人、而仁不異遠。德意所向。爲無不成。方且賁畏以奉天。儉約以率下。卻尊號而不受。有大美而不居。十有九年。海內豐富。民安其業。物遂其性。和氣充塞。嘉祥荐臻。自成周以來。未有若茲之盛也。雖然。豈勞精神。役思慮。叢脞庶務。從事於末流也哉。猶一氣運於造化之初。萬物賦形。各隨其分。無不造其極者。是謂體元。體則體此、而未始離也。道藏於無形。不可以爲象。無乎不在、而無乎不爲。而神之所降。明之所出。皆見於有爲之迹。是謂顯道。顯則顯此、而未始散也。得道以在我。曲神以應物。所同者二帝。則總之曰帝德。措於事業。民以歸往。所同者三王。則總之曰王功。而元者貫三才以爲首。道者通古今而無弊。德不可以先言運。功不可以特言建。昔者群臣之議曰紹天法古。所謂非不大。而理猶未稱也。其曰運德建功。所謂非不盛而言有未安也。易而正之。寔在今日。若夫經緯錯綜。而聲明藻色。見於敷榮。所以爲英文。沈潛不殺。而威制彊慝。見於無競。所以爲烈武。不自滿假。敬以直內之謂欽。博施濟衆。視民如傷之謂仁。自睿而作。大而能化之謂聖。始於愛敬。刑于四海之謂孝。昔者群臣之議。無得而易矣。惟聖人包并衆美。莫可形容。強以命名。皆非其至。庶乎髣髴。槩見于斯。伏請更定徽號曰神宗體元顯道帝德王功英文烈武欽仁聖孝皇帝。

哲宗加謚十六字詔 崇寧三年三月二十六日

朕恭惟哲宗皇帝聰明睿智。天性夙成。嗣服之初。遵養淵默。洎總威柄。發揮乾剛。黜除姦回。修復法度。熙豐之政。燦然再新。十有六年。底于至治。而謚號所紀。未能究宣。朕自纘承。因心則友。凡在典禮。必極其隆。仰稽追崇之文。具存祖考之訓。雖體道之妙。莫顯於言聲。而御世之經。可求於擬象。載揚丕烈。昭示無窮。宜加上哲宗皇帝謚號共爲一十六字。令三省、樞密院官、御史中丞、雜學士、太中大夫已上、與太常寺同共集議。合增徽號。仍令禮官詳具典禮以聞。故茲詔示。想宜知悉。

謚議 崇德三年七月二十三日

臣等聞聖人無名所謂必得其名者應帝王而已至欽無文所謂以進爲文者行典禮而已然帝王之名垂于簡編者未嘗絕而典禮之文行于宗廟者致其顯則盡天下之至美以擬象合天下之至公以增崇是惟舊章宜在祗率恭惟哲宗皇帝清明剛健有開自天淵默沉潛發爲英斷幼沖履位凝然若神灼見幾微不動聲色惟以誠孝事于兩宮緝熙光明他無所嗜雖左右近習莫察其喜怒之色蓋如是者九年而無一日之異及其總覽威柄駿發至權雷動風行中外丕應去姦慝如振槁復法度如轉圜博收神考所用之臣聚於朝廷以爲紹述之助於是盡掃朋黨委用材能申嚴賞刑明示好惡而作人之法取士之制理財之義裕民之仁禮之廢興刑之輕重始於朝廷布在郡邑凡元祐之所變亂者次第而悉復之然後修我戎兵震讋鄰敵選練將帥恢拓土疆橫山大都旣入輿地隴右酋長稽顙請歸執訊獻俘殆無虛月凡元祐之所棄捐者盡取而廣有之遠近之情歡欣鼓舞再覩熙豐之盛而所以至此者蓋在于應天以實臨下以簡致知以察邇言愼聽以堲讒說苟麗于法一視而無戚疎苟害于治畢除而無細大宵旰願治十有六年四方無虞動植咸若天不愛其道地不愛其寶風雨時序日星順行神光效祥玉璽自至珍符異瑞史不絕書至治之隆固非一言之所能盡今將圖上丕號闡揚鴻烈則亦因其應帝王之迹推本所自而昭發之爾夫被一氣之自然成三才之妙用行乎至虛爲物之始者元也惟聖時憲則效法於此無所異焉此之謂憲元乾坤之所以闔闢日月之所以往來萬物並由莫見其迹者道也繼之者善則運量酬酢以善承焉此之謂繼道始則遵養用晦愼密而嗇出終則泛應曲當暉光而日新開之廓然被于四表非顯德乎觀會通之宜御方來之變應時而造者以莫不興爲國之利者舉無遺策浮言不能惑異意不能沮非定功乎不自以爲足不忘其所恭達經緯之原順剛柔之用可謂欽文矣虛以致其明思以合其幾運不測之神成無競之烈可謂睿武矣有萬不同莫能一致自我總之之謂齊以天爲宗以德爲本六通四闢之謂聖而昭則無小不察容光必照孝則克篤前烈遹觀厥成合是數者雖未足以窺測其緒餘而至美之所存公願之所在冒昧自竭無餘蘊矣伏請增上徽號曰哲宗憲元繼道顯德定功欽文睿武齊聖昭孝皇帝

謚册文

臣聞昔者明王崇德廣業舉而措之天下日見之行於用則藏於仁則顯其稱名或小而取類則大故令聞廣譽克有辭於永世無得而加焉乃若德有餘於業名不稱其實未足以丕揚顯烈以端命於上帝則在我後之人恭惟哲宗欽文睿武昭孝皇帝仁覆四海十有六年肆其卽位越在沖幼沉潛剛克以蒙養正動靖有度不大聲色左右僕御侍從之臣亦罔能知蓋不言者九年爰及親政率時昭考永言孝思追悼先烈弗克欽若潰于厥成放逐姦宄是正詆誣遵制揚功儀刑典則登用良善協于克一四方風動如日之中至於淸靜而寡欲體仁而繼善先後天時遇災而懼遵道貴德靡所不欽南面而聽尊嚴若神癉惡雖弗容貸而好善常若不及故小大祗若無侮無拂市無剖斗折衡之爭朝無錯立族談之犯慈故能勇外攘四裔

開闢境土。克紹前人。卒其武功。皇天眷佑。諸福畢至。地不愛寶。神璽自出。英聲茂實。莫可殫窮。末予沖人。祗奉顧託。付以大業。夙夜祗慄。懼弗克勝。乃者姦臣乘隙。復出爲惡。公肆詆巇。用正典刑。無有佚罰。顯謨丕烈。既晦而明。然其垂之將來。昭示無極。其敢不虔。爰卜日至。禋于圜丘。裒對明神。增備徽典。稽諸故實。協于師言。自天申錫。萬邦作孚。謹遣金紫光祿大夫、知樞密院事、上柱國、南陽郡開國公、食邑三千三百戶、食實封八百戶蔡卞奉玉册玉寶。加上徽號曰憲元體道顯德定功欽文睿武齊聖昭孝皇帝。恭惟在天之靈。降鑒于下。來燕來寧。膺受茲禮。於昭于天。俾緝熙于純嘏。

神宗謚加四字哲宗改上舊謚御筆手詔 政和三年正月十一日

朕嗣承祖宗丕構。懼德弗類。率時昭考。永惟熙寧、元豐盛德大業。述而明之。孚于四海。故自纘緒以來。循親疏敦叙之詔。而爲之建兩京敦宗之令。遵學校養士之法。而申之以鄉舉里選之政。追董政治官之志。制名定位。訓廸文武之秩。紹均輸裕國之制。懋遷有無。阜通山海之利。乘常平羨餘。以惠養鰥寡。使民養生送死無憾。嗣開拓武功。以柔遠闢國。自牂牁積石列爲郡縣。一紀于茲。迄用有成。和足以廣樂。富足以制禮。聲明文物。於是大備。荷天之休。諸福之物畢至。錫以元圭。告厥成功。推原本始。實自我烈考弛張彌綸。權輿萬事。以克用乂。亦惟我哲宗繼志述事。克篤先烈。顧朕何德以堪之。朕若稽古。那祀成湯。以衎烈祖。維天下太平。以告文王。肆朕纘述緝熙先烈。其成康功。永言孝思。不敢不告。可差官册告永裕、永泰陵。神宗尊謚比祖宗已各十六字。然不著稽古建立法度之意。哲宗遵制揚功。亦未昭顯。蓋不足慰在天之靈。垂示萬世。其令群臣參議。加上神宗四字。改定哲宗舊謚以聞。俟將來冬祀饗廟。躬行奉上。以稱朕功成不居、歸美顯親之心。咨爾中外。其體至懷。

配饗

趙普配饗太祖廟廷制 咸平二年二月丙申

故太師尚書令追封韓王趙普。識冠人彝。才高王佐。翊戴興運。光啓鴻圖。雖呂望肆伐之勳。蕭何指蹤之效。殆無以過也。而自輔弼兩朝。周旋三紀。茂巖廊之碩望。分屏翰之劇權。正直不回。始終無玷。謨猷可復。風烈如生。宜預享於大烝。永同休於宗祏。茲爲茂典。以答舊勳。其以普配饗太祖廟庭。

故樞密使檢校太師兼侍中中書令濟陽郡王曹彬、配饗太祖廟廷。故司空兼門下侍郎平章事贈太尉中書令薛居正、故忠武節度檢校太師同平章事贈中書令潘美、故右僕射贈侍中石熙載、配享太宗廟廷制。八月二十五日 文闕

韓琦配饗英宗廟廷制 熙寧八年七月丁巳

功茂者賞。惟其稱。德厚者報。不可忘。故命册褒崇。舊史有追封之典。祀祧躋配。前書存興享之文。蓋君臣之義。不獨欲榮寵之於其生。抑邦家之寶。亦冀顧揚之於不朽。惟時故老。翼我前朝。式敷告於治庭。肆儀圖於典禮。故永興軍節度使、守司徒、檢校太師、兼侍中、魏國公、贈尚書令韓琦。才資沉偉。

宇量恢宏。勇義出於至誠。朴忠可以大受。盡瘁於國。利無知而不爲。任重於時。事雖難而必濟。惠澤有加於四海。謀猷實紀於三朝。緬懷弼亮之勤。重起淪亡之痛。是用進於烈考之淸祏。俾序功臣於大烝。上以慰祖宗之靈。下以爲忠義之勸。於戲。爲臣至此。可無愧於前良。與國同休。庶永傳於茂烈。惟茲盛美。以答元勳。可配饗英宗廟庭。

宋大詔令集卷第一百四十三

典禮二十八

原廟

建太祖神御殿詔 景德四年二月癸酉

定鼎名區。測圭故壤。書淵開奧。本庶邦取則之都。星渚流祥。乃藝祖挺生之地。朕虔遵典禮。躬謁山園。亦既禮成。遂茲臨幸。載念神宗之舊邸。盍崇啓聖之仁祠。欲煥皇猷。式揚英烈。爰就炳靈之地。仰圖如在之容。慎擇緇流。莊嚴紺宇。庶資景福。以慰時思。宜於西京建太祖皇帝神御殿。一如啓聖院制度。

建景靈宮詔 大中祥符五年十一月戊辰

仙源啓祚。鴻慶非常。爰經始於密都。俾詢求於吉壤。聿申嚴奉。式煥宏規。惟文考在潛之宮。乃沖人載誕之地。據神明之隩。處京邑之中。諒氣象之殊尤。宜真靈之降格。永惟欽翼。冀保祺祥。宜以錫慶院建景靈宮。

玉清昭應宮奉安畢曲赦 大中祥符六年五月丙午

國家席慶善之鴻基。膺昊穹之景祐。緜區率順。寶籙垂文。叶千載之昌辰。舉一王之茂典。啓營恭館。式耀珍圖。偉嘉會以元亨。荷太靈之昭格。洪惟瑞應。夐出古先。一昨鍊楚越之良金。法紫清之妙像。肅陳仗衛。迎致國都。榮觀焜煌。歡呼沸涌。上真高聖。凝三氣之殊姿。英祖神宗。儼重瞳之粹質。方畢朝修之禮。彌增欽翼之誠。動色相趨。降祥允集。宅靈祕宇。永申崇奉之儀。賜福群倫。宜沛覃延之澤。可赦建安軍揚州高郵軍楚州、宿泗亳州應天府、見禁罪人。云云

建鴻慶宮詔 大中祥符七年正月丙辰

在昔聖王。遹追先烈。或係修原廟。或模寫睟容。所以伸繼孝之心。紀發祥之日。國家九皇接續。二帝授成。積德深長。垂裕丕顯。肆予寡薄。獲紹慶靈。爰因訪道之遊。載歷興王之壤。夙嚴靖宇。以宅仙儀。式增壯棟之規。仰奉在天之御。永光地志。益茂神休。南京新修聖祖殿宜號曰鴻慶宮。仍奉安太祖

太宗聖像。

應天院奉安畢西京管內見禁減降德音 天禧元年六月壬申

門下。奉先昭孝列辟之大猷。宥過推仁前經之格訓。朕纂承鴻緒。奄宅中區。曷嘗不念王業之艱難。荷祖禰之眷佑。克洽至寧之治。彌增永慕之懷。惟洛師定鼎之都。實藝祖誕靈之壤。興王之氣。始兆於丕祥。布金之園。聿新於崇構。爰備彰施之彩。虔圖晬穆之容。臨遣輔臣。奉安祕宇。苾芬之薦。既罄於嚴恭。油霈之恩。宜覃於衆庶。應西京管內六月八日見禁罪人。除故殺、劫殺、鬭殺、十惡、官典犯贓不赦外。雜犯死罪降從流。內情理切害者。奏裁。其餘流罪降從徒。杖已下並放。修奉應天禪院使臣官員兵匠。次第支賜。其軍校始末祗事者。具姓名以聞。當議遷改。奉迎執輦兵士。並與支賜。西京諸城內耆老年八十已上者。厚加宴勞。仍賜茶帛。免本戶差役。管內舊舉人。將來科場與免取解。應天禪院。朔望許令士庶瞻禮。於戲。貽謀錫羨。聊仰於威神。布德均禧。俾周於京邑。庶協無疆之慶。誕昭追遠之儀。告于明庭。咸體朕意。

奉安眞宗御容于西京應天院曲赦西京德音 天聖元年

門下。朕以眇躬。荷茲丕構。務崇先烈。爰考舊章。炎漢名都。頗存於原廟。巨唐珍館。率奉於晬容。惟西洛之仁祠。有兩朝之威像。神靈所御。禋薦克修。是用模範聖儀。就安祕宇。疇之元宰。虔總於禮經。祗協剛辰。聿成於熙事。上合祖宗之令典。下符霜露之永懷。況茲鼎卜之郊。俯近目游之域。足昭象物。式罄寅恭。載敷祝網之恩。徧及交風之壤。應西京管內 云云 於戲。天罔極以興歎。敢忘於孝思。禮建中而飾情。庶叶於人紀。布告群品。體予意焉。

慈孝寺眞宗神御殿皇太后塑像于側詔 天聖六年十一月丙辰

頃者肇營梵宇。追薦禰宮。仰駐靈遊。肆開祕殿。皇太后緬懷遺烈。濬發精衷。密戒工人。塑像侍側。興言懿實。曾未布聞。宜詔近司。宣示于外。

奉安三聖御容于鴻慶宮曲赦南京德音 慶曆七年七月甲申

門下。朕祗遹先猷。尊臨大寶。夤畏御極。勤儉保躬。曷嘗不念帝業之艱難。仰宗社之眷佑。誕孚至治。增慕永懷。惟睢陽畫壤之雄。啓烈祖興王之舊。別都肇建。靖館有嚴。爰庀衆工。一新崇構。奉三后之晬表。卜萬世之永安。克協剛辰。聿成熙事。天池日潤。煥紫電以交輝。聖德神功。亘終古而齊久。思廣因心之孝。用推及物之恩。應南京畿內。除十惡、並已殺人者、及持杖行劫、偷盜官物、僞造符印、放火、官典犯入已贓不赦外。雜犯死罪已下。遞降一等。徒以下釋之。應修鴻慶宮及陪位官。並執儀仗、駕船軍士等。並等第與支賜。本府諸縣夏稅特減五分。坊郭戶屋稅錢特支五分。元係災傷倚閣二稅、欠折官物。本非侵盜。並與除放。本府舉人。諸科伍舉。經省試及殿試者。與免將來取解。父老年八十以上者。並加勞酒食。仍各賜絹二匹。臘茶一斤。其孝行爲鄉里所推者。當議旌表。祠廟之載祀典者。並嚴潔致祭。內商邱火祠壇廟有頹毀處。加完葺之。於戲。竭志奉先。燀威靈之丕冒。均休覃下。俾畿甸之旁周。茂揚追遠之思。以示無疆之慶。告于中外。體予意焉。

會聖宮應天院奉安神御畢西京德音 熙寧二年五月甲午

門下。朕祇紹前烈，寵綏庶邦，率時典常，罔敢墜逸。越茲有洛之內，自昔令王之都。藝祖之所誕生，迹存遺老；寢園之所安奉，神有餘威。是用卽西竺之仁祠，因北誓之勝地，儀刑二后，鎭撫一方。爰命宰司，肅將使指，鴻儀克舉，熙事大成。永惟畿甸之民，能無供億之役？宜敷渙澤，用慰群心。應西京管內云云 於戲！稱秩舊章，克廣奉先之孝；虧除有罪，式昭惠下之仁。咨爾群倫，咸體予意。

原廟奉安畢赦天下制 元豐五年十一月乙酉

門下。朕荷累聖之烈，擁萬方之區，永惟至艱，靡敢遑息。常慮禮樂未具，不足以紹制作之文；衣冠出遊，不足以殫嚴奉之意。乃建上都之左壤，是爲眞祖之殊廷，肆營新宮，萃興寶構。載差穀旦，祇妥睟容。于時日景晏溫，天休交至，體神之沛，豈朕敢專？落以斯干，慶備成於熙事；布之渙汗，庶大賚于多邦。可大赦天下。云云 於戲！揭虔妥靈，茲本禮經之意；滌瑕蕩垢，故用昭神況之敷。蓋制之所就者隆，則澤之所流者遠。咨爾有衆，宜體朕懷。

太皇太后立神宗原廟詔 元祐元年正月甲寅

原廟之立，所從來久矣。前日神宗皇帝初卽祠宮，並建寢殿，以崇嚴祖考，其孝可謂至矣。今神宗旣已升祔，於故事當營館御，以奉神靈。而宮垣之東，密接民里，欲加開展，則懼成煩擾。欲採搢紳之議，皆合帝后爲一殿，則慮無以稱神宗欽奉祖考之意。聞治隆殿後有園地，以殿後推之，本留以待未亡人也。可卽其地立神宗原廟。吾萬歲之後，當從英宗皇帝。於戲！上以寧神明，中以成君子之志，下以安居民之心，不亦善乎！

會聖宮奉安神宗神御畢西京德音 元祐二年十月辛卯

門下。朕以寡昧，仰繼聖神。顧瞻山陵，未忘弓劍之慕；恭廣宗廟，以奉衣冠之遊。祇遣輔臣，往嚴像設。敞鳳臺之仙宇，粲龜洛之仁祠。睟表一臨，陪京增重。山川改色，方貢祥而効珍；父老縱觀，或太息而流涕。宜施雷雨之澤，以答神人之心。應西京管內見禁罪人，除十惡、殺盜等罪至死不赦外，死罪以下第降至杖並放。應緣繕修迎奉官兵等，級頒賜。其西京耆老八十已上者，人給酒食茶絹，常加存恤。云云 於戲！好生育物，旣推父母之慈；崇德措刑，終成神考之志。咨爾有衆，宜體朕懷。

名重光殿詔

景靈西宮哲宗殿名寶慶，而萬壽觀聖祖殿亦曰寶慶，祖孫同稱，於義未允。恭念哲宗皇帝聰明睿聖，外攘驕悍鄰封，內修墮廢法度，紹述烈考，收功太平，隆德盛業，豈易殫舉。其殿額若止以受寶之慶爲名，未足昭著前人之光，可改爲重光殿。

景靈西宮成德音 四京畿內 崇寧元年正月

門下。朕以眇躬，嗣膺大麻，洪惟神考之聖，度越成周之隆，憲章修明，禮樂備具，內輯諸夏，外賓四夷，更十九年，齊天地之化育，亘千萬世，依日月之照臨。念成功之難。名窮備物而莫報。迺眷中都之右壤。載營寶構之新宮。穀旦肅涓。睟容遷妥。昭茲館御之首。奄爲前烈之光。焜燿無垠。尊崇有闡。偉大明之制作。恢永祐之規模。祗率臣鄰。躬行禮奠。霜露既降。興言悽愴之懷。衣冠出遊。儼若威靈之在。上以隆國家之制。下以聳民人之瞻。稽協先猷。用頒渙澤。應四京畿內云云於戲。廓斯閎宇。於昭先人之功。孚以恩書。庸廣大孝之本。肆均神貺。敷佑黎氓。咨爾群倫。體予至意。

西京奉安哲宗御容畢曲赦西京 崇寧二年三月五日

門下。朕撫運重熙。承祧永泰。劒舄從葬。夙畏軒臺之靈。衣冠出遊。遠追漢廟之廣。祗遣近輔。肅將睟容。趨六聖之會宮。即三川之梵宇。旁開館御。仰對威神。涓選嘉時。舉行舊典。慰華夏之衆望。揚宗祏之閎休。言念工徒。咸謹繕修之役。載瞻仗衛。率殫護從之勞。其布渙恩。以綏列甸。應西京管內云云於戲。奉先盡禮。將致友恭之心。厚下施仁。當流寬大之澤。咨爾黎庶。體予顧懷。

徽猷建殿閣成奉安訖德音 政和四年十二月八日

門下。朕踐修令緒。駿惠大猷。貽厥孫謀。敢怠奉先之志。昭哉嗣服。益隆報本之誠。乃即禁庭。更新寶構。奉睟儀於祕殿。閟睿藻於西清。規模皆蔽於朕心。工役不煩於民力。榱題增煥。像設具嚴。河圖洛書。粲昭回之在望。雲車風馬。想謦欬以如聞。仰以燕在天之神。俯以示斯民之教。既告成於熙事。宜均慶於群倫。云云於戲。刑期無刑。恩莫隆於肆眚。孝乎惟孝。愛用廣於因親。咨爾多方。體予至意。

□□

宣祖昭武皇帝昭憲皇后忌前一日不坐忌日群臣進名行香禁屠廢務詔 大中祥符二年九月丁亥

恭以宣祖昭武皇帝、昭憲皇后。夙蘊慶靈。克昌□□。載誕二聖。奄宅萬邦。猥承燕翼之謨。深惟似續之重。每臨諱日。尤切永懷。式伸尊祖之誠。以罄奉先之禮。自今忌前一日不坐。忌日群臣進名行香。禁屠廢務。著于令式。

陵寢

太宗山陵畢兩京畿內死罪以下減降德音 至道三年十一月丙寅

門下。朕欽奉丕圖。允升大寶。將繼太宗之業。式恢寰海之基。何嘗不廢寢遐思。忘飧廣訪。虔虔翼翼。行之猶恐不及者。蓋欲臻於平泰。致於阜康。爰成開物之功。用表奉先之志。近者因山展禮。率土咸觀。風師颯爾以掃塗。共欽塵靜。水伯泠然而通泒。咸歎醴甘。神休聿彰。永命斯見。宜舉欽崇之典。俾昭感格之符。惟兩京戶民。祗奉陵邑。既云集事。良表能忠。特行禮恤之恩。斯慰勤勞之役。應兩京云云於戲。理國之宜。安民爲本。將圖明允。必賴典彝。

法覆燾以制儀．生成雖一．倅陰陽而申令．勸誡則殊．期懷德以畏威．故褒善而貶惡．永言垂教．良俟措刑．適當行解之初．爰示閑邪之旨．更賚列位．咸勵勤行．庶成肅穆之風．長播宣慈之化．告示中外．知朕意焉．

詳定康陵定陵詔 景德元年七月壬寅

康陵定陵．已經迎奉將修兆域．朕以園陵之事．邦家大經．開國之初．已曾會議．尋建陵號．尚虛神寢．而有司抗表．屢有所陳．且以二寢尚居淸苑．朕以事關宗廟．理合審詳．周訪群言．皆云有據．朕猶存重慎．益廣咨詢．至于命中使以經營．委藩侯而訪察．繼觀來表．咸曰無疑．復俾大臣．再陳定議．遂有迎奉之請．用慰追遠之誠．既覩僉同．式稽禮典．於是遷之梵刹．營此寢園．今則安厝有期．儀制將舉．朕偶從餘暇．肆閱群編．因覽太祖實錄．明載二陵所在．復又不指某州．眷言夙宵．未免疑惑．況奉先之事．垂世大猷．務叶禮經．所宜明允．可令中書門下與樞密院詳定以聞．

上陵詔 景德三年八月庚辰

朕仰膺眷祐．獲紹慶基．馴至小康．垂將十稔．永懷先烈．敢怠時思．頃以邊封．猶煩征戍．上陵之禮．曠歲莫伸．今異域同和．編氓樂業．載瞻園寢．式展孝恭．朕以來年春朝拜諸陵．宜令所司各揚其職．凡百費用．以官物充．一路但增修館驛．以備行宮．應從臣百司供擬供御．並從省約．經由州縣所用什物．亦令預先置辦．不得差役科率．諸司須索．非敕命州縣不得供給．鄰近州府長吏不得擅離本任赴行在．諸路勿以進奉爲名．輒有配率．具起居表章附驛以聞．

躬謁陵寢西京諸路繫囚減降德音 景德四年正月丁卯

門下．王者奉先追遠．所以致孝於祖宗．宥過緩刑．所以推恩於寓縣．朕仰膺眷命．獲紹慶基．每勤夕惕之心．用布日新之政．逮茲十稔．馴致小康．念思文長發之祥．荷燕翼貽謀之訓．寢陵密邇．脩謁未遑．日月居諸．永懷罔極．爰稽典禮．式展孝思．祗率官師．躬伸朝拜．載瞻封樹．肅奠几筵．備薦馨香．如聞謦欬．聖靈垂鑒．涕泗無從．罄夙夜以潔誠．既陳崇祀．順陽春而布澤．恩被群黎．宜覃及物之仁．用慰履霜之感．除東京已降德音外．西京及諸路 云云 於戲．親朝列聖．慰霜露之時思．行慶萬邦．法雲雨之平施．庶黎民之受賜．俾率土以咸休．誕告中區．當體予意．

遣王旦等告祭諸陵詔 景德四年三月乙酉

朕永懷烈聖．躬謁寢園．俯徇群情．暫臨鼎邑．既盡哀於霜露．亦布澤於陽春．而言旋都畿．再面陵域．仰威神而在望．志切奉辭．稽簡冊於舊章．禮煩斯瀆．內惟罔極．曷表至誠．恭遣大臣．特陳明祀．庶達精虔之懇．以申追慕之心．宜遣工部尚書平章事王旦祭告諸帝陵．吏部尚書張齊賢祭告諸后陵．

山陵逐項不得科率詔 乾興元年三月丙申

朕荷穹昊之眷．懷纂祖宗之成憲．愼乃出令．先於愛人．恭念復土有期．因山垂制．方興力役．彌軫孝思．慮尚擾於齊民．特申明於前訓．應山陵逐項錢帛糧草及使用什物並官爲辦給。不得科率人民。

昭陵不得科率人民詔

勑中書門下。朕駿膺顯命。欽述先猷。載惟發政之初。首及愛民之務。瞻言洛士之奥。大啓昭陵之封。庀徒衆興。調費百出。慮征繇之横起。傷儉素之遺闈。感發至懷。重申前訓。應山陵一行。並逐項合用錢帛糧草、及凡百動用物色。仰三司轉運司。並須擘畫般輦及將官物修置供給。不得科率差配人民。勉思裁辦。毋致煩勞。咨爾攸司。當體朕意。仍仰出牓曉示人戶。各令知委。故兹詔示。想宜知悉。

山陵無輒科率煩民詔　治平四年二月戊子

大行皇帝身先四方。克勤克儉。惟厲精於庶政。用保惠於兆民。故其憑几之言。慮及因山之制。所用錢帛糧草。凡應奉物。委三司轉運司。計置官物供給。無輒科率煩民。

太皇太后山陵遵遺誥儉省諸道不得進助詔　元祐八年九月壬辰

朕恭以太皇太后保祖宗之基。命定社稷之永圖。德參二儀。功冠千古。今普天喪恃。四海同哀。雖築陵高於太山。備禮殫於萬物。顧無以報。亦未爲多。惟遵奉於訓言。益光昭於儉德。以對在天之盛烈。以揚愛物之遺仁。緣山陵非久修奉。慮有司遇有煩勞。枉費人力。不能仰承遺誥。務遵儉省之意。其令尚書戶部斟酌應副。毋得寬剩計置。除西京路轉運司自合供辦。其諸道非拋降。毋得妄有進助。咨爾中外。當體朕懷。

陵名

宰相丁謂奏大行皇帝陵名鎭陵狀

伏以龍駕登眞。奄纏悲於厭世。鮒隅卜遠。方度竁於因山。聿遵同軌之期。將藏祖庭之禮。恭循茂典。仰薦表稱。大行皇帝陵名。伏請以鎭陵爲名。詔恭依。

宰相韓琦奏大行皇帝陵名永昭狀

兆域之圖。按禮經而伊始。因山之固。奉大訓以惟嚴。宜立嘉名。上符至德。大行皇帝仁無不浹。道極莫稱。開壽域以躋民。咸歸聖治。建善經而長世。坐致時雍。豈徒超越於百王。固以光輝於萬世。大行皇帝陵。謹請以永昭爲名。從之。

宰相韓琦奏大行皇帝陵名永厚狀

因山而葬。將循虞舜之宏規。就水爲名。復舉漢文之故事。詢于鄙陋。曷足形容。伏以大行皇帝。以上聖之資。繼景炎之祚。聖心欲治。方圖庶事之康。天意難忱。不降萬年之福。此方中之始窆。宜復土而有稱。夫唯盛德之無前。固與方輿而同厚。大行皇帝陵。謹請以永厚爲名。

宰相請大行陵名永裕狀

伏以漢營霸水。曾不改其舊川。唐卜醴泉。遂終藏於去劍。緬追故事。並建嘉名。恭惟大行皇帝道與天同。才非世出。振易邦制。規恢三代之謨。作新帝文。博盡六經之學。未勒金泥之檢。蚤驚玉几之言。占龜洛之勝遊。得鳳臺之吉兆。行襄大事。固有神靈之扶。垂裕萬邦。永爲子孫之制。大行皇帝山陵。伏請名爲永裕陵。

宰相章惇奏大行皇帝陵名狀

僊鼎遽成。龍胡莫挽。爰占兆域。將掩衣冠。俾歷選於嘉封。示致嚴於大事。伏以大行皇帝道該三極。威攝萬方。於昭前人之光。允貽後世之憲。華戎期於同軌。衆庶請於因山。稽諸龜筮之靈。得此崗原之吉。建休祥之所聚。治泰定以無窮。大行皇帝陵。請以永泰爲名。候敕旨奉聖旨依。

宋大詔令集卷第一百四十四

典禮二十九

紀節

改用七日爲七夕節詔 太平興國三年七月乙酉

七夕佳辰。著于式令。近代多用六日。實紊舊章。訛俗相承。未之或改。自今宜以七日爲七夕。仍令頒行天下爲定制。

建天慶節詔 大中祥符元年十一月庚辰

圓穹降鑒。瑞檢騰文。徇中外之僉謀。塞神祇之凝望。升中鉅嶽。霈澤綿區。紀茲受命之辰。庶廣承休之樂。宜以正月三日天書降日爲天慶節。休假五日。西京諸路就長吏公署或宮觀建道場七日。京城寺觀燃燈。許臣民宴樂。其月已斷屠宰。更不處分。

先天降聖節日令天下以延壽帶續命縷保生酒更相贈遺詔 大中祥符六年六月辛未

近者祇格眞游。欽聞寶誨。惟孟秋之上朔。曁陽月之下弦。肇建節名。已存令甲。思宏模而增盛。俾蕃祉而誕敷。稽舊史之文。載頒於明制。徇輿人之欲。益煥於珍圖。先天降聖節日令天下以延壽帶續命縷保生酒更相贈遺。著于甲令。

立天祥節詔 天禧元年正月壬戌

大中祥符元年四月一日。天書再降內中功德閣。自欽承於中禁。唯密奉於清場。近者茂對靈心。宜聞朝著。虔遵寶訓。彌勵精衷。用建節名。宜昭帝貺。宜以其日爲天祥節。如天貺節之制。

十一月五日爲天應節御筆手詔 政和四年二月一日

朕嗣承丕構。夙夜祗若。惟道是興。惟上帝是承。涓選休辰。恭修祀事。備物盡志。咸秩無文。荷帝悼臨。如在其上。旌旗輦輅。冠服仗衛。見於雲際。萬家咸睹。惟天人之感通。有形聲之相接。靈承對越。敢不祗欽。可以其日爲天應節。用端命于上帝。以昭答於神休。咨爾萬邦。其體朕意。

朝賀

中外除拜正衙謝辭詔 太平興國元年十一月

外朝之設。舊章不忘近年事出權宜。多從沿革凡除拜出入不由正衙辭謝。有司既失於舉行。經制遂成於寢廢。自今中外官除拜假使出入。並須於正衙辭謝。違者有司議其罰。

誡約朝會虔恭詔 太平興國五年十月丁未

表著之設。蓋有等威。闕庭之儀。所務恭肅。故離立俗談者。罰之所及。蹴蹋齒路者。誅之必加。所以辯名器之差。正班爵之序。賈生設堂陛之喻。蓋明天子之尊。叔孫造綿蕝之文。式彰王者之貴。抑有彝訓。布于格言。五代以來。舊章多廢。胥徒市賈。多齒於周行。朝覲會同。罔知於王制。遂至褻慢。殊失矜莊。浸以成風。因之不改。方屬成平之始。宜申沿革之規。應文武百官自今宜令有司遍行布告。凡遇朝會。各務恭虔。每內殿起居。卽須踧踖入門。雍容就列。稍涉不謹。便同失儀。朝堂素有典彝。憲臺並須振舉。恪居官次。稱朕意焉。

誡飭文武官立班不得違慢詔 大中祥符五年十一月辛未

朝廷之儀。禮經有制。所以明上下之式序示堂陛之有嚴。而表著之間。頗聞隳慢。紀綱之任。曾不糾繩。有紊憲章。宜申儆勵。應文武群臣趨朝立班。及崇政殿引見官員使臣自今違慢者。仰閤門御史臺彈奏。

中書門下請旬休及諸休並有寒雨雪特放朝日兼後殿不坐表詔 大中祥符九年二月戊戌

朕仰承丕訓。恭守鴻圖。汔致治平。彌懷厲翼。所以外朝既罷。便坐再臨。每休假之在辰。亦恭親而無輟。至于旰昃。靡覺煩勞。雖四海密清。萬務稀簡。然於聽斷。豈敢怠遑。當體至懷。無煩確論。所請宜不允。

雙日不坐詔 乾興元年三月戊寅

準今月九日詔敕中書門下。禮儀院奉中書進呈隻日視事。雙日不坐。五日前殿起居。奉聖旨送禮儀院者。今參詳、欲自三月十五日禫除後。不以隻日雙日。百官並依例常朝。並五日一度赴前殿起居外。如遇隻日。卽皇帝視事。雙日前後殿不坐。其餘休務并假日並依舊例。其隻日如值假節。只於崇政殿或承明殿視事。朕仰承先訓。肇纘慶基。思與忠賢。日勤聽覽。至於宵旰。非敢怠遑。卿等任重佐邦。道隆體國。協于僉論。陳此奏章。稽舊典之攸中。爲視事之經制。載惟明識。諒合通規。然每屬於清閒。亦靡圖於暇逸。當延侍從。講習藝文。勉徇嘉謀。用依來請。所奏宜允。其雙日不視事。或遇政務稍暇。卽當宣召侍臣入侍講讀。故茲詔示。想宜知悉。

每日前殿視事詔 明道二年十月二十日壬子

朕欽膺駿命。寅紹慶基率遵簡易之風勉荷承平之業。洪惟先聖。丕顯大猷。屬四方無事之辰。有隻日視朝之制。逮于沖質。獲稟成規。訖臻大寧。垂兹一紀。懼德弗類。聿懷永圖。念守文之固難。思置器之尤重。幅員至廣。庶務實繁。儻或壅於下情。安能召於和氣。當憂勞而靡暇。在旰昃而豈遑。用詔近司。載頒定式。十一月一日已後。每日於前殿視事。其餘休務并假日並依舊例。一二萬幾。躬勤於聽覽。股肱三事。同馨於謨明。惟文武之具僚。洎中外之庶職。勵乃首公之節。副予求理之心。故兹詔示。想宜知悉。

宰臣呂夷簡等上表批答 景祐元年九月六日壬辰

朕丕承祖宗之烈。司牧億兆之人。一紀于兹。萬邦咸乂。禮興樂舉。俗阜刑清。賴天地社稷之靈。成寬仁安靜之俗。至於臨御之久。敢忘旰昃之勤。今卿等體國誠深。致君道廣。且謂機事多暇。聲教誕敷。軍國之宜。率奉秉彝之訓。賞罰之制。並存畫一之規。而猶程衡便坐。乾道尙簡。豈若是乎。願以剛辰進臨於前殿。其餘日間御於臨軒。以王者親總懿綱。宣揚醲化。推心於人腹則易信。置器於平地則易安。是以勞於求賢。逸於任使。朕方守神明之位。任股肱之良。至於會朝之儀。詎專煩數之禮。求其折中。庶示悠長。且念侍從之班。職局有守。將校之列。營舍甚遙。夜未艾而夙興。星既明而旅進。亦云勞止。頗軫予衷。況大舜垂衣而爲功。隋文傳飧而致誚。今覽所請。深協其宜。又以弼亮之臣。咨訪攸屬。其雙日內。如中書樞密院有合奏公事。當詣便殿臨對。貴於閒宴。以納謀猷。繄爾具僚。體兹深意。所請宜允。

日御前殿詔 寶元二年二月庚午

朕惟聽朝之令。初無分日之義。間徇羣言。聿圖簡政。然萬機之務。懼常失於隱微。且四近之臣。思日勤於咨訪。式資勤治。以布新規。其自今月五日以後。日御前殿視事。

令中書密院常程奏事外別有所陳不限時刻詔 慶曆三年七月辛未

朕嗣守先基。高處宸極。夙夜寅畏。踰二十年。永惟祖宗之鴻烈。歷考皇王之令典。循東漢之曩制。勤每旦以臨朝。延見群臣。講修庶政。眷惟台輔之職。實總微幾之繁。倚矚甚深。諮詢無間。且當世要務。經國顯謀。其於啓沃之間。必有從容之論。雖至中昃。朕何怠焉。自今中書樞密院臣僚除常程奏事之外。如別有所陳政事及朕非時留對。並不限時刻。

巡幸

幸軍前詔 建隆元年五月丁巳

朕仰膺天眷。肇啓皇圖。念可畏之非民。敢無名而動衆。李筠不知天命。犯我王誅。弃帶河礪岳之恩。爲干紀亂常之事。已行攻討。即俟盪平。當九夏之炎蒸。念六師之勞苦。深居宮闕。情所難安。當議省巡。用伸慰撫。朕取此月內暫幸軍前。所司供須。務從儉約。郡國長吏不得擅赴行朝。兩京留司官起居表章可傳置以聞。勿令勞擾。以稱朕意。

幸揚州詔 建隆元年十月丁亥

朕以叛臣負國。兇黨嬰城。勞將帥以征行。救生靈之塗炭。重念蒙犯霜露。跋涉山川。將親示於撫巡。須暫離於京闕。朕取今月內幸揚州。凡所供須。務令省約。方期靖亂。無至勞人。餘依征澤潞詔書從事。

歸京詔 開寶九年四月甲辰

朕以克平江表。告謝上元。爰臨卜洛之郊。已展就陽之禮。既畢祀事。宜還上都。朕取此月內歸京。

幸鎮州詔 太平興國四年二月辛亥

王者肆覲群后。存問百年。因茲龜筮之祥。會於方岳之下。所以巡諸侯之守。達遠民之情。斯爲舊章。豈可暫廢。眷茲河朔。控乃邊陲。翠華久曠於豫遊。比屋實懸於瞻望。宜親巡於疆埸。庶躬撫於士民。慰其徯后之心。用展省方之義。櫛風沐雨。朕無憚焉。朕今暫幸鎮州。以此月內進發。沿路供須。並從簡儉。凡百費用。悉以官充。不得民間輒有科率。諸司不得於州縣輒有須索。車駕經過州府縣鎮。並不得於道路排比香臺畫甃青繩欄干等物。近處節度防團刺史知州等不得輒離任所來赴朝覲。兩京留司管內諸州屯戍將校上表起居。並附驛置以聞。應經過州府外縣鎮官吏。並不得輒以饔餼爲獻。

幸邊陲詔 太平興國五年十一月己酉

邊境多虞。寇戎猶梗。介冑之士。息肩未遑。樽俎之籌。折衝靡暇。兩河之際。列郡相望。烽火時至於近郊。羽檄尚馳於絕塞。是用大徵戈甲。遠殄氛霾。昔者師人多寒。楚子所以躬撫。匈奴未滅。漢武於是親巡。蓋以慰虎旅之心。破西戎之膽。雖在窮冬之候。敢辭夙駕之勞。朕取此月暫幸邊陲。親撫士卒。應經過頓舍。凡百費用。悉以官充。所在不得輒有裒斂。諸司須索。非有勑命。州縣不得供給。馳道左右。並不得排比香臺畫甃青繩闌干等物。鄰近州府長吏各司其局。不得輒離本任。來赴行在。亦不得以貢奉爲名。敢有科率。兩京留司及諸州起居表疏。並附驛置以聞。

幸河北詔

朕惟念遠圖。冀寧中夏。而邊鎮之俗。尙恣貪婪。侵軼我邊防。繹騷我黎庶。是用當食而嘆。投袂以興。整七萃之師。幸兩河之壤。蓋所以慰編氓之徯望。撫戎士之多寒。朕取今月五日暫幸河北。應經過頓舍。凡百費用。悉從官給。所在不得輒有率斂。諸司須索。非敕命。州縣不得供億。兩京諸州起居表疏附驛以聞。

幸西京詔 景德四年正月丁卯

朕以春露既降。時感載深。祇詣寢園。躬申酌奠。蓋達誠於孺慕。非取樂於豫遊。瞻彼三川。時惟二宅。而守籥之長。留局之臣。耆耋之民。緇黃之衆。翹心望幸。投袂拜章。况數舍之匪遙。且群情之至確。式回輿駕。言歷舊都。慰其徯仰之心。舉此省巡之典。朕以來月二日暫幸西京。所司準式。

遊觀

十七十八夜張燈詔 乾德五年正月甲辰

上元張燈。舊止三夜。今朝廷無事。區寓乂安。况當年穀之豐。宜從士民之樂。具令開封府更放十七十八兩夜燈。

幸開封府射堂曲赦東京畿縣見禁制 大中祥符三年閏二月丁卯

門下。王者守文致治。稽古御圖。節遊豫之期。率從於夏諺。覃後望之慶。允叶於商書。內愧眇躬。獲膺大寶。昔奉遵於先訓。顧曲被於鴻慈。爰錫命以登儲。仍尹京而歷試。所臨民政。動稟朝經。實未著於元良。因靡加於寵數。鄰於公府。建以華宮。俾於退食之居。用擬宣猷之地。暨承祧之務重。曠命駕以斯來。適會餘閒。輒茲遊覽。頗動因心之感。但增濡露之懷。乃眷公王。特陳宴射。浩穰之邑。宜給於優恩。近密之臣。仍加於茂錫。以應陽和之候。曲成煦育之仁。應東京云云於戲。隆盛之基。永懷於積慶。涵濡之澤。特示於惟新。咨爾群臣。體予深意。

名繼照堂詔 大中祥符三年閏二月丙戌

朕頃在儲闈。允釐京邑。仰承訓導。幸底密清。爰就公庭。載營宏備。俾因聽訟之暇。用爲習射之娛。入綴邦基。載移星律。乘陽春之布令。擁法從以來臨。感慶兼深。惠賚胥洽。式徇宰司之議。易茲題牓之名。庶增煥於黃圖。永流芳於矍圃。其開封府舊射堂名曰繼照堂。令設齋張樂。許士庶遊觀三日。

在京景靈宮成放士庶遊看詔

朕以仰膺靈貺。茂對眞遊。祇答殊祥。聿伸嚴奉。惟都畿之福地。當天下之奧區。聖迹昭然。鴻儀備舉。特崇華構。式示無疆。庶工子來。既成於大壯。萬方輻湊。俾遂於榮觀。仍擇吉辰。先陳淸醮。遐邇諒同於慶悅。小大宜罄於翕恭。

宋大詔令集卷第一百四十五

典禮三十

宴集

賜酺詔 雍熙元年十二月乙酉

王者賜酺推恩與衆共樂所以表昇平之盛事。契億兆之歡心。累朝以來。此事久廢。蓋逢多故。莫舉舊章。今四海混同。萬民康泰。嚴禋始畢。慶澤均行。宜從士庶之情。共慶休明之運。可賜大酺三日

誡約朝會端肅詔 景德二年九月壬子

朝會陳儀。衣冠就列。將以訓上下之則。彰文物之容。宜慎等威。用符紀律。況屢頒於條令。宜自顧於典刑。稍歷歲時。漸成懈慢。特申明制。以警具寮。自今宴會宜令御史臺預定位次。告示各令端肅。不得諠譁。違者殿上委大夫中丞。朶殿委知雜御史侍御史。廊下委左右巡使。察視彈奏。內職殿直已上赴起居入殿庭行私禮者。委閤門彈奏。軍員令殿前侍衛司各差都校一人提轄。有虧失禮容。即送所屬勘斷訖奏。仍令閤門宣徽使互相察舉。敢蔽匿者糾之。

令中外宴衎詔 景德三年九月庚戌

易簡可以便民。慈惠可以布政。由庚萬物。乃合大和。頃者戎事猶繁。宵衣在念。精求治本。庶及時雍。中外之臣。方勤率職。宴衎之事。未暇賞心。當今稼穡屢登。機務多暇。嘉與群品。適茲泰寧。自今士民任選勝宴樂。內外文武群臣不妨公務。並許遊從。御史臺金吾皇城司勿復糾察。內外百司除舊例給假外。每月旬假上巳、二社、重午、重陽並休務一日。三司開封府事關急速不在此限。文武職官軍員將校、遇祁寒盛暑大雨雪。當議放朝。布告群倫。著於甲令。

致仕官赴都亭驛酺宴詔 大中祥符元年正月己丑

朕以錫符有慶。合飲申恩。眷言耆艾之臣。方從休致之適。衎樂之際。飫賜宜均。用敦尚齒之規。以叶燕毛之禮。應致仕官宜令並赴都亭驛酺宴。其御

樓日合預坐者亦聽。

賜酺詔 大中祥符元年十月

朕旣展封祀。乃巡侯藩。眷茲禮義之邦。實控神靈之域。宜均愷樂。式慰徯來。兗州特賜酺三日。

京師賜酺詔 大中祥符元年十二月辛亥

朕躬升喬嶽。祗建靈封。爰敷肆告之恩。俾均合歡之宴。矧大衆所集。乃曰京師。四方所瞻。茲惟天邑。當陽春之啓候。俯中和之屆辰。特命宴私。用宣純嘏。東京賜酺五日。以來年二月五日爲始。

誡約內外群臣不得非時廣爲聚會淹延刑禁詔 大中祥符二年四月壬寅

萬務之繁。庶官共治。念夙宵之匪懈。俾休沐以推恩。用紓幹蠱之勞。期洽和平之化。乃有靡因暇日。妄託虛名。恣群飮之諠譁。鬱下民之訴訟。因循至是。曠廢居多。俾肅慢官。再從申諭。自今內外群臣。每遇休假。不妨公務。聽前詔遊宴。不得非時廣爲聚會。淹延刑禁。致部民無告。違者當重論其罪。

天貺節賜會詔 大中祥符四年六月丙午

向者岱宗福地。朱夏良辰。誕錫靈文。著爲令節。共樂非常之祐。宜推式宴之恩。天貺節、宰臣親王於上淸宮行香畢。宜賜齋會。

同列出使許出餞給休假詔 大中祥符五年五月丙子

寮故之情。風義攸重。飮餞之禮。典籍具存。矧承平之在辰。諒官局之多暇。式敦和樂。俾遂燕私。自今兩省五品、尙書省四品、諸司三品已上官。同列出使。並許出餞。仍給休假一日。餘官有親屬僚友出行。任以休務日餞送。

賜酺詔 大中祥符六年正月己酉

昨以吉夢開先。眞游臨格。泝僊源於太古。祚皇厤於無疆。祗受純禧。廣覃渥惠。將盛陳於合飮。庶親問於高年。已申誕告之文。俯及載陽之序。中和育物。允契於良辰。宴衎宣恩。宜頒於美澤。東京所賜酺五日。以二月六日爲始。

賜酺詔 大中祥符九年四月丙申

眞輿降鑒。寶系開祥。度雲構以甫成。竚飇輿之來格。蔚爲勝壤。永壯中畿。承錫羨於中枋。誕膺介福。洽均禧於溥率。用表多歡。東京賜酺五日。西京南京三日。諸州軍監一日。父老委逐縣量地里近遠。以賜酺日告諭。勿得預有呼集。有疾不赴者勿強之。

賜酺詔 天禧元年九月丁未

朕欽崇寶系。營建眞庭。逮茲成室之初。載洽溥天之澤。宜均宴衎。以暢歡康。在京賜酺五日。以二月三日爲始。

在京賜酺詔 天禧四年九月壬戌

朕祇若靈命。撫臨庶邦。荷宗社之發祥。洽淸寧之並貺。方隅底定。表裏咸和。屬素律之協辰。慶甫田之告稔。稽于前典。著合飮之明文。乃眷上都。實異方之交湊。思延皃齒。廣惠衢罇。在京可賜酺五日。

令陳堯咨爲鄜延等路安撫使仍令訪民間利害群臣能否等詔 天禧四年十一月丁卯

朕惠養群黎。勤勞庶政。干戈載戢。久臻下武之期。朝野多歡。宜布及私之澤。眷茲列郡。實介西陲。爰輟近臣。往頒宴犒。至於官吏之治行。州縣之徭宿負之未蠲。滯訟之或訴。卽當平處。並以敷聞。仍決薄刑。誕敷寬詔。宜令陳堯咨等所至州軍犒設官吏將校、訪民間利害、群臣能否功過以聞。或有陳訴屈抑。經轉運提點司區斷不當。卽按鞫詣實。杖以下區理。徒已下飛驛以聞。仍取繫囚躬親錄問。催促論決。

賜酺詔 天禧五年二月丙寅

朕每念烝民之重。宜思庶獄之繁。中宵疚懷。當食興歎。屢申戒勵。冀免滯淹。眷乃攸司。克遵朝旨。削封章而來上。述案牘之無留。囹圄盡空。憲令幾措。而又青春在序。玉燭揚明。百卉芳華。群生茂遂。降康之慶。豈獨在於眇沖。合飮之歡。所宜均於遠邇。在京賜酺五日。兩京三日。諸州各一日。

貢獻

蠲省劍隴等州土貢詔 景德四年閏五月戊辰

任土貢輸。雖在舊典。經塗遐邈。亦念重勞。特用推恩。俾從蠲省。三司所定劍隴等三十九州軍所貢土物。並與減放。慶賀等二十七州軍悉罷所貢。每歲正旦具表以聞。諸州長吏不得以土貢爲名。因緣配率。務於便民。以稱朕意。

罷諸州軍每歲進茶詔 大中祥符元年六月壬子

茗荈所產。風壤之宜。綿越歲時。聿修貢禮。念齎持之期遠。慮賦率之爲勞。思便下民。聿停常獻。其諸州軍每歲進茶。並宜停罷。

罷諸州貢務詔 治平四年四月壬申、諸州貢物名件、自潭州山薑花一萬朶已下、至榲桲二千顆、凡七十種

四方入貢。雖云古禮。考之禹制。未有若茲之繁也。今則一郡歲有三四至者。言念道路之勤。疲費亦廣。至聞主押牙校、有棄業終身不能償者。耗蠧民力。莫不由斯。又所貢物多飮食之類。雖闕之亦無害也。書不云乎。不作無益害有益。非此謂耶。朕甚不取。其自今寢之。

新附州軍收買貢物咨強淵明御筆 大觀二年四月一日

大禹克儉。而任土作貢。備天下之百物。納錫於上。理所當然。今新造之邦。未制貢輸之物。可依所奏。令尚書省參酌中制以聞。並置場高價收買。不得

差科勞民。

臣僚上言供貢御筆 政和八年二月二十六日

朕君臨萬邦。富有四海。天下之奉。何有所闕。除依歲格任土作貢外。未始許其抑配科率。詔誥訓飭。止絕搔擾。形于翰墨。丁寧備至。未嘗少寬科率之刑。間有御前自京給降見錢度牒銀絹。付諸路監司。於出產州軍。仍以市價私相和買口味木石之類者有之。以備薦饗宗廟。頒宣大臣。戚里。亦非以專於奉己為事。監司敢以御前錢物計置到物為已有。以充苞苴饋獻。罔上弗虔。罪何可逭。當重為之禁。今後有犯。以大不恭論。不以赦降去官原減。違者御史臺糾劾以聞。

弋獵

狩近郊所獲禽獸薦饗太廟詔 雍熙二年十二月壬午

順時蒐狩。禮有舊章。非敢取樂於畋遊。蓋欲薦誠於宗廟。久隳前制。闕孰甚焉。今者暫狩近郊。爰遵時令。其以所獲禽獸。付有司薦饗太廟。永以為式。

罷畋遊放五坊鷹犬禁諸州不得獻鷹犬詔 端拱元年十月癸未

蒐狩之禮。先王所以順時令而講武事也。逮夫失道。遂成禽荒。故五子有洛汭之歌。長卿陳上林之諷。明監不遠。餘風未懲。朕惟懷永圖。思革前弊。庶協好生之德。用孚解網之仁。起自今後。除有司順時行禮外。朕非時更不於近郊畋遊。其五坊鷹犬並放之。仍令諸州更不得以鷹犬來獻。

還趙保忠獻海東青詔 淳化三年十一月乙卯

朕久罷畋遊。盡放鷹犬。無所事此。卿地近邊塞。時出捕獵。以講武事。今還以賜卿。可領之也。

縱鷹鶻詔 大中祥符二年六月壬寅

三驅之禮。足表於好生。四時之田。寧務於多殺。且鷹隼為用。羽獵所資。爰自先朝。已頒明詔。釋茲猛鷙。靡事畋遊。豈止開三面之羅。蓋盡廢五坊之職。仍以夙駕載馳。無失諸侯之舊章。以時給鮮。止備戚藩之講事。鳥獸以之咸若。麛卵由是不傷。而有司奉行。未得周悉。搏擊之類。學習尚存。朕躬荷慶輝。志崇清淨。思申明於皇訓。庶虔守於聖謨。其教駿所養鷹鶻。除量留十餘。以備諸王從時展禮外。自餘並去其羈紲。縱之山林。無得更有蓄養。

放鷹犬詔 天禧元年四月乙卯

朕自膺瑞命。即絕畋遊。蒐獮之郊。咸悉其耕墾。羽毛之族。盡罷於縶維。其或詔蹕時巡。官司景從。罝罘弋獵。禁止甚嚴。動植昆跂。毫芒靡犯。庶乎品彙。普洽至和。但以每歲殊鄰。常用鷙禽充贐。執而將命。誠叶禮文。憫彼見羈。深違物性。釋其籠檻。俾遂飛翔。其所養鷹鶻獵犬五十三頭。宜令入內內侍省因投龍簡使臣。賫放名山高僻之所。

宋大詔令集卷第一百四十六

典禮三十一

喪服上

皇太后喪百官第三表請聽政答詔 建隆二年六月己亥

朕奄罹閔凶。方集荼蓼。慕殞絕苦。若無所容。數日以來。五情糜潰。而百辟卿士三上封章。勉予以一日萬幾。誨予以毀不滅性。俯從來請。哀噎良深。

皇太后喪除百官三上表請舉樂答詔 建隆四年六月庚子

朕積釁上延。禍鍾長樂。雖軍國之事。敢不勉旃。而人子之情。實惟永感。固於雅奏。焉忍遽聞。卿等援引古今。繼陳章表。明先王之制禮。俾涼德以俯從。式徇群情。良深增愧。所請宜允。

令子弟因父兄歿收斂未經百日不得公參詔 淳化五年七月壬午

孝居百行之先。喪有三年之制。著於禮典。以厚人倫。中外文武官子弟、因父兄之淪亡。因朝廷之收序。未及卒哭。因以脫縗。遽忘哀戚之容。不念劬勞之報。雖黽勉從事。克遵匪懈之言。而創鉅因心。殊乖未忍之意。自今文武百官子弟、因父兄歿收斂。未經百日。不得輒赴公參。御史臺專加糺察。并有冒哀求仕。釋服從吉者。並以名聞奏。

秋宴以安王卒不舉樂詔 咸平六年九月己丑

朕痛切友于。時當饎饗。修俎豆之事。禮則有常。聽金石之音。情所未忍。其秋宴宜不舉樂。

宗室心喪詔 景德元年九月丙午

葬而除服。雖俯就於禮文。孝以奉先。宜永懷於創鉅。在於望族。合守心喪。庶全攀慕之誠。以畢外祥之制。

答群臣請舉樂表詔 景德元年十月辛丑

朕自長樂升遐。昊天增感。以日易月。奄終祥禫之期。臨軒視朝。勉從軍國之務。卿等方司獻納。遽有敷陳。且述前文。願張具樂。誠嘉讜議。實所未遑。所

請宜不允

百僚等表請郊禮舉樂不允詔 景德二年七月丁卯

恭以長樂上僊寢園甚邇從宜聽政雖遵易月之規跂及愼終式重化民之道聿觀封疏載述輿情冀因享類之辰且舉翕純之奏然念奄鍾荼蓼甫易槐檀增感慕以彌深聽鏘洋而未忍誠違乃意難奪予情所請宜不允

答群臣三上表乞舉樂詔 景德三年六月戊戌

朕念匪莪之哀曷嘗暫忘顧在縣之奏未忍遽聞卿等以日月其除表章屢上請舉同和之樂用符順變之文且述三年之不爲慮隳六代之前典勉從獻可良切至懷所請宜允

皇后崩用十三日釋服詔 景德四年四月丁亥

帝王禮樂沿襲不同因事從宜亦存前訓今者宮闈遘戚官司定議質聖祖之舊章協宗周之令典顧循讜議特有沿情用導盡傷亦敦風化朕今用十三日釋服

答群臣再表請舉樂詔 景德四年八月辛亥

向以椒掖纏災軒宮虛位音徽如昨弦望屢移雖淸廟安神已伸常享而廣庭備樂焉可遽聞卿等以久畢公除備陳典禮在簡編之所述故事雖存且金石之具揚予心未忍將從勤請亦貴酌中啓宴享於高秋暫停雅奏俟冬正之令節卽允乃誠咨爾近臣當體朕意

晉國賢靖大長公主喪罷聖節上壽詔 大中祥符二年十二月辛巳

惟姊之親愛均於同氣終天之訣哀切於深衷屬以誕節屆辰庶邦畢會有司獻議願罷樂懸在於朕心亦所未忍俾停展禮用表追懷其日群臣上壽宜令權罷

眞宗喪服臣僚請聽政表不允批答

省表具之朕釁罰奄鍾哀號罔極仰遵遺命勉嗣丕圖諒闇不言抑聞舊制嚮明視事實所未遑卿等遽有奏封歷陳忠款且以寰區至廣機務寔繁爰冀眇沖躬親聽覽顧茲荒隕難議俞從所請宜不允

第二表不允批答

省表具之朕日對几筵伏增號慕茹荼在疚跼地無容卿等荐貢封章備陳典禮將期寡昧親覽政經顧此哀荒難遂誠請所請宜不允

第三表允批答

省表具之。朕奉憑几之言。荷承祧之重。哀荒在疚。戰蹐靡寧。顧惟眇沖。罔知攸濟。卿等講求典故。表率群倫。荐拜封章。願親機務。諒傾輸而備至。且堅確以不迴。勉徇所陳。尤增愧惕。所請宜允。

為保慶皇太后加服詔 景祐三年十一月辛巳

朕以保慶皇太后早在先朝。已正次妃之位。洎膺顧命。復升亞極之尊。荐示推崇。遂增顯號。蓋夙深於慈育。克保就於眇沖。方叶燕寧。奄纏災釁。追念擁全之愛。曷勝痛慕之懷。覽禮官之上言。明喪紀之有數。雖云舊典。未稱予衷。宜遵加服之文。用申報德之志。今特服小功五月。用易月之制。五日而除。今月九日已後。特未視事。十七日十九日只御延和殿。二十一日前殿。仍特服素紗幞頭淡淺衣黑鞓帶。俟祔廟畢。依常服。

以獻穆大長公主薨宰相乞聖節舉樂不允批答 皇祐二年三月戊午

故齊國獻穆大長公主。先帝同體。為朕諸姑。宗黨所嚴。尊親莫貳。奄捐外館。增悼予衷。屬誕節之邇期。有稱觴之彝制。俾毋舉樂。用以稱情。乃援降服之文。請御在廷之奏。義之所厚。情固難勝。所請宜不允。

賜文武百僚宰臣韓琦已下乞聽政第一表不允批答

省表具之。夫以朕眇末之身。遭國大故。嬛嬛在疚。若無所容。而有司列章。遽以聽事為請。夫三年之喪。猶未成服。迺欲臨便殿見群臣。其可得虖。所請宜不允。

賜文武百僚宰臣韓琦已下乞聽政第三表宜允批答

省表具之。朕奉先帝顧命。以畀付四方。夙夜憂懼。若涉淵冰。今雖悲哀之中。不敢違公卿大夫之言。以起圖事。然而斷恩從變。不亦喪紀之薄虖。所請宜允。

賜文武百僚宰臣韓琦已下請御正殿第一表不允批答

省表具之。朕罹國之憂。不及行高宗諒闇之事。固已恧然于懷。今易月而除。公卿大夫又欲朕御大昕之朝。以延見群臣。朕哀荒未已。鬱乎大道。將何以處之哉。所請宜不允。

賜文武百僚宰臣韓琦已下請御正殿第二表不允批答

省表具之。予罹國大憂。而不能執三年之通喪。蓋已徇公卿大夫之言。曰從事于便坐矣。今復俾予臨正朝。以垂聽天下之治。顧瞿然而哀不勝。雖曰祖宗之故事。豈予小子所敢循乎。所請宜不允。

賜文武百僚宰臣韓琦已下請御正殿第三表宜允批答

省表具之。夫喪親者。自天子至于庶人。禮不敢渝也。予遭家之難。茹懷荼苦。朝夕靡勝。卿等方謂國之萬機。不可以曠日。至三陳悃愊之言。顧雖弗從。然祖宗之制。庸可廢乎。所請宜允。

賜文武百寮宰臣韓琦已下第二表乞舉樂不允批答

省表具之。朕荷顧言之重。保成業之艱。躬信默以永思。奉燕詒而終裕。施大曷報。創深靡窮。且宮隙流陰。俯順縞纖之變。而賓觴在御。忍聞金石之音。覽封奏之爰來。握禮文而甚備。顧於匪德。誠所未安。所請宜不允。

批答群臣請聽政表

顧惟沖人。遭家不造。嬛嬛在疚。繼序思不忘。而群臣列章。洒以聽政爲請。夫三年之喪。天下之通喪也。遽欲臨便坐。躬决庶政。其心安乎。

群臣請御殿第一表不允批答（正月甲戌三表乃從）

朕於荒疚之中。既從歷代之制。出就西廂。日見公卿百辟。是亦足以聞政矣。路朝正寢。列聖於此嚮明而聽天下之治。威容如在。謦欬猶存。予小子于茲南面。何以堪諸。抑所未忍也。

太皇崩百官請聽政不允批答（元豐二年十月辛酉、七表、乃詔易月之制、定日御殿）

昊天不弔。大行太皇太后遽棄四海之養。朕承嫡孫之重。哀荒在疚。而公卿大夫。咸以聽事爲請。夫處苫廬。衣縗服。乃欲臨便座見群臣。豈所稱哉。所請宜不允。

第二表不允批答

省表具之。方慶壽感疾之初。朕已憂荒。不知所從。矧今朝夕癯然。哀不能勝。顧何暇與群公共議天下之事哉。言之勿遽。以稱朕悲慕之懷。所請宜不允。

第三表不允批答

省表具之。四方所以聽治於朝廷者。一日萬機。朕固不可後也。然憂艱之際。群公百辟。豈不能借旬朔之期。使朕得專哀疚。奉喪紀。以終易月之制乎。所請宜不允。

第四表不允批答

省表具之。成服後三日聽政。此雖大行太皇太后憂念天下之遺意。而舍喪圖事。朕誠所未忍也。從權起義。不亦太遽乎。所請宜不允。

第五表不允批答

省表具之。夫君子不奪人之喪。喪亦不可奪。朕緬懷大行太皇太后至恩厚德。雖稱情隆禮。尙無以報萬分之一。況哀痛之盡。思慕未忘。而群公卿士。乃欲斷恩從權。奈何朕之致喪乎。所請宜不允。

宰臣吳充等請聽政第六表批答 元豐二年

省表具之。易月之制。雖曰從權。揆之情文。蓋已薄矣。今朕將居其厚。而卿等顧欲處之薄乎。夫一日萬幾。誠爲甚重。而群公庶尹。各共厥官。則朕於致喪未言。亦何曠廢之有。

第七表俟終易月之制批答

省表具之。朕以慶壽棄養。痛慕無窮。逮喪紀之將除。覽奏封之疊至。請御便坐。親決政機。開釋之辭。懇款殫盡。旣諭朕以奉宗廟之重。又啓朕以慰寶慈之心。然則喪或過哀。固非中道。禮之順變。亦有舊章。彊抑至情。悲摧增切。宜勉從來請。俟終易月之制。委有司定日施行。

宰臣吳充等請御正殿不允批答

省表具之。朕自罹哀疚。致喪不言。勉從累請之勤。彊抑無窮之痛。旣踰易月。乃御便朝。外雖攬於繁機。內更深於悲慕。何需章之來上。祈路寢之親臨。顧於聽斷之間。非有重輕之繫。勿爲迫遽。以體至情。

第二表不允批答

省表具之。朕遭罹閔凶。永懷哀慕。外遵遺誥。雖從易月之權。內實致喪。備舉三年之制。出御便殿。蓋迫群言。旣已躬攬於政機。奚必前臨於法座。與易寧戚。明稱余情。以禮愛君。有望卿等。所請宜不允。

第三表不允批答

省表具之。朕謂創鉅痛深。情文宜稱。至於變禮。亦有從權。御便座而決萬機。蓋不得已。臨大廷而朝百辟。良所未安。勉體哀悰。毋煩累奏。所請宜不允。

第四表不允批答

省表具之。夫隆孝執喪。莫先哀戚以自致。從宜順變。必權輕重而後行。曠幾事以懷憂。抑哀悰而聽政。迫群言爾。豈朕志哉。若乃御正位於廣筵。朝大廷之百辟。深乖禮意。殊匪人情。爲損則多。於補奚有。所請宜不允。

第五表允批答

省表具之。朕自執喪以來。旣終易月之制。雖日臨便座。稍親庶政之繁。而偏見群臣。尙闕大廷之對。累動奏牘。請御正朝。返覆深思。開陳備盡。難遂余情之永慕。當申卿等之至誠。蓋徇禮宜。彌增哀戚。宜勉依所請。

宋大詔令集卷第一百四十七

典禮三十二

喪服下

慈聖祥禫畢百官請舉樂不允批答（元豐四年十二月乙亥）

朕於慈聖光獻皇后仲三年之喪。以致隆極報。雖竭情盡義。猶未足以稱思慕之至也。今禫服初徹。餘哀未忘。而群公卿士。乃詣閤上奏。遽以聲樂爲請。則豈曰達朕志哉。所請宜不允。（五表乃從）

第三表不允批答

省表具之。百禮所以副達誠忱。八音所以導暢和樂。必惟內外之稱。乃協情文之宜。亟易禫縗。俯臨朔旦。雖經常之制。已逮吉期。顧怵惕之懷。未忘永慕。備觀需奏。祈御韶鈞。屢省惟難。少安毋遽。

宰臣等請聽政第一表不允批答（元豐八年）

省表具之。顧惟沖人。遭家不造。嬛嬛在疚。繼序思不忘。而群臣列章。迺以聽政爲請。夫三年之喪。天下通喪也。遽欲臨便座。躬決庶政。其心安乎。所請宜不允。

答第二表不允批答

省表具之。昊天不弔。降罰于我家。維予沖人。宅哀銜恤。攀號追慕。心焉如擢。而公卿大夫。迺咸造於庭。願公聽斷。傳不云乎。三年不言。何必高宗。古之人皆然。此朕之成法也。所請宜不允。

答第三表允批答

省表具之。朕奉綴衣之託。膺神器之歸。創鉅痛深。哀號罔極。任大守重。震越何勝。屢覽奏函。願躬庶政。開諭甚至。蘄請益堅。銜恤宅憂。永愧商宗之慕。紹志述事。姑從漢制之權。宜允所請。

宰臣等請太皇太后聽政第一表不允批答

覽表具之。上天不弔。大行皇帝升遐。哀慟傷摧。莫能勝處。遽覽奏牘。請臨後庭。雖政機之煩。理不可緩。而天性之愛。情所未安。所請宜不許。

答第二表不許批答

覽表具之。大行升遐。同軌號慕。矧惟天性。豈任哀摧。洎眷公卿。咸膺顧託。交修厥職。中外晏如。荐上封章。答揚末命。願從聽覽。實所未遑。所請宜不許。

答第三表許批答

覽表具之。遭家不造。惟國大憂。悲哀從中。曷能自已。而公卿大夫洎援引漢家制度。與明肅光獻故事。以同決政幾爲請。永惟宗廟之重。顧託之深。勉懋以從。愧何有極。所請宜許。批答如右。請奉批答付外施行。

群臣請御正殿第一表不允批答 元豐八年三月戊午

朕遭家不造。癯然宅憂。永惟萬微之繁。付託之重。故勉就西廂。以躬庶政。而公卿大夫洎以正位路朝爲請。夫先帝於此聽天下之治久矣。銜哀永慕。謦欬如存。雖欲當宁以見群臣。其心安乎。自是三表從之

答第二表不允批答

省表具之。朕罹國大憂。而不能執通喪之制。於古人居廬未有命戒之時也。已臨便坐。攬政機。不勝其哀與愧也。況御正朝以決天下之治乎。傳曰。是誠在我。不可以他求者也。欲徇群情。實所未忍。所請宜不允。

批答群臣請舉樂表 元祐二年四月

省表具之。禮之至者無文。哀之深者無節。故禫而不樂。古人非以求名。琴不成聲。君子以爲知禮。朕以宗廟之重。勉蹈先帝之餘烈。履其位。惕然而自驚。用其物。潸焉而出涕。未報昊天罔極之德。常懷終身不忘之憂。欲從衆言。亟舉備樂。而金石絲竹乃悽耳之聲。干戚羽旄皆眩目之具。哀既未泯。樂何從生。再閱來章。徒增感慕。所請宜不允。

第二表不允批答

省表具之。朕以少遭閔凶。僅畢祥禫。雖俛就企及。非以過制爲賢。而創鉅痛深。不能以禮自克。觀過其黨。聖人許之。禮曰。喪三年爲極。亡則弗之忘矣。誠重違國老之忠告。姑盡人子之至情。所請宜不允。

第三表不允批答

省表具之。鍾鼓以導和。羽籥以飾喜。譬之飲食之節。適於口體之宜。今衰麻之除。莫敢踰制。而琴瑟之御。則有未安。卿等忠誠確然。開諭至矣。惟反求

諸心而弗得。故欲行其言而未能推之人情。當識朕意。所請宜不允。

群臣請太皇太后舉樂不許批答三 元祐二年四月

覽表具之。先王之禮樂。因情而立文。君子之哀樂。自中而形外。夫有莫大之戚。則有無窮之悲。先皇帝天覆四方。子養萬國。至今窮髮之表。尚餘流涕之民。而況宮闈之間。母子之愛。僅畢三年之制。遂講八音之和。所未忍聞。非不欲作。卿等謹於奉禮。篤於愛君。徒欲亟舉舊章。顧未深明吾意。三復太息。難於勉從。所請宜不許允。

覽表具之。遏密之制。雖盡於三年。追懷之私。豈論於歲月。金石在御。惻然未寧。吾不以一身之憂。廢天下之樂。今施之郊廟。用之軍旅。州閭之會。弦歌相聞。獨盡餘哀。止於禁中。以爲於義未害。是故行之不疑。所請宜不允。

覽表具之。吾之本性。以清淨寂寞爲樂。雖在平日。無游觀聲妓之念。矧艱難之後。哀疚之餘。中夜以興。方食而歎。將不堪其憂者。豈有意於樂哉。雖顧勉從。未能自克。忠告屢卻。愧歎交深。所請宜不許。

太皇崩請聽政第一表批答 元祐八年

昊天降禍。大行太皇太后奄棄萬方。朕以眇末之身。嬛嬛在疚。方窮永慕。未知攸爲。而公卿大夫遽以聽事爲請。夫三年之喪。方處苫廬。未易縗服。乃顧臨便座。見群臣。其可得乎。所請宜不允。

第二表批答

太皇太后臨制九年。德澤加天下者深厚。四海之人。方哀傷孺慕。在朕何如。其情而可移覽政事乎。所請宜不允。

第三表批答

朕遭家不造。蚤失先帝。實賴太皇太后保佑朕躬。勤勞艱難。于茲九載。大德未報。奄及升遐。悼心失國。銜恤在疚。卿等迫以遺詔。奪其哀情。雖一日萬機。理難久曠。而終天至痛。力未能勝。毋固執於權宜。庶獲終於喪紀。所請宜不允。

第七表批答

朕惟先皇制禮。稱情立文。君子居喪。與易寧戚。以日易月。斷恩從權。祖宗以來。久未遑改。朕外遵遺訓。内服通喪。雖三年不言。仰企前哲。而公除聽政。抑有舊章。卿等叠抗奏封。備殫懇款。朕承祖廟之重。所不得辭。彊抑至情。輿言摧切。宜勉從來請。俟終易月之制。委有司施行。

請御殿批答 元祐八年十月

朕惟嫡孫承重。三年之喪。天下之至禮也。繇漢以來。始有易月之制。更千有餘年。後世作者。頗欲加隆焉。而卒莫之必。奪情從簡。釋喪服。臨便座。固已出乎不得已。覽所上章。又欲朕卽御宸極而朝群臣。顧誠何情而可以遽爾邪。所請宜不允。

第二表批答

朕嗣位以來。仰恃崇慶同御便殿。端拱蒙成。不圖閔凶。遽失慈訓。哀慕恍惚。謦欬如存。迫於群言。勉力聽政。雖終易月之制。方執三年之喪。前臨正朝。實所未忍。與言及此。心焉若摧。所請宜不允。

第五表批答

朕茲間日便服延臣鄰。謀大政自六卿而下。缺然有間矣。其職之所欲圖。志之所欲竭。故非臨御前朝。見文武大小之臣。從容聽治。誠未足以盡其效事者之忠也。是禮之變久矣。其權夫天下之重。能勿從乎。所請宜允。有司定日施行。

哲宗喪宰臣章惇等請聽政不允批答 元符三年正月癸未

省表具之。朕遭家不造。奄奉嗣言。摧割哀情。殆難勝處。天下之務。理不可曠。而易月之喪。猶未除期。靡究哀恫。難徇來請。所請宜不允。

第二表不允批答 正月甲申

省表具之。朕欽承末命。嗣守丕圖。遭家多艱。罔知攸濟。君臣之義。通喪三年。兄弟之情。未踰浹日。遽臨便殿。以見群臣。所請未安。勿申前請。所請宜不允。

第三表不允批答 正月乙酉

省表具之。天降割于我家。末予沖人。惟初嗣服。未堪多難。而群公卿士。屢援故常。請視庶政。喪紀之制。不以薄乎。所請宜不允。

第四表不允批答

省表具之。先王制禮。服循中道。後世因時適變。已爲從宜。今仍几之言猶新。而日月之除尚遠。起圖政事。其得安乎。所請宜不允。

第五表允批答

省表具之。朕欽承基緒。未堪多艱。喪服猶新。哀恫靡究。群公卿士。咸造在廷。屢率故常。請親聽斷。付託之重。罔敢不欽。用抑哀情。勉從衆志。所請宜允。

宰臣章惇等請御正殿不允批答 元符三年正月

省表具之。末予沖人。嗣大歷服。三年之制。從義斷恩。易月未祥。已臨便座。哀恫靡究。於德有慙。而群公卿士。咸欲御正朝路寢。以聽天下。其可安乎。所請宜不允。

第二表不允批答

省表具之。朕罹國大憂。未堪多難。勉從群請。起聽萬機。已御西廂。亦足爲政。執喪從事。固以爲慙。出視正朝。尤乖禮制。所請宜不允。

省表具之。朕惟古之服喪者。與其易也寧戚。今順變從宜。練而聽事。考之喪紀。甚有愧焉。而公卿近臣。蕃衞庶長。皆謂正宁之朝。不可久虛。俯而就之。厥有常典。銜哀南面。良用靦然。所請宜允。

第三表允批答

宰臣韓忠彥等請吉服不允批答 九月庚午

參攷僉言。蔽自朕志。仰念繼承之義。宜服三年之喪。嘗告治廷。衆論惟允。難以中道。復議所更。所請宜不允。

第二表不允批答

頓釋素衣。遽御吉服。情弗忍也。義豈安乎。宜體至懷。毋堅勤請。所請宜不允。

第三表允批答

覽卿等章奏。陳敍再三。參攷著明。義難固抑。所請宜允。續奉御寶批、覽卿等累次所上章奏請易服。遂不得已而從。可俟周期服吉。

罷小祥從吉詔 建中靖國元年

朕纂圖宸極。繼及承祧。祗奉泰陵。遹追先服。遘難伊始。敷告具存。而元符末年。異論蠭起。秩宗宰輔。或有建言。力陳日侍親闈。豈可久衣素韠。援經執禮。引義制情。批喻再三。章却復上。開諭弗已。抗疏愈堅。茲時方侍慈顏。顧念難伸素志。勉從所請。中實盡傷。致養既終。因心可展。奉遵初詔。用慰詔承。已依元降服喪三年之制。其元符三年九月自小祥從吉指揮宜改正。庶盡厚終之義。稱予繼序之誠。布告中外。咸使聞知。

皇太后上仙後宰臣韓忠彥等請聽政不允批答

省表具之。昊天降凶。大行皇太后棄隆祐之養。朕方哀摧荒塞。公卿大夫乃請聽事。夫捨苫廬之戚。而圖國政。豈情所安哉。所請宜不允。

第二表不允批答

省表具之。朕惟大行皇太后保佑眇躬。福被四海。方朝夕悲慕不勝。而群公卿士。乃欲朕臨便朝親萬幾。無乃大遽乎。夫寢苫以致人子之哀。義固難奪。而御殿以聽天下之政。情所未安。所請宜不允。

第三表不允批答

省表具之。人子之喪親也。擗踊哭泣。惟哀爲至。齊衰枕塊。默而不言。遽可以便座言政哉。公卿百辟。請之雖勤。非人情之厚。違禮義之經。所請宜不允。

第四表不允詔

省表具之。朕以上天降罰。創鉅痛深。致喪不言。煢煢在疚。而欲見群臣議庶政所未暇也。傳不云乎。親喪固所自盡。今公卿大夫乃以義奪情。使不得終易月之制。豈亮朕懷乎。所請宜不允。

第五表不允詔

省表具之。昔之居喪。百官備。百物具。不言而事行者。扶而起之。各有司存。今百官不備乎。百物不具乎。方在哀疚。何闕而急於聽事邪。徐之勿遽。所請宜不允。

第六表不允詔

省表具之。朕惟一日二日萬幾。不言。臣下罔攸稟令。固知聽斷不可緩也。恭以慈懷至恩。思以爲報。昊天罔極。方朝夕銜恤。以致終慕之情。豈忍捨喪以爲群公議天下之政哉。所請宜不允。

第七表允批答

省表具之。以日易月。兩漢而下從權。若聖與仁。三年之喪寧戚。朕祗承遺訓。參攷舊章。雖終身之慕無窮。而群工之請益至。永惟萬事之統。聽予一人之猷。強抑哀摧。俯徇誠款。宜允所請。委有司定日施行。

請御正殿不允批答

省表具之。惟天不弔。降割我家。既終易月之期。俯徇群公之懇。出臨便座。日聽萬幾。哀慕之心。豈有窮已。復覩奏牘。請聽正朝。禮有從權。固已勉親於庶政。情所未忍。豈宜遽卽於廣廷。所請宜不允。

第二表不允批答

省表具之。朕遘罹憂恤。創鉅痛深。日月逾邁。勉徇群請。出御便殿。躬覽政機。夫禮根性情。因爲之節。前卽治朝。以臨百官。豈稱朕哀戚之情歟。所請宜不允。

第三表不允批答

省表具之。朕罹恤茹憂。每深側席。易月聽政。勉以從權。方懷孺慕於東朝。遽忍卽安於南面。體予哀疚。毋屢布陳。所請宜不允。

第四表不允批答

省表具之。居廬銜恤。是惟孝子之情。制變從權。蓋亦先王之事。朕自罹哀疚。俯迫群言。內遵喪紀之三年。永聽便朝之庶政。不得已也。何痛如之。復累覽於需章。欲前臨於法座。雖懷體國之義。未亮致哀之心。所請宜不允。

第五表允批答

省表具之。朕遭罹閔凶。奄奪慈訓。既踰易月。勉徇群情。憂勞雖總於萬機。悲慕豈忘於一日。而卿等言皆考古。義則愛君。服天下之通喪。固先哀戚。從聖人之變禮。蓋有權宜。即班朝之常居。乃肆覲於群辟。治之大也。朕其從焉。所請宜允。

蔡京乞舉樂批答 大觀二年三月

蔡京等、省所上表。伏望遵景德之詔音禮由義起。御鈞天之法部。樂與民同事具悉。昔我懿后。來嬪潛藩。發祥震維。正位坤極。壽不副德。文以稱情。姑輟雅音。有懷疇昔。覽群公之奏牘。校本朝之舊章。禮不敢踰。義當從請。所請宜允。

宋大詔令集卷第一百四十八

政事一

禮樂上

祠祀令儀鸞司陳設幄幕詔 建隆四年四月戊午

祠祀大事。居處必莊。如聞行禮之時。供帳不備。今後祠祭宿齋。並令儀鸞司陳設幄幕。務令嚴潔。稱朕意焉。

詳定士庶車服喪葬詔 太平興國七年正月壬寅

朕以士庶之間。車服之制。至乎喪制。咸有等威。近年以來。頗成踰僭。用伸懲革。式著典彝。宜令所司。更加詳定。

刻儀制令詔 太平興國八年正月甲子

傳云。能以禮讓爲國乎何有。故斑白不游於市井。負販相避於道塗。耕歷山者有讓畔之風。入周境者成息訟之美。浩穰之地。民庶實繁。宜申明於舊章。用激清於薄俗。儀制令云。賤避貴。少避長。輕避重。去避來。宜刻其字。違者論法。

申禁奢僭詔 端拱五年十一月丙戌

國家先定車服制度。尋以頒行。如聞士庶之間。尚多奢僭之事。重申禁約。用革澆浮。自今御史臺糺舉之。

令有司豢養犧牲詔 景德四年九月乙巳

朕以歲臻豐懋。時格和平。蓋神道之垂休。致黎民之蒙福。宜申昭報。用達至誠。潔以牲牢。增乎典禮。勉從振舉。庶盡嚴恭。自今祠祭犧牲。歲初委有司擇純色別養豢之。令太常寺提舉。在條不得捶打。並依舊典。其中小祠止用羊豕肉者。並加用一羊。四郊壇壝。悉令嚴潔。圭幣豆籩之數。宜命禮官檢討。未及古制者增之。仍令監察御史俞獻可、張士遜充監察使。與禮官同檢察之。月給錢十千。免其出使。

祠祭祝板令祕書省常切提舉精謹書寫詔 景德四年八月甲辰

祭饗大事。接於明神。祝史正詞。出於祕府。舉茲職業。尤在精虔。自今祠祭祝板。令祕書省常切提舉。精謹書寫校讀。乃得進署。如有差謬。當重寘其罪。

誡約文武官出入據品秩回避命婦車擔與文武相遇亦須回避詔 大中祥符元年二月庚申

公朝之容。具存於典册。官品之制。蓋辨於等威。錫車服者。既異其物。儀峻陛級者。是崇於堂奧。義資尊奬。禮在肅恭。嘗頒詔條。明示約束。固宜遵守。豈合因循。如聞近年頗有踰越。或入趨禁闥。促轡以爭先。或相遇中衢。徐行而靡顧。以至罄其徒御。冒臺閣之尊崇。恃乃車輿。絶衣冠之導從。莫知貴賤之分。殊乖避讓之方。有玷時風。深紊朝體。宜申著令。用式彝章。自今文武群官。內庭出入。道路相逢。據品秩回避。側立一依儀制。命婦車擔與文武相遇。亦須回避。不得交雜導從。仍令所司告示。違者具名以聞。

祈報遵律令詔 大中祥符二年二月丁亥

如聞近歲命官祈雨。有司第給祝板。不設酒脯。按令文、凡祈以酒及脯醢。報准常祀。宜令有司。自今祈報准遵禮令。務在蠲潔。

朝謁啓聖院太宗神御殿如饗廟禮詔 大中祥符三年正月壬戌

紺宇斯嚴。聖容如在。每屆陽春之候。虔修朝謁之儀。雖掌故之司。已陳於典禮。而奉先之志。未及於寅恭。宜用增崇。以伸欽慕。自今朝謁啓聖院太宗皇帝神御殿。如饗廟之禮。設褥位西向再拜。升殿行禮畢。歸位。俟宰臣奠獻訖。就位復再拜。永爲定式。

謁廟至殿廷不得令百官回班詔 大中祥符三年十二月甲寅

朕親祀后祇。昭告祖考。詳觀定議。有所未安。入廟則步武王門。至庭則迴班東向。屬以天封藏事。時邁戒期。未暇改更。靡遑寧處。且躬伸祇見。禮尚尊嚴。當罄寅恭。庶申誠慤。謁廟日。朕當自南東偏門入至殿廷。不得令百官迴班。仍付所司。

令定僕射赴上儀詔 大中祥符四年五月甲戌

文昌揆路。師長百僚。位望斯崇。典章具載。惟中臺之赴上。久廢舊儀。在多士之式瞻。曷明異數。宜加論討。庶辨等威。自今宰臣官至僕射者。並於中書都堂赴上。不帶平章事者。亦於本省赴上。令太常禮院與崇文院檢討詳定儀註。

知制誥觀察使以上知州府申轉運止署按檢詔 大中祥符五年七月乙酉

尙書丞郎兩省給諫知州府。而本部郎中員外及兩省六品以下官充本路轉運使副者。承前例須申報。雖職方統攝。方委於事權。而官有等差。當明於等級。自今知制誥觀察使已上知州府處。所申轉運使狀。並止署案檢。令通判已下署銜供申。如轉運使官秩在上者。不在此限。

令天書在朝元殿由右昇龍門入詔 大中祥符七年三月甲子

朕躬承鴻貺。欽翼元符。每祗典於盛儀。乃奉置於前殿。爰修馨薦。必涉廣廷。未協寅恭。是從詳正。自今天書在朝元殿。朕由右昇龍門入。自東上閤門就東階赴殿焚香。所司著爲定式。

令玉清宮太廟郊壇行禮前不得衛士迎駕起居萬歲詔 大中祥符七年二月庚辰

朕祗見眞宇。對越大宮。暨肆類於郊邱。並夙嚴於容衛。方結佩而精饗。遽望蹕而歡呼。當仰接於明靈。慮有虧於祗肅。肇頒新制。用表至虔。自今玉清昭應宮太廟郊壇薦饗行禮前。不得令衛士迎駕起居萬歲。

答宰臣請車駕詣宮觀正殿再拜外諸殿令宰相以下分拜表詔 大中祥符八年正月

朕祗膺命厤。寅畏天明。秩群祀以無遺。賓萬靈而有恪。每祈衆祐。躬款眞祠。至於薦達蕭薌。虔恭拜起。未嘗懈惰。冀極齋明。卿等備述傾輸。願伸裁損。省覽之際。嘉尚滋多。所請宜不允。

令丹墀版位設於龍墀亞獻褥禮設於沙墀詔 大中祥符九年十一月壬午

朕躬詣殊庭。奉薦丕稱。顧茲版位之設。當于玉册之前。方內罄於寅威。固莫遑於寧處。宜伸抑畏。用表欽崇。其玉清昭應宮太初殿奉上玉皇大天帝聖號寶册。丹墀版位宜設於龍墀。亞獻褥禮宜設於沙墀。俟奉寶册畢。薦獻卽依舊制。

誡僭奢詔 嘉祐四年五月十日

朕纘承丕基。撫有方夏。謂教之不可以家至。而行之每務於身先。惟是儉勤。敢忘勉勵。期與群庶。臻於富康。而人怠久安。驕於佚欲。物豐大盛。耗以虛浮。苟奉養以自私。忘僭奢之爲戾。士民交黷。貴賤靡分。惟其彊力之能。無復等威之制。考於著令。雖有舊章。顧在攸司。鮮聞用法。民遂安於常習。弊罔革以滋深。紀綱既紊於度程。風俗以至於流蕩。俾朕有欲治之意。不能副余之誠心。而民多自陷之愚。未免煩余之訓導。夫令信由於貴始。下化先於上行。眷予一二之臣。其率庶工而警職。俾爾多方之衆。勿踰常法以干刑。庶漸革於侈風。以共趨於治路。凡居室之制。器用之度。冠服之章。妾媵之數。其令中外臣庶。遵守前後條詔。如有違犯。仰御史臺及開封府糾察聞奏。其諸路州軍。卽委轉運使提點刑獄臣寮及逐處長吏施行。布告中外。咸使聞知。故茲詔示。想宜知悉。

依周吉禮之制御筆手詔 大觀二年八月十九日

禮緣人情。以義而起。因時之宜。御今之有。故商因於夏。所損益可知。周因於商。所損益可知。而不相襲也。善法古者。不法其法。法其所以爲法之意而已。去古綿邈。禮之遺文。掃蕩殆盡。雖間見於書傳。類多諸儒之臆說。非古人之大全。無所推考。而士或是古非今。捨近求遠。膠繁文末節。而忘經緯之大經。歷世千百。莫能興作。可勝慨嘆。今接千歲之統。乘久安之運。當百年可興之時。修前世已墜之典。亦難矣。然稽古而不泥於古。驗今而不失於義。因今之材而起之。雖情文度數。與古有異。要其辨上下。分貴賤。定尊卑。別嫌明微。移風易俗。質諸先王而不謬。貽之後世而可法。則庶幾焉。先王有吉凶賓軍嘉五禮。有司講議。首以冠禮來上。編序靡次。參訂弗審。機事之暇。歷觀載籍。遠稽成周。以迄隋唐。指授類例。論次有秩。易於披省。然周以吉禮事邦國之鬼神示。易曰與鬼神合其吉凶。則吉者天之所命也。以嘉禮親萬民。易曰嘉會足以合禮。則嘉者人道之美也。祭祀祼獻謂之吉。昏冠燕饗謂之嘉。其名殊。其事異。自漢以來。失先王禮意。以冠爲吉禮之首。有司承誤循沿。豈可以追迹先王。垂訓萬世。可依逐項批降指揮改正。仍再詳定以聞。禮以序人倫。爲卑尊後先之等。以辨上下。故知禮之序。然後可以制禮。禮壞久矣。失後先之序。無復統紀。考於周書。其制具在。以禋祀祀昊天上帝。以實柴祀日月星辰。以槱燎祀司中司命風師雨師。以血祭祭社稷五祀五嶽。以貍沈祭山林川澤。以疈辜祭四方百物。以肆獻祼享先王。與禴祀蒸嘗。爲吉禮之事。而冠不在焉。蓋先天而後人。爲禮之序。不可踰也。今以義起於千載廢闕之後。不追述先王制作之原。以冠爲吉禮之首。失先王之意遠矣。可並改正。依周吉禮之制。周書嘉禮以親萬民。以昏冠之禮親成男女。自本而觀。昏以親之。冠以成之。先昏而後冠也。考於儀禮。以嘉爲五禮之首。以冠居昏禮之上。殆失周王制禮後先之次。則知儀禮乃諸儒之論。非先王之典。後世因之。沿流弗革。本數末度。亂命失序。不足取法。今有司以禮來上。先冠後昏。習非承誤。失禮之意。且昏者人道之始。冠者人道之成。親之而後成之。事之序也。可依周制改正。餘依所奏。

戶部尚書禮制局詳議官劉炳乞禁浮言御筆手詔 政和三年十月四日

禮以定民志。制未立而浮言惑之。妨功忌能。亂化之姦。尚未悛革。可依所奏。仍立賞錢一千貫。許人告。以徒三年科罪。

奉行五禮新儀監司因按部攷察虔惰御筆 政和八年正月二十五日

禮止邪於未形。先王作儀以範民而教之中。其意微矣。五禮新儀州縣推行。未臻厥成。可依所奏。令諸路監司因按部攷察虔惰。歲擇一二以聞。當議賞罰。以觀忠厚之俗。

開封府申請五禮新儀節要并前後指揮更不施行 宣和元年六月二十五日

頃命官修禮。施之天下。冠婚喪祭。莫不有制。俗儒膠古。便於立文。不知達俗。閭閻比戶。貧窶細民。無廳寢房牖之制。無階庭升降之所。禮生教習。責其畢備。少有違犯。遂底於法。至於巫卜媒妁。不敢有行。冠昏喪祭。久不能決。立禮欲以齊民。今爲害民之本。開封府申請五禮新儀節要并前後指揮。及差禮直官禮生并教行人公文指揮。可更不施行。

十四祭用樂詔 景德三年八月辛未

致恭明神。邦國之重事。升薦備樂。方策之彝章。况乃大祠。所宜嚴奉。舉行舊典。用格靈祇。自今夏至祭皇地祇、孟冬祭神州地祇、二社臘祭太社太稷、春秋二仲祀九宮貴神、春分朝日秋分夕月、臘蜡百神、立春祀青帝、立夏祀赤帝、季夏土王祀黃帝、立秋祀白帝、立冬祀黑帝。凡十四祭。宜並用樂。

改樂名詔 大中祥符元年六月壬子

雅樂之設。允協於同和。名制有常。非可以輒易。惟封禪之大祭。與郊祀而異名。饗天地以潔誠。嚴祖宗而配侑。特新嘉號。用播鴻徽。所定樂曲名。宜依俟封禪禮畢仍舊。

別製天書樂章詔 大中祥符元年十二月乙酉

朕祗受元符。率遵令典。式備烟燔之禮。俾揚金石之音。宜令太常寺別製天書樂章。俟親饗圜丘日以奉禋祀。

增玉清昭應景靈宮樂詔 大中祥符七年六月己未

朕欽奉眞猷。載嚴恭館。講求茂實。昭答上靈。雖朝享之儀。亟加於申飭。而簨虡之數。尙闕於討論。爰命禮官博詳典故。廣以郊廟之制。備茲鐘磬之容。儼金石之九成。庶諧雅奏。竦熊羆之四列。永煥明禋。式罄精衷。以延多福。自今玉清昭應景靈宮樂並用三十六簨。

享先農釋奠文宣王武成王並用登歌詔 景祐元年十一月辛亥

樂者所以諧五降之節。導三靈之和。傳之禮文。著在祠典。頃罹多故。遂失舊章。肆先聖之重熙。復正聲於大祀。然初耕甸籍。舍菜學宮。至於武成之祠。肇自建隆之制。典名雖在。工奏靡聞。屬考遺音。思振前矩。其令太常寺自今享先農、釋奠至聖文宣王、昭烈武成王並用登歌。仍詔學士院撰樂章。

訪曉雅樂人詔

王者節制民心。敷宣國教。惟雅樂之作。乃治道之端。肆朕纘圖。弗忘稽古。奉郊丘宗廟之祀。正會朝享侑之容。咸和人神。茲事至重。宴居深念。躬自考求。擇精學以討論。委輔臣而參綜。尙慮舊籍多缺。遺韻失傳。思博訪於知音。庶克臻於盡善。宜令御史臺、諸路轉運司遍行搜訪應文武臣寮、幕職州縣官、幷州里儒學、草澤博聞之士。如有能曉達古今雅樂制作法度。及考正鍾律音調得失。灰琯測候次第。並許稱薦。或自經官司投狀。未得發遣赴闕。仰具姓名幷所供事狀。候敕到限兩月奏聽指揮。宜令逐路轉運司依先降勑命。更展限半年搜訪奏聞。

宋大詔令集卷第一百四十九

政事二

禮樂下

訪樂詔　景祐二年四月前詔出仁宗政要。此詔出宣獻集。文小異故重出。

敕。夫禮生於人心。通於國教。惟雅樂之作。乃治道之端。肆朕纂圖。弗忘稽古。奉郊邱宗廟之祀。正會朝享侑之容。感和神明。茲事至重。宴居深念。躬自考求。擇精學以討論。命輔臣而參綜。尚慮舊籍多缺。遺韻莫傳。思博訪於知音。庶克臻於盡善。其有簪紳之士。褒博之流。究律呂之原。達古今之變。或削章來上。或詣吏自陳。當爲詳裁。期于折衷。咨爾宰輔。布於群倫。

議樂詔　皇祐二年閏十一月丁巳

朕聞古者作樂。本以薦上帝。配祖考。三五之盛。不相從襲。然必太平。始克明備。周武受命。至成王時。周公始大合樂。以和邦國。漢初亦沿舊樂。至武帝時始定泰一后土樂詩。光武中興。至明帝時。始改大予之名。損益前後。以制樂節。唐高祖造邦。至太宗時。孝孫文收始定鍾律。明皇方成唐樂。是知經啓善述。禮樂重事。須三四世。聲文乃定。國初亦循用王朴、竇儼所定周樂。太祖患其聲高。遂令和峴減下一律。眞宗始出望意。大祠用樂。又議隨月轉律之法。屢加按覈。然念樂經久墜。學者罕傳。歷古研覃。亦未完緒。頃雖再三考定。博加訪求。終未有的究古今、知聲知經、可信之人。嘗爲改更。未適茲意。如其制作。益須切當。宜委中書門下、集兩制及太常禮樂官。將天地五方神州日月宗廟社蜡祭享所用登歌宮懸。更審定聲律是非。按古合今。調諧中和。務要議論允適。經久可用。垂信不朽。使祖宗功德。發揚無窮。神祇成格。善氣來應。苟獲至當。何憚改爲。但審聲驗書。二學鮮並。互詆胸臆。無所援據。慨然希古。靡忘于懷。尚賴治聞。共圖盛節。故茲詔示。想宜知悉。

議樂詔　皇祐三年正月甲午

朕聞至樂之大。統和天人。奮雷先聞。萬物震豫。故人觀象而制作之。顓嚳著根英之文。陶虞紀明紹之美。三王殊憲。稱謂炳然。降及後世。鮮克尊尚。唯東漢命曰大予。開元自云唐樂。庶古未遠。朕所慕焉。故前詔執政。訪圖博議。將以立度出均。考晉正律。謹權審量。備器協樂。以定本朝之述作。用章祖

考之謀烈。夫名生於義。出乎實。言順而後事成。而禮樂興焉。庶幾輝光。永畀來裔。其令下闕

國樂名大安詔 皇祐三年六月丁巳

朕惟古先哲王。隨代立樂。亦旣制作。必有稱謂。緣名以討義。繇義以知德。蓋名者德之所載。而行遠垂久之致焉。故韶以詔堯。夏以承舜。濩以救民。武以象伐。傳之不朽。用此道也。國家紹膺題序。表裏禔福。舉墜正失。典章交備。獨斯體大。而有司莫敢易言之。朕憫然念茲。大懼烈聖之休。未能昭揭於天下之聽。是用申勅執事。遠求博講。而考定其衷。今禮官學士迨三事之臣。同寅一辭。以大安之議來復。且謂藝祖之戡暴亂也。安天下之未安。其功大。二宗之致太平也。安天下之旣安。其德盛。洎朕之承聖烈也。安祖宗之所安。其仁厚。祗覽所議。熟復于懷。恭惟神德之造基。神功之戡武。章聖恢清淨之治。沖人蒙成定之業。雖因世之迹各異。而靖民之道同歸。以之播鍾球文羽籥。用諸郊廟。告於神明。曰大且安。誠得其正。依

賜范鎭進新樂詔 元祐三年閏十二月甲辰

朕惟春秋之後。禮樂先亡。秦漢以來。韶武僅在。散樂工於河海之上。往而不還。聘先生於齊魯之間。有莫能致。魏晉以下。曹鄶無譏。豈徒鄭衞之音。已雜華戎之器。間有作者。猶存典刑。然銖黍之一差。或宮商之易位。惟我四朝之老。獨知五降之非。審聲知音。以律生尺。覽詩書之來上。閱簨簴之在廷。君臣同觀。父老太息。方詔學士大夫論其法。工師有司考其聲。上追先帝移風易俗之心。下慰老臣愛君憂國之志。究觀所作。嘉嘆不忘。

賜大晟樂名御筆手詔 崇寧四年八月二十七日

道形而下。先王體之。協於度數。播於聲詩。其樂與天地同流。雅頌不作久矣。朕嗣承令緒。荷天降康。四海泰定。年穀順成。南至夜郎牂牁。西踰積石青海。罔不率俾。禮樂之興。百年於此。然去聖逾遠。遺聲弗存。乃者得隱逸之士於草茅之賤。獲英莖之器於受命之邦。適時之宜。以身爲度。鑄鼎以起律。因律以制器。按協於庭。八音克諧。蓋祖宗積累之休。上帝克相。豈朕之德哉。昔堯有大章。舜有大韶。三代之王。亦各異名。今追千載而成一代之制。宜賜名曰大晟。朕將薦郊廟。享鬼神。和萬邦。與天下共之。豈不美歟。其舊樂可更不行用。仍令學士院降詔。

京西提學曾弼乞賜宴辟廱用雅樂御筆 大觀三年五月十二日

雅鄭不相爲用。而孟軻以爲今樂猶古樂。去古逾遠。鄭亦不可廢也。辟廱三代之制。而作鄭衞之聲。非所謂稱。可依所奏。自今賜宴辟廱。宜用雅樂。

行大晟新樂御筆手詔 政和三年五月三十日

樂廢久矣。歷世之君。千有餘歲。莫之能興。以迄于今。去古旣遠。循沿五季之舊。誠非治世之音。祖宗肇造之始。實未遑暇。百年後興。蓋自崇寧之初。納漢津之說。成大晟之樂。薦之郊廟。而未施於燕饗。夫今樂猶古樂也。知其情而已。循聲以知音。循音以知樂。循樂以知政。所通在政。所同在音。而無古今之異。比詔有司。以大晟樂播之教坊。按試於庭。五聲旣具。八音始全。無沾滯焦急之聲。有純厚繳繹之美。朕奉承聖緒。立政造事。昭功繼志。一紀于

茲乃者元圭告成今則雅樂大備功成作樂於是始信荷天之休宗廟顧諟追三代之盛成一代之制以遺萬世嘉與天下共之可以所進樂並頒天下其舊樂悉行禁止仍令尚書省措置立法行下故茲詔示想宜知悉

太師魯國公京討論新樂褒諭御筆手詔 政和三年八月二十六日

朕遹追先志增闡大猷荷天之休聿追嘉靖仍賴師儒同底于治十有餘年大小畢舉矧夫作樂所以報功探考情文其敢後乎於是躬律之度叶彼中聲迺詔太師魯國公京討論載籍博求邃古討議垂成中經沮止荏苒十載始克有成悉有彝倫徵角二招全乎五聲匏土革木備于八音去焦急沾懘之非成嘽緩純和之美班治顯設庶幾比隆三代追配韶武矣朕甚嘉之京啓沃盡忠獻替無隱致此君臣相悅之樂復明于時中外翕然行之無斁和氣致祥珍瑞叢出萬世所賴時乃之功京位極公師賞延于嗣已降詔旨二子直龍圖閣鯈脩可並除集賢殿修撰京宜降詔褒諭

兩學習樂成輔臣案試御筆 政和三年九月十八日

以樂教士先王之政蓋仁言不如仁聲之入人深樂此者也士苟知樂乎此則達性命之理矣兩學生如所習已成輔臣案試訖取旨

符寶　鼎圭略

受傳國寶赦天下德音 元符元年五月己酉

門下朕承天眷錫以珍符俾壽而昌傳世無極顧德弗類祗奉宏休拜貺於庭懼不能任告成大慶豈朕敢私其敷錫於庶民以大賚於天下應四京諸道州府軍監縣限德音到日已前見禁罪人除死罪並依法內枉法自盜罪至死情理輕者減一等刺配千里外牢城其餘死罪降從流流罪降從徒徒罪已下並放云云於戲受命之祥震于珍物宥過之澤期于無刑嘉與萬邦共承景貺惟爾有衆體朕至懷

受八寶赦天下制 大觀一年正月一日

門下朕紹天明命若昔大猷襲七聖積德之基接千載承平之統恢張制作修飭典章願百度之咸熙惟八寶之未備茲慶卜年之永肇新受命之符荐錫嘉祥誕膺景貺獲金玉於異域得妙工於編氓顧惟眇躬震於珍物殆天所受非人能爲成一代之彌文舉百王之墜典爰涓歲旦祇受路朝竦動華夏鄙漢儀之未盛夐超今古陋秦制之非工既壽永昌受福無極惟緝熙於純嘏均被臣鄰用敷錫於庶民普週遐邇可大赦天下云云祖宗垂統近百五十年文明禮備而八寶之制未能如古在昔神考嘗詔有司選工治玉久未及成以迄于今鎮國受命之寶與皇帝天子六寶煥然備具朕嗣有令緒獲承天休思與在位在服之士同慶云云元祐之初姦臣乘間得罪放廢言念歲月之久屢更赦宥除懷奸睥睨報怨不臣公肆詆誣罪在宗廟朕不敢貸其尙繫貶所或情輕法重例被放棄或非身自犯因人得罪或止緣貪冒附會朋比或志匪誣謗言有近似或緣辨理語類譏訕或因

職事、偶涉改更。凡此之類。可各據元貶責罪。審量其情分輕重等第。取情輕者與落罪籍。特與甄敍差遣。云云 於戲。履端布治。與物爲春。宥過推仁。配天其澤。咨爾有衆。咸體至懷。

爲受命寶制作之因詔 大觀三年八月二十七日

八寶之名。一曰鎭國神寶。二曰受命之寶。三曰天子之寶。四曰天子信寶。五曰天子行寶。六曰皇帝之寶。七曰皇帝信寶。八曰皇帝行寶。古惟六璽。至唐始名曰寶。增數至八。今天下承平百五十年。其制尚闕。紹聖中得秦李斯所作。制度雖工。乃藍田青玉。又鎭國寶未有所稽。崇寧五年。有以玉印獻者。印方寸。以龜爲鈕。拂塵滌垢。工作精巧。文曰承天福延萬億永無極。震于異物。殆天所授。遂以受命于天既壽永昌爲受命寶文。又以承天福延萬億永無極爲鎭國寶文。皆琢以白玉。篆以蟲魚。寶成。祗受典禮。始克大備。實邦家之慶。鎭國受命二寶。寶而不用。藏置內府。人未知制作之因。可宣付有司照會。

來年元日祗受定命寶御筆手詔 政和七年十月二十八日

昔者帝王臨制天下。必有神器。託之琬琰。以承天休。以前民用。朕獲承累聖基業。嗣有鎭國受命與天子皇帝之寶。其數有八。蓋非乾元用九之數。夙興夜寐。思所以稱。比得寶玉於異域。受定命之符。於神霄。乃以範圍天地。幽贊神明。保合太和。萬壽無疆爲文。卜云其吉。篆以蟲魚。縱廣之制。其寸亦九。號曰定命寶。其數大備。昭示來裔。傳信無極。非特予一人有慶。亦惟爾萬邦之休。來年元日祗受。敷告多方。想宜知悉。

受定命寶赦文 政和八年正月六日

門下。備守邦之器。蓋惟天下之至神。申卜世之休。斯有聖人之大寶。朕纂承丕祚。臨御多方。遵烈考之燕謀。荷上穹之孚佑。師干載戢。農扈屢豐。集四海之嘉祥。莫不畢至。舉百王之墜典。迄用有成。誕開慶緒之隆。爰示珍符之祕。金石來於異域。定命自於神霄。謀惟龜筮之從。篆以蟲魚之妙。于帝其訓。而天弗違。乃卽歲端。受於路寢。禮罄齋莊之意。樂宣純繹之音。太極函三。通太和於一氣。乾元用九。增寶厤於萬年。宜錫渙恩。以昭景貺。肆繇中而及外。咸與物以爲春。可大赦天下。云云 比修建明堂。嚴父配天。頒朔布政。凡時之運氣與月之政令。朕親御明堂。舉而行之。布告中外。惟爾攸司。其悉乃心。祗若成憲。檢舉遵守。使繼志述事之政。常行而不怠。常舉而不廢。以稱朕意。云云 於戲。無疆惟休。既對自天之命。並受其福。式敷率土之仁。尚賚修輔之聯。更懋奮庸之志。誕綏有衆。永底丕平。

九鼎赦文 崇寧四年九月四日

門下。朕承祖宗之烈。宅兆民之上。任大守重。靡敢遑違。思持盈守成之至艱。念繼志述事之攸濟。選用衆正。共圖康功。內則講修憲章。興熙豐既隆之典。外則攘卻四裔。復版圖已棄之疆。恢廱泮以賓賢能。招嵒穴以收遺逸。隆九廟以尊祖。戢五兵以阜民。荷天降康。方夏綏靖。星軌順序。年穀屢豐。南至夜郎牂牁西踰積石靑海嚮風請吏稽首來庭永惟天命之至隆宜有靈承之丕應若時夏后幽贊成能命九州之牧而貢金貫三才之象而制器是爲大寶三代奉之千載已還百王敢議迺者得隱逸之士於草茅之賤窮制作之妙於範圍之先因天之幾以身爲度環大象以立極與神物以前民上承天休下奠坤載以篤邦家之慶以協神人之和紹百世之宏規成一代之聖作式涓吉旦奉置殊庭于時日景宴温龍文光潤卿雲上覆羽鶴來儀華裔永寧廟社增重膺茲丕貺豈朕敢專宜大澤之肆均與群生而共慶可大赦天下云云於戲有典有則纘禹之功卜世卜年過周之厤惟天之所祚者厚則澤之所施者鴻布告邇遐宜體朕意

太師蔡京三上表乞涓日受元圭允批答 政和二年十月二日

昔者堯則天而行道禹制器以告功歷考前王莫之能繼賴天顧諟申命用休錫以珍祥神物自至顧德弗類推而不居勉徇輿情實有慙德惟爾百辟其尚交修無俾前人專美堯禹則無愧於斯寶不其美歟所請宜允

元圭赦 政和二年十二月二十四日

門下朕嗣守丕構獲承至尊永惟居業之艱敢怠繼猷之重荷皇穹之純祐僕景命於無疆錫乃元圭爲時大寶內赤外黑上銳下方蘊陰陽之至精體乾坤之盛德温潤而澤有雲行雨施之文追琢其章著地平天成之象冠眞祥而創見茲歷世所未聞是用稽圖牒之言總縉紳之議聿迎至日親御路朝肆誕舉於隆儀用靈承於丕貺昭哉嗣服緬懷二帝之勛告厥成功豈獨一人之慶可大赦天下云云於戲惟天祐予壹德施其敢專斂福錫厥庶民遠無弗屆咨爾中外體予至懷

改天平輦爲登封輦辟塵逍遙輦爲省方逍遙輦詔 大中祥符二年五月乙卯

輿輦之設典式具存屬萬仞上封千里東狩遂從宜而立制當因用以得名宜以天平輦爲登封輦辟塵逍遙輦爲省方逍遙輦

名迎眞迎聖奉聖奉宸輅詔 大中祥符六年五月辛丑

朕欽承寶命虔範晬容方涉夷塗卽臨恭館特廣車輿之飾用伸迎奉之儀肇創嘉名庶章懿則其玉皇大帝聖像車恭以迎眞輅爲名聖祖天尊大帝車以迎聖輅爲名太祖皇帝車以奉聖輅爲名太宗皇帝車以奉宸輅爲名

宋大詔令集卷第一百五十

政事三

經史文籍

修五代史詔 開寶六年四月戊申

唐季以來。興亡相繼。非青編之所紀。使後世以何觀。近屬亂離。未遑纂集。將使垂楷模於百代。必須正褒貶於一時。宜委近臣。俾專厥職。其梁氏及後唐晉漢周五代史。宜令參知政事薛居正監修。

修時政記詔 太平興國八年八月辛亥

史氏之職。歷代所先。政令之大小必書。人君之言動皆錄。累朝多故。舊典闕如。策書所紀。殊爲漏落。自今軍國謀議。宰相與聞者。宜令工部尚書參知政事李昉撰錄。每季終送史館。樞密院公事亦令副使一人專加纂集送史氏。

名太平御覽詔 太平興國八年十二月庚子

史館新纂太平總類一千卷。包括群書。指掌千古。頗資乙夜之覽。何止名山之藏。用錫嘉稱。以傳來裔。宜改名太平御覽。

頒許愼說文詔 雍熙三年十一月乙丑

許愼說文。起於東漢。歷代傳寫。僞謬寔多。六書之蹤。無所取法。若不重加刊正。恐其漸失源流。爰命儒學之臣。共詳篆籀之跡。鉉等深明舊史。多識前言。果能商搉是非。補正闕漏。書成來上。克副朕心。宜遣彫鐫。用廣流布。自我朝之垂範。俾永世以作程。其書宜付史館。

行雍熙廣韻詔 端拱二年六月丁丑

字學之書。歷代編錄。雖討論而粗備。且譌謬以實多。淄澠詎分。魚魯相戾。俾別加於刊正。用彰示於將來。太常博士直史館句中正、著作佐郎史館編修吳鉉、大理寺丞史館編修楊文舉。盡瘁文林。服膺儒業。考古今之同異。究篆隸之根源。損益得中。闕漏咸補。書成上奏。勤亦可佳。自予無外之朝。永著不刊之典。其新定雍熙廣韻一百卷。宜付史館。句中正等仍特與酬奬。

命呂端錢若水再修太祖實錄詔 咸平元年九月己巳

昔我太祖。誕膺丕命。肇啓皇基。盛德豐功。焯于千古。恭惟實錄。將示無窮。而筆削非工。多所漏略。先朝命史臣張洎重加刊修。其書未成。會洎淪謝。朕猥以寡昧。獲守宗祧。近因披尋。備見、疏簡。是用奉先成志。申命有司。監修國史右僕射兼門下侍郎平章事呂端。早踐周行。逮事皇祖。朝章國典。尤所諳詳。修國史工部侍郎判集賢院錢若水。博涉藝文。服勤論譔。所宜共訪閭臺之士。精求良直之徒。採摭見聞。補緝遺逸。明其銓配之理。授以刊綴之方。勉共裁成。以揚芳烈。

頒編敕赦書德音詔 咸平元年十二月丙午

國家開創以來。詔令所下。年祀寖久。科條寔繁。爰命有司。重定厥要。去其重複。分以部門。著爲定規。允協中典。宜下頒諸路、與律令格式刑統同行。其雕造印板。委監館閣書籍劉崇起管。

頒校定切韻詔 景德四年十一月戊寅

四聲成文。六書垂法。經籍資始。簡册攸存。自吳楚辨音。隸古分體。年祀寖遠。攻習多聞。偏旁由是差訛。傳寫以之漏落。討論未備。教授何從。爰命刊修。務從精當。俾永代而作則。庶後學之無疑。宜令崇文院雕印。送國子監依九經書例施行。

王旦等上新修國史付史館詔 大中祥符九年二月丁亥

唐虞以降。文籍具存。蓋所以垂法作程。顯善彰惡。是爲國典。用示方來。鴻惟祖宗。再造區夏。燀揚威器。則肆暴者畢誅。宣暢湛恩。則懷生者咸遂。修起廢墜。偃寧神祇。奉珍之邦。重譯而麇至。膺圖之瑞。繼日而雲臻。茂功格于皇天。盛業隆於往代。煥然徽烈。宜著信書。朕仰奉慶靈。恭思紀述。載惟良直之筆。故資深懿之才。卿等衡軸元臣。文儒上列。英詞可潤於金石。奧學咸洞於縑緗。聿副眷懷。克成大典。繼宣尼著明之義。有班彪述作之精。表二聖之鴻猷。爲萬世之成憲。披覽之際。感慰良深。至於嘉稱。豈忘寤寢。以其書付史館。

國子監經書更不增價詔 天禧元年九月癸亥

曩以群書。鏤于方版。冀傳函夏。用廣師儒。期於向方。固靡言利。將使庠序之下。日集於青襟。區域之中。咸勤於素業。敦本抑末。不其盛歟。其國子監經書更不增價。

令編修官書逐人名手札 景德四年十二月乙未

編修君臣事迹。官皆出慎選。朕於此書。匪獨聽政之暇。資於閱覽。亦乃區別善惡。垂之後世。俾君臣父子。有所鑒誡。起自今後。初修官至楊億。各依新式。遞相檢視。內有脫悞。門目不類。年代帝號失次者。並署仍書逐人名下。隨卷奏知。異時比較功程。等第酬奬。庶分勤惰。仍令劉承珪等專差人置厤

賜王欽若手札大中祥符三年

編修君臣事迹所進總錄部節操事有盧諶晉愍帝時爲從事中郎後爲石季龍所得以爲中書監季龍誅遇害雖顯名於石氏嘗以爲辱謂諸子曰吾歿之後但稱晉司空從事中郎且諶世受晉恩在元帝時爲散騎中書侍郎既爲季龍所得不能篤守忠義累授顯官又因季龍而誅是非節操也而歿後之言欺罔簡册篇序云秉節無二同夫介石挺操而罔屈處亂而靡汙甚相違戾也且與夫歐血稱盲破琴露髮同爲一貫諒有慙德此書正欲鑒戒後人尤須審度事理又窮愁卷晉劉琨與盧諶五言詩蓋切於破敵忠於王室爲段疋磾所忌拘縶幽憤爲此以露其志而一篇都不錄之後魏韓顯宗以矜伐失意向洛與李彪五言詩而一篇全錄似此因事立言各有意指非常所緝綴文章並當存之

與王欽若手札大中祥符三年三月辛卯

覽所進内臣部恩寵門觀其作序之意蓋紀其宣密命扶宸極勤王事守志節如此之類以篤恩獎況目其部曰内臣斯亦見其名矣豈須別白塵迹指示其身況觀漢書宦者傳或言給事太子家或云給事宮掖或云除小黃門先儒撰述非不講求今衆官優游典墳商搉去就微婉之道豈如是乎朕爲此書欲章示後人質明素履俾覽卷忘倦見善則遷宜乎愼於稽古無使涉于譏諷傳云山藪藏疾仲尼不假蓋子夏有旨也委同修官詳正之

手札賜王欽若大中祥符三年二月

昨覽君臣事迹進草將帥部仁愛門若以贖還俘略振䘏饑饉暴骸必瘞秋毫不犯斯數事近乎仁愛矣如張揚爲大司馬性仁和無威刑部下人謀反發覚對之涕泣輒原不問今衆官評品謂之仁愛斯則異矣且將帥之體與牧宰不同以威禁暴以刑止殺先之以號令而下知懼均之以甘苦而衆不攜今謀反發覺輒原不問而又對之涕泣愈非將帥之事也朕向在藩邸屢令邢昺講習諸書因記春秋息侯伐鄭大敗而還君子以爲不察有罪其喪師也宜乎今張揚無威刑反者不問是不察有罪此尤宜旌別淑慝更商度之

諭王欽若新編君臣事迹廢滯卷篇序雷同手札大中祥符三月九日戊戌

覽所進總錄部廢滯卷中事迹述歷代廢滯不達之人若乃思謙之觸機無邪仲方之駁論無隱陳咸之方正劉向之精忠馬融勤於諷諫揚雄恬於勢利斯蓋篤志不回爲臣守正或偶失於旌勸而暫衂於徊翔以玆廢滯可爲慨嘆若乃用貲以謀進求樂以爲助脯人以續食著論以恃才至于不愼言而忤物每臨事而背俗坐事被譴失行貽譏此乃靡遵輗軏自隮溝壑又與夫大雅明哲君子進退之道不侔矣此書欲炳煥往行章寤闕疑使忠佞殊途姸醜不溷或傲時而踧踖或躁進以覬覦既昧否臧自貽顛沛又非國家廢滯也此卷中事迹蕪雜篇序雷同不以其道辨之何以爲勸宜更商搉而正之

修英宗實錄令曾公亮等陳所聞先帝德音手詔熙寧元年五月戊戌

朕承文考之遺烈。嬛然在疚。其致孝述美之志。未嘗須臾忘也。惟規模宏遠。煥乎同太宗之風。圖治勤勞。仁覆四海。宜有奇謀偉迹。布于朝廷。其時政記起居注不能盡載者。非均體大臣。詳記而博緝之。則殆將零落矣。今著其錄。必籍事實。卿等綱舉條疏。以備紀述。使明兼日月。歷萬古而不晦。是亦卿等贊襄之効。

韓琦表進仁宗實錄答詔 熙寧二年七月己丑

羲皇以來。載祀遠矣。方册所紀。事功燦然。仁宗皇帝得天聰明。率惟仁誼。澤被萬物。恩加四裔。卿等采獲舊聞。裁成信史。久勤紬繹。良厚嘉嘆。

曾公亮表進英宗實錄答詔 熙寧二年七月乙丑

帝王之興。堯舜爲盛。不有二典。豈垂億年。英宗皇帝齊聖在躬。神機周物。大德中蘊。豐功四施。卿等摭實成書。傳信終古。討論至悉。欽尙不忘。

重修神宗實錄詔 建中靖國元年六月戊戌

朕惟序言紀事。莫嚴一代之書。尊制揚功。是爲天子之孝。恭以神宗皇帝。厲精爲治。十有九年。圖任忠賢。修起法度。內之立政以安百姓。外之經武以威四鄰。更新條綱。劃革弊蠹。盛德大業。三代比隆。而日者史官或懷私見。議論去取。各有所偏。參錯異同。未歸至當。不惟無以傳信於萬世。亦恐屢以招致於人言。朕夙夜以思。不遑啓處。爰命加於論譔。慮尙謬於見聞。夫熙寧元豐事實具備。元祐紹聖編錄具存。訂正討論。其在今日。筆則筆。削則削。宜公乃心。是謂是。非謂非。無忝厥職。庶稱朕丕揚先烈。昭示無窮之意。其令修史官取索元祐紹聖實錄。應于文字討論事迹。依公參詳去取。務要所書不至失實。故茲詔示。想宜知悉。

湖南運判張動乞編類詔令頒學校御筆 大觀一年五月十四日

學而不知爲政。非善學也。比詔有司訓迪政事。士所當知。苟學而習之。則仕而從政。無所咈違。可依所奏施行。

強淵明乞劾供報九域志文字遲延官御筆 大觀二年四月三日

輿地之圖。以周知天下山川藪澤黍稷鳥獸之名。與土地之所宜。而致其貢。稽考周官。其事至詳。今四海承平之久。未能如古。張官設屬。續修其書。而四方未以其事來上。可依所奏施行。

設官置吏詳定制書詔 政和元年二月三日

朕惟成周之隆。其法有歲一修者。禮所謂正月之吉垂治法於象魏是也。有十二歲乃一修者。書所謂又六年考制度于四岳是也。法以御時。因時制宜。與之損益。乃克無斁。故本之人情。輔成治道者。雖萬世不能有改也。神宗皇帝稽古立極。垂裕後世。敕令格式之制。取成于心。其視六經。實相表裏。與夫精神心術之運。德意志慮之美。朕所遵承。懼或失墜。不可以加損焉。而政令有所因革。官司有所建明。自元符修書以來。十有二年。條目猥煩。未加編次。稽之成周。今適其時。宜行修纂。以便遵用。可依熙豐紹聖故事。設官置吏。詳定删修。差何執中提舉。仍限一年成書。其近降條具元符崇寧去取失當等指揮。更不施行。傳曰。無作聰明亂舊章。其體朕志。務協厥中。以丕承先帝之彝訓。豈不韙歟。

編次祖宗潛藩親書御筆 政和五年二月十五日

昭事祖考。遹追謨訓。爰卜宮隅。鼎新層構。虔奉列聖睿文宸翰。垂訓萬世。永寶無窮。近聞金耀門文書庫有祖宗潛藩親書廟諱奏牘。洎元豐內批詔旨。皆得於塵壤之間。恭閱數四。殘楮斷幅。蠹腐不完。隨手紛紛。愴然於懷。可委官編次集類來上。在京官司准此。應士庶之家尚有舊藏者。令並許繳申尚書省投進。具名取旨。卷秩多少。量與支賜。右勘會金耀門文書庫見爲庫屋倒塌疎漏等處。已差都官郎中畢仲愈、司封員外郎陶悅、編估官彭經、張士亨、侍其瑀、劉綰點檢倒塌疎漏庫屋修蓋。仍將本庫文字以年分官司編排收貯。除已劄下都官畢郎中等依御筆指揮一就編次施行外。其在京官司。令劄付禮部關牒六曹寺監及應在京官司。各仰所隸曹部委官。如無所隸。令本處委官遵依御筆指揮。疾速施行。

宋大詔令集卷第一百五十一

政事四

祥瑞

令勿以珍禽奇獸祥瑞來貢詔 至道元年六月辛丑

朕祗膺顧命。獲嗣慶基。懼德弗明。乘奔是念。其於夙夜。罔敢殆荒。念食爲民天。賢惟國寶。當勸農而務本。姑設爵以延才。至於草木效祥。羽毛呈瑞。顧惟涼薄。所不敢當。諸路州府。自今勿以珍禽奇獸諸祥瑞來貢。

泰山醴泉發赦兗州禁囚制 大中祥符元年六月庚戌

門下。王者奉天既以臨民。聿敦至治。順鴻禧而布澤。式表殊私。顧以眇躬。嗣承丕構。守位敢忘於日愼。保邦期致於時雍。迺者祕籙誕章。輿情固請。願舉勸成之典。肅陳昭報之儀。瞻彼岱宗。首冠群岳。因高展采。將有事於雲封。永祚垂文。荐諸祥於寶檢。當甘泉發源之地。顯圓丘眷命之仁。既福應以洊臻。見明靈之昭格。齋慄躬膺於景貺。寅威益勵於丹衷。式是魯邦。介於東夏。屬錫封而告瑞。思與物以同休。幸推在宥之恩。用洽自天之慶。應兗州禁囚死罪、十惡、官典犯正入已贓奏裁。其加役流罪。並免役一年。徒以下並放。獄下巡檢廂軍等支賜。管內居民。常切安撫。不得別有差擾。應緣封禪所闕。或以官物充。或以官錢收市。無得科率軍民。負罪逃匿者。許一月內首露。所部祠廟。宜令精潔致祭。賜文武百寮泰山醴泉云云

儆災一

曲赦東京及河北見禁德音 建隆三年六月己亥

門下。朕適當盛夏。雨澤稍愆。切慮刑獄之間。或有淹滯。輕繫小罪。慮致淹留。方屬炎蒸。宜加欽恤。其東云云。

得雨德音

朕聞昊穹凝命。陰騭下民。貽水旱之災。雖由天降。導愆伏之氣。亦以德消。朕以眇躬。恭臨大寶。未洽和平之化。遽延旱暵之災。是用夕惕宵興。徹懸貶

食。靡愛牲玉。並禱神祇。果上叶於靈心。遂普濡於甘澤。太田沃衍。群動昭蘇。耕稼咸興。豐登有望。顧感通之若此。在祇畏以彌深。宜洽寬恩。與民同慶。仰酬元貺。式表至誠。應京城諸道州軍府監縣鎮繫囚。限德音到日已前。除十惡五逆官典犯正枉法贓及謀殺、故殺、劫殺人不在赦外。餘並從釋放。諸處亡命士卒及聚山林爲羣盜者。限詔到一月。並許陳首。限滿不首。卽論其罪。先是黥面配隸逐處等人。並令有司件析以聞。聽候進止。云云於戲。視民如傷。景福所以來格。愼終如始。寶運所以靈長。肆予沖人。弗敢荒怠。咨爾多士。毋忘交修。啓心弼違。同底于道。布告中外。咸使聞知。

乾元文明二殿災求言詔 太平興國九年五月丁亥

朕以不敏。託於兆人之上。夙夜罔敢荒寧。賴九廟儲祥。上元降祐。萬務粗治。于今九年。而數日前迅雷之中。烈火遽作。既延災於正殿。蓋示譴於眇躬。祗畏震驚。罔敢寧處。上天儆戒。必有由然。豈非燭理之所不明。賞罰之所未當。物情尙多於壅塞。政治未洽於和平。生民未息於瘡痍。獄訟未除於枉橈。賦調未得均一。賢良多所淹滯。有一于此。足敗政經。載深御朽之誠。思啓納言之路。卿等列於有位。咸切致君。所宜各竭忠規。共伸讜議。揚朝廷之缺失。陳時務之否臧。宜罄乃心。必期無隱。朕將親覽。用自儆焉。

彗星見赦 端拱二年八月丙辰

朕膺曉命。寅奉丕圖。躬親庶政之餘。泛覽前王之誥。何嘗不春冰在步。朽索居懷。上以畏天地之神靈。中以保祖宗之洪緒。然而涉道猶淺。燭理未明。誠不動天。信未及物。刑罰有所未當。政教有所未均。天道無言。星文有變。仰觀垂象。深用咎心。緬思罪己之言。方切在予之責。庶幾惕懼。聞達高明。冀其桑穀生朝。未累商王之治。熒惑退舍。以符宋景之仁。雖云避殿撤懸。自從於貶損。曷若御樓肆赦。廣示於哀矜。宜覃曠蕩之恩。溥洽寰區之內。可大赦天下。云云 於戲。先王治國。止務於修身。惟辟奉天。敢忘於明誡。更賴庶尹卿士。共勵忠勤。將相藎臣。輔予不逮。化祆爲福。永孚于休。自邇及遐。當體朕意。

以旱罪己御札 端拱二年十月辛未

萬方有罪。罪在朕躬。顧茲雨雪愆期。應是祆星所致。爲人父母。莫敢遑寧。直以身爲犧牲。焚於烈火。亦未足以答謝天譴。當與卿等審刑政之闕失。念稼穡之艱難。恤物安人。以祈元祐。

答李昉等待罪璽書 淳化三年五月己酉

書曰。股肱良哉。庶事康哉。在昔先王。不能獨治。必參建輔弼。寅亮庶工。故政化得於下。則災沴消於上。吏稱其職。則王澤不壅。民安其業。則壽域可躋。然後百度惟貞。九功以敍。可馴致於太平矣。近年以來。仍歲蝗旱。稼穡不稔。民多流亡。治獄之官。多舞文而巧詆。司計之吏。專聚斂而掊克。州郡牧守。不能奉宣詔條。朝廷卿士。不能修舉職業。朕夙夜罪己。勵精引咎。思與卿等同底于道。用因間宴。極論所長。念所以致之之由。慮所以救之之術。何乃共陳章表。極所敷陳過形惕勵之言。殊異倚毗之意。朕已洗心知過。改行自新。卿等當愛精裔神。輔朕爲治。致君堯舜。是所望焉。高蹈箕潁。是爲末節。所待罪云云。

遣使巡行詔 淳化四年正月丁丑

朕奄有萬邦。託於人上。夕惕若厲。視民如傷。四目遠覽。尙慮擬旒之蔽。一物失所。必軫納隍之憂。去年已來。僭尤滋甚。江浙淮陝。寖被其災。歲旣荐饑。人則艱食。爰開廩庾。以救流亡。常平之蓄屢空。轉徙之民相繼。煩苛擾奪。多罹刑辟。繫狴牢者旣衆。斃枯木而亦繁。當官者謹守科條。不體好生之意。按察者專務循默。罔伸刺舉之文。盡然疚懷。明發不寐。用擇通方之士。俾宣欽恤之仁。韓授等所至之處。可勞問疲羸。申明詔旨。首詢獄犴。周訪惸嫠。招集流亡。俾其得所。導揚壅遏。使得上聞。刑辟之間。務從輕典。寧失不經。有可以惠茲下民。悉得以便宜從事。官吏有罷軟不勝任。掊刻不撫下。所行詔令有所未便等事。咸宜條奏。附疾置以聞。布告吏民。當體茲意。

彗星見求言避正殿減膳詔 咸平元年二月甲午

自昔哲王之有四海也。渴聞己過。忻納讜言。用能致時雍熙。驅民仁壽。矧予寡昧。始嗣基圖。逾歲于茲。上穹譴見。斯蓋時事乖舛。政化鬱堙。果恫天心。遽垂星變。夙夜循省。祗懼兼深。敢忘責躬。以答譴誡。詢于有位。竚以虛懷。當思極言。無有所隱。朕將親覽。惟善是從。仍自今月五日不御正殿。尙食所供常膳。亦宜減省。

祈雨詔 咸平元年三月丁丑

農功伊始。膏澤未霑。爰伸至誠。庶獲嘉應。宜遣官告天地宗廟社稷嶽瀆京城祠廟寺觀。

命張齊賢等分禱京城祠廟五嶽詔 咸平元年三月甲午

時雨未洽。宿麥可憂。惕然疚懷。再伸勤請。庶至誠之昭感。獲膏澤之普臨。宜令戶部尙書張齊賢等分禱京城祠廟及五嶽。各盡蠲潔。副朕意焉。

以旱減降兩京諸路繫囚制 咸平二年閏三月丁丑

朕欽奉丕圖。勤勞庶政。動遵明慎。罔敢怠遑。而誠信未孚。災沴斯作。陽春向盡。時雨久愆。言念蒸黎。不忘宵旰。偏走群望。未獲嘉應。豈其獄訟之間。罔盡哀矜之理。致茲亢暵。能不隱憂。俾緩常刑。克謹天戒。兩京諸路繫囚。除十惡罪至死、官典犯枉法贓、劫殺、謀殺、故殺、已殺人不降外。死罪降從流。流罪降從徒。徒罪從杖。杖已下並釋之。徒役人並放從便。內黥面人具所犯奏裁。山林劫盜逃亡軍士限一月內首露。並釋其罪。限滿不首。復罪如初。

以旱求直言詔 咸平二年閏三月丁亥

朕處九五之尊。託億兆之主。繼臨四海。欽及再期。軫宵旰之憂勞。奉祖宗之憲度。誠不感於穹昊。惠未及於黎元。歲罔豐登。氣尙堙鬱。將歷炎蒸之候。

荐成僭亢之災。綏獄恤刑。雖示哀矜之旨。側身思咎。彌深惕懼之懷。比者屢降詔書。大開言路。頗多叢脞。不足頒行。且念古先哲王。纂承統緒。求工瞽之諫。納芻蕘之言。克濟大猷。以臻至治。咨爾搢紳之士。洎于巖穴之倫。必能辨朝政之是非。察下民之疾苦。無懷畏避。當悉敷陳。體予不諱之心。副此惟行之命。自今並宜直言極諫。密疏以聞。靡或尙於屬辭。當直書其所見。言善者必加甄賞。理短者亦爲優容。勿習儒風。復談鄙事。誕告中外。知朕意焉。

頒畫龍祈雨法詔 景德三年五月丙辰

雩禜之祭。禮經具存。禳禬之文。祠令攸載。朕頃居儲貳。兼治王畿。虞十雨之有愆。致千箱之失望。預防農害。嘗訪異聞。或云畫龍以祠。其術甚著。屢因驕亢。嘗事禱祈。靈感遄臻。嘉澍來應。宜頒寓縣。以祐蒸黎。庶消旱暵之災。用慰憂勤之念。其畫龍祈雨法。令付有司。宜令雕印頒下。

遣程渥等詣諸路理繫囚詔 咸平四年二月丙午

去冬以來。嘉雪未普。今春將半。膏澤尙愆。農事方興。亢陽是懼。徧走群望。精祈上元。感應未蒙。祇畏良切。得非郡國之內。獄訟滋章。狴牢之間。縲繫淹久。或傷和氣。或召災氛。是用特遣使車。巡行諸道。決其留滯。務盡哀矜。宜令庫部員外郎程渥等乘驛分詣諸路。疎理繫囚。杖以下並放。內有公然淹緩刑獄處。具事以聞。

旱災遣官江南疎理繫囚詔 景德元年九月

江吳之分。亢暵爲災。言念蒸民。遘茲艱食。致嬰法網。或繫圜扉。特命使車。就加欽恤。宜令戶部判官工部員外郎李昉、右正言直史館張知白、供奉官閤門祗候李仁、侍禁閤門祗應郭盛乘驛分詣江南東西路。疎理繫囚。民間有不便事。裁度利害。實封以聞。名山大川靈祠。命吏精虔祭醮。

江淮水旱命李迪等安撫詔 大中祥符四年六月丙寅

朕以寡德臨茲四方。靡忘中旰之勤。冀洽阜康之治。眷言江介。迄彼淮濱。水旱相仍。田疇幾廢。緬念黎庶。於懷惻然。宜令起居舍人、直史館李迪爲江淮南安撫使。內殿崇班、閤門祗候張利用爲都監。存問里閭。察訪官吏。訊詳犴獄。寬節財征。務適便宜。用圖安集。

京西饑處蓄積之家能賑濟及減價糶者具名聞詔 大中祥符五年二月甲寅

如聞近畿穀價騰踊。屢行拯救。冀復流亡。更示軫懷。特頒條制。京西諸州軍民饑處。委轉運使諭告蓄積之家。有能賑濟及以糧斛減半價出糶者。並具名聞。第行恩獎。

去秋江淮旱命知制誥陳知微等巡撫淮南戶部判官袁成務巡撫兩浙詔 大中祥符八年三月丁卯

朕以眇躬。纂于洪業。萬方在念。中夕靡寧。敢怠焦勞。聿期豐楙。眷惟淮甸。迨及江吳。去秋以來。民田薄稔。慮穀價之騰踊。致吾民之阻饑。雖復蠲其賦

使檢巡訪察因給轉度規處乏闕糧儲視按軍州逐至等微知令宜懷至敷往著朝命故濟賑於望何黔黎我則康惠於盡未宰牧虞尚廩倉乃振租

臣能否有弛職者按舉以聞

宋大詔令集卷第一百五十二

政事五

儆災二

榮王宮火延燒殿庭求直言詔 大中祥符八年四月癸酉

朕欽承大寶。祗勵小心。膺眷祐之無疆。荷靈禧之狎至。少虧周慎。俄有震驚。雖曰因人。敢忘克己。今月二十三日夜。榮王元儼宮不謹遺燼。遽致延燒。昏夕之間。撲滅靡及。遲明之際。士伍駢臻。尚賴群心。率力盡瘁。殿庭連屬。不免致焚。宮禁回環。率皆安堵。眷茲藩邸。自失於防微。仰謝宗祊。彌深於省咎。亦慮庶務未洽太和。或政令匪中。或物情有壅。期聞讜論。以輔眇躬。應文武官並許直言。當從親覽。渴聞規益。勿悋傾輸。命刑部員外郎兼侍御史知雜事王隨按劾榮王宮遺火人以聞。

遣使循行諸郡詔 天禧元年四月庚戌

仍歲之內。蝗旱爲災。穡事靡登。流民相屬。託居人上。深用憫然。臨遣使車。循行方郡。詢訪謠俗。安集里閭。式宣寬大之恩。副茲勤恤之意。宜令殿中侍御史張廓往京東路。薛奎往河北路。駕部員外郎判三司鹽鐵勾院張仲往兩浙路。太常博士判三司度支勾院韓庶、供奉官閤門祗應賈衆之往江南路。著作郎集賢校理判三司都催欠憑由司張師德、供奉官閤門祗應曹珣往淮南路。體量安撫。所至不得宴樂遊從。及多借官津舟舡。長吏亦無得迎送。

蝗旱後赦天下制 天禧二年四月庚寅

門下。朕仰膺靈命。恭守丕基。集綈素之珍圖。開聖眞之明系。盛容交舉。兵刃並櫜。雖臻和平。罔敢暇逸。惟思日愼。用答天休。而間歲以來。羽蟲爲沴。躬臨庶政。在宵旰以忘勞。徧走群望。致牲玉之斯潔。果精誠之上達。致善應以克臻。爰自秋期。逮于春序。嘉雪屢降。甘澤載霑。翾飛之類自消。流寄之民咸復。歡謠塞路。多稼盈疇。此蓋穹昊降祥。祖宗垂鑒。因與萬國。均茲鴻禧。況首夏在時。薰風扇物。俯順融明之令。用新昭曠之恩。可赦天下。除十惡罪至死及已殺人不赦外。餘死罪降從流。流已下並釋之。內劫賊雖不殺人、亦具奏裁。在京諸班直諸軍、並特支。賜災傷地分、欠去年夏秋稅及借種貸糧。悉與降放。今年夏稅免十之三。大名府、登、萊、濰、密、衛、青州、免十之四。仍不得折變及支往他處。欠負物色。未得依限科校。候豐熟日漸次催納。修造上供。追集百姓工匠。有妨農業。並令權罷。如係供軍切要者。候次年奏裁。追官責降人。元不犯贓。經大赦未得敍用。雖經敍用未復舊資。許諸官司投狀。京朝官、諸司使副、閤門祗候。因公事降充監當。元非贓罪者。復與親民。得替幕職州縣官及違礙人。並放其選。近日群臣屢奏。諸處不係名額僧尼院宇。或匿姦盜。騷擾鄉村。況先有條貫。至今毀折。既言者頗衆。用申明舊章。尚慮州縣未能酌中。失於體察。如三十間已上。見有佛像。僧衆素不藏匿非違。及名山勝境。庵巖有道行高尚持念進修者。雖不及三十間。並許存留。災沴頓消。豐登屢感。其祀典五嶽四瀆、名山大川、歷代聖帝明王、忠臣烈士。委長吏精虔致祭。如有損壞。官修葺之。配流徒役奴婢針工。因劫盜斛㪷配軍人。悉放從便。山林寇賊。逃亡軍士。限一月首露。不至。論罪如法。云云　於戲。惟德動天。故神歆於馨美。推誠及物。而人遂於億寧。所以和氣克升。豐祥洽至。膺茲迪吉。載惕予衷。咨爾宗寮。同增翼勵。

彗滅赦天下制

門下。朕躬承駿命。祇若永圖。奉上帝之明威。守二聖之成憲。競競業業。臻乎治平。何嘗不欽翼百神。敦崇至道。茂修上下之祀。迪對靈妙之尊。誠心感通。禧瑞昭著。然而勤求政體。保祐黎元。用答靈休。罔敢自逸。近屬清秋戒序。元象垂文。躔次之間。夙宵迥異。雖天道淵邈。曷究其精微。而朕志欽承。敢忘於寅畏。尚慮四海至廣。衆務惟繁。內則三事百工。外則方牧庶尹。思所不逮。政或未孚。獄訟有失於詳平。物情或至於堙鬱。側身載省。旰食在懷。冀與萬邦。肆諸大眚。式稽前典。俾協至和。宜均在宥之恩。庶表恤人之旨。可大赦天下。云云　於戲。昊穹眷懷。寰區允屬。惟期惕勵。永保和寧。咨爾群倫。當體深意。

河溢遣使安撫京東西河北路人民詔 天禧三年八月庚戌

近以洪河溢於東郡。申戒官吏。卽謀繕修。顧以資儲。急於營度。而京幾近地。河朔奧區。境邑之間。既鄰於封壤。芻茭之用。爰賴於委輸。已命攸司。各伸良畫。酌其經費。遂彼便宜。雖綸詔屢行。務從於優恤。而黔黎在念。彌切於矜憐。特遣使車。往伸存撫。宜令度支員外郎判度支勾院方仲荀往京東路。右正言判戶部勾院劉煜往京西路。鹽鐵判官監察御史劉平往河北路。體量安撫人民。應有合寬恤更改事件。與轉運使副所長吏會議施行。

雨災德音 天聖四年六月丁酉

門下。朕以祇膺靈命。獲紹丕基。仰循先烈之聖猷。復稟母儀之慈訓。躬親萬務。勤卹庶邦。洎祚以來。于茲五載。兢兢業業。弗敢遑寧。所期享穹昊之監觀。席宗祊之錫羡。嘉生屢降。協氣橫流。何乃夏秋之交。霖澍暴作。廬舍浸淫而成墊。河渠泛漲以爲虞。民頗不聊。心焉如灼。斯豈朝廷闕政之招也。將朕躬薄德之致乎。夙宵之間。咎責方甚。載念幅員之廣。尚或鬱堙。顧惟渙汗之行。率期昭泰。應三京及諸道。云云　於戲。前王罪己。所以勃興。大易振民。斯惟格訓。誕符雷雨之施。庶導陰陽之和。咨爾群倫。當體予意。

星變曲赦開封府畿內德音 天聖六年四月庚寅

朕以嗣服丕構。撫寧庶邦。荷眞聖之延祥。欽祖宗之垂裕。幾微是愼。旰昃靡遑。內奉慈闈。務協大中之訓。外緊良弼。期臻純一之風。而星緯差常。流輝示變。厥咎安在。斯可駭焉。民聽惟聰。官占有契。此則上穹乃眷。垂誡甚明。顧循菲冲。敢忘抑畏。且都畿之攸廣。慮獄訟之尚繁。屬茲炎燠之辰。良切哀矜之念。順薰風而布令。推渥惠以爲宜。朕今前後殿不視事。五日以今月二十五日爲始。庶伸惕厲。仰答靈心。可赦開封府畿內諸縣云云 於戲。好生卹下。用洽於群情。迪吉敷和。克遵於懿典。咨爾有衆。體朕意焉。

霖雨赦天下制 天聖七年四月一日

朕以涼薄之資。紹隆熙之業。實賴慈訓。保祐政塗。迄茲累年。方夏寧謐。念守成之匪易。惟屢省以在勤。而春夏之交。霖澍繼作。田事將廢。里民其咨。託居人上。聳然嗟惕。且懼皇極之未建。號令之靡孚。天其儆予。敢不祗肅。今治化猶鬱。獄繫尙繁。豈無幽冤。足戾和氣。當寬重出輕之典。體茂時育物之仁。式布湛恩。用綏庶品。可大赦天下。云云 於戲。虞舜欽刑。則眚災肆赦。周宣修政。則戒懼側身。緬企前猷。無忘懋德。嘉與中外。洒濯自新。公卿大夫。率謹常憲。共輔不逮。以對上靈之心。

江淮體量安撫與長吏問繫囚減降詔 明道二年二月庚戌

江淮之間。仍歲亢旱。民之失職。朕甚憫焉。比遣使體量安撫。其令與長吏問所繫囚。除死罪及情理巨蠹官典犯法外。自餘徒流遞降一等。杖以下釋放。雜犯死罪情可憫者。聽奏裁。

禁中火求直言詔 明道二年八月丁丑

朕猥以眇躬。纂於洪緒。既絕畋遊之好。又無臺榭之營。十載于茲。未嘗暇逸。不意掖庭之內。火禁非嚴。一夕延燔。徧於八殿。而端門正寢。禁帑群司。猶免俱焚。實繄衆力。緬思降儆。敢怠省循。其令內外臣寮直言朝廷闕失。毋有所隱。副朕意焉。

宮禁火赦天下制 明道二年九月丁卯

朕祗荷眷靈。紹膺統緒。上以奉慈闈之訓。助下以賴列辟之輔成。允臻熙洽之期。思隆久大之業。罷畋遊之樂。減服玩之珍。臺榭之飾靡營。聲色之娛不邇。小大之獄。必愼罰而得情。中外之官。必懋功而責實。守盈成之戒。勵欽翼之心。于茲十年。罔有怠志。而首春已降。列緯垂文。躔次屢差。官占預告。洎閭閻之多室。被焚燎以挻災。察其所因。是爲先儆。不謂掖庭之內。火禁弗嚴。既烈餤之倏興。屬淸宵之未艾。遂茲燔燼。延及殿闈。幸賴元昊降衷。群臣叶力。徹塗之衆。詰旦駢臻。俄頃之間。騰煙盡息。端門路寢。禁帑周廬。俯接連甍。並皆安堵。載惟菲薄之質。實居億兆之尊。深慮政刑之闕。未修德惠之流。未溥聽斷之際。或失於重輕。上下之情。罔臻於交泰。致斯譴謫。集此震驚。敢忘罪己之懷。用覃肆眚之澤。可大赦天下。云云 穹昊監觀。垂誡斯在。

祖宗基構。必葺是圖。當此鼎新。在循矩度。固宜儉約。豈敢增崇。應宮殿之內。昨經遺漏。沿燒殿宇。已指揮修葺大內司次第興修。其臺殿宮室。約祖宗舊制更從減省。務敦儉素云云　於戲。灾咎匪常。載恩於修省。瑕疵盡滌。宜召於和平。咨爾士民。當體朕意。

星變赦天下詔 景祐元年八月辛未

門下。朕以微眇之躬。居億兆之上。奉三后之成緒。資列辟之忠規。踵茲熙洽之期。克臻嘉靖之治。何嘗不慎守彝訓。博詢讜言。欽恤常刑。憂勤庶政。思隆久大之業。敢忘翼勵之懷。仍歲以來。沴災間作。或螟蝗而爲害。或暵潦以臻傷。頗多艱食之民。屢頒振廩之惠。方今秋成在候。農畝畢登。既獲多稌之豐。允洽如茨之詠。而靈臺占氣。列象騰芒。考璇麻而仰觀。見霄纏而示變。荷高明之所儆。懼涼薄之是貽。側身靡寧。其咎安在。惟撫心而增惕。思與物以自新。逮于萬方。率同大宥。特避嚮明之座。仍減常膳之珍。庶彰修省之誠。式覃曠蕩之澤。可大赦天下云云　頃者災異荐臻。焦勞在念。特減尊崇之號。冀申祇慄之懷。邇來輔弼近臣。累有陳請。過形順美。願復徽名。朕奉若靈心。欽承明誡。務從抑損。以表寅威。此後更勿獻言。重予不德云云　於戲。天聽其邇。必符至德之言。民心無常。盡有好生之樂。期休應之來格。俾霈澤以斯行。咨爾群倫。當體予意。

令提轉察官吏詔

政平召祥。化缺生沴。推精盪祲。其猶影響。故王者遭異而思德。省己以及人。交修治綱。仰答靈譴。朕雖寡昧。敢忘斯舉。比者善氣弗效。陰眚屢臻。坤體震於冬藏。雷音發於春孟。邊關民舍。被害尤苦。是用臨朝嗟惕。馳使撫綏。推咎以咨讜言。協恭而成台宰。冀復愆繆。庸克振除。尙慮幅員之遐。不無官守之衆。或吏貪而弛。或政虐而苛。或狴牢有淹繫之冤。或賦徭有調斂之急。或受賕鬻直。使下情壅於上聞。或隱災逃負。使醲恩隔於周浹。或世償逋折。巧避赦原。或歲嬰呼擾。猥妨農作。一物失所。大和用虧。朕念斯責者。外則有提轉按巡之司。次則有藩條守長之任。率荷憂寄。當體至懷。苟前弊之尙存。宜悉心而思革。庶迎美應。用洽重熙。凡厥具僚。無忽於職。宜令三司及諸路轉運使副提點刑獄案察所部官吏以聞。

宋大詔令集卷第一百五十三

政事六

儆災三

大風求言詔 康定元年三月丁丑

朕恭承端命。撫有多方。紹服前人之明。勤經庶政之治。居常勵翼。罔敢怠荒。載惟眚異之來。深原譴告之自。虔修應實。所冀格和。而乃咎證薦臻。猋風示變。若豐其蔀。乃晝而冥。震懼載懷。惄焉如疚。蓋朕責躬匪至。求瘼尚遺。德刑未協于中。信化未孚于下。緣茲爽戾。再集禨祥。重念景公退熒舍之灾。成王起郊禾之偃。曾不旋日。合應自天。寧予眇沖。靡克通感。矧前詔中外。率貢讜言。亦既累旬。未聞獻可。有能究民利病。規朕闕違。述在位之阿私。圖御邊之方略。朕將裁擇。以副憂勤。

大風諸道德音 康定元年三月辛巳

門下。朕紹承丕構。撫御庶邦。懷聖治之永圖。繩祖功之遐武。寤興一志。兢業萬微。居常慎刑典之平。廣言路之益。永惟政闕。仰畏天明。冀召休嘉。聿臻熙泰。而乃霾風示變。晝景中冥。震懼以思。咎譴安執。實繇靈眷。申戒朕躬，得非生聚滋蕃。幅員至廣。吏不奉法。人或滯冤。賦役靡均。賞罰未中。有一于此。足致眚祥。宜圖消伏之期。溥浹涵濡之惠。應三京及諸道州府、云云 於戲。側身祗戒。克勵於精衷。導善布和。式孚於宥澤。咨爾有衆。咸體朕心。

大旱責躬避殿減膳許中外言事詔 慶曆七年三月癸巳

朕臨御以來。于今二紀。夙夜祗懼。不敢康寧。庶洽治平。以至嘉靖。自去歲冬末。時雪已愆。今春大旱。赤地千里。百姓失業。無所告勞。朕思災變之來。不由他致。蓋朕不敏于德。不明于政。號令弗信。聽納失中。俾茲眚祥。下逮黎庶。天威震動。以戒朕躬。大懼不能承宗廟之靈。負社稷之重。苦心焦思。惶悸失圖。是用屈己謝愆。歸誠上叩。不御正殿。不舉常珍。外求直言。以答大譴。冀高穹之降鑒。憫下民之無辜。與其降疾於人。不若移災於朕。庶用感格。以底休成。自今月十九日後。只御崇政殿。仍減常膳。應中外文武臣僚。並許實封言當世切務。三事大夫。其叶心交儆。輔予不逮。

得雨復宰輔所降官詔 慶曆七年四月壬子

朕勤勞萬事。日愼一日。思所以躋民於富庶。而底時於嘉休也。方春之後。時雨稍愆。夙夜焦勞。罔敢遑息。卿等數援故事。願降官秩。勉從所請。深屈于衷。今膏澤均滋。群生茂豫。還路寢之法。坐具太官之常珍。豈吾一二輔臣。猶未復舊位也。

頒祭龍祈雨雪詔 皇祐二年六月己巳

夫旱暵之數。自昔常然。禳禬之方。救災爲急。欽惟先聖。篤在劭農。思獲閔雨之求。早得繪龍之法。鏤行方板。著定明科。班之庶邦。副在公府。以虞三時之致害。懼百穀之愆宜。導迎甘膏。消弭熏虐。自奉遵於憲矩。多獲驗於雩場。歷年祀以寖深。慮詔文之殘缺。宜新刊刻。用廣宣行。且以識聖考之憂勤。伸菲躬之繼述。眷言守宰。得奉粢盛。所以庇民。莫先育穀。凡因祠禱。務竭精誠。庶洽至和。以躋長治。宜令本處如此收掌。遇愆雨雪。卽嚴潔依古法祈求。祭龍法先令一道士於壇上敕水解穢。少遠壇壝。然後祭龍。或無道士處。但焚香可也。

至和元年日食正陽之月避正殿減常膳宰臣乞復常第一表批答

朕以菲德。統承緒業。兢兢夙夜。冀當天心。而正陽之朔。大明虧照。日與歲會。典術所忌。譴戒不遠。在予之躬。乃盈庭之臣。伏閤上表。奏欲還內饔之膳。復法坐之尊。豈朕所以畏威克己之意乎。自是三表乃從之。

雨災求直言詔 嘉祐元年六月己卯

朕以眇身。奉承聖業。常愧政化之爽。以羞祖宗之靈。日昃劬勞。躬自懋勉。約己以濟物。坦誠以任人。夙將一心。殆且三紀。庶蒙休應。以登至平。近乃淫雨降災。大水爲沴。敗公私之廬舍。冒西南之城扉。秋稼有淪傷之嗟。貧人罹溺喪之苦。彌月于此。積晦未開。兩河之間。決溢爲患。夙夜惟念。悼痛於懷。此皆朕德不明。天意所譴。致茲災潦。害及下民。是亦邦治未孚。王政多闕。賞罰有所不當。詔令得非未便。獄訟頗枉。賦役煩急。旣民冤失業者衆。則天災緣政而生。思聞讜言。以推咎罰。道有消息。志在更張。應中外臣僚。並許實封言時政闕失。凡當時之利害。制治之否臧。悉心以陳。無有所諱。庶幾弭塞變異。召致和平。咨爾股肱之臣。其交相戒敕。虛心以調元化。合志而營大政。輔予不逮。冀其有慶。故茲詔示。想宜知悉。

日食正旦避殿損膳宰臣等表請復常批答 嘉祐四年正月丁酉

朕燭理不明。乃正月元吉。太陽虧光。惕然宵旰。深自責咎。避正殿。卻常珍。猶懼乎修省之未至。而二三輔臣。洎于百執事。參列大廷。旅陳封奏。且有復常之請。何遽然耶。是重朕之不德也。自是三上表從之。

災傷令提轉督責州縣長吏勤撫疲羸詔 嘉祐元年三月壬子

比者天災流行。蝗潦相繼。雖發公廩之粟。蠲常賦之科。而民之損瘠。賑救未洽。親民之吏。疚心所事。如父兄之奔迫。治子弟之疾苦。惡有不獲全濟哉。如聞上下因循。視同常務。至其下貧阽危。轉死溝壑。或鬻市其所愛。或啗食其遺軀。方春發生。群物忻豫。迺令吾民。憯怛如此。朕甚憚焉。轉運使提點刑獄．其悉乃心．督責州縣長吏以下．勤撫疲羸．急於營濟．仍察官吏之不稱職者以名聞．

雨災求直言詔 治平二年八月乙未

蓋聞古之聖賢在位．陰陽和．風雨時．日月光．星辰靜．黎民阜蕃．以底丕平．朕甚慕之．朕猥以眇躬．託於王公之上．夙夜以思．懼不能以承先帝鴻業．而比年以來．水潦爲沴．迺八月庚寅大雨．京師室廬墊傷．被溺者衆．大田之稼．害於有秋．竊迹災變之來．曾不虛發．豈朕之不敏於德．不明於政歟．將天下刑獄滯冤．賦繇煩苦．民有愁嘆無聊之聲．以干其順氣歟．不然何天戒之甚著也．今飭躬焦思．欲消復大異．而未聞在位者之忠言．進祈自新．厥路何繇焉．應中外臣僚．並許上實封．言時政闕失．及當世之利病．可以佐元元者．悉心以陳．無有所諱．執政大臣．皆朕之股肱．其協德交修．以輔不逮．故茲詔示．想宜知悉．

水災星變令提轉體量冤獄民間疾苦詔 治平三年三月癸酉

朕膺付託之重．體盈成之難．萬務至微．每躬乎聽覽．一物失所．常軫於誠心．而去秋以來．雨潦爲沴．禾稼湮毀．室廬墊蕩．遷徙流離．曾靡寧息．撫存賑濟．甫臻和平．而時氣未熙．星躔生變．咎證昭灼．眚異重仍．撫躬以思．惄焉如疚．豈朕明不能燭．政有不通．至誠未孚．大道猶鬱．天威震動．誡在朕躬．洗心自新．宜從上始．是以不御正殿．卻去常珍．申諭左右之良．益崇寬簡之治．重惟幅員至廣．生齒寔繁．爽於大中．或難槩舉．宜飭行臺之使．就領觀風之權．凡獄訟稱冤．調役頻冗．鰥寡孤獨之在下．死亡貧苦之可嗟．分命省巡．曲加矜恤．使國之利病．得以上聞．朕之仁恩．因而家至．用昭寅畏之德．以佇消伏之祥．宜令諸路轉運提刑．分往轄下州軍．體量刑獄冤滯．民間疾苦．速行辦理．及加拯恤．如事體稍重．即具聞奏．

日食百司守職詔 治平四年十二月丁卯

古者日有食之．百司守職．蓋所以祗天誡而備非常．今獨闕焉．甚非王者小心寅畏之道．來年正旦．可令中書議舉行之．

日食後群臣請御正殿復常膳第一表不允批答 熙寧元年正月乙亥三表

朕德不明．上累三光之變．乃以正月之朔．太陽薄食．考之古義．咎莫大焉．故朕避朝徹膳．思有以恐懼修省．謝上天之譴告．而二三輔臣暨百辟庶尹．方宜同心協德．以輔不逮．若夫進御虎門之朝．退加牢鼎之膳．請雖誠至．豈朕所望哉．

冬旱減降德音 熙寧元年正月四日丁丑

門下．上能恭於事．則雨若．澤不施於利．則旱災．君德因以失中．天沴緣而荐至．奄若圭璋之合契．速於桴鼓之傳聲．顧朕不明．闇於爲政．動傷茂氣．咎應常暘．綿跨大冬之窮．凌涉元春之首．訖無雨雪．沾被農疇．訴上帝以載祈．走百神而並禱．雖精衷之內罄．期美政而蔑聞．中夜以興．寸心是悼．省茲大變．實在眇躬．民也無知．橫罹禍役．尙慮方區之廣．居多禁網之苛．宜錫龐恩．率從寬降．應西京諸道州府云云 於戲．決洛陽之獄．庶將甘澤之來．符

表東海之冤或覬豐年之可召咨爾臣庶當體朕懷

賜韓琦詔 熙寧二年二月甲辰

大河之北歲比不登又有水溢地震之災方春東作民益不聊至攜老幼棄田廬日流徙於道朕甚憫之豈役煩斂重而吏莫之省耶將姦人乘此災變而動搖之也朕中夜以興爲之潸怛不安前日徙卿以鎮大名者蓋有意于此其經制之方已聽便宜從事若可以佐吾民者宜率意遠思爲朕撫輯而振全之毋使後時以重民困也

旱災避殿撤樂減膳詔 熙寧二年四月丙辰

朕承祖宗之緒歷日未久而陰陽錯繆星辰失行河決地震相仍爲患方夏大旱宿麥時稿民之失職無所告勞朕惟災變之來蓋不虛發豈朕政令之未敷聽納之靡中以致厥咎歟不然何大異之滋至也夫天人之際猶影響也匪屈己而思過易心而修德則何以應之哉朕自今月乙巳不御前殿減常膳罷同天節上壽徹樂公卿大夫其勉修厥職以圖消復故茲詔示想宜知悉

宰臣富弼以下請御正殿復常膳舉樂第四表不允批答

省表具之朕顧德薄不能致陰陽之和而災異比下害于予民故避殿損膳撤在廷之音庶幾人事修而天意得也雖嘉澤適應然驕陽旋興側身永思重懷慘結卿等迺露章繼至願復其常朕方恭天之渝不敢以馳驅也所請宜不允

河北路德音 熙寧元年十月二十四日

門下朕承至尊之統臨舊貫之居蒙五聖之休而不敢康饗四海之富而不敢泰恐懼冰淵之履勤勞夙夜之思庶幾導群元之蕃濟百物之豫乃眷大河之北忽興淫雨之祥坤載震搖川防潰決遠跨邊郡墊隳民廬竊迹災患之來率緣政教而起永念厥咎在予一人交累陰陽之和著見天地之戒宜霈施於惠澤將感格於靈觀河北州府云云　於戲視民如傷已形心於慘怛恭天之怒敢措已於安寧益勵兢虞終圖銷復咨爾有衆咸體朕懷

日食正陽德音

門下朕獲奉宗廟于茲七載憂勤願治弗敢荒寧而太史預言天將降告正陽之朔日有食之推原典經斯謂大異夙宵戰栗未燭厥咎豈非庶政之失加于四方德誼未孚刑罰未中善氣繆戾以累三光今天動威申儆不逮是用損膳徹樂變服避朝推恩元元蕩宥多辟以圖消復以召和平應天下繫囚云云　於戲戒懼乎不睹銷救于未萌庶幾誠心或感靈佑告爾有衆體朕意焉

宋大詔令集卷第一百五十四

政事七

儆災四

日食正陽宰臣乞復正殿常膳不允批答 熙寧□年四月丁卯

朕祗若天戒。憂心靡寧。靜循眚災。咎在菲德。貶損常御。豫度明威。公卿庶事。率勵百職。圖究厥異。以昭棐忱。奏封所陳。豈亮朕意。

旱災避殿損膳宰臣等上表請復不允批答 熙寧七年三月辛亥

朕德弗格。無以媚於上下神祇。天降之災。旱虐爲甚。歷日彌久。害及嘉生。故自貶損。冀欲銷去。而精誠不至。報應未蒙。側身以思。深用震悼。而卿等反以敵使之來。誕辰之慶。宜復常膳。何其遽也。

旱災求言詔

朕涉道日淺。晻于致治。政失厥中。以干陰陽之和。乃自冬迄春。旱暵爲虐。四海之內。被災者廣。間詔有司。損常膳。避正殿。冀以塞變。歷日滋久。未蒙休應。嗷嗷下民。大命失恃。中夜以興。震悸靡寧。永惟其咎。未知攸出。意者朕之聽納不得於理歟。獄訟非其情歟。賦斂失其節歟。忠謀讜言鬱於上聞。而阿諛壅蔽以成其私者衆歟。何嘉氣之久不效也。應中外文武臣僚。並許實封直言朝政闕失。朕將親覽。考求其當。以輔政理。三事大夫。其務悉心交儆。成朕志焉。

彗星見賜王安石詔求直言

朕以寡薄。猥承先帝末命。獲奉宗廟。顧德弗類。不足仰當天心。比年以來。災異數見。山崩地震。旱暵相仍。今彗出東方。變尤大者。內惟淺昧。敢不懼焉。其自今月己亥不御前殿。減常膳。如故事。卿等宜率在廷之官。直言朕躬過失。改修政事之未協於民者以聞。

彗星見赦文

朕紹履尊極。于茲九年。昭事神祇之明。祗迪祖宗之烈。深維寡昧。未知攸濟。夙興旰食。靡或遑寧。而比歲以來。災沴未息。今茲星文譎見。變異甚著。永思厥咎在予一人。豈非德不能綏理有未燭。政令或失。刑罰罔中。皇天動威。以是譴告。是用撤去常膳。改避正殿。仍推肆眚之恩。以洽好生之德。庶敷宣於和氣。覬回復於善祥。可大赦天下。云云 於戲。惟修政可以塞變。惟至誠可以動天。用端寅恭以祈消復。更賴股肱良弼。中外藎臣。益申儆於事。爲冀導迎於福應。咨爾方夏。體朕至懷。

彗星見避殿減膳宰臣王安石等上第二表乞御正殿復常膳不允批答 熙寧八年

勅。云云 垂象之變。咎在朕躬。內惟菲涼。敢不祗懼。避朝損膳。欽天之威。神休震動。銷去大異。而三事庶尹。咸造在庭。願復舊常。至于再請。且星降咎德。猶賴交修。況天畏棐忱。固當屢省。弭災嚮福。其庶幾焉。所請宜不允。

彗星避殿減膳許中外直言朝政闕失詔

門下。朕以寡昧。獲承宗廟。夙夜祗畏。不遑康寧。冀或仰當天心。感格和氣。以敷錫于庶民。而太史占言。譎見乾象。及孟秋癸未。彗出西方。譴告之來。厥有攸召。夫豈朕德弗類。刑政或謬於理歟。吏之不良。而民或失職歟。永惟厥咎。朕甚懼焉。自今月戊子避正殿。減常膳。中外臣僚並許直言朝政闕失。朕虛心以改。庶幾古我格王正厥事之意焉。

星變後百官乞御正殿復常膳不允批答 元豐三年八月乙亥五表乃從

天變不虛。謬在人事。厥惟警戒。是佑朕躬。損膳避朝。式昭忱念。神休感格。雖卽弭消。日監在茲。敢忘祗畏。方期交飭。永答顧懷。懇復舊常。朕所未諭。

賜宰臣王珪以下上第五表請御正殿復常膳允批答

變象在天。誠告不治。震動怵惕。罔知所從。故貶食避朝。思惟厥咎。而群公卿士。勤啓朕意。祈復故常。懷惻不回。數至于五。詩曰。我其夙夜。畏天之威。其務懷保庶民。共承上帝。弼違救過。同國之憂。重卻乃誠。勉徇來請。

日食後宰臣王珪等上第二表乞御正殿復常膳不允批答

省表具之。正月之朔。候屬元陽。此日而微。其咎安在。避宮省膳。欲銷去之。尙虞昭格之誠。未既應天之實。交修不逮。庶免厥愆。繼閱函封。請循舊典。方予祗異。難狥忱辭。所請宜不允。

第三表允批答

省表具之。朕德弗類。上干大明。畏天之威。罔敢暇逸。惟帝鑒顧。佑于眇躬。當元陽之辰。陰雨晦塞。至誠昭格。浮祲自消。祗念靈承。側身匪懈。眷吾列辟。勤請再三。勉復厥常。未忘惕勵。尙宜交儆。永底和平。所請宜允。

元豐五年日食正陽德音 三月己亥

門下。朕紹承祖宗。奉順天地。罔敢槃樂。圖惟乂寧。而變象將昭。太史前告。孟夏朔日。茲惟正陽。薄食之災。爲異尤重。動威示戒。殆繇眇躬。損膳避朝。思求其故。慮智有弗燭。仁有未孚。德化淺微。刑罰錯繆。乖忤善氣。干掩大明。若蹈冰淵。靡知所措。肆省多眚。庶迎休嘉。應四京諸軍州軍監見禁罪人云云。於戲。惟皇上帝。篤祐下民。宜及未形。共圖厥咎。勅躬正事。精加至誠。小大庶官。咸體予意。

以旱避正殿減常膳詔 元祐二年四月辛卯

朕承祖宗之休。獲紹大統。而陟道日淺。昧於政治。萬事失中。以干陰陽之和。乃自冬迄夏。旱暘爲虐。四方之內。被災者廣。生民嗷嗷。無所告勞。永惟災變之來。蓋不徒發。意者朕之聽納不傳於理歟。賞罰失當而賦稅無節歟。民力屈竭而土木營歟。抑忠言壅於上聞。而德澤不下流歟。何大異滋至也。非克己思過。洗心修德。其何以答塞天變。協致大和。可自今月十一日後避正殿。減常膳。公卿大夫其勉修厥職。共圖消復。

群臣請御正殿復常膳第一表批答

省表具之。朕即位二年。水旱繼作。致災之故。實惟沖人。既延及於無辜。復貽憂於文母。是以坐不安席。食不甘味。實欲深念厥咎。豈徒見之空言。而雨不崇朝。農猶告病。欲徇來請。惕然未寧。其一乃心。勉正厥事。毋重朕之不德。以答天之深戒。所請宜不允。

百僚請太皇太后復常膳不許批答

覽表具之。旱暵之罰。自冬及夏。天之降災。如此其久。則未有致災之道。豈一日而然哉。雖力行罪己之文。尚慮非應天之實。而卿等以膚寸之澤。遽欲即安。覽之惕然。未敢自赦。其交修不逮。務盡厥誠。期茲歲之有秋。始復常而未晚。所請不許。

百僚上第五表允批答

省表具之。朕以寡昧。膺受多福。常欲損上益下。畏天之威。矧茲旱災。咎在不德。而卿等以雨澤既至。封章屢上。勉從其意。甚愧于中。夫天之有風雨雷霆。猶朕之有號令賞罰。朕不修明其事。何以責應於天。永思其終。無忘納誨。所請宜允。

太皇太后許批答

覽表具之。德積無素。民罹其災。精誠莫通。禱不時應。雖蒙膏澤之報。僅救焦枯之餘。勉徇來章。猶虞後患。其謹視盜賊。勤恤流亡。益務交修。以裨不逮。所請宜許。

宰相呂公著積雪異常望賜罷黜表不允批答 元祐三年二月甲申

朕獲承大統。懼德不類。以干陰陽之和。迺自去冬距于今春。久陰常寒。霰雪不止。罹此災罰。斯民何辜。朕方仄席祇畏。圖惟厥咎。而卿等乃引責祈免。是重彰朕之不德。而無以上承天心。古之明王遇災而懼。則克己修省。以正厥德。不聞歸罪大臣。以塞責文過。卿其一德同心。夙夜啓沃。以輔朕不逮。

庶幾消復。稱朕意焉。姑體眷懷。少安厥位。所請宜不允。

去冬連月降雪今春久陰德音

門下。朕以眇躬。獲御大器。仰聖后之慈訓。荷先烈之永圖。四載于茲。涉道尚淺。凜然祇惕。若履淵冰。思所以慰安人心。奉若天道。常慮一夫之失所。以傷萬物之太和。蠲苛去煩。夙夜願治。迺自去冬連月降雪。異常今春以來。久陰不霽。農民失職。商旅不通。比屋之間。凍餒彌甚。常寒之罰。咎在朕躬。惟日兢兢。以圖消復。潔精致禱。神眷未孚。克己自持。協氣無應。竊慮四方獄犴。冤滯尚多。工役煩興。人咨胥怨。鬱成繆盭之變。以干陰陽之和。宜均渙恩。以召嘉氣。應四京諸道州府軍監縣、勑命到日以前。見禁罪人。除常赦不原外。枉法自盜罪至死。情理輕者奏取指揮。鬬殺罪至死。情理稍輕者。減一等。刺配千里外牢城。輕者。刺配五百里外牢城。斷訖錄案聞奏。其餘死罪降從流。流罪降從徒。徒以下並放。強盜罪至死。依所降決訖。情理重。刺配廣南遠惡處。輕者配二千里外牢城。應諸路今春緣修河及工役所起夫。並特免。如已發在路。所至告示放歸。其河上及應用急切工役。並用軍工及和雇願役貧民充。餘並權住一年。應罪人令衆者。自今年三月以後並放。災傷郡縣公私欠負。展一季。去年秋稅展一月。流民所至及飢貧人。並多方存恤。給其錢米。拘礙條制、安撫或鈐轄司量度應副。訖奏。逃軍限兩月首身放罪。祠廟在祀典者。長吏差官嚴潔致祭。於戲。遇災祇戒。聿修信順之誠。正事布和。庶獲天人之助。咨爾中外。咸體朕懷。

宰相呂公著等以陰雪再乞罷不允批答 元祐三年二月戊子

朕惟天之示人。雖若影響。而災咎之發。事豈一端。思欲應天。莫若誠實。陰雪不霽。自冬徂春。民罹其災。夙夜祇畏。書曰。惟先格王。正厥事。卿其究政事之所未正者。以輔朕躬。俾斯民無失所之嘆。顧欲引災去位。是置朕於有過。將何以弭天災而致和氣。朕無取於斯焉。勉安厥位。以稱朕懷。所請宜不允。仍斷來章。

宰相呂大防等以時雨不足請免不允批答 元祐五年四月甲辰

歷時告旱。歲事可虞。精禱未孚。神貺猶嗇。朕側身思咎。終夕靡遑。卿等躬任燮和。志同憂患。雖引義自責。大臣之體則然。而釋位求安。有國之計何賴。尙講救荒之政。以助憂民之誠。苟或使旱不爲災。則朕復何咎。所請宜不允。

以旱減膳避殿詔 元祐五年四月丁巳

敕門下。朕奉承統業。于今五年。臨御崇高。未達庶政。夙夜祇懼。若涉淵冰。常恐德之弗類。無以下慰民望。上當天心。今者冬雪不効。春雨弗若。逮此孟夏。旱災如焚。麥不充食。禾未出土。歲事凜凜。民且狼顧。雖禱祠備至。而神莫之答。惟循省自克。則災或可消。意者政令寬弛。吏或爲害。而莫懲歟。賦役失當。民病於事。而莫察歟。忠言有壅而未達。賢材有抑而未用耶。念之雖勤。行則未至。昭明恐懼之誠意。庶幾陰陽之不違。可自今月二十三日後。減常膳。不御前殿。及將來五月一日。罷文德殿視朝。朕上奉東朝。深愧常珍之日缺。下臨庶尹。猶冀嘉言之上聞。苟利於人。其無不究。允。

呂大防等乞御正殿復常膳批答 元祐五年五月乙亥

省表具之。歷時不雨。天之告誡已深。因旱責躬。朕之誠意未迨。今雖小雨繼至。而二麥已傷。飢饉有已見之形。禾黍無必獲之理。卿等遽陳誠請。求復故常。朕仰畏天威。下念民瘼。深愧治朝之盛。未知肉味之甘。矧復神母愛民。憂心如昨。朕獨何意。遄舉舊章。須歲事之有成。與天意而皆復。所請宜不允。

第二表不允批答

省表具之。朕獲守丕基。未習師保之訓。不有善政。以干陰陽之和。去冬以來。時雨弗若。譴告之久。逮今半年。有懷誠懼之誠。豈以一雨而足。永惟朝會之禮。百辟具來。膳飲之常。庶珍咸在。方斯民之未裕。匪朕意之所存。卿等寄在腹心。志同憂樂。奉我以黼扆之盛。不若處我於無過之中。厚我以玉食之華。不若助我以兼濟之善。所請宜不允。仍斷來章。

第三表不允批答

省表具之。朕庶政不明。常暘爲譴。奔走祠望。降黜典常。亦既逾時。僅而獲雨。永惟天意之難復。民食之未充。庶幾終歲之豐登。未免茲心之怵惕。虛治朝之列位。損內饔之常羞。於朕心猶曰未安。而卿等遽以爲請。昔成湯自省以六事。楚莊常懼於無災。朕既嘉前王之小心。豈以一雨而遂懈。所請宜不允。

第四表允批答

省表具之。畏天恤民。本朕躬平日之志。避殿損膳。抑祖宗故事之常。乃者亢陽爲災。甘澤未遍。朕祇率舊典。以行本心。茲因屢請之勤。審知時雨之足。苟無憂於民食。豈必廢於邦常。朕既用僉言。正坐食珍。不改國朝之舊。卿等亦廣吾意。修政謹備。常若水旱之來。所請宜允。

宋大詔令集卷第一百五十五

政事八

儆災五

太皇太后以旱賜門下詔

勅門下。吾母臨四方。親決萬務。清心克己。凡以爲民。而天意弗感。歷時災旱。宿麥幾盡。秋稼未立。饑饉既至。疫癘將起。齋祠雖切。漠然弗應。吾則不德。民實何罪。中自循省。寢食皆廢。豈政治失當。事之害物者尚多。上下否塞。情之不通者非一。刑或不稱其罪。用或不當其人。有一于斯。皆足以上拂天心。下擾民聽。循致斯旱。咎實在吾。皇帝遇災恐懼。不敢自逸。既命有司。降食避殿。罷五月朔朝。吾亦自今月二十三日後。減常膳。側身思咎。固無吝於改爲。協德濟民。尚有求於列位。故茲詔示。想宜知悉。

呂大防等乞太皇太后復常膳批答

覽表具之。吾勉而臨政。志切爲仁。凡克己以濟民。皆力行而不懈。矧今久旱傷稼。憂在阻飢。豈以菲食逾旬。指爲難事。而卿等因是儆澤。率然上章。雖嘉乃誠。殊匪吾意。夫旱災之後。荒政之所備者尚煩。秋種雖生。終歲之可虞者非一。與其君臣釋然而忘患。孰若上下相儆以圖安。姑從降食之文。以示畏天之實。所請宜不許。

第二表不許批答

覽表具之。吾性本恭儉。居不求豐。時方旱災。懼若無措。是用側身念咎。貶食以祈。上將答於天心。下以慰於民望。今者膏澤既至。黍稷可期。此則上帝仁愛之深。斯民鰥寡之幸。在吾祗懼。何敢弭忘。卿等備位股肱。亮此誠意。豈可因風雨之微順。忽陰陽之久愆。方歲事之多虞。姑復少俟。苟民食之既定。吾亦何辭。所請宜不允。仍斷來章。

第三表不許批答

覽表具之。乃者雩而得雨。牟麥既傷。田雖可耕。禾黍猶病。吾惟農夫之不易。歲事之多艱。未忘戒懼之誠。不追口體之養。今者時雨繼至。秋稼稍蘇。卿等遽與庶官求伸前請。吾將推先王菲食之意。以終斯民豐歲之祈。行之雖久。而不謂勞。卿其姑止。以成吾志。所請宜不許。

第四表許批答

覽表具之。吾聞天之降異。本以仁愛人君。君知畏天。乃克保有邦國。故旱雖傷稼。而恐懼修政。則變或可消。雨雖應期。而怠忽忘災。則歲未可必。頃者膏澤荐至。群言上聞。吾夙興念此。特降食如故。今勤請繼至。屢卻弗回。惟衆意不可重違。故事不可終廢。膳羞之設。雖勉強以復常。修省之心。終頃刻而不去。尚賴多士。同致此誠。所請宜許。

日食不視事具素膳祭太社百司守職詔 紹聖四年五月辛巳

太史局言六月朔日有食之。天著厥異。朕甚懼焉。其日可罷視事。仍令有司具素膳。公卿等更宜勉思所戒。以輔朕不逮。仍差翰林學士承旨蔡京祭告太社。日未出。百司守職。其合行事。太常寺疾速施行。

彗星見避殿損膳罷秋宴求言詔 紹聖四年九月壬子

天垂變異。彗出西方。災譴為大。朕實懼焉。可避正殿。損常膳。罷秋宴。公卿各宜悉心修政。輔朕不逮。仍許中外臣僚等直言朝政闕失。朕將親覽。具此意令學士院降詔處分。詔曰。朕以菲德。奉承大業。夙夜戰慄。不遑康寧。惟恐不足以仰當天心。以羞先帝聖德。乃仲秋之夕。彗出西方。推原典經。茲謂大異。永惟其咎。未燭厥理。豈惟庶政之失。以悖三光之明。譴告之來。朕實祇懼。書不云乎。惟先格王。正厥事。已避正殿。損常膳。罷秋宴。公卿其各悉心修政。輔朕不德。應中外官僚等並許直言朝政闕失。朕將親覽。虛心以改。庶幾以銷天文之變焉。

彗星見大赦天下制

門下。朕以眇身。獲保宗廟。恭典神天。翼翼小心。罔敢豫怠。惟恐不德。以上干乾象。今彗出西方。災譴為大。天垂變異。朕實懼焉。是用損膳避朝。永言輟燕。其敷恩霈蕩宥囚姑。庶消復於祆祥。以導迎於善氣。可大赦天下。應詔聖四年九月五日昧爽以前罪人。除犯劫殺、謀殺、故殺、鬬殺並為已殺人者并十惡偽造符印放火等罪並不赦外。其餘罪無輕重。已覺發未覺發。已結正未結正。咸赦除之云云 於戲。遇災而懼。勅命惟幾。尚須公卿。悉心輔政交修不逮。同底丕平。諮爾多方。咸體朕意。

百官請御正殿復常膳不允批答

朕祗畏明威。避朝損膳。祲象消弭。神眷顧綏。惟天難諶。惟德是輔。思與多士。益圖康功。靡敢遑寧。審所當戒。而遽復常禮。誠所未安。往協乃心。以正厥事。所請宜不允。

日食四月朔四京德音 元符三年三月二十一日

門下。朕以眇身。初嗣厤服。惟德不類。上累三光。太史豫告。天示之象。乃四月朔日有食之。譴告之來。必緣類至。側身而懼。勑命惟幾。損膳避朝。以圖消弭。百姓有罪。時予之辜。其推渙恩。敷錫近甸。應四京畿內、云云　於戲。天道雖遠。其聽自民。格王所先。惟正厥事。誕告有衆。體予至懷。

日變求直言詔 元符三年三月辛卯

朕以眇身。始承天序。任大責重。罔知攸濟。永惟四海之遠。萬幾之煩。豈予一人所能徧察。必賴百辟卿士。下及庶民。敷奏以言。輔予不逮。矧太史前告。天將動威。日有食之。其在正月。變異甚鉅。殆不虛生。夙夜以思。未燭厥理。將以彌綸初政。銷弭天災。非藥石之規。孰開朕聽。況今周行之內。人有所懷。芻蕘之中。言亦可採。凡朕躬之闕失。若左右之忠邪。政令之否臧。風俗之媺惡。朝廷之德澤有不下究。閭閻之疾苦有不上聞。咸聽直言。毋有忌諱。朕方開讜正之路。消壅蔽之風。其於鯁論嘉謀。惟恐不聞而行之。唯恐不及。其言可用。朕則有賞。言而失中。朕不加罪。朕言惟信。非事空文。尙悉乃心。毋憚後害。應中外臣僚以至民庶。各許實封言事。在京於合屬去處。在外於所在州軍附遞以聞。布告遐邇。咸知朕意。

宰臣章惇等日食後請御正殿復常膳第二表不允批答

省表具之。日食正月。經典所重。眇末小子。敬忌天威。退避正朝。減損常膳。側身修行。欲銷去之。公等上章。請臨前殿。復常珍。雖有愛君之心。非朕畏天之意。所請宜不允。

日食四月朔德音 建中靖國元年三月二十一日

門下。朕獲奉宗廟。逾年于茲。任大責重。不獲康寧。今者太史豫言。日有食之。將在正陽之朔。斯乃大異。朕甚懼焉。夙夜拳拳。深惟其故。豈非教化未修。刑罰不中。吏之弗良者衆。民之失職者蕃。上累三光之明。示以譴戒。是用損膳避朝。蕩宥多辟。以圖消復。以召和平。應四京諸道、云云　於戲。百姓有過。罔不在予。萬邦作孚。孰非自朕。率求諸己。庶獲休徵。咨爾有衆。咸體朕懷。

日食四月旦韓忠彥等請御正殿復常膳不允批答 建中靖國元年

省表具之。正陽之月。日有食之。譴見於天。爲變甚大。予末小子。不遑寧居。損膳避朝。以圖消弭。雖陰雲密布。變象弗昭。而群公卿士。遽上封章。乃欲御前殿。復常膳。豈體慄慄危懼。祇畏天戒之心哉。所請宜不允。

第二表不允批答

省表具之。朕德不明。無以召天地之和。正月之朔。陰慝斯作。而辰弗集于舍。譴告莫甚焉。恐懼修省。幸於消弭。群公多士。未有以規過失。正厥事。乃重以復常珍御正殿爲言。豈朕之所欲也。所請宜不允。

第三表允批答

省表具之。天降災異，譴戒朕躬。日食正陽，變之大者。深惟庶政之闕，上累三光之明。路寢避居，內饔損膳，夙夜祗懼，欲消去之。卿等剡奏屢陳，復常是請。姑勉從於誠懇，尙益勵於贊襄。所請宜允。

崇寧三年火四京畿內德音

門下。朕紹承大統，昭事上穹，懋欽乃誠，靡敢遑怠。三月辛丑，災于宮隅，烈焰燔延，通夕震懼。賴天眷祐，卒底於寧。列聖神御之祠，累朝謨訓之閣，路寢府庫，悉獲保完。深惟儆誡之甚明，豈獨攸司之弗謹。寅畏修省，夙夜于茲。宜推渙恩，覃及近甸。應四京畿內云云 於戲。遇災而正厥事，既有典常；施澤以惠我師，庶無罪悔。咨爾有衆，體予至懷。

星變赦 崇寧五年正月十三日

門下。朕以菲德，獲奉丕基，事天保民，罔不欽翼。旰昃圖治，夙宵究思，若涉淵水，靡敢豫怠，惟恐弗類，仰逹天心。今星出西方，變異甚著，永思厥咎，在予一人。是用損膳避朝，求言肆眚，冀導迎於善氣，以消弭於妖祥。可大赦天下云云 於戲。側身修行，深懷誡懼之誠；惟德動天，庶格休嘉之應。尙賴股肱近弼，中外藎臣，悉意交修，共臻丕祐。咨爾方夏，咸體朕懷。

星變求直言詔 崇寧五年正月乙巳

朕以寡昧，奉承大烈，夙夜祗惕，靡敢康寧，冀以仰當天心，感格和氣。乃孟春之夕，星文變現，推原載籍，茲謂大異。豈朕德弗類，政刑罔中，皇天動威，以示譴告。永惟厥咎，朕甚懼焉。已避正殿，損常膳。中外臣僚等並許直言朝政闕失，朕將親覽，虛心以改，庶格王正厥事，以銷乾象之變。故茲詔示，想宜知悉。

星變毀黨籍石刻詔 同上

應元祐及元符末係籍人等，今既遷謫累年，已足懲戒，可復仕籍，許其自新。所有朝堂石刻，已令除毀。今後更不許以前事彈糾，常令御史臺覺察，違者具彈章以聞。

彗星見赦天下制 大觀四年五月二十日

門下。朕祗膺駿命，寅奉丕圖，憂勤萬微，靡敢怠豫，恐德弗類，以干三光。今星出東方，爲異甚大。朕念往歲之垂象，聿新善政以應天，豈謂期年，悉加興易。永思厥咎，時予之辜。是用損膳避朝，宣恩肆宥，覬導迎於和氣，以敷祐于庶民。可大赦天下云云 於戲。惟至誠可以動天，惟正德可以格物。尙賴交修之助，咸臻銷弭之祥。咨爾多方，咸體朕意。

淮南旱曲赦德音 政和元年四月二十五日

門下。朕以菲涼。奉循聖緒。思濟盈成之業。聿臻富壽之風。祗慎夙宵。敢遑暇逸。乃自春迄夏。愆亢踰時。睠彼淮壖。被災尤廣。永念刑政之戾。仰干亭育之和。犴獄滋豐。黎元重困。惟天人之協應。若影響之相隨。宜霑渥恩。以迎善氣。應淮南路、云云　於戲側身修行。敢忘省懼之誠。發政施仁。庶格感通之效。咨爾中外。咸體朕懷。

正陽之月日有食之御筆手詔 宣和元年三月二十三日

日月行黃道。及其相掩。人下而望。有南北仰側之異。故謂之蝕。月假日光。行於日所不燭。亦以爲蝕。日月之光。蓋未始虧。人望而然。古之人以歷推步。先期而定。實數之常。然日爲陽。人君象也。爲陰所掩。不可不戒。故伐鼓於社。嗇夫馳。庶人走。以財成其道。輔相其宜。今史有言。正陽之月日有蝕之。朕欽明天道。若古之訓。罔敢怠廢。可令尚書省詳具前後故實。取旨施行。布告中外。咸使知之。

宋大詔令集卷第一百五十六

政事九

褒崇先聖

幸曲阜縣備禮謁文宣王詔 大中祥符元年十月

朕紀號介邱。觀風廣魯。載懷先聖。實主斯文。矧尼山毓粹之區。光靈可挹。而曲阜奉祠之地。廟貌攸存。特伸款謁之儀。用表欽崇之素。宜以十一月十一日幸曲阜縣備禮謁文宣王。仍付所司。

追謚元聖文宣王詔 大中祥符元年十一月

王者順考古道。懋建大猷。將啟迪於素風。以茂揚於鴻烈。先聖文宣王。德隆上聖。體自生知。以天縱之多能。爲人倫之先覺。肆朕寡昧。欽承命厤。遵守彝訓。保乂中區。祗若元符。告成喬嶽。觀風廣魯之地。飭駕數仞之牆。躬謁遺祠。緬懷遐躅。聿舉追崇之禮。庶伸嚴奉之心。備物典章。垂之不朽。宜追謚曰元聖文宣王。祝文特追署。所司擇日備禮册命。修飭祠宇。給近便十戶。以奉塋廟。

追命叔梁紇齊國公等詔 大中祥符元年十一月戊戌

朕祗陟岱宗。親巡魯甸。永懷宣聖之德。躬造闕里之庭。惟慶羡之有初。洎淑閑之作合。宜加追命。以煥典章。宜追封叔梁紇爲齊國公。顏氏爲魯國太夫人。伯魚母并官氏爲鄆國夫人。

七十子封侯製贊詔 大中祥符二年五月乙卯

朕乃者封巒禪社。昭列聖之鴻勳。崇德報功。廣百王之彝制。洎言旋於闕里。遂躬謁於魯堂。瞻河海之姿。睟容穆若。出洙泗之上。高風凜然。舉茂典之有加。期斯文之益振。由是推恩世胄。併錫其寵章。祇事祠庭。廣增其奉邑。伏念性與天道。德冠生民。議茲元聖之名。冀廣嚴師之禮。兼朕親爲製贊。以表崇儒。至於四科鉅賢。並超五等。七十達者。俱贈列侯。仍命寀僚。分紀遺烈。式盡褒揚之旨。庶資善誘之方。宜令中書樞密院三司使兩制尚書丞郎待制館閣直館校理分撰贊以聞。

頒文宣王廟儀注詔 大中祥符三年六月丙辰

嚴師重道。勸學之令猷。釋菜陳牲。薦誠之彝典。眷邦教之遐被。覽儒臣之上言。慮夫□國之間。未詳俎豆之事。乃命戸部郎中龍圖閣待制戚綸與太常禮院共加參議。各盡討論。酌於簡册之文。著爲庠序之式。仍從圖繢。用廣頒行。其釋奠元聖文宣王廟儀注及祭器圖。令崇文院雕印。送太常禮院頒下諸路。

故荊國公王安石配饗孔子廟廷詔 崇寧三年六月九日

敕門下。道術裂於百家。俗學弊於千載。士以傳注之習汨亂其聰明。不見天地之純全。古人之大體。斯已久矣。故荊國公王安石。由先覺之智。傳聖人之經。闡性命之幽。合道德之散。訓釋奥義。開明士心。總其萬殊。會于一理。於是學者廓然。如覩日月。咸知六經之爲尊。有功于孔子至矣。其施於有政。則相我神考。力追唐虞三代之隆。因時制宜。創法垂後。小大精粗。靡有遺餘。內聖外王。無乎不備。蓋天降大任。以興斯文。孟軻以來。一人而已。朕方丕承先志。崇建膠庠。命教四方。遍于郡邑。推原其本。想見儀刑。夫時有後先。人無今昔。孔子之道。得公而明。求其所同。若合符節。春秋釋奠。其與饗之。王安石可配饗孔子廟廷。故兹詔示。想宜知悉。

樂正子封利國侯配饗孟子公孫丑等封伯從祀孟子制

勑。太常寺狀。承都省批下錄白京東西路學狀。爲兗州鄒縣孟子墳廟見在塑像弟子四人。不顯姓名。乞指揮下有司討論。奉聖旨依所乞。樂正子配享。公孫丑等從祀。其封爵令太常寺擬申尚書省。續承勑。太常寺狀。勘會樂正子配享。欲擬封侯爵。公孫丑等欲擬封伯。奉聖旨依。

公孫丑　萬章　告子　孟仲子　陳臻　充虞

屋廬子　徐辟　陳代　彭更　公都子　咸邱蒙

高子　桃應　盆成括　季孫　已上並封伯

勑。公孫丑等。孟子既沒。孔道益尊。今孔子廟食於天下。配饗從祀。自孔子以來。未有如孟子也。爾等志不行於當時。而見錄於後世。列爵疏封。亦可爲榮矣。

敕樂正子。克由孔子至於孟子。百有餘歲。去聖人之世若此其近也。向聖人之道若此其難也。孟子既沒。配享孔子之廟。血食於天下。亦可謂至矣。今於鄒獨推尊孟子。求其門人高弟。使得從祀。南面處如孔之尊焉。克也學古之道。好善優於天下。追以侯爵。其配食焉。斯文之光。萬世不泯。可封利國侯。

前代聖后賢臣置守陵戸詔 建隆二年四月壬寅

前代聖帝明王。陵域咸在。忠臣賢士。邱壠尙存。或樵采不禁。或風雨不庇。永言舊典。闕孰甚焉。宜令郡國置守陵戶。墳墓有隳壞者。量加修葺。務令嚴潔。以稱朕意。

前代帝王三年一享詔 建隆四年六月丙申

歷代帝王。國有常享。著于甲令。可舉而行。自五代亂離。百司廢墜。匱祠乏祀。豈謂德馨。扞難禦災。或乖血食。永言祭法。闕孰甚焉。宜令有司准祠部令。應先代帝王三年一享。以仲春之月。牲用太牢。祠官以本州長官充。若有故。遣上佐行事。高辛廟在宋州穀熟。堯廟在晉州臨汾。以稷契配。舜廟在河中。以皋陶配。夏禹廟在陝州夏縣。以伯益配。商湯廟在偃師。以伊尹配。周文王在豐。以太公配。武王在鎬。以周公召公配。與文王同廟在咸陽。享漢高祖於長陵。以蕭何配。自高辛以下諸帝。久停祭享。宜令有司准令文處分。起來年仲春行享。逐處長吏即差賓佐行事。太牢以羊豕代之。饌料官給。祭器有司製造給付。其諸帝祠廟。仍令本所修葺。有陵處。仰州縣指揮。勿令摧毀。仍禁樵采。漢光武唐太宗道濟生民。功高百世。或廟貌未立。或祀典未修。永言舊章。無乃有闕。光武宜就南陽立廟祭享。唐太宗宜就京兆府醴泉縣立廟祭享。至時行享。其兩廟配享功臣。宜令吏部尙書張昭檢討以聞。

前代帝王置守陵戶祭享禁樵采詔 乾德四年十月癸酉

自古帝王。受天睠命。功侔造化。道庇生民。咸載簡編。宜崇典禮。或廟貌猶在。久廢牲牷。或陵寢雖存。不禁樵采。朕順考古道。咸秩無文。方懷景慕之心。敢怠寅恭之意。其太皞葬宛邱。炎帝葬長沙。黃帝葬喬山。顓頊葬臨河。高辛葬濮陽。唐堯葬城陽。虞舜葬零陵。女媧葬趙城。夏禹葬會稽。商湯葬寶鼎縣。周文王、武王葬咸陽縣。漢高祖葬長陵。在長安北。後漢世祖葬洛陽界。唐高祖葬三原縣東。太宗葬醴泉縣北。凡已上一十六帝。各置守陵五戶。每歲春秋二時。委所在長吏各設一祭。商中宗太戊葬內黃縣東南。高宗武丁葬西華縣北。周成王、康王葬畢原。漢文帝葬霸陵。在長安東。宣帝葬杜陵。在長安南。魏太祖葬于鄴。晉武帝葬洛陽。後周太祖文帝及隋高祖文帝並葬富平縣。已上一十帝。各置守陵三戶。每歲一享。秦始皇帝葬昭應縣。漢景帝葬陽陵。在長安東北。武帝葬茂陵。在長安西。後漢明帝章帝並葬洛陽。魏文帝葬晉陽山。後魏孝文帝葬富平縣。唐元宗葬奉先縣。肅宗葬醴泉縣。憲宗葬奉先縣。宣宗葬雲陽縣。梁太祖葬伊闕縣。後唐莊宗葬新安縣。明宗葬洛陽東北。晉高祖葬壽安縣。已上一十五帝。各置守陵兩戶。每三年一祭。仍並委所在長吏。祀以太牢。以羊代。周桓王葬澠池縣。靈王葬河南柏亭西。景王葬洛陽太倉中。威烈王葬洛陽城西隅。前漢元帝葬渭陵。在長安縣。成帝葬延陵。在咸陽縣。哀帝葬義陵。在扶風。平帝葬愼陵。在洛陽東南。殤帝葬康陵。在愼陵塋中。安帝葬恭陵。在洛陽北。順帝葬洛陽西。質帝葬洛陽東南。獻帝葬渭城西。魏明帝葬河清縣大石山。高貴鄉公葬洛陽瀍澗之濱。陳留王葬平原。晉惠帝葬太陽陵。在洛陽。懷帝愍帝並葬平陽。西魏文帝葬富平縣。東魏孝靜帝葬鄴郡。唐高宗葬奉天縣。中宗葬富平縣。睿宗葬奉先縣。代宗葬富平縣。德宗葬雲陽縣。順宗葬富平縣。穆宗葬奉天縣。恭宗葬三原縣。文宗葬富平縣。武宗葬三原縣。懿宗葬富平縣。僖宗葬奉天縣。昭宗葬緱氏縣。梁末帝葬伊闕縣。後唐淸泰帝葬明宗陵南。已上三十八帝陵寢。常禁樵採。應已上帝王寢廟委逐處長吏及本縣令佐。常切檢校。罷任日具有無廢闕批書厤子。其祠祭儀注仍令有司頒下。

聖帝賢臣陵墓禁樵採詔 景德元年十月辛巳

歷代聖賢名標簡策。咸有封樹載于圖經。至於嚴禁樵蘇。蓋邦家之令典。盜發塜墓。有律格之明文。如聞姦凶頗恣穿掘。特申約束。用警群倫。其諸路管內帝王陵寢、名臣賢士義夫節婦墳壠。并禁樵採毁者官爲修築。無主墳墓碑碣石獸之類。敢壞者論如律。每歲首所在舉行此令。

漢紀信贈太尉詔 景德四年二月己巳

滎陽舊邑。次舍所經。當炎漢之開基。有忠臣之効命。緬懷勁節。思賁寵章。漢將軍紀信。運屬經綸。志懷感槩。以身徇國。視死如生。眷此故城。儼存廟貌。特頒温詔。用奬英魂。宜贈太尉。

漢魯恭贈太師詔 景德四年二月己巳

三異之風。青編具載。緬懷先哲。爰舉徽章。後漢司徒魯恭。學本儒宗。行爲世範。建議必援於經訓。字民克茂於仁聲。中牟舊封。廟食斯在。特加異數。用奬名臣。宜贈太師。

唐白居易孫利用河南府助教常修奉墳塋影堂詔 景德四年二月辛巳

唐刑部尚書白居易孫利用。唯爾遠祖。有名前朝。蔚君子之鴻文。履古人之淑行。致政之地。遺像在焉。言念緒風。式旌後裔。官于鄉塾。無忘聿修。可河南府助教。常修奉墳塋影堂。

唐孝子潘良瑗墓禁樵採詔 景德四年二月戊子

唐故孝子潘良瑗及子季通。世德可稱。天性甚至。中牟之境。其墓在焉。尙存刻石之文。足見因心之行。特加優禮。以厚人倫。宜令開封府增封之。嚴禁樵採致祭。

河南府建漢高祖廟詔 景德四年二月庚寅

朕上陵典禮。致孝盡恭。思秩無文。用旌前躅。緬惟漢祖。嘗宅中區。五氏之運厤相承。三晉之基扃斯兆。載懷餘烈。尙闕嚴祠。爰命僝修。永昭祀典。宜令河南府建漢祖廟。本府差官。以時致祭。

加謚昭烈武成王詔 大中祥符元年十一月戊戌

神武戡亂。七德著其善經。豐功在人。百世存乎明祀。維師尙父。實贊隆周。摠九伯以專征。演六韜而垂法。前朝崇尙。方册具存。肇建嚴祠。增加顯號。與國庠而並設。紀時祭之彝章。施及我朝。祗若舊典。今以省方輯瑞。昭薦徽名。宜加謚昭烈武成王。所司擇日備禮册命。仍於青州特建祠廟。春秋委長吏致祭。

追封周公爲文憲王詔 大中祥符元年十一月戊戌

周公旦制禮作樂。誕稟聖資。煥乎舊章。垂之千載。今以上封岱岳。按禮魯郊。邈遠遺風。緬懷前烈。始公胙土。寔惟是邦。故其嗣君得用王祭。而祠宇未稱。闕孰甚焉。特議褒崇。以申隆顯。可追封文憲王。所司擇日備禮册命。於曲阜縣建廟。春秋委本州長吏致祭。

河中府周朝葬冠劍處修築禁樵採詔 大中祥符五年八月丁酉

朕歸功神載。崇德祖先。惟舜都千里之封。乃周祖四征之地。山河盡在。星紀屢更。弓劍所藏。松檟成列。特加修奉。仍禁樵蘇。載刻翠珉。永垂後裔。河中府周朝葬冠劍處。委本府差人修築。禁其樵採。仍令翰林學士李宗諤撰記紀。

不得斥黄帝名詔 大中祥符七年六月乙卯

恭以感電發祥。合符御極。洽茲五氣。和于萬邦。盛德無疆。首風聲於帝典。鴻靈累洽。啓宗緒於皇家。猥以眇姿。獲承大統。躬聞寶訓。邈宗遐源。仰茂烈之貽孫。勵精心而尊祖。雖復周宗后稷。誦生民之詩。唐奉庭堅。著德明之號。敢忘祗率。益用欽崇。間覽庶僚每形奏牘。或旁稽於文史。必上指於名稱。贊述形容。信云歸美。載惟斥黷。實靡遑寧。自今內外文字不得指斥黄帝名號。故事經典舊文必不可避。則中空之。

中禁歷代陵寢樵採詔 天禧元年六月乙卯

眷惟前代。崇建寢園。凡在部封。宜增嚴衞。矧屢頒於條詔。俾申禁於樵蘇。尚或因循。致茲侵暴。特加告諭。用示軫懷。應有歷代帝王陵寢之所。依元詔禁止樵採。違者特收捕嚴斷。

汾州介之推廟可潔惠侯制

敕。惟神之生。嘗以羈靮從晉侯行天下。而不言其祿。晉人思之。卒與其母隱死於深山而不顧。可謂忠廉自信之士矣。則其歿也。宜爲明靈。血食於其土。守臣來告。有禱必從。庇民之德。是不可以亡報。錫命侯爵。神其享之。可。

漢東方朔封智辯侯制

敕。漢太中大夫東方朔。詼達多端。不名一行。生潛難測。歿顯異功。每應旱乾。散爲甘澤。濡枯流涸。屢告豐年。不有褒美。曷昭嘉惠。可。

濰州昌樂縣孤竹廟額曰昭賢廟伯夷淸惠侯叔齊仁惠侯制

敕。神生于商末。避紂海濱。聞文王作。興曰盍歸乎來。不幸已老。勳業不著。獨以道傳。爲百世師。辭孤竹之富。律貧以爲廉。決避地之去。激懦而有立。此孟子謂神爲聖之淸者。夫窮一身以利天下。後世其惠。豈昭賢之廟號足以稱乎。肆加寵名。揚休烈。可。

敕。孟子謂伯夷聖之清。孔子謂求仁而得仁。又何怨。夫聖與仁。皆天下之至德。而夷齊居之。可謂盛矣。道不行於當時。載其仁以惠于後世。神之功不亦大乎。功大而位不正。實至而名不隨。豈所以礪天下哉。肆昭寵號。式揚神休。可

吳泰伯封至德侯制

蘇州正德廟吳泰伯。有天下者祭百神。故咸秩無文。列於周誥。惟爾有神。生載令德。見稱仲尼。受封于吳。而不朽。歷千餘歲。肸蠁有孚。錫祉禦菑。咸以正應。封於侯爵。以賁神休。廟食益嚴。永祉茲土。可特封至德侯。

國賓

封周帝爲鄭王詔 建隆元年正月

封二王之後。備三格之賓。所以示子傳孫。興滅繼絕。夏商之居杞宋。周隋之啟介酅。古先哲王。實用此道。矧予涼德。歷試前朝。雖周德下衰。勉從於禪讓。而虞賓在位。豈忘於烝嘗。其封周帝爲鄭王。以奉周祀。正朔服色。一如舊制。務遵典禮。稱朕意焉。

嵩慶二陵西京六廟差官朝拜祭饗詔 建隆元年正月丁巳

有虞氏禘黃帝而郊嚳。祖顓頊而宗堯。祀不止於本朝。義必尊於有德。著於祭法。朕甚慕焉。矧惟眇躬。逮事周室。謳謠訟獄。雖歸新造之邦。廟貌園陵。豈忘舊君之禮。其嵩慶二陵及西京六廟。宜令有司以時差官朝拜祭享。永爲定式。仍命宗正少卿郭玘行禮焉。

重葺周六廟詔 景德四年二月戊子

朕俯從衆欲。躬省民風。永惟西洛之都城。首訪前朝之廟室。俾陳明祀。用達虔誠。豐潔牲牷。既申於薦享。繕完棟宇。尤極於精嚴。其西京周六廟神主。自今祭則出之。仍令重葺廟宇。

封周室子孫爲崇義公詔 嘉祐四年五月二十一日癸酉

先王推紹天之序。尚尊賢之義。褒其後嗣。賓以殊禮。豈非稽古報功。聖人大典哉。國家受命之元。繼周而王。雖民靈欣戴。厤數允集。而虞賓遜位。德讓丕顯。頃者推元本始。褒及支庶。每遇南郊。許奏白身一名充班行。恩則厚矣。而未稱將上采姚姒之舊。略循漢唐之典。詳其嫡嗣。優以公爵。異其仕進之路。申以土田之錫。俾廟寢有奉。享祀不輟。庶幾乎春秋通三統。原三代之制矣。宜令有司。取柴氏譜系。諸身中推最長一名。聞令歲時奉周家祀事。如係白身。即與京官主簿。已有官者。據見任品秩比類白身換充文資。仍封崇義公。河南府鄭州界內與合入差遣。更給公田一頃。其河南府鄭州周室靈廟。並專委管勾。歲時親行祭享。應陵廟及禮科所須。皆從官給。如至知州資序。即與別差遣。卻取以次近親一名。襲爵授官承替。永爲定式。其餘

事件。委有司舉行。布告中外。咸體予意。

周恭帝後以其孫世世爲宣義郎詔 政和八年閏九月二十七日

昔我藝祖受禪於周。周郭姓也。柴世宗已出爲周後。嘉祐中擇柴氏旁枝一名封崇義公。議者謂不當封周。然禪國者周。而三恪之封不及。禮蓋未盡。除崇義公依舊外。擇柴氏最長見在以其祖父爲周恭帝後。以其孫世爲宣義郎。監周陵廟與知縣請給。以示繼絕之仁。爲國三恪。永爲定制。

宋大詔令集卷第一百五十七

政事十

學校

西京建國子監武成王廟詔 景德四年二月乙亥

化民成俗。素王祖述於六經。保大定功。尚父章明於七德。膠庠是奉。祠宇載嚴。四方之人。表則斯在。兩京之地。制度宜均。定河南府營建國子監武成王廟。監成日當議置官講說。及賜九經書。

建學詔 慶曆五年

夫儒者通夫天地人之理。而兼明古今治亂之源。可謂博矣。然學者不得騁其說。有司務先聲病章句以拘之。則吾豪雋奇偉之士。何以預焉。士有純明朴茂之美。而無敩學養成之法。其飭身勵節者。使與不肖之人雜而並進。則夫懿德敏行之人。何以見焉。此取士之甚弊。而學者自以爲患。議者屢以爲言。朕愼於改更。比令詳酌。仍詔宰府加之參定。以謂本學校以教之。然後可求其實。先策論則辨理者得盡其奧。簡程式則閎博者可見其才。至於經術之家。稍增新制。兼行舊式。以勉中人。愼法細文。罷去明其賞罰。俾各觀焉。如此則待士之意周。取人之道廣。夫遇人以薄者。不可責其厚。今朕建學興善。以尊子大夫之行。而更制革弊。以盡學者之材。其於教育之方。勤亦至矣。有司其務嚴訓導。精察舉。以稱朕意。學者其思進德修業。而無失其時。凡所科條。可爲永式。

州縣學許本土人聽習外遊學人勒歸本貫詔 慶曆五年三月辛未

乃者嘗詔方夏。增建學官。冀育人材。漸登俊造。如聞近歲寖廢成規。生徒希就業之風。輕去鄉黨。守宰挾好名之弊。多創堂廬。用崇儒之虛文。罕適時之明効。弗加釐整。將陷浮華。矧取士之方。察行爲急。雖謹師承之習。要先土著之常。踐履有嚴。淑慝方便。宜各還於所貫。用祗服於斯文。益勉進修。俾無流蕩。其國子監行條約外。天下見有學官州縣。宜令諸路轉運司指揮。今後並只許本土之人聽習。若遊學在外者。皆勒歸本貫。其所在官吏。仍不得以州學公用爲名。科率錢物。委轉運司常行覺察。或有自來給係官田土并置到屋產。歲入多。後來生徒數少。卽量留支給外。其餘田產並令拘收入官。

興學校詔 崇寧元年八月二十二日甲戌

學校崇則德義著。德義著則風俗醇。故教養人材。爲治世之急務。除京師置外學。待其歲攷升之太學。已嘗面諭外。餘並依所陳。蔡京起請 仍講議司立法頒付禮部施行。

大司成薛昂乞置國子正錄以典教御批 大觀元年二月二十五日

先王置學樂育人材。而國子爲之先。今命之教而詳於諸生。略於國子。誠未足以稱置師儒教貴遊之意。宜依所奏。

罷提舉河北東路學事葉常御筆手詔 大觀元年五月□日

稽古驗今。作人造士。比建庠序。親製法令。有能中選。每歲釋褐命官。不俟三年之淹。可謂不次之舉。八行異能之士。不試而貢。由鄉以升州。由州以升朝。非次拔用。可謂非常之舉。常身爲提舉學事官。乃不知此。方進劄子乞立傑然在人上之法。欲加升進。法既不能詳考。其能舉職以教多士乎。可罷提舉學士司。別與差遣。

鄉村城市教導童稚令試義御筆 大觀二年正月三十日

古者命之教。然後學。比聞上書及黨人聚徒立衆。教以邪說。所習非正。違理害義。其能一道德同風俗乎。除士子並合入所在學外。自今應於鄉村城市教導童稚。令經州縣自陳。赴所在學試義一道。文理不背義理者聽之。上書及黨人不在此限。違者以違制論。

聽諸生兼五經御筆 大觀二年二月一日

古之學者。三年通一經。計十五年則五經皆通。熙寧中進士以經術期之。尙淺。故止專一經。今已三十餘年。士益習矣。思得多聞博習之材。而慮專門之流弊。可自今學生願兼他經者聽之。兼經多者。計所多量立升進之法。使天下全才異能得而進焉。

黔南興學御筆 大觀二年二月□日

黔南新造之邦。人始從化。雖未知學。然遡其鄙心。非學無以善之。委轉運判官李仲將、以漸興學。舉其孝弟忠和。使知勸向。

令提舉學事體量師儒官御筆 大觀二年四月一日

學校肇建。師儒之官。置員甚衆。汎選多士。不遑致詳。深慮其間或容濫冒。不足以表率庠序。其有趨尙不端。學術非正。可令提舉學事官體量按察聞奏。如或失覺。致他人案舉。其提舉官當行黜責。

常州奉行學校推恩御筆手詔 大觀二年七月二十一日

學校興崇。人材樂育。法備令具。勸懲已行。深慮有司失實。尚有遺才。傳不云乎。進賢受上賞。蔽賢蒙顯戮。閱前日賓興之數。較其試中多寡。惟常州爲衆。苟依常格推恩。非古人上賞之意。其知州教授。特與轉一官。

京西南路提舉路瑗奏乞學費所入所用載之圖籍御筆 大觀二年八月二十二日

禮部掌教養之事。學校之興。内外協力。今已就緒。而養士之類。舍宇之數。費用之多寡。田業之頃畝。載之圖籍。掌在有司。累年于茲。廢闕不具。失職爲甚。可依所奏。疾速施行。

學校御筆 政和二年五月十六日

鄉舉里選。三代所以賓興賢能。以善養人者也。今學校之興。教養之令。修明備具矣。比來浸失本旨。至參以科舉。罷廢縣學給食之法。害令惑衆者非一。可並依大觀三年四月以前指揮。其後降指揮。更不施行。

臣僚言學士爲文輒避時忌御筆手詔 政和三年五月二日

所貴乎士者。以其能自貴。故肆而不拘。今群處於庠序。日以拘忌爲事。非獨其文不得騁。亦士之自賤也。不諱之朝。古人稱之。朕豈不知此。而士以私意度其上。何鄙近如此。其亦教導者謬歟。宜依所奏。布告天下。革而新之。如或不從。可置以法。

考校程文官降官御筆手詔 政和三年閏四月三日

稽若前古聖人法言。旨遠言近。文直事該。故典謨訓誥。微顯闡幽。宏深灝噩。莫可尚矣。肆及後人。文勝於質。華綺支離。去道滋遠。朕甚不取。近覽太學生私試程文。詞煩理寡。體格卑弱。言雖多而意不逮。一幅幾二百言。用心字凡二十有六。文之陋於此爲甚。夫積於中旣深。則發於言必厚。學無根本。詞必浮靡。可令太學辟師儒。校試考選。日後有犯。辟而黜之。文理縱復合格。亦居下流。使歸典要。以稱茲意。朕有好爵。與爾縻之。

又奉御筆。大司成學官各有攷校不當。將上取旨。

國子監供到狀。契勘今年三月分太學私試策。校考上三名程文官職位姓名。下項。大司成劉嗣明、司業林震、蘇桓、國子正顧文、國子博士謝湜。閏四月四日奉聖旨。劉嗣明、林震、蘇桓、謝湜。可特降一官。顧文降一資。内顧文、謝湜仍放罷。郭從駿放。餘依已得指揮。

學校增員御筆 政和五年八月十一日

學校以善養人。設師儒。建黌宇。備善羞。教天下士。十有三年。道日益明。士日益衆。庶幾於古養士之額。尚循前數。有司拘以定額。士游學校外。不被教養於學者。尚多有之。則野有遺材矣。諸路學校額及百人以上者。三分增一分。百人以下。增一分之半。卽陝西、河北、河東、京東路學士數少者。仰提舉學士司具可與不可增及所增數聞奏。

學校士能博通詩書禮樂置之上等御筆手詔 政和六年八月十六日

學校養士。以待士之自得於先王之學。非專於賓貢而已。士牽於賓貢。蔽於流俗。故習尚秦漢隋唐。而不見堯舜三代。比閱時文。觀其志趣。率淺陋卑近。無足取者。先王之遺文具在。讀其書。論其世。可考而知。士不務此。而趨走逐末。則朕稽參成周。建立法度。何賴焉。其令太學辟廱提舉學士司。自今有能博通詩書禮樂。稽古明道。見天下之大全者。置之上等。其人材拔俗者。不待考選校定之數。具實狀以聞。朕將不次而用之。布告中外。咸使聞知。

臣僚上言八行預貢人與諸州貢士混試御筆手詔 政和六年十二月十五日

頃歲親御翰墨。着八行之法。以馭天下。操履敦篤。不求聞達之士。比年頗聞夤緣請託。觀望權貴。漸以濫貢。吏不奉法。士失所守。冒妄僥倖。可依所奏。如尚敢循習弊倖。以違御筆論。不赦。

學生懷挾代筆監司互察御筆手詔 政和六年十一月十五日

學校以善養天下。比來法行令具。士有所養。餘二十萬人。絃頌之聲。無遠弗屆。方周千里之畿遠矣。朕樂與天下士共之。而吏緣爲姦。士失所守。至假名代筆。覬免戶役。挾書就試。僥倖苟得。請託求囑。觀望權要。比命有司重置以法。此豈朕所望於士者。夫法久則弊。人玩則弛。其令諸路監司重置以法。知而不舉。皆與同罪。提舉教授仍加二等。尚書省檢舉學事司官。察其失職者罷之。

宋大詔令集卷第一百五十八

政事十一

徵召

令京兆以禮遣种放赴闕詔 咸平四年三月辛巳

种放隱居邱園。耽尚墳素。孝悌之行。鄉閭洽聞。朕統御群方。寤寐多士。眷懷空谷。用降安車。今就賜緡錢五萬。令京兆府以禮遣赴闕。

召种放詔 咸平五年八月丙辰

朕憂勤庶績。景仰前修。期康濟於兆民。用洽和於四海。明揚巖穴。思得俊良。汝肥遯邱園。博聞今古。周探治體。藏用而弗矜。自保天倪。養恬而爲樂。覽守藩之上疏。稽首帛之舊章。渴望來儀。副於虛佇。且兼濟乃達人之事。獨善貽大雅之譏。勉赴闕庭。無戀雲壑。翹待之意。當宁增深。今遣供奉官周理齎詔就山召汝赴闕。仍賜絹百疋、錢十萬。

許种放暫歸舊山詔 咸平六年二月甲戌

汝久安棲道。近副旌求。方得嘉謀。縻之好爵。遽有松楸之念。復興雲壑之心。重違雅懷。聊遂勤請。宜許暫歸舊山。三兩月間。冀汝歸闕。

遣中使召种放詔 景德四年九月己未

朕臨御寰區。憂勤旰昃。詳延茂異。物色隱淪。思訪話言。用熙庶績。以卿棲心巖竇。屏迹囂塵。躡園綺之遐蹤。有曾顏之至行。持舉賁園之典。果符前席之心。是用蕃錫寵章。擢升近署。僅周歲律。超踐諫垣。聿推不次之恩。實顯非常之遇。每因延見。屢啓諮詢。既洞曉於典彝。亦備詳於理道。載觀敷納。蔚有材謀。深簡朕懷。頗思大用。然以搢紳之列。朝野之情。未能悉知。是緩成命。而卿中林結想。旋殞賜告之文。魏闕言歸。束覩來儀之盛。副予虛佇。亦諒純誠。今四隩來同。萬區思乂。方崇政本。庶厚時風。卿必能斟酌化源。丹青王度。恢富國强兵之術。陳制禮作樂之規。反樸還淳。措刑息訟。輔予不逮。馴致太平。登用機衡。弼成寡昧。卿宜體茲眷遇。罄乃誠明。敍經國之大猷。述致君之遠略。盡形奏牘。以沃朕心。副涼德之倚毗。塞外朝之觀聽。乃司樞務。式洽至公。

召給事中种放詔 大中祥符三年正月己未

卿志懷巖壑。學洞典經。早副詳延。方隆待遇。爰從假告。已涉歲時。雖俯徇幽棲。固沖和之是保。而每當清宴。在虛佇以良深。詔到日可發來赴闕。

賜种放手札 大中祥符三年正月甲戌

卿頃應鶚書。來登文陛。諮詢無隱。言簡於朕心。愼密居多。事絕於人聽。雖荐存於眷注。然難拾於幽棲。固辭振鷺之班。往遂冥鴻之志。爰從賜告。倏已踰年。載想風規。豈忘鑒寐。尺一之詔。方俟於來庭。兩馬之車。未聞於戒道。誠虛懷而有阻。諒素履而彌彰。亦知所苦未平。遵養爲切。勉從陳請。深鬱願言。將來若有詔書。勿復辭也。

召陳升之起復赴闕詔 熙寧四年

勅升之。卿嚮繇欒棘。越去機衡。念勇節之卒哀。稽禮權而渙命。宜還宰席。載亮天功。懋思大忠。來副重倚。已降制命。除卿起復。想宜知悉。

召韓絳赴闕詔 熙寧四年

勅韓絳。卿忠誠許國。德業熙朝。久出撫於邊疆。近進升於魁柄。眷言勤瘁。彌渴儀形。宜趣治歸。佇延見。詔到日。卿可發來赴闕。想宜知悉。

賜新除門下侍郎章惇赴闕詔 元豐五年五月

卿以舊輔。塡撫北陲。紹懷俊能。入議幾政。令訓迪有位。服於官成。倡予猷爲。良在近弼。宜副延矚。亟覲闕庭。

召守太師致仕文彥博詔 元祐元年四月戊子

卿踐更二府。弼亮三朝。名聞四裔。功在天下。注想元老。渴見儀形。宜疾其驅。副我虛佇。詔書到日。卿可肩輿赴闕。幷男貽慶居中隨侍。令河南府津置行李。

賜新除落致仕依前光祿大夫范鎭赴闕詔 元祐元年十月十八日

勅范鎭。夫有德君子。以精神折衝譽之麟鳳。能服猛鷙。朕虛懷前席。思致諸老。非敢必以事委也。苟得黃髮之叟。皤然在位。則朝廷尊嚴。奸宄消伏。卿雖耆老。乃心王室。毋憚數舍之勞。以副中外之望。已降勅命。落卿致仕。除依前光祿大夫。充端明殿學士兼侍讀。提舉中太一宮兼集禧觀公事。詔書到日可發來赴闕。故茲詔示。想宜知悉。冬寒。汝比平安好。遺書指不多及。

賜韓絳赴闕詔

勅韓絳。省所劄子奏陳乞致仕事。具悉。卿擢自祖宗。輔翼先帝。德望之重。天下聳聞。與其致之一方。勞以民事。不若歸安闕下。式瞻儀刑。請老閑居。固非所望。嘉猷入告。夫豈不能。迨卿云還。及此初夏。已降勅命。差卿充集禧觀使。詔書到日可發來赴闕。故茲詔示。想宜知悉。夏熱。卿比平安好。遺書指不多及。

同上

勅韓絳。覽所劄子。陳乞致仕事。具悉。爲天下計。則賢者常勞。爲人臣謀。則老者當逸。今朝廷待卿之意。酌處其中。奉朝請於琳宮。所以系民望。釋負荷於留鑰。所以慰雅懷。勉及清和。亟還朝著。已降勅命。差卿充集禧觀使。詔書到日。可發來赴闕。故茲詔示。想宜知悉。夏熱。卿比平安好。遺書指不多及。

賜新除翰林學士許將赴闕詔

勅許將。卿敏而好學。達於從政。出殿方國。則修儒術而飾吏事。入備顧問。則酌民言而廣上聽。待命北門。號稱內相。雖於卿爲舊物。實當今之高選。亟踐厥職。竚聞嘉猷。已除卿翰林學士朝請大夫知制誥。詔書到日。可乘遞馬疾速發來赴闕。故茲詔示。想宜知悉。

召知潁昌府范純仁赴闕詔 元祐八年六月甲寅

卿自予訪落。典貳鴻樞。延置鼎司。協成幾務。贊襄兢業。夙夜用勞。引佚外邦。怗有日月。允懷廣益。想見老成。聞詔卽途。毋留召節。詔書到日。卿可乘遞馬疾速發來赴闕。故茲詔示。想宜知悉。

求遺書

詔求三館闕書詔 太平興國□年正月壬戌

國家勤求古道。啓迪化源。國典朝章。咸從振舉。遺編墜簡。宜在訪求。致治之先。無以加此。宜令三館所有書籍。以開元四部書目比較。據見闕者。特行搜訪。仍具錄所少書。告示中外。若臣僚之家有三館闕書。許詣官進納。及三百卷已上者。與子出身。不及三百卷者。據卷秩優給金帛。如不願納官者。借本繕寫。

訪遺書詔 咸平四年十月甲子

國家大崇儒館。博訪藝文。雖及購求。尚多亡逸。特降恩制。用廣搜延。應中外官及民庶家有館閣所少書籍。並令進納。每卷給千錢。及三百卷已上。當量材錄用。

求遺書詔 嘉祐五年八月壬申

朕聞自昔致理之君。右文之世。曷嘗不以經籍爲意也。蓋化民成俗。其由學乎。我國家承五代之後。簡編殘闕。散落殆盡。建隆之初。三館聚書。纔僅萬卷。祖宗平定列國。先收圖籍。亦嘗分遣使人。屢下詔令。購募所至。異本間出。補緝整比。部類漸多。朕繼紹先志。罔敢失墜。景祐中嘗詔儒臣校定篇目。

僞濫重複。並從刪去。藝文之盛。粲然詳備。朕聽政之暇。無廢覽觀。以今秘府之所藏。比唐開元舊錄。年祀未遠。遺逸何多。宜開購賞之科。以廣獻書之路。應中外士庶之家有收館閣所闕書籍。許詣官送納。如及五百卷。當議與文武資內安排。不及五百卷。每卷支絹一疋。令進奏院遍牒四京并逐路轉運司。指揮轄下州府軍監縣鎮。委自知州通判等多方採訪。如士庶之家有收藏得上件書籍。及別更有奇書。令具名件卷秩、所撰人姓名年代、逐旋繳連聞奏。內在京者。仰於崇文院投納。仍令編定所看詳。如部帙完全的非僞濫。即仰開坐聞奏。當議依詔推恩。

出宮女

放宮人詔 大中祥符元年五月癸未

掖庭之中。名職素定。各司其事。咸率舊規。肆予纂承。無所增益。八月之算。蓋廢而不行。九御之列。亦闕而未備。慮尚違於物性。頗深軫於朕懷。比屬餘閑。特從臨問。式遂其意。以洽至仁。其宮人一百二人。宜令入內內侍省優與資遣。放令從便。

出宮人詔 大中祥符八年五月庚子

朕稽古前猷。敦于內治。眷掖庭之等級。奉彤管之箴規。九職備儀。聊分掌於名物。八月算賦。固無事於採求。念陳力之勤勞。並推恩而資遣。仍加優給。式洽深仁。其宮人一百八十四人。放出掖庭。各令從便。

宋大詔令集卷第一百五十九

政事十二

建都

升應天府爲南京曲赦應天府及至京所過縣流以下制 大中祥符七年正月丙辰

門下。順動省方。所以尉徯來之誦。奉先繼志。所以恢孝治之風。矧復自靈域而還衡。屆名藩而駐軫。顧興王之地。旣積於永懷。仲追遠之心。宜揚於令則。朕紹膺駿命。茂集純禧。祇受於圖書。交修於典禮。岱宗汾壤。接統於千齡。寶緒璇源。發祥於百世。將肇升於吉土。期大報於高旻。飭駕譙邦。先伸於順拜。回輿碭郡。載想於有開。懷藝祖之膺符。徇樂郊之望幸。仰昭前烈。肇建新都。時令是遵。屬發春之在序。王猷斯展。期慶賜之及人。式覃寬大之恩。用答延鴻之祐。可赦應天府管內及至京行幸所應縣分正月二十九日昧爽已前諸犯罪人死罪奏取勅裁外流罪已下咸赦除之。應天府升爲南京正殿以歸德爲名云云　於戲。禮成祈福。惠浹觀民。尊祖均禧。已隆於丕律。持盈守位。愈勵於小心。咨爾多方。體予深意。

建北京德音 慶厤二年五月戊午

相邑設都。所以因地形之勝。省方展義。所以考民風之宜。乃睠魏郊。實當河麓。席萬盈之懿兆。冠千里之上腴。隱然北門。壯我中夏。洪惟聖考。頃駐琱輿。宮館並存。威靈如在。緬懷凝烈。彌切於孝思。嘉慰徯來。敢忘於時邁。載恢舊制。崇建別京。茂昭善繼之猷。乃渙惟新之澤。大名府宜升爲北京。先朝駐蹕行宮正殿以班瑞爲名。大名府管內及河北州軍云云　於戲。奉先修舊。封域之制已申。肆眚緩刑。雨露之私載浹。咨爾遐邇。當體至懷。

建易州縣

升密州爲節鎭詔 開寶五年閏二月庚戌

高密古封。諸城劇郡。擅耕桑之美利。居海嶽之上游。宜升節制之權。用壯藩維之寄。其密州宜升爲節鎭。以安化軍爲名。

升宿州爲節鎭詔 開寶五年八月癸卯

睠惟宿國。實處要衝。接淮水之上游。乃符離之故地。俾升節制。用壯軍城。其宿州宜升爲節鎭。以保靜軍爲名。

以榆次縣爲幷州詔 太平興國四年五月丁亥

乃睠太原。本爲巨屏。蓋以山川險固。城壘高深。故狐兎憑而爲姦。蜂蟻聚而肆毒。蹈我比屋。聿爲匪人。惡木之陰。君子所以不息。亡國之社。先王用之垂戒。宜遷爽塏。式變凶墟。俾因易地之方。庶就革音之善。其太原舊城內已令廢毁。依舊爲平晉縣。以榆次縣爲幷州。其太原城內歸順將校等。並優與賞給。其舊城內尼僧道士。並遣使護送西京。官給寺觀處之。官吏及高貲戶。並於河南府賜田宅。便爲永業。其他民戶。悉移於新州。仍令長吏倍加存撫。

以靜安軍爲深州治所詔 雍熙四年二月丁未

詔深州管內人戶等。昨以敵人肆暴。侵我封陲。惟彼生民。被其荼毒。永言憫恤。日志于懷。思有改更。庶期安輯。宜以靜安軍爲深州治所。

廢夏州舊城詔 淳化五年四月乙酉

日者李繼遷輒負國恩。荐爲邊患。鳩率鄰國。侵掠封陲。朕不欲加兵。蓋思靜亂。遂令李繼捧授之節制。俾鎭夏臺。外則式遏亂略。內則撫綏黎庶。而乃梟音相和。狐性多疑。爰與肺腑之親。潛結輔車之勢。迭爲表裏。孤負倚毗。須舉偏師。用平三窟。眷茲民庶。久困兵鋒。蓋由百雉之城。深在强鄰之境。豺狼因而爲援。蛇豕得以興妖。思殄餘風。用遷善地。勉務革音之態。永懷按堵之心。其夏州舊城宜令廢毁。居民並遷於綏銀等州。分以官地給之。長吏倍加撫存。

改鎭海軍詔 淳化五年十月乙巳

眷彼營邱。控於東夏。太公開四履之地。小白舉九合之師。忠烈猶存。風流可尙。宜改總戎之號。用旌表海之邦。青州平盧軍改曰鎭海軍。

改寧海軍詔 同上

浙右奧區。餘杭故壤。閭閻舊族。有延陵廉讓之風。組練雄師。知孫武訓齊之令。控於滄海。實曰大藩。故更節制之名。用治底寧之化。杭州鎭海軍改曰寧海軍。

以靜樂軍置憲州詔 咸平五年五月癸卯

列城郭塞。控制外蕃。其於形勢之宜。當處要衝之地。俾遷治所。用壯邊陲。宜以靜樂軍置憲州。

升宋州爲應天府詔 景德三年二月甲申

睢陽奧區。平臺舊壤。兩漢之盛。並建於戚藩。五代以還。荐升於節制。地望雄於征鎭。疆理接於神州。實都畿近輔之邦。乃帝業肇基之地。恭惟聖祖誕啓鴻圖。爰於歷試之初。兼領元戎之寄。謳歌所集。符命荐臻。殆茲累朝。俯同列郡。式昭茂烈。宜錫崇名。用彰神武之功。具表興王之盛。宋州宜升爲應天府。宋城縣爲次赤。寧陵楚邱柘城下邑穀熟虞城等縣並爲次畿。

建永安縣 景德四年正月丁卯

比者參朝陵寢。式展孝思。仰瞻列聖之靈。方積昊天之慼。營建城邑。充奉山園。祇率徽章。用崇先烈。永安鎭特建爲縣。隸河南府。同赤縣。委本府與轉運使劃就近稅戶隸屬。夏秋二稅。止輸縣倉。不得移撥。常賦之外。免其他役。著於甲令。慰朕永懷。

升象州爲防禦州詔 景德四年十月丁未

象州素爲名郡。克壯炎荒。地控百蠻。疆連五嶺。屬狂妖之竊發。當走集之奔衝。而能壯彼軍聲。堅其城守。咸輸武勇。式遏寇攘。宜加禦侮之名。用表盡忠之效。可升爲防禦州。

升兗州爲大都督府詔 大中祥符元年十月丁巳

龜蒙奥壤。洙泗名邦。列禹貢之舊封。被孔堂之遺教。勒封云畢。弭節所臨。爰覽省於民風。遂詢求於地志。矧喬嶽在望。乃茲土之式瞻。而淸蹕所經。益連甍之相慶。式增府號。以慰輿情。兗州宜升爲大都督府。

改祥符縣詔 大中祥符二年正月甲子

上帝眷懷。元符錫命。以首春之旭旦。降東掖之禁門。載稽輿地之圖。實在浚都之壤。式昭天瑞。俾著邑名。浚儀縣宜改爲祥符縣。

罷京西驛路出永安詔 大中祥符二年二月戊戌

昨議從京西驛路出永安縣。且永安陵邑也。如聞從之。則秦蜀行旅。戎夷入貢。悉由於此。神道貴靜。非所宜也。其亟罷之。

改行慶關詔 大中祥符四年三月戊戌

比者坎犢已祠。鳴鑾復路。眷玉關之樞會。控鼎邑之要衝。宜易美名。用昭多慶。可改虎牢關爲行慶關。

緣河縣分各於河南北就便管轄詔 大中祥符五年九月辛未

瀕河列郡。在常賦以攸同。屬邑分疆。有長津之是阻。言念供租之際。非無涉險之勞。移隸官司。庶從民便。宜令京東京西河北陝西轉運司與逐處長吏同相度緣河縣分鄉村。各於南北就便管轄。

建昇州爲建康軍江寧府詔 天禧二年二月戊辰

勅。朕以祗畏昊穹。保寧基構。荷鴻禧之總集。祐丕緒之綿昌。眷予宗藩。實惟元嗣。聰和植性。務時習以相資。孝友惇方。尤夙成而有裕。爰稽輿頌。式舉彝章。載增燾土之封。彌固維城之業。表兹南紀。允謂奥區。式示壯猷。特崇巨屏。宜建昇州爲建康軍。江寧府。

升鄭州爲節鎮詔 景祐元年十二月丁丑

周禮九畿。益尊寰內。漢設二部。實陪京師。自相宅浚郊。夾右滎圃。爰稽扶翊之義。參領防遏之兵。肆先聖之時巡。嘉馳道之所出。留燕耋老。省觀風謠。比覽侍臣之章。請增戎鎮之號。矧車傳旁五。民廬阜藩。固可以充奉寢園。輔寧都甸。式循廣武之舊。且寵建牙之威。鄭州宜升爲節鎮。以奉寧爲額。仍以大兩省知州。

升蔡州爲淮康軍詔 景祐二年十月己丑

王者因督師之地。立節制之名。所以啓公侯之封。崇屏翰之望。寶大土宇。衛於京師。乃眷汝南之墟。舊惟豫州之域。控帶淮濆。密邇浚都。城邑旁連。允爲劇郡。賦輿錯出。實異庶邦。矧氣候本於中和。風俗底於康靖。宜升建牙之號。式厲經武之方。蔡州宜升爲淮康軍。

置京畿輔郡詔 皇祐五年十二月辛丑

朕紹膺峻列。繼御方夏。念有周之成憲。逮二漢之宏規。乃廓中都。爰分三輔。以內史主風化。用司隸察淑慝。事存簡册。理在討評。今京邑成基。王基定制。取象日於千里。表爲則於四方。樹本有端。提封必廣。務參求於載典。期壯大於神州。並建近藩。用恢丕業。以京東曹州、京西陳許鄭滑爲輔郡。並屬畿內。既資謀始。增闡前規。精擇近侍之良。倚重陪京之寄。咸益兵而督轄。仍置使以漕輸。考古御今。圖寧惟永。除依前降指揮。

升潁州爲節鎮詔 元豐二年八月

本朝州郡之別。土廣民衆。則必表以節制之號。况王者舊封之地。顧可以無稱哉。汝陰奥區。東豫舊壤。朕實受胙於先帝。以啓土茅。宜加寵名。用顯基命。潁州宜升爲順昌軍節度。

曲赦潁州德音 元豐二年九月癸未

門下。朕祗遹駿命。紹膺寶圖。念賜履於先朝。嘗開邦於淸潁。賦輿繁錯。民氣中和。遙連浚都。密屏王室。廣大土宇。究存茅社之封。隆名顯稱。未正節旄之號。近霈恩詔。列爲巨藩。宜覃曠恩。以澤舊國。應潁州管內見禁云云 於戲。建牙示寵。既光受胙之休。厚下推仁。更表昭天之慶。咨爾有衆。體予至懷。

升許州爲潁昌府詔 元豐三年正月癸酉

惟潁州之奥區。實上國之巨屏。土疆財賦。既廣且繁。朕祗荷永圖。紹膺聖緒。建旌授節。基命此邦。宜錫府名。用慰民望。其升許州爲潁昌府。

曲赦潁昌府德音 元豐三年正月丙子

門下。朕膺昊天之篤祐。紹列聖之丕基。昔在先朝。遙分外鎮。眷許昌之巨屏。有忠武之全師。仗鉞建牙。兹惟我履。升儲纂服。實自是邦。鬱爾山川。陪浚都之王氣。敦乎民俗。想夏禹之遺風。爰舉故常。特崇名號。俾雄輔藩之制。式慰臣民之心。乃霈渙恩。以彰休慶。潁昌府管內見禁罪人。限德音到日。云云於戲。擁旆開府。荷景命之有先。布德行仁。與舊封而同樂。咨爾黎庶。體予顧懷。

端州升爲節鎮詔 元符三年十月乙卯

惟高要之奧區。乃南國之舊壤。土風淳厚。民物夥繁。朕誕受多方。紹承大統。顧啓封於茲土。實賜履於先朝。茅社之榮。是爲基命。節旄之重。宜錫隆名。端州升爲節鎮。仍以興慶軍爲額。

端州境內德音 元符三年十一月丁卯

門下。朕荷宗祏之靈。膺神器之重。推原基命。肇自先朝。以高要之奧區。爲眞□之賜履。粵承大統。實始舊封。相彼山川。已應舂陵之氣。眷茲倪耄。豈無代邸之恩。肆升節鎮之雄。誕霈州閭之惠。應端州管內云云　於戲。建牙立纛。既垂萬世之休。宥罪施仁。以廣一人之慶。咨爾有衆。體予至懷。

建拱州爲保慶軍御筆 崇寧四年十二月十日

京師川原平衍。無阻山帶河之險。比建四輔。拱翼都邑。澶鄭潁昌因舊節度。以壯屏翰之勢。其新置拱州。未賜軍額。可依澶鄭例。賜以軍額。其四輔仍隨四面稱某輔馬步軍都總管。永爲定制。十二月九日奉聖旨。拱州賜名保慶軍爲額。餘依已得指揮。

開德建府曲赦管內德音 崇寧五年十月二十二日庚辰

門下。朕誕膺駿命。祇紹寶圖。昔在先朝。遙臨外屏。乃眷鎮寧之節。嘗爲賜履之邦。被山帶河。拱神都之根本。深溝高壘。控朔部之襟喉。近遵烈考之規。申畫王畿之制。升之甸服。崇以隆名。嘉府號之肇新。念國封之惟舊。宜覃渙渥。爰示寵綏。應開德府管內云云　於戲。開府建牙。既重翰藩之勢。布德行惠。式慰臣民之心。咨爾有邦。體予至意。

湖南提刑席貢乞靖州開通驛路御筆 大觀元年六月十一日

新造之邦。雖已附順。其民輕而易搖。山川之險夷道里之遠近。無阻隔之患。則可爲持久之計。可依所奏。令王祖道張莊相度措置聞奏。即不得稍失其情。因致騷動。右劄下王祖道張莊。仍限一月。

建瀛州爲瀛海軍河間府御筆 大觀元年十一月十八日

瀛於北道。地大物衆。宿兵置師。旁制支郡。其所統屬滄冀等州。皆爲節藩。而尙仍舊貫。爲防禦州。重輕不倫。可以瀛州爲瀛海軍節度河間府。

差官措置涪瀘南平軍御筆 大觀二年八月二十五日

西南夷赴涪瀘南平軍納土歸順。三州地里遼遠。瀘州又隸梓州路。相望隔越。撫納勞徠。守佐之臣。未必能辦其事。新附之民。初歸王化。苟失其情。使其心悔，非率服蠻夷之道。除涪州已差龐恭孫外，瀘州差趙遹、南平差崔于堅前去，專一措置，仍疾速施行。

胡耳西路蠻向慕納土置州御筆 大觀三年正月二十四日

胡耳西道蠻向慕納土，幅員千里，當置州縣，以撫其俗。今措置者有害其成，止建城寨，屯戍既少，聲援不接，易叛難安，非長久之計。可令王子成同王長孺知州事。鍾祖猷昨任靖州，頗知其詳，宜差充轉運司勾當公事，與長孺協力措置。

瀘州升爲瀘川軍御筆 宣和元年五月二日

瀘州西南要會，控制一路，邊門之寄，付畀非輕。可升爲節度，賜名瀘川軍。

宋大詔令集卷第一百六十

政事十三

官制一

置縣尉詔 建隆三年十二月

盜賊鬭訟。其獄實繁。逮捕多在於鄉閭。聽決合行於令佐。頃因兵革。遂委鎮員。漸屬理平。合還舊制。宜令諸道州府。今後應鄉閭盜賊鬭訟公事。仍舊卻屬縣司。委令尉勾當。其一萬戶已上縣。差弓手五十人。七千戶以上四十人。五千戶以上三十人。三千戶以上二十五人。二千戶以上二十人。一千戶以上一十五人。不滿千戶一十人。合要節級。卽以舊鎮司節級充。其餘人並仰停廢。歸縣司免役。其弓手亦以舊弓手充。如有盜賊。仰縣尉躬親部領收捉。送本縣。若是群賊。仰盡時申本屬州府及捉賊使臣。委節度防禦團練使刺史盡時選差清幹人員將領廳頭小底兵士管押。及使臣根尋捕逐。務要斷除賊寇。肅靜鄉川。不得接便攪擾。其鎮將都虞候。只許依舊勾當鎮郭下烟火盜賊爭競公事。仍委中書門下。每縣置尉一員。在主簿下。俸祿與主簿同。

一品致仕官曾帶平章事者綴中書門下班詔 乾德元年閏十二月

群官列位。自有通規。舊德來朝。所宜加禮。且表優賢之意。抑敦尙齒之風。自今一品致仕官曾帶平章事者。每遇朝會。宜綴中書門下班。

藩鎮帶平章事休致者綴中書門下班詔 乾德二年二月壬戌

仗鉞成功。懸車得請。奉退身之道。既叶前經。念眉壽之賢。豈忘異禮。自今應藩鎮帶平章事求休致者。每遇朝會。宜令綴中書門下班。

重書記詔 乾德二年七月辛卯

管記之任。資序頗優。自前藩鎮薦人。多自初官除授。自今歷職兩任以上有文學者。卽許觀察留後奏充掌書記。

置三司推官詔 乾德四年正月丙戌

國家愼擇時才。參掌邦計。貨泉所聚。職務尤繁。方冀得人。各俾陳力。雖思不出位。勿侵長官之權。而知無不爲。共濟公家之物。其或條綱有所未正。利害有所未明。臨莅者既不周知。揚歷者必能通究。不可緘言而自守。所期聞善以相規。儻功過咸分。則黜陟斯舉。宜行條制。以革因循。應三司鹽鐵度支戶部判官等。除各行本司公事外。自今應有改移、制置、支撥、折秤、增減條例、轉輸、供備。凡干起請。並繫商量。切在從長。務令允當。若或事未諳詳。理須詢訪。即宜關牒以問別司。才受公文。便須盡理回報。具明可否。方得施行。苟涉稽違。當行黜責。若或因而更改。頗協便宜。仍具奏聞。並充課績。若在省編會預咨謀事。猶未決。即許牒諸路轉運司。使問其利害。其轉運司承受公文。亦准前應報。或當軍期。不在此例。應三司使或有行遣未當。本司判官並須執諍。如事理顯明。不肯依據。即許面取進止。或有事已經敷揚。稱奉旨施行者。若未通便。亦許指陳。或本司判官避事不言。仍許別部判官及逐路轉運使直具利害聞奏。賞罰之典。斷在必行。應逐司判官各批書課績。與判官通置。每至年終。當議考校。無勞者退黜。有功者甄酬。或明知利害之事。顯然循默不言。便當舉行。不須終歲。應三司令各置推官一員。令總斷逐司公事。兼專管勾司公事。仍別給印。應三司事如點檢得判官等起請改正條件。亦仰置歷批書。諸道轉運使者。如見三司行下公事有不便於民者。許直具事狀以聞。不得隱避。其所行公事、及申奏起請、改正條件。亦仰置歷批上。逐一進呈。以憑校定考第。明行黜陟。夫致理之本。責實為先。所宜上下同功。中外協力。各修乃職。咸聽朕言。勉施盡瘁之勞。以副責成之意。

御史臺流內銓南曹刑部大理寺並三周年爲滿詔　乾德四年八月壬寅

憲府繩姦。天官選吏。秋曹讞獄。俱謂難才。循名既責於勤勞。滿歲宜行於旌賞。其間刑法之寺。斷覆之司。雖已降勑文。未明立月限。宜特頒於定制。庶各勵於當官。應御史臺、吏部流內銓、南曹、刑部、大理寺。自少卿郎中員外郎知雜侍御史以下。及丞簿司直評事等。並以三周年滿。須常在本司莅事者。至月限滿日。便與轉官。尚書侍郎、御史中丞、大理卿、別議加恩。其奏補歸司勒留官幷令史等。各與減一選。

省西川州縣官增俸詔　開寶三年七月壬子

吏員繁而求事之治。未之有也。俸祿薄而責人以廉。甚無謂也。與其冗員而重費。不若省官以益俸。自今應西川管內諸州、及二萬戶已上。依舊置州官三員。一萬戶以上。置錄事司法參軍各一員。其司法兼司戶事。五千戶已上。置司戶一員。兼錄事司法事。諸縣千戶以上。依舊置令簿尉三員。千戶至四百戶以上。置令尉各一員。尉兼知主簿事。四百戶至二百戶。置簿尉各一員。簿兼知縣事。二百戶以上。置主簿一員。兼知令尉事。其州縣官等料錢。仍於舊俸外。每月更加五千。並以見錢充。米麥仍舊支給。

省官詔　開寶三年八月戊辰

昔漢光武令司隸州牧各實所部。省減吏員。十置其一。當時稱治。事惟師古。可舉而行。自今應天下州縣官。宜依西川例減省員數。

令銓司移注嶺南官詔

朝廷初平嶺表。方布皇風。念彼黎民。久經苛政。實藉循良之吏。往施惠養之恩。宜令銓司。於鄧、唐、隨、郢、襄、均、房、復、安、申等州已南、幷荊湖管內見任令錄兩考以上、及判司簿尉兩任五考、合入令錄年五十五以下者。移注嶺南管內諸州通判。兼令取便般家。仍以三考爲限。候秩滿不令守選。並據資敍與注內地幕職。

三曾攝官無違闕者以名聞詔 開寶四年十一月庚戌

諸處攝官。並皆停罷。或累親公事。稍負器能。慮成棄捐。所宜搜訪。其令吏部流內銓南曹。徧下諸道。如有三曾攝官並無違闕者。即仰點檢解由具名以聞。如有僞命攝者。不在此例。

省吏詔 開寶五年正月壬寅

州縣之內。官吏實繁。官既冗而吏不省。甚非所宜也。應諸道州縣吏及當直人力。令等第減省。

置河堤判官詔 開寶五年二月丙子

朕每念河堤潰決。頗爲民災。故嘗置使以專掌之。思設僚佐。共濟其事。自今開封府天雄軍、鄆澶滄滑孟濮懷鄭齊□德博淄衞濱十七處。各置河堤判官一員。卽以逐州通判充。如闕通判。委本州判官兼領之。

邊遠官三年除替詔 開寶五年十月戊戌

國家提封既廣。吏職尤繁。邊遠効官。所宜軫念。政成受代。素有規程。苟或踰時。諒難爲勸。自今委所司點檢到官月日。纔及三周年。便與除替。

京朝官釐事於外者曾經責罰與邊郡詔 太平興國八年四月辛卯

國家並建庶官。分掌衆務。各司其局。咸盡其才。不明殿最之文。曷申懲勸之道。應州縣幕職官吏等。吏部盖有常規。自今京朝官釐事於外者。秩滿歸闕。曾經責罰及臨事簡慢者。並與邊郡遠地。其課績高第、治行尤異者。授以近地。式示勸能。宜令著爲定制。

司理闕令本州於見任簿尉判司內選充詔 太平興國九年五月乙丑

司理參軍。專於推鞫。研覆情實。尤在得人。如聞諸道多闕此官。盖吏部拘以資敍。難爲注擬。自今應有闕處。宜令本州於見任簿尉判司內。選擇明敏有官業者充。秩滿當與升奬。具罷軟不任職者。便可選官代之。

親選擢官吏中書審勘別聽進止詔 太平興國八年八月丁酉

朕選用群財。分領衆職。雖九品之賤。一命之微。未嘗專望於有司。必須召對於便殿。親與之語。以觀其能。儻敷納而可觀。必越次而茂賞。恩或由於僥倖。理未至於澄淸。自今應親臨選擢官吏。並送中書更審勘履歷。別聽進止。

京官幕職州縣官丁憂者放離任詔 雍熙二年十一月辛卯

三年之制。謂之通喪。乃聖人之垂教。貫百代而不易。向者臣僚居喪。多從抑奪。蓋切於致理。而急於用人。求便一時。誠非永制。方敦孝治。以厚時風。宜從欒棘之心。俾守苴蔴之禮。自今京官幕職州縣官有丁父母憂者。並放離任。常參官奏取進止。

改遺補官名詔 端拱元年二月乙未

補闕拾遺。位居諫省。榮踐清華之列。是爲獻納之臣。朝廷之得失須論。刑政之煩苛必舉。睠茲職業。寄任非輕。上則輔相大臣。次則公卿庶尹。歷朝選任。何莫由斯。苟或但務因循。止思愼默。忠言讜議。寂寞無聞。殊乖申諷之規。曷副建官之意。宜更舊號。特立新名。庶明立制之文。咸勵匪躬之節。其左右補闕宜改爲左右司諫。左右拾遺宜改爲左右正言。

除少卿官詔 淳化元年四月丁未

九寺三監。國之羽儀。制度聲明。往往而在。各有副貳。率具司存。品秩素高。職任尤重。部吏遷授。斯爲舊章。比聞搢紳之流。頗以臺閣自許。目爲散地。甚無謂焉。朕特振之。自我而始。其以兵部郎中沈承恭爲太常少卿。戶部郎中張泊爲太僕少卿。呂端爲大理少卿。魏庠爲衞尉少卿。臧丙爲司農少卿。袁廓爲鴻臚少卿。柴成務爲光祿少卿。工部郎中張雍爲太府少卿。

秘閣次三館詔 淳化元年八月癸亥

朕肇興秘府。典掌群書。仍選名儒。入直於內。文籍大備。粲然可觀。處中禁以宏開。非外司之爲比。自今秘閣宜次三館。其秘書省依舊隸京百司。

刻秘閣贊詔

近以延閣載新。萬機多暇。聊書贊詠。以美成功。所紀徽猷。深虞漏略。出於乘輿。豈足多稱。遽覽封章。願刊堅石。垂於不朽。良積厚顏。其贊幷序。朕兼爲親書。幷篆刻石額。以旌秘省。

三司判官見本使儀範詔 淳化三年五月丙辰

國家並建官司。各有僚屬。在班爵而既異。因名數以洞分。所宜奉承。豈可違越。自今三司判官見本使。各謹禮度。無失恭虔。每日內朝謁見。非咨事不得輒至本使廬中。朝罷各赴本司視事。即不得於諸處輒行私謁。御史臺專糺之。

置三司使詔 淳化四年五月戊申

國家擇公幹之臣。掌財賦之任。俸入甚厚。柄用非輕。必當畫興利除害之謀。成家給人足之美。使廩庾之內。常有餘糧。山澤之間。悉無遺利。率土共臻於富庶。小民不起於怨咨。斯謂得人。方爲稱職。夫何群吏。未副所懷。設官屬以雖多。舉綱條而靡當。空令聽覽。日有勞煩。用責盡公。務求實效。各共勤於職分。仍倂省於吏員。黜幽陟明。國有彝典。自今只置三司使一員。判官六員。推官三員。三部勾院只置判勾一員。判官一員。其三部屬吏仍舊貫。三司使只於按檢署字外處符牒。只令判官通置頒行。

罷提刑司詔 淳化四年十月壬戌

昨者申命使臣。分聽獄訟。徒經歲序。蔑有平反。既莫副於哀矜。諒秪爲於勞擾。其諸路決遣刑獄。宜從省罷。委轉運司振擧之。

翰林樞密直學士職位在丞郎上詔 淳化五年六月甲辰

翰林樞密直學士。職參內著。禮絕外司。況品秩以既殊。在等威而宜峻。頃者有所改易。深未便安。宜申明於舊章。用遵行於故事。自今序立班位。依舊在丞郎之上。

三司判官主判推官等見本使儀詔 淳化五年十一月辛未

朝廷設官分職。各有等威。名既不同。禮亦異數。自今令三司判官主判推官等見本使。並如郎中員外見丞郎尚書之儀。

復三部使詔 淳化五年十二月辛丑

銅鹽之務。所以籠天下之貨財。度支之司。所以辦邦國之經費。洎民曹之劇任。皆邦計之本源。蓋以司金穀之耗登。謹府庫之出納。爰從近代。以迄我朝。雖琴瑟改張。俾期於易治。而米鹽細碎。益致於滋彰。宜復前規。用爲永制。應兩京十路並復歸三部。各置使一員。每部置判官推官共四員。人掌兩案公事。別置都監一人。序於判官之下。都勾部以備三部專糺簿領之出入焉。以總計陳恕爲鹽鐵使。樞密院承旨左屯衞將軍王延德爲度支使。樞密直學士屯田郎張鑑爲左諫議大夫戶部使。左計使魏羽、右計使董儼並罷。

王顯兼河北都轉運使詔 咸平四年五月甲戌

近邊饋餉。責在轉輸。比擇時才。往分憂寄。而權輕位下。罕濟利權。特命大臣。兼掌其事。宜令定州駐泊都部署山南東道節度使同平章事王顯兼河北諸州水陸計度都轉運使。應供軍緡帛芻糧。並同經度。其餘刑獄公事。止令轉運使副施行。

罷王顯兼河北轉運詔 咸平四年十二月丁卯

向者師旅繁興。邊防太聳。式資餽運。以壯兵鋒。爰命帥臣。兼領其事。今寇戎逃遁。疆候謐淸。宜命攸司。各仍其舊。其北面都部署王顯等所兼河北轉運。宜罷之。

復置三司使詔 咸平六年六月丁亥

國家按九州之圖籍。提四海之封疆。租庸有金穀之饒。筦榷有銅鹽之富。爲我邦計。在茲地征。總而治之。是曰會府。自頃並建三司。各領一司。既統攝之不同。亦因循而漸理。罕資費用。但益煩苛。均有無則局分相違。定出納則簿書交錯。綱條失序。言論盈庭。空紊典常。殊無體要。用圖經久。特議更張。僉擇能臣。俾之兼領。仍設副貳。分佐事權。勉思盡忠。副我注意。

宋大詔令集卷第一百六十一

政事十四

官制二

許入穀授官制 景德二年二月

有司言西漢晁錯以爲爵者上之所擅。出於口而無窮。粟者民之所種。生於地而不乏。使入粟以受爵。塞下之粟必多。文帝從之。令民入粟備邊。六百石爵上造。稍增四千石爲五大夫。萬二千石爲大庶長。事存故典。利及公家。懇冀遵行。以便儲積。苟濟軍國。予何恡焉。自今許人於河北定州廣信安肅軍北平寨入穀千石。授本州助教文學。二千石賜出身。三千石授簿尉借職。四千石授奉職。五千石授寺監主薄。六千石授正字校書郎。七千石授太祝奉禮郎。八千石授大理評事殿直。九千石授諸寺監丞侍禁。萬石授大理寺丞供奉官。洺邢趙貝冀博瀛莫雄霸保鎮等州、乾寧順安信安永定永靜保定等軍千石以上加二百石。授助教文學。二千石已上復遞加二百石。至萬二千石授大理寺丞供奉官。懷衞磁相澶等州、天雄軍通利軍千石已上加五百石。授助教文學。二千石已上復遞加五百石。至萬五千石授大理寺丞供奉官。

廣南官並春夏定差許秋冬到任詔 景德四年四月癸酉

海隅之地。炎瘴實繁。方賴衆官往司民政。如聞暑月冒涉長途。或遘沉痾。豈忘矜恤。自今廣南官並春夏季內定差。許至秋冬到任。

選官充知陵臺令兼永安縣事詔 景德四年七月庚申

朕以列聖在天。因時永感。瞻言陵域。肇建官司。所擇朝闕之臣。仍兼宰邑之務。式嚴充奉。用著典彝。宜以殿中丞黃昭益知陵臺令、兼永安縣事。仍令有司就陵令公署增脩縣廨。

增置開封府推判官詔 景德四年七月壬申

眷茲京邑。是謂浩穰。獄訟實繁。民務尤劇。宜增僚佐。分隸職司。庶遵明愼之文。式佇密淸之效。開封府推官判官。宜各增置一員。分掌刑獄稅賦。仍加俸給。如事有枉抑未盡公理。非吏人受財者。自今並以推判官爲首。

置諸路提刑詔 景德四年七月辛卯

朕勤恤臨人。勵精致治。惟寰區之至廣。念獄犴之實繁。且訊鞫之初。寧無枉撓。而處斷之際。豈盡平反。苟致沉冤。必傷和氣。方資審克。用副哀矜。今擇官諸路提點刑獄公事。具官云云 所至專察視囚禁。審詳案牘。州郡不得迎送聚會。所部每旬具囚繫犯由、訊鞫次第申報。常檢舉催督。有繫淹久者。即馳往案問。出入人罪者。移牒覆勘。劾官吏以聞。諸色詞訟。逐州斷遣不當。已經轉運司披斷未允者。並收接施行。官吏貪濁弛慢者。具名以聞。有庇匿並當加罪。仍借緋紫。以三年爲任。增給緡錢。如轉運使之數。內出御前印紙。麻書績効。中書樞密院籍其名。代還考課。議功行賞。如刑獄枉濫不能擿舉。官吏曠弛不能彈奏。務畏避者。寘以深罪。

令審官院選京朝官曾知縣者充廣南知通詔 景德四年十一月戊寅

眷惟五嶺。僻在一隅。方殄絕於寇攘。宜精擇於官守。式資共治。以惠遠民。應廣南知州通判。宜令審官院選京朝官曾任知縣者充。例引對崇文院。

置糾察在京刑獄詔 大中祥符二年七月丁巳

輦轂之下。斯謂浩穰。獄訟之間。尤爲繁劇。苟粗乖於閱實。則或陷於非辜。伏念軫懷。當食興嘆。分予憂寄。今有得焉。特進官司。察其枉撓。庶彰隱悼。以召和平。宜令金部員外郎知制誥周起、侍御史趙湘糾察在京刑獄。其御史臺開封府在京應有刑禁之處。並得糾舉。逐處斷徒已上罪。於供報內未盡理及淹延者。並追取案牘看詳駁奏。若曠於舉職。致有枉濫。因事彰露。則重論其罪。

令兩省御史臺官不得以它官轉入詔 大中祥符四年八月丙辰

諫垣近臣。憲府清塗。職在弼違。任當執法。先帝勗其獻納。特改於名稱。歷代委以糾繩。必資於端直。苟非選用。曷以當官。至如軒陛承恩。榮列殊等。靡緣敍進。蓋在才難。矧復就列中宸。策名內省。宣達命令。出入禁闈。祖宗以來。邦國舊制。必由特獎。以示勗勤。昨者報本勤封。禮成慶浹。曠世所遇。固優治以爲宜。有位例遷。非悠長之垂法。必從區別。以勵忠勤。自今兩省御史臺官須文學優長。政治尤異者。特加擢拜。遇慶恩不得以它官轉入。其東頭供奉官至閤門祇候。高品至殿頭。內供奉官至崇班。並不得一例遷授。其不預改轉者。當議優與差遣。增其俸給。

樞密直學士定六員詔 大中祥符

宥密之地。出處深嚴。論思之臣。踐揚清要。雖素由於慎簡。尚未立於定員。矧侍從才難。軒墀望峻。在選賢之攸重。宜著位之有常。樞密直學士自今以六員爲定。

令川峽官許去本貫三百里外守官詔 天禧四年二月庚午

區域之廣。官師實繁。惟籍貫之所存。在條章而有限。察其情志。寧靡懷思。矧夫致政之人。已獲退身之適。使還閭里。足表恩榮。悉用推恩。從遂其便宜令審官院流內銓。自今群官中川峽中有科名、歷任無贓罪、經薦舉者。三任內許一任去本貫三百里外守官。其年老致仕者。亦許還鄉。

廢提刑詔 天聖六年正月戊午

國家憂勤萬寓。欽恤群黎。爰分命於使車。冀平反於犴獄。而歲序斯久。官局爲煩。仍聞按察之間。或致滋彰之弊。載詢公議。深軫予懷。思協便宜。式從廢罷。矧惟均漕之任。實分綏撫之權。俾復舊規。委之專領。當副省官之旨。竚旌舉職之勞。宜令逐路提點刑獄朝臣限勅命到日。將本職公事及應承受到宣勅諸般文字等交割與轉運使副管勾訖。發來赴闕。其本司合行省去事件。委轉運司指揮訖奏。所有公人。並發遣歸元差來處。不得占留。

罷宮觀使詔 天聖七年七月乙酉

近以上穹降災。靈館爲燼。然重循儆戒。俾輟繕完。載惟列眞之庭。皆有侍祠之使。荐形封奏。達于予聞。以謂國家因事建官。非爲定制。況夫董薦享之事。備科式之文。宜徇所陳。無煩總領。其罷諸宮觀使。止令判官同管勾宮觀事。

置天章閣待制詔 天聖八年十月壬寅

朕以纂膺宸統。祗率先猷。內奉長樂之尊。外洽右文之化。聿臻嘉靖。欽服燕詒。眞宗皇帝煇赫景炎。丕隆寶構。受翠媯之舊籙。發谷口之濬源。紀號陟於喬封。奠琮造乎方澤。凡資禮樂之用。積成辰象之篇。俯近紫楹。創崇層閣。榜以天章之美。冠於策府之名。煥乎堯言。星羅而雲布。皦如萬律。玉振而金相。雖敦稽古之風。未立建官之署。稟慈闈之懿訓。伸孝治之鴻規。特擇雅材。俾居邇列。誕敷之德。宜奉于茲。可特置天章閣待制。位龍圖閣待制下。

置端明殿學士詔 明道二年八月丁巳

先朝茂建官職。厲精化本。眷中宸之秘殿。列資政之美名。以待時髦。蔚爲盛選。朕紹承丕構。奉若鴻規。雖夙御延英。諮詢於輔弼。而再臨便坐。關決於幾微。期奬擢於名儒。益增華於近職。式資顧問。用廣謀猷。宜置端明殿學士。班翰林資政殿學士之下。

復提刑詔 明道二年十月二十八日

惟三尺之法。守一成之文。頃在先朝。常頒明詔。愼柬端良之士。俾分提振之權。蓋慮囹圄滯淹。尚多無告。官吏能否。或所未知。爰稽按行之勤。庶洽治平之化。邇後事任斯久。漸致滋章。州郡之間。或聞苛擾。尋罷厥職。頗曠攸司。今以區域之中。獄犴斯廣。轉漕之吏。廉按難周。恐有失於詳明。思復遵於規制。減吏員之冗數。絕迎送之重勞。務敦簡易之風。用符欽恤之旨。布告中外。當體朕懷。

三司使副未久不得遷易詔 景祐元年二月庚申

眷言會府。專制國財。使領之權。總臨於諸部。副貳之列。分幹於攸司。名秩頗崇。政務尤劇。凡所更踐。莫匪俊良。故有不時而遷。遂成數易之弊。蓋念幅員至廣。貨利惟繁。必牢籠之得宜。乃用度之無失。非久其職。將瘝厥官。期底定之有同。緊服勞之靡懈。庶使詳研計簿。狎貫事程。寬物力以阜民。謹歲成而濟治。副茲重委。各竭精心。自今三司使副在職未久。毋得非次更易。

任子詔 慶曆三年十一月丁亥

周禮大司樂掌學政。以六藝教群國子。漢制光祿勳典仕籍。以四行察三省郎。茲其官才本於世胄。然當辨論。必屬俊良。今蔭法之所原。古典刑之是憲。維因循之日久。寖滋蔓而倖多。敝生作法之涼。濫起推恩之過。且賞延于世。諒非及於疎宗。官惟其人。顧可取乎稚齒。既陞仕進之路。復無誨育之科。室不茨墉。田不疆畝。處不裕立身之道。出不閑從政之方。歷觀貴塗。良鮮舊族。此則上由朝廷法制之不立。下自父兄訓導之不孚。故俾宰司詳爲著令。使夫家嗣先祿。以篤爲後之體。枝子限年。以明入官之重。設考藝之格。激之向學。立保任之條。勉令率履。前史不云。爵祿者天下之砥石。人君所以厲世磨鈍。茲實用焉。庶乎位有稱職之才。朝多濟世之美。非惟爲國進士。是乃爲臣立家。咨爾具僚。知朕茲指。宰相、使相舊制除子將作監丞。期親太祝奉禮郎。自今子并期親並如舊。其餘親屬等第除試銜。樞密副使、參知政事除子太祝奉禮郎。期親校書郎。自今子孫并期親尊屬如舊制。其餘親屬等除試銜。僕射、尚書除子校書郎或正字。期親寺監主簿。自今子孫并期親尊屬並如舊。其餘親屬等第除試銜。三司使、翰林學士、龍圖閣樞密直學士、丞郎除子正字。期親寺監主簿。自今子并期親尊屬、並如舊。其餘親屬等第除試銜或齋郎。龍圖閣直學士、給事中、諫議、舍人、知制誥、龍圖天章閣待制、大卿監、三司副使、知雜除子寺監主簿。期親試銜。自今惟長子聽如舊。其餘親屬等第除試銜或齋郎。正郎、及省府推判官并館閣官舊制、遇南郊許奏薦者。自今若曾犯贓至去官後未復官至正郎及員外郎帶職者。只得奏子孫親屬一名。若別有殊績或領重寄者。勿拘此。其降監當者。即不許陳乞。諸路轉運使副、提點刑獄。遇南郊。非正卿及帶館職員外郎。並須於郊禮日前到任一年者。方得奏薦。應奏蔭選人年二十五已上。遇南郊限半年許赴銓投狀。差兩制已上三員於尚書省鎻院。置謄錄封彌司考試。內習辭業者。試論一首或詩賦各一首。詞理可采不犯考式者爲及格。習經業者。春秋禮記毛詩周易尚書人專一經。并兼習律文。試墨義一十道。只問正文。五通爲合格。其及格者並放選。其不中者且令守選。七選已上經兩試。九選已上經三試。至選滿日。如有京朝官三人同罪保舉。與注遠小判司簿尉。如無人舉。注司士參軍。或不赴試。又無人舉者。吏不理選限。奏蔭京官年二十五已上。每年春季赴國子監投狀。差兩制以上三人於大學鎻院。依選人考試。其合格者方與差遣。後兩任無私罪。有本路轉運提點刑獄知州通判同罪保舉。即入親民。如經三試有三人朝官同罪保舉者。亦與小處監當。後兩任無私罪。本路轉運提點刑獄知州通判有五人同罪保舉。方得親民。其不赴試、又無人舉。雖曾三就試。而辭業紕繆、對義不合格者。並不得與差遣。如願換班行者。與等第安排。其武臣使相舊制除子東頭供奉官。期親者左侍禁。自今子并期親並如舊。其餘親屬、自左班殿直以下安排。樞密使副、宣徽使、見任節度使除子西頭供奉官。期親右侍禁。自今子孫并期親尊屬並如舊。其餘所屬自右班殿直以下安排。六統軍、諸衛上將軍、節度觀察留後、觀察使、內客省使除子右侍禁。期親右班殿直。自今子孫及期親尊屬並如舊。其餘親屬、自三班奉職已下安排。客省使、引進使、防禦使、團練使、四方館使、樞密都承旨、閤門使除子右班殿直。期親三班奉職。自今子孫幷期親尊屬並如故。其餘親屬、自三班借職以下安排。正任刺史、並差使殿侍、諸衞大將軍、內諸司使、樞密院諸房副承旨。除子三班奉職。期親三班借職。自今子孫幷期親尊屬並如故。其餘親屬與下班殿侍侍衞諸將軍內諸司副使樞密院逐方副承旨、只除三班借職。今更不減。若曾犯入己贓後來至諸司副使諸衞將軍。只得奏子孫一人。其降監當者。卽不得陳乞。諸路提點刑獄官。未該奏薦而合該奏薦路分者。須郊祀前到任及一周年方得奏陳。其川廣福建七路初授差遣者。恩澤聽如舊。凡奏蔭三班參班日。先於軍頭司試弓七㪷力或弩兩碩五㪷力。施放有條道者爲合格。更不試書算。會書算者。於三班院試寫家狀一本。錯三字已上、並算錢穀五件通三者爲合格。更不試弓弩。不合格者、且令習學。皆能習孫吳六韜三家兵書、內試義五道。三通爲中。更會弓弩爲優等。如願試策。亦試五道。以三通爲中。或善五般武藝。鞍馬精熟。更通書算者。亦爲優等。二項與免短使邊上權外寨監押、或權諸寨巡檢。如武藝不群及答策設備者爲異等。卽引見聽旨。陣亡之家子孫。不試武藝書算。如無子孫。其弟姪得錄用者亦不試。應降指揮後已及十八歲者亦免之。以上文武官僚合該奏薦者。內長子孫皆不限年。雖非長子孫見居長者同。其諸子孫須年十五以上。弟姪須年二十已上。仍須五服內親。方得奏薦。如妄冒服紀及虛增年。並以上書詐不實論。其合奏異姓。卽不問服紀。應子孫曾受恩澤而物故者。若係無子孫食祿。並許再奏之。

宋大詔令集卷第一百六十二

政事十五

官制三

罷京朝官遷官保任詔 慶曆五年二月辛卯

比者京朝官須□人保任。始得遷官。朕念廉士或不能以自進也。其罷之。

改文明殿學士爲紫宸殿學士置天章閣學士詔 慶曆七年八月戊□

嗣宅昌圖。懋循大訓。慎守盈成之業。敢忘繼述之懷。率祇先猷。並建近職。期招選於髦碩。備諮詢於話言。爰念昔以正寢之名。冠于學士之職。觀題榜之載。易且班聯之久虛。然而存定著于禁廷。同尊謚於禰□。乃眷紫宸之制。實法經星之躔。爰重內朝。用更新號。宜改文明殿學士爲紫宸殿學士。班次依舊。欽惟聖考。濬發宸文。百篇森布於廟函。三襲肇興於華閣。肆予纘紹之始。□闡師儒之塗。遂延講藝之臣。欽佇論思之益。掩玉府藏書之盛。處金門待詔之才。今宜廣侍從之員。抑亦副遹追之志。特置天章閣學士。在龍圖閣學士之下。

改紫宸殿學士爲觀文殿學士詔 慶曆八年五月乙巳

乃者因禰宮之尊謚。涉朝寢之故名。爰及官曹。並從改避。載念紫宸之制。聿當上閤之崇。辭補舊員。未安禁職。惟延恩之寶構。乃集□之秘庭。福覎所開。深嚴莫二。雖仙游之已遠。顧初制之□移。宜即清閑。用資延訪。矧先聖齋心之地。資沖人覽□之懷。仰席盛猷。載新華榜。仍建崇儒之秩。具爲備閣之榮。宜以舊延恩殿爲觀文殿。兼改紫宸殿學士爲觀文殿學士。班次如舊制。

置在京都水監罷三司河渠司詔 嘉祐三年十一月己丑

天下利害。繫于水爲深。自禹制橫潰。功施于三代。而漢用平當領河隄。劉向護都水監。皆當時名儒。風迹可觀。近世以來。水官失職。稽諸令典。品秩猶存。今大河屢決。遂失故道。百川驚流。或致衝冒。害既交至。而利多放遺。此議者宜爲朝廷所以講圖之也。朕念夫設官之本。因時有造。捄敝求當。不常其制。然非專制職守。則無以責其任。非慎擇才能。則無以成其効。宜脩舊制。庶以利民。其置在京都水監。內外河渠之事。悉以委之。應置官屬及本司合行條制。仰中書裁處以聞。其罷三司河渠司。

罷同提點刑獄使臣詔 嘉祐五年八月乙酉

勅。國家兼覆寓中。疆理天下。分州立邑。十有八路。惟吏之不平。民之失職。政之頗僻。獄之放紛。未能獨察也。故設糺虔之司。使奉欽恤之寄。專屬朝臣。貳以武吏。誠欲停疑察枉。釋煩决滯。納民於不冤。流化於無訟。而武吏或出將閫。或由軍功。文墨期會。未必深究。監司背項。適增其繁。夫非其習而望其効。違其方而冀其功。不亦難乎。其罷諸路同提點刑獄使臣。令樞密院勘會。已及二年者。卽令赴闕。未及二年者。與就移合入差遣。及於河北、陝西緣邊兵馬多處。相度添路分駐泊都監。以次補用。庶幾人盡所長。官不虛授。夫轉運使之任。所以寄耳目、治財賦、集事功也。江南東西、荊湖南北、廣南東西、福建、益梓利夔等十一路。此其去京師遠者萬里。近者數千里。或跨帶山海。崎嶇蠻夷。而皆以一員主之。處則無與參慮。出則無與戮力。設有緩急之警。調輸之煩。機會一失。民受其弊。甚非豫慮先事之策也。其各增置轉運判官一員。三年爲一任。選差第二任以上知州資序人。候一任滿日與提點刑獄公事。初入知州及第二任通判資序人。候滿日與提點刑獄差遣。若居部無狀。隳職敗事。則重行其罰。蓋士常患任之不當其才。則無以見長。用之不久其任。則無以就功。今朕別異文武。使得自試。選擢賢能。使得次進。吾於士大夫可謂無負矣。其各竭力悉心。勉成功名。布告中外。咸諭朕意。

久任詔 嘉祐六年閏八月六日

中書門下牒。近差官分往諸路州軍。計會當職官吏。詢究民間疾苦。務從寬恤。然須所在守令得人。使久其任。則能奉行朝廷之意。牒奉勅。朕觀古者欲治之世。牧民之吏多稱其官。而百姓得安其業。今求才之路非不廣。責善之法非不詳。而吏多失職。不治不稱所以爲民之意。豈今人材獨少而世變之殊哉。殆以不得久於其官故也。蓋智明才力之士。雖有興利除害禁姦勸善之意。非稍假以歲月。則吏民亦且媮而不爲之用。欲終厥功。其路無由。今夫州縣恃以爲命者。守令也。察其能者。使得久於其官。而褒厚以勸之。豈非所謂先務者哉。今後諸路知軍州監、知縣縣令內。有清白不撓。而政迹尤異。實惠及民者。如係三周年替、到任已及成資。係三十箇月替、到任已及一年半。係二周年替、到任已及一年已上。其知州軍監。本路安撫、轉運使副、判官、提點刑獄官員。所屬知縣縣令。既更與本處知州軍監通判並連署同罪保舉再任。仍須於奏狀內將本官到任以來政迹可舉實狀一一條列聞奏。委中書門下更加察訪。如不是妄舉。卽進呈取旨。當議量所述政迹及今入資序。相度推恩。許令再任。噫。先王置官域民之大法。朕未能逮也。漢宣所以致平之要。其又可以不勉哉。咨爾庶工。當知朕指。

置同知大宗正司官詔 治平元年六月丁未

勅。夫明德以親九族。正家而刑萬邦。古先哲王。罔不由此。朕嗣守丕業。率循舊章。惟皇屬之敦和。命宗臣而董正。而累聖承繼。百年盛隆。荷宗社之慶靈。茂本支而蕃衍。念其性本於仁厚。宜廣學以勤脩。顧其日益於衆多。必增員而統理。故外已詔於儒學。各選經師。而內仍擇於親賢。共司屬籍。庶乎協贊其職。並脩厥官。糺乃非違。先以正而爲率。勉夫怠惰。惟其善而是從。式孚于休。以副予意。

定磨勘年限詔 治平三年九月癸亥

朕惟制治之本。必始乎官。設官之方。其亦有擇。國家承累聖之祚。躋時丕平。而假省寺之官。出釐庶務。許以三祀。俾之一遷。歲月既深。吏員猥積。維海宇至廣。工師實繁。以官率人。倍者數矣。肆我臺閣。數陳其故。茲用博議。審求臧謀。而封章亟來。請從更制。朕嘉與卿士。圖惟厥中。庶幾流弊。由此其息。自今待制以上。自轉官後六歲。如無過犯與轉官。有過依舊條展年。至諫議大夫止。京官四歲磨勘。至前行郎中止。少卿監以七十員爲定員。內有闕。卽檢勘前行郎中轉官。及四歲以上。月日最深者補。其有過展年。及有勞績減年磨勘者。如舊制。少卿監以上。更不檢勘。取旨轉官。以上如別有勞績。或因要重任使。特旨推恩者。不在此例。噫。公誠之心。期共濟于道。澄革之始。無或蔽爾私。況上自於要官。俾一從於新令。凡曰在位。咸體朕懷。

寶文閣置學士直學士待制詔 治平四年五月乙巳

昔我藝祖以神武昌寶祚。太宗以文德光大業。眞宗欽崇儒術。仁宗善繼謨烈。咸有述作。煥于簡編。河漢昭回。奎璧相照。迺規層構。邃在西清。憲上帝藏書之府。章累朝稽古之盛。並揭嘉名。以登畯望。仁祖登遐。先皇纂御。首命近列。論次遺文。鈿軸寶函。未終繙錄。白雲紫氣。遽遂上賓。今告畢工。甫將安奉。大訓九歌之重。垂世共長。廣內秘室之藏。貽謀無極。祇循故事。遹成先志。寶文閣宜置學士直學士待制。著于令。其恩賜依龍圖閣學士直學士待制。

答宰執乞罷功臣表詔 元豐元年十一月己亥

唐之中世。時屬多虞。制爲功臣。寵厥將吏。因仍弗革。稱謂實繁。溢美過情。空名眩實。施之近世。或適權宜。襲至來今。固匪通制。卿等爲國丞弼。悃愊無華。帥先臣鄰。願罷功號。朕用嘉歎。其敢弗從。宜如所請。

改官制詔

朕嘉成周以事建官。以爵制祿。小大詳要。莫不有敘。分職率屬。萬事條理。監於二代。爲備且隆。逮于末流。道與時降。因致駁雜。無取法焉。惟是宇文造周。旁資碩輔。準古創制。義爲可觀。國家受命百年。四海承德。豈茲官政。尚愧前聞。今將推本制作董正之原。若稽祖述憲章之意。參酌損益。趨時之宜。使臺省寺監之官。實典職事。領空名者。一切罷去。而易之以階。因以制祿。凡厥恩數。委如舊章。不惟朝廷可以循名考正萬事。且使卿士大夫。莅官居職。知所責任。而不失寵祿之實。豈不善歟。其合行事件。中書門下可條具聞奏。故茲詔示。想宜知悉。

賜門下詔

勅門下。先王以道在天。列而爲事。陳而爲法。人各有分。然後安官。各有守。然後治。三代以降。累世相仍。寖迷本原。遂亂名實。餘弊斯積。其流及今。朕憫古弗還。因時改造。是正百職。改復六聯。先後重輕。粗獲條次。小大貴賤。迭相維持。差擇群材。分委成憲。佇觀來効。共致丕平。或有弗欽。將底厥罪。新除省臺寺監官。詳定官制所以著所掌職事。如被選之人不循分守。敢有僭紊。其申諭中外。違是令者。執政官委御史臺彈奏。尚書已下聽長官糾劾以聞。

熙明閣置學士待制詔 建中靖國元年二月庚子

朕奉先思孝。恭己承祧。紹累聖之丕基。揚烈考之先訓。神宗皇帝神心經緯。聖學緝熙。百度惟新。備矣有周之庶事。四方其訓。巍乎堯舜之成功。言則爲文。昭如雲漢。寶之垂世。炳若丹青。僊馭升遐。泰陵繼序。乃眷祖宗之舊。悉藏金玉之編。邃在西清。並崇華構。爰咨邇列。俾訪遺文。鈿軸未終。雲軿忽遠。肆沖人之纂紹。惟往憲之欽承。用揭嘉名。仍延碩望。詒謀有永。豈圖琬琰之並陳。與天無窮。是惟奎璧之相照。宜以顯謨閣爲熙明閣。仍置學士待制。

省臺寺監牧守監司以三年爲任詔 崇寧元年七月三日

內外官並以三年爲任。乃元豐舊制。比歲以來。官守屢易。至有歲內再三改移。暫居官次。突不及黔。時序未更。已聞移去。惟是覬望進擢。日俟遷陞。決辭訟則鮮肯究心。視公局則猶同傳舍。簿書案牘。首尾罕詳。吏緣爲姦。民受其弊。蓋是除擬之際。愛惡未同。順親愛者務令資任暗陞。因憎惡者欲令遷徙不定。遂致老幼懷道途之畏。吏卒疲將迎之勞。送往迎來。煩擾百出。唐虞考績。幾成虛文。自今後。內自臺省寺監。外及牧守監司。宜一切依元豐舊詔。並以三年爲任。如未及成資以上。不得輒有替移。其在祇率先猷。無或遺戾。惟吏安厥職。民懷其惠。乃稱朕紹休聖緒之志。

誡約勿援韓忠彥例以戚里宗屬爲三省執政官詔 崇寧二年七月二十日

朕觀前世外戚擅事。終至禍亂天下。唯我祖考。創業垂統。承平百有餘年。外戚之家。未嘗與政。厥有典則。以貽子孫。卽政之初。以駙馬都尉韓嘉彥兄忠彥爲門下侍郎。繼除宰相。方朕恭默。弗敢有言。給事中劉拯抗疏論駁。亦不果聽。上違祖考成憲。下虞前世禍亂之失。其自今勿復援忠彥例。以戚里宗屬爲三省執事。世世守之。著爲甲令。

諸州軍縣鎮增員依舊詔 大觀元年正月十一日

國家承平。垂百五十年。生齒繁庶。數倍於祖宗建國之日。法令增多。亦數倍昔時。而州縣建官員額。循沿舊制。人不勝任。事因不舉。夏商官倍。至周益詳。量時制員。亦各用乂。今百度惟新。人才既富。因能以任。庶幾先王。比緣裁省員多闕少。士失所養。其崇寧四年以前。除市易外。諸州軍及縣鎮處增置官員。不係本年併廢。并崇寧新降吏部格令。並依舊法施行。其額闕可一併檢舉注擬。庶使人無留滯之歎。以追多士以寧之美。播告中外。咸使聞知。

宋大詔令集卷第一百六十三

政事十六

官制四

建徽猷閣等官詔 大觀二年二月十五日

朕惟哲宗皇帝睿武文明。神機獨斷。道與時運。沉潛無方。然事天治人。彰善癉惡。訓迪有位。攘卻四裔。號令指麾。若揭日月。蓋自親攬庶政。始大有爲。一話一言。罔不儀刑神考之典。故輯熙紹復。著在簡編。與熙寧元豐所行相爲始終。比命有司廣加裒輯。成書來上。本末粲然。誠可傳無窮。施罔極矣。若昔祖宗述作皆有寶藏之所。參列廣內。揭爲嘉名。世擇儒臣。以資訪納。今將率由成憲。匹休前烈。則夫名以出信。不可無所考也。在詩有之。君子有徽猷。是惟詢德之美。而觀道之成。於是乎在。其哲宗皇帝御集閣。以徽猷爲名。仍置學士待制。故茲詔示。想宜知悉。

寄祿官不分左右御筆 大觀二年三月十五日

寄祿官在神考時不分左右。曩雖釐正。猶有存者。若盡去之。則序爵制祿。等級差少。人易以及。可令有司條畫以聞。

復宮觀縣丞御筆手詔 政和二年六月空日

古者官以治事。事有繁簡。官有寡多。唐虞建官惟百。夏商官倍。迄于成周。王所治千里之畿。而已分職率屬。至二千有幾。因世制宜。咸克用乂。朕紹休考烈。獲承百五十年之丕緒。地日以闢。民日以廣。事日以繁。而建官之數。仍循祖宗之舊。逮至于今。員多闕少。世之以官爲冗。而不知多士以寧之美。患事不舉。而不知官少力不任之弊。乃者有司不舒究其本。又減員額。削祿廩。欲省官裕國。國用無所□。而士之仕者。仰不足以事。俯不足以育。朕甚憫之。在熙寧中。先帝董正治官。嘗詔宮觀置員。縣置丞。屬實在乎是。繼志廣聲。其可後乎。所有宮觀縣丞。並依大觀三年四月以前指揮。後降指揮更不施行。其餘減罷官闕。可令尚書省具合存廢以聞。

新定三公輔弼御筆手詔 政和二年九月二十五日

所與共天下之政者。惟二三執政之臣。而官稱之名。位序之實。未足以垂于萬世。昔我神考。訓迪厥官。有司不能承奉。仰惟前代。而以僕臣之賤。充宰相之任。六卿之職。爲三公之官。有志改爲。或未遑暇。朕遹追來孝。若昔大猷。稽三代公孤之名。考左輔右弼之號。是正名實。惟古之師。分職率屬。期予于治。官不必備。而惟其人。祇于新書。克慎厥服。同底于道。以成烈考之志。豈不韙歟。故茲詔示。想宜知悉。

三公	三師
新官	舊官
太師	太師
太傅	太尉
太保	太保

此古三公之官。爲宰相之任。今爲三師。古無三師之稱。合依三代爲三公。論道經邦。燮理陰陽。官不必備。惟其人。爲眞相之任。

三少	三公
新官	舊官
少師	太尉
少傅	司徒
少保	司空

太尉以下。舊爲三公。緣司徒司空。周六卿之官。非三公之任。乃今之六曹尚書是也。太尉秦官。居主兵之任。亦非三公。太尉司徒司空合罷。

並依周制。立三孤之官。乃次轉之位。三孤貳公洪化。寅亮天地。或稱爲三少。爲次相之任。

尚書省

令（太宗皇帝曾任今宰相之官。多不須置。）

新官	舊官
太宰	左僕射
少宰	右僕射

門下省

新官	舊官

新官	舊官
左輔	侍中
右弼	令

中書省

改武選官名詔 同上

昔在神考。董正治官。肇建文階。以祿多士。聯職合治。各有等差。名實既賓。以克用乂。而武選官稱。循沿末世。有志未就。以迄于今。述而後明。靡敢怠廢。朕夙夜惟念。易而新之。訓迪厥官。自我作古。夫名不正則言不順。言不順則事不成。凡爾有官。尙慎乃止。欽哉成憲。其爾之休。所有武階磨勘遷改請給奏蔭等。凡厥恩數。悉如舊章。咨爾有衆。祗于新書。毋忽。

橫行

新官	舊官
通侍大夫	內客省使
正侍大夫	延福宮使
中侍大夫	景福殿使
中亮大夫	客省使
中衛大夫	引進使
拱衛大夫	四方館使
左武大夫	東上閤門使
右武大夫	西上閤門使
中亮郎	客省副使
中衛郎	引進副使
左武郎	東上閤門副使
右武郎	西上閤門副使

右十二階大夫帶遙郡仍舊。內通事舍人閤門祗候看班祗候仍舊。

皇城使以下

新官	舊官
武功大夫	皇城使
武德大夫	宮苑使　左右騏驥使　內藏庫使
武顯大夫	左藏庫使　東作坊使　西作坊使
武節大夫	莊宅使　六宅使　文思使
武略大夫	內園使　洛苑使　如京使　崇儀使
武經大夫	西京左藏庫使
武義大夫	西京作坊使　東西染院使　禮賓使
武翼大夫	供備庫使

右八階帶遙郡仍舊。

皇城副使以下

新官	舊官
武功郎	皇城副使
武德郎	宮苑副使　左右騏驥副使　內藏庫副使
武顯郎	左藏庫副使　東作坊副使　西作坊副使
武節郎	莊宅副使　六宅副使　文思副使
武略郎	內園副使　洛苑副使　如京副使　崇儀副使
武經郎	西京左藏庫副使
武義郎	西京作坊副使　東西染院副使　禮賓副使
武翼郎	供備庫副使

右八階。

內殿承制以下小使臣

新官	舊官
敦武郎	內殿承制
修武郎	內殿崇班
從義郎	東頭供奉官
秉義郎	西頭供奉官
忠訓郎	左侍禁
忠翊郎	右侍禁
成忠郎	左班殿直
保義郎	右班殿直
承節郎	三班奉職
承信郎	三班借職
進武校尉	三班差使
進義校尉	三班借差

右一十二階。

入內內侍兩省

供奉官	東頭供奉官
左侍禁	西頭供奉官
右侍禁	殿頭
左班殿直	高品
右班殿直	高班

仍舊　黃門
祗候侍禁　祗候殿頭
祗候殿直　祗候高班
祗候黃門內品　祗候高班內品
仍舊　祗候內品
仍舊　貼祗候內品

右一十一階。八階改三階仍舊

大將等

新官　舊官
進武副尉　大將
進義副尉　正名軍將
守闕進義副尉　守闕軍將

右三階。

殿侍

新官
下班祗應

差在京宗室及外州軍祗應稱殿侍。非是。除東西班應奉人依舊外。餘令改作下班祗應。

正任
節度使
觀察留後
觀察使
防禦使

團練使

刺史

右六階、仍舊不帶持節等。

南班環衞官

諸衞大將軍

諸衞將軍

率府率

率府副率

別無領職。不礙官制。合依舊。

衞官各有三等。上將軍大將軍將軍共四十六階。

左右金吾衞

左右驍衞

左右武衞

左右屯衞

左右領軍衞

左右監門衞

左右千牛衞

左右衞

合依舊

率府率、率府副率、五等十階。

左右衞司禦率府率

左右衞淸道監門內率府率

左右衞司禦淸道率府副率
左右監門率府副率
左右內率府副率
合依舊

醫職
和安大夫
成和大夫　軍器庫使
成安大夫　西綾錦使
成全大夫　榷易使
保和大夫　翰林醫官使
保安大夫
翰林良醫
和安郎
成和郎
成安郎　軍器庫副使
成全郎　西綾錦副使
保和郎　榷易副使
保安郎　翰林醫官副使
翰林醫正

宋大詔令集卷第一百六十四

政事十七

官制五

改命婦封號御筆　政和二年十二月二十三日

古者妻隨其夫之爵。朕國家承襲五代事不師古。因陋循舊。或有未革。今命婦猶封縣君郡君。在昔元豐。改作未就。小君之稱。雖見於古。今裂郡縣以稱君。蓋非婦道。又等級既少。重輕不倫。全無差別。可依下項。

通直郎以上初封

孺人

朝奉郎以上封

室人　後改爲安人

朝奉大夫以上封

宜人

中散大夫以上封

恭人

太中大夫以上封

令人

侍郎以上封

碩人

尙書以上封

淑人

執政官以上封

夫人

並名隨其夫之官稱封之。武臣準此。若封母則隨其父官。應夫若父祖爵至公侯伯子男者。則隨所封五等。謂如南陽縣開國男則隨其爵稱南陽縣男令人。封魏國公則稱魏國公夫人之類。庶幾近古不至差紊。

置宣和殿學士御筆 政和五年四月二十四日

宣和祕殿。建自紹聖中。經毀徹廢。更至崇寧初。繼復繕完。朕萬幾餘暇。游息須臾之間。未始不居於此。近置直殿。以左右近侍官典領。吾□□□□有以處之宜。置新班。以彰榮近。以永其傳。可置宣和殿學士。班在延康殿學士之下。以兩制充。聽旨除授。凡厥恩數。並依延康殿學士體例施行。

不得託邊事辟守臣御筆手詔 政和五年八月八日

藝祖深鑒五季藩鎭。得自置吏。而馴致專恣。有末大之患。故郡縣之官。一命已上。自天子出。爲萬世法。況守土之臣。實分符竹。有民社之寄。比來諸路節□夤緣請求。數乞辟置守臣。侵紊國法。漸不可長。□欲致于理。自今敢有託邊事要請辟置守臣者。以違御筆論。

增置貼職御筆 政和 年九月 日

天下人材富盛。□□□事□□。衆官職之名寡少。不足以褒延多士。增置貼職。□資今後依此遷授。直祕閣、直徽猷閣、直顯謨閣、直寶文閣、直天章閣、直龍圖閣、祕閣修撰、右文殿修撰、集英殿修撰。

改將仕郎等官名御筆手詔

假板官、行於衰亂之世。姑從板授。蓋非眞官。不可循用。可依下項。假將仕郎可去假字。與初官人猶未入仕、可爲將仕郎。假承務郎可爲登仕郎。假承事郎承奉郎可爲通仕郎。舊將仕郎已入仕不可稱將仕郎。可爲迪功郎。舊登仕郎可爲修職郎。舊通仕郎可爲從政郎。餘並依舊。通爲十階。

橫行增宣正等職任御筆 政和六年十一月三十日

官爵以待勞能。今興事造功。能者輩出。而官名不足。非以寵奬多士。可增下項。仍通舊依此。郎亦如之。惟不置通侍右武左武拱衞翊衞中衞中亮中侍協忠履正宣正正侍通侍。

雜流遷至橫行恩數請給奏薦依武功大夫御筆 政和六年十二月二日

橫行之仕聯職殿陛。其選甚高。比歲興事造功。夤緣恩賞。雜流叨冒浸以混淆。無所甄別。可自今應雜流遷至橫行者。其應干恩數請給奏薦者。並只依武功大夫法施行。仍著爲令。

觀察留後改爲承宣使御筆 政和七年六月十一日

觀察留後乃五季藩鎭身離官所以親信留充後務之稱。不可循用。可冠以軍名。改爲承宣使。

臣僚上言內外官以三年爲任御筆 政和七年十二月十日

三載考績。以覈吏治。內外任官各正其名。奏稱陳乞遵守憲度。與胥吏丐賞經由審實。則士大夫無苟祿紊法攀援無厭之心。而胥吏絕僥冒之求。臣僚所請善當時事。可依所奏。取旨施行。

監司郡守自今三載成任不許替成資闕詔 政和八年三月五日

朕嘉唐虞三載考績。成周之盛。亦惟三歲大計吏治。夫監司按察一路。郡守師帥千里。數變易則下不安。民知其將久。乃服從其教化。矧簿書有緣紀之弊。部曲有迎送之勞。官司有饋送之費。賢與能者功未及與成。姦與惰者罪未至於著。賞以苟得。刑以幸免。殆未足以法上古黜陟誅賞之政。自今監司郡守可依累降指揮。三載成任。方替更。不許替成資闕。違者以違御筆論。二省常切遵守。御史臺覺察彈奏。

監司郡守不得申陳通理詔 政和八年二月二十三日

監司郡守。必三載而後代。然後功罪可考。而賞罰可行。先王之政也。比降手詔。勿替成資。而通理滿闕。尙未該載。附會營私。出於爲利。則數易之患猶未盡去。今後並須實滿三歲。不得申陳通理。違者以違御筆論。

太師魯國公以下兼神霄玉淸萬壽宮使副等 政和八年六月三日癸未

道隱於小成。流於□俗。人不足與明。不顯於世。朕作新斯人。以覺天下。神霄玉淸府。實總萬夫。監臨下土。比詔四方改營宮宇。以迎神貺。官吏□□不一。尙未就緒。更賴輔弼大臣同寅協力。宰臣可兼神霄玉淸宮使。執政官充副使。判官聽旨差。自改官制。不置使名。權時之宜。庶克育濟。候道教興隆。宮宇悉備。卽罷。十月二日奉聖旨。太師魯國公蔡京、少傅太宰鄭居中、少保少宰余深、檢校太保領樞密院事童貫並兼充神霄玉淸萬壽宮使。知樞密院事鄧洵武、門下侍郎薛昂、中書侍郎白時中、尙書左丞王黼、宣和殿大學士蔡攸並兼充神霄玉淸萬壽宮副使。仍給敕。判官聽旨差。

宋大詔令集卷第一百六十五

政事十八

舉薦上

令翰林學士文班常參官曾任幕職者各舉賓佐令錄一人詔 建隆三年二月庚寅

賓佐之任。實贊於宣風。令錄之官。蓋資於撫俗。方期共理。咸在精求。雖選士之規。無時不舉。而知人之道。自古攸難。得以才升。必從類取。宜令翰林學士文班常參官曾任幕職州縣者。各舉堪爲賓佐令錄一人以聞。如有近親。亦聽內舉。即於狀內具言。除官之日。仍署舉主姓名。或在官貪濁不公。畏懦不理。職務廢闕。處斷乖違。並隨輕重連坐舉主。

令陶穀以下舉堪藩府通判官詔 乾德二年七月辛卯

得士者昌。旣允資於共理。薦賢受賞。宜各舉於所知。將選器能。必求名實。宜令翰林承旨陶穀、學士竇儀、太常卿邊光範、御史中丞劉溫叟、刑部侍郎劉熙古、樞密直學士趙逢、給事中劉載、馬士元、沈義倫、諫議大夫王營、馮瓚、知制誥王著、盧多遜、起居郎氏居方、竇偁、起居舍人劉兼、李鑄、左補闕宋溫故、王格、右拾遺徐雄、祕書監尹拙、左庶子楊格、鴻臚少卿聶崇義、右司郎中張鸞、吏部郎中鄧守中、兵部郎中賈玭、張湜、司勳郎中率汀、禮部郎中李鉉、工部郎中邊玗、開封令任傲、浚儀令柴自牧、左司外郎張澹、司勳外郎朱洞、刑部外郎和峴、司門外郎蔣元吉、工部外郎滕白、河南少尹盧億、侍御史閻丕、高雅、殿中侍御史李穆、雷德驤、馮炳、王祐、師頌等。於見前任幕職京官州縣官中。各舉堪爲藩郡通判官一人以聞。務在公淸。仍須通敏。除官之日。仍署舉主姓名。如輒敢徇私。顯彰謬舉。致州政之有濫。在職任以乖方。並量事狀重輕。連坐舉主。

舉有文學詔 開寶六年十一月癸丑

設官分職。貴以才升。選賢任能。必資類舉。庶叶盡公之道。用符責實之求。應文班常參官進士及第者。各舉有文學者一人。具名以聞。

長吏薦判司簿尉當行對授以知縣詔 太平興國六年正月乙巳

合長之任。所以字民。百里之裁制自專。一邑之慘舒攸繫。朕深惟政理。用洽小康。而所司掄才。未能稱職。況今封疆混一。縣邑繁多。動皆闕員。歷年未補銓衡則拘常調而不擬州郡則緣下吏以爲姦朕思其所長用立新制與其限於資級不若校以行能俾下位以柬求令長吏而保舉俾其用試以觀其才儻及報政之期自有陟明之典宜令諸路轉運司指揮管內州軍令逐處長吏於見任判官簿尉內有清廉明幹者仰具奏舉當傳召赴闕引對授以知縣秩滿差其殿最以定黜陟

令轉運使薦知縣通判及監管事務常參官二人詔 太平興國六年正月丁卯

虞闢四門聿成稽古之美漢設三道爰號得人之盛朕祗膺大寶奄宅中區萬幾靡憚於躬親十室彌勤於咨訪取賢之勞斯至待士之禮甚優以至發策決科親選其造秀範金合土大啓乎膠庠設公庫以待逸才建善旌而延讜議九九之伎么微而必取翹翹之楚幽隱而不遺尙念中外之間官品並設罔能徧識其面何以盡知其材或恐英俊沉於下僚貞退恥乎自伐儻非慰薦遂至湮淪在虛己以徒勞亦覆盆而不及宜舉進賢之詔用推振滯之恩應諸州知州通判及監管事務常參官等如有履行著聞政術尤異及文學優贍者委逐路轉運使各具二人以姓名聞當量材甄奬

令學士兩省御史臺尚書省保舉可陞朝者一人詔 雍熙二年正月甲寅

國家書軌混同封域遼遠將共康於庶務必廣擇於群材舉其所知厥有前典況今冠裳之列俊乂尤多雖蘊長才或居下位守道者以躁進爲恥懷能者以自衒爲非式開薦善之門用廣得人之路宜令翰林學士兩省御史臺尚書省保舉京朝幕職州縣可陞朝者各一人

令轉運長吏不得擅舉人爲部下官詔 雍熙四年八月乙未

薦賢舉善合徇至公行爵出祿舉無虛授苟非得其才實亦何恡於寵恩近者諸處奏薦多是親黨既傷公道徒啓倖門用塞津蹊宜行條貫自今諸路轉運使副及州郡長吏並不得擅舉人充部下官如有闕員處當以聞

令薦堪充轉運知通詔 淳化元年四月甲寅

陶唐之建百官故內外之務治東漢之命八使故郡國之政行國家柬求賢才分委職任總漕運者慘舒之攸繫領牧守者風化之所先苟非其人民受其弊萬機之劇九重之深仄陋有所未知翹楚何由盡得並命著位俾之薦能深體宵旰之勤無憚親讎之舉宜令在朝知制誥已上官每兩人共於常參官內保舉一人堪充轉運使副者其員外郎已上每兩人共於京朝官內保舉一人堪充知州通判者限兩月內以名聞仍令御史臺催督

令常參官於京官內舉堪陞朝官一人詔 淳化三年正月乙巳

昔舜禹之有天下也選於衆而舉善人則不仁不善者斯遠矣矧今提封至廣設官尤衆舉選既限於常調英俊多沉於下僚公車之前或恥於自薦中堂之遠何由而盡知宜令庶僚各務公舉傳曰如有所譽者其有所試矣朕當親覽序而進之應在朝常參官並令於京官內保舉堪充陞朝官各一人

令州府軍監歲終件析轉運使尤異之績詔 淳化三年正月戊午

國家擇幹蠱之才。領轉漕之任。生民繫乎舒慘。國用倚之盈虛。百吏承風。在舉措而宜慎。三年會計。固黜陟以是行。苟無課最之文。曷伸懲勸之道。應諸道轉運使自今釐革庶務。平反獄訟。及貨材盈羨。飛輓辦集。有利於民等事。並令所在州府軍監每歲終件析以聞。非尤異之績者。不得申舉。

許首所舉改節詔 淳化四年五月戊子

向者並命有位各舉所知。其有內寬外深。先貞後黷。修飾邊幅。初刻意以取容。汚染脂膏。或中道而改節。既革面之可畏。信知人之亦難。敗政聿彰。從坐斯及。有位之士。在責實以宜然。中庸之材。亦求備而非允。特申明詔。用示至公。今內外官所舉內改節爲非者。並許舉主陳首。免其罪焉。

約束薦官詔 淳化四年閏十月丁亥

爲國之道。不過稱其善人。立身之方。亦在伸於知己。向者並令推薦。思振滯淹。而乃蔑視憲章。公行請託。盤辟雅拜。昔者猶坐於左遷。朋黨比周。今茲不畏於輿頌。宜別置於約束。庶漸致於澄清。自今外官所有論薦。並須列所薦□爵里及履歷殿最件析以聞。不得有隱。

令丞郎給舍舉可守大郡者詔 咸平二年正月甲子

朕思得良吏。惠綏庶民。宜令尚書丞郎給舍各舉陞朝官一人。詳明吏道。可守大郡者。限一月內以名聞。俟更三任。有政績。當議獎其善舉。有贓私罪亦連坐。

令舉大藩及邊郡知州詔 景德元年九月庚寅

牧守之官。歷代爲重。共治之嘆。茲焉不誣。方將惠養黎元。撫寧邊鄙。詢于有位。舉爾所知。勉擇周才。以副虛佇。宜令翰林學士宋白而下七十二人。於京朝官及諸司使已下、閤門祇候已上。舉歷任無贓罪。堪充大藩及邊郡知州各一人。具歷任功過以聞。如任內犯贓及不如舉狀。並連坐之。

令晁迥等舉堪大藩知州二人詔 景德四年九月乙巳

乃眷守臣。寔分朝寄。詢求民瘼。宣布詔條。咸冀得人。俾之受任。宜咨著位。各舉所知。務擇廉能。用副憂恤。其令翰林學士晁迥等各舉常參官堪充大藩知州二人。具歷任功過以聞。如任使後不如舉狀。並當連坐。

轉運發運提刑舉官歷任內犯入己贓同罪詔 大中祥符二年四月癸卯

懋建庶官。勞求多士。俾援能而舉善。期授任以得人。苟爽至公。則虧慎選。爰頒詔旨。用示朝章。且進達賢良。宜膺上賞。稱薦謬濫。亦在深懲。特明黜陟之科。冀盡詳延之意。自今諸路轉運使副、提點刑獄官保舉京朝幕職州縣官使臣。如改官後五年無過。有勞幹事者。其本官及舉主特酬獎。杖已下公罪者。亦別取進止。若歷任內犯入己贓。並同其罪。

令翰林學士以下歲舉官詔（大中祥符三年四月戊午）

朕以六合之大。萬務之繁。思獲時才。共興邦治。欲庶官之咸允。在愼簡以爲宜。顧惟綱條。未甚振舉。廣薦揚之路。則奔兢滋多。絕保任之文。則俊英易失。爰議酌中之制。用成可久之規。冀協僉謀。以防過聽。自今每年終。翰林學士已下舉常參官三班使臣幕職州縣官各一人。明言治行。堪何任使。或自己請委。或衆共推稱。至時令閤門御史臺計會催促。如年終無舉官狀。卽具奏聞。當行責罰。如十二月內差出。亦須舉官後方得入辭。諸司使至內殿崇班、曾任河北東陝西及川廣鈐轄親民者。亦同此例。諸路轉運使副、提點刑獄官、知州軍通判結罪奏舉部內官屬。不限人數。明言在任勞績。如無人可舉。及顯有踰濫者。亦須指述。不得顧避。以次年二月二十五日已前到京。如有違限。委都進奏院具名以聞。當以不申考帳例科罪。三司使副卽結罪舉奏。在京掌事京朝官使臣。仍各令中書置籍。先列被舉人名銜。次列歷任功過。及舉主姓名。薦舉度數。一本留中書。一本常以五月一日進內。次年籍內。仍計向來功過及薦舉度數。使臣卽樞密院置籍。兩省尚書御史臺官凡出使迴。並須採訪所至及經歷鄰近群官治迹能否。如鄰近及經由州縣訪聞群官善惡。亦許同奏。先於閤門投進。後方得入見。或朝廷要人任使、及有不治州縣、難了公事、並於上件籍內選擇過犯數少、舉任及課績數多、並資歷相當者差委。仍於宣勅內盡列舉主姓名。或能一任□集、卽特與遷轉。苟不集事。本犯雖不去官。亦移閑慢僻遠處。內外群臣併舉及三人幹事者。仰中書樞密院具名取旨。當與酬奬。如併舉三人不集事。坐罪不至去官。亦仰奏裁。當行責降。或得失相參。亦與折當。諸路轉運司諸州軍管內有未中倫理及繁難事務、須朝廷選官臨監者。三司審刑院有累經會問舉駁未了錢穀刑獄公事。委同州縣不能結絕須自朝命遣官者、亦於籍內選差。幕職州縣官三任七考以上。使臣在班十年以上歷任無私罪、實有課績無人奏舉者、亦許經所由司自敍。卽令主判官驗問材地可否。選人試刑名時務各三道。使臣願試邊事及刑名時務者。亦聽。如實有可取。卽送中書樞密院。再加考覈取裁。如流內銓三班院、體量得選人使臣。別無殿累。顯有勞績。書判材識。實堪任使者。亦許先送中書樞密院參詳。別與引見。每年各不過十人。不得將勢家子弟充數。近臣除郊祀承天節及委寄差遣舊有恩例外。更不得非次爲親戚陳乞恩澤。

在京常參官舉幕職官充京官者舉見任在外官詔（大中祥符五年六月壬戌）

朕向虞下位。尚有遺材。務廣搜揚。俾從保任。盈庭之士。削牘繼臻。苟或久處外官。未能自達。共形封奏。諒協至公。其有來赴闕庭。方參選調。既經引對。復覽奏章。冀乃陟明。茲爲昧進。況已多於振拔。宜益愼於柬求。自今在京常參官二員、共舉幕職州縣官一員充京官者。聽舉見任在外官。其已赴選者。不在舉限。

令王欽若等薦人詔（大中祥符七年十二月丙辰）

朕稽若前訓。茂建衆官。期式序以彝倫。在協宣於公共。眷惟邇列。爰及淸班。因多閱於材能。宜交薦於廉茂。其令王欽若、陳堯叟、馮拯、趙安仁、洎林特等各於見任京朝幕職州縣官內舉兩人。或博知民政。或更練刑章。可以涖繁劇之司。可以守邊防之寄。悉從條析。期用所長。仍並須自來並無贓私罪、幕職州縣官考限合元勅者。限十日內件析以聞。擢用之後。犯入己贓、私罪犯。及不如舉狀。亦連坐。

令王欽若等舉人詔 大中祥符八年正月庚戌

國家提封至廣。撫俗惟勤。式資成務之才。共康庶績。載念設官之重。特示周詢。惟中外之藎臣。荷朝廷之憂寄。當循公舉。式助精求。足觀品藻之能。用副詳延之意。宜令王欽若、陳堯叟、馮拯、趙安仁及林特等。各於見任供奉官侍禁殿直內舉一人。素謹行藏。兼資武勇。或勵精民政。或練達軍機。勤幹可以剸煩。智能足以馭衆。並加寵擢。分掌事經。所期効用適時。絕滯淹之嘆。無俾貪榮冒進。貽僥倖之譏。所舉並須無贓濫及習識文字。明具所長。堪何任使。限一月內以聞。如擢用後。犯入己贓。悉當同罪。自餘贓私及不如舉狀。亦當連坐。其閤門祗候諸路走馬承受公事者。不在舉限。

令馮拯等舉可充川峽知州通判詔 大中祥符八年十月己丑

漢宣有言。與我共治者。惟良二千石爾。朕言念興化。愼乎擇言。矧夫遠民。宜得循吏。而有司止用資序。分命郡條。或政治之乖方。則吾人而曷訴。是用申詔有位。各揚所知。庶寬宵旰之憂。俾洽惠和之化。苟得人而著稱。必行賞以旌能。勉徇至公。協予精選。宜令馮拯已下。各於見任京朝官內舉無贓濫者一人。充川峽知州軍通判。限十日內以聞。如任用後。犯入己贓、或酷刑枉法生事。並同罪。不如舉狀。亦連坐。其顯有績效。得替日當議陞陟兩任無違闕者。奬其所舉。

宋大詔令集卷第一百六十六

政事十九

舉薦下

不許舉官陳首詔 大中祥符九年三月壬戌

頃者屢詔有位各舉所知庶獲幹材用委事任。而殊乖精擇。莫副詳延。雖失實以當辜。慮徇私之未革。爰敷明諭。庶叶至公。自今文武群臣舉官犯贓。舉主同罪。不至追官及經恩原降者。仰審刑院具情理奏裁。當議量貶官秩。或降差遣。如前所舉官聞有貪濁。亦許陳首。自今必擇廉能。乃形公舉。更不在陳首之限。

令馮拯已下五十八人各舉供奉侍禁殿直一人詔 大中祥符九年十月壬子

朕纂紹丕圖。寅恭庶政。設官分職。細務於求才。責實循名。每期於選衆。雖勵精於采擇。尚軫慮於滯淹。是用博訪藎臣。特頒明詔。俾陳公舉。庶叶僉謀。宜令戸部尚書知陳州馮拯以下五十八人各於供奉官侍禁殿直内舉一人。素守廉勤。兼資公器。或精達民政。或詳練武經。咸以名聞。必當寵擢。勿自營於親黨。勿濫進於權豪。冀獲良材。用裨至治。

令張知白等各舉堪錢穀刑獄任使二人詔 天禧四年九月己酉

王者懋建庶工。允釐百度。若乃裁制國用。式賴於均通。糾虔天刑。蓋資於明慎。言念班朝之士。夙懷應務之能。緊舉善之有方。庶用材而無滯。詢於上列。稱乃所知。必頻使以足觀。俾事經之允濟。勉於推擇。以副詳求。宜令翰林侍讀學士張知白、玉清昭應宮副使林特、三司使李士衡、龍圖閣學士陳堯咨、樞密直學士薛暎、李及、馮元方、張士遜、兵部侍郎馬亮、給事中李應機、王隨、右諫議大夫段煜。於朝官内各舉堪充錢穀刑獄任使二人。

令晁迥等舉文學優長履行清素者各二人詔 天禧四年九月己酉

朕奉若前猷。思皇至治。敦尚儒雅。式合彬彬之風。束求端良。用流藹藹之詠。惟早司於翰墨。固多識於雋髦。其有修詞博古之可稱。絜矩踐方而無玷。俾從類舉。各以名聞。資該治而復溫純。進清修而抑貪競。緊乃薦能之効。副予育材之心。宜令工部尚書晁迥、翰林學士楊億、劉筠、晏殊、龍圖閣直學士呂夷簡、戶部侍郎李維、知制誥李諮、宋綬、張師德於朝官內各舉有文學優長履行清素二人。

令樂黃目等舉堪大藩知州各二人詔 天禧四年九月己酉

長人之職。風化攸先。擇吏之方。循良是屬。矧藩閫之建。政務寔繁。分寄任以非輕。在柬求而斯慎。爰狥于衆。庶獲其才。俾推類以舉知佇量能而授任。爵使政術之士。得以用其所長。符守之臣。咸能與我共治。聿臻嘉靖。良慰憂勤。宜令給事中樂黃目、孫奭、右諫議大夫趙稹、龍圖閣待制李虛己、李行簡、少府監薛顏、太常卿趙湘於朝官內舉堪充大藩郡知州各二人。

令轉運司各舉堪京官知縣二人詔 天禧四年九月己酉

朕每念下位。頗多遺才。屢稽保任之文。式廣搜揚之政。矧出分於按察。固職在於澄清。必能擢奬廉平。振拔淹滯。宜升聞於善狀。用甄陟於榮階。庶令抱器之流。免動沉僚之歎。宜令轉運使。於前任見任幕職州縣內。各舉堪充京官知縣二人。

令侍講舉博通經術者詔 天聖四年九月乙卯

講學之廢久。而執卷者不知經義。非上之教道有失邪。其令侍講學士孫奭、侍講馮元舉京朝官博通經術者三五人以名聞。

舉縣令詔 天聖七年十月二十一日

勑。國家懋建列辟。惠養黎元。眷惟宰邑之官。是曰親民之重。苟任非其選。則人受其殃。而銓序擬除。即以資考。懷異材者。無由越等。循常調者。多至濫居。使愷悌之風。未甚流布。畎畝之俗。或失撫綏。是用更張。俾其率勵。夫列郡牧守之職。外計按察之司。在選委以非輕。期保任之必當。冀獲良宰。以紹前脩。且舉爾所知。安能遺善。循名責實。豈曰乏賢。式資共理之規。免起沉湮之歎。宜令諸路轉運使、副使、知府、知州軍監、朝臣并武臣至崇班已上。於諸處及部內見任判司簿尉中。不以任數、有出身三考已上。無出身四考已上。廉勤幹濟。無贓私罪。堪充縣令者。除轉運使副不拘人數外。其知州軍監各舉一員。仍具同罪保舉。如未有人可舉。亦許審細察訪行止。候有人即聞奏。即不得保舉親屬。其得替常參官不在奏舉之限。候有兩人奏舉。即送銓司。如有縣令員闕。就近移注。如在任別無贓罪。其公罪情理輕、及能區別刑獄。不至枉濫。催理稅賦。不至追擾。仰本州府軍監具詣實理迹聞奏。得替參選日與職事官。再令知縣。如依前無贓罪雖有公罪。情理不至重。及有上件理迹。候得替引見日特與京官。

求敢勇智謀之士詔 康定元年正月乙酉

鄰敵負恩。邊關勤戍。而尚務凶態。未即靈誅。雖申命師徒。致行討撲。寖虞越逸。驚我黎甿。況關隴之要區。有英豪之舊俗。固多奇略。容有滯材。然伏在草茅。罔能聞達。宜示詢求。應陝西州軍、有勇敢智謀之士。或諳山川要害。西賊情僞。及知攻取之方者。詣所在自陳。敦遣赴京師。

誡飭舉薦非其人詔 皇祐五年七月己酉

朕制臨天下思得賢才而共治之故開薦舉之路又於羣臣無有疑間其所薦舉多亦陞擢然比年以來或所薦者材品庸薄下人遠甚乃有文武顯要交章推舉或宿愆醜濫曾非捃註請行湔復或復職任疎遠引援清近不稱重輕迹其本原豈非造次銜鬻者旁依權門無廉恥之行崇結私恩者苟蔑玉爵無公共之志不然何以臻此不知不賢而言之茲曰蔽謬知其不可而言之茲曰欺罔左右官師懷此事上嗟予何賴誠心未孚遂致於法朕甚愧焉其令御史臺察訪中外臣僚奏薦如有所舉非其人者立須彈奏必行之罰宜自近始重茲申警尙體予意其已差保提點刑獄已上差遣者並不得薦舉今申明前詔許臺司每歲首舉行布告中外所冀薦舉不濫進用得人今頒布中外各令遵守

令中外舉選人者務在得人不必滿所限之數詔　治平二年四月辛丑

天下之治在於得人人之賢愚繫乎所舉舉而失當猥濫至多今吏部磨勘選人待次者二百五十餘人二年方克引對留滯之弊乃至於斯且歲限定員本防其濫而舉者不問能否一切取足以聞徒有塞詔之名且非薦賢之體以至奔兢得售而實材者見遺請託得行而恬守者被棄蓋其毁譽之是狥殊非淑慝之能明章交公車充數而已以是濟治其可得乎宜令中外臣僚合舉選人者務在得人不必滿所限之數所貴材品辨別仕路澄清惟爾輔臣當體朕意

約束二府舉所知詔　治平四年十一月丙戌

故事二府進入各舉所知者三人蓋欲觀大臣之能也比年以來請謁干譽之說勝而薦者或不以公既任職之後多以虛名相尙而實効蔑然甚非大臣事君以人之道自今二府舉官宜各言其才業所長堪任何事以副朕爲官擇人之意

令州郡各上縣令治狀詔　治平四年十一月丁亥

考課之法所以練群臣而覈名實也今諸路監司與郡守之政既已科別其條具爲令矣至於縣令之職與民尤近而未嘗立法恐非所以愛養元元之道宜令天下州郡各上所轄縣令治狀優劣令考課院具條約詳定以聞

令內外舉所知詔　治平四年十一月乙未

孔子曰修廢官舉逸民則四方之政行焉朕以天之靈獲守大器永惟興治之本必待賢人而後成方今中外群材輻湊並進不爲不多矣尙慮藏器抱道之士沉於下僚鬱而未伸宜令內外兩府兩制文臣三司副使武臣正任以上臺諫官諸路監司於京朝官使臣幕職州縣官內各舉所知二人見任兩府三人或恥於自媒久淹下位或偶因微累遂廢周行者咸以名聞以佐吾顯仄陋振滯淹之意仍各明言其行能治狀朕當量才而用之其懷姦養譽闒於事情及權要族屬無得輒舉以昭至公之道焉

令翰林承旨以下舉文官有才行人詔　治平四年十□月丁丑

仲尼有言。舉爾所知。爾所不知。人其舍諸。蓋言各舉其所知。則賢才進矣。且以二帝之隆。有僉舉之議。三代之際。有貢賢之賞。朕端居九重。獨制四海。思得賢俊之士與之興起治具。然非左右侍從之臣以推賢進善爲己任。則天下之才何由而知哉。宜令翰林承旨至知雜御史各舉文官有才行。歷一任通判以上。堪充刑獄錢穀繁難任使一人。當令別對。毋得舉已帶職及兩府、或已親戚。

令待制太中大夫以上舉堪監司二人詔 元祐元年二月丁卯

朕紹承聖緒。總覽庶政。永惟四方萬里之遠。其能使吏稱其職而民蒙其澤者。以監司得其人故也。然非左右侍從之臣各舉所知。則安能盡得天下之英才而用之哉。孔子曰。如有所譽者。其有所試矣。朕將考核能否而進退誅賞焉。應內外待制、太中大夫以上。限詔到一月。各舉曾歷一任知州已上。聰明公正。所至有名。堪充監司者二人。委中書籍記。遇轉運使副、提點刑獄有闕選差。若到官之後。才識昏愚。職業墮廢。薦才按罪。喜怒任情。卽各依本罪大小并舉者加懲責。

令執政舉文學政事行誼之臣可充館閣之選三人詔 元祐元年四月辛丑

朕惟古之君子能長育人材。則天下喜樂之矣。詩曰。旣見君子。樂且有儀。今有蘭臺芸閣。皆圖書秘記之所藏。而校讎論譔。位序多闕。永惟祖宗樂育賢雋。嘗詔二府薦士。置之秘府。養其德器。以待試用。朕甚慕焉。執政大臣。吾之所甚重也。宜各舉文學政事行誼之臣可以充館閣之選者三人。亟以名聞。朕將考觀其材器而甄升之。

帥臣監司薦人中書記錄姓名詔 崇寧元年閏六月甲子

立太平之基本於樂得賢。圖天下之治繇乎能任官。故我神考勵精庶政。日新盛德。每□□賢任能爲急務。常詔諸路帥臣監司。列薦美材。共熙庶績。欽哉嗣服。詒謀敢忘。宜詔諸路。限一月。於本路知州或通判及改官知縣人內。薦舉善最有聞、治狀異等、能惠養烝庶、勸課農桑者。帥臣許薦一人。監司共薦一人。並中書省記錄姓名。遇有差除參考擢用。如所舉得人。當議別加旌賞。若非其人。亦重行黜責。其因薦舉擢用之人。仍於厤子前批所舉官名銜。惟其慎舉。庶有成績。以助朕紹隆烈考之意。

待制以上侍從官各舉蒞事明敏官各二人詔 崇寧四年五月十七日

賢者在位。能者在職。則百廢具舉。舉能其官。黜陟公當。則庶績咸熙。故搜擇賢材。爲治世急務。可令待制以上侍從官各舉蒞事敏明、操修平允、公私兼濟、利澤生民者官各二人。具行實事狀聞奏。仍令中書省注籍。每季一次考校。被舉員多者。開具職位姓名、及合入資序取旨。

從官限一月薦人材御筆手詔 大觀三年二月二十日

達觀其所舉。則非特舉其所知而已。蓋亦觀其所舉之忠邪。以考近臣之賢否。比嘗降詔。令從官各薦人材。逮今未聞薦上。可申命之限一月聞奏。俟到。仰三省具名取旨。

尚書侍郎待制以上各舉所知二人御筆手詔大觀二年十二月三十日

一官闕。一事廢。今取士之路廣。而士沉下僚。官曠不補。殆士之進者寡歟。可令尚書侍郎待制以上各舉所知二人。苟懷私阿徇。舉非其人。必罰無赦。仍限一月具名聞奏。

宋大詔令集卷第一百七十八

政事三十一

休假

六月六日賜休假詔 大中祥符二年六月己丑

去歲將封岱岳。荐降元符。當展禮之有期。荷儲祥於是日。况薰風溥暢。朱夏淸和。宜推休朝之恩。用慶厖鴻之貺。在京百司及諸路。並賜休假一日。自今六月六日准此。

冬至恭謝禮畢別給假三日詔 大中祥符五年閏十月己丑

一陽肇新。蓋惟令節。百司休務。著在舊章。屬陳薦獻之儀。用答眞靈之貺。眷齊明之匪懈。致歸沐之未遑。宜示鴻私。別頒假令。將來恭謝禮畢。別給假三日。

俸賜

復置俸戶詔 乾德四年七月丁亥

州縣之職。民政是親。自來所請料錢。多是折以他物。既將貨易。未免擾人。豈惟傷廉。抑亦犯禁。且民爲邦本。祿以代耕。俸給苟或不充。官吏何以知勸。應天下令錄簿尉判司等。宜准漢乾祐三年勑。復於中等無色役人戶內置俸戶。據本處所請料錢。折支物色。每一貫文給與兩戶貨賣。逐戶每月輸錢五百文。除二稅外。與免餘役。其所支物色。每歲委官隨蠶鹽一併給付。如州縣闕正員。差人承攝者准此。

幕職官置俸戶詔 開寶四年十一月

吏不廉則政治削。祿不充則飢寒迫。所以漁奪小利。蠹耗下民。繇茲而作矣。既責其淸節。宜示以優恩。自今諸道州幕職官。並依州縣官例置俸戶。

劍南幕職官增俸詔 太平興國二年四月壬寅

劍南諸州幕職官。聿捐本土。從官異鄉。皆祇畏於簡書。宜稍增於廩祿。於常俸外月更給錢五千。仍許令依州縣官例。分舊俸之半於鄉里。給其父母妻子。

刑寺官俸增見錢詔 太平興國七年八月乙亥

金科玉條。所掌尤重。非稍優其常俸。何以勸其盡心。自今刑部大理寺官。自少卿郎中以上。月俸支二分見錢。員外郎已下全支實俸。

廣南西川漳泉福建州縣之官給券宿郵置詔 雍熙四年八月甲辰

應除授廣南西川漳泉福建州縣官等。訪聞久居選調。多是貧虛。涉此長涂。將何以濟。自今並另給券宿於郵置。

內外文武官俸以實價給詔 雍熙四年十一月庚辰

王者設班爵以馭貴。差祿秩以養賢。所宜各懋厥官。共成庶務。顧其稍食。宜在優豐。應內外文武臣僚等折支俸錢。舊以八分爲十分支給。自今並以實價給之。

幕職州縣官俸半給緡錢詔 端拱元年六月甲申

王者設官分職。求材任能。必若責其廉隅。所宜豐其廩祿。今州縣之吏。最爲親民。俸祿至微。甚無謂也。先是除西川廣南外。諸道州府幕職州縣官俸錢。三分中二分給以他物。自今以緡錢給其半。餘以他物充。

致仕官給半俸詔 淳化元年五月甲午

辭榮知止。仕進之難能。尙德優賢。邦家之達道。周有安車之賜。漢推束帛之恩。用厚貞退之風。聿爲經久之制。因念乞骸告老。納祿歸田。賢哉之嘆則深。弋者之慕何及。罷茲廩給。長往邱園。苟奉養之闕如。必邁軸而爲慮。二月賜告。曾何足言。十世宥能。于是乎在。矧皆耆舊。早歷官常。宜給俸緡。以隆朝奬。應曾任文武職事官恩許致仕者。並給半俸。以他物充。於所在州縣支給。

增幕職州縣官俸見緡詔 淳化四年十一月甲子

今幕府州縣之職。官字民爲政。俸祿尙薄。責任尤重。宜稍優異。以旌勸之。應京東西河東陝西等四處幕職州縣官所受俸。先是給一分緡錢。其二分給他物。自今以緡錢給其半。半以他物充。

東京赤畿知縣俸給詔 景德三年五月丙辰

東京赤畿知縣。已令擇人。務在精審。其於俸給。宜示優豐。自今兩赤縣、月支見錢二十五千。米麥共七斛。畿縣戶及七千以上。朝官錢二十二千。米麥六斛。京官錢二十千。米麥五斛。戶五千已上。朝官二十千。米麥五斛。京官錢十八千。米麥四斛。戶三千已上。朝官錢十八千。米麥四斛。京官錢十五千米麥五斛。戶三千已下。止命京官錢十二千。米麥三斛。春冬並給本官衣。

文武官折支並給見錢六分詔 景德四年九月壬申

並建庶官。以釐衆務。宜稍豐於廩給。使各礪於廉隅。自今掌事文武官使臣。各請折支並給見錢六分。外任給四分。其外任願請折支外物者亦聽。

定百官俸詔 大中祥符五年十一月甲寅

上眞降格。景貺來同。仰膺顧諟之祥。誕布厖鴻之澤。眷惟多士。共贊昌朝。念盡瘁以在公。宜推恩於賦祿。今定加文武職官月俸。三師、三公百二十貫。東宮三師、左右僕射九十貫。東宮三少、御史大夫、尚書、左右常侍六十貫。兩省侍郎、太常卿、御史中丞、左右丞、侍郎五十五貫。太子賓客、給事中、中書舍人、祕書監、光祿衞尉太僕大理鴻臚司農太府卿、國子監祭酒、殿中監、少府將作監、太子詹事、司天監四十五貫。諫議大夫四十貫。少卿、監、國子司業、左右諭德、諸行郎中三十五貫。太子少詹事二十九貫。起居郎、舍人、侍御史、殿中侍御史、左右司諫、諸行員外郎、四赤縣令三十貫。正言、監察、太常博士、通事舍人、國子五經博士、太常宗正祕書殿中丞、著作郎、大理正二十貫。率更令、六尚奉御、太子中允、贊善、中允、洗馬十八貫。司天監五官正十三貫。祕書郎、著作佐郎十七貫。大理寺丞十四貫。諸寺監丞十四貫。大理評事、奉禮太祝八貫。諸衞上將軍六十貫。金吾大將軍三十五貫。諸衞大將軍二十貫。率副率中郎將十三貫。內客省使三十七貫。宣慶引進宣政四方館昭宣閤門使、二十七貫。皇城已下諸司使二十五貫。副使二十貫。內殿承制一十七貫。內殿崇班十四貫。供奉官十貫。侍禁七貫。殿直五貫。奉職借職四貫。兼閤門祇候供奉官、殿直增二貫。侍禁三貫。

令文武群臣料錢依舊支見錢詔 大中祥符八年十二月戊寅

昨以群臣列位。封奏再三。願以帑府之幣餘。盡充官吏之月入。勉從輿論。誠匪素懷。特示推恩。並仍舊貫。其文武群臣料錢。宜令三司。自來年正月一日。依舊並支見錢。

誡約職田遵守元制詔 大中祥符九年七月丙寅

職田彝制。品秩定規。蓋優待於庶官。且旁益於稍食。夫厚祿食者。蓋欲聳其廉節。務稼穡者。亦在利于貧民。佇介潔之治聞。必甄揚而明陟。而州縣之職。慈愛靡聞。罔恤人勞。且違田制。關汙之始。奪農力以□求。斂熟之時。峻公□而奄取。無水旱蠲除之惠。無鄉原賑濟之恩。有一于茲。動興訟訴。沮傷和氣。深敗素風。各宜革心。用叶求治。自今天下群官職田。並須遵守元制。無擾客戶。遇災沴且蠲省之。

罷職田詔 天聖七年八月丁亥

洪惟先聖。勤恤庶工。謂廩給之稍豐。則潔廉之易守。爰稽故實。並賜公田。歲月寖深。侵牟滋長。間從起獄。反以害人。重念釐務之臣。固多秉節之士。苟例停於租入。將曷勸於官勤。斂而均之。孰曰不從。其罷天下職田。悉以歲入租課送官。具數上三司。以所在時估定價例而均給之。仍委三司別行約吏以聞。

復職田詔 天聖九年二月癸巳

天下吏給職田。所以惠養廉節也。而貪汚之人。並緣爲姦。侵漁細民。滋以爲害。比詔有司。皆從停罷。如聞勤事之吏。祿薄不足以自養。朕甚愍焉。□□職田、即無得多占佃戶及無田而配出租。違者以枉法論。

致仕官給俸詔 景祐三年六月十九日

國家言念近班。良多耆齒。既從致政。或致食貧。蓋限彝章。惟頒半俸。況知止之所尙。卹老以攸宜。出自朕懷。俾增優給。支因時序。以特示恩霑。誕告簪紳。用旌年德。宜令三司、並依分司例支與請受。每遇各年寒食賜與節料羊二口米一石麪一石酒二缾。仰長吏歲時存問。今後並依此例。

不得裁減百官俸賜詔 寶元二年六月壬戌

朕猥奉鴻業。深惟永圖。恭己愛人。勵精求理。欲素樸行於天下。風化始於朝廷。專命近臣。議去浮費。爰自乘輿之所御。以至宮掖之所須。盡屛紛華。一敦簡儉。若夫設官置吏。分總事聯。經武制軍。參處營衞。惟其廩稍之給。具載等差之常。務存定規。無或過議。其文武百官各班行等俸賜。宜令詳定所不得輒行裁減。

定職田詔 慶曆三年十一月壬辰

昔者先帝詔復公田。合王制班祿之差。得聖人養賢之義。載原深旨。本自愛民。比者搢紳之間。屢陳利害之意。以謂郡縣受地。無有不齊。銓審補闕。權吏爲幸。辨競以之傷俗。因沿至于害人。故嘗命有司。斷以定數。誠足釐於浮弊。然未安於予懷。禮不云乎。厚祿以勸群臣。則下之報禮重。凡厥文武仕於朝廷。雖廉素者爲士之常行。而富貴者是人之所欲。其全寬大之體。自有公平之制。所宜給其所未給。均其所未均。約爲等差。槩令周足。使事父母者得以致其養。蓄妻子者得以致其樂。冠婚喪祭有所奉。慶恤饋問有所資。不牽私室之憂。不專公家之慮。則六計可以弊群吏之治。四方可以期衆職之修。儻自犯於有司。亦何逃於彝憲。上廣先朝之惠。示不敢渝。下俾群臣之言。審茲自定。惟爾中外。體予所存。應天下職田。大藩府長吏二十頃。通判八頃。判官五頃。餘並四頃。節鎭十五頃。通判七頃。判官四頃。餘並三頃五十畝。防團使已下州軍十頃。通判六頃。小軍監七頃。判官三頃五十畝。餘並三頃。縣令萬戶已上六頃。五千戶已上五頃。不滿五千戶並四頃。簿尉萬戶以上各三頃。五千戶各二頃五十畝。不滿五千戶並二頃。發運轉運使及武臣總管比節鎭長吏。鈐轄比防團州長吏。路分都監比節鎭通判。都監比藩府判官。監押比節鎭判官。監當不得過本處職官之數。在縣鎭監當不得過簿尉之數。錄事參軍比本判官。判司比倚郭簿尉。宜令三司具所定職田。並於慶曆四年爲始。內無職田處。及有職田而頃畝少處。幷元摽得山石積潦之地不可耕種者。限三年內檢括官荒地。幷絕戶田、及五年已上逃田添換其數。若係官莊田見有人戶出租者。不得一例支撥。如逐處職田。比今來所定頃畝不足。卽據見在頃畝及子利、重與上下衆官等第均分。如地內有桑棗果蔬之利者。卽以所收利約度折充職田。其田許自差公人勾當并招置客戶。每頃不得過三戶。卽不得全令州縣差人及招客戶。或遇災傷。並依例檢覆減放。以上違者官員以違制論。如恐減下職田子利。不肯接災傷詞狀者。亦以違制論。其所收子利並納官。如將職田隱庇卻合入差徭、及抑配虛作佃戶令出課者。並以受所監臨財物論。仍專令逐路提點刑獄司覺察。若犯者情重而失於覺察。亦當以罪坐之。

巡檢縣尉俸給見錢詔 慶曆四年三月壬申

國家設巡檢縣尉。所以佐郡邑制姦盜也。朕每念其勤勞。而俸入未優。何以責其盡力乎。自今巡檢縣尉月俸。並特給見錢。更不折支。

官吏請給詔 崇寧五年八月十一日

朕閱神宗實錄。見司馬光論節費自貴始。宜聽兩府辭郊賞事。恭聞神考卽賜詔曰。惟昔先王之制國用。視民時數之多寡。方今生齒既繁。賦入又爲不少。理財之義。殆有可思。此之不圖。姑務自損。祇傷國體。未協朕心。故在熙寧中增判司簿尉俸料。在元豐中自尚書侍郎至胥徒府吏與庶人之在官者。咸制祿增俸。唯武選未成。故未遑暇。近者大臣辭俸。冀以率下。繼殞朕旨裁及百官。我國家富有四海。多士以寧。位有高卑。祿有差等。高爵重祿。朕當與衆共之。使其足以仰事俯畜。然後可以養廉責功。至若兼職者不得過三。寄資者與其眞俸。蓋嗣承先帝之未暇。不爲過也。其可已乎。以太平乂安之中國。祖宗積累之宏休。嘉與黎獻。共樂斯時。而襲蹈衰世。悉務裁損。豈先帝之志哉。應官吏請給。並依崇寧四年十二月以前指揮。所有近降指揮。可更不施行。

御批趙挺之等辭請給詔 崇寧五年八月十九日

先王制祿。各有等差。或許卒辭。人所覬倣。理財以義。方此講修。增以養賢。所費無幾。所給既免裁損。宰執豈可獨遺。往祇朕恩。勿復有請。可依已降指揮。

宗室俸錢御筆 大觀元年八月二十日

皇家宗族。屬有遠近。禮有隆殺。親親之恩。義所當厚。熙寧變法。皆循中制。而元祐紛更。務從裁削。失敦宗之道。比詔攸司。條具來上。披閱累日。減損過薄。爲之惻然。可依下項數內右劄付戶部

一熙寧法、祖免非祖免親出官者。雖在外、俸錢依在京分數。元豐法、祖免親授班行者錢。建中靖國依外官分數給。宗室既不補南班。俸祿至薄。今又不以見錢支給。而限以外官分數。頗聞貧窘不足。可依熙寧、元豐。應祖免在京并敦宗兩院。並支見錢。任外官依在京分數。

一熙寧法、宗室正刺史以上。每年公使錢絹各支一半。後以漬汚紬折。以故宗室折用不足。可依熙寧法、唯以絹折。仍三分以一分折絹。

允戶部尚書詳定一司勅令左膚乞立學士至直閣以上貼職錢御筆 大觀二年五月十三日

設官分職。稱事制祿。輔弼侍從之官。禮當優異。而有職無祿。非祿以□□馭貴之意。可依所奏。

貼職錢 不以內外並給

觀文殿大學士

一百貫

觀文殿學士資政殿大學士

八十貫

資政殿學士端明殿學士

五十貫 內前執政加二十貫

龍圖天章寶文顯謨徽猷閣學士樞密直學士

四十貫

龍圖天章寶文顯謨閣直學士

三十貫

龍圖天章寶文顯謨閣待制

二十貫

集賢殿修撰

一十五貫

直龍圖閣秘閣

一十貫

公使錢 外任給內曾任執政官已上不限內外並給

觀文殿大學士

曾任宰相錢一千五百貫

觀文殿學士　資政殿大學士　資政殿學士　端明殿學士
曾任宰相執政官一千貫餘七百貫
龍圖天章寶文顯謨徽猷閣學士直學士
待制樞密直學士及太中大夫已上
五百貫
已上兼安撫經略使或馬步軍都總管兵馬都鈐轄各加錢一百貫

宋大詔令集卷第一百七十九

政事三十二

營繕上

建平晉寺詔 太平興國四年五月丁酉

幷門底定。鑾輅凱旋。宜崇衆善之因。以紀一戎之業。其行在所創爲佛寺。仍賜號平晉寺。御製平晉記。建於寺內。

權罷京城諸處土工詔 淳化二年十一月

地氣方閉。不可起衆興作。以發天地之房。致生人之疾疫。應京城諸處方役土工。並宜權罷。以奉順時令焉。

太極殿門詔 景德四年二月戊午

國家憲度動則於典經。殿闥矩模遠視於神象。緬惟烈祖。常幸舊都。繕宮闕以未周。正名稱而靡暇。適因巡省。歷覽禁庭。懸示于人。題號非便。宜從改作。用叶彝章。西京大內明堂殿前三門改爲太極殿門。

令沿路造亭舍休憇將士詔 景德四年八月甲辰

曹利用總領銳徒。討除妖孽。眷惟炎瘴之地。且有暴露之虞。其令沿路諸州創造亭舍。俾之休憇。

改左承天祥符門詔 大中祥符元年□月戊辰

星馭告期。乾符表異。爰當清旭。降自禁扉。宜因瑞檢之文。式著穹題之號。誕膺純錫。永紀殊休。左承天門可改爲左承天祥符門。

建昭應宮詔 大中祥符元年四月丙午

昨者蒼昊顧懷。紫清敷祐。告先期於乙夜。垂眞諜於上春。允謂元符。是彰純錫。朕慶深拜洛。志在奉天。順考前文。發揮靈瑞。爰遵輿誦。將陟上封。載神檢以啓行。緘信辭而昭報。洪惟景貺。益務欽承。是用俯邇嚴城。肇營祕宇。奉金縢於恭館。永閟貢文。望靈曜於竹宮。將期肅拜。方僝工於伊始。奐不日之克成。况朕自臨萬邦。僅逾一紀。率遵卑儉。屢省艱難。未嘗從飾囿游。輒興土木。今仰酬鴻應。特敞殊庭。祈純嘏以被含生。罄至誠而申昭事。式新宏制以永丕承。宜於京城擇地依道教建宮以昭應爲名。

建靈液亭詔 大中祥符元年六月庚寅

朕將崇昭報。虔舉上封。惟喬嶽之効靈。涌甘泉而薦瑞。是宜覆之華構。立以嘉名。彰不測之神功。表無疆之善利。泰山所建醴泉亭宜以靈液爲額。

天下有名在地志功及生民宮觀陵廟並加崇飾詔 大中祥符元年十二月癸卯

朕以列聖儲休。千歲接統。登封降禪。旣精享於二儀。崇德報功。亦望秩於群祀。然率濱之內。邃古以來。惟神道之聰明。曁人倫之賢哲。期臻福祐。用罄欽崇。應天下有名在地志功及生民宮觀陵廟並加崇飾。

命丁謂等爲修昭應宮使等詔 大中祥符二年四月己亥

昊穹眷命。符瑞聿臻。度構眞庭。奉藏寶檢。用祈福佑。以庇蒸黔。揆日惟良。僝功伊始。疇咨近侍。特建使名。俾督繕修。副茲欽翼。宜以三司使給事中丁謂爲修昭應宮使。翰林學士工部郎中知制誥李宗諤爲同修宮使。長州防禦使劉承珪爲修宮副使。供備庫使監繼宗爲修宮都監。仍令擇日赴□遣使賜宴焉。

加號玉淸昭應宮詔 大中祥符三年七月辛未

上穹降鑒。元命錫符。特就神京。創茲祕宇。度宏觀於大壯。協吉日於中星。侔太紫之圓方。介蒸黎於仁壽。爰從經始。已建名構。蓋所以述洪貺之孔昭。彰至神之善應。表其仙館。以答丕休。恭惟黃素之文。降自玉虛之境。眷茲題牓。未極欽崇。載考靈篇。虔增美號。其昭應宮宜以玉淸昭應爲名。

令州府軍監關縣無宮觀處建天慶觀詔 大中祥符二年十月甲午

朕欽崇至道。誕受元符。庶惇淸淨之風。永洽淳熙之化。式崇仙館。以介民禧。宜令諸路州府軍監關縣。有全無宮觀處。擇官隙地建道觀一區。並以天慶爲額。民有願捨地備材創蓋者。亦聽。

名迎眞橋詔 大中祥符六年六月辛未

昨者祗若元符。欽迎眞像。靈期允協。茂典慶成。乃眷飛梁。實登寶座。宜更美稱。用表純熙。昇平橋宜以迎眞橋爲名。

賜元符觀名詔 大中祥符七年十二月庚申

上昊敷佑。秘牒垂文。惟宏構之肇新。表殊祥之所集。每臨慶節。必啓靈場。雖欽奉以彌勤。顧深嚴而未稱。特崇眞宇。載邇彤闈。式效精虔。永昭丕貺。左承天祥符門內新建觀宜以元符爲名。

改殿名門名詔 大中祥符八年六月甲子

朕嚮明聽政。垂拱會朝。爰新大壯之規。永契斯干之詠。侔方圓於太紫。層構既崇。順啓閉於陰陽。嚴扃備設。將題華牓。宜易嘉名。其改名乾元門曰正陽。乾元殿曰天安。日華月華門曰左右太和。天光門曰大寧。含光殿曰會慶。

令採木石處建道場設醮詔 大中祥符九年九月己巳

虞衡所職。斬伐以時。屬眞館之並興。顧地材而畢取。落成伊始。美報爰申。俾展精修。用符昭報。宜令京東西陝西淮南江南兩浙荆湖路。應曾經采木石處。遣長吏及佐官建道場。內興工大處七日。小處五日。仍設清醮。以申報謝。

建祥源觀詔 天禧二年閏四月甲寅

昊穹降鑒。祥應合符。眷彼甘泉。發于靈壤。蕩邪表異。利物無窮。洪惟至神。道此殊貺。肇新宏構。式報丕休。致茲蠲潔之誠。永介蒼黔之祉。宜令東染院使、鄧守恩。就拱聖營涌泉之地建觀。以祥源爲名。

賜中書門下不得創起土木修造詔 天聖七年閏二月戊申

朕撫臨方夏。惠保蒸黔。期敦清淨之風。以洽綏和之治。向以肇興梵刹。特建眞宮。蓋追福於先朝。且延禧於浹寓。茲惟重事。無憚庀工。載思爲國之規。當務惜民之力。在於營繕。頗致煩勞。固匪常經。所宜寢罷。至若師兵之所處。儲偫之所充。凡有修完。卽從辦給。庶免成於浮費。用克叶於阜財。昨於在京修蓋慈孝寺。資薦眞宗皇帝。及建太一宮。爲民祈福。今來並已了當。今後京城之內。除添修已成宮觀寺院舍產外。更不得創起土木修造。其三司合檢計、應倉庫軍營官屋損壞之處。卽不住修葺。咨爾宰府。體予至懷。申告攸司。奉若成憲。

不修玉清昭應宮詔 天聖七年七月己巳

近以列眞之庭。天災示變。惕然顧省。咎寔在予。豈敢勤民。重興力役。玉清昭應宮更不修復。其以所存長生崇壽殿爲萬壽觀。

兩宮金銀器易錢修大內詔 明道元年九月丙申

皇太后頃在先朝。位隆內壼。而供奉之物。積在禁中。近以掖庭不虞。延燎所及。今茲營葺。大事庀功。而朕親奉誨言。惕思儆戒。盡屏浮華之玩。少俾調用之資。皇太后與朕閤中金銀器物。量留供須外。盡付左藏庫易緡錢二十萬。以助修大內。

置睦親宅詔 景祐二年九月己酉

勅。朕丕承天序。厚撫親枝。荷廟祧錫羡之祥。致藩戚廣滋之慶。並開邸第。散處都城。念撫集之或暌。亦室居之多隘。俾遷爽塏。載易規模。示列次之有倫。庶在宗之胥樂。宜以舊玉清昭應宮地。修蓋潞王等宮院。仍賜名睦親宅。咨爾近弼。申諭攸司。督乃程工。副于綏族。

置朝集院詔 景祐二年十月辛亥

國家分命群官。外釐庶務。每代還於京輦。或寓止於客坊。雜處喧囂。頗羅瀆慢。稽信書於往載。有朝邸之舊規。念夙宵匪懈之勞。成表著民儀之美。特新公舍。用肅攸居。宜於京城置朝集院一所。

建顯烈觀御筆 大觀元年九月十日

藝祖皇帝啓運創業。應天順人。踐祚之初。寔自陳橋。方策具載。粲然可考。其地今爲傳舍。往來蹈履。非所以稱朕顯揚祖烈之意。可以其地建立道觀。賜以名額。仍賜顯烈觀爲額。所有驛舍仍移於側近係官地。先次拆移修建。疾速施行。

賜諸路州學經閣名 大觀二年九月十九日

比聞諸路州學有閣藏書。皆以經史爲名。方今崇八行以迪多士。尊六經而黜百家。史何足言。應已置閣處。可賜名稽古。

在京罷修天寧萬壽寺批何執中劄子御筆 大觀三年十二月九日

象教之設。誘進愚鈍。薦嚴往生。若謂營構梵宮。懇禱壽祺。則未諭也。前旨本緣撙節浮費。省惜土木工料。仍舊名額。非爲廢寺。歸美報上。嘉乃忠誠。擇地建修。理難反汗。所請宜不允。遵依已降指揮施行。

臨平置塔御筆手詔 政和二年五月二十三日

臨平置塔。初因錢氏相名寺。起於治平。匪緣近年創有增建。蔡京忠貫金石。志安社稷。八年輔政。一德不渝。群邪醜正。意在中傷。肆爲無根之談。冀陷不測之禍。比從閎寔。灼見厚誣。惟大臣立朝。誼當自信。而哲王圖任。可畏巧言。顧予心之亶孚。豈衆訾之足慮。特加開諭。毋或介懷。

改建神霄玉清萬壽之宮御筆 政和七年二月十三日

天下天寧萬壽觀。改作神霄玉清萬壽之宮爲名。如小州軍監無道觀。以僧寺改建。如有道觀處。止更名。仍於殿上設長生大君青華帝君聖像。

應修造不急可緩者權住御筆 政和七年六月初四日

國家承五季之弊。宮室因仍。百五十年。上漏旁穿。理當營構。軍營倉庫。宮邸第宅。應繕完建造非一。材木人工之費。般輦營建之勞。軍工多有不足。遂調差人夫。比聞甚困民力。有司失職。又往往不給價直。中夜以思。重加惻然。民邦之本。豈可重困。可令尚書省并諸局相度。應修造不急可緩者。權住修造。所用人物亦權住計置。材木物料合行般買。不得虧價。及不得輒差或雇人夫。自今並劄刷廂軍役使。違者仰廉訪使者及御史臺覺察以聞。其緣修造輒科買抑配者。人吏配廣南遠惡。官員並除名勒停。

委諸路提刑廉訪使因巡案所至點檢新宮御筆手詔 政和八年二月二十日

莫妙於道。莫神於天。惟天與道。覆冒萬物。上帝以道御天。監觀四方。惟德是輔。朕嗣守大位。嚴恭寅畏。上帝博臨。高眞屢降。祥應沓至。萬邦咸寧。深惟修報之誠。無得而稱。迺詔天下作神霄玉淸萬壽觀。寅奉上帝帝君大君之祀。以嚴報稱。與天下祈福。顧營繕之工。懼勞民力。則改用僧舍。或不創置。將期年于茲矣。士大夫所宜奉令承教。協心享上。以助崇極之報。而三數州外玩弛弗虔。曾不肅給明宮齊廬。或取設貌像。或僅容數士。敝陋不蠲弗稱靈明羽流伸訴。輒被刑戮。豈所望哉。意者溺流俗之邪見。徇時人之好惡。而爲此耶。否則非聖慢令。罪在不赦。其令諸路提點刑獄廉訪使者。巡按所至。躬詣新宮。瞻視貌像。考驗殿室。凡宮所須。究其避就。觀其廢舉。察其設施。各具奏聞。將有攷焉。手札詔示。宜體朕懷。

宋大詔令集卷第一百八十

政事三十三

營繕下

玉清昭應宮成德音 大中祥符七年十一月乙酉

王者膺昊穹之寶命。握河洛之珍圖。必有嚴奉之誠。仰荅延鴻之祉。顧惟菲德。祇紹元基。勵翼爲心。早臻於大定。高明降鑒。荐賜於祕符。示惟清惟淨之言。啓卜世卜年之兆。雖蒼崖報本。已躬展於縟儀。而翠檢騰文。宜永緘於福地。介厖恩於衆庶。昭景祚於億年。思致精衷。式圖不朽。是用擇神臯之爽塏。法紫宙之宏規。占星以揆其徒庸。置臬以咨乎面勢。瓌材山積。克豐構廈之資。哲匠雲臻。曲盡成風之妙。命信臣而總領。緊衆志之悅隨。內則畚築塈塗。竭乃僝鳩之力。外則楩柟赭堊。罄茲供億之勤。効規畫以殫精。歷炎涼而未久。蔚爲壯觀。陋百堵之經營。崛起重欄。廣九筵之迫隘。閟靈篇於綺閣。儼睟像於琳房。允符勿亟之文。遽覩惟新之制。事無愆素。功亦先期。落以斯干。嘉庶工之盡瘁。布茲渙汗。慶丕績之有成。宜均煦育之仁。用洽純熙之貺。應三京諸州限德音到日。繫囚死罪。十惡官典犯正入己贓。應不赦外。雜犯死罪非巨蠹者奏裁。徒流第降一等。杖已下釋之。玉清昭應宮使已下並與加恩。玉清昭應宮會靈觀部役軍校伎術官道錄兵近仰王承勛等具名報修宮使覆案聞奏。各與酬奬。工役將士有願經冬不歸憩者。勘驗分等第以聞。諸州差雇季替工匠。委官勘會聞奏。蠲復徭役七次以上者免三年。五次以上者二年。二次已上一年。客戶第賜緡錢。諸州部送修宮財木什物牙吏。委所差長吏勘驗。重難者遷一資。餘優與差遣。採取玉像般輦將士。並賜緡錢。萊州掖縣采玉石處免夏稅什之三。他縣什之二。其經由縣分兩次者免夏稅什之二。諸州雇到塑畫匠的有藝者。修宮使定名以聞。當與甄錄。不願者聽從便。自京至梓秦州般采色遞鋪兵士。並與支賜。兩浙荆湖採斫材木、州縣官吏及制置發運司差殿侍軍大將管押修宮材植物料等人。仰李溥具名件析。當與酬奬。軍校領役者賜緡錢。鄭州賈谷山采石、秦州采木軍士。並委逐州勘驗名聞。諸州差人部送材木等物、如有逋欠。非作弊侵欺者並除之。於戲。集靈胥宇。旣福被於黎民。麗澤申恩。復惠綏於接壤。益務旰朝之治。更延敷錫之祥。咨爾萬方。體予精意。

景靈宮會靈太極觀成赦天下制 大中祥符九年五月丙辰

門下。朕祇奉璿圖。茂膺寔貺。而景輿臨蹔。諄誨述宣。百世延祥。獲於累盛。萬靈幽贊。顯於曲成。由是仰戴詒謀。內勤至孝。勵醇精於夙夜。報丕佑於開先載。惟峻極之奠方。寔佐圜清之默定。並用指都城而求吉壤。法環極以建殊庭。以至感電之區。爰啓明霞之館。乃緬□□□□□所以欽奉遙源。馨遙追之志。惠綏綿寓。祈浹洽之祥。海縣同寅。官師協力。珍材中度。表地寶之應時。哲匠效勤。見人心之順美。役皆亟就。事罔後期。靈龜告猷。屬當於吉序。飛翬考室。咸慶於僝功。式頒渙汗之恩。用廣疇勞之意。而況長嬴布令。炎燠屆辰。體盛德於好生。敷至仁於在宥。應三京諸路繫囚。除十惡至死、劫殺、謀殺、故殺、並爲已殺人。官典犯枉法贓不赦外。其餘死罪降流。流已下並放。景靈宮使已下及江淮制置發運使、京東轉運使、兗州官吏、應副修宮觀至成者。並與加恩。翰林待詔、藝學、工役、將士、諸司應奉修撰造專典、軍校、兵匠。委所由司錄名以聞。並與酬獎。諸州軍差雇畫塑手、學業精妙者。當與收錄。其餘季替工匠七次已上者放三年本戶差徭。五次已上放二年。三次已上放一年。都城居住有稅屋者。準上項放免。如客戶及無差徭可放者。量賜錢米。京東西山場採石及差雇車牛夫力之家。亦依次放免。蓋梓州路、淮南、江浙發運司、應奉宮觀遞鋪船卒、管押人員、自京至兗州仙源縣遞鋪、及急脚鋪卒。各有支給。係牙職人、量管勾官物多少、與場務酬獎。其管押物有逋欠、並除放之。得替幕職州縣官。並與放選。今年夏稅。開封府祥符開封縣、兗州仙源縣免十之三。東畿庬縣十之二。地居靈嶽。職奉歲祠。將示蠲除。因彰崇異。兗州奉符、潭州衡山、華州華陰、定州曲陽、河南府登封五縣各免十之三。五州府內餘縣免十之二。陝西路、京兆、河中府同華虢耀等州、江西兩浙路溫州。去冬已來。人頗艱食。今年夏稅。未得催納。逃亡軍人、山林賊寇。百日內許令首露。限滿不至。復其罪。云云　於戲。葺萬盈之宇。已展於虔威。開三面之羅。益彰于欽恤。覃茲麗澤。被于庶邦。愈增旰昃之懷。以介蒸黔之祉。誕告遐邇。知予志焉。

奉安中太一宮神像德音　熙寧六年十一月癸丑

門下。朕自履尊極。于今七年。順天依神。罔不虔肅。監觀在上。瑞福薦臻。物皆楙蕃。民不疵癘。而遽自秋杪。愆陽至茲。大田罹菑。所被浸廣。深惟咎眚。夙宵震懼。會日官推策。告我休符。恭聞太乙之行。已次中都之野。仰法眞室。作爲新宮。維時仲冬。迺日長至。夙遣近弼。奉安威容。百神擁綏。億姓鼓舞。宜敷慶宥。溥及多方。庶迎靈貺之臨。祈致嘉祥之應。應天下繫囚。云云　於戲。天祚維德。固肅乂以欽承。民懷在仁。尙福釐之敷錫。更賴黎獻。共圖丕平。

上清儲祥宮成德音　元祐六年九月壬子

門下。朕承六聖之寶圖。荷三靈之孚佑。惟恐一物。弗稱前休。顧省夙宵。如臨淵谷。上清儲祥宮。實太宗皇帝所以追懷五季。靡有孑遺之民。爲之請命昊穹。以爲振拔之地。昔罹回祿。三紀圮荒。熙寧嗣功。美志未究。太皇太后乃眷孝孫。基福之境。克終先帝善述之心。迄此釐成。咸妥眞馭。鑾輅謹黃流之祼。寶慈躬明德之馨。神人歡嬉。道路鼓舞。朕膺天地之貺。宗廟之靈。嘉與元元。于茲康共。宜敷慶宥。悉緩庶獄。無間遐邇。均浹幽顯。應四京諸道州府軍監縣。德音到日已前。見禁罪人。除死罪依法。內枉法自盜罪至死。情理輕者奏裁。鬭殺罪至死。情理稍輕者減一等。其餘死罪降從流。流罪降從

徒徒已下並放云云　於戲天饗有道無忘昭事之小心民懷于仁式示好生之大德有孚以惠出令惟行咨予三事大夫暨爾萬方多士咸體朕意同底丕平

鹽池成熙河陝西河東京西路曲赦 崇寧四年六月十八日

門下朕荷天之休因地之利用紹先烈以圖康功眷惟池鹽允資國計霖雨大壞解澤久空比命鳩工遽聞底績水得其性神薦其珍暨于青唐實我西土頃嘗撫定近輒繹騷亟解其圍乃獲其醜隴右載闢河源永清朕樂民食之衍豐喜邊隅之嘉靖荐克不庭之國復回既倒之瀾然念餉餽夙有轉輸之勞興修不無調發之擾矜脅從之衆恤甚罪之民宜推渙恩以惠數路可曲赦熙河陝西河東京西路於戲勞來戍役既憫其勤潤澤黎元肆加在宥咨爾有衆體予至懷

三水永橋成河北京東西德音 政和五年六月十四日

門下朕受天明命若昔大猷永惟神宗傑立於三代之後深悼禹績寖泊於六國之初經瀆壞於曲防造舟廢而病涉遹追先志蔽自朕心鑿山釃渠循九河既道之迹爲梁跨址成萬世永賴之功役不二時慮無愆素人絕往來之阻地無南北之殊靈祇懷柔庶民舞蹈眷言朔野爰暨近畿畚鍤繁興薪芻轉徙民亦勞止朕是憫之其推在宥之恩仍廣蠲除之惠應河北京西京東路云云　於戲承天下之大利以濟不通得萬國之歡心茲惟作解更在百執共思遠圖堲妨功惑衆之讒守暫費永寧之寔不懈于位永孚于休

修西內京西曲赦 政和六年九月五日

門下朕荷皇天之丕佑承烈聖之遺休庶政交修彌文具舉睠言洛邑寔我西都崧嶽奠方肄講升中之典寢園在望申嚴謁款之儀而宮宇寖隳歲時滋久迺鳩工而庀役爰起廢以增新形勢穹隆規撫雄偉盡易百年之舊永爲萬世之觀言念卒徒自亟於經營州縣不無於勞費宜優近甸用渙深仁可曲赦京西南北路云云　於戲考室斯干和悅子來之衆宥過作解函蒙天覆之仁咨爾群倫體予至意

神霄宮成奉安畢德音 宣和元年八月二十二日

門下皇天眷予一德肇惟駿命之承上帝監觀四方亶有成能之助朕紹圖泰定體道希夷闡祕籙以躬行崇圓穹而父事有開寶系爰自叢霄東極申休統萬天而下濟南昌翊化陶九壘以同和高卑雖殊陟降無間粤若形聲之顯見於交際之親矧聆辛卯之誨言仍契壬辰之運厤沖科每設景馭必臨劍躍室以投空酒霖檜而枵腹奔雷激電肅鳴蹕之先驅擲火流鈴燠神光之下燭晬穆示紫清之表焜煌垂瓊篆之篇迺易建於祠宮既誕彌於寰宇惟中都之首善相吉壤以僝工遹觀厥成用宏茲賁玉房金闕前瞻眞寶之居璧月珠星直上天機之次肅來寧於肖像肆祇薦於明馨乾坤開澄道路呼舞御飛龍而乘雲氣載延不測之神佑下民而作君師永迪無爲之治由中及外降福孔皆共錫渙恩以均丕貺應四京諸道云云　於戲昊天其子聿昭受命之符率土之濱斯洽好生之德咨爾有衆咸體朕懷

宋大詔令集卷第一百八十一

政事三十四

河防

遣使按行遙堤詔 太平興國八年九月戊午

近年以來河堤頻決。壞廬舍壞田畝數郡被其災。先是築遙堤以遏民利。其膏沃。多種蓺居處。於其中。河漲卽罹其患。宜令殿中侍御史柴成務、國子監丞、趙孚、供奉官萬彥恭、殿直郭載分往黃河南北岸按行遙堤。有不完處。發丁男治之。

修河命官安撫詔 天禧三年八月丁未

近以洪河。溢于東郡。申誡官吏。卽謀繕修。顧以資儲。急於營度。而京畿近地。河朔奧區。境邑之間。旣鄰於封壤。蒭茭之用。爰賴於委輸。已命攸司。各申良畫。酌其經費。遂彼便宜。雖綸詔屢行。務滋於優恤。而黔黎在念。彌切於矜憐。特遣使車。往申存撫。宜令度支員外郎判度支勾院方仲荀往京東路。右正言判戶部勾院劉煜往京西路。鹽鐵判官監察御史劉平往河北路。體量安撫人民。應有合寬恤改更事件。與轉運使副所在長吏會議施行。

都水使者趙霆奏黃河堤岸科夫修築事御筆 □月十一日

河防夫工。歲役十萬。濱河之民困于調發。可上戶出錢免夫。下戶出力充役。皆取其願。買土修築。可相度條畫聞奏。

軍令

撫恤軍人詔 宣和七年十二月

十二月二十一日奉御筆。國家養兵衣食豐足。近歲以來。官不守法侵奪兵食。或軍司上下。公然乞覓。或因事爲名率斂錢物。或逐月請受。刻剝錢數。致令諸軍衣食不足。又官員冗占人數猥多。或修造之處差借役使。或掌兵之官違法差借。既令飢寒。又加勞苦。所習事藝。亦不得工夫閱習。般擔雜役之兵。食浮於禁旅。借債備戰之卒。役重於廂軍。朝廷初不備知。雖懷撫養軍士之心。而有司不能奉承。輒敢困敗之如此。近因整緝軍政。躬親聽察衆情。悉見弊端。深駭聞聽。自今衣糧並擇精好。以時支給。如敢非法借用宂占及差營造檐榼木植之類。或乞覓率斂困乏軍衆者。並重寘典刑。必無輕貸。仍牓逐營。使軍人咸識撫存之意。

馬政

禁富人市内屬戎人馬詔 太平興國六年十二月辛卯

朝廷先於邊郡市馬。償以善價。內屬戎人驅馬詣闕下者。悉令縣次續食以寵之。如聞富人多齎金帛。詣塞上私市馬。致戰騎多闕。不能充入舊貫者。職此之由也。自今一切禁斷。違者許告。每疋價錢十萬。私市者論其罪。中外文武官犯者。所在聞奏。

許民市沿邊戎人馬駑駘者詔 太平興國八年十二月己酉

先是禁民於沿邊諸郡私市馬。戎人賣馬。官市良而棄駑。又禁民不得私市。往來死於道者衆。戎人所利。國馬無以充舊貫。自今邊郡謹視馬駑駘者刻毛以記。許民私市。庶羌戎獲利。而歲驅馬通關市。有以補戰騎之闕焉。

給地養馬御筆 大觀元年十月二日

給地養馬。雖屬漕司。悉力奉行。實在州縣。況蕃酋徒兼隸城寨。可令知興州姚雄下至州縣城寨官。恪遵成憲。毋或滅裂法度。推行有緒。人戶所養數多。當議褒賞。

縣鎮官銜内帶兼管給地牧馬等御筆 大觀二年四月□日

追述先王寓馬於農之意。募人給地免租牧馬。行之期年。熙河頗見就緒。然徒法不能自行。要在州縣協力赴功。以底成績。可令縣鎮城寨關堡官銜內、並帶兼管勾給地牧馬事。佐官同管勾。庶幾人人知所責任。

川茶博馬御筆 大觀□年□月□日

川茶有數品。而唯雅州名山茶爲外人貴重。可令熙河蘭湟路以名山茶易馬。恪遵神考之訓。不得他用。以餘茶博糴。量度茶數。勿使過多。蓋多則賤茶而客馬。少則賤馬而貴茶。可委陳敦復措置聞奏。

常平

右曹三催不報或踰年不結絕幷行遣失當具奏御筆 政和六年九月二十二日

常平散斂之法。民受其賜。踰三十年。歲久法玩。吏緣爲姦。州縣監司。習以爲常。事有稽緩至累年不決。文移取會。輒不具報。赴訴省部。日常有之。民失其平。提舉官號爲事簡。不復省察。紹述之政。莫此爲最。而弛廢若此。非所以奉承先志。可令戸部右曹、應三催不報或踰年不結罪、并州縣監司行遣失當。並具奏劾。官隨重輕黜責。吏配千里。仍令尚書省御史臺覺察糾劾以聞。

今後常平錢物敢有陳乞借用者以大不恭論御筆 政和七年十二月十八日

朕惟神考以道制法。揆之於上而守之於下。著在方册。萬世永賴。比覽元豐常平令。裕民理財。弛役賑乏。條約嚴備。莫敢損益。爰及紹聖。深戒庇司侵蠹之弊。雖奉特旨支借移用。終不奉行。故國有九年之蓄。而府庫所聚露積。不但天下富實。近歲以來。開他司借支之請。常平所儲。殆廢其半。是豈繼述之政哉。應日前諸路、他司借支常平錢物。並特除破。與免撥還。今後仰遵守元豐紹聖勅令。敢有陳乞借用者。以大不恭論。

常平斂散必時毋得拖欠違者以大不恭論御筆 政和八年正月二十五日

常平散斂之利。天下甚博。而比年以來。諸路拖欠至今。及散而遽取之。甚失神考制法之意。仰常平司常切遵守條令。斂散必時。毋得拖欠。違者以大不恭論。監司互察。御史臺彈奏。

審度糴糶并推行保伍等不如條令者黜罰御筆 宣和元年六月二十一日

仰惟神考創法垂統。以惠天下。以詒後世。載而傳之存乎書。推而行之存乎人。朕遹追先志。罔敢怠忽。蓋常平之政。以年之上下制穀價。以歲之豐耗爲興積。儲蓄盛多。兼并無所牟大利。而藉厄賴以濟。此仁術也。比年官失其守。他司移用殆盡。上下顧望。莫敢誰何。糴本既竭。儲蓄一空。利歸兼并。民受其弊。保伍之令。聯其數。合其制。於以察姦。於以寓兵。使其出入作息相屬也。邇來有司。殊不經意。開收併割。既不應令。牌簿姓名。又非其實。保內有犯。未聞行法。匿盜三日。曾不究治。州縣籍記。惟以牽拽木石。津送舟車。修治道路。將迎使傳。民甚病之。監司任外臺耳目之寄。政令所下。付以推行。州縣失職。付以按察。除授非人。廢法不行。違法不按。希望進取。貪求供饋。不顧義分。又託以專委有司。終歲不行所部。或非時讌會。妨廢公務。仰諸路提舉常平官檢詳前後詔條。令州縣管勾官、審度年歲。遇賤必糴。遇貴必糶。毋容姦猾。敢肆欺弊。常平錢米。不許他司輒有移用。雖奉御筆支借。亦須執奏不行。每歲春季。提舉司具前一年部下所糴所糶及所收息數。申尚書省取旨賞罰。若糴糶失時。及有欺弊。官以違制論。人吏決配千里。提舉保甲官、督察州縣都保。有不如條令者。並限一月改正。如奉行違戾。不依法差使。並以違御筆論。保內有犯及匿盜三日。皆須究治。依法科罪。即匿強盜十人以上及十日者。加二等。本縣當職官不覺察。以違制論。知通監司不按劾。與同罪。監司失職。廢法不行。違法不按。或行部不應令。或貪取不顧義。或雖按吏而獨後者。並仰廉訪使者自今三年內具事狀以聞。當議重行黜責。廉訪使者誣人功罪。朋比爲私。不得其眞。許監司互察。當議遠竄。應除授監司。乃可遵守前後御筆處分。必擇材望爲衆所推。曾任通判以上資任人充選。毋使遽非其稱。取誚一路。或用非其人。令御史臺論奏。敢有不承。必罰毋赦。

約束謹守常平之法詔 宣和元年七月九日

朕惟神宗皇帝蘊英睿不世出之資。當大有爲之時。修飭百度。措治三王之上。所以加惠海内甚渥。常平之法。實本周官。其斂散有時。其取與有義。視年豐耗。權其開闔。必使上常有餘。下無不足。此成康所以致太平也。當時論者。不深惟其故。譁說妄議。以非沮建立爲能。逮元祐餘黨尚熾。抵巇投隙。肆爲紛更。哲宗皇帝發日月之明。奮雷霆之斷。拔邪舉直。振而起之。故元豐美政。鬱而復彰。仰惟神宗作之於衆說方異之初。哲宗續之於良法既壞之後。二聖之烈。爲萬世法。朕祗遹先猷。夙寤晨興。罔敢暇逸。所賴忠信之長。慈惠之師。相與往來播敷。使實德降于國人。乃不務是習。爲苟簡。一方水旱。則恬視轉徙。漫不省察。部使者督制郡縣。寔天子耳目。所爲若此。朕復何望。夫繼其志。述其事。古所難也。予一人躬任之。祗率厥常。監于成憲。今所易也。爾尚勉焉。繼自今以往。惟謹守無怠。儻或弗恪。罰不可逭。咨爾在職。其體朕懷。

約束常平散斂糴糶等詔 宣和元年八月十二日

常平之法。先帝力辨異議。斷以獨智。建立至艱。付畀爲重。比年以來。提舉官任非其人。法令日以弛廢。已兩降親詔令及三省措置、及慎選使者。外比覽奏牘。有一年之間。一縣拖欠常平免役坊場等錢至數萬貫石。幷逃亡、詭名、失陷本息者。不可勝計。或人吏冒稅戶姓名給納拖欠。或當職官縱容知情。冒請錢穀。以新蓋舊。支收不寔。顧按劾所聞者。如此其衆。舉天下言之。則姦汙愉惰之吏。不特擅支借用。公違先帝成憲。積累失陷。日侵月削。斂散糴糶。何緣辦足。其前項違法官吏等。中書省候按到。將上取旨。重行竄責。仰諸路提舉常平官候指揮到。躬詣徧行取索點檢。違法廢令去處。按劾以聞。仍開具所部有無拖欠及失陷本息。逐一具旁通聞奏。今後給納□散。如申狀不寔。差公吏人幷命官之家。詭名假冒。卑幼私請。幷兩經倚閣。或年終有欠。轉行給散。差公吏人緣給納受乞。或將新蓋舊。抑勒留難。一切違法。當職官及管勾官不按劾。仰漕憲幷廉訪使者互察聞奏。當議重行黜責。仍許人戶越訴。疾速行下。

宋大詔令集卷第一百八十二

政事三十五

田農

賜郡國長吏勸農詔 建隆三年正月甲戌

生民在勤。所寶惟穀。先王之明訓也。朕以萬邦大定。漸屬於隆平。百姓爲心。欲臻於富庶。永念農桑之業。是爲衣食之源。今者陽和在辰。播種資始。慮彼鄉閭之內。或多游惰之民。苟春作之不勤。則歲功之何望。卿任居守土。職在頒條。一方之憂寄非輕。萬室之蒸黎是賴。宜行勸誘。廣務耕耘。南畝東皋。俾無遺利。用天分地。各有餘糧。極其穮蓘之功。致我倉箱之詠。勉思共理。別竢陟明。

勸農詔 乾德二年正月辛巳

朕以農爲政本。食乃民天。必務穡以勸分。庶家給而人足。今土膏將起。陽氣方升。苟播種之失時。則豐登之何有。卿任隆分土。化洽編氓。所宜勸東作之勤。副西成之望。使地無遺利。歲有餘糧。勉行敦勸之方。體我憂勤之意。

勸栽植開墾詔 乾德四年八月

五代以來。兵亂相繼。國用不足。庸調繁興。園桑柘以議蠶租。括田疇以足征賦。逋逃所失。均出里閭。致樹藝之不得勤。汙萊之不敢辟。虛遺地利。重困生民。朕歷試艱難。周知疾苦。四方甫定。七載于茲。節用愛人。敦本抑末。有經費未嘗加賦。聞災沴即議蠲除。方致小康。固無重斂。爰頒詔旨。徧諭憂勤。庶幾畎畝之間。各務耕耘之業。宜令所在明加告諭。自今百姓有能廣植桑棗。開荒田者。並令只納舊租。永不通檢。其諸縣令佐。如能招復逋逃。勸課栽植。舊減一選者。更加一階。凡爾蒸黎。當體朕意。

沿河州縣課民種榆柳及所宜之木詔 開寶五年正月

修利隄防。國家之歲事。勸課種藝。郡縣之政經。繕完未息於科徭。刊伐慮空於林木。如聞但責經費。不思教民。言念于茲。殊乖治體。自今應沿河州縣除舊例種藝桑麻外。委長吏課民別種榆柳及所宜之木。仍按戶籍高卑定爲五等。第一等歲種五十本。第二等四十本。餘三等依此第而減之。民欲廣種樹者亦自任。其孤寡癃病者不在此例。

使民惇本從儉詔 太平興國七年五月癸丑

民惟邦本。本固邦寧。傳云人生在勤。勤則不匱。故一年耕則有三年之食。一日勞則有百日之息。所以惇本厚生足食之原也。如聞南畝之地。汙萊尙多。比屋之民。游惰斯衆。歲稔則犬馬有餘於粱肉。飢年則妻女不厭於糟糠。罕能固窮。遂至冒法。豈君人者教化之未審。爲吏者誘導之乖方。宜申儆戒之條。式變已然之俗。今膏澤屢降。宿麥將登。當及豐候。更爲儲蓄。應州縣長吏。限詔到日。告諭鄉民。常歲所入。除租調外。不得以食養犬彘。酒醪嫁娶喪葬之具。並從簡儉。少年無賴輩相聚蒲博飲食者。鄰里共捕之。凡爾民庶。宜體朕意。

置農師詔 太平興國七年閏十二月庚戌

民爲邦本。食乃民天。常念稼穡之艱難。每慮田園之荒廢。廣興山澤之利。大開衣食之源。既富庶之未臻。蓋勸課之猶闕。宜令諸道州府。應部民有乏種及耕具人丁。許衆共推擇一人。練土地之宜。明種樹之法。補爲農師。令相視田畝沃瘠及五種所宜。指言某處土田宜植某物。某家有種。某戶闕丁男。某人有耕牛。卽令鄉三老里胥與農師共勸民分于壙土種蒔。俟歲熟共取其利。爲農師者常稅外免其他役。民家有嗜酒蒲博、怠于農務者。俾農師謹察之。聞於州縣。寘其罪。以警游惰焉。所墾新田。卽爲永業。官不取其租。詔到宜亟行之。無或稽緩。

民訴水旱二十畝以下皆令檢勘詔 太平興國九年正月辛未

朕每恤蒸民。務均輿賦。或有災沴。卽與蠲除。蓋欲惠貧下之民。豈須以多少爲限。自今諸州民訴水旱二十畝已下者。皆令檢勘。

遣營田使副詔 端拱二年二月癸亥

農爲邦本。食乃民天。遐觀載籍之格言。此實帝王之急務。將令敦本。無出勸農。且思河朔之間。富有膏腴之地。法其井賦。令作方田。三農必致於豐穰。萬世可資其利濟。今遣左諫議大夫陳恕楚知古、鹽鐵判官魏羽索緗、河運使臧丙、副使孔蓋充逐路營田使副。往□興工。眷惟黎庶。各有耕桑。聞茲創置之言。諒□懽呼之意。

約束流民歸業不限半年詔 淳化四年一月癸丑

應開封府管內百姓等。一昨霖霪作沴。水潦荐臻。多稼既被于天災。盡室不安於地著。遂致轉徙。其將疇依。先是今年三月辛亥詔。應流民限半年復業。限滿不復。卽許鄉里承佃。便爲永業。又念民之常性。安土重遷。離去邱園。蓋非獲已。自今年十一月以前因水潦逃移人戶。任其歸業。不得以辛亥詔書從事。

募民耕曠土詔 至道元年六月丁酉

近年以來。天災相繼。民多轉徙。田卒汙萊。雖招誘之甚勤。而逋逃之未復。宜伸勸課之令。更示蠲復之恩。應諸道州府軍監、管內曠土並許民請佃。便爲永業。仍與免三年租稅。三年外輸稅十之三。應州縣官吏、勸課居民墾田多少。並書於印紙。以俟旌賞。

令轉運使申飭令佐勸民栽種詔 至道元年十一月辛丑

勸農種藝。索有定規。如聞近年多不率職。非所以副宰字之寄。厚衣食之源。宜令諸路轉運使、申飭令佐。勸民栽種。歲滿書厤。以爲課績。

禁約擲棄米穀食物詔 景德四年九月己卯

所食惟穀。兆民之天。出於耕耘。是謂勞苦。今萬邦嘉靖。五稼大穰。是謂有秋。允符上瑞。如聞里巷多所棄捐。宜令開封府告諭居民。無得棄擲米穀食物。犯者重寘其罪。

令十月後方得焚燒野草詔 大中祥符四年八月丙午

火田之禁。著在禮經。山林之間。合順時令。其或昆蟲未蟄。草木猶蕃。輒縱燎原。則傷生類。式遵舊制。以著常科。諸路州縣畬田、並如鄉土舊例外。自餘焚燒野草。並須十月後方得縱火。其行路野宿人。所在檢校。無使延燔。

京城四面禁圍草地許百姓耕墾畜牧詔 天禧元年八月壬申

朕臨御以來。恭勤自勵。宵旰之暇。固絕於從禽。蠉蠕之微。咸思其遂性。矧自神宗在宥。德化誕敷。每輟畋遊。動形勸戒。聿循丕矩。允協重熙。既元命之溥臨。益端誠而匪懈。悉罷五方之署。遂除三面之羅。乃眷郊畿。尚存禁約。宜布絲綸之旨。用均樵採之恩。其京城四面禁圍草地。令開封府告諭百姓。許其耕墾畜牧。

令儲蓄誡奢僭詔 天禧二年五月壬戌

民氓之衆。稼穡爲天。將防水旱之虞。在乎儲蓄之備。與其肆情于侈靡。曷若盡力于耕耘。所謂利用厚生。既富而教者也。如聞風俗尚習澆浮。器用服裝。動踰規制。車馬屋室。日務僭奢。雖遇順成。靡聞充積。時更小歉。田或未收。皆至匱空。莫得周給。念黎黔之有是。豈教導之未周。今年屬豐登。下無徭役。戒其既往。誨以自新。宜令三京諸路揭榜曉諭。常加察舉。有孝悌力田儲蓄歲計者。長吏倍加存恤之。

歲稔誡不得枉費詔 乾德元年四月乙酉

今宿麥已登。秋種尙茂。所宜修稼。以厚生民。其謹蓋藏。毋或捐棄。宜令州縣告諭人戶。夏麥登熟。不得枉有縻費。

勸農詔

勑。朕惟德之不明。亦至於用武。久興師旅。重困黎元。有閔民愛物之心。誰能副予意者。信賞必罰之令。今將舉而行之。朕言有條。其聽毋忽。夫農天下之本也。凡爲國者莫不務焉。要將節用則易充。勉其力使不匱。今夫食者甚衆。而輸者已殫。勸之不勤。而取之仰足。使民盡耕猶不給。而半爲游惰之手。使歲常熟猶恐乏食。而多罹水旱之凶。調斂不得已也。而吏之不仁者。緣以誅求。賦役自有法也。而政之不明者。重爲煩費。農者有幾。害者若茲。欲寬吾民。何可得也。既富而教。豈無術乎。體予茲懷。望爾良吏。自今在官有能興水利。闢田荒。課農桑。增戶口。凡有利于農而不擾者。有司具其賞格當議旌酬。其或陂池不修。田野不闢。桑棗不植。戶口流亡。慢政隳官。亦行降黜。夫言而不信。法弛於寬。朕久患之。方思革弊。爾毋習舊態。慢我新書。此匪虛名。必期責實。凡爲條約。告示既明。賞不吾欺。罰無爾悔。

無奪民時振救失業詔 治平四年閏三月乙巳

朕惟方今孟夏。乃農民作勞之時。比來歲少順成。今春雨澤以時。農民桑蠶穀麥種作勤勞。一歲之功。併在此時。尚慮州縣闒慢之吏。覆按細罪。拘牽微文。召呼證辨。連逮丁壯。加以興土木不急之務。留繫工役。理公私未償之負。監錮其身。失業數旬。受弊卒歲。委安撫轉運司。明加敕誡。省事息民。無奪其時。仍令州縣吏躬親勞農勸民。專力致勤。務盡地力。毋或自失。以俟有秋。給公上。奉孝養焉。其有去歲不登。今春少雨。農民艱食失業者。令所在郡縣速振救之。無使流移。以稱朕愛民厚農之意。

蘇湖相度圩岸御筆 大觀元年十一月十一日

禹貢三江既導。震澤底定。今三江之名既失其所。水不趨海。故蘇湖被患。可委本路監司。選擇能臣。檢按古迹。循導使之趨下。幷相度圩岸聞奏。

蜀江修堰禁約御筆 大觀二年七月二十一日

蜀江之利。置堰溉田。旱則引灌。澇則疏導。故無水旱之患。其利甚博。然歲計修堰之費。斂調於民。工作之人並緣爲姦。濱江人戶困於騷動。自今如敢妄有檢計。大爲工費。計所剩坐贓論。入己准自盗法。許人告。

屯田司修完塘堤御筆 大觀二年十二月十七日

瀦水爲塘。以除水患。留屯營田。以實塞下。爰自祖宗。設官置吏。分職聯治。自可一司專總其事。歲月浸久。州縣習玩。訪聞比來塘堤不修。水潦穿溢。出害民田。綿亘千里。雖有司存。上下苟簡。殆同虛設。可令屯田司並循祖宗以來塘堤故迹。重加修完。務令堅固。即別不得增益更改。引惹生事。本司可比本路提點刑獄序官。提刑之上。舉官按罪。吏屬等務。可令相度條具來上。餘悉仍舊。

宋大詔令集卷第一百八十三

政事三十六

賦斂

開封府管內許人戶從便輸納勅榜 開寶□□

勅。開封府管內鄉村人戶等。省本府奏。今半夏稅。訪聞人戶。糶卻斛㪷。送納價錢。乞將小麥與紬絹見錢等。令人戶取便折納。庶得人戶易為辦。及伏候指揮事。朝廷每行一事。要利萬民。既沿徵皆納見錢。則斛斗必須賤糶。有傷黎庶。無益國家。今覽奏陳。特宜依允。宜依所奏。取人戶穩便。依倉式例折納諸色斛斗并綿紬絹見錢。故茲榜示。各令知悉。

均開封府界稅詔 咸平三年十一月戊寅

國家澤被寰瀛。子育黎庶。其於租賦。故有典常。如聞均定以來。多歷年所。版圖更易。田稅轉移。富有者益以兼并。貧乏者漸至凋弊。輕重不等。供輸甚艱。眷我王畿。是為政本。將四方而是則。豈千里而未孚。宜有定規。以便氓俗。今遣朝臣。於開封府管內據逐縣元額定稅。務令均平。更不增收剩數。其逃戶田土。亦依此施行。別立帳籍。令本府勸誘歸業。其桑柘更不均檢。告示民戶。廣令種植。

罷京畿均稅詔 咸平三年十二月庚申

昨緣京邑田制未均。租賦之間。重輕不等。俾行檢察。務在均平。如聞小民不諭深意。剪伐桑柘。驚惑鄉閭。頗異所懷。彌用增念。況春陽在近。農務漸興。物價未平。穀糴稍貴。所宜省事。以便吾民。其京畿均定租賦。宜悉罷之。

令官吏條析寬減差役利害詔 治平四年六月辛未

農、天下之本也。祖宗以來。務加惠養。比下寬恤之令。賜蠲復之恩。然而歷年于茲。未極富盛。閒因水旱。頗致流庸。深惟其故。殆州郡差役仍重。勞逸不均。喜為浮冗之名。不急之務。以奪其時而害其財也。故愁痛亡聊之聲。上奸和氣。深可傷憫。其令逐路運司。遍牒轄下州軍。如官吏有知差役利害、可以寬減者。實封條析以聞。

令監司帥臣經度西南租賦御筆手詔 大觀二年六月九日

周王復小雅而荆蠻來威。漢武窮遠兵而中國內耗。蓋操術異道。而治亂殊塗。今不頓一戟。不煩一旅。西徹河源。投戈請命。罔不率俾。南極海濱。幅員萬里。納土歸化。邊境故地十餘萬衆。願爲王民。不召而至。不謀而同。與窮兵者異矣。然彊理其地土。撫循其人民。必爲長久之計。而無耗內之弊。則地雖廣大可以無患。其令監司帥臣經度收其租賦。通其有無。即山煮海。因地所產。俾各自足。不煩朝廷供億。官吏兵民。裕然充寔。俾虛內事外之姦言無自而作。

財利上

減桂陽監稅白金詔 開寶三年十一月乙巳

古者不貴難得之貨。後代賦及山澤。上加侵削。下益凋弊。朕每念茲事。常深疚懷。未能捐金於山。豈忍奪人之利。自今桂陽監稅入白金。宜三分減一。

賜潭州造茶人戶勅榜

勅潭州管內造茶人等。逐年所行造納官湖南獨行號大方茶。近擬本州般到開寶五年六年獨號茶斤稍重。與自前入納棬模。輕重不同。切慮人戶採摘打造不易。事惟茲茶茗。產在湖湘。斤片重輕。固有常式。旣棬模之稍大。念製造之惟艱。兼慮輸納之時。或有邀難之弊。宜依舊例。用便烝民。凡爾衆多。體我優恤。宜令本州自今並依舊棬模製造茶貨。舊日每三十片重九斤者。不得令過十斤。卽須如法製造。無令鹵莽夾雜。若是場司受納人員及州府固違勅命指揮。邀難人戶。須令送納重茶。要及十斤以上。並許人戶上京論告。若勘鞫得寔。應干繫官吏並當重斷。其論告事人仍支賜賞錢二百貫文。兼與放本戶下差稅。故茲榜示。各令知悉。

賜通州煎鹽亭戶勅榜

勅通州係管煎鹽亭戶等。朕臨御區宇。惠養蒸黎。每推憫惻之恩。曲示優饒之意。所期衆庶。各遂蘇舒。自來官中每正鹽一石。給錢五百文。並示將絹布茶斛㪷折支。深慮虧損人戶。今議特行軫恤。宜令本州自今後應支鹽本錢。一依舊定每石正鹽價例。並給見錢與人戶。不得更有折支。故茲榜示。各令知悉。

茶鹽榷酤不得增課詔 太平興國元年十月壬戌

先是募民掌茶鹽榷酤。民多增常數。求掌以規利。歲或荒儉。商旅不行。至虧失常課。多籍沒其家財以償。甚乖仁恕之道。自今並宜以開寶八年額爲定。不得復增。

禁江南私鑄鉛錫惡錢詔 太平興國七年四月己丑

江南諸州私鑄鉛錫惡錢及輕小錢頗亂禁法。自今公私所用每千錢須重四斤。人家先蓄者。許令所在納官。敢有私貯而不以聞。及違禁而擅以貿易者。並論如法。募告者差定其賞。

兩川罷酒酤等詔 太平興國七年八月己卯

應劍南東西川峽路管內州軍監鎮等。初言事者。以變錢法。興榷酤。有以便於民而佐用度。朕不得已而聽之。行之踰年。未見其利。如聞民庶頗極怨咨。因遣使乘馹以觀之。備得其狀。朕奄有四海。寵綏元元。以百姓爲心。常恐一物失所。舉事乖當。蓋由朕之不聰。出令惟行。遂使民之受弊。況失道之未遠。固改調以爲宜。先是諸州官置酒酤。並從除放。依舊造麯市與民。其益州歲增錢六萬貫。並除之。依例只納錢。從前官市及織錦綺鹿胎透背六銖欹正龜殼等。宜令諸州自今只織綾羅紬絹絁布錦等。餘悉罷去。限詔到。各于要害處粉壁揭而示之。

許漳泉福建汀劍興化邵武軍鹽通商建州鑄大鐵錢詔 太平興國八年二月甲申

漳泉福建汀劍等州及興化邵武軍先禁鹽。自今許通商。官賣鹽斤二十五。先是民間少銅錢。宜於建州鑄大鐵錢。文曰太平通寶。與銅錢並用。

禁細小雜錢詔 太平興國九年八月壬辰

錢布之用。以通有無。輕重相權。泉流不匱。漢魏之後。其弊蓋多。國家卽山鑄銅。奄有吳蜀。富姬周之九府。法上林之三官。而民俗之間。犯法者衆。姦僞既廣。輕細滋多。自今兩京及諸道州府。宜申明舊禁。不得雜用銅細小及鐵鑞錢。仍每貫須重四斤半已上。其細小雜錢。限一月內須納官。

罷嶺南採珠場詔 雍熙元年丁卯

敦本抑末。教化於是興行。抵璧捐珠。浮靡於焉止息。朕祗承丕構。緬慕高風。思欲崇尚儉朴。革去澆兢。卻難得之奇貨。復大化之淳源。宜自我先。以率天下。其嶺南諸州採珠場罷之。

摧鹽仍舊詔 雍熙二年六月戊子

去年有司上請通行江浙鹽商。蓋欲均利於民而絕其犯禁者。然變法易制。自古所難。且行之歲時。以觀其利害。如聞罷摧之後。重擾於民。欲便時務。宜仍舊貫。合宜依太平興國九年七月己酉以前禁法從事。

復沿江榷貨八務詔 淳化四年七月戊戌

先是言者以茶法未便。商賈少利。用令停廢榷貨。許商人齎券詣茶山。官以新茶給之。申命近官乘傳按行。別立新制。永爲通規。而商旅之間。積習斯久。頗憚江波之險。各利風土之宜。將狥群情。宜仍舊貫。其沿江榷貨八務並仍舊貫行之。

川峽酒稅鹽井諸色課利勿折金帛詔 至道元年八月癸酉

西蜀經亂。瘡痍未平。常思撫綏。庶獲安泰。而爲民禁暴。尙復屯兵。仍資筦榷。以備供億。蓋非獲已。良用惡焉。而或失中。至於剝下。則豈朕任人愛物之意邪。其川峽州軍。自今酒稅鹽井諸色課利。宜令並據元額輸緡錢。勿復折納金帛。

罷成州金坑詔 至道二年正月乙卯

捐金于山。前聖之盛德。所寶惟穀。舊史之格言。朕緬慕太古之風。不貴難得之貨。何必言利。徒以勤民。其成州兩處金坑。宜停廢。

令茶官不售者受之輕價出之詔 咸平二年正月壬申

如聞榷茶之所。官不售者。必毀棄之。斯可惜也。自今第其品而受之。輕其價而出之。使物無棄。而民獲利也。

依任中正奏茶倉就便輸納詔 咸平三年七月丙申

山澤之征。所宜公共。苟便氓俗。豈圖羡贏。而言事之人。不明大體。務爲沿革。罔恤蒸黔。特命使車。往詢疾苦。用循舊制。式遂輿情。已令制置茶鹽江南轉運使司。並依任中正所奏。

廢西京淸酒務依東京例詔 景德四年二月乙亥

卜洛之郊。久深傒望。從人之欲。爰示省巡。務敦寬大之言。式暢和平之化。眷言榷酤。寔有舊規。且念二京。本無異等。矧三州之繁會。極千里之浩穰。期洽歡謠。宜削嚴禁。其廢西京淸酒務。依東京例施行。

鑄錢暑月收半工詔 景祐四年四月己卯

鼓鑄錢刀。素有程限。憫其勞苦。特示矜寬。自今五月一日至八月一日止。收半工。仍令本司、每歲量支率分錢。以備醫藥。

榷酤不得增課詔 景德四年四月甲午

榷酤之法。素有定規。宜令計司。立爲永式。自今中外不得更議增課。以圖恩奬。

定奪司令三司行遣詔 景德四年八月己酉

茗榷之法。流弊浸深。釐改已來。利課豐羡。旣規畫之斯定。歸職分以攸宜。其定奪司公事。宜令三司行遣。不得輒有更改。

免稅農器詔 大中祥符六年七月辛丑

關市之征。所以禁末業。田疇之利。所以勸力耕。豈於稼器之中。亦取耏門之稅。

放牛稅詔 大中祥符八年七月己巳

農牛之力。田畝是資。念疫癘之所傷。蹇耕墾之有廢。宜蠲市算。以助蒸民。諸處百姓買賣牛稅。並放一年。

令陳述茶利不得乞留中詔 大中祥符八年八月戊寅

榷茗之規。著令已久。固計入之素定。非異端之可攻。載詳言事之人。時進單辭之說。始陳封奏。必煩述于事端。洎究指歸。多未詳于本末。自今群臣如有茶法便宜。當令顯拜封章。盡述條目。下有司詳議施行。況金穀細務。非軍國事機。自合歸于職司。非朕所宜親決。今後所有陳述。不得乞留中。或敢故違。並當勘劾。

令學士李迪中丞凌策同議茶鹽詔 大中祥符九年十月丁酉

朕思俾蒸黔。共登富壽。山澤之禁。雖有舊章。措置之宜。慮復厚斂。將期惠物。無憚從寬。專命朝臣。僉謀邦計。俾共詳於定式。庶俯洽於群心。宜令翰林學士李迪、給事中權御史中丞凌策與三司同議茶鹽制度。俾茶園亭戶不至失所。客旅便於興販。百姓供用不匱。明具條約。送中書門下參詳以聞。仍令榷貨務告示客旅。應入中算射茶鹽。一依往例。更不別生名目。致有疑誤虧損。

弛解池鹽禁詔 天聖八年十月丙申

池鹽之利。民貧所資。近代以來。官有榷法。雖助經費之用。未臻均濟之方。爰命近臣。詳立寬制。特弛煩禁。以惠黎元。

減兩川綾羅錦綺等改織絹詔 明道一年十月甲辰

先王不欲以浮靡示天下。今東西兩川上供綾羅錦綺透背花紗之屬。皆女工之蠹也。其歲減三分之二。改織絹以供用。

宋大詔令集卷第一百八十四

政事三十七

財利下

通商茶法詔

勑。古者山澤之利。與民共之。故民足於下。而君裕於上。國家無事。刑罰以淸。自唐末流。始有茶禁。上下規利。垂二百年。如聞比來。爲患益甚。民被誅求之困。日惟咨嗟。官受濫惡之入。歲以陳積。私藏盜販。犯者寔繁。嚴刑重誅。情所不忍。使田閭不安其業。商賈不通于行。嗚呼。允若茲。是以江湖之間。幅員數千里。爲陷穽以害吾民也。朕心惻然。念茲久矣。間遣使者往就問之。而皆歡然願弛榷法。歲入之課。以時上官。一二近臣。件析其狀。朕嘉覽于再。猶若慊然。又於歲輸。裁減其數。使得饒阜。以相爲生。剗去禁條。俾通商賈。歷世之弊。一旦以除。著爲經常。弗復更制。損上益下。以休吾民。尙慮喜於立異之人。緣而爲姦之黨。妄陳奏議。以惑官司。必寘明刑。用戒狂謬。布告遐邇。體朕意焉。

誡約臣僚言財利詔 皇祐三年正月庚子

朕惟古之善爲國者。使變通不倦。而公私兼足。自頃食貨之法弊。而芻粟之價益倍。縣官之費日長。商旅不行。而豪富之家。乘時牟利。本末相病。吏緣爲姦。故詔近侍之臣。考決本議。令定已下。利害曉白。尙慮輕肆之人。陳述空言。幸搖其端。夫利百而法乃變。令下而議不起。然後民聽不眩。而憲度行焉。自今有依前事爲議者。並須究知始末。審可施用。若其事已上。而驗白無狀。事効不著。當施重罰。布告中外。咸使聞知。

令三司判官等上財用利害詔 熙寧二年

朕以爲欲致治於天下者。必富之而後可。今縣官之費不給。而民財大屈。雖焦勞乎昃食之間。其將何所施哉。故特詔輔臣。置司於內。以革其大弊。而使美利之源。通流而不竭。則庶乎孔子適衞之言。朕有所冀焉。夫事專於所習。則能明乎得失之源。今將權天下之財賦。蓋亦資之於有司。能習知其事者焉。則其所得必積。所言必通。聚而求之。固足以成吾富民之術。若夫苛刻之論。務欲朘削於下。而斂怨於上。斯亦朕之不取。宜令三司判官、發運轉運使副判官、以及提舉輦運便糴市舶榷場、提點鑄錢制置解鹽等臣僚。限詔到後兩月。各具所知本職及職外財用利害聞奏。仍令三司舉催科其不以時上者。

言財利可採錄施行者甄賞詔

朕惟理財之臣失於因循。其法遂至於大壞。而天下之貨留積而不通。故特詔輔臣。俾之置司。講求利病。將捄其宿弊而更張之。上以裨於國。下以足於民。而或者不察。以爲專務苛碎刻削。以趨公家之急。茲豈朕之意哉。然而商天下之衆智而集成之。則理盡而不悖。事行而不跲。于是利源通而富庶之俗成矣。內外臣僚有知財用利害者。詳其事狀聞奏。其諸色人亦許具事理於制置三司條例司陳狀。在外者隨所屬州軍投狀繳申條例司。夫有言不酬。不足以勸事。如可行。何悋於賞。如所言財利有可採錄施行者。當量其事之大小而甄賞之。

置市易務詔　熙寧五年三月戊午

天下商旅物貨至京。多爲兼并之家所困。往往折閱失業。至於行鋪轉販。亦爲轉圖取利。致多窮窘。宜出內藏庫錢帛。選官於京師置市易務。商旅物貨滯於民而不售者。官爲收買。隨抵當物力多少。均分賒請。立限納錢出息。其條約委三司官詳定以聞。

誡厲諸道轉運使經畫財利寬恤民力詔

夫仁閔百姓。而無奪其時。無侵其財。無耗其力。使其無憾于衣食。而有以養生送死。此禮義廉恥之所與。而二帝三王誠勑百工諸侯之所先。後世不可以忽者也。朕夙興夜寐。聽治不怠。園囿宮室之觀。無所增飾。而躬以節儉先天下之士。然而不忍之政。考諸先王。未有以及之也。凶年飢歲。民之父子夫婦。猶有不得保其家室。而放乎溝壑。意者吏或不良。不知所以振救省憂之方。而使之至此耶。今吾於諸道置使者。使得察吏之良否。而視民之疾苦。輒具以言。而任事者或不惟朕志之所急。而以侵牟爲政。甚非所以遣使者慰安元元之意也。夫轉輸天下之財。以給有司之費。皆有常數。而無橫求。誠能御輕重斂散之權。而禁因緣之姦。則何患乎經入之不足。彼前世良吏。能紓其民。而官事亦不耗廢者。豈有他哉。亦在乎勉之而已。若乃操聚斂之贏。以爲功。而不知百姓與足之義。非惟逆於朕志。而有司考績之法。亦將不汝容焉。朕言維服。其聽毋怠。

告諭民戶投納不依樣錢御筆手詔　大觀元年五月十九日

錢爲國之利柄。以方圓銖兩。而寄富貴貧賤之權。若爲衆庶所操。則利柄失矣。今淮浙福建官吏曠職。縱姦弗戢。盜鑄盛行。有誤良民。公然受弊。其令監司相度。以官錢爲樣。垂之市肆。告諭民戶。有不如樣。限一季投納。以一償五。限滿不納。加罪一等。仍以所納錢更鑄補還。出榜告諭。使衆知之。

川蜀錢引減價令運司分析御筆　大觀元年六月二十五日

川蜀四十二界以後錢引。訪聞官司奉法不謹。縱民減價。慢令失職。莫此爲甚。可令逐路轉運司分析聞奏。自今如縱而不治。與同罪。仍當重行黜責。

陝西鐵錢折二公私通行詔

向者西鄙亂常。乍叛乍服。興師問罪。調度寖繁。元祐以來。變易善法。錢幣屢更。物失其平。黎庶重困。荷天眷祐。方內乂安。累年于茲。而錢益輕。物益重。細民益以艱食。至或流移失業。不得以相生養。朕甚憫焉。豈法禁之不修。而兼并者擅其利也。抑泉貨之不一。而人自爲輕重耶。事必復古。迺臻康濟。應陝西諸路舊係行使鐵錢地分。並依元豐年大鐵錢折二。公私通行。所有夾錫錢與大鐵錢一等行用。不得分別稱呼。仍仰轉運、經略司、提點刑獄、提舉常平司。將逐處物價參考。制定多少之直。務要反本不使騰躍。敢有妄議沮格不承者。以違制論。不以赦降去官原減。見在鐵錢更不改鑄夾錫。河東路官司當二夾錫錢。依此。所有三當一小鐵錢。聽仍舊。令出惟行。是爲永法。毋或疑畏。自抵罪誅。故茲詔示。想宜知悉。

公私當十錢改當三詔 政和元年五月七日

洪範八政。食貨居先。食足貨通。國豐民富。人知禮節。教化易興。故食之與貨。相輔而行。生民之本。政之大者。漢唐之間。錢幣屢變。若輕重失宜。必爲民害。載在方册。難以遍陳。自我祖宗用十錢爲兩之制。法度一定。人心作孚。百五十年天下蒙利。比者建議之臣。不深計利病。輕於變法。行之數年。錢益輕。物益重。公私受害。不可勝言。物價騰湧。細民艱食。嗷嗷幾至失業。姦民冒法。盜鑄雲起。重辟積下。不能禁止。朕諮詢群議。博采民言。皆願改更。以平物價。況爲法之弊。可謂極矣。若不改圖。害將益甚。變而通之。斯其時矣。今朝廷內外府庫。無慮數千萬緡。議者或謂折閱數多。有虧邦計。朕念爲民父母。儻可以拯弊使安元元。府庫之損。又何愛焉。可自五月八日。應公私當十錢。並改作當三行使。咨爾中外。咸體朕意。

約束小平錢與當三錢重輕均一詔 政和元年五月十七日

比以泉幣法壞。害及閭閻。盜鑄滋多。物價翔踴。民人艱食。泉貨日輕。朕不惜府庫數千萬緡之積。一旦改爲當三行使。將以革僞濫。通貨財。濟農商。平物價。與民爲悠久之利。尙慮豪猾憚於折閱。胥動浮言。阻障交易。懷姦沮法。覬望再更。不念遠圖。唯謀近利。可內自京尹。外逮監司郡縣。悉心協力。開諭撫恤。勿事刑威。務要小平錢與當三錢重輕均一。無自區別。使人致疑。物貨既通。公私皆利。故茲詔示。宜體至懷。

見行鈔法著爲令御筆手詔 政和二年九月十五日

洪範八政。食貨爲先。理財以義。則民富而國用饒。先王之制也。迺者有司不究本末。不權輕重。悉取鈔法。妄意紛更。致耗邦財。民亦重困。邊備空虛。倉庫匱竭。太師楚國公京。還冠宰司。圖制國用。興植廢壞。以義置法。愛日忘勞。曾未期月。開闔斂散。一出于上。公藏私餘。上下與足。朕甚嘉之。其今年五月以後。應見行鈔法。洎茶鹽法合傳載者。大小綱目。具著爲令。上之御府。頒之有司。以示富國裕民之政。傳之永久。堅如金石。庶幾姦人不敢妄行動搖。以稱朕意。

罷茶鹽立額應奉司江浙置局花石綱西城租課等詔 宣和七年十二月十九日

朕祗紹丕圖。撫臨萬寓。顧德弗類。永惟宗廟付託之重。靡遑康寧。眷予兆民。是爲邦本。比年以來。寬大之詔數下。裁省之令屢行。然姦吏玩法。而衆聽未孚有司便文而實惠不至蓋緣任用非人過聽妄議興作事端蠹耗邦財依享上之名修營私之欲漁奪百姓無所不至使朕軫念元元若保赤子之意何以取信於萬方夙夜痛悼念有以拊循慰安之應茶鹽立額結絕、應奉司江浙路置局及花石綱等、諸路非從上供拋降物色延福宮西城租課、內外修造、諸路採斫木植製造局所並罷更有似此有害于百姓者三省樞密院條具以聞夫民罔常懷保于有仁朕於吾民每懼仁愛之弗至一夫不獲時予之辜播告之修咸聽朕指

蓄積

長吏令佐告諭敦勸儲蓄詔 乾德四年八月甲寅

時和年豐有國上瑞今三農不害百姓小康夏麥既登秋稼復稔倉箱有流衍之望田里無愁嘆之聲寔上元之垂休豈涼德之所致諸道刺史縣令等職在養民所宜敦勸各令儲蓄以備凶荒尚慮下民恃此豐登廣有費用或蒱博好飲或游惰不勤有一于茲是為棄本倍宜約束無抵憲章所在長吏及令佐等當明加告諭使知朕意

令轉運使與長吏共計度積蓄詔 雍熙二年七月庚申

存救之術儲廩是資所以禳凶災、防水旱也備預無素災至而思禦之其可及乎今豐穰屢臻宜多積蓄可令諸道轉運使與所在長吏共計度之省察倉儲無令損敗

三司歲具金銀錢帛簿以聞詔 淳化元年十一月辛丑

周設司會之佐以一歲為準漢縣上計之法以三年為期所以詳知國用之盈虛大行郡吏之誅賞斯乃舊典其可廢乎自今三司每年具見管金銀錢帛軍儲等簿一本以聞

令董龜正乘馹陝西市糴粟廣儲蓄詔 咸平四年□月丙戌

陝西今歲物價賤甚乘茲有秋可大實邊庾況宿兵遠戍不可無備宜令兵部員外郎董龜正乘馹與本路轉運司增價市糴粟廣儲蓄以息編民飛輓之役

令三司議軍儲經久之制詔 咸平四年十月甲子

沿邊堡障式遏寇戎歲屯貔虎之師日有資糧之費雖賦調無缺而轉餉頗勞永言疚懷不捨中夕況今混同文軌富有寰區山澤之利無窮農桑之業增厚將欲豐儲峙於邊鄙免飛輓於黎甿乃眷計臣寔主斯任勉陳良畫以副虛懷宜令三司衆官議軍儲經久之制務令濟辦不致擾民條件以

聞。朕將親覽。

令江南荊湖兩浙造舡團綱般起赴眞楚泗轉般倉發運司不得撥綱往諸道詔 嘉祐三年十一月庚寅

國家建都河汴。仰給江淮。歲漕資糧。溢於漢唐。緊經制之素定。有常守而不踰。六路所供之租。各輸於眞楚。度支所用之數。集於京師。以發運司總其綱條。以轉運使幹其歲入。荊湖舟楫。回載海鹽。淮南舳艫。不涉江路。方冬閉塞。役卒得以少休。近歲因循。茲事從而遂廢。吏緣爲蠹。人寔告勞。比飭攸司。遵用往則。曠歲于此。格詔未行。豈發運使不得總綱條。轉運使不能幹歲入。今茲議復。皆本故常。事惟爾職。隳則有譴。其令江南東西荊湖兩浙轉運使限一年各造舡、招添梢工、及駕船卒團成本路糧綱。自嘉祐五年始。止令逐路據年額斛斗般赴眞楚泗轉般倉。卻運鹽歸本路。發運司更不得支撥裏河鹽糧綱往諸路。

訪問齊州置社倉已施行後有若干百姓訴不便詔 熙寧二年四月庚子

京東自春以來得雨。麥苗茂好。今夏必大有收。當連歲豐穰。粒米狼戾之際。朝廷正宜廣謀蓄積。以待異時之乏。勘會去年齊州等處置社倉。內齊州已施行。後有若干百姓經朝廷訴不便以聞。

宋大詔令集卷第一百八十五

政事三十八

賑恤

借義倉米不俟上言詔 乾德三年三月癸酉

比置義倉。以備凶歲。救黎元之不濟。宜出納以及時。若俟上言。諒乖賑卹。自今人戶欲借義倉充糧食者。委本縣具災傷人戶申州。州司即與處分。計戶賑貸。然後以聞。仍令及時祗依元數送納。至時如別有災沴。亦當更與寬限。或人戶衆多。義倉賑貸不足。亦當具數聞奏。別議發廩充給。

遣使賑給虔吉等州民詔 雍熙二年四月乙亥

朕撫御寰區。惠養黎庶。軫憂勤而是切。在夙夜以遑寧。南方數州。尙罹旱歉。雖行賑貸。未救疲羸。更均推食之恩。以表愛人之道。遣監察御史安國禎等乘驛至彼。與長吏察其人戶闕食者賑給之。仍以發廩減價出糶。因令訪察郡縣官吏爲政善惡、民間利病以聞。

賜澶州北城軍人百姓詔 淳化四年九月丙申

近者積雨霖霪。長河湍悍。果致懷襄之害。荐罹昏墊之災。壞居人之室廬。陷州城之雉堞。覽奏驚嘆。夕惕靡遑。蓋由知州郭贄苟務貪榮。不圖禦患。使萬井之邑。坐成汚瀦。一方之民。化爲魚鼈。已遣御史推鞫。當議寘於嚴科。應溺死人戶。每人給千錢爲棺斂具。缺食者發倉粟賑濟。其屋稅並與除放。

令兩浙益救卹百姓詔 咸平二年正月壬午

如聞兩浙經旱。州軍賑糧甚至。民不流亡。宜令官吏益加救卹。毋致失所。其迫此飢饉爲竊盜者。原其本情。蓋非獲已。如不至傷殺。宜令從輕斷罪。俟秋復常。

賑卹河北抽移軍馬罷押陣使省不急官詔 咸平四年十二月庚寅

如聞河北州軍近日已來。穀價頓高。民食有闕。已命使便宜賑卹。又知轉運司以定州芻糧乏少。令民戶轉餉。朕甚憫焉。其定州及難得糧草處城寨。宜遣內侍副都知竇神寶與部署司同議抽移軍馬。所期漸息飛輓。以蘇疲瘵。其三路部署排陣使等並停罷押陣使。軍職自觀察而下。應不急之官。

悉減省赴闕。

貸口糧與溪洞詔 大中祥符三年閏二月乙卯

昨遣孫正辭招撫夷人。如聞兵入溪洞。積聚廩庾。多經焚蕩。彼雖蠻貊。然亦吾民。慮其乏食。宜令轉運使貸以口糧。無使失所。

命陳知微等巡撫淮南兩浙路災傷詔 大中祥符八年二月丁卯

朕以眇躬。纂于洪業。萬方在念。中夕靡寧。敢怠焦勞。聿期豐楙。眷惟淮甸。迨及江吳。去秋已來。民田薄稔。慮穀價之騰踴。致吾民之阻饑。雖復蠲其賦租。振乃倉廩。尚慮牧宰未盡於惠康。則我蒸黔何望于昭濟。故命朝著往敷至懷。宜令知微等逐州軍按視糧缺之處。規度轉給。因察訪巡檢使臣能否。有弛職者換易以聞。

約束提轉賑濟詔

天變流行。治古不免。民無捐瘠。賑救是賴。比歲蝗潦。野有飢殍。朕所哀痛。亟令撫存。蠲常賦之科。貸公廩之粟。分遣才幹。具爲拯救。不急之務。多少裁罷。納隍軫憂。蓋云至矣。儻親民之吏深體此意。探荒政之前典。能究心於事。周勤念恤。懇切營度。如父兄之奔迫治子弟之疾苦。惡有不獲全濟於重困哉。如聞頗同常務。未殫經畫。視艱食之衆。微惻隱之念。忘其阽危。轉死溝壑。或鬻市其所愛。或啗食其遺軀。方春發生。群物欣豫。迺令吾民憯怛如此。甚非所以虔付畀之意也。轉運使、提點刑獄、其悉乃心。督責州縣長吏以下。勤撫疲羸。多方賑濟。疾病者傅之醫藥。單孑者厚與安存。無俾轉亡。積傷和氣。仍察官吏有能盡力全活人命者。具名以聞。當議優奬。其不稱職。以致流移。亦具名聞。必行顯黜。承詔之臣。施設方略。固當稽輕重。明賞罰。勉于惠政。稱朕意焉。

蠲復上

寬恤揚州詔

王者伐罪弔民。戡難既淸於氛祲。班師振旅。推恩宜及於幽明。朕親御六軍。已平孤壘。念丁夫之役。力冒矢石。以捐軀。或軍民曾被於脅從。或部曲尙懷於反側。俾遂來蘇之望。爰行在宥之恩。應揚州城下役夫內有死于矢石者。人給絹三疋。仍復其家三年。長吏倍加安撫。屍骼暴露者。仍令使臣收瘞。城內軍人及李重進元隨軍家口骨肉。並與放罪。逃亡者聽于所在首身。押來赴闕。

矜蠲沙門島人戶賦租詔 建隆四年十月丁未

登州沙門島土居人戶等。深居客嶠。皆出王租。比聞自備舟舡。般載女直鞍馬。睠言勞役。宜示矜蠲。應所納逐年夏秋賦租麴錢、及沿徵泛配諸雜名目物色、幷州縣差徭。今後並與免放。其渡馬回船上木植。自前多被州司抽納。今後並須給與。

免夏租詔 乾德二年四月己酉

古之為國者。凡有災沴。必示蠲除。慮一穀不登。則百姓失所。屬自春夏。時雨尚愆。深念黎元。失於播植。所宜優卹。俾獲昭蘇。應諸道所徵今年夏租。委在處長吏視民田無見青苗者。與放免。

蠲歸陝州秋稅詔 乾德二年十二月

朕以孟昶潛結幷汾。欲撓疆埸。將遏亂常之寇。爰興問罪之師。唯此二州。最鄰寇境。軍旅所過。供億寔繁。宜示優恩。用蠲常賦。應今年秋稅。已降指揮除放。其已納及供給過芻粟軍儲。並與折來年租稅。仍令長吏明加告諭。令知朕意。

免荊南新檢秋稅羨數詔 乾德三年正月乙丑

昨者問罪西蜀。已克夔州。襄漢之南。暫有差役。佇清妖孽。別議撫綏。近降指揮。委轉運使張永錫、荊南觀察使判官李士衡。將本府夏秋租稅。元徵寔數為額。其新檢到羨數。並與放免。俾令均濟。冀速舒蘇。如聞不體憂勤。輒抛耕種。言念民庶。深軫朕懷。詔到。便可遞相告諭。歸復田園。仍令長吏倍加安撫。

罷忠州等處魚膏算詔

古之善為國者。薄斂於民。故有關譏而不征。市廛而不稅。自後貨賦人口。算緡錢。徵責日繁。下不堪命。朕自臨寓縣。務恤黎元。雖未能致無為之治。復上古之教。又豈忍無名加率于民乎。自今忠州等處。應偽蜀日以魚膏輸其算者。悉罷之。

蠲放西川諸州夏稅詔 乾德四年二月甲子

收復以來。屢免租賦。尚恐凋弊之俗。耕稼未全。更議蠲除。俾令安緝。今年夏稅幷沿徵等。並蠲其半。無者全放。

罷義倉詔 乾德四年三月癸酉

朝廷比置義倉。以卹百姓。蓋防歉歲。用賑飢民。訪聞重疊供輸。復成勞擾。俾從停廢。以便群情。其郡國義倉並罷之。先有乞限送納者。並與除放。

除放西川欠負詔 乾德四年八月丁酉

朕自下巴邛。繼行恩宥。務去煩苛之政。俾蘇疲瘵之民。尚念國家之歲賦常租。猶令蠲免。臣下之倍稱出息。豈可誅求。應西川人戶日前有負偽蜀臣僚博放出利錢帛。詔到日並與除放。如或元非出利、及今後別有逋債。不在此限。所在長吏備錄詔書。以諭管內百姓。

放稅詔 乾德五年七月己酉

夏秋以來。水旱作沴。言念民庶。恐致流移。委諸州府長吏預告人戶。有災傷處。並令放今年稅賦。

免霖雨河水損敗田夏租詔

暑雨滂沱。隄防泛決。行潦所至。苗稼用傷。憂民方軫於焦勞。常賦宜從於蠲免。應諸道州縣民田有經霖雨及河水損敗者。今年夏租及沿徵物並與放免。

罷廣南僞政日煩苛率配詔 開寶四年十月丙戌

廣南道諸州。久隔風化。重罹弊政。既苦無名之誅斂。遂令比戶以流離。言念凋殘。良深愍憫。方蘇遠俗。宜示明恩。應僞政日煩苛率配。并諸司官務納課。影占人戶。並與除放。及先毆率統軍百姓。並放歸農。其逃亡人戶。委長吏招諭各令復業。仍倍與安撫。

河決損苗除放詔 開寶五年六月丁酉

近者天作淫雨。河決橫流。合爲時災。害被秋稼。所宜蠲復。以惠困窮。應沿河人戶。委所在官吏倍加綏撫。仍具損傷苗稼以聞。當與檢覆等第除放。

西川兩稅折帛依時估詔 開寶六年六月壬寅

朝廷方覃惠化。用泰寰區。然念遠民。所宜軫恤。應西川管內州府軍縣。自今將兩稅錢折疋帛者。並與依逐州三旬時估折納。

招諭開封流民詔 太平興國七年二月庚午

開封府管內。近年以來。蝗旱相繼。流民既衆。曠土頗多。蓋爲吏者失於撫綏。使至於是。天災所及。隱匿而不以聞。歲調既興。循常而不得免。編戶遂成於轉徙。大田乃至於汙萊。深用疚懷。不遑寧處。俾申惻隱。別示招攜。宜令本府設法招誘。並令復業。只計每歲所墾田畝桑棗輸稅。至五年復舊。舊所逋欠。悉從除免。限百日許令歸復。違者其桑土並許他人承佃。便爲永業。歲輸租調。亦如復業之制。仍於要害處粉壁。揭詔書示之。

展開封府輸租限詔 太平興國七年十二月戊午

開封府管內人戶等。霰雪初霽。泥淖頗甚。輸租於上。齎運差難。宜於常限外加半月。

北界歸明人遣使護遷西京許汝間給田詔 雍熙三年七月壬午

應北界歸明人戶等。朕君臨萬國。子育兆人。興弔民伐罪之師。示拯溺救焚之惠。爾等久居異地。願襲華風。載嘉歸嚮之誠。宜申惻恤之意。其人戶等先令分處幷代州。今遣樞密都承旨楊守一等遷於西京。給閑田處之。如分布未盡。更置於許汝間。所分之田。便爲永業。仍免租役。州縣常安撫之。

敵人入寇後推恩詔 雍熙四年正月丙戌

朕恢紹丕圖。撫綏四海。不敢暇逸。常懷戰兢。聿屬書軌會同。歲時豐稔。而邊圉擾攘。故犯封疆。俘掠人民。焚蕩廬舍。農桑廢業。閭里爲墟。言念生民。罹其荼毒。爲人父母。寔切痛傷。宜覃雨露之恩。以表君親之惠。應行營將士。因陣敵不利、捐棄甲兵潰散者。並不問罪。各依舊兵籍收隸。應沿邊城堡。曾爲契丹攻圍、其中將校備禦、有功勞可紀者。委逐處分析聞奏。當加旌賞。軍人歿於行陣。及百姓被契丹殺害、無主收葬者。所在破官錢埋瘞。軍人除賵贈外。特支半年廩給。死事使臣將校子孫、並與錄用。應緣契丹入界、草寇因而聚集及逃亡軍人曾行劫掠者。並釋罪。限詔到一月。許於所在陳首。軍人依舊隸軍籍。百姓並令歸農。限滿不首。卽論其罪。應經契丹剽掠處人戶、雍熙三年以前逋懸租調。並與除放。仍更給復三年。不經剽掠者。亦與免從前租調。仍更給復一年。朕撫理失中。委用乖當。是使邊陲之俗。陷于塗炭之災。咎由眇躬。禍及黎獻。永言痛悼。勿忘于懷。

敵人退後放河北沿邊州府殘欠稅物德音 端拱二年二月癸丑

門下。朕恢纘鴻圖。撫臨兆庶。務致生靈之富壽。敢辭宵旰之勤勞。寰區幸獲於治平。時歲屢觀於豐稔。豈期強敵。繼犯封疆。俘掠戶人。焚盪廬舍。農桑失業。井邑爲墟。殘民暴物之䄂。既纏生聚。子育君臨之道。寔切痛傷。宜在宥以覃恩。用推誠而布惠。應沿邊州府軍縣。曾被契丹攻脅城池處。其中有軍員將校顯立功勞者。宜令逐析聞奏。當議別加酬獎。應邊上契丹曾到處。有軍人歿於行陣及百姓被契丹殺害者。有主者各令識認。無主者並仰逐處官吏速差人特破官錢埋瘞。歿陣軍人在營家口。賵贈外特與依舊支一季請受。應歿於王事使臣及禁軍廂軍將校。若有子孫。並與等第安排。應河北因契丹入界。有草寇接便聚集、幷逃散新舊軍人、及曾行劫掠人戶者。並特放罪。限兩月內。軍人許來首身。仍舊軍分收管。百姓許來歸業。倍加安撫。限內不來首身者。復罪如初。已捉敗者不在放限。應契丹兵軍入界已來。驚移人戶等。宜令所在官吏及巡檢使臣、並卽招喚歸業。倍加安撫。其敵軍駐泊蹂踐深處人口、平塞軍、祁州、天威軍、平安軍、易州、威虜軍、靜戎軍、保州、定州、寧邊軍、鎭州、邢州、趙州已上一十三處。應係欠端拱元年終已前夏秋稅物等。並特與除放。除該雍熙四年正月二十三日德音放稅外。仍更免三年夏秋稅物、幷沿納物色。其曾經契丹剽掠。不是敵軍駐泊蹂踐之處人戶。瀛州、霸州、平戎軍、代州、岢嵐軍、洛州、莫州、雄州已上九州。亦與除放端拱元年終已前夏秋殘欠外。除該雍熙四年正月二十三日德音放稅外。更特與除放一年夏秋稅物、幷沿納物色。應河北州郡、契丹不到處。及北州府忻州、寧化軍、破虜軍、嵐州、定遠軍、乾寧軍、翼州、滄州已上八處。並與除放端拱元年終已前殘欠稅物。於戲。朕受命乾坤。爲民父母。寧欲黔首陷于非辜。豈代有之災。適當繫乎分野。將寡昧之德。不能感乎穹旻。責躬自思。黎元何罪。寢食無忘。惕厲增深。雖行雷雨之恩。莫盡哀矜之意。凡爾中外。當體朕懷。

招誘流民復業給復詔 淳化四年三月辛亥

先是招誘流民。俾之復業。五年後始令輸租調如平民。淮南兩浙等處。五年外只令輸十分之七。所以勞來安集。欲躋之於仁壽之域。而祁寒暑雨。不免於怨咨。秋穫春耕。便謀於轉徙。國計虧損。何莫由之。人之無良。一至於此。宜申約束。以革頑嚚。應諸州逃民。限半年悉令復業。特與給復一年。限滿不復。卽許人請射佃作。除墳塋外。便爲永業。自今逃亡者。亦以半年歸業爲限。先給復五年者並如舊。

宋大詔令集卷第一百八十六

政事三十九

蠲復下

除欠負詔 淳化五年四月壬午

昔漢文帝有言我爲天下守財者。聚蓄之廣。蓋資於邦計。出納之吝。寔繫於司存。儻管籥之謹嚴。必府庫之充溢。貨幣何由而虧損。胥吏不得以爲姦。宜申畫一之文。別立自新之法。應天下主吏先係欠錢帛物四十五萬緡疋斤石。並除之。自今守藏掌庾筦榷等吏虧欠官物。並責主吏及監臨官均償之。

放運糧士卒詔 至道元年十月己卯

西鄙運糧。蒸庶勞弊。近遣諸軍轉送。所以息民。今嚴冬在候。士卒亦宜放歸。仍賜緡帛。

令趙保吉授夏臺節制諭陝西詔 咸平元年正月辛酉

近者銀州觀察使趙保吉洗節布誠。奉章修貢。願謹守藩之禮。冀蒙錫壤之恩。朕以障塞之間。師徒久聚。關輔之地。饋餉爲勞。情豈佳兵。道先柔遠。俾纘舊服。作鎮夏臺。今已降制。授保吉定難節度夏銀綏宥靜等州觀察押蕃落等使。兼賜手詔。令鎮撫蕃部。控制邊陲。務使謐寧。分我憂寄。保吉忻然承命。體此推心。靈州道路既平。往還無阻。亦令招集戶口。勸課耕種。期於歲時。必致康阜。宜令陝西轉運使及諸州軍府監官吏告諭部民。自今不復轉送軍儲至靈州清遠軍。咸俾安居。勿憂重擾。其至道三年秋稅逋欠。並與倚閣。逃戶依去年七月二十七日勅。招攜歸復。其因傳送逃移者。限一月內歸業。給復一年。亡命山林聚爲盜賊者。限兩月內許其首露。限滿不至。復罪如初。

遣使諸路按百姓逋欠藉悉除詔 咸平元年四月己酉

先帝席圖御極。約己愛人。每推赦宥之恩。皆有蠲除之命。而有司不恤。尚或斂收。致吾蒸黔。未息愁歎。宜遣使乘驛、與諸路轉運使諸州長吏。按百姓逋欠藉悉除之。

討王均免遂果閬州稅詔 咸平三年九月丁酉

昨命王師。討劉均賊。眷言民俗。咸有供須。訪聞峽路遂果閬三州。最近西蜀。科役稍煩。而果閬加之水潦。不有矜貸。曷蘇疲氓。其三州今年秋稅宜免十之三。

強壯戶稅賦不得支移詔

邊防未弭。遂募鄉兵。離去故土。足傷和氣。應諸州點充強壯戶稅賦。止令本州輸納。有司不得支移。

令滑曹許鄭等州所納芻藁並輸本州詔 景德四年九月己未

京輔供輸。雖循常例。道途往復。方屬祁寒。特軫朕懷。式從民便。滑曹許鄭等州、所納芻藁。並輸本州。不須至京。

河北諸州軍租稅並本處送納詔 大中祥符元年三月乙亥

邊候載寧。戎車已戢。思減力役。惠綏黎元。矧乃河朔之區。賦輿所集。均輸鄰郡。蓋有舊規。屬年穀之屢登。顧軍儲之有備。免茲轉餉。以阜吾民。其河北諸州軍租稅並令本處送納。

諸路夏稅止於本州軍輸納詔 大中祥符元年五月庚辰

版圖之廣。賦調方興。尙慮有司。或循舊式。資一時之經費。俾鄰郡以均輸。況稼穡之屢登。庶黎民之從便。宜蠲力役。用示朝恩。應諸路今年夏稅。止於本州軍輸納。

鄆州牧馬草地給與見佃戶詔 大中祥符三年八月辛酉

汶上奧區。東巡所出。比從行慶。用慰來蘇。苟芻牧之是資。慮農桑之失業。特敷朝旨。永惠斯人。其侍御史裴宗元、比部郎中袁逢吉郡牧判官李克勤等所摽鄆州牧馬草地。並特給與見佃戶。所須放牧地。別經度以聞。

河中京兆府陝同華州倚閣殘稅詔 大中祥符三年八月甲子

關輔之區。版圖斯廣。屬收成之在候。固賦斂之有常。乃眷吾民。良深軫念。特加矜察。式示優寬。應河中京兆府陝、同、華州今年秋稅。納外見欠。並權倚閣。

除兩浙福建湖廣身丁錢詔 大中祥符四年七月壬申

朕臨御萬邦。勵精庶政。一夫不獲。尙切於憂勞。九賦用均。務敦於寬簡。惜其物力。以厚民生。眷惟江浙之區。介彼東南之域。而自祖宗恢復。聲教誕敷。去率斂以居多。俾樂康之斯洽。洪惟利澤。已泰編氓。然計口算緡。尙存於僞制。治財客納。仍限於歲輸。特俾蠲除。式申曠蕩。其兩浙福建荆湖南北廣南東路身丁錢並特除放。

倚閣河北見欠去年秋稅詔 大中祥符五年三月戊寅

陽春在候。農事方興。河朔之間。賦輸是急。屬此勸分之際。特申卹隱之懷。河北諸州見欠去年秋稅。並宜倚閣。民有抱稅逃者。委長吏招誘歸業。倍安撫之。

戒約調夫有工役並取實役人數調訖以聞詔 大中祥符五年十月辛酉

乃眷黎民。載勞穡事。讓工役之無度。慮重擾以爲姦。式示勤綏。特頒明詔。宜令諸路、自今除常例合調民夫外。如別有工役須至差撥者。並須取實役人數調訖具事以聞。如因緣妄有差撥。不即聞奏。當重寘其罪。

罷淮甸和糴詔 大中祥符六年十一月癸卯

淮甸一方。頻年簿稔。如聞今歲方慶有秋。思致阜康。必存矜恤。其本路和糴。並悉罷之。

寬陝西民力詔 康定元年二月丁未

近以氐羌不懷。亭候多警。宿兵遣戍。增壘傃工。饋輓相仍。供調滋出。深慮久安之俗。或傷無藝之求。重困吾民。寔乖邦惠。宜令陝西安撫使韓琦與轉運使同相度。如科糧草數目過多。仰量民力。速行蠲減。或未至乏絕處。展限夏秋輸官。逐處修築城池所調丁夫。仰轉運使具數以聞。當議特與優卹。州縣官吏。如因科配、及點兵修城。緣軍調發而受財者。聽諸色人論告之。昨點集丁壯。止欲防護城池。不刺手面。除教習外。毋得別有差役。若姦惡之人妄作扇搖。委所在擒捉以聞。

除放倚閣稅賦詔 慶曆八年

朕躬攬庶政之緒。勤恤蒸民之生。思道泰初。以寧羣品。而休祥未應。災沴荐臻。四方多愁墊之嗟。百姓被流離之苦。每思旰仄。靡忘焦勞。比嘗發錢命吏。振廩給復。救存之備。至出朕心。尙虞窮困之餘。猶多欠負。將廣息民之惠。益推弛責之恩。應四京及諸州府軍監、慶曆八年終已前倚閣稅賦。並與除放。仍令轉運司遍行指揮。

減漳泉州興化軍丁米詔 皇祐三年十一月辛亥

漳泉州興化軍自僞命以來。計丁出米甚重。或貧者不能輸。朕甚憫之。自今泉州興化軍舊納七㪷五升者。主戶與減二㪷五升、客戶減四㪷五升。漳州納八㪷八升八合者。主戶減三㪷八升八合、客戶減五㪷八升八合。爲定制。

放陝西河東人夫保甲詔 崇寧四年六月十六日

比以邊事未寧。勤師備禦。襲攻屯聚。版築要衝。本以保民。恐罹驚擾。今黠羌斂戢。堡障粗完。敷惠邊氓。宜申誠飭。便安職業。敦勸農耕。應陝西河東諸路人夫保甲見拘役者。並放歸家。使就完養。自今後非邊烽警急及專奉朝旨外。並不得輒有追呼。不卹罷勞。妄興力役。如敢違犯。並以違制科罪。

約束科率御筆 政和二年八月十日

古我先王。綏厥兆民。一夫不獲。時予之辜。朕嗣守祖宗鴻業。休養生息。四海泰定。夙興夜寐。罔不惟民之承。比年以來。詔令數下。訓迪戒諭。毋得騷動。播告之修。不匿厥指。吏輒託法自便。廢格違戾。奪其農時。害其常生。役使無藝。輸納不時。科率誅求於中下之戶。賦斂積欠於一日之頃。吏緣爲姦。丐取公行。上下蒙庇。莫能自伸。至或流移轉徙。朕甚憫焉。書曰。民非后罔克正以生。后非民無以辟四方。其令諸路監司。檢舉前後不得科配率斂差雇、假借製造紐折之類條詔。申明□□。咸使知之。自今敢有違者。罪加一等。吏配二千里。卽以□爲利。以抑勒爲情願。罪亦如之。因而乞取。以自盜論贓。輕配千里。若陳訴而不爲理直者。徒二年。其大觀二年以後。許改雇及和預買指揮。可更不施行。

委監司行下所管轄州縣當職官須於收成之前按視被水去處詔 政和八年九月八日

訪聞東南被水州縣。惟下田不收。至於高原廣野。多稼如雲。素號瘠薄。今亦倍收。深慮被水下田。雖有赴訴之限。然阡陌湮沒。州縣蔑視登耗。定驗失寔。則貧民下戶臨時無告。高原所收。不知檢察。仰逐路監司、行下所管轄州縣當職官。須於收成之前。躬親按視。毋得失寔。以致斂取不均。違者互察以聞。

應被水人戶官私房錢自遷出日免納候復業日依舊詔 政和八年九月八日

訪聞東南被水州縣。居民屋宇被渰浸者。往往遷徙他處。下戶失所。不能自給。應被水州縣、曾經渰浸人戶。合納官私房錢。截自遷出日。並特與免納。候復業日依舊。官司檢察。務在得實。

恤窮

奉行居養等詔令詔 崇寧四年五月二十九日

民爲邦本。本固則邦寧。天下承平日久。民既庶矣。而養生送死。尚未能無憾。朕甚憫焉。今鰥寡孤獨。既有居養之法。以厚窮民。若疾而無醫。則爲之置安濟坊。貧而不葬。則爲之置漏澤園。朕之志於民深矣。吏不奉法。但爲具文。以應詔令。並緣爲姦。欺隱騷擾。元元之民。未被惠澤。朕夙興夜寐。惻然于懷。其令提舉常平司與監司守令。悉力奉行。毋或違戾。其有失職。仰劾罪以聞。若侵擾乞取減刻。或故爲隱漏。或因而科抑。罪輕者以違制論。

開封府置居養安濟御筆手詔 崇寧四年十月六日

京師根本之地。王化之所先。鰥寡孤獨與貧而無告者。居養之法。施于四海而未及京師。殆失自近及遠之意。今雖有福田院。所養之數未廣。祁寒盛暑。窮而無告及疾病者或失其所。朕甚憫焉。可令開封府依外州法居養鰥寡孤獨及置安濟坊。以稱朕意。

監司分按居養安濟漏澤詔 崇寧五年六月十一日

朕述追先志。作新法度。昨緣星變。恐懼修省。不敢自以爲是。乃詔有司。審量可否。詳度利害。改其未便者。以承天休。訪聞小人乘間觀望。全不遵奉。已行之令。公然陁廢。懷姦害政。如居養鰥寡孤獨漏澤園安濟坊之類。成憲具在。輒廢不行。監司坐視。不復按舉。天之窮民。朕所矜恤。頗聞失所。其何以上當天心乎。仰監司分按本道。舉行如法。有違慢觀望不修厥職者。按罪以聞。必罰無赦。監司失於按舉。令御史臺彈奏。故茲詔示。想宜知悉。

居養依大觀三年四月以前指揮御筆 政和二年五月二十五日

鰥寡孤獨。有院以居養。疾病者有坊以安濟。死者有園以葬。王道之本也。詔令具在。而吏不奉法。觀望廢弛。至或徹屋鬻器。播棄孤老。甚失惠養元元之意。其令轉運提刑司條具廢弛事狀及違法官吏以聞。自今敢有廢法。以違制加二等論。卽不得接便過爲騷擾。仍並依大觀三年四月以前指揮施行。

居養安濟漏澤事務仰監司廉訪分行所部按察御筆 宣和元年五月九日

法以立政。政在於人。吏慢不承。法爲徒法。頃以孤獨鰥寡不能自存。爲室廬衣食以居養。貧無以葬。或遺棄水中。爲園以收瘞。疾恙不能自救。爲之醫藥。憫仁元元。意甚篤至。法令具在。歲久浸怠。比覽四方奏文。吏趨目前。無一吏稱述居養漏澤安濟者。士失所守。廢法自便。不知享上惠下。罪不可貸。仰諸路監司廉訪使者。分行所部。按吏之不虔者。當重寘以法。胥吏配流千里。若失按容庇。其罪依此。

宋大詔令集卷第一百八十七

政事四十

慰撫上

卽位諭郡國詔 建隆元年正月乙巳

帝王之興。歷數先定。非一人之天下。唯百姓之與能。朕委質周朝。逮于三主。東征西討。十稔于茲。誠無納麓之功。粗有勤王之節。自承顧命。同戴嗣君。屬幷寇之伐喪。引強鄰而內侮。朕躬膺詔旨。出殄妖氛。六師方次於近郊。一夕遽生於大變。告予以丹商之事。謂予有舜禹之功。注矢橫戈。勢不可遏。遁逃無地。逼迫歸朝。輔臣共述於謳謠。少主自知於運命。雖憖二帝之揖讓。且殊三代之干戈。勉徇樂推。已升大位。況市不易肆。人無間言。造我新邦。纘周舊服。卿等素懷勳業。共鑒興亡。屬予受命之期。勉乃事君之節。永圖共理。別俟酬庸。

卽位賜諸戎帥詔 建隆元年正月丙午

朕祗膺外禪。奄宅中區。知爲君之難。集于寡昧。責致主之效。屬在勳賢。卿任重總戎。功高衞社。體天人之合慶。保帶礪之殊庸。肅爾封疆。副予倚注。永惟通變。當體睠懷。

平蜀諭西川將吏百姓詔 乾德三年正月

今月二十四日。通事舍人田欽祚至省王金斌等以蜀主降表來上者。孟昶不思遠略。自搆厲階。潛結幷汾。欲犯疆埸。顧惟涼德。豈願佳兵。頃興時雨之師。以討不庭之罪。而昶爲蒼生而請命。馳單介以輸誠。舉國來降。束身自詣。旣息干戈之役。免興玉石之嗟。汝等或武或文。效官州縣。陳力陣行。邊戍將卒。及耆艾緇黃。皆早事僞庭。久淪汚俗。載被同文之化。諒符徯后之心。方示撫綏。勿懷憂慮。卽覃恩宥。俾遂昭蘇。凡爾士民。當體予意。

平蜀諭郡國詔

朕君臨萬國。子育黎元。常思去殺以勝殘。豈願興師而動衆。昨者蜀川孟昶。潛啓姦謀。蠟書屢給於幷汾。金革欲侵於疆埸。是用命其偏將。討彼不庭。纔申三令以徂征。不待七旬而來格。厲階咸剷。汙俗惟新。卿屬我偃戈。與吾同治。聞茲底定。諒切同歡。

答田錫上疏璽書 太平興國六年九月壬辰

田錫所上書言事陳古諷今有犯無隱居言責之地不爲從諛得爭臣之風深所嘉尙然邦國之事朕慮之甚熟至於興師伐叛庀徒授役皆有理而爲之且非無名之舉也頃以交阯一境纂奪相繼廣南轉運有狀奏聞言其主帥之家枉被賊臣所害亂靡有定民將疇依朕以其累朝以來修貢不絕爲人上者忍不救之爰命偏師往安彼俗既不貪土地又尋罷干戈且如京師閑田地勢窪下不可樹藝但爲汚瀦因而鑿池以停水潦且陳戈船戰艦春夏講習水戰用威四裔宸居有壯麗之稱都人得行樂之所執畚鍤者悉下軍賤卒未嘗調發編戶妨奪衆工若乃髡鉗之刑前王所用比之劓刖蓋有等差朕以殊死之囚貸其斷頸之戮俾設此法以全餘生蓋免鈇質之誅且非炮烙之酷其餘申明經制皆是舊章屬茲承平漸期振舉謇諤之節鑒寐不忘自今有所見聞無辭獻替之任蓋出於朕意進思盡忠勿曠於汝職故茲詔示式嘉乃誠

答魏羽璽書 太平興國六年十一月甲午

知制誥魏羽所上書言事具悉汝朝有著位身爲王臣恥効衆人之從諛遠慕昔賢之骨鯁爰因按讞有所見聞飛章奏論馳傳來上朕頗駭其事郎令薄責咸以條對厥有端由郭震守官十年抱常調而難替崔能視事未久緣近詔而當移有司循舉規繩事狀明白汝恐下民之無告慮小吏之爲姦遠有指陳不畏強禦嘉尙之意再三不忘更務傾輸以副虛佇

秦王盧多遜貶逐諭兩京軍人父老詔 太平興國七年四月丁丑

近以兵部尙書盧多遜身居輔弼心忞回邪交結藩王窺伺君父呪詛不道所不忍言有司定刑外廷集議若循三尺之法合行赤族之誅尙念嘗秉鈞衡久居廊廟五刑之設不及於大夫四裔是投式禦於魑魅貸其極典示我深恩其盧多遜已削奪官爵幷一家親屬配隸崖州禁錮縱逢大赦不在放還之限期周以上親屬悉以配隸邊郡餘從百官所議施行其秦王廷美已勒歸私第一房供給並從優厚秦府親吏及私署人等並以分配諸處及停罷外更不問罪有敢以它事陳告者以其罪罪之朕敦叙乖方委任非當有弟若此爲兄失教之使然有臣如斯居上不明之所至以包羞忍愧靡敢自安凡爾軍民深體茲意

令長吏延見耆德高年訊民疾苦詔 太平興國八年正月癸未

養老乞言三代之達道興廉舉孝兩漢之舊章故遒人振鐸以採詩刺史褰帷而按部省方所及必存問百年行春所至亦延見三老斯爲茂典可舉而行自今仰諸路州縣長吏或部內有耆德高年爲鄉里所信重者並延見訊民間疾苦吏治得失退而改之以稱吾意

責侯汀諭宜融柳三州部內安業詔 雍熙四年十二月辛卯

宜融柳等三州部內百姓及蠻界戶人等朕纘承皇極臨御萬邦覆育之恩惟恐不至矧於遠俗尤所軫懷前知州贊善大夫侯汀委以方州殊無政

術。不能安集。但恣侵牟。致此蠻夷。肆爲驚擾。重煩師旅。始獲平寧。蓋由綏輯之無方。遂致黔黎之被害。其侯汀已行降黜。汝等宜體茲朝旨。各務自安。悛革前非。保全生業。苟或不遵撫諭。尚敢陸梁。當議勦除。使無遺類。

契丹攻刦罪己寬恤邊州詔 端拱二年二月癸丑

天生□□□□□□□□舊。武有七德。固戢兵而是先。朕受天元符。爲人司牧。大小之務。咸所躬親。遐邇之民。均其撫養。而年歲屢豐。黎庶小康。其鬼方之戎。控弦入寇。疆吏來告。居民弗寧。戍卒多罹於兵烽。蒸人半委於溝壑。耕桑失業。井邑爲墟。強敵以奔。如蚊蝱之既逐。狂寇所入。固荆棘以自生。念之痛傷。豈忘鑒寐。用覃肆眚之澤。以推引咎之誠。應河北沿邊州府軍縣。曾爲契丹攻刦。云云　朕居上不明。禦戎無策。保鄣雖設。蔑聞藩籬之固。廟堂非遠。曾乏樽俎之籌。□□得以無厭。赤子以之併命。責躬罪己。不敢遑寧。痛心疾首。莫斯爲甚。冀上天之悔禍。監涼德之知非。當謹封陲。克安全聚。庶瘡痍之甫起。亦仁壽之可期。凡爾庶民。宜體茲意。

遣使巡撫詔 淳化四年二月己卯

朕奄有萬邦。託於人上。夕惕若厲。視民如傷。四目遠鑒。尚慮凝旒之蔽。一物失所。必軫納隍之憂。去年已來。僣亢滋甚。江浙淮陝。最被其災。歲既荐飢。人則艱食。爰開廩庾。以救流亡。常平之粟屢空。轉徙之民相繼。頗恣攘奪。多罹刑辟。繫狴牢者既衆。斃枯木而亦繁。當官者謹守科條。不體好生之意。按察者專務循默。罔伸刺舉之文。畫然疚懷。明發不寐。用擇通方之士。俾宣欽恤之仁。韓授等所至之處。可勞問疲羸。申明詔旨。首詢獄犴。周訪惸嫠。招集流亡。俾安其所。導揚壅遏。使得上聞。刑辟之間。哀矜爲務。率從輕典。寧失不經。有可以惠茲下民。悉得以便宜從事。官吏有罷軟不勝任。苛刻不撫下。上言。所行詔令有所未便等事。咸宜條奏。附疾置以聞。布告吏民。當體茲意。

蜀盜平罪己詔 淳化五年九月丁丑

朕以菲德。獲嗣丕基。百姓未康。每軫納隍之慮。四裔雖泰。常先馭朽之懷。冀致時雍。期臻理定。兢兢業業。不敢荒寧。惟彼蜀川。素爲樂土。文翁之化。于是在焉。本爲禮義之鄉。不識干戈之事。我國家創業垂統。踰三十年。乃睠一方。肅然安靜。近者盜興隴畝。連陷州城。保據溪山。肆爲剽掠。每念及此。畫然傷懷。靜言思之。非民之咎。蓋由朕委任非當。燭理不明。致彼親民之官。不以惠和爲政。筦榷之吏。惟用刻削爲功。撓我蒸民。起爲狂寇。虔劉之苦。所不忍言。尚賴穹昊降靈。祖宗垂祐。兇徒就戮。餘黨已平。朕所以中夜耿懷。明發增惕。重念顏回匹夫。尚無貳過。蘧瑗下士。亦盡知非。況朕君臨萬方。子育兆庶。念茲失德。是務責躬。改而更張。永鑒前弊。雖既往不咎。乃前典之格言。而罪在朕躬。亦先哲之垂訓。而今而後。庶或警予。爰班罪己之文。用示泣辜之旨。凡爾民庶。各體朕懷。

全魏罹寇戎巡幸撫寧詔 咸平二年十二月丙寅

朕奄宅中宇。茂育羣生。眷全魏之部封。罹寇戎之侵軼。念茲瘡痏。惕然疚懷。爰整師徒。聿來巡幸。冀吾蒸庶。咸遂撫寧。應驚擾流移人戶。詔到日各復本業。當別行優恤。仍委所屬州縣倍加安撫。

遣向敏中等宣撫河北詔 咸平三年六月丁卯

兵威未戢。邊候多虞。王師効戰守之勞。邑居苦饋餉之役。每念及此。予懷惻然。臨遣大臣。特加軫問。宜令兵部侍郎、參知政事向敏中充河北河東緣邊宣撫大使。樞密直學士馮拯、陳堯叟充副大使。按巡郡國。存慰士民。式宣寬大之恩。副此憯怛之意。

河決遣張舒等安撫京東詔 咸平三年八月辛亥

朕司牧萬民。躬親庶務。所期編俗。咸保大寧。而大雨時行。洪河泛決。眷言蒸庶。頗致流移。疚于朕心。當食興嘆。宜遣太子中舍張舒、供奉官閤門祗候張禧往京東路。遍加安撫。應經河水漂浸移寓他所者。委長吏倍加存恤。無令公私侵擾。

賜環慶部署以下詔 咸平五年六月壬辰

蠢茲醜類。來犯邊州。衞居寔等善罄忠勤。齊驅義勇。內堅城守。大挫兇狂。已示優恩。式旌奇効。爾等遠分邊寄。咸負壯圖。更勵士心。竚平種落。策勳加賞。予無吝焉。其擒戮遷賞典。一依先降勅命。

曉諭東京官吏將校僧道軍民詔 景德元年十二月癸未

昨駕前大軍頓澶州城北。前月二十四日蕃兵忽來奔衝。尋量出軍馬。當時殺退。今月一日。據德博州各遣人入奏。蕃兵已移寨逃遁東北而去。三日又有從敵寨走來百姓石興等稱。蕃兵已奔逃北去。又北面都部署王超等遣借職張禹吉、殿侍劉潛走馬入奏。部領大軍相沃至駕前會合。鄆齊濮等州巡撫使丁謂奏。捕到細作。稱敵界遣百餘人過來河南。虛構言詞。扇搖人戶。朕以強寇犯邊。生靈是念。親提銳旅。直抵澶淵。大軍合勢。以南來凶醜。應時而宵遁。如聞姦詐。妄有動搖。宜命近臣往宣事寔。覩茲寧靜。勿復驚疑。靜候安撫軍民。卽還京闕。今特命給事中呂祐之齎勅牓撫諭。西京亦依此降下。

諭河北諸州詔 景德元年十二月戊申

朕嗣守洪業。于茲八年。宵旰忘勞。夙夜恭己。萬機在念。深惟馭朽之言。一物未安。必軫納隍之慮。冀洽承平之化。以臻富壽之期。頃者命將出師。防秋護塞。河朔之地。歲屯重兵。轉餉廢於耕農。征役勞於丁壯。屢疲民力。每疚予懷。一昨南牧之戎。深入內地。洎乘革輅。躬至澶淵。方議會兵。聿成通好。然念盪焚廬舍。翦伐桑榆。劫取囷倉。脅奪士庶。又瀕河軍壘。素無守備。齊人入保。盡殄兵鋒。生靈何辜。災害及此。得非朕臨御萬邦。未能馴致于治平。訓鍊師徒。未能克定於禍亂。致茲遘閔。深用疉傷。今茲二國結歡。共著於盟誓。三邊罷警。俱息於戰爭。將明追咎之誠。惟切在予之責。自此睦鄰保境。以靜封疆。育物愛人。以綏華夏。咨爾有衆。知朕意焉。

江淮水旱遣使安撫詔 大中祥符四年七月丙寅

朕以寡德。臨茲庶方。靡忘宵旰之勤。冀洽阜康之治。眷言江介。迄彼淮濱。水旱相仍。田疇幾廢。緬念黎庶。予懷惻然。宜令起居舍人直史館李廸爲江淮南安撫司。內殿崇班閤門祇候張利用爲都監。存問里閭。察訪官吏。訊詳犴獄。寬節財征。務適便宜。用圖安集。

宋大詔令集卷第一百八十八

政事四十一

慰撫中

慰撫權知貢舉晁迥李惟詔 大中祥符五年五月甲午

卿等往莅文衡。允符朝望。仍問考藝。克協推公。然於陪隸之間。頗失防閑之術。卿等方當鏁宿。故不周知。朕備究事端。可從情恕。但思舉職。勿復懷憂。無致遺才。允資宜力。

滎王宮火曉諭京邑牓 大中祥符八年五月庚辰

近者親王之第。遺燎旁延。頗聞京邑之人。盈衢引望。觀濡救之未及。形憂戚以皆同。言念至誠。實嘉忠順。故茲牓示。想宜知悉。

皇子封王諭壽春郡詔 大中祥符八年十二月辛卯

朕以某慶鍾積累。體備溫恭。問安特發於誠明。樂善匪由於教導。爰稽典故。聿舉褒崇。冀承輔於京都。且昭尊於宗社。眷壽春之巨屏。寔淮甸之奧區。俗常淳厖。地推繁會。俾聿開於茅土。仍兼總於節旄。適賴統臨。用宣風教。諒茲民吏。慶抃同深。

王守斌建節諭永清軍勑書

勑永清軍三軍將吏僧道百姓等。朕以王守斌早陟將壇。兼提禁旅。奉公勤瘁。秉志謙沖。俾辭軍簿之煩。特換戎麾之寄。鎮于右地。載洽隆恩。汝等居彼藩城。得茲賢帥。逖聞明命。諒慰乃懷。今特授王守斌特進、依前檢校太尉、使持節貝州諸軍事、行貝州刺史、兼御史大夫、永清軍節度、貝州管內觀察處置等使、加食邑七百戶、食實封二百戶、功臣勳封如故。

府州勑牓 寶元二年九月乙巳

眷惟府谷。遠在邊隅。以折氏代有勳勤。委之鎮撫。而繼宣不能綏寧種落。以紹世家。虐用威刑。肆爲掊克。民多胥怨。人用流移。今改命折繼閔知府州。其因繼宣連逮之人。一切不問。本州將校官吏百姓蕃落族帳等。並當安集。無或驚疑。

撫慰判天雄軍呂夷簡詔 寶元三年十一月己亥

卿夙以材猷。荐冠台席。向寵麾旄之授。適圖屏翰之勞。而京府猾胥。憲臺起獄。語連子舍。議止罰科。且有案章之臣。稱乃訓方之闕。朕以卿自辭魁柄。累易藩符。慮私靡遑。事迹弗及。故茲慰撫。無或驚疑。

賜護國軍三軍將吏僧道百姓等勑書

勑護國軍三軍將吏僧道百姓等。朕以某人夙兼忠勇之資。常著勳庸之效。自參機務。頗歷歲時。載深乃眷之懷。優以均勞之寵。惟命崇於名器。蓋體繫於朝廷。是加鼎軸之司。委以藩垣之任。乃人臣之榮遇。想輿論之僉諧。

勑賜昭德軍節度使檢校太傅知并州龐籍撫諭戒勗詔

勑龐籍。省所上表。麟州中管勾府州軍馬司郭恩、領兵過屈野河、陷沒得罪事。具悉。卿以文武之才。更將相之任。入籌帷幄。早資決勝之謀。出撫邊隅。方重臨戎之寄。載惟同德。可諒宣勤。而裨校貪功。曾罔虞於蠆毒。敗沒銜辱。致輕損於國威。嘉封奏之上陳。能列言而引咎。雖勇夫僨於輕敵。彼實自貽。而智者慮於未形。宜無不備。已失難追於既往。後圖猶倚於老成。勉思節制之方。用副眷懷之厚。故茲詔示。想宜知悉。夏熱。卿比平安好。遣書指不多及。

賜河陽三城三軍將吏僧道百姓等詔 嘉祐五年十月

朕以宋庠文儒之宗。台宰惟舊。近解樞衡之重。俾兼袞鉞之榮。言念盟津。前經坐鎮。命茲書社。利以建侯。俾寰輔以作藩。庶京師而蒙福。眷言士吏。以及軍民。聞孚號之已行。諒輿情之胥悅。今特授宋庠依前檢校太尉、同中書門下平章事、使持節孟州諸軍事、行孟州刺史、充河陽三城節度、孟州管內觀察處置河堤等使。判鄭州軍州事。故茲示諭。想宜知悉。

賜山南東道三軍將吏僧道百姓等詔

朕以賈昌朝業茂公台。器全文武。命建牙於南紀。仍主籥於北門。冠于元侯。時惟伯舅。屬以首樞缺職。前著咨才。召還溫省之嚴。入冠本兵之任。朝言協允。國論倚成。緬想吏民。久承節制。自聞朕命。諒愜爾情。

賜忠武軍三軍將吏僧道百姓等詔 嘉祐元年十一月

朕以王德用世濟忠勞。年居耆哲。丹心有素。黃髮無愆。屢上公車之章。願辭樞省之務。閔以機劇。煩我老成。命總政於六閑。益徙封於三輔。惟茲舊許。用啓新藩。乃眷吏民。是承條教。遙聞節制。因洽驩情。

賜感德軍三軍將吏僧道百姓等詔

朕以允初德器早成。天屬爲近。適總司於留務。俾節制於中權。進領藩房。留宿京邸。且念賢王之子。用申敦族之懷。矧玆美原。抑乃名士。按之析瑞。壯厥維城。汝等遙被撫臨。諒多忻懌。今特授允初依前檢校尚書右僕射、持節耀州諸軍事耀州刺史、兼御史大夫、充感德軍節度耀州管內觀察處置等使、仍加食邑七百戶、食實封二百戶、散官勳封如故。故玆詔示。想宜知悉。夏熱。將士等各得平安好。參佐官吏僧道耆壽百姓等並存問之。遣書指不多及。

賜彰武軍三軍將吏僧道百姓等詔

朕以李昭亮門濟忠猷。世承勳烈。嚮澄氛於保塞。命書社於濟陰。升冠內徽。倚臨北道。顯庸惟茂。令問逾昭。進兼宰鉉之名。就司留鑰之務。輔藩惟舊。台鉞有光。緬想吏民。遙承節制。嘉聞異數。增慰輿情。

賜建雄軍三軍將吏僧道百姓等詔

朕以許懷德少歷戎行。老知軍志。早持齋鉞。久衞寢戎。頗積勳勞。用加恩數。俾侯中冀。書社平陽。緬想吏民。同嘉師帥。今特授許懷德檢校司徒、使持節晉州諸軍事晉州刺史、兼御史大夫、依前充殿前都指揮使、建雄軍節度使、晉州觀察處置等使、加食邑七百戶、食實封三百戶、功臣散官勳封如故。故玆示諭。想宜知悉。

賜淮康軍三軍將吏僧道百姓等詔

朕以張茂寔早分將鉞。嘗帥騎兵。參圖前勞。召還舊物。解符書於郊上。進茅瑞於淮西。遙制藩垣。入司宿衞。緬惟有衆。嘉此建侯。今特授張茂實檢校吏部尚書、使持節蔡州諸軍事、行蔡州刺史、兼御史大夫、充侍衞親軍馬軍副都指揮使、淮康軍節度蔡州管內觀察處置等使、加食邑七百戶、食實封三百戶、功臣散官勳封如故。故玆示諭。想宜知悉。

賜參政歐陽修詔 治平四年三月壬子

數日來。以言者汙卿以大惡。朕曉夕在懷。未嘗舒釋。故數批出。詰其所從來。訖無以報。前日見卿文字力要辨明。遂自引過。今已令降黜。仍出牓朝堂。使中外知其虛妄。事理既明。人疑亦釋。卿宜起視事如初。無恤前言。

韓絳宣撫陝西賜本路勑書 熙寧三年九月

勑永興軍官吏將校僧道耆老百姓等。朕以關陝以西。城鎮相望。老弱罷於轉餉。吏卒淹於戍屯。特命輔臣。往宣朝指。究方隅之民隱。飭邊計於秋防。凡在撫循。並申眷想。今特遣尚書吏部侍郎參知政事韓絳。往彼宣撫。故玆撫諭。想宜知悉。

賜保平軍三軍將吏僧道百姓等除賈昌朝爲本鎮節度使示諭勑書 嘉祐三年以後

勑保平軍三軍將吏僧道百姓等。朕以賈昌朝舊儀宰路。外歷帥垣。適班綍於治庭。荐易麾於鉅鎮。乃睠樂郊之俗。久陶寧世之風。聞拜者英。想符輿望。今特授賈昌朝依前尚書右僕射、檢校太師、兼侍中、充保平軍節度陝州管內觀察處置等使、陝州大都督府長史。仍改賜推誠保德崇仁守正忠亮佐運翊戴功臣。散官勳封如故。仍放辭謝。故茲示諭。想宜知悉。

富弼授鎮海軍節度使賜本鎮勑書

勑。朕以富弼昔在先朝。嘗居上宰。肆纂承於丕祚。復登冠於幾廷。適靳藩翰之行。遂寵節旄之拜。已祗成命。諒慰輿情。今特授富弼依前檢校太師、同中書門下平章事、使持節青州諸軍事、行青州刺史、充鎮海軍節度青州管內觀察處置等使、判河陽軍州事、兼管內河堤勸農使、加食邑一千戶、食實封四百戶。仍改賜推誠保德崇仁忠亮翊戴功臣。散官勳封如故。

曾公亮授河陽三城節度使賜本鎮勑書　熙寧三年八月

勑。朕以曾公亮先帝大臣。前朝舊宰。重抑老成之請。特均幾務之勞。方倚任於上都。宜分旄於巨鎮。眷言士吏。以暨軍民。聞孚號之已行。諒輿情之胥說。今特授曾公亮依前守司空、檢校太師、兼侍中、使持節孟州諸軍事、行孟州刺史、充河陽三城節度孟州管內觀察處置河堤等使、集禧觀使。仍改賜推誠保德崇仁守正協恭忠亮翊戴功臣。食邑實封散官勳封如故。仍五日一奉朝請。

皇兄宗諤授保靜軍節度使賜本鎮勑書　治平

勑。朕以宗諤席祖宗之休。篤兄弟之愛。眷言淮服之奧。適建戚旄之雄。按土民之素蕃。陶風化之甚美。聞褒近屬。想慰遐心。今特授宗諤依前檢校右散騎常侍、使持節宿州諸軍事、宿州刺史、兼御史大夫、虢國公、充保靜軍節度宿州管內觀察處置河堤等使、加食邑七百戶、食實封二百戶。散官勳封如故。

皇伯宗諤授集慶軍節度使賜本鎮勑書

勑。朕以宗諤緒本皇支。望有賢德。懋建帥節。以蕃工家。□彼土疆之饒。陶于風化之美。諒聞嘉命。彌慰輿情。今特授宗諤、光祿大夫、檢校尚書左僕射、同中書門下平章事、使持節亳州諸軍事、亳州刺史、虢國公、充集慶軍節度使、亳州管內觀察處置河堤等使、加食邑七百戶、食實封三百戶。勳封如故。

宋大詔令集卷第一百八十九

政事四十二

慰撫下

皇弟顥授武勝軍節度使賜本鎮勅書 治平四年

勅。朕以顥皇屬之英。先帝所愛。爰旣纘承之始。茂稽封建之文。賜之大邦。屛我王室。旣協朝僉之穆。想符民望之愉。今特授顥光祿大夫、依前檢校太尉、同中書門下平章事、使持節鄧州諸軍事、鄧州刺史、充武勝軍節度鄧州管內觀察處置等使、進封樂安郡王、加食邑七百戶、食實封四百戶、勳封如故。

曹佾授昭德軍節度使賜本鎮勅書 治平

勅。朕以曹佾地處戚藩。位聯台衮。適紹休於邦祚。爰更寵於師旄。載惟昭德之封。寔爲全晉之奧。已肦定命。良慰輿懷。今特授曹佾檢校太傅、依前同中書門下平章事、充景靈宮使、行潞州大都督府長史、充昭德軍節度潞州管內觀察處置等使、加食邑七百戶、食實封三百戶、散官勳封如故。

郝質授武安軍節度使賜本鎮勅書 嘉祐

勅。朕以郝質秉將鉞之雄。總禁屯之重。屬受圖於帝極。更拜節於帥壇。睠彼樂郊。居有雅俗。適頒廷號。諒副民懷。今特授郝質檢校尚書左僕射、使持節冀州諸軍事冀州刺史兼御史大夫充殿前指揮使安武軍節度冀州管內觀察處置等使加上柱國、食邑七百戶、食實封三百戶、功臣散官勳封如故。

曹佾授鎮寧軍節度使賜本鎮勅書

勅。朕以曹佾緒出元勳。地聯懿戚。顧宣勞於外閫。命徙節於鉅封。眷彼樂郊。居有雅俗。適登良翰。宜慰遐瞻。今特授曹佾光祿大夫、依前檢校司徒、使持節澶州諸軍事、行澶州刺史、兼御史大夫、充宣徽北院使、鎮寧軍節度澶州管內觀察處置河堤等使、加食邑七百戶、食實封三百戶、勳封如故。

李端愿授武康軍節度使賜本鎮勅書

勑。朕以李端愿襲重侯之序。推外戚之英。比肦綍以告廷。遂擁旄而作鎮。瞻言封壤之奧。居有士民之蕃。久被化風。諒均輿慰。今特授李端愿依前檢校刑部尚書、使持節洋州諸軍事、洋州刺史、兼御史大夫、充武康軍節度洋州管內觀察處置等使、知相州軍州事、司羣牧、兼管內勸農使、加食邑七百戶、食實封二百戶、散官勳封如故。

皇弟顥授保信保靜軍節度賜本鎮勑書 熙寧四年二月

勑保信保靜軍三軍將吏僧道百姓等。朕以顥愛深同氣。德茂維城。念言峻望之隆。進陟眞王之號。出從外邸。留奉治朝。徹茸社於蜀封。建齋旄於淮服。眷爾樂土。爲之支邦。聞大號之已敷。諒輿情之交慰。

皇子俊授彰信軍節度賜本鎮勑書

勑彰信軍三軍將吏僧道百姓等。朕以俊德器夙成。天資日茂。率舊章而受社。渙大號以告廷。乃眷南華。素稱鉅鎮。賜以旄鉞。作爲屏藩。惟時吏民。爰暨師旅。聞茲休命。良慰羣情。今特授俊進檢校太尉、職使持節曹州諸軍事、行曹州刺史、兼御史大夫、充彰信軍節度曹州管內觀察處置等使、上柱國、公食邑三千戶、食實封一千戶、仍賜體仁保運功臣。故茲詔示。想宜知悉。春寒。將士等各得平安好。參佐官吏僧道耆壽百姓等並存問之。遺書指不多及。

皇子僩授鎮安軍節度使賜本鎮勑書 熙寧八年二月四日

勑鎮安軍三軍將吏僧道百姓等。朕以僩慈孝天至。英聰日新。眷言總丱之初。宜有錫封之命。以淮陽之名壤。乃京輔之大邦。特付節旄。用嚴藩翼。維爾吏民之衆。逮於師旅之間。及此布聞。良多慰懌。今特授僩特進檢校太尉、使持節陳州諸軍事、行陳州刺史、兼御史大夫、充鎮安軍節度陳州管內觀察處置等使、上柱國、□□公、食邑三千戶、食實封一千戶、仍賜宣仁翊運功臣。故茲示諭。想宜知悉。春暄。其將士等各得平安好。參佐官吏僧道耆壽百姓等並存問之。遺書指不多及。

陳升之授鎮江軍節度使賜本鎮勑書 熙寧八年四月

勑鎮江軍三軍將吏百姓等。朕以陳升之三朝舊德。四輔宗臣。久服樞衡之元。出宣屏翰之憲。眷言江國之紀。厥有里門之高。授之節旄。充彼方面。維爾兵吏及于士民。聞是寵光。諒深慰懌。今特授陳升之依前檢校太傅、同中書門下平章事、使持節潤州諸軍事、行潤州刺史、充鎮江軍節度潤州管內觀察處置堤堰橋道等使、判揚州軍府事、兼管內勸農使、充淮南東路兵馬鈐轄、加食邑一千戶、食實封四百戶、仍改賜推誠保德崇仁翊戴功臣。散官勳封如故。故茲示諭。想宜知悉。夏熱。將士等各得平安好。參佐官吏僧道耆壽百姓等並存問之。遺書指不多及。

韓琦移鎮永興賜本鎮勑書

勅。永興軍三軍將吏僧道百姓等。朕以韓琦材隆棟幹。績著旂常。服二紡之皇僚。偉三朝之重望。乃眷咸秦之舊號。爲屏翰之雄。授以尹章。畀之將鉞。維時元老。撫我西民。諒彼羣情。同均慰懌。今特授韓琦依前守司徒、檢校太師、兼侍中、行京兆尹、魏國公、充永興軍節度、管內觀察處置等使、令再任相州軍州事、兼監牧、管內勸農使、兼本州駐泊兵馬都總管、加食邑一千戶、食實封三百戶、功臣散官勳封如故。故茲示諭。想宜知悉。夏熱。將士等各得平安好。參佐官吏僧道耆壽百姓等並存問之。遺書指不多及。

燕達授武康軍節度使賜本鎮勅書 元豐四年八月

勅。武康軍三軍將吏僧道百姓等。朕以燕達輸忠惟舊。經武有勞。俾護殿巖。寵之圻父。仍頒使纛。領是洋川。遡聞制命之行。想慰邦民之望。

曹佾授護國軍節度使賜本鎮勅書

朕以曹佾地處親賢。名兼將相。屬均祀暇。特啓王封。因董正於官儀。且褒優於藩戚。遡聞誕告。想慰輿情。

某人授護國軍節度使賜本鎮勅書

國之懿親。朕所優禮。特加恩典。俾領將旄。抑有壯猷。以綏武旅。甫聞誕告。想慰輿情。

某人除彰武軍節度使賜本鎮勅書

秀發世祥。愛隆天屬。爰稽僉議。載錫命書。新瑞節於中軍。開輿藩於西國。想聞誕告。良慰輿情。

文彥博除河東節度使致仕示諭河東官吏軍民勅書 元祐五年二月

勅。河東官吏軍人僧道百姓等。朕以文彥博四朝舊臣。一時耆德。起於既老之後。輔予纘服之初。奏章屢陳。歸意莫奪。帥臣之貴。爵無復加。將鉞之崇。恩俾還舊。矧爾故鄉之父老。安於前尹之威懷。比聞册書。想多歡慰。今特授文彥博太師、開府儀同三司、太原尹、充河東節度、管內觀察處置等使、致仕、加食邑一千戶、食實封四百戶、勳封如故。故茲示諭。想宜知悉。將士等各得平安好。參佐官吏僧道耆壽百姓等並存問之。遺書指不多及。

馮京除彰德軍節度使諭彰德官吏軍民勅書 元祐五年四月辛酉

勅。彰德軍官吏軍人僧道百姓等。朕以魏都要地。守難其人。馮京名臣。姑易其節。假爾鄴城之重。壯我留鑰之司。矧旄鉞之得賢。抑吏民之增氣。已頒大號。想慰輿情。今授馮京檢校司空、持節相州諸軍事、相州刺史、充彰德軍節度、相州管勾觀察處置等使、再任知大名府、兼北京留守司公事、畿內勸農使、充大名府路安撫使、馬步軍都總管、仍食邑五百戶、食實封二百戶、勳封如故。故茲示諭。想宜知悉。將士等各得平安好。參佐官吏僧道耆壽百姓等並存問之。遺書指不多及。

向宗良授昭信節度賜本鎮勅書 元符三年

勅昭信軍官吏軍人僧道百姓等。朕以報德慈闈。推恩諸舅。眷彼樂土。宜吾懿親。改付將旄。俾綏士俗。已頒大號。想慰輿情。今特授向宗良檢校司空、持節虔州諸軍事、虔州刺史、充醴泉觀使、昭信軍節度、虔州管內觀察處置等使、加食邑五百戶、食實封二百戶、勳封如故。故茲示諭。想宜知悉。將士等各得平安好。參佐官吏僧道耆壽百姓等並存問之。遺書指不多及。

蔡王似授保平鎭安節度賜本軍勅書

勅保平軍鎭安軍官吏軍人僧道百姓等。朕以似有魯衛之親。有間平之德。甫開邸第。不遠禁城。遵用舊章。遙更重鎭。將旄相印。王組公圭。併增藩翰之雄。想慰士民之望。今特授似守太保、依前開府儀同三司、陝州大都督、持節陝州諸軍事、陝州刺史、蔡王、充保平鎭安等軍節度陝州陝州管內觀察處置等使、加食邑七百戶、食實封三百戶、勳封如故。故茲示諭。想宜知悉。將士等各得平安好。參佐官吏僧道耆壽百姓等並存問之。遺書指不多及。

張敦禮移寧海軍節度諭本鎭勅書

勅。朕以張敦禮國之至婣。朕所優睠。擢陞閫寄。榮建將旄。眷惟晉寧。遠控荒服。用資屛翰。倚以鎭臨。成命甫頒。輿情想愜。今特授張敦禮持節容州諸軍事、容州刺史、駙馬都尉、充寧海軍節度使、容州管內觀察處置等使。故茲示諭。想宜知悉。

皇子亶授山南東道節度賜本道勅書

勅山南東道官吏軍人僧道百姓等。朕以皇子亶雖在幼沖。已成德器。封建元子。國有彝章。用錫公圭。仍分將鉞。惟山南之重鎭。有羊杜之遺風。朕躬按輿圖。授茲制節。豈獨厚皇家之慶。亦以壯藩輔之形。成命甫行。諒均歡慶。今特授亶檢校太尉、持節襄州諸軍事、襄州刺史、充山南東道節度、襄州管內觀察處置橋道等使、上柱國、韓國公、食邑三千戶、食實封一千戶。故茲示諭。想宜知悉。將士等各得平安好。參佐官吏僧道耆壽百姓等並存問之。遺書指不多及。

告諭已誅首惡御筆手詔 大觀元年五月十二日

比緣姦人狂謀。追逮黨與。道路亭驛。排設應副。差役夫衆。科配鞍馬。急於捕繫。騷動良民。可令州縣應昨來追捕科差於民。一物一件。並仰經所屬自陳。本州類聚聞奏。當議別降指揮優恤。仍仰告於十民。首惡已誅。其各安集。監司長吏益加存撫。以稱朕意。

宋大詔令集卷第一百九十

政事四十三

誡飭一

誡飭百僚奉命諸道不得妄有請託詔 建隆三年十一月癸亥

奉使出疆。宣揚王命如容私謁是紊公朝宜令中書門下宣示文武百僚今後奉命諸道。不得妄有請託。如違。重寘其罪。

州縣官吏當直人詔

張官置吏國有舊章過限役人。律存明禁。如聞近日頗紊規程。宜示新條合令遵守。自今應天下州縣所置當直雜職手力廳子等。每縣不滿千戶已上。令三十人。主簿十五人。四千戶及五千戶令三十五人。主簿十七人。六千戶已上令四十人。主簿二十人。八千戶及萬戶已上令五十人。主簿二十人。每州不滿五千戶。錄事參軍二十人。司戶司法各三人。萬戶以上。錄事參軍三十人。司戶司法各四人。三萬戶以上。錄事參軍三十五人。司戶司法各五人。五萬戶以上。錄事參軍四十人。司戶司法各五人。

誡約長吏躬親檢校倉廩詔 建隆四年七月癸丑

爲國之計。足食是先。屬年穀之豐登。顧倉儲之流衍。苟暴涼之失節。卽損壞以爲虞。必資守土之臣。共體分憂之寄。應所在倉廩。並委長吏躬親檢校。勿令損惡。

誡約藩侯郡牧不得令親隨參掌公務詔 乾德四年九月庚辰

朝廷比設賓從。並置掾屬。共令參佐。務守詔條。豈可使紀綱之僕。干預公事。向從戒約。尚或因循。近者武寧節度高繼沖、元從軍將高從志。雖不簽簿書而輒干郡政果以贓賄黷我憲章尋命竄投尚從矜貸諸藩侯郡牧其謹守前詔不得更令親隨參掌公務如違者當寘於極典

誡約通判與長吏叶和詔

朝廷求理。務在叶和。郡國效官。所宜輯睦。苟用心之相盭。則從政以何施。朕比於諸州。改置通判。本期共治。必冀分憂。而聞與長吏互執事權。罔思公

共或循私而爲黨或專欲而自強多致忿爭動成踰越自今應諸道州府事無巨細須長吏通判僉議連署則州郡僚屬方許稟行凡爾職官當體予意。

令外郡官罷任具官舍有無破損及增修文帳詔　乾德六年二月癸亥

郡國之政三年有成官次所居一日必葺如聞諸道藩鎮郡邑府署倉庫等凡有損庳多不繕脩因循歲時漸至頹圮及僝工而庀役必倍費以勞民自今節度觀察防禦團練刺史知州通判等罷任日具官舍有無破損及增修文帳仍委前後政各件以聞其幕職州縣官候得替據增葺及創造屋宇對書新舊厤子方許給付解由損壞不完補者殿一選如能設法不擾人整葺、或創造舍宇與減一選無選可減者收裁

誅李飛雄誡勵天下詔　太平興國三年五月乙巳

朕奄有萬邦職兹教化民之多辟罪在朕躬近者秦州都巡檢周承瑨等上言四月二十六日有秦州節度判官李若愚男飛雄僞乘驛馬至秦州清水縣矯稱制、縛周承瑨田仁朗劉文裕王侁梁崇贊韋韜馬知節等七人將於秦州戮之因創守宰反城中劉文裕覺其詐遂共擒縛飛雄按之盡得其狀所有李飛雄三族已從別勅腰斬其父若愚失於庭訓成此野心致孥戮之上延使宗祀以無主雖從誅殛良切哀矜念中外臣庶之家各有子弟或自來有乖檢慎爲鄉黨所知雖加戒勗曾不悛改者並許本家尊長具姓名聞於州縣遣使錮送闕下當配隸諸處敢有藏匿不以名聞者異日醜狀彰露期功以上悉以其罪罪之宜令有司頒行天下

約束八月一日以後吏民所犯不在恩赦之限詔　太平興國三年八月丙辰

朕以長至之辰親祀上帝告災宥過抑有舊章竊慮不逞無賴之徒因而爲姦以圖僥倖諸州官吏留大獄不決以覬宥赦宜令諸道轉運司指揮所屬州府自八月一日以後吏民所犯並論如法不在恩赦之限

誡飭郊廟行事官虔肅詔　太平興國六年十一月丙戌

將奉禋燔式資蠲潔所以交神明之道也凡爾執事者得無戒焉自今奉郊廟行事文武官於致齋日並須沐浴澣濯衣服務於虔肅以供祀事敢有違者並以不恭論宜令御史臺專行糾察

誡飭士庶子弟甥姪等詔　太平興國六年十一月癸丑

周設鄉飲之禮以序正長幼漢立孝悌之選以敦勸人倫應內外文武官及兩京諸道州府士庶子弟甥姪等方屬承平宜伸誡諭自今州縣長吏伺察部內有輕薄無賴孝悌有虧貨鬻田園追隨蒱博宗族所共棄鄉黨所不容者並當嚴加誘掖俾之悛改其聞義不服爲惡務滋者即須條具姓名以聞當議寘於刑辟柬不率者以告蓋有格言致比屋於可封用成至化凡爾中外咸體至懷

誡約同僚連署奏牘詔 雍熙二年二月戊寅

朝廷選用賢能。分膺事任。必資公共。以副憂勤。向者聯事同僚。多不連署奏牘。自今並須同署。永爲定式。

約束州縣長吏不得出家諱詔 雍熙二年六月辛丑

古人云。父母之名。耳可聞而口不可道。則知卒哭而諱。止可施於私家閨門之事。豈宜責於公府。如聞州縣長吏。頗以私諱責人。甚無謂也。自今內外臣僚三代名諱。只可行之于己。州軍長吏不得出家諱。新授職官內有家諱者。除三省御史臺五品文班四品武班三品已上許准式。其餘不在改避之限。

約束轉運使副不得以壽寧節赴闕詔 淳化元年十月丁卯

方伯連帥之任。以糺率諸國。刺史州牧之職。以澄清列郡。斯周漢之制也。國家擇方正之士。領漕運之權。夤奉詔條。勤恤民隱。刺舉官吏。得用三尺之法。牢籠鹽鐵。以集九年之儲。其才甚難。所掌尤重。固宜夙夜匪懈。朝夕在公。豈可不守攸司。擅離所部。或因載誕之節。輒以入覲爲名。陳課最以希恩。獻文章而干進。叛官離次。莫甚於斯。自衒自媒。亦孔之醜。宜伸約束。以謹貪叨。自今後諸路轉運使更不得以壽寧節來赴闕。仍不得輒獻文章。其民間利害及合廢置釐革等事。只令實封附傳以聞。必須面奏者。別聽進止。

約束轉運使詔 淳化三年正月戊午

國家擇幹蠱之才。領轉漕之任。生民繫乎舒卷。國用倚之盈虛。百吏承風。在舉措而宜愼。三年會計。固黜陟以是行。苟無課最之文。曷伸懲勸之道。應諸道轉運。自今釐革庶務。平反獄訟。及貨財盈美。飛輓辦集。有利於民等事。並令所在州府軍監。每歲終件析以聞。非尤異之績者。不得申舉。

約束諸司行事不得輒稱聖旨詔 淳化四年四月己卯

國家庶務至廣。蓋先於有司。舊章具存。必求於故府。近日中外官吏。不守章程。凡有舉行。多有稱特奉聖旨。鸞臺鳳閣。旣來降於勅書。金科玉條。又靡干於律令。卽有乖忤。無所辨明。自今諸司凡有舉行。不得輒稱聖旨。違者致其罪焉。

誡約劍南招安使上官正詔 至道元年五月

言者君子之樞機也。樞機之發。榮辱之主。禍福無門。唯人所召。不可以不愼。遇事輒發。悔不可追。至若劍南遺妖。尙未殄滅。庶民未得按堵。朝廷未得高枕。其誰之罪乎。汝律身御下。雖爲允當。然爲之首領。如有聞見善惡。但當密具奏陳。不令喜怒形於顏色。使巴蜀官吏各安其所。豈不善乎。

誡約知襄州給事中劉昌言璽書 至道二年七月壬子

制詔劉昌言。國家徵納租稅。以資國用。宣布律令。以肅天刑。三時之限甚寬。畫一之法已定。何乃妄率胸臆。作爲聰明。不循舊章。撓亂經制。廢格明詔。

建立新規。斂怨於民。莫斯為甚。自今敢離叛官次。背棄詔條。當遣薄責。不復恕也。

誡飭轉運職事詔 咸平元年六月己亥

轉運使副之職。在乎督饋輓。計貲儲。察官吏之能否。訪生民之利病。至於招諭流徙。勸課田疇。理獄訟之冤。提簿領之要。其責所重。其務寔繁。苟非循公滅私。正己率下。則宵旰之寄。何所望焉。自今居是職者。如有灼然功行。為衆所推。朕當不吝美官。特與升陟。其所涖辦集。廉幹有聞。亦當復委漕輸。或授計職。優其俸入。聊以賞勞。如但事依阿。妄行威福。因循曠職。貪虐害人。大則正以刑章。小則黜之散地。信賞必罰。朕不食言。兼委憲司。察訪彈奏。

令三司毋得增加賦斂重困黎元詔 咸平元年八月丁亥

方域至廣。邦賦實繁。責在有司。抑惟前典。今逋逃罕復。租調弗均。關市之征。榷酤之利。逮于山澤之產。咸助軍國之資。宜令三司使以下。同經度件析以聞。歲用所須。無俾有闕。勿得增加賦斂。重困黎元。務在酌中。庶令經久。如諸色經費。宜從節約。并未盡條件。亦開析聞奏。無或顧避。玷予柬求。

令三司大事合降敕者乃奏詔 咸平元年十月甲辰

國家擇能於朝。分掌邦計。財用出納。自有常規。宜任攸司。庶無闕職。自今三司有大事合降勅處分者。仰三部職官同商度。可為永制。乃得聞奏。如施行後復有不當。必重行朝典。

誡諭羣臣詔 咸平二年二月己酉

朕猥承宥命。嗣守洪圖。思得正人。式恢神化。用懸爵賞。以勸勞能。蓋有善而必旌。亦無功而不報。至乃自下升高之序。揚清激濁之方。凡百搢紳。固當知悉。又何嘗親近者有違而不罰。疎遠者抱器而不伸。而仕進之人。風猷尚薄。頗聞趨競。亦事比周。宜錫諭言。警其澆慢。自今文武羣臣中外有位。宜堅操業。自取功名。苟習前非。必加厚譴。仍令御史臺常切糾察以聞。儻或依違。亦當黜責。誕告百辟。知予意焉。

宋大詔令集卷第一百九十一

政事四十四

誡飭二

誡約上疏者詔 咸平二年四月辛未

昨命有司。奉行中詔。廣詢謀議。不間芻蕘。冀沃虛懷。以賚闕政。洎陳封疏。特用詳觀。其言合古今。事關利病。尋加聽采。亦命旌酬。而不逞之徒。邇來甚衆。駕肩詣闕。接踵叫閽。述閭閻猥近之談。希朝廷褒進之澤。至有倩人作奏。借術陳詞。匿在己之罪名。興有位之誣謗。朕心不惑。而讒說可懲。慮長澆浮。宜伸警誡。令登聞檢院自今此類。不得收接。

誡約轉運使副起請事宜保舉移易官屬詳審詔 咸平二年八月壬申

朝廷以州郡之事。委漕運之臣。提其紀綱。按以條法。凡所上請。理須盡公。亦有不協便宜。虛煩詔令。殊乖倚任。將用申明。宜令諸路轉運司使副。自今起請事宜及保舉移易官屬。皆須重復詳審。委是公私利濟。無所狥私。乃得聞奏。當務降勅施行。如異日事有乖當。必行重責。

誡約三司詔 咸平四年三月丁酉

漕運穀帛。供備邊防。三司本職也。如聞邇來頗隳舊制。凡所經費。責在外司。將何以調發軍須。饋餉兵食。以兹計國。甚無謂焉。宜申詔條。俾恪官次。儻聞誤闕。必振典刑。

誡約三司收掌簿書不得遺失詔 咸平五年四月壬午

財計之司。蓋謹於出納。官吏之職。宜較於耗登。爰自近年。頗聞廢職。每詢金穀之常數。多稱簿籍之不存。用警因循。更申約束。宜令三司自今收掌簿書。不得遺失。歲終比較次年條奏。及取天下戶口數置籍較定以聞。

誡約規避遐適詔 咸平五年九月壬子

如聞川峽官吏使臣。規避遐適。固作因循。不務協和。速期受代。宜從諭旨。式誡慢官。如復有違。當勘鞫責罰。就移遠處。

誡飭中外官詔 咸平六年六月己未

朕選擢羣材。敷求至治。出臨民政。分莅戎昭。黎元有力穡之勤。軍旅奉戍邊之役。念其勞苦。切在撫綏。緊乃具僚。實膺榮寄。宜思公共。副我憂勤。而有憚其重難。意在規避。或交構生事。不務協和。或斡濟有聞。故爲曠失。苟求移替。自取便安。頓紊典彝。何名仕進。特頒告諭。用警依違。勉警公忠。必均勞逸。自今如有此類。達朕聽聞。當遣推窮。嚴加譴斥。屏諸遐遠。以戒澆浮。

誡飭中外官詔 大中祥符元年正月己卯

朕夙承先訓。仰紹丕基。賴二聖之詒謀。奉三靈之眷命。撫御億兆。不敢怠遑。慮一德之未孚。或彝倫之斯斁。每勤聽斷。冀洽和平。方深若厲之懷。遽集非常之慶。降靈書於旭旦。覩嘉瑞於上春。示卜年卜世之祥。敦惟靜惟清之化。敍約法懲姦之訓。形愛民濟物之言。無方而來。如響斯答。載念昭回降監。授我以眞符。華裔宅心。奉我爲元首。益思祗畏。仰副高明。更勤恤於黔黎。愈勵精於庶政。然而君臨四海。方寓大同。日有萬機。安能獨治。邦國之務。寤寐以思。允資文武之藎臣。共致淳熙之景化。矧百工時敍。本無曠於庶官。羣士嚮臻。非借才於異代。必籍衆賢之助。以躋至治之風。是因儆懼之初。特申戒諭之意。若乃典司衡軸。翊贊樞機。百辟具瞻。萬務攸出。既中外之關決。因一二以咨詢。所宜獻納謨明。彌縫闕漏。佐佑皇極。斟酌化原。知無不爲。實相以濟。祥刑之署。掌法之曹。宜盡哀矜。務從平允。必期當罪。勿用深文。使無冤入。足召和氣。至於羣有司之職。百執事之人。當念交修。罔或貳事。逮夫牧守之任。綏養爲先。漕輓之司。澄清是寄。訖于令宰。實字吾民。所宜撫卹疲羸。蠲除苛酷。布寬大之詔。流愷悌之聲。決獄務盡於詳明。爲政率遵於簡易。體茲天眷。克副予衷。其有總營校之師。當將領之職。撫循士伍。蓄養驍雄。訓練在乎必躬。力役戒乎無度。筦榷之利。關市之征。宜奉詔條。恪居官局。無忞掊尅。以求羨饒。載於簿書。用爲課最。財幣之有欺沒。自可振明。貨殖之務流行。勿爲苛細。咨爾卿士。逮於具寮。共敦匪懈之方。庶叶大中之道。布告遐邇。知朕意焉。

誡飭文武官書麻解由無得虛錄勞課隱漏過犯詔 大中祥符元年三月癸未

國家並建庶官。分治百職。每循名而責實。冀獎善以勸能。屢降詔條。俾書課最。委攸司之參校。稽善狀以甄升。亦有竊覬朝恩。妄增功緒。靡慙醜行。深斁彝章。思革弊風。用頒嚴戒。自今文武官書麻解由無得虛錄勞課及隱漏過犯。違者重寘其罪。

王瑛等坐賕抵死誡約天下詔 大中祥符元年四月癸丑

近者澤州晉城縣令王瑛、巴州其章縣主簿苗文思皆枉法受賕。坐罪抵死。令宰之任。實字吾民。而長惡不悛。黷貨斯甚。自罹邦憲。深玷官常。良用軫懷。特從申儆。勉思廉恪。無冒條章。宜令刑部告諭天下。

出京朝官誡詞 大中祥符元年四月丁丑

昨以祥符昭錫靈命惟新示治國之宏規表自天之景福仰膺丕貺思儆具僚汝等委質策名涖官從政宜罄公忠之節用符慎簡之心察俗者直清而無私臨民者惠綏而勿擾決獄訟者務於平允掌財賦者戒於煩苛體予恤隱之心用叶大中之道各加砥勵無冒憲章

幕職州縣官誡詞

昨以寶籙騰文天心垂裕示保邦之格訓昭治世之宏規欽奉鴻休思儆具位汝等咸居祿秩並荷寵靈所宜念學古以入官勤立身而行道在賓幕者裨贊是傚任州縣者撫養爲先折獄在乎審詳議法貴於明慎勵乃夙宵之志布予清靜之風苟有政能何吝升奬

誡約屬辭浮豔令欲雕印文集轉運使選文士看詳詔 大中祥符二年正月庚午

國家道莅天下化成域中敦百行於人倫闡六經於教本冀斯文之復古期末俗之還淳而近代已來屬辭之弊侈靡滋甚浮豔相高忘祖述之大猷競雕刻之小技爰從物議俾正源流咨爾服儒之文示乃爲學之道夫博聞强識豈可讀非聖之書修辭立誠安得乖作者之制必思教化爲主典訓是師無尚空言當遵體要仍聞别集衆弊鏤板已多儻許攻乎異端則亦誤於後學式資誨誘宜有甄明今後屬文之士有辭涉浮華玷于名教者必加朝典庶復素風其古今文集可以垂範欲雕印者委本路轉運使選部内文士看詳可者卽印本以聞

文臣七條 并序 大中祥符二年十一月丙辰

列辟任人治民爲要羣臣授命奉法居先朕勤擇循良撫綏黎獻慮萬方之未泰每終夕而疚懷示以詔條仰惟舊典守而勿失政則有成無曠庶官期善修於職業慎乃出令爰親述於訓詞勉副予心各揚爾事今賜諸道牧守及知州知軍通判知監知縣七條如左一曰清心謂平心待物不爲喜怒愛憎之所遷則庶事自正二曰奉公謂公直潔己則民自畏服三曰修德謂以德化人不必專尚威猛四曰責實謂專求實効勿兢虚譽五曰明察謂勤察民情勿使賦役不均刑罰不中六曰勸課謂勸諭下民勤於孝弟之行農桑之務七曰革弊謂求民疾苦而釐革之

武臣七條 并序

夫禮存九法傳載七德皆將帥之任軍旅之政朕以雖臻治定敢怠武經常訓習於戎昭用安和於師律紬惟彝典實著昌言因取則於前文俾特頒於明制言不盡意聊舉於大綱令出惟行聿期於可久凡司兵柄共體予衷今賜諸部管鈐轄都監監押駐泊巡檢等七條如左一曰修身謂修飭其身使士卒有所法則二曰守職謂不越其職侵撓州縣民政三曰公平謂均撫士卒無有偏黨四曰訓習謂教訓士卒勤習武藝五曰簡閱謂閱視士卒識其勤惰勇怯六曰存恤謂安撫士卒甘苦皆同常使齊心無令失所七曰威嚴謂制馭士卒無使犯禁

誡飭法寺提轉詔 大中祥符五年三月戊辰

省寺法官轉輸劇任處斷貴於平允巡按藉其詳明選擢俱優詔條備具至於别詢朝列兼命廷臣俾提轄以是司亦慎簡之攸屬所宜肅清封部糾

察尤違正。逮捕之滋彰。絕狴牢之淹繫。如聞舉職。未副斯懷。既用軫憂。特行戒諭。自今審刑院大理奏案情狀已正。條目未備。不至妨閡者。並即斷刑。事須駁退者。件狀以聞。轉運使提點刑獄官得百姓詞狀。法寺疏駁事因。即時詳定聞奏。如有疑閡。即選官審復。或情理枉抑未盡。始得推鞫。若止是小有未備。元勘官更不問罪。務在獄不苛擾。稱朕意焉。

誡約同事不得任情偏執不循理道及私忿不和詔 大中祥符五年八月丁酉

分命臨民。具存於條教。同官聯職。宜守於士風。苟推公共之心。何爽協和之理。而罕由恪慎。多致紊煩。特因上言。重有戒諭。自今文武官在任同事。並從長裁遣。如任情偏執。不循道理。及用私忿不和者。轉運提點刑獄司察舉以聞。當遣官辨其枉直而重責之。如不即察舉。並罰之。

責董瑩等戒勵百官詔 大中祥符七年六月丙辰

朕精求政治。總練羣材。思欲吏稱厥官。民受其賜。而董瑩、王文龜等榮參著位。任忝字人。不畏簡書。逞其胸臆。或安於忍毒。酗酒以濫刑。或恣乃貪饕。受財而鬻獄。並投荒服。猶屈刑章。凡百寀寮。所宜中戒。無循覆轍。以蹈嚴誅。

誡約奉使詔 大中祥符七年六月己未

比擇使臣。承受邊奏。其於戒飭。素已丁寧。苟無曠違。亦有升奬。既則聆於事實。多不稱於選掄。近河東路供奉官李崇政、西川路侍禁張仲文增減上言。張皇動衆。已降職及勒歸班差遣訖。其自今所差內臣三班使臣充職者。如能行止周慎。奏報允平。當議特記姓名。優與差使。或增俸給。其有明負才識。深察機宜。規度之間。實有裨益者。亦當別示陞擢。故茲戒諭。咸使聞之。

決配崔白誡勵民庶詔 大中祥符八年八月己卯

輦轂之下。務在澄清。狡思之徒。固宜竄逐。崔白冒名儒素。植性狡頑。業以姦凶。濟其譎詐。日兢錐刀之利。恣凌孤寡之民。規其室廬。迫以刑憲。既從吏議。盡伏巧誣。已正嚴科。用懲惡黨。伊爾氓庶。無忘戒茲。

誡諭陳堯咨詔 大中祥符八年十月庚寅

卿知永興軍府日。所爲乖當。聞於朝廷。除用刑慘酷外。至如置武庫。建視草堂。開三門。築甬道。早晚衙令軍人執檛。左右夾階。引馬隊教陣。牽禁軍出打圍。皆非人臣所宜。喧於衆論。屢有聞奏。非獨樂黃目也。朕念卿母氏耆年。堯叟朝夕近侍。未欲窮究。遂以元奏下問。且言乞不施行。近堯叟又援赦恩。求爲甄收。成命既出。羣言愈甚。而曾不內省。但曰爲人所傾。自今當體國恩。畏茲物論。或如終不知咎。尚乃怨尤。再致羣言達於朝廷。則當以前後事狀盡付有司。

宋大詔令集卷第一百九十二

政事四十五

誡飭三

誡勵臣寮及子弟詔 大中祥符九年七月癸亥

朕恭己守邦。側身思治。常稽古訓。用輯政經。所冀化洽隆平。俗躋仁壽。言届收成之序。共忻豐楙之祥。遽育螟蝝。荐傷甽畝。載詢往牒。祗考格言。以爲部吏侵漁。則孽蟲食稼。一昨黄沙捕繫。丹筆致刑。或宰邑中畿。或頒條列郡。受賕曲法。厥罪寔繁。忘公狥私。爲蠹滋甚。儻遵常憲。當寘嚴誅。尚表好生。俾投荒裔。式觀農患。倍惻予懷。蓋念萬里幅員。誠難徧察。千官治行。豈易周知。其有塡壑無厭。攫金罔顧。抨彈糾舉。稍覩望而緘言。老弱惸嫠。諒怨咨而曷訴。雖終聞於彰露。奈已致於瘡痍。得不和氣有傷。嘉生爲沴。矧復挾姦之子弟。輒依莅職之父兄。擅肆營求。詐謀受納。其弊尤甚。在法曷容。夫以贓論辜。自昔彌峻。漢朝之制。禁錮終身。唐室之初。貽累沒齒。士大夫生逢盛世。名列清途。當思刻勵以奮揚。安可貪饕而淪棄。特申勸勗。期叶澄清。自今列位臣寮。承家宗胄。宜思畏愼。勿玷素風。苟美譽之有聞。固褒升而不悋。或訟辭之顯摋。求末減以無階。如監統之官。自虧於奏劾。則見知之律。必舉於朝章。朕罔食言。人具欽聽。咨爾宰府。奉而行之。付學士院以此意降詔。

誡約犯贓官詔 天禧三年九月甲戌

選調之官。頗多貪墨。荐逢慶宥。再被恩榮。參外郡之政經。涖遠方之民庶。尙聞黷貨。鮮克悛心。再示矜容。特伸戒勵。自今應犯贓注廣南川陝幕職州縣官。委逐路轉運使常切覺察。如更犯贓罪。永不得敍用。

誡飭中外詔 天禧四年四月丙申

國家撫御寰區。務臻於嘉靖。修明紀律。用協於大中。苟多辟之自貽。故常刑之罔捨。惟彼全齊之壤。有茲豪右之家。志在兼幷。力恣兇暴。乃於親屬之內。肆其屠害之心。規奪資儲。巧避姦慝。且廣行於賕賄。冀幸獲於全安。矧彼憸民。爲其利誘。誣搆官吏。妄興訟詞。罪咎既彰。訊鞫皆驗。顧茲敗類。已正嚴科。而守土之臣。按章之使。罔能舉察。並示降懲。尙慮溥率之間。民俗攸衆。或虧檢愼。自掇悔尤。特軫至懷。聿申誕告。夫大易之訓。積惡所以滅身。洪範之文。好德所以逢福。儻弗遵於誡諭。尙輒縱於蹤違。彝章具存。嚴譴何逭。至於荷班條之寄。分按部之權。惟教化之是敦。且廉求之攸屬。罔循職守。當舉簡書。期共洽於澄淸。必無私於沮勸。咨爾臣庶。知予意焉。宜令尙書刑部遍牒三京諸路。揭榜示民。

誡約在京諸司免常朝者早赴本司詔 乾興元年六月乙巳

國家稽古建官。分釐衆務。所宜盡瘁。毋曠攸司。而罔念夙宵。多或違慢。爰申戒告。以儆因循。應在京諸司免常朝者。自今並早赴本司。仍令宣徽院御史臺入內內侍省覺察以聞。

貶丁謂諭中外詔 乾興元年七月辛卯

國之刑法。蓋用閑邪。臣之廢忠。茲爲弗令。丁謂向居丞弼。合副倚毗。而乃昵狎妖巫。蓄藏私第。旣親形於頌述。仍假託於神靈。陰肆醜圖。締連孽寺。詐談休咎。罔惑朝廷。當先帝違豫之初。洎朕躬纘服之際。務申私欲。將竊朝權。跡備見於姦訛。言動形於毀斥。究其陰妄。深駭聽聞。向雖坐以比周。聊行譴黜。羣辭未塞。稔惡愈深。證逮具存。包藏盡露。固人神之共憤。在典憲之弗容。豈於舊臣。靡念有終之訓。顧茲巨慝。敢稽必罰之文。竄屏遠方。以懲不類。布告中外。咸使聞知。

責曹瑋等諭中外敕 乾興元年二月戊辰

爲臣之方。罪莫大於懷貳。御邦之道。罰莫先於去邪。朕初紹洪基。用明丕律。懲茲宿惡。以示不私。寇準、久服顯榮。荐登台弼。性惟愎戾。志貯姦傾。曾罔念於□恩。乃輒思於不令。潛交逆寺。陰濟凶謀。竊發有期。禍萌遽露。賴忠臣之協力。致元惡以成擒。證左分明。包藏盡見。李迪、驟升鈞宰。蓋出寅緣。極口阿諛。公爲黨庇。伊醜徒干紀之際。屬先皇違豫之初。罹此震驚。遂成沉劇。感今追往。撫事原情。釁咎若斯。人靈同憤。傾者或止從末減。尙掩深愆。未塞輿情。屢興讜論。纘承在旦。號令惟新。方當守法度以奉前猷。端紀綱而肅羣下。顧茲蒐慝。宜示正刑。況復獲罪先朝。朕安敢捨。其寇準、李迪各從遠謫。猶表在寬。逮諸朋附之流。咸顯回邪之狀。據其險倖。合議竄投。但以適布慶恩。聊行遣黜。冀符公議。載舉國章。夫守正者乃介福而是膺。作孽者必速厲而難逭。吉凶視乎所履。威賞在於必行。式遵四罪之規。以淸多辟之類。布告中外。咸使聞知。所有曹瑋、周起、王隨、王曙、盛度等。已各第等責降。並從別敕處分。令使御史臺及都進奏院遍行告示。并下開封府出榜曉示。宣徽南院使鎭國軍節度觀察留後曹瑋、責授左衞大將軍容州觀察使知蔡州。尙書戶部侍郎知靑州周起、責授太常少卿知光州。給事中知杭州王隨、責授祕書少監知通州。給事中知汝州王曙、貶授檢校水部員外郎郢州團練副使。兵部郎中知光州盛度、貶授檢校水部員外郎和州團練副使。衞尉少卿知安州杜堯臣、責授尙書虞部員外郎監鄂州蒲圻縣酒稅務。尙書兵部員外郎知齊州段惟幾、責授太常博士監蘄州酒稅務。祕書監張子皋、降授大理丞。護國軍節副朱選、爲寧國軍節副。懷州團副梅詢、爲池州團副。

與丁謂往還人不加罪詔 乾興元年七月壬辰

朋姦必罰。旣懲不恪之人。宥罪從輕。亦廣自新之路。昨日丁謂階緣任用。肆騁凶邪。深黷朝章。已申邦憲。其有罔循公正。素挾比周。跡狀具明。典刑難恕。例從降黜。粗塞羣言。如聞仕進之中。尙有交私之類。苟盡從於吏議。抑深軫於予懷。特示寬恩。俾令昭滌。其內外臣寮有曾與丁謂往還者。一切不問。

誡告貪汚詔 天聖元年十一月

國家愼擇才能。分釐事任。所宜奉循邦憲。恪謹官常。比有貪汚之徒。公爲姦蠹之弊。稽于明訓。合正重刑。尙貸微生。止投遠服。用申戒告。以儆羣倫。

約束文武臣僚子弟詔

朕以世祿之家。堂構是荷。期於樹立。以備選掄。顧惟文武之臣。方居要重之地。乃有子弟洎乎族姻。或在外邦。分掌庶務。必當奉循法理。祗畏官箴。內無忝於門風。上可俟於朝賞。其或罔思矜愼。稍露尤違。所在轉運使州府長吏不得輒狥顏情。公爲掩蔽。卽須舉按。用正典章。儻若廉謹有聞。政能可奬。亦許條其事實。明具薦論。善否之爲黜陟。斯在苟監司之弛職。固常憲之難逃。各念敦修。務茲勗勵。

誡諭內外官詔 天聖九年十月丙戌

朕遵列聖之謀。荷慈宸之教。于茲八載。雖致小康。而搢紳之間。名節罔勵。致臺文之上奏。謂吏議之不容。矜勞者掠美以近名。希進者行險以徼寵。詆誣執政。干撓有司。分屏翰者或奏請之靡厭。主按察者或寬縱之爲得。貪而無恥。姑務營私。老而非材。曾不知退。繇廉恥之未飭。致風化之靡醇。臨朝以思。於朕何望。用稽彝訓。申儆羣倫。苟少冒於官箴。將自投於公憲。布告遐邇。體朕意焉。

誡約不得言垂簾時事詔 明道二年五月癸酉

朕紹膺先緒。統御羣方。聽治萬幾。俯臨一紀。大行皇太后夙承先顧。保佑沖人。勤約之風。化流海內。務極焦勞之思。忽愆腠理之和。永惟慈顏。仰聆遺誥。盡用祖宗之成憲。斯仍邦國之大端。朕哀迷之中。敢忘遵奉。凡號令之所出。或聽斷之從宜。蓋機務之寔繁。雖旰食之無暇。賞善罰惡。惟命令之巳行。革故鼎新。非孝思之所至。易月已臨於庶政。虛懷冀納於讜言。其有罔識遠圖。靡循理體。達予聞聽。姑務矜容。多形瑣碎之言。復有迎合之意。宜申誡勵。以警奸回。應大行皇太后垂簾日。其所行詔命及除改已經施行過諸般公事。卽不得輒有上言。庶永先猷。式敦本孝。善有可採。必示聽從。謀之弗臧。詎可輕肆。咨爾中外。體朕意焉。

誡約不得妄請删改宣勑詔 明道二年五月己丑

王言惟命。君舉必書。將信四方之傳。用垂後世之訓。儻數更於成憲。則滋惑於衆聞。自今朝廷所降宣勑。不得妄請删改。如事有未便。卽委中書樞密院奏聽裁。

令不得追擾妨農詔 景祐元年七月

仍歲歉飢。民多失職。今秋稼甫登。方事斂穫。毋或追擾。以妨農時。其州縣刑獄須至證逮者。速爲决遣之。

責孔道輔等令御史臺勅牓朝堂勅 景祐三年五月丙戌

近以中宮過失。掖庭具知。特示含容。未行廢黜。置之別館。俾自省循。供給之間。一切仍舊。誕告有位。令悉此懷。而道輔請不降詔命。以示中外。仲淹又上言所降詔命。乞不宜示。乃是以宮壼之事。不欲彰聞。尋卽允從。更不宣布。昨日道輔等十人忽詣殿門。仍先將劄子付閤門。稱中宮動搖。上疏請對。直露事狀。曾不緘封。傳布喧然。深駭物聽。卽與前來乞不宣示。翻覆不同。每聞直言。無不聽納。何得但思沽激。共扇澆浮。若云密上封章。又卽羣詣禁闥。若云面陳獻替。又卽布露有司。顧輕肆之若茲。在典刑而難逭。尙推寬宥。止涖方州。其孫祖德等雖無翻覆事端。終是同茲率易。且各罰銅二十斤。仍令御史臺於朝堂出牓曉示。各令知委。及都進奏院遍牒三京幷諸道州府軍監縣等。

勅牓朝堂 同上

爲臣之方。愼言罔上者苟辟。行己之道。挾私立黨者必懲。質於舊章。敢廢公議。范仲淹比緣獎擢。驟委劇煩。罔畏官守之隳。專爲矯厲之趣。奏述狂肆。疑駭衆多。既妄露於薦稱。仍密行於離間。本於躁率。但恣詆欺。降守方州。尙寬彝憲。然念士操之美。蹈道是先。職局之分。出位爲責。爰從近歲。多悖此風。授仕者以宿業爲嗤。獻規者以服讒爲得。沽激名譽。協比朋儔。務騁譎辭。有玷醇治。昔周以百官箴闕。無越職之文。唐以判最辨材。無侵事之舉。咨爾多士。各儆攸司。勿捨己以營他。勿背公而稔釁。排根引重。奚習多岐。衒直奸私。寧或取悔。勉思中正之言。靡蹈媮薄之尤。咸自敦修。以稱朕意。

誡勵士大夫詔 寶元元年十月丙寅

夫至公之行。則淑慝咸辨。私議弗禁。則風俗易偷。朕躬攬權綱。茂綏政治。每觀邪正之分。思寄誅賞之公。庶臻大猷。以止多辟。而士類至廣。材品或殊。久服含養之仁。浸成黨與之弊。至乃挾朋相援。姦計自營。驅扇飆塵。混淆朱紫。託狂辭而市直。結陰好以濟仇。章交公車。聲布行路。使濟濟相讓。取愧堯人之封。翕翕煩言。更興周雅之刺。永惟澆兢。良用懲嗟。若夫委質事君。協恭宣力。思無出位。是曰守官。和異於同。固當擇善。況朝經式序。仕次有階。因行察言。緣名責實。苟存忠潔。自致顯榮。何必舍爾夷塗。蹈于險轍。釣名汙行。觸禁投愆。宜內訟於非心。無亟傷於至化。尙安所習。國有嚴科。凡在搢紳。明體朕意。

馮士元獄具責官誡諭搢紳詔 寶元二年十一月癸卯

朕惟京邑之繁。實爲羣國之首。豈容姦吏。久逭嚴科。而彼僚屬之間。曲爲營救之術。遂移風憲。鞫見獄詞。不圖左右之臣。坐汙簡書之責。盛度、嚮綵舊望。陛冠樞庭。罔厲直躬。但謀私欲。委令賤吏。侵借民居。程琳、昔尹正於神畿。嘗昵近於狡獪。密爲計詐。欺罔幼孤。規取符文。市其第舍。孔道輔、職當繩按。志務由私。從寬首惡之辜。陰爲有位之地。嘗獨求於間見。殊自失於公言。朕體貌近臣。重其進退。雖思含垢。曷弭煩言。已行責守之文。庶儆爲臣之道。尙慮搢紳之列。未詳罷免之由。宜暴罪原。申諭朝聽。

誡約按察官詔 寶元二年閏十二月甲辰

朕臨遣使臣。綱理郡縣。權其弛職。尙或容姦。迺嚴擿發之科。俾諭寬縱之坐。念部封之至廣。或隱伏而難知。稍紓舊條。毋或自懈。自今轉運提刑。若部內知州軍通判知縣兵馬總管都監監押幕職官一員、餘官二員、知通若部內官一員、犯贓至流而失於按察。以致朝廷采訪。民吏訴論。或御史臺彈劾者。別聽旨施行。

誡約干寵內降詔 康定二年二月甲辰

朕並建衆職。茂經大猷。每惟授任之難。必稽材實之舉。功遷歲考。率著通規。比有著籍閨臺。服榮軒陛。階緣近習。奔走多塗。或密附封奏。求從中出。或間因奏對。輒露於私祈。忘愧自矜。干寵非節。已頒明制。深儆具僚。冀服攸箴。毋冒厥罰。而戎疆勤戍。使指備行。適當臨遣之初。更多倖覬之請。雖存恩假。終弗公言。顧未正於典章。慮益滋於浮競。特申詔諭。再肅羣倫。

誡約舉人不得進獻邊機及軍國大事妄希恩澤詔 康定二年三月乙卯

朕總制萬樞。博謀多士。欲言路之無壅。庶賢材之靡遺。向以鄰寇未平。邊候猶警。遂詔萬國。旁求隱淪。使各舉其所知。或上封而自薦。訪諸蕃之要領。采舊學之機鈐。章交公車。程中衡石。間亦從於試藝。蓋罔失於類能。考覈頗精。得失相半。洎聞報罷。乃或怨尤。造秀設科。英雄佇彀。鄉品以議行居選。貢籍以甲第爲高。宜與計偕。登榮仕路。自今舉人並不得以進獻邊機及軍國大事爲名。妄希恩澤。

宋大詔令集卷第一百九十三

政事四十六

誡飭四

誡諭三司使副判官等協心營職。毋或因循詔 慶曆三年五月戊寅

經國之方。理財爲本。上以奉郊廟。下以贍軍師。而三司紀綱。久不振舉。屬以邊隅未靖。用度甚廣。軍須所急。民力猶煩。三司使副判官等。其協心勠力。思營厥職。毋或因循。以踵流弊。

誡約兩府兩省不得陳乞子弟親戚館閣職任詔 慶曆三年十一月癸未

國家考漢唐之制。盛圖書之府。以待賢俊。而備討論。地望素清。官曹攸峻。比來公卿之族。多以恩澤爲請。濅養資望。坐致顯榮。寖成澆冒之風。殊匪詳延之意。特推嚴禁。以示至公。自今見任前任兩府、及大兩省以上官。不得陳乞子弟親戚於館閣職任。其進士及第三人以上。一任回無過犯者。須進經術十卷。下兩制看詳。可否召試入優等。得除館職。或館職闕人。卽以嘗有兩府臣僚二人、或大兩省已上三人嘗保薦者。亦令進文字。然後試補之。

誡飭在位詔 慶曆四年十一月己巳

朕聞至治之世。天下向方。元凱共朝。不爲朋黨。房杜相濟。不爲比周。君明臣哲。垂榮無極。其德之盛也。朕旰昃宵寐。每用庶幾。思所取法。未知厥路。而承平之弊。澆兢相蒙。姦從法生。僞逐情動。假我王爵。布爲私恩。所憎則同口共訾。取一切之快。所善則併辭迭譽。希不次之遷。遂乃人務交游。家爲激訐。至或陰開納賄之情。陽託薦賢之法。居下而圖柄臣。順非而動俗。附離交扇。流蕩忘還。更相援接。以沽聲譽。由是士人以行怪爲美。辭賦以訕上爲能。放肆異言。詆斥前聖。譁流羣口。虧紊彝倫。乂頃正按察之名。蓋謹推擇之選。俾將明命。以慰多方。而奉使不稱。繩愆過當。恣苛刻以搖羣怨。察纖微以搆罪端。守倅則互責刺廉。令尉則更容伺察。上下疑貳。奏鞫交橫。未益治平之風。反成多僻之暴。向申飭戒。殊未奉行。朕疾夫爲國生事之徒。背公死黨之俗。推狂濟果。去簡成煩。況長吏者務在全安。刺舉者素有條禁。民如馭馬。安得駭驚。理猶亂繩。豈宜遽急。當求大中之道。漸至清靜之源。至於屬文之人。體要爲尚。苟專非聖之論。寧免疑衆之誅。自今有詭激邀名。浮薄連茹。察淵以害良善。倚法而峻誅求。雷同私論。營罔朝聽。並委中書門

下御史臺採察以聞。故當責其不悛。懲乃攸類。罰之無赦。令在必行。咨爾有司。咸體予意。

誡勵士卒詔 慶曆四年十一月庚午

主兵之官。皆有牙隊帶器械以從護之。其獲賊不用命。而致陷沒主將者。自今人雖衆。並以軍法論。苟能顯立功効。亦當優拔之。其令諸路總管司嚴申飭戒。

誡百官舉行眞宗文武七條詔 慶曆四年十二月丁酉

湯德至盛。著具儆之言。漢功方茂。下督責之詔。于時中外協謀。以趣太康。朕顧眇躬。託王公之上。明弗能燭。政有未通。每念付畀之勤。隆平之紹。日愼時惕。罔敢自安。庶臻至治。無羞先烈。是以畿府州軍監縣之長。居常推擇。部分總督。屯邏之委。一皆僉求。亦冀羽翮參翔。腹背偕奮。手足迭扞。心膂獲寧。今乃聞郡邑庶官。未能稱職。紀律隳廢。眞僞混淆。或自謂謹柔。既艱集事。或矜爲強濟。又匪恤人。或朝夕詭激。而望遷除。或歲月因循。以濟貪冒。或廣飭廚傳。掩簠簋之瀆。或曲奉監司。逃簡書之劾。緣令作弊。倚公殖私。頃者以邊鄙未寧。師旅累出。既不獲已。調發於民。隨輒戒勅。勿令騷擾。然而斛粟未漕。民有一鍾之費。疋帛暫輸。吏有數縑之入。與我共此。所望責成。而爲上斂怨。任將安寄。以至盜賊屯結。公行劫掠。上下畏懦。弗能擒討。驚騷閭里。盜弄庫兵。士非素習之專。患無預防之禁。永言茲弊。寧安朕懷。跡夫弊生。實始官濫。恭以先皇帝克著明德。達見治宜。親著七條。垂戒百執。每辭去之日。並令拜賜閤門。凡從政于外。舉得奉行。羣臣亦有刊石傳文。題屏示座。朕以爲既能尊戴。曷若踐言。幸獲親聞。便當立事。其外任文武臣僚等。自今後以來。務革前失。聿追新圖。以聖考七條。更相誨勗。置朕此訓。亦須研尋。爲仁由己。取則何遠。上尊先甲之諭。次謹申命之虔。攝而頽綱。綴我漏目。使美績歲茂。善狀日升。則隆名顯秩。朕將何恡。必若姦宄弗率。農畝卒萊。論報誣冤。徭役重困。不恤士伍。不訓武經。邦有明科。朕當必罰。咨爾有衆。無謂食言。

誡飭傾危詔 皇祐元年正月辛酉

朕聞自古爲治。靡不以苛察爲戒。而近歲風俗。爭事傾危。獄訟滋多。上下睽急。傷累和氣。朕甚悼焉。自今臺諫官、非朝廷得失。民間利病。更不許風聞彈奏。違者坐之。

約束內降執奏詔 皇祐二年九月辛亥

朕紹承駿烈。祗服先猷。蹈道以臨庶邦。謹憲而持大柄。馭之予奪。正以賞刑。悉任至公。靡容紊法。比有憸悖。輒肆妄圖。或過分求恩。或負罪希貸。率求內出。間亦舉行。蠹政虧風。莫斯爲甚。雖屢頒於詔約。曾未絕於私祈。兼慮臣庶之家。貴近之列。交通請託。巧詐營爲。陰致貨賕。密輸珍玩。寅緣結納。侵撓權綱。方務澄清。當嚴禁約。儻復違犯。斷在必行。重念成湯以六事責躬。女謁苞苴之先戒。管氏以四維正國。禮義廉恥之具張。矧宗祀之涓成。厲祥釐之均被。嘉與中外。紬此非衷。務于自新。以隆至治。今後應內降指揮。特與恩澤及原減罪犯者。並仰中書樞密院并所承受官司、具前後詔條執奏。不得施行。及臣庶之家。如有潛行財賄。結託貴近者。並令御史諫官覺察論奏。咨爾承弼。體朕意焉。故茲詔示。想宜知悉。

貶唐介後牓朝堂詔 皇祐三年

卑圖柄臣。下輕上爵。干非己任。侵及主權。故堂陛之級易陵。而朝廷之勢可動。必資懲革。以警羣倫。唐介擢自朝行。置於憲屬。任當彈舉。職匪薦延。鄉請問於朝指。言執政恣行詆訐。猶爲迴容。輒稱引於外臣。求易置於上宰。尤彰狂率。良駭聽聞。且進退冢司。差次賢行。繫人主之所任。豈憲官之得專。苟威柄之下移。則權綱之上紊。非切懲於厥罪。慮益扇於茲風。黜佐方州。迫遵邦憲。豈樂行此。有弗獲焉。朕念爲君之難。興言置器之重。每臨政而願治。常懼德之或虧。企聞納忠。曷嘗咈諫。咨爾有守。咸恪攸司。任言責者務思竭忠。居官守者務謹成憲。勿阿附而罔上。無衒沽以取名。鑒處父之侵官。省汝公之越職。各守爾典。免陷匪彝。宜令御史臺出牓朝堂。

誡約僥倖陳乞任使詔 皇祐四年十一月己未

朝廷詔爵賞。所以勸有功也。而奔兢之俗。苟得無恥。其何以淳風俗乎。自今僥倖陳乞任使者。中書樞密院毋得以劄子豫給之。

誡約不得進羨餘詔 皇祐五年十二月丁巳

轉運之職。本以澄淸官吏。綏撫人民。豈特事誅求以剝下乎。有能盡歲入已致增盈者。留爲本路移用。毋得進羨餘。務寬民力。以稱朕懷。

誡飭在位詔 至和二年五月戊寅

朕祗紹駿謨。厲精庶政。眷茲文武之列。所謂邦家之基。惟古今治忽之常。繫上下義利之分。吁惟近歲。荐致煩言。以謂參顧問者。聞恤於私戶。言責者或失於當。涖官無匪懈之恪。專覬謬恩。薦士乖責實之誠。時容私謝。至於命令之下。以及詔除之行。論議所移。綱條益紊。朕惟舜德之盛。肱股有賡載之和。周道之衰。朝廷多讒愬之懟。咨爾周行之士。適逢至治之期。與其涉險以儌榮。乃若飭躬而馴致。爰申戒告。以厲浚明。苟迷修省之方。寖長澆浮之俗。必從吏議。以正邦彝。

誡勵提轉詔 嘉祐二年四月丙寅

朕惟天下之重。不可獨治。付之郡守縣令而已。郡守縣令之賢與其不肖。不可偏知。付之轉運使提點刑獄而已。比年以來。郡縣官吏多不奉法。或貪惏日肆。以爲人患。或蠹耗民事。以營己私。或以苛刻爲盡公。或以寬縱爲得計。相習安此。恬不爲怪。豈非轉運使提點刑獄務爲簡易因循以至此乎。又賦斂有常。或增重之以爲己勞。刑獄有經。或出入之以爲己察。使民冤失職于下。干戾陰陽于上。嗚呼若是。豈朕所以寄任之意邪。比上章者屢以爲言。朕未欲卽致于理。乃其不撓權倖。不縱有罪。使貪夫不敢爲慢。庸吏勸于率職。以惠綏吾民。稱朕意焉。如有弗革。悉罰無赦。仍令御史臺常加採訪彈奏以聞。

厲百官浮兢詔 嘉祐五年七月庚戌

勑中書門下、朕承先帝聖業。託于士民之上。歷日彌長。顧德弗明。永惟前王之治。邈乎如不可跂。朕甚愧焉。夫和平醇壹之政行。則民休美之氣應。憸刻媮薄之路啓。則民戚慘之變生。蓋風化之感天下。甚猶影響之相從也。昔有虞氏之世。衆德並事。上下咸龢。故書曰百僚師師。百工惟時。逮周室之衰。小人受祿。轉相非疾。故詩曰民之無良。相怨一方。朕迹古治亂之繇。靡不自近者始。比歲以來。在位之人。乃繆戾乖剌。以飾詐徼譽爲智。以樂分安節爲迂。或訐隱昧之過。以搖惑時聽。或設危險之言。以感移主意。或憑陵勢威。下輕其上爵。或引汲黨附。私覬於公用。浸潤之來。日滋一日。其勢莫之能還也。士大夫所與朕興禮讓。厚教化之原者也。乃趨尙若茲。欲民遷善而日進。其可得耶。嗚呼。爲君難。其逾於知人之難乎。御史中執法嘗爲朕言。宜深詔執事。以遏浮兢之風。今思虞書之所進。以爲法。覽周雅之所刺。以爲戒。然匪更化道。則末繇其令。中書門下。務采端厚忠實可以表勵風俗之士。並進于朝。以啓迪於朕心。究其詭激辨巧敢涉朋比之迹者。必行放棄之罰。庶幾朝廷清明。百異消弭。以起治平。咨爾攸司。其服朕命。毋廢。故茲詔示。想宜知悉。

宋大詔令集卷第一百九十四

政事四十七

誡飭五

誡約不得言人赦前事及小過細故詔 嘉祐五年六月乙丑

朕觀前代之稱治者。君臣同心。上下和睦。人知禮讓之節。俗無激訐之薄。何其德之盛也。朕雖弗敏。常竊慕焉。故夙興夜寐。罔敢荒逸。嘉與公卿大夫。同底斯道。而教化未至。澆薄日滋。比者中外臣僚。多上封章。言人過失。暴揚難驗之罪。告案無證之辭。或外託於公言。實內緣於私憤。事多曖昧。意肆詆欺。苟誣陷於善良。益傷薄於風化。又赦令者所以與天下更始。而有司多舉按赦前之事。殆非信命令重刑罰使人洒心自新之意也。宜申警勗。俾務省循。教而不悛。罰必無赦。自今中外臣僚。如有輒上封章告人罪狀。事非干己者。並當鞫劾。重寘於法。及言人赦前事。若有司受而爲理者。並論其罪。以至言事之官。雖許風聞。宜務大體。如事關朝政。無憚極論。以輔不逮。自餘小過細故。勿須察舉。咨爾多士。宜體朕懷。

誡約臺諫詔 嘉祐六年

朕惟善治之主。不自任其聰明。以天下耳目爲視聽。守約施博。無蔽惑壅塞之失。而濟之忠厚。故王道平、國風正也。永念遐觀。思復盛烈。何嘗不諮訪羣言。端誠虛受。傳之政體。要於當然。而取之衆則泛濫難察。任之專則推擇易明。茲用寄耳目於臺諫。由公共而聽斷也。以夫四海之廣。萬事之繁。臺諫數人。不能周知。固將詢及士大夫。益資其聞見也。其間傾邪險害之徒。不惟朝廷義理所存。謂所言彈廢稱進。勢必施行。輒徇己之愛憎。依倚形似。扇造浮語。詆毀危切。務聳動富貴之人。必其聞達。設或采用。備於封奏。上營惑於朕聽。下震驚於羣志。以之開納。則措置罔中。如其沮抑。則論列不已。紛亂統紀。疵玷善良。豈朕所以待士大夫之意哉。夏后氏之時。官師相規。漢室之盛。公卿恥言人過。今吾士大夫、間乃違古人厚重之守。蹈末俗薄惡之爲。其流漫不知止。甚無謂也。其令中書門下。明揚朕訓。開儆羣品。務敦脩於行實。無過事於言華。以忠告善道、爲藥石之珍。以厚誣巧訾爲風俗之戒。好是正直。共熙天工。儻循敝風。當申顯罰。咨爾多士。審吾志意。故茲詔示。想宜知悉。

增宗學官仍令尊長率勵詔 治平元年六月

雖王子之親．其必由學．惟聖人之道．故能立身．稽古大猷．若時至訓．學三德三行之順．有四術四教之崇．歷辟承風．自家刑國．今一祖之後．諸宗之支．亦嘗著令于前命官以訓．或兼職它邸．或備位終年．誘導非宜．滅裂無狀．蓋命不持固．事遂因循．特詔近臣．並薦能者．使成童而上．講誦經書．小學之居．通達名數．朝夕勸善．日月計能．固當漸漬簡編．敦修志業．與其趨異端而無守．豈若就有道而自修．居常謹思．戒在中止．所謂少成若天性．習慣如自然．顧禮義之方．須尊長之誨．內有懿親之表率．外有明師之切磨．懋進汝功．用符朕意．其子弟不率教約．俾教授官本位尊長具名申大宗正司．量行誡責．教授官不職．不能勉勵．大宗正司察訪以聞．

誡飭在位詔 治平二年五月乙丑

朕觀漢宣之治．綜核名實．而政事文學法理之士．咸精其能．繼統之業盛矣．朕蒙先帝遺烈．懼德不明．未燭厥理．乃夙興以思．嘉與公卿大夫．厲精為治．而屬天下承平之日久．內外因循．惰職者衆．未聞推利及民、盡心於國者也．徒累積歲月．以幸其進．又沽飾名譽．以激所知．縱其可道者．亦不過務在簿書期會之間爾．烏有功迹之異哉．伊欲教化施而習俗美．其路無繇．而朕何望焉．夫貪墨苟簡者．弗懲則端良敏濟者．無以勸．天子持賞罰之大公．固將必行之．且繇朝廷而及諸夏．蓋至廣也．匪丁寧而刺告之．則曷以見朕願治之心虖．詩不云乎．夙夜匪懈．以事一人．百執事其易慮．孳孳各修厥職．以稱朕意．

勅牓朝堂詔

朕近奉太后慈旨．濮安懿王．令朕稱親．仍有追崇之命．朕惟漢史宣帝本生父稱親．又曰親謚曰悼．裁置奉邑．皆應經義．既有典故．遂遵慈訓．而不敢當追崇之典．朕又以上承仁考宗廟社稷之重．義不得兼奉私親．故祇即園立廟．俾王子孫世襲濮國．自主祭祀．遠嫌有別．蓋欲為萬世法．豈權宜之舉哉．而臺官呂誨等使者專執各稱王伯．追封大國之議．朕以本生之親．改稱皇伯．歷考前世．並無典據．進封大國．則又禮無加爵之道．向自罷議之後．而誨等奏促不已．怨其未行．乃引漢哀帝去共皇定陶之號．立廟京師．干亂正統之事．皆朝廷未嘗議及者．歷加誣詆．自比師丹．意欲動搖人情．衒惑衆聽．以至封還告勅．擅不赴臺．明繳留中之奏於中書．流傳訕上之文於都下．暨手詔之出．誨等則以稱親立廟．皆為不當．朕覽誨前疏．亦云生育之恩．禮宜追厚．俟祥禫既畢．然後講求典禮．褒崇本親．今反以稱親為非．前後之言．自相抵牾．繼以堯俞等不顧義理．更相唱和．既撓權而恃衆．復歸過以取名．朕姑務含容．屈於明憲．止命各以本官補外．尚慮搢紳之間．士民之衆．不詳本末．但惑傳聞．欲釋羣疑．理當申諭．宜令中書門下御史臺出榜朝堂．及進奏院遍牒告示．庶知朕意．

賜臺諫官詔

勅某等、樞密本兵之府也．在祖宗時．固嘗得勳勞親信之武臣而參用之．邇者先帝之用郭逵．蓋有意乎此．今臺諫官爭言逵不宜在執政之地．朕嘗孰復于懷。以一言之譽進之。以一言之毁退之。豈朝廷篤于用人之意邪。至引德宗之黜常袞。憲宗之貶韋執誼。豈不傷先帝知人之明。使朕亦蹈而靡安也。夫言而不關于事情。體諸朝廷之宜而易行。朕何憚而不從。毋爲徒紛紛也。其審朕言。毋忽。故茲詔示。想宜知悉。

誡約主兵官宂占兵詔 熙寧二年正月辛巳

國家置兵。本備戰守。主兵之官。率多宂占。以致不時教閲。有誤征防。帥臣安撫監司。其察所部。敢有影占者。以名聞。

詔密院誡諭邊臣 熙寧四年二月戊辰

昨李復圭擅易詔命。出師侵敵。遂致西鄙用兵。廣南守臣。亦以強爲招納。引匿蠻寇。夔峽夷戶本止羈縻。近者用衆討除。元惡尚未授首。前日又據河東邊吏奏。邊境聚兵。雖未測虛實。恐邊臣有以啓之者。況今朝廷政事之弊。方議條理。國財民力窮乏可知。平時無事。尚虞天災流行。無以待之。若四方有警。何以支梧。恐邊臣未悉爲朝廷之計。宜密戒諭之。

誡約無戾法詔 熙寧七年四月己丑

朕嘉先王之法。澤於當時而傳於後世。可謂盛矣。故夙興夜寐。八年于茲。度時之宜。造爲法令。布之四方。皆稽合先王。參考羣策。而斷自朕意。已行之効。固亦可見。而其間當職之吏。有不能奉承。乃私出己見。妄爲損益。或以苛刻爲能。或以因循爲得。使我元元之民。未盡蒙澤。雖然。朕終不以吏或違法之故。輒爲之廢法。要當博謀廣聽。案違法者而深治之。間有未安。考察修完。期底至當。士大夫其務奉承之。以稱朕意。無或狃於故常。以戾吾法。敢有弗率。必罰無赦。

降滕宗諒等官諭陝西四路沿邊詔

朕恤軍旅之苦。寵邊陲之良。事從優寬。情無遴愛。至於常愆細過。並許功除。煩文苛法。罕由吏議。昨滕宗諒張亢並緣事任。合給公使庫錢。俾其宴享賓僚。犒飫軍伍。而乃用度無藝。簿領失防。陽託貿營。潛有牟入。攸司言上。遣使即推。如聞逮繫頗多。鞫勘彌廣。本其宂費。寧足深誅。已罷案窮。悉令原貸。其滕宗諒等止免一官。量降差遣。雖屈吾法。期慰士心。且夫盡用市租。美推趙將。來從我取。誼表漢臣。每慕前風。思全大體。尚慮諸道帥守。便以茲事爲懲。或損狹餼醪。或裁量藥餌。苟存畏避。謂免議彈。胡益至公。亦非朕意。但當循經費之式。去自潤之私。取仰於官。均惠於衆。由茲底績。夫何間然。安節坦懷。無或疑憚。

誡諭百官詔 元豐五年五月壬午

勑。朕惟先王以道涖天下。列而爲事。陳而爲法。人各有分。然後安。官各有守。然後治。三代以降。累世相仍。寖迷本原。遂亂名實。餘敝斯積。其流及今。朕閔古弗還。因時改造。是正百職。復建六聯。先後重輕。粗獲條次。小大貴賤。迭相維持。差擇羣材。分委成憲。佇觀來効。共致丕平。敢有弗欽。將底厥罪。新除省臺寺監官詳定官制所已著所掌職事。如被選之人不循分守。敢有僭紊其申論中外違是令者。執政官委御史臺彈奏。尚書以下。聽長官糾劾以聞。

誡勵中外奉承詔令稱先帝更易法度惠安元元之心詔 元豐八年四月

恭以先皇帝臨御天下十有九年。夙夜厲精。建立政事。所以惠澤四海。垂之後世。比聞有司。奉行法令。往往失當。或過為煩擾。違戾元降詔旨。或苟為文具。不能布宣實惠。或妄意窺測。怠於舉職。將恐朝廷成法。因以隳弛。其申喻中外。自今以來。協心循理。奉承詔命。以稱先帝更易法度惠安元元之心。敢有弗欽。必底厥罪。仍御史臺察訪彈劾以聞。

誡飭廢格詔令詔 元豐八年十月戊寅

比者詔令屢下。冀以均寬民力。便安公私。如聞官吏狃習故態。不切奉行。或致廢格。使遠近之人。未盡被惠。自今仰悉心奉行。監司檢察。倘有戾違。即仰御史臺彈劾奏。

誡約搢紳詔 元祐元年六月甲寅

向者朝廷講求法度。務以寬厚愛民。而搢紳之士。往往不原朝廷本意。速希功賞。有誤使令。或議法失當。或掊斂無節。或姦回附勢。或構事飭非。或多結權貴。或妄舉邊事。殘民蠹物。久益知弊。致使羣言交攻不已。苟無澄肅。必紊紀綱。止以其罪顯者。迺行竄逐。自餘干涉之人。夙夜怵惕。不無憂虞。予當新政。務存大體。一切示以寬恩。更不追劾。咸使改過自新。各安職業。可做此意。作詔書布告中外。乃下詔曰。朕惟先帝臨御以來。講求法度。務在寬厚愛物仁民。而搢紳之間。有不能推原朝廷本意。希功速進。多誤任使。或罔上飭非。或違公附勢。或議法乖當。或擅為掊克。或妄生邊事。或連起犴獄。積其源流。久乃知弊。此羣言所以未息。而朝廷所以懲革也。救正風俗。修振紀綱。茲出大公。蓋不得已。況罪顯者已正。惡鉅者已斥。則宜蕩滌隱疵。闓略細故。豈復究治以累太和。夫疾之已甚。孔子不為。御衆以寬。虞舜所尚。為國之道。務全大體。應今日以前。有涉此事狀者。一切不問。言者勿復彈劾。有司毋得施行。各俾自新。同歸美俗。布告中外。體朕意焉。

誡厲百官詔

朕觀舜禹之際。誠於修己。明於任賢。立政以禮。成治以樂。羣后推德。庶尹允諧。至於鳳凰來儀。百獸率舞。可謂至治之極。太平之盛。而方是時。上之於下也。以禮盡其才。下之于上也。以義合於道。士大夫各得行志。而不知朋比。不犯廉恥。有立事之實。而無希望之謀。有燭理之明。而無雷同之苟。是以上下協和。是非公當。政純而事一。下至庶人之愚。而不蹈非義。況於士大夫哉。先皇帝勵精政事。十有九年。作為教法。凡所以興士行。無不備具。實有志于舜禹之隆。比聞士大夫之所為。有不稱吾先帝之意。忘其內之實而惟外之求。昧於理之公而惟私之狥。作聰明。事穿鑿。妄意迎指。脅持上下。以傷民而害物。或率意私造畸論。滋漫漶之虛言。以欺愚而惑衆。以浮爲俊。以刻爲明。以守節爲無能。以忠實爲不慧。苟於祿利爲有得。則一切不顧義理之是否。輕薄相師。漸以成俗。如此者豈一二而已哉。士大夫者。朕之所恃以共理。而趣操顧如此。朕何賴焉。夫議事以中。則人不趨其偏。御人以道。則士各得其志。朕將欲通天下之志。以要之善。而無偏聽之私。成天下之務。以趣厥中。而無獨任之好。輔弼大臣。同寅協恭。左右卿士。濟濟相善。使爲士者相忘于道術。民物同臻於太和。庶幾舜禹之隆。以成先帝之志。士大夫其公乃心。窒乃欲。革所爲。以安乃止。相與去浮刻。而勉其忠厚。於以修身厲節。不犯於非義。朕亦何敢遺焉。布告中外。明諭朕懷。

宋大詔令集卷第一百九十五

政事四十八

誡飭六

勅牓朝堂詔 紹聖元年七月戊午

送往事居。是必責全於臣子。藏怒宿怨。豈宜上及於君親。朕繼體之初。宣仁聖烈皇后以太母之尊。權同聽覽。仁心誠意。專在保佑朕躬。自以簾帷之間。聞見不周。及故不次以用大臣。推心以委政事。非獨倚任耆艾。所冀恢昭聖功。司馬光、呂公著忘累朝之大恩。懷平時之觖望。幸國家之變故。遂朋黨之姦謀。引呂大防、劉摯等。或□自要途。繼司宰事。或迭居言路。洊掌訓詞。或封駮東臺。或勸講經幄。顧予左右前後。皆爾所親。於時賞罰恩威。惟其所出。周旋欺蔽。表裏符同。宗廟神靈。恣行訕讟。朝廷號令。輒肆紛更。首信偏辭。輕改役法。開訴理之局。使有罪者徼倖。下疾苦之詔。誘羣小之謗言。誣横斂則濫蠲苟免之逋。誣厚藏則妄耗常平之積。崇聲律而薄經術。任穿鑿而紊官儀。棄境土則謬謂和戎。弛兵備則歸過黷武。城隍保民而罷增濬。器械資用而輟繕修。凡屬經綸。一皆廢絀。人材淆混。莫辨於品流。黨與縱横。迭分於勝負。務快乘時之憤。都忘託國之謀。方利亮陰之不言。殊匪慈闈之本意。十年同惡。四海呑聲。敵計得行。邊民受害。昔周王受命。召公惟辟國之聞。江左雖微。興宗有易代之歎。天下後世。其謂朕何。臨朝弗治。視古有愧。況復疎遠賤士。昧死而獻言。忠義舊臣。交章而抗論。迹著明甚。法安可私。其司馬光、呂公著、呂大防、劉摯等各已等第行遣責降訖。噫。優禮近司。朕欲曲全于體貌。自奸明憲。爾今復竄於殊夷。至於射利之徒。脅肩成市。盍從申儆。俾革回邪。推予不忍之仁。開爾自新之路。除已行遣責降人外。其餘一切不問。議者亦勿復言。所有見行取會實錄修撰官已下及廢棄渠陽寨人。自依別勅處分。咨爾羣工。明聽朕命。宜令御史臺出榜朝廷。進奏院遍牓。

誡飭在位勅牓 紹聖四年

朕以眇躬。獲承先構。永惟休烈盛美。欲以昭示萬世。而頃遭羣姦。同逞宿憾。興訛造訕。力肆詆排。政事人材。毀廢殆盡。夙夜悼懼。靡敢遑寧。思與卿士大夫共承厥志。庶幾德業傳之無窮。念今在廷之臣。鮮知事君之義。崇鄉原以爲善士。造虛譽以進無能。以交私合黨相先。以奉法首公爲諱。材智勝任。則闒茸共嫉。趣向至正。則傾側深仇。端亮勁挺。有特立之操者。不見容於衆人。媕阿回遹。持兩可之說者。必得名於流俗。沉溺忘返。險薄可嗟。乃陰懷私恩。顯廢公議。以姦臣所斥逐爲當罪。所變更爲得宜。以先帝所建立爲不然。所襃擢爲非當。借譽餘黨。幸復甄收。務令舊章。未能淳一。扇爲是非不定之論。欲開善否更用之端。浸長小人之道。於難知之中。以疑天下之聽。于未孚之際。幸時事之中變。庶人情之翕從。每懷及玆。良用慨嘆。朕察言觀事。灼見邪心。欲正典刑。當申儆戒。繼自今日。爾其自新。式懲厥愆。畢趨於正。示以好惡。非曰苟然。其或怙終。必罰無赦。咨爾在位。尚克欽承。

申誡百官詔

朕執天下之正。以承宗廟之重。夙興夜寐。嘉與二三大夫。同德比義。宏濟艱難。乃者權臣擅朝。竊弄國柄。幸時變故。誘脅衆心。深險自專。乃敢貪天之力。凶愎不遜。遂成震主之威。締交合謀。呼吸羣助。指天畫地。睥睨兩宮。交通私書。深責舊約。詭秘莫測。包藏禍心。公議沸騰。姦狀浸顯。尙存大體。稍屈典刑。而士未革心。同惡相濟。興訛造訕。怙終不悛。或譸張爲幻。起胥動之言。或羣黨相維。沮已行之令。或顧懷舊恩。以撓邦憲。或邀覬後福。以朋去□或倡導邪說。謗讟紛然。朕虛心以觀。紓究其實。申勅屢下。益至喧呶。有臣若斯。爲國之醜。咨爾有衆。明聽朕言。式訛爾心。無載爾僞。克常其德。以叶厥恭。朕則汝嘉。而汝亦有無窮之聞。苟懷異意。悖德自如。變亂是非。規動朝聽。國有常憲。必罰無赦。

誡諭中外詔 元符三年十月己未

朕德弗類。獲奉宗廟。夙夕惕懼。思有以潤色鴻業。底綏四方。永惟祖考。以天縱之聖。厲精治道。內修政事。外闢境土。新一代之典則。以遺我後人。而近者任事之臣。不憚過舉。或更倡迭和。專爲紛更。以變亂舊章。或怙權作威。力肆巧詆。以中傷多士。皆朕之所不取也。嘉與在位。稽若先憲。共圖康公。朕於爲政取人。無彼時此時之間。斟酌可否。舉措損益。唯時之宜。旌別忠邪。用舍進退。唯義所在。使政事不失其當。人材各得其所。則能事畢矣。無偏無黨。正直是與。體常用中。祇率大卞。以與天下休息。以成朕繼志述事之美。不亦韙歟。若夫曲學偏見。妄意改作。妨功撓政。以害吾國事者。非唯朕之不與。迺公議之所不容。亦與衆棄之而已。服我訓誡。無蹈後悔。咨爾中外。咸體至懷。

傳宣內降特旨許三省密院契勘詔 崇寧元年五月四日

職有常守。官有常員。德舉言揚。敍善考最。旌別淑慝。簡任賢能。祖宗皆有彝訓。近來有貪冒之徒。不顧廉恥。夤緣請謁。告囑希求。銜改格條。泛濫陳情。紛亂憲章。陵遲制度。若不防限懲艾。何以董正治官。自今後。應被受傳宣內降特旨。並許三省樞密院依下項契勘。務在恢張公道。杜塞邪塗。顯善抑貪。明示勸沮。更賴股肱近弼。鼎鼐良臣。體予至懷。祇循舊典。弼違勵翼。啓沃交修。愼毋依隨。隳紊綱紀。

一宗室伎術官。舊有正法及服紀釐革者。令外改轉。

一宗室合授班行者。令換授環衛官。

一后妃王府主第奏授骨肉令作文資。（被受人父祖係文資。或自曾得解。或曾補試入太學。者非。）

一后妃王府主第臣僚奏乞醫官充額外太醫局丞之類。

一伎術雜流令補授子弟作班行或文資。

一內外差遣已注擬入見待闕者令改注。

一差遣不依資格令越次注授。（謂如合入監當。便令注親民之類。）

一舊有選試者令免試補授。

一有贓濫及私罪情重過犯顯著。不依赦文年限便令除落過名。

一僧道官免試超越職名補額外守闕鑒義之類。

以上雖奉特旨令衝改舊條等指揮。須子細契勘。若於祖宗貽訓格法實有衝改侵紊者。可明具有礙是何條格。並奏知。更不施行。

一醫官供應湯藥有勞特旨令改轉者

授皇城使須實及五年已上方許除遙郡刺史。

授遙郡刺史須實及七年已上方許除遙郡團練使。

授遙郡團練使須實及拾年已上方許除遙郡防禦使止。以上如勘當得理年未滿。止許將恩澤回授與本色有官有服親改轉。

諭內外詔（崇寧元年五月丙子）

昔在元祐。權臣擅朝。倡導邪朋。詆訕先烈。善政良法。肆為紛更。紹聖親攬政機。灼見羣惡。斥逐流竄。具正典刑。肆朕纂承。與之洗滌。悉復收召。寘諸朝廷。而締交合謀。彌復膠固。唯以沮壞事功。報復仇怨為事。譊譊訩訩。必欲一變熙寧元豐之法度。為元祐之政而後已。凡所論列。深駭朕聽。至其黨與。則遷敍不次。無復舊章。或蘇宂散之中。登殿閣而典方面。或既殂謝之後。還舊職而加橫恩。撓法惠姦。鮮不類此。稍從屛遠。姑務函容。而言路交攻。義不可遏。迺擇其尤者。第加裁削。以適厥中。尙慮中外詿誤之人。未免反側。盍詳示訓諭。以慰安衆情。應元祐以來。及元符末嘗以朋比附會得罪者。除已施行外、自今已往。一切釋而不問。在言責者。亦勿復輒以為言。朕言不渝。羣聽毋惑。宜令御史臺出榜朝堂。仍令都進奏院雕印頒告中外。

誡約不得侵占吏部闕詔（崇寧元年六月丁未）

哲王圖治。秉法則以馭羣臣。顯考造邦。修官制以立庶政。故元豐刊定吏部四選注擬法度。總覈陞降。循考資序。勅令式格。精密備具。萬世遵承。守而勿失可也。向緣紛更。幾漸廢弛。遂致乘權藉勢閥閱媚婭之家。或趨競憸詖躁進貪鄙之輩。潛肆機巧。宛轉干求。所有后妃戚里僥倖陳請。近五月四日已降指揮約束裁抑其三省樞密院除舊有合係差除窠名外又復侵占吏部員闕超躐等級正部直差或已授差遣待闕經隔歲月忽改注別人或纔初到任隨即衝罷至有五七年間尚不能成就一任因使知廉恥安分守介特寒士在部待闕注擬久次每以留滯爲歎若不昭示儆厲何以糾正官邪自今後應舊屬吏部窠闕並不許侵占取闕正部直差、其已授未赴、及纔到任人亦不得改注衝罷餘並檢會元豐法制取旨施行宜遵成憲無輕違紊

臣僚章疏等虛辭盡行改正詔 崇寧元年六月丙寅

哲宗皇帝聖謨淵博睿斷英烈豐功偉績見於行事天下何嘗聞有過失間者臣寮頓忘君臣分義乘間伺隙因彈劾章惇於章疏中緝構萬端誇言自口且哲宗皇帝元祐紹聖中未嘗聞有過失形于天下又將在法當陵遲之人謂之釘手足剝皮膚斬頭拔舌之刑遂致連年水旱災變百姓餓死者數十萬計以當時事跡攷驗則虛辭誕謾皆無實狀可據顯是獨任偏見形于奏章公肆巧言詆誣先哲載在方册何以傳示無窮應臣僚章疏有類此者可盡行改正無令漏落以稱朕敦敍天倫紹休前人之意

焚毀元祐條件詔 崇寧元年七月己酉

昔在神考若稽古先上嘉勛華下陋唐漢建立政事著爲典章適於損益之宜通乎利害之變翕受羣策蔽于淵衷緩急先後如農之有畔本末調理如網之在綱非天下之至精孰能與此雖後世有作者何以加諸而元祐之間遭家不造權臣用事俗學欺愚恚前言之不行怨曩志之或失汲引死黨沸騰異端肆行改更無復忌憚朕繼志追慕見于羹牆儲神燕間披閱手澤歎前烈之幾墜知邪辭之所離夫法令滋彰盜賊多有天下無事庸人擾之敷告多方率由舊章乃其不正不極匪謀匪彝變古亂常析言破律苟尚存于蕪類將有惑於傳聞其命有司悉行燔毀尚賴弼臣叶濟庶尹交修各公厥心同底于治今來追復元豐法制已衝改元祐條件不行者其元祐條件勾收申尚書省焚毀三省今後依此遵守仍令進奏院遍牒並依此施行故茲詔示想宜知悉

申誡臣僚詔 崇寧三年正月二十六日

朕若稽古君臣咸有一德克享天心四方風動從欲以治無有遠邇罔不率俾朕甚慕焉肆朕纂服深悼姦宄亂常熙寧紹聖功烈掃蕩夙興夜寐以修復之示之以好惡使知禁申之以賞罰使知勸而俗未丕變人未革心懷利忘義者輕躁鮮廉妨功害能者誣罔善類無尊主庇民之誠心有匿情苟合之私意至於包藏異志因事輒發斥言罔上無所忌憚朕虛心以聽舒究其實加之放廢曾莫之懲豈流俗蔽蒙習非勝是久不可化歟朕方通天下之志以一道德同風俗凡爾在位在服式訛其心無載爾僞協于克一則朕惟汝嘉汝亦有無窮之聞其或罔悛復出爲惡邦有常刑朕不敢貸故茲詔示宜體至懷

宋大詔令集卷第一百九十六

政事四十九

誡飭七

元祐臣寮不得彈劾詔 崇寧三年六月十七日

朕嗣位之始。恭默未言。往歲姦朋復相汲引。倡導邪說。實繁有徒。或據要路而務變更。或上封章而肆詆毁。同惡相濟。非止一端。推原其心。豈勝誅殛。比詔編類。具列姓名。乃下從班。博盡衆議。仍爲三等。各竭所聞。庶幾僉同。罔有漏失。惟邪慝之復起。蓋源流之相承。迹其從來。本于元祐。得罪宗廟。寧分等差。悉已親書。通爲一籍。載刊諸石。寘在朝堂。爲臣不忠。附見于末。所麗雖異。其罪惟均。朕方以仁恩徧覆天下。前既譴黜。弗忍再行。亦有可矜。出于籍外。自時厥後。已定不渝。羣聽式孚。毋或輒論。其元祐末姦黨。並通入元祐籍。更不分三等。應係籍黨已責降人。並各依舊。除今來入籍人數外。餘並出籍。今後臣僚更不得彈劾奏陳。故兹詔示。想宜知悉。

誡約內外官不得越職言事詔 崇寧三年六月二十四日

古之仕者。明於分義。謹於廉隅。非其職弗言。非其招弗往。固無僭紊。以亂官常。小大交修。同底于治。朕甚慕之。故自親政以來。拔用賢能。不吝爵賞。黜除姦惡。于罰之行。振肅紀綱。申飭檢押。庶幾士大夫咸知自好。無愧古人。而流俗相沿。未能盡革。不在其位。乃易其言。輒以上聞。蓋因無責。而又端厚靖共者不加勸。輕躁進取者日益多。嗜利奔趨。惟恐其後。以冀幸萬一之意。行希企無厭之求。犯令侵官。曾微畏忌。非憸佞以求售。則搖沮以妨功。朕方明好惡。信賞罰。以善天下之俗。而百官有司所爲如此。豈廉恥道喪之日久。人之蔽蒙習非勝是。浸漬所入者深。未可以亟化歟。抑敎諭惻怛未遽孚于衆也。夫戒之用休。董之用威。播告之修。其聽無爽。洗心易慮。惟新是圖。尙或罔悛。必罰無赦。風憲之任。爲朕察焉。今後內外百官不得越職論事。僥倖奔競。不循分守。違者仰御史臺彈奏。故兹詔示。想宜知悉。

誡約臆度更張熙豐善政御筆手詔 崇寧五年正月十四日

朕以星文譴告。彰示天威。祗畏欽崇。靡遑寧處。是用特敷霈澤。寬宥羈縻。咸使自新。導迎和氣。已降指揮除毁元祐姦黨石刻、及與係籍人敍復注擬差遣。深慮鄙淺愚人。妄意臆度。窺伺間隙。馳騖抵巇。覬欲更張熙豐善政。苟害繼述。必寘典刑。宜諭遐邇。咸知朕意。

誡諭符祐邪臣妄意復用詔 崇寧五年正月二十四日

日者符祐邪臣。乘間擅權。變亂政事。姦朋並興。肆爲謗讟。誣詆宗廟。乖父子之恩。隳君臣之義。推原用心。罪在不赦。朕繼承祖宗。用德爲治。明示好惡。止從竄斥。以爲天下萬世臣子之戒。累年于茲。不忍終棄。是用差次蠲敍。復畀祿秩。惟以示恩。顧豈復用。尙慮姦朋妄意。私議害國。士大夫狃于邪說。胥淪溺以敗類。朕甚悼焉。布告天下。明諭朕意。毋惑。故茲詔示。想宜知悉。

誡約無言宗廟詔 崇寧五年正月二十五日

朕克謹天戒。夙夜祗慄。永惟萬事。未遑厥中。以干陰陽之和。乃詔天下。政有闕失。悉計言之。朕虛己以聽。比覽所上章。多論熙豐詔聖之盛烈。豈朕志哉。士夫所守。不蓋前愆。乘間詆誣。有害繼志述事之意。將蹈後患。朕甚閔焉。夫因言以抵罪。尤所重惜。其申命四方。凡今日之事。無有小大。直言無隱。或涉宗廟。邦有常刑。必罰無赦。惟爾中外。其體茲意。

誡約遵神考法詔 崇寧五年六月八日

仰惟神考。稽若先王。作新萬事。已陳於事者。著於法。未載於法者。見於志。朕夙興夜寐。追而述之。繼而成之。罔敢怠忽。輔弼大臣。與朕同體。省曹寺監。聯職合治者也。所當悉力一心。遵制揚功。而比觀施爲。尤見廢職。豈所以答揚先訓乎。先帝美德良法。布在有司。舉而行之。同底于治。其各協德赴功。修明法制。無或弛廢墜失。稱朕意焉。

誡約監司體量公事懷姦御筆手詔 崇寧五年十月十六日

監司分按諸路。爲耳目之任。近降指揮。體量公事。而觀望顧避。附下罔上。隱庇滅裂。變亂事實。於吳亮則以無爲有。於蔡佃則以有爲無。使朝廷刑罰失誤。其罪莫大。除已究正。量行黜責外。自今敢有懷姦挾情。不實不盡者。流二千里。斥之遠方。永不收敍。仍不以去官赦降原減。布告諸路。咸使聞知。

誡約無侵官御筆手詔 大觀三年二月六日

朕稽若在昔。分職建官。分守不同。名實各異。大不陵小。卑不踰尊。故以官修其方。吏宿其業。祗遹先烈。董正治官。而士不知命。人不安次。越職干祿。昧利鮮廉。顚沛亂常。僥倖苟得。至或出位以害已行之令。犯分以興胥動之言。內外之臣。更相侵紊。侍從官非己所職。乃輒干預省臺寺監。郡守監司。更相侵越。曾莫之懲。欲使小大之情孚。義利之心定。其可得乎。夫人有常心。法有常守。則道德一而政治成。今法備令具。可以守成。而懷異侵官。靡遵彝憲。其齊乃位。黜乃心。各恭爾事。罔或不欽。以成天下之務。如或有違。在外委監司、在內仰御史臺以聞。罰及爾身。罪不汝貸。

誡士人恪守名節詔 大觀三年五月一日

朕明分守以訓迪厥官。敦行義以新美多士。不匿厥指。孚告在服。于茲有年矣。士有修身礪行。不愛爵賞者。拔以不次。不學無術。失禮不恭者。黜而弗用。賢則任之不貳。邪則去之不疑。申之以勸沮。示之以好惡。亦明矣。然慮單見淺聞之士。不知義命。營私犯分。鮮廉寡恥。尚多有之。未有仁而遺其親者也。未有義而後其君者也。苟爲後義而先利。不奪不厭。此壟市所不爲。況士乎。豈慶賞刑威。未足懲勸。而法未足以禁歟。今浮薄無行者已罪。交構不忠者已斥。凡爾在位。其革乃心。恪守名節。毋易爾操。尊君親上。勿下比于流俗。則朕將親降褒詔。以崇奬之。其或不悛。罰及爾身。朕不汝貸。可勑牓朝堂。咸使知之。

曾任待制以上再加識擢不得彈奏詔 大觀三年七月四日

朕祗紹先猷。遹追成憲。任賢使能。小大並進。其或自抵譴何。名麗譎籍。曠日茲久。庶有革心。傳不云乎。過而能改。善莫大焉。除元祐姦黨及得罪宗廟。朕不敢貸外。自餘並棄瑕滌垢。量才試用。責其後效。許以自新。應曾任待制已上職任人。往咎宿愆。已經黜責。朕則究知本末。今再加識擢。官司勿復以聞。臺諫官亦不得輒有彈奏。其自今以始。倘或不悛。復出爲惡。及怙終飾非。申述辨雪。與夫背公死黨。陰懷報復。沮害良法。欲成其私。無循省悔過之心者。邦有常刑。必罰無赦。布告中外。咸體朕意。仍牓朝堂。

誡約官司遵已行法令詔 大觀三年七月空日

朕酌古之道。御今之宜。奉若先志。制法定令。輔臣導民。以正厥事。以承天休。累年於茲。法完令具。世習民懷矣。述而作之。舉而錯之。信如四時。堅如金石。萬歲不可易。尚慮在位在服之士。與爾萬方黎獻。弗徯朕志。謀猷回遹。乘間投隙。浮言胥動。弛墮不舉。以潰于成。若法度有弊。隨宜增改。茲治道之常情。馭世之通規。夫變而通之存乎法。推而行之存乎人。人或弗迪。法何賴焉。宜令內外官司。應已行之令。一意遵承。毋或觀望。輒有動搖。若妄言傳播改革。及敢沮壞。許諸色人陳告。白身與三班奉職。有官人轉兩官。有名目人轉兩資。不願轉資。依白身人推恩。並支賞錢五千貫。令開封府出牓曉示。

太師蔡京褫官斥外不許更彈擊御筆手詔 大觀四年五月二十八日

比以舊弼蔡京。擅作威福。傲睨弗悛。屢致人言。褫官斥外。申嚴邦憲。足示誡懲。尚慮怨仇。乘時騁志。掊摭舊事。論列未休。下石傾擠。彈擊不已。務快復讐之私忿。不思體貌之前規。遂致矯枉過中。嫉惡已甚。宜伸寬宥。曲全始終。咨爾臣隣。明德朕命。

增賞訓戒鼓惑邪說御筆手詔 大觀四年六月二十七日

昨以星文譴告。克謹天威。事之未便。詳度更革。以正厥事。以承天休。邇者士失所守。徇于流俗。而憸巧輕儇之徒。構造無根之語。鼓惑邪說。傾動中外。或播傳遷責臣僚。或橫議興易政事。或妄意更革。或詐稱差除。其說多端。朝更夕改。以致搢紳惶惑。不安厥位。立則聚談。行則耦語。轉相探刺。欲爲身謀各懷疑心潛相睽異爲間諜之計伸怨悱之私浸淫成風爲害甚大近令開封府立賞許人陳告日來詢詢殊未懲革可出牓朝堂申嚴訓戒如或弗悛寘之典刑必罰無赦可增立賞錢通作五千貫仍令御史臺諫官彈糾

申飭百僚御筆手詔 大觀四年閏八月二十六日

朕一道德以同俗嚴分守以造士振起廉隅士風丕變舍其比周捃摭期于同德共濟且朋黨之論起于漢唐于時姦人乘時肆意傾擠異己忠邪未判擯斥從之則漢南北部唐牛李事其誤朝召亂概可見矣朕監察前史數下詔旨毀石刻除黨籍合天下之同異釋羣心之忿怨咸歸于禮義廉恥之域且大臣進退自昔有之士失所守而不能砥節勵行者曾不體予寬大之意迺餘習未殄交結權近飭巧馳辯沽譽躁進陰構異端附下罔上騰播是非分明植黨牢不可破雖申飭屢至曾莫之革咨爾在位各常其德稽古人之所以行己立朝愼名節無詭隨以服我無黨無偏之道予惟汝嘉訓而不悛邦有常憲朕不汝貸宜令臺諫覺察彈劾以聞仍出牓朝堂

誡飭鼓惑之言御筆手詔 大觀四年十二月九日

朕頃以浮言動搖國是屢形訓詔申戒庶工威之以明刑勸之以厚賞俾知有所畏憚以無紊我治功而稔惡怙終益駭朕聽凡朝廷損益政事黜陟官聯必窺伺指歸因緣疑似駢首屬耳播騰是非或謂政事曰將廢將興或論人材曰有貶有召好莠自口愛惡惟心肆爲險膚鼓惑羣動欲庶績凝而衆志定何從何得以其守愚弗移下比流俗怙未懲革狃習故常未欲遽繩以法尙惟用恕故訓飭至于再三朕之寬貸亦已至矣凡在位在服尙玩于明訓邦有常憲必刑無赦咨爾多士咸聽朕言可速出牓朝堂

宋大詔令集卷第一百九十七

政事五十

誡飭八

申飭理財之政詔 大觀四年十二月十七日

朕加惠多方。分道置使。臨遣申飭。德意宣昭。庶幾享上赴功。協濟厥事。而比年以來。媮為一切。鮮克究心。朕甚憫焉。且征賦榷酤。以供經費。調制盈虛。責在漕臣。今承平百五十餘年。歲入固不減于什一。法完令具。生齒至繁。而邦用未協。蠲除科條。裁制浮冗。而調度益急。殆部使者罔知憂職。而理財之政不修故也。矧法紊而不知檢。吏姦而莫之懲。一有所乏。惟仰給于朝廷。姑徇其求。則復恬然終歲。轉相視傚。率以為常。尚何飛輓之有。舉茲以概責任。謂何繼自今。其悉意在公。是圖是究。各循分守。以迪厥功。儻或弗虔。安於苟簡。當行竄黜。嚴示戒懲。朕言弗渝。其聽毋怠。故茲詔示。想宜知悉。

申諭公卿大夫砥礪名節詔 政和元年正月二十九日

朕嗣有令緒。繼志廣聲。上以彰神考之洪業休德。而下以率勵士君子之行。庶幾道化行。禮義興。成一世之俗。以副朕之拳拳。故比年以來。數申詔公卿大夫務尚名節。既示之以好惡。復申之以賞罰。其或懷利忘義。妨功害能。無尊主庇民之誠心。有匿情苟合之私意者。今則長惡未悛。而越職犯分。鮮廉寡恥。無砥節礪行之操。有保利棄義之心者。亦時有之。至或輕儇浮躁。欺誕詭譎。而甚者醜正朋邪。肆為浮言。動搖國是。此蓋閭閻里巷之細民賤吏有或不為。而乃時出於搢紳士夫之門。嗚呼。朕甚羞之。豈告誡之或未孚歟。抑賞罰有不足以勸沮歟。且名節砥礪。則廉恥興行。廉恥興行。則風俗純厚。先王盛時。其公卿大夫有素絲之節。而中林有兔罝之行。此王者所由昌也。朕之待士。其亦至矣。而未獲徽報如先王之時。不於搢紳士夫而責。將誰責而可。今朕先行實。黜浮華。獎靜退。斥奔競。以興忠厚純一之俗。其有珪璧其行。松柏其操。見謂真賢實廉。則為善於家。而取賞於朝。朕亦何愛哉。至或冒進輕儳。不知以名節為尚。則誅流竄斥隨之。朕所不貸。申諭朕指。其聽勿違。牒奉詔如前。宜榜朝堂。

訓飭士大夫御筆手詔 政和元年十月二日

朕惟古先哲王。敷皇極以道民。毋有淫朋。毋有比德。在位皆正直之行。庶民被忠厚之化。其盛至於永肩厥心。而遂成風俗。朕奉承聖考餘休遺烈。監于先王成憲。任賢使能。以倡萬方。惟恐弗及。嘉與卿士大夫開公正之路。杜私邪之門。明是非。嚴分守。毋有作好惡。而追三代之隆。累年于茲。用事之臣。或弗訛其心。或弗迪訓告。溺舊習。乘高勢而爲邪。附下罔上。陰害紹述。背公營私。締交執怨。顧非獨立躬行。則咻惑奔趨。淪胥以敗。宄跡既露。猶復怙終。朕甚羞之。傳不云乎。義之與比。夫植黨分朋。不恥附麗之非義。以陷悔而不自知。豈朕所望哉。惟時古人相汲引。不爲比周。稱譽不爲朋黨。故能咸有一德。以盡事君之義。有無窮之聞。朕于士大夫矜以節行。厲以廉恥。寵以高爵厚祿。丁寧訓誨。于再于三。可謂無負矣。而險詖躁競。終莫之革。朋黨比周。牢不可破。放棄戮辱。殆不可已。否則威之。其在是歟。布告列位。咸諭朕意。忠以衛上。毋或自棄。昏迷不悛。必罰毋赦。

訓飭百司詔 政和元年十二月二十一日

神考稽古置法。董正治官。因任原省而賞罰以信。三事大夫。奉令于上。羣司百執。率職于下。熙豐之隆。國有九年之蓄。民有可封之俗。深仰慕之。崇觀以來。紹隆政事。損益廢舉。以適厥中。卿士大夫所宜祗乃辟。審所度。克勤毋怠。以趨功名之會。而民力未裕。國用未豐。不知所圖。祀者弗虔。火禁弗戒。逸重辟。盜庫金。莫之畏趨。過目前。曾靡盡瘁。寔繇頃者大臣有懷姦傾搖之志。而士大夫有漸染元祐之風。偷惰廢弛。浸以成俗。安持祿之鄙。貽不任之譏。深負所以任使之意。甚不取焉。詩不云乎。夙夜匪懈。省臺寺監。分職率屬。小大相維。內外和附。協志悉心。乃底于治。其各交修。首公勵行。共成無斁之効。勿使奉公率職之風。專美于前。不其善歟。御史耳目之官也。舉臺綱。肅官邪。惟汝之責。何憚而不爲。汝其分行糾劾。不法。必罰無赦。

誡飭臺官言事御筆手詔 政和元年十二月二十一日

耳目之寄。臺諫是司。古之明王。責以言事。罔匪正人。故能雍容無爲。端拱於一堂之上。廣覽兼聽。信賞必罰。以收衆智。以馭辟吏。百官嚮方。而萬事理。今言者不沽激以徼名。則畏避以趨利。至或陰交貴顯□比近習。怙權撓法。慢令陵政。職所當糾。縱而弗治。盛則俛首附麗。黜則鼓舌詆訾。以此觀望窺測。追時好而取世資。廉恥之道缺。謇諤之風替。何所賴焉。朕承神考遺緒。宵旰圖治。懔乎以聽言爲難。有言責者。直道而行。將悅而從之。羣工庶僚邪正臧否。必覈是非。毋憚大吏。將以賞刑。彰善癉惡。輔成至治。服我明命。各祗厥官。毋溺舊習。毋悼後悔。

誡約不許更改已行法令詔 政和二年二月一日

朕躬攬萬幾。講求民瘼。作新憲度。孚于萬邦。事之缺者。悉已完具。法之弊者。隨卽更革。熙豐詔令。具在謨訓。思與天下共遵成憲。今貨殖通阜。商旅貿遷。民物按堵。邊隅綏靖。中外經費。頗亦寬舒。持之歲年。其効必著。尙慮妨功害能之士。貪利希進之徒。乘間抵巇。忘意申陳。輕議增損。規避其成。應今日已行法令。三省恪意遵守。無容妄自紛更。非甚窒礙而輒議改易者。以違制論。仍令御史臺覺察彈奏。

誡飭在位各循分守詔 政和四年七月五日

朕惟先王之時。道德一而風俗同。上則協恭和衷。下則庶人不議。丕應徯志。從欲以治。朕甚慕之。朕祗嗣庥服。紹休聖緒。繼志述事。罔敢自暇。法完令具可守而行。然而衆未革心。俗未丕變。朝廷揆理立政。而士徇流俗。造言弗悛。稽古成憲。而人懷異心。害於已成。豈蘉蒙之俗。終不可化。而刑賞不足以勸沮歟。抑播告之修是訓是行者未如先王之世也。朕方明道揆嚴法守。宜昭國是。糾正官邪。凡百在位。其務勠力一心。各循分守。毋或侵紊。其或徇俗妄議。越職侵官。持偏見以干正。懷私利以背公。前卻兩端。浮僞不根。順非罔上。刑茲無赦。咨爾中外。體朕意焉。

誡飭三省密院省臺寺監與百職事官御筆 政和五年六月空日

官各有守。故萬事理。人各有分。故士志定。昔者先王之爲勸禁率勵。在服小大。祗若罔不率俾。咸懷忠良。協於克一。自時厥後。士不信義命。忘其大分。人昧於寵利。失其所守。逮至于今。尙多有之。比又操流俗之見。懷犯上之心。造爲浮言。搖必成之政。越職論事。廢出位之戒。朕詔令數下。申諭備盡。至再至三。方時承平。務在和靖。而曾未之革。豈罰所未加故歟。自今三省密院省臺寺監與百職事官各揚其職。益愼爾止。非爾所職勿行。非爾所責勿言。毋利口以胥動。敢不遵承。以違御筆論。仰御史臺彈奏。仍牓朝堂。

誡諭不更改政事手詔 政和六年七月九日

朕嗣先帝盛德大業。繼而述之。罔敢墜失。粤自初載。蔽于朕心。非緣師錫。賴天之休。克篤先烈。法成令具。吏習而民安之。休祥荐臻。四方蒙福。夙夜震慄。其敢自功。而士未革心。乘間輒議。天下生齒日衆。本支繁衍。蠻夷納土。開疆浸廣。惠養以逮天下之窮民。廩祿有及于疲癃不能任事之吏。興事造功。制禮作樂。事在有司。法令施四方。衆建人材。稱事增員。因勞積賞。倍蓰於前。遠矣。挾姦罔上者。于太平豐亨豫大極盛之時。欲爲五季變亂裁損之計。朕若稽古。度時之宜。親所建立。審而後行。施之罔極。豈有更自改作。蠹害之人。敢私行智。爲臣不忠。罪莫大此。可令御史臺覺察糾奏。有犯以違御筆論。布告中外。咸使聞知。仍榜朝堂。

誡妄意更革朝政御筆手詔 政和八年正月二十一日

朕惟帝王之盛。以道蒞天下。而治以法。道者萬世無弊。一定而不易。法則與時宜之。變通而不可以爲常。朕奉承聖緒。夙興夜寐。務循神考之道。以儀以式。以訓以告。政立而法度修。教行而禮樂著。其效在天下。其典在方册。固將傳之無窮。施之罔極。天下後世。豈可復議。若迺事與時行。所當調制者法也。時運不留。法亦隨之。煦爲春夏。斂爲秋冬。損益盈虛。義存均適。屬者審人情之思歎。究海內之利否。取法之所當議者。扶其偏。捄其失。去其泰甚者。卿士大夫不深惟國家大體。有不可變之道。而咻惑于衆多之口。蔽蒙于私己之見。妄言大臣有異同之論。妄意朝政有更革之說。以欺愚衆。而希世資。未欲致于理。蓋自崇觀以來。繼神考之志。以爲莅天下之道。述神考之事。以爲治天下之具。執此之政。堅如金石。行此之令。信如四時。據此之公。無私如天地。兼嘗親札大字。勑榜揭于朝堂。近日又復申明此。卿士大夫所共知也。今茲播告。是謂申命。其訛乃心。率循毋怠。敢有倡爲異端。致疑衆聽者。御史臺彈劾以聞。當議重行黜責。故茲詔示。想宜知悉。仍出牓朝堂。

誡內外職務詔 宣和一年三月六日

昔在神考。留神萬幾。實稽周官。摭唐典。以釐庶工。內自省臺。外迄郡縣。其任責雖不一。而所以爲房爲察爲曹爲案。其別皆有六。粲然憲度。上下相承。如指諸掌。然以出以納。總其職務而行制命焉。其凡百有司。事繇所屬者。均得以取正責實。惟六部居其中。朕駿惠先猷。罔敢怠失。嘉與卿士。協圖康功。以追來考。日念在茲。期屢歲省。乃遣執法。按其失而誅之。乃命蹕御。勞其勤而賞之。載加丁寧。著在親詔。庶幾奮勵。格我勸沮。而閱今累年。垢玩仍在。簡書紛委。眞贗雜然。媮弊百出。吏之疲者漫不及察。巧者得並緣爲姦。至有公造符印。行文書。以盜名於朝。盜利於帑。迭相蔽蒙。至敗且死而後已。度他細務。可勝摘哉。夫天下之勢。必有有爲而勤于下者。然後上得以無爲而尊。必有作而行之士大夫。然後王公得以坐而論道。今朕總覽庶務。親事法宮。所以共治者。惟吾士大夫而已。苟士大夫舍此不務。而一委之吏。則朕何望焉。比屬輔臣。面加儆勅。謂宜體朕至意。夙夜講求。早正其所謂稽者違者。而闕不聞問。亦既累旬。詢所施行。不過關諉四司。況具弊事爲便文而止耳。嗚呼。弊事所隱。吏資以爲姦者也。其肯自狀以取革乎。朕惟大器。先自治而後治人。爾身克正。罔敢弗正。惟郎所以糾吏。惟長惟貳所以率郎。今吏或敢欺。其必有自來矣。如聞異時爲郎爲長貳者。或以文藝自居。而恥親于簿領。或以老成相尚。而專事於淸談。或寓兼局以避嚚。而聽治不及其時。或假私吏攝按。而奉行實闕其用。是所以自治以正身者。旣大繆不然矣。則苟且歲月。儲望養體。幾不爲得計乎。然食焉而怠其事者。必有天殃。靖共爾位。好是正直者。神介之福。洋洋乎如在其上。可不畏且戒哉。

宋大詔令集卷第一百九十八

政事五十一

禁約上

禁採捕詔 建隆二年二月己卯

王者稽古臨民，順時布政，屬陽春在候，品彙咸亨，鳥獸蟲魚，俾各安於物性，罝罘羅網，宜不出於國門，庶無胎卵之傷，用助陰陽之氣。其禁民無得採捕蟲魚，彈射飛鳥，仍永爲定式，每歲有司具申明之。

禁不得影庇色役人詔 建隆三年五月甲申

古之善爲吏者，據籍役人，抑強扶弱，期于富庶，必在均平，將塞倖門，宜申明禁。應諸州府、先舉行在京文武職官、內諸司臺省寺監、諸軍諸使，不得影庇合充縣司色役人戶，及在京百司人吏，每有收補，准元勑須候本州回文，委不得差役，即得收補，諸稱攝試鄉銜戶例合充色役者，不得放免。其諸道州府或于衙前使院及諸將幕隨使人員處影庇，當直苟免縣司差役，自今委令佐專切點檢，除衙前近上職員大將本戶即與放免，仍不得影庇佗戶，餘並不在此限。如縣司差充之人所定奪不當，並許人戶自相糾舉，若州縣不爲辨析，亦許詣闕伸訴，按驗不虛，其合充役人及元差官吏，並節級科罪。

禁斫伐桑棗詔 建隆三年九月

桑棗之利，衣食所資，用濟公私，豈宜翦伐。如聞百姓斫伐桑棗爲樵薪者，其令州縣禁止之。

禁越訴詔 乾德二年正月乙巳

設官分職，委任責成，俾州縣以決刑，見朝廷之致理。若從越訴，是紊舊章。自今應有論訴人等，仰所在曉諭，不得驀越陳狀，違者先科越訴之罪，卻送本屬州縣，據所訴依理區分。如是已經州縣論理不爲施行，及情涉理曲，當職官吏並當深罪。仍令諸州府於要路粉塗壁揭詔書示之。

禁令簿尉無事下鄉詔 乾德二年正月乙巳

張官置吏。所以爲人。吏或不循。人將受弊。故於近歲。曾降明文。如聞比來。多有踰越。奉吾詔以不謹。致斯民之未康。宜示申明。俾令遵守。應諸縣令尉、無事不得下鄉。宜一准建隆四年五月戊辰詔書從事。自今令簿尉委本州判官錄參等常切覺察。如有不因公事輒下鄉村及追領人戶。節級銜參兼勘罪以聞。

禁紀碑留任不得詣闕詔 乾德四年六月乙丑

國家以官得其人。治有異等。生民受賜。許列狀以借留。政績可嘉。聽具事而稱紀。近者吏民等奔走道路。直詣闕庭。既妨奪於民時。叛離於職次。自今應諸道節度觀察防禦團練刺史知州通判幕職州縣官等。有政治居最爲衆所推。願紀豐碑或乞留本任。並不得直詣闕上言。只仰具理狀于不干繫官吏處陳狀。仍委卽時以聞。當與詳酌處分。

禁新小鉛鑞等錢及疎惡綿帛入粉藥詔 乾德五年十二月丙辰

錢刀所以通貿易。布帛所以備財用。民之急務。不可闕焉。故樊之輕姦。國家所禁。物之枉濫。律令甚明。近聞都市之中。賈人作僞。或刮銅取鉛。盜鑄公行。或塗粉入藥。詐欺規利。是致貨泉日弊。偷薄萌生。禁而止之。抑惟舊典。自今京城及諸道州府不得行用新小鉛鑞等錢。兼不得以疎惡綿帛入粉藥。違者重寘其罪。

禁止上供錢帛不得差擾居人詔 乾德六年五月乙未

王者之治。使人以時。非惟不奪於農功。亦冀無煩於民力。自今應諸道州府軍縣。上供錢帛。並各車乘輦從。其西川諸路合般錢物。卽於水路官自漕運。不得差擾所在居人。仍於諸路粉壁揭詔書示之。

禁西川山南諸道祖父母父母在別籍異財詔 乾德六年六月癸亥

厚人倫者莫大於孝慈。正家道者無先於敦睦。況犬馬尚能有養。而父子豈可異居。有傷化源。實玷名教。近者西川管內及山南諸道相次上言。百姓祖父母在者。子孫別籍異居。詔到日。仰所在長吏明加告諭。不得更習舊風。如違者並准律處分。

禁攝官詔 開寶四年正月丙午

銓衡注官。自有常制。郡縣承乏。或紊彝章。將革因循。宜行告諭。自今諸道州縣有闕員處。不得更差前資官承攝。

禁廣南奴婢詔 開寶四年三月

昔漢高祖既定天下。乃詔民以飢餓自賣爲奴婢者。皆免爲庶人。蓋革汚俗之弊。睠惟嶺表。方已削平。猶習餘風。所宜禁止。廣南諸州縣民家有收買到男女奴婢。使轉將傭顧以輸其利者。自今並令放免。有敢不如詔旨者。當決杖配流。

罷廣南大斗詔 開寶四年七月丙申

朕已平遠俗。式示優恩既混車書宜均度量。廣南僞命日使大斗受納租稅者。罷之。

禁僞黃金詔 開寶四年

昔漢法作僞黃金者棄市。所以防民之奸弊也。如聞京城之內競習其術。轉相誑耀。此而不止。爲盜之萌。自今應兩京及諸道州府。禁民無得詐僞黃金。違者捕繫。按檢得實。並寘於極典。

禁市易官物增價欺罔官錢詔 開寶七年五月乙丑

古人以獄市爲寄者。蓋知小民唯利是從。不可盡法而繩之也。况先甲之令。未嘗申明。苟陷人於刑。深非理道。將禁其二價。宜示以明文。自今應市易官物有妄增價欺罔官錢。按鞫得實。並以枉法論。其犯在詔前者。一切不問。

禁約中外臣寮不得因乘傳出入齎輕貨邀厚利詔 太平興國二年正月丙寅

古者百乘之家不畜雞豚。伐冰之家不畜牛羊。蓋禁其與百姓爭利也。凡我在位。莫匪令人。賦祿足以代耕。臨財豈思苟得。尚念戰爭之後。頗虧廉恥之風。雖在搢紳之間。猶競錐刀之末。乃至奉使郡國。守鎮藩方。罔守不貪之言。親與細民爭利。宜申約束。以勸多方。自今後中外臣寮不得因乘傳出入齎輕貨邀厚利。并不得令人於其諸處圖迴。有不如詔者。郡縣長吏以名聞奏。

禁約上供物監臨官謹視秤者無得欺而多取詔 太平興國三年七月庚午

權衡之設。厥有常制。出納之吝。謂之有司。倘求羨餘。必恣掊克。苟視成而不戒。豈爲天下守財之道焉。左藏庫及諸庫所受諸州上供均輸金銀絲綿及他物。監臨官當謹視秤者。無得欺而多取。俾上計吏受其弊。自今敢有欺度量而取餘羨。其秤者及守藏吏皆斬。監臨官亦重寘其罪。

禁天文相術六壬遁甲三命及陰陽書詔 太平興國二年十月甲戌

兩京及諸道州府陰陽卜筮人事。向令諸州傳送至闕。詢其所習。皆不通其業。無所取其所由。蓋持禍福之言。于閭里間誑耀愚民。以資取給耳。自今後除二宅及易筮外。其天文相術六壬遁甲三命及他陰陽書。民間並不得私習。先有蓄者。限詔到一月。悉以送官。限外不送及違詔私習者。悉斬。有能告者。賞錢十萬。州縣吏匿不以聞者。亦重寘其罪。

二月至九月禁捕獵詔 太平興國三年四月丙辰

方春陽和之時。鳥獸孳育。民或捕取以食。甚傷生理。而逆時令。自宜禁民二月至九月無得捕獵。及持竿挾彈。探巢摘卵。州縣吏嚴飭里胥。伺察擒捕。重寘其罪。仍令州縣于要害處粉壁揭詔書示之。

禁約文武官不得輒入三司公署詔 太平興國五年十月甲申

邦計之重，悉在三司。苟請託之是行，必紀綱之斯紊。自今內外文武官，不得輒入三司公署，及不得以書札往來，求託公事。非有關預，不得出入三司公署。門吏謹察之，違者以告。

羣臣御前印紙不得隱匿殿犯常事不在批書詔 太平興國六年正月癸酉

朝廷伸懲勸之道，立經久之規，應羣臣掌事於外州，悉給以御前印紙，所貴善惡無隱，殿最必書，俾因滿秩之時，用伸考績之典。如聞官吏頗紊綱條，朋黨比周，迭相容蔽，米鹽細碎，妄有指說，釁有亘而不彰，勞雖微而必錄，有司披文而校件析以聞，志既切於澄清，恩或由於僥倖，成命不反，蓋示信以當然，出令不行，於垂勸而何在。宜行誡諭，用儆因循。自今應出使臣寮在任日勞績非尤異者，不得批書，曾有殿犯，不得隱匿，其餘經常事務，不在批書之限。

禁約戎人私市女口詔 太平興國八年

近屬戎人歲貢馬所過州縣，多私市女口出邊關。自今謹捕之，敢以女口私市與戎人者，棄市。知而不以聞者，論如法。

嶺南長吏多方化導婚姻喪葬衣服制度殺人以祭鬼等詔 雍熙三年

嶺嶠之外，封域且殊，蓋久隔於華風，乃染成於汙俗。朕博覽傳記，備知其土風，飲食男女之儀，婚姻喪葬之制，不循教義，有虧禮法。昔漢之任延、理九眞郡，遂變遐陋之地，而成禮讓之俗。是知時無古今，人無遠近，但問化之如何耳，豈有弗率者乎。應邕容桂廣諸州婚姻喪葬衣服制度，并殺人以祭鬼，疾病不求醫藥，及僧置妻孥等事，並委本處長吏多方化導，漸以治之，無峻治法，以致煩擾。

禁約民取富人穀麥貸息不得輸倍詔 淳化四年七月辛亥

古者立限田之制，以抑兼并，設常平之倉，用救凶歉。今宇宙至廣，生齒寔繁，阡陌之法既經界而未定，豪強之族尚獄市以兼容。累年以來，多稼不稔，蠶茲黎庶，阽於死亡。富者操奇贏之資，貧者輸倍稱之息。歲或小稔，復猶歉然，而橫恣之家，責償甚急，什一之稅，尚未及供，伏臘之資，固已皆竭。使細民益困，大田卒萊，國計不能充，地利不盡出，職此之由也。宜令州縣吏戒里胥鄉老，嚴察部民，有取富人家穀麥貸息，不得輸倍，未輸稅，不得先償私負。違者加罪。所在粉壁揭詔書示之。

禁約軍前勿殺脅從詔 淳化五年三月甲寅

近者兇民嘯聚，蜀郡驚擾，聊舉偏師，往伸薄伐。已聞虎旅，將覆梟巢，既顯戮於鯨鯢，慮俱焚於玉石。宜令招安使王繼恩候前軍所下處，其賊黨敢抗王師，即須殺戮。其有本州同惡受制凶徒，先被脅從，今能歸順者，並釋其罪，倍與安存，所以明好生惡殺之心，亦所以舉懲惡勸善之典。凡爾民庶，深體至懷。

轉運本州不得令縣令按讞刑獄監筦倉庫詔

令長之任。風化所先。故有不下堂而一境自治。兩換其縣而善政大行。所宜躬親於字人。不可嬰拂以它務。應天下縣令。自今轉運司及本州。並不得轉令按讞刑獄監筦倉庫等事。俾專厥職。以副朕懷。

不許獻詩賦雜文詔 淳化五年八月甲午

昔漢武之時。上書闕下衒鬻者以千數。枚皋徒以作賦。遂拜爲郎。東方朔敢肆大言。亦得待詔。朕甚不取也。蓋以自衒自媒者。士女之醜行。難進易退者。賢達之令猷。適足以長躁競之風。非可以取敦樸之士。自今京朝官不得輒獻詩賦雜文。如有時政闕失。民間利濟。及直言極諫。即許投進。其宏材奥學爲人所稱者。令于中書建議。丞相以聞。別聽進止。

商旅細碎交易不得商其算詔 淳化三年五月辛巳

古者市廛而不稅。關譏而不征。蓋所以察奇衺而禁游惰也。國家算及商賈。以抑末游。率循舊章。克助經費。如聞當職之吏。頗爲煩苛之規。覬盈羨以市恩。籠細碎而必取。掊克斯甚。交易不行。通商惠工。抑又何在。宜申明詔。用革前非。自今除商旅貨殖外。其販貿細碎交易。並不得商其算。違者罪之。仍令有司件析頒行天下。揭于版、懸于官寺之屋壁。以遵守焉。

禁幷州故城內居止耕種詔

先皇帝親總銳師。削平多壘。眷言編俗。咸與惟新。爰徙郡城。就安吉壤。如聞編戶。猶復重遷。甚非國家興利除害之意也。其幷州故城。委轉運司告諭人戶。勿復居止。有見居者。給限百日。令徙新城及平晉縣祁溝□□幷側近州縣鎮內。請占官地住居。見耕種城內者。許於故城內請係官田土居住耕種。應故城內稅物悉除之。

禁勿收羨餘詔 咸平五年正月癸酉

比來司帑廩者。多收羨餘。以爲課績。蓋出納之際。有所重輕。此可責而不可獎也。宜令有司嚴加戒飭。無使復然。

禁習天文星算相術圖讖詔 景德元年正月辛丑

象緯之書。典法所禁。戒其私習。抑有舊章。近聞士庶之間。顯行星算之術。既資奔競。□□□□特示明文。用懲薄俗。宜令所在告示管內。除先准勅有□陰陽卜筮書外。應元象氣物、天文星算、相術圖讖、七曜、太乙雷公式、六壬遁甲。幷先停廢諸算麻。私家並不得停留。及衷私傳習。有者限一月陳首納官。逐處官吏焚毀訖奏。敢違犯隱藏者。許諸色人論告。其本犯人處死。論告人給賞錢十萬。逐處星算技術人。並送赴闕。當議安排。瞽者不在此限。

宋大詔令集卷第一百九十九

政事五十二

禁約下

禁天文兵書詔 景德三年四月己亥

天文兵法。私習有刑。著在律文。用防奸僞。顧茲羣小。尚或有違。將塞異端。宜懲薄俗。兩京諸路管內、除准敕合留陰陽卜筮書外。應元象器物、天文星算、相術圖書、七曜厤、太乙雷公式、六壬遁甲、兵書先諸家厤算等。不得存留及吏私傳習。有者限一月陳首。納官釋其罪。令官吏當面焚毀訖奏。限滿不首。隱藏違犯。並當處死。內有私爲誑惑、言及災異情理重者。當行處斬。論告者賞錢百千。逐處有星算術數人。並部送赴闕。令司天監試驗安排。瞽者不在此限。

禁進奉物不得銷金線文綉詔 大中祥符元年

朕肅膺大寶。慎守詒謀。思馴致於古風。冀日臻於景化。節用經費。循法度以建中。端居穆清。屏紛華而弗御。聿修儉德。以導化源。而穹昊眷懷。靈符昭錫。載伸大中之道。宜師清凈之風。姑務身先。用張治本。眷言宗室。爰洎寀僚。當取實以去華。庶上行而下傚。逮諸執事。各謹攸司。惟采章文物之名。載於儀職。及宴會供帳之具。宜乎禮文。蓋朝範之所尊。貴國容之有耀。所宜如舊。用副式瞻。自餘供須。並從節約。其令有司除袞冕儀仗法服及宴會所設依舊外。其外朝及宮禁乘輿服御供帳、皇親臣寮之家進奉物、並不得銷金線文綉。有司所闕須創造。降詔依奏者。即許施行。諸司不得起樣進呈。仍令皇城使劉承珪、龍圖閣待制戚綸以進御物取進止。其宴會陳設。如重製造。亦不得遍地文綉。庶成敦樸。漸復清純。允符上帝之靈心。永奉混元之至寶。仍令有司。錄此詔賜親王公主諸親家一本。

大內宮院苑囿今後止用丹白不得五綵裝飾幡勝不得用羅詔 大中祥符元年六月丁酉

朕憂勤視政。清凈保邦。將儉德以是遵。庶淳源而可復。乘輿服御之物。已屏於紛華。宮闕苑囿之規。當存於樸素。至于王公戚里。卿士庶民。因贈遺以相誇。剪繒綵而爲飾。且念蠶績所出。機杼斯勞。安可滋侈麗之風。爲浮靡之用。宜令誕告。用示予懷。應寺院祠廟依舊外。大內及宮院諸苑囿等自前已有綵繪者。若用塗改。盆成勞費。宜令依舊。今後止用丹白。不得以五綵裝飾。皇親士庶之家。亦不得施用。其幡勝除恩賜外。許用綾絹。不得用羅。諸般花。止許用草。不得用練帛。

禁誘人子弟求析家產及壞坟域詔 大中祥符二年正月戊辰

字氓之術。敦教為先。眷乃細民。尚迷至化。但謀酗樂。罔慎行藏。或靡顧宗親。顯求析戶。或不聞尊屬。潛舉息錢。頗開獄訟之源。終致流離之苦。念茲多僻。宜示禁科。自今誘人子弟求析家產。恣為不逞。及輒壞坟域者。仰逐處卽時捕捉。幷許本家親族鄰人陳告。鞫按以聞。當議決配。其知情放債人所假錢物。不在還理之限。如因事彰露。應干繫官吏鄰保。並等第勘斷。

禁約河北民棄農業學禁術詔 大中祥符二年十月

禁咒之方。擊刺之術。既靡緣于南畝。實有亂於齊民。言念僻違。用申科禁。其河北諸州軍民戶惰棄農業。學禁術槍劍挑棒之伎者。自今委諸縣令佐、常切覺察。違者論如法。情重者以其令衆。

令粘竿彈弓等不得攜入宮觀寺院詔 大中祥符二年十一月癸酉

朕承天育物。體道臨人。宗上聖之無為。期有生之咸若。況列眞祕宇。大覺仁祠。式示欽崇。豈宜褻瀆。自今應傷生驚禽之類粘竿彈弓等物。不得攜入宮觀寺院。及有屠宰。違者論如法。又令開封府條約民間。無使廣有採捕。

禁粘竿彈弓罝網獵捕之物詔 大中祥符三年二月乙亥

方春陽和。庶物茂遂。爰申邦禁。以順天時。俾無傷夭之憂。以助發生之氣。諸州粘竿彈弓罝網獵捕之物。于春夏月悉禁斷之。犯者委長吏嚴行決罰。

禁妖妄人詔 大中祥符五年三月癸未

訪聞閭闔門內有人衆目為先生。每夕身有光明。能於隙竅出入無礙。是必妖妄惑衆。其令開封府速擒捕禁止之。

禁約內臣將命不得收受牒訴詔 大中祥符六年正月戊申

比來內臣將命出外。不許干預州郡事。如聞有收受牒訴。送所在州縣。官吏不敢拒之。恐緣此或致枉抑。自今宜切禁絕。違者重論之。州郡受而不奏者同罪。

禁約不得囑求公事保庇豪右仍貸今日以前詔 大中祥符六年七月庚戌

乃眷官師。各膺寄任。宜稟行於朝命。庶無瀆於彝章。屢降詔條。杜其請託。承寬漸久。為弊滋深。乃有交結富豪。潛行假貸。冒稱屬戚。輒恣規求。在于公朝。實為蠹政。宜申明敕。用革澆風。應今日以前。曾以公事私禱者。特示寬恩。更不按問。起今後文武官諸色人。如復敢于諸處囑求公事保庇豪右者。

並委所在官司具事以聞文武官並行貶削諸色人決配情理重者自從重法官司不卽覺察與犯者同罪

禁約倉官不得收羡餘詔 大中祥符八年四月丙午

自我京畿達于淮泗倉庾相望轉輸至多若無增損之欺寧有羡餘之積俾均出納以便公私應裝納倉廒之處及在京諸倉監官等並須均平受納不得收削所收羡餘仍依咸平中條制不理爲勞績但一界幹集別無逋負卽依元勅施行

禁銷金詔 大中祥符八年五月壬午

惟彼兼金是名至寶邦家所尚本以備乎威儀民俗相因由是成于奢僭銷鎔浸廣耗蠹實多向者繼下制書禁茲侈服申嚴未一抵冒尙繁今將表正蒼黔共還樸素冀孳情之率俾在眇質之躬行自非大禮之采章並命攸司而簡省上從中禁下暨庶邦靡限等差同其條約必行之令在率土以咸周可復之言示至公而斯在其乘輿法物除大禮各有舊制外內庭自中宮以下並不依銷金貼金鏤金間金戧金圈金解金剔金陷金明金泥金楞金背金影金欄金盤金織撚金線等但係裝著衣服並不得以金爲飾其外庭臣庶之家悉皆禁斷三京諸路臣民舊有者限一月許回易爲尊像前供養物應寺觀自今裝功得所用金箔須具殿位尊像顯合增修瓶造數經官司陳狀勘會詣實聞奏方得給公凴詣三司收買其明金裝假果花販樂身之類應用金爲裝彩物降詔前已有者更不毀壞自餘悉皆禁止如敢有違本犯人及工匠干連人並當重斷皇族諸親大臣等固宜奉詔率乃輿民苟或有踰必行嚴憲仍令御史臺皇城左右街司常切覺察如不切糾舉致別處彰露並寘其罪其論告人賞錢百貫以犯事人家財充不足者以係省錢支給仍令諸路轉運司遍牒管內揭榜告示

禁屠殺牛詔 大中祥符九年八月癸未

藪牧之畜農耕所資盜殺之禁素嚴阜蕃之期是望或罹宰割深可憫傷自今屠耕牛及盜殺牛罪不至死者並繫獄以聞當從重斷

禁採捕山鷓詔 天禧三年二月乙未

山藪之廣羽族寔繁眷彼微禽本乎善鬬致嬰羈紲之患以爲玩好之資悅目則多違性斯甚載念有生之類務敦咸若之仁屬以陽春戒時動植叶序特申科禁俾遂熙寧自今諸色人不得採捕山鷓所在長吏常加禁察

禁金商等州祭邪神詔 天禧三年四月戊辰

隆平之政實貴於防邪聰直之神不歆於非類是以前聖立教明王守邦具有憲章絕其淫祀朕纂承基緒撫育蒼黔伸孝饗於宗祊奉禋燔於天地一則以歸功報本一則以祈福兆祥所冀寰區畢登仁壽而小民寡識鄙俗易訛如聞金商等州頗有邪神之祭或緣妖妄輒害生靈達於予聞良用矜軫宜令所在嚴禁絕之如復造作休祥假託祭祀惑衆所犯頭首及豪強者並處死餘決訖黥面配遠惡處牢城

禁錦背綉背遍地透背等詔 景祐元年五月丙寅

織文之奢。不蠹於國市。纂組之作。寔害於女工。朕稽若令猷。務先儉化。深維抑末。緬冀還淳。然猶杼軸之家。相矜於靡麗。衣服之制。弗戒於紛華。浮費居多。踰侈斯甚。宜懲俗尙。用謹邦彝。內自掖廷。外及宗戚。當奉循於明令。無故習於偷風。其錦背、綉背及遍地密花透背段子。並宜禁斷。西川歲織上供者亦罷之。

禁鏤金詔 景祐二年五月庚寅

弊品之興。金鎰爲重。制財藝貢。邦用賴焉。洪惟先朝。深鑒治本。特嚴淦鑠之禁。以杜奢僭之萌。而宵人末工。放利矜巧。如聞比日。潛冒禁防。縻壞至珍。崇華首服。浸相貿鬻。陰長奇衺。官司因循。曾未呵糾。宜申布於前令。俾大革其非心。尙或弗悛。罔有攸赦。敦風遠罪。當稱朕懷。應市肆造作縷金爲婦人首飾等物。並嚴行禁絕。

詳定宮室物玩制度詔 景祐三年二月壬戌

夫儉守則固。約失則鮮。典籍之格訓也。貴不逼賤。下不僭上。臣庶之定分也。如聞輦轂之間。士民之衆。罔遵矩度。爭尙僭奢。服玩織華。務極金珠之飾。室居宏麗。交窮土木之工。倘懲革之弗嚴。恐因循而滋甚。況歷代之制。甲令備存。宜命攸司。參爲定式。庶幾成俗。靡蹈非彝。其令兩制與太常禮院同詳定制度以聞。

禁鹿胎詔 景祐三年

冠冕有制。蓋戒於侈心。麛卵無傷。用蕃於庶類。惟茲麀鹿。伏在中林。宜安濯濯之游。勿失呦呦之樂。而習俗所貴。獵捕居多。資其皮存。用諸首飾。兢刳胎而是取。曾走險之莫逃。旣澆民風。且暴天物。特申明詔。仍立嚴科。絕其尙異之求。一此好生之德。宜令刑部遍牒三京及諸路轉運司。轄下州府軍監縣等。應臣僚士庶之家。不得戴鹿胎冠子。及今後諸色人不得採捕鹿胎。并製造冠子。如有違犯。并許諸色人陳告。其本犯人嚴行斷遣。告事人。如採捕鹿胎人。支賞錢二十貫文。陳告戴鹿胎冠子并製造人。支賞錢五十貫文。以犯事人家財充。

禁銷金詔 慶曆二年五月戊寅

朕欽遵聖猷。精求政治。務菲躬而圖儉。庶率己以先民。眷乃良金。時爲上幣。何茲流俗。未穆醇風。侈麗相夸。蠹弊滋廣。銷爇珍寶。變尙服裝。効增魚龍之文。頗奸輿輦之制。浸踰法度。遂益僭差。頃在先朝。累班深詔。爰重禁防之格。仍開購告之塗。肆朕纘承。亦常申飭。如聞近歲。違冒猶多。俾條舉於舊章。冀楙成於淳化。必毆衆正。宜自近初。上從宮掖之嚴。下暨臣民之五。均行屏絕。用一等倫。無習匪彝。輕陷明憲。其乘輿法物。除大禮各有舊制。依前行用。內廷自中宮已下。並不依銷金貼金鏤金間金蹙金解金剔金明金泥金楞金欄金盤金織撚金線等。但係裝著衣服。並不得以金爲飾。其外廷臣庶之家。不以有司有封邑並皆禁斷。宜令宰司申明前後條貫指揮。

禁結集社會詔 治平三年四月丙午

夫左道亂法。淫祀敗俗。與夫賊殺善良之人。皆前古之所甚禁。而在上者所同疾也。朝廷比設防制。以糾奸違。厚賞以明告訴之科。嚴罰以重縱出之坐。而無知之民。抵罪尚衆。此皆奉詔者不能先事教飭。以時捕繫。但歲舉空文塞責而已。自今其務各悉乃心。謹察所部。毋或長惡以亂吾民。慢令有誅。朕所不赦。宜令刑部遍牒諸路運司指揮官司。自今後常行檢察。毋得寬縱。如不切舉行。別致彰露。其長吏以下。當行朝典。

帶御器械郭天信乞罷翡翠裝飾御筆 大觀元年十月二十日

先王之政。仁及萬物。草木禽獸。皆在所愛。今取其羽毛。用於不急。傷生害性。非先王惠養萬物之意。可依天信所奏。仍令有司立法聞奏。

禁止不得用君字爲名字御筆 政和八年二月十二日

君出命以尹衆。主道也。古之人言聖君明君人君。以尊天子。帝君大君元君。以嚴高眞。循名而攷實。豈人臣可得而稱者。今則或以制名。或命字。或相謂爲君。紊上下之分。乖君臣之義。不可以訓。宜行禁止。以詔萬世。違者以大不恭論。

禁止雜服若氈笠釣墪之類御筆 政和二年正月五日

古者衣服冠冕。取法象數。尊卑有別。貴賤有等。各有其制。罔得僭踰。先王之法壞□□□□□□習尚既久。人不知恥。禮義所出。而違禮害義多矣。天下承平百五十餘年。禮所當興。因陋承誤。未有之禁。非□□□□之道。可自今應敢雜服若氈笠釣墪之類者。以違御筆論。布告中外。咸使聞知。

宋大詔令集卷第二百

政事五十三

刑法上

非疑獄不得奏裁詔 建隆三年二月癸巳

國家外建庶官共分憂寄各專事任素有綱條苟務因循漸成弛紊應諸道州府凡有刑獄公事仰詳斷官依法斷遣不得申奏取裁如顯是疑獄及有異見即聽上聞稍涉不公當行朝典

改竊盜贓計錢詔 建隆三年二月己亥

王者禁人爲非莫先於法令議事以制必務於哀矜世屬亂離則糾之以猛人知恥格宜濟之以寬竊盜之徒本非巨蠹奸生不足罪抵嚴科今條法重於律文財賄輕於人命俾寬禁網庶合舊章今後犯竊盜贓滿五貫文者處死其錢以一百文足爲陌不滿者降罪有差

諸道公案下大理檢斷詔 乾德二年正月甲辰

周廣順元年七月十一日勅天下刑獄皆須大理寺正斷刑部詳覆不得中書門下便即處分又唐長興元年五月三日勅御史臺奏大理斷刑獄覆視請據推狀中有十人已上罪合詳斷罪通有二十件已上爲大事六人以上十人以下或斷十件已上爲中事五事以下及所斷不滿十件爲小事大事大理寺限三十日刑部限十五日中事大理寺限二十日刑部限十日小事大理寺限十日刑部限五日者且刑法之重政教所先法寺當平斷重輕刑部在審量可否洎乎近日頗紊彝章案牘每來煩朕親覽斯爲曠職何以責成自今諸道公案宜並下大理寺檢斷刑部詳覆即須依限無致稽遲稱職者必議轉遷無勞者並當退黜庶令官局得盡器能其或斷覆淹留比附差舛致中書門下提舉改正者重寘其罪

申明奏裁詔 乾德二年正月丁未

獄者人之命也吏者民之師也吏有上下咸宜盡心故漢制獄之疑者讞於有司所不能決者移於廷尉蓋欲各修其職無相奪倫逮於近年頗隳舊章或滯獄以不斷多避事而上言宜振綱條重申釐革自今諸道州府刑獄公事仰一准建隆三年二月癸巳詔書從事仍依重詳定刑統節文如詳

斷官避事不便依法斷遣停滯刑獄妄煩朝廷量罪行罰准律合奏取勅裁者不在此限

增犯鹽斤兩詔 乾德四年十二月

孔子謂刑罰不中民無所措手足則法令之用欽恤爲先應犯鹽條例在建隆詔書已從降貸尙念近年以降抵罪者多特示明文更從輕典宜令有司量增所犯鹽斤兩差定其罪著于甲令

枷械囹圄五日一檢視洒掃蕩洗小罪卽時決遣詔 開寶二年四月戊子

扇暍泣辜前王能事恤刑緩獄有國通規今朱夏旣臨溽暑方甚睠茲縲繫深用哀矜宜令有司限詔到其囚人枷械囹圄戶庭吏每五日一檢視洒掃蕩洗務在清潔貧無所自給者供給飲食病者給醫藥小罪卽時決遣重繫無有淹滯

繼母殺傷夫前妻子及婦以殺傷凡人論詔 太平興國二年五月丙寅

刑辟之設蓋厚於人倫孝慈所生實由乎天性矧乃嫡繼之際固有愛憎之殊情或可原法難共貫今後繼母殺傷夫前妻之子及其婦並以殺傷凡人論嘗爲人之繼母而夫死改嫁者不得占夫家財物當盡付夫之子孫子孫幼者官司檢校候其成長然後給之違者以盜論仍令有司頒行天下

令諸州大獄長吏五日一親臨慮問詔 太平興國六年九月壬戌

諸州大獄長吏不親決吏緣爲奸逮捕證左滋蔓或踰年而獄未具自今宜令州長吏五日一親臨慮問得情者卽決遣之

兩京諸州府繫囚令役夫洒掃獄戶每五日一遣吏視之詔 太平興國六年十月丁亥

應兩京及諸州府繫囚等朕焦勞萬幾欽恤庶獄乃眷士民之蕃庶尙念法令之滋彰囹圄未空逮捕猶衆當礫石流金之候在黃沙聚棘之中不示哀矜豈彰仁恕宜令諸處候詔到日令役夫洒掃獄戶每五日一遣吏視之供饋水漿洗滌杻械疾者給醫藥無使飢渴夭枉以傷好生之德焉

文武常參官保舉人犯私罪減一等公罪減二等詔 太平興國七年六月甲戌

古者設進善之旌下求材之詔並命有位各舉所知蓋慮有被褐懷玉而不聞拔茅連茹之靡及也然而冒進者或出於僥倖舉能者或因於請託一言必召倘爲其所窺百里之賢亦恐乎難致爰徵舊典式建新規昔士伯之受田蓋不避於賞何忌之辭酒恐必任其罰故事彰灼可舉而行自今文武常參官所保舉人犯私罪無輕重減一等論公罪卽減二等論仍著於令

龔士元獄事訖誡約諸道盡心鞫獄詔 太平興國九年二月甲午

著作佐郎龔士元治其姪小熹之罪獄旣具將加刑朕疑其奸因令有司再窮問果得士元奸狀朕方撫育黎元欽恤刑憲豈容照臨之內尙有冤枉之人黷亂政經損傷和氣望其按治豈可得乎應兩京及諸道州府凡有鞫獄宜令盡心無致枉撓

令天下繫囚十日具犯由收禁月日奏詔 太平興國九年三月甲寅

蓋聞刑者不可復屬。死者不可復生。故三復行誅。聖人之所至慎。一成不變。君子之所盡心。朕勤恤兆民。哀矜庶獄。每至三伏炎蒸之際。隆冬凝沍之時。未嘗不念彼圜扉。憫茲徽纆。而猾胥姦吏。弄法舞文。或苛害以立威。或稽留而不決。撓憲令之綱紀。傷天地之至和。而欲百姓阜安。四時順序。其可得乎。應天下繫囚。宜令諸處州府軍監每十日一具所犯事由收禁月日聞奏。仍委刑部糾舉。

司理掠囚致死以私罪罪之詔 太平興國九年五月戊午

國家欽恤刑事。重惜人命。豈容酷吏。恣爲深文。掠治無辜。致其殞殺。損傷和氣。莫甚於斯。鳳翔府司理參軍楊燕、鄭州參軍張睿並掠囚至死。已從私罪決遣訖。今後犯者。並以私罪罪之。

先令諸道刑獄五日一錄問今後宜十日一錄問詔 太平興國九年六月庚子

先是六年十二月辛丑詔書。應諸道刑獄每五日一錄問。今天下亦幾於治矣。然頗爲勞煩。特示改更。永則遵守。今後宜令十日一錄問。杖罪以下。便可依理疎矣。

御史府推獄令御史躬親訊問詔 太平興國九年七月乙卯

御史府憲令所繫。獄訟攸歸。凡在官聯。皆爲要劇。所宜謹恪以承重任。強毅以肅羣姦。豈可因循。恣成縱弛。如聞臺中鞫獄。多是委之有司。御史但雍容端坐。養高自重而已。故令羣吏爲奸。無所不至。豈所謂狥公求理。欽恤慎重之意乎。今後凡有刑獄當推。御史並須躬親訊問。研究詞情。不得信任胥吏。仍令中丞及知雜御史常加糾舉。

諸道州府鬬競杖以下便可決斷不必下有司詔 太平興國九年八月戊寅

國家撫育黎民。哀矜庶獄。累降詔勅。以警有司。而約束之言。猶有未盡。更條其事。申而明之。應兩京諸道州府鬬競至杖以下。本處長吏便可躬親決斷。不必更下所司。廣有追捕。使獄吏因緣爲姦。及遠郡刑獄有無可疑而奏案待報者。自今並禁止之。

遣使分路按獄即決詔 雍熙二年八月癸酉

朕以庶政之中。獄訟爲切。欽恤之意。何嘗暫忘。蓋郡縣至廣。械繫者衆。苟有寃抑。即傷至和。今遣祕書丞崔惟翰等分路按問。小事即決。大事須證佐者促行之。仍廣察官吏勤惰以聞。

令長吏視司理不勝任者簿尉中兩易詔 雍熙二年八月庚辰

王者任人。各有攸處。苟適其用。則無曠官。近以新及第人爲司理參軍。恐其初列官常。未通刑法。令州郡長吏視其不勝任者。於判司簿尉中兩易之。

令凡禁繫之所並洒掃牢獄供給漿飲詔 雍熙三年四月壬寅

王者光宅四海敷佑萬方固宜與物爲春順天行令當此炎蒸之候念其縲紲之人宜申欽恤之懷庶協長嬴之候宜令諸道州府凡禁繫之所並須洒掃牢獄供給漿飲械繫之具皆令潔淨疾病者爲致醫療無家屬者官給口糧小罪卽決遣大罪窮究其情無致淹延以稱朕意

令幕職州縣官習讀法書知通幕職州縣官秩滿試法書詔 雍熙三年九月癸未

夫刑法者理國之準繩御世之銜勒輕重無失則四時之風雨弗迷出入有差則兆人之手足何措念食祿居官之士皆親民決獄之人苟金科有昧於詳明則丹筆若爲於裁處用表哀矜之意宜行激勸之文應朝臣京官及幕職州縣官等今後並須習讀法書庶資從政之方以副恤刑之意其知州通判及幕職州縣官等秩滿至京當令於法書內試問如全不知者量加殿罰

令訊掠申本屬長吏判許方許栲訊不在更集官吏詔 雍熙三年四月乙丑

王者惠養黎民愼重庶獄每行栲訊合集衆官共視之蓋防姦吏之任情也然刑獄之中舊有典制時施永久宜在改更今應禁勘罪人內有證左明白抗拒不伏准格律令加訊掠者具事由申本屬長吏判訊方許栲訊不在更集官屬

誡約諸道所奏公案準律合奏方得取旨詔 雍熙四年正月癸巳

庶務之設各有司存棄職不修豈能從政向者州縣或以可斷公案奏取勅裁豈惟紊亂常規蓋盡廢墮所職纍行詔旨尙或因循自今諸道所奏公案須是准律合奏方得取旨如違一准太平興國七年十月戊寅詔書從事

遣使西川嶺南江浙等道按問刑獄詔 雍熙四年正月己卯

庶務之中惟刑是恤苟獄訟有所枉抑則和氣爲之損傷宜遣右補闕韓援等分往西川嶺南江浙等道按問刑獄小事卽決之大事趣令速了事有可了而官吏故違稽緩者鞫其狀以聞

禁鼠彈箏詔 端拱元年正月乙酉

典獄之官理資於欽恤經國之道政尙於寬仁庶洽時雍用期刑措如聞酷吏頗恣兇威慮致陷於冤人必有傷於和氣宜行禁止以示哀矜應天下刑獄罪人內有合行訊問者只得一依律令其鼠彈箏非理殘忍之類並禁之

令中外臣僚讀律詔 端拱二年十月己巳

朕聽政之暇逖覽羣書至於律令之文咸究重輕之理實生民之警戒乃有位之準繩苟昧欽詳曷明政理中外臣僚宜令公事之外常讀律書務在研精究其條約施之則足以斷事守之則可以檢身凡爾庶官宜體朕意

誡約州郡刑獄詔 淳化元年正月乙巳

朕司牧黎人。哀矜庶獄。累行欽恤之詔。用推仁恕之恩。而以官吏之間。委任尤劇。凡在決讞。所宜盡心。巧詆者必致於嚴科。平反者亦加其懋賞。懲勸之道。斯爲至焉。近者達州司法參軍鄭侃等。擅以平民陷於死罪。鞭箠楚毒。鍛鍊周密。論報已具。上下相蒙。達予聽聞。深用嗟憫。已正三章之罰。俾從兩觀之誅。因念州縣至繁。刑辟未措。或有深文之吏。尚多無告之人。各宜遵守詔條。恪居官次。當信賞必罰之際。體好生惡殺之心。勉思竭情。無自獲戾。

御史府斷徒以上令丞郎給舍一人親慮問詔 淳化三年五月壬寅

獄犴之設。欽恤爲先。倘刑辟之失中。則和平而曷致。御史府紀綱寓縣。近在國門。片言之間。或出於偏聽。四海之廣。何勸于盡心。宜推明慎之文。更示哀矜之道。自今御史府斷徒罪已上獄。其令尚書丞郎兩省給舍已上一人親臨慮問。得情者決之。

宋大詔令集卷第二百一

政事五十四

刑法中

令御史臺應行故事並條奏獄無大小中丞已下親鞫不得專責有司詔 淳化四年六月戊午

御史府風憲之地。政治尤先。棘木平反。所以明慎庶獄。綉衣直指。所以振肅外庭。近年以來。舊制隳紊。會朝之禮。例失於恪恭。執法之臣。但務於循默。宜申明於詔旨。用恪舉於官常。勉遵三聽之文。載肅九賓之序。使表著以定。而囹圄不冤。克彰愷悌之風。用召和平之氣。宜令御史臺應行故事。並條奏以聞。獄無大小。自中丞已下。皆親臨鞫問。不得專責所司。

外路繫囚晝時斷決詔 咸平元年二月乙未

朕欽承先訓。嗣守鴻圖。視民如傷。惟刑是恤。言念庶獄。尚多繫囚。或冤枉而莫伸。或滯淹而未決。感傷和氣。莫甚於斯。凡爾庶寮。各宜匪懈。應在京見禁罪人。朕已躬親疎決。其四京及諸路繫囚。勑到日。仰長吏晝時斷決。如有冤濫。卽與伸理。限三日內畢。具聞奏。追證未圓。候對款者。亦速爲結絕。老幼疾患不任科責者。流徒罪准律收贖。杖已下釋之。

遣官諸路疎決詔 咸平元年四月丙申

朕道未方古。德罔洽人。致使庶獄尚繁。五刑未措。興言及此。良用愧焉。載念黎人。陷于刑辟。或檟楚之下。痛急自誣。或狴牢之中。苦極難訴。感傷和氣。職此之由。是用分命使車。徧諸方郡。申此納隍之意。成予空圄之心。宜遣常參官馳往諸路疎決刑獄。

誡約審刑院刑部大理寺盡公結奏詔 咸平五年四月己丑

近者審刑院刑部大理寺每月詳議連署奏上。不能執正。多所依違。且法憲之司。選才而授。委之參讞。當事詳明。用警因循。特申戒諭。自今並須盡公結奏。

誡飭刑獄不得以情理取旨詔 咸平六年六月癸未

律令具有明文，法官不能詳處，多以獄情輕重別奏取裁，或再令審定，卽復更改。一成之制，豈若是耶。自今無得以情理取旨。

命何亮等乘驛往廣南東西路疎決繫囚詔 景德元年八月庚辰

朕臨馭寰區，憂勤致理，眷惟遠俗，尤所注懷，慮庶獄之稽留，或齊民之疾苦。是用下詔疎決，命使撫存，特申欽恤之恩，以慰黎元之望。宜令太常博士、直史館何亮、侍禁閤門祇候康宗元乘驛徑往廣南東西路疎決繫囚，民間不便事與長吏實封以聞，所至父老軍校犒勞撫問之。

令審刑院進呈公案送中書看詳詔 景德元年九月己亥

昔先帝統御寰海，惠綏黎元，服大禹之克勤，示有虞之欽恤，嘗以執法之重，特置審刑之官，使其議定科條，伏奏軒陛，親奉詔旨，批送中書，實盡哀矜無倦。宸斷所以刑罰必當其罪，獄訟自以不冤，敦洽淳仁，克成至治。朕欽承鴻業，動守成規，每推在宥之誠，式表好生之意，豈徒重愼，實務矜寬。方屬盡心，固當周慮。且夫律勅所著，則條目有常，案問之詞，則情狀不一。若法寺以無條議罪，比附或爽於重輕，中書以徑奏奉行，頒下有虧於審愼。至於仕進之伍，偶挂刑名之書，雖務從輕，亦難自辯，則處幽者何階上達，負屈者無以獲申。庶盡詳明，特從釐革。自今宜令審刑院進呈公案，一依舊例覆奏後，批所得指揮，送中書省看詳。如刑名已當，則具法寺斷語外，卽以勅文處分，更勿載所得指揮；如其未當，則重具進呈，務在平允。惟爾在庭之士，有位之人，倘典法之誤施，當極言而無避，苟聞有訴，必復原情。更緊秉政之臣，廣我愛人之道，竭誠啓沃，共致和平。仍宜示審刑院、刑部、大理寺法官，俾知朕意。

令八月一日已後持杖強盜南郊赦恩不原詔 景德二年八月己巳

兇狡之徒，希望恩宥，民之多僻，無甚於茲。其八月一日已後持杖強盜，遇南郊赦恩，不在原免之限，令所在牓壁告示。

令竊掘偷盜從行空手非元謀造意巨蠹者奏裁詔 景德三年五月壬戌

刑罰所施，必期於懲惡，條制之設，貴在於原情。言念愚民，每羅憲網，至於從行爲盜，亦有可矜。言念疲羸，未忘軫惻。自今竊掘偷盜從行空手非原謀造意巨蠹者，並奏裁。

禁約訊囚非法之具詔 景德四年九月甲寅

拷掠之具，素有成規，非禮擅行，爲害滋甚。用懲慘酷，特示科條。諸州府軍監縣及巡尉司應有非法訊囚之具，一切毀棄，仍令提點刑獄司察之。

令京朝官嫺習法令者許閤門進狀詔 大中祥符元年正月庚午

刑罰所施，蓋資乎審克，議讞之任，常愼於選掄。咨乃仕進之流，能明科律之要，各宜自薦，式叶旁求。應京朝官有嫺習法令、歷任無贓濫者，許閤門進狀，當遣官考試，如有可採，卽任以審刑院詳議官。

官吏犯贓遇赦奏裁軍民禁錮以俟進止詔 大中祥符元年五月壬戌

分職建官。以釐庶務。其或罔懷愧畏。靡守廉隅。竊冀赦恩。恣爲貪墨。陷于刑辟。深玷彝章。自京官吏犯贓遇赦者。裁奏。宜令兩京及諸路轉運司告示詔諭軍民。有希望恩宥故犯科禁者。遇赦禁錮。以俟進止。

大辟經裁決後付中書密院參酌詔 大中祥符二年正月戊辰

朕以眇躬。牧于黎獻。務廣好生之德。載深惟恤之懷。雖法本防姦。頗資于致治。若情乖閱實。卽陷於非辜。況乃京邑之繁。衛兵所聚。惟茲有衆。或抵常科。每具獄之上聞。必原情而軫念。率從寬宥。以示哀矜。更緊輔弼之臣。體予欽念之意。自今開封府殿前侍衞軍司奏斷大辟案。經朕裁決後。百姓卽付中書。軍人付樞密院。更參酌審定進入。俟畫出乃付本司。其雖已批斷。情尚可恕者。亦須覆奏。務於平允。其逐處錄問罪人。並須別差人吏。不得令元推典祗候。庶無枉撓。式盡詳明。

誡約治獄法外用刑詔 大中祥符二年四月壬寅

萬方之廣。百姓爲心。期獄訟之無冤。庶刑罰之必中。嘗頒明詔。深戒有司。冀盡公平。以副欽恤。然具獄之來上。猶非理而居多。且狴牢之中。巳屈吏議。捶楚之下。何難自誣。倘五聽之或乖。則三章之有濫。無辜致罪。和氣用傷。言之惻然。有足哀憫。眷庶邦之授任。皆共治以分憂。所宜振舉教條。糾察寮吏。凡于聽訟。無失原情。合械繫者。自有常科。至拷訊者。勿復乖當。如或公然踰矩。法外用刑。致枉橫之有聞。在殿黜而無捨。布告有位。知予意焉。

邊守信改公罪詔 大中祥符二年五月乙丑

乃眷刑名。期于審愼。雖法官詳讞。宜執於祥刑。而朕意哀矜。務從於輕典。庶臻至當。更示明文。邊守信已改爲公罪。宜令審刑院刑部大理寺、自今比類據罪款刑名奏裁。

天慶節五日內不得用刑詔 大中祥符二年五月乙亥

朕君臨萬宇。子育兆民。每懷勵翼之心。冀臻清凈之治。皇穹降祐。寶籙騰文。爰紀鴻休。恭建嘉節。設聖眞之清醮。洽士庶之多歡。用慶昌辰。著於甲令。載念百司之內。逮於九服之間。共樂福祥。宜停罪罰。自今兩京諸路。遇天慶節五日內不得用刑。

令府界提點往來察舉諸縣刑獄詔 大中祥符二年七月庚午

折明惟刑。有國所重。眷上都之屬邑。擇良吏以按巡。倘慮攸司。未符欽恤。申嚴命令。俾奉詔條。督察稽留。糾懲乖失。勉修厥職。稱朕意焉。宜令開封府界提點縣鎮公事楊侃、李允恭往來察舉諸縣刑獄。如事未盡理。有所淹繫。並取案牘。躬親錄問。若曠於奉職。或致枉濫。當重行朝典。

獲逃軍不得烙腕碎脛詔 大中祥符三年閏二月丙辰

如聞近日諸處捕獲逃軍。或以鐵烙其腕及碎脛骨。方就斬決。此亦非理。宜令自今不得更然。違者論如律令。

令西北緣邊不得法外行刑詔 大中祥符三年閏二月丁巳

西北緣邊。兵興已來。軍民有罪情重者。斷支體而戮之。其罪不至死。亦鞭之過數。自今不得法外行刑。

恤刑詔 大中祥符三年三月戊子

列聖詒謀。眇躬嗣服。敢忘惠恤。以荷隆平。惟億兆之人。愛之如子。在小大之獄。察必以情。慮刑典之失中。憫係纍之良苦。値炎蒸之貫序。尤旰昃以軫懷。爰示丁寧。聿申隱悼。眷言牧長。寅布教條。當體哀矜。務於審克。勿淹獄犴。用洽慈仁。冀臻恥格之風。式導長嬴之氣。重念歲頒明詔。國有常規。頗聞守臣。忽於彝制。率多懈慢。罔或遵行。是敷誕告之文。以勵從公之節。勉思振舉。庶緩憂勤。

減令衆日詔 大中祥符四年十月甲寅

明罰之典。姑務於懲違。宥過之仁。亦先於善貸。念其淹繫。宜示寬恩。自今決杖令衆者。舊十日減爲三日。半月已上者勿過五日。暑月免之。

天慶節不得行刑詔

朕以珍符疊委。景命無疆。紀辰並建於節名。率土咸修於醮席。仰祇元鑒。方奄受於福禧。俯念潔忠。宜暫停於刑罰。自今兩京諸路。遇天慶節一日不得行刑。

令審刑大理三司編類配隸牢城條貫詔 大中祥符六年正月庚子

配隸之人。刑科之重。屬膺善貺。交舉鴻儀。載念黎氓。益懷欽恤。其前降宣勅。罪不致死。配隸遠州五百里千里外牢城及沙門島。憫其稍重。特議從寬。宜令審刑院大理寺三司。以前後條貫編類以聞。

令開封府自四月至八月不須覆驗詔 大中祥符六年二月癸亥

京邑至大。閭閻實繁。每有喪亡。重行檢視。或在鬱烝之候。頗稽藏窆之期。爰覩奏封。請從簡便。然則民命至重。刑政攸先。官司所陳。固軫盡傷之念。命令將出彌增欽恤之懷。宜令開封府自四月至八月死亡者不須覆驗。餘月仍舊施行。

令大辟情理憫惻刑名疑慮申提刑司看詳附驛以聞詔 大中祥符六年四月丙戌

朕以綿區至廣。生齒實繁。憂庶獄之沉冤。遣輶軒而察視。其有自投罪罟。抵冒刑書。或疑似未分。難定一成之法。或事情可憫。合推三宥之恩。所宜具方牘以奏陳。自朝廷而詳讞。頗聞官屬。或恣因循。慮舉駁之爲尤。率施行而自便。陷於重憲。頗用軫懷。特有申明。用符欽恤。宜令諸路。應大辟、情可憫惻及刑名疑慮者。並申提刑司看詳。詣實具案。附驛以聞。當付大理寺詳覆。

誡約勘鞫官不得以元奏事狀抑令招伏詔大中祥符七年八月壬申

齊俗之刑。蓋非獲已。苟違詳審。必爽至和。如聞推劾之官。罔遵欽恤之念。加于巧詆。迫以自誣。遂使憲章。或虧平允。自今勘鞫官。須盡理推究本犯。不得以元奏事狀抑令招伏。致有枉曲。

宋大詔令集卷第二百二

政事五十五

刑法下

不許楊守珍等乞陵遲合死強盜詔 大中祥符八年九月己未

法所以禁姦暴明重輕苟增峻於常科實滋彰於政典朕每覽載籍詳思令猷漢文帝因緹縈而廢刑唐太宗讀明堂而減罪惟刑之恤在邦必聞豈於安平之時而行慘毒之事也今楊守珍等捉到賊盜内累曾爲惡者送所屬州府照證指實奏裁自餘並送所屬依法論决

令諸路轉運曉諭州府軍監長吏盡公獄訟其情理可矜許奏裁詔 大中祥符九年八月癸巳

王者法天討以制常刑類震曜而爲威獄蓋所以網羅非僻扶衞善良致於和平毆之仁壽而寰海至廣民物寔繁郡縣之官雖擇循良之吏犴狴之職恐罹苛酷之辜倘聽斷之匪明則冤誣而曷告感傷所致旱暵或然尙念守土之人頒條是寄如能遵春秋慈惠之旨體詩人愷悌之恩保撫蒸黎旁清獄訟審其五聽察彼兩辭或可折以片言使無幽繫之弊或卽從其上讞俾分枉直之端所冀吾民被茲中典宜令諸路轉運曉諭州府軍監長吏等凡有獄訟必須盡公審察務於平允其大辟罪如情輕可憫及理有所疑並許奏裁以副欽恤

令犯銅鍮石私酒麴免極刑詔 天禧三年十二月乙卯

山澤所產飲食是資趣利者多冒禁斯衆寘於大辟良可憫嗟比或犯于有司亦嘗從於末減然念區域至廣道塗且遙往復之間稽緩滋甚特申寬典式表好生自今犯銅鍮石私酒麴等並免極刑

令劫殺等死罪十二月權住區斷詔 天禧四年五月丙寅

防邪禁暴則有憲章因事制宜務存欽恤朕君臨八表子視羣氓戒丹筆之申嚴去秋荼之峻密精擇官吏外司讞詳一日萬幾克勤於聽斷三覆五奏庶辯於隱微頗息繁文漸符恥格而搢紳之列援古上言以眇躬誕育之辰乃陽律助生之月冀遵時令稍貸嚴科爰詢造膝之謀寔契納隍之慮式參前訓特緩重刑再念青陸乘春朱明肇夏協二儀之茂毓當萬物之蕃滋或負釁之可矜亦從寬而爲宥俾申奏議用達予聞期於允中適廣元

化。自今天下犯十惡、劫殺、謀殺、故殺、鬭殺、放火、強盜、劫賊、官典正枉法贓、僞造符印、厭魅呪詛、造妖書言、夜聚明散、傳授妖術、合造毒藥、禁軍逃亡、諸爲盜罪至死者、每遇十二月權住區斷、過正月天慶節、依舊行刑。自餘雜犯罪至死者、十二月內及春夏逐處未得斷遣、依舊禁錮、速具案奏裁。

令糾察刑獄提轉及州縣長吏凡勘斷公事並須躬親閱實詔 乾興元年十一月戊寅

朕纂承先烈、撫御羣方、所期華夏之民、共躋仁壽之域。載惟刑訟、實繫慘舒。眷乃案察之官、逮夫守宰之任、與民至近、維獄是矜、勿致冤誣、以孤任使。宜令糾察在京刑獄并諸路轉運使副、提點刑獄及州縣長吏、凡勘斷公事、並須躬親閱實、無令枉濫及有淹延。

大辟情理可憫及刑名疑慮許具案以聞詔 天聖四年五月壬午

國家慎擇循良、勤恤黎庶、必期無訟、以洽至人。而生齒之繁、犯者頗衆、未底于治、朕甚憫焉。況復大辟之科、情有輕重、特從上讞、式表哀矜。應天下大辟情理可憫及刑名疑慮者、並許具案以聞、有司毋得舉駁。

誡獄吏詔 天聖九年四月戊寅

國家明慎庶獄、撫養羣黎、囹圄之間、必須閱實、捶楚之下、尤貴得情。隴州官吏孫濟等誅陷未辜、阻傷和氣。且人命至重、朝憲具存、倘援寬大之恩、曷謝沉冤之痛。並從嚴譴、式戒慢官。應天下親民掌獄之官、自今各務究獄訟而審行之、苟致冤濫、必罰無赦。

定強盜刑詔 景祐二年壬子朔

朕紹撫邦圖、深惟治本、言念蒼黔之衆、罔知教化之方、因衣食之靡充、致寇攘之滋起、陷於重辟、良用憮然。遡覽前編、具存中典、遭五代之澆季、爰抵深文、洎累聖之洽熙、漸從末減。欲驅民於仁壽、特著令於寬平、庶復律章、式重人命。自今強盜不持杖不得財、徒二年、每千加一等、十千及傷人者絞。持仗不得財、流三千里、流滿五千里者絞、傷人者斬、仍不分首從。不持仗滿千及持仗罪不致死、並論如流、配千里外牢城。

律外條貫別定贖法詔 慶厤三年九月癸巳

先王用法簡約、使人知禁而易從。後代設茶鹽酒稅之禁、奪民厚利、用刑滋章。今之編勅、皆出于律外、又數更改、官吏且不能曉、百姓固未嘗聞之。若有一犯、而徒流相繼、身體髮膚、以之毀傷、父母妻子、以之離散、情雖可哀、法不可贖。豈禮樂之化未行、而專用刑罰之弊歟。孔子曰、禮樂不興則刑罰不中、刑罰不中則民無所措手足。此之謂矣。漢文帝使天下之人入粟於邊、以受爵免罪、而幾于刑措。其後京師之錢累百鉅萬、太倉之粟陳陳相因。其令御史臺、審刑院、大理寺并編勅所同議律外條貫、或細民難知、或人情不免、或冒利犯禁、或奢侈違令、或過誤可憫之類、別定贖法。鄉人以穀麥、市人以錢帛、使民重穀帛、免刑罰、則農桑自勸、富壽可期。繄爾輔臣、咸體予意。

賜諸道恤刑詔

朕欲使民知禮義以遠罪而患乎勸戒之未明蠢茲羣愚猶冒常憲顧此溽暑憫然拘纍卿等夙以敏材外分憂寄惟刑之恤當體於朕心舉政以時勉思於汝職務從輕慎庸副哀矜

賜四京及諸路恤刑詔 二道

勑某朕若古御圖本天布化永念編氓之衆靡勝罹罪之蕃屬炎鬱之正興在係纍之良苦將導盛陽之德尙廣庶獄之苛稽用舊章特頒矜詔故茲詔示想宜知悉

又

勑某獄者人命之至重也故刑罰不中則民無所措手足方盛夏長養之時有司其蠲煩獄出輕繫以奉順天時夫以苛爲察以刻爲明豈稱所以哀矜之意哉故茲詔示想宜知悉

州縣獄罪人死具爲令詔 治平四年十二月丙寅

獄者民命之所繫也比聞有司歲考天下之奏而瘐死者多深惟獄吏與犯法者旁緣爲姦檢視不明使吾元元橫罹其害書不云乎與其殺不辜寧失不經其具爲令應諸州軍府軍巡司理院所禁罪人一歲在獄病死及二人者推司獄子杖六十每增一人加一等罪止杖一百如五縣已上州歲死三人開封府司軍巡歲死七人如死二人法加等亦如之典獄之官如推獄經兩犯卽坐而仍從違制大縣一二萬戶已上依五縣已上州法提刑歲終會死者數以聞中書檢察或死者過多官吏雖已行罰當更黜責

不得留獄詔 熙寧三年三月乙卯

盛夏之月南方化育之時民愚無知或抵罪戾有司係纍不決豈朕所以布德恤刑輔相天地長養之意歟申告遐邇毋有留獄

恤刑詔 元祐八年四月癸丑

方夏暑時動植之類皆以遂其長養而吾民觸禁抵法繫縲囹圄其深文之吏或不能體朕欽恤之意因循延蔓久不爲決以干陰陽之和非細故也其詔天下官司之長敬若時令哀矜庶獄以丕應朕志

監司分詣所部決獄御筆 大觀元年八月七日

京師犴獄屢空四方郡縣吏或以微文細故寘摭追逮久繫不決甚非欽恤之意可令監司分詣所部慮囚決獄其或淹延不治留禁無辜卽劾按以聞庶幾囹圄之空徧及天下

置杖不如法決罰過多許越訴御筆 政和三年十二月十一日

五刑之屬笞爲輕。蓋罪有輕重而刑有等差。前者是正笞刑。以懲輕罪。置杖有廣狹之制。行決有多寡之數。比聞官司輒紊常憲。置杖不如法。決罰多過數。傷肌膚害欽恤之政。朕甚閔之。輒違前令者。許赴尚書省越訴。以違御筆論。行杖人同。若被決人不訴。與同罪。

遵守法重情輕上請法御筆手詔 政和六年二月二十八日

民以罪麗法。情有輕重。則法有增損。故開封大理舊立情重法輕情輕法重取旨之文。前批有司。惟以情重法輕。上請加罪。而未聞以法重情輕。取旨寬貸。則是樂加人以罪。而無內恕及人之心。非所以愛民也。或辟或宥。惟適厥中。一夫不獲。時予之辜。前者有司謬誤。非法之意。自今可令遵守舊法。輒循前批者。以違制罪論。

除徒三年杖一百外立到杖數詔 政和八年四月十一日

朕稽先王惟刑之恤。審克厥中。在宥天下。爰自肉刑廢而爲杖笞。杖笞改而爲小折大。以迄于今。未之能改。世治亂不同。則刑重輕亦異。今天下承平日久。囹圄數空。當緩刑省罰。而折杖之數。多寡不倫。民抵憲禁。傷肌膚。朕爲之惻然。夫朴作教刑。朕以先王所以教者。約其數以善天下。使民遷善遠罪。期於無刑。閔仁元元至矣。除徒三年杖一百外。可依下項。

徒二年半杖九十。可十七下。

徒二年杖八十。可十五下。

徒一年半杖七十。可十三下。

徒一年杖六十。可十二下。

笞五十。可十下。

笞四十。可八下。

笞三十。可七下。

笞二十。可六下。

笞十。可五下。

宋大詔令集卷第二百三

政事五十六

貶責一

削奪李筠官爵令諸道會兵進討詔 建隆元年五月甲辰

周文聖德。尚伐於崇侯。漢祖神功。亦征於英布。不有戎臣之叛亂。曷彰王業之艱難。其有素蓄姦謀。不知天命。將定一戎之略。須興九伐之兵。誕告六師。其陳名罪。昭義軍節度使檢校太師中書令李筠。出于賤隸。列在公侯。長興中事秦王從榮。不能死難。天福末隨燕王延壽。姑務自全。既僥倖於亂離。每包藏於詭譎。昔周祖在位。已萌不軌之心。世宗臨朝。益露無君之狀。朕以天人合慶。歷數在躬。念同事於前朝。每曲形於厚禮。推赤心而示信。指白水以申盟。而不體明誠。自懷反側。窺覦神器。干犯天常。囚辱使臣。虔劉民吏。結劉筠於并壘。害張福於高平。竊弄干戈。謀犯京闕。罔順兩階之舞。爰興六月之征。止罪渠魁。無治逼脅。宜削奪李筠在身官爵。令諸道會兵進討。戮茲大憝。弔我疲民。況上黨戎師。黎成舊俗。素推効順。必自改圖。苟去危以就安。卽轉禍而爲福。立功名於當世。保富貴以終身。勿懷迷復之凶。自取覆亡之咎。凡爾士庶。當體朕心。

削奪李重進官制 建隆元年九月癸亥

黃軒御極。常行中冀之誅。虞舜登庸。先正四凶之罪。庇民靖亂。何莫由斯。朕武定寰區。化孚中夏。念勝殘而去殺。思先德而後刑。矧復動武庫之戈矛。役齊民而飛輓。若非干紀。寧欲加兵。暴厥罪於市朝。蓋非獲已。告渠魁於廟社。與衆棄之。推誠奉義翊戴功臣、新授平盧軍節度淄青等州觀察處置押新羅渤海兩番等使、開府儀同三司、檢校太師兼中書令、持節青州諸軍事、青州刺史、上柱國、隴西郡開國公、食邑三千七百戶、食實封八百戶李重進。位列公侯。權分藩翰。自皇家之啓運。包異志以無君。朕法天無私。與物更始。推大恩而含垢。聽改過以自新。以至錫金劵以伸盟。指元穹而示信。俾移大鎭。用保永圖。而敢固守孤城。拒違王命。屠戮將校。逼脅軍民。殘魂假息以興妖。鄰境飛章而告變。天兵無敵。孰當霜雪之鋒。兇黨幾何。勞我雷霆之怒。致茲人之負義。顧涼德以多慙。宜正簡書。用彰罪惡。李重進在身官爵並宜削奪。

責李懷節詔 建隆二年三月乙卯

右神武將軍李懷節。罷歸朝闕。方在道塗。屬部曲之間有竊攘之事。曾無上奏。擅舉極刑。既紊彝章。難寛常典。尚全大體。俾列通班。宜自省躬。勿貽後悔。可責授左內率府率。

削奪孫行友官制 建隆二年八月己酉

分茅胙土。在倚注以誠深。左道亂常。正典刑而難赦。定州節度使同中書門下平章事孫行友。素無勳伐。久玷蕃宣。習乃兄誕詭之謀。事妓尼朽腐之骨。依憑山藪。收召逋逃。幸遇世之亂離。竊一州之屏翰。朕肇膺寶曆。務恤黎元。曲推含垢之恩。不改殿邦之寄。而敢回邪成性。狡獪多端。屢上封章。僞作歸山之計。潛修兵甲。頗彰叛國之心。既追赴於闕廷。合戮之於朝市。尚念常居將相。久擁節旄。俾屈法以申恩。示好生而惡殺。宜削奪在身官爵。勒歸私第。

責高錫詔

將仕郎尚書屯田員外郎知制誥賜緋魚袋高錫。位處掖垣。職司誥命。所宜畏愼。以保寵光。而乃發書薦僧。妄求於恩澤。將命出使。罔顧於憲章。道塗非理以責人。藩鎭無名而受賂。固當遠竄。以肅周行。尚念嘗代吾言。特從屈法。黜居上佐。非謂無恩。可責授萊州司馬。御史臺差人監送至貶所。

責馮瓚等詔 乾德四年八月庚戌

朕以三川流俗。適被皇風。務擇郡才。往資共理。既撫綏於疲瘵。合遵守於詔條。樞密直學士諫議大夫馮瓚、綾錦副使李美、殿中侍御史李檝等。同委大藩。載踰周歲。報政無狀。黷貨有聞。既屬吏以伏辜。在常刑而不赦。但以早參侍從。嘗列軒墀。特示矜容。止從投竄。朕失於任用。良切愧懷。凡在搢紳。當體茲意。宜並追奪在身官爵。瓚流沙門島。美配海門島。所在馳驛發遣。縱逢恩赦。不在放還。李檝除名。仍毀在身官誥。劉嶅等已從別勅處分。

議王全斌等罪詔 乾德五年正月壬子

王全斌等。出總偏師。遠征全蜀。銳旅才臨於劍外。降書已至於軍前。朕念其伏罪畏威。祈哀請命。尋頒詔旨。務在撫綏。應孟昶宗親及僞命官吏諸事將士。一境生民。並令安存。不得驚擾。而全斌等違吾約束。侮乃憲章。專殺降兵。擅開官庫。豪奪婦女。廣納貨財。斂萬民之怨嗟。致羣盜之充斥。以至再勞徵發。方獲平寧。洎命抽歸。尚欲含忍。而訴冤者日擁國門。今且據先次有狀隱落金銀犀玉錢帛一十六萬七百餘貫文。受僞蜀臣僚賂饋九萬餘貫。擅打開豐德庫門。除點檢外。諸色納虧欠二十八萬一千餘貫。遂令中書門下喚王全斌、王仁贍、崔彥進與論索錢帛人等質正。而全斌等具伏其令御史臺於朝堂集文武百官議罪以聞。

責降田欽祚官詔 太平興國四年七月癸未

引進使汾州防禦使田欽祚。頃者擢自廷臣。委之戎律。踰年翫寇。曾無尺寸之功。終日計財。但規什一之利。多蓄芻粟。以貿錢刀。御衆乖方。爲將如此。

宜從謫降。以戒貪叨。可責受睦州團練使。

責石守信制 太平興國四年八月壬子

執干戈以衞社。聞金鼓以忘身者。將帥之事也。西京留守、檢校太師、中書令、河南尹石守信。位隆台鼎。任崇旄鉞。履歷藩閫。寵極恩榮。乃者戎路親征。授之師律。軍政益壞。我武不揚。職汝之由。咎將誰執。三尺議罪。蓋有常刑。十乘于藩。俾從優典。可責授隨州刺史、充崇信軍節度使。依前兼中書令。

盧多遜削奪官爵配隸崖州制 太平興國七年四月丁丑

臣之事君。貳則有辟。下之謀上。將而必誅。兵部尚書盧多遜。頃自先朝。擢參大政。洎予臨御。荐正台衡。職在燮調。任當輔弼。邦家之務。一以咨之。朕既倚成。汝合思報。而乃交結藩邸。窺伺君親。指斥乘輿。謀危社稷。大逆不道。非所宜言。因遣近臣。推治其事。醜迹共露。具獄已成。既有司之定刑。俾外廷而集議。僉以梟夷其族。汚瀦其宮。用正憲章。以合經義。尚念嘗居重位。久事明廷。將寬盡室之誅。止用投荒之典。實汝有負。非我無恩。凡爾羣臣。當體茲意。其盧多遜在身官爵及三代封贈、妻子官封。並宜削奪追毀。一家親屬。並配隸崖州。充長流百姓。所在馳驛發遣。仍終身禁錮。縱更大赦。不在量移之限。其期周以上親屬。並配隸邊州遠郡禁錮。部曲奴婢並縱之。餘依百官所議施行。

曹翰削奪在身官爵登州禁錮詔 太平興國八年五月壬申

威塞軍節度使、判潁州曹翰。偶以常材。荐登貴仕。有羊質虎皮之誚。無飲冰食蘗之心。擢登將壇。兼領郡政。頗彰貪暴之迹。尚推寬大之恩。而乃爲惡務滋。知過不改。賦斂民戶。盜用官錢。擅築烽臺。私蓄兵器。地接京輔。身擁節旄。恣爲姦謀。首敗王度。百辟集議。有司定刑。必行枯木之誅。以正金科之法。特寬極典。式示深仁。削名籍而爲民。俾禁錮於近地。周全大體。深屈常刑。其曹翰在身官爵削奪。御史臺遣吏送登州禁錮。所有盜用潁州官倉米麥及官錢帛。並令徵納。其部下贓錢及擅斂粟麥絲綿等。特與除放。侵官地爲蔬圃果園。悉籍入焉。

胡旦謫官制 太平興國八年十二月丁未

右補闕、直史館胡旦。猥以庸瑣。謬升科級。兼領太史。爲吾近臣。頃以江淮漕運。俾司其事。賞賜甚厚。恩獎備至。年少氣銳。所爲不法。朕思欲全度。盡與洗滌。俾領東海。欲其自新。而乃沉湎於酒。恣行鞭朴。妄奏部下吏課最。以圖僥倖。增置胥吏。侵用官錢。醜迹升聞。逮捕繫獄。證左已具。適會大赦。朕猶示含垢之道。未行黜幽之典。俾在禁掖。司吾策書。乃敢獻頌闕廷。毀讟公輔。詞意狂悖。莫甚于茲。人之無良。惟日靡足。言之不善。雖遠必違。豈可寘於周行。所宜投之四裔。尚通朝籍。俾隸方州。我非無恩。爾宜自省。可授殿中丞、充商州團練副使。依分司官例支給半俸。仍不得簽署州事。

責陳象輿等詔 端拱元年三月甲戌

爵祿所以育賢能。刑罰所以正綱紀。顧爾回邪之輩。玷予明備之朝。爰舉憲章。是爲公議。鹽鐵副使、戶部郎中陳象輿等。自膺選任。累踐清華。戴君既乏於盡忠。結黨乃通於非類。險詖無已。蹤跡自彰。宜並寘於嚴誅。用顯懲於多士。特寬窮究。以示恩容。俾佐郡城。頗屈刑典。爾宜自省。法不虛行。象輿可責授復州團練副使。度支副使刑部郎中董儼可責授海州團練副使。司封員外郎知制誥胡旦可責授坊州團練副使。右正言直史館梁顥可責授虢州司戶參軍。

責侯莫陳利用詔 端拱元年三月乙亥

鄭州團練使侯莫陳利用身本賤微。性惟險詖。結黨潛誣於良善。在官但恣於踰違。惡迹滿盈。醜聲騰沸。尚尸棨於列郡。寔有玷於淸朝。宜屏姦邪。用行黜削。可除名配商州禁錮。

張佖奪俸詔 端拱元年十二月丁卯

戶部郎中、判考功張洎審定故秦國王錢俶謚議。爰引舊章。皆有典故。虞部郎中、判太理寺張佖學識甚淺。敷陳失實。免其降黜。特示含容。仍奪一月俸。所有尚書省詳定謚號。依張洎所奏。

責田錫等詔 淳化三年五月丁未

戶部郎中、知陳州田錫、通判殿中丞郭渭等。輟自通班。委之共理。聽訟之際。所宜盡心。近者部民張矩殺人。繫獄殆逾兩月。曾不慮問。以至稽留。逮捕證左。數百千章。尋令遣使鞫核。論報彌年。次下憲司。方見情狀。枉撓刑獄。職汝之由。宜申譴黜之文。以懲簡慢之罪。錫可責授海州團練副使。渭可責授郢州團練副使。

責侍衞步軍都虞候峯州觀察使王榮詔 淳化五年正月戊辰

王榮、總藩衞之兵。居爪牙之任。賦祿甚厚。注意非輕。比者肅奉戎師。出佐邊郡。軍政益壞。將略無聞。而專殖貨財。規求盈羨。侵取官地。蒔爲疏圃。單醪之惠。不及於軍中。三牲之養。頗虧於膝下。玷辱風化。孤負寵靈。合正刑章。以謝中外。尚以頃依藩邸。屢從征行。錄以尺寸之勞。俾居環列之尹。勿忘改過。用體匿瑕。可責授右驍衞大將軍。

責吳元載詔

西上閤門使、富州刺史吳元載。頃者輟於近侍。畀以維藩。矧茲富庶之邦。合行易寬之政。元載持法太急。御下少恩。庸人擾之。民用胥怨。致茲俶擾。職汝之由。及受代歸朝。趣裝離郡。負擔之人甚衆。關市之征靡輸。雖淸白檢身。固絕脂膏之染。而道路以目。豈無薏苡之嫌。矧又肩輿而行。頗爲十手所指。合從嚴譴。以正常刑。尚念世勳。屈茲邦典。可責授郢州團練使。不簽署州事。

責西京作坊副使度支都監趙贊詔 至道元年正月丁卯

具官某。跡惟寒賤。心本回邪。頃以曾歷錢刀。驟加任用。補報無效。姦詐日彰。務交結以進身。寔狡惡而成性。據其深罪。合寘嚴科。爰順發生。特從寬貸。俾懲惡黨。宜隸方州。其削奪在身官爵。并一家配隸房州禁錮。仍限令日內進發。所在馳驛發遣。

黜翰林學士尚書禮部員外郎知制誥王禹偁制 至道元年五月甲寅

具官某。頃以文詞。荐升科級。而徊徉臺閣。頗歷歲時。朕祗荷丕圖。思皇多士。擢自綸閣。寘于禁林。所宜體大雅以修身。蹈中庸而率性。而操履無取。行寔有違。頗彰輕肆之名。殊異甄升之意。宜遷郎署。俾領方州。勉務省躬。聿圖改節。可工部郎中知滁州。

責前陝西轉運使尚書工部員外郎鄭文寶等詔 至道元年十月丁丑

具官某。頃者擢自周行。出司漕輓。地接夷落。方切於羈縻。民屬流亡。尤先於煦嫗。而乃自率胸臆。妄作聰明。築壘沙磧之中。羸糧邊徼之外。輕變禁法。遂致驛騷。重撓吾民。遂成逋播。靡洛居於官次。但生變於邊疆。杼軸其空。金革未息者。職汝之由也。合從蕭斧之誅。以快搢紳之議。俾居令長。深屈憲章。可責授郴州藍山縣令。所在馳驛發遣。轉運使尚書吏部員外郎盧之翰。責授國子博士。轉運如故。

張齊賢分司制 咸平五年十月丁亥

右僕射判永興軍府事張齊賢。早階顯重。荐陟公台。位居端揆之崇。任總藩維之劇。官師之重。儀刑式瞻。而乃悅媒氏之甘言。利寡婦之私帑。訟端是搆。物議交喧。宜用小懲。俾循深咎。可太常卿分司西京。

梁鼎罷度支使詔 咸平六年五月甲寅

關隴之右。金革未寧。調發所資。用度爲急。眷鹺鹹之所產。利賈販而有經。度支使陝西置制使右諫議大夫梁鼎。職任均財。議陳變法。俾伸裁制。庶司便宜。曾微遠圖。苟狥獨見。公私大擾。儲峙益空。徒亂舊章。頗喧羣議。俾停使務。用儆官常。可罷度支使守本官。

責朱台符等詔 景德元年九月辛丑

國家選才幹之臣。分漕運之任。苟能盡瘁。罔有不臧。其或靡務和同。互陳利害。當茲劇選。何以協宜。屯田郎中楊覃、工部員外郎直史館朱台符。輟自周行。並司外計。自臨職務。亦涉歲時。而各率胸襟。蔑聞公共。台符則但能改革。有異酌中。覃則止務因循。莫能盡力。殊乖輯睦。日有異同。洎遣讞官。往詢事理。違例之狀。昭然可知。將肅朝綱。合行嚴譴。念經任使。嘗効勤勞。猶領郡符。寔從優典。勉親民政。更慎官箴。覃宜知隨州。台符宜知郢州。取便路赴任。仍令御史臺傳告諸路轉運使副。各令儆戒。

張舒等贖銅詔 景德四年九月乙丑

宣聖之祠。布在郡國。儻加完葺。屬在官司。輒賦民財。是違詔令。致其牒訟。宜舉刑章。知耀州起居舍人張舒等。並依法贖銅。

貶朱搏詔 景德四年十二月丁未

貶授潭州湘陰縣令朱搏。向守郡符。妄形奏牘。自干公憲。合寘嚴科。且示包容。俾居宰字。苟茲優貸。誠合知非。而愈恣胸襟。曾無悛革。蓄藏舊藁。衒惑於人。果致奏陳。益彰狂瞽。黜居別乘。尚示從輕。可貶徙衡州別駕。

責邊肅詔 大中祥符五年四月乙丑

樞密直學士給事中邊肅。早升門籍。頗負時材。屢委藩條。擢參禁列。荐分朝寄。出守翰垣。而靡慎操修。黷于貨賄。合從嚴譴。用警羣倫。念其頃在刑臺。嘗親戎事。頗輸臣節。克効勤勞。特軫予衷。免于吏議。止從削秩。仍列貳車。可追奪三任。授岳州團練副使。不署州事。

宋大詔令集卷第二百四

政事五十七

貶責二

龍圖閣直學士工部郎中知河南府兼留守司同群牧事陳堯咨可落龍圖閣學士依前工部郎中知鄧州制

朕以眷待近臣，講求政本，俾藩宣而是寄，期條教以克遵。其有行或越思，事致過舉，必加懲艾，用肅羣倫。具官某早以雋才，中吾首選，薦登清顯，聿著勞能。內閣至崇，適分於嚴直；近都爲大，方委於綏臨。而乃不守朝章，大招物論。責實無隱，伏辨甚明。特示矜寬，免茲推鞫。宜罷參於禁職，仍移涖於列城。勉新令猷，以補前過。可。

判館閣左藏等庫官典罰銅詔 大中祥符八年四月癸酉

維城之邸，束緼延災，雖綆缶之救皆勤，且鬱攸之縱方甚。而中祕圖書之府，崇文典籍之司，洎乎宮禁之間，帑庫所在，延燔遽及，莫克於保完。官守攸分，宜懲於曠慢。止從寬典，明示深慈。其判館閣官、左藏香藥天書法物庫監官各罰銅四十斤，職掌專典各罰二十斤。

責宮苑使獎州團練使李溥詔 天禧二年四月戊申

宮苑使獎州團練使李溥職任乖方，訟端斯構，比令按鞫，驗其咨貪，以市賈而欲贏，且簠簋之不飾。罪狀咸露，憲綱何逃。但以嘗委事權，頗經煩使，範鎔寶像，供億眞庭，歷歲滋多，輸勤可念。式逢恩宥，特示寬矜。黜處貳車，仍列近服。可責授忠正軍節度副使，不得簽署州事。

寇準太常卿知相州制 天禧四年七月丁丑

朕恭守丕圖，思凝至化，寵綏庶品，敦洽太和。眷惟大臣，夙所尊任，苟或有愆視履，罔叶注懷，用塞羣言，示茲申警。太子太傅萊國公寇準早事先帝，亟升近班，洎予纘承，彌所優待。向從會府，擢正鼎司，出踐天臺，累承藩寄，復升樞宥，擢領麾幢，位兼將相之崇，恩厚股肱之契。去歲疇其宿望，再委國鈞，蓋繄寅亮之謀，以弼緝熙之政。而將明莫顯，聲實靡孚，輿議交諠，朝章失序。加以罔思兢慎，不肅門庭，交結匪人，虧傷大體。顧其狀迹，因事而章，諒懋勸以難私，在刑典而曷捨。尚以踐揚既久，體貌素隆，特屈彝章，仍居峻品。勉布條職，勿忘省循。可特授太常卿知相州。

盛度王曙落職知外州詔 天禧四年十月丁丑

人臣之道。忠正是資。苟違恪謹之風。曷逃降黜之咎。翰林學士兵部郎中知制誥盛度、樞密直學士給事中兼太子賓客王曙。本用儒術。登于仕途。中外踐更。歲時綿久。嘗委劇繁之任。遂升侍從之班。而罔遵典彝。不慎交結。察其狀迹。頗甚著明。有犯官箴。自貽常憲。削禁庭之近職。司符竹於外方。期爾省循。苟茲寬宥。度可依前兵部郎中知光州。曙可依前給事中知汝州。並落職。

寇準貶道州司馬詔 天禧四年八月壬寅

刑罰之設。天下之公共也。苟當其罪。予曷敢私。太常卿知相州萊國公寇準。爰自先朝。早膺榮遇。便蕃恩寵。踐履清華。屬朕纘承。彌深柬注。出奉節麾之寄。入登樞宰之崇。而不務敦修。密萌凶慝。辱予輔弼。玷乃搢紳。特屈憲章。免其流竄。黜居典午。允謂寬恩。可貶授銀青光祿大夫行道州司馬。仍以其事傳告諸州。御史臺揭榜朝堂。以示百辟。

寇準貶雷州司戶勅 乾興元年二月戊辰

勅。為臣之辟。莫大于不忠。治國之經。務從而去惡。矧獲罪於先帝。尚屈法於公朝。世所靡容。朕安敢捨。銀青光祿大夫道州司馬寇準。苟二聖之顧。極三事之崇。每推誠而不疑。當捐軀而有報。而乃包藏凶德。背棄大恩。與逆寺以通謀。搆厲階而干紀。果上穹之降譴。俾渠魁之就擒。始其告變之辰。適當違豫之際。阽危將發。震駭斯多。雖馳驛以竄投。蓋忌器而隱忍。靜思及此。可為寒心。屬予一人。肇纘丕構。欲邪正之洞別。在賞罰之惟明。特貶遐方。庶塞輿議。全其微命。足示於好生。正乃常刑。式申於禁暴。諒非獲已。爾惟自貽。可貶授將仕郎守雷州司戶參軍員外置同正員。

李廸衡州團練副使勅 同上

勅。附下之私。法當必罰。濟惡之釁。理難獨矜。屬茲纘紹之初。大判忠邪之路。其有嘗居重任。每務詭隨。爰究驗於事端。宜申嚴於朝憲。尚書戶部侍郎知鄆州李廸。幸由上第。亟踐清塗。纔踰星紀之齡。遽貳鼎司之正。超擢之速。倫輩絕偕。驟正宰衡。尤為非次。伊醜徒之構亂。萌巨孽而有初。瀆撓先朝。震驚羣聽。自剪夷於首惡。見傅會之有由。特示含容。貴全終始。逮于罷免。尚蒞蕃宣。基命維新。政體尤慎。稽諸公論。難掩宿愆。豈可未正彝章。猶居崇秩。謫于遐服。處以貳車。茲寔自貽。無忘深省。可貶授銀青光祿大夫檢校尚書水部員外郎充衡州團練副使。不得簽書本州公事。

宣徽南院使鎮國軍節度觀察留後華州刺史曹瑋落宣徽南院使除授左衛大將軍容州管內觀察使就差知萊州制 同上

勅。上之比下。在刑賞以無私。君之馭臣。蓋進退而有禮。苟涉比周之迹。復懷覬望之情。尚舉寬科。用全大體。具官曹瑋。因緣舊族。際會先朝。膺恩顧以有殊。踐官榮而不次。出奉守官之寄。入陪帷幄之謀。屬兇人之擅權。構逆豎而干紀。遽因敗露。旋就竄投。頗彰朋附之端。由示含容之德。止解重柄。仍進崇資。以嘗總於戎昭。遂復委於邊要。而乃為國生事。輒擾於平民。儌時有功。罔念於前訓。朕以肇承遺旨。恭紹洪基。將肅具寮。用申丕律。降居環衛之列。遙分廉問之權。任以方州。茲爲薄責。苟能省過。姑務改圖。當再造以是甄。豈一眚而斯棄。服我優假。汝惟欽哉。可。

尙書戶部侍郎知青州周起責授太常少卿知光州制 同上

勅。勵節砥名。人彝所尙。舉直措枉。邦禁斯明。苟跡涉於比周。而履虧於端愼。宜申懲沮。以肅羣倫。具官周起。早契昌辰。荐升華貫。擢贊樞衡之務。冀申帷幄之謀。屬當國之臣。怙權稔惡。締連逆豎。震撓先朝。朋附之蹤。僉緣斯見。尙全至體。止罷近司。朕祇荷丕圖。洽聞輿議。爰稽典憲。用屏兇邪。從坐之科。爾將安免。降居列牧。尙涖方州。咸示寬恩。聊從薄責。苟能改節。當復棄瑕。庶念自新。無或貳過。可。

給事中知杭州王隨責授祕書少監知通州制 同上

勅。王隨。際會昌辰。踐揚美仕。備掖垣之獻納。爲望苑之寀寮。而服道未豐。修身寡愼。比周非類。虧損素風。尙居封駁之曹。未塞衆多之論。蓬山亞列。頻海方城。俾省前非。用明薄譴。苟能祇事。彌恪悔過不疑。粗伸補報之恩。當示甄收之命。可。

給事中知海州王曙貶檢校尙書水部員外郞充郢州團練副使兵部郞中知光州盛度貶水部員外郞和州團練副使制 同上

勅。爵賞所以勸能。刑罰所以懲惡。執茲二柄。馭乃庶邦。其或階緣進身。比周成性。由徑以希用。挾私以敗名。當景命之惟新。在公議而難捨。具官某。早膺委遇。繼荷寵靈。擢陞密近之班。仍參調護之列。罔思補報。但有覬覦。傅會所親。全虧於物望。交通宮豎。自罹於憲章。處之列城。聊示薄譴。未塞衆多之論。宜行黜降之文。授以貳車。俾省前咎。尙爲優貸。勿謂無恩。可。

祕書丞監撫州鹽酒稅張子皐降授大理寺丞餘依舊制 同上

勅。某邦禁斯設。本以閑邪。臣範使稽。所宜守正。苟涉比周之狀。寧逃譴責之文。惟爾早策科名。荐登官秩。輒附權臣之黨。頗殊端士之風。迹有僉緣。事皆干預。荷先朝之含垢。舉常典以惟輕。朕恭紹丕圖。重違輿議。懲其元惡。投彼遐陬。爰生從坐之科。止行末減之命。元棘丞率。釐務如初。足示矜寬。勉自循省。可。

杜堯臣等責除虞部員外郞兵部員外郞知齊州段惟幾責授太常博士差監蘄州鹽酒稅務制 同上

勅。衞尉少卿知安州杜堯臣等。仕進之方。貴乎守道。邦國之憲。謹乃懲違。惟爾久服簪紳。屢承委使。履有殊於愼行。迹備見於附邪。屬當嗣極之初。方申去惡之令。稽于公論。宜儆朋非。爰示左遷。猶爲寬典。恪居所職。當念前尤。可。

朱巽寧國軍節度副使梅詢池州團練副使並不簽書本州公事制 同上

勅。護國軍節度副使朱巽、懷州團練使梅詢等。早踐華資。迭膺榮委。或任司藩閫。或職總漕輸。屬以孽類朋姦。稔謀構亂。惟茲咸鎬之域。首興變詐之謀。爾等嘗所薦延。已彰昵比。不能防察。復致驚騷。先帝務在矜寬。聊從降譴。當丕承之伊始。顧羣議之益喧。特移江介之區。未改賓筵之職。荐申警厲深自省循。可。

林陶檢校比部員外郎充欽州團練副使不簽署本州公事制 同上

勑。太常博士林陶早以士流。齒于朝綴。亦嘗倅郡。蓋俾効能。而靡念矜修。唯興囂訟。荐令釐務。姑示懲違。益復持人之短長。未嘗思己之愆咎。所至之地。苦其害擧。于茲累年。罔或遷善。是從申儆。俾列貳車。苟能洗節以悛心。當復寘行而備用。如其終懷弗類。尚蹈前非。必議竄投。永絶甄錄。汝宜自取。吾豈棄人。勉佩訓詞。無煩刑律。可。

丁謂貶崖州司戶敕 乾興元年七月辛卯

勑。無將之戒。舊典甚明。不道之辜。常刑罔捨。苟露挾邪之迹。宜申去惡之文。具官丁謂。早踐台司。備隆朝眷。曾靡圖於爲報。乃公肆於非心。昵彼妖巫。館于私舍。潛通詭計。假託神靈。輿孽寺以連謀。幸先皇之違豫。將逞姦回之志。妄談禍福之端。屬朕纘臨。覬專威柄。僻違之狀。茲見於反常。毀讟之言。更彰於無上。比從罷免。猶示矜寬。旣蒐慝之旋聞。且閱實而具在。背恩棄德。一至于斯。竄處遐方。寔乃自取。可貶授將仕郎守崖州司戶參軍、員外置同正員。

王從益降官制

勑。右諫議大夫王從益早由蔭籍。爰襲衣纓。爾父近有奏陳。冀從訓誘。特遷閨列。件侍家庭。而乃輒發文移。輕干府政。靡遵彝檢。寔慢朝經。向示矜寬。免其推鞫。止令降秩。無忘省躬。可。

霍炳陳州長史制

勑。權易使翰林醫官使霍炳。先皇不豫。屢易炎涼。爾職當侍醫藥。砭靡効。俾從降譴。用示朝章。可。

任中行度支員外郎監許州酒務任中師太常博士監宿州稅制

勑。兵部員外郎任中行、左正言任中師等。率以文科。列于朝著。由乃兄之貳政。屬肇位之均恩。曾罔被於親嫌。遽越升於班序。方明淑慝。尤在澄清。俾復常資。仍分釐務。用懲非據。無忘省躬。可。

祖士衡落知制誥知吉州制

勑。禮部郎中知制誥祖士衡。夫位列禁垣。班參法從。時惟儁選。允謂清階。苟率履之有愆。諒居職而奚稱。爾早登殊級。綽負敏文。且彰應務之能。久處育材之地。擢升祕掖。同掌贊書。誠宜祗惕官箴。敦修儒業。乃於任使之際。靡聞畏慎之心。而又附託於權臣。交游其諸子。罔遵直道。頗積羣言。宜罷綸曹。尙居蘭省。出臨名郡。兼委長人。勉申撫俗之方。無忘改過之美。可。

焦敏職方員外郎監渭州酒務制

勑。祠部郎中知晉州焦敏，久服朝榮，獲登郎省，頃膺郡寄，守在平陽，報政蔑聞，隳官有素，罔念靖共之訓，備彰趨附之蹤，再領藩條，允喧物論。方明紀律，用汰品流，降處外郎之曹，仍分釐務之任。聊茲申儆，無忘省非。可

章頻比部員外郎監饒州鹽酒稅制

勑。侍御史知宣州章頻，幸遘昌時，列於通籍，向膺朝選，擢預憲僚，罔敦平允之心，曷副準繩之職，喧於羣論，頗異首公，豈可尙處清階，仍臨劇郡，就易郎曹之秩，退居榷署之司，用儆當官，勉於省己。可

責提轉不案李應機詔 天聖二年二月丙戌

外臺之官，責在刺舉。知兗州李應機在郡不法，肆行貪殘，當職靡言，咎將安執。其本路轉運使劉明恕、李允元，提點刑獄尙霖、郭位，特免勘，各罰銅二十斤。

曹利用責左千牛衛上將軍知隨州制 天聖七年正月丙辰

朕講求至治，遵御羣賢，庶期同德之臣，共守大公之道，苟違邦憲，安敢自私。推誠保德忠亮守正翊戴功臣、保平軍節度、陝州管內觀察處置等使、開府儀同三司、守司空、檢校太師、兼侍中、行陝州大都督府長史、判鄧州軍州事、兼管內勸農使、上柱國、鄆國公、食邑一萬三千三百戶、食實封四千八百戶曹利用，履三事之榮，賦萬鍾之祿，靡畏亢盈之禍，寖淪驕恣之風。而曹汭早被賞延，寔乃猶子，適官鄉邑，將構凶謀，竊倖南面之儀，以服中央之色，仍令醜類，輒効山呼。何乃骨肉之間，全失義方之訓。屬者解於樞近，出撫藩垣，雖示寬恩，未符公議。興言勳舊，忍寘嚴刑，降居環衞之資，往奉方州之寄，所宜自省，無曰非辜。可特授銀青光祿大夫、檢校司空、兼御史大夫、左千牛衛上將軍、知隨州軍州事、兼管內勸農使、上柱國，仍令供奉官陳崇古、御史臺驅使官趙宗諒乘驛伴送至州。

曹利用責崇信軍節度副使房州安置制 天聖七年二月癸酉

勑。銀青光祿大夫、檢校司空、左千牛衛上將軍、知隨州曹利用，被遇先帝，擢在右府，不思忠藎，以答寵榮，每恣睢以怙權，久包藏而伺隙。向緣從子，密構凶謀，止降官資，尙居藩翰，罔知內省，自謂非辜，復贓狀以繼彰，致獄成而來上，合行削籍，以警當官。猶懷舊勞，深屈常典，爾宜自訟，以識寬恩。可特降授左散騎常侍、兼御史大夫、上騎都尉，充崇信軍節度副使，房州安置，官爲津置行李，仍命入內供奉官楊懷敏防護至州，其房州知州、監押，並別選差人。

宋大詔令集卷第二百五

政事五十八

貶責三

責錢惟演崇信軍節度赴本鎮詔 明道二年九月丙寅

王者收賢材而經至治。厲名器以示大公。有憑世資。遂冒天寵。苟未符於人望。則難屈於朝彝。推誠保順崇仁宣德協恭亮節翊戴功臣、泰寧軍節度、兗州管內觀察處置等使、開府儀同三司、檢校太師、同中書門下平章事、兗州大都督府長史、判河南府兼西京留守司、上柱國、彭城郡開國公、食邑一萬三千戶、食實封四千五百戶錢惟演。蚤以藝文。歷更華要。罔知富貴之愼。乃貽負乘之譏。歷言茲多。爲善何有。三星之嬪。姑務結於戚藩。百兩所迎。牽相依於權利。乃復妄議宗廟。越侵宮常。執憲以聞。於法奚逭。朕念昔祖考。嘗著勳勞。尙曲示於寬恩。止改從於別鎮。黜其兼領。聊以繩違。於戲。公侯之家。鮮克由訓。將相之任。難以並榮。其省爾躬。往祗朕命。可特授檢校太傅、使持節隨州諸軍事、行隨州刺史、兼御史大夫、崇信軍節度觀察處置使。仍赴本鎮。

責楊崇勳制 景祐元年八月辛酉

春秋之義。賞罰蓋存於至公。天地之仁。始終固全於大德。其有往陳密事。理涉厚誣。致深平世之文。曷禦宜升之請。推誠保德崇仁忠亮翊戴功臣、河陽三城節度、孟州管內觀察處置河堤等使、光祿大夫、檢校太尉、同中書門下平章事、使持節孟州諸軍事、行孟州刺史、判陳州軍州事、上柱國、宏農郡開國公、食邑一萬七千戶、食實封三千戶楊崇勳。早登勇爵。自勵忠圖。遂分節制之權。乃居宥密之地。比崇公衮。出蒞价藩。方委遇之不疑。俄幽冤之有訴。爾頃以急變。聞於先朝。故懷政被蒙惡之誅。懷信嬰誣告之辱。雖已行於昭雪。固難逭於典彝。然念嘗爲弼臣。屢經沛澤。聊解台符之重任。且更淮服之近藩。於戲。典法有常。不可以恩而遂廢。神靈非昧。不可以幽而或欺。其勉自思。以對成命。可特授依前檢校太尉、使持節孟州諸軍事、行孟州刺史、兼御史大夫、充河陽三城節度、孟州管內河堤等使、知壽州軍州事、兼管內勸農使。

責范諷等詔 龍圖閣直學士給事中知兗州范諷、責武昌節度行軍司馬・新廣南轉運祠部員外郎龐籍、降太常博士・知臨州軍東頭供奉官吳守則追官・

懷諛罔上。前訓之深懲。挾黨背公。羣言之尤疾。范諷早由宦牒。洊服朝倫。曩嘉論事之能。擢處諍臣之職。而乃性資僞辯。志騁比周。頃主計文昌。冒干賞典。吳守則嘗司國帑。未結年勞。輒廢格於舊條。爰保任於空簿。加以內營產利。外託廉貧。假什物於禁司。形妄言於奏牘。仍於列郡。輒市公田。因宿昔之薦論。致州縣之阿狥。洎從訊逮。誠露欺誣。既具獄之上聞。合免官而俟報。擅還治所。尤駭輿情。特申降黜之科。用判忠邪之類。龐籍比參朝選。亟貢囊封。事雖失於審詳。理當從於矜貸。噫。事君盡節。乃克倚於寵榮。行己弗臧。蓋自取於尤悔。凡百多士。宜悉朕懷。

范仲淹落職知饒州制 景祐三年

爲臣之方。宜懷於儆畏。御下之道。亦貴於甄明。惟參列於近聯。方試能於劇職。苟愆誠節。奚逭國章。吏部員外郎充天章閣待制范仲淹。早以藝文預升科第。洎周旋於仕牒。頗奮發於時才。向者采其直誠。寘諸諫列。旋由輕肆。出領麾符。未忘獻納之勤。遽委蕃宣之任。俄升侍從。亟俾召還。察乃強敏之材。付以浩穰之治。不次之遇。於時罕倫。所宜慎重爾爲。靖恭于著。率循矩度。以答寵光。而每因進對之時。屢談時務。姑挾謀身之利。輒興搖衆之端。離間大臣。歷加詆毀。交結在位。陰有薦論。動形危害之言。居顯比周之迹。矧惟京府。表則四方。顧決訟而罕精。多肆情而自用。觀茲吐論。視乃操心。將罔惑於聽聰。明張皇於朋勢。侵擾邦政。黷驚朕師。按以常刑。宜當峻罰。尚申矜宥。聊示降懲。罷漢閣之班榮。分鄱陽之牧守。往服茲命。無忘省躬。可落天章閣待制知饒州。

郭勸李渭責官制 寶元

祿以賦能。罰以黜罪。有國之彝典。況邊圉之寄。覘候不明。款附之人。綏懷無狀。苟寬深責。曷警在公。前尚書工部郎中郭勸。尚食使、惠州刺史、知磁州李渭。早緣履歷。寖列華班。嚮眷西土之人。遂分延水之重。委之郡寄。付以兵鈐。時屬狡寇繕完。陰圖僭越。輒馳單使。公獻慢書。而爾等職在揣情。事無不達。加以嚮順之族。挈孥歸來。備陳羌賊之謀。願加天討之略。爾復暗于未兆。忽爲空言。械以送還。覆而不奏。稱忠勤於虎口。甘憤疾於賊心。稔彼凶殘。致茲侵軼。靜言其始。非汝孰尤。雖已寘於寬科。顧未厭於公議。宜從再降。以肅曠官。郭勸可特授依前尚書兵部員外郎。依前持服。李渭可特授右監門衛將軍。依前惠州刺史。

李淑落翰林學士制 慶曆八年十一月乙未

國家以肇基藝祖。眷命上穹。蓋敦揖讓之風。匪尚干戈之事。翰林學士、兼端明殿學士、尚書禮部侍郎、知制誥、史館修撰李淑。早登清貫。博覽舊文。因近壤以頒條。指故陵而發詠。援古有失。於義未安。致人言而上陳。在國章而奚逭。第解禁林之職。仍陞內閣之名。往釐別都。宜服寬渥。可落翰林學士。依前端明殿學士、兼翰林侍讀學士、加龍圖閣直學士、集賢殿修撰、知應天府兼南京留守司事。

唐介責授春州別駕制 皇祐三年十月丁酉

勅。殿中侍御史裏行唐介。往被薦言。獲陪憲職。不思忠藎。以答甄升。輒肆狂狷之言。陰爲朋附之計。詆欺元宰。引薦外臣。迹其陰姦。宜有顯絀。嶺服之外。州佐是居。惟爾之行。所宜內省。可責授春州別駕。

唐介可改授英州別駕制　皇祐三年十月己亥

勅某。早任憲僚。近因論事。動關誣罔。陰有薦延。跡既陷於詆欺。理難從於全恕。已黜居於上介。俾遷置於延陬。尚念荒遐之方。有惻哀矜之度。俾遷近服。仍佐方州。尚體寬優。無忘循省。

起居舍人楊畋降屯田員外郎西上閤門副使曹修降洛苑使制　皇祐四年九月丁巳

勅某等。朕以盜起五嶺之徼。屬時久安。未始有金革之備。致剽十餘郡。大攻清海軍。曠日而未殄。朕初命使者。發兵調師。而濟遠人之危。惟爾畋頃按湖外。有破荊蠻之功。惟爾修在陝西壘。習知邊機之事。故起畋於廬中。而擇修副之。其所以臨遣之意厚甚。方賊勢犇蹶。濟沙頭以迥。檄還前師。不時進擊。而欲棄壁焚糧。爲退保之計。夫統大兵之衆。伐窮寇之黨。顧出此策耶。朕甚不取焉。嚮之行也。有右史之秩。有上閤之著。今以不職並罷。而名寵未奪。何足以勸耶。往祗舊服。以勵以思。可

宮苑使韶州團練使蔣偕降授北作坊使忠州刺史制　同上

勅某。向獠蠻狂悖。震驚二廣。剽掠郡縣。殘害士民。朕博求材武。往殄厥寇。以爾久禦邊陲。必知方略。進以使名之寵。加之團練之命。自汝攸往。經涉時月。朕盡夜憂勞。遲汝成效。而乃獨肆狂妄。恣爲輕率。奏陳無實。動輒失理。知護軍統帥。有所議論。而移書臺省。陰爲自解。汝有曲直。當自處之。求助於人。其意安在。褫其新命。復於舊官。爾其慎思。體此寬典。可

兵部郎中充天章閣待制仲簡可落待制知筠州制　皇祐四年十月己卯

勅。唐鎮五筦。而番禺爲都會。遭時承平。故其俗盛而貨蕃。朕閒遣侍從材臣。以撫遠人之安。今其墮事。朕心憮然。具官某。向以器能。擢貳計省。屬南方擇守。遂寵以內閣之秩。委以右符之行。方邕寇之蹶。鈔數郡之東。乃不能先計以搤溪巖之險。暨番酋請奮。仍抑衆不遣。以至賊鋒欻集。而使居民不得入保。戕辱士庶。毀焚官寺。掩奪兵器。掊積金犀。而勢益得逞。比賊去城下。又縱殺羸弱。而莫之省者。一方之毒。無甚于此。爾爲民長吏。而自視得策乎。尚念完守一城。不加爾于嚴譴。止還禁職。猶寄使郡。爾其飭哉。可

兵部郎中仲簡可降授刑部郎中制　皇祐四年二月丙申

勅某。自蠻獠之蹶。剽奪海隅。爾守五筦之會。既不能預爲之禦。迺彊抑蕃衆。失守險之策。暨扶老攜幼。願保城中。又拒而弗納。至使兵防之具。一以資寇。民室被害。十室八九。朕尚念守城之固。纔奪近職。寄以偏郡。如聞番禺之人。懷怨不已。言者交章。稔于朕聽。不有顯絀。何以謝遠方之民。其上一秩。

體予寬憲。可。

責降郭申錫仍榜朝堂詔 嘉祐三年五月乙酉

朕常患民之好爭。而風俗漸靡於薄也。思有以革正。非吾士大夫躬率以義而道之於善。則何以哉。三司鹽鐵副使郭申錫。官職事任。不爲輕矣。所宜愼守所舉、以道吾民者。屬與參決何議論之異。遂成忿爭。章奏累上。辯訴紛然。敢爲抵欺。行之自若。以至與大獄置對。逾旬參驗。所陳一無寔者。士人之行。乃至是。使吾細民何所視効。其降申錫知滁州。仍榜示朝堂。

呂溱落職分司制 嘉祐四年九月癸丑

有司。呂溱前在眞定。委信小吏。至假官麴釀酒。又使人詣旁郡貿易私利。朕惟溱簡直好節。立身有本末。其推誠不疑。使吏陷之法。不欲寘于理。以厲在位者。解溱近職。分務別都。溱之浚明高爽。固必有以矯其前失。朕亦不以一眚廢爾。其勉焉。可落翰林侍讀學士。依前禮部郎中。分司南京。

呂溱降兵部員外郎依舊分司和州居住制 嘉祐四年九月丙辰

勅。夫至治之世。恥言人過。德化成俗。朕所慕之。飭下以法。蓋循公議。具官呂溱。材實之選。久列侍從。倚以文武。命守邊劇。乃聽用下吏。至以成麴私釀。易貨旁郡。獄辭所逮。彈劾繼上。俾罷禁職。分務別都。而諫臣切言。議論未塞。宜從貶秩。以示庶邦。其勉自修。朕不汝廢。可授兵部員外郎。依舊分司南京。於和州居住。

韓絳落御史中丞理檢使本官知蔡州制 嘉祐五年五月二十二日己酉

朕惟天下之務。聽斷爲難。常求端良。共躋大治。夫風憲之地。紀綱所本。用人在職。豈不大哉。以爾韓絳。資賦樸茂。可寄言路。擢自內署。俾表政臺。所期至公。以助信任之道。而無根之語。抗奏於前。詆傷大臣。事異政論。輒去官號。駭動朝聽。雖開悟不惑。朕志固定。然納稅乖當。人其謂何。諫憲交章。願正彝典。宜停執法之重。出分大帥之守。其勵修省。以對寵私。可落御史中丞。理檢使。授依前諫議大夫。知蔡州。

胡宗愈奪職通判眞州詔 熙寧三年六月丙戌

宗愈自領言職。未嘗存心裨補朝廷治道。凡進對論事。必潛伏姦意。含其事情。旁爲邪說。以私托公。專在破壞正理。中傷善良。所爲如此。而置之左右前後。豈非自蔽聰明。氣餤姦慝。遂奪職通判眞州。

貶知慶州李復圭勅 熙寧三年十月丙子

工部郎中直龍圖閣知慶州李復圭。擅興甲兵。討蕩邊境。致敵人畔亂。擾我邊陲。種落凋荒。膏于原野。可責授檢校尙書工部郎中。保靜軍節度副使。不簽書本州公事。

范鎮戶部侍郎致仕制 熙寧三年十月己卯

勅、舉直錯枉古之善政。服讒蒐慝義所當誅。翰林學士、戶部侍郎、知制誥范鎮。材無任職之能。行有懷奸之寔。頃居諫省。以朋比見攻。晚寘翰林。以阿諛受斥。朕惟用舊。不汝疵瑕。而每託論議之公。欲濟傾邪之惡。乃至厚誣先帝。以蓋其附下罔上之醜。力引小人而狃于敗常亂俗之姦。稽用典刑。誠宜竄殛。宥之田里。姑示矜容。往服寵私。勿忘修省。可。

富弼落使相制 熙寧四年六月甲戌

牧守之職。誠宜卹隱於民。州郡之官。固必承流于上。昔雖位於元宰。今寔司於价藩。安有上之命令。則頹而弗行。民之災傷。則訴而不省。苟屈常憲。曷爲至公。推誠保德崇仁忠亮佐運翊戴功臣、武寧軍節度、徐州管內觀察處置等使、開府儀同三司、檢校太師、行尚書左僕射、同中書門下平章事、行徐州大都督府長史、上柱國、鄭國公、食邑一萬一千戶、食實封四千二百戶富弼。天賦忠純。世推經濟。荐更清近之選。益奮謨明之才。當仁祖之視朝。已尊持於鈞軸。暨英考之纂極。復首冠於樞衡。逮于眇躬。處以上相。爰懇求於補外。寔罔替於注懷。既吏議之有聞。於文法而難避。宜仍端揆之秩。上還袞鉞之名。俾移汝墳。貴便京洛。於戲。無私立政。聊示降升之權。圖舊爲心。終全進退之禮。當體恩遇。勿忘訓言。可特授依前行尚書左僕射、判汝州軍州事、兼管內營田堤堰橋道勸農使。

削奪沈起官爵詔 熙寧九年正月丙寅

沈起昨在廣西。妄傳密受朝廷意旨。經略討交州。又不俟詔。擅委邊吏招接恩靖州儂姜美。及於融宜州溪峒疆置城寨。虛奏言蠻衆內附。既興版築。果致叛擾。殺士兵丁校官吏以千數。今交賊犯順。宜獠內侵。使一道生靈。橫遭屠戮。職其致寇。罪悉在起。了無疑者。朕爲人父母。視此遠方無辜之民。橫罹災害。深所哀悼。沈起可貸死。削奪在身官爵。送遠惡州軍編管。

王中正种諤降官制

朕大興士衆。屬爾等以伐羌。固將舉其巢穴。非徒卻敵收並塞之地而已。兵西出則近。而爾東繇綏德回遠之路。以疲士馬。費芻粟。致功用不集。中正議既不審。又約有分地。當攻其左。而不能奮擊以殲除醜類。夫軍賞吾必行。而罰亦安得已哉。是用按爾之罪。降秩有差。其體寬恩。尚思報稱。可。

尚書祠部員外郎直史館蘇軾責授黃州團練副使本州安置制 元豐二年十一月

勅。具官某。稍以時名。獲躋顯仕。列職儒館。歷典名城。報禮未聞。陰懷觖望。訕毀國政。出於誣欺。致言職之交攻。屬憲司而辯治。詖辭險說。情寔具孚。雖肆宥示恩。朕欲從貸。而姦言亂衆。義所不容。黜寘方州。以勵風俗。往服輕典。毋忘自新。可。

翰林學士權知開封府蔡延慶落職知滁州制

勑。學士以論思獻納爲官。而開封典治京邑。惟忠言諒直。有辭學政事之能者。宜在此選。苟懷邪失職。則爲時起羞。具官某頃以藝文。寘于法從。擢尹畿甸。入踐禁林。宜思守公以稱榮遇。而乃顯爲姦慝。棄義狥私。交通中人。屈撓國法。申朋比之志。忘側媚之恥。累傷國體。無甚於茲。言者力攻。深駭予聽。褫職補郡。猶示寬恩。往自省循。毋重尤悔。可

翰林學士兼侍讀許將落職知蘄州制

勑。爲左右侍從之臣。居京邑尹正之地。朕所信任。國之表儀。若夫怙姦不平。挾詐無恥。底于吏議。罰不汝私。具官某出入禁嚴。典領要劇。不能靖共厥位。國爾忘家。以至阿蔽所親。縱釋有罪。干庠序進升之法。懷獄辭奏覆之欺。致物論之弗容。洎臺章之逮治。罔知首服。猶肆誕謾。靜言庸違。寔負器使。俾從顯黜。以儆官邪。往服訓辭。毋忘自訟。可

李定落翰林學士罷御史中丞依舊太中大夫知河陽制 閏九月二十七日奉聖旨、李定言府界養馬事、既見朝廷罷黜向兼、元法亦無改更、定卽更不敢論列、顯是從初論、是有失審實、可落翰林學士、罷御史中丞、依舊太中大夫知河陽

勑。居綱紀準繩之地。爲左右侍從之官。維行與言。朕所信任。拂于公議。罰弗汝私。具官某拔自周行。寘諸華要。典領憲府。論事禁林。蓄馬均民。抗章來上。逮樞臣之獲罪。終新令之莫移。曾無片辭。復議得失。依違無寔。其理已明。稍黜舊班。俾臨近郡。往承恩宥。爾毋弗欽。可

宋大詔令集卷第二百六

政事五十九

貶責四

施邈責散官制 元豐

勅。都官員外郎分司南京施邈。爾素行鄙醜。數冒邦憲。今既以首郎分務而歸。尙不悔悟。恣爲姦利。干撓州邑。觸法抵禁。益甚前日。汙辱冠冕。斯可謂無恥之恥乎。清議之所共廢。朝廷之所不容。黜副州團練。以警貪墨。可責授檢校水部員外郎充舒州團練副使。不簽書本州公事。

沈括罷黜制 元豐

勅。帷幄近臣。朕所與圖事揆策。同休等戚者也。苟無忠固一心。而首鼠兩端。則法所當加。誼不得赦。具官沈括。朕自拔擢。寘之侍從。創法立制。汝皆與聞。而始不熟計利害。終則挾持浮說。進退希旨。反覆異言。腹心如此。朕何望哉。黜守方州。職兼書省。猶爲恩貸。往自循思。可。

鄧潤甫落職知某州制 元豐

勅。中司之任。以督察不法爲職。朕之倚信。衆所準平。事苟失情。義難骫法。具官鄧潤甫。蚤緣器使。擢列禁嚴。任總臺綱。典治詔獄。而乃奏事不寔。奉憲失中。言涉詆欺。內懷顧避。宜從顯黜。以肅庶士。退涖方州。並解近職。往務循省。體茲恩容。可。

陳繹降官落職知建昌軍制

勅。太中大夫充龍圖閣待制知江寧軍陳繹。職居近列。出殿大邦。而規利營私。冒法抵禁。有司具獄。情實用孚。夫蔽罪至於除名。而論贓至於自盜。法所不容。朕猶爾惻。黜官奪職。尙涖一軍。往其愼哉。以事終保。可落龍圖閣待制。特授中大夫知建昌軍。

右諫議大夫知集賢院學士蘇頌降祕書監集賢院學士知濠州制

勅。京尹以平刑理冤督察吏屬爲職。近臣以徇公滅私一意奉上爲宜。苟異于斯。義當譴黜。某擢置侍從。以畿部之政。而阿黨庇親。棄法縱心。擿語交關。與爲道地。不平有迹。聞事于朝。乃叶有司。竊易文牘。姑欲蔽匿。重成詆欺。褫秩諫垣。往掌偏郡。其務循省。毋忘寬恩。可。

太皇太后內出責軍器監丞王得君詔（得君上書云、今建言者不深推本末、乃斥先帝以苛名、而自沽訐直之譽、陵土未乾、肆爲醜詆。）

予方開廣言路。得君上章。謂言事者自沽訐直之譽。杜塞人言。無狀若此。可罷職與外任監當。

李定責授朝請大夫少府少監分司南京滁州居住制

戴天履地。共知不孝之刑。自古及今。孰爲無母之國。苟隳風教。必正條章。具官李定。服儒衣冠。誦古道義。擢起小吏。遽爲邇臣。而初無欲報之情。終蔑所生之性。母懷愛也。雖禽犢且知之。人言孔多。良足愧悼。務忠所事。何善可稱。天理人倫。汝乃自絕。典刑公議。夫復奚言。可特授朝請大夫少府少監分司南京。於滁州居住。

范子淵降知峽州制（元祐元年）

勅朝請大夫新差知兗州范子淵。汝以有限之材。興不可成之役。使無辜之民。置之必死之地。橫費之財。猶可力補。而既死之民。不可以復生。此議者所以不汝置。而朕亦不得行赦原也。夷陵雖小。尚有民社。朕有愧於民。而於汝則厚矣。可依前官知峽州。

賈種民呂升卿知軍通判制

勅駕部員外郎賈種民、吏部員外郎呂升卿。天下有道。士知分義。流品清濁。各有攸處。如種民升卿。亦不汝棄。往服寵命。益祗厥官。種民可差知漢陽軍。升卿可差通判海州軍州事。

楊伋落職知黃州制

勅國家臨御百年。哀矜庶獄。好生惡殺。視民如傷。六聖一心。簡在上帝。而市井無賴。譖訴公行。若廷尉治獄不苛。獄官議法有守。則仁聖在上。姦宄自清。豈有數年之間。坐致萬人之禍。死者不復。誰任其辜。知廬州朝奉大夫充寶文閣待制楊伋。以患失鄙夫之心。而竊乘君子之器。欲與羣小共分告織之功。專務巧詆。以成疑似之罪。試加覆視。寃狀了然。公議不容。彈章交上。聊從附下之罰。少謝無辜之民。服我寬恩。益務循省。可落寶文閣待制。依前朝奉大夫差知黃州。

呂惠卿責授建寧軍節度副使本州安置制（元祐元年六月辛亥）

元兇在位。民不奠居。司寇失刑。士有異論。稍正滔天之罪。永爲垂世之規。具官某。以斗筲之材。挾穿窬之智。諂事宰輔。同升廟堂。樂禍而貪功。好兵而喜殺。以聚斂爲仁義。以法律爲詩書。首建青苗。次行助役。軍輸之政。自同商賈。手實之禍。下及雞豚。苟可蠹國而害民。率皆攘臂而稱首。先皇帝求賢若不及。從善如轉圜。始以帝堯之仁。姑試伯鯀。終然孔子之聖。不信宰予。發其宿姦。謫之輔郡。尚宜改過。稍畀重權。復陳罔上之言。繼有碭山之貶。反覆懲誡。惡心不悛。躁輕矯誣。德音猶在。始與知己。共爲欺名。喜則摩足以相歡。怒則反目以相視。連起大獄。發其私書。黨與交攻。幾半天下。姦贓狼籍。

横被江東。至於復用之年。始唱西戎之隙。妄出新意。變亂舊章。力引狂生之謀。循致永樂之禍。興言及此。流涕何追。迨予踐阼之初。首發安邊之詔。假我號令。成汝詐謀。不圖渙汗之文。止爲款賊之具。迷國不道。從古罕聞。尙寬兩觀之誅。薄示三危之竄。國有常典。朕不敢私。

張誠一責授右千牛衞將軍分司南京制

敕。孝治之極。天下順之。不子之罰。民不輕犯。而貴近之間。尙有誠一。朕甚傷之。乃者姦言詭行。蠹國殘民之狀。論者紛然。方議其罪。而悖德隱惡。達于朕聽。考寔其事。至不忍言。詩不云乎。行有死人。尙或墐之。禮曰。父沒而不能讀父之書。何以爲手澤焉。今汝之所爲者何爲至此極也。縱朕不問。汝亦何顏處搢紳之列乎。相州觀察使知潞州張誠一。可特授右千牛衞將軍分司南京。

吳居厚責成州團練副使黃州安置制

敕。朝請郎充天章閣待制知廬州吳居厚。夫爲吏有體。事上有方。苟異於斯。何所不至。爾使東道。事任豈輕。曾不是思。獨以利賄。邀功造事。窖金一興。而傷財蠹民。不可勝數。出納有量。爾率私意以取贏。課入有程。爾挾公威以剝下。怨讟並作。達予聽聞。一方何辜。罹爾蟊疾。有司驗狀。誕謾庸違。人之無良。乃至于是。罔上蔑典。雖古有誅。黜貳州團。用中國法。無忘循省。服我寬恩。可特責授成州團練副使黃州安置。

邢恕責知隨州制

敕。具官邢恕。西臺侍從。敷行訓詞。與聞政幾。選掄至重。爾早登儒館。驟陟臺郎。而洊歷貴權。全非檢愼。採之羣議。難寘近班。尙假一麾。俾之循省。益思矜恕。罔蹈後艱。可依前承議郎權發遣隨州。

呂嘉問責授本官知淮陽軍制

敕。朝散大夫試光祿卿呂嘉問。汝言利則析秋毫矣。考其事則不掩焉。蓋與吏爲市。張虛贏而冒實賞。自先帝時。置吏鉤攷。而詭盜折閱。出入不可知。民至有破產流離而不能償負者。欺誕如此。予何賴焉。尙假一麾。臨長軍壘。往宜循省。服我寬恩。可特授依前官知淮陽軍。

蔡確落職知安州制

敕。朕體貌大臣。務全終始。善則藻飾褒顯。以風勵天下。有過則遷就避諱。以曲全舊恩。至於用法。蓋不得已。具官某早以才力。奮於下僚。旋蒙器使。致位元宰。弟碩不類。貪冒有素。而溺於私愛。以廢公議。曲從舉吏之請。遂成黷貨之辜。其驕奢淫縱之狀。理無不知。而涵養蒙蔽之甚。殆非體國。致煩言之並作。雖欲宥而不能。黜守小邦。仍褫舊職。往自循省。尙體至恩。可落觀文殿學士。依前正議大夫知安州。

蔡確責授左中散大夫守光祿卿分司南京制

人臣之義。莫大於愛君。天下之誅。無先於訕上。具官某姦回無憚。險詐不疑。以舞文巧詆爲身謀。以附下罔上爲相業。先帝與子。何云定策之功。大母立孫。乃敢貪天之力。陰得朋邪之助。顯爲衆正之仇。日者寵榮亢滿於宰司。贓賄貫盈於季弟。坐觀侈靡之無度。不問貪叨之所從。徉若不知。潜與爲地。朕既屈邦憲而貸碩萬死。又抑人言而致卿兩全。曾不反思。尚茲歸怨。形於詛斥。播在詠歌。託深意以厚誣。包禍心而莫測。味斯人之作。見切憤於權宜。覽觀水之章。知樂逢於變故。夫豈沾沾而多怨。蓋皆怏怏之餘言。朕雖欲容。法不可赦。攷楊惲南山之句。彼若無情。方孔融北海之談。汝爲有實。置之于理。誰曰不然。猶念股肱。曲全體貌。徐爲進退之禮。愼保終始之私。尚以列卿。俾司留務。聊著爲臣之戒。用嚴垂世之規。往服寬恩。毋貽後悔。可

蔡確責英州別駕新州安置制 元祐四年正月

勑。聖人察言以觀行。要在去凶。春秋原意而定誅。貴乎當罪。義之所在。朕不敢私。責授左中散大夫、守光祿卿、分司南京蔡確。象恭滔天。懷諼迷國。巧於伺候。有同林甫之姦。忍於織羅。無異俊臣之酷。追改云、同林甫之深阻、不易窺尋、□盧杞之姦邪、信其難辯。 忠義痛心於四海。循良側目於兩朝。家積之殃。昧而不知。己求之禍。大而莫解。陰遣腹心之黨。自稱社稷之臣。欺惑衆人。儌圖後福。而賴神奪之鑑。天誘其衷。使以不道之言。發於緣情之作。險意潜驚於羣聽。醜辭明詆於慈闈。雖朕德之所招。顧母慈之何負。昨奉聖訓。稍從寬科。而公議沸騰。予心惛怛。未喪朋邪之氣。祗傷崇孝之風。欲有大功。已見魏其之志。耳非佳語。何疑崔炎之書。宜正典刑。以戒姦慝。假再生於東市。保餘息於南荒。不獨成朝廷今日之安。蓋將爲邦國無窮之計。往服矜貸。無忘省循。可特責授闕下

蘇軾落職降官知英州制 紹聖元年四月壬子

訕上之惡。衆慭厥愆。造言之誅。法謹於近。矧彈章之荐至。孰公議之敢私。爰正常刑。以警列位。端明殿學士、兼翰林侍讀學士、左朝奉郎、知定州蘇軾。行汚而醜正。學辟而欺愚。頃在先朝。稍躋清貴。不惟喻德之義。屢貢懷諼之言。察其回邪。靡見聽用。遂形怨誹。自取斥踈。肆予纂服之初。開以自新之路。召從方郡。服在近班。弗訖爾心。覆出爲惡。輒於書命之職。公肆誣實之辭。凡茲立法造令之大經。皆曰蠹國害民之弊政。雖託言於外。以責大臣。而用意之私。寔害前烈。顧威靈之如在。豈情理之可容。深惟積辜。宜竄遠服。祗奪近職。尚臨一邦。是爲寬恩。無重來悔。可特落端明殿學士、兼翰林侍讀學士。依前左朝奉郎、知英州。

呂大防落職降官知隨州制 紹聖元年六月甲戌

朕昔嗣位之初。哀迷在疚。宣仁聖烈皇后受託神考。專佑眇躬。屈攬繁機。事非獲已。故亟進二三大臣。委以政事。庶幾協濟。共揚遺烈。觀文殿大學士、左光祿大夫、知永興軍呂大防。被遇先朝。早歷禁從。召寘丞弼。進登宰事。而乃幸時變故。密逞姦回。初則朋比冢司。繼則竊弄國柄。力引死黨。分置要地。因緣論事。假託訓辭。誘爲姦言。務快私忿。謂簾帷可以欺罔。謂諒闇可以面謾。凡經邦垂世之遠圖。輿理戎斥地之成算。或妄肆改作。自矜變法之功。或輕用棄捐。意歸黷武之過。交通近習。紊亂官儀。睥睨兩宮。呼吸羣助。恭惟太母本以保輔爲懷。豈以紛更爲事。敢誣累於慈訓。見包藏於異心。國論沸騰。邊患滋熾。逮予親政。猶爾擅朝。悖德自如。姦狀斯顯。尚務存於大體。故深遏於羣言。而論者交章。迫以大義。謂有國之常憲。豈舊恩之可私。薄

示降懲。少謝中外。其思自省。毋重後僁。可特落觀文殿學士。降授左正議大夫知隨州。

劉摯落職降官知黃州制 紹聖元年六月甲戌

昔者太母深處帷幄之中。朕方孤立士民之上。惸然在疚。罔知攸濟。內則付託羣公。外則通達言路。所賴有一德之士。不二心之臣。相與戮力。以康王室。苟懷異意。是辜委任。觀文殿學士太中大夫知青州劉摯。在先帝時以館閣諸生擢任要劇。雖中坐薄累。終不汝遺。夫何仇嫌。乃懷怨誹。自長御史至登宰司。始以傅會權臣。奉承風旨。既又密布私黨。倡導邪謀。論議交通。蹤跡詭祕。誣詆聖考。愚視朕躬。首陳變法之科。終成棄地之令。縱釋有罪。以歸怨公上。汙衊異己。以誘脅衆心。害賊忠良。不獨遂中傷之計。窺伺禁省。將密爲離間之謀。有臣若斯。維國之醜。向雖從於罷免。猶曲示於保全。夙負益彰。羣言荐至。欺天之惡。非公論之可容。罔上之誅。顧常刑之敢逭。聊從薄責。以示舊恩。其務省循。毋重來悔。可特落觀文殿學士、降授左朝議大夫知黃州。

蘇轍降官知袁州制 同上

事君者有犯勿欺。所以盡爲臣之節。無禮必逐。豈容逃慢上之誅。太中大夫知汝州蘇轍。父子兄弟挾機權變詐之學。驚愚惑衆。轍昔以賢良方正對策于庭。專斥上躬。固有異志。有司言轍懷姦不忠。如漢谷永。宜在罷黜。我仁祖優容。特命以官。在神考時獻書。縱言時事。召見詢訪。使預討論。與軾大倡醜言。未嘗加罪。仰惟二聖厚恩。宜何以報。垂簾之初。老姦擅國。置在言路。使詆先朝。乃以君父爲仇。無復臣子之義。愎忮深阻。出其天資。援引儇浮。盜竊名器。專恣可否。疇敢誰何。至與大防中分國柄。罔上則合謀取勝。徇私則立黨相傾。排嫉忠良。眩亂風俗。朕既洞察險詖。猶肆誕謾。假託虛辭。規逭朝聽。比雖薄責。未厭公言。繼攬奏封。交疏惡狀。維爾自廢忠順之道。而予務全終始之恩。再屈刑章。尙假民社。往自循省。毋速後愆。可特降授左朝議大夫知袁州。

蘇軾散官惠州安置制 同上

左承議郎新差知英州蘇軾。元豐間有司奏軾罪惡甚衆。論法當死。先皇帝特赦而不誅。於軾恩德厚矣。朕初嗣位。政出權臣。引軾兄弟以爲己助。自謂得計。罔有悛心。忘國大恩。敢以怨報。若譏朕過失。何所不容。乃代予言。誣詆聖考。乖父子之恩。害君臣之義。在於行路。猶不戴天。顧視士民。復何面目。乃至交通閹寺。矜詫倖恩。市井不爲。搢紳所恥。尙屈典章。但從降黜。今言者謂軾指斥宗廟。罪大罰輕。國有常刑。非朕可赦。宥爾萬死。竄之遐服。雖軾辯足惑衆。文足飾非。自絕君親。又將奚懟。保爾餘息。毋重後悔。可特責授寧遠軍節度副使惠州安置。

梁燾落職降官知鄂州制 紹聖元年六月乙酉

毀言廢忠。聖朝共惡。讒說殄行。朕師是驚。既辨厚誣。宜申明罰。資政殿學士、中大夫知鄆州梁燾。自登禁從。嘗長諫垣。議論無補於朝廷。毀譽悉符於朋黨。倡道羣小。依憑所親。巧構邪謀。力圖激怒。掇取疑似之語。指爲呪詛之端。首陽采荅。嗟讒言之可畏。南山種豆。迹冤狀之甚明。使顧命之元臣。卒殞身於窮裔。重罔慈闈之聽。有傷初政之仁。且彼未嘗矜定策之功。而爾無故起貪天之謗。刻意不容之若此。處心積累之謂何。朕弗欲匹夫之向隅。忍聞一門之銜訴。伏闕不已。行路猶傷。汝亦何顏。孽乃自作。聊從譴黜。用示保容。尚其省循。毋重後悔。可落資政殿學士。降授左中散大夫知鄂州。

宋大詔令集卷第二百七

政事六十

貶責五

劉安世落職降官知南安軍吳安詩降官落職監光州鹽酒稅務制 紹聖元年六月乙酉

左承議郎、充寶文閣待制知成德軍劉安世、左朝奉大夫、直集賢院、管勾西京嵩山崇福宮吳安詩。朕昔侍慈闈。日聞聖訓。虛懷兼聽。惟言路是優。推心不疑。惟柄臣是信。爾惟與堯俞巖叟光庭等皆由權貴親黨。躐取朝廷要官。未嘗一言。稍近忠厚。肆依羣枉。圖復怨仇。揣度事機。謂可施於欺罔。構造險語。遂密行於中傷。鼓倡矛戟之言。傅會棘藩之譖。論奏則合辭營惑。進對則固請誅夷。乃致無辜。寘于死地。自謂得計。兢進華途。逮于親政之初。悼厥銜冤之久。翊叫閽之屢訴。洎彈章之繼聞。灼見厚誣。爲之傷惻。罪成爾手。雖當日之足矜。戚寔自詒。豈茲時之可貸。尚從薄責。往服寬恩。宜務省循。毋重來悔。安世可落寶文閣待制。降授左奉議郎知南安軍。安詩可落直集賢院。降授左朝奉大夫監光州鹽酒稅。

韓川孫升落職川知坊州升知房州制 同上

左朝請郎充龍圖閣待制知虢州韓川。左朝散郎充集賢院學士權知應天府孫升。朕觀自古姦邪用事。每憚正士。謀去正士。必藉陰險鷙悍之徒。爲之窺伺。以害不附己者。隱毒竊發。其傷寔多。前大臣光、公著乘朕不言。引巖叟光庭等欺罔簾帷。大防摯又用安世川升等。以善其後。皆以凡才冒處禁署。妄矜小智。詆誣先烈。十年之間。同惡相濟。豈以朕爲終不足以察爾邪。嗚呼。不忠甚矣。今首惡就斥。川升何逃。尙竊榮秩。曷慰公論。未即竄投。姑爾含貸。川可特落龍圖閣待制。依前左朝請郎知坊州。升可落集賢院學士。依前左朝散郎知房州。

趙冲降官監當制 檢會常立元祐中供納實錄院文字、其間門人趙冲敍常秩事跡、內有不遜辭語、三省同奉聖旨、常立罷諸王府侍講、追罷所借轉通直郎、依舊鄆州觀察支使、添差監永州在城酒務、仍放謝辭、候任滿罷、更不差人、奉議郎知河南府登封縣趙冲、可特降授宣德郎、就差監道州茶鹽酒稅務、升斗地基等場。

敕趙冲。造言之刑。見於周官。訕上之惡。聖人所惡。爾爲秩紀事。欲以傳信。而措爲無實之論。希合背公之黨。詞多悖慢。意在詆誣。秩子以同惡相濟。原情定罪。誅有餘責。降秩司榷。黜之遠方。是謂寬恩。無忘自訟。可。

范純仁降官制 紹聖元年七月丁巳

勅、徇公背私。所宜盡節。附下罔上。何以爲忠。爾比以世臣。擢預樞省。曾未積歲。遂登宰司。賴其悉心。輔我初政。方光、公著、大防等先後用事。汝則朋比居中。傅會姦謀。變亂先烈。首議棄地。貽患邊防。輕負累朝之恩。曲成私黨之意。自陷姦慝。屢致羣言。深爲涵容。久屈彞典。聊從薄責。無怠省循。可降授通議大夫。依前觀文殿大學士。知潁昌府。

王古落職制 三省同奉聖旨、王古落待制、依前官知袁州、替鄭民瞻、候替人到交割訖、依前發來赴闕、其已差下杜炎、令吏部依元到部年月日名次、別與合入差遣。

勅。侍從之官。朕所加禮。義有可黜。亦不汝私。朝請郎充寶文閣待制知廣州王古。外邀靜重之名。陰懷向背之計。曩使淮許。事狀具存。指平歲爲凶荒。以齊民爲餓殍。妄散邦物。希合權臣。朕姑務矜容。置而不問。貶之嶺服。冀能改圖。而兩閱謝章。公肆妄誕。締交合黨。則餘力不遺於私門。稱德歸恩。則一言不及於公上。爲臣若此。且安用之。褫職近班。黜守一郡。俾其自訟。務補厥愆。可落職知袁州。

張巽降官鄧州都監制

勅。落省副使張巽。爾父茂則。嚮者幸時變故。包藏異心。援引姦凶。表裏倡和。已復追貶。稍正典刑。爾憑籍世資。躐遷官次。聊從降秩。尚體寬恩。可特改授皇城副使。添差鄧州都監。任滿更不差人。仍放謝辭。

楊畏等降官制 勅楊畏等、先勘翟庠爲失勘施行不合併支夷人回賜錢、并范純禮等定奪不當、各特降一官、罰銅二十斤、奉勅依下項、楊畏祝庶並降承議郎、范純禮劉賚並降朝請郎、許大希降朝散郎、崔直躬特服人張克恂並降宣德郎、李純繹進一官、勒停仍展三期敘。

勅。爾等。傜蠻貢賜。舊著明文。吏緣爲姦。盜費庫物。外臺舉發。案牘已明。爾等職在詳刑。而觀望附會。故縱有罪。覆陷無辜。積年稱冤。乃今獲雪。理當重黜。以警官邪。特以更恩。聊加薄責。降秩一等。少示創懲。可。

范祖禹趙彥若散官安置制 紹聖元年十一月甲午

朕以眇末。紹承聖緒。大懼不能發揚先帝成功盛德。曩詔儒學之臣。論次大典。於以章示至公。傳信萬世。明明在上。其可厚誣。龍圖閣直學士、左朝奉大夫、提舉亳州明道宮范祖禹。翰林侍讀學士、中大夫、提舉兗州仙源縣景靈宮太極觀趙彥若。名列從官。職在太史。罔念朝廷之屬任。專懷朋黨之私恩。依憑國書。疵詆先烈。變亂事寔。輕狥愛憎。奏篇累年。公罔朕聽。逮究厥寔。語多無從。覽之矍然。靡自皇處。得罪宗廟。朕何敢容。古有常刑。宜即誅殛。尚茲屈法。聊示竄投。服我寬恩。無忘自訟。祖禹可責授武安軍節度副使。永州安置。彥若可責授安遠軍節度副使。澧州安置。

黃庭堅涪州別駕黔州安置制 紹聖元年十一月甲午

左朝奉郎、充集賢校理、管勾亳州明道宮黃庭堅。爾擢於諸生。使預著作。罔念朝廷之屬任。專懷朋黨之私恩。依憑國書。疵詆先烈。變亂事寔。輕狥愛憎。古有常刑。宜即誅殛。尚茲屈法。聊示竄投。服我寬恩。無忘自訟。可責授涪州別駕。黔州安置。

陸佃落職知河陽制 紹聖二年二月庚午

朕以先帝休德鴻業當具載信史以光昭無窮。故擇儒臣。委其譔次。仍俾宰弼總司厥官。而不逞懷邪。恣爲誣毁。屬頗懲其太甚。顧多失於從寬。丁憂人前左朝請郎充龍圖閣待制陸佃。嚮由諸生。致身禁從。擢預史事。多歷歲時。俯仰順從。媕阿泯默。曲狥羣姦之意。苟幸一身之安。謂爾有所建明。固未嘗爭論而去。謂爾固爲譏訕。則於今其藁不存。進退之間。風節無取。雖言章沓至。衆弗汝容。然罪疑惟輕。古有成訓。姑褫延閣。用厥師言。勉自省循。以稱矜貸。可落龍圖閣待制。依前左朝請郎知河陽。

呂大防降官安州居住制 紹聖二年二月庚午

朕恭惟先皇帝一朝大典。萬世信書。爰命相臣專董其事。宜率厥屬。協于至公。自干典刑。朕安敢貸。降授通議大夫祕書監分司南京呂大防。遭遇特達。更踐高華。憑據宰司。輕視天下。總領論譔。旣公肆於誕謾。用意詆欺。復手加於筆削。移過君父。虛美故臣。肆爾朋邪。罔上之姦。拂朕追孝述先之志。昔馬遷良史。猶號謗書。會昌權臣。擅改寔錄。敢爲訕讟。曾靡顧嫌。歷考舊聞。無甚玆日。矧以躐遷賞典。自處泰然。怵利怙權。前無故事。屈用惟輕之典。止還冒進之官。物議弗堪。彈章交至。再削文階之次。仍聯分務之名。易自郢邦。處之安陸。申儆凡百。宜體朕懷。可特降授中大夫、守光祿卿分司南京、安州居住。

曾肇降修撰知滁州制 同上

罪疑惟輕。古有成訓。罰未稱罪。人其謂何。左朝奉大夫充寶文閣待制新差知滁州曾肇。早列史官。職司大典。久於譔述。多歷歲時。偶未終篇。因屬補外。比加核寔。灼見姦誣。雖爾於今。其藁不存。顧昔未嘗爭論而去。乃付支郡。未厭公言。謂爾非特無所建明。顧亦稍預筆削。宜黜從官之籍。尙聯書殿之名。服我寬恩。勿忘循省。可落寶文殿待制。特授依前左朝奉大夫、充集賢殿修撰知滁州。

常安民送部與監當制 紹聖二年九月壬戌

監察御史常安民立心凶險。處性頗邪。荐致人言。姦狀甚著。俾之要路。誠非所宜。可罷監察御史。送吏部與監當差遣。

再責范祖禹劉安世詔 紹聖三年八月庚辰

責授武安軍節度副使永州安置范祖禹、責授奉議郎、試少府少監分司南京、南安軍居住劉安世。在元祐中。構造誣謗。靡所不至。迹其用心。宜加誅殛。聊從遠竄。以示寬恩。范祖禹特責授昭州別駕賀州安置。劉安世特責授新州別駕英州安置。

呂大防責散官安置制 紹聖四年二月癸未

朋姦擅國。責有餘辜。造訕欺天。理不可赦。其加顯黜。以正明刑。降授中大夫、守光祿卿分司南京、安州居住呂大防。資性冥頑。心術狠戾。背天地之恩於先帝。廢君臣之禮於朕躬。冒登冢司。竊弄威柄。列布私黨。兢分權要。假借誣辭。以變更良法。網羅空語。以增飾謗書。乃至擠陷舊勳。棄捐邊要。內結近習。陰懷異心。外連羣凶。力捍新政。罪寔同於元惡。法當置於嚴誅。而事久益彰。罰輕未稱。朕追念前烈。究觀衆言。義不敢私。恩難獨貸。貶從散秩。投畀遐方。懲誤國不道之愆。爲垂世無窮之戒。尚思循省。勿重悔尤。可責授舒州團練使。循州安置。

宋大詔令集卷第二百八

政事六十一

貶責六

劉摯散官新州安置制 紹聖四年二月癸未

訕上之姦。衆所共棄。刑故之義。朕何敢私。降授左朝議大夫、試光祿卿分司南京、蘄州居住劉摯。趨操回邪。性資險詖。嚮由言路。力附黨魁。倡和姦謀。毀瀆先烈。視朝廷爲虛器。以君父爲深仇。成法舊章。肆意變亂。不踰數載。竊據宰司。益引凶人。布滿要路。根據盛大。壞主圖私。嚮以積惡貫盈。雖從竄斥。而責輕罪重。公論未平。宜降散官。投之四裔。勉思惕厲。體我寬恩。可責授鼎州團練副使、新州安置。

蘇轍散官安置制 同上

朋姦擅國。責有餘辜。造訕欺天。理不可赦。其加顯黜。以正明刑。降授左朝議大夫、試少府監分司南京、筠州居住蘇轍。操傾側孽臣之心。挾縱橫策士之計。始與兄軾肆爲抵巇。晚同相光協濟險惡。搆無根之辭而欺世。聚不逞之黨以蔽朝。謂邪說爲讜言。指善政爲苛法。矯誣太后。愚弄沖人。助成姦謀。交毀先烈。發怨懟於君臣之際。亡忌憚於父子之間。陰懷動搖。公肆排訐。粤予親政。尙爾撓權。持罔上之素心。爲怙終之私計。罪同首惡。法在嚴誅。而事久益彰。罰輕未稱。朕顧瞻嚴廟。跂念裕陵。義不敢私。恩難從貸。黜居散秩。投置遐陬。非徒今日知馭衆之威。亦使後世識爲臣之義。勉思寬憲。務蓋往愆。可責授化州別駕、雷州安置。

梁燾安置制 同上

誣君欺天。罪孰與大。背公死黨。法所必誅。降授左中散大夫、守少府監分司南京、鄂州居住梁燾。嚮附凶渠。擢在諫議。陰與子壻。搆造邪謀。詆誣先朝。擠陷舊弼。毀棄成法。薦引羣凶。躐居丞轄之司。共成根柢之勢。雖圖薄責。未稱明刑。授以散官。投之遠裔。往其惕厲。服我寬恩。可責授雷州別駕、化州安置。

范純仁責散官安置制 同上

附下罔上。國有常刑。定罪原情。人無異罰。其申邦憲。以警官邪。降授通議大夫知隨州范純仁。立異以邀名。匿情而趨利。習用小夫之私智。專爲流俗之原人。始議親稱。則搆誣於英祖。晩言變法。則歸過於先朝。欺君以助邪謀。弃地以開邊隙。陰連羣枉。協濟凶渠。蹤處要權。盜持威柄。附會一意。挾持兩端。迄用攀援。遂尸宰輔。乃復肆言慢上。煽衆朋姦。忘未正之典刑。沮已行之命令。僅從薄譴。久逭嚴誅。苟其獲免於終身。何以示懲於後世。寘之遠服。授以散官。尙體寬恩。益思自訟。可責授武安軍節度副使。永州安置。已令所在差職官或監當官一員伴送前去。經過州軍交替。仍仰所差官、常切照管。不得別致疏虞。

劉奉世分司居住制 同上

親上尊君。人臣之義。懷諼迷國。罰其可逃。端明殿學士、中大夫知成都府劉奉世。曩由小官。附會姦黨。密布心腹。蹤據要途。居職則有蠹國辱命之差。奏疏則爲藏姦苟免之計。凶險憸狡。莫汝與儕。有司失刑。衆論未允。宜褫近職。分務別都。聊示創懲。毋重尤悔。可落端明殿學士。依前中大夫、行光祿少卿分司南京。郴州居住。

韓維落職降官制 同上

附下罔上。國有常刑。定罪原情。人無異罰。其申邦憲。以警官邪。資政殿學士、太子少傅致仕韓維。挾僞以干名。抱虛而取進。狥俗之意。愚不可移。朋姦之心。老莫能革。爰自初政。寔登近司。首贊邪謀。厚誣先烈。以抑兼幷爲繁禁。以振貧阨爲利心。恣引親私。助成姦慝。遽因賜玦。遂逼掛冠。退有餘辜。罰難幸免。雖比從於薄責。寔久拂於公言。褫祕殿之崇資。裁文階之峻品。尙仍顯秩。俾即故居。益體寬矜。勿忘循省。可落資政殿學士。特降授左朝議大夫致仕。

王覿落職分司居住制 紹聖四年二月癸未

背公營私。罪在不赦。附下罔上。罰其可逃。寶文閣直學士朝散郎知河陽府王覿。資賦險回。善於原俗。附會姦黨。毀刺先朝。挾衆連章。取必君上。變亂法度。擠陷善良。章疏具存。罪狀甚著。失刑之久。衆論不平。未寘深刑。聊褫近職。仍從分務。尙體寬恩。可落寶文閣直學士。依前朝散郎、守少府少監分司南京。通州居住。

韓川等分司居住制 同上

朝請郎新差知郢州韓川、朝散郎新差知道州孫升、朝散大夫監潭州衡山南嶽廟呂陶。頃者大姦舊惡。相繼擅朝。而爾挾忿狥私。爲之死黨。竊據要路。肆言先朝。造訕興讒。無所忌憚。巧詆法度。以遂更變之謀。歷排忠良。以虛顧託之任。分權立黨。協濟凶邪。自求直名。歸怨公上。積心至此。議罪謂何。嚮務矜容。止從降黜。僉言久鬱。夙負愈彰。既未足慰在天之靈。又莫能爲垂世之戒。俾分留務。仍處善邦。往服寬恩。勿貽後悔。川可依前官尙書屯田員外郎分司南京隨州居住。升可授依前尚書水部員外郎分司南京峽州居住。陶可授依前官尚書庫部員外郎分司南京衡州居住。

王存轉右正議大夫致仕制 紹聖四年二月丙辰

執政舊臣告老謝事者。恩典禮數雖有故常。而隨事重輕。容或有異。資政殿學士、大中大夫、提舉江寧府崇禧觀王存。曩由才望。被眷先朝。而元祐之初論事附會。朕惟優禮舊輔。不汝疵瑕。躐進崇階。聽其居里。爾尚體朕終始恩遇。思所以爲報之義。可特授右正議大夫。依前充資政殿學士致仕。其蔭補恩澤幷陳乞恩例。各只與一名。

呂公著追貶散官制 紹聖四年二月丙辰

爲臣不忠。罪不可赦。居下訕上。誅及其朋。矧惟凶慝之尤。當明身沒之戒。故司空、同平章軍國事呂公著。資賦陰險。世濟姦回。盜竊虛名。昧冒休寵。擢贊樞府。寔自先朝。迨予纂承。躐持宰柄。而乃協濟元惡。爲之主謀。力引羣邪。布列庶位。謗讟前烈。變亂舊章。厥罪貫盈。已死難置。宜從追貶。易以散官。雖竄殛不及其生。而懲創可垂於後。是維公議。用告幽明。可特追貶建武軍節度副使。

司馬光追貶散官制 紹聖四年二月戊午

不道之誅。莫先訕上。無君之惡。尤在擅朝。罰不及身。死有餘責。宜加追貶。用示創懲。故正議大夫、守尚書、左僕射、兼門下侍郎司馬光。資詭激之行。以盜虛聲。挾矯誣之言。以惑愚衆。逮事昭考。旣躋顯塗。尚何怨仇。乃積忿毒。粤朕初政。肆其宿姦。陰結中人。驟竊宰柄。倡率不逞。詆訾先朝。援引羣凶。變更良法。潛懷睥睨之邪計。欲快傾搖之二心。長惡弗悛。餘殃自及。而位存公相。澤被子孫。使其冒國家之繆恩。何以爲臣子之大戒。雖逃顯戮。當置散員。改命九原。正名萬世。庶幾幽顯。知有典刑。可特追貶清海軍節度副使。

王巖叟追貶雷州別駕制

誤朝之慝。力引羣姦。附下之誅。宜加首惡。生逃顯戮。死有餘辜。典刑所存。朕不敢赦。端明殿學士、左朝奉郎王巖叟。資憸巧之智。而濟以敢爲。挾凶邪之權。而爲之死黨。厚誣先帝。愚弄朕躬。力贊邪謀。陰懷異志。凶德參會。憸言肆行。廢法度於已孚。擠勳勞於必死。罪惡暴著。鬼得而誅。雖嘗示於小懲。顧未協於公議。貶從散秩。追正明刑。非獨致朝廷之公。將永爲臣子之誡。可特追貶雷州別駕。

范純禮趙君錫馬默落職居住制

爲臣之義。戒在朋姦。干國之刑。理難縱罪。左朝議大夫、充天章閣待制、提舉亳州明道宮范純禮。朝請大夫、充天章閣待制、提舉亳州明道宮趙君錫。朝請大夫、充寶文閣待制、提舉南京鴻慶宮馬默。頃在初政。嘗躋近班。懷藉勢乘權之心。起背公死黨之計。傅會邪說。專爲悅諛。挾持險謀。共濟凶惡。夙負欺君之責。久逃附下之誅。無以昭姦。公論甚鬱。宜從降黜。用示創懲。益體寬矜。勉思飭勵。純禮可落天章閣待制。依前管勾亳州明道宮。蔡州居住。君錫可落天章閣待制。依前管勾亳州明道宮。本處居住。默可落寶文閣待制。依前管勾南京鴻慶宮。單州居住。

顧臨落職居住制 同上

明罰勅法者。人君之要務。附下罔上者。人臣之大刑。苟公論之未平。宜明罰之申用。朝散大夫、天章閣待制、知歙州顧臨。附會凶黨。力被薦論。屬緣洞察於姦謀。不使超躋於近列。迨司留鑰。復結罪閽。雖因人言。嘗從貶秩。責輕罪重。衆不謂宜。聊褫延閣之名。尚假祠宮之任。益思補報。體我寬恩。可落天章閣待制。依前官管勾洪州玉隆觀。饒州居住。

范純粹落職居住制 同上

附下之姦。爲衆所惡。刑故之義。乃邦之常。公論弗容。朕何敢赦。降授朝散郎、充寶文閣待制、知滑州范純粹。傾邪險詖。出於天資。反覆導諛。忘其父志。兄弟倡和。協助姦凶。變先朝拓土之功。成一時蹙國之議。嚮從薄責。聊示小懲。承乏邊州。旋復舊職。失刑既久。公論未平。宜褫延閣之名。尚假祠觀之任。體予寬貸。益務自新。可落寶文閣待制。依前官管勾江州太平觀。均州居住。

孔武仲落職居住制 同上

害正趨邪。衆所共惡。交私合黨。罰可不懲。朝散郎、充寶文閣待制、知宣州孔武仲。頃由遠官。召置臺閣。附會姦黨。躐處要班。逮予親政之初。敢爲怙終之計。失刑既久。衆論未平。宜褫延閣之名。假以祠觀之任。尚其惕厲。服我寬恩。可特落寶文閣待制。依前官管勾洪州玉隆觀。池州居住。

王汾落職依前官致仕制 同上

循分守常。爲臣之義。抵巇射利。罰無可逃。中大夫、充寶文閣待制、致仕王汾。早以凡才。濫居儒館。元祐之際。附會詆欺。衆論諠聞。罪狀明白。有司失按。衆論未平。宜褫延閣之名。俾仍居里之逸。其益循省。服我寬恩。可落寶文閣待制。依前官致仕。

王欽臣落職居住張耒落職監當制 同上

朝請郎、充集賢殿修撰、知饒州王欽臣。承議郎、直龍圖閣、管勾亳州明道宮張耒。爲臣之義。戒在朋邪。干國之刑。理難縱罪。爾因緣姦黨。躐處要班。挾持詭謀。鼓煽凶燄。夙負欺君之責。久逃附下之誅。無以昭姦。公論猶鬱。宜從降黜。用示創懲。益體寬矜。勉思飭勵。欽臣可落集賢殿修撰。依前官管勾江州太平觀。信州居住。耒可落直龍圖閣。依前官添差監黃州酒稅。

呂希哲呂希純呂希績分司居住制 同上

朝奉大夫、權知太平州呂希哲。朝奉大夫、知歸州呂希純。朝請大夫、管勾亳州明道宮呂希績。爾父公著。當元祐初。竊據宰司。毀黷先烈。變亂法度。罪惡貫盈。而爾等方其父時。則假國威靈。爲己門閥。及大防用事。則密投凶黨。賣鬻利權。並以庸材。因致美官。最後希純竊掌詞命。公肆欺誣。每虞正路之開通。務在多方而塗塞。宜悉從於貶秩。或仍俾於分司。庶無輕重失當之刑。及夫幸免失刑之士。希哲可特降授朝奉郎、尚書虞部員外郎分司南京和州居住。希純可降授朝奉郎、尚書屯田員外郎分司南京金州居住。希績可降授朝請郎差遣依舊光州居住。

姚勔分司居住制 同上

奉議郎、管勾杭州洞霄宮姚勔嚮附凶邪。爲出死力。沮害良善。助成姦謀。雖示小懲。未厭公論。宜從分務。聊稱明刑。益自省循。服我寬貸。可依前官守尚書水部員外郎分司南京衢州居住。

吳安詩散官安置制 同上

降授朝請郎、均州酒稅吳安世。頃者羣凶聚慝。繼踵擅朝。爾以邪朋。竊處諫列。鼓扇凶燄。傅會邪謀。逞宿憾以擠勞舊之臣。搆險語以叶傾搖之議。遂以牆面。濫侍經筵。超躐等夷。根據要路。暨予親政。復爾怙終。代行訓辭。借譽姦黨。雖嘗加於薄責。猶未正於嚴誅。黜副州團。置諸遠服。益思自訟。無重後釁。可責授濮州團練副使連州安置。

晁補之落校理監當制 同上

承議郎、充祕閣校理通判亳州晁補之。爾嚮以憸邪之資。力附姦惡之黨。表裏倡和。阿附道諛。特見稱於凶人。遂竊處於清貫。失刑既久。衆論未平。聊褫職名。俾司筦榷。尙其惕厲。服我寬恩。可落祕閣校理依前官添差監處州鹽酒稅務。

文彥博降太子少保致仕制 紹聖四年二月甲申

行訕上之逆者不赦。挾無君之心者必誅。邦有常刑。人難異罰。河東節度管內觀察處置等使、太師、開府儀同三司、太原尹致仕、上柱國、潞國公文彥博。色厲而荏。行僞而堅。備公師於三朝。更將相者四紀。曾靡云報。尙何所仇。敢乘間以抵巇。遂行險以僥倖。頃遭家之不造。謂貴老之可詢。起於閭里退居之中。付以軍國平章之重。忘我大德。肆其忿心。初迷國以懷諼。終朋姦而善背。以理財裕民之政。爲暴刻箕斂之科。以經武斥地之勳。爲寇攘草竊之計。於父子之間而不忌。在君臣之分而敢仇。朕祗若先猷。遹追來孝。永念垂裕流光之烈。悉資除苛解嬈之言。戴天靡容。蹐地太息。有臣若此。於義可乎。既久益彰。欲止不敢。猶以具瞻之故老。假其垂盡之餘齡。止解師垣。仍還將鉞。庶消羣慝。併示至公。於戲。明罰正刑。永爲垂世之誡。彰善癉惡。上慰在天之靈。往祇乃心。無重來悔。可落河東節度管內觀察處置等使、開府儀同三司、太原尹。特降授太子少保致仕。依前潞國公。勳封食邑實封如故。

宋大詔令集卷第二百九

政事六十二

貶責七

韓川孫升散官安置制 紹聖四年閏二月丁亥

朝請郎、尚書屯田員外郎分司南京、隨州居住韓川，朝請郎、尚書水部員外郎分司南京、峽州居住孫升，爾等以顯附姦凶，肆爲譏訕，早負何譴，久稽典刑。嘗考僉言，稍申公憲，而原其心跡，寔厥始終，罪重責輕，無以懲戒。罷分留務，黜置散員，尚愼乃心，益思自訟。川可責授岷州團練副使、道州安置，升可特責授果州練團副使、汀州安置。

韓忠彦降資政殿學士制 紹聖四年閏二月己丑

屈法伸恩，所以國無濫罰；責功捨過，所以人無廢材。觀文殿學士、太中大夫、知定州韓忠彦，進由世臣，擢自先帝，歷躋禁從，久贊事樞。當體前修，以裨初政；而乃助誣民之浮說，行蠹國之非謀。方正典刑，欲均罪罰，朕追奕世勳勞之舊，念累朝眷遇之隆，難奪公言，稍從薄責。尚申中山之重任，止裁祕殿之崇資，益示矜容，勿怠循省。可依前官降充資政殿學士。

鄭雍落職制 紹聖四年閏二月壬辰

砥節首公，人臣之義；交私害正，罪罰有常。經言既同，朕不敢置。資政殿學士、太中大夫、知大名府鄭雍，頃由附會，得列言官，乘時抵巇，驟至承轄，助成姦慝，無補事功，雖罷政機，尚兼近職。方申明憲，姑示小懲，黜其故官，仍司留鑰。是惟寬假，益務省循。可特落資政殿學士，依前官差遣如故。

安燾落職制 紹聖四年閏二月壬寅

法從貴始，將以正刑；罪與衆均，難於異罰。觀文殿學士、左正議大夫、知鄭州安燾，親逢先帝，歷寘顯塗，職爲近密之官，身在受遺之列。既聞末命，當守初心；而乃持祿保躬，協謀蠹國，依憑姦黨，爲己助留，誣衊勞臣，隨時擠陷，上辜寄託，久負譴呵。向捨往愆，復還近輔，尚敢飾非搆異，撓政狥私，無助修前烈之心，有黨援衆邪之迹。朕明典刑以懲後世，推恩義以待舊人，難抑僉言，稍從薄責，去侍班之峻職，仍輔郡之善藩。益思省循，勿重尤悔。可特落觀文殿學士。依前官差遣如故。

葉濤罷中書舍人依前官知光州制

朕於庶言。惟正之聽。苟懷險詖。難廢典刑。奉議郎、試中書舍人、同脩國史葉濤。屬自小官。擢掌誥命。而乃附下罔上。背公立私。陰懷姦黨之恩。嘗爲害正之計。力沮已行之誥命。飾以游詞。欲收異意之小人。翕然歸己。無所忌憚。肆其悍凶。議罰論心。宜加重黜。祇從罷職。仍俾分符。尙體寬恩。毋忘循省。可特罷中書舍人。依前官知光州。

王珪追貶萬安軍司戶參軍制 紹聖四年四月丁未

臣無貳志。戒在懷姦。國有常刑。議難逃罪。其中後罰。以正往愆。故金紫光祿大夫、守尙書左僕射、兼門下侍郎、贈太師王珪。竊文華之上爵。躬柔險之詖行。馴致顯位。遂居冢司。先帝優容臣鄰。務盡禮節。掩覆瑕慝。多歷歲時。邱山之恩。毫髮未報。屬在彌留之際。是謂憂疑之時。欲豫安於人心。當蚤正於國本。矧復昭考與子之意。素以著明。太母愛孫之慈。初無間隙。而乃妄懷窺度。專務媕阿。指朝廷爲他家。用社稷爲私計。同列誚詰。久無定言。陰持兩端。不顧大義。僅免生前之顯戮。更叨身後之餘榮。公議勿容。舊疏具在。返覆參驗。心跡較然。使其免惡於一時。難以示懲於萬世。貶從散秩。追正誤恩。庶令官邪。咸知警憲。可特追貶萬安軍司戶參軍。

范純粹落待制降一官直龍圖閣知延安府制

具官某。惟先皇帝運神武之智。選將蒐卒。以經理疆事。頗復漢唐之故壤。使環邊之民。奠枕內地。其惠澤茂矣。屬者或首爲棄地之請。而邊將雷同隨聲。是非益啓敵心。貪冒不已。此而不懲。何以正法。爾純粹昔荷厚恩。驟膺閫寄。數陳邊事。每見推稱。而嘗輒誕謾。刻章具在。阿於所附。首尾異同。煩言其興。衆不可蓋。然朕方待物以恕。庶幾覆過以功。褫職免官。聊示薄責。尙聯禁閣。還帥舊藩。爾其夙夜洗心。永悼厥咎。勉圖來效。以稱異恩。可。

修撰唐義問責授團副舒州安置制

具官唐義問。慶賞刑威。以馭功罪。要在當理。朕不敢私。爾才無他長。每懷觀望。阿附時議。請棄渠陽。生事蠻傜。專領措置。無復策畫。惟肆誕謾。公檄私書。明譽將佐。陽爲聚犒之狀。致錮自歸之心。俾於中宵。潛師逃遁。委棄儲械。陷沒居民。兵夫奔馳。類遭屠害。猶復具奏。悉曰無傷。竊賞冒官。自謂得計。言章交上。按劾具明。黜副州團。尙從寬典。其務循省。無重悔尤。可。

李清臣落職制 元符元年七月己巳

朕惟賞罰之公。以信天下。顧雖貴近。朕所不私。資政殿大學士、右正議大夫、知河南府李清臣。頃在西省。寔預政機。宰臣蔡確。以忠貶死。朕每哀焉。其母嘗具元祐大臣姦逆之謀。叩閽奏陳。副上公府。爾爲國腹心。義當憤疾。而乃緘閉不以上聞。屢致人言。罪奚可逭。姑奪近職。尙俾居留。往體寬恩。勿忘循省。可特落資政殿大學士章惇、安燾、鄭雍並特放罪。

黃隱散官安置制 元符二年四月甲午

朝奉郎、水部員外郎分司南京、睦州居住黃隱。爾以諸生，常被先帝拔擢。不思圖報厚恩，而待更元祐。託附姦黨，非毀法度。偷合取容，雖分務於別都。未克諧於僉論。黜居散秩，投置遠邦。勿增愆尤，宜重循省。可特責授平江軍司馬，南安軍安置。

陳次升罷職遠州監當制 元符二年五月戊辰

朕因閱元祐臣寮所上章疏，得陳次升任監察御史日一二章奏。觀其微意，極甚姦邪。附會權臣，詆毀先政。如張官置局，許之訴理，其用法過重，事涉冤抑，情可矜恕，皆得伸雪。已而乞放上供封樁錢物，不致過有誅求，而民無騷擾之患之語。朕嘗念容其過，庶使自新。畀以諫職，復敢狃習故態，觀望言事，多不中理。久居其位，殊無小補。可罷職與遠小監當差遣，添差監全州鹽酒稅。

故追貶建武軍節度副使呂公著追貶昌化軍司戶制 紹聖四年二月

勅。量罪加刑，有國常典。為臣背義，雖死必誅。以爾被遇先朝，擢居樞府。迨予纂服，復任宰司。宜竭忠謀，協贊王室。而乃廢體國之大義，忘事君之小心。陰結姦臣，私懷異意。訕謗先烈，變亂舊章。積惡終身，久益暴露。孽寔自作，難幸逃。雖嘗示於小懲，尚未符於衆議。是用追貶嶺表，降秩州掾。庶期幽顯，知有所畏。可追貶昌化軍司戶參軍。

故追貶清海軍節度副使司馬光追貶朱崖軍司戶制 同上

勅。爾以詆誣宗廟，迷誤朝廷。沒有餘辜，死未塞責。久稽罪罰，近正典刑。而隱慝愈彰，公言難掩。嘗與凶黨，寔藏禍心。妄引宣訓，衰亂不道之謀，僭論寶慈聖烈非意之事。興言及此，積慮謂何。雖免嚴誅，載加貶秩。庶幾來世，永有創懲。可追貶朱崖軍司戶參軍。

劉奉世降團副安置制

勅。刑以正罪，責不失宜。既荐至於人言，難獨安於邦憲。中大夫、守光祿卿分司南京、郴州居住劉奉世。回邪險譎，出於天資。傾附老姦，助成大惡。迷國不道，愈久益彰。念嘗備於近司，故未滋於顯黜。憲臣論奏，引義甚明。俾副兵團，少慰公議。勉自循省，毋重悔尤。可責授隰州團練副使，依舊郴州安置。

陝西運使閻令降一官制

勅。朕惟先帝明法慎罰，欽恤庶獄，簡孚閱寔，可謂至公。元祐權臣，置局訴理。陽為釋寬，陰欲斂舉。而汝昔蹈罪戾，宜益循省。乃乘此時，自列無辜。信如所說，政刑謂何。有司以聞，法不可貸。黜官一等，聊示誠懲。朕以仁恕待士大夫，可謂至矣。汝其念之。

朝請郎、知南京邢恕降承議郎、知南安軍制

勑。朕勵精庶政。方以辨白是非。判別忠邪爲首務。士有險薄反覆。詭訐不情。宜寘明刑。用昭公議。以爾頃在先朝。嘗論時政。以直斥去。坐擯累年。與司馬光晚被收擢。遭逢元祐。千載一時。並用忠良。全去弊蠹。指權臣爲德望。譽姦黨爲正人。不辭超擢之名。自任紛更之事。逮予觀政。亟省前言。蒐慝任情。僥倖寵利。希合附會。莫汝甚焉。此而不懲。何以爲誡。黜官三等。往守小邦。尚體寬恩。益自循省。可。

朝散郎守少府監分司南京袁州居住王覿降某州團練副使制

朕惟熙寧元豐之間。法度彰。禮樂著。刑罰輕重有倫有要。元祐置局。以名訴理。凡抵罪戾。一皆釋之。爾蓋爲言官。當以禮義論列其失。乃求益寬期限。云欲銜冤之人。皆得洗雪。覽觀舊章。法不能恕。聊申明罰。俾副州團。益思省循。勿重尤悔。

奉議郎知陝州馬誠降官制

朕念烈考惟刑之恤。法之輕重。顧義所在。未嘗私也。元祐訴理。凡有罪慝。類皆除之。爾乘時抵巇。以爲傅致。鍛鍊以就深刑。此爲何言。敢以聞上。聊奪一官。尚示矜恕。益當循省。以服寬恩。

奉議郎新監衡州酒稅王抗降通直郎添差監潤州織羅務制

爾父以獎激妄人。得罪先朝。爾乃稱冤自列。于時元祐訴理之時。奏章具存。辠不可赦。罷董漕運。出臨榷酤。示爲寬矜。免寘重典。更緣親請。不遠爾行。聊奪一官。益思感勵。

中散大夫知熙州孫路降一官制

勑。安邊以仁義爲本。內有以拊和人民。外有以輯治軍旅。此將帥之臣所宜先也。具位某。久以才選。實踐閫寄。比緣營造。務濟一時。官本僦車。乃出抑配。重困民力。夫豈朕心。姑黜一官。尚責來効。往其循省。毋重悔尤。

趙令𤪌降兩官知廣濟軍制

朕方柄賞罰。以信天下。不敢以私恩而撓公法。雖宗室吾所至厚也。或蹈罪戾。亦不得以私而貸焉。汝擢自先朝。浸更任使。俾長太僕。寔典收租。子姝誕謾。闕心規利。而汝既乖訓導。又失檢防。其用責守軍麾。黜官二等。往其循省。服我寬恩。

孫覽降兩官差遣依舊制

勑。都邑浩穰之地。禁戢姦盜。固不可緩。苟或牧養無術。專爲聲威。立使愚民。斃於捶楚。何以副朕慈惠愛人之仁乎。朝請大夫、寶文閣待制、知河南府孫覽。比繇材選。起自貶中。居守洛師。任屬甚重。爲政當使嚴而不殘。迺峻鞭笞。輕視人命。雖志在疾惡。欲示誡懲。然使民不犯。殆不如此。降秩二等。姑仍舊服。奉德循理。尚收效於將來。可。臣僚上言、知河南府孫覽、今年二月二十六日到任、爲見本府舊多賊盜、意欲嚴行斷絕、每有諸處解賊盜、並當面令兵士三五人拽往、令節級兩人雙行荆棒捶打、少三五十、多百餘、方令押下取勘、自到任至今、諸處解送到爲盜人共一百三十餘人、例被當前捶打、內十名限內身死、三省同奉聖旨孫覽云云。

孫路落職知興國軍制 元符三年正月

敕。青唐致亂。舉國來歸。王贍擣虛。直據巢穴。一失機會。乃貽後艱。寶文閣直學士、左朝議大夫、新差知成都府孫路。總制河湟。身當閫寄。偏裨進退。號令是從。宜張應援之兵。以成破竹之勢。而乃追還士馬。聽用讒言。致生狼子之心。遂肆蜂蠆之毒。跳梁出沒。久未克寧。考按不誣。誰執其咎。宜削西清之職。遠分小壘之符。紬往戒來。以昭邦憲。可。

文及甫落職制 元符三年三月甲申

敕。朝奉郎、直龍圖閣、權發遣陝府文及甫。夫君子於言。蓋無所苟。若進退靡據。何以逃刑。爾服儒衣冠。備位臺省。而指人不順。至形翰墨。使其有實。胡不以聞。無寔而言。何異誣罔。用心若此。忠信何在。論者所以欲正爾之罪。而朕以其數更恩宥。姑示含容。褫職守藩。尚為寬典。往自循省。毋重悔尤。可。

給事中劉拯罷給事中知濠州制 元符三年四月二十三日

彰善癉惡。所以勵俗。舉直錯枉。乃能服民。朕臨政之初。大判淑慝。左右前後。必皆端良。豈容憸人。尚據要近。具官某。識趣凡陋。資稟陰邪。無奉公守誼之心。有朋黨害正之迹。論事觀望。志在阿私。出言險膚。情寔偏係。質之僉議。蔽自朕心。未正典刑。尚分符竹。聊示周行之戒。以沮讒夫之昌。體予寬恩。往自循省。

邢恕落職分司制 元符三年六月丙午

敕。忠邪辨則內外肅。是非公則勸沮行。有國之經。朕何敢廢。朝散郎、充龍圖閣待制、新差知荆南府邢恕。師縱橫之術。倡浮僞之辯。不思守道以來福。惟知行險以僥倖。臧否在口。憎愛由心。敢為虛詞。以誤朝聽。洒者司馬光呂公著。輒詆先烈。輕變舊章。著在訓詞。以正刑典。用此獲罪。不為無名。而爾操心傾危。雅意附會。構為飛語。上累宣仁。既非親聞。且無證左。究其所自。皆出不根。使光公著被凶悖之名。蒙竄殛之罪。欺天誤國。職爾之由。矧爾於彼二人。實門下士。借譽引重。恩誼非輕。一旦翻然。遽為讎敵。擠之下石。孰謂虛言。今朕既申彼之冤。還其爵秩。則爾罪惡。何詞以逃。黜貳尚方。往分留務。不獨示朕辨忠讒公是非之旨。亦使自今傾側反覆之士知所戒焉。朕恩甚寬。爾尚知悔。可特落龍圖閣待制。依前朝散郎、守少府少監、分司西京。均州居住。

宋大詔令集卷第二百十

政事六十三

貶責八

熙河第三將許良肱降官制

敕。西方罷兵。休養士卒。慎固封守。乃吏之宜。爾信縱邊人。侵擾塞外。彼有辭訴。復庇不言。雖更沛恩。罪固難逭。降官一等。聊示小懲。益務省循。無重後悔。可。

安惇落職制 元符三年七月丙戌、臣僚言・前廣東運判鍾正甫・頃在本路・親往新州・追攝前諫官鄒浩・根勘賓客往來饋遺・新州所劾試御史臺羅織之獄・萬里相應・乞令正甫供其所承御史臺文移・如何指揮・本路如何奉行云云・三省同奉聖旨・安惇落職云云・

敕。中憲之任。肅正紀綱。糾繆繩愆。時惟稱職。儻懷阿附。誣陷忠良。國有典刑。罪焉可逭。朝奉大夫、寶文閣待制、知潭州安惇。自吏器使。碌碌苟容。被遇先朝。俾司邦法。不思盡節。期報異恩。遽興羅織之文。搆搢紳之禍。言官得罪。舊無禁約。爾連章窮罪。逮捕無辜。凡所經由。復加推究。若非大沛。枉濫滋多。慘刻若斯。實駭聞聽。夫親戚故舊。急難相賙。人之常理。曾是弗顧。肆爾姦心。朕雖含容。衆不爾貸。特褫近職。尙仍舊藩。益自省循。服我寬典。可。

陳瓘罷司諫添差監揚州糧料院制 元符三年九月辛巳聖旨・承議郎右司諫陳瓘上章・妄言皇太后尙與政事・所論皆虛誕不根・可罷右司諫・依前承議郎添差監揚州糧料院・

敕。諫省之官。以言爲責。達于予聽。當有據依。儻肆誕誣。曷可容貸。爾早有材譽。朕所柬求。不能靖共。以營厥職。輒形剡奏。言涉不根。妄議慈闈。姑從顯黜。往務循省。服我寬恩。可。

章惇責授武昌軍節度副使潭州安置制 元符三年九月己丑

敕。依勢作威。法所不赦。懷諼迷國。罪何可逃。用明去惡之刑。以謹爲臣之戒。具官某。處心忮忍。賦性陰邪。自我先朝。超居上宰。爲之不置次輔。所以責其成功。眷遇之勤。可謂至矣。當思夙夜以盡忠嘉。而乃恣其凶暴之心。靡有弼諧之助。先皇帝天資仁孝。勤儉愛人。每形德音。具見惻怛。及爾輔政。肆行誕謾。凡陳開導之言。無非殺伐之事。陰挾仇怨。妄肆中傷。或稱謀危上躬。或託謗訕宗廟。擯除禁近。視若孤豚。排斥搢紳。棄如斷梗。投之荒裔。肯與生還。存者悉爲囚徒。死者不得歸葬。數更沛宥。莫或敍收。廢格上恩。竊弄威柄。援引姦黨。布滿要途。造作語言。更相倡和。有司觀望。慘刻成風。殺伐無宰。道路以目。乖氣致異。上天降凶。水旱連年。民靡寧止。爾之罪惡。滋以貫盈。自古姦臣。未有爾比。近從薄責。尚守大藩。人言沸騰。交達予聽。國有常典。宜卽嚴誅。尙示寬恩。俾之遠竄。益務循省。無重悔尤。可

龔原罷給事中降兩官知南康軍制 元符三年九月壬辰

勅。給事黃門。駁正違失。朕所委任。固亦不輕。儻懷異心。有害國政。弗加顯黜。何以示公。承議郎、試給事中、兼侍讀龔原。儒學知名。常被識擢。荐以罪廢。多歷歲年。朕初御圖。召自藩服。寘之禁從。仍侍經帷。弗公厥心。妄議政事。爲臣若此。朕何賴焉。降秩守麾。尙爲寬典。往其自省。無重悔尤。可

蔡京落端明殿學士提舉杭州洞霄宮制 元符三年十一月庚午

勅。朕紹庭上下。陟降厥家。小大之臣。咸以公選。端人吉士。寘于周行。衆正之路方開。君子之風寖長。則昔之朋邪害政者。朕將懲焉。具官某。擢自神考。際會泰陵。上緣翰墨之華。起居侍從之首。爲惡直醜正之行。捨奉法首公之(下闕)

呂惠卿落職制

附下罔上。諂動一時。義所當懲。亦難並貸。觀文殿大學士、右銀青光祿大夫、提舉杭州洞霄宮呂惠卿。頃緣舊弼。分任帥權。方干戈未戢之秋。正將士希恩之際。循名責寔。宜盡公心。事君以忠。矧存丕訓。而乃肆形欺誕。敷奏罔功。遂令獎勸之方。悉入僥求之計。開其後悔。咸以情言。旣罪戾之甚明。在典刑而奚逭。姑從褫職。特傅寬科。庶幾臣工。自此知戒。可

謝文瓘降授承議郎依前給事中制 十月壬辰

勅。國家外修鄰壤之好。惟典掌故事是謹。顧雖言語儀物之末。必致明愼。及於吉凶之禮。其可紊乎。以爾輒自從班。往專使事。躬行吊奠。而左右從徒。自有常制。更衣以入。有失舊章。庸正厥愆。薄言示責。可

謝文瓘罷給事中知濮州制

朕責備邇臣。用嚴常憲。聽任必察。黜陟惟公。降授承議郎、試給事中、充實錄修撰謝文瓘。頃以名稱。亟登侍從。而言者以爾反復趨附。惟利之從。考驗甚明。士論喧沸。朕雖置汝。人其舍諸。罷職東臺。一麾出守。往欽成命。毋怠省循。可罷給事中。特授依前官知濮州

曾布落職提舉亳州太清宮太平州居住制 崇寧元年七月丙戌

勅。輔弼之任。職靡容私。賞罰之權。義無縱惡。儻辜寄委。難逭譴訶。觀文殿大學士、左銀青光祿大夫、知潤州曾布。被遇先朝。進參樞筦。逮予纘服。擢貳宰衡。初無純美之誠。以相繼述之志。所好雖儇浮必錄。所惡雖正直弗容。指縱異意之人。幾壞揚功之政。迨其軋已。始務改圖。朕方虛宁仰成。聽其悔過。庶收後効。待以不疑。遂專威禍之權。盡引腹心之黨。勢可炙手。門如沸湯。曾微獻替之忠。屢驗矯誣之迹。至使子壻縱橫市恩。假託姻親。密交婦女。

妄謂朋游之舊。潛通賄賂之私。坐合附下之圖。更起無名之役。苟知護田而障水。弗思蠹國而害民。開力馬河數百里間。費予邦財四十萬計。地變陸海。利入私門。無魯相拔葵之風。有漢臣專利之橫。煩言荐興。按驗不誣。大臣若此。咎將誰執。尙以久從左右。姑務含容。止鐫祕殿之華資。往卽祠宮之休。使盡思內訟。罔蹈後艱。可。

林希降職知揚州制

左右禁近。義當一心。儻或朋姦。朕不敢赦。資政殿學士、通議大夫、知大名府林希。早以才譽。嘗列詞垣。當惇擅朝。曲懷阿附。每形書命。公肆誕誣。掩宜仁聽政之明。蔽永泰知人之鑒。言章亟至。寔駭予聞。事上若斯。有愧朝列。不有降黜。人其謂何。特示寬恩。稍從薄責。尙假維揚之重鎭。止裁祕殿之崇資。往體矜容。無忘循省。可特授前官。降充端明殿學士。知揚州。

林希落職知揚州制

朋姦害政。國有常刑。屈法申恩。士有異論。宜昭典憲。用儆官師。資政殿學士、通議大夫、知大名府林希。假竊王言。醜詆多士。附會宰輔。變亂是非。傳播四方。靡不憤疾。朕眷禮禁近。姑務含容。罪大責輕。衆不汝貸。言章繼至。達予聽聞。謂爾用心。朂爲犯義。宜褫近職。尙領藩符。體我寬恩。益自循省。可特落資政殿學士。依前通議大夫。知揚州。

蔡卞落職提舉杭州洞霄宮太平州居住制

賞罰明則朝廷尊。忠邪辨則遠近肅。懷諼迷國。法所不容。醜正背公。罪焉可貸。資政殿學士、左正議大夫、知江寧府蔡卞。早被識擢。荐歷要途。爰逮先朝。遂與幾政。莫效匪躬之節。惟存罔上之心。援引姦回。竊據要近。己所不喜。指爲姦朋。搆造語言。陷害忠直。擯斥流放。禍及子孫。慘刻之風。寖以成俗。忠厚之政。有愧於時。朕初纘承。姑務含貸。俾分符竹。以便爾私。罪大責輕。難屈公議。特褫近職。仍領眞祠。往其省循。無重悔尤。爾自速戾。匪朕無恩。可特落資政殿學士。依前提舉杭州洞霄宮。太平州居住。

蔡卞降官守少府監分司居住制

王道不平。率由比德。國家之敗。常以官邪。矧身位疑丞。心懷險詖。自干淸議。非朕敢私。左正議大夫、提舉杭州洞霄宮蔡卞。早以時才。亟躋邇列。不能勵行以砥節。專爲醜正以分朋。羽翼腹心。借先烈以籍口。捃摭章奏。竊國命以報仇。娼疾善良。肆加誣衊。盤結根柢。惟務中傷。跡其用意之不臧。皆非先帝之本旨。姑從薄責。俾領祠宮。公論沸騰。典刑安在。貶秩數等。分務別都。服我寬恩。無重尤悔。可特授中大夫、守少府監、分司南京。池州居住。

曾布廣州司戶制

宰相之任。所以儀刑百辟。表正風俗。苟或自迪匪彝。邇貨遠義。挾私渝愛。害于政事。責成之旨。不亦悖乎。責授賀州別駕、衡州安置曾布。久秉樞機。進宅端揆。陰縱諸子。交通賂遺。流言沸騰。彈章交上。疑駭朕聽。嘗試辨之。簡孚靡竟。狼籍斯得。覽牘憮然。重竄荒裔。薄示褫削。尚安故居。愈其省循。服我寬宥。可特責授廣州司戶參軍。員外置。依舊衡州安置。

李昭玘特降一官罷起居舍人與外任差遣韓粹彥降一官容霖降兩官制

勅。具官某等。朕惟虞主之設。所以迎奉欽聖憲肅皇太后之神。以嚴祭享而致孝思者也。爾等既聯厥事。乃忘敬恭。授受之時。曾不省察。閱寔來上。爾罪甚明。先後重輕。隨以降秩。往其惕厲。服我寬恩。可。

率府率添差監隨州酒稅王厚責授賀州別駕郴州安置制

勅。具官某。朕惟祖宗以來。仁覆天下。固無此疆爾界之別。間或興師問罪。亦以義濟仁而已。非造兵而嗜殺也。爾以選拔爲將。曾不是思。而乃深入青唐。肆蹂族部。私其寶貨。禍及無辜。怨結人心。動傷和氣。按章來上。深駭予衷。儻不明正典刑。何以厭塞公議。黜居散秩。竄隸遠邦。尚體寬恩。勿忘循省。可。

張商英降知蘄州制

朕惟古者君臣之義。咸有一德。克享天心。則懷貳以事上者。不容於先王之時。通議大夫新差知亳州張商英。遭遇神考。寖階清華。適當紛更。遽易操守。作爲詞翰。輒肆詆誣。乃朋元祐之姦。類出訕上之語。比加薄責。未厭公言。易守偏州。庶知自訟。祇寬服典。無重悔尤。可特授依前官知蘄州。

李南公落職制

朕惟哲宗皇帝。紹休繼體。臨制萬方。十有五年。德澤深厚。登祔廟室。詔祝妥靈。宜致隆高。以嚴歲祀。而有司失事。彝制或愆。棄禮慢神。朕何敢恕。龍圖閣直學士、降授朝散大夫、提舉西京嵩山崇福宮李南公。被遇泰陵。擢參法從。崇資要秩。出入顯榮。逮啓堂筵。實專修奉。而滅于憲度。鼎俎弗容。無復建明。職爲觀望。背恩阿勢。既久乃彰。姑褫直於河圖。尚卽安於閭里。體予優假。無怠省循。可特落龍圖閣直學士。依前降授朝散大夫致仕。

王襄降官制

懷諼引類。當寘嚴科。貪寵傷廉。尚循曲學。究觀罪戾。亟正典刑。中大夫、提舉西京嵩山崇福宮王襄。稟權譎之資。挾怪迂之術。內朝薦士。潛推方伎之流。廣坐延賓。顯鼓陰陽之說。頃從罷斥。宜務靖共。輒叩安庸。猥圖召擢。致誦言之可畏。始劾奏而上聞。連逮獄辭。震驚物論。爰及按兵之將。併彰受謁之辜。有玷蕃宣。何施顏面。朕方明罰勑法。惡術數之惑民。爾寔廢人。談天。衒姦邪而抵禁。褫官二等。垂戒百工。尚體寬矜。勿忘省循。可特降中散大夫差遣如故。

蔡肇落職宮祠制

珥筆近班。剖符名郡。苟虧端慎。曷副倚毗。朝請郎、充顯謨閣待制知明州蔡肇。賦性傾邪。持心輕傲。蚤入眞儒之室。蔚有虛名。晚登姦黨之門。肆聞醜語頃從湔洗。驟涉禁嚴。顯結凶渠。陰搖善政。懷諼觀望。敢形頗僻之詞。列職淸華。猥玷承宣之寄。載披彈疏。灼見禍心。鐫待制之寵名。俾省愆於直館向思寬貸。毋重過尤。可特授依前官落顯謨閣待制。提舉杭州洞霄宮

曾孝序落職知袁州制

職聯禁近。當知事上之忠。任重藩垣。盍識尊君之義。朝議大夫、充顯謨閣待制、知潭州曾孝序。頃分符竹。宜守詔條。內撫兵屯。寔專於師帥。外招徭洞必稟於朝廷。儻號令之妄行。顧威權而何在。鐫寵名於內閣。假事任於偏州。服我寬恩。勉旃自訟。可特授依前官落顯謨閣待制知袁州

穆京散官安置制

中奉大夫、提舉華州雲臺觀穆京。厲世之風。莫先於廉恥。事君之義。尤戒於誕謾。爾頃以庸才。超居大匠。餽馬武夫之子。陰許薦論。售金屬吏之家。虛張勝契。逮從罷免。曾蔑省循。挾詐叫閽。包羞對獄。究觀情狀。灼見姦汚。聯侍從而列藩垣。朕之待爾者固常厚矣。徇貪婪而肆欺罔。爾之事朕者寧不愧乎。宜寘散員。姑投善地。勉思寬假。毋重過尤。可特責授唐州團練副使。隨州安置

周彥質落職制

奉議郎、直祕閣周彥質。爾備員漕臣。初乏心計。玩習詔令。視爲虛文。宿逋所償。獨後諸路。究觀曠慢。宜示痛懲。鐫職褫官。遠投筦庫。毋忘惕勵。以贖往愆。可特降授宣德郎。落直祕閣。

孫義叟降官制

承議郎、守尚書刑部員外郎孫義叟。頃膺郡寄。當撫兵屯。迺強糴以擄斂。仍取償於煮井。既虧國體。尋致人言。宜貶秩以示懲。其洗心而思咎。可特降授奉議郎、守尚書刑部員外郎。

許光凝降官制

剖符治郡。職在承宣。曳組牧民。義當撫鎭。朝奉大夫、降充顯謨閣待制、知河陽府許光凝。頃緣法從。出守使藩。偶大弊之更張。方小民之扇惑。詔條具在。有味推行。剽敓交興。初無彈壓。茲原情而定罪。特貶秩以示懲。尙體矜寬。勿忘循省。可特授朝請郎。依前降充顯謨閣待制。差遣如故。

路瑗罷少卿制

朝奉郎、守衞尉少卿路瑗。寺卿之貳。朝著甚高。顧匪端良。曷膺揀拔。爾以耄昏之晚節。負貪猥之醜名。按舉外臺。失選士任人之寔。典祠華省。乏首公率職之虔。以至兢賜著於楚庭。較餘金於齋館。廉聲靡著。彈疏荐聞。宜罷直於周廬。尙叨榮於支郡。勉思恩假。毋重悔尤。可罷衞尉少卿。

張閎等降官制

降授通直郎、權發遣京畿提點刑獄公事、兼提舉保甲張閎。降授閤門通事舍人、提舉京畿保甲、兼提點刑獄公事賈君文等。部使者以糾察吏治爲職。況按刑之司在畿甸之近乎。爾等咸以時才擢將使指。屬邑玩法。再逸重囚。爾於平時曾不檢察。逐其已然。乃始究治。失刑縱惡。誰之過歟。褫官一等。往其循省。閎可特降授宣德郎。君文可特降內殿承制、閤門祗候。並差遣如故。

李譓散官安置制

勒停人前朝散郎、充顯謨閣待制李譓。誤國欺君。士之大惡。原情定罪。邦有常刑。爾賦駔儈之資。挾穿窬之智。交通近習。黨附巨姦。屢致私書。屬託子壻。言章亟至。公論弗容。曾未上於典刑。輒妄陳於符瑞。逮加考驗。悉出厚誣。爲臣若斯。忠義安在。斥副州團之寄。永爲姦宄之懲。可特責授唐州團練副使、安州安置。

張仲英等降官制

朝散郎、通判永興軍張仲英。奉議郎焦輝。爾等並膺委寄。協贊藩條。不思秉義以事君。輒復朋姦而妄上。妄陳符瑞。爾寔與謀。鞫治具孚。可無懲戒。褫官二等。往務省循。仲英可特授承議郎。輝可特授承事郎。

姚祐降官制

天官之貳。銓綜是司。儻弗迪於官常。顧難逃於邦憲。通奉大夫、尚書吏部侍郎、同修國史、充儀禮局詳議官姚祐。頃繇推擇。揚歷禁塗。服在選曹。不思糾察。黠胥舞法。並緣爲姦。貨賂公行。擬授失當。逮令研究。灼見事情。宜從降秩之科。少示曠官之戒。體予寬貸。茲務省循。可特授太中大夫、守尚書吏部侍郎。差遣如故。

劉元長降官制

宣義郎、大理評事劉元長。禁衛立法。所以致嚴宸極之奉也。邇者伎術小臣。輒干大憲。爾職當論議。曾不是思。失刑之中。迺從輕比。議法如此。罪將曷懲。褫秩二階。往其循省。可特降授承奉郎。差遣如故。

張商英散官安置制

居下訕上。法獨難容。迷國懷諼。義當共棄。宜申邦憲。用警官邪。通議大夫、提舉西京嵩山崇福宮張商英。賦性凶回。禀資險愎。挾反覆亂常之材。有悖惡敢爲之志。陰比姦慝。包藏禍心。譏斥上及於君親。蓄憾輒形於表奏。以一時之紹述。不與建明。謂百端之紛更。肆爲非毀。彈章來上。輿論未厭。朕憐爾緣姦作邪。失計忘本。祠宮優逸。何顏冒居。投竄遠方。尚從散秩。祗思寬典。毋蹈後愆。可特責授安化軍節度副使。歸州安置。

故責授舒州團練循州安置追復右光祿大夫呂大防特授太中大夫故觀文殿大學士右正議大夫中太一宮使范純仁落職餘如故制 崇寧元年五月庚午

勑。尊主芘民。人臣之職。其事上則不敬。其謀國則不忠。犯義干刑。孰大於此。爾等遭時艱疚。身處廟堂。垂簾則惟奉淵嘿。退朝則妄議宗廟。紛亂綱紀。毀廢典常。凡所用之人材。靡不斥逐。已行之法度。靡不變更。迨宣仁寢疾。彌留泰陵年已及冠。而委政閹寺。莫肯以復辟爲言。輕視長君。處之虛器。推原罪慝。何可勝誅。紹聖躬攬萬機。甫加竄逐。朕入纘大服。與物更新。而朋邪之人。適復在位。甄敍眷恤。靡不過優。言路交章。謂宜追改。稍從裁削。姑示至公。尚其有知。膺此明命。可。

故責授雷州別駕化州安置追復左中散大夫梁燾降授朝請大夫故責授鼎州團練副使新州安置追復左中散大夫劉摯特降授右朝議郎追貶雷州別駕追復朝奉郎王巖叟特降授寧遠軍節度行軍司馬追貶淸海軍節副追復太子太保司馬光特授右正議大夫太子少傅致仕追復河東節度使太師開府儀同三司文彥博特降太子少保依前潞國公制 同上

勑。尊主庇民。人臣之職。其事上則不敬。其謀國則不忠。犯義干刑。孰大於此。爾等遭時艱疚。身處廟堂。垂簾則惟奉淵嘿。退朝則妄議宗廟。紛亂綱紀。廢毀典章。凡以行之法度。靡不變更。所進之人材。靡不斥逐。以道聽塗說。施之政事。而不恤於民情。以朋比諂諛自謂諒直。而罔稽於士論。蓋內懷怨望。好勝遂外而忘君臣之義。推原罪慝。其可勝誅。紹聖躬攬萬機。首加竄逐。朕入纘大服。與物更新。朋邪之人。適復在位。甄敘眷恤。靡不過優。言路交章。謂宜追改。稍從裁削。姑示至公。尚其有知。膺此明命。可。

故朝奉郎蘇軾降授崇信軍節度行軍司馬制 同上

勑。爾蚤緣藝文。擢寘儒館。嘗以謗訕抵罪。神考赦而不誅。元祐之間。躐登華近。扶持親黨。鼓倡羣邪。肆爲詆誣。以逞怨望。紹聖投之荒裔。聊正典刑。昨乃以誤恩。復還朝著。推原罪慝。在所當誅。追削故官。置之冗散。庶其黨類。知所創懲。可。

安燾降職制 同上

勑。廊廟宗工。義當體國。或私懷怨望。傾搖事功。此而不懲。何以厲世。觀文殿學士、左光祿大夫、知河南府安燾。被遇神考。擢秉樞衡。泰陵以其媚附元祐用事之人。常加貶斥。朕嗣位之始。召還舊服。固宜益圖忠藎。以報寵靈。而首倡姦言。動搖邊計。凡厥舊政。務爲紛更。朕體貌邇臣。退之以禮。而未加顯黜。公議靡容。降職近班。尚居政輔之列。服我寬宥。往自省循。可依前官降充端明殿學士。差遣如故。

王覿降職制 同上

朕嗣位之始。悉收放逐之士。還置近列。冀其自新。龍圖閣學士、朝散郎、知潤州王覿。服釆于朝。寔居華要。而不自悛悔。附會如初。近守藩州。未加顯責。

稍從貶削。姑厭羣言。服我寬恩。往自循省。可依前朝散郎、降充龍圖閣直學士。差遣如故。

豐稷降職制　同上

敕。爲人臣而不知所以事君之義。居祿位而不知所以爲政之方。以是繩之。何以勝責。樞密直學士、朝散大夫、知越州豐稷。頃繇元祐。致位近班。泰陵察其用心。屏居外服。朕於在宥之始。選擢不次。中司八座。靡不踐更。而進對之間。首倡異論。以善政良法爲可改廢。以附會姦黨爲時忠賢。變亂是非。深駭朕聽。矧元豐之際。嘗居言路。於政事法度。未嘗有所建明。語默異時。可見朋比。出守藩翰。姑遂其請。而未知典刑。寔鬱公議。降秩內閣。尙居從官。往服寬恩。益自循省。可依前朝散大夫、降充寶文閣待制。差遣如故。

宋大詔令集卷第二百十一

政事六十四

貶責九

端明殿學士中大夫提舉西京嵩山崇福宮范純禮落職依前官差遣如故制

敕。舉直錯枉。爲政之先。黜罰所加。義非得已。具官范純禮頃繇閥閱。致位顯榮。嘗以元祐黨人。久從譴逐。朕臨嗣之始。還至從班。曾未期月之間。躐等承弼。方群邪之害政。爾倡和之爲多。昨罷守藩。爲還舊職。未加顯責。公議靡容。聊褫近班。以示懲創。服我寬宥。往自省循。可。

知應天府品仲甫落修撰差遣依舊制

敕。朕祗述先烈。嘉與士大夫開衆正之路。延登輔弼。共濟事功。矧異意之人。幾害吾事。爾以覲望。寔爲朋比。聊從薄罰。以儆官邪。可。

知襄州韓川落修撰依前朝請郎管勾西京崇福宮任便居住知汝州張耒落直龍圖閣依前朝散郎管勾亳州明道宮制

敕。韓川等。爾昨以黨附元祐用事之人。嘗從譴謫。朕嗣位之始。遂復收用。而列職華要。未厭輿言。稍黜寵名。處之閒館。服我寬宥。往自省循。可。

陳次升降職制

敕。朕嗣位之始。悉收放逐之士。還寘近列。冀其自新。朝奉大夫、充寶文閣待制、知潁昌府陳次升。服采于朝。寔在華要。不自悛悔。附會如初。出守藩州。未加顯責。稍從貶削。以厭群言。服我寬宥。往自循省。可落待制。充修撰。依舊知潁州府。

朝奉大夫榮咨道降授左朝散郎左朝議大夫孫亞夫降授朝散大夫朝奉郎安惇降授奉議郎制

敕。爾等趨諂之惡。積之久矣。不視其所以而褒薦之。誠失於用智之弗明也。聊從薄責。以爲天下不知人之誡。服我寬典。益務慎修。可。

奉議郎試侍御史鄒餘可罷侍御史依前官知南安軍制

敕。侍御史乃朕執法官也。繩愆糾繆。別白是非。必當於理。乃知所責矣。爾比由臺屬。擢貳中司。讜論嘉謀。有待於汝。言或失當。復何賴焉。黜領軍麾。尙爲優假。往其循省。無重悔尤。可。

朝散大夫降充寶文閣待制知明州豐稷落職依前官知常州制

勅。刑罰者聖人之所矜慎。取捨重輕之際。必期於當而後已。比因人言。凡在責籍而牽叙過優者。悉銓品而裁抑之。乃有差次不倫。害於平直。載加訂議。始協厥中。朝散大夫、降充寶文閣待制、知明州、上柱國、搢雲郡開國侯、食邑一千二百戶、賜紫金魚袋豐稷。朕初纂服。首爲言官。屢有封章。語涉譏詆。比加稍黜。猶處近班。褫職爲宜。尙司民社。省愆毋怠。祇荷寬恩。可落寶文閣待制。依前朝散大夫、知常州。替陳綬。勳封如故。

蘇轍降朝議大夫制

勅。刑罰者聖人之所矜慎。取捨重輕之際。必期于至當而後已。比因人言。凡在責籍而牽叙過優者。悉銓次而裁抑之。乃有脫落弗均。害於平直。載加訂議。始協厥中。大中大夫、提擧鳳翔府上淸太平宮、護軍、欒城縣開國伯、食邑八百戶、寔封二百戶蘇轍。曩因朋附。得罪先朝。逮予纘承。姑事容貸。朕雖爾恕。公論謂何。稍黜近班。猶服舊職。省愆夙夜。祇荷寬恩。可特授朝議大夫。賜紫金魚袋。差遣勳封食寔封如故。

降授承議郎充寶文閣待制知潤州王覿落職依前官知海州制

勅。刑罰者聖人之所矜慎。取捨重輕之際。必期于至當而後已。比因人言。凡在責籍而牽叙過優者。悉銓次而裁抑之。乃有差次不倫。害於平直。載加訂議。始協厥中。降授承議郎、充寶文閣待制、知潤州、輕車都尉、永安縣開國伯、食邑九百戶、賜紫金魚袋王覿。曩因朋附。得罪先朝。逮予纘承。猶罔悛悔。朕將爾貸。公論豈容。褫職近班。尙司民社。省愆毋怠。祇服寬恩。可落寶文閣待制。特授依前降授承議郎。知海州。

龔原落職差遣依舊制

勅。搢紳之士。以犯義爲重。朝廷之政。以行法爲公。儻懷附下之姦。難逃刑故之罪。承議郎、充寶文閣待制、知廬州龔原。頃負釁累。中懷怨尤。幸元祐之紛更。籍姦臣之蔽翼。抗章自列。言涉不恭。逮予親政之初。首冠權門之黨。驟升禁從。陰爲腹心。締結宦官。傳道秘計。比覽邇臣之疏。猶多隱慝之愆。姑從矜容。止鐫近職。往思惕勵。尙體寬恩。可。

降授朝奉大夫直龍圖閣知濟州周鼎落職依前官知郢州制

朕集大成之業。崇丕顯之謀。嘉與庶僚。揚功遵制。忍聞群枉。改度亂名。爾進自律科。宜知法守。初畀貳秋官之政。謂能讀城旦之書。乃敢諂附柄臣。傾搖先烈。託從寬之邪說。誣至正之典常。況死者不可復生。而黥者不可復續。獨容流竄。追使放移。於理何偏。乃心安在。姑從薄責。未厭公言。易地偏州。褫職延閣。其加循省。以體寬矜。可。

新差提點秦鳳刑獄許端卿降通直郎餘依舊淮東提刑鍾正甫降朝請郎餘依舊徐彥孚降一官制

勅。朕集大成之業。崇丕顯之謨。嘉與庶僚。揚功遵制。忍聞群枉。改度亂名。爾頃貳刑曹。宜知法守。紛更之始。秉執是期。雖嘵嘵之黨寔繁。顧諤諤之言何懼。不得其官則去於道愈高。姑捨所學而從乃心。安在旣辜廷諍。剛請海行。薄黜一官少安公議。勉加三省。以體寬恩。可。

朝奉郎李昭玘降承議郎左朝議大夫光祿卿向紃可降右朝議大夫朝請郎權知曹州劉唐老可降朝散郎承議郎陳瓘可降奉議郎朝奉大夫知蔡州歐陽棐可降朝請郎朝請郎試大理少卿陳察可降朝散郎降授承議郎知常州朱彥可降奉議郎制

敕。李昭玘等、（上詞同前）未皇寔備。聊用戢姦。薄黜一官少安衆議。勉加三省。以體寬恩。可依前件差遣依舊。

張舜民落待制知同州制

敕。國有邇臣。民所視傚。自貽厥咎。罰其可逃。具官張舜民元祐之初。朋姦害政。中雖薄責。尙寄藩條。肆朕纘圖。棄瑕錄用。志存黨附。老不革心。荐致人言。理難矜貸。姑從褫職。以警官邪。往服寬恩。其務循省。可落龍圖閣待制。依前朝奉大夫知同州。

承議郎充寶文閣待制劉安世降充集賢殿修撰依舊知潞州朝奉大夫寶文閣待制呂希純降充集賢殿修撰依舊知穎州

敕。朕臨御之初。湔洗蕩滌。嘉與士大夫更始。以底和平。故雖得罪先朝。悉加甄序。貴以爵秩。一切勿問。非敢忘紹述之政也。而言者以安世希純附會用事。轉甚衆人。寘之從班。有害好惡。褫延閣之近職。仍書殿之隆名。尙體深恩。益思忠報。可。

豐稷責授海州團副睦州安置制

敕。直道而行。古人所貴。因心則友。朕豈敢忘。旣審核於鉅姦。宜布昭於明憲。朝散大夫、新差知常州豐稷。欺愚而干譽。飾詐以盜名。外示靜恬。中懷險詖。被遇神考。荐爲臺閣之華。受知泰陵。屢除侍從之要。在汝何負。於時極榮。俄緣汲引之私恩。乃肆傾邪之橫議。初諫垣之進擢。忽奏牘之上聞。妄託說於元豐。皆借□於紹聖。謂不爲容悅。逢君之惡。謂不懷觀望。陰害忠良。謂不以聲色爲常事。以醉上心。謂不以淫巧爲末務。以蕩上意。至論黜臣之過。尤加往政之愆。遂謂顚倒是非。變亂名寔。拔擢群小。毒流四方。慘刻陰邪。感動天變。公爲指斥。巧致媚諛。朋誣滋蠹政之基。鄉原實害德之賊。姑從薄責。例假遠麾。惟罪惡之貫盈。忽封章之交至。咎將誰執。戚寔自貽。往副州團。無忘內訟。可特責授海州團練副使睦州安置。

張舜民責授楚州團練商州安置制

敕。（上詞同上）朝奉大夫、新差知郢州張舜民。姦邪飾智。激訐釣名。永泰惡而不誅。曲加函貸。元祐幸其有變。遂肆誕謾。領袖庶頑。羽翼群枉。熙寧立政。凡更張皆見於厚誣。紹聖黜幽。謂畢竟不知其何罪。欺惑愚衆。諂附貴權。已而接武於禁林。宜爾秉心於中道。乃剡奏牘。深包禍心。輕嚴父之孝思。託言念祖。銜鍊石之邪說。無路補天。言皆險膚。志在指斥。姑從薄責。俾假遠麾。惟罪惡之貫盈。忽封章之交至。咎將誰執。戚寔自貽。往副州團。無忘內訟。可特授楚州團練副使商州安置。

鄒浩重行黜責御筆　崇寧元年閏六月二十日

朕仰惟哲宗皇帝嚴恭寅畏克勤祇德元符之末是生越王姦人造言謂非后出比閲臣僚舊疏適見椒房訴章載加考詳咸有顯證是時兩宮親臨撫視嬪御執事在旁何緣外人得入宮禁殺母取子寔爲不根朕爲人之弟繼體承祧豈使沽名之賊臣重害友恭之大義詆誣欺罔罪莫大焉其鄒浩可重行黜責以戒爲臣之不忠者而稱朕昭顯前人之意如敢有言及者亦仰依此施行

鄒浩衡州別駕永州安置制 崇寧元年閏六月二十日

仰惟哲宗皇帝嚴恭寅畏克勤祇德元符之末是生越王姦人造言謂非后出比閲臣僚舊疏適見椒房訴章載加考詳咸有顯證是時兩宮親臨撫視嬪御執事在旁何緣外人得入宮禁殺母取子實爲不根弗示憲章曷昭公議通直郎充寶文閣待制、新差知越州鄒浩內懷詆誕靡究是非借諭古今肆行詆毀有必誅不赦之罪無改過自新之心比因匪人引作姦黨固欲干流俗之譽意在重泰陵之非朕爲人弟繼體承祧豈使沽名之賊臣重害友恭之大義罔上之惡已不容誅聊從竄投用示寬貸不特稱朕昭顯前人之意而又以戒爲臣之不忠往務省循毋增後悔可特責授衡州別駕永州安置

宋大詔令集卷第二百十二

政事六十五

貶責十

李清臣追貶安遠軍節度副使制 崇寧元年閏六月壬子

勑。明罰慎刑。亶惟先烈。繼志述事。㬪在朕躬。既辨厚誣。宜申常憲。雖失幸生之罔。用誅既死之姦。故資政殿大學士、右光祿大夫李清臣。懷狠愎之資。挾傾邪之志。諂附權要。包藏禍機。旋還貳於近司。遂肆馳於大憝。被遇永泰。得罪是容。幸災元符。乘釁而作。欲逞怨懟不滿之志。適會艱難未濟之時。夤緣黜臣。醜詆往政。謂皆忮忍殺伐之事。用爲輔導開迪之端。受禍者一千餘家。餓死者數十萬計。斬頸拔舌。釘足剝膚。如其所陳。知乃非道。在當時固未嘗有。雖路人亦不忍聞。妄恣誕謾。恬無忌憚。爲臣如是。省己若何。鬼得而誅。不亡奚待。人言可畏。雖蓋益彰。按劾孔昭。廢黜已晚。尚其未泯。庶或有慚。可特追貶安遠軍節度副使。

朱彥降兩官知常州制

勑。恥過作非。亶惟惡德。原心定罪。厥有常刑。朝散郎、試給事中朱彥。擢自庶僚。延登二省。將直諒忠純之是望。豈蔽蒙欺罔之可爲。常委任於膠庠。輒薦揚於凶寇。若曰器運高遠。論議正堅。亦既失言。當思引慝。方衆人之紛若。顧小己之謂何。默不自陳。幸於苟免。封章交至。考驗不誣。身爲從官。行比讐俗。是可忍也。於汝安乎。薄黜兩官。尚守千里。其思往咎。以體寬恩。可降兩官知常州。

江公望落職制

勑。承議郎、直祕閣、新差權發遣壽州江公望。祕閣之眞。寵待英材。苟非其人。莫稱優選。以邇媒身諫列。承意權臣。潛懷賣直之名。殊無愛君之義。趣操如此。輿議難逃。褫職典藩。尚爲寬假。往思惕慎。服我訓詞。可落直祕閣。依前官差遣如故。

陳次升落職知蔡州制

勑。死黨背公。論所同弃。朋姦醜正。罪不容誅。既按驗於官邪。宜申嚴於邦憲。朝奉大夫、降充集賢殿修撰、知潁昌府陳次升。卑汙鮮恥。險佞苟容。嘗微有犯無隱之直。誠徒恃既得患失之私計。冠豸冠於永裕之盛際。靡務建明。持使節於元豐之末年。専爲阿附。誣衊先烈。媚悅群凶。旋感悟於泰陵。肆投竄於南國。朕未忍終廢。將期自新。就擢南床。旋登右省。陰圖城社狐鼠之利。密切門牆鷹犬之能。交結貴權。順承風旨。肆形章奏。備見肺肝。皆操兩可之謀。妄覬萬分之幸。雖從薄責。未厭師言。罪惡貫盈。封章踵至。其鐫要職。往守偏州。思蓋前愆。無重後悔。可落集賢殿修撰。依前官知蔡州。

葉祖洽降授集賢殿修撰提舉冲祐觀制　崇寧元年七月乙酉

勅。忠以事君。亶惟近厚。過則稱己。庸詎飾非。苟肆嘐嘐進取之狂。而忘業業小心之愼。談何容易。孽豈可違。朝請大夫、充寶文閣待制、新差知定州葉祖洽。還擢天官。出分閫寄。顧內外之任雖異。然文武之用靡殊。曾是不思。遽茲妄發。名老成而誇大。託正統以怒張。縱能辨罪以明非。猶貴安時而處順。大言則望大利。況有道之不容。公事而爲公言。奚留中之敢請。辭皆躁忿。位罔靖共。更援弼臣之薦論。將要人主之宜問。自貽伊慼。夫復何求。往典祠宮。尙班書殿。其思循省。以體寬矜。可降授集賢殿修撰。提舉冲祐觀。

張耒散官黃州安置制

勅。欺愚惑衆。罪不容誅。敗俗亂常。刑茲無赦。自昔害熙豐之政事。至今稱軾轍之姦雄。爾賴以進身。利其爲地。因狐趍而諂附。肆烏合以脅從。固未嘗受業於門牆。夫安得託名於弟子。朕初臨御。時屬艱難。由群枉潛萌於詭謀。謂二凶必至於大用。諂揚孽餤。蕪穢正途。陰通拳拳之誠。力結嚬嚬之黨。私相尊大。誕取詆誣。於其喪亡。遽形號慟。妄意靑氈之舊。言旋黃閣之華。偃蹇怙終。虛驕稱譽。借曰有師之道。猶爲無服之喪。豈有在位長民。職當宣化。朝垂紫綬。晝服白衣。蔑視搢紳。傳呼師弟。考以人情而非當。稽諸古訓而不經。動搖喜異之凡民。歆豔背公之醜類。其謗訕先烈。曾不知朝廷之可尊。而扶持邪心。反僞指師資之宜敬。嗟無父無君而已甚。顧不仁不義以云何。按驗既明。竄殛斯允。姑仍散秩。俾處遐邦。往體寬恩。益思前咎。

韓忠彥落職依前左光祿大夫知大名府制　崇寧元年五月甲子

勅。廊廟宗工。義當體國。或內懷私意。以變亂典刑。旁任姦人。以傾搖政事。未加顯責。莫厭師言。觀文殿大學士、左光祿大夫、知大名府韓忠彥。頃自先朝擢爲高位。嘗以元祐之黨。得罪泰陵。朕於嗣位之初。寖加柄用。固宜一德。以稱倚毗。迺終聽邪謀。互持偏見。凡厥舊政。務爲紛更。朕姑欲含容。退之以禮。而言者論列。至示再三。削職要班。聊示懲創。往服寬宥。益自省循。可。

韓忠彥降授正議大夫提舉西京崇福宮制　崇寧元年九月丁酉

勅。朕承祧而弟及。纘服以君臨。永泰上賓。具存謨訓。長秋正位。曲盡禮經。彼締交合黨。以何心。皆樂禍幸災而妄作。追懷往烈。用厚群倫。具官韓忠彥。世受異恩。身爲上宰。嗟先朝之奚負。肆悖德之敢爲。莽塗尙新。陵土未復。輒借資於外議。將謀廢於中宮。面具奏陳。恬無忌憚。生而臣主。沒則寇讎。乃使有志名教之徒。而形不保妻子之嘆。是可忍也。人其謂何。發政施仁。猶恤孤之是急。繼志述事。豈同父而可忘。徐思其言。重惻朕志。宜伸明罰。用慰在天。尚示寬矜。其加省循。可特授右正議大夫。提舉西京崇福宮。

曾布中大夫司農卿分司南京依舊太平州居住制 同上

勅。朕承祧而弟及。纘服以君臨。永泰上賓。當盡始終之義。長秋正位。孰爲興廢之謀。彼締交合黨。以何心。皆樂禍幸災而妄作。追懷往烈。用厚群倫。具官曾布。昔位元樞。機專大政。適會垂簾於東殿。誠求奏事於獨班。詭祕莫聞。傾邪罔測。嗟先朝之奚負。肆悖德之敢爲。菆塗尚新。陵土未復。輒借資於外議。將謀廢於中宮。面具奏陳。恬無忌憚。生而臣主。沒則寇讎。乃使有志名教之徒。而形不保妻子之嘆。是可忍也。人其謂何。發政施仁。猶恤孤之是急。繼志述事。豈同父之可忘。徐思其言。重惻朕志。宜伸明罰。用慰在天。尚示寬矜。其加循省。可特授中大夫、司農卿分司南京。依舊太平州居住。

故資政殿學士右正議大夫黃履追貶祁州團練副使故追貶武安軍節度副使李清臣特追貶雷州司戶參軍制

勅。上詞同上 黃履召自近藩。還躋右轄。李清臣召自外藩。擢貳東省。意詳延於舊輔。當歸報於先朝。下詞同上 人言荐興。朕志難處。宜伸明罰。用慰在天。雖汝云亡。安能知愧。與衆共弃。庶可戢姦。可。

韓忠彥降授太中大夫依舊提舉西京崇福宮懷州居住制 十月乙亥

勅。名隸譎籍。無引咎之心者不赦。言誤朝聽。有欺君之心者必誅。左正議大夫提舉西京嵩山崇福宮韓忠彥。頃在元符。入持大柄。方時多故。乘朕不言。輒有狂生。敢陳邪說。妄謂竊人之子。力成不道之謀。欲輕廢於中宮。仍厚誣於先帝。當從逐斥。爾預進呈。顧公牘之且存。乃朕躬之親察。抗章自辨。罔上何多。矧言者以爾不孝不忠。不仁不義。兼茲衆慝。寔駭予聞。是宜貶秩之刑。以懲迷國之恥。往加愓厲。服我寬恩。可。

韓忠彥責散官濟州安置制 十二月癸丑

朕惟河湟故壤。外制氐羌。神考眷謀。常命經理。紹聖繼志。克成厥功。而蠹政害能之臣。爲蹙國資寇之計。幅員千里。舉而弃之。卹將覆軍。禍逮生齒。與言及此。彌以衋然。黷害先猷。朕不敢赦。降大中大夫提舉西京嵩山崇福宮韓忠彥。憑籍世資。冒至宰輔。本懷異意。終不革心。濟惡朋姦。無所忌憚。廢徹竟土。誅戮將臣。快彼敵情。沮我士氣。彈章沓至。稽驗咸實。往副戎節。處於濟南。茲爲寬恩。其務循省。可特責授崇信軍節度副使。濟州安置。

蔣之奇落職制

城于湟中。先朝勇智之舉也。戍而守之。保以萬世。弃於無故。其情謂何。用懲□愆。以儆在位。觀文殿學士、左正議大夫、知杭州蔣之奇。蔽自朕志。擢之本兵。資其謀謨。贊我紹述。而乃雷同姦畫。蹙割竟土。覆軍卹將。禍逮生齒。鎧甲繒粟。一資於寇。彈章交上。請重厥責。尚以舊德。久於樞近。聊褫爾職。仍爲大州。往哉省循。欽我寬貸。可落觀文殿學士。特授依前右正議大夫。差遣如故。

韓忠彥降磁州團副制 崇寧元年

逖川西塞中國舊封神考經理于前永泰恢復於後墉壑完固種族歸懷控扼要衝屏翰牧圉責授崇信軍節度副使濟州安置韓忠彥朕初嗣服姦黨擅朝及據宰司獲伸私憤荐興弃地之策卒成蹙國之謀迭和異詞指為難守委板築金湯之利捐轉輸芻粟之資貽患近邊沮壞先烈靡存愛國苟欲毁成肆朕載纘武功申飭疆事羌豪踵附故地復還追數昔愆益知誕罔考諸公論聊舉憲章往副兵團尚安故處服我寬典益務省循可特責授磁州團練副使依舊濟州安置

曾布責授武泰軍節度副使衡州安置制 崇寧元年一月癸巳

勑罔上之姦法所不赦滔天之罪義無可容降授中大夫、守司農卿分司南京太平州居住曾布頃被國恩嘗居相位專權自恣黷貨無厭交通近習之私顯有開邪之迹公行問遺密達語言捨他人之田以矯報親恩請有識之地以自圖己福雖云刻奏寔駭予聞既收可用之才輒薦逆謀之首逮茲獄具曾不自陳遽寬假於衆人務覆藏於私慝至東朝奏事力請獨班俾衆莫聞厥心安在啓後世難防之弊隳本朝有定之規罪不勝誅刑其可緩姑貶從於散秩用投置於遐州往務省循無重尤悔

元符姦黨通入元祐籍刻石詔 崇寧三年六月十七日

朕嗣位之始恭默未言往歲姦朋復相汲引倡導邪說寔繁有徒或據要路而務變更或上封章而肆詆毁同惡相濟非止一端推原其心豈勝誅殛比詔編類具列姓名乃下從班博盡衆議仍為三等各竭所聞庶幾僉同罔有漏失惟邪慝之復起蓋源流而相承迹其從來本於元祐得罪宗廟寧分等差悉務規畫通為一籍載刊諸石寘在朝堂為臣不忠附見于末所麗雖異其罪惟均朕方以仁愛徧覆天下前既譴罰弗忍再行亦有可矜出於籍外自時厥後已定不渝群聽式孚毋復輒論其元符姦黨並通入元祐籍更不分三等應係籍姦黨已責降人並依舊今來入籍人數外餘並出籍今後臣僚更不得彈劾奏陳故茲詔示想宜知悉

蔡京降太子少保制 大觀四年五月二十六日

門下政事所寄尤嚴誤國之誅人臣之姦莫重欺君之罪我有常憲揚于大廷具官蔡京頃以時才荐膺柄任兩冠台衡之峻三登公袞之崇庶圖爾庸以弼予治而總秉衆務出入八年事寖紊于復來謀悉違于初議擅作威福妄興事功輕爵祿以市私恩濫錫予以蠹邦用□借恩戚密布要途援引凶邪合成死黨以至假吏民以決興化之水託祝聖以飾臨平之山豈曰懷忠殆將邀福屢有告陳之迹每連狂悖之嫌雖僅上於印章猶久留於里第偃蹇弗遜傲睨罔悛致帝意之未孚垂星文而示譴言章繼上公議靡容固欲用恩難以屈法宜褫師臣之秩往參宮保之官姑慰群情尚為寬典於戲天事尚象明罰所以弭災人道惡刑省躬所以引咎往欽善貸無重後愆可降授太子少保致仕依前楚國公在外任便居住仍放謝辭

張商英崇信節度副使衡州安置制 政和九年十月辛亥

巨姦宿蠹。僅正於邦刑。隱慝餘辜。彌喧於朝論。宜申後罰。誕告多方。降授太中大夫、知鄧州張商英。學與道違。性惟邪合。專挾謀身之利。本無經世之圖。惟飾詐以干民。屢乘時而蹈悔。朕既收拭用之不疑。靡聞純一之誠。規壞導揚之政。肆其異意。俄抵譴訶。曾罔念於愆尤。反自貽於鞫治。有司閱寔。證驗孔昭。披獄辭之所云。見罪狀之尤著。致位公相。交伎術之冗流。服儒衣冠。爲市井之汚行。初召還於魏闕。已密藉於游談。夤緣倖求。遂亞宰路。每遣朋淫之小醜。公傳汲引之陰謀。宜歆近班。力蘄其事。或謂奔趨之凶黨。可副事樞。或謂險詖之姦人。當任言責。凡詆誣宗廟之群枉。與變亂是非之庶頑。潛輸腹心。廣布肘腋。失端揆經綸之體。孤父兄拔擢之恩。當其負釁之彰聞。猶復包羞而締構。抗疏待罪。仍自草於留章。冒利貪榮。尚求全於祕殿。鮮恥不廉之若此。交通無已之謂何。朕方訓敕官邪。敦勵名節。豈謂姦兇之孽。敗於輔弼之間。載觀爾爲。良用愧歎。出假麾符之寄。姑欲有容。自干斧鉞之誅。其將奚懟。斥副戎節。寘彼衡陽。上以慰裕陵在天之靈。下以攄忠臣義士嫉惡之憤。昭示一時之典。以垂萬世之規。可特責授崇信軍節度副使衡州安置。

郭天信責授安置制　同上

責授昭化軍節度副使、單州安置郭天信。劾姦議獄。已灼見於丕愆。論罪致刑。宜荐申於嚴憲。爾以閭閻冗賤之品。汚階墀近密之班。既倚勢以作威。輒冒榮而逞志。不安分守。深蓄禍機。妄力引於兇渠。謂宜居於廊廟。締交合黨。協濟邪謀。公肆面謾。有輕視君父之意。竊持威柄。有愚弄朝廷之心。以至陷害忠良。僥倖恩命。詭情誕說。惟屢薦於邪朋。公府近聯。覬自躋於政地。凡於疎斥。必欲　闕

鄧洵仁落職宮觀制　政和三年三月戊戌

崇黨蔽朝。爲臣之大戒。原情定罪。有國之通規。儻未厭于師言。宜申加於明罰。資政殿學士、通奉大夫、新差知亳州鄧洵仁。奮繇冗散。驟歷通嚴。弗思盡瘁以事君。徒務懷諼而封己。交通近習。潛布腹心。朋附兇渠。共爲肘腋。鼓倡險膚之論。傾搖紹述之方。頃灼見於姦回。尚曲全於體貌。靡知悔過。乃復怙終。清議既虧。彈章荐至。惟爾自絕于衆。雖朕不得而私。鐫祕殿之華資。辭淮壖之重鎮。往司眞館。益體寬恩。可落資政殿學士。特授依前通議大夫。提舉亳州明道宮。

趙全降朝請大夫制

朝議大夫、直龍圖閣、權發遣陝府西路計轉運副使公事趙全。關中富饒。號稱陸海。爲九州膏腴。方朝廷休兵務農。粮餉不煩。而經常之費。猶復不充。計臣若爾。朕何賴焉。姑褫一官。尚思來効。可特降朝請大夫。依前職差遣如故。

張商英責汝州團練副使制　政和元年六月庚戌

蹙路馬之芻。罪猶不赦。鬻邦侯之獄。心豈無他。稍舉彝章。用懲隱慝。責授崇信軍節度副使張商英。頃除黨籍。遽踐台司。每昌肆於大言。欲必行其兇

志陰交近習。共罔眇躬。致使狂童。敢爲謗讟。假設問答。妄陳古今。將攄發於忿情。遂著形於指斥。逮付令鞫治。輒諷遣覆藏。既許贖論。且姑輕比。務滋來於詆毀。因痛坐其告陳。詭謀若斯。雅意安在。豈徒誤國。是欲欺天。噫。螻蟻何知。尚謹事君之節。股肱同體。反親犯上之仇。孤負厚恩。背違常理。雖屢頒於貸詔。終弗協於輿情。姑貳州團。仍安里第。庶幾默愧。無重後愆。可特責授汝州團練副使。

故李孝偁追貶中奉大夫制

居下誣上。在所誅夷。背公徇私。出於觀望。昭爾用中之典。少懲既死之姦。故通議大夫、試刑部尚書致仕、贈光祿大夫李孝偁。面有柔顏。胸無點墨。每貪側媚。因肆中傷。遂寖竊於要官。寧尙知於淸議。昭緣衆醜。敢縱厚誣。乃侍攸司。庶躬厥寔。而密依輔弼。蔑視朝廷。至撓變於事情。以阿承於風旨。猥成闊略。務在招來。反挫辱其告家。使蹈罹乎冤網。人皆扼腕。事可寒心。噫。朕德雖涼。於汝何負。汝謀固忍。借主爲資。聊從削奪之科。永作險邪之戒。儻其未泯。猶或能悛。可特追授中奉大夫如故。

蔡薿落職知滁州制

朕追述先志。申誡有官。小大群司。務遵職守。惟時法從。敢有弗欽。其正典刑。以儆在服。翰林學士、朝散大夫、知制誥、修國史、充議禮局詳議官蔡薿。擢從瑣闥。進陟鑾坡。所當竫共。以稱榮遇。比復賜格。爾曷與焉。而乃宣言其非。謂不可久。妄議政事。達於予聞。爲臣若斯。職守安在。宜罷禁林之直。俾分滁水之符。往體寬矜。毋忘循省。可特落翰林學士知制誥。授依前官知滁州。

走馬不職澄汰御筆

耳目之寄。寔司按察。民生之利病。法令之廢舉。吏治之淸汚能否。凡群邑之政。皆得驛聞而上達。任之不爲不重。右職之與選者。延見臨遣。體均使華。且許季奏。賜對便殿。遇之不爲不至。邇來一二臣外。餘皆貪嗜賄賂。與郡邑爲交私。憚大吏。苦細民。凡所巡按。類不舉職。而較計饋送。販買土產。諂事權要。欺侮屬郡。或懦怯畏避。首鼠兩端。反爲州郡所制。身爲使臣。經涉歲月。略無建明。春秋季奏。迺毛舉無益之務。已行之令。用爲藉手。是豈設官之意哉。諸路走馬承受。除庸懦不職已行澄汰外。其各務首公滅私。淸白自勵。激昂自奮。以稱任使。毋或蹈前人之失。貪汚誣僞。噤默不言。褫降黜罰。將不汝赦。

陳彥文先次勒停御筆 政和六年三月二十四日

陳彥文躐進華資。付以方面。不惟選任之艱。益騁凶邪之暴。傲很自若。不循軌法。訪聞初到本部。卽將升朝武臣緣私決撻。洎至帥府。凌轢屬官。無復禮貌。庭趨案覆。小帽窄衫。舉止輕肆。吏民忿疾。怨讟沸騰。歸順蕃官。略不撫察。失其驩心。致使相率逃背。用兵討伐。一方騷然。然彥文所致。幾有五季跋扈之權。爲患莫此爲甚。可特先次勒停。令蓋侁幷走馬承受疾速契勘。限十日具案奏聞。

宋大詔令集卷第二百十三

政事六十六

備禦上

諮訪宰相樞密援靈州詔 至道元年五月辛亥

靈州孤絕。救援不及。賊遷猖獗。未就誅夷。居廟堂侍帷幄者。合運奇謀而伸婉畫。宜令宰相呂端、知樞密院趙鎔等述所見利害。再護送軍儲至靈武。合發軍民多少。舉兵深入賊境以分其勢。又合用兵幾何。何人將領。何人監護。直書其事。言不必文。只今日實封來上。

令西蜀警察詔 咸平四年十二月丁未

聞西蜀自王均叛擾之後。人心未寧。亦有小民。潛行誑惑。宜令長吏嚴加警察。有訛言動衆。情理切害者。斬訖以聞。

遣錢若水詳度修復綏州詔

昨議修復綏州。已興力役。詢于僉衆。猶或異同。宜令知天雄軍工部侍郎錢若水與并代駐泊鈐轄陳興乘傳詳度之。儻有所便利。即令施工。如其不然。可亟罷之。

何承矩奏敵界牒請徙九村民避劫掠爲警備答詔

守臣之意。務在綏邊。敵人之心。蓋多背惠。往事非遠。明驗可知。但慮難於懷柔。易致飜覆。汝等宜領其來意。而辨其奸詐也。

責李昌齡等激厲邊臣詔 咸平六年五月癸丑

國家廣屯王旅。遠控邊圉。申命爪牙之臣。授于將領之任。冀資方略。以靖封陲。而遇敵無謀。用師失律。坐貽覆敗。深沮威稜。已懲退衄之愆。明申告戒之旨。方今烽煙尚警。亭障多虞。貔虎奮威。鷹鸇逐惡。此其時也。可不勉歟。志立名揚。功多賞厚。無忘感勵。副朕意焉。

諭河朔戎人寘毒井中詔 景德三年二月癸卯

頗聞敵人所屆。潛寘毒於瓶罌。投之井中。留害民庶。間者永靜軍多獲此藥。宜布告河朔。使知其事。

答知延州向敏中等言趙德明要約事詔 景德三年六月乙巳

詳卿等所奏。頗竭忠誠。又緣德明上章。並未應副要約。觀其情狀。何以爲憑。□等所陳。頗爲至當。今若更加姑息。每事依從。深虞異時。蓄成邊患。卿等宜將先降要約量加裁減。令德明應副。仍具實封以聞。

再答向敏中詔 景德三年五月庚申

日者所立要約。其後勾到張浦等商議。並不和會依稟。自後更不令進納靈州。其餘並依前議。近覩德明表狀。亦未遵從。止云乞賜恩命。後別作言議。遂再降手詔。令卿等與言。止令遣親弟或男入京。及不得攻掠進奉蕃部。縱有爭競。並取朝廷和斷。其餘事件。悉減落之。當議□□□□平王。給請俸。別行支賜。此手詔去後。卿等未曾與德明商議。今懷寶齎到奏狀。備已詳悉。蓋彼中前後反覆。致朝廷難卽信憑。今降張崇貴與德明廻書幷手詔往。仰依此發與其餘衆議。甚有過疑。今將秦翰幷西凉及緣路蕃部所奏、德明迫脅攻掠。幷李仁義件析事狀。並實封狀往。卿等宜共看詳。內蕃部所告劫去人口。縱未能給還。亦須盟誓之時。重立要約。卿等各蘊智謀。共分憂寄。今德明之事。必深窮利害。盡究始終。若信縱邀求。朝廷不任接續進奉。於彼故無虧損。漸久恐失機宜。賀守文等已促令朝辭。候到彼。足得明指事狀。與之商議。或付以文字。或遣人同往。賴爾忠藎。副朕倚毗。其賚與德明書本。曰。自太尉薨謚之後。行軍主領以來。共遇聖明。各圖安靜。某旣當職任。復覩事宜。遂議請入貢朝廷。乞國家特賜恩命。爾後繼得書信。某等具狀奏聞。備言行軍至誠。兼慮朝廷未信。遂擘畫聞奏。乞立定合行恩澤。及請行軍卻應副朝廷事。冀同遵守。得保悠長。自後雖朝廷曾降指揮。貴道差人進奉。洎張浦至此。將所約事件商量。仍又繼覩來翰。詞理尚未婉順。事件並未依從。則是某誤有奏聞。方憂虛誑。今來雖覩進貢。其如未測雅懷。近准宣命。云已降詔與德明。所據邊臣擘畫要約事件。令與向敏中張崇貴同議聞奏。某今與相公商量。止請行軍差長子親弟赴京宿衛。其前路一帶蕃部不得更行攻伐。若有與貴道人戶交侵。不得擅行酬報。須奏乞朝廷差人和斷。此外事件。更不施行。如行軍心懷忠良。思保富貴。能應副此三事。則出於誠心。重設盟誓。冀朝廷得以憑信。卽有指揮。其自前所乞朝廷與行軍恩澤。某必與相公力具聞奏。請速行下。更繫裁酌。勿復遲疑。可否之間。佇聞報復。

誡約宜融等州都巡檢安撫使曹克明愼重詔 大中祥符九年九月丙辰

昨省所奏。請用澄海軍仍募丁壯。可以平賊。又俞獻可言蠻人去邊止三二日程。若召募強壯。兼發精兵掩襲。速可平定。朝議尚慮其輕敵。績遣禁軍濟之。且興舉甲兵。允當愼密。近者風聞汝等期以九月率兵入討。又令九州巡檢開路。俟蠻人出。卽悉留之。騰說若此。彼必爲備。動關利害。無失機宜。苟道路艱險。難於進兵。但攝其首領。索所抄生口撫之。亦汝之功矣。

北敵議地界泛使再至咨訪韓琦富弼文彦博曾公亮詔 熙寧七年十月壬申

朝廷通好北人幾八十年。近歲以來生事彌甚。代北之地素有定封。而輒構釁端。妄來理辨。比勑官吏同加案行。雖圖籍甚明。而詭辭不服。今橫使復至。意在必得。朕以祖宗盟好之重固將優容敵情無厭勢恐未已萬一不測何以待之古之大政必詢故老卿夙懷忠義歷相三朝雖爾身在外乃心罔不在王室其所以待遇之要禦備之方密具以聞朕將親覽

賜李憲手詔 元豐四年八月辛酉

得所奏。以團結漢蕃軍馬。分置將佐部分陣隊。審定出兵所向。及計度賊屯重兵之所。且論諸道進師首尾之勢。甚善。然閫外之事。朝廷屬在將帥。趣利避害。固難居中喻度。惟爾臨敵。自圖擇之。苟能奮張威武。鼓勵三軍之士。往指梟巢。與諸將合力俘執敵人。然後巡視右郡。居要害者。城而守之。是爲上策也。若大本未殄。顧未有關地守之之術。或謀置城敵中。是必自貽患悔。切宜慎之。其他制敵方略。或攻或守。雖千百爲群。無不可者。所有秦鳳一路。已有指揮。俾可兼總節度。可便宜施行。軍中所須。已命有司一一應副。

賜劉昌祚詔 元豐六年十月庚寅

□□□□敵氣憑陵。凡有所求。意在必得。今答詔既拂其意。必無順命之理。於大小遲速之間。須豖突作過。宜夙夜修嚴戰守之具。俾隨方有以待之。卿等各膺重寄。爲國虎臣。當體詔誥。丁寧寤寐。勿怠。寬我西顧。無爲予羞。

賜李憲詔 元豐六年十二月辛未

近據諸邊盛報。西夏點集。稱欲入寇。及正旦進奉使人逼期不見入界。必緣有請不售。理須豖突爲患。爾宜深以大寇爲念。寅夜廣思。追逐計策。勿使枝備小大失稱。以誤國重事。

賜李憲詔 癸酉

夏人已肆陸梁。時貢不至。近賚去賜董氊阿里骨詔敕書。爾宜深加體賾。如董氊委未與夏賊訂和。即詔書國信物色。令今來先發去嗌廝鷄四部首領。賜與董氊阿里骨委曲曉諭。早令遣四部首領歸旅。下點集兵馬。前去禦賊。候大叚立功。斬到賊首萬數已上。至時亦有恩命與董氊阿里骨。餘更縷細開諭之。勿令信賊詐誕。以壞漢蕃兩家深重呪誓。仍賜董氊雜花暈錦旋襴、金束帶、銀器、衣着等有差。

賜李憲詔 同上

得錄奏董氊阿里骨蕃字。觀其情辭。忠智兼盡。顧中國食祿士大夫存心公家者。不過如此。紬繹再三。嘉美無已。兼而所回委頗中事情。甚得朝廷欲命之意。緣今夏賊姦謀不小。直欲併兵一路。深入腹裏。襲我之虛。慎不可以平日抄掠萬百騎待之也。宜大爲經略。廣作枝梧。勿令得志貽患異日。昔六谷首領羅支厮鐸督輸忠朝廷。協力擊賊。後終成奇功。殺李繼遷於三十九井。當時朝廷報賞甚厚。今董氊阿里骨既効誠如此。宜更激勉。使深入

賊土。求如上功。以稱朝廷撫厚之意。

賜李憲詔 同上

西賊首領最爲兇黠者。惟人多唛丁。而自來多於本國西南邊出入。料彼方蕃部。必能有識其狀貌者。宜多方選委將佐。廣募蕃兵。有能別識之人。令密結敢死儕類。遇事謀生擒致之。不然斬首前來。當以團練蕃部鈐轄及皇城使蕃兵將官酬之。

賜李憲詔 元豐六年十二月乙亥

近麟府鄜延環慶涇原路探事人言。西夏已點集河南河北諸監軍司人馬。或稱十分中五。或稱幾分。並要於十二月十五日葫蘆河取濟。雖作過路分。未知其的。然聚兵去處。必是委實。不可不廣爲枝備。仍付熙河蘭會路經略安撫司。宜同思爲備。勿悞朝廷重事。

宋大詔令集卷第二百十四

政事六十七

備禦下

賜李憲詔 元豐七年正月甲辰

得來奏稱敵兵渡河叩□州事如素有枝準固已甚善惟是深戒將佐更切愼重勿輕冒鋒鏑悞國重事更多方處置仍告諭城中仰堅心一志守禦俟賊退敗當有重賞餘見被寇城砦准此諭之仍日逐飛奏前來

賜李憲詔 元豐七年正月癸丑

得來奏以蘭州境內賊馬已退賊傾國而來彼費已大洎入漢境盤桓旬日卒無所得大衆傷夷而歸在我固已收全功矣宜遍諭諸將勿以不能尾擊多斬敵首爲恨又詔憲羌賊堅悍兇惡如此若非官吏軍民人懷忠義安能卒保無虞除已賚賜官吏銀合、茶藥及士卒銀椀外仍據城上、城下用力輕重等第所給絹去外宜速編排諸司所有絹十萬疋以備使臣到日宣賜并具功狀火急保明以聞當與優賞其蘭州城裏宜內傍下闊二丈、上收五尺馬面中間更增散樓子一座五間仍添置砲臺爲便可速具以聞

賜李憲詔 元豐七年正月甲寅

西賊雖已傷敗散去然兇酋人多唛丁者倔強任氣深慮恥於傷殘不快所欲忿不思難出我不意虐用其人乘隙忽有奔衝不可不念宜多方廣布斥堠督責守將無息防虞仍頒弓箭火砲砲箭百萬有餘以備禦賊

賜李憲詔 元豐七年正月乙卯

夏人自連歲不時點集之後人固已有受其弊者□□□蘭州大衆傷敗之餘士氣摧喪在理可知兼兇酋人多唛丁殘忍虐用其人今既不能如欲上則必得罪於國中下須逞其躁心及□羌戶必有不自安之人疑可乘時開以重利俾有內向之心廣肆招徠以衰賊勢仍時出精鋭塞外撓其春耕爲今之宜最爲困賊上計爾宜圖之仍賜錢一百萬貫絹五十萬疋爲完築備禦賜賚之費

賜李憲詔 同上

西賊自蘭州挫銳傷夷之後.其中欲得內附者甚多.未知虛實.可責委守將多方招徠.或專遣一二近上有機智官.如康識輩主其事.此於方今邊計.不爲小補.兼繫賊強弱事實不細.

賜劉昌祚詔 元豐七年正月庚戌

本路士氣.自永洛不守.戍來折索摧喪.非往日之比.近聞諸將互出.頗獲賊級.軍氣小振.則豪勇異常之人.宜有旌別.特以氣作之.使鼓率士心.樂於攻戰.今賜卿緊絲戰袍.紅絲勒帛.金絲鳥梢弓.虎文韔軒.銀纏捍鎗.朱漆圓排.金鍍銀裝手刀各五十.宜擇衆與之人.量所宜賜之.

賜李憲詔 元豐七年正月辛酉

蘭州賊退已久.其守城有勞之人.至今未見第功奏上.可速具狀飛遞以聞.本路地形.據賊上游.黠敵姦心.日有窺伺.理須守禦亭障.百色完備.可令役兵併力修完.熙州十分完固外.其餘堡砦.亦得增修.要使一路內外.率有堅城之恃.應于守禦器仗.非本路可辨者.一一親縷奏來.當自京師發去.

賜李憲詔 元豐七年正月丙寅

比西賊攻犯蘭州之始.城壘兵防.未有十分可恃.所以人情惴恐.不得不爾.今賊已解去.則前日憂慮敵心.未易可忘.除兵防以縣官財用所繫.未可增加外.其守城之具.與夫壁壘繕完.宜急爲之.除熙州以根源所繫.先次修完固已甚善.餘係近裏所繫重處.亦宜速具以聞.不可日稽一日.緩急有悞重事.

嚴守備詔

朕惟至治之要.守在疆埸.雖威德所暨.旁加四裔.虛候沉烽.與民休息.邊境無一朝之患.朝廷有萬世之安.而外禦之備.常若寇至.夙夜業業.未嘗忘危.修戎器以備不虞.習軍旅以待事變.德足以來遠人.而守不廢金湯之險.道足以懷殊俗.而動不失兵革之利.輔助文教.國賴以寧.故自視政以來.纂述前志.祖宗統紀.懼弗克承.首詔邊臣.嚴飭疆備.積粟以廣儲峙.校武以簡師徒.庶幾消萌弭患.以昭先帝遺烈之緒.申命懇惻.于今歷年.而軍廩未充.士氣未振.將佐慢命而威未立.羌戎玩常而貢未修.眷然顧懷.爲之旰食.夫蹙國中之地.以借寇資.散天下之財.以耗邦計.既往之失.不可以咎矣.繼自今日.益務祗戒.增完障塞.繕設屯備.保民如赤子.訓旅如嚴師.視儲積如私藏.守疆陲如近甸.而布宣威靈.折衝千里.如在門屏之間.則四方無拂.其誰敢侮.書不云乎.惟事事乃具.有備無患.朕言不再.國有常刑.各恭厥官.其無陷失而取後害.

東南備禦漸次興築御筆 大觀三年二月六日

東南備禦.已降指揮.深慮監司州縣吏緣爲姦.急切者倚法害民.廢職者慢令失事.如建築城壁.置造軍器.收養戰馬.訓習水軍之類.可令量度工力.

計以歲月。漸次興作。不得急遽科配率斂。仍不得差雇百姓。並以軍工充役使。速不擾民。緩不廢事。然後爲稱。可令監司互相覺察以聞。

保疆

保疆詔 太平興國七年十月癸酉

朕君臨萬國。子育兆民。思欲覆載之間。盡躋仁壽之域。兵曰凶器。豈必用之。況契丹一邦。素無釁隙。頃歲交通使命。保守封疆。亭候無虞。烽塵罷警。尋以太原舊壤。僭竊相承。毒虐生民。拒違朝化。朕所以親提銳旅。直抵孤城。蓋爲伐罪之行。非有黷武之意。而契丹朋附逆黨。棄背驩盟。輒率強悍之民。來爲唇齒之援。蚊蝱暴集。不免於驅除。豺狠無厭。須行於剪伐。既平汾晉。尋幸塞垣。靡辭再駕之勤。親略全燕之地。顧茲曲直。炳若丹青。邇來金革甫寧。創痍漸復。百姓等各思安堵。務勉服田。不得闌出邊關。侵撓帳族。及掠奪畜產。騷動邊陲。宜令所在州縣。嚴切偵邏。違者重論其罪。生口羊馬等。並送於塞。以稱朕屈己息民之意焉。

誡沿邊毋得侵掠詔 端拱元年四月癸巳

朕凝命上元。居尊中土。唯思禁暴。豈欲佳兵。至如幽薊之民。皆吾赤子。每聞交鬬。畫然傷懷。近者已許邊疆互相貿易。自今沿邊戍兵。無得輒恣侵掠。務令安靜。稱朕意焉。

答趙保吉詔 至道元年四月壬寅

先勑邊郡。各謹封略。無敢相侵。內屬邊人所盜羊馬錢物。今並已還卿。敵性貪狠。尚恕其罪。自今敢犯卿者。誅之可也。

誡約不得入北界劫掠詔

天寓所臨。是惟王土。雖或淪於異俗。久隔皇化。顧念赤子。孰非吾民。如聞邊隅頗縱驁擾。殊爽綏懷之義。寧忘軫惻之心。自今緣邊百姓。不得輒入北界劫掠。違者仰所在捕繫具獄以聞。

緣邊城池依誓約止行修葺外移徙寨柵開浚河道悉禁止詔 景德四年五月庚子

頃以外邦來脩信好。務寧民庶。爰有誓言。乃眷疆埸。所宜遵守。自今緣邊城池。依誓約止行脩葺外。自餘移徙寨柵。開浚河道。無大小悉禁止之。

誡諭諸路各務安靜詔 熙寧四年二月壬申

日者守邊將吏。或貪功生事。妄稱釁端。以開邊隙。雖已體量黜責。尚慮未能盡體朝廷鎮撫四裔之意。須議特行戒諭。除夏國作過不許朝貢外。宜令逐路帥臣。自今遵守約束。各務安靜。覺察緣邊將吏。無令引惹生事。如稍有違。當重行誅責。

賜陝西河東經略使司詔

勅。鄜延路經略使。夏國再差嵬名嘌寨等進誓表謝恩。朝廷已降詔。並依慶厤五年正月二十三日誓詔施行。逖我靈夏。世爲藩垣。抗章來庭。述職請命。已頒詔旨。俾率誓言。朕惠綏民氓。無間遠邇。眷惟方面。共體至懷。申飭師徒。毋事侵擾。今後約束當職官吏、沿邊把守人等各守疆界。不得擅入夏國地分侵掠。及不得收接投來人口。致別生事。故茲詔示。想宜知悉。

賜鄜延等路經略使不得生事詔

勅。鄜延環慶涇原秦鳳幷代等路經略使。夏國再差都羅重進等賫到誓表。及進納安遠寨門二寨。詞理恭順。朝廷已降誓詔。並依慶厤五年正月二十三日誓詔施行。見行封册事。國家撫有萬國。務安群黎。眷惟靈夏之區。舊爲封疆之禦。屬茲世及。繼以章聞。加載輸於誓言。且願襲於爵土。深懲既往之罪。更篤自新之圖。朕已詔攸司。卽頒册命。方敦來遠之德。宜飭在邊之臣。其自保民。無或生事。今後約束當職官吏沿邊把守人等各守疆界。不得擅入夏國地分侵掠。及不得收接投來人口。別致生事。故茲詔示。想宜知悉。

宋大詔令集卷第二百十五

政事六十八

恩宥上

赦見禁詔 建隆二年五月癸亥

王者立極開基肇啓興隆之運法天象地務施亭育之心朕荷上帝之眷懷爲黎元之司牧顧涉道以猶淺念致理之惟艱焦思勞神晨興夕惕何澆風久扇而淳化未凝三面從寬或尙罹於憲網萬方有過當自責於眇躬今屬仲夏司辰盛德在火明堂視朔適當布政之朝解象符占用廣好生之意應五月一日昧爽以前天下見禁罪人云云朕撫臨寓縣師範哲王止期德以勝殘蓋欲人將知恥是用順薰風而解慍遵時令以恤刑凡我蒸黎當體茲意

赦見禁罪詔 乾德三年五月戊子

王者順時育物議獄恤刑當華夏開泰之辰應天地長贏之氣務敦養治庶洽和平釋囹圄之繫民復山林之亡命凡在遐邇宜體朕懷應兩京及諸道州府見禁罪人自五月十八日昧爽以前犯大辟減罪一等其餘罪無輕重咸與釋放

赦見禁德音 開寶九年正月五日壬申

門下陽春應候率土同和當寰瀛開泰之辰應天地發生之氣恩頒煦育時慶混同在縲紲以論辜盡從疎理居山林而亡命亦許招擕凡在聽聞宜體朕意應兩京及諸路州府見禁罪人限勑命到日死罪與減一等餘罪並與釋放

霖雨河決後年豐德音 太平興國八年八月壬辰

門下古先哲王恭默思道引萬方而罪己將百姓以爲心典册具存音徽寧遠睠惟今歲自夏徂秋霖雨爲災水潦作沴河渚有決防之患人民懷昏墊之憂朕端居九重軫念兆庶責躬減膳暗禱明神而精感有通上元降鑒變霪潦爲霽景登稼穡爲有年遐邇傳聞黔黎安泰豈沖人之獲祐蓋上帝之垂休宜覃兌悅之恩用洽寰中之慶限德音到日云云於戲災祥之應宜理昭然愈持兢畏之心庶答元穹之誡布告中外知朕意焉

降死罪以下德音 雍熙二年九月丙午

朕仰膺天命。恭守寶圖。勵無荒無怠之心。繼卜世卜年之祚。炎涼十變。區宇一平。兆民消愁歎之聲。四序協和平之氣。自春徂夏。五風十雨。以無愆率土。普天宿麥。嘉禾而大稔。戶戶有輕徭之樂。家家獲兼歲之儲。顧此眇躬。荷茲元貺。感乾坤之降祐。俾動植以霑恩。特開三面之羅。少謝二儀之德。應兩京及諸道云云。於戲。上帝垂休。顯助隆平之運。冲人守位。愈堅兢畏之誠。更緊中外之臣。共體憂勤之意。掌獄訟者無令枉撓。撫蒸黎者更務公清。當予無外之朝。永洽可封之化。布告遐邇。咸知朕懷。

降流罪以下德音 雍熙三年九月丙寅

門下。王者父事穹明。子育黎獻。每恭虔而守位。敢放逸以爲心。庶隆不拔之基。永洽可封之化。朕猥以薄德。臨茲萬邦。朝昏惟政理是勤。動靜以生靈軫念。幸二儀之助順。兼九廟之垂休。四時常慶於和平。五稼屢成於豐稔。物無疵癘。人樂昭蘇。野多棲畝之糧。國有如京之蓄。矧惟今歲。又異常年。五風十雨以應時。萬庾千倉而有望。克致寰區之大慶。皆由覆載之元功。宜覃及物之恩。用啓自天之祐。應兩京及諸道云云。於戲。表帝王之道。無如於蕩穢滌瑕。歸億兆之心。莫若於行恩布惠。從軍旅者無忘忠赤。業田農者勉務耕耘。樂我昌期。共應多福。宜示中外。知朕意焉。

減降見禁詔 淳化二年五月己亥

眚災宥過。有國之大猷。扇暍泣辜。前王之令德。朕恭承景命。奄宅中區。敢於黃屋之尊。但以蒼生爲念。思所以丕變風俗。歸厚人倫。庶民勞而小康。期刑措而不用。蠢茲甿庶。尚襲澆漓。比屋未至於可封。叢棘頗多於犯法。既自罹於魁網。遂久繫於犴牢。矧又國家以財賦之繁。經費尤廣。大興工利。以佐邦儲。取關市之征。以禁游惰。嚴山澤之禁。以抑并兼。誰能去之。事非獲已。而斡掌之利。或有耗登。逋欠官錢。捕繫詔獄。畫一之法。不得不言。爲人上者。何必言利。矧萬物鬯茂。四時由庚。豈使愁嘆之聲。以至無告。宜覃渙汗之澤。俾之自新。兩京諸道州府軍監繫囚云云。

減降德音 淳化五年四月戊戌

門下。朕以涼德。叨承慶基。思欲答穹昊之景靈。驅黎元於壽域。雖憂勤靡怠。而獄訟尚繁。朕每思之。當食興歎。念區宇之至廣。顧刑禁以居多。憫彼罪人。寘之叢棘。爰屬炎蒸之候。特行曠蕩之恩。自四月十七日已前。應兩京及諸道州府軍監縣等刑獄罪人云云。於戲。恤物安民。式示納隍之慮。滌瑕蕩穢。用推解網之仁。咨爾萬方。咸知朕意焉。

赦天下制

朕受命上元。居尊中土。思欲納蒸民於壽域。平太階於慶霄。至誠感通。景貺昭格。爰從今夏。逮及初秋。稼穡屢登。氛霾頓息。非眇躬之攸至。蓋穹昊之降祥。俗阜民康。既洽豐年之望。赦過宥罪。宜覃及物之恩。可大赦天下云云。於戲。解網泣辜。尚緬懷於往聖。赦過宥罪。冀流惠於庶方。布告衆多。咸令知悉。

遣官決獄減降一等詔 至道元年四月辛丑

朕撫臨區夏。勤恤黎元。每夙夜以惟寅。庶昆蟲之咸遂。而刑罰未措。獄訟尚繁。適當炎酷之時。慮鬱和平之氣。言念於此。良用惕然。是以分命使臣。往伸輕典。俾無枉撓。稱朕意焉。宜令常參官十六人乘傳分詣諸路。與長吏同決遣刑獄。除十惡、劫殺、謀殺、故殺、官典犯贓、及損敗官物、見行徵督不赦外。其劫殺止誅其首惡。餘徒黨悉杖脊黥面。配所在本城禁錮。其流罪已下。遞減一等。所至決遣訖。具刑名事狀。疾置以聞。

在京畿縣降雜犯死罪放流罪已下德音 至道三年二月甲寅

門下。朕獲主萬邦。于今二紀。承昊穹之景貺。致區宇之大同。然猶業業兢兢。日愼一日。輟寐而常思至道。虛心而博訪嘉猷。務洽和平。用綏黎庶。而輦轂之下。民物浩穰。慮禁繫之稍繁。或滯淹而未決。況陽春啓蟄。農事方興。議獄緩刑。宜遵於古典。布德行惠。蓋順於天時。云云 且子育之民。遐邇無異。而王畿之內。力役所叢。須議優矜。式符欽恤。咨爾中外。宜悉朕懷。

雜犯死罪以下減降德音 咸平三年五月丁丑

門下。王者誕膺天下。司牧人倫。莫不乘五運以當陽。法四時而寓令。璣衡齊政。河洛授圖。眇觀千載之書。備見百王之制。取則非遠。擇善而行。朕嗣守丕基。僅逾三載。禋宗類帝。恭依典禮之明文。阜俗安民。未洽和平之至化。勞神焦思。弗敢荒寧。律筦蕤賓。虞琴解慍。因天地交感之際。展君臣朝覲之時。嘉與萬方。惟新大慶。爰屬長嬴之候。宜覃作解之恩。自咸平三年五月初一日。應天下見禁 云云 於戲。無黨無偏。是成於君德。有倫有要。斯謂之國經。逋租者既已蠲除。爲盜者許令自首。至于仕進。並與甄升。更繄輔弼之臣。共致皇王之道。布告遐邇。咸知朕心。

雜犯死罪以下減降德音 咸平四年歲旦

門下。天道無私。廣覆遂群生之性。王春伊始。至和舒不宰之功。朕祗畏上元。虔膺大寶。勤法祖宗之訓。恭臨億兆之民。冀遐邇之大寧。俾幽微之咸乂。屬茲歲首。思霈鴻恩。昆蟲俾遂於休和。草木共霑於煦嫗。爰敷制命。誕告寰區。解網之仁。普天同慶。云云 於戲。舍過宥罪。既遵治古之風。含垢匿瑕。思繼明王之範。凡我有位。洎于萬方。勉承慈惠之恩。永奉昇平之運。

兩京畿內流罪已下減降德音 咸平四年五月

門下。朕昧旦聽朝。勵精求理。若涉川而浩蕩。如馭朽以戰兢。乃者以東作將興。時雨未降。人心憂懼。天意憫傷。大田免焦鑠之災。多稼有豐登之望。適當梅夏。爰布薰風。順長養之宜。修寬大之政。念茲徽纆。繫彼犴牢。雖疎決繼命於使臣。而留滯慮經於炎暑。將從原減。用示哀矜。云云 於戲。守位曰仁。豈涼薄之敢忽。爲政以德。在修省以彌勤。更賚台輔之大臣。洎於奔走之群吏。共成化育。同致阜康。中外臣寮。當體茲意。

在京幾縣減降流罪已下德音 景德四年正旦

門下。王者欽承眷命。光宅中區。敦大德以庇民。體至仁而守位。何嘗不躬親萬務。勤恤庶邦。惟懷永圖。懋逮皇極。天聽甚邇。鑒茲勵翼之心。時令弗迷。契乃順承之望。爰從去歲。頗謂有秋。嘉品物之盛多。思群生之仁壽。矧四方之都會。是曰京師。而千里之幅員。茲惟幾甸。獄市浩穰之所寄。力役叢脞以尤繁。念多辟之人。或自投於罪罟。因發生之始。宜誕布於德音。式覃在宥之恩。載洽履端之慶。應在京并幾縣云云。於戲。議獄緩刑。率遵於典訓。布德施惠。俯順於陽和。庶臻恥格之風。用致財成之化。宣告中外。知朕意焉。

宴開封府射堂降罪詔 大中祥符二年閏二月戊辰

昔者東漢之隆。過宛陵之故第。貞觀之盛。臨慶善之舊宮。所以申愷樂之私。宣優裕之澤。朕頃在儲邸。獲尹神京。荷先訓之至慈。總民政而多暇。俾於表署。構此射堂。用修相圃之儀。遐擬宣猷之地。逮於纘紹。久曠巡遊。屬萬務之清閑。因九陽之韶煦。聊申豫幸。亦既周爰。念歲月之屢遷。增雨露之深感。宴胥載洽。式推侑弊之恩。渥霈誕敷。更示欽刑之旨。應東京幾縣禁囚。除殺人依法外。餘並遞降一等。杖已下原之。侍宴群臣開封府官吏並賜器帛。將吏中有經事太宗藩府者。優與支賜。赤縣父老。委本府犒設。年八十已上賜爵公士。九十已上者授攝助教。仍歲賜粟帛。終其身。見欠貸糧和市物。悉蠲。軍士亡命、盜賊結集者。限一月詣官首身。釋罪。限滿不至。復罪如初。京城商稅及幾縣有事不便民者。委三司開封府具析以聞。

天慶節五日內不得用刑詔 大中祥符二年五月丙子

朕君臨萬寓。子育兆民。每懷勵翼之心。冀臻清淨之治。皇穹降佑。寶籙膺文。爰紀鴻休。恭逮嘉節。設聖眞之清醮。洽士庶之多驩。用慶昌辰。著於甲令。載念百司之內。逮於九服之間。共樂福祥。宜停罪罰。自今兩京諸路。遇天慶節五日內不得用刑。

降諸路繫囚罪詔 大中祥符七年六月己未

齊民之刑。雖舜猶恤。導揚善氣。方屬於登穰。長養仁風。適當於炎暑。念茲縲紲。或有繫淹。特示寬恩。並從輕典。兩京諸路繫囚死罪。委長吏躬親詳鞫。徒流罪降等決遣。杖以下釋之。

赦天下制 大中祥符八年閏六月己卯

門下。朕緬承丕緒。嗣守成基。顧大寶之恭臨。屬中區之治定。封疆罷警。海域同和。紹擁珍符。交興純懿。內惟菲德。茂乃鴻猷。上則穹昊儲靈。祖宗錫類。下則百工修輔。群后納言。俾盛烈之協宣。豈沖人之獨致。今以薰風戒節。甘雨應時。豐楙允諧。疵癘咸息。是用仰祇貺施。俯慶隆平。欽翼居懷。庶奉持盈之訓。曠蕩流澤。爰遵渙汗之文。與物自新。行茲大賚。可大赦天下。云云。於戲。闓左扉而聽朔。是曰良辰。布大令以滌瑕。茲爲盛典。期爾率土。體斯克仁。

遣使諸路揀配軍移放詔

乃眷細民。自罹多辟。編名罪罟。竄迹遐荒。當食疚懷。未忘矜恤。宜遣使臣。乘傳分往京東西、江淮、兩浙、廣南東西路、荆湖南北福建路。與轉運使副提點刑獄官、逐處長吏取今年六月一日赦前雜犯配軍人揀選移逮近江淮浙南州軍本城收管。內老病不堪充役者。即給公憑。放令逐便。使臣押來赴闕。當議選配近上軍分。如不願量移及赴闕者。並聽從便。

許甄叙上佐文學參軍等詔

朕纘承大寶。在宥中區。念失職之人。自罹於嚴憲。舉滌瑕之典。用廣於深仁。勉務矜恤。式期甄叙。其上佐文學參軍等。如因累降授後。能改過不擾州縣。經十年以上無過犯者。所在保明申奏。當議裁度叙用。若年七十以上及久疾者。亦具析以聞。當令從便。內有強惡不悛須至羈管者。亦具名聞。

許文學參軍長馬別駕歸鄉詔

諸州文學參軍長馬別駕等。向虧廉慎。自冒典彝。黜隸方州。屢遷散地。別邸園而斯久。更歲月以滋多。深軫予衷。俾推恩制。自今貶降經十年已上者。許所在出給公驗。放令歸鄉。願仍舊者亦聽。如放歸後。不慎行藏。干擾州縣者。並如大中祥符四年十月六日詔旨處分。

宋大詔令集卷第二百十六

政事六十九

恩宥下

曲赦永興軍流已下減降德音 天禧三年四月

門下。國家仙源悠遠。皇祚蕃昌。爰銷偃於五兵。永混同於四海。席祖宗之積德。感天地之鴻禧。靈命紛綸。帝眞臨暨。畢封崇之盛節。協億兆之驩心。乃建元良實司匕鬯。繼明允若。逢吉昭然。獲名山祕籙之奇。超石室素書之妙。矧彼福地。時惟上腴。稽穹旻之孚休。歷古今而共貫。錫用金策。旣爲鶉首之區。降賫寶文。載顯鳳圖之瑞。偉珍符之所啓。顧冲質以難勝。宜推及物之恩。式洽延祥之慶。應永興軍管內云云 於戲。九清降鑒。純祐於宗材。億載承基。誕隆於邦國。聿布涵濡之澤。仰侔覆露之心。咨爾群倫。體予深意。

敕天下制 天禧三年八月丁亥

門下。朕夤奉丕基。撫寧中宇。慶靈積厚。高明博臨。受河洛之成書。開聖眞之鴻緒。陳嘉牲於崇巘。沈宣玉於隆脽。順拜文闕之壇。恭薦鏤瓊之板。儲精淵妙。敷化醇醲。矧惟咸鎬之區。是爲神明之奧。名山之內。福地在焉。載嚴曲密之都。式佇鴻蒙之駕。淸心昭格。璿極鑒觀。由兹鶉首之封。荐錫龍綈之檢。諭朕以輔德。勗朕以愛民。告臨降之先期。述延洪之景祐。介子孫於千億。保社稷於大寧。而又大顧皇儲。繼頒葆命。昭其仁孝之志。示以報應之祥。齊莊載披。惕厲彌至。考諸册諜。允謂殊尤。昔燧皇握機。但有蒼樂之刻。虞舜負扆。止觀河渚之文。豈若祚我菲躬。慶及元嗣。膺兹繁祉。實冠皇圖。思與萬邦。同均純嘏。仰答高旻之貺。用推肆眚之恩。可大赦天下云云 於戲。上帝敷祐。永錫龐鴻之禧。兆姓賴予。俾覃昭曠之澤。咨爾群庶。當體至懷。

敕天下制 天禧四年九月丁卯

朕祗遹皇靈。嗣纘丕構。恪守盈成之業。對越穹厚之威。裁萬樞之宜。匪忘於日愼。荷三神之眷。聿至於時雍。五兵載櫜。四鄙不聳。吏稟劭農之訓。野騰棲畝之謠。方隅大寧。表裏多慶。尙念中區之至廣。或慮庶獄之滋豐。多辟之咎實繁。服我之心奚捨。屬以秋成紀序。時屬布和。荷離明昌祚之祥。叶于大順。體巽風申命之典。覃以醲恩。矧惟眇眇之區。克被昭昭之祉。嚮用之福。方慶以延鴻。賚及之仁。宜均於純嘏。允答圓方之並貺。益祈顧禔之殊休。

可大赦天下。云云 於戲。發渙號以惟新。資乎滌釁。宥于過而無大。示乃寶慈。導臻冲氣之和。覬絕象刑之犯。祝天祺之紹集。眷菲質以丕膺。更賴承弼之臣。胥洎弁紳之列。罄宣忠力。恢贊永圖。

諸路德音 天禧五年五月乙亥

朕撫御寰區。憂勤旰昃。屬歆蒸之戒候。慮刑罰之滋豐。是用祇率舊章。親決庶獄。雖浩穰之地。咸被於矜寬。而溥率之間。豈無於淹繫。爰申誕告。式洽至仁。應兩京諸路州府軍監流罪降從徒。云云

赦天下制 乾興元年二月庚子

門下。朕以九五之尊。居億兆之上。獲承先烈。馴致太和。昭遠略以懷柔。講彌文而封祀。交舉百度。賓延萬靈。遹思王業之艱。仰席天祺之厚。動惟慮善。道必求中。遴柬群官。哀矜庶獄。悉罷遠方之民算。屢蠲南畝之地征。服靡尚於雕璣。務實登於農穡。常勤聽覽。殆絕遊畋。二紀于茲。一心無懈。幸以蒼旻降祐。廟社儲祥。內外協忠。邇遐宣力。政刑之大稍息於濫冤。幼艾之繁漸臻於仁壽。眷茲鴻慶。奚獨眇躬。是用及此王春。建于元厤。載協仲陽之朔。均覃解雨之恩。凡在幅員。同茲渙號。可大赦天下。云云 於戲。家六合以纂緒。聿遵乎治平。子兆民而布和。敢怠於欽恤。尚賴當朝文武。列位才賢。咸厥德以告猷。一乃心而凝績。亮采於盡瘁。保邦于大寧。克綏永圖。以佑神化。

提轉具赦前刺面軍人元犯詔 乾興元年八月甲寅

朕念生齒之繁。罹罪者衆。爰自纘圖之始。已申肆眚之恩。尚慮有司。未副予意。宜令諸路轉運使副提點刑獄。具所部赦前雜犯刺面軍人元犯因依以聞。

貶降官具元犯以聞詔 天聖二年二月癸酉

朕嗣膺先構。勤恤庶邦。眷言譴責之人。彌歷歲年之久。頃覃慶澤。未副予衷。期爾自新。特加甄叙。應乾興元年二月十九日已前貶降行軍司馬防團練副使別駕長史司士參軍散衙前編管人等。宜令逐路運司。除已叙用授官外。並具元犯因依以聞。

赦諸道雜犯死罪已下德音 天聖元年八月五日

門下。朕仰賴詒謀。嗣膺鴻業。永懷積德之厚。深念守文之艱。臨御以來。憂勤自勵。動惟訪善。道必求中。內外之官。任能而責效。小大之獄。蠲苛而去邪。戒偏聽之害。公酌群言而考實。洞今古於人鑑。納華裔於德藩。幸席威靈。汔臻豐楙。三陲不聳。百志同夤。然念秉翼翼之心。撫元元之衆。樞務之廣。能無闕遺。犴牢之間。或有稽緩。用及登秋之序。式覃肆眚之恩。嘉與群方。底茲多福。庶伸儆戒。以召和平。應三京及諸道。云云 於戲。謹憲度以保民。敢忘於彝範。徇哀矜而美俗。普及於含生。期復化醇。永孚天貺。布告方夏。體予意焉。

大赦 至和三年正月十一日

朕席祖宗之基。處方夏之上。思咸和於庶績。必兢業於萬微。人其乂寧。物以安殖。然念乏盛德之事。何堪盛德之稱。雖無疆惟休。亦曰無疆之恤。茲曷恃之弗恐。當益戒於保存。翼懼載懷。憂勤經務。以至膳饔之舉。日中昃而未遑。邦國之謀。夜申旦而猶慮。欽刑毖祀。矜役達窮。身之焦勞。敢自暇而圖逸。天君顧諟。廼蒙福而降康。是亦公辟臣民之奉。忠宗社神靈之垂祐。治臻嘉靖。承錫延鴻。今春陽發生。庶品茂遂。尚意囹圄有滯冤之繫。畎畝多乏絕之虞。政有未平。人或失所。宜覃寬宥之澤。俾同富壽之期。滌盪賙均。被於普率。可大赦天下。自至和三年正月十一日昧爽以前。云云於戲。敷慶施惠。既及於仁時。慎罰裕民。爰頒於孚號。冀此平成之化。叶於天地之心。復賴賢獻和衷。股肱修輔。共賚宣布之效。允貽福順之祥。咨爾萬方。咸知朕志。

祫享赦後揀貸雜犯刺面配軍詔 嘉祐四年

朕屬事大宮。還御兩觀。推慶天下。咸與惟新。言念無良之人。向緣不師於教。故隸之軍以苦其形體。移之鄉以勞其心志。使知罪戾。以圖改爲。亦既歷年。會此肆赦。原情推惠。付爾外臺。慮州縣官司。未諭朕意。或滯留以不即速決。或壅蔽而不時以聞。致予詔恩。不得下究。爾其務悉乃心。使朕之德澤以孚洽。而不失於當時。乃汝之職也。宜令本路轉運使副提點刑獄諸臣。先行移文往本路州府軍監。取索赦前雜犯應配軍人事。與知州通判鈐轄都監監押揀選及量移。

四京諸道德音 嘉祐八年二月十一日

門下。朕顧以眇躬。承于重器。綏御天下。踰四十年。曷嘗不周覽萬機。舉遵先憲。垂精寥廓之治。絕意紛華之娛。雖憂懼薄於冰淵。而壓勞發於寤寐。尚慮明有所未燭。化有所未孚。方春戒中。維物在煦。言念幅員之廣。生齒素繁。囹圄之間。繫囚日至。滯冤之情未達。愁嘆之憤或多。宜渙發於至恩。庶導迎於善氣。輔宣時令。協應天心。應四京諸道。云云於戲。天所助者順。故美祥之有來。民常懷者仁。非博愛之罔乂。蠲苛布德。其在茲虖。告于邇遐。當體朕意。

德音 治平二年十一月辛酉

朕祇膺駿命。光紹丕圖。言念纘服之勞。深惟置器之重。兢兢業業。日愼一日。恭勤畏懼。四載于茲。不親遊畋。不邇聲色。庶政之大。敢怠於必躬。萬樞之微。咸資於聽覽。克守盈成之業。庶臻熙洽之期。尚慮普率不均。幅員至廣。囹圄之下。或致於久淹。刑罰之施。或罹於失中。思布好生之德。宜撫在宥之仁。應四京及諸道州府軍監縣等見禁罪人。德音到日。云云於戲。撫民而寬。先王之盛則。赦過無大。有國之丕彝。誕揚茂恩。式周馨宇。告于有衆。當體朕懷。

元豐八年赦天下制 正月甲寅

門下。朕以眇躬。奉承聖緒。夙夜祗畏。靡敢荒寧。賴天博臨。中外康靖。兵革不試。年穀屢登。方春萌陽。萬物孚甲。裁成輔相。王政所先。宜溥恩休。導迎和氣。嘉與四國。洗心自新。弼予一人。永膺駿命。可大赦天下。除劫謀故鬬四殺、已殺人、十惡、僞印、放火、盜賊抵死不赦。及情輕奏裁。減等刺配外。其餘罪無輕重。咸赦除之。云云 於戲。順天理物。致百福之來求。發政施仁。冀萬方之蒙澤。咨爾庶位。當體至懷。

疎決京畿詔 紹聖三年五月乙巳

春夏以來。雨澤以時。二麥豐稔。內外康寧。和氣充溢。荷天貺施。實所滋多。然尙慮刑獄滯留。更宜深恤。可就今月二十七日疎決在京幷府界諸縣繫囚。雜犯死罪已下。遞降一等。至杖釋之。其諸路州縣。委監司分詣逐處。催促結絕。見禁公事。

崇寧元年四月二十日赦

門下。朕弟及承祧。君臨御極。永泰甫成於陵邑。欽儀遽燎於容衣。荐罹艱棘。久宅亮闇。恭默思治。四年于茲。賴帝降康。俾從時乂。星緯循度。海隅向風。萬民興悅豫之懷。百穀應豐穰之望。既得神天之佑助。實由祖考之燕寧。迨此免憂。始獲祗見。對威靈於原廟。躬致齊誠。按仙聖於眞祠。誕膺景貺。其敷大號。以賚多方。可肆赦天下。云云 於戲。斂福錫民。將慶備成之熙事。好生育物。廣敷昭格之惠心。咨爾黎元。體予至意。

淮南兩浙等路州軍曲赦 大觀元年八月十六日

門下。東南淮海之邦。吳楚川塗之會。時當熙泰。咸懷豐豫之安。吏失禁防。或肆輕揚之習。姦人冒利而擅鑄。凶德逆謀而締交。或拘縶而伏其辜。或卽訊而蔽以法。元惡斯得。雖治除之已淸。小民胥漸。已昏迷之可憫。載念掩捕追呼之遠。不無驚虞。往來供億之煩。良有勞費。宜曲推於渙澤。用加慰於群情。應眞光壽舒和宿泗楚揚亳蘇常湖潤杭秀越潁徐洪拱高郵無爲軍江寧潁昌府管內、河南應天府畿內、幷陳留縣、云云 於戲。雷霆之震欻欻。咸本生成之德。穹昊之明赫赫。終全覆露之仁。咨爾有知。體我厚意。

四京諸道德音 政和八年九月十六日

門下。聖人欽若昊天。紀元命以闡無疆之厤。王者懋昭大德。惠黎民以格滋至之休。朕恭紹基圖。聿臨區夏。惟上帝之眷。敢怠祗承。若前人之光。罔不篤敘。仰廸五辰之順。屢臻九穀之豐。升至治之馨香。每下高眞之聽。備太平之禮樂。聿修肇祀之文。刑罰淸而囹圄空。蠻夷服而干戈戢。方且辨四時之運於陽館。統一道之教於學宮。廣財成輔相之功。恢微妙元通之化。屬以著雍之歲在戊。無射之月建壬。誕開熾昌。倂協本始。天保定爾。我應受之。有陳歸美之詩。欲申敷錫之福。通天下之一氣。用保合於大和。介君子之萬年。宜緝熙於純嘏。肆孚渙澤。咸及庶邦。應四京諸道。云云 於戲。作善而降百祥。方對自天之祐。推恩以保四海。式均及物之仁。咨爾群倫。體予至意。

宣和三年赦 二月二十七日

門下。嗣前人而宅丕后。茂揚駿惠之功。昭上帝而用康年。敷錫博臨之況。朕紹膺景命。撫有嘉師。永爲安民輔世之圖。罔匪垂裕詒謀之懿。顧基緒之攸重。軫羹牆而不忘。肆於纂承。敢或墜失。豈謂長民之吏。並緣爲姦。有如奉詔之臣。倚法以削。殊咈隆寬之意。浸乖祗遹之謀。頻年以來。流弊滋甚。屬者攷舊章而作則。裁宿蠹以圖功。規模非寧人之指則弗從。政事非元豐所行則弗舉。復盡經常之制。悉除苛嬈之科。慮民力殫於多役。則蠲不急之務。以紓其壓。恐邦財耗於無名。則削可省之員。以淸其濫。農人服田。以安穡事。父老扶杖。以聽詔書。上靈監觀。嘉澤荐降。雷霆奮于中夕。相予以震疊之威。氛埃息于崇朝。示人以廓淸之象。既優既渥。協氣以臻。如茨如梁。豐年可告。允矣無私之報。倬哉有道之符。紹聞衣德言。燕皇天而克饗。丕靈承帝事。冒寰宇以均釐。其敷曠蕩之恩。用答函蒙之祉。可大赦天下。云云 於戲。和獲天助。聿彰嗣服之純。德洽民心。斯共榮懷之慶。咨爾萬方之有衆。聽予一人之作猷。永孚于休。同底于道。

曲赦京東河北路制 宣和十年五月九日

門下。朕祗膺駿命。光宅嘉師。勞來斯民。每誕敷於文德。肅淸下國。時載纘於武功。旋瞻趙魏之區。旁顧青齊之野。桑麻千里。皆祖宗涵養之休。忠義百年。亦父老教訓之德。比屬綏懷之後。仍兼追捕之餘。弄兵而阻潢池。革心是願。扶杖而聽詔令。傾耳以須。興言詿誤之愚。載念流移之痛。大田在望。時觀牟來之秋。南風既薰。宜解里閭之慍。肆宏霈澤。用導和平。京東河北路。云云 於戲。發政施仁。既一推於曠蕩。務農重穀。期永保於盈成。咨爾兵民。體予至意。

宋大詔令集卷第二百十七

政事七十

招諭

賜潭邵等州梅山洞主首等書

勑。潭邵等州管界梅山洞主首等省本人奏。汝等被避役人戶扇搖。爲非劫掠戶口。其間有不願爲惡者。被豪強脅從者。朕臨御區宇。撫育黎元。惟推惠養之恩。俾遂昭蘇之性。汝等咸爲首領。素効忠勤。因被扇搖。遽行劫掠。爲惡者偶乖思忖。脅從者因以順隨。殊非長久之謀。自取滅亡之禍。將行勦戮。先示招攜。今已差馬步大軍。往彼除剪。如能去逆効順。改過知非。自出首身。盡當釋罪。並可各安家業。不令兵士討除。倘或拒違。不順招撫。即便四面齊進。盡底搜羅。明開轉禍之門。當體好生之意。故茲示諭。想宜知悉。

賜潭邵等界梅山洞左甲首領苞漢陽等招諭詔 太平興國二年八月癸亥

汝等保於溪洞。守在封陲。況霜露之所均。固聲教之攸暨。遽忘覆育。敢恣睢盱。毒我齊民。撓茲戎索。亦嘗訹誘。尙或逗留。既豺虎之難馴。當鯨鯢之盡戮。今遣馬步大軍。龔行天討。尙念迷途之衆。宜推祝網之心。更示招攜。庶幾悛改。若能知非効順。相率歸降。特與矜容。更不問罪。尙茲拒命。猶或執迷。便當分布大軍。同時幷進。剋期殲殄。合勢剪除。若火燎原。不可嚮邇。當諭好生之旨。勉思轉禍之言。無蹈駭機。自貽後悔。

招諭河東亡命山林人詔 太平興國五年正月丙子

河東管內諸處山林藏匿僞官吏軍民等。昨者晉土不賓。王師薄伐。初嬰城而拒命。尋納款以來降。盡滌前非。用彰大信。文武之吏。布滿於朝行。編土之民。充斥於內地。綏撫斯至。待遇甚優。如聞僞諸軍指揮使供奉官殿直軍吏剪刺人等亡命山林。偷安晷刻。尙執迷而未悟。以懼死而爲辭。朕憫茲亂邦。未霑元化。金革期用。爲吊一方之民。爵賞高懸。思致千里之士。何乃疑慮。遂致逋逃。凡汝反仄之不安。蓋朕招攜之未至。用伸撫諭。式示懷徠。應諸道山林之人等。限詔到詣本處陳首。從前罪犯。盡與洗滌。仍等第給賜錢帛。長吏倍加安撫。縣次續食傳送上都。朕當臨見。問其所欲。願仕者量材甄敘。不願者俾之歸農。凡爾軍民。當體茲意。

兩川爲李順詿誤者沉潛藪澤者令諸路招攜詔 淳化五年六月辛卯

朕嗣守丕圖。削平亂略。法天地含容之德。體陰陽亭毒之仁。乃眷坤維。素稱樂土。久被雍熙之化。咸知信義之風。方洽隆平。亟逢妖亂。嘉禾忽生於蝎蠹。良田遂產於蕭稂。敗類傷和。職由於此。逆賊李順、蟭螟微物。起作叛離。扇惑我井廬。驚擾我郡縣。兵連禍結。千里騷然。遂致朝廷終行討伐。尙張形勢。竊據城池。及禁旅之天臨。果凶徒之瓦解。渠魁就戮。支黨咸俘。役不踰時。一方底定。然念劍門之外。全蜀之人。鑿井耕田。皆吾赤子。當狂賊暴興之際。乃王師未至之前。嘯聚山林。肆爲凶虐。咸從威制。自拔無由。爲彼毆攘。因而拘籍。或轉死於溝壑。或暴骨於郊原。朕始興兵。止於救亂。今上元悔禍。逆賊就擒。凡被李順脅從詿誤之人。咸與惟新。一切不問。猶慮驚憂罪戾。畏懼誅夷。收合敗亡。沉潛藪澤。所宜審茲朝旨。念彼家緣。不以公私。各歸本業。脫亂兵之患難。復累世之鄉閭。重見宗親。再安里社。轉禍爲福。豈不休哉。宜令諸州各招攜歸業。倍加安撫。軍人亦免其罪。依舊隸兵籍。限詔到一月。並許所在陳首。限滿不首。論罪如初。

許劍南峽路群盜陳首詔 淳化五年八月乙未

朕奄宅區宇。大庇黎元。事惟切於吊民。志且非於黷武。日者災纏井絡。盜起坤維。尋命偏師。往淸遺孽。如聞殘寇。頗懼嚴誅。嘯聚不逞之徒。藏匿無人之境。儻不開於三面。尙相聚於一方。志何能伸。困而猶鬬。必忿虔劉之戮。重傷亭育之仁。應劍南峽路聚山林爲群盜者。並釋其罪。許令歸業。限詔到一月。許於所在陳首。軍人復隸兵籍。百姓俾之歸業。願隸軍亦聽。限滿不首。卽論其罪。諸州有法令未便、賦調不均等處。並令轉運使與所在長吏便宜施行。

遣使諭王均等詔 咸平三年九月戊寅

昨以符昭壽怠於改塗。昧於綏撫。乃致汝輩陷於匪人。今大舉王師。將平孤壘。所嗟氓俗。例隕兵鋒。深用軫憂。特從開導。如能遞相勸率。効順革心。當賜生全。別加錄用。仍專遣使臣。押汝等兒姪親族。往彼告諭。以示包容。勿更危疑。自求多福。

招流亡歸業詔 景德二年正月丁丑

昨以邊防有警。河朔用師。金革未寧。流亡頗衆。離去故土。越在他邦。自戢干戈。屢頒恩詔。特蠲租賦。式示招攜。尙未復於先疇。深軫懷於旰食。再伸告諭。倍切撫存。宜令河北諸州軍官吏。設法招誘。俾其歸業。每縣令佐耆保。切如安卹。不得差擾。凡有招到戶數。卽具聞奏。其知州軍通判幕職錄事令佐等。並書厤爲課。候替日付所司。

寬利益彭州反側詔 咸平四年十二月丁未

一昨利益彭州戍兵謀亂。自貽刑憲。悉就誅鋤。眷彼黎甿。或多反側。因寬詿誤。式廣好生。宜令逐州、除逃亡徒黨見擒捕外。其餘一切不問。

詔環慶經略司詔 熙寧四年三月己丑

兩營軍士。必非盡同謀。宜止推究造首謀者、家屬處置。其餘父子兄弟毋得監守。其務安存慰諭之。應被誘脅從。如能歸首。皆免其罪。如能執殺元結構之人。當議厚賞。其已擒獲。即具得賊之人馳驛以聞。

貸雪

貸內外人吏詐欺罪詔 開寶六年十月甲辰

中書密院三司及內外諸司職事人吏等。曾有詐欺官司。乞取錢物。雖未彰露。必懷驚憂。特示寬恩。並與釋放。使無過者更思勵節。負罪者得以悛心。其逐處應自今日已前有所犯者。並不問罪。若是曾有欺隱官物。即仰速自首納。如私下收受財物。不得更有指陳。亦不許諸色人論告。如敢故違。或因事敗露。及致人告論。勘鞫不虛。必議重行朝典。

貸市易官物欺罔官錢罪詔 開寶七年五月乙丑

古人以獄市爲寄者。蓋知小民惟利是從。不可盡以法而繩之也。況先甲之令。未嘗申明。苟陷人於刑。深非理道。將禁其二價。宜示以明文。自今應市易官物有妄增價欺罔官錢者。案鞫得實。並以枉法論。其犯在詔前者。一切不問。

貸脅從人罪詔 淳化五年三月甲寅

近者兇民嘯聚。蜀郡驚擾。聊舉偏師。往伸薄伐。已聞虎旅。將獲梟巢。既顯戮於鯨鯢。慮俱焚於玉石。令招安使王繼恩、候前軍所下處。其賊黨敢抗王師。即須殺戮。其有本非同惡。受制兇徒。先被脅從。今能歸順者。並釋其罪。倍與安存。所以明好生惡殺之心。所以舉懲惡勸善之法。凡爾民庶。深體至懷。

貸陳文顯罪詔 御史中丞李惟清彈陳洪進子文顯等。兄弟列訟。骨肉爲仇。文顯首起訟端。當律文尊長之坐。至道二年九月。

文顯等頗傷名教。合寘邦刑。以其父有忠勳。未忍捐棄。宜賜戒諭。許其改過。儻無悛革。盡正簡書。令御史臺告示知委。

貸揚州折博羅官吏罪詔 咸平元年十月壬寅

揚州折博羅九萬二千三百餘疋。輕怯不中度。三司失於拘檢。合行推鞫。用誡因循。但以歲月稍深。干繫者衆。慮成追擾。特示矜寬。其應干繫官吏。不問罪。儻復有犯。科斷訖。仍勒備償。

貸益州因王均作亂曾劫奪民財殺傷人命者罪詔 咸平四年正月甲申

昨者西南之區。叛兵搆孽。頗有凶旅因滋亂階。攘奪貨財。殺害烝庶。暨茲平殄。大起訟嚚□悉置於典刑。慮紛擾於鄉縣。特行禁止。咸許自新。期乃蒼黔漸臻恥格。應益州去年九月二十日已前因王均作亂曾劫奪民財殺傷人命者。除官吏使臣不放外。其軍民諸色人並釋之。

妖人谷隱干連人等放罪詔 大中祥符八年五月甲辰

先王立法。在妖邪而必誅。有國詳刑。亦哀矜而爲務。顧小民之多僻。習左道而相傳。苟用常科。難逃極斷。屈茲彝憲。投置遠方。惟彼朋徒。合行追捕。特從寬宥。咸許自新。其谷隱下弟子。除係禁勘別行指揮外。其餘干連人並放。仰州縣安撫。各令著業。自今不得傳習。

釋彭儒猛罪招諭諸族蠻人詔 天禧三年五月丁卯

懷遠之方。推恩必厚。念勞捨過。抑有典常。下溪州彭儒猛負罪逋逃。久困羈旅。其子仕漢等已束身歸服。並列班秩。儒猛亦遠陳誠懇。深足哀矜。俾均在宥之仁。式啓自新之路。特宜釋罪。仍加錄用。令高州等處諸族蠻人以此招諭。如挈屬來歸。願給田耕墾。許從所便。願還溪洞。亦聽。其招諭之人。亦第加酬獎。

上書羈管編管人放還詔 崇寧四年七月二十二日

朕嗣承先烈。夙夜究懷。罔敢怠忽。嘗懼弗及。乃者詢謀逮下。而士輒乘間詆訕。無所忌憚。朕父子兄弟之分。於義有害。在法靡容。已屈常刑。止從遠竄。然士流於俗。見利忘義久矣。朕甚憫焉。蓋行法則明教。宥過則示恩。貸其終身不齒之罪。俾之自新。朕之遇士厚矣。應上書奏疏見羈管編管人。可特與放還鄉里。仰州縣長吏及監司取責親屬保任其身。仍令三省量輕重具名定法聞奏。

元祐黨人移徙詔 崇寧四年九月五日

元祐姦黨。詆訕先帝。罪在不赦。曩屈常憲。貸與之生。斥之遠方。固無還理。終身貶所。豈不爲宜。今先烈紹興。年穀登稔。鑄鼎以安廟社。作樂以協神民。嘉祥荐臻。和氣降格。肆頒赦宥。覃及萬方。興言邪誣。久責遐裔。一夫失所。朕尙惻然。用示至仁。稍從內徙。服我寬德。其革爾心。應姦黨羈管編配安置居住在嶺南者。與移荊湖南北。在荊湖者移江淮近地。其餘並移近裏。唯不得至四輔畿內。

上書編管羈管人放還鄉里御筆手詔 崇寧四年十二月三十日

昨降手札。應上書編管羈管人令還鄉里。責親屬保任。而有司止從量移。先王制刑。蓋以弼教。情有重輕。法有久近。元符之末。士失所守。乘間抵巇。志在干祿。屛之遠方。已踰三載。迹其愆罪。在所不宥。今好惡已明。懲責已久。俯從寬貸。示不終棄。其誣謗深重。除范柔中鄧考甫不放外。餘依已降指揮。放還鄉里。令親屬保任如法。其各自新。毋懼後害。

除外州姦黨石刻御筆手詔 崇寧五年正月十二日

應元祐及元符末係籍人等。今既遷謫累年。已足懲誡。可復仕籍。許其自新。所有朝堂石刻。已令除毀訖。如外處有立到姦黨石刻。亦令除毀。今後更不許以前事彈糾。常令御史臺覺察。違者具彈章以聞。

韓琦子孫落籍詔　大觀元年正月二十三日

古之爲政。惡惡止其身。善善及子孫。故相韓琦。輔立英宗。弼亮神考。功在社稷。其子忠彥。弗克紹似。罰惡之憲。逮其弟兄。比幸祖考誕育之地。與言琦功爲忠彥所掩。而琦之諸子。已從寬貸。尚掛謫籍。殆非善善所及之義。可除忠彥外。韓琦子孫昨被廢黜。並與落籍。依無過人例施行。應係籍宰執墳寺。昨經改正。仍並給還。以稱朕追往念功之意。布告在位。其體至懷。

宋大詔令集卷第二百十八

政事七十一

平亂

平澤潞德音 建隆元年六月辛卯

門下。天生五材。武可以底寧禍亂。君有一德。恩所以輯睦兆民。爰自睠命自天。膺圖開國。伊朕寡昧。勉徇樂推。式造新邦。務求治道。郡縣小大之政。必切躬親。蕃宣勳舊之臣。敢忘禮遇。以四海康樂爲念。以一物失所爲憂。弗敢怠荒。庶期開泰。不謂壺關之地。分野纏災。守臣無事以生疑。同惡望風而相濟。朕推心勉諭。屈己俯從。和氣不能易豺狼之心。平地於是作荆榛之路。昨者長驅禁旅。直上太行。始戮賊軍。尋平澤郡。鋒交矢接。瓦解冰消。潞州既迫危亡。尋輸降款。契我好生之德。各覃加等之恩。一境熙春。萬家按堵。既豁黔黎之望。實憑宗社之靈。重念將士同心。服干戈而展効。官吏奉職。部力役以有勞。將同慶於域中。宜大賚於天下。應天下見禁云云

平王均川峽路德音 咸平三年十月乙丑

朕君臨萬宇。德覆兆民。執大象以御時。應上元而爲理。何嘗不慈恕在念。旰昃爲心。思保太和。用敷至化。而王均包藏逆態。孤負國恩。嘯聚危城。驚騷遠土。逮乎撲滅。尋至梟懸。言念蒸黎。驟罹困弊。既洽和平之運。宜推曠蕩之恩。應川峽兩路德音到日昧爽以前。十惡、故殺、劫殺。並爲已殺人、官典犯枉法贓不赦外。餘罪無輕重並放。其拋離城池人不在此限。仍令轉運司具名以聞。官員使臣等陷在逆城。遭其逼脅。曾受文字者。並釋罪。部送赴闕。其益州內外諸色人曾受章捕懼罪藏匿者。並放罪。各令歸業。

王則平曲赦河北制 慶曆八年閏正月甲辰

朕纂承寶緒。導發化源。思固本之在民。每敷仁而修政。務遵先訓。罔咈大猷。刑審厥中。處之以明慎。信孚無外。示之以懷柔。雖底萬邦之太和。每矜一物之失所。近以貝州舊壤。孽賊爲妖。嘯聚郡城。稽誅旬朔。眷兹境土。不無傷殘。當興師之剪除。且有衆之蹂踐。而又枕戈衽甲。暴露于夙宵。輓粟飛芻。疲勞於道路。暨列盪平之效。宜推優奬之恩。逮彼封疆。並均渙澤。可曲赦河北諸州軍。自慶曆八年閏正月五日昧爽以前見禁人。除貝州妖賊王則

一行、應干係徒黨、及在城失守、或屈節順賊官吏等、并犯十惡、訪殺、鬬殺、並爲已殺人者、放火、僞造符印、官典犯正入已贓不赦外、其餘雜犯罪人罪無輕重咸赦除之。應差在貝州城下諸軍將士各等第優與特支、内重傷得功人並委宣撫司開坐聞奏、議優與酬奬、其因重傷不任征役者、未得減下半分衣糧、且令全分支給。應貝州管内人戶因昨來用兵蹂踐苗稼及採斫桑柘、並與免稅。云云 於戲、天道助順、固亂逆之無容、君德好生、惟寬仁之可尚、威恩並及、善惡用分、布告群倫、當體予意。仍改貝州爲恩州。

平劉五淮西曲赦制 政和八年八月十七日

門下。朕撫九有之師、安四民之業、施仁發政、每敦博愛之風、去殺勝殘、斯立丕平之化。財豐物阜、近說遠懷、邑井相聯、踰數萬里、兵革不試、垂二百年。眷茲淮甸之衢、偶有山蹊之阻、逋逃所託、警捕靡嚴、輒興嘯聚之謀、遂肆跳梁之暴、幾彌旬月、縱害一方。迺命信臣、往遵成算、馘其群醜、快積憤於衆心、殲厥渠魁、伏大刑於都市。田廬肅靜、姦宄沮銷。爰念寇黨經徒、尚多逋逮、官兵討襲、或致煩勞、優恩不及於死事之家、信賞未霑於血戰之士、宜孚渙澤、用懌輿情、可曲赦淮南西路。云云 於戲、申殄戮之威、靡漏恢恢之網、推寬大之德、式均皡皡之民。咨爾有邦、咸體朕意。

方寇平兩浙江東福建淮南德音 宣和三年八月十二日

門下。朕膺昊穹純佑無疆之基、全付所覆、承累聖傳序太平之業、永孚于休、協萬國以咸寧、閔一夫之不獲。眷東維之遠服、實浙部之奧區、閭里阜繁、素樂敷文之化、江山重複、蔑聞用武之虞。偶鴟寇之孽牙、招鼠偷而嘯聚、經時猖獗、比路震驚、侵憑郡邑之郛、阻保川林之峻。命樞臣而出撫、授廟算以宣威、剪伐交攻、克捷踵奏。雖荊楚剽輕之俗、易動而難安、顧隴西戰勇之軍、有勝而無屈。頑兇匪茹、詭譎罔悛、敢連蜂蟻之屯、力抗虎貔之勢。將士共憤、俱懷吞噬之心、天人同期、豫指滅亡之日。鼓巉險以進討、掃巢穴而靡遺。群醜畢除、渠魁生致、班六師而獻凱、靜南土以停戈。絕其本根、悉快輿情之怒、夾以砧斧、將嚴都市之誅。宜蠲告社之誠、式講御朝之賀。爰念狡謀竊發、飛檄遽興、聚廬耗煨燼之殘、編戶罹鋒鏑之慘、忠義伏節而死、難善良失業而蟄居、濟師多騷動之煩、轉餉困輸將之後、矧茲胥虐、類乃脅從、深惟博愛之慈、大闢自新之路。百穀仰其膏雨、敷此惠和、萬物養以清風、慰彼黎庶、誕揚渙渥、曲示拊綏。兩浙江東福建路。云云 於戲、保大定功、既詰姦而刑暴、赦過宥罪、斯發政以施仁。咨爾有邦、體予至意。

討伐

秦州内屬戎人敢肆侵掠者吏捕之詔 太平興國三年正月癸丑

秦州内屬三族戎人等克慕華風、聿求内附、俾之安輯、咸遂底寧。近聞恃牛馬之肥、肆蜂蠆之毒、忘我大惠、侵我邊州、豈朕信之未孚、而吏撫之不至。宜蠲舊過、以儆將來。今後敢肆侵掠者、吏捕之寘于法、不須以聞。

討交州詔 太平興國五年七月丁未

國家聲教所通。威靈咸暨。顧乃跕鳶之境。未歸輿地之圖。矧茲一方。近接五嶺。唐末離亂。區內剖分。遂爲僭僞之邦。因成聾瞽之俗。及番禺底定。正朔始頒。雖稽首以稱藩。頗繕兵而自固。事大之禮。當如是耶。弔民之行。蓋不得已。宜龔行於天討。用丕變於蠻陬。宜以蘭州團練使孫全興、八作使張浚、左監門衞將軍崔邕、爲邕州路兵馬都部署。寧州刺史劉澄、軍器庫副使賈湜、供奉官閤門祗候王僎、爲廣州路兵馬部署。分路率師致討。

北伐詔 雍熙三年正月丁酉

朕祗膺景命。光宅中區。右蜀全吳。盡在提封之內。東漸西被。咸歸覆育之中。常思萬物以由庚。每恥一夫而不獲。睠此□□□□□□□□□□□□□□□□迨今不復。垂五十年。國家化被遐陬。恩覃動植。豈可使幽燕奧壤。□□□□□□□□□□□□□□爰興師律。以正封疆。拯溺救焚。聿從於民望。執訊獲醜。卽震於皇威。凡爾衆多。宜體茲意。今遣行營前軍都部署曹彬、副部署崔彥卿等。推鋒直進。振旅長驅。朕當續御戎車。親臨敵境。徑指□□之地。盡焚□□□。灌熘火之微。寧勞巨浸。折春螽之股。豈待隆車。應大軍入界。百姓倍加安撫。不得誤有傷殺。及發掘墳墓。焚燒廬舍。斬伐桑棗。擄掠人畜。犯者並處斬。應收復城邑。文武官吏皆依舊任。候幽州平日。別加擢用。若識機知變。因事建功。以節度防禦團練刺史州降者。卽以本任授之。仍加優賞。軍鎮城邑亦如之。鄉村民戶。候平定日。除二稅外。無名科率。並當除放。凡在衆庶。當體朕懷。

募邊城雄豪應接王師詔 雍熙三年四月乙卯

王者之師。有如時雨。蓋所以靜妖氛於堡障。拯塗炭於生民。睠彼□□本爲內地。□□□□垂五十年。家懷憤心。人失生計。徯望內土。厥路無繇。今朕整飭師徒。蕩平妖孽。掃邊民之積恥。震□□之天聲。復我遺甿。歸于故地。況邊城民庶。本號雄豪。有能應接王師。糾合徒旅。憑茲天討。雪此世讎。便可濬發先機。梃身應募。必當賫以糧饋。假以甲兵。有獲生口者。人賞錢五千。得首級者。三千。馬、上等十千。中七千。下五千。平□□後。願在軍者。優與存錄。願歸農者。給復三年。

募河北強壯殺番賊詔 景德六年九月

國家每戒邊臣。勿侵外境。庶安民而息戰。豈黷武以窮兵。而契丹屢犯邊陲。不遵理道。今已遣上將。大益精兵。諸路齊驅。剋期剪戮。尙慮控弦奄至。劫掠居民。其河北諸軍強壯。諸色人能糾集徒衆、殺□賊人者。仰所在官司策應。其生擒契丹一人。支錢十千。斬級支錢五千。十人級已上。仍給公據。當議加奬。所獲物卽與之。如擒斬近上首領職員。除賜與外。速具聞奏。當優奬之。

武功上

曲赦夏州管內德音 太平興國七年閏十二月辛亥

門下。王者仰膺天命。恭守帝圖。唯推無外之心。用洽可封之化。睠夏臺之奥壤。實朔野之名區。地連強悍之郊。俗尙雄豪之氣。作一方之巨屛。如千里之長城。自累朝衰季之餘。委列鎭纂承之寄。雖梯航納貢。寧無翊戴之誠。而雨露覃恩。莫及傷痍之俗。永言軫念。常在寐興。今者良師效忠。舉宗歸闕。邊境咸聞於肅靜。封疆盡入於照臨。當予平定之期。永保混同之慶。宜行異渥。慰爾烝民。貸編戶之逋租。恤圜扉之滯獄。曠蕩之澤。我無愛焉。應夏州管內。云云 於戲。恤物愛人。乃帝王之常道。除殘去弊。實邦國之遠圖。里閭均被於朝恩。官吏勉勤於王事。各竭徇公之節。副予求理之懷。凡爾軍民。體茲朕意。

獲捷曲赦河北淄齊見禁雜犯死罪以下制 咸平三年正月庚寅

門下。朕紹寶圖之重。荷宗社之靈。丕顯視朝。焦勞思理。寰海庶臻於寧晏。生靈永保於乂安。止思禁暴以戢兇。豈欲佳兵而尙武。蠢茲強悍。忽萌不逞之心。寇我邊陲。輒有無名之舉。軍旅雖懷於勇銳。將臣有謬於倚毗。致其邊朔之徒。深入封圻之內。憑陵縣邑。殺略居民。朕受命昊穹。常思於亭育。爲人父母。尤切於痛傷。所以躬御戎衣。巡幸河朔。選求群帥。分命六師。纔麾貔虎之威。大破□□之衆。邊部已覩於清肅。生民孰念於傷殘。宜流曠蕩之恩。式示哀矜之意。可赦咸平三年正月十三日已前。應河北軍州并淄齊州、云云 於戲。殄寇安邊。既申於遠馭。恤災宥罪。特示於寬仁。庶召和平。永期安集。布告中外。宜體朕懷。

講和曲赦河北制 景德元年十二月壬辰

門下。朕上膺靈命。獲紹鴻圖。常持兢畏以爲心。不敢宴安而肆志。臨民布政。則思欽恤之言。保國訓兵。但肅整齊之令。昨以疆埸有警。鑾輅撫巡。近成兩地之通和。蓋念蒸人之勞役。眷茲河朔。式可哀矜。宜行曠蕩之恩。庶召和平之氣。可赦自景德元年十二月十三日昧爽已前。云云 於戲。佳兵黷武。每鑒誡于前書。宥過崇仁。方順從于古訓。布告遐邇。同知朕心。

講和赦天下制 景德二年正月庚戌

門下。王者君臨九有。子育兆民。法天道以布生成。體陽春而流慶澤。所以保乂區宇。惠綏黎元。俾華夏之歡心。召天地之和氣。朕嗣守大業。于茲八年。何嘗不兢畏萬幾。勵精庶政。冀洽垂衣之化。用臻偃草之期。而去秋已來。戎馬南牧。大河之北。兵甲斯興。由是屯戍之人。保境嚴於守備。儲蓄之用。近甸勤於轉輸。朕勞軍撫民。親乘軍輅。治兵赴會。尋屆澶淵。俄束儀於歡盟。遂卽停於征戰。今則邊防罷警。師旅解嚴。當寰海之晏清。使生靈之休息。咸躋富壽。永協平康。是用因獻歲之惟新。思與人而更始。勤恤之惠。既已及于一隅。曠蕩之恩。宜普覃於萬國。除河北已頒赦令外。可大赦天下。云云 於戲。恭己愛人。安邦之要道。布德行慶。有國之令猷。所期率土之榮懷。以荷上元之景貺。更賴中外協力。股肱盡心。恢保大之永圖。佐守文之昌運。同佑乃辟。永孚于休。誕告四方。咸知朕意。

曲赦宜柳象州懷遠軍制 景德四年十月甲寅

門下。朕自祗荷慶靈。纂承鴻緒。務輯寧于邦本。勤詳究于化源。緬慕淳熙。思復胥庭之世。載深茂育。願恢仁壽之區。屬和氣以潛融。屢豐年而告瑞。允膺垂祐。漸格隆平。而嶺表一隅。地惟百越。念茲遠郡。皆朕良民。淸時寬尉察之虞。長吏失撫綏之道。士卒失伍。力役斯煩。致諸竊發之兵。忽構亂常之孽。叛離軍次。嘯聚兇徒。尋馳使以招懷。尙違敎諭。命出師而討擊。並寘嚴誅。暨奏剪除。已聞淸謐。眷其封部。偶值寇攘。慮黔庶之傷痍。每夙宵而軫惻。宜加優恤。俾遂昭蘇。特頒在宥之文。爰降曲成之澤。應宜柳象三州懷遠軍 云云 於戲。夷兇殄寇。既示於威刑。布德推恩。用全於生衆。表予深意。咸使聞之。

延州保安軍德音 康定元年二月丙午

朕紹膺丕厤。光宅中區。荷列聖之燕謀。撫群黎而泰定。政綱備擧。穀實屢登。惟先厥躬。期濟于治。近以狡鄰背惠。高奴宿兵。格鬭傷夷。暴於原野。生聚驚擾。棄乃室廬。雖嘗遣使以行。俾諭勤人之愛。重形憯怛。更示矜存。宜均我澤之和。用接爾邦之衆。應延州保安軍及管內諸縣見禁罪人。除死罪及背叛姦細人不赦外。餘皆釋之。見屯將士並與特支。其非中傷而潰散者。不在此例。金明膚施兩縣。特放今年夏稅。餘縣及保安軍。蠲其半。去年夏秋稅賦、殘欠及停閣者。並與除放。其經戰陣及攻圍城池處。將校蕃官等有功及沒行陣者。令本處以名聞。軍民及內屬民部爲賊所害。量賜其家緡錢。無親屬者。官爲埋瘞之。內軍士更與支一季請受。屬戶昨經驚擾潰散人。及曾遭擄劫出界。並許卻還住止。其效援延州與賊戰。先退地頭、致亡失主將。除見勘黃德和及干連人外。其餘非因逃背捕獲、而已經官司自首者。並特放罪。如投蕃部界首者。限兩月首身。除其罪。於戲。疆場之事。繇戎寔勞。示寬宥以推仁。庶安集而蒙賚。布告西境。咸知朕心。

陝右宿兵德音 康定二年四月乙巳

朕以纂承鴻緒。維御庶邦。荷穹昊之顧懷。謹祖宗之猷訓。遐想至治。期臻大寧。訪善道以求中。豈佳兵而在念。爰以夏臺干紀。陝右用師。侵苦邊陲。獨阻王命。烽燧猶警。室廬靡安。群帥協心。庶官營職。共圖守禦之要。佇成戡定之勳。屯戍之勞。載勤於士卒。餽餉之役。深軫於黎元。頗慮傷痍。宜加優恤。俾召至和之氣。特霈曲成之恩。應陝西諸軍州、云云 於戲。議獄緩刑。式推於利澤。綏邊經武。益懋於遠圖。用示矜存。體茲深意。

陝西解嚴曲赦 慶厤五年三月甲申

門下。朕憲天聰明。法古恭儉。庶克守業。用保乂民。有舍己以從人。罔咈人而從欲。深自抑畏。期洽靖和。比夏衆之弗懷。戒邊吏而爲備。王旅外戍。久未勞旋。縣官轉輸。顧多煩費。緊朕寡德。及茲用兵。雖日事於繕完。實心存於開納。頃聞款格。坦示綏徠。繼上誓章。悉歸禮順。爰考典刑之舊。議加封册之崇質以至誠。處之大體。載念興師之後。自陝以西。士苦暴露之勞。民疲齎送之役。夙宵在慮。憂惻靡寧。及此解嚴。理宜均慶。陝西諸州府軍監縣等限勅命到日。見禁罪人。除十惡、并故殺、謀殺、劫殺、放火、持杖行劫、侵盜官物、僞造符印、合造毒藥、官典犯正枉法贓。依法施行外。應雜犯死罪、并鬭殺死罪并鬭殺情理可憫者。並許從流。內有不可存留在彼者。卽刺配五百里軍州牢城收管。其流罪降從徒。徒降從杖。杖罪以下並放。應陝西緣邊將士。並等第與特支。應慶厤四年終見欠夏秋稅賦及停閣者。特與除放。今年夏秋稅賦。特與減放五分。云云 於戲。天所享者在德。民常懷者惟仁。乃心攸存。庶幾于是。咨爾中外。咸體予衷。主者施行。

儂賊平曲赦廣南東西制 皇祐五年二月甲申

門下。朕膺穹昊之眺命。奉祖宗之詒謀。副億兆心。垂三十稔。何嘗不博稽教化之大。勤視蒸黎之煩。延登雋良。采納嘉話。以補治具。以迎休風。肆惟宵旰。罔或暇逸。蠢茲蠻蜑。敢冒典刑。驅馳犬羊。越去溪峒。陰窺守禦之闕。寖起狡狂之謀。傷痍我民版。剽盜我州城。屬以夏秋屆候。潦霧交蒸。言涉險難。遂稽平殄。朕託居人上。奄宅域中。豈朝經之未孚。將吏職之不舉。致是方國。因於擾攘。慮焉及斯。嗟亦良甚。爰申命於將鉞。俾總臨於師干。鼓行而前。俘馘殆盡。今雖醜類正罰。旣伏於天誅。尚念編甿。何辜久罹於寇虐。宜推渙宥之澤。曲示憂勞之懷。可曲赦廣南東西路諸州軍。云云 於戲。綏寧土疆。剪滅凶焰。下則賴兵戎之有律。上則繫廟社之垂靈。粤予統臨。益用祇率。眷爾官吏。參輸忠誠。招懷流亡。勸勵種斂。亟復饒富。永臻治平。布告群倫。庶知朕意。

又曲赦江西湖南德音 皇祐五年二月丁亥

門下。朕紹承基緒。維御幅員。丕循燕翼之謨。愼固盈成之守。內之則論求文理。外之則講練武經。冀此蒸民。臻于至治。屬溪蠻之興孽。乘邊吏之失防。踰越土疆。繹騷生聚。薄言問罪。爰命行師。蕞然狡凶。尋底擒殄。尚念江湖之列郡。實隣海嶠之遐陬。封域犬牙。道塗碁錯。或護巡城堞。或輸輓糗粮。奔馳險艱。暴露丁壯。凡此調發。豈無勤煩。茲惟眺瞻。頗用嗟惻。宜推宥典。典示矜懷。江南西路、荆湖南路州軍。限德音到日。云云 昨以方興兵旅。遠餽軍儲。如聞漕司急於集事。動多煩促之令。致傷凋瘵之民。今寇息南鄙。師還北道。頓停繇役。方在撫綏。宜令逐路轉運司。應有侵刻民力。妨廢農務之事。不得更有施行。庶安遠人。以召和氣。應德音該說不盡事件。委逐州長吏以下。比類聞奏。於戲。寇盜猖狂。旣伏剪平之畫。生靈瘵弊。必資安養之方。咨爾庶官。體予深意。

曲赦陝西河東德音 熙寧四年二月癸卯

門下。朕德不明。職任失當。外勤師旅。內耗黎元。秦晉之郊。並罹困擾。使人至此。咎在朕躬。其推卹隱之恩。以昭悔過之義。應陝西河東路罪人。除劫、謀故鬭已殺人、至十惡不赦及情輕奏裁外。餘死罪已下。遞減一等。徒已下釋之。於戲。勞民構患。非朝廷之本謀。克己施仁。冀方隅之少息。專賴黎獻。共圖康功。

宋大詔令集卷第二百十九

政事七十二

武功下

置熙河路熙河秦鳳德音 熙寧五年十月戊戌

門下。洮隴故地。久閉強鄰。祖宗之靈。佑啓于後。改衽內附。作我新民。申畫州封。授之旄節。選建膺使。略而撫之。嘉與一方。永綏厥服。用覃慶宥。寵慰群黎。其以鎮洮軍爲熙州。以鎮洮爲節度軍額。以熙河洮岷州通遠軍爲一路。置馬步軍都總管經略安撫使。所應制置事。令經略安撫使司詳具以聞。應熙河秦鳳路。勑命到日以前。除常赦不原。情輕奏裁。奏案外。其餘罪各降一等。杖以下釋之。云云 於戲。□□□□懷遠以德。于古有訓。朕敢弗勤。尙賴忠良。輔成斯志。

曲赦熙河制 熙寧七年五月戊戌

門下。恢復河洮。蕩定弗率。渠魁竄伏。未即靈誅。今北歸窮。爰加撫納。緊宗社之開佑。厎強寇之廓平。在于菲躬。敢曰予武。言念師徒。遠戍。固有暴露之勤。餽道繁興。頗多調發之擾。及茲徹警。宜布渙恩。可曲赦熙河路。應五月一日昧爽以前見禁。云云 於戲。□□□□雖志宣王之法。安民肆眚。豈忘舜帝之仁。更賴庶工。共熙遠績。播告有衆。咸使聞知。

曲赦廣西制 熙寧十年二月丙午

門下。比者交蠻猖狂。邕管震動。爰命將帥。整我六師。祖宗之靈。天地之貺。未逾旬浹。遽以捷聞。恢拓封疆。係執醜虜。形單勢蹙。輸款轅門。願刷往愆。祗順王命。朕惟討叛。乃眷西南之衛。並勤師旅之奉。士卒有暴露之苦。丁黄多調發之勞。宜覃渙恩。寵慰遠俗。可曲赦廣西路。云云 於戲。蠻荊未乂。威以戎車。徐方既庭。惠于南國。蓋武之所制者遠。則澤之所流者深。布告邇遐。當知朕意。

曲赦廣東湖南見禁德音 熙寧十年二月己酉

門下。交人弗率。王旅徂征。係寇納降。一隅底定。而形制壤東。險嶺並湖。兵穀所通。民寔勞止。眷言心惻。其命渙恩。廣東湖南路見禁罪人。限德音到日。

如廣西。云云於戲。遏爾蠻方。既靖寇孽。惠吾南國。蓋示至仁。播布遐邇。宜知朕意。

曲赦梓州路州軍德音 元豐五年二月癸酉

門下。比者蠻獠猖狂。封陲騷繹。爰興師旅。問罪酋渠。逮踰歲時。蕩定巢穴。言念薄伐。久戍遐陬。將士有暴露之勤。公私多餽餉之擾。勞還之始。霈澤宜先。可曲赦梓州路諸州軍。限赦書到日昧爽以前。除殺盜及贓法不赦外。枉法自盜死罪情輕者。奏取旨。鬬殺死罪情輕者。減一等刺配千里外牢城。其餘咸赦除之。應緣瀘州軍事。廂禁軍並與特支錢。其餘軍事工役人夫。並放今年夏秋稅及一料役錢。死事之家。量與給賜。本路及鄰路因軍被差及科配。將佐士卒有功者。及文武隨軍。應副軍期有勞。並保明以聞。其因傷不任征役者。衣糧並全給。若因戰亡歿及病死之家。正兵及召募人有借請受。幷欠負主典少欠。損毀隨軍官物。非侵盜。並除放。生界及兩屬外戶首領。自乞弟入寇以來。能守忠節。不從賊黨。嘗立功効者。委經制司具等第保明聞奏。士卒道亡。丁夫不赴點。懼罪藏匿者。限一月自陳。本路進士。禮部下四舉。殿試下兩舉。諸科。禮部下五舉。殿試下四舉。並免解。禮部不合格特奏名。今來到禮部人亦准此。編配羈管見在本路者。並理非次一赦。其不盡事比類以聞。於戲。醜類干誅。既已從於天討。深仁布惠。庶永宥於吾民。播告遐邇。宜知朕意。

克西夏九城陝西河東德音 紹聖四年四月丁未

門下。朕綏御九有。懷柔四境。蠢茲西戎。蕞爾小國。匪茹其力。敢拒大邦。申命邊臣。奉將薄伐。方共武服。已奏膚公。開疆復境者九城。盡要害膏腴之地。折馘執俘者萬計。皆精銳驍勇之人。役不淹旬。捷無虛月。而財靡殫衆。力非調民。因其夭亡之時。成是席卷之勢。然念士卒有暴露之苦。雉堞有版築之勞。宜覃渙恩。以慰邊俗。應陝西河東路州縣。限德音到日已前見禁罪人。流下遞降。杖已下釋之。云云於戲。武之所加者廣。則澤之所及者深。倘暨乃心。克平茲土。播告有衆。咸使聞之。

陝西河東德音 元符二年五月辛巳

門下。西戎弗率。擾我邊陲。分命將臣。申嚴武備。築據要害。扼其奔衝。亭障相望。開斥故境。克紹先志。用恢永圖。載念征役之勞。敢忘勤恤之義。宜覃慶澤。俯慰羣情。應陝西河東路州縣德音。限到日已前見禁罪人。云云於戲。討叛興師。蓋非得已。息民偃革。將自于今。播告一方。咸知朕意。

恢復黔中曲赦荆湖南北 崇寧二年正月二十四日

門下。黔中舊服。湖外要封。開拓之機。兆從列考。棄捐之失。成自姦朋。寖令徭酋。輒擾邊圉。欲恤民而除暴。爰命將以興誅。師不踰時。事無遺策。蕩平巢穴。係執馘俘。餘威布宣。蠢類懷附。按圖而歸故地。改祚以作新民。襟帶九溪。幅員千里。然念兵屯從征戍之役。糧餉起轉輸之勞。其霈渙恩。以綏遐俗。可曲赦荆湖南北路。於戲。招攜來遠。遏爾蠻方。布德行仁。惠茲南國。播告有衆。體予至懷。

熙河蘭會路德音 崇寧二年七月七日

門下。朕域彼四海。式于九圍。邈川故疆。西夏衝會。神考立武。泰陵奏功。地入版圖。實墉實壑。民皆耕稼。迺積迺倉。姦臣紛更。橫議捐棄。蓋承恭默。已正罪愆。比遣將臣。往修戎略。綏納降附。萬衆一心。蕩平頑惡。六日四捷。無需項漸襟之戰。皆稽首請命而歸。遺種齒寒。遠人膽落。方隅撫定。人神豫和。舉事應期。近古鮮儷。然念行師暴露之苦。轉餉艱險之勤。克復云初。申諭尙衆。宜覃惠澤。用浹羣情。應熙河蘭會路云云 於戲。肇造區夏。共惟帝臣。自彼氐羌。莫非王土。其究安宅。惟懷永圖。播告一方。咸知朕意。

熙河秦鳳永興路曲赦 崇寧三年四月二十五日

門下。朕誕受多方。纘承舊服。念我土宇。豈宜委以與人。詰爾戎兵。蓋將往而綏衆。乃睠湟中之壤。昔爲隴右之邦。致軍旅之再興。繇朋誣之輒棄。邈川旣復。西平盡歸。尙懷匪茹之謀。姑切苟安之幸。士皆蓄銳。將思奮功。鼓行而前。罙入其阻。以必亡之餘種。當弗敵之我師。窮蹙靡容。迎降請命。捷書屢至。皆剋日而應期。故地悉還。快累年之共憤。一方底定。萬國祇歡。載念師徒有暴露之勤。餽餉有調發之擾。役於西土。成是膚公。矧當恢復之初。咸聽撫綏之令。其敷霈澤。以慰群心。可曲赦熙河秦鳳永興路云云 於戲。天之所助者順。爲無不成。邦其永孚于休。惠自斯始。咨爾黎庶。體予至懷。

熙河蘭湟路曲赦 崇寧四年閏十二月二十二日

門下。朕承神考之宏休。述泰陵之丕志。夙夜圖究。罔敢遑寧。念茲湟鄯之故封。時乃熙豐之遺烈。中更捐棄。謀自姦朋。遂俾一方。復淪異土。授之成算。奉以徂征。曾無旬浹之淹。盡入版圖之舊。酋渠銜璧而請命。種落開關而迎師。兵不施鋒。財靡殫衆。實墉實壑。逾三十城。迺場迺疆。環五千里。復漢唐之郡縣。絕邊裔之輔車。受俘端門。告成清廟。宜覃渙澤。用撫邊氓。可曲赦熙河蘭湟路云云 於戲。繼伐廣聲。昭茲來孝。行恩市德。燕及遠人。播告方隅。咸諭朕意。

曲赦廣西 大觀元年一月六日

門下。朕誕膺駿命。撫有萬邦。舟車所通。罔不率俾。睠是夜郎康居之屬。逖居魋結卉服之鄉。承平百年。外而不問。而能嚮風請吏。解髮來臣。獻納土疆。幾於萬里。列置郡縣。至於百城。靡煩招徠。願預聲教。言念四鄰慕義。宜示寵綏之恩。百堵鳩工。不無勞建之勤。其覃渙澤。用慰遐陬。可曲赦廣南西路云云 於戲。□□□□匪自師干之致。懷遠以德。更均雨露之施。咨爾有民。咸體朕意。

曲赦熙河蘭湟秦鳳永興軍路制 大觀二年九月二十九日

門下。朕若昔大猷。勵精庶政。致遠人之慕化。格坤靈之効珍。念彼河湟。有指熙豐之際。眷茲解澤。寖隳符紹之間。肆惟一人。克篤前烈。乃命上將。纘武之功。爰遣信臣。因地之利。而師不煩於頓戰。俄闢土以招攜。役靡患於傷財。茲裕民而富國。然念垂塞有暴露之苦。元元有調發之勤。宜推渙恩。用慰興望。可曲赦熙河蘭湟秦鳳永興軍路。云云　於戲。興利除害。永孚萬世之休。布德行仁。克廣一方之惠。咨爾有衆。體予至懷。

梓夔路曲赦 政和三年四月八日

門下。朕承前烈。光宅丕圖。聲教所漸。海隅率俾。眷漢唐之舊壤。有溱播之遐陬。淪於遠方。久限正朔。而頃能嚮慕。靡俟招徠。籲衆志以交孚。舉一方而內屬。列之郡縣。幾五十城。籍以版圖。踰數千里。矧復服產饒阜。土風儉勤。邊用自充。每不煩於中給。人情已附。顧無患於它虞。遽成武事之脩。庶協字人之指。然念繕營之久。不無調役之勞。其布湛恩。用安裔俗。應梓夔路。云云　於戲。復茲故土。既成疆理之功。輯我新民。更厚撫綏之澤。咨爾有衆。體予至懷。

四川曲赦 政和五年十二月二十四日

門下。昔先帝有爲之日。興瀘南問罪之師。詒厥孫謀。有指疆土。昭哉嗣服。無忘武功。朕慎德以務懷徠。體道以示容覆。蠢茲小醜。敢讎大邦。肆命濯征。用遏遐裔。深入其阻。陟我高岡。鼓行而前。殲其醜類。首渠係頸。種附嚮風。冠帶者兩州。幅員數千里。荷皇天之仝付。俾中國之乂安。廟社告成。華夏胥悅。雖征伐暫擾。供億或勞。一方敉寧。萬世永利。用敷解澤。式及坤維。可曲赦四川。云云　於戲。繼伐廣聲。終寧王之圖事。市德施惠。本聖人之好生。播告方隅。咸體朕意。

荊湖北路曲赦 政和六年七月二十日

門下。朕紹休先烈。奠服多方。聲教所加。亦克用勸。車書惟一。罔不是孚。蠢茲傜蠻。介處荊楚。姑幸苟安之計。敢懷匪茹之謀。命彼偏師。授之良算。深入其阻。迄用有成。俘獲酋渠。果應期而就戮。蕩平巢穴。率請命以來歸。休集新民。復還故地。一隅底定。萬世無虞。載念兵屯。有征戰之勤。餽餉有轉輸之擾。其敷霈澤。以慰羣情。荊湖北路。云云　於戲。休衆安民。蓋我好生之德。流恩布惠。亦惟博施之仁。咨爾黎元。體予至意。

四川曲赦 政和八年三月十三日

門下。朕誕受多方。外薄四海。無有遠邇。既勸文德之敷。罔不率從。在重師干之試。蠢茲種落。介處坤隅。久稽負固之誅。每下招攜之令。尙懷匪茹。爰命灌征。往城于方。申飭金湯之固。深入其阻。遂窮巢穴之深。殲厥渠魁。屈此羣醜。幷包八國。滋斥大於幅員。震疊百蠻。咸服馴於冠帶。實本萬仝之策。迄成三捷之功。載念版築左徒。豈無調發之擾。糧餉係道。固多飛輓之勞。宜錫渙恩。用綏遐俗。可曲赦四川。云云　於戲。安民禁暴。期永錫於邊隅。布德行仁。賜曲推於慶宥。咨爾有衆。體予至懷。

陝西河東曲赦 政和八年六月二十二日

門下。制軍誥禁。王者所以申九法之嚴。取亂侮亡。聖人所以馭萬邦之衆。茲有師征之利。用隆外治之疆。蠢彼夏羌。介于邊鄙。匪疚匪亟。稔成累世之姦。乍叛乍臣。垂及百年之久。惟朕文考。將天明威。首加問罪之誅。迄就開疆之烈。肆予繼伐。猶務懷柔。緣蟻聚之未鋤。致狼心之弗悛。失藩臣恭順之體。背王朝怙冒之恩。招納逋亡。騷動障塞。規幅員而盜壤。築要害以屯兵。狡謀不臧。比歲滋甚。朕親以方略。授之樞臣。式遄六月之行。如下九天之上。捷數十而斬獲億計。衆百萬而憤勇一心。攻始合謀。屹堅城之悉破。役無愆素。矗衆壘之相望。上帝臨而無貳無虞。三事就而不留不處。隻輪莫返。諸部趣降。盡俘□□□□。奄有金湯之險。固西戎卽敘。既請吏以叩關。我武惟揚。將告成而獻凱。蓋上則祖宗之垂祐。而下緊將士之奮忠。爰念出入再期。涉歷數路。干戈敵愾。實多暴露之勞。郡邑餽軍。不無煩擾之費。宜推慶宥。示以拊綏。可曲赦陝西河東路。云云 於戲。雷厲風飛。已震天聲之遠。雲行雨施。用均帝澤之敷。益恢保大之圖。永洽好生之德。爰咨爾衆。咸體朕懷。

陝西河東曲赦 宣和元年四月二十三日

門下。師出以律。所以載纘於武功。兵義者王。所以恭行於天討。蠢茲夏寇。襲乃世封。輒忘累聖天地之恩。數爲中國障塞之暴。朕奄甸萬姓。底綏四方。惟皇天付予庶其□此。矧寧人有指。敢弗于從。申遣樞臣。出將綏命。授之成算。訖此逋誅。文鼎效祥。預告虎方之克。神霄助順。默臨戎乘之行。銳徒奮伐而無前。跳梁震驚而先遁。斬獲萬計。盪平三城。雉堞相望。包山川於輿地。鋒旗所至。款部族於轅門。遹彰廟社之休。永息疆陲之警。然念將士賈勇。不無征戍之勞。郡縣協心。爰有轉輸之役。宜推慶澤。用懌輿情。可曲赦陝西河東路。云云 於戲。神動天隨。既廣威懷之烈。德洋恩普。式均在宥之仁。咨爾羣倫。體予至意焉。

平燕河北河東路燕山府涿易檀順景薊州雲中府武應朔蔚奉聖歸化儒嬀等州曲赦 宣和五年四月二十六日

門下。制軍詰禁。昭帝王之極功。發政施仁。體天地之大德。朕祗膺駿命。嗣守鴻圖。聿臻熙洽之期。克保盈成之業。皇天全付所覆。可忘疆理之脩。先王啓佑後人。宜篤經營之念。萬邦作乂。四裔咸賓。惟邊鎖之舊鄰。侵中華之名壤。雖□□□□□□□□□□□□□□□□青徐爲王土。割賂自五季始盜據垂二百年。自藝祖之肇基。洎裕陵之復古。聖哲垂慮。謨訓具昭。肆予纂承。敢事怠忽。顧澶淵結誓之後。守此信書。且河朔息戰以來。重其兵舉。人心久鬱。神祚有開。相彼□□□□□□賦斂暴刻。衆懷離散之思。刑罰峻深。人抱怨咨之戚。內親爭叛。強敵肆侵。遺□□以逋逃。輕前盟而背覆。五都潰決。諸姓駭驚。用遄將相之行。往謹封圻之宇。殆天所授。其衆自歸。簞食壺漿。迎王師而來。保旱霓時雨。慰民望以咸蘇。靡勤銳旅之攻。盡復連城之聚。一方黎獻。初還禮義之鄉。千里山河。重載版圖之籍。言念征徒暴露之久。轉餉調發之勞。并及新民。曲覃慶宥。可曲赦。云云 於戲。師直爲壯。既昭無敵之功。道貸且成。斯致丕平之利。咨爾有衆。體予至懷。

恢復燕雲赦天下制 宣和八年六月十一日

門下。禁暴者以不殺爲武。本仁義以行師。域民者以博愛爲公。兼威懷而示德。朕紹承丕緒。統御庶邦。誕保受民。昭上帝溥將之命。克篤前烈。恢寧人燕翼之謀。興念□□久淪鄰敵。故家望族。散依四□□□。廣谷大川。阻隷九畿之籍。寖移巢穴。竊據封圻。方藝祖肇基。寔軫恤民之慮。逮神考嗣服。深惟復古之圖。欲成繼伐之勳。莫大因時之利。蠢茲鄰敵。輒背世盟。既種落之內訌。復神人之切憤。惟春秋以王者大一統。方隆廣覆之恩。而要荒賴中國有至仁。咸起來蘇之望。整我師旅。徹彼土疆。寒律收威。見天心之助順。壺漿載道。知人意之樂從。未閱再期。悉平兩路。崗巒靡迤。東踰碣石之封。亭障騫翔。西軼榆溪之阻。分州畫壄。興教厚民。拯百年塗炭之餘。咸躋壽域。還五政□□之舊。復覩皇風。一新象緯之清明。丕變羣情之闓懌。自今以始。永綏華夏之寧。與物爲春。均霈邇遐之澤。可大赦天下。云云　於戲。兼弱攻昧。闢土宇以版章。發政施仁。浹海隅而丕冒。咨爾有衆。咸體朕懷。

醫方

訪醫術優長者詔 開寶四年□月戊子

周禮有疾醫掌萬民之病。又漢置本草待詔。以方藥侍醫。朕每於行事。必法前王。思得巫咸之術。以實太醫之署。其令郡國求訪醫術優長者。咸籍其名。仍量賜裝錢。所在廚傳給食。速遣詣闕。

訪求醫書詔 太平興國六年十二月癸酉

太醫之方。以十全爲上。神農之藥。有三品之差。歷代之議論寔繁。生人之性命攸繫。比令編纂。多所闕遺。宜行購募之文。用申康濟之意。宜令諸路轉運司。遍指揮所管州府。應士庶家有前代醫書。並許詣闕進納。及二百卷已上者。無出身與出身。已任職官者亦與遷轉。不及二百卷。優給緡錢償之。有詣闕進醫書者。並許乘傳。仍縣次續食。

行聖惠方詔 淳化三年五月己亥

醫藥之書。人命攸繫。將疾疢之是療。必學術之至精。故太醫之職。以十全而爲能。聚毒之家。非三世而不餌。朕軫念黎庶。慮其夭枉。爰下明詔。購求名方。悉令討論。因而綴緝。已成編卷。申命彫鐫。宜推流布之恩。用彰亭毒之意。其聖惠方并目錄共一百一卷。應諸道州府各賜二本。仍本州選醫術優長治疾有效者一人。給牒補充醫博士。令專掌之。吏民願傳寫者並聽。先已有醫博士即掌之。勿更收補。

選良醫診視京城病人詔 淳化三年五月戊申

古先哲王之愛民也。大暑流爍。必施扇暍之仁。凶年飢饉。必有淖糜之賜。如聞今歲天災流行。閭閻之民。疾疫相繼。既醫藥之不給。必闕夭之居多。用伸救療之恩。庶推勤恤之意。宜令太醫署選良醫十人。分於京城要害處。聽都人之言病者。給以湯藥。扶疾而至者。即與診視。賜太醫錢伍拾萬。分給爲市藥之直。中黃門一人往來按行之。

差醫人散藥詔 元祐八年四月壬申

訪聞近日在京軍民難得醫藥。令開封府體訪。如委是人多病患。可措置於太醫局選差醫人。就班直軍營坊巷。認地分診治。本府那官提舉合藥。并日支食錢。於御前寄收封樁錢內等第支破。候患人稀少即罷。

求方書藥法御筆 政和四年八月三十日

人肖形於天地。氣盭則形病。昔聖人救以醫藥。躋之壽域。仁政之急務也。比者醫不窮理。流於世好。人以夭折。朕甚憫焉。乃詔有司。詔學設局。教養多士。命之以官。分任天下。士稍勸焉。尙慮方書藥法有不如古。遺失不完。致誤服食。其令天下應有奇方善術。許申納本州。逐州繳進以聞。稱朕好生之意。差曾孝忠就提舉入內醫官所編類御前所降方書。差文臣米芾、劉植充檢閱官。候逐路進到奇方善術。並送本部編集。俟書成進呈。仍以政和聖濟經爲名。下國子監刊印頒行。

應州郡並建仁濟亭三楹於神霄宮門之隅御筆手詔 宣和元年六月三日

朕以道在宥天下。使皞皞之民。無夭傷札瘥之患。豈道之源委。符籙禁祝。治病馘毒。與有其功歟。比以其法施之中都。人被其惠矣。常欲推而廣之。宇內博施濟衆。心庶幾焉。應州郡可並定仁濟亭三楹於神霄宮門之隅。選符水道士若士民精於法者三五人。依科行教。給符水。自旦及午。務在專潔。除邪驅癘。凡科所須。長吏量給。毋得追擾。重致煩勞。仍委掾曹道職各一員監視。籍其功狀。守二旬一察檢。歲終類申提舉漕臣廉訪使者。保實以聞。當有嘉奬。其或過差弗虔。罔功幸賞。並當典憲。無或錮原。庶俾羣黎承予實德。咸躋壽域。永保和平。

宋大詔令集卷第二百二十

政事七十三

褒恤上

楊業贈太尉大同軍節度使制 雍熙三年八月辛亥

生著勤勞。執干戈而衞社。歿加賁寵。聽鼙鼓以申哀。不有追崇。曷彰茂烈。雲州觀察使楊業。誠堅金石。節茂松筠。俾塞上之威名。本山西之茂族。自昇環衞。甚著忠勞。方提貔虎之師。以効邊陲之用。羣師違戾。援兵不前。獨以孤軍。陷于強敵。勁節焱厲。有死不回。求之古人。何以加女。是用舉茲徽典。旌此遺忠。魂而有靈。知我深意。可贈太尉大同軍節度使。賜布帛千疋。粟千碩。

蘇協贈祕書丞制 淳化元年十月庚申

故光祿寺丞蘇協。清白檢身。義方訓子。長才屈於下位。餘慶鍾乎後昆。其子易簡。爲吾近臣。典司密命。際會斯極。雲屏之美可期。奄忽難追。風樹之痛俄及。已舉奪情之典。合推飾壤之恩。贈以麟閣之資。慰乃蘭陔之念。可贈秘書丞。

推恩田錫詔 咸平六年十二月壬申

君臣之際。義莫重焉。在於忠賢。必厚恩禮。生既觀其亮直。歿亦極其哀榮。故右諫議大夫、史館修撰田錫。淸節素高。直躬無撓。久處朝列。有端士之風。擢踐諫垣。得諍臣之體。朝夕獻其良畫。動靜貢其直言。布在封章。殆盈几案。而又効先民之述作。賫乙辰之討論。愛民之誠。顚沛無已。奄茲淪沒。彌用畫傷。特越常規。以勸忠藎。可特贈工部侍郎。以其子將作監主簿慶餘慶遠並爲大理評事。給俸終喪。仍令布告天下。

贈侍中楚昭輔贈中書令制

勅。朕昨者薦玉眞區。觀風近甸。眷興王之舊壤。懷佐命之勳臣。存則懋延賞之恩。沒則峻追榮之典。具官某。端介自守。沈鷙有謀。早事先朝。罄輸亮節。嘗總司於樞務。寔備竭於忠規。屬茲均慶之辰。宜沛漏泉之澤。西臺重地。右相崇資。允極哀榮。永昭幽穸。可。

處士魏野贈官制 天禧四年正月庚子

國家舉旌賁之命。以耀邱園。申卹贈之恩。用慰泉壤。茲所以褒逸民而厚時俗也。故陝州城東村處士魏野。服膺德素。刻意篇章。頗辭格之清新。爲士流之推許。而能篤淳固之行。慕肥遁之風。頃屬時巡。嘗加聘召。懇陳誠志。願遂考槃。且令牧守之臣。每諭撫存之旨。忽披封奏。奄及淪亡。載惻予懷。特疏寵典。蘭臺清秩。追飾幽扃。厚其賻助之資。寬以復除之令。諒惟優禮。式顯高名。魂而有知。致比殊渥。可贈秘書省著作郎。賻其家帛二十疋、米十斛。州縣常加存恤。免其諸雜差徭。

贈李瀆官賜其家粟帛詔 天禧四年三月戊午

國家念介潔之士。終保令名。舉追飾之文。用旌素履。河中府處士李瀆。衣纓傳緒。儒雅踐方。彊逸自居。恬智交養。殆茲晚節。彌紹清猷。奄及淪亡。良深軫惻。特行賁典。式慰營魂。惟蓬閣之司文。乃儒林之美秩。仍示歸生之轉。兼推給復之恩。申飭守臣。優恤其後。豈獨旌于泉壤。亦足厚於民風。可特贈秘書省校書郎。賜其家帛二十疋、米三十斛。州縣常加存卹。二稅外免其差役。

故守司徒兼門下侍郎平章事王欽若可贈太師中書令制

勅。國有元老。遂階成勳。天乎難諶。曾不憖遺。特稽殊等之禮。用章厭體之哀。故具官某。峻極降神。生民挺秀。逮事先帝。久服大僚。勑封岱宗。偃仆師節。輔致鴻業。格于皇穹。肆予沖人。靈承景命。寔賴盡規之力。紹隆累盛之基。及茲云亡。深用哀悼。尚父維師之重。周官內史之崇。並刻密章。以付幽穸。死且不朽。永賁忠魂。可贈太師中書令。

曹利用追復開府儀同三司守司空檢校太師兼侍中保平軍節度使上柱國鄆國公制

勅。夫記人之功。忘人之過。哲王令典。朕每慕之。追惟輔臣。且罹深憲。肆頒禮命。用賁營魂。故崇信軍節度副使、銀青光祿大夫、檢校左散騎常侍、兼御史大夫、上騎都尉、房州安置曹利用。早蓄壯圖。遂階膴仕。使殊鄰而交聘。克著勤庸。侍近幄以謀謨。歷居顯位。爰從吏議。再削官封。言念謫居。久淪幽壤。屢申恩而寬宥。宜追遠以軫懷。旌纛貂蟬。公槐峻秩。密章告第。式示寵榮。可

寇準追復開府儀同三司太子太傅上柱國萊國公制

勅。朕軫懷念舊。飾壤推恩。矧處宰司。嘗干吏議。久喪亡于炎徼。特追錫于榮章。故將仕郎、守衡州司馬寇準。器範恢宏。材猷俊茂。歷樞機之位。升台鼎之榮。偶失兢惕。遂罹遣謫。屬頒赦令。用滌滯瑕。宮傅之資。名秩尤重。復霑渥命。諒慰營魂。可追復開府儀同三司、太子太傅、萊國公。

贈楊億官賜謚詔 景祐元年四月甲午

尙德旌賢。王者之首務。竭忠謀國。君子之大方。慨三策之所藏。想九原之可作。追榮表行。宜峻常規。故翰林學士、尙書工部侍郎、知制誥楊億。性蹈誠明。文涵經緯。被遇神聖。逮事先朝。革時風之澆浮。潤皇藻之雅正。加以前職未服。處躬無從。顧名節而不違。抗朋邪而靡奪。固以爲清廟之圭璧。儒林

之誓龜。聲暴外裔。道冠當世。自天禧之末。政漸中違。能叶元臣。議尊儲極。方厲戴君之素。遄興萎哲之悲。肆朕纂圖。緬懷遺直。嗟士類之安放。思賢範之弗忘。加秩易名。用賁泉穸。凜然英槩。尚克有承。可特贈禮部尙書。謚曰文。

賜寇準謚詔 景祐二年七月甲申

夫徇義保躬。賢哲罕兼其政。原心觀行。襃沮得申其公。惟節惠之舊章。寔經世之明勸。不有嘉命。孰旌遺烈。故贈開府儀同三司、太傅、上柱國、萊國公寇準。感會先聖。綢繆上司。明心若丹。直道如矢。逮予主鬯之日。時乃秉鈞之年。圖惟協恭。固有二事。遘讒言之噂沓。挾危法以中傷。白璧易汚。貝錦難辨。再罹遐謫。遂及云亡。終非零雨之歸。徒彰幽泉之痛。雖荐加澄雪。遂反寵靈。而誄功易名。尚闕恩禮。沈謀秘畫。淪于疑論。逝者莫愬。朕嘗憫之。謚法有危身奉上曰忠。佐國遭憂曰愍。合是休典。慰其營魂。宜特賜謚曰忠愍。

曹利用謚襄悼詔 康定元年九月辛未

居寵保終。爲臣或闕其全祉。念勞恤往。有國所務于至恩。贈太師曹利用。頃事先朝。密宣忠力。當講和戎之利。寖階秉軸之榮。位不期驕。禍生所忽。終緣族子之累。遂謫房陵之行。齎恨奄殂。撫情加悼。嚮從昭洗。並復寵名。而於節惠之文。不及有司之議。宜推襃典。有飾前庸。謚法有因事有功曰襄。恐懼徙處曰悼。宜賜謚襄悼。

曹利用立碑以旌功爲額詔 皇祐三年

故魏國公智略沉雄。猷爲敏濟。會遇先帝。奮起奇才。久握樞衡。兼位將相。忠謀亮節。蘊在册書。不幸遷罪由于疑冤。廢死不以典禮。雖從昭滌。彌切悼思。訪宰樹之惟喬。顧豐碑之未勒。俾圖不朽。用賁英魂。特宜立碑。以旌功爲額。

故太子少師致仕任中師可贈太子太傅制

勑。義重股肱之虧。禮尊冕服之襚。務崇恩厚。敢究哀榮。矧闢政之舊臣。早稟德以陪朕。立身未幾。復魄可嗟。追懷鶴髮之良。宜厚密章之飾。具官某。體行明潔。志慮忠純。有秉彝經哲之風。兼砥節首公之操。圖其宿望。屢煩方面之行。賚厥老謀。嘗豫幾廷之訪。比均勞典。還守本邦。曾是壯猷。亶無遺力。求謝時事。憫煩老成。俾參綺里之游。姑遂松喬之適。遽聞薨落。良用蠹嗟。睠舊人之弗忘。挹餘芬之未泯。追加宮傅之秩。增慰壙穸之靈。恩禮若茲。營魂尚識。

故太子少師致仕任布可贈太子太傅制

勑。朕爲君臣之際。見始終之分。故生而忠粹于朝。沒則寵賁其第。矧股肱之喪。而邦國所悼。宜篤大義。以隆恩禮。具官某。才器沉裕。志識純正。以碩德重望。屢屬方面之寄。以邇謀嘉猷。嘗參機府之務。適靳避於時柄。遽願還於榮紱。荐歷華歲。緬懷淸風。忽聞訃音。良用震念。眷其台躔之舊。襚以宮傅之秩。營魂有知。歆我渥印。可。

故廣南東路鈐轄蔣偕可贈信武軍觀察留後制

敕。自古英偉之士。死而寂寥者衆矣。惟忠義之節。雖沒而不朽。況罹金革之禍哉。具官某勁特之氣。毅然許國。蠻方不譓。俾爾南戮。受命之日。晝夜兼行。盛夏瘴熱。冒履山險。轉鬭之際。遭罹非命。朕之不能綏格遠人。使爾捐軀萬里之外。終夕哀悼。予心曷已。其以兩使。棳寵于幽穸。英魂如生。歆此追飾。可。

故右班殿直陳孝先可贈南作坊副使制

勑。某日者遠人背恩。旅拒篁竹之間。寖以稽戮。爾憤疾狂寇。勇不顧命。勢寡力迫。罹于賊鋒。朕嘉死事之節。特厚恤終之典。命介諸使。寵於忠魂。可。

故荆湖北路駐泊都監孫節可贈忠武軍節度觀察留後制

敕。具官某夫受命忘身。奮力犯難。殞于兵間。勇以立節者。固可錄也。致果殺敵。冠軍爲鋒。雖死王事。因而成功者。尤足褒也。不有旌飾。孰明忠義。以爾氣稟剛烈。雄能戰鬭。將荆楚之旅。總征南之軍。掩擊羣蠻。首先行陣。踰崑崙而西。麈歸仁之下。斬獲過當。寇遂以奔。荆伐不休。傷痍而歿。全師賴之。進而克捷。總師具聞。用加祭誄。舉兩使之留印。賁九原之英魂。是惟報勳。尚必致服。可。

孫沔特賜兵部尚書制 治平三年四月

敕。夫引年以禮。謝事乎朝。許國未忘。聞命則起。朕固知爾之忠。及其從事金革。感疾晦明。淪亡道塗。惘傷士卒。朕是知爾之命。恤章告第。詎可忘哉。故觀文殿學士、金紫光祿大夫、行尚書戶部侍郎、上柱國、安樂郡開國公、食邑二千一百戶、食實封三百戶孫沔。逮事先朝。洊更顯仕。舉通治術。文飾吏方。憲府諫垣。嘗聞正論。漕軍州棨。並著茂庸。以至更治西秦。收功南粵。延登宥密之地。寔爲輔弼之臣。而懇借郡章。旋還政事。朕以關陝用兵之最。延安謀帥之艱。再命爾行。期畢予事。天胡不憖。今也云亡。訃音上聞。朕心震悼。惟文昌八座之貴。夏官七兵之崇。刻于密章。尚賁泉壤。營魂不昧。其克歆承。可。

優給呂溱後詔 熙寧元年五月甲申

溱、立朝最孤。知事君之節。絕跡權貴。故中廢者十數年。無人肯爲達之者。朕近擢領要務。頗著風績。今忽淪亡。甚可嗟悼。又溱素家貧。一子幼騃。遭此大禍。必致狼狽。可常賻之外。量與優給及一行葬事。官爲辦集。庶示將來。以勵臣節。

唐介贈禮部尚書制

敕。衛失柳莊。猶曰雖祭必告。唐哀張僅。亦云辰日無避。況荐紳之望。時惟老臣。股肱或虧。予所甚悼。庸申愍册。以告泉壚。給事中參知政事唐介。文足以謀治體而經遠猷。武足以綏邊疆而讋鄰敵。仁祖以爲御史有慷慨敢言之風。英考以長法官多從容引誼之體。進都延閣。出殿藩垣。至皆有聲。立則不倚。肆朕纂服。俾參宰路。自信甚篤。知無不爲。方深倚毗。遽此凋喪。朕與之訣。亟臨其喪。豈曰儀典之然。寔爲君臣之分。於虖。食瓜而美。曷少慰於良思。刻蜜爲章。宜優加於追賁。文昌三品。姑示哀榮。營魂有知。尙克歆祓。可

韓琦特贈尙書令制

勅。朕紹休聖緒。綏撫四方。實賴全德老臣。藩屏王室。今其亡也。何痛如之。故推忠宣德崇仁保順守正協恭贊治純誠亮節佐運翊戴功臣、永興軍節度管內觀察處置等使、開府儀同三司、守司徒、檢校太師兼侍中、行京兆尹、上柱國、魏國公、食邑一萬六千八百戶、食實封六千五百戶韓琦。淵靖以有謀。莊重而不撓。早有天下之望。自結人主之知。出入三朝。周旋二府。仁皇興子。旣推定策之功。先帝建儲。復預愛遺之託。訖繇輔翼。以底丕平。澤被生民。勳在社稷。嚮以懇辭□任。出撫近藩。屢厭節旄之榮。願還印綬之寄。方深注倚。遽此殲亡。夫三省之官。惟尙書令爲尤重。非功德卓越。不以假人。眷言老成。宜峻徽典。尙其精爽。膺此寵榮。可特贈尙書令。

宋大詔令集卷第二百二十一

政事七十四

褒恤中

殿前都指揮使安武軍節度使郝質贈侍中制 元豐元年六月

敕。朕於文武之列。凡存歿始終。必視其功能品秩。而致其恩極其誼。況典領宿衞。國之虎臣。今其殞亡。宜有褒卹。具官某。蚤服我事。屢上戰多。嘗護師屯。每最邊伐。乃持髦節。以長羽林。肆惟王家。久賴忠力。遽此不淑。深所憫傷。朕用贈爾以常伯之位。以榮爾於九原。尚其有知。歆我光命。可。

觀文殿學士王韶贈金紫光祿大夫制 元豐四年六月

惟記功錄舊。哀死飾終。蓋君臣之情。有不能忘者。豈特爲天下勸哉。具官某。勇於忠義。志在功名。朕蚤器之。屬之疆事。克奮威略。震綏羌服。王師弗勤。境土用斥。眷圖雋烈。方登贊於近樞。顧念賢勞。旋均休於南服。遽茲淪謝。良所盡傷。追紀夙勤。肆優贈典。峻躋位品。以易故官。恩禮所加。是昭殊報。明靈可作。尚享餘榮。可。

龍圖閣直學士右諫議大夫宋敏求贈禮部侍郎制 元豐二年四月

敕。國朝故事。四品無贈官。若學行殊絕。則愍章襚榮。或出于一時之恩。所以褒賢厲俗。爲天下勸也。具官某。秉志醇一。能世其家。介直而通。夷易而立。躬閔騫之行。有倚相之學。述成信史。方汝賴焉。遽茲殞亡。良可嗟惜。春官之貳。寵飾厥終。精爽尚存。猶克知享。可。

故樞密直學士左司郎中兼侍讀陳襄贈給事中制 元豐三年二月

敕。居左右顧問之地。爲論思獻納之臣。存歿始終。恩禮宜稱。矧予勸講之舊。寔稱法從之賢。原往追榮。寵章攸異。具官某。造行純固。受才敏通。比以明揚。荐更膴仕。靖共直諒。蔚有令名。入侍金華。是資學術。奄忽物化。朕心惻然。東臺駁正之官。殿內清要之選。尚其幽穸。享此恩章。可。

吳充贈司空兼侍中制 元豐三年四月

敕。朕託士民之上。臨制海內。所與圖萬機之政。寔賴股肱之臣。休戚所同。義均一體。奄忽徂謝。痛執甚焉。故觀文殿大學士、吏部尚書吳充。躬粹和之賚而濟以精敏抱方重之器而適於變通頃自樞庭進司宰席靖謐不撓從容以和朕方倚以天下之治功而積勞成瘁嬰疾踰時累章自陳願解機務朕重違懇請俾即燕閒庶幾有瘳復弼予治天不憖遺用震悼于朕躬蓋褒德飾終有國常典以爾久亮天功故崇爾以公袞之貴以爾舊陪帷幄故加爾以常伯之崇是爲異恩庸詔泉壤尚克歆服以昭予衷可

故觀文殿學士正議大夫王陶贈吏部尚書制 元豐三年閏九月

勑地嚴官盛譽士之髦存歿哀榮恩禮宜稱矧予藩邸之舊寔稱侍從之賢厚往飾終寵數尤異具官某受才敏博操行直方比以明揚踐更華要出臨屏翰公望愈隆奄忽淪亡朕用傷盡吏部六曹之重尚書八座之崇尚其營魂膺此殊命可

贈太師中書令兼尚書令劉沆追封兗國公制 元豐二年閏九月乙卯

勑序德報功是宜厚往褒賢念舊所以勸忠維時顯庸申被愍錫具官某以宏才遠業經緯四方以偉望英聲儀刑百辟相我仁祖協成聖謨進建元儲國以泰定勞勤勳績久而自昭篤實沖深朕因嘉歎兗爲大國公爵極崇尚其明靈膺此休命可

贈太尉謚文安王堯臣贈太師中書令改謚文忠制 同上

勑序德報功是宜厚往褒賢念舊所以勸忠維時顯庸申被愍錫具官某以宏才遠業取重譽髦以偉望英聲進參機要逮事仁祖協成聖謨登建元儲國以泰定勞勤勳績久而自昭篤實沖深朕用嘉歎敏而好學慮國忘家考行易名在法爲稱令師之位併示追崇尚其明靈膺此休命可

故刑部侍郎致仕李受贈工部尚書工部侍郎致仕王獵贈兵部侍郎制 元豐三年

勑厚往飾終是爲愍錫念勞懷舊宜異恩章具官某昔以宮臣入侍先帝進繇攀附致位顯榮朴茂謹勤簡在朝論逝日愈遠賢聲不亡追賁有加用昭幽穸尚其無泯膺此寵名可

故殿前副都指揮使寧遠軍節度楊遂贈侍中制 元豐三年十二月

勑地嚴官盛將帥之臣生而尊顯於朝廷歿則褒嘉於泉隧古之道也其可忘乎具官某忠武智謀屢膺寄屬出乘疆埸有執敵捍患之才入總營屯有折衝消萌之用勤恭篤實簡在朕心不幸奄亡盡傷何已罷朝臨奠既極於哀榮追念飾終尚昭於冥漠逝而不泯其克歆承可

王安石贈太傅制 元祐元年

勑朕式觀古初灼見天命將有非常之大事必生希世之異人使其名高一時學貫千載智足以達其道辯足以行其言瑰瑋之文足以藻飾萬物卓絕之行足以風動四方用能於期歲之間靡然變天下之俗故觀文殿大學士守司空集禧觀使王安石少學孔孟老師瞿聃網羅六藝之遺文斷以己意糠粃百家之陳迹作新斯人屬熙寧之有爲冠羣賢而首用信任之篤古今所無方需功業之成遽起山林之興浮雲何用脫屣如遺屢爭席於

漁樵。不亂羣於麋鹿。進退之際。雍容可觀。朕方臨御之初。哀恫罔極。乃眷三朝之老。邈在大江之南。究觀規模。想見風采。豈謂告終之問。在予諒闇之中。何不百年。爲之一涕。於戲。死生用捨之際。孰能違天。贈賻哀榮之典。豈不在我。是用寵以師臣之位。蔚爲儒者之光。庶幾有知。服我休命。可特贈守太傅。

呂誨贈通議大夫制 元祐元年

賈生王佐之才。陳當時事勢。至於流涕太息。文帝將大用。而見擠於絳灌之徒。孝武之初。追揚先職。舉其二孫。咸至郡守。汲黯社稷之臣。疾刀筆之吏。不可爲公卿。武帝所嚴憚。而卒廢於平津之謀。沒後上思其質直。官其弟九卿。而子偃至諸侯相。蓋賢者之身。固有義命。而君子之澤。施於後人。具官呂誨。任朝廷之言責。以天下爲己憂。首斥奸諛。力諫典禮。直詞正氣。孰謂權強。疾趨徑前。如救焚溺。愛君恤民之論。根於至誠。憂國忘家之心。死而後已。使九原而可作。雖十世其何忘。哀今不得見之。信古所謂賢矣。通階顯稱。以慰有識之咨嗟。遺直餘忠。尚想斯人之髣髴。賁于幽穸。燕乃後昆。魂而有知。歆我嘉寵。

劉庠贈太中大夫制 元祐七年

敕。國以求賢爲先。士以得時爲急。賢既難進而易退。時亦難得而易失。日月逝矣。歲不我與。故樞密直學士、朝議大夫、知渭州劉庠。才備德博。器遠任重。逮事三朝。出入二紀。英祖神考。實知其人。剛毅樸忠。率不少貶。肆朕嗣位。疇咨故老。如庠等輩。不過數人。方當召用。命不少假。使九原而可作。雖百身其何贖。式章異數。用慰幽魂。雖知無益。以塞予哀。可特贈太中大夫。餘如故。

司馬光贈太師追封溫國公制 元祐元年

敕。執德不回。用安社稷爲悅。以死勤事。坐致股肱或虧。方予訪落之初。遽興殄瘁之感。其於卹典。豈限彝章。故正議大夫、守尚書左僕射、兼門下侍郎司馬光。超軼絕塵。應期降命。蹈履九德。湛涵六經。逮事仁宗。以論思獻納任言責。翊我英祖。以安危治亂鑒古今。粵惟先朝。延登近弼。方俟獻可而替否。不肯枉尺而直尋。紬繹新書。優游卒歲。乃心無不在王室。不起何以慰蒼生。顧惟眇躬。肇稱毖祀。未能旁求諸野而得傳說。亦庶幾選於衆而舉皋陶。激濁揚清。方甄明於流品。制法成治。永振德於黎元。而憖遺之悲。天不畀於一老。惴慄之歎。人皆輕於百身。茲大享於合宮。肆不預于小斂。師垣一品。降龍九斿。開國於溫。用旌直德。納棺以襚。式勸具僚。攬涕泗以無從。想話言之猶在。俯惟英爽。歆此寵靈。可特贈太師。追封溫國公。

呂公著贈太師追封中國公制 元祐四年二月

敕。大儒之於朝廷。守約而施博。仁者之於天下。生榮而死哀。眷是舊臣。實予元弼。奄至淪喪。良用怛傷。故司空、同平章軍國事、上柱國、東平郡開國公、食邑七千八百戶。食實封二千六百戶呂公著。寬裕而靜深。清明而敦實。兼資文武。典學始終。其材則爲山川。其器則爲規矩。擢升揆路。進與公台。入告謀猷。奮熙帝載。旁招俊乂。欽亮天功。政教修而陰陽順時。德澤流而華夏安悦。所謂善人天地之紀。豈非近世社稷之臣。於爾先人。相予烈祖。恩被黔首。功書太常。譚詠未忘。想像如在。惟爾有緇衣之美。故予獲奠枕之安。在商之時。有若伊尹伊陟。實能濟其美。於漢之世。有若韋賢元成。亦克圖厥勳。以方于今。蓋靡所愧。方同治國之樂。遽惜泰山之頽。嗚呼。惟召正於四方。實賴予輔。乃不憖遺一老。奚辜于天。嗟箕疇之何為。尚蕭規之有賴。式嚴追贈。具越故常。大師維垣。于今尊爵。申伯之宅。猶乃故家。爾則不亡。尚茲來饗。可特贈太師。追封申國公。餘如故。

薛向贈銀青光祿大夫制

勅。生則置高明之途。所以資其能事。歿則隆褒贈之典。所以表其遺忠。仰維先帝之知人。稽迪本朝之故事。正議大夫、上柱國、樂安郡開國公薛向。以研桑之計。豐利于公家。以頗牧之良。作藩于方面。進翊樞機之地。密陪帷幄之謀。周旋歷年。夙夜亡解。屬盡規於馬政。遽有斐於人言。均逸偏應。殫勤小物。及絶之環未賜。來歸之褫已加。方雍壤之厚終。屬裕陵之大恤。哀榮舊禮。顧未足於股肱。階爵尊名。復何愛於銀艾。以啓後昆之祉。以增幽穸之光。魂而有知。歆我譽命。可特贈銀青光祿大夫。餘如故。

郭逵贈雄武軍節度使制

勅。念功隱卒。國有彝章。矧予勞舊之臣。嘗處訏謨之地。奄終壽考。宜極哀榮。檢校司空、左武衛上將軍郭逵。少也知書。長而甚武。蚤著戰多之績。深通靜勝之謀。伏彼未衰。尚威名之可倚。營平既老。亦籌策之是咨。孰云注意之辰。忽動聞鼙之感。追加旄鉞。尚賁泉扃。靈其有知。膺此異數。可特贈雄武軍節度使。

蔡確追復右正議大夫制 紹興元年四月

士之失職者。朕皆有以甄敍之。眷惟舊弼之臣。久擯遐荒之外。奄其逝矣。良用衋然。追舉卹章。用昭德意。具官某。敏才精識。有顯于時。被遇先朝。協恭宰事。迨予嗣服。升冠羣工。荐致煩言。遂投遠服。屢經宥澤。而以喪歸。稍復故官。以慰窀穸。尚期不昧。知享茲榮。

蔡確贈太師謚忠懷制 紹興二年十一月丙辰

發隱德之幽光。伸一時之公義。方清明之際。所當先而不忽者也。追復觀文殿大學士、贈特進蔡確。被遇神考。有勞王家。因遘滔天之讒。遂罹死地之竄。終淪遠服。永謝明時。予心獨察其非辜。天下共悲其不幸。比雖申錫異數。發明舊勳。載惟如礪之懷。未盡輟瓜之念。其正師垣之秩。仍加謚號之榮。所以勸列辟之忠。非止慰重泉之魄。英靈未泯。歆此寵章。可特贈太師。謚曰忠懷。

王得君贈官與一子恩澤制

勅。故奉議郎王得君。朕嗣位之初。思欲奉揚先帝遺烈。在言職者。亡靖共之心。懷觖望之意。謂方諒闇。可肆欺蔽。每託論議。巧為詆斥。且朝廷政事。容或指陳。而先帝神靈。敢形訕讟。悖德背義。咈于衆聽。惟時中外。痛心駭目。畏避權倖。疇敢出言。得君小臣。獨能抗論。朋邪共惡。遽黜死所。忠懷夭閼。久未顯白。諍臣有請。謂宜褒錄。比覽舊奏。爲之盡然。贈官諫省。以旌諒直。命續世祿。併示異恩。無言不酬。庶知朕意。可特贈右正言。仍與一子恩澤。

李定追復龍圖閣直學士通議大夫制

流言折之以義理。則險説不得肆其厚誣。行己不牽於利害。則巧詆不待辨而自白。具官某。熙寧之始。以文學行義。見知朝廷。而論事者以爾未嘗持所生母之喪。窮究事狀。曖昧無根。爾既内質父命。已知生育之所從。而外恤人言。終恐疑似之難辨。於是解官歸養。罷祿辟嫌。先帝察知。德音獨在。元祐之際。仇人當塗。合黨交攻。横被廢斥。比既懲於羣枉。理宜雪於沉冤。峻職崇資。乃其故物。併復坐前之寵。用全身後之名。知不昧於探環。報宜深於結草。可。

文彦博改謚忠烈制

朕夤奉丕圖。獲承休德。仰慕祖宗之烈。惠我無疆。亦惟社稷之臣。克祗厥辟。想儀容之如在。宜恩禮之有加。具官某。惇大直方。剛明肅乂。屬被五朝之眷遇。備宣四紀之勤勞。定策至和。啓天心畀付。受遺英祖。迓世德作求。姓名增重於鼎彝。中外想聞其風采。雖君子㧑謙之美。默而不言。而神考作哲之明。知之有素。眷言信謚。未協至公。夫計安邦國謂之忠。功濟生民謂之烈。兼有二美。慰于九原。俯徇靈承。尚知歆懌。

文彦博追復官制 五月二十四日

朕嗣位五月。三下恩書。徽纆桁楊。棲置弗用。放流竄逐。係踵生還。尚念故老元臣等。位居丞弼。或奪爵身後。或殞命貶中。霈澤之行。豈限存歿。不有追復。孰慰營魂。具官某。佐佑四朝。勳德兼茂。粤自神考。命爲師臣。逮及先皇。咨以重事。去國未久。嘖有煩言。降秩春官。僅存公號。齎志沒地。屢閱歲時。蔽自朕心。悉還舊貫。維垣印綬。冠秩百工。全晉節旄。視儀三事。納書泉壤。流澤子孫。死而有知。可以無憾。可追復太師、開府儀同三司、太原尹、河東節度使、潞國公。

司馬光呂公著追復官制 臘詞同上

具官某。出入四朝。望實兼邵。粤自神考。俾贊事樞。逮及先朝。爰立作相。未乾墳土。嘖有煩言。除削寵名。罪均投裔。蒙惡滋久。不能自昭。稽參舊章。蔽自朕志。東朝二品。呂云東朝一品 稍還高秩。納書幽壤。流澤後人。死而有知。尚識茲意。光追復太子少保。公著復太子太保。

王珪追復官制

具官某。起自儒林。致身王相。逮事先帝。奄忽云亡。人之多言。闔棺未已。盡削名秩。罪均越荒。閱歲已深。蒙惡滋久。稽參故實。蔽自朕心。揆路師垣。悉還舊貫。崇階高爵。併以歸之。榮賁九原。澤及後嗣。死而不昧。尚或欽承。可追復金紫光祿大夫、尚書右僕射、兼門下侍郎、贈太師、謚文恭。

呂大防劉摯梁燾追復官制

具官某．蚤以器能．寖階顯用．粵自神考．擢在邇聯．（劉云・擢先衆人・）逮及先皇．爰立作相．（梁云・早以器能・寖階顯用・粵自神考・擢先衆人・逮及先皇・俾參國論・）去國未幾．嘖有煩言．貶秩投荒．齎志沒地．蒙惡滋久．不能自昭．蔽自朕心．參以故事．文階三品．稍還舊著．（劉梁去文階三品・稍還舊秩・）納書泉壤．流澤子孫．死而有知．尚識茲意．大防可追復右光祿大夫．摯追復太中大夫．燾追復左中散大夫．

韓維追復官制

具官某．蚤以德名．寖階顯用．羽翼神考．超登近班．股肱泰陵．嘗與初政．謀事日久．煩言遽興．先帝察其無它．哀其篤老．雖置散地．終保里居．復以舊恩．稍遷階品．不幸而死．朕用哀之．書殿榮名．東朝優秩．納書泉壤．流澤子孫．死而有知．尚識茲意．可追復資政殿大學士、太子少保．

宋大詔令集卷第二百二十二

政事七十五

褒恤下

王巖叟追復朝奉郎傅堯俞追復銀青光祿大夫謚獻簡范祖禹復朝奉大夫趙彥若復龍圖閣學士中大夫錢勰顧臨復龍圖閣直學士趙君錫復天章閣待制姚勔復寶文閣待制盛陶復龍圖閣待制趙卨復端明殿學士右光祿大夫孫覺龍圖閣直學士朝散大夫杜純鮮于侁李同並集賢殿修撰孔文仲朝奉郎朱光庭朝散大夫高士英承務郎制

勅。朕卽祚以來。推恩四海。濯垢起廢。至于再三。顧思九原不可復作。苟或抱釁泉壤。無以洗之。則王澤所加。存歿有異。豈朕哀矜惻隱幽顯不遺之意哉。爾以材猷致位近侍。（或云被遇先帝）旋以顯黜。遽至淪亡。言念營魂。莫能自達。還其名秩。國有舊章。出自朕恩。流澤後嗣。尚其不昧。識此哀榮。

孫固傅堯俞趙瞻追復官制（臘詞同上）

具官某。蚤以器能。寖階顯用。佐佑二帝。為時老成。（傅趙云。被遇先帝。與聞政機。）人之多言。闔棺未已。收還卹典。亦既累年。（孫云踰年。）蔽自朕心。參以故實。復申前命。以告爾家。流澤子孫。是為希闊。死而不昧。尚或欽承。固可追復開府儀同三司。堯俞追復右銀青光祿大夫謚獻簡。

王巖叟追復官制（臘詞同上）

具官某。蚤以時材。被遇先帝。更踐顯服。與聞政機。奄忽云亡。論議騰沸。除削名秩。罪均投荒。閱歲已深。朕用矜惻。文階七品。稍復舊著。納書泉壤。流澤子孫。死而有知。尚識茲意。可追復朝奉郎。

鄭雍追復官制（臘詞同上）

具官某。頃自書林。被遇先帝。更踐顯服。與聞政機。卒以煩言。削其近職。奄先朝露。有惻朕心。祕殿榮名。還爾之舊。納書泉壤。流澤子孫。死而有知。尚識茲意。可追復資政殿學士。

故范純仁特贈開府儀同三司制

朕率循舊章。寵遇股肱之臣。生極尊榮。歿有褒典。不獨示不忘之意。所以勸天下之忠也。故觀文殿大學士、右正議大夫、充中太一宮使范純仁。世襲忠孝。識度閎深。翊亮四朝。剛方一節。危言鯁論。不爲身謀。朕纘服之初。寤寐耆德。召自遠服。想聞嘉謨。以疢祈閑。日冀瘳損。天不慭遺。奪我賢輔。易簀之際。弗忘罄誠。擘味遺章。茲用震悼。追陞一品之峻。以慰九原之忠。精爽不忘。歆是休渥。可特贈開府儀同三司。

故光祿大夫同知樞密院安惇贈特進制

朕禮貌大臣。顧遇良渥。眷惟樞庭之貳。實參近輔之聯。偶違陰陽之和。遂致疾恙之劇。遽薨于位。宜隆厥恩。故光祿大夫、同知樞密院事安惇。稟姿粹和。禔身莊肅。膺神考之識拔。被泰陵之眷知。荐歷嶮夷。克全終始。方疇舊德。俾贊鴻樞。忽爾淪亡。良用傷悼。宜峻贈章之寵。躐陞特進之崇。尙其明靈。歆此優渥。可特贈特進。

蘇頌特贈司空制

體貌勵其節。人臣既已竭其忠。贈襚飾其終。王者豈得廢其禮。眷乃弼諧之舊。遽興殄瘁之悲。思慰存亡。宜申賁錫。故觀文殿大學士、太子太保致仕蘇頌。德備而學博。色温而氣剛。時更五朝。躬蹈一節。被遇神考。則獻納論思之忠。潤色討論之美。密勿乎禁途。逮事泰陵。則阜安華夏之略。燮理陰陽之功。從容乎廊廟。閱勞以治官之事。裕處於居里之休。屬予諒闇之中。方佇儀形之見。天乎不淑。曾一老之弗遺。人其謂何。雖百身而莫贖。進秩冬卿之貴。增光泉隧之幽。嗚呼。列鼎重茵。既兼全於五福。桓圭衮服。儻可作於九原。始榮終哀。焜燿典册。尙具英爽。式克歆承。可特贈司空。

温益贈開府儀同三司制

西臺良輔。潛邸故臣。生加體貌之隆。歿致哀榮之極。肆頒異數。昭示至恩。故中大夫、守中書侍郎温益。器度淵宏。性資凝重。宜勤勞於中外。固名節於初終。朕克紹丕圖。有懷舊學。召從藩服。擢亞奉常。旋陞論駁之瑣闈。繼尹浩穰之天府。既登八座。遂贊萬機。彌嘉心德之同。遽愴股肱之失。舉輟朝之故事。申臨奠之彝儀。躐視三公。正躋一品。尙其精爽。歆是寵靈。可特贈開府儀同三司。

故資政殿學士左正議大夫致仕王存特贈左銀青光祿大夫餘如故制

勅。巖廊輔弼之舊。朕所禮遇。以勸導臣工者也。既已寵異其生。亦必追賁其歿。所以極哀榮之數。全始終之恩。故具官某。望著英躔。仕逢熙運。迪中庸而制行。躬仁厚以持心。更練有爲。堅完一操。在元豐則受知乎神廟。參聯侍從之華。在元祐則被遇于泰陵。協贊機衡之重。肆朕纘承之際。深惟故老之咨。邈在邱園。蔚其風節。奄觀遺奏。尤倍惻傷。越陞二品之階。峻視六卿之秩。茲爲茂典。用展眷懷。尙克歆承。以光隧路。可。

李清臣贈金紫光祿大夫制 建中靖國元年

勅。朕率循舊典。優寵大臣。念功簡勞。不忘眷遇之禮。飾終厚往。用申褒顯之恩。故資政殿大學士、右光祿大夫李清臣。器業靖深。才猷精敏。學問該洽而知要文詞典麗而可傳奮由賢科寖歷膴仕三執機政克勤猷爲輟從東省之班俾總北門之鑰以疾來告日期有瘳天不憖遺奄忽淪喪奪我舊德爲之盡傷二品崇資愍有加錫尚其不昧庶或知歆可

林希追復資政殿學士制（建中靖國元年四月）

勑朕操予奪之權以馭吏懋褒賞之典以勸忠聽任惟公毀譽必察義之所在朕何敢私具官某頃在先朝掌制西掖大臣竄逐俾命訓詞實稟廟堂之謀初無怨誹之意昨緣物議遂褫職名忽爾淪亡甚可嗟悼復隆名於秘殿還寵數于舊章忍一夫之向隅尚當不樂如九原而可作亦克有知庶幾不忘歆我休澤可

追復資政殿學士通議大夫林希特贈右銀青光祿大夫餘如故制（建中靖國元年）

勑生有榮祿所以勵天下之能死有飾終所以厚天下之俗眷予故輔爲國名臣維時哀榮宜有異數追復資政殿學士、通議大夫、上柱國、鄒縣開國伯食邑八百戶、食實封一百戶林希天資剛介學識高明蚤以時名踐更華要遂繇禁從擢秉事樞頃自近藩往臨邊閫勳績之茂著于一方昨以煩言稍居謫籍奄焉淪謝深用盡傷甄敍所加益伸公議贈䘏之典抑有舊章尚其有知膺此休命可特贈右銀青光祿大夫餘如故

章楶贈銀青光祿大夫制（崇寧元年八月）

勑旌勞念舊政所宜先隱卒飾終禮必加厚昊天不弔哲人其萎宜伸褒贈之榮以篤忠義之勸故資政殿學士、通議大夫、中太一宮使章楶才兼文武學富古今赤心百爲白首一節昔裕陵之仙遊既遠元豐之聖烈浸隳荐起共驩之凶幾成牛李之禍空邊防以驕敵氣蹙國土以借盜資猖狂狐豕之區鼓舞□□之衆朝輸盟好暮致寇攘允賴嘉謨亟還成績秦都所畀無不爾或承漢壘相望則莫我敢遏有禦武有疏附恢廟略於三朝無智名無勇功肅邊聲於萬里肆延登於樞府爰震疊於蠻方偶爽節宣勉從頤養尚覬留侯之強飯終諧傳說之和羹詔墨未乾訃音來上古皆有死夫復何言青綬銀章進階二品紫泥金印增賁九原朕不汝遺靈其克享可

黄履特贈金紫光祿大夫制（十月十六日）

勑朕惟褒賢懋德顯忠遂良生則寵以職位而榮其身沒則加以官秩而顯其報卑崇有等必稱朕恩故資政殿大學士、左正議大夫、上柱國、會稽郡開國公食邑四千一百戶、食實封七百戶黄履德爲人師行爲世表有推賢樂善之心無妨功害能之志粤自神考擢爲從官周旋帷幄出入憲臺進則惟思盡忠退則惟思補過輔佐先帝終以令譽密謀讜議人莫得聞肆朕纘服之始亟還政府庶幾日聞嘉言啓沃朕志屬告久疾屢上封章重違所求畀以琳館乘茲有請歸展松楸方渴在廷之見忽聞遺奏之音死不忘君誠言可鑒朕惟元老舊臣宿所注倚興言愴怛但想儀形錫二品之崇階賁九泉之幽穸龍光厚渥特示褒嘉可特贈金紫光祿大夫餘如故

鍾世美贈右諫議大夫仍與一子郊社齋郎制 崇寧元年庚子

勑。朕繼體于神考。受命于哲宗。永惟二聖之志。付托在予。其曷敢弗飭。而間者興訛造訕。忘義之臣。肆其朋姦醜正之心。作爲負賴反倫之語。達于予聽。至不忍聞。豈特傷朕父子兄弟之恩。抑亦忘乎送往事居之義。至于締交合黨。乘間抵巇。政以糾紛。國用不靖。比閲章奏。具見事情。乃于羣枉之中。獨聞至正之論。是知忠孝不爲無人。云何不淑。遽爾殂謝。用申褒贈。以詔爲臣。故奉議郎鍾世美被遇神考。擢自布衣。懷尊君親上之誠。勵特立獨行之操。元符之末。國是未定。政在柄臣。異論沸騰。中外搖動。而爾奮不顧身。上書論辨。發揚二帝之烈。忠憤感激。可爲流涕。昔盤庚之告其臣曰。爾無共怒。協比讒言予一人。又曰。敢恭生生。鞠人謀人保居敘欽。夫盤庚之遷都。未爲過舉也。尚不免協共怒而讒言。故必至於反覆告戒。朕今亦何愛一官。不以欽敍敢恭之士。以爲羣臣勸。宜陟七人之寵。以慰九原之忠。併及爾孤。以示無言不酬之義。尚其不泯。服我休命。下見二陵。風于多方。尚體予意。可。

王安石封舒王御筆手詔 政和三年正月二十日

昔我神考。憫天下弊於俗學。訓釋經典。作新斯人。追述先王。興起萬事。得王安石相與有爲。咸有一德。格于皇天。朕述而明之。聲名文物。禮樂法度。於是大備。推原所自。迄至有成。其可弭忘。夫有功而未褒。有德而未顯。非所以報功崇德也。昔趙普、潘美王於韓鄭。鄭康成孔安國從祀孔子。安石被遇先帝。與其子雱修撰經義。功不在數子之下。安石可封王爵。雱可配享文宣王廟廷。

王安石封舒王制

勑。朕恭惟神考追述先王。訓釋羣經。以作新于俗學。興起萬世。以垂裕於後昆。蓋得非常之人。輔成不世之烈。肆頒顯號。追賁元臣。故特進、守司空、贈太師、荆國公、食邑五千戶、食實封一千七百戶王安石。降命應期。自天生德。學術精微。足以窮道奧。器識宏遠。足以用事幾。負命世亞聖之才。有尊主庇民之志。入輔機政。延登宰司。力贊斯文於將興。獨爲多士之先覺。若伊尹佐佑厥辟。咸一德以格天。若周公勤勞王家。用期年而變俗。千載之遇。萬世有辭。朕祗遹貽謀。克篤前烈。名正而朝廷辨。治化行而華夏敉寧。道德一而風俗同。法度彰而禮樂著。原其所自。安可弭忘。想風采以如生。蓋典刑之具在。相攸南土。實旣舊封。參考國章。申加王爵。噫。繼志述事。孝莫大于奉先。崇德報功。禮務隆于追遠。尚其精爽。歆此褒崇。可追封舒王。餘如故。

禮部尙書強淵明侍郎霍端友員外郎葛勝仲乞王雱封爵御筆

雱同其父安石訓釋經義。有補教化。然未可班顔回于子夏十哲之列。侑座于殿。可依所奏。封以伯爵。從祀于庭。

故朝散大夫天章閣待制贈左諫議大夫王雱封臨川伯制 政和三年三月□日

化民成俗。蓋法本于尊儒。崇德報功。必恩隆於賜爵。追懷俊傑。宜有褒揚。故任朝散大夫、充天章閣待制、行右正言、兼侍講、南陽縣開國男、食邑三百戶、賜紫金魚袋、贈左諫議大夫王雱、識造淵微、學通倫類、世濟其美、傳家何止于一經、書立之師、垂範不刊于千載、斥傳注詞章之俗學、闡道德性命之微言、士始見于指歸、功有裨于教化、酬其稽古之力、屬我右文之時、爰命疏封、并加異數、圖形先哲之列、從祀聖師之庭、蔚有光于宗儒、用申勸于多士、庶其知識、亦克欽承、可特封臨川伯。

收瘞

收瘞僞蜀將士詔 乾德三年正月

蜀中自弔伐以來、有僞將士死于兵刃者、暴露原野、深所愍悼、況春氣方至、掩骼是時、其令所在州縣官吏、速與收瘞。

瘞劍南峽路遺骸詔 至道元年二月甲申

昨者巴蜀之間、寇盜蜂起、俶擾天紀、斬艾生民、旣罹于鋒鏑、又因以饑饉、轉死溝壑、輕去邱園、天災流行、餓殍相望、達予聞聽、深用盡傷、方屬陽春布和品物滋茂、宜推掩骼之旨、用伸罪己之心、應劍南峽路管內州縣無主骸骨棄擲原野者、仰所在官吏分遣收瘞。

收瘞遺骸詔 至道元年七月丙辰

頃者盜起巴庸、民罹塗炭、自王師之弔伐、及兇黨之翦除、蠢茲編氓、或陷非命、金革之用、蓋不得已、溝壑轉徙、可勝道哉、旣遇禍于兵鋒、遂暴骨於原野、朕爲之父母、深切痛傷、宜徵掩骼之文、用表葬枯之惠、庶營魂之有託、免行路之興嗟、自前戰陣亡歿及饑饉疾疫至死無主收瘞、並令所在州府措拾埋殯、仍遣使致祭、以致朕哀痛之意焉。

斂瘞遺骸詔 咸平二年閏三月丁亥

朕以富庶之教、未洽於寰區、窮困之民、或殞於溝瀆、念遺骸之不掩、諒和氣之有傷、乃命瘞藏、表予軫惻、兩京諸路有暴露骸骨、官爲斂瘞、墳墓穿穴者塞之。

令拯救汴河溺水人詔 天禧元年九月甲寅

乃睠汴渠、貫于京輦、注九曲奔衝之勢、有四民覆溺之憂、俾設巡防、用申拯救、顧茲湍悍、深用憫傷、期洽好生、用伸明勸、自今應有誤溺之人、令本界巡檢及習水者、卽時拯救、許收其遺物、如溺者貧乏、卽以官錢給之。

宋大詔令集卷第二百二十三

政事七十六

道釋上

存留銅像詔 乾德五年七月丁酉

禁銅以來，天下多輦佛像赴京銷毀。顧惟像教，民所瞻仰。忽從鎔廢，有異脩崇。應諸道州府有銅像處，依舊存留。此後不得以銅爲像。

禁以鐵鑄佛像詔 開寶五年正月

塔廟之設，像教所宗。耕農之設，生人是賴。而末俗迷妄，競相誇誘，以至施耒耜之器，邀浮圖之福。空極勞費，諒乖利益。自今兩京及諸道州府寺舍除造器用道具外，不得以鐵鑄佛像，仍委所在長吏常加察訪。

禁尼與僧司統攝詔 開寶五年正月乙卯

男女有别，旹在禮經。僧尼無間，寔紊教法。自今應兩京及諸道州府尼有合度者，只許於本寺趣壇受戒，令尼大德主之。其尼院公事，大者申送所在長吏鞫斷，小者委逐寺三綱區分，無得與僧司更相統攝。如違，重寘其罪。

禁寄褐道士詔 開寶五年閏二月戊午

元妙之門，淸淨爲本。迨於末俗，頗尙眞封。或竊服冠裳，號爲寄褐。或雜居宮觀，曾不捨家。有黷憲章，所宜釐革。應兩京及諸道州府士庶稱寄褐者，一切禁斷。其道士無得於宮觀內蓄養妻妾。已有家者，速遣出外居止。仍自今不許私度人。如願入道者，須本師與本觀知事同詣長吏陳牒，請給公據，然後聽習教法，度爲道士。違者捕繫抵罪。

限數度僧尼詔

釋門崇教，實自前王。歲試度人，宜有定數。苟誦持之未至，則行業以何觀。特示明規，庶懲濫得。應諸道州府管內僧尼，自今後逐年據帳，每一百人只許度有經業童行一人。仍令尙書祠部專切檢點。如有額外度人者，並須退落。

禁灌頂道場水陸齋會夜集士女詔 開寶八年四月丁酉

像法眞宗。適當崇闡。緇徒戒行。尤在精嚴。如聞灌頂道場水陸齋會。並夜集士女。就寺開設。深爲褻黷。無益脩持。宜令功德司及尚書祠部。告諭兩京諸道州府。並禁止之。

召河陽濟源道士賀蘭栖眞詔 景德二年九月壬戌

師棲身巖壑。抗志烟霞。觀心衆妙之門。脫屣浮榮之外。朕奉希夷而爲教。法清淨以臨民。思得有道之人。訪以無爲之理。久懷上士。欲覿眞風。爰命使車。往申禮聘。師其暫別林谷。來儀闕庭。必副招延。無憚登涉。今遣入內高品李懷贇召師赴闕。想宜知悉。

僧尼道士童行十人外更放一人詔 景德三年十一月戊戌

能仁垂教。蓋誘於羣迷。老氏立言。實宗於衆妙。方資善利。用廣化樞。應兩京諸路州府軍監縣鎭僧尼道士係帳童行。各於元額十人外。更放一人。其寺觀院舍及住房僧道同行不及十人者。每院特放一人。並取係帳年深從上者度。勿試經業。委祠部卽給文牒。

特度僧道詔 大中祥符二年正月乙酉

朕拜貺膺符。升中展禮。遂行慶賜。仰荅神休。爰均雷雨之恩。普及緇黃之衆。冀因善利。永福蒼黔。應兩京諸路州府軍監僧尼。除準勅度人數外。逐處見係帳童行。每百人試驗經業精熟者。更度兩人。不滿百人處亦如之。道士每宮觀特度一人。

禁止道士親屬住宮觀詔 大中祥符二年二月癸卯

大道之源。本惟沖寂。列眞之宇。必尚精嚴。朕緬慕淵宗。恢隆妙教。期敦靖肅。以稱寅威。自今天下道士有以親屬住宮觀者。嚴禁止之。

宮觀度人詔 大中祥符三年正月壬子

向以獻歲發春。自天垂祐。著茲令節。紀于國章。宜因受瑞之辰。廣被度人之澤。應兩京諸路宮觀。每十人度一人。不及十人亦如之。

誌公諡眞覺大師詔 大中祥符五年十一月丁卯

大乘闡教。誕顯於圓明。開士膺期。夙彰于覺悟。頃於福地。嘗獲秘文。述景命之延洪。敍上眞之保佑。而況先朝欽矚。命服已加。眇德纘承。微言斯契。煥然偉度。允洽于慶靈。仰止遺風。益思於崇薦。誌公宜加諡曰眞覺大師。

誌公加號道林眞覺大師自今公私文字勿斥其名詔 大中祥符六年六月甲申

誌公眞覺大師。誕粹西夏。顯異南梁。學超頓漸之門。識達人天之際。向加美諡。用表靈蹤。而流俗之間。懵於崇尚。每因談述。必斥其名。出自朕心。聿增懿號。宜加爲道林眞覺大師。自今公私文字勿斥其名。

泗州僧伽大師加號普照明覺大師伽字公私文字不得指斥詔（大中祥符六年六月壬子）

能仁闡教。敷佑於羣生。等覺儲靈。流慈於應物。顧丕切而莫大。在欽尙以攸宜。眷彼淸淮。峙茲妙塔。示圓明之惠力。存妙寂之法身。俾薦名稱。用申嚴奉。泗州僧伽大師宜加號曰普照明覺大師。其伽字公私文字不得指斥。仍遣屯田員外郎孟隆說往彼致告。

開寶寺舍利塔賜名靈感詔（大中祥符六年□月癸酉）

烈祖開基。禪宮載葺。神宗撫運。寶刹斯崇。建淨梵之浮圖。瘞祇園之舍利。屢臻祥應。備極莊嚴。邇者禪物荐彰。景輝延曜。念先猷之燕翼。荷丕慶之克昭。恭創鴻名。永宜殊貺。開寶寺舍利塔宜以靈感爲名。

以太宗御製妙覺集編入佛經大藏詔（大中祥符八年閏六月甲辰）

恭以太宗皇帝撫寧萬宇。寵芘羣元。致周道之和平。發堯文之炳煥。游心釋部。觀妙眞宗。演暢一音。輔昭至理。得靈山之密印。冠汾水之英辭。朕仰奉威神。思流金石。爰稽類次。式就編聯。昭示無窮。用傳景鑠。宜以太宗御製妙覺集五卷編入佛經大藏。

新譯頻鄔夜迦經不得入藏傳法院似此經不得繙譯詔（天禧元年四月甲午）

金仙垂教。實利於含生。貝葉騰文。是資於傳譯。苟師承之或異。必邪正以相參。旣失精詳。寖成訛謬。而況葷血之祀。瀆於眞誠。厭詛之詞。尤乖於妙理。方增崇尙。特示發明。其新譯頻鄔夜迦經四卷不得編入大藏。自今傳法院似此經文無得繙譯。

徐和常沖虛先生制（政和二年三月二十三日）

勅。左街道籙觀妙明眞虛一大師徐和常。朕體道之妙。修身臨民。廣淸淨之化。以收無爲之功。一介之士。道術苟明。必加延禮。將以振高風而激流俗。助予爲治。豈苟然哉。爾心契沖漠。行無淄磷。守靜足以葆眞。致虛足以觀妙。物賴善救。人歸誠化。功利所及。不爲無補。美名顯秩。務極褒崇。尙加勤行。以副虛宁。可特授沖虛先生。

搜訪道教仙經御筆手詔（政和□年十二月）

道不可言傳。可言者道之緒。然道妙無形。深不可測。非言不顯。故道載于言。妙理存焉。古之聖人因言以見道。因道以立教。而萬世永賴。道之不興久矣。朕方體而行之。神而明之。施于有政。雖其書具在。或失其傳。使太元空洞之書。玉簡瓊笈之文。殘闕逸遺。墜於幽隱。搜訪所不及。甚失尊道立教之意。宜令天下應道教仙經。不以多寡。許官吏道俗士庶繳申所屬。附急遞投進。仍委監司郡守廣行搜訪。敢有沮抑不爲施行。以違制論。會赦降不原。如裒集無遺。及收藏之家能以繳進。委是仙經道教。當與推賞。仍自具有無繳進過數申尙書省。

王老志封洞微先生制（政和三年九月二十三日）

隱逸王老志。世俗之士。累於高名厚利。故其志慮昏塞。蹈於悔吝之域而不自見。朕思得高隱有道者而與之游。將以敦勵士風而祛世俗之惑。以爾含和葆眞。室虛生白。燭理於幾先。見微于物表。神若蓍龜。誠所謂有道者矣。乃命使制禮以招徠之。必有可觀者焉。錫茲美號。用示褒嘉。可特封洞微先生。

程若清封寶籙先生制 政和三年九月二十九日

元觀法師程若清。朕游神蠖濩之宮。儲思清淨之化。爾潛心祕奥。造道精微。實紫館之名流。佩上眞之法籙。宜加美號。用示褒封。往服明恩。永敷沖佑。可特封寶籙先生。

搜訪巖谷雖詼詭譎怪自晦者悉以名聞詔 政和六年九月三日

道之爲物。深不可識。世莫能知莫能行。神而明之藏諸用。推而行之存乎人。朕承道德分裂之後。人不足與明。故作新祠宇。有嚴像設。申命隆教。累年于此。而未能還淳返樸。豈爲之師承者未能唱導。而士之修身愼行者未加招聘歟。苟非其人。道不虛行。天下承平日久。深林幽壑。遁世隱名者。尙多有之。其令諸路郡守監司搜訪岩谷雖詼詭譎怪自晦者。悉以名聞。當招延以禮。分處內外宮觀。訓迪未悟。則移風易俗。庶乎其可夫

敢言毁拆寺院沙汰僧徒者以違御筆論詔 政和七年□月十七日

流俗勝而大道熄。千有餘歲。古之大全。世不復見。作而興之。使歸根復命。清淨自化。追還古風。比以天下道宮數少。又卑隘圮壞。不足以寅奉上眞。悉欲營建。深慮勞民動衆。材木之費。必至科擾。故以僧寺改充。僧宇猥多。不勞而易辦。訪聞姦人造言。謂將毁坼寺院。沙汰僧徒。搖惑衆心。中外駭聽。夫道一而已。沖虛無名。眞空不二。本自不殊。隆此而廢彼。豈朕志哉。可布告中外。敢有造言者。賞錢一千貫。以違御筆論。

宋大詔令集卷第二百二十四

政事七十七

道釋下

老子陞史記列傳之首在京神霄宮刻御注道德經御筆手詔 政和八年八月十二日

周室衰。中國有聖人焉。體道而在下。窮神盡變。莫知所終。蓋嘗著書九九篇。以貽後世。其指遠。其意微。世之人罕能知。況其所以官天地府萬物。澹然獨與神明居。豈得而窺之。自漢司馬遷班固號稱大儒。皆小智自私。溺於流俗。蹇淺之見。遷作傳則同于韓非申不害之徒。固敍古今人表以爲第四等。列于游夏之後。蓋歷歲千數百矣。朕萬機之暇。既讀其書。賾其指意之所歸。爲之訓解。間閱史氏。尤惜其序次之不倫。慨然于懷。豈天之將興斯文歟。表而揚之。實在今日。史記老子傳陞于列傳之首。自爲一帙。前漢古今表敍列于上聖。其舊本並行改正。昨所注道德經。可規倣唐制。命大臣分章句書寫。刻石于在京神霄玉清萬壽宮。以垂無窮。究觀老氏深原道德之本。而黜太甚繁飾之華。蓋將捄文之弊。使天下毋失其朴。舉復于無爲恬淡之眞。帝皇之治。何以越此。朕甚慕之。注經尊教。設科作宮。所以示欽崇之旨。布告天下。咸諭茲意。

天下學校諸生添治內經等御筆手詔 政和八年八月二十一日

道無乎不在。在儒以治世。在士以修身。未始有異。殊途同歸。前聖後聖。若合符節。由漢以來。析而異之。黃老之學。遂與堯舜周孔之道不同。故世流于末俗。不見大全。道由之以隱。千有餘歲矣。朕作而新之。究其本始。使黃帝老子堯舜周孔之教。偕行于今日。可依下項。

一崇寧以來。學校遍天下。士雖知所向。而不見道之大原。其所習尙取辦藝文之末。以應考選程式而已。合而同之。使知大道之全。性命之本。則士不流於俗。天下庶乎無二道。可令天下學校諸生于下項經添大小一經。各隨所願分治。大經黃帝內經道德經。小經莊子列子。

一大道廢壞滋久。作興斯時。世未知向。士未丕變。抵法違理者尙多。蓋人不教養。才不掄選。朝爲僕廝賤隸。晚服冠裳。號爲學道之士。夫人能洪道。非道洪人。苟非其人。道不虛行。自今應入學人。並令所在州縣勘會保明。不經刑責。不犯十惡姦盜。及違八行之人。許入州縣學教養。並依見行學法。所習經以黃帝內經道德經爲大經。莊子列子爲小經。外兼儒書。俾合爲一道。可依下項。

大經周易。　小經孟子。

一道所以不顯于時者。蓋士不用于世。人不教養于學。行不修于身。故人得以賤之。今作而興之。合儒學之士。悉由庠序。與儒爲一道。苟爲奬勸。亦未樂從。自來惟有先生法師處士大師等號。而品秩甚少。名稱既高。視官亦隆。人難遽進。並合依舊外。其在學中選入。可依下項增置士名。分入官品。

元士正五品　高士從五品　大士正六品　上士從六品　良士正七品　方士從七品　居士正八品　逸士從八品　隱士正九品　志士從九品

一學道之士。既盡入學。則教養掄選。庶幾循理愼行。異材間出。每歲試經撥放。及有度牒合披戴者。並依舊外。唯在學一年。方許披戴。則士經校試。不容僞濫。庶淸其選。

一州縣學道之士。初入學爲道徒。試中升貢。同稱貢士。升貢到京辟雝。試中上舍。並依貢士法。三歲大比。許襴𧞝就殿試。當別降策問。庶得有道之士。以稱招延。

一元士以下資任請給。各隨品。依品品法。唯人從不差兵士役人。止于宮觀內量差。其敍位在本品之下。

一道徒在學有犯。依學法。在外及與外人相犯。依法。若犯十惡姦盜贓濫詐欺。並不得披戴。卽不得易名妄冒。

一應天下神霄玉淸萬壽宮天慶觀知及副知除見任人且依舊外。將來有闕。並以學校登科人充。其餘宮觀亦依此。

一志士以上。令禮部置名藉差注。並如吏部法。其犯十惡姦盜贓濫詐欺。並得替。如品官。仍不敍。

一自興道教。異人間至。深慮山林高蹈之士。尙多有之。而學道之士。非專治身。出而顯教。亦士之所願。而延致之禮未盡。致老於林壑。無聞于時。可令監司訪之州。州訪之縣。縣下耆保。各具所管地分。有無高尙之士。依八行法。以禮延入學。並以名聞。或高尙不願入學。監司郡守親臨勸駕。給劵馬人船。差官伴送赴闕。又不願。卽具奏聽旨。當賜璽書招聘。高尙之士。多隱於卒伍工隸僕廝之類。或身自犯刑責。以逃世離俗。今延納招聘。一無所問。仰並以名聞。

改定道階等御筆手詔 政和八年十月

道流入官。自一命以上至視品中大夫。宜正名辨體。以爲次遷之格。而文階近列。有館閣之聯。亦宜倣此定制。以待瑰偉高妙不次拔擢之人。合以太虛大夫至金壇郎。同文臣中大夫至迪功郎。爲道階。以侍晨爲待制。以授經同修撰。至直閣爲道職。階以年勞遷授。道職如文臣隨官帶職之制。不限常格。授惟其人。無則闕之。並無俸給人從。道官見比視寄祿官。道官見帶先生以下。今改道階。

中大夫六字先生太虛大夫

中奉大夫四字先生清虚大夫
中散大夫二字先生紫虚大夫
朝議大夫六字法師碧虚大夫
奉直大夫都道錄沖虚大夫
朝請大夫四字法師太素大夫
朝散大夫二字法師元素大夫
朝奉大夫行道錄正素大夫
朝請郎守道錄太虚郎
朝散郎試道錄清虚郎
朝奉郎行副道錄紫虚郎
承議郎守副道錄碧虚郎
奉議郎試副道錄沖虚郎
通直郎行都監太素郎
宣教郎守都監元素郎
宣義郎試都監正素郎
承事郎行副都監翠微郎
承奉郎守副都監碧落郎
承務郎試副都監丹臺郎
承直郎行校儀左華郎
儒林郎守校儀右極郎
文林郎試校儀瓊臺郎
從事郎行守闕校儀南昌郎

從政郎行守闕校儀南華郎
修職郎試守闕校儀丹林郎
迪功郎試守闕校儀金壇郎

道職　如文臣帶貼職

沖和殿侍晨	同中大夫
葆光殿侍晨	同中奉大夫
燕頤殿侍晨	同中散大夫
蘂珠殿侍晨	同朝議大夫
凝神殿侍晨	同奉直大夫
葆光殿校籍	同朝散大夫
蘂珠殿校籍	同朝奉大夫
凝神殿校籍	同朝請郎
燕頤殿撰經	同朝散郎
蘂珠殿授經	同朝奉郎
凝神殿授經	同承議郎

道官九等。總司教事。都監之名。既已非正。又復別于道錄。不稱司存之目。名以定體。所宜釐正。今自都錄而下。以知同簽書爲職事官之任。庶幾名定實辨。政事斯舉。

都道舊名	知今名
都道錄	知左右街道錄院事
副都道錄	同知左右街道錄院事
左街道錄	知左街道錄院事
右街道錄	知右街道錄院事

左副街道錄　同知左街道錄院事
右街副道錄　同知右街道錄院事
左街都監　簽書左街道錄院事
右街都監　簽書右街道錄院事
左街副都監　同簽書左街道錄院事
右街副都監　同簽書右街道錄院事

佛號大覺金仙餘爲仙人大士之號等事御筆手詔 重和二年正月八日

先王之教。用夏變彝。衣服有常。以臨其民。而奇言異行。莫不有禁。故道德一。風俗同。自先王之澤竭。佛教始行于中國。雖其言不同。要其歸與道爲一。世賴以趨于善者。亦非一日。然異俗方言。祝髮毀膚。偏袒橫服。棄君親之分。忘族姓之辨。循西方之禮。蓋千有餘歲。朕方敦禮義。遹追三代。其教雖不可廢。而害中國禮義者。豈可不革。應寺院屋宇田產常住一切如舊。永不改革。敢有議者。以違御筆論。其服飾。其名稱。其禮。其言。並改從中國。佛號大覺金仙。餘爲仙人大士之號。僧稱德士。寺爲宮。院爲觀。即住持之人爲知宮觀事。不廢其教。不害其禮而已。言念四方萬里之遠。其徒之衆。不悉茲意。可令每路委監司一員總其事。郡守寮佐召集播告。咸使知之。

宋大詔令集卷第二百二十五

政事七十八

僞國上

討蜀詔 乾德二年十一月甲戌

朕奄宅萬邦。於茲五稔。陳師鞠旅。出必有名。伐罪弔民。動非獲已。睠惟邛蜀。久限化風。舞階詎識於懷柔。干紀自貽於禍釁。近獲僞樞密院大程官孫遇等二人。搜得孟昶與河東劉鈞蠟本潛相表裏。欲起寇戎。致姦謀之自彰。蓋天道之助順。將定一方之亂。難稽六月之師。爰命將臣。俾貞戎律。建靈旗而西指。授成算以徂征。言念坤維。久沉汚俗。旣爲民而除患。必徯后以來蘇。式淸全蜀之封。止正渠魁之罪。況西川將校。多是北人。所宜飜然改圖。轉禍爲福。苟執迷而不復。雖後悔以難追。如能導引王師。供饋軍食。率衆歸順。舉城來降。咸推不次之恩。用啓自新之路。重念征行之際。宜申約束之文。已戒師徒。務遵法令。不得焚蕩廬舍。毆略吏民。開發邱墳。剪伐桑柘。共體救焚之意。以成不陣之功。凡彼蒸黎。勿懷憂慮。故茲詔示。知朕意焉。

賜孟昶詔 乾德三年正月

朕荷上元之命。居率土之尊。將期德服於萬邦。豈欲威加于四海。睠惟益部。僻處一隅。不能保乂生民。而乃窺覦邊鄙。且遠連於幷寇。寔自啓於釁端。遂至興兵。固非獲已。銳旅才臨於蜀境。前軍俄下於劍門。朕嘗中宵憮然。念兆民何罪。屢馳馹騎。嚴誡兵鋒。務宣拯溺之懷。以諭弔民之意。果能率官屬而請命。拜表疏以祈恩。託我慈親。述乃寢廟。悉封府庫。以待王師。易節改圖。旣自求於多福。匿瑕含垢。當盡滌於前非。朕不食言。爾無它慮。

平蜀曲赦 乾德三年

門下。伐罪弔民。所以昭宣王略。眚災肆赦。所以盪滌羣非。稽有國之舊章。蓋哲王之能事。朕飛龍撫運。躍馬興邦。雖禹別九州。盡爲王土。而蜀川一境。獨隔華風。天兵飛渡於劍門。蜀主哀號而納款。念其生聚。曲爲保全。宜覃曠蕩之恩。用慰傷殘之俗。易苛政以平恕。革重斂爲輕徭。用舉宏綱。正我王度。自乾德三年正月二十四日昧爽以前。應僞蜀管內罪無輕重。常赦所不原。咸赦除之。云云 乃睠劍南。比爲內地。自累朝之艱否。據千里之江山。豈無沉滯之人。宜下旁求之命。所在州郡及山林有懷才負藝。未霑寸祿者。委長吏聞奏。先賢邱壠。不得樵採。古來廟宇。咸與修崇。其餘節婦義夫。順孫孝子。有堪旌賞。當議舉明。官吏軍民。各勤職業。樂予景運。當慶新恩。告示一方。咸知朕意。

孟昶除官制 乾德三年六月甲辰

伯禹遵川。黑水本梁州之域。河圖括象。岷山直井絡之墟。是曰坤維。素爲王土。屬中原多事。遠服未賓。山河既限於侯封。車服遂踰于王制。朕削平寓縣。重正皇綱。復周漢之舊章。寵綏羣后。採唐虞之大訓。協和萬邦。六載于茲。百揆時序。禮樂征伐之柄。盡出朕躬。左衽椎髻之邦。咸修地貢。咋順長庚而授律。法時雨以興師。兩階雖愧于舜干。三面俾開于湯網。咨爾僞蜀主孟昶。挺生公族。禀質侯門。值後唐將季之晨。襲西蜀已成之業。自擅征賦。久更歲時。而能察天道之惡盈。知人情之助順。盡率羣吏。來降大軍。望北闕以陳誠。指南陔而請命。是用開懷厚遇。宥過推恩。官班特烈于彝章。保護彌光于大信。豈比魏封劉禪。纔升驃騎之班。隋待蕭琮。但列台公之號。今茲示寵。以欲從人。命作帝師。俾榮開府。帶漢相□車之貴。列秦川萬戶之封。併而授之。斯爲異數。仍加俸祿。用表優隆。爾其思前代之命官。體我朝之加等。勉荷非常之澤。無忘匪懈之心。佩服恩光。往踐厥位。可特授開府儀同三司、檢校太師、上柱國、秦國公。食邑一萬戶。食實封三百戶。仍給見任上鎭節度使俸祿。

平廣南曲赦 開寶四年二月

門下。朕自臨御以來。撫綏天下。憂一物之失所。期四海之咸康。言念廣南。僻居嶺表。恃朝廷之遙遠。困生聚以誅求。積有歲年。漸成凋弊。羣心向化。無路歸明。朕爲人君。能不嗟憫。乃令問罪。聊舉偏師。壓境而列郡皆平。遇陣則妖氛盡掃。勢如破竹。威若疾雷。僞主劉鋹。出於凡庸。不識天命。猶偷延生路。詐出降辭。累遣使人。妄傾誠款。及王師之前進。縱寇黨以來當。狂計弛張。姦心敗露。殘孽則旋聞盡戮。劉鋹則果見生擒。民人有歸。天地助順。既展混同之化。宜申曠蕩之恩。限赦書到日昧爽以前。廣南管內州縣諸色犯罪人云云 乃眷嶺南。本惟王土。盜據千里。及今累朝。豈無怨滯之人。宜下旁求之命。所在州郡。有懷才負藝。未霑寸祿者。委長吏聞奏。或有古來廟宇。仍令各與修崇。或有先賢邱墳。今後不得樵採。其有順孫孝子。節婦義夫。皆令舉明。當議旌表。太陽委照。妖氣皆平。慶此新恩。當知朕意。

劉鋹除官詔 開寶四年四月壬午

劉鋹久據海隅。不供王祭。罔順舞干之化。敢興拒轍之心。果就生擒。所宜顯戮。朕方思解網。務在好生。爰推異恩。待以不死。是命釋其繫縛。被以冠裳。仍升翊衞之班。俾列會朝之位。昔軒皇至聖。非無涿野之誅。大禹成功。尚有防風之戮。比于前代。我無愧焉。勉承寬宥之恩。勿怠肅恭之志。可特授金紫光祿大夫、檢校太保、右千牛衞大將軍、員外置同正員。封恩赦侯。食邑二千戶。

賜江南國主書 建隆元年正月戊申

朕奮發側微。經綸草昧。削平多壘。輔翊前朝。惟堅金石之心。用保山河之誓。歷事三主。于茲十年。洎世宗上仙。少帝嗣位。仰承顧命。敢怠初心。屬幷寇之幸災。結外裔而入鄙。尋奉專征之命。方圖卻敵之功。豈謂師次郊圻。變生倉卒。人心所屬。天命有歸。兢倒干戈。逼趨京闕。千夫之長。不息於懽呼。三事之臣。共伸于推戴。勉從禪讓。若墜冰淵。非不能致命捐軀。蓋無益于周之宗社矣。國主雄材奕葉。武略守邦。撫吳楚之全封。紹楊徐之舊業。備觀興替。深識變通。共保懽盟。永安疲瘵。遠惟英晤。當鑒誠懷。

答江南李煜手表 建隆二年九月壬戌

朕以江南舊邦。世有令德。承襲基業。保乂黎元。而能遠奉中朝。克遵禮命。備見奉先之志。用嘉述職之誠。言念忠純。方深延納。載披手翰。彌慰朕懷。

賜江南李煜嗣位禮物詔 建隆二年十月丙申

睠彼江左。世撫舊邦。積善降祥。聿生令器。國主知奉先之道。傾事大之心。克禀貽謀。紹先奕葉。嗣位允符於衆望。爲邦果契于永圖。遐傾內附之心。益洽同文之化。屬新承于基構。宜特沛於朝恩。專命近臣。往申慶賜。今遣樞密承旨王仁瞻賜國主禮物。具如別錄。

諭江南李煜橫海等軍士骨肉津遣過江詔 建隆二年五月戊午

朕撫寧寰宇。愛育黎元。每思致理之方。務在從人之欲。今據橫海飛江水闘懷順諸指揮員寮節級兵士。各稱有骨肉現在江南。乞取歸京。國主素推仁愛。必念流離。可令所司分析軍兵。憐其割愛。津遣過江。體予馭遠之懷。庶叶同文之化。

賜江南李煜詔 建隆四年八月戊子

杜廷望至。爲先令吳迹泳傳宣令發遣顯德二年後隔過朝廷員寮兵士及揚州戶口。卻過江北。所有將率一二千人。不免恐懼。只希年歲間番次發遣。其揚州戶口見括勘相次起遣過江北事。朕爲萬邦之君。慮一物失所。俾慰邱園之戀。免傷羈旅之情。近覽敷陳。備知誠款。載惟傾順。嘉歎良多。

諭江南李煜延納泉州陳洪進詔 建隆四年十一月丁巳

泉州陳洪進。遣軍將魏仁濟上言。四月二十二日。據將吏等狀。以張漢思不卹軍民。勒歸私第。請洪進鎮撫連城。恭聽朝命。朕以泉南一境。早順大朝。遠傾拱極之心。不絕充庭之貢。自前附庸江左。阻越中原。屢有兇徒。改易主帥。蓋節制之無術。致士庶之不寧。今洪進洞識機宜。深明去就。勵丹衷而上表。越滄海以來賓。朕撫御華夏。理須延納。所期遐裔。皆遂樂康。若此後不禀朝章。輒陵主將。當徵銳旅。往討不恭。載惟明達之心。必體懷柔之意。

答江南李煜請寢陳洪進恩命表詔 乾德元年十二月辛丑

朕推恩馭遠。稽古臨朝。念秦漢以來。久絕附庸之制。閩越之地。素爲蕃服之封。頃者阻限中原。依憑江左。師臣屢易。軍鎮不寧。陳洪進爲衆所推。上章聽命。須班詔爵。用慰遠人。特降制書。明諭朝旨。國主爰形奏牘。深述事宜。雖認恭勤。諒難俞允。苟依所請。是朕食言。則洪進一心。未省爲臣之所。泉南二郡。獨作無告之民。上爲仁君。安忍行此。不移前詔。當體予懷。

答江南李煜乞呼名表詔 乾德二年十二月

王者之禮諸侯也。異姓謂之叔舅。詔書賜之不名。載乎禮文。見之史册。顧惟涼德。慨慕前王。矧彼大邦。宜加異數。國主禮存事上。義執勞謙。請呼君前之名。誠爲忠順。俯同臣下之制。何辨等威。難議允俞。良深嘉嘆。

賜江南李煜詔 乾德二年二月乙卯

所上表、謝示諭泉南等州事者。惟彼二州。甚爲僻遠。爰從近歲。繼有變更。初從效淪亡。不能傳嗣。漢思愚蔽。又失衆心。陳洪進爲下所推。尋來請命。朕雖德薄。義在君臨。苟爽懷來。是虧柔遠。且漳南之地。負隔海隅。終慮遐陬。或更生事。所宜示以朝命。安其物情。近已特授洪進節旄。委以鎮撫。推公示信。固無私焉。在予素心。應所備悉。

諭江南李煜不令客旅過江於江北置務折博詔 乾德二年八月乙未

朕撫寧邦國。愛育黎民。欲禮讓之興行。期干戈之偃戢。爰自江表內附。商旅南通。車書雖嘉於混同。關市每煩於候接。其間不無羣小。罔顧憲章。或尙氣以憑陵。或使酒而喧兢。每達朕聽。深用憮然。雖曾指揮。尙未嚴肅。已降宣命。自今諸處不令客旅過江。只於江北置務折博。凡有貨幣。但於彼處貿易。載惟通晤。當體睠懷。

諭李煜朝覲詔

勅李煜。爾事我大朝。素堅臣節。望日展傾輸之禮。頗盡恭虔。凝旒推待遇之恩。每從優異。金石之心誠雖固。丹青之懷抱未伸。將欲弭中外之間言。莫若敦君臣之厚契。苟非會面。何以宣心。是用專遣廷臣。往諭朕旨。當體誠意。暫覲闕庭。竚俟來儀。以慰延望。今差左拾遺知制誥李□賫詔往彼。故茲示諭。想宜知悉。

諭江南管內勅牓

勅江南管內州縣軍鎮官吏軍人百姓等。朕統御萬邦。撫臨億兆。推至誠而待物。期率土以歸心。布惠行仁。是予本志。興兵動衆。非我願爲。惟彼江南。言修臣禮。久被撫懷之化。頗傾依附之心。貢封章則惟見恭勤。修外貌則多從減降。既云事大。每欲包荒。甘言常信其赤心。內稔豈疑其姦計。而又疊傾誠款。請降册封。既禮分之未虧。故我心之無間。使人頻至。詞旨愈專。是以特降詔書。俾其略詣京闕。外則弭寰區之它論。內則盡魚水之深情。終日包藏。一旦彰露。不唯多方託故。懇避來朝。而乃修葺城池。選練軍旅。教習戰陣。抽點鄉兵。爲拒捍之計謀。作攻守之准備。朝廷養寇垂二十年。心狠貌恭。突然自敗。向展爲臣之禮。都爲觀釁之方。每云傾輸。盡彰狡詐。復念一方生聚。積歲誅求。奉其矯僞之心。成彼瘡痍之苦。中外士庶。請余討除。縱朕心獨欲含容。奈衆議皆懷憤悱。既行問罪。須至興師。今者禁衞出軍。雲臺選將。授幄中之成算。奮堂上之奇兵。荆渚樓船。順流而下。餘杭戈甲。合勢而趨。嶺南則數路齊驅。湖外則分頭競入。水陸兼進。左右夾攻。絕其飛走之門。可見覆亡之勢。役不再舉。其在于茲。江南軍人百姓等。久在偏方。阻霑皇化。諒達變通之理。必知逆順之規。應僞命文武官僚等。事於僞邦。各懷明識。所宜詳觀事勢。審擇安危。本主既終是執迷。羣臣須自求多福。或能率師徒而送款。或能舉郡邑以來降。俟爾效忠。即當行賞。玉帛官爵。我無愛焉。以節鎮來歸。則便頒節鉞。以郡邑向化。則便賜郡符。並令僞命職官各更加等酬奬。去危得路。轉禍有門。勿失良時。自貽後悔。百姓等各安家業。無至憂驚。王師所臨。軍法甚峻。已指揮諸軍兵士。不得殺人放火及擄掠人口發掘墳墓。必令萬旅不犯秋毫。俟收復江南日。特放租稅三年。所有相次李煜差點到百姓刺面配軍人等。俟收復日。並放逐穩便歸農。各令倍加安恤。摧枯拉朽。竚成平定之功。薄賦輕徭。永樂混同之化。凡爾黎庶。各體我懷。故茲榜示。各令知委。

宋大詔令集卷第二百二十六

政事七十九

僞國中

招諭淮南勑榜

勑淮南管内州縣軍鎮官吏軍人百姓等。朕自纘承基構。統御寰瀛。方當恭己臨朝。誕修文德。豈欲興兵動衆。專耀武功。顧茲昏亂之邦。須舉弔伐之義。蠢爾淮甸。敢拒大邦。因唐室之陵遲。接黃寇之喪亂。飛揚跋扈。垂六十年。盜據一方。僭稱僞號。倖數朝之多事。與北敵以交通。厚啓戎心。誘為邊患。晉漢之代。寰海未寧。而乃招納叛亡。朋助兇慝。李金全之據安陸。李守貞之叛河中。大起師徒。來為應援。攻侵高密。殺掠吏民。迫奪閩越之封疆。塗炭湘潭之士庶。以至我朝啓運。東魯不庭。發兵而應接慕容。觀釁而憑陵徐部。沭陽之役。曲直可知。尚示包荒。猶稽問罪。邇後維揚一境。連歲阻飢。我國家念彼災荒。大許糴易。前後擒獲將士。皆遣放還。自來禁戢邊兵。不令侵撓。我無所負。彼實多姦。勾誘契丹。至今未已。結連并寇。與我為讎。罪惡難名。人神共憤。今則推輪命將。鳴鼓出師。徵浙右之樓船。下朗陵之戈甲。東西合勢。水陸齊攻。吳孫皓之計窮。自當歸命。陳叔寶之數盡。何處偷生。應淮南將士軍人百姓等。久隔朝廷。莫聞聲教。雖從僞俗。應樂華風。必須善擇安危。早圖去就。如能投戈獻款。舉郡來降。具牛酒以犒師。納圭符而請命。車服玉帛。豈恡旌酬。土地山河。誠無愛惜。刑賞之令。信若丹青。苟或執迷。寧免後悔。王師所至。軍令甚明。不犯秋毫。有同時雨。百姓父老。各務安居。剽擄焚燒。必令禁止。自茲兩地。永為一家。凡爾蒸黎。各體誠意。

答李煜奏峽口有舟船詔

勑李煜。省所奏峽口有舟船到岸事具悉。朕思自爾守國。今十四年。睠言保護之心。著在久安之義。然於近日。繼有閒言。或云修葺城池。或云教習舟楫。在城則選練軍伍。向外則抽點鄉兵。又於邊上收得文字進來。備見爾臣寮所行意度。或言稟奉宣旨。或則自稱朝廷。向所傾輸。並云減降。如斯機計。都自罔欺。惟朕心誠素無疑間。驟茲聞達。深用驚嗟。而又方務苟容。是以別推恩旨。用修國信。專遣使臣。庶爾暫來。與吾面會。定君臣之厚契。釋中外之疑懷。兼於沿江。量差兵士。俾令巡警。免爾憂虞。何期峽口經由。戍兵排布。既來邀截。須至殺傷。兼封到弓箭進呈。足明事實。爾既未來朝覲。彼又先起鬭爭。向所傳聞。茲乃證驗。今披所奏。全似執迷。豈衆臣蔽固而不知。使大義倉皇而遽失。所言二弟見在朝廷。從善則方領雄藩。舉家帖泰。從鑑則見居公館。異禮接延。日令撫安。固無憂懼。朕若恩意減薄。何以及斯。宜體朕懷。以保終始。今幷收到文帖封往。故茲詔示。想宜知悉。

答錢俶進李煜書詔

勑錢俶。省所奏不拆重封進呈江南李煜送到書事具悉。卿位冠師壇。心傾王室。銘鐘鏤鼎。迥高表率之勳。翼子貽孫。不墜忠貞之節。負上將縱橫之略。秉大朝征伐之權。得外境之來緘。具封函而上進。可明傾竭。深副倚毗。足覩久大之謀。永保山河之寄。其爲嘉賞。不捨寤興。故茲獎諭。想宜知悉。

諭錢俶攻取常州詔

勑錢俶。朕統御萬邦。撫臨兆庶。推至誠而待物。期率土以歸心。布惠行仁。是予本志。興兵動衆。非我願爲。惟彼江南。言修臣禮。久被撫綏之化。頗傾依附之心。貢封章則惟見恭勤。修外貌則多從減降。既云事大。每欲包荒。甘言嘗信其赤心。內稔豈疑其姦計。而又疊傾誠款。請降册封。既禮分之未虧。故我心之罔間。使人頻至。詞旨愈專。是以特降近臣。俾其略來赴闕。須宜優厚恩禮殊隆。何期終日包藏。一旦彰露。不唯多方託故。懇避來朝。而乃修葺城池。選練軍旅。教習戰陣。抽點鄉兵。爲拒捍之計謀。作攻守之準備。朝廷養寇。垂二十年。心狠貌恭。突然自敗。向展爲臣之禮。都爲覬覦之方。每云傾輸。盡彰狡詐。既行問罪。須至興師。今者禁衞出軍。雲臺選將。剋期攻取。直抵昇州。卿任重統戎。心專盪寇。況早者曾披章奏。具述事宜。今驗姦兇。果符陳請。聞茲討伐。必罄忠勤。今候丁德裕到彼。住三五日。可部領兵士起發。且往攻取常州。倚毗之懷。寤興無已。故茲詔示。想宜知悉。

潤州勑榜

勑潤州管內鄉村人戶等。咸在偏方。久從僞俗。但苦煩苛之政。未沾曠蕩之恩。今朝廷命將興兵。弔民伐罪。佇期平定。永慶混同。必令其萬戶千門。共樂於輕徭薄賦。王師所至。軍法甚嚴。不犯秋毫。有如時雨。所宜自安家業。各著農桑。無懷憂懼之心。當識撫安之意。凡爾衆庶。知我誠懷。故茲榜示。各令知委。

諭潤州僞命知州詔

勑某乙。朕臨御中區。削平四海。但推誠而待物。期率土以咸寧。惟彼江南。自虧臣節。曲盡綏懷之道。終藏姦詐之心。致我用兵。蓋非獲已。一昨興師命將。伐罪弔民。自過長江。繼成戎捷。遇妖氛而必破。逢寨柵以皆平。見進大軍。尋圍昇府。盡得咽喉之地。固無飛走之門。水陸齊攻。困危已甚。止期旦夕必覩盪平。近者僞命將員胡公霸、黃德明等率衆來降。傾心向化。念其效順。尋已加恩。並各除授刺史。況彼常州。已從收復。一城生聚。便就於安寧。兩浙路岐。頓成於通泰。惟茲事勢。諒必聞知。其常州知州禹萬誠以下。亦各除授防禦團練使。朝脫危亡之地。暮承殊異之恩。今令相次進軍。徑往潤州城下。汝久從僞俗。方守孤城。素懷通變之才。必識安危之計。所宜審圖去就。別建功名。遵古人擇福之言。徇君子見機之義。自求多福。無失良時。若能全得城池速來歸順高官重祿我無愛焉便當除授防禦使其於以次人員等第超授官爵鋒鏑之下玉石難分明開轉福之門當體好生之意惟爾通晤知我誠懷故茲示諭想宜知悉

招諭李煜詔

勅李煜朕法天臨人開懷恕物每以愛民爲念未嘗黷武肆情而況待爾之恩素爲殊異比期會面深欲宣心豈謂未體睠懷惑於疑間致此嬰城之役應知失策之由或以爲困在危途且無外援攻之則必取守之則必亡朕心未然良有以也但念滿城生衆萬旅攻開偶誤計于一人致罹殃於兆庶矧惟終始素欲保全邇來雖有差違朕亦爲爾體悉卻慮方茲隔越未得悔陳許乃自新特頒明旨惟爾衷抱當用沉思豈不知先君墳塋每令保護在京骨肉盡禮接延爾雖疑迷朕無渝變由爾未能開悟致令困彼蒸黎今者覽將帥之上言讀梯轒之速進師徒之勢迅若風驅旬月之間必見瓦解將俞所奏寧不軫懷失路之人所宜指示逆流之水用使開通闢茲効順之門協以好生之義失于此際悔亦難追朕既不能愛彼生靈爾亦何路全其家國若能日度一日謀無定謀久長之間如何了奪從鑑等先因貢奉來至京師久茲駐泊郵亭盡當體認朝旨俾令歸復用達誠懷儻蔽固之能除斯憂危之頓釋君臣之分可保如初禍福兩途爾當審擇故茲詔示想宜知悉

詔諭江南勅榜

勅江南人戶等朕君臨萬國子育兆民惟思於恤物愛人豈憚於宵衣旰食睠惟江表久隔皇風竊號偸名盜據其土地急徵厚斂割剝於黎元是與弔伐之師往救凋殘之弊捷音繼至我武惟揚盪巢穴以非遙混車書而在卽百姓等咸居僞俗未被朝恩先行告諭之文俾識懷柔之意如能向王師而効順慕皇化以傾心卽當永保安寧仍令倍與存恤若是潛謀結集不認招攜便遣分兵剪除必是全家誅戮惟茲禍福宜自擇焉特示明文無貽後悔凡爾黎庶體我誠懷故茲榜示各令知悉

招諭江南知州詔

勅某賢哲保身自知機而識變帝王御極惟示信以推恩明開轉福之門以表好生之德昨以金陵拒召禁旅徂征長驅水陸之師大振雷霆之勢所至而城池必下迎鋒而虵豕咸誅已進大軍見圍昇府萬旅競進百道齊攻四面援兵剪除並盡一城生聚危蹙堪哀朝夕之間盪平可待一昨朱令贇范彥峯等一行羣黨三萬餘人旬浹之間並已勦戮令贇之輩皆就生擒見送往昇府城下況朝廷自興討伐先務招攜鬬敵者須至殺傷歸順者厚加爵賞胡公霸自昇州城內率衆而至禹萬誠自常州知州舉城而來劉澄等自潤州相次歸明已各降授刺史團練防禦使監軍朱亮等並除諸司使副弃瑕錄用我無愛焉去危就安惟人自擇料汝明晤必皆聞知況汝事於本邦素蘊明略方臨列郡備覩危機當弔民伐罪之辰是因事建功之日當審圖其去就無自取其顚危若能全彼州城納其誠款士卒免殺傷之苦閭閻無驚擾之虞於爾之功則又非細萬誠公霸何足比焉我於旌酬固異倫等其餘以次將校等第優與加恩屬此良時無貽後悔祁寒在候戎事方勞當體睠懷永全富貴故茲示諭想宜知悉

宋大詔令集卷第二百二十七

政事八十

僞國下

招諭江州勅牓

勅江州管內縣鎮鄉村人戶等。咸在偏方。久從僞俗。但苦苛煩之政。未沾曠蕩之恩。今朝廷命將興師。弔民伐罪。見圍昇府。尅日盪平。竚靜江山。永同文軌。樂我撫安之化。被予仁愛之恩。長令其萬戶千門。共喜於輕徭薄賦。所宜自安家業。各著農桑。無懷憂惧之心。當體招安之意。故茲牓示。各令知委。

已降常州咨錢俶詔

勅錢俶。省所差鎮東軍支使王通今月二十八日走馬到闕。奏今月十五日僞命知常州禹萬誠等歸降、已安撫州城訖事。具悉。卿位高王霸。天付將材。門傳衞社之勳。世著勤王之節。一昨親提銳旅。取彼堅城。勢孤而旣絕援兵。力盡而遂輸降欵。遽歷寒暄之候。終成收復之功。永增史册之光輝。寔副君親之任委。其爲嘉賞。不捨寤興。故茲獎諭。想宜知悉。

常州勅牓

勅常州管內百姓人戶等。汝等咸在偏方。未沾皇化。以熱耨寒耕之苦。困急徵暴斂之風。念爾生靈。因興弔伐。今者已收郡邑。竚期盡殄氛霾。當使蒸黎。永遂蘇息。所宜速安家業。各著農桑。被予臨照之恩。共樂混同之化。凡爾黎庶。體我誠懷。故茲榜示。各令知委。

平江南曲赦 開寶八年十一月

門下。惟彼江南。久從割據。洎中原之有主。奉正朔以投誠。朝廷推恩。保護尤至。而李煜不量力分。每縱姦憸。詐爲事大之恭勤。每欲欺天而覬望。修葺城壘。彌年爲固守之方。招誘豪強。終日有包藏之志。顯然彰露。達予聽聞。猶推以異恩。許其入覲。堅心背順。稱疾不朝。向來詐欺。一朝俱敗。迸蠟書則勾連逆寇。肆兇徒則劫掠王民。問罪之師。駐蹕周歲。朕念一城生聚。逃告無門。由愚騃之狂迷。致民人之塗炭。疊令招諭。堅更拒違。以致雷霆師徒同懷忿怒。一舉而孤城自潰。臨危則逆豎擒降。南方既平。萬彙同慶。既洽昇平之化。宜申曠蕩之恩。限赦書到日昧爽以前。應江南管內州縣諸色罪人。云云太陽委照。沴氣已平。慶此新恩。當知朕意。

李煜除官制

孫皓降晉。叔寶入隋。咸膺列爵之封。悉赦後時之罪。茲惟故事。可舉而行。李煜承累世之遺基。據六朝之故地。朕奄有天下。底定域中。苞茅雖貢於王庭。輯瑞不趣于朝會。洎偏師問罪。銳旅傅城。猶冀懷來。頗聞固拒。爾自貽於悔吝。余豈忘於哀矜。是用盡滌瑕疵。併推恩渥。升帝傅之秩。列環衛之班。兼啓侯封。式隆寵數。勉膺休命。宜保令圖。可光祿大夫、檢校太傅、右千牛衛上將軍、封違命侯、食邑三百戶。

答吳越國王乞呼名詔 太平興國二年九月丁巳

卿油幢濟美。鼎鉉銘功。聿傳賜履之榮。寔荷專征之寄。先皇帝大徵虎旅。問罪金陵。賴卿忠勞。遽茲戡定。又秉桓圭而入覲。拜文陛以稱觴。尊奬天朝。勤勞王室。爰舉不名之典。用旌蓋世之勳。忽示撝謙。遽形推避。矧惟茂典。出自先朝。顧惟冲人。纘承舊服。方褒崇於元老。敢廢墜於寵章。所請宜不允。

錢俶納土曲赦兩浙德音 太平興國三年五月

門下。惟皇建極。括寓縣以開階。惟辟奉天。法陽春而流惠。我國家丕承大業。光宅中區。奄三代之提封。盡歸王化。撫萬邦之生聚。皆樂皇風。近又吳越國王錢俶遠效忠規。嘉逢昌運。走梯航而入覲。叩宸扆以披誠。願輸奕世之土疆。盡入大朝之封域。睠茲恭順。特議允俞。言念吳方。久疏王澤。當混同之資始。均茂育以攸宜。爰殖在宥之文。俾預太平之化。應兩浙管內云云於戲。四海一家。既大同於文軌。三吳百越。屬初被於照臨。固於撫御之間。良軫寐興之念。彼中官吏。差去使臣。更施存恤之方。廣示懷柔之道。令其富庶。慰朕焦勞。告示遐方。知予厚意。

親征河東詔 開寶二年二月戊午

朕以非薄。爲天下君。臨御以來。不敢逸豫。憂勞庶政。勤恤下民。所冀咸遂昭蘇。漸臻治定。雖未遑於偃革。固匪願於佳兵。蠢爾太原。獨背朝化。潛依鹵帳。屢結蜀川。洎喪劉鈞。擅立異姓。豈能保守。尋亦覆亡。今則殘衆遊魂。騃童專國。乘我郊禋之際。來侵晉絳之民。焚蕩鄉川。毆略黎庶。致數州之被苦。顧涼德以何安。宜順人心。龔行天討。朕取此月內率六師親征。沿路供須。並從官給。務令省約。無至勞人。凡爾群臣。當體予意。

招諭河東劉繼元詔 太平興國四年四月辛未

朕嗣守基扃。廓清寰海。一物失所。必軫納隍之憂。四郊多虞。未暇高枕之樂。重念兵者不祥之器。蓋不得已而用之。矧茲一方。介于三晉。有陶唐之舊俗。有西河之遺風。務穡勸農。憂深思遠。知去就之分。爲禮義之邦。而乃詿誤閭閻。淪胥塗炭。北面稱臣於鄰國。南面拒命於闕庭。假息偸安。苟延歲月。爲計如此。不其謬歟。朕今親御戎衣。龔行天討。靈旗所指。虎旅爭先。以王者時雨之師。救比戶倒懸之急。孤壘四絕。奇兵九攻。剪滅之期。在于頃刻。又念一城之內。萬姓何辜。用推仁恕之心。更諭安危之理。繼元素懷明略。合有遠圖。當茲窮蹙之中。必念變通之術。先人宗祀。豈使絕於蒸嘗。編戶生民。豈令塗于原野。比鄰之救何益。駟馬之悔莫追。事理較然。所宜熟慮。儻能翻然改過。束身來降。寔富貴之可期。何只待以不死。恃險與馬。往戒寔深。大王小侯。朕言不食。在城文武官僚等。忠貞事主。明哲保身。儻思轉禍之言。共定歸朝之計。我有好爵。與爾縻之。苟執迷之不悛。則追悔而無及。審定良計。以副朕懷。

招諭劉繼元詔 太平興國四年五月壬午

眷茲孤壘。朝夕盪平。朕憫萬姓之倒懸。思一戎之底定。蓋救焚拯溺之舉。無佳兵樂戰之心。特推寬大之恩。用示生全之路。繼元素懷英氣。當體朕懷。恐於危蹙之中。遽罹鋒鏑之禍。奉父母之遺體。當如是耶。此非男子之見也。自前或繕戈甲。敢抗王師。及至討除。悉皆釋放。昨者趙王吳王。獻地歸朝。或授以大藩。或列以上將。臣僚子弟。皆享官封。繼元但速歸降。必保終始富貴。先人之祭祀不絕。一城之生聚獲全。安危兩途。爾宜自擇。故茲詔示。當悉至懷。

慰諭劉繼元詔 太平興國五月壬子

繼元。卿聿承世業。據有幷門。與我國家。本無仇怨。屬中原之多故。遂王祭之闕供。致干戈之日尋。使生靈之塗地。朕君臨區宇。子育蒸黎。豈使三晉之邦。未歸於封略。一方之俗。尚隔於照臨。是用親御六師。恭行天討。以神武而不殺。欲比屋之來蘇。當茲危迫之中。能定變通之計。上表待罪。束身請降。益彰君子之見幾。寔救生民之焚首。嘉茲效順。副我好生。從前僭尤。當與洗滌。待以優禮。蓋有彝章。方示信于萬方。必延賞於十世。諒卿明悟。當識朕懷。

平河東曲赦 太平興國四年五月乙酉

門下。帝王之心。黎庶爲念。儻非靜亂。豈欲佳兵。乃睠幷汾。比是藩鎮。頃因多事。遂隔皇風。三十年自絕朝廷。百萬戶莫霑恩惠。朕嗣膺丕業。恢闡鴻猷。萬邦共慶於來庭。一物不令其失所。憫茲生聚。獨隔照臨。是以親御六師。直臨孤壘。冒暑天之炎酷。涉山路之險巇。不憚勞身。惟思救物。河東僞主劉繼元。兵窮力盡。請命來降。愍其效順之誠。特示全生之路。已從釋罪。表我推恩。廓氛祲於邊陲。出蒸黎於焚溺。既除巨孽。永洽大和。宜降曲恩。用清汚俗。弛刑布惠。咸與惟新。應河東管內。云云 於戲。濟物安民。寔惟素志。勞師動衆。固非願爲。參墟既靜於烟塵。武庫永韜於干戈。必令士庶。共樂昇平。凡爾生靈。宜體朕意。

劉繼元拜官詔 太平興國四年五月己丑

苞茅不貢。春秋舉伐叛之師。銜璧請降。皇王行宥過之典。河東僞主劉繼元。繕完戈甲。違拒朝廷。僭黃屋以自尊。結鄰邦而爲援。屬累朝之多故。遂假息以偸安。盜據一方。垂及三紀。朕祗膺景命。奄宅中區。霜露所均。悉爲內地。梯航所至。皆備外臣。矧乃參墟。近接關輔。眷茲黎獻。尙隔照臨。所以親御戎衣。直抵孤壘。登涉險阻。衝冒炎蒸。櫛風沐雨之不辭。拯溺救焚而是切。繼元勢孤援絕。力屈計窮。知民徯朕以來蘇。知朕待之以不死。旣手詔以敦諭。果面縛以請降。窮鳥入懷。旣開三面之網。刑馬而誓。更疏五等之封。盡滌前非。特加異數。昭我大信。永孚于休。可特授檢校太師、右衞上將軍、上柱國、彭城郡公。食邑三千戶。

克復荊南德音　建隆四年四月

門下。朕廓定中原。撫寧萬國。顧車書之所混。期聲教之大同。日者釁起衡陽。兵連楚甸。當朗陵之危蹙。禍恐及民。發禁衞之驍雄。鼓行問罪。旣除害首。將議班師。不謂兇黨辜恩。嬰城拒命。纔下剪茅之令。尋成破竹之功。蓋將帥之叶和。致煙塵之克定。言念黎庶。深懷閔傷。宜推曠蕩之恩。用慰凋殘之俗。可赦荊南、郎州、潭州管內。云云

陳洪進加恩制　太平興國二年十一月

門下。朕託於人上。奄宅域中。化被萬邦。聲教方覃於率土。寵綏群后。絲綸豈悋於徽章。特推湛露之優恩。用奬朝宗之亮節。推誠保順忠正翊戴功臣、平海軍節度、泉漳等州觀察處置等使、特進、檢校太師、使持節泉州諸軍事、行泉州刺史、兼御史大夫、上柱國、臨潁郡開國公、食邑三千二百戶、食實封一千戶陳洪進。智謀宏遠。襟量坦夷。乘時自取其功名。望日每傾其忠順。受十連之寄任。撫千里之江山。睠言作翰之勞。寔副守方之寄。一昨慶予纘嗣。來覲闕庭。襃冠趨拱極之班。執玉就稱觴之列。禮無違者。朕用嘉之。宜陪井賦之眞封。用表解雷之異渥。爾其愼終如始。荷寵若驚。永揚帶礪之休。無墜盤盂之誡。可特授依前檢校太師、使持節泉州諸軍事、行泉州刺史、兼御史大夫、充平海軍節度、泉漳等州觀察處置等使、加食邑一千戶、食實封三百戶。功臣、散官、勳如故。主者施行。

陳洪進納土曲赦漳泉德音　太平興國三年五月

門下。朕纂紹基圖。臨御區宇。慶五兵之消偃。致四海之混同。顧惟動植之間。悉被生成之澤。念淸源之一境。隔朝化以多年。江山雖在於照臨。黎庶未霑於恩惠。節使陳洪進素懷明略。喜遇昌期。偃武節以來朝。錄地圖而上進。今者川塗無壅。聲教大同。宜覃在宥之恩。俾洽惟新之化。應泉州、漳州管內。云云。於戲。同文共軌。荷宗社之殊休。恤物愛民。乃帝王之常道。矧惟遠俗。初被皇風。用安歸向之心。倍注撫柔之意。降九天之雨露。蘇比屋之生靈。必令其萬戶千門。永樂於輕徭薄賦。凡爾衆庶。當體我懷。

宋大詔令集卷第二百二十八

政事八十一

四裔一

大金

報聘大金國書 宣和二年九月差登州兵馬鈐轄武義大夫馬政特書

大宋皇帝謹致書於大金皇帝。遠承信介。特示函書。具聆起處之詳。殊副瞻懷之素。契丹逆天賊義。干紀亂常。肆害忠良。恣爲暴虐。知夙嚴於軍旅。用綏集於人民。致罰有辭。逖聞爲慰。今者確示同心之好。共圖問罪之師。念彼群黎。舊爲赤子。既久淪於塗炭。思永靖于方陲。誠意不渝。義當如約。已差太傅知樞密院事童貫勒兵相應。使回請示舉軍的日。以憑夾攻。所有五代以後。陷沒幽薊等州舊漢地及漢民。并居庸古北松亭榆關。已議收復。所有兵馬彼此不得過關外。據諸色及貴朝舉兵之後。皆散到彼餘處人戶。不在收留之數。銀絹依與契丹數目歲交。仍置榷場。計議之後。契丹請和聽命。各無允從。

答大金國書 宣和三年八月二十日付金使曷魯副使大迪烏

遠勤專使。荐示華緘。具承契好之修。深悉封疆之諭。顧夙惇於大信。已備載於前書。所有漢地等事。並如初議。俟聞舉軍至西京的期。以憑夾攻。

答大金國書 宣和四年九月十三日付金使烏歇高慶裔

使軺荐至。聘禮增華。載惟修睦之勤。益紉締交之厚。且承親臨軍旅。遠撫封陲。用申弔伐之仁。以訖威懷之略。逖聞風義。深慰忱誠。自審舉軍至西京。即遣童貫等勒兵相應。河東河北兩路。累敗契丹。俘馘甚衆。軍聲蚤震。諒已具知。所有漢地及夾攻等事。並如昔遣趙良嗣所議、與累次圖書幷馬政所齎事目。大信既定。義無改更。其餘具如別錄。大軍屯駐、並邊已久。累惇信約。速應師期。共成取亂之圖。永洽善鄰之契。

契丹一

與契丹國主書 景德元年十月丙午

密邇封壤。遐慕聲猷。未申與國之懽。詎適親仁之願。所念勝殘去殺。邦國之永圖。偃武修文。人君之盛美。顧惟涼德。恭紹慶基。八載於茲。群生是恤。至于保乂疆境。禁戢兵烽。止令守備以安邊。不以交侵而爲事。今者殿前都虞候王繼忠。遠達封章。備茲陳述。覩息民之深旨。寔致治之嘉謀。將導懽盟。議通信使。言如可復。理固悠長。所期清淨之風。同安億兆。往來之禮。永奉歲時。修玉帛以伸誠。指丹青而著誓。成二國睦鄰之事。契沖人守位之心。固以深衷。樂聞高義。郊野之次。氣候方嚴。善保興居。式綏戩福。聊馳一介。徑達單函。遐想音塵。佇承報命。

答契丹書 景德元年十二月庚辰

近沐徽音。願修惠好。爰遣單車之使。特伸咫尺之書。聿導素心。遠聞清聽。遽勞專介。復示牋函。載窺溢幅之辭。備紉睦鄰之道。冀保安於疆境。將偃戢於干戈。永修玉帛之歡。長固丹青之誓。既形高義。深慰至懷。方屬嚴凝。久茲涉履。勉加頤攝。以集祺祥。

答契丹國母書 景德元年十二月丙戌

繼辱行人。荐承問念。佇干戈之載戢。許玉帛以交馳。虔聽重言。已有定議。共遵盟約。期邊境之永安。庶保歲寒。致黎元之多福。誠堅金石。義貫神靈。佩服徽音。銘篆丹素。方屬凝寒之候。更遵頤衞之方。式慰至懷。倍臻繁祉。

答契丹主書 同上

近奉尺書。尋塵英聽。復勞人使。特惠緘封。覩縟旨之優長。紉嘉猷之宏遠。惇信明義。立邦國之永圖。繼好息民。著簡編之盛事。必遵信誓。長固歡盟。共成經久之規。允集無疆之慶。祈寒在候。庶務縈懷。善保興居。永綏福履。

與契丹遺書

二月日、兄大宋皇帝致書于弟大契丹睿文英武宗道至德崇仁廣孝功成治定啓元昭聖神贊天輔皇帝闕下　夫降年之數。諒繫於穹旻。享國之期。必由于運厤。推茲常理。寧足興嗟。載念嗣守丕基。君臨寰宇。茂宣至化。聿致太和。洎通與國之歡。益副息民之願。勤勞所積。疾疢是生。永訣于茲。長懷何已。唯冀交馳玉帛。克保於歲寒。翕受祺祥。彌昭于國慶。今差使中大夫、行給事中、上柱國、河東郡開國公、食邑三千戶、食實封三百戶、賜紫金魚袋薛田、副使四方館使、銀青光祿大夫、檢校兵部尚書、兼御史大夫、上柱國、隴西郡開國侯、食邑一千二百戶李懿。專奉書。以代辭違。兼有徽儀。具載別幅。雖甚不腆。式表至懷。不宣白。

即位報契丹書

二月日、姪大宋皇帝謹致書于叔大契丹睿文英武宗道至德崇仁廣孝功成治定啓元昭聖神贊天輔皇帝闕下　恭以先皇帝聿修歡聘。彌固善鄰。

道合人祇情深友愛。不虞釁禍奄及上僊。猥念眇沖俾承基構□於理命。祇紹洪圖。冀先好之愈敦。賴英猷之永睦。專憑介使遠達深衷。今差使朝請大夫、右諫議大夫、上柱國、江夏郡開國侯、食邑一千戶、賜紫金魚袋任中行、副使西上閤門使、銀青光祿大夫、檢校刑部尚書、上柱國、永城郡開國侯、兼御史大夫、食邑一千五百戶曹珝謹奉書。披述不次。姪大宋皇帝謹白。

與契丹告哀書

二月日、姪大宋皇帝謹致書于叔大契丹睿文英武宗道至德崇仁廣孝功成治定啓元昭聖神贊天輔皇帝闕下。高穹降禍。先帝升遐。攀慕哀摧。不克勝處。載念隣歡斯固。訃告是伸。緬料英懷。必增傷慟。今差引進使、金紫光祿大夫、檢校司空、兼御史大夫、上柱國、臨晉郡開國侯、食邑一千戶、實封三百戶薛貽廓謹奉書。不次。姪大宋皇帝謹白。

爲契丹輟朝詔 天聖九年六月辛丑

頃自先朝。聿修鄰好。歲時滋久。使聘交馳。逮朕纂承。益堅信誓。忽聞訃告之至。良切悲傷之懷。宜特輟視朝七日。

弔慰契丹國主書 天聖九年

近枉使車。特形訃問。伏承昭聖皇帝上僊。恭惟攀慕號哽。何可勝任。弟肇纘崇基。乍縈庶務。勉抑因心之慼。用遵順變之經。方固講修。但深慘系。

皇太后弔慰契丹國主書

不意凶變。昭聖皇帝上僊。恭惟攀望號踊。哀理難勝。姪孝愛惟深。纘承在始。明遵禮制。式總政機。信契久敦。悲想增切。

弔慰契丹國母書

不意凶變。昭聖皇帝上僊。恭惟號慕英靈。悲哽難處。緬茲順德。方厚睦鄰。冀抑節於深哀。庶克循於變禮。傷怛之外。企祝尤增。

皇太后弔慰契丹國母書

單使忽來。訃書斯覯。伏承昭聖皇帝上僊。恭惟攀號悲慕。夙夕難居。叔母早著柔嘉。允膺尊禮。冀全情制。克顯母儀。鄰好悠深。慘懷益切。

賀契丹國主登位書

近承祇膺遺訓。紹撫丕圖。獲共守於先謨。彌述修於永睦。遐聞善繼。但切深懷。特遣使車。用申信聘。

皇太后賀國主登位書

近因馳告。爰審纘承。方佑朝機。久敦鄰好。惟紹修於和契。永共保於先規。將達遐心。聊憑尺牘。

賀國母册禮書

伏承顯膺懿册。增建崇名。夙藹善猷。方安榮養。顧久敦於信契。寔聳聽於徽章。聊致柔緘。聿修嗣守。

皇太后賀國母册禮書

近審顯受尊稱。允膺禮册。久接敦和之契。載懷懿厚之風。方睦善鄰。遐聆徽典。專馳使介。庶達悃私。

答契丹國書　慶曆二年四月庚辰、右正言知制誥史館修撰富弼資政殿學士戶部侍郎爲回謝契丹國信使、西上閤門使符惟忠、假引進使副之。

昔我烈考章聖皇帝。寶有基圖。惠養黎庶。與大契丹昭聖皇帝。弭兵講好。通聘著盟。迨于纘承。共循謨訓。邊氓安堵。垂四十年。茲者專致使臣。特貽緘問。且以瓦橋內地。晉陽故封。援石氏之割城。述周朝之復境。繫乎異代。安及本朝。粤自景德之初。始敦鄰寶之信。凡諸細故。咸不寘懷。況太宗皇帝親駕并郊。匪圖燕壤。當時貴國。亟發援兵。既交石嶺之鋒。遂舉薊門之役。義非反復。理有因緣。元昊賜姓稱藩。禀朔受祿。忽謀狂僭。俶擾邊陲。議討除已嘗聞達。杜防、郭槇傳導備詳。及此西征。豈云無報。聘軺旁午。屢聞嫉惡之談。慶問交馳。未諭聯親之故。忽窺異論。良用憫然。謂將軫于在原。返致譏于忌器。復云營築堤埭。開決波瀝。昨緣霖潦之餘。大爲衍溢之患。既非疏導。當稍繕防。豈蘊猜嫌。以虧信睦。至於備塞隘路。閱集大兵。蓋邊臣謹職之常。乃鄉兵充籍之舊。在於貴境。寧撤戍邊。一皆示於坦夷。兩何形於疑阻。顧惟歡契。方保悠長。遽興請地之言。殊匪載書之約。信辭至悉。靈鑒孔昭。兩地不得交侵。沿邊各守疆界。誓書之外。一無所求。斯在久要。弗違先志。諒惟聰達。應切感思。甫屬清和。妙臻戩穀。

回契丹書　慶曆四年八月戊戌、右正言集賢校理同修起居注余靖、假右諫議大夫史館修撰爲國信使。

頃者元昊不庭。俶擾西鄙。以其罪在首惡。國人何辜。但發軍備邊。以防寇掠。前年蕭英來。得書謂元昊稱藩尙主。是甥舅之親。本來所謂出兵。則恐違鄰好。縱寇則深害邊人。故富弼等行。具令咨述。及得答書。謂欲告諭元昊。俾之歸款。卽未嘗議及西討。去春元昊雖遣人屢至。猶未盡率朝會。今夏再有奏來。名體始順。然以未行册命。故未及修報。今耶律元衡至。聞元昊誘過邊民。議定親領師徒。直臨賊境。且言恐北軍深入。元昊卻於本朝稱臣。作貢約以勿從者。蓋是北朝未知元昊今夏有奏來。名體已順。遂及此議。若以其於北朝失事大之禮。則自宜問罪。若以其於本朝稽効順之故。則不煩出師。況今月五日延州奏。元昊已遣楊宗素齎誓文入界。若不依自初約束。則猶可沮還。如盡已遵承。則南朝何以卻之。緬冀英聰。深垂體照。

賀契丹生辰國書

正月日、兄大宋皇帝致書于弟大契丹聰文聖武英略神功睿哲仁孝皇帝闕下。春元啓候。朏夕摽華。欽惟誕慶之期。允協迎年之祝。既孚雅壽。仍慰慈觴。式達聘儀。用修歡契。今差朝散大夫、右諫議大夫、輕車都尉、彭城縣開國子、食邑五百戶、賜紫金魚袋劉夔、文思使、銀青光祿大夫、檢校太子賓客、兼御史大夫、輕車都尉、原武郡開國侯、食邑一千二百戶楊宗讓、充生辰國信使副。有少禮物。具諸別幅。專奉書陳賀。不宣。白。

問候契丹皇太后書

正月日姪大宋皇帝謹致書于嬸大契丹儀天體道至仁廣德慈順章聖皇太后闕下。夙敦歡約。緬企柔慈。涉蓂厤之載和。諒椒闈之多慶。群生茂育。嘉氣熙蒸。善保懿沖。式符勤祝。今差具官劉夔、楊宗讓充皇帝生辰國信使副。聊憑函訊。用達襟悰。不宣。謹白。

宋大詔令集卷第二百二十九

政事八十二

四裔二

契丹二

賀契丹生辰書

正月日、兄大宋皇帝致書于弟大契丹聰文聖武英略神功睿哲仁孝皇帝闕下。華厤始初，方新於庶彙。慶辰誕紀，允集於多歡。顧欽奉於有慈，諒駢臻於式喜。特申信聘，參續壽祺。

問候契丹皇太后書

正月、姪大宋皇帝謹致書于嬸大契丹儀天體道至仁廣德慈順章聖皇太后闕下。上春熙豫，協氣翔臻。緬柔履之靜安，膺繁禧而泰定。眷惟鄰守，昭顧歡言。

回謝契丹皇帝書

九月日、兄大宋皇帝致書于弟大契丹聰文聖武英略神功睿哲仁孝皇帝闕下。使軺云止，惠問見貽。且承累歲而來，荐有西師之舉。討其不服，初煩翦伐之謀。全以舊恩，終示含容之度。慶武戈之遂息，分軍獲以爲儀。言諭斯勤，欣銘併集。方凝寒律，冀保沖襟。企詠之誠，指陳奚旣。續遣使人咨謝。次今忠正軍節度使、檢校太尉、同中書門下平章事蕭德等回。專奉書陳謝。不宣白。

回謝契丹皇太后書

九月日、姪大宋皇帝謹致書于嬸大契丹儀天體道至仁廣德慈順章聖皇太后闕下。鄰邦惇睦，結信好以彌深。使聘申歡，承諭言而甚厚。固壽齡之遐福，欣帖泰之休期。加侑幣以惟豐，積感悰而增切。秋商在候，嗇履惟和。今忠正軍節度使、檢校太尉、同中書門下平章事蕭德等回。專奉書陳謝。不宣。謹白。

回謝契丹告哀書

九月日、伯大宋皇帝致書于姪大契丹皇帝闕下特枉使軺。遠馳國訃。不意凶變。文成皇帝上僊。載念久敦世好。方睦鄰歡。聞問震驚。撫懷感惻。姪皇帝始茲纘紹。深稱哀摧。冀節至情。以遵典禮。已差人使專馳慰禮。今右宣徽使、忠順軍節度使、左金吾衞上將軍耶律元亨回。奉書陳謝。不宣白。

回謝契丹皇太后告哀書

九月日、姪大宋皇帝謹致書于嬸大契丹仁慈聖善欽孝廣德安靜正淳懿和寬厚崇覺儀天太皇太后闕下不意凶變。文成皇帝上僊。方敦鄰睦。遽及訃音。載惟慈慕之懷。必極哀傷之念。冀從順變。式副願言。已差人使等專持慰禮。今右宣徽使、忠順軍節度使、左金吾衞上將軍耶律元亨回。奉書陳謝。不宣謹白。

回契丹太皇太后回謝書

三月日、姪大宋家皇帝謹致書于嬸大契丹仁慈聖善欽孝廣德安靜正淳懿和寬厚崇覺儀天太皇太后闕下嚮以訃音來告。方深感愴之懷。賵禮是將。用繼講修之好。豈期懿念。復枉使車。且承春候之和。克固壽康之福。其於感慰。罔罄敷陳。今順義軍節度使、左監門衞大將軍蕭佶等回。專奉書陳謝。不宣謹白。

回契丹回謝書

三月日、伯大宋皇帝致書于姪大契丹皇帝闕下頃承哀訃。嘗遣使軺。惟久睦於仁鄰。俾往申於賵襚。復蒙惠問。仍示腆儀。方此春和。克支福履。其爲慰浣。奚既銘言。今順義軍節度使、左監門衞上將軍蕭佶等回。專奉書陳謝。不宣白。

回契丹皇帝告哀書

二月日、伯大宋皇帝致書于姪大契丹聖文神武睿孝皇帝闕下承遣使車。特貽緘翰。不意凶變。太皇太后上僊。載惟契好。久睦仁鄰。聞此訃音。但增感愴。姪皇帝負荷至重。追慕彌深。冀節哀情。用遵禮制。已差人使專持慰禮。今材牙懷德軍節度使蕭佶等回。奉書陳謝。不宣白。

賀契丹正旦書

正月一日、伯大宋皇帝致書于姪大契丹聖文神武睿孝皇帝闕下玉厤正時。布王春而茲始。寶鄰敦契。講信聘以交修。方履新陽。益綏多福。具於祝詠。罔罄敷言。今差朝散大夫、太常少卿、守上騎都尉、渤海縣開國男、食邑三百戶、賜紫金魚袋吳中復、供備庫使、銀靑光祿大夫、檢校太子賓客、兼御史大夫、騎都尉、廣平縣開國男、食邑三百戶宋蓋孫充正旦國信使副。有少禮物。具諸別幅。謹奉書陳賀。不宣白。

賀契丹太皇太后正旦書

正月一日。姪大宋皇帝謹致書于嬸大契丹仁慈聖善欽孝廣德安靜正淳懿和寬厚崇覺儀天太皇太后闕下。歲律更新。春陽啓達。因履端之協吉。敦永好以申歡。載惟慈懿之和。方集壽康之祉。更希善攝。用副遐悰。今差朝散大夫、守太常少卿、直昭文館、護軍、廣陵縣開國子、食邑五百戶、賜紫金魚袋呂景初。洛苑使、兼閤門通事舍人、銀青光祿大夫、檢校太子賓客、兼御史大夫、騎都尉、淸河郡開國侯、食邑一千七百戶張利一充正旦國信使副。有少禮物。具諸別幅。專奉書陳賀。不宣。謹白。

回契丹賀正旦書

正月日、伯大宋皇帝致書于姪大契丹聖文神武睿孝皇帝闕下。歲端更始。履陽律以布和。信聘時修。講鄰歡而增固。閱書言之勤好。加篚幣之腆豐。感戢所深。述宣罔既。今懷化軍節度使耶律嘏等回。奉書陳謝。不宣。白。

回契丹達皇太后賀正旦書

正月日。伯大宋皇帝致書于姪大契丹聖文神武睿孝皇帝闕下。玉麻頒時。寶鄰交聘。兼馳使馹。別枉訊函。載傳慈懿之言。益固講修之好。顒希侍次。達此悰誠。今歸德軍節度使耶律思寧等回。奉書陳謝。不宣。白。

回契丹賀乾元節書

四月日。伯大宋皇帝致書于姪大契丹聖文神武睿孝皇帝闕下。乾陽正月。紀茲載誕之辰。鄰聘修歡。貺以千齡之祝。書言既縟。禮幣兼豐。感著之私。敷陳罔罄。今彰聖軍節度使蕭供等回。奉書陳謝。不宣。白。

回契丹達皇太后賀乾元節書

四月日。伯大宋皇帝致書于姪大契丹聖文神武睿孝皇帝闕下。壽節屆期。鄰歡敦契。仍導柔慈之旨。過申延祝之言。兼厚物容。用增刻著。顒希侍次。達此悰誠。今左監門衛上將軍耶律侶等回。奉書陳謝。不宣。白。

皇帝賀契丹皇帝正旦書　嘉祐七年

正月一日、伯大宋皇帝致書于大契丹聖文神武睿孝皇帝闕下。寒威收節。淑氣闓辰。想履德之多勤。宜薦祥之有裕。爰馳使傳。聿致邦儀。肇度春元。永孚鄰好。今差某官充正旦國信使副。有少禮物。具諸別幅。專奉書陳賀。不宣。白。

皇帝請契丹皇帝達皇太后正旦禮物書

正月一日、伯大宋皇帝致書于姪大契丹聖文神武睿孝皇帝闕下。歲籥更端。物華萶始。想極親闈之奉。舉迎邦祉之休。歡篤善鄰。禮申常聘。庶因晨夕。爲道誠悰。今差某官充皇帝太后正旦國信使副。有少禮物。具諸別幅。專奉書披述。不宣。白。

皇帝回契丹皇帝賀乾元節書 嘉祐七年

四月日。伯大宋皇帝致書于姪大契丹聖文神武睿孝皇帝闕下。誕符表慶。還臨夏籥之初。聘節修歡。垂祝邦圖之楙。味書詞之縟。閱禮幣之豐。感鏤所深。諭言非盡。今某官等回。專奉書陳謝。不宣白。

皇帝請契丹皇帝達皇太后賀乾元節謝書

四月日、伯大宋皇帝致書于姪大契丹聖文神武睿孝皇帝闕下。初炎履候。載誕膺期。嗣修鄰好之勤。曲導慈音之貺。祥延邦庥。聘厚物儀。滋用感藏。具因敷達。今某官等回。專奉書陳謝。不宣白。

皇帝賀契丹皇帝生辰書

十二月日、伯大宋皇帝致書于姪大契丹聖文神武睿孝皇帝闕下。經象回天。旅陰牙物。履凝嚴之正氣。紀震誕之初辰。世厚鄰歡。歲馳邦聘。永延丕庥。交阜函生。今差某官充生辰國信使副。有少禮物。具諸別幅。專奉書陳賀。不宣白。

皇帝請契丹皇帝達皇太后生辰禮物書

十二月日、伯大宋皇帝致書于姪大契丹聖文神武睿孝皇帝闕下。契篤鄰歡。惠滋天物。緬想君臨之豫。順膺邦祚之休。方歲籥之凝陰。屬親闈之誕會。神靈所相。壽祉以延。申飭使軺。夙持信幣。覬承慈色。具達遙懷。今差某官充皇太后生辰國信使副。有少禮物。具諸別幅。專奉書諮述。不宣白。

回謝契丹皇帝書

嚮迂使命。承貺函題。諭西鄙之賓從。戢武鋒而撫納。俾終前好。協綏遠之善經。用廣至恩。見恤孤之雅意。閱温辭之款洽。欽歡聘之敦勤。載銘開示之私。益增康共之喜。嚴飇云厲。凝律且中。幸冀保頤。以符系詠。

回謝契丹皇太后書

遐欽德懿。增企音徽。惟信睦之緜長。賴慈和之協固。爰承函翰。中味諭言。形意眷以彌周。寘誠懷而罔斁。胥濟驩康之治。益滋壽嘏之風。方屬祁寒。冀綏元祉。

賀契丹皇太后生辰書

義重睦鄰。禮敦誕日。企徽慈之凝範。因慶育之履祥。爰命使軺。式將信幣。祝茲壽嘏。表乃誠忱。

問候契丹皇帝書

歲籥載華。鄰驩彌洽。惟時寒之順履。諒吉福之茂臻。冀厚沖和。益遵攝衛。

回契丹皇帝書

邦好誕修。鄰情均睦。保永圖之歡固。繫長樂之慈和。彌納壽祺。式符言禱。今差龍圖閣學士、朝散大夫、守尚書刑部侍郎、上柱國、清河郡開國公、食邑二千三百戶、食實封四百戶、賜紫金魚袋張昇、金紫光祿大夫、檢校工部尚書、使持節單州諸軍事、單州刺史、充本州防禦使、兼御史大夫、上護軍、彭城郡開國公、食邑二千一百戶、食實封三百戶劉永年充回賜國信使副。少有禮物。具諸別幅。

同前

近者軺乘載馳。函縢云貺。承日新於戩福。嘉世篤於惠和。聖文神武睿孝皇帝敦玉帛之驩。義深鄰寶。協塤箎之好。情厚天倫。爰因圖繪之遐傳。且欲儀容之交覿。方伸報復。俄屬纘臨。事異初言。理當申講。儻紹修於先志。固忻竚於來音。

賀契丹生辰書

律生大呂。氣正嘉平。眷茲寒苦之時。慶屬誕彌之節。載修好幣。臨遣使人。爰祝壽祺。式將誠意。

宋大詔令集卷第二百三十

政事八十三

四裔三

契丹三

皇帝登寶位報契丹皇帝書

四月日、兄大宋皇帝致書于弟大契丹聖文神武睿孝皇帝闕下、恭以先皇帝篤懷世好、流惠民生、方隆偃革之風、遽起號弓之慕、重循寡德、獲纂丕圖、仰欽遺訓之承、俛徇群情之望、顧寶鄰之永契、著丹誓之前言、適攬政幾、益修邦睦、有少禮物具書別幅、今差某官專奉書披述、不次白。

皇帝登寶位報契丹皇太后書

四月日、姪大宋皇帝謹致書于嬸大契丹皇太后闕下、昊天不弔、邦禍上延、列聖相承、皇圖有託、猥以涼德、奉于顧言、永惟傳祚之歸、居若臨深之懼、念夙通於鄰好、寖交阜於物生、敢述謀猷、聊申遠素、有少禮物具諸別幅、今差某官謹奉書披述、不次白。

皇帝回謝契丹皇帝書

閏五月日、兄大宋皇帝致書于弟大契丹聖文神武睿孝皇帝闕下、日者禍出不圖、痛深何怙、念夙通於鄰契、尋馳告於國哀、副沐信函、具將禮意、茲爲悲纂、豈易究陳、今差某官充回謝國信使副、有少禮物具諸別幅、專奉書陳謝、不次白。

皇帝回謝契丹皇太后書

閏五月日、姪大宋皇帝謹致書于嬸大契丹慈懿仁和文惠純孝廣愛宗天皇太后闕下、比遘國凶、哀號靡次、旋紆使傳、慰諭何罔、載循鄰好之孚、益紉慈懷之厚、爰馳信幅、專道感誠、今差某官充回謝國信使副、有少禮物具諸別幅、專奉書陳謝、不次謹白。

皇帝回契丹皇帝賀登寶位書

十一月日、兄大宋皇帝致書于弟大契丹聖文神武睿孝皇帝闕下、自膺寶命、嘗達信函、聖業垂休、方荷祖宗之構、鄰晉修睦、更敦兄弟之情、有腆彝儀。載銘遙素。今某官等回專奉書陳謝。不次白。

皇帝回契丹皇太后賀登寶位書

十一月日、姪大宋皇帝謹致書于嬸大契丹皇太后闕下。皇厤膺期。信軺馳聘。群方徯命。惕臨神器之尊。累世交歡。茂固寶鄰之分。載循嘉貺。奚諭感懷。今某官等回專奉書陳謝。不次謹白。

皇帝賀契丹皇帝正旦書

正月一日。兄大宋皇帝致書于弟大契丹聖文神武睿孝皇帝闕下。天令發春。年芳動睦。息民之好。方交篤於鄰情。履日之元。諒蕃膺於時祉。交馳使傳。遙達慶函。今差某官充正旦國信使副。有少禮物。具諸別幅。專奉書陳賀。不宣白。

皇帝賀契丹皇太后正旦書

正月一日。姪大宋皇帝謹致書于嬸大契丹慈懿仁和文惠純孝廣愛宗天皇太后闕下。氣更年筦。物動春華。使馹于行。具將鄰好。壽觴之薦。益介時休。祝想所深。諭言曷既。今差某官充正旦國信使副。有少禮物。具諸別幅。專奉書陳賀。不宣謹白。

皇帝賀契丹皇太后生辰書

十二月日。姪大宋皇帝謹致書于嬸大契丹皇太后闕下。星紀回天。歲陰牙物。惟慈仁之在養。方震育之協辰。使牡馳華。鄰函通睦。爰將菲幣。庶續遐年。今遣某官充生辰國信使副。有少禮物。具諸別幅。專奉書陳賀。不次謹白。

皇帝問候契丹皇帝書

十二月日。兄大宋皇帝致書于弟大契丹聖文神武睿孝皇帝闕下。邦有善鄰。世孚永好。方寒威之布候。諒沖履以凝休。益輔至龢。更綏來祉。今差某官充皇太后生辰國信使副。兼持訊幅。用達聘常。不次白。

皇帝賀契丹皇帝生辰書

十二月日。兄大宋皇帝致書于弟大契丹聖文神武睿孝皇帝闕下。寶晷流陰。正履凝嚴之候。燕觴稱慶。載臨震誕之期。爰飭使軺。用將禮幣。夙講仁鄰之好。庶延壽祉之遐。今差某官充生辰國信使副。有少禮物。具如別幅。專奉書陳賀。不宣白。

皇帝問候契丹皇太后書

十二月日。姪大宋皇帝謹致書于嬸大契丹慈懿仁和文惠純孝廣愛宗天皇太后闕下。冬陸凝寒。倏及星回之候。邦圖錫羨。更均神介之休。適馳使馹之行。益講善鄰之睦。緬惟柔度。深鑒遙悰。今差某官充皇帝生辰國信使副。專達信函。聊沓德履。不宣謹白。

皇帝賀大遼皇帝生辰書

十二月日。兄大宋皇帝致書于弟大遼聖文神武睿孝皇帝闕下律合地正。履凝嚴之杪候。世敦鄰寶。慶誕育之初辰。爰戒使車。用馳禮幣。庶迎茂祉。式副遥懷。今差某官充生辰國信使副。有少禮物。具諸別幅。專奉書陳賀。不宣白。

皇帝問候大遼皇太后書

十二月日。姪大宋皇帝謹致書于嬸大遼慈懿仁和文惠純孝廣愛宗天皇太后闕下四氣環節。大冬正時。緬惟柔履之寧。茂協休純之輔。適馳使傳。爰奉訊函。史齎至龢。用符遐素。今差某官充皇帝生辰國信使副。專馳緘幅。聊達愨悰。不宣謹白。

皇帝回契丹皇帝賀壽聖節書

正月日。兄大宋皇帝致書于弟大契丹聖文神武睿孝皇帝闕下春陽始煦。月朏初華。紀誕節之嘉祥。申寶鄰之永好。特紆使傳。爰致慶儀。載味勤辭。其深感素。今某官等回。專奉書陳謝。不宣白。

皇帝回契丹皇太后賀壽聖節書

正月日。姪大宋皇帝謹致書于嬸大契丹慈懿仁和文惠純孝廣愛宗天皇太后闕下春龢布律。爰紀於誕期。鄰聘飛軺。荐申於慶貺。既玩書辭之縟。兼承信幣之豐。欣感所深。諭言非既。今某官等回。專奉書陳謝。不宣謹白。

英宗皇帝與大遼皇帝遺書

正月日。兄大宋皇帝致書于弟大遼聖文神武全功大略聰仁睿孝天祐皇帝闕下衰盛者天地之常理。死生者聖知之同歸。猥循菲躬。丕纂皇運。念勞精於不逮。因寢疾以彌留。典言夙契之深。將結永違之戀。維敦情於悠久。自保福於靈長。遠託柔函。靡殫遺意。

英宗皇帝與大遼皇太后遺書

正月日。姪大宋皇帝謹致書于嬸大遼慈懿仁和文惠純孝顯聖昭德廣愛宗天皇太后闕下顧以眇身。嬰于重務。偶違和齎。遂致頓迷。雖修短賦之有生。然俯仰嗟於如寄。愈念夙通於鄰好。惟期長篤於邦情。永隔徽音。空馳悲素。

皇帝賀大遼皇帝生辰書

十二月日。姪大宋皇帝謹致書于叔大遼聖文神武全功大略聰仁睿孝天祐皇帝闕下世篤寶鄰。具服久要之契。時乘嚴律。適臨慶誕之期。申飭使軺。嗣將禮幣。庶迎嘉祉。以續修齡。今差某官充生辰國信使副。有少禮物。具諸別幅。專奉書陳賀。不宣白。

皇帝問候大遼皇太后書

十二月日、姪孫大宋皇帝謹致書于叔祖母大遼慈懿仁和文惠純孝顯聖昭德廣愛宗天皇太后闕下　冬律正時。歲功就物。夙講善鄰之好。諒綏柔履之和。勉順凝寒。益懷多祉。今差某官充皇帝生辰國信使副。專馳柔幅。聊布遐悰。不宣謹白。

皇帝賀大遼皇帝生辰書

十二月日、姪大宋皇帝謹致書于叔大遼聖文神武全功大略聰仁睿孝天祐皇帝闕下　使軺相望。夙敦鄰好之孚。時籥荐更。載紀誕辰之慶。爰馳菲幣。庶續修齡。其在頌懷。豈能殫述。今差某官充生辰國信使副。有少禮物。具諸別幅。專奉書陳賀。不宣謹白。

皇帝問候大遼皇太后書

十二月日、姪孫大宋皇帝謹致書于叔祖母大遼慈懿仁和文惠純孝顯聖昭德廣愛宗天皇太后闕下　列緯回天。百嘉就歲。緬惟柔德之履。具膺純祉之蕃。益冀沖綏。用符遙素。今差某官充皇帝生辰國信使副。有少禮物。專馳柔幅。以表微誠。不宣謹白。

皇帝賀大遼皇帝正旦書

正月一日、姪大宋皇帝謹致書于叔大遼聖文神武全功大略聰仁睿孝天祐皇帝闕下　物華賁始。天令更端。緬惟順履之修。益侈純休之受。載馳使傳。交繹鄰歡。詠祝之深。諭言曷究。今差某官充正旦國信使副。有少禮物。具諸別幅。專奉書陳賀。不宣謹白。

皇帝賀大遼皇太后正旦書

正月一日、姪孫大宋皇帝謹致書于叔祖母大遼慈懿仁和文惠純孝顯聖昭德廣愛宗天皇太后闕下　天令更端。物華賁始。惟茂敦於柔度。固丕介於純釐。矧修鄰好之長。用致歲儀之慶。茲爲遙頌。未易勝陳。今差某官充正旦國信使副。有少禮物。具諸別幅。專奉書陳賀。不宣謹白。

皇帝回大遼皇帝賀同天節書

四月日、姪大宋皇帝謹致書于叔大遼聖文神武全功大略聰仁睿孝天佑皇帝闕下　執衡施令。載紀於延祥。奕世修歡。具敦於鄰契。邇馳使傳。曲遺慶儀。載味勤辭。徒深感素。今某官等回。專奉書陳謝。不宣謹白。

皇帝回大遼皇太后賀同天節書

四月日、姪孫大宋皇帝謹致書于叔祖母大遼慈懿仁和文惠純孝顯聖昭德廣愛宗天皇太后闕下　候屬初夏。時宣盛陽。特紆使傳之華。夙致誕辰之慶。情敦永睦。物過常豐。其在榮藏。曷殫敷喻。今某官等回。專奉書陳謝。不宣謹白。

賀大遼皇太后生辰書

十二月日、姪孫大宋皇帝謹致書于叔祖母大遼慈懿仁和文惠純孝顯聖昭德廣愛宗天皇太后闕下　時紀沍寒。方謹閉藏之令。慶鍾柔履。式符誕毓之祥。爰命使軺。奉承禮聘。踐修好命。申祝壽祺。今差朝散大夫、右諫議大夫、充天章閣待制、輕車都尉、樂安縣開國伯、食邑七百戶、賜紫金魚袋孫永、六宅使銀青光祿大夫、檢校太子賓客、兼御史大夫、騎都尉、天水郡開國侯、食邑一千七百戶楊宗禮充生辰國信使副。有少禮物。具諸別幅。專奉書陳賀。不宣謹白。

問候大遼皇帝書

十二月日、姪大宋皇帝謹致書于叔大遼聖文神武全功大略聰仁睿孝天祐皇帝闕下日星回復。氣物順成。緬惟視履之祥。克綏順正之吉。益祈保衞。允迪休嘉。差官並同前充皇太后生辰國信使副。式展聘儀。重將好命。不宣謹白。

宋大詔令集卷第二百三十一

政事八十四

四裔四

契丹四

回大遼賀同天節書

四月日，姪大宋皇帝謹致書于叔大遼聖文神武全功大略聰仁睿孝天祐皇帝闕下：天陽居夏，節紀於誕彌。國寶惟鄰，情敦於永久。沐華函之申慶，致腆幣以將誠。載味至言，增銘深素。今利州觀察使蕭廣等回，專奉書陳謝。不宣。謹白。

回大遼皇太后賀同天節書

四月日，姪孫大宋皇帝謹致書于叔祖母大遼慈懿仁和文惠純孝顯聖昭德廣愛宗天皇太后闕下：誕月紀辰，屬薰飈之均燠。睦鄰修好，煩使馹之將誠。詞致載惇，幣儀兼腆。永惟感懌，罔喻名言。今懷化軍節度使耶律暈等回，專奉書陳謝。不宣。謹白。

賀大遼皇太后生辰書

十二月，姪孫大宋皇帝謹致書于叔祖母大遼慈懿仁和文惠純孝顯聖昭德廣愛宗天皇太后闕下：栗烈凝陰，甫臨於杪歲。柔嘉毓德，爰紀於誕辰。夙戒使軺，奉將禮幣。益固善鄰之好，永綏萬壽之祺。今差某官充生辰國信使副，有少禮物，具諸別幅，專奉書陳賀。不宣。謹白。

問候大遼書

十二月，姪大宋皇帝謹致書于叔大遼聖文神武全功大略聰仁睿孝天祐皇帝闕下：日紀將窮，時寒既若。緬想善鄰之德，克綏沖履之祥。益冀保頤，用符馳詠。今差某官充皇太后生辰國信使，式修禮聘，專導誠懷。不宣。謹白。

賀大遼皇太后正旦書

正月一日，姪孫大宋皇帝謹致書于叔祖母大遼慈懿仁和文惠純孝顯聖昭德廣愛宗天皇太后闕下：天令開端，歲陽協吉。緬惟柔德，茂爾純休。爰將信幣之儀。申講善鄰之好。永言欣頌。曷究敷陳。今差某官充正旦國信使副。有少禮物。具諸別幅。專奉書陳賀。不宣謹白。

賀大遼正旦書

正月一日、姪大宋皇帝謹致書于叔大遼聖文神武全功大略聰仁睿孝天祐皇帝闕下 歲律肇新。物華資始。眷寶鄰之誼。交篤于世驩。履端月之元。薦臻于時祉。爰馳使傳。往致慶儀。今差某官充正旦國信使副。有少禮物。具諸別幅。專奉書陳賀。不宣謹白。

回大遼賀正旦書

正月一日、姪大宋皇帝謹致書于叔大遼聖文神武全功大略聰仁睿孝天祐皇帝闕下 歲元協吉。屬春物之開榮。鄰寶修驩。煩使軺之將慶。味書辭之凝厚。承信幣之豐嘉。載戢眷私。良深欣感。今益州觀察使耶律寧等回。專奉書陳。不宣謹白。

回大遼皇太后書

四月日、姪孫大宋皇帝謹致書于叔祖母大遼慈懿仁和文惠純孝顯聖昭德廣愛宗天皇太后闕下 荐迂使指。嗣講鄰和。形書意以彌勤。致幣儀而兼腆。具承柔履。茂介純釐。更冀綏將。用符祝詠。今林牙興復軍節度使蕭禧回。專奉書陳謝。不宣謹白。

賀大遼生辰書

十二月日、姪大宋皇帝謹致書于叔大遼聖文神武全功大略聰仁睿孝天祐皇帝闕下 盛冬布令。方寒沍之若時。彌月紀晨。宜壽昌之嚮福。特馳信介。往達誠悰。具將慶幣之儀。用永睦鄰之好。今差某官充生辰國信使副。少有禮物。具諸別幅。專奉書陳賀。不宣謹白。

問候大遼皇太后書

十二月日、姪孫大宋皇帝謹致書于叔祖母大遼慈懿仁和文惠純孝顯聖昭德廣愛宗天皇太后闕下 歲律將終。寒威載厲。緬想柔嘉之德。茂綏戩穀之和。申遣使軺。繼修鄰聘。更祈沖裔。用慰勤悰。今差某官充皇帝生辰國信使副。專馳緘幅。以達誠懷。不宣謹白。

答契丹國主書

辱迂使指。來貺函封。歷陳二國之好。有若一家之義。固知鄰寶。深執信符。獨論邊鄙之臣。嘗越封郵之守。願令移徙。以復舊常。竊惟兩朝。撫有萬宇。豈重尺土之利。而輕累世之歡。況經界之間。形勢可指。方州之內。圖籍具存。嘗遣官司。各加覆事。儻事由夙昔。固難徇從。或誠有侵踰。何吝改正。而又每戒疆吏。令遵誓言。所喻創生之事端。亦皆境候之細故。已令還使。具達本因。緬料英聰。洞垂照悉。

賀大遼皇太后生辰書

十二月日、姪孫大宋皇帝謹致書于叔祖母大遼慈懿仁和文惠純孝顯聖昭德廣愛宗天皇太后闕下 時屬杪冬。方涸陰之用事。慶鍾柔則。紀誕日之及。期中遣使軺。遠將聘幣用。謹睦鄰之好。益綏介壽之祺。

問候大遼書

十二月日、姪大宋皇帝謹致書于叔大遼聖文神武全功大略聰仁睿孝天祐皇帝闕下　令謹閉藏。氣凝沍。緬料保邦之暇。宜膺視履之祥。益冀珍調。更臻丕祉。

答契丹國書　熙寧八年□月丙寅

兩朝繼好。六紀于茲。事師故常。誼存悠久。比承使指。諭及邊郵。已約官司。偕從辨正。當守封圻之舊。以需事實之分。而信使未通。師屯先集。侵焚候戍。傷射巡兵。舉示力爭。殊非知義。至欲當中獨座。位特改於臣工。設次橫都。席尤難於賓主。數從理屈。纔就晤言。且地接三川。勢非一槩。輒舉西陘之偏說。要該諸寨之提封。屢索文憑。既無據驗。欲同案視。又不準從。職用乖違。滋成濡滯。竊意有司之失指。曾非與國之本謀。茲枉軺車。再垂函問。重加聘幣。彌見歡悰。然論疆事之侵。盡置公移之顯證。述邊臣之議。獨尤告病之愆期。深認事端。多非聞達。重念合天地鬼神之聽。共立誓言。守祖宗疆土之傳。各安生聚。不嗇金繒之巨萬。肯貪壤地之尺尋。特欲辨論。使無侵越。而行人留館。必於分水以要求。樞府授辭。期以興師而移圻。豈其歷年之信約。遂以細故而變渝。已案輿圖。遙爲申畫。仍令職守。就改溝封。退冀英聰。洞加照悉。

賀大遼皇帝生辰書

夙與仁鄰。交修世好。屬沍寒之令月。紀誕育之初晨。將篚幣以致誠。飭軺車而馳慶。益膺壽嘏。庸副願言。

回大遼皇帝賀同天節書

正陽載候。誕月膺期。茂惟繼好之寶鄰。夙有延齡之慶祝。具將信幣。重遣使旜。感懌兼常。名言難喻。

皇帝達太皇太后賀大遼正旦書

正月一日、姪孫大宋皇帝謹致書于叔祖大遼聖文神武全功大略聰仁睿孝天祐皇帝闕下　肇易歲元。發新榮于萬物。仰遵慈誨。修舊好於兩朝。遠飭使軺。肅將禮幣。庶凝壽祉。式副願言。今差朝請大夫、右諫議大夫大原縣開國伯食邑九百戶賜紫金魚袋王陟臣、皇城使上騎都尉贊皇縣開國伯食邑九百戶李嗣徽充太皇太后正旦國信使副。有少禮物。具諸別幅。專奉書陳賀。不宣。謹白。

皇帝書

正月一日、云云　獻歲發春。共講二國之慶。寶鄰繼好。茂臻五福之祥。申飭使車。往陳信幣。永言欣頌。曷罄諭陳。今差中散大夫、行司農少卿、上護軍、南陽縣開國伯、食邑七百戶、賜紫金魚袋晁端彥、西京左藏庫副使、騎都尉、天水郡開國侯、食邑一千一百戶楊安立、云云

皇帝達太皇太后回大遼賀正旦書

正月一日、云云 百年之好。既講於春朝。萬壽之儀。兼陳於幄殿。恭因省侍。具述來音。感懌之懷。言宣莫罄。今因利州觀察使蕭曉等回。專奉書陳謝。不宣。謹白。

皇帝回書 同上

正月一日、云云 東風協應。感徂歲之更新。遠使交馳。導歡言而講舊。粲然禮幣。申以書詞。欣懌之深。敷揚罔究。今因高州觀察使耶律度等回。云云

皇帝達太皇太后回大遼賀坤成節書 元祐二年

七月日、云云 嘉月令辰。篤生壽母。珍函重幣。交慶寶鄰。已恭致於德音。復欽傳於慈旨。具為感懌。未易名言。今崇義軍節度使蕭崇等回。云云

皇帝回問候書 同上

七月日、云云 四牡載馳。遠勤於使介。尺書為問。申講於鄰歡。方履素秋。克膺純福。益用保護。式副願言。云云

皇帝達太皇太后賀大遼生辰書

十二月、云云 寒律既周。誕辰載紀。恭被慈闈之誨。俾修慶幣之儀。永介壽康。式符頌禱。更祈調衞。以副願言。云云

皇帝賀大遼生辰書

十二月日、云云 大呂還宮。攝提正旦。載協誕彌之慶。永膺壽考之祥。臨遣使軺。往陳信幣。其為欣禱。莫盡名言。云云

皇帝達太皇太后賀大遼正旦書

正月一日、云云 歲律肇新。鄰歡再講。恭被慈闈之誨。遠通慶幣之誠。益冀保順。永綏壽嘏。云云

皇帝賀大遼正旦書

正月一日、云云 三陽朋來。慶二儀之交泰。兩朝繼好。指萬民之阜昌。申飭使車。肅將禮幣。願符善禱。永介純釐。云云

皇帝達太皇太后回大遼問候書

十二月一日、云云 嘉平紀月。震夙惟時。屬茲慶使之來。重以慈闈之問。尋因省侍。悉致誠言。欣感之深。敷陳罔究。今寧國軍節度使耶律拱辰等回。云云

皇帝回大遼賀興龍節書

十二月日、云云 世睦寶鄰。申以無窮之好。歲馳華使。及茲載夙之辰。閱詞幣之兼隆。識情文之備至。願言欣感。難悉究陳。云云

皇帝遣太皇太后回大遼賀坤成節書

七月日、云云　星火西流。慶慈闈之誕日。皇華北至。講鄰國之誠言。遠逹來音。重修賀禮。感銘之素。敷述難周。云云

皇帝回大遼問候書

七月日、云云　軺車信幣。已修交慶之儀。尺素好音。復講久要之信。屬臨素節。允迪純禧。益冀保頤。式符企詠。云云

皇帝回大遼賀正旦書

正月日、云云　獻歲發春。方祝永年之慶。睦鄰敦好。益修奕世之歡。信幣精華。書詞温縟。載惟雅契。良極欣悰。今泰州觀察使耶律淨等回。云云

皇帝遣太皇太后回大遼賀正旦書

正月日、云云　正歲履端。遠勤於華使。慈闈申慶。重錫於珍函。省侍之餘。誠言已逹。永惟欣感。莫究言宣。云云

皇帝回大遼賀興龍節書

十二月日、云云　誕日載臨。鄰歡歲講。封疆雖遠。晷刻不踰。惟信睦之交修。識情文之兩至。益深雅好。良極欣悰。云云

宋大詔令集卷第二百三十二

政事八十五

四裔五

契丹五

答契丹勸和西夏書 元符二年四月辛卯大遼泛使蕭崇等回

載書藏府。固和好於萬年。使節馳軺。達誠心于二國。既永均於休戚。宜共嫉夫兇姦。惟西夏之小邦。乃本朝之藩鎮。曲加封殖。俾獲安完。雖於北營豫婚姻之親。而在南全居臣子之分。函容浸久。變詐多端。爰自累歲以來。無復事上之禮。賜以金繒而不已。加之封爵而愈驕。殺掠吏民。圍犯城邑。推原罪惡。在所討除。聊飭邊防。稍修武事。築據要害。扼控犇衝。輒於去歲之冬。復驅竭國之衆。來攻近塞。凡涉兩旬。自取死傷。數以萬計。糧盡力屈。衆潰宵歸。更爲詭誕之詞。往求拯救之力。狡猾之甚。於此可知。采聽之間。固應洞曉。必謂深加沮卻。乃煩曲爲勸和。示以華緘。將之聘幣。禮雖形於厚意。事寔異於前聞。細料雅懷。誠非得已。顧於信誓。殊不相關。惟昔興宗。致書仁祖。諭協力蕩平之意。深同休外禦之情。至欲全除。使無噍類。謂有稽於一舉。誠無益於兩朝。祖宗貽謀。斯爲善美。子孫繼志。其可弭忘。今者詳味縟辭。有所未諭。輒違先旨。諒不在茲。如永念於前徽。宜益敦於大信。相期固守。傳示無窮。矧彼夏人自知困蹙。哀祈請命。屢叩邊關。已戒封疆之臣。審觀情僞之狀。儻或徒爲空語。陰蓄姦謀。暫示柔伏之形。終懷窺伺之志。則決須討伐。難議矜容。若出自至誠。深悔前罪。所言可信。聽命無違。即當徐度所宜。開以自新之路。載惟聰達。必亮悃悰。方屬淸和。冀加葆嗇。續遣使人。諮謝次。

又回劄子 同上

夏國自李繼遷之後。建國賜姓。莫非恩出當朝。所有疆土。並是當朝郡縣之地。昨自元豐以來。累次舉兵犯塞。中間亦曾赦其罪戾。加以封册。許令朝貢。兼歲賜金帛。又遣官與之分畫疆界。而狡詐反覆。前來於陝西河東作過不一。無非母子同行。舉國聚兵。攻圍州軍城寨。去冬又於涇原路攻打城寨。近二十日。攻城之人。被殺傷者不啻萬數。勢窮力屈。方肯遁歸。比之日前愆過。不爲不重。以此逐路邊臣各須出兵討逐。捍禦及於控扼賊馬來路。修築城寨。禦其奔衝。夏人自知罪惡深重。乃更構造詭辭。飾非文過。干告北朝。求爲救助。緣南北兩朝百年和好。情義至厚。有同一家。夏國犯順罪惡如此。在北朝所當共怒。兼詳慶麻四年興宗皇帝致書仁宗皇帝云。蠢爾元昊。早負貴朝。疊遣林牙。齎詔問罪。尚不悛心。近誘過邊民二三百戶。今議定秋末親領師徒。直臨賊境。又云。恐因北軍深入。卻附貴朝。或再乞稱臣。或依常作貢。緬惟英晤。勿賜允從。又慶麻五年書云。元昊縱其兇黨。擾我親鄰。屬友愛之攸深。在蕩平之亦可。又云。藩服亂常。式貢修之不謹。親鄰協力。務平定以斯宜。又皇祐元年再報西征云。元昊伺窺邊事。特議討除。再幸邊方。欲殲元惡。而夏國馳告。元昊云亡。嗣童未識於矜存。狡佐猶懷於背誕。載念非緣逃戶。可致親征。熟料兇頑。終合平蕩。苟有稽於一舉。誠無益於兩朝。至皇祐二年報西征回。則云爰自首秋。親臨寇境。先驅戰艦。直濟洪河。尋構浮梁。洎成戍壘。六軍蓄銳。千里鼓行。又云。專提騎旅。往趨梟巢。郡牧貨財。戈甲印綬。廬帳倉敖。駝橐之餘。焚燒殆盡。螫毒尋挫。噍類無遺。非苟竄殘。全除必矣。又云。兼於恃險之津。已得行軍之路。時加攻擾。日蹙困危。雖悔可追。不亡何待。載想同休之契。頗協外禦之情。深惟北朝興宗皇帝惇篤歡和。情義兼致。方夏人有罪。則欲協力討除。及西征勝捷。則馳書相慶。慮彼國稱臣修貢。則欲當朝勿賜允從。今來兩朝歡好歲久。契義日深。在於相與之心。宜有加於前日。今迺以夏人窮蹙之故。詭辭干告。既移文計會。又遣使勸和。恐與昔日興宗皇帝書義稍異。況所築城寨。並無與北朝邊界相近之處。即非有違兩朝信誓。必料北朝臣寮。不曾檢會往日書詞。及所立誓約。子細聞達。尋具進呈。奉旨據夏人累年於當朝犯邊作過。理合討除。況今來旨是驅逐備禦。於兩朝信誓及久來和好。殊不相干。兼夏人近以事力困窮。見累次叫闕諭命。且云國母喪亡。姦臣授首。欲遣使告哀謝罪。緣夏國久失臣節。未當開納。今以北朝遣使勸和之故。見令邊臣與之商量。及緣夏人前來曾一面犯邊。慮彼當計窮力屈之時。暫為恭順。以款我邊備。候邊臣審察見得情偽。若依前狡詐。內蓄姦謀。俟後少蘇。復來作過。則理須捍禦。及行討伐。若果是出於至誠。服罪聽命。亦當相度應接。許以自新之路。

回大遼皇帝賀登寶位書

九月日、姪孫大宋皇帝謹致書于叔祖大遼聖文神武全功大略聰仁睿孝天祐皇帝闕下 比者祇膺駿命。嗣守丕圖。曲敦鄰寶之歡。載飭使華之聘。函書垂慶。篚幣見誠。言念眷私。併深懷感。今保慶軍節度使蕭穆如等回。專奉書陳謝。不次謹白。

賀大遼皇帝正旦書

正月一日、姪孫大宋皇帝謹致書于叔祖大遼聖文神武全功大略聰仁睿孝天祐皇帝闕下 玉麻授時。甫臨於獻歲。寶鄰繼好。用講於慶儀。臨遣使軺。往持聘幣。庶申善祝。增介春祺。今差左朝議大夫、試鴻臚卿、上柱國、河東郡開國公、食邑三百戶、賜紫金魚袋呂仲卿。西上閤門使、上護軍、天水縣開國男、食邑三百戶趙希魯充正旦國信使副。有少禮物。具如別幅。專奉書陳賀。不次謹白。

回大遼皇帝賀天寧節書

十月日、姪孫大宋皇帝謹致書于叔祖大遼聖文神武全功大略聰仁睿孝天祐皇帝闕下 良月謹時。初紀誕彌之節。善鄰敦好。遐申慶祝之儀。惠以好音。副之信幣情文參厚。欣荷兼常。今始平軍節度使耶律等回。專奉書陳謝。不次謹白。

為大遼皇帝輟朝禁音樂舉哀成服詔 至和元年九月丙辰

朕以大遼皇帝能修前世之好。繼息兩朝之民。信幣交歡。兩軺相聘。憧憧道路。垂五十年。睦然金石之情。確乎膠漆之固。忽聞哀訃。良動震懷。爰申追悼之儀。以示敦和之意。宜輟視朝七日。禁在京及緣邊音樂七日。仍擇日成服舉哀。令太常禮院詳定以聞。

為契丹國母輟朝詔 嘉祐二年二月壬寅

朕以契丹國母。敦修鄰好。五紀于茲。間馳使傳之來。每置信函之問。惠然愛睦。著在兩朝。忽覩訃音。良深哀素。宜輟視朝七日。

為大遼主輟朝禁樂舉哀成服詔 建中靖國元年

朕以大遼聖文神武全功大略聰仁睿孝天祐皇帝。盛德在位。四十七年。益厚鄰歡。交馳使幣。講信修睦。繼好息民。兩朝生靈。迄臻康靖。訃音遽至。震悼于懷。爰申惻愴之情。以盡敦和之意。宜特輟視朝七日。兼禁在京音樂七日。輟視朝日為始。其河北河東沿邊州軍。宜令轉運司遍牒。限指揮到。亦禁樂七日。擇日備禮樂舉哀成服。宜令太常寺詳定以聞。

賜王繼忠詔 景德元年九月乙亥

石普以卿實封入奏。備已詳悉。所云望遣人通和事。朕君臨大寶。子育群氓。嘗思息戰以安人。豈欲窮兵而黷武。邊防之事。汝素備知。向因何承矩上言。乞差使往。其時亦允所奏。爾後別無所聞。相次邊陲復興戈甲。今覽封疏。深嘉懇誠。朕富有寰區。為人父母。儻各諧偃革。誠亦協素懷。手詔到日。卿可密達此意。共議事宜。儻有審實之言。即附邊臣聞奏。

賜王繼忠詔 景德元年十月

今月二十六日。石普遣人齎到卿重封奏狀。知已領得近降手詔。及言所議通和。固已端的。乞早遣一人到此商量。再閱奏陳。備已詳悉。頃從邊事。因虧玉帛之歡。既絕使人。遂構干戈之役。兩地之交兵不息。四方之受幣寔多。疆埸未寧。歲月茲久。今卿再形奏狀。將議修和。保高議於歡盟。垂永圖於家國。安民繼好。今古美談。況朕自守丕基。常思遠略。務誕敷於文德。豈專耀於武功。覩此來音。固叶素志。已議專差使命。致書大遼。止於旦夕之間。令自旦冀前去。卿可具言此意。請諭巡邏之人。候見所遣使車。立令防援引送。俾一价之使。無或稽留。冀兩朝之情。得以通達。

賜王繼忠詔 景德元年十一月庚午

葛霸等以卿奏狀來。曹利用往。兼報卿令人援接前去。尋聞道路艱阻。尚在天雄。今有付利用手詔。同封付卿。便可聞於大遼。遣人齎送接援付彼。

賜王繼忠詔 景德元年十一月甲戌

繼省來章。專候使命。昨自孫崇等回後。尋降手詔與天雄軍。令速發利用往彼。今張皓到闕。再覽卿奏。果稱天雄軍以未奉詔旨。尚且稽留。今再降詔命。令皓齎去勾取。候利用纔到大遼。可令皓赴闕。

賜王繼忠詔 景德元年十二月戊子

北朝人使□回。尋令繼昌同去。備陳書誓。明達誠懷。兩朝既議於歡盟。百姓必期於安堵。遂令諸州放出老小。各遂營生。仍戒諸路部署州軍。不得更出兵馬。今據逐處奏報。人民卻有驚擾。移入州城。慮是所在鄉村不逞之輩。或北朝流散從人。偵知不出軍兵。遂結黨類。恣行騷動。已命署司量出兵甲。剪除賊盜。安撫人民。若遇北界兵。並令具述事意。卿可以此達于北朝。若有探騎游兵。請卽抽取。免令相見。或致難明。仍聞北朝諸寨幕之中。猶滯老小。前去流離愁嘆。誠可憫嗟。卿宜細具敷揚。盡令歸復。共守和平之義。免傷南北之情。同卜歲寒。不渝誓約。

賜王繼忠詔 景德二年三月癸卯

近因信使。併省奏封。備悉平和。無忘睠矚。兼韓國華等奏。昨時初到彼。卿託寄附家書。內乞朕專差使命。別發書題。達於北界。俾卿歸國。其書卽不曾齎到。朕聞此意。頗愜於懷。於卿之情。無所不可。其如誓書之約。各無所求。質之於神明。告之於宗廟。儻少渝於大信。是有罔於上穹。若國母以卿首荷遭逢。特許歸復。候卿到闕。則當專馳使幣。厚達謝儀。諒惟爾誠。洞達朕意。

宋大詔令集卷第二百三十三

政事八十六

四裔六

西夏一

趙保吉賜姓名除銀州觀察使詔淳化二年七月丙午

王者推赤心以待人。鑒丹書而念舊。疆埸之事。雖守在於四鄰。勳烈之家。固賞延於十世。銀夏等州蕃落使李繼遷。馳聲沙漠。襲慶旌旗。頃者因獻提封。偶懷疑懼。流寓邊塞。綿歷歲時。式微之詠既深。在宥之恩宜及。賜之國姓。俾預於宗盟。授以廉車。用綏於部落。爾其體匿瑕之旨。堅効順之誠。使兄弟以如初。保公侯之必復。欽若明命。勉思令圖。可特授金紫光祿大夫、檢校太傅、兼御史大夫、銀州管內觀察使、封天水郡侯、食邑一千五百戶、賜姓趙、名保吉、仍放朝謝、許便道之官。

答銀州觀察使趙保吉詔淳化五年十一月庚戌

省所進馬橐駝共百一十三頭疋待罪。朕握圖御宇。恭己臨民。務推含垢之仁。式示戢兵之武。向者以卿遠輸誠款。願革前非。朕道在納汙。情深赦過。特授察廉之任。厚加賜撫之恩。寵以嘉名。賜之國姓。朕之於汝。無所負焉。豈意卿未及踰年。已忘大德。脅從蕃部。擅舉甲兵。攻逼城池。虔劉民庶。背恩肆惡。一至于斯。料卿所爲。良切興嘆。所以旋徵師旅。俾命討平。既除手足之親。已失輔車之勢。寧保全於歲月。暫假息於朝晡。近者累上表書。頗引愆犯。且言違背事出保忠。今備貢輸。乞加渥澤。朕以好生爲德。以禁暴爲心。卿儻能誓改過尤。永堅忠節。朝廷爵賞。亦何恡焉。朕不食言。爾宜自省。今遣內侍押班張崇貴賜卿器幣茶藥衣物等。體朕意焉。

銀州觀察使趙保吉除定難軍節度使制至道元年十二月甲辰

天無私覆。作善者降之百祥。國有彝倫。伏順者享其高位。銀州管內觀察使、金紫光祿大夫、檢校太傅、兼御史大夫、上柱國、天水郡開國侯趙保吉。天資正氣。世襲雄名。孝以承家。寬能御衆。先帝早深注意。方議推恩。値軒鼎之俄成。築韓壇而未暇。逮眇躬之纘位。俄封疏以貢珍。彰厥遠圖。冠于當代。

宜仲懋賞。式勸忠勳。可光祿大夫、檢校太尉、夏州刺史、定難軍節度使、夏銀綏靜等州觀察使、置押蕃落等使、加食邑一千戶、食實封三百戶、仍賜功臣。

賜趙德明詔 景德元年正月丁巳

近據西路緣邊諸州奏。汝父族下蕃部。繼續來投。具言汝父於靈州界云亡。相次鄜延路鈐轄張崇貴奏稱。得汝回書。云葬事未畢。難發表章。乞就便申奏事。汝父生于邊陲。素有勇敢。朝廷賜以土地。授之節旄。其於心誠。亦本忠順。邇後始因間諜。自起憂疑。事一境之干戈。隔二紀之聲教。朕為人父母。富有寰區。思息戰以安民。俟輸誠而改節。終期彼志。遐副朕心。今覽奏陳。遽云喪逝。況早聯宗屬。曾列侯藩。自達予聞。能不傷歎。念汝守茲空塞。方在髫齡。屬此艱難。諒增哀慕。又緣信人未至。所以慰問難行。勉自扶持。式終禮制。餘事已令張崇貴與汝期約商議。想宜知悉。

答趙德明誓表詔 景德三年九月丁卯

卿門承勳緒。世享國封。屢拜章函。來修貢職。願為屏翰。以紹祖先。朕乃眷至誠。用頒溫詔。今陳信誓。洞見傾輸。嘉奬之懷。寤興良積。

趙德明拜官封西平王制 景德三年十月庚午

利用建侯。外監方國。撫寧陬落。臨長士民。在名器以斯崇。匪勳賢而弗授。故定難軍節度使趙保吉男德明。襲其令緒。蔚有長才。舉宗聯命氏之榮。奕世荷殿邦之寄。務尊王室。動守朝經。率職獻琛。拜章請吏。眷言恭順。宜及褒崇。是用建上將之旌旗。錫真王之印綬。纘乃舊服。鎮於夏臺。於戲。信誓之言。與丹青而炳煥。寵榮之固。同帶礪以綿長。期宣翼戴之勤。協贊混同之化。永作藩輔。不其美歟。可特進、檢校太師、兼侍中、夏州刺史、充定難軍節度使、夏銀綏宥靜等州管內觀察處置押蕃落等使、上柱國、封西平王、食邑六千戶、食實封二千戶、賜推忠保順亮節翊戴功臣、仍依內地節度使例給俸。

答西平王趙德明詔 大中祥符九年十月

卿世濟勳庸。任隆屏翰。竭臣忠而奉上。正師律以守方。克樹風聲。聿寧邊候。其於眷倚。固異群倫。今者特貢丹誠。罄陳奏凱。詳彼縷述。深照傾輸。且國家奄宅中區。統臨四海。矧惟覆育。豈限邇遐。顧茲西北之陲。素為襟帶之地。曷嘗不敦之賞勸。示以懷柔。至於將帥之臣。但伸禦備之戒。唯關防是守。唯盟款是遵。靡容侵漁。庶安境土。所有文字來往。辭說異同。部族貪殘。展轉讎報。擄過生口。彼此交還。其如不見端倪。互相誣執。或因緣攘竊。增飾邀求。朝廷固不細知。邊壘亦為常事。兼詳表奏。備述其由。觀卿明誠。頗究積弊。若今檢校。俱慮滋章。朕虔奉穹昊。永宗清淨。推恩示信。六合同風。眷惟恭順之心。益固初終之節。嘉歎之意。注想彌增。已令鄜延、涇原、環慶、麟府等路部署、鈐轄司。今後約束蕃部。不得輒相刦奪。擅興甲兵。凡於交爭。須盡公理。其有廣占阡陌。隱庇逃亡。盡時勘窮。押送所管。卿本道亦仰嚴勒部下。不得更有藏匿。各遵紀律。共守封疆。言念忠勤。不忘鑒寐。

趙德明進尚書令加恩制 乾興元年仁宗即位

門下。朕仰奉詒謀。嗣臨寶位。負荷之重。方若涉於大川。爵賞之行。宜普均於百辟。其有寵聯宗籍。位冠侯藩。早隆誓嶽之勳。適重守方之寄。屬茲纂紹。特示褒優。告于離麗之庭。錫以絲綸之命。推忠宣德崇仁保順純誠亮節守正翊戴功臣、定難軍節度、夏銀綏宥靜等州管內觀察處置押蕃落等使、開府儀同三司、檢校太師、守太傅、中書令、使持節都督夏州諸軍事、行夏州刺史、上柱國、西平王、食邑一萬六千戶、食實封五千戶趙德明。山河稟粹。象緯儲精。識洞兵韜。學該義府。忠純之性。本自於天資。奇正之機。蓋由乎神授。而自齋壇受鉞。賜履撫綏。委其外禦之權。寵以眞王之爵。整軍講事。彌暢於善經。述職脩方。聿昭於亮節。屏于西夏。克壯英猷。屬予踐阼之初。疇乃殿邦之績。爰推茂渥。式奬殊庸。霈泥綍之徽章。冠天臺之崇秩。仍增多邑。復進重封。併示寵榮。斯爲異數。於戲。亨嘉之運。方在於統同。隆顯之恩。允昭於眷注。往服休命。保茲永圖。可特授依前檢校太師、守太傅、尚書令、兼中書令、使持節都督夏州諸軍事、行夏州刺史、充定難軍節度、夏銀綏宥靜等州管內觀察處置押蕃落等使、西平王、加食邑一千戶、食實封四百戶、功臣、散官、勳如故。

益屯備內屬諸部諭趙德明詔 天聖三年七月庚子

勑德明。近據環慶等路部署鈐轄司等奏報。沿邊熟戶遞相驚擾。結集部族。圍繞堡塞。已降宣命。添差軍馬。往彼撫遏。去訖事。卿世濟勳勤。任隆屏翰。素傾輸於誠節。用保乂於疆陲。昨以守邊之臣失於撫御。致內屬之諸部忽驚擾以交征。朝廷姑務威懷。特加招輯。想卿在遠。或未周知。惟卿護塞有方。愛民在念。遠聆朝旨。諒體予衷。眷矚所深。不忘鑒寐。

西平王趙德明加恩制 郊祀畢

國家卜天正之辰。修陽位之祀。九州獻力。聿昭來助之儀。上帝降臨。式廣遂行之慶。眷惟邦屏。恪稟朝彝。爰稽述職之勤。是興疇庸之命。推忠宣德崇仁保順純誠亮節協恭守正翊戴功臣、定難軍節度、夏銀綏宥靜等州管內觀察處置押蕃落等使、開府儀同三司、檢校太尉、守太傅、尚書令、兼中書令、使持節都督夏州諸軍事、行夏州刺史、上柱國、西平王、食邑一萬八千戶、食實封五千八百戶趙德明。肅恭秉節。信順存誠。善濟美於世勳。能納忠於王室。總彼千乘。訓其四封。講軍志於中權。邊隅載謐。奉土毛於內府。時事允修。藹威惠以兼資。煥采章而彌縟。甫成鉅典。宜沛洪恩。增井賦之田。叶於書社。錫雲臺之號。以示旌功。諒此榮褒。寔彰寵數。於戲。歸祭膰以先同姓。受福攸均。載刑馬而誓元侯。承家惟永。克念守方之略。茂遵謹度之經。欽對嘉休。愼固西夏。可特授依前檢校太師、守太傅、尚書令、兼中書令、使持節都督夏州諸軍事、夏州刺史、充定難軍節度、夏銀綏宥靜等州管內觀察處置押蕃落等使、西平王、加食邑一千戶、食實封四百戶、仍賜推忠宣德崇仁保順純誠亮節協恭守正佐運翊戴功臣、散官、勳如故。

趙元昊靜難軍節度西平王制 明道元年十一月癸巳

胙土受氏。維王所以褒有功。建國承家。非賢不能保厥世。乃眷西陲之守。方疇外禦之勞。式涓剛辰。庸告列位。故定難軍節度、夏銀綏宥靜等州管內觀察處置押蕃落等使、開府儀同三司、檢校太師、守太傅、尚書令、持節都督夏州諸軍事、行夏州刺史、上柱國、夏王、食邑二萬一千戶、食實封七千戶趙德明男元昊。器懷英達。義節堅明。孝恭盡於事親。恩信長於御衆。惟乃先正。奉于本朝。嘉捍難於邊衡。賜同姓於宗籍。象賢繼世。爾寔宜之。於戲。書盟府之勳。旣載山河之誓。贍元侯之略。豈無弓矢之傳。尚體顧懷。勿忘欽率。可特授特進、檢校太師、兼侍中、持節都督夏國諸軍事、夏州刺史、充定難軍節度、夏銀綏宥靜等州管內觀察處置押蕃落等使、上柱國、西平王、食邑六千戶、食實封一千戶。仍賜推忠保順亮節翊戴功臣。

削趙元昊官爵除去屬籍詔 寶元二年六月壬午

昔苗民弗懷。首羅虞竄。郅支自立。終伏漢誅。蓋犯順者無赦於國章。除殘者罔限於荒服。炳焉通誼。疇或敢踰。趙元昊戎漢餘妖。邊關小種。性含虺毒。志負狼貪。昏頑表於稚年。傲悖成於壯齒。曩者德明。即世西夏。控哀朝廷。錄守方之忠。憫稱慈之禮。拔於童孺。付以節旄。名襲眞王。寵視同姓。金絮有秩。絡繹以周其窮。關市弗譏。貿遷以通其貨。假我明命。取重諸羌。固當竭犬馬之勤。効涓埃之報。克守先業。以稱大恩。而背惠反常。毀忠蔑信。僭舉國號。扇惑蕃渠。跳梁井蛙之涯。旅拒秋螳之轍。公遣軍校。冒服使車。列牘自陳。欺天罔畏。旣張逆節。合舉明刑。朕深憐舊勳。特加涵覆。橫遏群議。密賜手書。貸其方命之愆。開以自新之路。護送來介。俾還穹居。庶遷善而革音。終恃遠而迷復。至敢驅率配隸。攘竊塞民。騰告文符。誘詃區落。而朝臣列奏。邊吏抗辭。願舉偏師。往平狡穴。趣梟稱亂之首。以正不廷之辜。朕載念一夫肆狂。餘衆何罪。況元昊脅從濟欲。濫殺逞威。名酋外奔。諸帳懷貳。苟戈鋋並進。則玉石奚分。且俾列於購科。止用取其魁惡。元昊在身官爵。並宜削奪。仍令宗正寺除去屬籍。惟彼諸部。素奉本朝。迫此姦兇。遂其詿誤。儻能結黨歸義。執賊建功。必當昭洗前汚。申明厚賞。國有信誓。炳如丹青。應賞募科格。並委中書門下詳爲條件。以時布告。庶體朕懷。

賜西夏詔 慶曆四年十月庚寅

勅省所進誓表。稱兩國不通和好。已歷七年。邊陲屢經久敵。今立誓之後。其前掠奪過將校及蕃漢人戶。各更不取索。自今緣邊蕃漢人逃背過境。不得遞相襲逐酬賽。並逐時送還宥州保安軍。無或隱避。臣近者以本國城寨進納朝廷。其栲栳、鎌刀、南安、承平四處地分及他處邊境見今番漢人戶住坐之處。並乞以蕃漢爲界。仍於本界修築城堡。各從其便。朝廷每年所賜絹一十三萬疋、銀五萬兩、茶二萬斤。進奉乾元節回賜銀一萬兩、絹一萬疋、茶五萬斤。進奉賀正回賜銀五千兩、絹五千疋、茶五千斤。每年賜中冬時服銀五千兩、絹五千疋。並賜臣生日禮物銀器二千兩、細衣著一千疋衣着一千疋。伏乞無致改更。臣更不以他事輒干朝廷。只令本國獨進誓文。不合。亦乞頒賜誓詔。蓋欲世世遵承。永以爲好。儻君親之義不存。臣子之心渝變。使宗祀不永。子孫受誅。其誓表伏請藏于盟府。事具悉。朕臨制四海。廓地萬里。西夏之土。世以爲胙。今乃納忠悔咎。表於信誓。質之日月。要之鬼神。及諸子孫。永無渝變。申覆懇至。朕甚嘉之。俯閱來誓。一皆如約。所宜明諭國人。藏書祖廟。自今以往。永保安和。

册夏國主文

維慶厯四年歲次甲申十二月戊子朔、二十四日辛亥、皇帝若曰、於戲、昔夏后薄四海、建方伯、化克乂安、漢氏載甲令、胙方國、德以長楙、何則、外爲余屏、既有以効其績、內信厥賞、亦所以異其寵、今茲錫命、是焉稽古、咨爾曩霄、沉毅而敏、靖恭以柔、撫愛有衆、保于右壤、惟爾考一其心力、服勤王事、寵以書社、光啓乃邦、我國家歲時賚賜、使介存恤、著在盟府、號爲懿勳、洎爾承嗣、率乃舊物、向以稱謂非正、疆候有言、鄙民未孚、師兵久戍、而能追念前告、自歸本朝、騰章累請、遣使遝道、忠悃內奮、誓言外昭、要質天地、暴情日月、朕惟春秋功除之法、易象復順之常、嘉其自新、待以殊禮、况繼世維烈、委質有初、推顯舊勞、開迪大順、是用錫以典策、副之印綬、今遣尚書祠部員外郎張子奭充册禮使、東頭供奉官、閤門祇候、延州都監張士元充副使、持節册命爾爲大夏國主、永爲宋藩輔、夫濟美莫若孝、奉上莫如忠、保人禁暴、克綏爾功、朕固不忘、底定於西陲也、往欽哉、其光膺寵命、可不愼歟、

宋大詔令集卷第二百三十四

政事八十七

四裔七

西夏二

賜夏國主詔 慶厤六年正月己丑

向膺典册。昭啓國封。方踰歲月之周。自固丹靑之信。忽披奏牘。且覽繪圖。具詳忠順之誠。務爲悠久之計。爰因敷請。亦盡輸陳。去冬嘗有邊屬戶蕃部、先沒在西界。不因招誘而歸骨肉。住坐本不係逃背之人。兼誓詔所不載。通因來奏更設誓條。已勅邊臣自今如有逃過漢界。雖係舊邊戶。亦不爲容納。其緣邊封境。只以誓詔所載爲定。其堅永好。以副朕懷。

賜夏國主詔 慶厤六年四月甲戌

自膺典册。已歷歲年。敦守信盟。確然不易。朕於君臣之義。尤篤初終。昨詔自今更有人民逃過漢界。雖係舊屬戶蕃部。亦不容納。卽當部送本處。今所請欲以此一事附入前來誓詔。用以祕藏。以彰悠遠。朕嘉從國主之意。兼所益事條。已頒下邊將遵守。彼所睹聞。更在嚴飭疆吏。勿縱侵犯。安民保福。以永無窮。

賜夏國主詔 慶厤六年九月甲午

嚮受册封。備觀誠節。心旣傾于忠順。誼益保於悠長。比閱奏函。尙陳疆事。斯則前皆立制。已有定規。然慮其間或有事理。更須通曉。今差尙書刑部員外郎張子奭於保安軍計會差來人將邊界事節面更商議。

賜夏國主賵贈詔 慶厤七年十二月二十五日

詔夏國主。喪葬之儀。孝子之大節。賵賻之禮。國家之至恩。眷惟忠順之邦。宜厚哀榮之恤。緬思荼毒。深用惻傷。俾遣使車。勉膺慰錫。今差文思使張惟忠充弔慰使。兼賜安葬故母物色。具如別錄。至可領也。故茲詔示。想宜知悉。冬寒。比平安好否。書指不多及。

册夏國主諒祚文 慶曆八年四月己巳

皇帝若曰。於戲。昔周建侯以賢。而王業昌。漢襲土以嫡。而民風順。稽古申命。蓋天下之成憲也。咨爾諒祚。生而沈正。幼且惇懿。維撫有衆。保于西疆。惟爾能壹乃心。祇率王命。載于甲令。顯有休庸。惟爾考易節効順。光膺寵祿。稟齡不永。殂謝以聞。亟閱遺章。俾爾嗣服。矧惟濟美而胙國。委贄而勤王。啓迪至懷。克篤前烈。今遣尙書戶部員外郎任顓充册禮使。供備庫副使宋守約充副使。持節册命爾爲夏國主。永爲宋藩輔。夫非忠無以事于上。匪孝無以繼其先。欽哉。祇承禮命。可不愼歟。

賜夏國主進奉賀正馬駝詔

詔夏國主。省所差人進奉賀正馬駝共一百疋頭事。具悉。履端紀歲。萬邦咸稟於王正。効貢以時。奕世克修於藩職。載閲充庭之實。深惟守土之勤。遐體輕輸。不忘歎獎。今回賜銀絹茶等。具如別錄。至可領也。其差來人所賜物色。亦具賜目。故茲詔示。想宜知悉。春寒。比平安好否。書指不多及。

賜夏國主贖大藏經詔 嘉祐三年

詔夏國主。省所奏。伏爲新建精藍、載請贖大藏經帙籤牌等、其常例馬七十疋、充印造工直、俟來年冬賀嘉祐四年正旦使副附進、至時乞給賜藏經事。具悉。封奏聿來。祕文爲請。惟覺雄之演說。推善利於無窮。嘉乃純誠。果於篤信。所宜開允。當體眷懷。所載請贖大藏經幷經帙籤牌等。已令印造。俟嘉祐七年正旦進奉人到闕。至時給付。故茲詔示。想宜知悉。春寒。比平安好否。書指不多及。

賜夏國主正旦進馬駝詔 嘉祐七年

詔夏國主。省所差人進奉賀正旦馬駝共一百頭疋事。具悉。春元應律。王朝班常。載惟藩守之虔。爰任風宜之貢。有堅勤節。良厚褒懷。今回賜銀絹茶等。具如別幅。至可領也。其差來人所賜物色。亦具賜目。

賜夏國主不得僭擬詔

詔夏國主。維乃祖考。克有西土。世爲漢蕃輔。今爾弗蹈于前烈。迺竊署重爵。以使奉幣於朝。方邊吏拒還。仍復稽留境上。不及廷見之期。洎朕親覽貢函。而僭我王命。寔如所聞。朕疑風俗荒遠。未達朝廷之儀。雖然棄信慢常。誼不可長。其務思先世之約。以保綏于斯民。毋忽是圖。以奸我有邦之罰。今後所差使人。卽不得僭擬。故茲示諭。想宜知悉。

賜夏國主乞用漢儀詔

詔夏國主。省所奏。昨因宥州申覆稱。迎接朝廷使命。館宇隘陋。軒檻阽危。儻不重修。誠爲慢易。于是鳩集材用。革故鼎新。來年七月臣生日。用蕃禮館接使命。十月中冬。用漢儀迎接事。具悉。使傳之馳。爲規固久。候亭之陋。能飾而新。旣肩世服之忠。又樂邦儀之慕。忽披來牘。具體迺誠。如用漢儀。只依昨來張宗義所行儀式次第餘並依誓詔。

賜夏國主乞買物詔

詔夏國主。省所奏買幞頭帽子并紅鞓腰帶及紅鞓襯等物件、乞從今後、凡有買賣、特降指揮、無令艱阻以聞事。具悉。善纂前修。逖守西土。通奏函於信介易服用於上都。體洒馳誠。勤于嚮化。特從開允。用洽睠私。已令管勾都亭西驛所依例收買應副。

賜夏國主乞贖大藏經詔

詔夏國主。省所奏請贖佛經大藏籤牌經帙等、欲乞特降睿旨印造靈文、以俟至時、幸垂給賜、所有舊例紙墨工直、馬七十疋、續具進止以聞事。具悉。大雄流教。善利無方。信士篤緣。群迷釋趣。喜觀心於法境。願繹理於祕文。載省控陳。所宜開允。其請贖經文已指揮印經院印造。候嘉祐十一年正旦進奉人到闕給付。

賜夏國主乞工匠詔

詔夏國主。省所奏、蓋以番方素稀工巧。變革衣冠之度。全由製造之功。欲就考工。聊倩庶匠以聞事。具悉。謹固世封。述修邦貢。率我朝廷之化。時洒祖父之規。遽閱來章。蓋無前比。宜敦爾守。難徇所陳。自西平王以來。無此陳請。且宜循守舊規。

賜夏國主今後表章如舊稱賜姓名詔

詔夏國主。上旻降禍。萬國纏哀。馳遣使人。肅申慰禮。情雖深於永慕。事或異於舊聞。維乃祖之稱藩。有先朝之賜姓。撫綏隆於君義。親愛篤於人倫。自再納於誓言。亦且循於軌式。忽形需奏。靡固宗盟。言念舉錯之違。得非左右之惑。宜存遠慮。用廸前猷。今後所上表章。宜卻如舊。

諭夏國精擇使人不令妄舉詔　治平元年九月庚午

朕嗣守丕圖。日新庶政。方推大信。以協萬邦。思與藩屏之臣。永遵帶礪之約。矧勤王而述職。固奕世以推誠。而近年來將命之使。不體朝廷之意。罔循規矩之常。多於臨時。率爾改作。既官司之有守。致事體以難從。且下修奉上之儀。本期效順。而君有錫臣之寵。所以隆恩。豈宜一介于是間。輒以多端而生事。在國家之撫御。固廓爾以無疑。想忠孝之傾輸。亦豈欲其如此。故特申於旨諭。諒深紉於眷懷。今後所遣使人。更宜精擇。不令妄舉。以紊彝章。所有押賜押伴引使臣等。亦已嚴行戒勵。苟有違越。必寘典刑。載惟信誓之文。炳若丹青之著。事皆可守。言貴弗違。毋開間隙之萌。庶敦悠久之好。

諭夏國涇原秦鳳熟戶弓箭手不可更行侵擾掠過生口並須發還詔　治平二年正月丁卯

朕紹承丕命。撫育多方。念遐邇之所懷。唯恩信之是篤。洒顧涇秦之道。適當蕃塞之交。謹封守以有常。列部加而相望。安其生聚。積有歲年。不圖非意之間。忽此無名之舉。侵掠堡障。蕩焚資糧。始成生事之端。殊失奉藩之體。比雖馳於詔命。復尚滯於使人。洎觀奏陳。尤異聞聽。況先朝之厚德。從乃父之再盟。仰要日月之臨。共固山河之界。今輕渝舊約。規肆末圖。苟非所以致福有邦。保名厥後。儻未思於遠略。終曷釋於疑懷。交兵殘民。朕豈樂此。其涇原秦鳳路一帶熟戶及弓箭手地分。宜遵誓詔。自今不可更行侵擾。所掠過生口並須發遣各還住坐。其孳畜等亦各令歸戶下。庶二邊之俗得遂耕耘之安。而累世之忠。更同金石之久。永毗王室。不亦美歟。

賜夏國主取問無名舉兵迫大順城詔 治平二年十月二日王珪撰與寔錄不同重出

詔夏國主。據環慶路經略司奏。云云 國家戢威武以安中夏。推恩信以待四裔。豈欲興衆興勞。爲邊生事。乃眷西陲之守。嗣推累世之忠。故於歲時。曾無賜與之闕。每戒將吏。務謹封隅之常。所宜恪奉朝彝。紹遵先訓。爰自近歲。頗乖素誠。或侵蹂元禁之土田。或焚蕩近邊之族帳。間雖形於旨諭。久莫悉其事端。載循撫御之方。終示含容之體。今復大驅兵衆。奄至塞垣。拒敵官軍。賽酬蕃戶。覽守臣之上奏。至終食之興嗟。豈邪謀之所惑。而輕舉弗思將大義之不存。而肆惡未已。質諸天地。既隳洒父之盟。殘爾人民。殊匪有邦之福。朕惟自昔罰罪。必先陳文告之辭。若將因心。猶足誓言之事。儻終不悛。安免用懲。今特遣某人齎詔往彼取問。到日可具事理聞奏。

賜夏國主令遵守藩儀詔

詔夏國主。朝廷戢兵。所以息民。施德。所以懷遠。顧西夏之封守。奉累朝之詔書。不意近歲以來。繼有無名之舉。邊隅多擾。生聚靡寧。乃至去秋。忽迫大順。雖云報仇於熟戶。寔亦拒戰於官軍。皆謂已萌之情。可見不順之迹。先皇帝終務全於國體。且往詰其事端。洎朕纂承之初。尤思撫御之略。載覽來章之述。有嘉大義之存。矧舊載於宗盟。復躬承於忠訓。宜念祖先之服。益遵藩侯之儀。使永無兵革之虞。衆遂耕耘之樂。自享多福。以傳無窮。

宋大詔令集卷第二百三十五

政事八十八

四裔八

西夏三

賜夏國主令發遣熟戶仍不得侵踐漢地詔

詔夏國主。朕修文德所以懷遠人之安。戢威武所以廣諸夏之福。豈欲爲邊生患。與衆興勞。今據逐路經略司奏。自嘉祐七年春至今秋以來。夏國人騎或脅略近邊熟戶。或侵殘當界民疇。或假以金錢。購亡命之卒。或誘以官爵。致無圖之夫。爲日滋深。其害未已。朕新膺大統。奄宅中區。既思輯藩臣之和。又將杜邊事之漸。按西平之舊。則參慶厤之再盟。未肩祖父之忠。頗忽朝廷之制。緬爾裔土。久慕化風。豈委任之失人。致講陳之非計。夫享盛福者莫如躬德義。蹈後難者靡不繇僭狂。勉循至言。庶保先約。其前後招脅過熟戶。並須盡底發遣過界。仍今後不得信縱人騎侵踐漢地。致射傷人命。及潛購下第舉人逃背軍卒等。所有逐次邊奏。因依已具別錄。

賜夏國主不還綏州詔

詔夏國主。所奏差嵬名挨移等赴塞門地分。與趙祕丞商量分割塞門安遠。交領綏州。雖差人去與趙祕丞一兩次相見。終不與定奪了當。兼宥州續得保安軍牒。開坐中書樞密院同奉聖旨。安遠塞門。蕃族住坐久已。着業應難起移。任令蕃族依舊住坐。所有綏州更不給還。及云豈將邊圉之末圖。有抗大廷之誠命。願詳悉於云爲。免稽留於事理等事。具悉。朕嗣膺丕厤。勤撫庶邦。凡德澤之所加。固遐邇之無間。矧惟西夏。屏于一方。比載覽於誓文。尋俯同於誠請。逮按還於舊境。忽構述於異端。因念二寨之民。豈無故俗之戀。使各安其生聚。且曲示於仁恩。蓋徇彼情。匪樂生事。重披來奏。尚有所陳。宜自斥於末圖。庶共恢於遠略。向都囉重進等齎到誓表。備詳恭順。既降誓詔。遂令延州交割塞門安遠。訖卻還綏州。並須合依舊界。及得延州奏。夏國遣來人只要交割寨基。比移牒宥州指說舊日界至。回牒卻稱趙高安有指執。顯是不依誓詔交割舊界。朝廷務惇大體。將示函容。其二寨已令延州更不交割。綏州固無給還之理。自今所宜遵守誓詔。永保安靜。無令任事首領輒起事端。

誡約夏國詔 同前

國家遠撫方域。並推恩信。不專用武。蓋務息民。夏國世服忠勞。爲國藩衞。故於歲時賜與。恩禮甚備。期於惇守誓約。傳之永久。不謂累年以來。數興兵甲。侵犯疆陲。驚擾人民。誘脅熟戶。蕩覆族帳。亡失生業。被邊數路。略無寧歲。朝廷姑務含恕。不欲遽然生事。止令所在移文理辯。而夏國終不承稟。乃復多聚人馬。直叩大順。圍迫城寨。焚燒村落。張其兵勢。以抗官軍。不順之狀。人神共憤。朕獨排群議。特降詔書。直究歸由。先行詰問。今覽封奏。所稱受賜累朝。敢渝先誓。祈卹民氓之患。欲見和平之理。推心及此。良可歎嘉。詳觀敍陳。尚達誠懿。至如屯聚兵馬。即託言是邊上首領攻圍城寨。又指說作小可邊事。誓詔所載。豈容如此。況夏國兵甲。□可都無統制。緣邊首領必然不可擅興。若向去更有侵犯。又復假此爲辭。則使朝廷何以信憑。盟好必難保守。故復諭旨。所宜審圖。儻欲善繼前勳。不渝先志。則當專遣使人別貢誓表。具言今後嚴誡邊上酋首。各守封疆。不得點集人馬侵犯邊上。其鄜延環慶涇原秦鳳等路沿邊一帶。久係漢界熟戶。并順漢西蕃。不得更行刼擄。及逼脅歸投。所有漢界不逞叛亡之人。亦不得更有招納。有渝此約。是爲絕好。餘則遵依誓詔。如此方明效順。以釋衆疑。朝廷恩禮賜與。一切如舊。況緣邊熟戶等。朝廷素有約束。若不來侵犯。必不能先起事端。疆場之間。共期康靖。

賜夏國主詔 治平四年閏三月

昨以夏國累年以來。數興兵甲。侵犯疆陲。驚擾人民。誘逼熟戶。去秋乃復直叩大順。圍迫城寨。焚燒村落。抗敵官軍。邊奏屢聞。人情共憤。群臣皆謂夏國已違誓詔。請行拒絕。先皇帝務在含恕。且詰端由。庶觀逆順之情。以決衆多之論。逮此露章之稟命。已悲仙馭之上賓。朕纂極云初。包荒在念。仰循先志。俯徇乃誠。旣自省於前辜。復願堅於永好。苟奏封所敍。忠信無渝。則恩禮所加。歲時如舊。安民保福。不亦休哉。仍賜絹五百疋銀五百兩。

賜夏國秉常詔

惟爾先父。保有西陲。忽覽訃書。良深軫念。眷言荼毒。情何可任。勉勵孝忠。用副存撫。逮諸親信之列。亦同慰諭之懷。餘令薛宗道等宣諭。

夏國秉常乞進誓文永遵臣禮賜詔 熙寧元年

朕肇膺皇麻。奄宅萬邦。凡撫遠人。必推大信。乃顧西陲之守。寔殫累世之忠。爰自近年。頗隳故矩。以至間令首領。誘害邊臣。寖違憲度之常。自絕貢輸之路。方行詰問。忽報凶哀。而能懲事以謝愆。灑哀而請命。念方罹於荼毒。當曲示於慰存。乃復羈送罪酋。載馳使介。願堅誠節。規欲自新。今又奉表及奏。已稟從聖旨。歸納塞門安遠二寨。仍乞別進誓文。永遵臣禮。詳覽來請。朕意嘉之。夏國旣再修職貢。所宜謹守信誓。無或擾犯邊圉。重取悔尤。至於順漢西蕃。亦毋得輒有侵掠。候誓表到日。卽遣使封册。并以綏州給還。所有歲賜。自封册後並依舊例。朝廷必當誡勅邊吏。約束屬戶。各守疆場。不得交侵。則阜安邊俗。式臻富庶之期。紹續世封。克保寵榮之福。

賜夏國主給還綏州誓詔 熙寧二年二月戊子

詔夏國主。省所進誓表。臣聞固基業者必防於悔吝。質神祇者宜務於要盟。考覈彝章。討論典故。河帶山礪。始漢室以流芳。玉敦珠盤。本周朝之垂範。庶使君臣之契。邦國之歡。蔚爲長久之規。茂著古今之式。矧茂恩於累世。受賜於有年。當竭情誠。聽期宸聽。竊以上聯世緒。累受列封。本宜存信以推忠。豈謂輕盟而易動。蓋此酋戎之畫。助成守土之非。然而始有釁端。已歸傾逝。昨者期在通歡之美。曾伸瀝款之誠。爰降綈函。宛垂俞旨。敢陳懇幅。上達至聰。儻給還於一城。即納歸於二寨。惟賴至仁撫育。鉅德保安。冀原舊誓之文。用復交歡之永。伏遇堯雲廣蔭。軒鑑分輝。幸寬既往之辜。深察自新之懇。將使慶流後裔。澤被溥天。洎垂賜予之常。恪謹傾輸之節。臣敢不昭徽部族。嚴戒酋渠。用絕驚騷。俾無侵軼。非不知畏天而事大。勉堅衞國之猷。背盟者不祥。寅懔奉君之體。若乃言亡其寔。祈衆神而共誅。信不克周。冀百殃而咸萃。自敦盟約。愈謹守於藩條。深愧僭尤。乞頒迴於誓詔。具悉。朕紹承天命。盡四海而撫懷之。况爾世守西土。爲國藩輔者乎。今復懲既往之非。篤自新之志。質於天地。要之鬼神。載貢誓文。納忠王室。朕方推大信。以示萬邦。俯同茲言。永無有易。其進納塞門安遠二寨。已指揮延州。候交割訖。卻給還綏州。各依舊界。仍自行封册。以後歲賜。並如舊例。其餘約束事節。一依慶麻五年正月二十二日誓詔施行。朕已戒勅邊吏。各守封疆。所宜顯諭國人。藏書祖廟。永保休福。詔諸子孫。指辭已孚。故不多及。誓詔付夏國主。

賜夏國主乞早頒封册允詔

詔夏國主。比輸忠款。願襲世榮。已飭攸司。式備封册。屬使人之勤請。欲誓詔之早頒。庶彼邊民。聞我朝命。得遂耕耘之便。更無兵革之虞。所宜允從。當體睠遇。今差某官先齎誓詔往彼。至可領也。

賜夏國主爲行册禮詔 貼黃云、未審且稱嗣子秉常或夏國主。

詔夏國主。茲閱函封。重伸誓約。本誠心之自篤。爲封守之遠圖。朕已飭使人。將馳册禮。既荐綏於世土。宜先諭於邊甿。庶遂耕耘之私。永無兵革之患。緬惟忠順。當體眷勤。

立夏國主册

維熙寧二年歲次己酉、三月戊辰朔、十四日辛巳。皇帝若曰。於戲。昔堯合萬邦而民風和。周建列土而王業懋。若古申命。蓋國家之成法也。咨爾秉常。廸性純一。飭躬靖虔。生禀山川之靈。舊傳弓鉞之賜。撫有西夏。尊于本朝。知事君必盡其節。知守國當保其衆。乃內發誠素。外孚誓言。質之天地而不欺。要之日月而不昧。朕用稽酌故典。表顯徽寔。錫爾以茅土之封。不爲不寵。加爾以車服之數。不爲不榮。涓辰既良。備物既渥。誕舉丕册。以華一方。今遣朝奉郎、守尚書司封郎中、上輕車都尉、賜紫金魚袋劉航。文思副使、銀青光祿大夫、檢校太子賓客、兼御史大夫、上騎都尉、彭城縣開國伯、食邑七百戶劉忞持節。册命爾爲夏國主。爲宋藩輔。夫履謙順者靡不膺長福。懷驕肆者靡不蹈後虞。率身和民。時乃之績。往欽哉。祇予一人之彝訓。可不慎勅。

許夏國主嗣子秉常從舊蕃儀詔 熙寧二年八月□申

爾世居西垂。屏衛中夏。既服朝廷之新命。宜從蕃國之舊儀。以紹祖風。且堅臣節。宜依來請。用遂乃誠。

答夏國主秉常詔 熙寧四年九月庚子

昨覽邊臣所奏。以夏國去秋自絕朝廷。深入環慶路。殺掠熟戶。侵逼城寨。須舉兵入討。朕爲人父母。亟令班師。無得窮武。今國主遣使歸款。欲繼舊好。休兵息民。甚善。綏州前已降詔。更不令夏國交割塞門安遠二寨。綏州更不給還。今復何議。止令鄜延路經略司定立綏德城界。其餘及諸路並依見今漢蕃住坐耕牧界至。立封疆掘壍。內外各認地分樵牧耕種。貴彼此更無侵軼。俟定界畢。別進誓表。迴頒誓詔。恩賜如舊。

賜夏國主乞贖大藏經詔

詔夏國主。省表乞收贖釋典一大藏、幷簽帙複帕。前後新舊飜譯經文。惟覬宸慈。特降旨命。令有司點勘。無至脫漏卷目。所有印造裝成紙墨工直。並依例進馬七十疋。聊充資費。早賜近年宣給事。具悉。維是佛乘。著爲象教。載覽需章之奏。懇求具譯之編。已降允俞。特行賜予。眷言信嚮。良用歎嘉。所請贖經文。已指揮印經所。應有經本。並如法印造給賜。令保安軍移牒宥州。差人於界首交割。至可領也。所有馬七十疋。更不用進來。故茲詔示。想宜知悉。春寒。比平安好。遣書指不多及。

招諭夏國勅牓 元豐四年九月丙午

睠茲西夏。保有舊封。爰自近世以來。尤謹奉藩之職。忽姦臣之擅命。致弱主之被因。迨移問其端倪。輒自隳於信約。暴驅兵衆。直犯塞防。在神理之莫容。固人情之共憤。方切拯民之念。宜興問罪之師。已遣將臣。諸道並進。其先在夏國主左右、幷嵬名諸部、同心之人。並許軍前拔身自歸。及其餘首領。能相率效順。共誅國讎。隨功大小。爵祿賞賜。各倍常科。許依舊土地住坐。子孫世世。常享安榮。其或違拒天兵。九族並誅無赦。蓋天道助順。必致萬靈之歸。王師有征。更無千里之敵。咨爾士庶。久罹困殘。其肩向化之心。咸適更生之路。敢稽朕命。後悔何追。

宋大詔令集卷第二百三十六

政事八十九

四裔九

西夏四

賜夏國主進誓表答詔

詔夏國主省所上表臣依准制命將綏德城下界至打量二十里明立封堠交付了當訖者臣幼叨世緒遵奉皇猷宿兵累年空阻瞻雲之望通盟此日遐陳獻土之勤上奉高明更無渝變虔遵聖訓分定戎疆踐土約辭昭著先朝之誓推忠納款堅持歸信之誠載圖方岳之勤庶荅乾坤之施事具悉世膺爵寵爲我翰藩來陳封章率服詔令載惟忠順良所歎嘉弭兵息民子育萬國終始惟一時迺朕心爾不有渝朕無過舉已戒邊吏各守封疆所宜顯諭國人永遵先誓其餘約束事節一依慶厤五年正月二十二日誓詔施行自今以後恩禮歲賜並如舊例故茲詔示想宜知悉

立夏國主册文

維某年月日皇帝若曰古先哲王奄有區夏選賢維世以立諸侯外則撫鎮畛封內則屏毗中國肆朕纂服遹追令猷敷考貢圖誕頒顯册咨爾某性資沉勇世載忠良夙懷來極之誠深明事大之節底綏種落式遏寇虞奉承前修嗣守舊約是用策勳而懋賞備物以嚴師精茷旃旌苴茅分土涓辰令吉長于西陲今差某官持節册命爾爲夏國主於戲世爲宋藩惟忠實可以保位疆以戎索非信順無以乂民允懷于茲罔墜厥緒欽哉廸予一人之休命可不愼歟

賜夏國詔

朕以爾膺受封爵世爲藩臣職貢之修歲時無怠朝廷待遇恩禮加隆頃以權強敢行廢辱達於予聽良用震驚嘗令邊州就往移問匿而不報繼犯疆陲王師徂征蓋討有罪義存拯患非獲已焉今者遣使造廷辭禮恭順仍聞國政悉復故常朕心釋然深所嘉納已戒邊吏無輒出兵爾其遵守先盟永勵臣節永綏寵祿庸副眷懷

賜夏國主秉常詔 元豐六年十月癸酉

惟爾祖考。介居邊陲。蒙恩朝廷。享有爵土。拊循備厚。歷年滋多。昨者王師出征。義存拯患。謂宜委戈、而聽命。斂愞以獻功。豈虞靡思。弗諭朕志。殺害吏士。捍拒甲兵。問罪正名。方圖再舉。迨使辭之效順。聞國政之復常。旋納懇誠。許修貢職。遽披來奏。論請故疆。朕惟蕃服不恭。削地示過。資於故實。匪朕所私。爾其審思厥終。務體至意。

弔慰夏國主嗣子乾順詔 元祐元年十月庚子

故夏國主嗣子乾順。惟爾先人。世修職貢。訃音忽至。愍悼良深。想與諸臣同增悲慕。惟忠可以保國。惟孝可以得民。各祗乃心。以服王命。

太皇太后賜夏國主嗣子乾順詔 元祐元年十二月十六日

詔夏國主嗣子乾順。念爾守邦。藐然在疚。日月逾邁。祖葬有時。緬懷孝愛之深。想極攀號之戚。往助襄事。式昭異恩。今差供備庫使張楙充弔慰使。兼賜安葬故夏國主物色。具如別錄。至可領也。故茲詔示。想宜知悉。冬寒。汝比平安好。遣書指不多及。

太皇太后賜故夏國主嗣子乾順詔 同上

詔故夏國主嗣子乾順。惟我列聖。眷爾有邦。非徙極其寵榮。亦與同其憂患。念爾哀疚。惻然顧懷。臨遣行人。往諭至意。且致奠贈之禮。以爲存歿之光。今差朝奉大夫、尚書金部郎中、上輕車都尉、賜紫金魚袋穆衍充祭奠使。兼賜故夏國主贈奠物色。具如別錄。至可領也。故茲詔示。想宜知悉。冬寒。比平安好。遣書指不多及。

賜乾順進奉賀正旦馬駞回賜詔 元祐元年十二月二十四日

詔故夏國主嗣子乾順。省所差人進奉賀正旦馬駞共一百頭疋事具悉。遠奉王正。來歸時事。惟此充庭之實。率皆任土之宜。乃眷忠勤。良深嘉歎。今回賜卿銀絹茶等。具如別錄。至可領也。其差來人所賜物色。亦具賜目。故茲詔示。想宜知悉。春寒。比平安好。遣書指不多及。

太皇太后同前詔

詔故夏國主嗣子乾順。省所差人進奉賀正旦馬駞共一百頭疋事具悉。述職春朝。歸誠宰旅。修此放牽之禮。致其乘服之良。再閱來章。式嘉忠節。今回賜卿銀絹茶等。具如別錄。至可領也。其差來人所賜物色。亦具賜目。故茲詔示。想宜知悉。春寒。汝比平安好。遣書指不多及。

賜乾順進謝恩馬駞回詔

詔故夏國主嗣子乾順。省所上表、進謝恩御馬一十疋、長進馬二百疋、駞一百頭事具悉。臨弔之重。以寵世臣。恩報之深。復馳來介。載閱充庭之實。備形述職之心。乃眷忠勤。不忘嘉歎。其差來人所賜物色。亦具賜目。故茲詔示。想宜知悉。

同上

詔云云同遣行人往襄賻事。繼陳方物。來奉謝儀。惟忠可以附民。惟禮可以定國。勉終誠節。以副眷懷。云云同上

册夏國主乾順文 元祐二年正月乙丑

皇帝若曰。於戲。堯建萬邦。黎民時雍。周立五等。重譯來賀。此帝王之所同。而國家之成法也。咨爾乾順。惟我烈聖。眷乃西陲。錫壤建邦。衛于王室。保姓受氏。同於宗盟。爵命褒嘉。恩體甚渥。今爾承其冑緒。紹茲蕃屏。而能事上欽肅。飭躬靖虔。串遣使人。來陳方物。達于朕聽。穹惟汝嘉。是用稽酌典故。表顯寵名。錫爾以茅土之封。加爾以服乘之數。誕頒丕册。以綏一方。今遣朝奉大夫、起居郎、直集賢院、上輕車都尉、賜紫金魚袋劉奉世。崇儀副使、上騎都尉、安喜縣開國男、食邑三百戶崔象光。持節册命爾爲夏國主。永爲宋藩輔。夫篤於好德。乃克顯先。忠於戴君。永膺福祇。往祇明命。無忝予一人之猷訓。

賜夏國詔 元祐四年六月戊申

省所奏事具悉。所有蘭州塞門兩處地土。前詔批述已明。毋復更有論請。其永樂陷沒人口。緣自牒報。後來經隔歲久。慮其間寔有死亡。或後來卻有續尋到人數。今已降指揮。下鄜延路經略司。候將來送還到日。若與元報人數不同。亦令據令劄計口支與賞絹。仍將葭蘆米脂浮圖安疆四寨。約一日給賜。所有應合立界至去處。並依已降朝旨及自來體例。計會鄜延路經略司。關牒逐路帥臣。各委官隨宜相度。認定守把。不得更相侵越。

賜夏國主詔 元祐四年六月丁巳

省所奏。昨差人赴延州計會。將永樂等人口及所還四處城寨交換。塞門蘭州西處地土。實在朝廷酌中裁决。事具悉。爾嗣守世封。虔修貢職。頃屬罷兵之後。繼陳復地之言。累降詔音。備諭朕志。豈謂歷時之久。尚稽聞命之行。忽覽奏封。深亮誠款。顧改圖之議。猶有披陳。然事大之恭。實聽裁决。再惟忠順。殊用歎嘉。雖易地之求。當一遵於前詔。而酌中之請。宜別示於優恩。除漢蕃地土。指諭已明。難復換易外。所有歲賜。據前降詔命。合候地界了日依舊。今推特恩。已勅有司。更不候地界了當。便仰檢會依例施行。爾其體朝廷恩信之隆。謹封疆慎守之戒。永思安靖。用保悠長。

賜夏國主詔 元祐五年七月乙酉

爾逖領蠻畿。恪循世守。伻來稱幣。廷閱奏書。永言疆埸之安。未即溝封之畫。兩界繩直。罄忠順而可嘉。千里蕪荒。瀝誠忱而有請。力祈矜許。蚤遂底寧。惟析壤之求。初無故事。念安邊之議。亦既累年。顧省恭勤。特行開納。然綏德城本無存留草地。詔自今既欲於漢界留出草地。卽於蕃界亦當依數對留。應見今合立界至處。並須明立封堠。內外漢蕃各對留草地十里。不令耕種。仍各於草地以裏。自擇安便處修建堡鋪。如熟地內不可修建。卽於草地內修立。各不得逼近界堠。其餘疆畫未盡事。已令押伴官委曲開諭進奉使副訖。及已詔鄜延路經略司。夏國如欲議事。許差人赴延州計議。眷方

陲悅義之心。既輸悃愊而朝廷綏遠之意。已示優容。宜深體於恩懷。亟保和於封略。

賜夏國詔 元祐八年四月庚申

省所上表。遣使詣闕悔過上章及獻納蘭州一境地土。綏州至合儀寨。亦取直畫定。卻有塞門乞還賜夏國等事。具悉。朕統御萬邦。敦示大信。眷爾嗣蕃之始。亟馳請命之誠。爰給土疆。復頒歲幣。豈謂受賜而往。輒興犯順之師。中外交章。神民共憤。朕以爾在位未久。勢匪自由。姑戢伐罪之大兵。聊用禦邊之中策。仍勅疆吏。許爾自新。今則遣使來庭。託辭悔過。何乃謝章之初遽達。遽形畫境之煩言。況西蕃故疆。中國舊地。已載前詔。不係可還。其分界雖曾商量。在用兵亦合隔絕。然則塞門之請。殊非所宜。定西以東。已有前論。除河東鄜延路新邊界至。許從前約。令逐路經略司依前。亦已令蘭岷經略司依先降朝旨委官。候夏國差到官。詳先降指揮。同共商量分畫。緣夏國自元祐通貢受賜。後來累次犯邊。仍候諸路地界了日。可依前別進誓表。然後常貢歲賜。並依舊例。

賜夏國詔 元符二年九月丁未

勅夏國主乾順。省所上表具悉。爾國亂常。歷年於此。迨爾母氏。復聽姦謀。屢興甲兵。擾我疆埸。天討有罪。義何可容。今凶黨殲除。爾既親事。而能抗章引慝。冀得自新。朕嘉爾改圖。姑從矜貸。已指揮諸路經略司。令各據巡綽所至處。明立界至。并約束城寨兵將官。如西人不來侵犯。即不得出兵過界。爾亦當嚴戒緣邊首領。毋得侵犯邊境。候施行訖。遣使進納誓表。當議許令收接。

答夏國詔 元符二年十二月壬寅

爾以兇黨造謀。數干邊吏。而能悔過請命。祈紹先盟。爾之種人。亦吾赤子。措之安靖。乃副朕心。嘉爾自新。俯從厥志。爾無爽約。朕不食言。所宜顯諭國人。永遵信誓。除疆界並依已降詔旨。以諸路人馬巡綽所至。已立界堠之處為界。兼邈川青唐已係納土歸順。各有久來界至。今來並依漢界。及本處部族有逃叛入夏國者。即係漢人。并其餘應約束事件。一依慶厤五年正月二十二日誓詔施行。自今後恩禮歲賜。並如舊例。

登極賜夏國主銀絹詔 元符三年

詔夏國主。朕欽承駿命。嗣守丕基。眷西土之世臣。實本朝之蕃衍。宜推慶賜。昭示寵恩。今差左藏庫副使李昭玘、賜登極銀絹。具如別錄。至可領也。故茲詔示。想宜知悉。夏熱。比平安好否。書指不多及。

賜夏國主進登位土物回詔

西夏國主。省表具之賀登位并差人進奉御馬一十疋。長進馬二百疋。駞一百頭事。具悉。朕丕承七聖。光宅萬邦。眷西土之世臣。効本朝之貢職。黃朱布乘。陪隸在廷。備見悃誠。彌嘉恭恪。其差來人所賜物色。亦具賜目。故茲詔示。想宜知悉。冬寒。比平安好否。書指不多及。

賜夏國主幷南平王李乾德麻日詔

詔夏國主。朕始承天命。恭授人時。眷言西陲。（李乾德勑卽云眷言南陬）世稟正朔。迺前嗣歲。誕布新書。俾我遠民。咸歸一統。尙遵時令。益懋政經。今賜元符四年麻日一卷至可領也。故茲詔示。想宜知悉。冬寒。比平安好否。書指不多及。

宋大詔令集卷第二百三十七

政事九十

四裔十

高麗

王伷封高麗國王制 太平興國元年十一月乙亥

國家外薄四海咸建五長端委弁冕所以對越天命。析圭胙土。所以寵綏藩臣。矧乃元菟之墟。蓋有滄波之險。屬賢王之卽世。有令嗣以代興。不忘請命之恭宜舉念功之典權知高麗國事王伷。家傳韜略。代濟忠純。禀王正而靡違。奉國珍而相繼。限於溟渤密邇□□介然一心彌堅於石席逮茲累世不絕於梯航。艱疢所鍾嗣襲無替宜推殊寵俾撫舊邦用加王爵之封克追先正之美可光祿大夫、檢校太保、持節元菟州都督天順軍使封高麗國王食邑三千戶。

高麗國王王伷檢校太傅加食邑制 太平興國三年十二月戊辰

王者懋建皇極寵綏列藩矧茲元菟之墟介于滄海之外漢平朝鮮之地。聿在提封。唐舉遼水之師。亦疲征伐。自帝圖之肇起。勵臣節以彌堅。禀正朔於天朝輸職貢於王府冠蓋相望車書大同不有進俾之恩曷彰柔遠之道天順軍使光祿大夫、檢校太保持節元菟州都督、上柱國高麗國王、食邑二千戶王伷弓裘襲慶象緯炳靈奄有三韓逮茲累世善繼先志煦嫗及乎一方夤畏簡書鞮譯來於萬里勤懇備至嘉獎不忘宜舉寵章以顯忠烈可檢校太傅加食邑一千戶。

王治拜官封高麗國王詔 太平興國七年十二月戊寅

並建萬國。著於方册之訓。垂厥百世。存乎帶礪之盟。矧乃辰韓故墟。聲教攸暨。屬英王之云沒。有介弟以丕承。聿遵嗣襲之文。式舉酬庸之命。權知高麗國事王治。世保海隅。心存王室。敦友弟以無爽。紹堂構而克恭。守臣云亡。所部寧謐。遠修貢於王府。來請命於天朝。事大之心。固推忠而斯至。柔遠之義。在懋賞以爲先。宜啓眞王之封。式進上公之秩。併疏井賦。用示寵章。可光祿大夫、檢校太保、持節元菟州諸軍事、元菟州都督、充天順軍使、上柱國、食邑二千戶、仍封高麗國王。

北伐遣使諭高麗詔 雍熙三年二月癸卯

朕誕膺丕構。奄宅萬方。草木昆蟲。罔不蒙澤。華夏蠻貊。罔不率俾。蠢茲邊裔。敢拒皇威。偪強沙漠之中。遷延歲月之命。幽薊之地。本被皇風。向以晉漢多虞。□□□□□□詩曰。我疆我理。東南其畝。今國家照臨所及。書軌大同。豈使齊民。陷於強敵。今已董齊師旅。誅滅妖氛。元戎啓行。分道間出。即期誅翦。以慶混同。惟王久慕華風。素懷明略。輸此忠勤之節。撫茲禮義之邦。而接此□□。困於蠆毒。舒泄積悶。其在茲乎。便可申戒師徒。相爲犄角。叶比鄰國。同力底平。奮其一鼓之雄。戡此垂亡之敵。良時不再。王其圖之。應擄獲生口牛羊財物器械。並給本國將士。用申賞勸。遣監察史韓國華齎詔以諭之。

高麗國王王治加恩制 淳化元年

門下。朕自祇膺景命。順考彝章。荷元穹眷祐之仁。膺青帝發生之令。是用凝冕旒於正殿。陳羽衛於廣廷。萬方執玉以來儀。百辟稱觴而就列。慶茲涼德。祇受鴻名。宜覃渙汗之恩。遠耀辰韓之國。具官王治。風雲間氣。韶濩雅音。纘先世之徽猷。啓眞王之土宇。泒分緱嶺。蔚爲華顯之宗。地接蓬邱。宛是神仙之境。爰自拱於北極。爲我東藩。傾望雲就日之誠。勵事大勤王之操。瞻九重之象闕。常拜表函。越萬里之鯨波。歲陳方物。職修事舉。朕甚嘉之。屬改元行慶之辰。降出綍懋功之典。榮加奉邑。寵賜功臣。予於世勳。豈恡殊渥。爾宜愈堅愛戴。善保初終。當同文同軌之朝。竭惟忠惟孝之道。永隆多福。豈不善歟。

賜高麗璽書 淳化五年七月壬子

制詔高麗國王。所上書言鄰國侵寇事。王雄長藩國。世受王封。保絕域之山河。干戈載戢。奉大朝之正朔。忠義愈明。蠢茲邊人。敢寇鄰境。假皇靈而護塞。越滄海以馳誠。雖山戎輒議於侵疆。而天道固宜於助順。省奏之際。軫念良深。

賜權知高麗國王事王徽起居回書

勑權知高麗國王事王徽。人使金良鑑等至。省所上表起居事。具悉。卿紹服東藩。輸忠奕世。衣冠成俗。久被於華風。玉帛致誠。爰修於貢職。問安甚至。祝慶惟虔。永念周勤。寔深嘉歎。故茲示諭。想宜知悉。春暄。卿比平安好。遣書指不多及。

賜進奉回書

勑。云云　所進奉金器五事。共重一百六十五兩。合二副。一副盛紅罽藥袋二枚。紅羅銷金畫複裏。一副盛紅罽繫腰二副。紅羅銷金畫複裏。共用紅紋羅裌複封全。紅紋羅裌外複二條。盤琖二副。紅紋羅裌複封全。共用紅紋羅外複二條。注子一副。紅紋羅裌複封全。紅紋羅裌外複一條。紅罽倚背一十隻。紅紋羅裌複封全。紅蜀褥二隻。紅紋羅裌複封全共用銀鈒裝烏漆箱二副盛銀鎖鑰封全。紅紋羅裌外複二條。銀裝長刀二十隻。銀鈒鏤裝烏漆鞘綵條全。紅羅纈袋十箇。封全。緋羅纈袋十箇。封全共用黃羅裌外複二條。生中布二千疋。生平布二千疋。人參一千斤。松子二千二百斤。香油一百二十斤。鞍二副。金鍍銀橋瓦鋄具蜀大小韂韉紅羅鞍褥等全。紅羅繡裌鞍複二條。細馬二疋事具悉。卿夙馳國使來造王朝累牘摛詞喜書文之道被。方舟底貢。顯庭寔之旅陳。載想恪恭。良增褒尚特加寵錫姑示至懷今回賜卿衣著銀器等具如別錄至可領也。故茲示諭想宜知悉春暄卿比平安好。遣書指不多及。

賜進奉太皇太后皇太后物回書

勑云云。所進奉太皇太后皇太后金器各五事共重三百二十兩。合各二副。二副盛橄欖。繫腰各一條。各紅羅銷金畫複裹。二副盛紅蜀藥袋各二格。各紅羅銷金畫複裹。共用紅紋羅裌複封全。紅紋羅裌外複各二條。盤琖各二副。各紅紋羅裌複封全。紅黃蜀倚背各一十隻。各紅紋羅裌複封全。紅黃蜀褥各二隻。各紅紋羅裌複封全。共用銀鈒裝烏漆箱各三副盛銀鎖鑰封全。紅紋羅裌外複各一條。生中布各二千疋。生平布各二千疋。人參各一千斤。松子各二千二百斤。香油各三千三百斤。鞍各二副。金鍍銀橋瓦鋄具蜀大小韂韉紅羅繡裌鞍複各三條。細馬各二疋事具悉。卿以朕尊臨萬國。順事兩宮。越因信使之來。特致慈闈之問。詞章重複。物幣腆豐。維是忠嘉。不忘奬厲。爰申寵賚。宜體眷私。今回賜卿衣著銀器等具如別錄至可領也。故茲示諭。想宜知悉。春暄卿比平安好。遣書指不多及。

賜謝恩進奉回書

勑。權知高麗國王事王徽。人使金良鑑等至。省所謝恩。進奉御衣二領。黃羅絹金畫大袖衣一領。紅羅綉裌複裹。紅羅銷金畫窄袖衣二領。紅羅裌複裹。共用銀鞍裝烏漆箱。盛銀鎖鑰封全。紅紋羅裌外複一條。金腰帶二條共重七十兩。龍鎊一條。紅羅繡錦袋盛金鍍銀匣二副盛。共重二百兩。紅羅綉裌複封全。紅紋羅裌外複二條。金器二事。共重二百兩。餅二隻。紅紋羅裌複封全。紅紋羅裌外複二條。銀器一十二事。共重一千兩。金花厮羅二隻。緋羅裌複封全。紅紋羅裌外複二條。金花合一十副。紅紋羅裌複封全。紅紋羅裌外複二條。色羅一百匹。色綾一百匹。生羅一百疋。生綾一百疋。共用土藤箱四副盛。黃羅裌複封全。黃羅裌外複四條。幞頭紗四十枚。共用烏藤函二副盛。黃羅裌複封全。黃羅裌外複二條。畫龍帳二對。共用土藤箱盛。黃羅裌複封全。黃羅裌外複一條。大紙二十副。墨四百鋌。共用金漆櫃二副盛。黃羅裌複封全。黃羅裌外複二條。金鍍銀裝蜀器仗二副。紅繡袋盛。黃羅裌外複二條。金鍍銀裝青皮器仗一副。紅錦袋盛。黃羅裌外複一條。金鍍銀裝緋皮器仗一副。紅錦袋盛。黃羅裌外複一條。細弓四張。紅紋羅袋盛。哮二箭二十四隻。細箭八十隻。鞍二副。螺鈿銀裝瓦鋄具紅紋羅鞍褥等全。紅羅繡裌鞍複二條。馬一匹事具悉。卿乃者遠馳使指。來獻方奇。因其還歸。厥有賜予。覽奏封之荐至。貢報禮以彌勤。中味情辭。有嘉誠節。故茲示諭。想宜知悉。春暄。卿比平安好。遣書指不多及。

賜國信幷別賜書

勑。權知高麗國王事王徽。日域一方。天池重阻。嘉乃撫封之守。遐循述職之儀。使介言歸。寵私特異。庸答傾輸之意。別加錫予之恩。今人使金良鑑等回。賜卿國信物色幷別賜衣帶錦綺等。具如別錄。至可領也。故茲示諭。想宜知悉。春暄。卿比平安好。遣書指不多及。

賜謝回賜銀器衣着等書

勑。權知高麗國王事王徽。人使金良鑑等至。省所上表。昨入朝使陪臣御事民官侍郎金悌回。賜臣功德腰帶雜畫對衣銀器衣着鞍馬等。稱謝事。具悉。向以使人之還。別詔申諭。實嘉忠順。爰有匪頒。忽披剡奏之文。具述傾誠之感。深惟懿至。載用稱嗟。故茲示諭。想宜知悉。

賜設齋祝聖回書

勑。權知高麗國王事王徽。人使金良鑑等至。省所申奏。於大相國寺、興國寺、啓聖寺、泗州普照王寺、杭州天竺寺、潤州金山寺等設齋祝聖事。具悉。卿嚮順王庭。歸崇像教。因使航之入貢。卽梵剎以祝延。載惟忠欵之勤。彌注眷懷之厚。故茲示諭。想宜知悉。春暄。卿比平安好。遣書指不多及。

賜示諭書

勑。權知高麗國王事王徽。人使金良鑑等至。省所上表。乞借醫藥畫塑人事。具悉。卿守土三韓。希風中夏。載露連章之奏。欲求衆技之良。已敕計臣。卽加精擇。特從勤請。其體恩私。所乞借醫藥畫塑人。已令發運使羅極選差。逐色人收拾行裝。發遣前去次。故茲示諭。想宜知悉。春暄。卿比平安好。遣書指不多及。

賜高麗國王詔　元豐三年三月三十日

勑。王徽。卿祗愼一德。拊循三韓。積勤勞於歲年。感疢癘於支末。頃者聞問。怛焉置懷。求倉令之餘師。按桐君之舊錄。冀善服食。使躬有瘳。迨踰寒暄。何恙未已。遐念所苦。日經朕憂。騖想海邦。傒音驛使。卿其專和致福。虞意持神。毋忘養頤。用介康樂。

又詔

勑。王徽。朕惟卿飭躬秉禮。拊循海外。風動旁國。誠通本朝。積勤不懈。以觸霜露之疾。嘗遣侍醫。加致藥物。傒音移想。忽獲奏章。何恙未瘳。意體良苦。朕于夙夜。怛然爲懷。卿其時節寒溫。強力服食。專和嚮福。稱朕心焉。

又詔

朕誠嘉卿藩衞海服。拊循其民。秉禮率義。無一不若。而勞勤不懈之故。以逢霜露之疾。是以遣侍醫。加致藥物。吉德在躬。何恙不已。服食興寢。比者何如。疢于朕懷。弗舍夙夜。卿其專氣寧神。輔之沸液。日嚮康樂。以紓予憂。

又詔

卿廸順世德。撫寧海邦。積勤晦明。感疾霜露。書奏聞問。夙夜軫懷。間者選遣太醫。加賜百藥。日佇良已。用紓予憂。卿其時節寒温。究考方技。專心養氣。虞意適神。冀臻和平遐副眷想

賜權高麗國事王徽起居回勅書

卿躬廸禮義。世載忠嘉每懷來極之誠夙有撫封之譽。問安甚至。述職惟勤。省閱情辭。彌深眷矚。

進奉回勅書

卿紹服藩封。嚮慕聲教間將使指。仍獻國琛。宜有恩頒。用昭殊數。

進奉國信物色幷別賜書

朕極四海之懽崇長樂之養適覯膚使來上貢儀。載嘉祇順之誠。增厚眷存之意。

爲己未年漂失貢物令來進奉乞更不回賜勅書

卿頃以海道艱危方舟罹患使辭恭順誠好已通濤波弗虞非繇護視之過。幣帛將意時乃匪頒之常。載閱函封重陳方物。願停蕃錫。深諒素懷。厚往薄來先王之義。勿爲勤請。其體眷私。

中奏設齋祝聖壽勅書

卿面內輸忠。仟來底貢依眞如之寶刹。結最上之勝因惟是祝延。不忘嘉尙。

進奉樂器勅書

壓絲古製。嶰管新聲。爰因使航。來侑樂府。永惟勤至。良用嘉稱。

謝醫藥進奉勅書

比飭醫師。具將藥物旋聞疾疢。遂底痊除。重遣使人。來陳報禮。忠嘉備至。慰懌兼深。

就遣樂人奏樂勅書

卿遠飭伶工。來陳備奏諧和中律。綴兆有容。審聽諦觀。良多嘉歎。就加賜予。式示褒優。

如女眞願將馬與中國爲市時假道前來勅書

昔在先朝。女眞入貢每有良馬市于邊州。屬川塗之阻脩綿歲時而負絕。如聞行旅路涉樂郊。惟卿輸誠中國。是屏許以假道。庶其能來。可遣使人往

諭朕意。

賜貢奉詔

汝久寄塞垣。適臨夏仲。維時令節。底貢斯臧。載念恪勤。不忘嘉矚。

高麗依大遼例隸密院御筆手詔 政和五年二月二十三日

高麗自熙豐以來。待遇優渥。卽與諸蕃事體甚異。昨已陞作國信。在夏國之上。改隸客省。自今後特依大遼國例。隸屬樞密院。仍永爲定制。餘依已降條令施行。

宋大詔令集卷第二百三十八

政事九十一

四裔十一

交阯 黎桓 李德政 李日尊 李乾德

交阯黎桓加恩制 淳化元年

門下。朕誕膺駿命。祇荷丕基。揚四征九伐之威。大恢土宇。昭五禮六樂之數。用洽人神。屬獻歲以發春。乃順時而行慶。眷惟巨鎮。寔曰安南。撫綏方徼。於勳勞。爵命必如於賢傑。具官黎某挺山河之秀。爲屏翰之臣。明誠可動於風雲。壯節不移於霜雪。而自承予漢詔。表我周藩。丹徼一涯。望靑霜而且遠。朱方萬里。瞻紫極以歸尊。傾輸而玉帛駿奔。倚用而封疆是賴。克推惠愛。慰彼黔黎。綽然良帥之風。藹若通侯之望。朕以三元資始。萬彙惟新。爰伸率土之恩。是舉疇庸之典。榮加奉邑。兼進崇階。併示恩華。益隆眷注。於戲。滿而不溢。守富貴之宏規。勇且知方。爲將相之成式。忠孝可以垂帶礪。恩信可以寧土疆。勉務令圖。服我休命。可。

李公蘊檢校太師加恩制 仁宗即位

門下。國家運格熙平。化敦淸靜。燭皇靈於有截。浸惠澤於無垠。天厤紀元。載隆於景貺。端闈發號。允洽於太和。肆予沖人。纂茲鴻緒。爰屬承祧之始。用覃渙汗之恩。乃眷賢侯。早隆邦翰。克著撫封之績。宜推進律之文。舉以徽章。告于有位。推誠順化保節守正翊戴功臣、靜海軍節度觀察處置等使、開府儀同三司、檢校太尉、同中書門下平章事、安南都護、上柱國、南平王、食邑七千七百戶、食實封二千九百戶李公蘊。器含沖密。識本該明。膺異稟於珠躔。振雄名於海域。詩書博習。究爲武之善經。金石靡渝。挺事君之大節。而自登壇受任。杖鉞訓戎。疇其外禦之勞。寵以眞王之爵。修方匪懈。述職惟寅。載嘉忠順之誠。特霈絲綸之澤。視維師而進秩。錫美號以襃功。仍益爰田。荐加眞賦。斯爲異數。併示殊榮。於戲。渙渥之行。式昭於無外。崇高所保。宜務於益恭。祇服訓詞。無忝休命。可特授檢校太師、同中書門下平章事、安南都護、充靜海軍節度觀察處置等使、南平王、加食邑一千戶、食實封四百戶、仍賜推誠順化崇仁保節守正翊戴功臣、散官勳如故。

李德政襲靜海節度制 天聖七年四月癸亥

國家內有百揆之官。以經夫天事。外有四封之守。以扞于王家。乃眷世藩之臣。夙奠海隅之壤。特頒丕制。俾纘舊圖。安南靜海軍權知留後事李德政。材維邁倫。學以知變。敏略自勝。蚤聞夷落之懷。丹誠不渝。素督邦風之慕。方紹忠於先閥。爰請命於本朝。乃分上將之旄。仍胙王封之土。寵章並至。英望攸歸。於戲。誓若泰山。永保世修之職。歸于宰旅。無忘時貢之恭。往綏爾民。善固吾圉。可特授特進、檢校太尉、充靜海軍節度觀察處置等使、安南都護、兼御史大夫、上柱國、仍封交阯郡王。食邑三千戶。食實封一千戶。賜推誠順化功臣。

李德政加恩制 慶曆四年十一月郊祀

門下。朕躬執玉帛。祇見郊邱。率萬官以承休。職百神而有次。薦誠以德。蒙后皇之並臨。推福爲恩。塞穹壤而偕抃。眷言列位。助藏上儀。內則相禮之虔。外則獻力之恪。用當飲至。均第有勞。具官李德政。秉心懿恭。執義光大。昭啓王社。安妥裔人。載甲令以輸忠。航貢品而踰險。一我尉候。保茲東南。屬欽柴之告成。前景風以覃賞。惟乃作扞。時予不忘。宜益表功之華。俾旌守方之重。陪敦封邑。衍寔幹租。於戲。天瑞神祺。紛綸於中寓。朝俞國霈。激錫於列藩。尙膺典册之榮。愈圖彝器之績。懋哉夙夜。永綏爾邦。可。

李日尊靜海節度使安南都護交阯郡王制 至和二年十一月乙亥

天下有道。惟懷至仁。王者無私。不異殊俗。眷紹封於南服。宜誕告於中朝。安南道李日尊。秉誼自躬。撫疆無外。善述乃父之志。克保有邦之民。奉藩勤王。奕葉載德。是宜分命茅土。襲勳鼎彝。旣寵視於公台。復榮疏於王爵。於戲。敷德柔遠。故惠綏於汝家。繼世象賢。宜敦固於吾圉。寧民撫衆。茂對休嘉。可特進、檢校太尉、充靜海軍節度觀察處置等使、安南都護、兼御史大夫、上柱國、仍封交阯郡王。食邑三千戶。食實封二千戶。賜推誠順化功臣。

李日尊加恩封功臣制 明堂

門下。朕嚴帝親者。茲惟聖人之事。觀禮樂者。必於王者之庭。朕述三代之遺文。宗五精之美報。至音洽奏。法物具陳。升紫燎之光。以拜上旻之施。霈蓼蕭之潤。以澤四海之遐。懋賞以勞。頒朝有命。具官某。器懷英達。忠義堅明。世享南交之封。心馳中夏之化。肆精禋之丕舉。懷順節之素勤。措事合宮。有嘉方貢之舊。策勳大寢。疇先爵典之行。茲用錫號雲臺。表功彝器。衍以爰田之戶。陪以眞食之科。荐美壯猷。益昭異數。於戲。教民以孝。固已配文考之功。均國之釐。不敢後列藩之服。惟惠愛可以懷衆。惟誠忱可以感神。往廸于休。永綏爾土。可。

賜靜海軍節度使同中書門下平章事安南都護交阯郡王李日尊明堂加恩告勑書

勑交阯郡王李日尊。朕考古之遺。乘秋之斂。涓成宗饗。昭輯上儀。羣心大和。丕應屢下。乃眷南顧。厥勤內輸。能纂世封。荐啓王土。肆予駿祀。樂爾鴻休。往膺寵章。益懋素守。今差使臣齎卿加恩官告勑牒。付廣南轉運司。令於界首就賜。到可祇受。兼賜卿國信物等。具如別錄。至可領也。

李日尊進封南平王加食邑實封制

門下。朕荷上穹之錫命。承先帝之顧言。在疚而哀靡勝。臨阼而懼弗類。欽循故典。大澤羣方。咨爾世藩之臣。虔于內貢之職。匪申丕誥。曷表嘉庸。具官某。忠寔孝恭。剛明肅果。學洞詩書之蘊。誠逾金石之堅。地宅南交。盡化海隅之俗。義尊帝室。常傾日下之心。屬纂極之初辰。謹頒朝之大政。定訪太宮之策。趣論盟府之書。位王爵之崇徽。益爰田之多賦。於戲。銘在鐘彝。已載世功之舊。誓若河嶽。更均邦祚之長。往廸順猷。永有吉祿。可

賜李日尊轉官告勅書

勅交趾郡王李日尊。朕遹祇先訓。登纘丕圖。享國之安。繫于成業。頒常之始。渙以至恩。眷爾保疆。勤夫述職。疇勳外閫。敷命大廷。勉服世忠。永綏邦寵。今差使臣齎卿轉官勅牒官告。付廣南轉運司。今於界首就賜。到可祇受。兼賜卿國信使物等。具如別錄。至可領也。

賜李日尊進象勅書

勅某。省所上表。差人進奉具悉。卿保有南裔。列爲外藩。屬疆事之就寧。馳奏函而申欵。遐方貢荐。篤世忠貞。載諒傾輸。靡忘嘆奬。

賜李日尊進金帛犀象勅書

勅某。朕紹膺丕命。奄宅多方。睠世守於南陬。能守虔于內貢。載覽剡封之至。有嘉述職之勤。宜被寵頒。且昭厚遇。

賜南平王李日尊示諭勅書 熙寧三年二月八日

勅南平王李日尊。省所上表。稱於今年二月內親領本道兵甲。乘駕舟航。直抵南蕃。與占城國及占臘國蕃兵交戰。其占城占臘國兵甲。一時敗散。臣帶領兵甲回旋本道。師旅保全。舟航寧謐。事具悉。卿與占城等國交戰。師出逾時。今覩章奏。備言勝捷。益敦忠順。良用歎嘉。朕子視兆民。臣蓄萬國。思偃消於中外。共嬉遊於遐邇。宜體至懷。以綏後福。故茲示諭。想宜知悉。

賜靜海軍節度使同中書門下平章事安南都護南平王李日尊麻日勅書

勅南平王李日尊。朕稽古凝猷。撲天作厤。凡舟車之所暨。皆正朔之所加。適更歲令之端。恭正人時之授。勉經民務。用廸邦彝。今賜卿熙寧四年厤日一卷。至可領也。

李日尊加恩制 南郊

門下。朕紹膺駿命。稽用上儀。祇事郊宮。並受三神之福。推恩方夏。外交四表之歡。告于有司。錫是在服。推誠保節同德守正順化翊戴功臣、靜海軍節度觀察處置等使、同中書門下平章事李日尊。體懷德善。世濟忠勤。奠茲南邦。居有扞城之效。衛我中國。使無疆場之虞。錫之大將之旄。胙以眞王之爵。往踐厥位。□欣載於寵章。來獻其琛。用協成於禧事。陪敦采邑。褎進文階。載加眞食之封。式允懋功之典。於戲。人之所助。惟怙冒於王靈。國以永存。

顧循守夫侯度率時新命保乃舊勳

賜南平王李日尊勅書 熙寧

勅南平王李日尊省所上表於熙寧三年八月內牒廣南西路轉運司取十一月差李繼元等部押象綱進奉已於十一月二十八日起離本道至十二月五日得邕州公文不許綱運上京進奉并沿邊界首戶口被邕州誑誘至多累牘邕州不爲施行事具悉卿夙紹世封善修蕃職載披章奏備亮悃誠朕每惟南服之一方越去中朝之萬里凡諸疆事皆委守臣已申勅戒之言俾盡撫綏之意仍諭邊候常通貢輸卿亦當安集部居謹嚴封完無令侵軼深體懷來載念恭勤不忘嘉尙已指揮邕州如本道進奉綱運到來仰依例引伴赴闕經過州軍依舊例接待故茲示諭想宜知悉夏熱卿比平安好遣書指不多及

交趾李乾德靜海軍節度交趾郡王制 熙寧六年二月庚午

國家統御四海茂建庶邦疇惟蕃臣世有令德庸紹爵土以揚光休故南平王李日尊嗣子乾德氣稟沈和性資純亮躬循美訓允蹈前猷惟爾祖爾父之忠書之甲令若乃子乃孫之慶用保厥家眷予稱嗣之良胙以苴茅之寵王封帥節正護南垂眞食褒功悉膺異數於戲克念先業惟孝與恭其保乂民永綏厥服可特授特進檢校太尉靜海軍節度觀察處置等使安南都護兼御史大夫上柱國封交趾郡王食邑三千戶食實封一千戶賜推誠順化功臣

賜交趾郡王李乾德獎諭勅書

勅交趾郡王李乾德省所上表於去年十月內南界定蕃寨收申稱占城蕃王號楊卜戶喇呵排靡牒名狀禮將幣兵甲二十餘人、泊王妻子乘駕舟船入來本道投降至於今年正月已到本道稽顙克伏臣憫其忠節倍加允賜事具悉卿撫有方隅時惟屏翰因蕃渠之降附喜疆候之肅清載覽露章深嘉底績永言恭順益用歎嗟故茲獎諭想宜知悉夏熱卿比平安好遣書指不多及

討交趾勅榜 熙寧八年十二月壬子

勅交州管內峒軍民官吏等眷惟安南世受王爵撫納之厚寔自先朝函容厥愆以至今日而乃攻犯城邑殺傷吏民干國之紀刑必無赦致天之討師則有名已差吏部員外郎天章閣待制趙卨充安南道行營馬步軍都總管經略招討兼廣南西路安撫使、昭宣使嘉州防禦使入內侍省都押班李憲充副使、龍衛四廂都總管指揮使忠州刺史燕達充馬步軍副都總管順時興師水陸兼進天示助順已兆布新之祥人知侮亡咸懷敵愾之氣然王師所至弗迓克奔咨爾士庶久淪塗炭如能諭王內附率衆自歸執虜獻功拔身效順爵祿賞錫當倍常科舊惡宿負一皆原滌乾德幼稚政非己出造廷之日待遇如初朕言不渝衆聽毋惑比聞編戶極困誅求已戒使人具宣恩指暴征橫賦到即蠲除冀我一方永爲樂土

詔占城占臘同討交賊詔

交趾爲寇。朝廷已議水陸攻討。占城占臘於交賊素有血讎。委許彥先劉初同募海商三五人作經略司。委曲說諭彼國君長。豫爲計置。候王師前進。協力攻討。平定之日。厚加爵賞。

賜交趾郡王李乾德詔 熙寧十年二月

省所上表。念臣年幼詔追回宣撫招討。休散兵馬。願依舊入貢。并奏謝過尤。不復敢侵犯省地。事具悉。卿撫有南交。世受王爵。而乃背德干命。竊發邊疆。臨遣師干。龔行天討。兵薄城邑。廼始自歸。朕惟卿方在稚年。政非己出。侵犯州郡。豈其本謀。引咎抗章。辭迫意切。已勅將吏。開爾自新。務刷往愆。祇順王命。保安厥服。豈不善歟。可從所請。自今依舊入貢。所有克復州縣。已令安撫司各遣人畫定疆界。毋輒侵犯。昨擄略省地人口。可並送還。夫順命者膺長福。負固者多後虞。勉思所從。以保寵祿。

答交趾郡王李乾德詔 元豐元年八月癸未

省所上表。乞還廣源州門州蘇門州机縣等處。卿失於聽任。擾我邊陲。棄祖考忠順之圖。煩朝廷討伐之舉。師行深入。勢蹙始歸。迹其罪尤。在所絀削。今乃遣使修貢。上章致恭。詳觀情詞。燭見悛悔。朕綏懷萬國。不異遠邇。但以邕欽廉三州無辜之民。遷劫遐陬。久失鄉里。宜盡根刷。牒送廣西經略司交割。俟人口歸復省地。其廣源思琅等處兵甲。當議追還。復隸交州管屬。前奏所稱構亂首領。願押就界首斷遣。以謝朝廷。可如來請。夫虔命守封者。可保於遐福。生事干紀者。必蹈於後艱。其務自新。永安爾服。

李乾德加恩制 南郊

門下。朕祗遹舊章。肇稱吉禮。祼鬯清廟。以嚴孝享之誠。升煙紫壇。以迓帝臨之貺。眷言藩服。夙順朝廷。方均錫於繁禧。宜肆加於褒律。某性惟信厚。世載忠純。保王爵之隆名。擁將旄之重寄。奠居南土。不忘修貢之勤。承衛中邦。隱若維藩之固。屬矩儀之獲考。班寵典以示優。衍以井腴。進之功號。於戲秩我元祀。蓋答三神之休。格爾歡心。在敷四海之澤。益思恭恪。用對寵光。

李乾德進奉回詔

席慶三靈。宅師九有。乃睠世藩之舊。克共方貢之奇。載閱露章。備昭勤欵。宜頒恩賚。式示寵綏。

李乾德進封南平王制

中國載疇嘉節。褒進寵章。颺于大廷。詔爾群辟。推誠保節忠亮同德順化翊戴功臣、靜海軍節度觀察處置等使、特進檢校太尉、同中書門下平章事、安南都護、上柱國、交趾郡王、食邑八千戶、食實封三千戶李乾德。性資信順。德協忠純。席奕世之勤勞。殿南垂之疆埸。任重將旄之寄。位兼相紱之榮。

拊循遠民。越踰一紀。而能謹維藩之誼。殫事上之誠。時飭使人。來修貢職。是用錫爾以有國之茅土。佩爾以眞王之印章。增衍爰田。陪敦寔賦。於戲。制節謹度。無忘祖考之休。流光垂榮。永保邦家之寵。服我明訓。往承茂恩。可特授依前檢校太尉、同中書門下平章事、安南都護、充靜海軍節度觀察處置等使、進封南平王、加食邑一千戶、食實封四百戶、功臣散官勳如故。

賜封南平王李乾德制詔勅書

勅南平王李乾德。朕子視兆民。囊括四荒。譬之仁天。豈吝膏澤。卿守藩茲久。事上益虔。高爵隆名。極其榮顯。庶緣天寵。以服民心。其思盡忠。以稱恩禮。今賜汝制誥。到可祗受。故茲詔示。想宜知悉。秋熱。比平安好。遣書指不多及。

賜李乾德詔 元祐三年八月甲午

朕惟先帝聖德兼愛。懷柔遠方。頃自富良班師。覽卿懇請。卽以廣源等州特行給賜。繼緣安南首領妄認省地。尋復遣官辨正分畫。又於八隘之外。以六縣二峒賜卿主領。恩德之施。可謂至矣。朕祇述先訓。務寧邊圉。累降詔諭。備極詳明。勿惡勿傷。無復可議。其修築山隘。割丁戍。皆疆埸常事。況又歸明在前。築隘在後。亦理無不可。夫何所疑。尙有陳述。蓋守藩之義。以惇信爲先。毋或譸張。朕言不再。所有成卓因巡邊檢隘。擅支物帛與外界首領。有違條制。昨據經略司劾其生事。已行貶竄。卿能追斂其物。悉以送官。載閱封章。尤嘉恭順。睠惟遐服。方倚令猷。勉體至懷。益綏多福。

南平王李乾德加恩制 紹聖二年九月二十六日

門下。朕大饗季秋。昭配神考。肅恭盛禮。蠲潔孝思。寅奉祖宗之休。內修庶政。偏履幅員之廣。外撫四邊。適敷曠蕩之恩。宜霈褒嘉之寵。是涓良日。申告治廷。推誠保節忠亮同德守正順化翊戴功臣、靜海軍節度觀察處置等使、開府儀同三司、檢校太尉、同中書門下平章事、安南都護、上柱國、南平王、食邑一萬一千戶、食實封四千二百戶李乾德。守在封疆。世傳符節。運韜鈐之明略。撫有方隅。勵忠義之坦懷。繼輸貢篚。方倚干城之效。用推進律之文。申衍戶封。陪敦眞食。益新功號。式壯戎昭。於戲。分土建邦。所以爲社稷之衞。疏恩錫壤。所以爲藩翰之榮。服我眷恩。愈思惠迪。可。

南平王李乾德加恩制 宣和元年冬祀

門下。朕卜習歲祥。躬修郊類。欽柴報本。斂時上帝之休。歸胙均釐。燕及敷天之福。眷言南屏。實衞中邦。肆圖夾介之勞。用渙褒庸之寵。具官某。賦材果毅。挺節沉雄。誠信不渝。遠篤皇風之慕。忠義自奮。蚤聞夷落之懷。逮紆王茀之崇。仍授將旄之重。茲嚴毖祀。不藏上儀。專鉞撫封。雖阻駿奔之助。獻琛述職。彌嘉丕享之誠。肆因惠術之行。爰厚蕃禧之錫。載加井賦。申衍戶租。於戲。得萬國之心。既恭承於禧祀。受百神之貺。宜共對于閎休。往廸順猷。永綏吉祿。可。

宋大詔令集卷第二百三十九

政事九十二

四裔十二

大理

大理國王段和譽加恩制 政和六年明□

門下。朕奉若先猷。聿新太室。惟聖人爲能饗。莫重于宗祧。雖天子必有尊。用嚴於昭配。百禮既至。萬福來求。眷乃外藩。奠茲遠服。肆均敷於惠術。庸丕告于治朝。具官某氣稟沉雄。性資恭順。居有律民之略。首輸事上之忠。錫以將旄。永作中邦之衞。胙之王社。允爲南土之光。時協季秋。躬修元祀。迄成熙事。已頌我將之詩。爰暨多方。誕布蓼蕭之澤。載敦井賦。拚衍戶封。申賁遐陬。益隆寵數。於戲。一人有慶。既膺降格之祥。四國于蕃。其對函蒙之祉。往欽予命。式固爾猷。可

大理國入貢御筆手詔 政和六年十二月三十日

朕嗣有令緒。嘉與萬邦。黎獻共惟帝臣。外薄四海。罔不率俾。惟爾保邦。越在遐裔。久隔聲教。弗及以政。朕以道在宥天下。大同六合爲一。不匿厥旨。往諭爾邦。惟爾忠孝。式克欽承。臨遣使臣。底貢于庭。夫謹度而無危滿之心。循理而知事天之義。朕惟汝賢。李紫琮來。有司稽留不遣。親禮詔命。趨召赴闕。令其旋歸。詳示茲意。其既乃心。往祇朕命。

西蕃上 嗃廝囉 董氈 養子阿里骨 瞎征

諭邈川首領嗃廝囉詔 康定元年二月庚□

朕以吳賊猖獗。侵驚邊隅。卿累世稱藩。資忠効順。高牙巨節。保我西陲。憤茲醜羌。嘗議討伐。所宜早興師旅。往襲空城。乘彼未還。據其根本。父子竭力。殄滅兇渠。今也其時。幾不可失。待詔到日。刷領手下軍馬。徑往賊界。同力剪除。如能成功。當授卿銀夏等州節制。宜令腹心人以起發日關報緣邊經

略安撫司。以憑舉兵應援。仍賜對衣、帶、絹二萬疋。

唃厮囉保順河西等軍節度使制 康定二年正月乙未

國家建德以錫其土。封進律以重其閫制。眷吾良帥。寔殿外藩。能體懷柔之仁。素堅恭順之節。特肦丕制。申告羣倫。西蕃邈川首領、保順軍節度、洮州管內觀察處置等使、金紫光祿大夫、檢校太尉、使持節洮州諸軍事、洮州刺史、兼御史大夫、上柱國、武威郡開國公、食邑二千戶、食實封三百戶唃厮囉。志蘊沉雄。性資端亮。禀金方之勁氣。控榆谷之遐區。嚮膺授鉞之征。遂享苴茅之寵。護邈川之豪。而恩信甚篤。制夏臺之猾。而義勇弗回。擇茲涼土之雄。益以漢壇之拜。載惟異數。以勵壯猷。於戲。旗纛前驅。兼統二邦之旅。翰垣分寄。仍陪四履之封。其思令圖。勉稱明命。可特依前檢校太保、使持節洮州涼州刺史、兼御史大夫、充保順河西等軍節度、洮州涼州管內觀察處置押蕃落等使。

唃厮囉加恩制 慶曆四年十一月

門下。朕涓選至日。大報圜丘。循三歲之常典。率九州之助職。上帝來享。羣望普懷。已解玉鑾之嚴。遂布金雞之慶。或扞城宣力。或景從陪祠。均敍乃勤。並論而賞。具官唃厮囉。朴質有守。忠孝不回。光胙西土之良。訓定中軍之教。亭候完謹。民物阜安。奉宣朝猷。協底貢藝。乘車束馬。則踵及有司。垂橐偃節。則坐固吾圉。僉咨輿議。誠謂有勞。用當釐事之成。昭進寵階之等。拓封大邑。加食爰租。於戲。天介鴻休。式覃雷雨之施。國有繁獎。庸厚金石之臣。進膺恩章。益奮志槩。勿休勿怠。以究成勳。可。

唃厮囉加恩制 即位

門下。朕膺天寶命。纂國鴻圖。內則股肱大臣。以維社稷之固。外則蕃衛羣后。以絜封疆之衛。矧當視政之初。敢後疇庸之典。誕孚廷渙。亶穆師僉。具官某。氣槩沉雄。知懷明果。世宅西方之勁。心勤內府之輸。忠義貫于神明。威聲慴於區落。師才占勝。早專鈇鉞之征。盟府書勞。舊載山河之誓。肆承先帝之序。中需有邦之遐。進馭貴之崇階。均班朝之偉望。陪之多戶。衍以眞租。並楙寵光。以昭異等。於戲。勳屛王室。固無外閫之虞。命契天心。適及景風之候。蓋恢世烈者。譽其永。更民始者。澤非常。勉綏順猷。欽服徽數。可。

唃厮囉授依前保順河西節度加食邑實封功臣制 郊祀

門下。夫宅天下之尊。必飭上神之報。篤人子之孝。必嚴先烈之思。朕親執豆籩。祗見郊廟。乘一氣之復。以體天地之仁。合萬靈之休。以孚汗渙之號。疇庸丕制。首暨諸藩。具官某。蚤承世封。躬履侯度。作屛于外。自雄夷落之師。述職于中。有愛王府之貢。肆若初之撫御。尤不失其順祗。適駿祀於圜丘。宜册勳於大寢。爰益褒功之數。用閎守土之聲。斥以爰田。陪之眞賦。併推異數。庸答素勞。於戲。維皇德澤之均。始于近而加于遠。維臣忠義之節。善其初者惟其終。勤宣令猷。永錫蕃祉。可。

賜西蕃邈川首領保順軍節度洮州管内觀察處置押蕃落等使董氈依唃廝囉例支請俸詔

勑董氈。卿時推雋略。世濟茂勳。方崇建於高牙。且紹綏於舊土。宜優廩祿之給。以寵封疆之勞。其體注懷。毋忘欽荷。

賜董氈加食邑實封告勑示諭詔

勑董氈。卿材推種豪。代襲邦爵。乃眷守方之勤。特頒爵律之恩。往奉徽章。永綏外圉。今賜卿加恩官勑牒。到可祇受。故茲詔示。想宜知悉。

賜起復董氈官勑牒對衣等示諭詔

勑董氈。卿材雄種落。世守方隅。眷恪奉於王輸。宜嗣膺於考服。特起苴麻之制。更專鈇鉞之征。往厲忠圖。永綏休命。已降制命。除授卿起復冠軍大將軍、右金吾衛大將軍、員外置同正員。充保順軍節度押蕃落等使。今賜卿官告敕牒幷節衣金帶銀器衣著。具如別錄。至可領也。

董氈落起復依前保順軍節度使加食邑實封制

門下。四封之守。仗許國之素勳。三年之喪。爲報親之達禮。乃眷西屛。時惟偉臣。方終慕於戎縗。盍還儀於命韍。我有明制。格乎丕彝。具官某。以材資之雄。自高於部落。以誠節之勁。丕衞于王家。獨探神韜之奇。時歸宰旅之貢。適靖邊瑣。奄離父艱。起素經於廬中。屬騂旄於闔外。銘在金石。具將一心之勤。誓如山河。盡荒先正之履。維是苴麻之飾。亦既日月之除。肆下書於外庭。式加寵於舊服。昨以爰田之戶。陪之眞井之租。用嘉乃勞。不顯亦世。於戲。白駒過隙。忽驚祥事之陳。金鉞傳家。更瞻元戎之略。忠孝並務。夫不美歟。可。

董氈特進制 熙寧三年

門下。國家蠲潔大德。懷柔四方。懋宣行葦之仁。橫被蓼蕭之澤。遐邇無間。内外一均。西蕃邈川首領、保順軍節度、洮州管内觀察處置押蕃落等使、金紫光祿大夫、檢校太保、使持節洮州諸軍事、洮州刺史、兼御史大夫、上柱國、常樂郡開國公、食邑五千一百戶、食實封一千一百戶董氈。氣禀沉雄。性資柔毅。載勳庸於奕世。開土宇於西陲。早膺旄鉞之榮。撫有洮湟之地。祇勤厥事。忠誠著於皇家。糾逖不虔。威令行於戎落。修其職貢。保我畛封。宜陳錫於寵章。用褒旌於美志。位進異等。食衍眞封。豈繫鎭服於爾師。抑亦光華於殊俗。於戲。王官至重。固不徒施。臣道惟艱。諒無虛受。勉服休命。益思壯猷。可特授特進、依前檢校太保、使持節洮州諸軍事、洮州刺史、兼御史大夫、充保順軍節度、洮州管内觀察處置押蕃落等使、仍舊西蕃邈川首領、加食邑一千戶、食實封三百戶。勳封如故。主者施行。

西蕃邈川首領董氈移鎭西平節度制

王者之撫殊方。蓋用威懷之道。侯藩之衞中國。莫如信順之心。眷惟偉臣。奠我西屛。來諭誠節。宜沛恩徽。西蕃邈川首領、保順軍節度、洮州觀察處置押蕃落等使、開府儀同三司、檢校太尉、使持節洮州諸軍事、行洮州刺史、兼御史大夫、上柱國、常樂郡開國公、食邑七千二百戶、食實封一千七百戶董氈。器懷閎深。材資勁敏。自雄部落。世傳旄鉞之封。壹意朝廷。舊載山河之誓。恭歸貢於宰旅。思作扞於王家。朕方推至仁。以示大信。徙湟水之節。以華爾衆。錫雲臺之號。以表爾功。申衍井腴。併疏賞典。於戲。沛四海之澤。蓋敦柔遠之風。守一方之衛。勿忘事大之義。往欽休命。尙廸壯猷。可特授依前檢校太傅、使持節鄯州諸軍事、行鄯州刺史、兼御史大夫、西平軍節度、鄯州管內觀察處置、押蕃落等使、仍舊西蕃邈川首領、加食邑一千戶、賜推誠順化功臣。

董氈加恩制

門下。朕丕承五聖。式辟萬方。茲用康年。有嚴宗祀。右我文考。如格聲容。燕于皇天。若揖光景。是廣神明之澤。以同海宇之歡。睠惟蕃衛之邦。瀕此河湟之塞。特推恩渥。示勸忠勞。具官董氈。義冠西州。名聞諸國。傳旌旄之世享。勤玉帛於方來。遠邇雖土疆之殊。信誠猶符契之合。屬慶成於熙事。宜用舉於褒章。增寵號名。陪敦賦邑。於戲。好德錫福。共樂於嘉時。流光垂榮。永寧於後裔。克綏爾祉。遐副朕心。

西蕃邈川首領董氈進奉回詔

處共臣職。恪守封陲。遠輸任土之誠。來効充廷之供。載嘉忠順。彌用睠懷。

董氈加恩制 南郊

門下。朕承五聖之謀。躬萬方之治。明昭上帝。迄用康年。燕及皇天。介以繁祉。廼乘長至之序。載舉肇禋之文。仰答三神之休。大均四海之澤。眷言藩服。誕布徽章。具官某。撫有一方。翼戴中國。世擁將旄之重。遐膺王爵之封。貢爾百名。祇修於常職。相予肆伐。屢奏於膚公。屬茲鉅典之成。宜有茂恩之獎。增加功號。陪衍爰田。於戲。盡慎宗祊。朕既申於福祿。流光後裔。爾益茂於忠純。往服寵章。勉固蕃衛。

董氈授檢校太尉加恩制 元豐八年哲宗卽位

門下。朕席二儀之睠命。荷六聖之詒謀。君臨萬邦。思享安榮之實。澤及四海。固無遠邇之殊。矧惟藩衛之邦。控我河湟之塞。特疏寵渥。用勸忠嘉。具官某。保有一隅。長雄諸部。旌旄世守。能堅事大之誠。玉帛繼來。不替修方之舊。屬纘承於洪緒。思頒布於徽章。視秩掌武之宗。行賦爰田之入。於戲。承天發政。朕方念於永圖。保國垂榮。爾益堅於亮節。勉循恭恪。用副眷懷。

西蕃阿里骨起復河西節度制 元祐元年二月丁丑

先王成磐石之固。立封疆之界以相維。君子不奪人之親。爲金革之事則無避。睠河湟之重屏。罹苫塊之大憂。稽帥厥常。起授以位。故西蕃邈川首領河西軍節度、押蕃落等使、武威郡王董氈男、銀青光祿大夫、檢校工部尙書、使持節肅州諸軍事、肅州刺史、充本州防禦使、兼御史大夫、上柱國阿里骨。材謀俊偉。器識宏深。翼戴本朝。長雄諸部。粤自先正。服勤王家。玉帛走乎中原。旌麾固於吾圉。輿言濟美之嗣。蚤有教忠之聞。用擢從衡恤之中。付畀維藩之寄。錫之舊履。寵以高牙。總金鉞以治戎。服墨縗而從政。視秩空土。衍賦爰田。於戲。河山之固永存。勿忘賜誓。弓矢之傳猶在。來助專征。益懋忠嘉。以對恩渥。可起復冠軍大將軍、右金吾衛大將軍員外置同正員、檢校司空、使持節涼州諸軍事、涼州刺史、充河西軍節度、涼州管內觀察處置押蕃落等使、西蕃邈川首領、封寧塞郡開國公、食邑二千戶、食實封一百戶。

誡約西蕃邈川首領河西軍節度使阿里骨詔 元祐元年六月壬寅

昨得卿父董氈文字。稱身有重患。且死。蕃家國土事已教男阿里骨管勾。朕以卿祖考忠順朝廷。世受封爵。已降制□令卿襲封。及賜衣帶支給請受等。卿繼世之初。人情□□。固當推廣恩信。惠養一方。今聞卿自管勾以來。頗峻刑殺。部族之衆。諒不遑寧。雖出傳聞。未忘憂想。卿宜以繼承爲重。以仁厚爲先。無恃寵榮。務安種落。副朝廷所以封立之意。思前人所以付與之心。

阿里骨加恩制 元祐明堂

門下。朕躬執圭幣。祇祀帝親。孝奉天儀。以答上神之況。澤均雲施。以興萬物之和。眷言藩服之良。夙順朝廷之命。宜頒褒律。以召羣工。具官某。器識沉雄。性資信厚。能紹承於世美。遂褒錫於節旄。保有西陲。久載維蕃之節。翼衞中國。不忘脩貢之勤。方獲考於鉅儀。因肆加於寵典。視秩帝保。衍食井腴。於戲。迓三神之釐。惟孝爲能致饗。謹諸侯之度。惟忠可以禔身。往承寵榮。永肩恭順。

賜新除檢校太保依前河西節度使阿里骨加恩官告勅書

勅阿里骨。朕涓選靈辰。奉承宗祀。肆均介福。徧暨多方。卿世撫侯封。夙虔朝命。特加寵渥。用獎忠嘉。今賜卿加恩官誥。到可祇受。故茲詔示。想宜知悉。冬寒。卿比平安好。遣書指不多及。

賜阿里骨詔 元祐三年七月辛亥

勅阿里骨。省所差人進奉及乞今後依前差般次上京進奉事具悉。惟爾祖先。世篤忠孝。本與夏賊日尋干戈。亦惟□我朝廷爵秩之隆。用能保爾子孫黎民之衆。肆朕命爾嗣長乃師。而自承襲以來。疆首外擅。爾弗能禁。恣其所爲。遂據洮城。以犯王略。陰連夏賊。約日盜邊。朕愍屬羌之無辜。出偏師而問罪。元惡俘獲。餘黨散亡。山後底平。河南綏服。朕惟率酋豪而捍疆埸。乃爾世功。叛君父而從仇讎。豈其本意。庶能改過。未忍加兵。果因物以貢誠。願洗心而効順。爾既知悔。朕復何求。已指揮熙河路更不出兵。及餘已招納到部族外。住罷招納。依舊許般次往來買賣及上京進奉。爾宜約束種類。共保邊陲。期寵祿於有終。知大恩之難再。物使來疑。復爲虛言。故茲詔示。想宜知悉。

西蕃邈川首領阿里骨落起復制 元祐三年十月乙丑

義始墨衰。金革之事無避。禮終素韠。苴麻之哀既除。眷爾舊蕃。班序新命。誕揚渙號。明諭周行。西蕃邈川首領、河西節度、涼州管內觀察處置押蕃落等使、起復冠軍大將軍、右金吾衛大將軍、檢校太保、使持節涼州諸軍事、涼州刺史、上柱國、寧塞郡開國公、食邑三千戶、食實封八百戶阿里骨。材稟豪英。氣懷鷙勇。名克服於殊俗。德允懷於種人。忠孝傳家。封河山而永誓。勤勞繼代。賜鈇鉞以專征。外全保塞之功。初畢通喪之制。念言遠屏。更畀榮名。越進文階之崇。益增武節之重。陪敦邦賦。衍食戶封。盍廸順猷。式昭徽數。於戲。天下有道。四封之守外安。朝廷以平。萬里之威內附。永康四海。遐衞中區。其肩乃心。以服朕訓。可落起復。特授金紫光祿大夫、依前檢校太保、使持節涼州諸軍事、涼州刺史、河西軍節度、涼州管內觀察處置押蕃落等使、仍舊西蕃邈川首領、加食邑一千戶、食實封三百戶、勳封如故。

宋大詔令集卷第二百四十

政事九十三

四裔十三

西蕃下

賜阿里骨詔 紹聖三年七月丙辰

阿里骨累據熙河路經略安撫司等奏及近準進奉溻失納余龍到闕累以夏人情狀傳報朝廷事具悉卿嗣有封域世爲藩垣而能屢覘敵情密陳邊計嚮風助順益見忠勤宜示寵存載加勞賚今差禮賓使李宇供備庫副使王師忠充撫諭使副往彼撫問及面諭朝廷旨意

阿里骨檢校太尉依前河西節度仍舊西蕃邈川首領加恩制

門下朕祇率先猷肅恭毖祀爰用季仲之吉虔脩嚴父之祠迨此令時備成熙事內則臣工之顯相外則侯衛之綏和乃眷列藩宜推異數西蕃邈川首領河西軍節度涼州管內觀察處置押蕃落等使特進檢校太傅使持節涼州諸軍事涼州刺史上柱國寧塞郡開國公食邑六千戶食實封一千七百戶阿里骨夙明韜略世守封陲式遏種羌用謐寧於邊鄙屢陳貢篚效誠欵於中邦體茲恪勤益隆眷遇是用崇進本兵之秩敦陪真食之封於戲盛禮慶成顧湛恩之靡間藩維任重期諒節之益虔祇服恩榮愈懷惠廸可

西蕃首領隴拶河西節度制 元符三年三月

門下朕嗣國大統紹休前人表正萬邦內有不率外薄四海咸與惟新眷茲內附之藩厥有來降之長示之大信申以茂恩孚告治朝誕揚休命西蕃僞王隴拶襲承世裔擅有方隅偏師出疆舉國請命盡獻其地咸來于廷朕嘉其國人投戈內屬眷乃先世述職靡愆敦柔遠能邇之仁念推亡固存之義俾紹厥緒往卽乃封徹隴右之土疆付河東之旄節錫田敦賦開國啓封以示大公以安遐徼於戲纘乃舊服尙克紹於前脩作我新民其無蹈於後害欽予時命惟爾之休可特授河西節度使知鄯州軍州事

瞎征懷遠節度使制

門下。朕肇纘洪業。寵綏庶民。無有遐邇。罔不率俾。廼眷求降之國。時惟外屏之脅。申以至恩。告于列位。西蕃邈川首領河西節度使、檢校太傅瞎征。紹承先世。撫有西陲。早怙冒于王靈。久持循于侯度。修方惟謹。向化益虔。適裨將之乘邊。叫軍門而請命。盡率其衆。咸造惟新。授以命書。增其官秩。易茲旄節。敦厥邑封。於戲。俾此外庸。朕克承於前烈。勵其臣節。爾無失於後圖。尙既乃心。往祇厥服。可特授依前檢校太傅、懷遠軍節度使、琳州刺史。

瞎里結等拜官制

勑。大首領瞎里結等。河隴諸郡。皆漢遺民。慕義而來。實自今始。爾等從其君長。咸造在廷。椎髻氈裘。改襲冠帶。嘉其忠順。超授王官。俾職儌以爲巡嚮風而表屬。服我新命。往圖報稱。可充本族都巡檢。

靑唐首領撒結逋厥雞歸順補內殿承制制　元符三年五月

勑。朕嘉遠人。欵塞歸誼。不有恩獎。何以懷徠。超授爾官。通籍殿內。其承朕命。尙一乃心。可

西蕃溪賒羅撒西平節度西蕃邈川首領制　崇寧元年十一月丙戌

門下。王者無外。夫何遠邇之殊。天下爲家。寧有戚疏之間。五方異俗。一視同仁。矧西土之舊蕃。寔零居之近塞。稱雄諸郡。繼踵有人。能慕義以歸心。宜告廷而錫命。西蕃溪賒羅撒。淵謀出衆。驚勇絕倫。義不擾邊。守箕裘之故業。忠於事上。走玉帛於中原。有勞我疆。自爾先世。比雖隔絕。終不變渝。皤然遠圖。寵以異數。惟湟中之奧壤。存漢氏之名城。建大將之旗。往當一面。持樂都之節。坐護諸羌。稱公渥洼。視秩空土。於戲。昔祖宗懋賞。山河之誓猶存。父子輸誠。鍾鼎之銘不墜。益勤偉績。尙有殊恩。可特授金紫光祿大夫、檢校司空、充西平軍節度使、西蕃邈川首領、上柱國。特封燉煌郡開國公。食邑五千戶。食實封五百戶。

諸蕃

安撫秦州蕃部尙波于詔　建隆三年六月丁未

朝廷置制邊防。撫寧部落。務令安集。豈有侵漁。比來秦州元設三寨。只要採斫材植。供億京師。雖在蕃漢之交。不妨牧放之利。汝等遮欄木栰。傷殺軍人。尋命使臣往彼和斷。近得高妨奏。汝等四十七人見已拘留聽候。奏汝等久懷忠順。謹守封陲。昨緣事出於一時。致此紛擾。朕料汝等必悔前非。宜示懷柔。各從寬宥。今賜汝等錦袍銀帶。至可領也。已除節度使吳延祚往伸安撫。仍令還汝等舊地。各歸本族。共體深恩。如或更敢犯邊。當議盡加誅滅。

山後兩林蠻王歸德將軍勿尼等進官制　太平興國三年九月己酉

山後兩林蠻王歸德將軍勿尼、懷化將軍勿兒等．克慕聲名．遠修職貢．宜賜天朝之命．俾爲夷落之榮．勿尼可特授歸德大將軍．勿兒可特授懷化大將軍．

沙州曹延祿拜官制 太平興國五年四月丁丑

王者推赤心以待人．修文德以柔遠．矧河隍奧壤．久漏於皇風．疆場多虞．尙勤於戎索．乃有輸誠而內附．所宜加等以推恩．權歸義軍節度兵馬留後、金紫光祿大夫、檢校司空、兼御史大夫、上柱國、譙郡男曹延祿．義勇立身．忠貞挺志．奕世統臨於沙漠．乃心傾向於闕庭．奉正朔以惟恭．修職貢而不怠．純誠益著．茂典猶稽．宜加節制之名．以重蕃宣之寄．可檢校太保、沙州刺史、充義勇軍節度使、瓜沙等州觀察處置營田押蕃落等使．

討契丹諭烏舍城浮渝府渤海府主應王師詔 太平興國六年七月丙午

朕奄有萬邦．光被四表．無遠弗屆．無思不服．惟契丹強悍．介于北荒．糾合姦兇．侵擾邊鄙．朕昨提銳旅．往殄幷門．而契丹舉國興師．犯關爲寇．疆吏來告．我伐用張．於涿鹿之墟．破其十萬餘衆．斬首數萬級．奪車帳萬餘乘．今國家將席卷乘勝．長驅深入．取碣石之舊壤．□□□□□□□□□□□□聞爾渤海國爰從前代．本是大藩．近年以來．頗爲契丹所制．侵漁爾封略．塗炭爾人民．無協比之思．有幷吞之志．朕聞汝迫於□□．屈膝事之．讒慝滋多．誅求無厭．雖欲報怨．力且不能．今靈旗破敵之秋．是汝國復讎之日．所宜盡率部旅．來應王師．俟逆黨剪．正當大行封賞．□□□□入於朝廷．朔漠之外．悉以與汝．想能效順．朕不食言．今遣使諭意．

答安定國公烏元明璽書 太平興國六年十一月甲辰

制誥安定國公烏元明．女直使至．得所上表．以朕常賜手詔諭旨．且陳感激．卿列國遠裔．名王茂緒．奄有馬韓之地．介乎鯨海之隅．爲□□之所侵．棄本土而逃難．沉冤未報．積憤莫伸．矧彼□□．尙搖蠆毒．□遣王師而薄伐．況又天灾之流行．敗衄相尋．滅亡可待．今國家已於邊郡廣屯重兵．只俟窮冬．卽行天討．卿若能刷累世之恥．興舉國之師．當予伐罪之秋．是汝復讎之日．朔漠底定．爵賞大行．宜思永圖．無自安便．矧又渤海願歸於皇化．扶餘已背於敵庭．激勵其心．糾合其力．指期同舉．必集大勳．勉効純誠．勿辜前志．重溟所阻．遣使未遑．眷想之懷．鑒寐無捨．

賜潘羅支詔 景德元年六月己卯

渭州引送卿凡邦逋支幷敎練使楊超到京．覽卿等蕃書奏狀．言去年十二月二十八日與李繼遷鬭敵．大叚殺下蕃賊．卻被賊人劫去牌印官告衣服器械等．再乞頒賜．幷望差築城人給畚鍤．令使臣到彼．其隔過遷賊處人卻投來者．並乞押來．其進奉馬價乞支絹等事．並已依奏．別降宜命指揮．卿忠順朝廷．保芘部族．誓殺兇狂之黨．益堅臣子之心．遠率種人．同拒賊黨．戰鬭斯久．殺獲頗多．每念爾誠．不忘朕意．此外卿所奏欲取七月共回鶻幷六合蕃部．宜往賀蘭山掩殺賊衆．乞大兵來靈州會合．管殺遷賊者．朝廷近知繼遷已死．未經殯葬．所以未欲討除．今卿等既領師徒．遠平讎敵．免為後患。甚是良圖。所乞會兵。卽緣地理稍遙。月日未定。今朝議候卿等才集諸族人馬。起離西京。卽差心腹人走馬齎文字報涇原鎮戎軍部署司。已令至時不候朝旨。率兵前進。直至鹹泊蕭關天都山已來。牽制賊徒。伏截道路。賊界定須兩面救應。如此邀擊。必可成功。彼中諸事。更切審詳。佇靜邊陲。永保富貴。

潘羅支追封武威郡王制 景祐元年十月丁酉

將帥守方。忠賢盡瘁。屬其殂謝。必有追榮。故西涼府六谷都大首領、朔方軍節度、靈州管內觀察處置營田押蕃落等使、靈州西面緣邊都大巡檢使潘羅支。生于西陲。蔚有異稟。率其種族。扞我邊防。効鞮譯以貢珍。寔堅誠欵。裂藩垣而胙土。頗極恩徽。遽此淪亡。寔增憫悼。宜加異數。用獎忠魂。可追封武威郡王。

厮鐸督朔方節度制 景德元年十月癸卯

河湟右地。朔漢奧區。襟帶華裔。湾捍王國。眷懷邦傑。以續舊勳。厮鐸督、唯爾之兄。素傾誠□。保封疆而不聳。奉正朔以惟寅。式遏外虞。勤宣乃力。固已錫之車服。寵以麾幢。俾翰塞垣。式康部落。遽茲徂謝。彌用盡傷。唯爾棣萼聯華。金行稟氣。善膺顧託。頗震威名。宜陟帥壇。嗣專方伯。侯氏之職。盡以授之。期著茂勳。光于舊服。長撫西夏。為吾信臣。可金紫光祿大夫、檢校太尉、靈州刺史、充朔方軍節度、靈州管內觀察處置營田押蕃落等使、兼靈州西面緣邊都大巡檢使、西涼府六谷都大首領、封西平郡開國侯、食邑一千戶、□□□□命用伸眷倚。

賜甘州回紇天聖五年厤日勅書

皇帝舅、問甘州回紇外甥、歸忠保順可汗王夜落隔。國家奉若上穹。修明舊典。命清臺而候氣。布元厤以授時。卿雄略挺生。純誠克茂。控臨河塞。就望闕庭。式遵頒朔之規。聿洽同文之化。體茲朝獎。祇率國章。今賜卿天聖五年厤日一卷。至可領也。

甘州外甥回紇可汗王夜落隔可特進懷寧順化可汗王制

勅。王者孝治萬方。蓋重展親之典。恩加羣后。務昭崇德之規。矧在吾甥。久綏遠略。特舉褒優之命。用伸眷倚之恩。具官某。茂烈傳家。英威服衆。智慮深邃。詳練於武經。志略貞方。克敦於臣節。而自撫臨西夏。屏翰中原。允彰保塞之勳。特茂勤王之業。仍遠修於職貢。用愈見於忠誠。寔簡朕心。特隆朝獎。進褒功之懿號。兼馭貴之榮階。負越等威。用旌忠毅。噫。山河誓寵。朕罔吝於推恩。金石盟心。爾無忘於報國。終始惟一。永保令名。可特進懷寧順化可汗王。

趙懷德加恩制

門下。朕嚴恭以嗣厤服。祇威以典神天。蔵事國陽。迎釐帝所。布濩無方之澤。鋪昭有永之圖。渙發龍光。疇嘉忠勩。河西軍節度、涼州管內觀察處置等使持節涼州諸軍事、涼州刺史、上柱國、武威郡開國公、食邑二千戸、食實封五百戸趙懷德。氣剛而果。謀順而臧。夙向日以傾誠。爰欵關而來享。虔共王命。信侔金石之堅。膺受師符。寵有節旄之寄。屬肇禋之迄禮。播顯號以疏恩。增衍本封。併隆異數。于以示朝廷之勸。豈徒爲臣眾之榮。於戲。敷錫厖鴻。從灑春容之澤。恪遵明命。更輸忠悃之誠。益殫厥猷。於是爲稱。可特授依前持節涼州諸軍事、涼州刺史、充河西軍節度、涼州管內觀察處置等使、加食邑五百戸、食實封貳百戸、勳封如故。

趙懷德贈開府儀同三司追封懷化郡王制

門下。齋壇登拜。生而極體貌之隆。密印追封。殁則致哀榮之備。膺茲異數。屬我信臣。雄武軍節度使、檢校司徒、順□郡王趙懷德。性禀忠醇。氣資沈鷙。擅額當之勇。而志慕中國。礪日磾之節。而名聞外庭。奉國籍以欵關。蚤承殊睠。練韜鈐而捍塞。久賴壯猷。遽覽訃音。申加贈典。進視宰司之重。就更王爵之崇。併錫恩榮。益彰悼念。九原光寵。豈徒依賁於英魄。萬里風聲。庶用招懷於獷俗。體予至意。尚克歆承。可特贈開府儀同三司、追封懷化郡王。餘如故。

賜于闐國砑鱗黑汗王進奉勅書

勅于闐國砑鱗黑汗王。省所差人進奉馬一疋、金五十斤、玉鞦轡一副、胡錦一十八段事。具悉。卿介居藩服。馳望闕庭。露函奏以致誠。出方奇而底貢。眷惟來享。良紉嚮風。仍傳象譯之言。願覩使華之盛。須期通道。始議遣行。載念恭勤。殊深嘉歎。所進到物色。今回賜卿錢二百貫文。其馬一疋十貫文。以浙絹充。兼別賜卿國信物。對衣金腰帶銀器衣著等。具如別錄。並交付差來首領尹納祝等。至可領也。所將到蕃書文字。譯得乞差人般赴本圖候通路行日。相度遣使。故茲示諭。想宜知悉。夏熱。卿比平安好。遣書不多及。

賜于闐國黑汗王進賀登位勅書 元祐

勅于闐國黑汗王。省所差人進奉賀登位事。具悉。卿守藩西極。慕義中華。遠聞踐祚之新。來致梯山之貢。眷言忠恪。良用歎咨。回賜卿銀 下闕 具如別錄。想宜知悉。

同前

勅于闐國黑汗王。省所差來進奉使阿保星進到眞珠等事。卿遠馳專使。來效貢琛。載詳象譯之言。深亮勤王之意。益隆褒賜。以答忠誠。今因阿保星回。賜卿銀絹。其所差來人亦各賜衣帶等。想宜知悉。

賜西南羅蕃進奉勅書

勅何以用、省所附硃砂一裹、氈一領、馬一疋事。具悉。汝世爲要服。時欵塞垣。志慕華風。來修職貢。載惟忠恪。良用歎咨。今回賜紅中錦夾旋襴一領。八兩金渡銀腰帶一條。衣著一十疋。至可領也。故茲詔示。想宜知悉。秋冷。汝比好否。遣書指不多及。

賜溪洞蠻人彭元宗等進奉端午布勅書

勅彭元宗等。省所進端午節溪布三十疋事具悉。汝世居裔壤。心慕華風。來修任土之儀。遠效充廷之實。載惟勤悃。良用歎嘉。故茲示諭。想宜知悉。

賜溪洞彭儒武等進興龍節溪布勅書

勅彭元宗。省所進奉興龍節溪布三十六疋事。具悉。汝世能保境。志在觀光。遠修任土之宜。來備充庭之實。載惟忠恪。良極歎嘉。故茲詔示。想宜知悉。

宋大詔令集校記

行數均按每面二十二行標注，空行的標題，仍按滿版計算。

卷一校記

頁 行　　校　　記

一·六　「付予」冲人．鐵本原作「副予」．

三　享是「至休」．讀本作「丕休」．

二·八　「咸竭」乃誠．讀本原作「成竭」．

二　憂勤「日攬」於萬幾．鐵本原作「自攬」．

三·一　用「答揚」於先訓．鐵本作「答揚」．按「揚」爲「揚」之別體．以下不記．

五　「肆頒」在宥之恩．鐵本原作「肆頒」．

一九　惟受命以「纘戎」．鐵本原作「纘式」．

三　「志切」愛君．鐵本原作「志坊」．

四·六　「舊典垂鴻」．鐵本原作「舊興出鴻」．

七　當正陽「繞月」之辰乃「申徽」襲祥之日．讀本「繞月」作「統月」，「申徽」作「甲觀」．

三　「獲承」洪緒．兩本原作「獲成」．

四　亦以同「歡心」於萬國．兩本原作「觀心」．

卷二校記

五·一〇　賴宗社而「垂祐」．鐵本原作「乘祐」．

二　改開寶九年爲太平興國「元年」．鐵本原作太平興國「九年」．

一五　「敷佈」邦家．讀本原作「敷佑」．

三　「蜀主」暴興於狂孽．讀本原作「蜀土」．

七·三　「益用」媿懷．兩本原作「蓋用」．

同　重念「類甲」薦誠．兩本原作「類常」．

四　並「移就」二月一日．讀本原作「多就」．

二　然而豐澤「尙儆」．鐵本原作「尙偺」．

一八　式新「瑞曆」之授．讀本原作「端曆」．

八·一　「十室」而九．鐵本原作「卜室」．

一四　「駒景」俄遷於過隙．兩本原作「馭景」．

九·五　「申賜」無疆．鐵本原作「中賜」．書內「申」「中」二字自首至尾多互誤．以下不記．

八　「肇新」元統．兩本原作「肇親」．

一三　邊陲「妥安」．鐵本原作「安安」．

一四　「禾與芝」而並秀．兩本原作「未與芝」．

三　參萬歲以「成統」．讀本原作「純統」．

一〇·三　農「□」天下之本．兩本「農」下疑有漏字．加「□」以代之．

卷三校記

一一·八目下　應天「廣運」．兩本原作「廣德」．按文內作「廣運」．據改．

一〇　「□」思損抑以答天休．兩本原作思損抑．「思」上疑有漏字．加「□」以代之．

一四　此皆乾坤「垂祐」．鐵本原作「出祐」．

一三·四 秦稱「三五」之號．兩本原作「二五」．
一七 秘符「荐降」．鐵本原作「眘降」．
一九 垂世祚於「無疆」．鐵本作「無彊」．按「疆」「彊」通．書內二字自首至尾互用．以下不記．
二二 崇二聖「配侑」之儀．兩本原作「配循」．
一三·八 答圜丘之「垂貺」．兩本原作「並貺」．
一六 「所請」宜允．鐵本原作「所謂」．
一四·六 獲伸「□克」之懷「自令」中外所上表章．讀本作「克□」．兩本原作「目令」．
一三 「官修」其次．兩本原作「宦修」．
一六 「精忠」屢申．讀本原作「精志」．

卷四校記

一五·一三 非「大饗」羣臣．鐵本作「大嚮」．按「饗」「嚮」通．書內二字互用．以下不記．
一三 民或「闕食」．鐵本原作「闘食」．
一五 「□」難於克讓．兩本「難」上疑有漏字．加「□」以代之．
一六·四 「抑又」何加．鐵本原作「抑文」．
一二 「歷日」未長．讀本原作「爲日」．
一七·四 然文「溢美」者未易承也．兩本原作「滋美」．
九目下 「奉天」．兩本原作「奉元」．
一八·四 再陳「囊封」．鐵本原作「囊對」．
一四 惟義理「是悅」．兩本原作「之悅」．
一七目下 「奉天」憲古．兩本原作「奉元」．

卷五校記

二〇·一五 風華「不競」．兩本自首至尾「競」多作「兢」．按「兢」「競」通．以下不記．
一三 「謹奉」玉冊玉寶上尊號曰．兩本原作「謹上」．按書內多作奉……上……．據改．
二一·三 「趙普」．鐵本原作「趙晉」．
八 「群心懇至」．兩本原作「詳心懇倒」．
一三 「奄有」萬國．兩本原作「奄茲」．
一四 不勞「折簡」之召．鐵本原作「拚簡」．
一五 瞻望「清光」．鐵本原作「濟光」．
一六 燭「萬寓」以明．鐵本原作「萬寓」，書內「寓」多誤作「寓」．以下不記．
同 「底定」以武．兩本原作「底之」．
二二·一〇 所以「勸崇」垂鴻．兩本原作「勤崇」．
二三·二 「郡」縣官吏．兩本「郡」多作「群」．按二字古通．書內自首至尾互用．以下不記。
六 舉漢祠之合「祛」．鐵本作「袪」．按「祛」古無．詩今作「袪」．石經從衣．書內二字互用．以下不記．
七 「睢陽」按蹕．兩本作「雎陽」．書內「睢」「雎」「雎」三字多雜誤．以下不記．

卷六校記

二四·一三 「卑服」彰乎克儉．鐵本原作「畀服」．
一五 薦冊「泰館」．兩本原作「恭館」．書內「恭」「泰」二字多互誤，以下不記．

二〇　「抗封」五上．鐵本原作「抗對」．
二二　所以「刑」萬方也．書內鐵本大都作「刑」，讀本大都作「形」．一本之內．二字併多互用．按「刑」「形」古通．以下不記．
二五·三　內平外成．鐵本「內」下多「外」．
四　「烜赫」於無窮．兩本原作「煊共」．「共」疑爲「㷅」「烾」之誤．按「㷅」「烾」爲「赫」之別體．書內多誤．以下不記．
七　于是彤庭文武之「烈」．書內「烈」「列」互用．按二字古通．以下不記．
一六　「逮乎」繩契之際．讀本原作「逮于」．
同　「放勛」重華．鐵本原作「族勛」．
二六·五目　孝德皇帝冊「文」．鐵本無「文」．
七　清河郡開「國」公．兩本漏「國」．
同　率內外文武「官弁」．鐵本原作「官并」．
八　「番」夷酋長．兩本「蕃」「藩」「番」雜用．按三字古通．以下不記．
九　既以本顧諟「之旨」．兩本原作「之自」．
一〇　「雷動」淵默．兩本原作「雷勳」．
一五　「洎」千夫百夫「之」長．書內「洎」多作「泊」．以下不記．兩本「夫」下疑脫漏「之」字．
一八　「伏惟陛下」．兩本倒作「陛下伏惟」．
二三　然「百辟」之衆．兩本原作「巨辟」．
二七·三　「奉養」長樂．讀本倒作「養奉」．
同　而「頹墜」皆舉．鐵本原作「顏墜」．

卷七校記

二八·九　盡忠「翊贊」．鐵本原作「翊替」．
二目下　天禧五年正月十「□」日．鐵本「十」下空格．
三〇·一　「適臨」庶務．鐵本原作「逾臨」．
九　「咨」爾中外．兩本漏「咨」．
三一·一四　「不召」而至．兩本原作「不名」．
二二　陳橋有「切諫」之言．鐵本原作「功諫」．書內「功」「切」二字多互誤．以下不記．
三三·一　「帝赫斯怒」．兩本原作「帝共期怒」．
三　「歲無」虛月．兩本原作「府無」．
六　「菅蒯」不棄．兩本原作「管蒯」．
七　「納隍」之言遠也．鐵本原作「約隍」．
一三　總「漢唐」之雄盛．兩本倒作「唐漢」．

卷八校記

三三·一九　皇家「多懽」．兩本原作「多懼」．
三四·二目　仁宗「謚議」．兩本原作「謚號」．
七　「減常賦」．鐵本原作「滅常賦」．
一三　念土木「之費」．兩本原作「之廢」．
一四　方將「勤鴻休」．兩本原作「勸鴻休」．
一六　「□」丕稱．兩本上句作飭舊典．「丕」上疑有漏字．加「□」以代之．
一七　惟「宗廟」之奉．鐵本原作「宋廟」．
二〇　「將天之所啓」．兩本原作「將天下之啓」．
三五·八　「喜」老氏之清淨則樂行其道．鐵本「老」上漏

「喜」、「則」上多「樂」。
九　器服「纔具」。兩本原作「纔其」。書內「具」「其」「某」三字多互誤。以下不記。
一二　賑卹「乏絕」。兩本原作「之絕」。
一三　「於萬斯年」。兩本倒作「於斯萬年」。
一六　剛德克就日肅。「剛德」二字，鐵本大半缺脫不可識。
一九　是故繼「韶夏」。兩本原作「昭夏」。按下文作「韶夏」，據改。
三六・一　夫人君之德「□天」。兩本原作「□夫」。按書內「天」「夫」二字多互誤。以下不記。
三　「成萬世」無疆之大業。鐵本原作「戚萬世」。
同　「不敢」專也。讀本原作「下敢」。
七　及「大行」踐阼。鐵本原作「夫行」。按書內「大」「夫」二字多互誤。以下不記。
一三　其「拔士」也　兩本原作「技士」。
一八　而不以「黷武事」。兩本原作「覿武事」。
同　婉辭「飭」幣。讀本作「飾」。兩本間亦作「飭」。按「飭」爲「飭」之別體。「飭」「飾」古通。書內自首至尾三字雜用。以下不記。
三七・五　此道與名「之常」也。讀本原作「之帝」。
二　動而「不捨」。兩本原作「不括」。
一三　「取舍」之際。鐵本原作「取含」。
一五　十有六年。鐵本「十」下多「十」。
同　左袵「之俗」。鐵本原作「之裕」。

卷九校記

三八・九　謹再拜稽首上言「曰」。讀本脫漏「曰」字。
一〇　虔舉「易名」之典。鐵本原作「易召」。
一三　相繼「面縛」。鐵本原作「而縛」。
一五　謹遣攝太尉「皇弟」。兩本原作「皇帝」。
同　兼「歸德」管內河隄等使。兩本原作「功德」。
一八目　「太宗」謚冊。鐵本原作「太祖」。
三　「鑿首」貫胸之類。鐵本原作「鬡首」。
三九・三　「禺卭」博臨。鐵本原作「禺印」。
一三　同「姬王」之抑畏。兩本原作「姬主」。
同　「勸軫」幽隱。鐵本原作「勸於」。
一四　述教條以易郡國「之吏」。鐵本原作「之史」。書內「吏」「史」二字多互誤。以下不記。
四〇・三　載登「元良」。讀本原作「元艮」。
四　四表覆盂而「安乂」。鐵本原作「安人」。
八　「採山」抵禁論者「日報」。兩本原作「摘山」「曰報」。
九　遂止深入「之伐」。兩本原作「之代」。
四一・三　「拔於」未顯。兩本原作「技於」。
六　文告而「伏」「臯」。「伏」，兩本原作「快」；「臯」，鐵本原作「皐」。
四三・二　大功逾於「數千」。讀本原作「數十」。
三　「辟廱」明堂。兩本「廱」「癰」雜用。按「癰」爲「廱」之別體。以下不記。
四　「當斯時也」。兩本錯倒爲「當時斯也」。
五　以謂移御「上宮」。兩本原作「上官」。書內「宮」「官」

二字自首至尾多互誤.以下不記.

一三 寔在「幼冲」「委政」簾幃. 讀本原作「物冲」.鐵本原作「委致」.

一五 申嚴制度.「□□」典刑. 兩本「典刑」上漏二字.加「□□」以代之.

同 振肅「媮惰」. 兩本原作「媮惰」.

一六 終始「不疑」. 鐵本作「不凝」.按「疑」通「凝」. 書內「疑」「凝」二字多互用.以下不記.

一八 「載收」館御圖像之容. 鐵本原作「載牧」.書內「收」「牧」二字多互誤.以下不記.

一九 則「輝泪」歔欷. 讀本作「揮泪」.按「揮」本亦作「輝」.

三 從官「暬御」. 兩本原作「褻御」.

同 釋逋「□」以惠疲瘵. 「以」上兩本疑漏一字.加「□」以代之.

四三·三 實惟舊典. 鐵本原作「寳惟」.

四 謹「遺攝」太尉. 兩本原作「遺攝」.

卷十校記

四四·一〇 「宿仗」初辭於北闕. 兩本原作「宿伏」.書內「仗」「伏」二字多互誤.以下不記.

三 俾毓「黔黎」. 鐵本原作「黔藜」.

四 「潞寇」既夷. 鐵本原作「潞冠」.

一六 湖湘「既殄」. 鐵本原作「此殄」.

一七 方篆玉以「紀績」. 兩本原作「紀續」.

一九 何九齡之「夢兮」杳絕. 兩本原作「夢子」.書內「兮」多誤作「予」.以下不記.

二〇 陪鶴馭於「緱嶺」. 鐵本原作「維嶺」.

三 初啓「櫕塗」. 兩本原作「殯塗」.「殯」或爲「櫕」之誤.按「櫕」同「欑」.

五 先制「姦宄」. 讀本作「姦究」.按「宄」「究」通.書內自首至尾二字互用.以下不記.

七 「一耕」帝籍. 兩本原作「一耤」.

八 草隸「垂乎」世範. 讀本原作「垂于」.

一〇 百姓「摧心」. 鐵本原作「權心」.

同 「訴上元」而永訣. 讀本原作「訢上元」.鐵本原作「訢圭元」.

一六 三月「庚午」朔. 鐵本原作「戊午」. 讀本原作「戊午」.查朔閏表爲「庚午」.據改.

三 「爰開」三面「育此」黎元. 鐵本原作「爰聞」.兩本原作「有此」.

同 「端拱」穆清. 鐵本原作「瑞拱」.

四六·三 「汗簡」光華. 鐵本原作「汙簡」.

五 溫麥兩「岐」. 書內「歧」「岐」互用.按六朝別體山止不分.以下不記.

六 「風占」寰海. 鐵本原作「風古」.

一七 「底定」四方. 兩本原作「底之」.

一八 「來綏」下土. 兩本原作「來綏」.

同 「匕啚」是主. 兩本原作「巳啚」.

三 「了無」文綺. 鐵本原作「子無」.

四七·三 前世「令主」. 兩本原作「令王」.

九 卷晴霓於「丹旐」. 鐵本原作「升旐」.

一〇　萬歲之聲「何閔」．兩本原作「何閿」．
一一　其間治亂以「相駁」．讀本原作「相馭」．
一五　有衣冠之「葬焉」．鐵本原作「葬爲」．
一六　惟宋「之典」．讀本作「之鼎」．
四八·三　柰何「歲甫經」於再閏．兩本原作「歲俯經」．
同　興符「有開」．兩本原作「有聞」．
一三　「降王」四至．讀本原作「降玉」．書內「王」「玉」二字自首至尾多互誤．以下不記．
一七　迺作「原廟」．兩本原作「厚廟」．
二〇　「眄彼」洛水．兩本原作「沔彼」．
四九·一　徒望鼎湖之「晻靄」．鐵本作「晻溫」．讀本作「晻溢」．疑爲「晻靄」之誤．按漢書禮樂志作「晻靄」．
二　「晝漏」上兮燎火微……駕「金根」兮載龍旂．兩本原作「畫漏」．鐵本原作「企根」．
七　維元符三年……止月「戊辰」朔．兩本原作「戊寅」．查朔閏表作「戊辰」．據改．
八　二儀改色以「雲愁」．鐵本原作「雲慈」．
一三　深察「朋比」．讀本原作「明比」．
一四　莫不「懋忒」．兩本原作「僭忒」．
一七　「剌經」考古．鐵本原作「利經」．
一九　請降「納土」靈臺「頒偃伯」之詔．兩本原作「納上」．鐵本原作「頒偃伯」．
二二　遺黃屋於人世……喪仗列素簫笳薦悲．鐵本原作「道黃屋」．兩本原作「例素」．鐵本原作「薦韭」．
二三　祖於廷兮「路軑」……傃幽「室兮」不還．讀本原作「路較」．兩本原作「室于」．
二三　「亙」億世而不騫．「亙」．鐵本原作「且」．讀本作「亘」．

卷十一校記

五〇·三　食邑「二千」八百戶．鐵本原作「二十」．
五一·二　又欽承撫誨之「巨賜」．兩本原作「臣賜」．
九　付之「大器」．兩本原作「大區」．
同　「綏靖」中外．兩本原作「纓靖」．
一八　「素魄舒生」．兩本倒作「素舒魄生」．
五二·三　候過「人」諒闇．讀本無「人」字．
九　目「以早」罷受冊禮詔．兩本原作「以早」．
一五　「叶助」政綱．兩本原作「什助」．
五三·一　非恐懼「修省」．讀本原作「修者」．
五　「以闕」計員至相「倍蓰」．兩本作「以闞」．按「闞」爲「闕」之俗體．並作「倍□」．
一五　「託于」王公之上．鐵本原作「記于」．
一九　共增吉禱「庶機中外均被餘禧」．「庶」以下八字鐵本脫漏．
五四·二　覬獲痊平之報．兩本「平」下多「日」．
四　「按堵」無事．兩本原作「按以」．
五　「俾求」休應．兩本原作「傳求」．
一六　未嘗以一物「徇于」己私．鐵本原作「循于」．
二〇　「其」餘官臨于宮門外．鐵本「其」上多「而」．

卷十二校記

五六·三　猶且流聲「雅頌」……不其「狹隘」．鐵本原作「推頌」．「孩歟」．
四　是宜爲「宋文母」．鐵本原作「朱文母」．
一六　以推隆乎「先后」．讀本作「元后」．
同　相踵而不「戒者」．讀本原作「戒首」．
一七　有「以恩」入官者實繁．讀本原作「以思」．書內「恩」「思」二字自首至尾多互誤．以下不記．
一九　咸以抑畏「退藏」．兩本原作「追藏」．
二〇　「研極」論相．讀本原作「硏極」．
二二　「咸得」以程大猷．兩本原作「或得」．
五七・一三　「蓋休烈」盛美．兩本原作「著休烈」．
一五　夙夜「警戒」．鐵本原作「警或」．
一九　「不圖」邦釁上延．兩本原作「小國」．
二二　永配「廟祏」．兩本原作「廟祐」．書內「祐」「祏」二字自首至尾多互誤．以下不記．
五八・四　時則「武烈」參定大計．兩本倒作「烈武」．
六　帷幄「既施」．鐵本原作「甈施」．
一四　未知「攸濟」．兩本原作「散濟」．
五九・三　「賛□禁中」．兩本倒作「賛禁中□」．
五　造金僊之「妙旨」．兩本原作「妙吉」．
六　漠無「所」見．兩本「無」下疑脫「所」字．
八　轉五路於「西堈」．鐵本原作「西坰」．
九　拂「曉風」兮泣長御．兩本原作「曉几」．
一二　四日「己卯」．兩本原作「己外」．
同　「旋殯于」崇慶殿之西階．兩本原作「施殯于」．
一三　「□」□帟空．兩本「帟」上原有一「□」．以對偶言．疑漏二字．再加一「□」以代之．

同　「雲」似郤以復凝．讀本「雲」上多「□」．刪．
六　「寖隆」且昌．兩本原作「寢隆」．書內自首至尾「寖」多誤作「寢」．以下不記．
三　山川已「兆于」貞宅．鐵本原作「兆十」．
同　玉晦「龍蟄」．兩本原作「龍勢」．
同　寶座「閉兮」唯朝于百神．兩本原作「閉方」．

卷十三校記

六一・二　「候追冊」四親廟畢．鐵本原作「侯追冊」．按「候」「侯」二字自首至尾多互誤．以下不記．
六二・一　克相儀于「椒掖」．鐵本原作「淑掖」．
一〇　賴「宗祏」之降祥．讀本原作「宗佑」．
一三　況欽聞于「顧命」．讀本原作「顔命」．
六三・六　其合「行」冊禮．鐵本漏「行」．
八　奉「愛同」之遺訓．兩本原作「受同」．
六四・三　「俗袪」奇袤……拔其「癘疵」．兩本原作「俗法」．「癘疵」．
六五・三　切訂「茂實」．兩本原作「茂寶」．
一六　「惟末」小子．鐵本原作「惟未」．書內「末」「未」二字自首至尾多互誤．以下不記．

卷十四校記

六七・一三　況在「寡德」．兩本原作「宣德」．
一三　「顧予」非躬……五内「傷摧」．鐵本原作「願予」．「傷推」．書內「顧」「願」、「摧」「推」多互誤．以下不記．
六八・一 目下　乾興元年二月．鐵本附于文末．第三目下七月二十三日同．
二　每于宮掖詳覽「奏封」．鐵本原作「奏對」．
六九·二　累申「還辟」之文．兩本原作「遷辟」。
五　今日「聖」躬已「安好」．讀本聖作「□」．兩本原作「安如」．
七　夙夜「精勤」．讀本作「積勤」。
同　「德盛」母儀．兩本原作「德聖」．
七〇·六　猶闕「奉觴」之地．兩本原作「奏觴」．
一〇　不得取便于「內中」交雜往還．讀本作「內外」．
一九　俯徇「誠請」．兩本原作「誠情」．
七一·三　雖晨夕「左右」．兩本原作「□右」．
七二·四　「鍼石」備至．兩本原作「鍼日」．
二　皇帝「成服」之後．鐵本原作「衣服」．
同　十三日「而」除．兩本「日」下疑脫「而」字．
七三·三　仍「追尊」故皇太妃爲太后．鐵本作「追遵」．按「尊」「遵」古通．

卷十五校記

七五·八　溫柔聖善曰懿．兩本懿下多「皇太后」三字．刪．
一二　在昔永定「登眞」．讀本原作「登直」．
一八　修明「閫儀」．讀本作「壼儀」．
七七·一七　「祼薦」有序．鐵本原作「裸薦」．
七八·一　目　欽慈皇太后謚冊．鐵本無「太」．冊下有「文」．從讀本．
七　始因山而「戒且」．鐵本原作「戒旦」．讀本原作「戒具」．

一〇　配天「無疆」．讀本作「無極」．
一六　協相「椒闈」．兩本原作「淑闈」．

卷十六校記

七九·一五　疑「陰隲」以難憑．兩本原作「陰隙」
一七　「訪鼓瑟」之湘妃．鐵本原作「妨鼓瑟」．
二〇　九重「天高」以如慕．兩本原作「天室」．
八〇·二　「居玩」圖史．鐵本原作「后玩」．
四　脂澤「增感」．兩本原作「增盛」．
五　帝母「之」尊兮斯至．兩本疑漏「之」字．
一〇　「沼沚」必循．兩本原作「治沚」．
同　正名「宮闈」．讀本原作「宮壼」．
三　「風虛」內薄「氷霰」陰凝．兩本原作「風靈」．「永霰」．
同　戚里「悲摧」國族「悽愴」．鐵本作「悲催」「捿愴」．按「摧」「催」古通．書內二字互用．以下不記．
一三　「五靈」獻兆．兩本原作「王靈」．
一四　「鸞輅」返兮神駕收．兩本原作「鑿輅」．
一八　啓「櫕」塗于祕殿．兩本原作「殯」．見卷十記．
二〇　「捫宵」協夢．鐵本作「捫霄」．按「霄」「宵」通．書內自首至尾二字互用．以下不記．
同　「占麓契祥」．兩本錯倒爲「占契麓祥」．
八一·一　「歲痛」蠲釋．兩本原作「歳痛」．
二　積焦勞之「弗」豫兮．兩本疑漏「弗」字．
三　發緒言之「不佚」兮．兩本原作「不跌」．
八　「五」日丁酉．兩本「五」上有「初」．依上下文刪．

一〇　「函關」紫氣．兩本原作「函閣」．

八三·六　總惟掩兮「晝閴」．鐵本原作「盡閴」．讀本原作「晝閴」．

九目　欽聖憲肅皇「太」后哀冊．兩本無「太」．依文加．鐵本「冊」下有「文」．依上下目刪．

一五　旃檀「薝蔔」．鐵本作「簷蔔」．

一八　譬如「娥皇」．讀本作「媯皇」．

同　滉漾「澡滌」．兩本原作「澡滫」．

三　諸書「過眼」．兩本原作「過服」．

八三·五　孝子嗣「皇帝」臣某．兩本原作「皇家」．

八　彤管「有煒」．讀本原作「右煒」．

同　履敏「延祥」．兩本原作「庭祥」．

一〇　胡「畀年」而不永．兩本原作「卑年」．

一二　「衡總」晦采．兩本原作「衘總」．

一三　允尊「皇儷」．兩本原作「皇孋」．

一三　「乘輿」親謁．鐵本原作「來輿」．

一四　「龍輴」兮莫駐．兩本倒作「輴龍」．

同　盛夏「徂兮」不復春．鐵本原作「祖兮」．

八四·二　陵寢盤兮「空曲」．讀本原作「空由」．

卷十七校記

八六·二　「率茲」舊章報昊下之「罔極」．兩本倒作「茲率」並作「恩極」．

六目下　元符「三年」．兩本作元符「二年」．見八七頁六行元符三年條．

八　申崇「位序」．讀本作「位敍」．

二　「欽成」皇太后深所付託．兩本原作「欽深」．

一三　而稱朕「友恭」之意．兩本原作「有恭」．

一九　遂揚「末命」．兩本原作「□命」．

二二　既用命已加于「獻愍」．兩本原作「獻恣」．書內「愍」多誤作「恣」．以下不記．

八七·六　良用「憮然」．讀本原作「憮無」．

同　其元符「三年」五月十一日指揮．按八六頁六行題下．原作元符「二年」五月丁丑．查朔閏表「二年」五月癸卯朔無丁丑．「三年」五月丁卯朔．十一爲丁丑．與此句月日符合．「二年」應爲「三年」之誤．

卷十八校記

八八·一〇　椒掖「猶虛」．兩本原作「循虛」．

一五　服阿保之「箴誡」．讀本原作「箴誠」

一九　王者法「軒星」之文．兩本倒作「星軒」．

八九·一五　識朝廷之「婦德」．兩本原作「婦傳」．

九〇·五　令有司「檢詳」典故以聞．讀本作「檢祥」．按「祥」通「詳」．書內二字互用．以下不記．

七　□禮經而必敍．讀本「禮」上有兩「□」．以上句六字言．似多一「□」．刪．

八　肅珩珮以「無聲」鑒「圖史」而有度．兩本原作「無譯」．鐵本原作「國史」．

一三　「勝衣」若干．兩本原作「服衣」．

一四　著爲「成式」．兩本原作「成戒」．

同　所以欽愼「大昏」．讀本作「大婚」．按「婚」同「昏」．

卷十九校記

九一·一九　近則德妃禮命「于」祥符之年．　鐵本漏「于」．
二〇　匪朕私恩．　兩本「恩」下多「之」．删．
九二·三　「兹爲」后矣．　兩本原作「慈爲」．
二〇　乃「稱」褕偶．　兩本多作俗體「稱」．以下不記．
九三·五　協諏穀旦．　鐵本「協」下多「謀」．
九　「愼考」典册．　兩本倒作「考愼」．
一三　爾亦預有無疆「之福」．　兩本原作「之禮」．
一六　有安正之美．　鐵本「之」下多「之」．
一七　「母臨」萬方．　讀本原爲「毋臨」．
一八　以穡事「爲本」．　讀本作「爲太」．
九四·二　「食」實封三千二百戶．　鐵本漏「食」．
同　食邑「三千」戶．　兩本原作「三百」．
三　「持節」册命爾爲皇后．　鐵本原作「指節」．
四　永綏「兆」民．　兩本原無「兆」字．
六　「各虔」厥事．　兩本原作「各處」．
八　上天右序「有」家．　鐵本漏「有」．
一〇　命爾翟衣「弁纚」．　兩本原作「弁孋」．

卷二十校記

九五·三　仰三省「樞密院」同定．　鐵本原作「摳密院」．
九六·七　追惟漢劍「之情」．　兩本原作「之清」．
三　載詢于「□」典．　兩本「典」上疑漏一字．加「□」以代之．
一四目下　「至道」元年．　兩本原作「至□」．
一七目　故美人張氏「特追册」爲皇后制．　讀本原作「時追册」．書內「特」「時」二字自首至尾多誤．以下不記．
一八　「念輔佐」之勤．　鐵本原作「令輔佐」．
同　膺八月之「上選」．　兩本原作「下選」．
九七·三　定循名數之「限」「恩」稱其義．　「限」「恩」二字．兩本顚倒．
九八·六　靈符告于「石宇」．　兩本原作「石字」．
九　「告于」宗廟．　兩本原作「告示」．
一八　「垂法象」于四星．　兩本倒作「法垂象」．
九九·七　疹痗「斯遘」．　讀本原作「期遘」．
一八　寅奉「皇姑」．　兩本原作「皇□」．
同　上食朝晡「□」待陰郭．　兩本「待」上疑漏一字．加「□」以代之．
同　嬪風載穆．　讀本「嬪」下多「□」．删．
三　「□」蘭宮兮女史．　鐵本漏「□」．
同　念「故劍」兮何時忘．　兩本原作「故歛兮」．
一〇〇·五　「殯于」皇儀殿之西階．　兩本原作「嬪于」．
七　珠皋挺秀．　鐵本挺下多「芳」．
同　「孕瑞」紫闈「來翔」秘宸．　兩本原作「乃瑞」．鐵本原作「采翔」．
一〇　日懷「乏應」．　鐵本原作「之應」．
一一　「柴燎」光斷．　兩本原作「榮燎」．

卷二十一校記

一〇四·八小標目　進拜「一」．　兩本原作進拜「上」．
一九目　「李氏」等順容制．　兩本兩目作「朱氏」．按文內作

「李氏」。宋會要輯稿亦作「李氏」。據改。
一〇五・七　典司「宸禁」。　兩本原作「震禁」。
同　「淑溫」居質。　鐵本原作「溆溫」。
一九　美人「張氏」。　鐵本原作「張人」。
一〇六・二　列妃「之崇」。　兩本原作「之宗」。
同　「姆訓」是承。　鐵本原作「坶訓」。
三　爰擧徽章。　鐵本「爰」下多「主」。
四　既「淸遠」而合雅。　鐵本原作「淆遠」。
七　載下紫芝「之煥」。　兩本原作「之渙」。
一四　「而論」九婦之禮。　兩本原作「而論」。

卷二十二校記

一〇七・三　目　婕妤「宋氏」。　讀本作「米氏」。
二〇　「式孚」渙號。　鐵本原作「式字」。書內「孚」「字」二字多誤。以下不記。
三　「綏御」邦家。　兩本原作「緩御」。
一〇八・七　目　賢妃朱氏「進位」德妃。　兩本無「位」。文內及前後各目均作「進位」。據加。
四　英皇「入嗣」。　兩本原作「入侍」。
同　「克陪祀」於燕禖。　兩本倒作「陪克祀」。
一八　嘗預「宸帷」之侍。　鐵本原作「宸惟」。
三　「邢氏」世系高華。　鐵本原作「邢民」。
一〇九・一　居「師」保阿之訓。　兩本「師」「帥」互用。按二字古通。以下不記。
四　而況擁佑聖躬。　兩本原作「聖賢」。
七　柔嘉「順淑」。　鐵本作「順叔」。按「淑」同「叔」。

三　益彰「彤管」之煒。　讀本倒作「管彤」。
一一〇・六　曩預宸闈之選。　鐵本「之」下多「侍」。
七　早占祥於「莞簟」。　兩本作「筦簟」。書內兩本多作「筦」。按金石文字竹艸不分。從竹之字多從艸。「莞」「筦」或得通用。以下不記。
三　具「官」某氏……勉稱「朕恩」。　兩本漏「官」。並作「服恩」。
一一一・二　「具官」某氏。　兩本原作「某官」。據以上各文加「具」「氏」二字。
同　侍朕纘圖。　讀本「侍」上多「侍」。
五　不可「戶曉」。　鐵本原作「尹曉」。
一六　非恩俾「遷焉」。　鐵本原作「遷馬」。

卷二十三校記

一一三・四　「世系」良顯。　兩本原作「世係」。
一七　□既錫羨于「爾躬」。　鐵本原作「爾窮」。
三　永綏「多祜」。　讀本原作「多祐」。書內「祜」「祐」二字自首至尾多互誤。以下不記。
一一四・七　「退有」含章之美。　鐵本原作「追有」。
八　熊夢獻占。　讀本「熊」下多「羆」。
九　朕亦奚勞於「思服」。　兩本原作「思古」。
一六　用嘉「蕃衍」之休。　鐵本原作「審衍」。
一七　益廣「天支」之慶。　兩本原作「天文」。
同　雖「典冊」之備膺。　鐵本原作「無冊」。
三　敢怠「導揚」之志。　兩本原作「遵揚」。
一一五・五　柔嘉「維則」……發祥「降嘏」。　鐵本原作「縱則」。

「降瑕」。
一四　夙贊「宸闈」之治。　鐵本原作「震闈」。

卷二十四校記

標目「妃嬪」四。　兩本作「嬪御」。按前三卷作「妃嬪」。據改。

二一六　一〇　顯仁德於嘉名。　兩本「嘉」下多「命」。
一三　稽叶「剛辰」。　兩本原作「□辰」。
一三　「顧史問詩」。　兩本原作「顧□□詩」。
一八　德「猶玉」而更溫。　兩本原作「猶正」。
二一七・二　「顧惟」四妃之列。　鐵本原作「顧推」。
三　「纂承」丕構。　兩本原作「纂大」。
一五　四月「□□」朔。　兩本「月」下原空脫二格。加「□□」以代之。
二一八・一七　存著「盛閥」。　鐵本原作「盛門」。
同　顧褒榮之「未稱」。　兩本原作「□稱」。
二二　「屬在」令人。　鐵本原作「爲在」。
同　國有舊典。　鐵本「有」下多「顧」。
二一九・九　庶以「答揚」先烈之餘「節惠」易名。　鐵本作「答楊」。按六朝別體，手木不分，書內「揚」「楊」互用，以下不記。鐵本並作「節意」。
一三　「選預」掖庭之良。　鐵本原作「進預」。
一九目下　內降箚子「係隨龍人」　讀本原作「孫隨龍人」。
二〇　所以隆「褒賁」之恩。　鐵本原作「褒貢」。
二二　尙其「營魂」。　兩本原作「榮魂」。
二二〇・四　誕推「渙渥」。　鐵本原作「渙涯」。

卷二十五校記

二二一・二〇　商周享國「千祀」。　鐵本原作「十祀」。
二二二・二　信爲「公論」。　兩本原作「公共」。
一三　宣德「守正」功臣。　鐵本原作「守王」。
一八目　立「皇」太子制。　兩本無「皇」。據文加。
二二三・五　不煩師傅之誨。　鐵本「誨」上原多「訓」。
二二　「立元良」之位。　兩本原作「王元良」。
二二四・三　有「先親」之古訓。　兩本原作「光親」。書內「先」「光」二字多互誤，以下不記。
四　純孝恭勤於「問豎」。　兩本原作「閭豎」。
一〇　肆顯業之丕發……「用覃」曠澤。　鐵本「顯」下多「柔」，並作「用軍」。
一一　夙詒「燕翼」之謀。　兩本原作「燕後」。
二二五・四　書社「南紀」。　兩本原作「南絕」。
二二六・七　惟「宗祏」之發祥。　兩本原作「宗佑」。
八　備對「壽街」。　鐵本原作「壽衝」。
一八　愼守「洪基」。　鐵本原作「供基」。
一九　顧惟「懇請」。　兩本原作「肯請」。
二〇　已降「俞音」。　兩本原爲「俞者」。
同　而「升儲」之典。　鐵本原作「升降」。
二二七・一　「博考」前聞。　兩本原作「博孝」。
三　「固詔諭」而甚至。　兩本原爲「回詔諭」。
九　「當遵」鴻典。　鐵本原作「雷遵」。
一六　欲避寵名。　鐵本「避」下多「奏」。
二二　「有秩」斯祜。　鐵本原作「有秩」。

一二八·四 益隆令望。 鐵本「望」上多「聞」.

一二九·二 累「朋從」而上表. 兩本原作「明從」.

八 目 答中書「樞」密院. 兩本疑脫「樞」字.

一三〇·四 宜侈「閎休」. 鐵本原作「門休」.

一六 「爰念」初詔. 兩本原作「原念」.

卷二十六校記

一三一· 小標目 皇子生「德音」. 兩本原作「霈音」. 按各文目作「德音」. 據改.

一六 「遞降」一等. 兩本原作「第降」.

一三二·九 今賜名曰「曙」. 讀本原作「睹」.

小標目 「進拜一」. 兩本原作「拜官一」. 按以下作「進拜」. 據改.

一三三·一 「渙名號」以褒能. 兩本原作「換名號」.

一三四·六 既著「于藩」之績. 讀本原作「干藩」. 書內自首至尾「于」「干」多互誤. 以下不記.

一二 詩書禮樂「之文」. 兩本原作「乏文」.

一七 「成固本」之義也. 兩本原作「咸固本」.

一三五·四 楚王元佐. 兩本「楚」下多「國」. 據文目刪.

一八 「行」壽州刺史. 兩本疑脫「行」字.

一三六·九 「尙書令」. 鐵本原作「尙書今」. 書內「令」「今」二字自首至尾多互誤. 以下不記.

同 詔書不名元佐. 兩本元佐下原有「楚王」二字. 按前行「上柱國」下已有「楚王」. 此應爲衍文. 刪.

三 可特授依前「天策」上將軍. 鐵本原作「大策」.

同 加食邑「二千戶」. 鐵本原作「二十戶」.

同 功臣「散官」勳如故. 鐵本原作「敢官」.

一六 誕「告」群司. 兩本疑脫「告」字.

一九 群品「式瞻」. 鐵本原作「或瞻」.

一三七·三 仍令所司「擇日」備禮冊命. 鐵本原作「擇自」.

四 「自臨」外屏. 讀本原作「目臨」.

六 行青州密州刺史. 兩本「行」上多「往」.

卷二十七校記

一三八·一三 矧別詔之「攸頒」. 鐵本原作「攸預」.

一四 明誠「樂易」介戩穀以「咸宜」. 鐵本原作「禦易」「成宜」.

三 表「國經」之異數. 鐵本原作「圓經」.

一三九·二 「仰稽」靈心. 鐵本原作「抑稽」.

四 載徹右淮「之土」. 兩本原作「之上」.

七 目 皇長子「仲銘」. 鐵本原爲「仲鉐」.

一〇 「曷廣」盤維之固……有「璧」假之近藩. 鐵本原爲「昌廣」. 書內「璧」「壁」互用. 按二字古通. 以下不記.

一三 仍賜崇仁保運「功」臣. 兩本疑脫「功」字.

一七 矧居「上嗣」之地. 兩本原作「王嗣」.

一九 仍令所司擇日備禮「策命」. 兩本原作「榮命」.

一四一·一 雅有智思「之文」. 兩本原作「之父」.

三 朕承景厤「之昌」. 讀本原作「之曷」.

同 姿函「岐嶷」. 兩本原作「奇嶷」.

二〇 珠源「毓粹」. 讀本作「玉粹」.

同 褒「優乎」命數之寵. 鐵本原作「擾乎」.

一四二·三 慈「衷」滋慰. 書內「衷」「忠」互用. 按「忠」通「中」.

八　「叓」亦通「中」．「忠」．「叓」古或通假．
三　聰哲「夙成」．兩本原作「肅成」．
一六　皇子价「性」岐嶷以天成．讀本「性」字空脫．
目　鄆州「管內」觀察處置河隄等使．鐵本原作「觀內」．
一七　眹「緬稽」天若．兩本原作「面稽」．
八　「植性」惇明．鐵本原作「值性」．
三　宅乾坤「之泰」．兩本原作「之奉」．
一四三・一　「食」實封一千一百戶．兩本漏「食」．

卷二十八校記

一四四・一三　「食邑」三千戶．鐵本原作「食色」．
一七　「始徹」連城之疆．鐵本原作「始徽」．
三　已知學禮「之勤」．讀本作「之方」．
一四五・三　拜貺「于郊」．鐵本原作「于都」．
七　「盼敷」大澤．鐵本原作「勝敷」．
九　「棨逮」懿親．兩本原作「崇逮」．
三　奠全秦之「美圖」．鐵本原作「美國」．
三　乘暉「霄極」．兩本原作「□極」．
同　「聰哲」成於有識．鐵本原作「聦哲」．
一四六・四　「繼生」嗣賢．兩本原作「繼王」．
六　「於戲」．鐵本原作「扵戲」．
一七　「周封」康叔．兩本原作「用封」．
三　越升「將相」之班．鐵本原作「將利」．
一四七・一七　建高牙於雍□□□□於岐山．以對偶言．鐵本下句原多一「□」．刪．
一八　不忘「保乂」於斯民．兩本原作「□乂」．

三　感慕「徒申」．兩本原作「從申」．
一四八・一　身端行治識遠量宏．鐵本「遠」下多「而」．
二　「胙賑」承祧．兩本原作「胙眹」．
一〇　深念「厚陵」之愛．兩本原作「原陵」．
同　□□「多井」．鐵本原作「多并」．
一四九・一　益延「壽祉」．兩本原作「壽社」．

卷二十九校記

一五〇・一五　「申頒」寵章．兩本原作「申須」．書內自首至尾「頒」多誤作「須」．以下不記．
二　屬卜「秋霜」之辰．鐵本原作「枚霜」．
一五一・一〇　「爰卜」肅霜之旦．鐵本原作「爰小」．
同　「進三牲」之食．兩本原作「追三牲」．
三　「因以」勝衣而錫位……「不待」出閤而啓封．鐵本原作「固以」．「不持」．
一四　隆「永徽」專配之文．兩本原作「永微」．
一六　往承「閎休」．鐵本原作「閑休」．
一九　「夙宏」膽略．兩本原作「風宏」．
二〇　其「克乂」於東土．兩本原作「克義」．
一五二・四　持節「澶州」諸軍事．兩本疑漏「澶州」二字．依文例加．
七　「推恩」豈後於群辟．兩本原作「惟已」．
一五三・一六　必繇「近始」．兩本倒作「始近」．
一八　「獲祐」皇天．兩本原作「護祐」．
二　如躬聞於「謦欬」．兩本原作「罄欬」．
一五四・四　「中心」摧咽．兩本原作「中以」．

同 皇弟。兩本「弟」下原多「佶」。依上下文例刪。
二 「方因」明禋。鐵本原作「方困」。
一五五・一 「亥」衣纁裳。鐵本「亥」字缺脫不可識。
三 目「端王」。鐵本原作「瑞王」。
三 永念「燕謀」之錫。兩本原作「燕謨」。

卷三十校記

一五六・二 日虔內寢「之趨」。鐵本原作「之起」。
三 是用「徹以」土疆。鐵本原作「徽以」。
四 目加「食邑」實封。兩本倒作「邑食」。
一五七・一 「留居」秘嚴之久。兩本原作「留蜜」。
五 目「封」莘王。讀本漏「封」。
九 申衍「眞租」。鐵本原作「眞祖」。書內自首至尾「租」「祖」多互誤。以下不記。
三 內以隆「族屬」之好。鐵本原作「放屬」。
四 「聽知」日新。兩本原作「聽知」。
同 居惟義理「之閲」。鐵本原作「之問」。
一五 仍「視秩」於三公。兩本原作「視族」。
二 「爰授」齋壇之鉞。兩本原作「爰援」。
三 「澶州」諸軍事。鐵本原作「亶州」。
一五八・一 以「祇若」於舊章。鐵本原作「祇芳」。
四 「君臨」萬邦。兩本倒作「臨君」。
一五 「莘王俁」。讀本原作「萃王俁」。
同 「用申」舊章。兩本倒作「申用」。
一六 可特授守「太保」。兩本原作「太尉」。據文目改。
一五九・二 「靖海」鎮海軍節度使。兩本原作「清海」。

一四 「于以」承衞天子。兩本原作「予以」。

卷三十一校記

一六一・一〇 惟禧祿之「來儀」。兩本原作「夾儀」。
一六 迨茲「拜況」而還。兩本原作「邦況」。
一六二・三 「加食邑」一千戶。鐵本原作「如食邑」。
八 更兩鎮之「節旄」。鐵本原作「節族」。
九 「定武軍」節度使。鐵本原作「定我軍」。
一一 「共深」在疚之悲。兩本原作「共探」。
一三 「管內」觀察處置等使。兩本原作「使內」。
一五 目並「兗州」牧。鐵本原作「充州」。
一七 一萬「三千」五百戶。鐵本原作「三十」。
一三 爰「共深」於哀疚。鐵本原作「立深」。
一六三・二 易「荆徐」之新牧。讀本原作「荆於」。
一六 「列侯」之建。兩本原作「列矦」。
二 目食邑食實「封」制。兩本疑漏「封」字。
一六四・六 秉鉞「與旄」。兩本原作「興旄」。書內「與」「興」二字多互誤。以下不記。
七 用隆「國體」。讀本原作「圖體」。
一九 第十六子「棋」。鐵本原作十六子「供」。
二〇 「毓粹」天支。鐵本原作「毓稡」
一六五・六 目下 政和「元年」。兩本原作「九年」。按上兩目作「元年」。或因形誤作「九年」。改從「元年」。
九 宜如麟趾「之詩」。兩本原作「之時」。
一四 俾宣「建櫜」之威。鐵本原作「逮櫜」。
一九 「載崇」視秩之班。鐵本原作「載棠」。

三　荷皇天之「右序」。讀本作「佑序」。

卷三十二校記

一六七・九　參稽於古。鐵本「於」下多「四」。

三　「循沿」未革。鐵本原作「循滋」。

一六八・八　以厚「民彝」。鐵本原作「氏彝」。

一六九・六　務循名而「責實」。鐵本原作「青實」。

八　天潢「鍾潤」「寶蕚」分輝。鐵本原作「鍾閏」、「寶華」。

同　「克邁」趨庭之教。鐵本原作「充邁」。

九　「以固」藩維之勢。鐵本原作「以因」。

三　上應「中階」。鐵本原作「中偕」。

八　定州「管內」觀察處置等使。鐵本原作「管由」。

九　易「主兵」之重任。鐵本原作「生兵」。

一七〇・一　「革百王」之流弊。讀本原作「華百王」。

一三　「未親」師訓。鐵本原作「朱親」。

三　目　特「授」檢校太保。讀本漏「授」。

一七一・三　「首」渙褒章……易「右賚」之崇秩。鐵本漏「首」。讀本原作「古賚」。

三　益昭帥閫「之雄」。鐵本原作「之惟」。

七　逮「晬辰」而剪髯。鐵本原作「睟辰」。

一　嗣膺「考室」之祥。鐵本原作「考豐」。讀本原作「考靈」。似均無義。

一三　「夙蹈」履欽「之吉」。鐵本原作「風蹈」。兩本原作「之告」。

一五　其爾「與聽」朕敎。兩本原作「典聽」。

一七　朕保國「乂安」。鐵本原作「又安」。書內「乂」多誤作「又」。以下不記。

一九　秉隆「井賦」。鐵本原作「并賦」。

卷三十三校記

一七二・一　秉「兩鎮」之節旄。讀本原作「西鎮」。

三　「式彰」景貺。鐵本原作「武彰」。

一七三・一〇　「以」妥以侑。兩本原作妥以侑。「妥」上疑漏「以」字。

一七四・九　彊萬年「磐石」之宗。鐵本原作「磐右」。

一五　收賢科而第一。「一」下兩本多「名一」。

一六　飭「天門」而共法駕。兩本原作「入門」。

三　韶全「鍾律」。兩本原作「鍾邁」。

一七五・三　多男而「授之職」。讀本原作「擾之職」。

五　目　「進」封景王。讀本漏「進」。

八　「並煥」後星之次……嘉「克敏」於厥脩。兩本作「並渙」並倒作「敏克」。

一四　擢秀「天枝」。兩本原作「夭材」。

同　「秉乾象」以憑暉。兩本原作「篆乾象」。

一六　「轅田」有衍。鐵本原作「轅由」。

一七六・六　德粹而「量閎」。鐵本原作「量閑」。

七　公衮位三階「之峻」。讀本作「之竣」。按「峻」「竣」通。書內二字互用。以下不記。

一七　「瓌韻」天成。鐵本原作「壞韻」。

一七七・七　「燕及」本支之茂。鐵本原作「燕反」。

卷三十四校記

一七八・二 小標目 進拜九。兩本漏九。

二 胥同「胙俎」之盼。兩本原作「胙姐」。

同 「永」綏壽嘏。兩本疑漏「永」字。

一六 無疆「惟休」。鐵本原作「惟林」。

同 「胥同」茀祿之康。鐵本原作「胥司」。

一七九・一 肆「商賚」於豐章。兩本原作「商眷」。

二 益「燕」壽祺。燕，鐵本塗改不清。

五 茲獲「蕆於」明禋。鐵本原作「藏於」。

九 高亮「夙聞」。鐵本原作「夙聞」。

一四 「懋德參於」閨闈。兩本倒作「懋參德於」。

一五 行觀表著「之趣」。鐵本原作「之越」。

二〇 「韶濩」諧聲。兩本原作「詔濩」。

二三 「粵自」勝衣之始。兩本原作「奧自」。

三 衍食「眞封」。兩本原作「眞符」。

一八〇・一 維克綏於「壽愷」用「褒對」於榮懷。鐵本原作「壽僨」。兩本原作「褒封」。

二 目下 「百晬」授官。兩本原作「百睟」。

八 目下 「出閤」。兩本原作「出闕」。

九 永錫「祚嗣」。兩本原作「乍嗣」。

一四 食實「封」三百戶。兩本疑漏「封」字。

一九 居邸「造朝」。兩本原作「造期」。

二〇 「將閫」雄軍。鐵本原作「將閩」。

同 侈閎休於「大序」。讀本原作「天序」。

一八一・三 燦然黼黻「之文」。鐵本原作「之丈」。

四 將謹「三加」之戒。兩本原作「二加」。

五 「蟬冕」增華。鐵本原作「蟬冕」。

一八二・一五 視上宰之官儀。鐵本「視」下多「象」。

卷三十五校記

一八四・九 「出徙」外第。讀本原作「出徙」。

一五 「實蕃」同氣之親。鐵本原作「寶蕃」。

一六 「因心」廣孝。鐵本原作「固心」。

一八五・五 乃欲「外徙」。鐵本原作「外從」。

九 所請「宜不允」。兩本倒作「不宜允」。

一三 「溫凊」定省。讀本原作「溫青」。

一八六・五 朕無愧焉。鐵本「朕」上多「無」。

六 「昵比」兇黨……反易「天常」。兩本原作「昵此」「天堂」。

二 其德恭德隆爲「皇姨」。鐵本原作「皇妖」。

三 「宜去」雲陽公主之號。兩本原作「宜女」。

同 仍去駙馬都尉「之號」。兩本原作「之右」。

一五 與「輔相」以交謀。兩本倒作「相輔」。

一八七・一 兼中書令「榮王」元儼。兩本原作「滎王」。

一〇 且屬「圖」於裏事……「少遺」永懷。兩本「圖」下多「事」並作「少道」。

同 視歲陰之「如昨」。兩本原作「始昨」。

一三 荆南淮南節度使。兩本「節」下多「大」。

一四 而朕之諸父。鐵本「朕」下多「諸」。

同 而王皆「兼之」。讀本原作「無之」。

一六 上遵先帝「友于」之仁。鐵本原作「支干」。

一七　「仍加」兗州徐州牧．兩本原作「仍如」．

二〇　「粵予」上嗣．兩本原作「粵子」．

一八八·五　目　皇第八子「某追贈爵諡制」．「某」以下六字鐵本脫漏．

六　申以「哀榮」．兩本原作「哀勞」．

一三　「處置」等使．兩本原作「措置」．

一八　至於「櫕厝」．兩本原作「殯厝」．同行以禮「改殯」及下文改厥「殯塗」同．見卷十校記．

一八九·二　「昭夫」異數．鐵本原作「昭失」．

四　「胙于」荆邸．兩本原作「昨于」．

八　位「獨冠」於三公．鐵本原作「獨寇」．

九　小標目　「收葬」及「擇地葬秦王詔」．目及文．讀本全漏脫．

卷三十六校記

一九〇·八　存乎「甲令」．鐵本作「申令」．讀本作「中令」．按書內前後作「甲令」．如「申之甲令」．「著之甲令」等．漢書則作「令甲」．依本書改．

二〇　「勿忘」組紃之制．兩本原作「忽忘」．

一九一·四　「其戒」奢侈之容．兩本倒作「戒其」．

一九　仍令所司擇日備「禮」冊命．兩本疑漏「禮」字．

一九二·六　方均「渥霈」．兩本原作「油霈」．

八　目　鄂國長公主進封冀國「大長」公主制．兩本原作「冀國公主」．按文末作「大長」公主．據加．

一〇　軒曜「分華」．鐵本原作「分筆」．

二一　儲輝寳「婺」．「婺」．兩本多作別體「婺」．以下不記．

一九三·三　「二十三日」丁酉．兩本原作「二十七日」．查朔閏表丁酉應爲「二十三日」．

三　而夷亮「自持」．讀本原作「自特」．書內「持」多誤作「特」．以下不記．

一九四·二　「敷繹」令猷．兩本倒作「繹敷」．

六　「嘉乃」妙齡「盛我」儀服．鐵本原作「嘉了」．兩本原作「盛哉」．

一一　主者施行．鐵本「施」下多「其」．

一三　「朕聞」帝女之號．鐵本原作「朕開」．

一五　上智「攸稟」．鐵本原作「披稟」．

一八　在姆「弗勞」．讀本原作「弗營」．

卷三十七校記

一九五·一五　「爾祉」是綏．兩本原作「爾止」．

一六　目下　「英廟」．兩本原作「英朝」．

二〇　目下　「降王師約」．兩本原作「隆王師約」．

三　「僊支」襲慶．鐵本原作「倦支」．

一九六·五　化行「編宇」．鐵本原作「徧字」．

一九七·五　進服「殊休」．鐵本原作「珠休」．

一三　又將成「室家」之美．兩本原作「國家」．

一九八·五　「益介」而壽．兩本原作「益戒」．

一一　纘國之圖．鐵本「圖」下多「史」．

一六　「明光見於」漢水．兩本倒作「明見光於」．

一七　言飾「其館」．兩本原作「眞館」．

一九　毓秀「皇闈」．兩本原作「皇閑」．

一九九·二　「早開」右帨之祥．兩本原作「早門」．

五 易「沫土」之奧區．兩本原作「妹土」．
一一 「湯沐」之賦．兩本原作「滋沐」．

卷三十八校記

二〇〇・一一 「同深」霜露之感．兩本原作「固深」．
一三 豈「復矜」車服之華．兩本「矜」「矝」互用．按二字古通．以下不記．
一四 早符「設帨」之祥「首兆」塗椒之慶．鐵本原作「設悅」．「百兆」．
二〇一・一〇 「未及」議高門之姻．鐵本原作「未反」．
一三 「時惟」近屬之尊．鐵本原作「持惟」．
一七 方懷追遠「之情」．鐵本原作「之晴」．
同 「敷告」治朝．鐵本原作「敎告」．
二〇二・七 播告庶工．鐵本「庶」下多「邦」．
九 「□」繼周王之姬．「繼」上兩本疑脫一字．加「□」以代之．
一九 方「就養」以無方．兩本原作「就卷」．
二〇 用增慈幼「之情」．鐵本原作「之晴」．
二〇三・四 目下 「建中」靖國元年．兩本漏「建中」二字．
二〇四・一 雖越在於「孩提」．兩本倒作「提孩」．
四 感暮甫「終於」哀制．兩本原作「紛於」．
五 從「傅姆」之敎．鐵本原作「博姆」．
一〇 則彼美之「王姬」．鐵本原作「正姬」．
一一 「實存」仁孝之至情．鐵本原作「寶存」．

卷三十九校記

二〇五・二〇 雖未逮「及笄」之歲．鐵本原作「反笄」．
二〇六・二 「眷□」諸女．鐵本作「眷諸」．
三 美播「王姬」之時．鐵本原作「主姬」．
九 「主之」同姓之公．鐵本原作「王之」．
一一 目下 「崇寧」五年．鐵本原作「崇慶」．
二二 目 魏國大長公主進封「制」．鐵本無「制」．
二〇七・九 繼膺女子「之祥」．兩本原作「之神」．
一三 「敷告」治廷．鐵本原作「數告」．
一五 以合「二姓」之好．鐵本原作「二娃」．
二一 目下 「十二月」二十八日．鐵本原作「十二日」．
二〇八・一五 茂毓「珠躔」之粹．兩本原作「□躔」．
二一 半楚國之封圻．「封」下兩本多「□」．
二〇九・九 「尙緊」侯邦之築館．兩本原作「尙繫」．
一五 「往敍」寵渥．鐵本原作「杜敍」．
二〇 目 「榮福」帝姬．兩本原作「崇福」．按文內亦作「榮福」．從目錄．

卷四十校記

二一二・一三 甫十旬「初晬」之吉．鐵本原作「初粹」．
一三 考圖「徽章」．兩本原作「徵章」．
二〇 目 嘉福帝姬特進封嘉德帝姬制．鐵本「福」下多「公」並漏「制」．
二一 「祥發」日月之明．兩本倒作「發祥」．
二一三・一 旣參「褕翟」之輝．鐵本原作「榆翟」．
八 尙勉「蹈于」徽猷．鐵本原作「蹈子」．
三 幼而循「圖史」之戒．兩本原作「國史」．

二四·二一六　用告「薦紳」．鐵本原作「薦神」．
二四·二　二　肆「涓辰」於穀旦．兩本原作「涓差」．
五　「唐棣」喻王姬之德．兩本原作「唐□」．
八　務遵「圖訓」之規．兩本原作「國訓」．
一〇　「宏闡」化風之穆．兩本原作「宏闌」．
一一　應「享占」於虺夢．讀本作「亨占」．按「享」「亨」通．書內二字互用．以下不記．
一三　備參「褕翟」之華．鐵本原作「榆翟」．
二五·一　朕「嘗侍」先帝左右．鐵本原作「嘗恃」．
四　旋屬「違豫」．兩本作「違裕」．書內「豫」多作「裕」．以下不記．
一三 目下　「嘉祐」七年．兩本原作「嘉慶」．
一四　時乃「風化」之所關．兩本倒作「化風」．
一六　爾惟肅雍以成「美德」．兩本倒作「德美」．
一九 目　仍賜號淸虛．鐵本「號」下多「號」．
二六·三　車服亞王后而「增輝」．兩本原作「贈輝」．
五　可「□」詔世．兩本「可」下疑有漏字．加「□」以代之．
一八　遽閔告終「之訃」．兩本原作「之計」．
一九　事必稽於「圖史」．鐵本原作「圈史」．

卷四十一校記

二八 小標目　「封拜一」．兩本作「進拜一」．按以下均作「封拜」．據改．
九　「朕仰紹」鴻烈．鐵本原作「服仰紹」．
一一　「益美」翰垣．鐵本原作「益靈」．
一四　俾「昕秩」於台階．鐵本原作「昕秋」．書內「秩」「秋」二字多互誤．以下不記．
二九·二　「往卽」爾藩．兩本原作「毋卽」．
四　衍慶「宸孚」．兩本原作「宸孳」．
五　「墨經」還朝．讀本原作「墨經」．
一六　鄭伯列於「郟郊」．兩本原作「鄭郊」．
一七　羣工「庶尹」．鐵本原作「庶伊」．
三〇·一　而克保「其位」．鐵本原作「其伍」．
三〇·一　「耀」州管內觀察處置等使．鐵本漏「耀」．
五　「展軨」從蹕．兩本原作「展軫」．
九　稽若「先王」．兩本原作「先生」．
一七　亦先王「治親」之意也．鐵本原作「浩親」．
一九 目及目下　皇叔允良……加恩制「英宗」卽位．鐵本漏「制」並作「吳宗」卽位．
三一·一　榮兼「齋鉞」之雄．兩本原作「齊鉞」．
同　「苴茅」建社．鐵本原作「苴芋」．

卷四十二校記

三三·三　惟「宗英」彌懋於遠猷　鐵本原作「宗吳」．
一六　本支茂於「邦榦」．讀本作「邦榦」．「榦」應爲「榦」之誤．按書內「幹」「榦」互用．以下不記．
三　「胙之」東平．兩本原作「咋之」．
三三·三 目　「宗楪」除使相制．兩本原作「宗僕」．
一四　雖本神明「之祚」．鐵本原作「之祚」．
一八　陪之多邑「之賦」．兩本原作「之附」．
三四·五　鎭潼軍節度觀察留後．兩本「度」下多「使」．

六　食「實封」一千七百戶．讀本原作「寶封」．
一八　「二千」四百戶．讀本作「一千」．
二二五·四　大宗「董屬」．鐵本原作「量屬」．

卷四十三校記

二二六·三　「食邑」七千一百戶．兩本原作「實邑」．
二二七·五　進膺「留務」之拜．兩本原作「劉務」．
二二八·九　「辨域」展圖．鐵本作「辦域」．按「辨」「辦」古通．以下不記．
一七　其大者「惟王」．鐵本原作「淮王」．
二一　「愼柬」列位．鐵本原作「愼束」．

卷四十四校記

二三〇·一八　申衍爰田「之入」．鐵本原作「之乂」．
二三一·四　枝葉「茂蕃」．鐵本原作「民蕃」．
六　漢藩成後世「之名」．讀本原作「之居」．
九　「屬興」感慕之懷……壯「瑞節」於中軍．兩本原作「屬典」．「端節」．
一〇　親而「不疏」．兩本原作「至疏」．
一四　錫之「胙土」之封．鐵本原作「胙上」．
一八　瞻「濮園」之館御．兩本原作「濮國」．
二三二·四　華袞「赤舄」．鐵本原作「亦舄」．
一八　本「周王」之至懷．兩本原作「周主」．
二三三·一　宜疏恩之「加等」．兩本倒作「等加」．

卷四十五校記

二三四·一〇　允廸「休明」之緒．鐵本原作「体明」．
同　屬承祧之「伊始」．兩本原作「伊使」．
一四　「材敏」而量夷．鐵本原作「林敏」．
二二　緝「吉禮」之文．兩本原作「告禮」．
二三五·一　「禮盛者」文縟．鐵本原作「禮感者」．
同　歸脤膰「以及」諸侯．兩本原作「以友」．
八　朕躬執「珪幣」．讀本作「圭幣」．
二三六·二　目　皇「叔祖」宗隱．兩本原作「叔禮」．
一三　涇州管內觀察處置等「使」．兩本疑漏「使」字．
同　涇州刺史．兩本「涇」上多「使」．
一六　可特「起復」．兩本倒作「復起」．
二〇　升降「比於」樂章．讀本原作「此於」．
二三　「食」實封三百戶．兩本疑漏「食」字．

卷四十六校記

二三八·七　所以「侈帥閫」之光華．兩本倒作「帥侈閫」．
一〇　寵之以「半楚」之中權．兩本原作「平楚」．
一三　目下　紹聖元年「十二月」十四日壬午．鐵本作「十一月」．查朔閏表壬午在「十二月」．「十一月」十四爲壬子．
二三九·一　諒弗煩於「訓誡」．鐵本原作「訓誠」．
二　目　加食邑「食」實封勳如故．兩本「實」上漏「食」．
四　淹歷「歲華」．兩本倒作「華歲」．
五　以蹈聖經「之誠」．鐵本原作「之誡」．
八　擁「旄節」者十年．兩本原作「髦節」．
一六　目　加食邑「食」實封勳如故．下「食」兩本錯倒於「勳」字之下．

二四〇・三　逮此「慶成」。兩本原作「宗成」。

卷四十七校記

二四一・二　宜親賢之「首及」。兩本原作「守及」。
二四二・二　亦非所以厚同姓「之愛」。兩本原作「之孚」。
一六　鄧州管內觀察「處置」等使。鐵本原作「處制」。
一七　賜之「濮園」之履。兩本原作「濮國」。
一八　可特授檢校「司徒」。兩本原作「司校」。
二二　目　加食邑「食」實封勳如故。兩本「實」上漏「食」。
二三　「徧逮」諸子。兩本原作「偏逮」。
二四三・三　陪敦眞食「之輸」。鐵本原作「之翰」。
一〇　席富貴之資而「不溢」。鐵本原作「不溫」。
一三　目　濟陰郡王食邑食實封「勳」如故。「勳」，兩本錯倒於「郡王」之下。
一三　「曹州」管內觀察處置等使。兩本疑漏「曹州」二字。依文例加。
二〇　寔隆「季弟」之懷。鐵本誤作「李弟」。書內「季」「李」二字多互誤，以下不記。
二一　以申優異「之心」。兩本倒作「心之」。
同　「徹疆」濮土。兩本原作「徹□」。按卷二十八作「始徹連城之疆」，據改「□」作「疆」。
二三　保有故封。兩本倒作「保故有封」。

卷四十八校記

二四四　小標目「封拜」八。兩本原作「進拜」。按以上各卷作「封拜」，據改。
九　嗣濮王「宗漢」。讀本原作「宗濮」。
二〇　目　皇叔「仲御」建節。兩本作皇叔「祖御」。按文內作「仲御」，上下文有皇叔「仲賜」「仲損」之名，「祖」應爲「仲」之誤，據文改。
二四五・四　「畀之」金鉞。鐵本原作「併之」，讀本原作「俾之」。
六　目　皇伯世雄建節「封」安定郡王。兩本無「封」，據文加。
一三　燕國「冢嗣」清素有同於「寒士」。鐵本原作「家嗣」，兩本原作「寒土」。
一九　「留邸地而」坐鎮連城。兩本倒作「留邸而地」。
二四六・六　「管勾」宗子學事。兩本原作「管內」。
一〇　普安「郡王」。兩本原作「靜王」。
一三　宜隆「職守」之稱。兩本原作「質守」。
二四七・五　守謙恭而「不怠」。兩本原作「不迨」。
一七　必來「萬國」之歡。兩本原作「方國」。
一九　「惟德」惟康。讀本漏「惟德」二字。

卷四十九校記

二四九　小標目「封拜」九。原作「進拜」，據前各卷改。
一九　肅「社席」王藩之寵。鐵本原作「社帝」。
二五〇・四　目　判宗正事。兩本「判」下多「使」，刪。
一五　茲大施於「祭澤」。兩本原作「察澤」。
二〇　適此「精禋」之舉。兩本原作「精煙」。按「煙」古或通「禋」。
三　目　「豫章」郡王加恩制。讀本原作「務章」。
二五一・八　詔勳府以「均休」。兩本倒作「休均」。
二五二・三　「益邁」令猷。讀本原作「益萬」。

卷五十校記

二五三・九　始「家邦」而化天下。　兩本原作「家拜」。

一六　皇族在班及「十年者」。　兩本原作「十八者」。下文作「及十年者特以名聞」。據改。

二五四・四　「皇枝」益蕃。　兩本原作「皇枚」。

六　或以五宗「紀遠近」。　鐵本原作「純遠近」。

一三　深用「惻然」。　兩本原作「測然」。

一九　「慘虐」屢聞。　兩本原作「慘雪」。

二三　八作副使「從湜」……爲尋得「尙繼斌」。　鐵本原作「從從」。讀本作「尙繼武」。

二五五・五　況爾「燕恭」肅王之子。　鐵本原作「燕叅」。書內「恭」「叅」二字多互誤。以下不記。

一五　有溺情「廢禮」之私。　鐵本原作「廢裡」。

二五六・八　尙其「冥漠」。　鐵本原作「冥漢」。

二五七・二　「置傅」以導其學。　鐵本原作「置傳」。按「傅」「傳」古通。書內「傅」多作「傳」。以下不記。

二二　懋「宗英」之美。　鐵本原作「宗吳」。

二五八・三　歲時「奉祠」。　兩本原作「奉時」。

一四目下　大觀三年正月十五日。　讀本日下有「御筆詔」三字。無義。刪。

末　前去「相度」。　兩本原作「栢度」。

卷五十一校記

二五九小標目　「進拜」一。　兩本原作「登拜」。按以下各卷作「進拜」。據改。

一四　其有早踐「巖廊」。　鐵本原作「巖廓」。

一六　「眞食」增封。　兩本原作「眞秩」。

二六〇・五　天水郡「開國」公趙普。　兩本原無「開國」二字。依前後文例加。

二六一・一〇　隴西郡「開國」公李昉。　兩本原無「開國」二字。同上加。

一一　淸和郡「開國」公張齊賢。　兩本原無「開國」二字。同上加。

一七　東平郡「開國」公呂蒙正。　兩本原無「開國」二字。同上加。

一九　汝其薦藥石之「讜言」。　讀本作「黨言」。按「讜」「黨」通。

二六二・一　東平郡「開國」伯……呂端。　兩本原無「開國」二字。依前後文例加。

四　進封東平郡「開國」侯。　兩本原無「開國」二字。同上加。

六　東平郡開國公。　兩本「郡」下多「國」。

二六三・四　徊翔「近署」。　兩本原作「近著」。

二六三・七　英規「彌茂」。　讀本原作「爾茂」。

卷五十二校記

二六四・三　兼「中書」侍郎。　讀本原作「中中」。

二　荐參「班署」。　兩本原作「班著」。

三　稟「禁誡」而惟寅。　兩本原作「禁誠」。

二六五・五　得茲「股肱」。　鐵本「股」字右旁塗改不清。

六　剏復「圜壇」展禮「湯社」巡方。　兩本原作「圝壇」．鐵本作「湯杜」．按史記秦紀徐廣云一作「湯杜」．

一〇 目下 仍用「相衒」．讀本原作「相御」．

一九 賴「股肱」之明略．兩本原作「服肱」．

三 目 玉淸「昭」應宮……加恩制．鐵本「昭」作「照」．按書內「昭」「照」互用，二字古通，以下不記．又兩本「恩」下多「例」．刪．紀元年月原書抄于文末．移排目下．

二六六・八 用符「柬求」．鐵本原作「東求」．

同 列于「宰衡」之重．兩本倒作「衡宰」．

一二 僉「隆於」望實　讀本漏脫「隆於」二字．

一三 夙隆「任使」．鐵本倒作「使任」．

一五 用符「帝賚」．鐵本原作「帝眷」．

同 「瑯琊縣」開國子．兩本原作「瑯琊□」．

一七 同德「守正」佐理功臣．兩本原作「□正」．

二六七・一 「緝熙」百度．鐵本原作「緯熙」．

七 「下遂」萬物之宜．鐵本原作「不遂」．

一三 「屬予」纂序．兩本原作「屬於」．

卷五十三校記

二六九・九 再陟「近司」．鐵本原作「進司」．

一三 仍改賜推忠「協謀」佐理功臣．兩本倒作「謀協」．

一四 目下 「明道二年」四月己未．兩本作「天道三年」．按「天道」應爲「明道」之誤．查朔閏表明道無「三年」．應爲「二年」之誤．二年四月有「己未」．

二七〇・五 治亂「是繫」．兩本原作「是緊」．

八 殿陪京之「巨邦」．兩本原作「巨拜」．

一〇 兼管內「堤堰」橋道勸農使．兩本「隄」「堤」「提」多雜用．按三字古通．以下不記．

一三 蹈謙光而「不伐」．鐵本原作「不代」．

二七一・二 「早踐」禁塗……「宣勞」儲邸．鐵本原作「早殘」．兩本原作「寔勞」．

四 「昭文館」大學士．鐵本原作「昭文綰」．

七 允茲「枚卜」之吉．鐵本原作「救卜」．

一四 判「河南」府．兩本原作「□南」．

一五 澄淸□□．讀本漏一「□」．

二〇 參贊「萬微」之務．鐵本原作「萬徽」．

二七二・七 代天「之工」．兩本原作「之上」．

九 亮節「佐理」翊戴功臣．讀本作「左理」．

一〇 目 呂夷簡守司空餘如「故」制．兩本疑漏「故」字．

一三 「博通」舊聞．鐵本原作「傅通」．

卷五十四校記

二七三・一七 能崇「廉遜」之節．兩本原作「廣遜」．

二七四・一五 宜正台鉉「之司」．鐵本原作「之同」．

二七五・一四 「靖綏」生齒．兩本原作「靖經」．

二七六・二 兼譯經「潤文使」　鐵本原作「潤文使」．

五 「遂成」盪寇之略　鐵本原作「逐成」．

六 有周通「敏洽」之識．兩本原作「敏治」．

卷五十五校記

二七七・二〇 愼付「國均」．讀本作「國鈞」．按「均」通「鈞」．書內二字互用．以下不記．
二 行尚書戶部「侍郎」．鐵本原作「待郎」．
同 歷踐「禁班」．鐵本原作「某班」．
三 向屬羌人「賓欵」．兩本原作「賓疑」．
二七八·一六 頒告「外廷」．鐵本倒作「廷外」．
二七九·一〇 許州諸軍「事」．兩本疑漏「事」字．
三 自「參乘」於近侍．兩本原作「參垂」．

卷五十六校記

二八一·八 目 富弼起復制嘉祐六年七月弼不拜．兩本「制」下原多「不拜」二字．「月」下原多「年七月」三字．均刪．
二 庶益昭移孝「之美」．鐵本原作「之大」．
三 可特起復．兩本「特」下多「授」．
二八二·二 加食邑一千「戶」．鐵本漏「戶」．
六 「庶績」已熙．鐵本原作「庶續」．
一五 若「股肱」之輔予躬．鐵本原作「服肱」．
二八三·一九 目下 熙寧四年正月壬子．上列年月干支．兩本原抄于「從之」之下．
一〇 閔子「經」而服政．兩本原作「經」．
三 章明九敘「之極」．兩本原作「文極」．
二八四·一 「盍來」復於台路．兩本原作「盖來」．
八 「衎以」眞封．兩本原作「衎之」．
四 熟斧斯之「敢鈇」．鐵本原作「敢鈇」．

卷五十七校記

二八六·一三 「比議」廢官．兩本原作「比講」．

一四 「法度」已完．兩本原作「法席」．
同 可特授依前銀青光祿大夫．兩本「前」下多「官」．
刪．
一八 爰妙簡於「俊良」．讀本原作「後良」．
三 往堅「乃誠」．兩本原作「仍誠」．
二八七·一〇 「繄我」昭考．兩本原作「繫我」．
一六 佐王者修政而「美國」．讀本作「美圖」．
二八八·八 「迺睠」舊德．兩本原作「迺睹」．按「睠」同「眷」．
「睹」．疑爲「眷」「睠」之筆誤字．
二八九·三 宜升左輔之崇．讀本「升」下多「升」．
二 逮予「初政」．兩本原作「初故」．
三 居然「遠猷」．鐵本原作「遂猷」．
二九〇·二 「食」實封三百戶．鐵本漏「食」．

卷五十八校記

二九二·三 動以「浮言」．讀本原作「孚言」．
二九三·三 「翦若」蕭何之迹．兩本原作「講若」．
二九四·三 事朕「潛邸」……已「召寘」於從班．兩本原作「潛底」．鐵本原作「召宴」．
六 「伊尹」所以格皇天．鐵本原作「伊伊」．
二 將用繹於「天工」．鐵本原作「天上」．
二九五·八 俾「歸輔」於巖廊．兩本原作「歸補」．
一〇 「殆閱」十年．讀本原作「殆閔」．
二九六·一 追紹「隆古」．讀本原作「隆右」．
三 「用詢」師虞．兩本原作「用的」．
六 疇爲齊色「之占」．讀本原作「之古」．

六　俾陟宰司「之重」。　鐵本原作「重重」。

一三　方國家「閒」暇之時。　讀本作俗體「間」。

卷五十九校記

二九七·二　「十載」于茲。　鐵本原作「千載」。

二九八·四　曷有於「磷緇」。　兩本原作「磷淄」。

一五　與元首而「同體」。　讀本原作「周體」。

二九九·二　可依「前」行中書侍郎。　兩本原作可依「可」。

三　目　王旦拜「太尉」。　按文內作「太保」，查宋史宰輔表二月戊寅自工部侍郎平章事加「太保」，五月戊申加「太尉」兼侍中，據改。

八　「□」日入中書。　兩本「日」上疑漏一字，加「□」以代之。

卷六十校記

三〇〇　小標目　「進官」加恩別使二。　兩本原作「遷官」，按前後均作「進官」，據改。

二　目　「馮」拯司空。　鐵本漏「馮」。

三　立「民極」者必有「柱石」之佐。　鐵本作「民極」，並作「拄石」。「極」或為「極」之別體。「拄」，今本爾雅作「柱」。書內從手從木之字，兩本多不分。

同　「卽奉」賓師之賢。　鐵本原作「郎奉」。書內「卽」「郎」二字多互誤，以下不記。

三〇一·三　交修於「善經」。　兩本原作「善経」。

四　乃眷「眇躬」。　鐵本原作「眇躬」。

同　辨璆琳於「火烈」。　鐵本原作「大烈」。

一三　「爰田食采」。　兩本原作「采田食采」。

三〇二·三　而自奉高「矢謨」。　兩本原作「失謨」。

九　如易「占筮」。　兩本原作「占莢」。

一〇　建爾「上公」。　鐵本原作「土公」。

卷六十一校記

三〇三·八　紫「微」右掖。　鐵本「微」字塗改不清。

三〇四·九　可「特受」依前行中書侍郎。　讀本作「特授」。按「受」「授」古今通用，書內二字互用，以下不記。

一三　維「燎升」而至精薦。　兩本原作「僚升」。

一九　「進首」中臺之班。　鐵本原作「進百」。

三〇五·八　「宜告」烈位。　兩本原作「宜先」。

一〇　修「歸脤」之禮。　兩本原作「歸賑」。

一三　惟「三經」之甚奧。　讀本作「一經」。

一六　正先儒之「未安」。　兩本原作「本安」。

卷六十二校記

三〇六·八　目　王珪「授」銀青光祿大夫。　兩本原作「換」銀青光祿大夫。

三〇七·一　衍爾以「上腴」之賦。　鐵本原作「土腴」。

九　朕「鄉荷」燕謀。　兩本原作「卿荷」。書內「鄉」「卿」二字多互誤，以下不記。

同　永惟「寶器」之安。　兩本倒作「器寶」。

一二　倚之輔德。　兩本「倚」上多「何」。

一八　目下　元豐八年十二月。　兩本年下多「加」。

二二　方茲「涖政」之始。　兩本原作「法政」。

三 協裹「祀事言念」匪功之節．兩本倒作「祀言事念」．

三〇八·九 將事而「乾端露」．兩本原作「乾瑞露」．

一二 「益茂」壯猷．兩本原作「盖茂」．

一六 實「董正」於鉅儀．鐵本原作「重正」．

卷六十三校記

三〇九·一一 既全付之「鈞軸」．鐵本原作「鈞輔」．

一三 雖荷「帝祉」．鐵本原作「帝社」．

二二 目「左僕射」呂大防．兩本目作「右」，文作「左」．宰輔表亦作「左」，據文、表改．

三一〇·三 時起諸生「之間」．鐵本原作「之問」．

五 亶明「異數」．兩本原作「異路」．

六 「罔怠」厥志．鐵本原作「罔思」．

一〇 食邑四千「四百戶」．鐵本原作「加百戶」．

一一 厲備「成於」百禮．兩本原作「咸於」．

一三 目 建「西安州」．鐵本原作「西安用」．

二〇 賚「長畫」以馭遠．兩本原作「長晝」．

三一一·七 獲考「方中」之陵．兩本原作「方宗」．

一〇 「永補」衰職之闕．兩本原作「永被」．

一七 「精忱」昭假……天隆「旱麓」之基．鐵本原作「精恍」．讀本原作「早麓」．「麓」兩本作別體「麓」．

一八 寔大而「聲宏」．兩本原作「深宏」．

一九 逮欽崇而「蔵事」．兩本原作「藏事」．

卷六十四校記

三一二·一六 小標目「進官」加恩別使六．兩本誤作「拜官」．據上各卷改．

一六 目下 哲「宗實」錄成．兩本無「宗實」二字．據本卷末目小字加．

一九 既勤「入告」之辰猷．兩本原作「人告」．

三一三·五 「布膠庠」乎四海．讀本原作「有膠庠」．

七 目 何執中進「少傅」．兩本原作「太傅」．按文內作「少傅」，宰輔表同，據改．

一一 總名實以「話功」……「超陞」亞傅之崇．讀本作「詔功」，並作「越陞」．

一三 昭茲「來許」．兩本原作「來訓」．

一四 目 何執中進「少師」．兩本原作「少保」．據宰輔表及文改．

一八 其「陞冠」於三孤．兩本原作「陛冠」．

三一四·一 事底「咸績」……「冠於」三少之崇．鐵本原作「成績」並作「魁於」．

二 「以示」龍光．兩本原作「以小」．

五 翊我「邦圖」……「肆頒」渙冊．鐵本原作「邦國」．兩本原作「師頒」．

七 「作室」乃肯堂．兩本原作「作宣」．

一七 宜無「敵」於天下．兩本原作「猷」．按「猷」或爲「敵」之俗別體．

一八 學探「聖謨」之淵妙．兩本原作「聖深」．

同 「殆更」歲紀．鐵本原作「治更」．

二三 以嶮「巖瞻」．鐵本原作「巖擔」．

同 「益罄」嘉猷．兩本原作「茲罄」．

三一五・一　薦「來籩」「粰米」之和．讀本原作「乘籩」．鐵本原作「粰米」．

四　「勳勞」已邁於姬公．兩本原作「勳芬」．

一二　大報天而「至日」．兩本原作「主日」．

一八　「格天地」陰陽之應．鐵本作「挌天地」．按「格」同「挌」．

三一六・三　遂萬物而「順四時」．兩本原作「遂四時」．

五　衍食「眞封」．兩本原作「眞儒」．

八　目「王黼」．鐵本原作「王輔」．

一〇　「總茲」鉅典．鐵本原作「總或」．

三　「因石室」之紬書「正台符」而蒞象．兩本原作「固石室」「止台符」．

卷六十五校記

三一七・二　「廓江湖」之偉量．鐵本作「郭江湖」．按「郭」爲「廓」之或字．

三　升一品于「春宮」．兩本原作「眘宮」．書內「春」「眘」二字多互誤．以下不記．

一五　所委「尤重」．鐵本原作「元重」．

同　爰命「台紳」．兩本原作「台神」．

一七　可特授「檢校」……使持節．兩本「撿」「檢」互用．按「撿」同「檢」．鐵本原作「便持節」．書內「使」「便」二字多互誤．以下不記．

三一八・三　此宰相之任也．兩本「宰」下多「之」．

同　見于「舉措」之際．兩本原作「舉指」．

九　彌縫「之續」既彰．鐵本原作「之緝」．

一八　純懿「擅古人」之美．兩本原作「善古人」．

三　實有佐命「之勳」．兩本原作「之動」．

三一九・六　不思澄汰于「品流」．兩本倒作「流品」．

一〇　疇咨「俊德」．兩本原作「後德」．

同　而力不「逮心」．兩本原作「待心」．

三二〇・四　可依前行「兵部尙書」歸班．兩本原作「尙書兵部」．

七　「嘗列」中樞．兩本原作「當列」．

八　「宜從」罷免．兩本倒作「從宜」．

一一　「簪巾」所推．兩本原作「簪中」．

卷六十六校記

三二一・二　遂委「燮諧」之寄．鐵本原作「變諧」．

一五　充「景靈宮」使．鐵本原作「景靈公」．

同　敏識「周通」……嘗內幹於「機密」．鐵本原作「周遍」．並作「機蜜」．按「蜜」古通「密」．

一六　「寵任」尤重．兩本原作「罷任」．

一七　啓「國封」於寧宇．讀本原作「圖封」．

一八　推誠保德崇仁「忠亮」翊戴功臣．兩本原作「宗亮」．

二〇　朕「愼重」名器．兩本原作「順重」．

三　「遂冠」台衮．鐵本原作「墜冠」．

三二二・二　目李廸罷相授戶部侍郎歸班「制」．鐵本無「制」．

三　所以「昕夕」延見．兩本原作「昭夕」．

八　「夙承」委遇．兩本原作「夙成」．

一三　推忠協謀佐理「功臣」．兩本原作「功成」．

一六　改賜推誠保德「翊戴」功臣．鐵本作「翊載」．按「載」

「戴」古通．書內二字互用．以下不記．
二　參「畫訪」之謀．兩本原作「畫訪」．
三三三·三目　「王曾」罷相知兗州．鐵本原作「王增」．
六　尤所「倚屬」．兩本原作「倚矚」．
一〇　我國家欽崇「寶命」．兩本「寶」「保」二字互用．按「保」通「寶」．
同　「用均」勞逸之宜．鐵本原作「用功」．
一三　「弱翁」行事．兩本原作「若翁」．
同　歲月「逾深」．兩本原作「渝深」．
一八目下　明道「二年」十月戊午．兩本原作「三年」．據宰輔表改．
一九　輔相「之官」．鐵本作輔相「之事」．
二二　「既屬」於老成．鐵本原作「此屬」．
三三四·七　「於戲」．鐵本原作「於虧」．
二〇　「宜加」將鉞之崇．鐵本原作「直加」．
同　「益宣」令問．鐵本原作「蓋宣」．
二二　及「開治」溝洫河道事．讀本原作「間治」．
三三五·二　「用覽」萬幾之繁．鐵本原作「用髦」．
四　逮纘承於「大緒」．讀本原作「犬緒」．
同　宜「鈞逸」於藩符．鐵本原作「鈞返」．

卷六十七校記

三三六·一〇　自贊襄于「衰職」．鐵本原作「衰賦」．
一一　「秉榮」台鉉之司「仍視」師臣之秩．兩本原作「秉勞」．「仍親」．
一二　味道「養恬」．讀本原作「眷恬」．書內「養」「眷」二字多互誤．以下不記．
一五　避榮「遜寵」……「孚告」列位．讀本原作「遜罷」．「孚吉」．
一七　擢正「中階」．鐵本原作「中偕」．
三三七·一三　「苟昧」茲道．鐵本原作「苟抹」．
二〇　同德「佐理」功臣．兩本原作「左理」．
二二　煩以「蕃宣」之績．兩本原作「審宣」．
二三　頗彰「周比」之風．兩本原作「用比」．
三三八·一四　夙夜「一致」．兩本原作「一至」．
一五　陪舊食之「眞封」．兩本原作「眞風」．
三三九·六　「秉榮」祕殿之班．兩本原作「秉勞」．
一三　觀文殿「學士」．讀本作「大學士」．

卷六十八校記

三三〇·一〇　行「尙書戶部」侍郎．兩本倒作「戶部尙書」．
一三　「閫域」無事．兩本原作「闇城」．
一五　知「鄆州」．兩本作「鄧州」．據目改．按表傳亦作「鄆州」．
二二　任國「綱維」．兩本原作「網維」．
三三一·二目　陳執中罷相除「使」相．讀本漏「使」．
四　「實開」忠益之路．兩本原作「寘開」．
同　「畫一」之規．兩本原作「盡一」．
五　「寔同歸」於大任．兩本原作「宴同歸」．
八目及目下　「劉沆」罷相……「壬子」．鐵本原作「劉沅」並作「壬午」．查朔閏表應依讀本．
一七　未解「冢司」．兩本原作「冢使」．

二　式序「上司」．鐵本原作「土司」．
三　均逸「偃藩」．鐵本原作「傴藩」．
三三二·八　無安帥節「之樂」．鐵本原作「之欒」．
三三三·一　「繼託」一誠．鐵本原作「繼記」．
二　獨揖浮邱「之袂」．兩本原作「之袂」．
四　仍詔大勅「緊衙」在曹佾上．讀本原作「緊衙」．鐵本原作「緊衙」．按「御」爲「衙」之俗體．一作衙，
八　違盭「初詔」．鐵本原作「相詔」．
九　重疲「齎粮」之役．鐵本原作「齎根」．
同　「其伸」憲法．鐵本原作「其仲」．

卷六十九校記

三三四·八　小標「罷免五」．兩本原作「罷相五」．據上下目改．
目下「熙寧」．鐵本原作「咸寧」．
九　「百辟」之所儀刑．鐵本原作「百群」．
三　「秉管內」勸農使．鐵本原作「蒹管內」．
同　駐泊兵馬「鈐轄」．鐵本多作別體「鈐」．以下不記．
一七　涵「良悅」之度．兩本原作「良恍」．
一九　宜還「宰載」．兩本原作「宰載」．
同　雖爾身之「在外」．鐵本原作「在於」．
三三五·三　眷方深於「台輔」．兩本原作「台甫」．
四　嘉謀嘉猷而「告后」．鐵本原作「告居」．
同　同中書「門下」平章事．鐵本原作「明下」．
一〇　未臻「藥石」之痊．兩本原作「藥名」、
一三　仍詔大朝會綴中書門下班「依大藩」例支添給．兩本「會」下多「計」並作「衣大藩」．

一六　「德宇」方重．讀本原作「德守」．
一九　目「韓縝」罷相．鐵本原作「韓愼」．
三三六·二　「咸有」一德．鐵本原作「成有」．讀本原作「威有」．
七　「益懋」恩數．兩本原作「蓋懋」．
九　知「潁昌」府．兩本原作「穎州」．按文目作「潁昌」據改．
一五　「勳請」屢聞．兩本原作「動請」．
一六　殫盡人臣「之寵」．兩本原作「之罷」．
同　「尙有」就問之眷．鐵本原作「尙書」．
一七　可「特授」太師．鐵本原作「特援」．
三三七·二　淵源「閎博」．兩本原作「閔博」．
三　「憂勞」一致．兩本原作「優勞」．
一八　「暨冲人」之嗣服適文母之「仰成」．鐵本原作「監人」．兩本原作「仰威」．
同　一踐「樞要」．鐵本原作「樞安」．

卷七十校記

三三八·九　考卜「因山」之陵．讀本原作「目山」．
一三　目下崇寧「元年」五月六日庚申．按崇寧僅有「五年」．兩本原作「九年」．查朔閏表元年五月乙卯朔，六日庚申，與題下月日干支合．據改作「元年」．
一八　目下閏六月「壬戌」．兩本原作「辰戌」．查朔閏表閏六月甲寅朔，九日「壬戌」．據改．
三　鎮丹陽之「便郡」．兩本原作「便□」．鐵本作「之之便□」．
三三九·五　永佑「隆平」．兩本原作「隆年」．

同 念「遠猷」尙資於辰告．鐵本原作「遠馱」．

九 「寵升」帝傅之崇．鐵本原作「寵丹」．

二 「高宗」之「式甘盤」．兩本原作「高忠」．讀本原作「武甘盤」．

同 比旣諧于「物藥」．兩本「勿」多作「物」．按「物」「勿」二字古通．

一六 用亶「朝紳」．鐵本原作「朝申」．

三四〇·一 及「見役」官吏人從等．兩本原作「見破」．

九 是用解上相之「印綬」「畀中權」之節麾．兩本原作「印受」．「卑中權」．

一七 朕方「倚以」疆陲之事．兩本原作「倚似」．

三四一·一七 抑「陛廉」之儀．鐵本原作「陛簾」．下句作「陛廉」．讀本原作「陞簾」．

同 特鐫「苛禮」．鐵本原作「奇禮」．

三四三·二 朕「體貌」元老．兩本原作「體老」．

同 次赴「都堂」治事．兩本作「朝堂」．按文目及上文作「都堂」．據改．

卷九十四校記

三四四·四 頃以羌戎「猖獗」．兩本原作「猖厥」．

三目下 「政和」元年．鐵本漏「政和」二字．

一八 茂對「寵休」．鐵本原作「寵林」．

三四五·一 助綏「四裔」．鐵本原作「血裔」．

同 「漠北」慕義以願交．鐵本原作「漢北」．

八 「狂敵」殄殲……懲革姦矯羌人請命．讀本作「狂虜敵」．按書內首尾多用「敵」．不用「虜」．讀本此句或多「虜」或多「敵」．仍依鐵本．羌上多「遠」．兩本同．

同 「聯袞繡」之盛儀．鐵本原作「聊袞繡」．

一五 昨因戎卒．讀本「戎」下多「羯」．

同 「詿誤」軍謀．讀本原作「註誤」．

同 遂使「腥」□□□．讀本「腥」字作□．

三四六·二 乏「應機」制勝之謀．鐵本原作「應横」．

八 不忍委之敵國因令「南徙」．鐵本「之」下多兩「□□」．兩本原作「南從」．

卷九十五校記

三四八·九 是用進崇階而「馭貴」．鐵本原作「駁貴」．

一四 食實封「三百戶」．鐵本作「叄伯戶」．

一五 「眞食」增榮．兩本原作「眞實」．

二〇 爰自握兵「禁籞」．鐵本原作「禁蘌」．

三四九·八 「同寅」協恭．讀本原作「同宣」．

一三 「侍衞」親軍步軍都指揮使．兩本原作「待衛」．

一四 「遇雲龍」千載之期．兩本原作「偶雲龍」．

同 養勇誓平於「勁敵」．讀本作誓平於「戎虜」．

三 叶「僉議」於雲臺．兩本原作「簽議」．

卷九十六校記

三五一·一三 朕以「曹杜」奧區．鐵本作「曹□」．

三五三·四 早臨「代郡」．鐵本原作「代都」．

五 大振「軍容」．鐵本原作「軍客」．

同 其增「食采」之封．鐵本原作「食米」．

六 更益「前茅」之氣．鐵本原作「前等」．

九　書功「已」列於旂常．鐵本漏「已」．
一一　「金在橐」而必散．鐵本原作「舍在橐」．
一九　以「恩威」撫吏士．鐵本原作「恩咸」．
二一　「位列」公侯．鐵本原作「位拉」．
三五三·一　推轂既聞於「往語」．讀本作「往詔」．
一六　「時會」風雲．鐵本原作「時曾」．
同　布龍翼「鳥雲」之陣．兩本原作「烏雲」．
二二　矧「先朝」佐命之臣．鐵本原作「允朝」．
二三　耀州「管內」觀察處置等使．鐵本原作「等內」．
三五四·三　「非宿將」之雄材．鐵本原作「昨宿將」．

卷九十七校記

三五五·九　「遇南郊」之大慶．兩本原作「偶南郊」．
一〇　忠孝爲「事君」之本．兩本原作「事軍」．
一四　「晚歲」壓盧龍之塞．鐵本原作「曉歲」．
一六　寵以「秦官」．鐵本原作「泰官」．
一九　宜均「慶渥」．鐵本原作「慶旌」．
二三　「式伸」寵數．鐵本原作「式仲」．
三五六·六　扈「交戟」之淸塵．兩本原作「交戰」．
一三　使持節「洮州」諸軍事．鐵本原作「汎州」．
一六　出陳「羈靮」之勞．兩本原作「羈鞠」．
三五七·一三　而自屢貞「師律」．兩本原作「師□」．
一五　勉樹「休聲」．鐵本原作「林聲」．
一六　目「張旻」加恩．讀本作「張明」．按「旻」「明」通．全書鐵本作「旻」．讀本作「明」．以下不記．
一八　「威塞軍」節度．鐵本原作「成塞軍」．

二〇　食實封四百戶「張旻」．鐵本原作「張是」．
三五八·四　用均被於天休「忠果雄勇功臣」．忠以下六字鐵本均作「□」．
八　豈「朕躬」之敢私．兩本原作「朕功」．

卷九十八校記

三五九·一六　「廣平郡」開國公．兩本原作「保平郡」．
一七　贊「止戈」之遠略．鐵本原作「上戈」．
二〇　勉施報國之勸．讀本「勸」上多「功」．
二二　目下　天禧三年七「月」十七日．鐵本漏「月」．
三六〇·七　躬御「端闈」．兩本原作「端闡」．
九　「邠州」刺史．鐵本原作「事州」．
三六一·六　敷大賚於「庶邦」……示隆恩於「異數」．讀本原作「度邦」．鐵本原作「兵數」．
七　邠州管內觀察處置等使．兩本「察」下多「使」．
一〇　「寵光」亦至．鐵本原作「籠光」．
三六二·三　忠果「雄勇」功臣．鐵本漏「雄勇」二字．
五　□自遠之戒期．兩本「自」上疑漏一字．加「□」以代之．

卷九十九校記

三六三·七　則往纛「十乘」．兩本原作「千乘」．
一一　「金革」之事．鐵本原作「金草」．
一三　依前「檢校」太保．鐵本作「撿校」．按「撿」同「檢」．
二一　使「持」節勝州諸軍事．鐵本漏「持」．
三六四·三　乃「揚廷」而敷告．兩本原作「挺廷」．

五 亦荐臨於「邊要」．兩本原作「適面」．

一三 聲猷「茂治」．兩本原作「茂治」．

一五 叶千載「之逢辰」．鐵本倒作「逢之辰」．

一六 爾其「感念」殊棨．兩本原作「感命」．

三六五·二 益以「重封」．鐵本原作「重到」．

六 「吉土」正謀……浹「渙汗」于庶邦．鐵本原作「告土」．「渙汙」．

七 「邕州」管內．鐵本原作「邕洲」．

八 「早遘」遇于光華．鐵本原作「早道」．

九 威容「浸盛」．鐵本原作「浸盛」．

一五 探軍志以「惟精」．讀本原作「情精」．

同 「入贊」期門之政．兩本原作「入質」．

二 「擇茲」剛日．兩本原作「澤茲」．

三六六·三 升之「交戟」之衞．兩本原作「文戟」．

卷一百校記

三六七·一三 目 高「繼勳」加恩．鐵本原作「維勳」．

三六八·八 載圖「忠力」．兩本原作「忘力」．

一四 日著「威名」．鐵本原作「成名」．

一五 爰侍「皇輿」……「賦增」多邑．鐵本原作「皇與」．「賦僧」．

一六 愼守「無虧」．鐵本原作「興虧」．

一七 目 保平軍「節度使」．兩本原作「節度司」．

一八 肇崇於「元祀」……「覃及」於庶官．鐵本原作「元配」．「軍及」．

同 聯本兵「之任」．兩本原作「之往」．

三六九·八 俾宣「成命」．鐵本作「威命」．

一一 訖于「祠事」．兩本原作「詞事」．

一五 賞以「懋功」．鐵本原作「想功」．

二〇 茲惟「事上」之誠．鐵本原作「事止」．

二二 「使」持節婺州諸軍事．兩本疑漏「使」字．

卷一百一校記

三七二·四 進開「國公」．讀本作「公國」．

一七 乃免祈父「之議」．兩本原作「之議」．

二二 「欵祠」靈宮．兩本原作「欵詞」．

三七三·一 欽翼「祗慄」．讀本原作「祗慄」．

七 「充殿前副」都指揮使．兩本倒作「充前副殿」．

三七四·一 祇誦「彌宮」之烈……董予諸衞「之師」．兩本原作「彌宮」．「之思」．

一七 房州「管內」觀察處置等使．兩本原作「觀內」．

三 授以平原總護「之責」．兩本原作「之貴」．

三七五·一 威能「克愛」．鐵本原作「充愛」．

二 往其「欽哉」．鐵本原作「歛哉」．

卷一百二校記

三七六·七 舉合宮「之祠」．兩本原作「之詞」．

三七八·六 越自「廉車」之重．鐵本原作「廉卓」．

七 仰對「褒嘉」．讀本作「褒加」．按「嘉」「加」古通．

一〇 鄜延路馬步軍副都總管．讀本「馬」下多「軍」．

一六 往殄弗庭「之寇」．讀本原作「之冠」．

同 既宣辟國「之圖」．兩本原作「之徒」．按下文有「丕昭辟國之圖」句．據改．

一七　聲聞「邊鎖」……「勇冠」戎行．讀本原作「邊銷」．「勇寇」．

一八　每觀得雋「之奇」．鐵本原作「之部」．

一九　烝徒被羽而「鷹揚」．兩本原作「膺揚」．

三七九·一七　通揆路「之」華班．讀本漏「之」．

卷一百三校記

三八〇·八　目「泰寧軍」節度使．兩本原作「奉寧軍」．

一三　兗沂等州觀察處置等使．讀本「等」上多「州」．

二二　「才作」萬家之襦袴「屬予纘嗣」．兩本原作「牙作」．鐵本倒爲「屬纘予嗣」．

三八一·四　「斯爲」異數．兩本原作「期爲」．

五　楊美可特授「闕」．鐵本無「闕」．

二二　綽有「俊才」．鐵本原作「俊方」．

三八二·一四　方開「偃革」之期．鐵本原作「偃草」．

二〇　咸增「采邑」之封．兩本原作「采石」．

三八三·三　位正「通侯」．鐵本原作「逾侯」．

七　「衙壁」既輸於誠欵．兩本作「啣壁」．按「啣」爲「銜」之俗字．

同　「齋莊」見助祭之容．兩本原作「齋裝」．

八　顯示「優豐」之澤．兩本原作「憂豐」．

一三　「著扞城」之殊績．鐵本原作「扜城」．

一五　「拾過」從新．鐵本原作「拾過」．

卷一百四校記

三八四·一〇　蠅玷玉而「何爽」稱珍．鐵本作「河爽」．按「河」本又作「何」．

一四　改紀年「之號」．兩本原作「之流」．

三八五·三　非英才不能以撫俗．鐵本「能」下多「可」．

一〇　「每勵」純誠．兩本原作「海勵」．

一九　告彼「公朝」．兩本原作「公期」．

三八六·三　「抗朝宗」之亮節．兩本原作「抗朝宗」．

九　「爲我」藩屏．兩本倒作「我爲」．

一八　「河目」龜文．兩本原作「河貝」．

一三　既畢「苴麻」之禮．兩本原作「苴蔴」．

三八七·一　班條「巨屏」．兩本原作「臣屏」．

五　體乾坤「煦嫗」之仁．兩本原作「煦姬」．

一二　「檢校」太尉．兩本倒作「校檢」．

一六　允資名世「之才」叶是「僉俞」．鐵本原作「之方」．兩本原作「僉前」．

卷一百五校記

三八八·八　「外勤將略」．兩本倒作「外將勤略」．

一〇　勉思「善經」．鐵本原作「善経」．

一一　目　狄青「彰化軍」節度．鐵本原作「彰他軍」．

一三　所以寄「國都」之重．兩本原作「國郊」．

一三　譔「沈鷙」之度．鐵本作「沈鷲」．按「鷲」爲「鷙」之或字．

同　至「邊吏」之載書「綿祀」于茲．鐵本誤作「邊史」．兩本原作「綿試」．

一四　委之「朔陲」「俾乂」戎索．兩本原作「朔鄙」．鐵本原作「俾人」.
一五 「加近田」而衍食. 兩本原作「名近田」.
一六 「有社」有民. 兩本原作「有杜」.
同 勉恢「令圖」. 鐵本原作「合圖」.
一八 蒙「宗社」之敷佑. 兩本原作「宗杜」.
一九 「班胙」著文. 讀本原作「班昨」.
二〇 「好謀」通於奇正. 鐵本作「好媒」. 按「謀」「媒」古通.
三八九·八 三 崇以「勳名」. 兩本原作「勳民」.
目 姚雄加檢校司空「泰寧軍」節度使. 兩本原作「奉寧軍」.
一一 「外均制」於戎區. 讀本原作「外切制」.
一三 亟「陳情」而告病. 兩本原作「承情」.
三九〇·三 比護「周廬」之近. 兩本原作「用廬」.
五 加田「眞食」……來熙來「寧」「宜」共旣神之祉. 兩本原作「奠食」「寧」「宜」倒錯.
一六 「俘馘醜」以具來. 兩本原作「孚馘醜」.
一九 檢校少保「保」大軍節度使. 兩本疑漏「保」字.
三九一·一 宜顯答於「殊勳」. 讀本原作「殊動」.
一〇 朕荷「霄辰」之眷命. 鐵本作「霄晨」. 按「晨」「辰」通.
三九二·六 「益侈褒章」. 讀本作「益侈眞祠」.

卷一百十六校記

三九三·一〇 「安可」告成天地. 鐵本原作「女可」.
一九 庶從「簡」儉……凡「爾臣」僚. 兩本漏「簡」.「爾臣」二字原作「□□」.
三九四·六 目 「答知」兗州邵煜. 鐵目作「答和」.
一一 憲度「著明」. 鐵本原作「等明」.
一九 「但深」嘉尙. 鐵本原作「倘深」.
三九五·四 就此「發生」之序. 鐵本原作「發土」.
七目及目下 請封禪第五表四月「甲午」. 鐵本空脫「第」字. 並作「甲申」. 查朔閏表四月辛卯朔無「甲申」、有「甲午」. 從讀本.
八 若乃誕膺「帝籙」. 鐵本原作「帝錄」.
一七 亦以官物「置」辦不得差擾「輒借」. 兩本漏「置」并作「輟借」.

卷一百十七校記

三九六·九 「方遣」先置……尤宜「安靜」. 兩本原作「方遵」「妥靜」.
一三 資於「明恤」. 兩本原作「明惟」.
一三 目 封禪「離京」日. 兩本原作「離宮」. 文內作「離京」. 兩目亦作「離京」. 依文及目錄.
一四 祗事「戒塗」. 鐵本作「戒□」.
三 大明「黜陟」. 鐵本原作「黜涉」.
三 參酌「典彝」. 鐵本原作「鼎彝」.
三九七·二 權衡度量「不如」法則者. 兩本原作「不知」.
一八 顧奉高之「遺址」. 鐵本作「遺趾」. 按「址」「趾」通.
三九八·四 仗「至諴」而感神. 讀本作「至誠」. 按「諴」有「和」「誠」等義.
五 「比者」再得守臣之奏. 鐵本原作「此者」.

一三 邊靡「贏糧之役」。 鐵本原作「贏根之後」。

一六 「所從」道路。 兩本原作「所役」。

一九 雖奉祀「北郊」。 兩本原作「址郊」。

二一 往復「千里」。 鐵本原作「十里」。

三九九・四 荷祖宗之「詒謀」。 兩本原作「詔謀」。

一〇 奉「郟上」親祀之事。 鐵本原作「郊上」。

一三 庶期「寰宇」。 兩本原作「寰守」。

卷一百十八校記

四〇〇・四 黎庶「咸安」。 鐵本原作「咸妥」。

四〇一・二 五稼「屢登」。 兩本原作「屬登」。

六 輿賦聿歸於「天府」「土疆」咸復於地圖。 鐵本原作「大府」「之疆」。

一三 目 咸平「二年」有事南郊。 兩本原作「二月」。

四〇二・二 目 來年正月一日「上」玉皇聖號。 兩目漏「上」。

四 「虔上」帝眞之號「仍期」奉冊。 鐵本原作「庭上」。兩本原作「仍朝」。

一四 不敢「怠遑」。 兩本倒作「遑怠」。

四〇三・六 「翔洽」太和……雖復「犧幣」有楚。 兩本原作「嗣洽」。讀本作「犧弊」。按「弊」通「幣」。以下不記。

一〇 目 康定「二年」。 兩目同。一百二十一卷目及文亦作「二年」。查朔閏表康定僅有「二年」。兩本原作「三年」。據改。

一三 有事「于南郊」。 鐵本原作「南南郊」。

一六 況祈祉「下民」。 鐵本原作「一民」。

二〇 目下 「七月丙子」。 鐵本漏脫。

四〇四・一〇 「□」氣蕩定。 兩本「氣」上疑漏一字。加「□」以代之。

一五 祭無以卑而「廢尊」。 鐵本原作「廢專」。

卷一百十九校記

四〇五・九 王者饗帝「圜丘」。 讀本作「圓丘」。按「圜」「圓」通。書內二字互用。以下不記。

一四 朕以今年「十一月」甲戌。 兩本原作「十一日」。

三 嘉與「臣工」。 鐵本原作「臣土」。

四〇六・四 「故茲」札示。 兩本原作「故知」。

一六 茲極「敉寧」之效。 鐵本原作「牧寧」。

二二 「文軌」皆通於象闕。 兩本原作「文執」。

四〇七・四 予衷「莫違」。 兩本原作「莫遑」。

一〇 同茲「胥悅」。 兩本原作「胥恪」。

一一 永洽「可封」可大赦天下。 讀本漏「可封」兩字。

一三 長懷魚水「之歡」。 鐵本原作「之勸」。

四〇八・六 而又「三公」庶尹。 讀本原作「王公」。

卷一百二十校記

四〇九・八 目 「淳化」四年。 兩目作「涼化」。

一四 目 至道二年南郊「赦」天下制。 兩目讀本同。鐵本漏「赦」。

一七 博採乎「禮情」。 兩本原作「禮精」。

一九 「溥洽」寰區。 兩本原作「博洽」。書內「溥」「博」多互誤。以下不記。

四一〇・二 仰嗣「丕構」。 鐵本原作「丕權」。

六 肆士庶之「榮觀」。 兩本原作「榮歡」。

一〇 「獲猗」慶靈．讀本原作「獲倚」．按猗倚通．

一一 得不飾備物以「告虔」．鐵本原作「嶽虔」．

同 可「大赦」天下．鐵本原作「大敢」．

三 顧恭己而「便治」．讀本原作「便僅」．

同 暨禦侮之「羣材」……「咸盡忠」於奉上．鐵本原作「羣村」……「成盡忠」．

一七 慶蒼生之「蒙福」．鐵本原作「蒙初」．

同 覩「書軌」之混同．鐵本原作「書軌」．

三 「寶緒」綿長．鐵本原作「實緒」．

同 乃「混同」於「書軌」．鐵本原作「混司」「書執」．

四一一·一 繼封祀以告「成功」．鐵本原作「成巧」．

一〇 乃至利建「儲闈」．鐵本原作「儲聞」．

三 更賴中外「信臣」．兩本原作「信成」．

一五 「三載」一郊．兩本原作「二載」．

二〇目下 十一月十七「日」．鐵本漏「日」．

四一二·一 類「上帝」以燎熏．鐵本原作「上章」．

同 荷「肹蠁」以居歆．兩本原作「肦蠁」．

三 「逮夫」庶士．兩本原作「建夫」．

五 荷「上穹」之凝命．鐵本原作「止穹」．

一〇 「永底」烝民之生．益竭「藎忱」．鐵本原作「之底」．兩本原作「藎臣」．

二〇 許加「徽名」．鐵本原作「微名」．

三 屢省「之勤」．鐵本原作「之勤」．

卷一百二十一校記

四一三·二 「幸以」諸夏謐清．鐵本原作「華以」．

三 「克召」穰穰之福．鐵本原作「克名」．

同 「揆天元景至之」以下至「共臻斯路」以上　兩本脫抄一葉．「慶厤四年郊祀赦天下制」．文目併闕．

一五 用「昭晰」於政教．兩本原作「昭斯」．

一七 彌「鑒省」於昬荒．鐵本原作「鑒者」．

二目 皇祐五年南郊赦「天下制」．兩目讀本同．鐵本漏「天下制」三字．

三 宗「禮經」之親郊．兩本倒作「經禮」．

四一四·一 「用答揚」於靈休．兩本原作「月答揚」．

二 祀「地」上之圜丘．鐵本「地」字僅存土旁．

同 「升於泰祀」．兩本倒作「升泰於祀」．

三 復「先甲」而絜齋……「肅虔」在廟．鐵本原作「先申」．兩本原作「肅愛」．

七目 治平二年南郊赦「天下制」．鐵本漏「天下制」三字．依目錄讀本．

八 夫「王者」體道誠明．兩本原作「仁者」．

四一五·六 「勵」相隆平之運．讀本作「勱」．按「勱」或作「勵」．書內二字互用．以下不記．

九 心罔敢「弗丞」．讀本作「弗承」．按「丞」通「承」．以下不記．

一二 答三才「之奧」．兩本原作「之粵」．

一三 尚賴左右「勵翼」．鐵本原作「勵冀」．

一八 在「敷于」惠術．鐵本原作「敷示」．

二〇 無若「本朝」之隆．鐵本原作「岑朝」．

四一六·八 「於戲」．鐵本「戲」字空脫．

卷一百二十二校記

四一七·一〇　即康功而民「志愜」。鐵本原作「志惟」。

一一　奉「神考」初行之志。鐵本原作「神孝」。

一三　和氣「洋溢」。鐵本原作「洋湓」。

四一八·二　遂欽柴而「展采」。鐵本原作「展米」。

三　「可大赦」天下……朕「奉承」聖緒。鐵本倒作「赦大」，並作「泰承」。

五　「官師」交修……益固無疆「之祚」。鐵本原作「宜師」、「之祁」。

八　欽修特祀「之尊」。兩本原作「之專」。

九　陶匏「象性」。鐵本原作「象牲」。

一四　「五緯」來敍。鐵本原作「五偉」。

一五　「於豈朕功」。兩本倒作「於朕豈功」。

同　「人道」先乎祖。鐵本原作「天道」。

一六　「以侈」神降之休乃執「大圭」。鐵本作「似侈」。按「以」「似」通。並作「大至」。

一八　對「三靈」之蕃祉。鐵本原作「之靈」。

同　益殫「忠藎」之圖。鐵本原作「忘藎」。

三　茲迪「精禋」之饗。鐵本原作「精煙」。按「煙」古或通「禋」。

四一九·一　狴犴「空囹」而不式。鐵本原作「空圓」。

二　備鸞輿而「展采」……搙玉籍以奉「粢」盛。鐵本原作「展來」。讀本漏「粢」。

三　潔宮蠶而修幣「□」。兩本「幣」下疑漏一字，加「□」以代之。

同　「嘉秠薦」太尊之齊。兩本原作「喜秠薦」。

五　茂隆「累洽」之圖。兩本原作「累治」。

七　克懋「盈成」之訓。鐵本原作「盈盛」。

八　民興「淳樸」。鐵本原作「焞樸」。

九　天鑒誠而「孚佑」。鐵本原作「丘佑」。

一〇　「封疆」歸輿地之圖。鐵本原作「對疆」。

一一　庶邦「虔貢」以駿奔。兩本原作「底貢」。

一三　禮三獻而精意昭。鐵本「精」下多「慮」。

一七　遠人慕義而「玉帛來」。鐵本原作「玉帛朱」。

四二〇·二　先帝詔定親祠「北郊」之儀。鐵本原作「此郊」。

四　其「冬至日」南郊。兩本倒作「冬日至」。

七　皆「考合」於前文。鐵本原作「老合」。

一二　故先王以類「而求」。鐵本原作「而永」。

一三　「內赤」外黑。鐵本原作「內亦」。

一九　因郊得賜者亦「給之」。鐵本原作「紿之」。

三目　曾公亮「武寧軍」節度。讀目作「武陽軍」。

四二一·三目下　「元豐」。鐵本原作「兊豊」。

四　朕「獲典」天神。鐵本原作「腹典」。

同　顧不得「不」聽也。兩本「聽」上疑脫漏「不」字。

六　「肇禋」于上帝。鐵本原作「肇裡」。

同　賁于「帝師」。兩本原作「帝詩」。

七　「謂遺」舊德。鐵本原作「謂道」。

九　朕丕承「休烈」。鐵本原作「体烈」。

一〇　毋或「憚勞」也。兩本倒作「勞憚」。

一三　必賴秉文之「臣」肅雍在列。兩本「之」下疑脫「臣」字。

同　而弗「豫焉」．鐵本原作「豫馬」．

卷一百二十三校記

四三三・一三　目北郊「前詣」景靈宮．鐵目作「前諸」．
四三三・四　并飭「慮囚」之澤．兩本原作「攄囚」．
七　地不「愛寶」．讀本誤作「受寶」．鐵本誤作「受貿」．
同　水行敍而「河流清」．兩本原作「和流清」．
一〇　含萬物以「化生」．兩本原作「化光」．
一六　一清宇宙之「翳氛」．兩本原作「翳氣」．
二三　薦廻「嘉貺」．兩本原作「喜貺」．
四三四・一三　「前王」之懿範．兩本原作「格王」．
一四　「逮庶邦」之守吏．兩本原作「建庶邦」．
一七　炎燎「挻災」．兩本原作「挺災」．
一八　「導迎」和樂．兩本原作「遵迎」．
二〇　純嘏「方」來．兩本疑脫漏「方」字．
四三五・二　「風雨」以時．讀本原作「風兩」．
四　所有合行諸般恩賞並特「支」．兩本疑脫漏「支」字．

卷一百二十四校記

四三六・一三　「又祖宗」不得偏配．鐵本原作「人祖宗」．
二三　日月河海諸神悉如「圜丘」從祀之數．鐵目原作「圖丘」．
一九　以失「情文」之宜．鐵本原作「惰文」．
四三七・五　「右我」烈考．鐵本原作「古我」．
六　目御筆「手詔」．鐵本原作「于詔」．
二三　「僝工」鳩材．鐵本原作「偓工」．
一五　取「考工」記所載．鐵本原作「考二」．
一六　「三四步」．鐵本作「二四步」．
一七　堂修「二七廣四修」一．兩本原作「修堂一」．似漏「二七廣四修」五字．據上文加．
一九　「阿者」屋之曲也．兩本倒作「者阿」．
同　則知「下方」也．讀本原作「不方」．
二〇　「凡室」二筵者．兩本原作「九室」．
二二　「考工記」．鐵本原作「考上記」．
二三　十二堂以應「十二朔」．鐵本原作「十二溯」．
四三八・一　宜令明堂使司「遵圖」建立．兩本原作「遵圓」．
五　四時「八方」之義．鐵本原作「人方」．
一二　「黥配」海島．鐵本原作「點配」．
同　門下後省不「封駮」御史臺不「彈劾」．兩本原作「封駿」．「彈効」．
一八　「參質」時令．鐵本原作「參貨」．
末　小標目「御札」．兩目均漏．
四三九・三　惟「明堂」布政之宮．讀本原作「月堂」．
七　罔敢「怠荒」．鐵本原作「忽荒」．
八　奉牲「告成」．兩本原作「告盛」．
一六　彌文「屢講」「精義」已通．讀本原作「屨講」．「精意」．
一七　「兼廣」敎民之道．鐵本原作「廉廣」．
二二　哀對「天明」．讀本原作「天門」．
二三　「各揚」厥職．鐵本原作「名揚」．
四四〇・一　目「元祐四年有事明堂御札」．兩目均漏．
二　「纘宗廟」休緒．鐵本原作「鑽宗廟」．
四　並依「南郊例」施行．鐵本原作「南郊側」．

五　目　紹聖「二年」有事「明堂御札」。兩目作「三年」。鐵本作「明堂詔」。查宋史亦爲「二年」，依抄本。
六　「敢忘」昭考之烈。鐵本原作「取忘」。
七　朕「取」今年季秋。兩本漏「取」，據文例加。
大觀元年有事明堂御札。兩本文目併闕。
同卷目錄　九　目　政和七年「季秋」。兩目倒作「秋季」。
一二　暨于「泰館」。兩本原作「泰折」。

卷一百二十五校記

四三一·一〇　「懋維」禮樂之原。兩本原作「懋經」。
一一　「通圖」熙事。鐵本原作「道圖」。
一三　率慶「休成」……既膺「丕嘏」。鐵本原作「依成」、「玉嘏」。
一四　永孚「于休」。鐵本原作「于体」。
四三二·九　尙賴左右「宗工」。鐵本原作「宗上」。
一三　「星氛」弭消。鐵本原作「至氛」。
一七　「又將」百世。鐵本原作「人將」。
二〇　「承明」繼成。鐵本原作「永明」。
二一　三陲之兵「靡謦」。讀本作「糜謦」。按「靡」「糜」通。書內二字互用，以下不記。
四三三·七　嚴父「莫大」於配天。兩本原作「敦大」。
九　物無「疵癘」。鐵本原作「疪癘」。
一三　先帝寵「三爵」之封。鐵本原作「玉爵」。
一六　目　紹聖「二年」明堂赦天下制。目錄抄本均作「三年」。依上卷改作「二年」。宋史及通鑑亦作「二年」。
二一　所以致天下「之和」。鐵本原作「之知」。讀本漏「之」。
四三四·一〇　四阿「以施」四序之和。兩本原作「以旋」。
同　罔協維秠「之瑞」。讀本原作「之端」。
一三　「祗栗」于位者。兩本原作「祗粟」。
一四　「獲承」帝親並享之休。鐵本作「穫承」。按「穫」通「獲」。

卷一百二十六校記

四三五·九　御明堂平朔「左个」。鐵本原作「左介」。
一二　丹「天」之氣。兩本「丹」下疑脫「天」字。
一四　厥陰「風木」居土位。兩本原作「風水」。
一七　寒政「大舉」澤無「陽」燄。兩本原作「不舉」，並漏「陽」字。
同　「歲半」以前……平以「辛熱」。鐵本作「歲平」，兩本原作「辛執」。
一八　以全「其眞」資「化源」以助天氣無使暴過而「生疢」。鐵本原作「其奠」，讀本原作「花源」、「生疾」。
二一　以是月天運「政治」布告于天下曰。兩本原作「政和」。
四三六·一　「厥」陰所至爲風生。兩本「陰」上疑脫「厥」字。
二　皇帝居平朔「左个」。鐵本原作「在个」。
四　果「以栗」。鐵本原作「以宷」。
六　禁「野燒」。鐵本原作「野曉」。
八　「藉」其姓名。讀本作「籍」。按「籍」「藉」古通，書內二字多互用，以下不記。
同　則國多「暴風」蟄蟲「復生」。鐵本原作「黎舉」、「後

三 「奉中」者少。「少」陰所至爲熱生。 兩本原作「奉生」。並疑脫「少」字。
一四 大簇「爲商」。 兩本原作「爲聲」。
一五 皇帝「大朝會」于路寢。 鐵本原作「火朝會」。
一六 凡罪人毋「令」於市。 鐵本作「命」。書內「令」「命」互用。按二字古通。以下不記。
一九 「氛霧」冥冥。 兩本原作「氣霧」。
二三 以是月「天運」政治。 鐵本原作「火運」。
四三七・一 其化「清謐」。 鐵本原作「清謐」。
五 以「戌臘」大享。 鐵本原作「戍臘」。書內「戌」多誤作「戍」。以下不記。
六 「以祀」四方。 兩本原作「以記」。
八 是「月也」。 兩本原作「也也」。
九 「□」部預頒朌藏印。 兩本「部」上空脫一格。加「□」以代之。
同 毋敢不「□」。 兩本「不」下空脫一格。加「□」以代之。
一二 凡天地社稷百神「壇」壝。 兩本漏「壇」。
一三 則「胎夭」多傷。 鐵本原作「胎夫」。
一四 「無時」豫怠。 鐵本原作「與時」。
一七 魚「上」冰。 鐵本原作「止」。
一九 爲「蕃」鮮。 兩本原作「著」。
二〇 「以甘」寫之。 鐵本原作「以卜」。
二二 夷則「爲」閏徵。 兩本疑脫「爲」字。
二三 命有司以上辛「祈穀」於上帝。 兩本原作「析穀」。

四三八・一 「率」公卿大夫……播時「穜稑」。 鐵本原作「卒」。兩本原作「種稑」。
二 蔬以「韭葑」配「以卵」。 鐵本原作「韭葑」、「以卯」。
四 申「埋胔」之令……目錄「偏下」舉寬恤「手詔」。 鐵本原作「理胔」、「乎詔」。讀本作「漏下」。
同 「起上」供物之守凍者。 鐵本原作「趕上」。
五 若四路「河索」。 鐵本原作「河棠」。
七 「猋風」暴雨總至。 兩本多作「猋」。間亦作「猋」。按二字古通。以下不記。
一三 爲「□」化。 兩本「爲」下疑漏一字。加「□」以代之。
一四 「民迺厲」……以鹹「瘞之」。 鐵本原作「民迺屬」、「迺之」。
一五 太簇爲「閏宮」。 兩本原作「門宮」。
一六 「配」以勾龍后稷。 兩本疑脫「配」字。
一七 諸州「祀古帝王」……「士以」名聞。 鐵本原作「杞古帝王」、「上以」。
四三九・二 「田鼠」化爲鴽。 鐵本原作「日鼠」。
八 民授「□」田。 鐵本「授」下疑脫一字。加「□」以代之。
同 所屬以沿河卒歲終「逃亡」數報所隸。 兩本原作「巡亡」。
一〇 「若饑漕」移用官舍。 鐵本原作「苦饑漕」。

卷一百二十七校記

四四〇・三 爲「躁」生。 讀本作「燥」。按「躁」有「燥」義。二字古或通假。

一九　朕「奉若」時令．鐵本原作「奉右」．

四四一・四　民病寒「反熱中」．兩本原作「及熱中」．

七　「犴獄」關慫．鐵本原作「行獄」．

九　五穀「晚熟」．鐵本原作「曉熟」．

一五　民病寒「反熱中」．兩本倒作「反中熱」．

一七　奉祀五方齋宮「壇壝」．兩本原作「壇壝」．書內「壝」多誤作「壝」．以下不記．

四四二・四　戊午「禾乃登」．鐵本原作「未乃登」．

一〇　凡芻「稾」市於畿甸者．兩本「稾」「稾」互用．按「稾」為「稾」之假借字．以下不記．

一一　「封椿」季帳「上之」都省．鐵本原作「封樁」．兩本倒作「之上」．

四四三・六　雀入「大水」「化」為蛤．鐵本原作「大冰」．讀本疑漏「化」字．

一〇　命「奉常」視五方齋宮壇壝．兩本原作「奉嘗」．

一一　宗「正」寺．鐵本原作宗「止」寺．

一二　「工師」始警弓弩……「夏峙」芻糧．鐵本原作「上師」．兩本原作「夏時」．

一三　「眂稅」為差．鐵本原作「眠稅」．書內「眂」多誤作「眠」．以下不記．

同　則人多「懈惰」．鐵本原作「懈情」．

一四　「欽予」時命．鐵本原作「飲予」．

一七　「日在氐」．昏女中．鐵本原作「日在昏」．

二一　則土地「隆坼」．兩本原作「隆拆」．

四四四・一〇　得「十一月」之節．兩本原作「十月月」．

一三　「應鍾」為宮．讀本原作「應宮」．

一五　都水「具役」兵數「上于」水部．鐵本原作「其殺」「上手」．

一六　「是月」畢輸．兩本原作「是用」．

一九　「夙夜」承之無怠．鐵本原作「風夜」．

二二　「皇帝」御明堂．鐵本原作「皇命」．

四四五・一　「司天陰」風木．鐵本原作「固天陰」．

三　其果「李栗」．鐵本原作「季粟」．

同　其應「正宮」．兩本原作「五宮」．

四　地「氣」正．兩本疑漏「氣」字．

八　為「苦」化．鐵本原作「告」化．

一三　民乃「慘悽」．鐵本原作「修悽」．

一六　天應節毋「決囚三日」．鐵本原作「決日三日」。

一八　「雨雪」「則止」．鐵本誤作「雨雷」．兩本原作「則上」．

一九　「氛」霧冥．兩本原作「氣」．

同　水泉「咸竭」．鐵本原作「成竭」．

二一　昏「婁中」．兩本原作「婁口」．

四四六・四　「命曰」天符合德．鐵本原作「命田」．

七　「以祀」四方．兩本原作「以記」．

一一　令佐添植「桑柘」．鐵本原作「桑拓」．

一三　「冰凍」消釋．兩本原作「水凍」．

一五　布告于「天」下曰．兩本疑漏「天」字．

一八　逆「春氣」則少陽不生．兩本原作「春風」．

二〇　「故木」不侮土．鐵本原作「故本」．

卷一百二十八校記

三　蒔以「卯」．兩本原作「夘」．
四四七·一　元日「釋菜」于先聖．鐵本原作「釋萊」．
二　計「強惰」肥瘠以爲殿最．鐵本原作「強隋」．
八　「秋租」若畿埽藁秸．鐵本原作「秋祖」．
二　陽德「明來」．鐵本原作「朋來」．
一六　「如孟春」之月．兩本原作「始孟春」．
三　「遺祠祝」祀古帝王．兩本原作「遺祀祝」．
同　前五日「趣斷」獄訟．兩本原作「趨斷」．
四四八·一　以振「農乏」……毋受「田訟」．鐵本原作「農追」「曰訟」．
二　給內外官暨吏卒「春服」……自京陜「而」西者．鐵本原作「春脹」．「而」字空脫．
同　禁野「燒田」．鐵本原作「曉田」．
四　若歲料始「充役」．兩本原作「元役」。

卷一百二十九校記

四四九·二　盛德「在木」．鐵本原作「在本」．
三　入「天柱」艮方．鐵本作入「天任良方」．讀本作「天任」．
一三　「同會」於艮．鐵本原作「固會」．
同　「丁未」子中東運「交太」．鐵本原作「丁木」．「交火」．
同　爲旦清「晝溫」「君火」勝金肅「氣微」　兩本原作「盡溫」．「氣徵」．鐵本原作「君史」．
同　凡味火位「之主」．兩本原作「之土」．
一五　果以「含桃」．鐵本原作「含祧」．

一六　立夏停「決」重囚．兩本疑漏「決」字．
一九　眡「秋稅」免較者．鐵本原作「秋税」．
二〇　「令」部類合同勾籍．讀本原作「金」．
二一　則天多「沉陰」．鐵本原作「況陰」．書內「沉」「況」二字多誤．以下不記．
四五〇·九　以適「其平」．鐵本原作「其半」．
二　「畿甸」則增其二命有司備「酒材」．兩本原作「畿田」．鐵本原作「酒林」．
同　「大農」遣舟致麴麥．鐵本原作「火農」．
一三　軍器「支收」．鐵本原作「支收」．
一七　「壬戌」半夏生．鐵本原作「壬戍」．
三　停「決囚」．鐵本原作「決日」．
四五一·一　督遣「繫囚」．鐵本原作「繫因」．
九　居太陰「之位」．鐵本原作「之仁」．
同　「水承火」．鐵本原作「冰承火」．
二　與八風「會于」地畠室．鐵本原作「會午」．
一三　祀「門厲」．兩本原作「門屬」．
一四　有司「弛刑」三日．鐵本原作「地刑」．
一七　凡被受法令「條目」．鐵本原作「條日」．
一八　營房之「已未具皆聞于」所隸．鐵本原作「已未其昏聞于」。
一九　茲率「厥典」．鐵本原作「厥與」。
四五二·三　「凡九日」……歲半「之後」．鐵本原作「九九日」「之復」．
八　「聞于」本部．鐵本原作「聞子」．

卷一百三十校記

四五三·二 風雨迺行「氣」運卑監。兩本「氣」字錯抄於「風」字之上。

一九 「郡貳」月視塘隄水田。兩本原作「郡二」。

四五四·三 「歲土」上合太陰。鐵本原作「歲上」。

八 命有司「繕橋梁」。兩本原作「給橋梁」。

一六 「其氣」所至。兩本倒作「氣其」。

一七 「晝溫」夜寒。讀本原作「盡溫」。

二三 禁旅「闕額」請給帳。鐵本原作「關額」。

四五五·一 「揀補」禁旅之闕者。鐵本原作「楝補」。

三 工師「校弓弩」。鐵本原作「枚弓弩」。

一〇 流水「不冰」藏令「不正」草「乃榮」。鐵本原作「不外」、「乃祭」。讀本作「□正」。

同 「當順」養藏之道。讀本原作「堂順」。

三 天□節。鐵本「□」空脫。

同 「冬至」祀天于圓壇。兩本原作「日至」。

一五 輪之「兩學」。鐵本原作「西學」。

一六 則天時「雨汁」。鐵本原作「南汁」。

四五六·一 「木位」之主。讀本原作「本位」。

二 「以祀」四方……「立春」祀青帝。兩本原作「以記」。鐵本原作「上春」。

五 官屬「功過」。鐵本原作「功遇」。

六 河渠「工費」……募役「支酬」。鐵本原作「上費」、「文酬」。

一三 天氣「始方」……人氣「在肝」。鐵本原作「姑方」、兩本原作「相肝」。

一三 少陰遷正位於天輔「風木」之室。兩本原作「風月」。

一四 「春陰雨」。讀本原作「昏陰雨」。

一六 「以卯」。鐵本原作「以卯」。

同 凡學登「行藝」之實。兩本「登」上多「發」。並作「行爇」。

二〇 聽所在留後以「飯之」、「凡役」減工「以紓」民力。兩本原作「□之」、「以紆」。鐵本原作「凡投」。

二三 勅令「格式」已降而改易者……寬恤「手詔」。鐵本原作「格戎」、「予詔」。

四五七·二 「工師」造弓弩。鐵本原作「工歸」。

三 「面稽」天若。兩本原作「而稽」。

卷一百三十一校記

四五八 標目 典禮「十六」。鐵本原作「十七」。

二 陽明「司地」。兩本原作「司天」。

一四 「目赤皆瘍」。鐵本原作「日赤皆傷」。

一八 目 「二月月令」。鐵本空脫。

四五九·二 「高禖」。兩本原作「高襟」。

三 考選舍生而「升之」。鐵本原作「井之」。

四 以「考績」之法。讀本作「考續」。按「續」「績」通。以下不記。

五 「理欠」科罰。鐵本原作「理久」。

七 「□」心朕德。兩本「心」上疑有脫字。加「□」以代之。

一三 爲「目赤」……爲「瘍彌」。鐵本原作「日赤」、「瘍瞷」。

同　凡味「以苦」發之．鐵本原作「以若」．
一六　以是「月」爲限．兩本疑漏「月」字．
四六〇·八　「城池」料用．兩本原作「地池」．
九　則「草木」草枯．鐵本原作「草水」．
一三　壬子「反舌」無聲．鐵本原作「及舌」．
一七　約法「斷下」．讀本原作「斷不」．
同　諸路者「分詣」所部．兩本原作「分諸」．
一八　「郡貳」月視其完毀．兩本原作「郡二」．
一九　廂軍「將校」．鐵本原作「將敎」．
二三　「斗建未」……得六月「之節」．鐵本原作「斗建來」．「之御」．
四六一·二　其神「帝符」．鐵本原作「帝待」．
四　「伏日」頒冰．兩本原作「代日」．
六　泉監「之工」有升降．鐵本原作「之上」．
八　內藏庫趣輸「金帛」．鐵本原作「今帛」．
九　則「常平」司舉之．兩本倒作「平常」．
一〇　「禾稼」「不熟」．兩本原作「河稼」．鐵本原作「不熱」．
一五　其運「少商」．讀本原作「少角」．
一九　毋令有罪「人」于市．兩本漏「人」．依文例加．
二二　修完「功程」．鐵本原作「功裎」．
二三　各以名數上之省部．鐵本「以」字空格．
同　則「陽氣」大勝．讀本原作「傷氣」．

卷一百三十二校記

四六二·四　「土貢」會于邸．鐵本原作「上貢」．

一六　以是月「止」．鐵本原作「上」．
二三　佐以「苦甘」．兩本原作「苦干」．
四六三·一　「以適」其平．鐵本原作「以遭」．
二　「試驗」弓弩．鐵本原作「誠驗」．
九　「其化」爲淸勁．鐵本原作「其他」．
同　「達則」少宮．讀本原作「運則」．
一三　禁屠宰「有差」．兩本原作「有羞」．
一五　周視「畿內溝河」以聞．鐵本原作「畿肉搆河」。
一九　布告于「天下曰」．鐵本原作「天下白」．
二〇　「虎始交」．兩本倒作「始虎交」．
同　冰復「結」．兩本疑漏「結」字．
二二　陽明「燥金」．鐵本原作「燥奎」．
四六四·八　其化「初平」．讀本原作「和平」．
一〇　貢士畢集「辟」廱．兩本「璧」「辟」互用．按「璧」通「辟」．
一一　較「工程」「堤防」．鐵本原作「土程」．兩本原作「堤坊」．
同　「除日」大儺．鐵本原作「際日」．
一九　「配以」太宗．鐵本原作「紀以」．
二〇　「東太一」．鐵本原作「來太一」．
二二　宗子「若選」吏部應試者．兩本原作「若還」．
同　察囚禁「犴獄」……申「伐木」之禁．鐵本原作「旰獄」．「伐本」．
四六五·一　會諸河漕運「數」．鐵本漏「數」．
同　籍「土貢」．鐵本作「上貢」．
二　「藜莠」「蓬蒿」並興．鐵本原作「蘗莠」．兩本倒作

「蒿蓬」.
七 「絕田」涸流. 鐵本原作「紀田」.讀本原作「紀日」.
九 「歲半」以前. 鐵本原作「歲牛」.
一〇 自斗「建卯」. 鐵本原作自斗「是邱」.
一六 「昏井中」. 鐵本原作「昏井冲」.
一九 戊子祭大社「大稷」. 兩本倒作「稷大」.
三 毋殺「胎卵」行「秋令」. 鐵本原作「胎卯」.「秧令」.

卷一百三十三校記

四六六

卷目 鐵目原作一百三十「二」.
同 小標目 「明堂十」. 鐵本原作「明堂一」
一〇 曉斗「中」……爲形「見」. 鐵本漏「中」.兩本無「見」.
三 其病「溫厲」. 兩本原作「瘟厲」.
一三 攷其「行藝」而官使之. 兩本原作「刑藝」.
一四 凡登「士貢」. 鐵本原作「士貢」.
一五 第田課增虧……「草木」皆肅. 鐵本「田」下多「田」.
並作「草本」.
二〇 其神「君基」. 鐵本原作「君基」.
三 其病「腫瘤」痞隔「凡味」以甘寫之. 鐵本原作「腫霤」.「元味」.
三 南方「嶽鎮」海瀆……「嘗來」. 鐵本原作「歡鎮」.
讀本原作「嘗麥」.按「來」「麥」古通.
四六七・一 「謹伐木」之禁申「捕蝗」之令. 鐵本原作「鍾伐水」.
「補蝗」.
二 則苦雨「數來」……「紀時」典常. 鐵本原作「修來」.兩本原作「斜時」.
五 壬戌「夏至」……「其」位少陽. 兩本原無「夏至」並漏「其」字.
八 毋令「罪」人于市. 兩本疑漏「罪」字.
一五 抵當「計息」……則「雹凍」傷穀. 鐵本原作「許息」.
並作「雹凛」.
二〇 爲雷電雲雨……凡味「宜苦」. 讀本「雷」下多「爲」.
鐵本原作「宜若」.
同 以致「其平」. 鐵本原作「其年」.
三 無令「罪」人于市. 兩本疑漏「罪」字.
四六八・一 度支考「國信」禮物. 讀本原作「圖信」.
同 較「榷酤」. 鐵本原作「推酤」.按「榷」兩本多誤作「推」「權」「榷」等字.以下不記.
三 「克成」厥功. 兩本原作「克咸」.
六 曉「畢中」. 鐵本原作「軍中」.
一〇 凡寬恤「詔條」……與「坑冶」財貨. 鐵本原作「話條」.讀本原作「坑治」.
一一 「紓工程」. 兩本原作「紆工程」.
一五 「菊有」黃華「是月也」. 鐵本原作「蔔有」.兩本原作「是月月」.
一九 擇日燕羣臣「于集英」……會「士貢」. 鐵本原作「予集英」.「士貢」.
二〇 「大農」計科納屯田「視塘堤」. 鐵本原作「天農」.
「稅塘堤」.
四六九・一三 第「民產」……導「溝洫」. 鐵本原作「氏產」.「溝恤」.

一七 皇帝御明堂「平朔」。鐵本原作「平明」。
一九 「寒輿」濕化。鐵本原作「寒典」。
三 「視河防」……則水泉「咸竭」。兩本原作「親河防」。
鐵本原作「威竭」。
四七〇·三 日在「虛昏」昴中。兩本倒作「昏虛」。
五 祭大社「大稷」。鐵本原作「大禮」。
八 則冰凍「消釋」。鐵本原作「滴釋」。

卷一百三十四校記

四七一·四 「皇太后」大恢聖則……克成「丕業」。鐵本原作「豊
太后」、「丕禁」。
八 務穡勸「農」。讀本空脫「農」字。
同 「翼翼」小心。鐵本原作「冀翼」。
一九 異畝同穎「之禾」。鐵本原作「之朩」。
二〇 「載」陟靑壇。讀本空脫「載」字。
同 寧惟奉眷祐於「乾」坤。讀本空脫「乾」字。
同 「千官」景從以拱辰望宮闕「城社」之尊。鐵本原作
「予官」、「域社」。
四七二·二 目 明道二年籍「田」赦天下制。兩目漏「田」。
五 六卿執耒而「陪侍」。兩本原作「陪待」。
六 肇行「從獻」。鐵本原作「役獻」。
七 「宜覃」霧霈之恩。鐵本原作「宜潭」。

卷一百三十五校記

四七三· 標目 典禮「二十」。鐵本空脫「二十」兩字。
九 肸蠁「有聞」。鐵本原作「有開」。

一〇 目下 「景德四年二月乙亥」。讀本全漏。
一一 蓋「所謂」軼世之達士。鐵本原作「肸謂」。
一四 乃崇「祝典」、「乘輿」親享。鐵本原作「示典」、「乘
輿」。
一七 「用伸」昭報。鐵本原作「用神」。
一八 九天「司命」上卿保生天尊。兩本倒作「命司」。
四七四·二 並須「平闕」。鐵本原作「卑闕」。
四 王者「上承天」……守典則以「靡忘」……在乎「接
神」。鐵本原作「止承天」、「靡忌」、「撫神」。
九 且有「剪爪」之勤。鐵本原作「前爪」。
一〇 亦不能「少移也因述斯文俾用見志」。鐵本「少」以
下十一字脫漏。
一三 荷九疇之眷命。鐵本原作「九濤」。讀本原作「九
淸」。
一五 約眞馭以「下臨」。鐵本原作「丁臨」。
一七 「蓋祖宗」在天。兩本原作「葢祖宗」。
一八 共欽「元吉」。兩本原作「元告」。
二二 紹膺「秘檢」。鐵本作「秘撿」。按「撿」同「檢」。
四七五·五 目下 大中祥符五年閏十月「乙亥」。鐵本作「己亥」。查朔
閏表五年閏十月無「己亥」有「乙亥」。從讀本。
八 目下 「大中祥符五年十一月壬寅」。讀本脫漏。
九 其「上遇」仙道事。兩本原作「上偶」。
一四 「楚泗」宿亳州。鐵本原作「楚酒」。
一七 「惚恍」之靈。鐵本原作「愡恍」。
二二 卿等樂聞「輿頌」。鐵本原作「輿頒」。
四七六·二 承「穹昊」之眷懷。兩本原作「穹享」。

同　毖祀「潔誠」……「丹興」來格．鐵本原作「潔誠」．
「丹興」．
三　此皆上帝之所「降衷」……旋飭「庶工」．鐵本原作
「降東」．「庶上」．
五　目　所經州縣無令樂人「迎候」．兩目「所」下多「以」．讀
目作「祗候」．
六　無「令樂人迎候」．「令」以下五字．鐵本脫漏．
七　目　「混元」上德皇帝．鐵目作「混悉」．
九　「微言」闡幽．兩本原作「徽言」．
一〇　「首出」萬古．鐵本原作「貢出」．
一一　「仰止」靈區．兩本原作「仰上」．
一二　謹遣「攝太尉」．鐵本原作「搆太尉」．
一三　奉玉冊玉寶「上徽號」曰．鐵本原作「止徽號」．
一五　目　曲赦「亳州」及所過「州縣」流罪以下制．鐵本原作
「亳刑」．「諸縣」．
一七　比屋「傒來」．鐵本原作「僕來」．
四七七・一　「改營」「仙室」．鐵本原作「沒營」．「仙窒」．按「窒」
「室」通．
八　所以申「有國」之至虔．鐵本原作「有固」．
九　顧以「眇冲」……「八紘」狎至．鐵本原作「妙冲」．
「八鉉」．
一四　目　官吏務遵嚴肅「詔」．讀本漏「詔」．

卷一百三十六校記

四七八・二　「式達」至精．鐵本原作「式違」．
一四　瘞黃玉於「魏脽」……泝瓊源於「悠永」．鐵本原作
「魏惟」．兩本原作「收永」．
同　「疆埸」諡淸．鐵本原作「疆陽」．
一五　內循「菲薄」．鐵本作「菲簿」．按「薄」「簿」通．以
下不記．
同　蓋自「出震」．兩本原作「玉震」．
一六　巨禮「財成」．鐵本原作「財咸」．
一七　官典犯「正枉」法贓．鐵本原作「正社」．讀本原作
「正柱」．
一八　「遷秩」及三年．鐵本原作「遷秘」．
一九　「得替」幕職．鐵本原作「得簪」．
二〇　「放逐」便人．鐵本原作「放遂」．
二二　大中祥符「七年」終已前……見欠者「除放」．鐵本
原作「上年」．讀本原作「除於」．
二三　「東封」．鐵本原作「束封」．
四七九・一　「諸坑治」不敷歲課．鐵本原作「諸玩治」．
二　「當即」行獎擢．兩本倒作「即當」．
三　或淹「下位」．鐵本原作「下住」．
八　於「道藏」中檢閱．鐵本原作「透藏」．
九　永示「方來」．鐵本原作「方衆」．
一一　是用率籲「群誠」．鐵本原作「群城」．
一六　億齡之「巨典」也……克仁而「大芘」．鐵本原作「臣
典」．「大花」．
一七　「芃芃」率土．鐵本原作「范芃」．
一八　故諧其「茂遂」．鐵本原作「茂遵」．
一九　承「僊宗」之降格．鐵本原作「像宗」．
二〇　嘉生「並育」．鐵本原作「並盲」．

二 祗率「輿民」……太上者首出「庶務」．鐵本原作「輿民」，並作「厥務」．

四八〇·五 「標瑞厤」以建元．兩本原作「摽瑞厤」．

一〇 乘「生氣」於五勝……陟降「霄昊」．兩本原作「主氣」．鐵本原作「霄昊」．

一三 感應「交集」．鐵本原作「交禁」．

同 仰祖德「之」有開．兩本原無「之」字．以上句言，應加．

二〇 「肅伸」昭報．兩本原作「肅神」．

四八一·一 眞武「靈應眞君」．鐵本脫漏「靈應眞君」四字．

四 葛將軍加號「護正」眞君……庶殫「精衷」．鐵本原作「護丕」．兩本原作「精裏」．

七 卒遺俗「高蹈」．鐵本原作「高踏」．書內「蹈」多作「踏」，以下不記．

一三 兆見「禨祥」．兩本原作「機祥」．

一九 永惟玉皇「大天帝昊天上帝」．鐵本原作「天天帝美天上帝」．

四八二·一 顧稱謂之「或殊」．鐵本原作「盛殊」．

二 夙興「夜寐」……「聿申」虔告之文．鐵本原作「夜寢」，「聿甲」．

七 「輦輅」仗衞．鐵本原作「輦路」．

八 「夫豈」遠哉「緬稽」天若……「止東上」閤門「拜表」．鐵本原作「大豈」，兩本原作「面稽」．鐵本原作「上東上」，兩本原作「拜衣」．

九 目 圖寫「九星」二十八宿……頒行天下「詔」．讀目作「九皇」．抄本原無「詔」．據目錄補

一〇 操戈「執戟者」．鐵本原作「執戰者」．

卷一百三十七校記

四八三 卷目 卷第一百「三十七」．鐵目原作「二十七」．

八 目下 「壬辰」．鐵本原作「上辰」．

一〇 自今「逐處」長吏．鐵本原作「遂處」．

一九 式尊「正直」之神．鐵本原作「止直」．

二〇 比部員外郎丁顧言「就壇」祭告．兩本原作「就澶」．

四八四·六 「聰直」之神．兩本原作「聽直」．

一六 萬國「來同」……「今乃」備邦國之徽章．鐵本原作「東同」，「今巧」．

四八五·一 「中嶽」中天崇聖帝正明后之號．鐵本原作「中獄」．

一五 視秩「群公」．兩本原作「辟公」．

一七 目 商州「黃砂嶺」廟．目錄作「黃石嶺」．

二〇 目 髣山神封「豐澤侯」．鐵目原作「靈澤侯」．

四八六·四 目 丹州咸寧「郡王」……可靈澤侯「制」．鐵目作「郡上」．鐵本脫「制」．

五 有司「請焉」．鐵本原作「請爲」．

一一 民罹「札瘥」．鐵本原作「礼瘥」．

一五 仍賜「冠帔」．鐵本原作「寇帔」．

一七 神之爲賜彼土「大矣」而「封賁」之秩．鐵本原作「火矣」，「封貴」．

四八七·五 目 在內城隍「土地」封「昭貺」侯制．鐵本原作「上地」．鐵目作「昭號」．

一五 「在所」昭報．鐵本原作「奔所」．

一八 以爲「民休」。鐵本原作「民体」。
一九 靈濟廟可特封「普惠侯」。鐵本原作「普思侯」。
四八八·五 鄜州「建威」將軍等。鐵本原作「建成」。
八 故能「託茲」廟食介福「于民」。鐵本原作「記茲」、「子民」。
九 可特封「威濟侯」。鐵本原作「成濟侯」。
一四 靈德「託乎」三池。兩本原作「託民」。
二〇 「時」若雨暘。鐵本「時」字空脫。
四八九·二 適追「先志」惟神姿凝「博厚」……東安公奄奠「東土」。鐵本原作「先忘」、「傳厚」、「東上」。
一〇 「罔敢」怠忽。鐵本原作「周敢」。

卷一百三十八校記

四九〇 卷目 卷第一百「三十八」。鐵目作一百「二十八」。
九 「合陳」清廟之儀。鐵本原作「令陳」。
四九一·八 太宗受命「繼代」。鐵本原作「繼伐」。
一九 目 「復翼祖宣祖廟詔」。目錄均漏。
四九三·三 復經聖考著定「明詔」。讀本原作「明昭」。
四 其敢廢先妣之舊禮。兩本「舊」下多「典」。
同 章懷皇后「祫享」。鐵本原作「洽享」。
六 目 嘉祐四年祫享赦天下詔。抄本「詔」下多「制」。刪。
一三 「恤刑」名而寬罪咎。兩本原作「恤天」。
一七 禮緣「人情」。兩本原作「人請」。
四九四·二 恭「以婉」資生之德。鐵本原作「以娩」。
四 「伏維」元德皇太后。鐵本原作「伙維」。
五 弗逮「承顏」徒以尊「長樂」之稱。鐵本原作「永顏」、「長藥」。
八 「恭維」聖靈諒鑒「勤懇」。鐵本原作「忝維」、「功懇」。
一七 「奉親」之志。鐵本原作「奉視」。
二二 懷「慈儀」而思報。鐵本作「慈義」。按「義」通「儀」。書內二字互用，以下不記。

卷一百三十九校記

四九六·一七 尚書戶部「侍郎」。鐵本原作「符郎」。
二三 融精「月魄」。讀本原作「日魄」。
四九七·三 「億萬斯年」。兩本原作「斯萬斯年」。
五 以循「大中」。鐵本原作「天中」。
七 「遂涓」穀旦。兩本原作「遂捐」。
一一 「慼慕」增懷。鐵本原作「惑慕」。
一四 目 英宗山陵「祔廟」畢兩「京」鄭孟減降德音。讀目作「附廟」，兩目漏「京」。
四九八·一 爲「內殿」之元妃。兩本原作「丙殿」。
四 目 哲宗山陵祔「廟畢」……管內德音及以下欽聖欽成「德音」二字，抄本倒在「廟畢」之下。
一五 「卒窆」山園。鐵本原作「卒宆」。讀本作「卒𥥛」。按「𥥛」爲「窆」之別體。
四九九·四 「埳」空其壙垣。讀本作「塪」。鐵本作「瑫」。按「瑫」爲「埳」之筆誤字。
一七 廟號「僖祖」。兩本原作「禧祖」。
五〇〇·一 「非謚」無以彰其迹。鐵本原作「菲謚」。按「非」「菲」古通。
五 蓋「率遵」於典故。鐵本原作「率道」。

九 「尸兹」重事．鐵本原作「戶滋」．按「茲」「滋」通．書內二字互用．以下不記．

一三 昭升屬以「建封」．鐵本原作「建訓」．

一九 發自「宸衷」．鐵本原作「震裹」．

卷一百四十校記

五〇一・一〇 寰海「底寧」．鐵本原作「底率」．

一一 「羈縻」之國獻地．鐵本作「羈靡」．按「靡」「縻」通．

一四 「胳合」淵宗．鐵本原作「膪合」．

一五 「爰抑」升中．鐵本作「爰抑」．按「抑」爲「抑」之訛字．

三 「爰錫美」於來裔．鐵本原作「愛錫美」．

五〇二・三 「旰昊」忘勞「動循」燕翼之謀克致「治平」之化．讀本原作「旰昊」．兩本原作「勳循」．鐵本原作「治乎」．

一〇 「躬肆類」以享帝．鐵本原作「攻肆類」．

一一 「實行」躬儉．兩本原作「寶行」．

一五 目「六廟」加謚．兩本原作「六朝」．

一八 目「僖祖」加謚．兩本原作「禧祖」．

一九 感「仙游」之來格．兩本原作「先遊」．

二二 申聿懷之「多福」．鐵本原作「名福」．

五〇三・三 「儲精」剛健．鐵本作「諸精」．按「諸」「儲」古通。

五 粤以「眇姿」．兩本原作「渺姿」．

一六 總「戎師」以致用．兩本原作「戎昭」．

一七 景命「懷」屬率由燕翼之謀．鐵本「懷」字錯倒於謀字之下．

二二 功侔於「蒼昊」．鐵本原作「蒼炅」．

五〇四・四 神德「聖功」至明大孝皇帝．讀本原作「聖加」．

一七 咸有「鬱嗟」之論．鐵本作「鬱差」．按「嗟」通「差」．

一八 依先朝「再上」祖宗謚號．鐵本原作「再二」．

五〇五・三 孝子嗣「皇帝」臣某．兩本漏「皇帝」二字．依文例加．

五 「追正」禮謚之失．鐵本原作「追王」．

九 目章獻明肅皇太后改「謚冊文」．兩本漏「謚冊文」三字．據上下目例加．

一三 今「容臺」定論．兩本原作「客臺」．

一五 幽贊「鴻祉」．兩本原作「鴻社」．

一八 憑華「月體」．鐵本原作「日體」．

二二 「改上」尊謚曰．鐵本原作「政上」．

卷一百四十一校記

五〇六・一〇 眞宗「升遐」．兩本原作「升道」．

一一 禮雖「溢美」．兩本原作「沒美」．

一五 恭聞先帝時「懷穆二后」．兩本原作「懷穆穆后」。

二〇 目下 慶厤七年「七月」辛巳．兩本原作「十月」．查朔閏表「十月」壬寅朔無辛巳．「七月」甲戌朔．八日爲辛巳．據表改爲「七月」

二二 屬肇脩於「元祀」．鐵本原作「九祀」．

五〇七・八 「實著」則名美……功駿「則號隆」．兩本原作「寶著」．鐵本原作「財號隆」．

一三 若夫知落「天池」而不自慮．讀本原作「天地」．

一四 斥而「不復」．鐵本原作「不獲」．

一六 追于「夜艾」．鐵本原作「夜父」．

五〇八・二　而「兇渠」就戮．　鐵本原作「允渠」．
三　「未嘗」不圖萬世之安．　鐵本原作「來嘗」．
九　目　仁宗加……濬哲明孝皇帝冊「文」．　鐵本漏「文」．
一〇　臣伏觀古先「哲王」．　兩本原作「格王」．
一三　知窮「八荒」而不見其迹．　鐵本原作「入荒」．
一四　緝禮樂之「墜文」．　鐵本原作「墜史」．
同　必終身「見斥」有寬裕從諫「之度」．　鐵本作「見斤」「之慶」．書內「斥」「斤」多互用．按「斤」爲「斥」之別體．以下不記．
一九　今將「款清廟」．　鐵本原作「殿清廟」．
二〇　下不敢懟「紳民」之情．　兩本原作「神民」．
五〇九・一　目　英宗「加上」徽號．　目錄作「加尙」．按「尙」通「上」．
四　恭惟英宗皇帝受命「穆清」．　鐵本原作「穆涓」．
六　「斯乃」高宗之學．　鐵本原作「斯弓」．
八　「以表相邦家」．　讀本作「天之明命家」．
一〇　踰於「日昊」．　鐵本原作「日吳」．
一一　「發廩」以振窮乏．　鐵本作「發稟」．按「廩」「稟」古通．
一三　悅色以開「諫爭」……以詢「獻納」．　鐵本原作「課爭」．兩本原作「讞納」．
一四　拔材於隱而不問「跅弛」．　鐵本作「跅跑」．讀本作「跅跐」．按漢書武帝紀作「跅弛」．
五一〇・二　目及目下　神宗增諡「十字詔」「紹聖」二年．　目錄原作「十字諡」．兩本原作「紹興」．
四　「申加」徽稱．　鐵本原作「甲加」．

卷一百四十二校記

五二一・八　目　神宗加上徽號……皇帝議．　抄本無「議」．據目錄補．
一〇　「非其」不同．　兩本原作「非期」．
一三　「徽辭」奧義．　兩本原作「徽辭」．
五二二・三　「在宥」天下．　鐵本原作「在省」．
七　革千載「抗弊」之習．　兩本原作「玩弊」．
九　天下曉然知德意「志慮」之所在．　鐵本原作「悉慮」．
一〇　「默焉而天潛」．　鐵本原作「默烏而天潛」．
一三　「斯是謂」大有爲之時．　兩本原作「其是謂」．
一五　守尚書「左僕射」．　鐵本原作「左樸射」．
一九　「垂裕」萬世無窮之統．　鐵本原作「垂格」．
五二三・四　「烏可」已哉．　鐵本原作「鳥可」．
一〇　方且「夤畏」以奉天．　鐵本原作「夤長」．
一一　「嘉祥」荐臻．　兩本原作「喜祥」．
一九　熙豐「之政」．　鐵本原作「之致」．
五二四・二　愼密而嗇出．　兩本「嗇」下多「不」．
一五　「冒昧」自竭．　鐵本原作「胃昧」．
三　市無剖斗「折衡」之爭．　鐵本原作「祈衡」．
五二五・一　夙夜「祗慄」．　鐵本原作「祗慓」．
九　實自我烈考「弛張」彌綸．　兩本原作「施張」．
一一　比祖宗已各「十六字」．　鐵本原作「于六字」．
一九　目　「贈中書令潘美」．　鐵目倒錯爲「贈中書潘令美」．按卷內有目無文．目錄加「文闕」二字．
二〇　目　韓琦配饗「英宗」廟庭制．　目錄原作英中．

二 抑邦家「之寶」．讀本原作「之室」．
五一六·一 「惠澤」有加於四海．鐵本原作「急澤」．
按本卷讀經廬抄本神宗謚冊文及重定神宗徽號詔有顛倒錯亂處．

卷一百四十三校記

五一七·一〇 愼擇「緇流」．兩本原作「錙流」．
一六 「洪惟」瑞應．鐵本原作「決惟」．
一八 動色「相趨」．鐵本原作「相超」．
一九 見禁「罪人」．鐵本原作「非人」．
五一八·三 「宥過」推仁．兩本原作「有過」．
一九 坊郭戶屋稅錢「特支」五分．鐵本原作「將支」．
二〇 與免將來「取解」父老年「八十」以上者．兩本原作「文解」．鐵本原作「八千」．
五一九·一 目 會聖宮……「西京德音」．兩本原作「德音西京」．據目錄鈎．
六 靡敢「遑息」．兩本原作「遑恩」．按「息」「恩」二字．書內多互誤．以下不記．
同 不足「以殫」嚴奉之意．兩本原作「以憚」．
七 天休「交至」……「庶大賚于」多邦．兩本原作「之至」．鐵本原作「庶木賚子」．
一二 「閒治隆」殿後有園地．鐵本原作「間治隆」．
一五 除十惡殺盜「等罪」至死不赦外．鐵本原作「等罷」．
一九 景靈「兩宮」哲宗殿名寶慶．兩本原作「西京」．
二〇 其殿額若止以受寶之慶「爲名」．兩本原作「爲寶」．
二一 目 景靈「西宮」成．抄本及目錄原作「西京」．

五二〇·一 晬容「遷妥」．鐵本原作「遷安」．
六 應西京「管內」．鐵本原作「營內」．
一三 目小標 「□□」．鐵本空行．目錄亦空行．讀本「□□」地位與小標目等．按下目文不屬原廟．或爲小標目．從讀本．
一四 目及目下 宣祖「昭」武皇帝……大中祥符二年「九月」丁亥．目錄漏「昭」．鐵本原作「九日」．
一五 尤切「永懷」．鐵本原作「承懷」．
一六 「自今」忌前一日「不坐」．兩本原作「自念」．鐵本原作「不生」．
二一 「共欽」塵靜……咸歎「醴甘」．鐵本原作「共歛」．讀本倒作「甘醴」．
二三 「惟兩京」戶民．鐵本原作「推兩京」．
五二一·六 因覽太祖「實錄」．鐵本原作「實籙」．
八 目 「上陵詔」．鐵目作「土陵詔」．
一三 目 「躬謁」陵寢．讀本原作「射謁」．
一八 目 「告祭」諸陵詔．鐵目讀本原作「祭居」．讀目倒作「祭告」．
五二二·二 目 昭陵不得科「率」「人民詔」．兩本疑漏「率」字．鐵本原作「人民認」．依目錄．
五二三·一 固與「方輿」而同厚．鐵本原作「方興」．
三 規恢三代「之謨」．兩本原作「之摹」．
七 「龍胡」莫挽．兩本原作「龍湖」．

卷一百四十四校記

五二四·九 自今宜「以七日爲七夕」．鐵本原作「以七日爲七日．

一〇　目　建「天慶」節．鐵本原作「大慶」．

一三　目「保生酒」．鐵目作「係生酒」．

二〇「萬家」咸睹……敢不「祇欽」．兩本原作「萬象」．鐵本原作「祇錢」．

五二五·一〇「稍涉」不謹．鐵本原作「稍步」．

一九　百官並「依例」常朝……「其餘」休務並假日．鐵本原作「依倒」．「冥餘」．

五二六·七　敢忘「旰昃」之勤．鐵本原作「旰吳」．

一〇「星既明」而旅進．鐵本原作「屋既明」．

一一　如中書樞密院有「合奏」公事「當詣」便殿臨對．鐵本原作「合葵」．「當議」．

一三　目下　寶元「二年」「二月」「庚午」．兩本均作「元年」．鐵本作「一月」．讀本作「二月」．查寶元改元在景祐五年十一月．無「元年」．應改爲「二年」．朔閏表「二月」壬戌朔九日爲「庚午」．從讀本．

一四「懼常失」於隱微．鐵本原作「臞常失」．

一八「經國」顯謀……雖至「中戾」．兩本原作「經圖」．鐵本原作「中異」．

一九　並「不限」時刻．鐵本原作「不恨」．

五二七·三　不得於州縣輒有「須索」．讀本原作「須率」．

一三　兩京留司「管內」「諸州」屯戍將校．兩本原作「官內」．鐵本原作「請州」．

二二　而邊鎮「之俗」．鐵本原作邊鎮「之佫」．

五二八·三　蓋達誠於「孺慕」．鐵本倒作「慕孺」．讀本原作「孺纂」．

五　小標目「遊觀」．讀本原作「遊歡」．

一八　茂對「眞遊」……既成於「大壯」．兩本原作「貢遊」．鐵本原作「大肚」．

卷一百四十五校記

五二九　標目　典禮「三十」．鐵本原作「二十」．

小標目「宴集」．鐵目原爲「宴禁」．

一八　自今士民「任選勝」宴樂．讀本倒作「選任勝」．

五三〇·五　茲惟「天邑」．鐵本原作「天色」．

同　用宣「純嘏」．兩本原作「絕嘏」．

七　目下　二年四月「壬寅」．鐵本漏「壬寅」二字．

八　鬱下民之「訴訟」．鐵本原作「訢訟」．

一三　目　同列出使許「出餞」．鐵本原作「出錢」．

一三　逮茲成室「之初」．讀本原作「之物」．

五三一·一　目下　天禧四年九月「壬戌」．兩本原作「壬申」．查朔閏表九月無「壬申」．有「壬戌」．

二　稽于「前典」……「乃眷」上都．鐵本原作「前與」「乃脊」．

五　久臻「下武」之期．鐵本原作「不武」．

一〇　豈獨在於「眇冲」．讀本作「眇躬」．

一三　目下「景德」四年．兩本原作「景祐」．

一九　今則一郡歲有三四至者．鐵本「四」下多「而」．

五三二·一　目　罷畋遊放五坊鷹「犬」禁諸州不得獻鷹犬詔．鐵目「禁」上「犬」作「大」．文內五坊鷹犬之「犬」同．

一四　目　還「趙保忠」獻海東青詔．鐵本原作「越保忠」．

一八「搏擊」之類．兩本原作「搏繫」．

一九 無得「更有」蓄養．兩本原作「便有」．

卷一百四十六校記

五三三 九 標目 典禮「三十一」．目錄漏「一」．
方集「茶蓼」．讀本作「茶蓼」．按「茶」本作「茶」．一
說「茶」爲「茶」之或字．
一三 目 令子弟因「父兄」歿．鐵本原作「父凡」．
一八 時當「⿰食燕」饗．兩本同．按「⿰食燕」或爲「讌」「醼」之別
體．
五三四・五 目 答羣臣「三上表」「乞舉樂」．鐵本原作「王上表」．目
錄原作「訖舉樂」．
六 曷嘗「暫忘」．鐵本原作「暫志」．
一四 目 晉國賢靖「大」長公主．目錄無「大」．
一七 目 眞宗喪服臣僚請「聽」政表．目錄無「聽」．
一八 且以寰區「至廣」．鐵本原作「至廉」．
三 親覽「政經」．鐵本原作「敢經」．
五三五・一 卿等講求「典故」．鐵本原作「興故」．
二 尤增「愧惕」．鐵本原作「愧傷」．
一二 「夫以」朕眇末之身．鐵本原作「失以」．
五三六・三 目 「第二表」乞舉樂不允批答．鐵本原作「第三表」．
五三七・三 目 宰臣吳「充」等．目錄作「充」．抄本作「允」．按宋
史亦作「充」．
四 「揆之」情文．鐵本原作「撥之」．
三 「當申」卿等之至誠．鐵本原作「當甲」．

卷一百四十七校記

五三八・三 未忘「永慕」．鐵本原作「冰慕」．
一五 「顧惟沖人遭家不造」．鐵本倒作「顧惟沖遭人家不
造」．
一八 「宅哀」銜恤．兩本原作「宅宗」．
五三九・六 「顧託」之深．鐵本原作「顧訖」．
九 「永維」萬微之繁．鐵本原作「氷維」．
一六 常懷終身不忘「之憂」．讀本原作「之夏」．
一七 再閱「來章」．鐵本原作「未章」．
三 今「衰麻」之除．鐵本原作「褻麻」．
五四〇・二 目 舉樂不許批答「三」．目錄無「三」．
三 因情而「立文」……子養「萬國」．鐵本原作「立史」．
「禹國」．
六 「惻然」未寧．鐵本原作「則然」．
一〇 目下 元祐「八年」．兩本原作「九年」．據下「請御殿批答」
改．
一一 「未知」攸爲．鐵本原作「木知」．
一六 悼心「失國」……卿等迫以「遺詔」．鐵本原作「失
圖」「遺諾」．
一七 理難「久曠」．兩本原作「疚曠」．
一九 朕惟「先王」制禮．鐵本作「先皇」．
三 而卒莫之必．奪情從簡．兩本「必」下多「朕御宸極
而朝」六字．按下文有「又欲朕卽御宸極而朝羣臣」之
句．六字與上下文句不相連．疑爲重衍．刪．
五四一・八 目 哲宗喪……請聽政「不允」批答．讀目作「不許」．
一〇 目 第二表「不允」批答．目錄及鐵本漏「不允」二字．從
讀本．

一九 目下 元符「三年」正月．兩本同作「二年」．據上「哲宗喪批答」改．

二〇 「末予」冲人．鐵本原作「宋予」．

五四三·三 「皆謂」正宁之朝．鐵本原作「皆請」．

四 「良用」盡然．鐵本原作「良周」．

八 毋堅勤請．鐵本「勤」下多「毋」．

九 目 「第三表」允批答．鐵本原作「第二表」．

一〇 累次所上章「奏請」易服……「可俟」周期服吉．兩本原作「春請」．鐵本原作「可後」．

五四四·二 悲慕「豈忘」於一日．兩本原作「豈志」．

卷一百四十八校記

五四五·八 目下 建隆四年四月「戊午」．鐵本漏「戊午」．

三 目 刻儀「制」令詔．兩本原漏「制」字．按文內作「儀制令」．據加．

一五 目及目下 申禁奢僭「詔」端拱「五」年十一月丙戌．兩本漏「詔」．依目錄加．又按端拱僅有元、二年．兩本原作「五」年．查朔閏表元年十一月有丙戌．二年十一月亦有丙戌．不能決爲何年．

五四六·二 公朝「之容」．鐵本原作「之客」．

三 以至「罄其」徒御「冒臺閣」之尊崇．讀本原作「整其」．鐵本原作「曷臺閣」．

七 凡祈以酒及「脯臨」．按「臨」或爲「醢」之別體．

一四 目 令定僕射赴「上儀」詔．目錄作「上議」．按「儀」「議」通．

一六 亦於本省「赴上」令太常禮院與崇文院「檢討」．讀本原作「起上」．兩本原作「檢封」．

二〇 目 由右昇「龍門」入詔．讀本原作「龍文」入詔．

五四七·一 目 不得衞士迎駕起居「萬歲」詔．目錄作「萬壽」．抄本作「萬歲」．

二 「對越」大宮．兩本原作「對起」．

三 起居「萬歲」．鐵本「萬歲」二字空脫．

七 目下 「大中」祥符九年．兩本原漏「大中」二字．

一九 而忘經緯之「大經」．讀本原作「大體」．

三 雖「情文」度數．鐵本原作「情之」．

同 「則庶幾焉」．鐵本原作「則在幾爲」．

五四八·一 祭祀祼獻謂「之吉」「昏冠」燕饗謂之嘉．鐵本原作「之言」「昏冠」．

七 「後世」因之「沿流」弗革．鐵本原作「復世」「源流」．

一七 可「更不」施行．鐵本原作「更令」．

一八 目 「十四祭」用樂詔．兩本原作「十四制」．據文改．

五四九·二 目 「別製」天書樂章．讀目作「別制」．

四 目 「增」玉清昭應景靈宮「樂詔」．鐵本作「贈」．目錄及讀本原作「架詔」．

六 「景靈宮樂」．兩本原作「景靈宮架」．

八 然初耕「甸籍」．兩本原作「旬籍」．

一二 躬自「考求」．鐵本原作「考示」．

一三 並許「稱薦」．鐵本原作「稱爲」．

卷一百四十九校記

五五〇·一二 期于「折衷」．鐵本原作「折袁」．

一六 亦未「完緒」「頃雖」再三考定．兩本原作「兎緒」．

「煩雖」．
五五一・一 「夫名」生於義．鐵本原作「矣名」．
同 其令〔下闕〕．兩本原無「下闕」二字．
六 安祖宗之「所安」．兩本原作「平安」．
一 「工師」有司考其聲．讀本原作「上師」．
三目下 「崇寧」四年．鐵本原作「景寧」．
八 「可依」所奏．鐵本原作「可以」．
一〇 「百年」後興．鐵本原作「百斗」．
一 而無「古今」之異．讀本原作「吉今」．
五五二・二一 公肆「誣詆」．兩本原作「誣祇」．
三 「或情輕」法重．兩本原作「獲情輕」．
五五三・三目 爲受命寶制作之因「詔」．兩本漏「詔」．依目錄加．
六 「印方寸」．鐵本原作「卽方寸」．
一〇 託之「琬炎」．鐵本原作「宛炎」．
五五四・二 「環大象」以立極．兩本原作「坯大象」．
六目 「太師」蔡京……乞「涓日」受元圭．鐵目原作「大抑」．「有曰」．
八 其尙「交修」．鐵本原作「文修」．
九目下 政和二年「十二月」二十四日．讀本作「十一月」．
一二 是用稽「圖牒」之言．兩本原作「圖諜」．

卷一百五十校記

五五五・一〇 且「譌謬」以實多．兩本原作「僞謬」．
五五六・三 兼門下侍郎平章事「呂端」．兩本原作「呂章」．
七 宜「下頒」諸路．讀本倒作「頒下」．
一四 膺圖「之瑞」．鐵本原作「之端」．

一八 咸勸於「素業」．鐵本原作「素葉」．
三 年代帝號「失次者」．鐵本原作「夫次者」．
五五七・二 「從事」中郎．讀本原作「縱事」．
五 「拘縶」幽憤．兩本原作「拘摯」．
六 後魏韓顯宗以「矜伐」失意．鐵本原作「矜代」．
一八 「而暫蝍」於徊翔．鐵本「而暫蝍」三字破缺．
同 若乃用貲以「謀進」……餔「人以」續食．鐵本原作「謀追」．「人以」二字破缺．
一〇 此卷中事迹「蕪雜」．鐵本原作「蕪雅」．
五五八・二 卿等「綱舉」條疏．兩本原作「網舉」．
五 「羲皇」以來……卿等「釆獲」舊聞．兩本原作「羲豊」．鐵本原作「未獲」．
七 「欽尙」不忘．鐵本作「欽加」．
八目 「重修神宗實錄詔」．讀目與上目「曾公亮表進英宗實錄荅詔」互倒．
一〇 更新「條綱」．兩本原作「條網」．
一一 「訂正」討論．鐵本原作「訂止」．
一三 其令脩史官取索元祐紹聖「實錄」．兩本原作「寶錄」．
一九目 詳定「制書」詔．目錄讀本均作「新書」．
五五九・一 差何「執中」提舉．兩本原作「報中」．
四 「虔奉」列聖睿文宸翰．兩本原作「處奉」．

卷一百五十一校記

五六〇・一三 「永祚」垂文．鐵本原作「永朴」．
一三 「既福應以洊臻」．鐵本原作「既福薦以存臻」．

五六一·三　聽候「進止」· 兩本原作「進上」·
七　獄訟未除於「枉橈」· 讀本作「枉撓」· 按「橈」「撓」通·
九　陳時務之「否臧」· 兩本原作「丕臧」·
一三　廣示於「哀矜」· 兩本原作「憂矜」·
一六　目　以旱「罪己」· 鐵目作「菲己」·
五六二·四　「四目」遠覽· 兩本原作「四日」·
同　「愆尤」滋甚「江浙」淮陜· 兩本原作「愆元」· 讀本原作「江淅」· 按「浙」以下多誤作「淅」·不再記·
九　目　避「正」殿減膳詔· 目錄漏「正」· 鐵本原作「減善」· 按「善」通「膳」·以下不記·
一七　目　「以旱」減降兩京諸路繫囚· 目錄作「以早」·
一九　罔盡「哀矜」之理致茲「亢暵」· 兩本原作「哀務」「元暵」·
同　死罪「降從流」流罪「降從徒」· 鐵本原作「除從流」「辟從徒」·
三　目　「以旱」求直言· 抄本文目原作「以早」·
五六三·一　目　「荐成」愆亢之災· 鐵本原作「存成」·
五　目　頒畫龍祈雨法「詔」· 兩本漏「詔」·據目錄加·
九　「偏走群望」· 兩本原作「偏受郡望」· 參據下卷改·
三　目　「疏理」繫囚詔· 鐵目作「齊理」·
一四　民間「有不便事」· 兩本原作「有一便事」·
一八　目　京西「饑處」蓄積之家· 鐵本原作「畿處」·目錄作「飢處」·
一九　委轉運使諭告「蓄積」之家· 鐵本原作「舊積」·
三　目　「陳知微」等巡撫淮南· 目錄作「陳知徵」·
五六四·一　因「察訪」巡檢使臣能否· 兩本原作「寮訪」。

卷一百五十二校記

五六五·八　目　「榮王宮」· 目錄作「榮土宮」·
九　榮王「元」儼宮· 讀本漏「元」·
一四　安集「里閭」· 讀本作「閭里」·
一五　判三司「鹽鐵」勾院· 兩本原作「監鐵」·
一九　「兵刃」並囊· 兩本原作「五办」·
二〇　偏走「群望」「致牲玉」之斯潔· 兩本原作「群臣」並作「故牲玉」·
三　「及借種貸糧」· 讀本作「及借貸種糧」·
五六六·二　候次年「奏裁」· 鐵本原作「癸裁」·
三　近日羣臣屢奏「諸處」· 鐵本原作「諸虔」·
一一　「旰食」在懷· 兩本原作「肝食」·
一三　寰區「允矚」· 鐵本原作「允騰」·
二〇　廬舍浸淫而「成墊」· 兩本原作「或墊」·
二三　誕符雷「雨」之施· 讀本漏「雨」·
五六七·二　而「星緯」差常· 兩本原作「景緯」·
六　目　霖雨赦天下「制」· 目錄作「詔」·
九　「緬企」前猷· 鐵本原作「緬金」·
一一　目及目下　與長吏問「繫囚」減降詔　明道「二年」二月「庚戌」· 鐵本原作「繫因」·兩本作「元年」·按明道改元在天聖十年十一月甲戌·無「元年」·僅有明道「二年」·查朔閏表·二年三月有「庚戌」·據改·
一四　目下　明道「二年」八月丁丑· 兩本原作「元年」·同上目·

據朔閏表改作「二年」．鐵本漏「八月丁丑」四字．查朔閏表「二年八月」甲午朔．無丁丑．九月癸亥朔．十五爲丁丑．依八月干支有誤．依丁丑．月份有誤．仍依讀本不動．

一五 既絕「畋遊」之好．鐵本原作「畎遊」．

同 而端門正「寢」．讀本「寢」字空脫．

一七 目下 明道二年九月丁夘．兩本原作「元年」「八月」．據表改作「二年」並據「丁夘」改作「九月」．

一九 必懋功而「責實」．鐵本原作「貴實」．

二三 聽斷「之際」．兩本原作「之祭」．按「祭」有「際」義．見廣雅釋言．二字古或可通．

五六八・二 「災」咎匪常……「瑕疵」盡滌．鐵本「災」字空脫．並作「瑕疵」．

三 目 「星變」赦「天下詔」．目錄抄本均作「星文」．按上第五目及下卷十一目作「星變」．據改．兩目作「天下制」．

六 見「霄纚」而示變．讀本作「霄躔」．

二一 交修「治綱」．兩本原作「治網」．

卷一百五十三校記

五六九・一〇 重念景公退熒舍「之災」成王起「郊禾」之偃．鐵本原作「之失」「郊木」．

一一 矧「前詔」中外……亦既「累旬」……規朕「闕違」．兩本原作「前紹」．鐵本原作「累司」「闕達」．

一六 足致「眚祥」．鐵本原作「青祥」．「眚」書內多誤作「靑」「眚」．以下不記．

一七 目下 慶厤「七年」三月癸巳．兩本原作「五年」．查朔閏表五年三月無癸巳．與「七年」三月乙亥朔相合．下文亦作「七年」．據改．

五七〇・四 「早得」繪龍之法……「著定」明科．兩本原作「早得」「者定」．

五 且以識「聖考」之憂勤．鐵本原作「聖彦」．

六 宜令本處如此「收掌」．鐵本原作「收嘗」．

一三 「坦誠」以任人．兩本原作「但誠」．按「坦」「但」均通「憚」．二字古或可通．

一七 目 表請「復」常批答．目錄漏「復」．

五七一・一 「急於」營濟．鐵本原作「怠於」．

二 目 雨災求「直言」詔．鐵目作「眞言」．

五 何天戒之「甚著」也．兩本原作「甚着」．

二三 「淩涉」元春之首．讀本作「凌涉」．按「淩」可借作「凌」．

五七二・七 宿麥「將稿」．鐵本作「時槁」．按「稿」同「槁」．

一六 宜霈施「於」惠澤．兩本疑漏「於」字．

二〇 戒懼乎「不睹」．兩本原作「不賭」．

卷一百五十四校記

五七三・四 政失「厥中」……旱暵「爲虐」．兩本原作「闕中」．鐵本原作「爲慮」．

一六 應中外「文武」臣僚．鐵本原作「人武」．

二〇 其自「今月」己亥．鐵本作「八月」．

五七四・九 自今「月」戊子避正殿．兩本原漏「月」字．

同 「並許」直言朝政闕失．兩本原作「蓋許」．

一四　「誠告」不治．鐵本原作「誠告」．

一九　目　第「三」表允批答．兩本作「二」．目錄作「三」．慣例．不再三勸請不允．從目錄．

五七五·二　「靡知」所措．鐵本原作「靡如」．

九　是以坐不「安席」．兩本原作「安食」．

一一　目　復常膳「不許」批答．目錄作「不允」．

一五　甚愧「于中」．兩本原作「乎中」．

一八　以禪不逮．鐵本「禪」上多「俾」．

二〇　目　望賜罷黜「表」不允批答．讀目及讀本無「表」字．

二二　「以正」厥德．鐵本原作「以止」．

五七六·三　思所以慰安「人心」．兩本原作「人小」．

一三　目下　元祐「三」年「二」月戊子．兩本原作「□」年「□」月．以戊子推之及前二文詞意應爲「三」年「二」月．上文甲申是「二」月七．戊子爲「二」月十一．據加．

一四　「俾斯民」無失所之嘆．鐵本原作「但斯民」．

一六　目　「請免」不允批答．鐵目作「諸免」．

一七　朕側身思「咎」……卿等躬任「燮和」．鐵本空脫「咎」字．兩本原作「變和」．

一八　苟或使旱不爲「災」．兩本疑漏「災」字．

二〇　「于今」五年．鐵本原作「乎今」．

五七七·一　「猶冀」嘉言之上聞。鐵本原作「猶異」．

三　天之「告誡」已深．兩本原作「告誠」．

卷一百五十五校記

五七八·一五　「姑從」降食之文．鐵本原作「始從」．

一九　「忽陰陽」之久愆．鐵本原作「忽陰陽」．

五七九·一　「求伸」前請．兩本原作「求信」．

四　今「勸請」繼至．兩本原作「動請」．

五八〇·六　「政令」之否臧．鐵本原作「致令」．

九　目　宰臣章惇「等」．目錄讀本同．鐵本漏「等」．

一〇　「退避」正朝．鐵本原作「邊避」．

一三　目　日食四月朔德「音」．兩本同．目錄漏「音」．

一四　「示以」譴戒．讀本作「以示」．

一六　目　不允「批」答．目錄漏「批」．據抄本加．

五八一·三　目　崇寧「三年」火．兩本原作「三月」．依目錄改．

四　懋欽「乃」誠．讀本漏「乃」．

八　「旰昃」圖治．讀本作「旰昊」．

一一　目　星變求「直」言詔．讀本無「直」．依目錄鐵本．

一八　目下　大觀四年「五」月二十日．鐵本「五」字空格．

五八二·四　目　日有「食之」御筆手詔．目錄作「蝕之」．

七　「布告」中外．兩本原作「而告」．

卷一百五十六校記

五八三·八　目　謂「文宣王」詔．鐵目作「文宣至」．

一一　目　追謚元聖文宣「王」詔．目錄無「王」．

一八　目　「七十子」封侯製贊詔．鐵目爲「七寸子」．

二二　「宣令」中書樞密院．鐵本原作「且令」．

五八四·三　爲「兗州」鄒縣孟子墳廟．兩本原作「袞州」．

一九　「向聖人之道」．兩本原作「回聖人之道」．

二〇　求其門人「高弟」．讀本作「高第」．按「弟」「第」古通．

同　南面處如孔之尊「焉」克也學古之道．讀本無「焉」．

三　目「前代聖后賢臣置守陵戶詔」與下目「前代帝王三年一享詔」．讀目顚倒．
五八五·一　「陵域」「咸在」．兩本原作「陵城」．鐵本原「成在」．
四　「置祠」乏祀．鐵本原作「置相」．
一〇　目祭享禁「樵採」詔．兩本作「樵采」．依目錄．按「採」「采」同．
一三　其太皞葬「宛邱」．兩本原作「苑邱」．
一四　「漢」文帝葬霸陵．兩本原無「漢」字．
二三　「代宗」葬富平縣．兩本原作「代帝」．
五八六·二　目「禁樵採詔」．鐵目作「某樵採詔」．
九　靑編「具載」．兩本原作「且載」．
二三　「唐刑部尚書白居易孫利用」．讀本作「唐白居易刑部尚書孫利用」．
五八七·二一　必不可避則「中空之」．兩本原作「平空之」．
一五　目汾州介之推廟可「潔」惠侯「制」．鐵目作「絜」．讀本作俗體「潔」．鐵本作「詔」．
二二　「興曰」盍歸乎來．鐵本原作「興田」．
五八八　四　……「肸蠁」有孚．兩本原作「肹蠁」．
一〇　以奉「周祀」．鐵本原作「周杞」．
一七　目「崇義公」．鐵目作「崇議公」．
一九　「頃者」推元本始．讀本原作「頃耆」．
同　異其「仕進」之路．鐵本原作「任進」．
二〇　取「柴氏」譜系諸身中．兩本原作「柴代」．
二三　應陵廟及「禮科」所須．兩本原作「禮料」．
五八九·二　目世世爲宣義郎「詔」．兩本原無「詔」字．據目錄加．
三　昔我「藝祖」受禪於周．兩本原作「義祖」．

四　爲國「三恪」．讀本作「三格」．按「格」通「恪」．

卷一百五十七校記

五九〇　八　標目　政事「十」．鐵本漏「十」．
一一　目　武成王「廟」詔．目錄無「廟」．
一二　小目　慶厤「五年」．兩本作「三年」．據宋史改．
一三　此「取士」之甚弊．兩本原作「助士」．
一九　「用崇儒」之虛文．兩本原作「角崇儒」．
二〇　「益勉」進修．兩本原作「盖勉」．
二三　或有自來給係官田土「并置」到屋產．鐵本原作「井置」．
五九一·二　下目「崇寧」元年八月二十二日甲戌．兩本原無「崇寧」二字．查朔閏表．自慶曆以後有元年者．有皇祐、治平、熙寧、元豐、元祐、建中靖國．惟「崇寧」元年八月癸丑朔．廿二日爲甲戌．據加．
五　目　乞置國子正錄「以典教」御批．鐵目作「以典數」．
一一　目「教導」童稚「令試」「義御筆」．鐵目原作「教遵」．兩目漏「義御筆」三字．鐵本原作「令誠」．
一三　自今應於「鄉村」城市．兩本原作「鄉材」．
一四　下目　大觀「二年」二月一日．查宋史選擧志作「元年」．
一九　目「體量」師儒官．鐵本原作「體重」．
五九二·四　「舍宇」之數．鐵本原作「舍字」．
九　目　臣僚言「學士」爲文．目錄作「學生」．
一三　文直「事該」．鐵本原作「事議」．
一五　與爾「縻之」．讀本作「糜之」．按「糜」同「靡」．「縻」「靡」通．

一七　閏四月四日奉「聖旨」。鐵本原作「聖者」。
五九三・四　見「天下」之大全者。讀本原作「天地」。
六　「頗聞」賫緣請託。讀本原作「頗聞」。
一〇　挾書「就試」……「請託」求囑。鐵本原作「就議」。「請訖」。

卷一百五十八校記

五九四・二　「藏用」而弗矜。鐵本原作「義用」。
一三　稽「首帛」之舊章渴望「來儀」。讀本原作「貢帛」。「未儀」。
同　「無戀」雲壑。鐵本原作「無懸」。
同　今遣供奉官「周理」齎詔就山。讀本作「周珪」。
一五　汝久安「棲道」。讀本原作「棲遁」。
一八　「超踐」諫垣……每因「延見」。鐵本原作「超錢」「迺見」。
二〇　「反樸」還淳。鐵本原作「反林」。
五九五・四　事絕於「人聽」……「往遂」冥鴻之志。鐵本原作「人𦗟」、「佳遂」。
五　諒素履而「彌彰」亦知「所苦」未平。鐵本原作「彌影」、「所告」。
七　目「召」「陳升之」起復赴闕。抄本作「詔」。從目錄。鐵目作「陳舟之」。
八　卿嚮繇「欒棘」。鐵本原作「樂棘」。
一〇　「宜趣」治歸……「想宜知悉」。兩本倒作「趣宜」。鐵本原作「思宜知悉」。
一四　卿踐更「二府」……注想「元老」。兩本原作「上府」「凡老」。
三　省所「劄子」奏陳乞「致仕」事。鐵本原作「劄于」「致任」。
同　「固非」所望。鐵本原作「同非」。
五九六・三　今朝廷「待卿」之意。鐵本原作「侍卿」。
六　入備「顧問」。鐵本原作「顧間」。
同　「亟踐」厥職。鐵本原作「亟殘」。
七　「可乘」遞馬。鐵本原作「耳乘」。
九　卿可乘「遞馬」。鐵本原作「遡馬」。
一五　仍「具錄」所少書……「若臣僚」之家有三館「闕書」。鐵本原作「耳錄」、「告臣僚」。兩本原作「閣書」。
五九七・二　並推恩而「資遣」。鐵本原作「貴遣」。

卷一百五十九校記

五九八・九　「順動」省方。鐵本原作「順勁」。
一〇　將肇升於「吉土」……飭駕「譙邦」。鐵本原作「吉上」、「誰邦」。
一二　肇建「新都」時令「是遵」。鐵本原作「析都」。讀本原作「爰遵」。
一三　正月「二十九日」昧爽已前……應天府「升爲」南京。鐵本原作「二年九日」、「井爲」。
一四　目下　慶曆二年五月「戊午」。鐵本作「戊子」。查朔閏表。慶曆二年五月癸卯朔。有「戊午」。無「戊子」。從讀本。
一七　雨露「之私」載浹。鐵本原作雨露「之秋」。
五九九・一　實處「要衝」接「淮水」之上游……以保靜軍爲名。

三　鐵本原作「安衙」·「淮水」·「保靜寧」·
八　故「狐兎」憑而爲姦·　鐵本原作「狐克」·
三　侵我「封陲」……被其「荼毒」·　讀本原作「封隆」·鐵
本作「茶毒」·按「荼」本亦作「茶」·
同　「日志」于懷思有改「更」……爲深州治所·　讀本原
作「勿志」·兩本「改」下無「更」·「所」下多「思」·
一〇　日者李繼遷「輒負」國恩……侵掠「封陲」·　鐵本原
作「報負」·讀本原作「封隆」·
一三　「思殄」餘風……永懷「安堵」之心·　鐵本原作「思
珍」·「安墳」·
一四 目下　淳化五年十月「乙巳」·　兩本原作「丁巳」·查朔閏表
十月己卯朔·有乙巳·無丁巳·據改·
一五　宜改「總戎」之號·　鐵本原作「總戍」·
三　乃帝業肇基「之地」·　鐵本原作「之也」·
六〇〇·四　比者參朝「陵寢」……「營建」城邑·　鐵本原作「茂
寢」·「營達」·
六 目下　景德四年「十月」丁未·　兩本原作「九月」·查朔閏表
以丁未推之應爲「十月」·
七　咸輸「武勇」·　鐵本原作「或勇」·
一〇　勒封「云畢」·　鐵本原作「六畢」·
同　「益連甍」之相慶·　兩本原作「盖連甍」·
一八 目　各於河南北就便「管轄」詔·　鐵本原作「營轄」·
二 目　建昇州爲建康軍江寧府詔·　兩本無「詔」·據目錄加·
六〇一·四　民廬「阜藩」·　鐵本原作「革藩」·
六 目　升蔡州爲淮康軍「詔」·　兩本無「詔」·據目錄加·
一〇　「繼御」方夏……「逮二漢」之宏規·　兩本原作「維
御」·鐵本原作「遠二漢」·
同　用司隸察「淑慝」·　鐵本原作「淑應」·
二　以「京東」曹州·　鐵本作「京柬」，按「柬」爲「東」之別
體·
三　精擇「近侍」之良·　鐵本原作「近得」·
一四　「本朝」州郡之別·　鐵本原作「今朝」·
一七　朕「祗遵」駿命·　鐵本原作「祗道」·
一八　「既光」受胙之休……「體予」至懷·　鐵本原作「曉
光」·「體于」·
二〇　「宜錫」府名·　鐵本原作「錫具」·
六〇二·五　端州升爲「節鎮」·　鐵本原作「郎鎮」·
九 目下　崇寧四年「十二月」十日·　鐵本原作「十一月」·按
文內亦作「十二月」·依讀本·
一一　九日奉「聖旨」·　兩本原作「聖皆」·
一四　「申畫」王畿之制·　鐵本原作「申盡」·
一六 目下　大觀「元年」六月十一日·　兩本原作「六年」·查大
觀無「六年」·下文作「元年」·據改·
一七　道里之「遠近」·　鐵本原作「達近」·
三　撫納「勞徠」·　兩本原作「勞休」·
六〇三·一　瀘州差「趙遹」·　鐵本作「趙適」·按宋史亦作「趙
遹」·
三　今「措置者」有害其成·　鐵本原作「措置音」·
同　可令「王子成」同王長孺知州事「鍾祖猷」昨任靖州·
鐵本原作「王子戊」·兩本原作「鐘祖猷」·
五 目下　宣和元年五月「二日」·　讀本作「三日」·

卷一百六十校記

六〇四・二二　仰「盡時」申本屬州府捉賊使臣「委節度」防禦團練使刺史．讀本作「晝時」．鐵本原作「妾節度」．
二三　「方冀」得人．鐵本原作「方莫」．
六〇五・一　臨莅者既不「周知」．兩本倒作「知周」．
二　「折秤」……「凡干起請」．讀本原作「折科」．「凡十起請」．
五　「不肯」依據．鐵本原作「不肯」．
六　膺「逐司」判官……「有功者」甄酬．鐵本原作「遂司」．「有功音」．
九　以憑校定「考第」．鐵本原作「方第」．
一五　不若省官以「益俸」．鐵本原作「盖俸」．
二三　「安申」等州已南．鐵本原作「安中」等州．
六〇六・三　目　「三會」攝官「無違闕者」．鐵本原作「三曹」．兩本及目錄作「無遺闕者」．
四　並無「違闕者」卽仰「點檢」解由．鐵本原作「道闕者」．讀本作「遺闕者」．兩本原作「默檢」．
七　「應諸道州縣吏」．鐵本原作「應請道州縣之」．
八　目下　開寶五年「二月」丙子．兩本原作「正月」．查朔閏表以丙子推之．應作「二月」．
一三　目　「京朝官」釐事於外者．鐵本原作「凉朝官」，
一七　專於推鞫研覆「情實」．鐵本原作「積實」．
二〇　朕選用「羣財」．讀本作「羣材」．按「財」「材」通．
二三　目　州縣官丁憂者放離任「詔」．兩本原無「詔」．從目錄加．
六〇七・二　常參官「奏取」進止．鐵本原作「奉取」．讀本原作「俸取」．
四　刑政之「煩苛」必舉．鐵本原作「煩奇」．
五　「曷副」建官之意．鐵本原作「渴副」．
六　改爲左右「正言」．鐵本原作「眞言」．
七　目　「除少卿」官詔．鐵目作「徐少卿」．
八　甚無「謂焉」．鐵本原作「謂馬」．
九　「臧丙」爲司農少卿．鐵本原作「臧內」．
一二　目　秘閣「次三館」詔．鐵本原作「决三館」．
一三　朕肇興「秘府」．鐵本原作「秘尉」．
一四　「所紀」徽猷．鐵本原作「所純」．
同　「遽覽」封章……良積「厚顏」「其贊」并序．鐵本原作「邊覽」．「厚願」．「其替」．
一七　國家「並建」官司……豈可「違越」．鐵本原作「並違」．兩本原作「進越」．
二〇　成「家給」人足之美．兩本原作「家結」．
二三　自今只置三司使「一員」．鐵本原作「一自」．
六〇八・四　目　翰林樞密直學「士」職位．目錄無「士」．
五　依「舊」在丞郎之上．兩本疑漏「舊」字．
一二　而「米鹽」細碎……每部置判官推官共「四員」．鐵本原作「未鹽」．「回員」．
一五　王顯「兼河北」諸州．鐵本原作「不河北」．
一七　目及目下　罷「王顯」兼河北轉運詔咸平四年「十二月」丁卯．鐵本原作「王願」．「十一月」．查朔閏表．丁卯在「十二月」．依讀本．
二〇　國家按九州之「圖籍」．鐵本原作「圓籍」．

三　但益「煩苛」。　鐵本原作「煩奇」。

卷一百六十一校記

六〇九·一〇　「惄冀」遵行。鐵本原作「惄翼」。
一五　目　廣南官並「春夏」定差。鐵目作「卷夏」。
一七　目下　景德四年「七月庚申」。　兩本同。查朔閏表「七月」乙丑朔八日爲壬申。六月乙未朔廿六爲庚申。或爲六月之誤。或爲壬申之誤。不能斷定。依抄本排。
二〇　目下　景德四年「七」月壬申。　鐵本「七」字空格。讀本作「□」。查朔閏表「七月」乙丑朔八日爲壬申。據加。
六一〇·一　目下　景德四年「七月」「辛卯」。　兩本同作「六月」。查朔閏表「六月」乙未朔無「辛卯」。「七月」乙丑朔廿七爲「辛卯」。據上文改作「七月」。
六　不能「彈奏」。　鐵本原作「强奏」。
七　目　令「審官」「院」。　鐵本原作「霜官」。兩本無「院」。據文加。
八　式資「共治」。　鐵本原作「兵治」。
九　目　置「糾察」在京刑獄。　鐵本原作「紆察」。
一〇　「尤爲」繁劇。　鐵本原作「左爲」。
一二　侍御史「趙湘」糾察在京刑獄。　鐵本原作「趙相」。宋史亦作「湘」。從讀本。
同　「於供」報內未盡理及「淹延者」　兩本原作「旋供」。鐵本原作「淹巡」。
一三　看詳「駁奏」。　鐵本原作「驗奏」。按「駁」同「駮」。
二三　惟「籍貫」之所存。　兩本原作「籍貢」。
六一一·一　其年老「致仕者」。　鐵本作「至仕者」。按「致」本作「至」。
六　目下　天聖七年七月「乙酉」。　鐵本作「己酉」。查朔閏表七月無「己酉」。從讀本。
一四　雖夙御「延英」。　兩本原作「延莫」。
一八　恐「有失」於詳明。　鐵本原作「員失」。
一九　「減吏員」之冗數。　鐵本原作「滅吏員」。
二〇　目下　景祐元年「二月」庚申。　讀本作「五月」。查朔閏表「二月」壬辰朔。廿九爲「庚申」。五月朔日亦爲「庚申」。依鐵本排。
六一三·四　諒非及於「踈宗」……「既陞」仕進之路。　鐵本原作「踈京」。「塈陞」。
五　處「不裕」立身之道。　鐵本原作「不格」。
六　「設考藝」之格。　鐵本原作「欵考藝」。
七　「咨尔」具僚。　兩本原作「咨示」。
九　其餘親「屬」等除試銜僕射尙書「除」子校書郎或「正字」。　兩本「親」下漏「屬」。「子」上漏「除」。並作「正宇」。
一〇　其餘親屬等第除試銜「或齋郎」。　鐵本原作「式齋郎」。
一一　並館「閣」官。　讀本作「閤」。按「閣」「閤」通。以下二字多互用。不再記。
一三　自今若曾「犯贓」。　鐵本原作「犯賦」。
一四　不犯考式者爲及格。　兩本「考」上多「不」。
一六　「與注」遠小判司簿尉。　鐵本原作「與洋」。
一九　而辭業紕繆對義不「合格」者「並不」得與差遣。　鐵本原作「合貉」。兩本原作「並未」。

六三・二　「自今子孫并朞親尊屬並如故」下兩本多「其餘親屬除差使殿侍諸衞大將軍內諸司使樞密院諸房副承旨除子三班奉職朞親三班借職自今子孫并朞親尊屬並如故」五十字。刪。

同　今更「不滅」……至諸司副使諸衞「將軍」。　鐵本原作「不減」、「時軍」。

五　於三班院試寫「家狀」一本錯「三字」已上。　鐵本原作「客狀」、「三寧」。

同　更不試弓「弩」。　鐵本「弩」字空格。讀本作「□」。

九　如「妄冒」服紀……應「子孫」曾受恩澤而物故者。　鐵本原作「妾冒」。並倒作「孫子」。

卷一百六十二校記

六四・八　目　罷京朝「官」遷官保任。　兩本朝下「官」字空脫。按文內作「京朝官」。據加。

一三　且班聯之「久虛」。　鐵本作「久盛」。

一四　處金門「待詔」之才……在龍圖「閣」學士之下。　鐵本原作「特詔」。讀本漏「閣」。

一五　目　爲觀文殿學士「詔」。　兩本無「詔」。依目錄補。

一六　爰及「官曹」……「未安」禁職惟延恩之「寶構」。　鐵本原作「官曾」、「禾安」。兩本原作「寶稽」。

二〇　稽諸「令典」。　兩本原作「領典」。

六五・五　「已及」二年者卽令赴闕。　兩本倒作「及已」。

九　候滿日與「提點」刑獄差遣。　鐵本原作「提默」。

一四　而百姓「得安」其業……而吏多「失職」不治。　鐵本原作「行安」、「疾聽」。

一六　今夫州縣「恃以」爲命者。　鐵本原作「特以」。

一八　刑獄官員「所屬」知縣縣令。　兩本原作「所是」。

一九　「委中書」門下。　鐵本原作「姿中書」。

二〇　漢宣所以「致平」之要。　鐵本原作「致年」。

六六・九　目　「寶文閣」置學士。　鐵本原作「賢文閣」。

一六　朕用「嘉歎」。　鐵本原作「姦歎」。

一八　逮于「末流」……因致「駁雜」。　鐵本原作「宋流」。讀本原作「未流」。兩本原作「駿雜」。

六七・一　「先王」以道在天「列而」爲事……其流「及今」。　兩本原作「先生」。鐵本原作「到而」、「刄今」。

八　豈圖「琬炎」之並陳。　兩本原作「宛炎」。依一四九卷讀本作「琬炎」。

一一　「決辭訟」則鮮肯究心……蓋是除擬「之際」。　兩本原作「次辭說」。鐵本原作「之除」。

一二　欲令「遷徙」不定。　鐵本原作「遷從」。

一三　外及牧守「監司」。　鐵本原作「監目」。

一四　其在「祗率」先猷。　鐵本原作「抵率」。

一七　「方朕」恭默……給事中劉拯抗疏論駁」。　兩本原作「方族」。鐵本原作「論駿」。

卷一百六十三校記

六八・一〇　「一話」一言……輯熙「紹復」。　鐵本原作「一詒」、「絲復」。

一三　目下　大觀二年「三月」十五日。　讀本作「二月」。

一四　在「神考」時不分左右……可令有司「條畫」以聞。　鐵本原作「神者」、「條晝」。

一五 目 復宮觀縣丞御筆「手詔」．鐵目作「子詔」．
一七 「仍循」祖宗之舊．兩本倒作「循仍」．
一八 國用無所「□」．鐵本漏「□」．
二〇 可令「尙書省」具合存廢以聞．鐵本原作「尙書者」．
六一九・一七 多不「須置」．鐵本原作「淡置」．
六二〇・七 所有武階磨勘遷改請給「奏蔭」等．鐵本原作「葵蔭」．
一三 「右武郎」．兩本原作「左武郎」．
六二一・九 西京「左藏」庫使．讀本原作「在藏」．

卷一百六十四校記

六二七・九 宜置「新班」．鐵本原作「新粧」．
一〇 目 不得「託邊事」「辟守臣」．鐵本原作不得「禮邊事」「群守臣」．
一二 「藝祖」深鑒五季藩鎭．鐵本原作「舊祖」．
同 有「民社」之「寄」比來諸路「節□」．鐵本原作「民柱」．「寄」字空格．讀本作「□」．鐵本並作「帥□」．
一三 □「欲致」于理．鐵本原作「欲救」．
六二八・一 其應干恩數「請給」奏薦者．鐵本原作「請終」．
二 「仍著」爲令．兩本原作「仍舊」．
四 乃「五季」藩鎭．鐵本原作「五香」．
五 目 以三年爲任御「筆」．目錄漏「筆」．
八 目 不許替成資闕「詔」．兩本無「詔」．據目錄補．
九 郡守師帥「千里」．鐵本原作「十里」．
一三 目 不得申陳「通理」「詔」．鐵目作「迎理」．兩本無「詔」．據目錄補．

二三 則「數易」之患．兩本原作「數陽」．
一七 「執政官」充副使．鐵本原作「執踈官」．
一八 「少保」少宰余深檢校太保領「樞密院」事童貫．鐵本原作「少休」．「極密院」．
一九 尙書左丞「王黼」．鐵本原作「三黼」．

卷一百六十五校記

六三〇・五 「虞闢」四門．鐵本原作「虞聞」．
一〇 必廣擇於「羣材」．鐵本原作「羣村」．
一三 目 不得擅舉人爲部下官「詔」．目錄無「詔」．
一六 故郡國之「政行國家」東求賢才．鐵本倒作「政國行家」．
一九 目下 淳化三年「正月」「乙巳」．鐵本作「己巳」．查朔閏表「正月」丙申朔十日爲「乙巳」．從讀本．
六三一・一 目 歲終「件析」轉運使尤異之績．鐵本原作「件祈」．
二 生民繫乎「舒慘」．兩本倒作「慘舒」．
同 固「黜陟」以是行．鐵本原作「默陟」．
三 「並令」所在州府軍監．鐵本原作「並合」．
四 目 「許首」所舉改節詔．鐵本原作「許言」．按文內作「並許舉主陳首」．從讀本．
八 亦在「伸於」知己．鐵本原作「神於」．
九 宜別「置於」約束．兩本原作宜別「宜於」．
同 自今外官所有「論薦」．鐵本原作「論薦」．
一七 俾之受任．鐵本「俾」上多「受」．
一九 目 犯入已「贓」同罪詔．目錄抄本原無「贓」字．語義不明．按文末有「若歷任內犯入已贓並同其罪」之句．據加．

一〇　「爰頒」詔旨．　兩本原作「爰頒」．

一二　「提點」刑獄官．　鐵本原作「捷點」．

同　有勞幹「事者」．　鐵本倒作「者事」．

六三二・二　顧惟「綱條」．　鐵本原作「網條」．

三　翰林學士「已下舉常參官」三班使臣幕職州縣官各一人．　按宋志作翰林學士「已上常參官舉」三班使臣幕職州縣官各一人．存考．

四　或自己「請委」．　兩本原作「諳委」．

五　亦同「此例」．　鐵本原作「比例」．

六　「及顯有」踰濫者亦須「指述」．　鐵本原作「交顯有」．讀本原作「指迷」．

同　委都「進奏院」具名以聞當以不申「考帳」例科罪．　鐵本原作「進奏旣」．「者帳」．

八　並須「採訪」所至及經歷「隣近羣官」治迹能否．　鐵本原作「採昉」．「傳避羣宮」．

一〇　並資歷相當「者」差委仍於宣勑內盡列「舉主」姓名……苟不「集事」．　鐵本漏「者」．並作「舉至」．「藥事」．

同　內「外」羣臣併舉及三人幹事者．　兩本疑漏「外」字．

二　當與「酬奬」……當行「責降」．　鐵本原作「馴奬」．「責修」．

三　有未中「倫理」……須朝廷遣官「臨監者」．　鐵本原作「淪理」．讀本作「臨莅者」．

同　有累經「會問舉駮未了」錢穀刑獄公事「委同」州縣不能結絕須自朝廷「遣官者」．　鐵本原作「會間舉駿來了」．「委自」．「遣官諸」．

一三　「幕職」州縣官「三任」七考以上……亦許經所由司「自敍」．　鐵本原作「暮織」．「三伍」．「司敍」．

一七　目　在京常參官舉「幕職官充京官者」．　鐵本原作「纂職官元京官者」．

一九　冀乃「陟明」……宜益愼於「柬求」．　鐵本原作「陟門」．「未求」．

二二　目　令「王欽若」等薦人詔．　鐵本原作「生欽若」．

二三　因多閱於「材能」．　鐵本原作「村能」．

六三三・一　州縣官內「舉兩人」……悉從「條析」．　鐵本原作「舉而人」．「條折」．

二　「擢用」之後……及不如「舉狀」亦連坐．　鐵本作「櫂用」．按「擢」「櫂」通．並作「舉肰」．

四　特示「周詢」惟中外之「藎臣」……「當循」公舉「式助」精求．　鐵本原作特示「同詢」．「盡臣」．「當德」．「式功」．

五　用副「詳延」之意……素謹行藏．　鐵本原作「許之之意」．「素」上多「安」．

同　「或練達」軍機．　鐵本原作「武練達」．

六　所舉並須無贓濫「及習識」文字……「堪何」任使．　鐵本原作「反習識」．並作「堪河」．按「何」通「河」．

七　「犯入」已贓．　鐵本原作「祀入」．

八　目　可「充」「川峽」知州通判．　目錄無「充」．鐵目並作「州峽」．

卷一百六十六校記

六三四·一〇　「舉主」同罪．鐵本原作「舉並」．
一二　目　令馮拯以下「五十」人各舉供奉「侍禁」殿直一人．
鐵目作「五千」．鐵本原作「侍樂」．
一三　是用博訪「藎臣」．鐵本原作「盡臣」．
一四　或精達「民政」……必當「寵擢」．鐵本原作「民
攻」．「寵摧」．
一八　必「頻使」以足觀……以副「詳求」．兩本原作「煩
使」．鐵本原作「評求」．
一九　各舉「堪」充錢穀刑獄任使二人．鐵本漏「堪」．
二〇　目　令晁迥等「舉文學」優長履行清素者．讀本原作
「舉文舉」．
六三五·二　目　令「樂黃目」等．鐵本原作「樂黃自」．
三　在「柬求」而斯慎「爰狥」于衆．鐵本作「東求」．按
「柬」「東」古通．讀本作「爰詢」．
同　佇「量能」而授任．鐵本原作「景能」．
一五　太常卿「趙湘」．鐵本原作「趙相」．據宋史改．
一六　目　令「轉運司」．鐵本原作「轉選司」．
一九　目　令侍講舉「博通」經術者．鐵本原作「轉通」．
二〇　舉京朝官博通經術者「三五人」以名聞．鐵本原作
「三立人」．
一四　「兗起」沉湮之歎．鐵本原作「克起」．
一七　如「在任」別無贓罪．鐵本原作「在仕」．
一八　「特與」京官．鐵本原作「特契」．
二〇　「致行」討撲寢虞「越逸」．鐵本原作「散行」．「越
邊」．
二一　有「勇敢」智謀之士．鐵本原作「勇取」．

六三六·一　思得賢才而「共治之」……「又於」羣臣無有疑間．
鐵本原作「共泊之」．「人於」．
三　「苟蔑」王爵……「茲日」蔽謬．鐵本原作「苟茂」．
並倒作「日茲」．
同　誠心「未孚」．鐵本原作「示孚」．
四　其已「差保」提點刑獄已上差遣者．鐵本原作「差
係」．
五　令申明「前詔」．鐵本原作「景詔」．
七　且歲限定員「本防」其濫．鐵本原作「奉防」．
八　而「賓材」者見遺……而「恬守」者被棄．鐵本作
「賢才」．並作「怙守」．
三　而「實効」蔑然甚非「大臣」事君以人之道．鐵本原
作「贊効」．兩本原作「上臣」．
三　目　舉文官有才行「人」詔．讀目漏「人」．
六三七·一四　「緜乎」能任官．鐵本原作「縣乎」．
二〇　利澤「生民者」．鐵本原作「王民者」．
二一　則非特舉其「所知」而已……「比嘗」降詔．鐵本倒
作「知所」．並作「此嘗」．

卷一百七十八校記

六三九·一一　目　冬至恭謝「禮」畢．目錄漏「禮」．
一四　小標目　「俸賜」．鐵本原作「俸使」．
一六　目下　「乾德四年七月丁亥」．鐵本全漏．依讀本
一七　官吏「何以」知勸．鐵本原作「使以」．
二〇　目　「幕職官」．鐵目作「慕職官」．
二一　祿「不充」則飢寒迫……既責其「淸節」．鐵本原作

「不允」，「情節」．
六四〇·五　目「州縣」之官．讀目讀本原作「川縣」．
八　差祿秩以養「賢」所宜各懋厥官．「賢」，鐵本錯倒于
「懋」字之下．
一五　必「薖軸」而爲慮．鐵本原作「邁軸」．
六四一·三　其「外任」願請折支外物者亦聽．兩本原作「外
但」
九　宗「正」……率「更」令．鐵本「正」下多「正」並漏
「更」字．
一〇　著「作」佐郎……大理寺丞．鐵本「作」錯倒於「大」
字之上．
同　諸衛「大將軍」．鐵本倒作「將大軍」．
三　目及目下　依舊支「見」錢詔……十二月「戊寅」．兩本疑漏
「見」字．按文內作「見錢」．據加．讀本作「庚寅」．查朔
閏表十二月丁丑朔，二爲「戊寅」，十四爲「庚寅」．仍
依鐵本排．
一六　目　誡約「職田」．鐵本原作「職由」．
一八　「罔恤」人勞．兩本原作「閔恤」．
同　無水旱蠲除「之惠」……動興「訟訴」．鐵本原作「之
忠」，「訟訢」．
一九　「遇災沴」且蠲省之．兩本原作「過災沴」．
六四二·三　「□□」職田．兩本僅有「職田」二字．按文目作「復
職田」．此句「職」上疑脫二字．加「□□」以代之．
五　目　「致仕官」．鐵目作「致仕宜」．
六　出自「朕懷」．兩本倒作「懷朕」．
九　盡屏「紛華」．鐵本原作「分華」．
一三　以謂郡縣「受地」．讀本作「受民」．
六四三·六　更不「折支」．鐵本原作「技支」．
八　「視民時數」之多寡．讀本倒作「視時民數」．
一三　祖宗「積累」之宏休．鐵本作「積纍」．按「纍」通
「累」．
一七　目　「宗室」俸錢．鐵目作「宋室」．
六四四·二　仍三分以一分「折絹」．讀本倒作「絹折」．
三　非祿以「□□」馭貴之意．兩本「以」下疑脫二字．加
「□□」以代之．
一三　直學「士」．鐵本漏「士」．

卷一百七十九校記

六四六　小標目　營繕「上」．兩本原無「上」．按下卷有下．據加．
一〇　目　權罷「京城」諸處土工詔．鐵目作「京成」．
一二　「冀不日」之克成．鐵本原作「莫不日」．
六四七·三　宜以靈液「爲額」．讀本作「爲名」．
七　目下　大中祥符二年四月己亥．鐵本僅存「大」「年」二
字．依讀本．
八　儔功「伊始」．鐵本原作「伊使」．
一四　目下　「大中祥符二年十月甲午」．鐵本全脫．
一五　永洽「淳熙」之化．鐵本原作「浮熙」．
二〇　特崇「眞宇」．鐵本原作「眞守」．
六四八·三　目　令採「木石」處．鐵目作「木名」．
七　發十「靈壤」．鐵本原作「靈壞」．
一〇　茲惟「重事」「無憚」庀工．鐵本倒作「重無」「事
憚」．

一七 今茲「營葺」「大事庀功」．鐵本原作「營茸」．兩本倒作「大庇事功」．
六四九・二 宜於京城置朝集院「一所」．鐵本漏「一所」兩字．
七 比聞「諸路」州學……尊六經而黜「百家」．鐵本原作「諸諸」．「黜」下多「出」．並倒作「家百」．
九 「前旨」本緣撙節浮費．兩本原作「首旨」．
一五 仍於殿上設長生「大君」青華帝君聖像．鐵本原作「大軍」．
一七 材木人工之費般輦營建之勞．鐵本「費」下多「者」．
一八 遂調差「人夫」．鐵本原作「人無」．
六五〇・一 「懼勞」「民」力．鐵本原作「以勞」．「民」下多「民」．

卷一百八十校記

六五一 標目 政事「三十三」．兩本原作「三十二」．
一五 「覆案」聞奏．鐵本原作「覆素」．
一九 差殿侍軍大將「管押」．兩本原作「官押」．
三 目下 大中祥「符九」年五月「丙辰」．鐵本無「符九」「丙辰」四字．
六五三・二 未得「催納」．鐵本原作「催約」．
一九 顧省「夙宵」．鐵本原作「風宵」．
二〇 「咸妥」眞馭．兩本倒作「妥咸」．
二二 悉緩「庶獄」．兩本原作「庶尤」．
同 應四京「諸道」州府軍監縣．讀本作「諸路」．
六五三・七 肆加「在宥」．鐵本原作「有宥」．
八 目 「三水永橋」成．目錄抄本同．查宋紀作「三山河橋」．存考．

九 朕受天「明命」「若昔」大猷……鑿山「釃渠」．兩本原作「命明」．「若惜」．「驪渠」．
一〇 庶民「舞蹈」．兩本原作「無蹈」．
一三 「皇妨功」惑衆「之誇」．讀本原作「聖妨功」．「之讒」．
一六 和悅「子來」之衆．兩本原作「予來」．
一七 目下 八月二十二「日」．鐵本漏「日」．
一八 上帝「監觀」四方．鐵本原作「監官」．
二〇 相吉壤以「僝工」．兩本原作「潺工」．

卷一百八十一校記

六五四・一五 目及目下 趙霆奏黃河「堤岸」科夫修築事「□」月十一日．目錄抄本均作「埽岸」．似無義．宜爲「堤岸」之誤．「月」上空格．加「□」以代之．
二〇 衣食「豐足」．鐵本原作「農足」．
六五五・二 使軍人咸識撫存「之意」．鐵本漏「之意」二字．
八 目 許民市沿邊戎人馬驁駘「者」詔．目錄漏「者」．
一三 「可」令知興州姚雄．兩本「可」上多「而」．
一五 然「徒法」不能自行．鐵本原作「圖法」．
三 目及目下 或論年不「結絕」九月二十二「日」．鐵本原作「給絕」．按文內鐵本原作「結罪」．讀本原作「給罪」．目下兩本無「日」．
六五六・四 目 今後常平錢物「敢有」陳乞借用者．鐵本原作「散有」．
六 「故國有九年之蓄」．鐵本倒作「故國九年有之蓄」．
二 目 並「推行」保伍等．目錄作「催行」．

一五　津送「舟車」。兩本原作「州車」。
一六　又託以專委「有司」。兩本原作「在司」。
六五七·三　「仰諸路」提擧常平官。兩本原作「叩諸路」。

卷一百八十二校記

六五八·一〇　「苟春作」之不勤。鐵本原作「荀春作」。
一五　目　勸「栽植」開墾。鐵目讀本原作「裁植」。
一六　逋逃所「失」……「汚萊」之不敢辟。鐵本漏「失」。並作「汚栞」。「不」上多「以」。
一八　並令只「納」舊租永不通檢。鐵本漏「納」。「不」下多「以」。
同　勸課「栽植」。鐵本原作「裁植」。
六五九·三　民惟邦本。鐵本「民」上有「九」。
五　「更爲」儲蓄。兩本原作「吏爲」。
一〇　卽令「鄉三老」里胥。鐵本倒作「鄉老三」。
一一　所墾「新田」卽爲永業。鐵本原作「所田」。
一六　萬世「可資」其利濟。兩本原作「可知」。
同　充逐路營田使副往「□」興工。鐵本「田」下多「而」。「往」下空格。
一六　「聞茲創置」之言。兩本倒作「聞置創茲」。
一八　目下　淳化四年「一月」癸丑。讀本作「十一月」。查朔閏表十一月無癸丑。依鐵本。
二〇　又念民之「常性」。鐵本原作「常往」。
六六〇·二　「三年」外輸稅十之三。兩本原作「二年」。據上句改。
六　「是謂」勞苦。兩本原作「足謂」。
八　目　令十月後方得「焚燒」野草。鐵目作「焚香」。
九　「合順」時令。鐵本原作「令順」。
一三　每輟「畋遊」。鐵本原作「畎遊」。
一五　目　誡「奢僭」詔。鐵目作「奢偺」。
六六一·二　使歲常熟「猶」恐乏食而多罹水旱之凶。鐵本漏「猶」。「罹」下多「以」。
六　目　「無奪」民時。鐵目作「無辱」。
一一　目　蘇湖相度「圩岸御筆大觀元年十一月十一日」。鐵本漏「圩岸」以下十四字。
一四　敷「調」於民……濱江人戶。鐵本漏「調」。「人」上多「以」。
一五　計「所剩」坐贓論。鐵本原作「所刺」。

卷一百八十三校記

六六二·一三　「益以兼並」。鐵本錯倒爲「兼以益井」。
一六　目下　咸平三年「十二月」「庚申」。兩本同作「十一月」。查朔閏表以「庚申」推之，應在「十二月」。
一八　其京畿「均定」租賦。鐵本原作「均在」。
六六三·一　目及目下　令「監司帥臣」……御筆手「詔」「大觀二年六月九日」。目錄讀本作「監司帥司」。鐵本簡作「監司帥」。按文內作「帥臣」。鐵本漏「詔」。紀元年月日全脫。
六　小標目　「財利上」。目錄抄本同作「財利」。按下卷抄本亦作「財利」。目錄作「財賦下」。從抄本並加「上」。
八　目及目下　減桂陽監稅白金詔「開寶三年十一月乙巳」。兩本原無「詔」字。從目錄加。鐵本並脫漏「紀元年月日」。
一〇　目　賜潭州造「茶人戶勅榜」。鐵本漏「茶人戶勅榜」五字．
一七 每推「憫惻」之恩． 鐵本原作「憫憫」．
六六四・六 因遣「使乘」． 鐵本原作「使來」．
七 依舊「造麯」市與民． 讀本原作「造麴」．
八 「龜穀」等． 讀本原作「龜穀」．
一三 其細小「雜錢」． 鐵本倒作「錢雜」．
一四目下 雍熙元年「丁卯」． 兩本年下無「月」．查朔閏表雍熙改元在太平興國九年十一月丁巳．按十一月丁未朔．十一爲丁巳．廿一爲「丁夘」．省改元之月．
一六 其嶺南諸州採珠「場罷之」． 鐵本漏「場罷之」三字．
一八 如聞罷榷「之後」． 兩本原作「之役」．
二〇目 復沿江榷貨「八務」詔． 抄本目錄均作「八務」．鐵本文末作「入務」．
六六五・五 「所寶」惟穀． 鐵本原作「所實」．
九 豈圖「羨贏」． 讀本原作「羨羸」．
一三 依東京「例」施行． 讀本「例」下多「號」．
六六六・一 諸處百姓「買賣牛稅」． 兩本倒作「買牛賣稅」．
二 以「惠」黎元． 讀本漏「惠」．

卷一百八十四校記

六六七 小標目 「財利下」． 目錄作「財賦下」．鐵本無「下」．從讀本．
一五 朕惟古之善「爲國者」． 鐵本倒作「國爲者」．
一八目及目下 令三司判官等「上財用利害詔．熙寧二年」． 鐵本脫漏「上財用利害詔」及「熙寧二年」十字．
三 「科其」不以時上者． 鐵本原作「糾其」．

六六八・四 以趨公家「之急」． 兩本原作「之意」．
同 于是「利源通」而富庶之俗成矣． 兩本原作「利源道」．
七目下 熙寧五年「二月」戊午． 兩本同作「三月」．查朔閏表「三月」辛巳朔有丙午．無「戊午」．二月辛亥朔．七日爲「戊午」．從表改作「二月」．
八 至於行鋪「轉販」亦爲「轉圖」取利． 鐵本原作「較販」．兩本原作「較圖」．
一五 則何患乎「經入」之不足． 兩本原作「經人」．
一七目下 五月十九「日」． 鐵本漏「日」．
一九 以一「償五」． 兩本原作「價五」．
六六九・三 應陝西諸路舊係行使「鐵錢」地分． 鐵本倒作「錢鐵」．
五 河東路「官司」當二夾錫錢． 鐵本原作「官思」．
七 「必」爲民害． 鐵本「必」下多「以」．
九 「盜鑄」雲起． 兩本原作「盜鐵」．
一一 儻可以「拯弊」……「府庫」之損． 鐵本原作「極弊」．並倒作「庫府」．
一四 不念「遠圖」． 讀本作「永圖」．
一五 務要小平「錢」與當三錢重輕均一． 兩本脫漏「錢」字．據文目加．
一九 堅如「金石」． 鐵本原作「今石」．
三 「永惟」宗廟付託之重． 鐵本原作「水惟」．
六七〇・一 依「享上」之名． 兩本原作「享土」．
二 諸路「非從」上供拋降物色． 兩本原作「非泛」．
一一目 共計度積蓄「詔」． 兩本無「詔」．據目錄加．

三　按此詔共六十四字．鐵本僅存「存救之術儲廩是……之其可及乎今豐……共計度之省察倉」等廿一字．其餘四十三字闕脫．據讀本補．

一七　目下　咸平四年「□月」丙戌．　讀本作「□□」．

一八　董龜正「乘馹」．　讀本原作「乘駔」．

六七一·二　目　令江南荆湖兩浙「造舡」團綱．　目錄及鐵本作「造船」．讀本作「造舡」．兩本文內亦作「舡」．

八　目及目下　訴不便「詔」熙寧「二年」四月庚子．　兩本無「詔」．據目錄加．「二年」原作「一年」．查朔閏表元年四月壬寅朔無庚子．「二年」四月丁丑朔廿四爲庚子．據改．

一〇　不便以「聞」．　鐵本漏「聞」．

卷一百八十五校記

六七二·一三　惠養「黎庶」．　讀本作「黎元」．

同　遣監察「御史」安國禎等……闕食「者」賑給之．　兩本原作「御宇」．鐵本漏「者」．

一三　民間利病以「聞」．　鐵本漏「聞」．

一七　目　令兩浙益「救卹」百姓詔．　兩本原作「收卹」．依目錄．

二〇　目　賑卹河北抽「移」軍馬罷押陣使省「不急官」詔．　鐵本漏「移」．並作「不給官」．

三　其三路「部署」排陣使等．　鐵本原作「步署」．

六七三·六　宜令知微「等」逐州軍按視．　兩本「等」下多「至」．

一二　「憯怛」如此．　鐵本原作「憯怚」．

一三　「勤撫」疲羸．　鐵本原作「動撫」．

一八　王者「伐罪」弔民．　鐵本原作「代罪」．

二二　目　矜錮沙門島人戶「賦」租詔．　鐵本「賦」下多「税」．

三　比聞自備「舟舡」．　鐵本作「舟船」．

六七四·二　目　免「夏租」詔．　鐵本原作「夏税」．

三　俾獲「昭蘇」．　鐵本原作「昭蕪」．

四　「視民田」無見青苗者．　兩本原作「親民田」．

五　目　錮歸「陝」州秋税詔．　目錄讀本作「峽」．按「峽」爲「陝」之或字．

六　「欲撓疆場」……供億寔繁．　兩本原作「欲澆疆場」．「億」下多「者」．

一三　目　罷忠州等處「魚膏筭詔」．　鐵本漏「魚膏筭詔」四字．

一三　自後「貸賦」人口筭緡錢．　鐵本原作「代賦」．

一八　以便「群情」．　鐵本原作「辟情」．

二〇　「猶令」錮免……應西川「人戶」．　鐵本漏「令」．「戶」下多「而」．

三　目下　「乾德」五年．　兩本原作「乾元」．

六七五·六　既苦無名之「誅歛」．　兩本原作「誅欲」．

一三　編戶遂成於「轉徙」大田乃至於「汙萊」．　鐵本原作「轉從」．「汙菜」．

一五　其桑土並許他人「承佃」……「仍於」要害處粉壁．　鐵本原作「承佪」．「乃於」．

一六　目及目下　展開封「府」輸租限詔十二月「戊午」．　目錄漏「府」．鐵本原作「戍午」．

一九　興弔民「伐罪」之師示「拯溺」救焚之惠．　鐵本倒作「罪伐」．並作「極溺」．

二〇　給「閑田」處之．　鐵本原作「閉田」．

二二　目　敵人「入寇後」推恩詔．　鐵目原作「入寇復」．

三 撫綏「四海」．讀本作「四方」．

六七六・八 「井邑」爲墟．兩本原作「并邑」．

一五 「嵩嵐軍」……已上九州．鐵本原作[illegible]」．

一七 不能「慼乎」穹旻．兩本原作「寡乎」[illegible]

二〇 而祁寒「暑雨」．鐵本原作「處雨」．

三 亦以「半」年歸業爲限．兩本「半」上多[illegible]．

卷一百八十六校記

六七七・三 目 放運糧士卒「詔」．兩本無「詔」，據目錄加．

一四 目「令」趙保吉授夏臺節制諭陝西．目錄鐵本無「令」．按文內有「令鎭撫蕃部」句，從讀本．

一六 夏銀綏宥靜等州觀察押「蕃落」等使．兩本原作「蕃洛」．

一八 限「一月內」歸業．兩本原作「一月日」．

二〇 目 遣使諸路按百姓「逋欠」．鐵目作「通欠」．

六七八・二 科役「稍煩」．鐵本原作「梢煩」．

六 目及目下 令滑曹許「鄭等州所納芻藁並輸本州詔景德四年九月己未」．鐵本「鄭等」以下二十字脫漏．

八 目下 大中祥符「元」年三月乙「亥」．鐵本脫漏「元」「亥」二字．

一五 比部郎中「袁逢吉」．兩本原作「遠逢吉」．

六七九・五 目及目下 並取實役人數調「訖以聞詔大中祥符五年十月辛酉」．鐵本「訖」以下十四字脫漏．

六 「讟」工役之無度……式示勸綏．鐵本漏「讟」，「示」下多「以」．

七 如因緣妄有「差撥」「不卽」聞奏．兩本原作「差擾」「下卽」．

六八〇・一三 緣軍「調」發而受財者……不刺「手面」．鐵本「調」下多「調」，兩本原作「手而」．

一七 救存「之備」「至出」朕心．讀本倒作「之至」，「備出」．

一九 目 減漳泉「州」「興化」軍丁米．讀目無「州」，鐵目作「興犯」．

二〇 自今泉州興化軍「舊納」七㪷五升者．鐵本原作「舊約」．

三 目及目下 放陝西河「東人夫保甲詔崇寧四年六月十六日」．鐵本「東」以下十五字脫漏．

六八〇・二 及「專奉」朝旨外並不得「輒有」追呼．鐵本原作「專秦」，「轍有」．

三 目下 「政和」二年八月十日．鐵本原作「致和」．

九 目 所「管」轄州縣當職官須於收成之前．兩本「管」字錯抄於「須」字之下．

一〇 「訪聞」東南被水州縣．鐵本原作「訪門」．

一一 仰逐路監司行下所「管」轄州縣當職官須於收成之前躬親按視．兩本「管」字錯抄於「須」字之下．

一三 目 候復業「日」依舊詔．鐵本漏「日」．

一二 但爲「具文」……朕夙興「夜寐」．兩本倒作「文具」．讀本原作「夜寢」．

一三 其有「失職」．鐵本作「失□」．

六八一・一 王化「之」所先……施「于」四海而未及京師「殆失」自近及遠之意．鐵本「化」下漏「之」，「施」下漏「于」．兩本原作「逮失」．

六　「監司失」於按舉．鐵本倒作「司失監」．
八　甚失「惠養」元元之意．兩本原作「恵養」．

卷一百八十七校記

六六二　卷目　卷「一百八十七」．目錄作「一百八十四」．
小標目　慰撫「上」．鐵本無「上」字．
八目下　建隆元年正月「乙巳」．兩本原作「丁巳」．查朔閏表「乙巳」爲建隆改元日．
九　「逮于」三主．兩本原作「逮予」．
一〇　屬并寇之「伐喪」……「一夕」遽生[illegible]本原作「代喪」．讀本原作「一方」．
一四　集「于」寡昧……屬在勳賢．鐵本漏[illegible]」上多「而」．
一八　「兇」興玉石之嗟．鐵本「兇」上多「[illegible]．苛嵐軍
六六三．一目下　太平興國六年九月「壬辰」．兩本同．[illegible]表九月乙未朔八爲「壬寅」．十爲「甲辰」．不[illegible]日．依舊不動．[illegible]「歸」
三　「有狀奏聞」．兩本倒作「有奏狀聞」．
一〇　崔能「視」事未久．鐵本漏「視」．
一三目下　太平興國「七」年四月丁「丑」．鐵本漏[illegible]「丑」二字．
一三　「窺伺」君父「呪詛」不道．鐵本原作[illegible]」．兩本同作「呪咀」．
一八目及目下　令長吏延見耆德「高年」太「平興國[illegible]正月癸未」．鐵目作「高平」．鐵本漏脫「平興[illegible]月癸未」．僅存「太」「年」二字．

一九　興廉「舉」孝……「故」適人振鐸以採詩．鐵本漏「舉」．「故」上多「而」．
二一目下　雍熙四年「十二月」辛卯．鐵本作四年「二月」．查朔閏表二月無辛卯．「十二月」己丑朔三日爲「辛卯」．從讀本．
六六四．五　蒸人「半委」於溝壑．鐵本原作「丰委」．
六　應河北「沿邊」州府軍縣．兩本原作「沼邊」．
一三　「讟然」疚懷．鐵本原作「盡然」．以下二字多誤．不再記．
一八　蓋由「朕委」任非當……不以「惠和」爲政．鐵本倒作「委朕」．兩本原作「惠知」．
二〇　爰班「罪己之文」用示「泣辜」之旨……「各體」朕懷．鐵本倒作「罪之文已」．兩本原作「位辜」．鐵本原作「國體」．
六六五．三目　遣「向敏中」等．鐵目作「向敏守」．
五　副此「懵怛」之意．兩本原作「憯怛」．
六目　安撫京「東」詔．目錄漏「東」．
八　「經河水」漂浸移寓他所者．鐵本原作「應河水」．「漂」下多「沒」．
九目下　咸平五年「六月」「壬辰」．鐵本原作「□月」．查朔閏表「六月」乙丑朔有「壬辰」．從讀本．
一三目下　景德元年「十二月」「癸未」．鐵本作「二月」．查朔閏表「十二月」庚申朔有「癸未」．從讀本．
一三　「當時殺退」．鐵本倒作「當殺時退」．
一六　覩茲寧靜……靜「候」安撫軍民．鐵本原作「寧□」．「候」下兩本多「侯」．

一八 目下 景德元年「十二月」「戊申」． 鐵本作「二月」．查朔閏表十二月有「戊申」．從讀本．

二〇 「洎乘」革輅． 兩本原作「洎來」．

二二 「盡殞」兵鋒． 鐵本原作「盡捐」．

卷一百八十八校記

六八七・九 「可」從情恕但思舉職． 鐵本「可」倒於「思」字之下．

一二 觀「濡救」之未及． 鐵本原作「滿救」．

一三 目 諭壽春郡「詔」． 目錄作「記」．

一四 「爰稽」典故． 鐵本原作「□稽」．

一七 俾辭軍簿「之煩」． 鐵本原作「之□」．

六八八・一 目及目下 天雄軍呂「夷」簡詔「寶元三年十一月己亥」． 鐵本脫「夷」並漏紀元年月干支．

八 「省所上表」． 鐵本原作「者所上表」．

一六 目 賜「山南東道」三軍將吏． 鐵本作「山東道道」．漏「南」多「道」．

一八 國論「倚」成……自閒「朕」命． 鐵本漏「倚」．兩本「朕」下多「以」．

一九 目 賜忠武軍……僧道百姓「等」詔． 鐵本漏「等」．

二三 目 賜感德軍……僧道百姓「等詔」． 鐵本原作「手詔」．

六八九・九 早持「齋鉞久衞寢戎頗積勳勞用」加恩數 鐵本僅存「早持」．「加恩數」五字．其餘「齋」至「用」十一字作「□」．據讀本補．

二三 目 賜淮康軍……僧道百姓「等詔」． 鐵本漏「等詔」二字．

三 目及目下 除賈昌朝爲「本」「鎭節度」使示諭勅書「嘉祐三年以後」． 鐵目「本」作「木」並漏「鎭節度」三字．鐵本漏「嘉祐三年以後」六字．

六九〇・八 目下 熙寧「二年」八月． 兩本「年」下多「年」．

九 方「倚任」於上都． 兩本原作「以任」．

一三 目下 「治平」． 鐵本漏脫．

卷一百八十九校記

六九一 小標目 「慰撫下」． 目錄抄本均作「慰諭下」． 按上中皆作「慰撫」．據改．

八 目 皇弟顥授「武勝軍」節度使． 目錄倒作「勝武軍」．

一〇 使「持」節鄧州諸軍事鄧州「刺」史． 鐵本漏「持」．「刺」上多「以」．

一三 目 曹佾……「賜」本鎭「勅書」． 目錄無「賜」．鐵目原作「勅賞」．

一五 目 郝質授武安軍節度「賜」本鎭勅書． 目錄無「賜」．

一九 目 曹佾……「賜」本鎭勅書． 目錄無「賜」．

二三 目 李端「愿」． 鐵本「愿」上多「應」．

六九二・一 瞻言「封壤」之奧． 鐵本原作「封壞」．

二 使「持節」洋州諸軍事． 鐵本原作「時節」．

四 目 保信保靜軍節度． 兩本無「軍」．據目錄加．

九 進檢校太尉「職」． 讀本無「職」．

一三 「慈孝」天至……以淮陽之「名壤」． 兩本原作「愿孝」．鐵本原作「名壞」．

一七 目 賜「本鎭」勅書． 鐵目作「木鎭」．

二〇 加食邑「一千戶」． 兩本原作「一千石」．

六九三・四　遺書指不「多及」。鐵本倒作「及多」。
七　目　曹佾……「賜」本鎮勅書。鐵本漏「賜」。
二〇　「將」士等各得平安好。鐵本「將」上多「而」。
二三　目　向宗良授昭信「節度賜本鎮」。鐵目倒爲「節賜度本鎮」。
六九四・七　「遺書」指不多及。兩本原作「遺使」。
一〇　擢陞「闡寄」。鐵本原作「聞寄」。
一一　想宜知「悉」。鐵本漏「悉」。
一四　持節襄州「諸軍事襄州」刺史。鐵本倒作「諸軍襄事州」。
一六　遺書指不多「及」。鐵本漏「及」。
一九　以「稱朕意」。鐵本漏「稱朕意」三字。

卷一百九十校記

六九五・二〇　不得更令親隨「參掌」公務。兩本原作「參軍」。按文目作「參掌」，據改。
三三　「本期」共治。兩本原作「本朝」。
六九六・七　目　誅李飛雄「誡勵」天下詔。兩本原作「誡勸」。
六九七・一　目　「誡約」同僚。讀目作「誡飭」。
一五　目　不得輒稱聖旨「詔」。兩本無「詔」，據目錄加。
一九　「榮辱」之主。鐵本原作「榮膺」。
六九八・四　亦當復委「漕輸」或授「計職」。鐵本原作「漕翰」「計則」。
一五　仍令御史臺「常切」糾察以聞。兩本原作「章切」。

卷一百九十一

六九九・八　目下　咸平二年四月辛「未」。鐵本漏「未」。
一〇　「借術」陳詞。兩本原作「惜術」。
二三　目　誡約轉運「使副」「起」請事宜。兩本倒作「副使」。按文內作「使副」。鐵本漏「起」。
二三　虛煩「詔」令。鐵本漏「詔」。
一六　甚無「謂焉」。鐵本原作「謂爲」。
七〇〇・二　「分」蒞戎昭……軍旅奉戍邊之役……「繄乃」具僚。鐵本漏「分」。「軍」上多「以」。鐵本原作「緊乃」。
三　「故爲」曠失。兩本原作「故違」。
六　「遽集」非「常」之慶。鐵本原作「遽禁」並漏「常」。
八　「奉」我爲元首。鐵本「奉」上多「以」。
一七　亦有竊覬「朝」恩……「靡」慙醜行。鐵本漏「朝」。「靡」上多「以」。
一九　目　「王瑛」等坐贓抵死。鐵本原作「王英」。文內亦作「瑛」，依讀本。
七〇一・四　「欽奉」鴻休。鐵本原作「欸奉」。
六　目下　大中祥符二年「正月」「庚午」。鐵本作「二月」。查朔閏表「正月」丁巳朔，十四爲「庚午」，依讀本。
七　國家「道蒞」天下……期「末俗」之還淳。讀本作「道涖」。按「涖」同「蒞」。鐵本原作「本俗」。
八　「競雕刻之小技」。鐵本倒作「競雕之小技刻」。
一三　及知州知軍通判知監知縣七條「如左」。兩本原作「加左」。
一七　敢怠「武」經。鐵本「武」上多「也」。
二三　目及目下　誡飭「法寺」提轉詔……二月「戊辰」。鐵目作「法等」。鐵本原作「法守」「戊辰」、七〇二·六 「如任情」偏執． 兩本原作「和任情」．
七 目 責董瑩等「戒勵」百官詔． 鐵目作「成勵」．
一三 深「察」機宜． 鐵本「察」下多「徵」．
一五 植性「狡頑」． 鐵本原作「校頑」．
一六 已正「嚴科」……「無忘」戒茲． 讀本原作「嚴利」． 鐵本原作「無忌」．
一八 左右「夾」階引馬隊教陣． 鐵本「夾」字錯倒於「隊」字之下．

卷一百九十二校記

七〇三·一三 特申「勸勗」． 讀本原作「勸最」．
一八 委逐路轉運使「常切」覺察． 兩本原作「當切」．
二〇 惟彼全齊「之壤」． 鐵本原作「之壞」．
二二 「顧茲」敗類． 鐵本原作「顧前」．
二三 「罔能」舉察． 鐵本原作「因能」．
七〇四·一 且「廉求」之攸屬． 鐵本原作「廉來」． 讀本原作「廉采」．
二 知予意「焉」． 鐵本原作「爲」．
四 而「罔念」夙宵． 兩本原作「因念」．
八 聊行「譴黜」……「包藏」「盡露」． 鐵本原作「譴出」「包歲」． 讀本原作「盡路」．
一〇 「咸使」「聞知」． 兩本原作「成使」． 鐵本作「聞之」．
一一 目下 乾興「元年」二月戊辰． 兩本原作「六年」． 按乾興僅有「元年」． 據改．
一三 「極口」阿諛． 兩本原作「極品」．
一四 遂「成」沉劇……釁咎若斯． 鐵本漏「成」． 「若」上多「斯」．
一五 方當守法度以奉「前猷」……朕「安敢」捨． 兩本原作「前獻」． 鐵本原作「妥敢」．
一六 「載舉」國章． 鐵本原作「載擧」．
一七 「式遵」四罪之規． 鐵本原作「式邊」．
一九 尙書戶部「侍」郎知青州周起． 鐵本漏「侍」．
七〇五·二 「已申」邦憲． 鐵本原作「已深」．
三 苟盡從於吏議……有曾與丁「謂」往還者． 鐵本「於」下多「例」並漏「謂」．
五 目 誡告「貪汚詔」． 兩本原作「貪汚銘」． 從目錄．
九 政能「可獎」． 鐵本原作「可弊」．
一〇 「務茲勗勵」． 鐵本原作「最勵」．
一三 「名節」罔勵． 鐵本「名」上多「以」． 讀本作「名教」．
一八 「革故」鼎新． 鐵本原作「革政」．
一九 應大行皇太后「垂簾」日． 鐵本原作「垂廉」．
三 卽委中書「樞」密院奏聽裁． 兩本無「樞」． 依例加．
七〇六·八 終是同茲「率」易． 鐵本漏「率」．
九 「仍」令「御」史臺． 兩本「仍」上多「放」． 鐵本「御」上多「其」．
一一 檢言「罔上」者苟辟． 鐵本原作「妄上」．
一四 靡蹈「媮薄之尤」． 鐵本倒作「媮之薄尤」．
七〇七·四 目 誡約按察官「詔」． 兩本無「詔」． 從目錄．
一〇 「忘愧」自矜……更多「倖覬」之請． 兩本原作「忌愧」． 鐵本原作「倖覲」．

卷一百九十三

七〇八·八 目下 五月「戊寅」。鐵本原作「戉寅」。

一一 目 誡約兩府「兩」省……職任詔。鐵本無「府」下「兩」。並倒作「任職」。

一六 朕「旰昃」宵寐。鐵本原作「盰異」。

一七 姦從「法生」……「遂乃」人務交游。鐵本原作「去生」、「逐乃」。

一九 察「纖微」以搆罪端。鐵本原作「織微」。

二二 漸至清靜「之源」。鐵本原作「之靜」。

七〇九·五 目 眞宗文武七條「詔」。兩本無「詔」。從目錄。

九 然而斗粟「未濟」。鐵本原作「米濟」。

一三 上尊「先甲」之諭。鐵本原作「甲先」。

一四 農畝「卒萊」。鐵本原作「卒栄」。

一七 「爭事傾危」。鐵本倒作「爭傾危事」。

二〇 「謹」憲而持大柄馭之予奪。鐵本「謹」字錯倒於「奪」字之上。

二三 當嚴「禁約」。鐵本原作「謹約」。

七一〇·一 及「原」減罪犯者。鐵本「原」下多「以」。

三 目 貶唐介後牓朝堂「詔」。兩本無「詔」。從目錄。

一〇 「苟得無恥」其何以「淳」風俗乎。鐵本倒作「苟無得恥」。兩本原作「享」風俗乎。

一一 目下 皇祐五年十二月丁巳。兩本原作「三年」。查朔閏表以「十二月丁巳」推之，應作「五年」。

一三 豈特「事」誅求以剝下乎。兩本「事」下多「已」。

一六 「適逢」至治之期。鐵本原作「邊逢」。

二三 朕未欲「卽致」于理。兩本原作「則致」。

七一一·三 邈乎如「不可跂」。鐵本原作「不可跋」。

五 以飾詐「徼譽」爲智。兩本原作「激譽」。

六 以「搖惑」時聽。鐵本作「搖或」。按「惑」「或」通。

八 以遏「浮兢」之風。兩本倒作「兢浮」。

卷一百九十四校記

七一二 八 小標目 誡飭「五」。鐵本漏「五」。

八 目 誡約不得言人赦前「事」。目錄漏「事」。

九 朕雖「弗敏」。鐵本作「勿敏」。按「弗」同「勿」。

一〇 「比者」中外臣僚……或「外託」於公言。鐵本原作「此者」。兩本原作「外記」。

同 「事多曖昧」意肆「詆欺」苟誣陷於「善良」。鐵本原作「事夕暖昧」、「詆欺」。兩本倒作「良善」。

一五 守約「施博」……故「王道」平國風正也。鐵本原作「施傳」、「王通」。

一六 「端誠」虛受。鐵本原作「端誠」。

一七 「益資」其聞見也……「謂所言」彈廢稱進。兩本倒作「資益」。鐵本倒作「所謂言」。

一八 上「營惑」於朕師。鐵本原作「榮惑」。

一九 公卿恥言「人過」。鐵本原作「今過」。

二〇 以忠告「善道」爲藥石之珍。鐵本原作「善通」。

七一三·八 而屬天下承平「之日久」……「惰職」者衆。鐵本倒作「日之久」並作「情職」。

一三 目 勅牓朝堂「詔」。兩本原作朝堂「銘」。

一三 「謚曰悼」。兩本原作「謐曰悼」。

一八 自相「抵牾」。鐵本原作「抵悟」。

七一四·二 朕「何憚」而不從。兩本原作「何彈」。

六 「引匿」釁寇．兩本原作「引慝」．
一一 使我「元元之民」．鐵本倒作「元之民元」．
一四 目 降滕宗「諒」等官諭「陝西」四路沿邊詔．讀本漏「諒」．鐵目原作「夾西」．
一七 量降「差遣」．鐵本原作「差違」．
一八 或裁量「藥餌」……「仰取於官均惠於衆」．鐵本原作「藥弭」．並倒作「仰取於均惠官於衆」．
二〇 目下 「元豐」五年五月壬午．鐵本原作「元皇」．
七一五·三 目及目下 誡勵中外奉承詔令稱先帝「更易法度惠安元元之心詔」．「元」豐八年四月．鐵本漏「更易法度惠安元元之心詔」及元豐之「元」十二字．
四 往往「失當」．鐵本原作「夫當」．
八 「倘有」戾違卽仰御「史」臺「彈」劾奏．兩本原作「尙有」．鐵本漏「史」．「彈」下疑多「劾」．
一一 或「議法」「失」當或掊斂「無節」「或」姦回附勢．兩本原作「講法」．鐵本「失」上多「當」．兩本原作「毋節」．鐵本「姦」上漏「或」．
一五 修振「紀綱」．鐵本倒作「綱紀」．
一八 目 「誡」厲百官詔．兩本同．目錄作「誡勵」．按「厲」同「勵」．
二〇 而無希望「之謀」．鐵本原作「之浮」．
二二 下至「庶人」之愚．鐵本原作「無人」．
二三 而惟外之求．鐵本漏「之」．
七一六·一 或率意私造「畸論」滋「漫漶」之虛言．兩本原作「畸諭」．「擾漶」．
四 「於以」修身厲節．鐵本作「于以」．

卷一百九十五校記

七一七·八 目 勅牓朝堂「詔」．目錄無「詔」．從抄本．
一一 或「□」自要「途」……或「迭居」言路．兩本無「□」．鐵本作「塗」．按「塗」通「途」．並作「迷居」．
一三 「表裏」符同．鐵本原作「衣裏」．
一五 「興宗」有易代之嘆．鐵本原作「興忠」．
一六 況復踈遠「賤士」．兩本原作「賤土」．
一七 「脅肩」成市．讀本原作「脅肩」．
一八 咨爾「羣工」．讀本原作「羣土」．
二〇 目 誡飭「在位」．目錄作「在外」．
二三 以「交私」合黨「相先」．鐵本作「交和」．按「和」爲「私」之別字．見唐張對墓誌銘．並作「相見」．
七一八·三 「欲開」善否更用之端．鐵本原作「欲聞」．
七 「凶愎」不遜．兩本原作「凶復」．
八 以明去「□」．兩本「去」下疑漏一字．加「□」以代之．
九 無載「爾僞」……以叶「厥恭」．鐵本作「爾爲」．按「爲」「僞」通．並作「厥躬」．
一一 目下 元符三年十「月己未」．鐵本漏「月己未」三字．
一三 共圖「康公」．讀本作「康功」．按「公」「功」通．
一五 祗率「大卞」．鐵本原作「大下」．
七一九·一 或「自曾」得解．鐵本原作「自昌」．
一三 年未「滿止許將恩澤回授與」本色有官有服親改轉．鐵本空漏「滿止許將恩澤回授與」九字．
一四 目下 「崇寧元年五月丙子」．鐵本全漏．

二　勑令式格．鐵本「勑」倒在「格」字之下．
七二〇・三　「正部」直差．兩本原作「下部」．
五 目　臣僚「章疏」等．鐵目原作「音流」等．
一一　上嘉「勛華」．鐵本原作「勛半」．
一七 目下　崇寧「三年」正月二十六日．鐵本原作「元年」．
一八　無有「遠邇」．鐵本作「遠爾」．按「爾」「邇」通．
三　「宜」體至懷．鐵本「體」上漏「宜」，「體」下空格．

卷一百九十六校記

七二一・八 目下　崇寧三「年六月十七日」．鐵本漏「年六月十七日」六字．
一三　「毋或」輒論．鐵本倒作「或毋」．
一八　未遑守「于衆」也．鐵本原作「未衆」．
二一 目下　崇寧五年正月「十四日」．鐵本漏「十四日」三字．
七二二・一　馳騖「抵巇」．鐵本原作「抵嚱」．
二 目下　崇寧五年正月「二十四日」．鐵本漏「二十四日」．
七　「以干」陰陽之和……朕「虛己」以聽．兩本原作「以千」，「虛言」．
九　「或涉」宗廟．鐵本原作「或直」．
一〇 目及目下　誡約遵神「考法詔崇寧五年六月八日」．鐵本漏「考」以下十一字．
一一　與朕「同體」．鐵本原作「司體」．
一四 目及目下　誡約監司「體量公事懷姦御筆手詔．崇寧五年十月十六日」．鐵本漏「體」以下十九字．
一五　附下「罔上」隱庇「滅裂」……於吳亮則以無「爲」有．兩本原作「罔下」，鐵本原作「減裂」，兩本原無「爲」字．
一六　「咸使」「聞知」．鐵本原作「減使」，並漏「聞知」．
一七 目及目下　誡約無侵「官御筆手詔大觀三年二月六日」．鐵本漏「官」以下十三字．
一八　吏宿「其業」．鐵本原作「其葉」．
二〇　義利之「心定」．鐵本原作「必定」．
七二三・一　不愛爵賞「者」「拔以」不次．兩本漏「者」，鐵本原作「杭以」．
二　邪則「去」之不疑……示「之」以好惡．鐵本「去」下多「之」，「示」下漏「之」．
八　今再加「識擢」．兩本原作「職推」．
一四　馭世之「通規」．鐵本原作「過規」．
一七 目下　「大觀四年五月二十八日」．鐵本全漏．
一八　比以「舊弼」……乘時「騁志」．鐵本原作「奮弼」，「聘志」．
一九　杳爾「臣隣」．兩本原作「臣憐」．
二二　「以正厥事」．鐵本倒作「厥正」．

卷一百九十七校記

七二五・八 小標目　戒飭「八」．鐵本漏「八」．
目下　大觀四年「十二月十七日」．鐵本漏「十二月十七日」．
一〇　今承平百五十餘年歲入固不減于「什」一．兩本「餘」字錯倒于「平」字之下．鐵本「什」字塗改不清．
一四　朕嗣有「令緒」．鐵本原作「令諸」．
一六　鮮「廉」寡恥……有保「利」棄義之心者．鐵本漏

「廉」、「利」下多「以」.
二〇　至或冒進「輕儳」. 鐵本原作「輕纔」.
二一　目　訓飭士大「夫」御筆手詔。鐵本漏「夫」.
七二六・一　惟恐「弗及」. 鐵本原作「弗乃」.
五　朋黨「比周」牢「不可破」. 鐵本原作「比年」.「不可祓」.
八　崇觀「以來」……卿士大夫. 讀本原作「以未」. 鐵本「卿」下多「以」.
一六　「輔成」至治……「毋悼」後悔. 鐵本原作「輔臣」. 兩本原作「毋憚」.
一七　目下　政和二年二月「一日」. 鐵本漏「一日」兩字.
七二七・一　而刑賞不足「以勸沮」歟. 兩本倒作「勸以沮」.
六　越職「論事」. 鐵本原作「諭事」.
一四　「布告中外」. 鐵本倒作「布中告外」.
一五　目下　八年正月二十一日. 鐵本漏「正月二十一日」六字.
一八　厲者審人情之「思斁」. 鐵本原作「私斁」.
七二八・三　罔敢「怠失」. 兩本原作「怠夫」.
四　格我「勸沮」. 兩本原作「勤沮」.
七　所以「共」治者. 兩本「以」下疑漏「共」字.

卷一百九十八校記

七二九・八　目下　建隆二年二月「己卯」. 鐵本漏「己卯」二字.
一九　目下　乾德二年正月乙「巳」. 鐵本漏「巳」.
七三〇・一　奉吾詔以「不」謹……「宜」示申明. 鐵本漏「不」.「宜」上多「而」.
四　目及目下　禁紀碑留「任不得諂闕詔乾德四年六月乙丑」. 鐵本漏「任」以下十四字.
五　「政績」可嘉……近者吏民等奔走道路. 兩本原作「致績」. 鐵本「者」下原多「吏者」二字.
九　賈人「作僞」. 讀本作「作爲」. 按「爲」「僞」古通.
一〇　詐欺「規利」. 鐵本原作「規例」.
一三　目下　乾德六年五月乙「未」. 鐵本漏「未」.
一五　目及目下　別籍「異」財詔乾德「六年六」月癸「亥」. 鐵本漏「異」並「六年六」「亥」五字.
一七　如違者「並准律處分」. 鐵本漏「並」以下五字.
一九　「自有」常制. 鐵本原作「自布」.
七三一・一　目　罷廣南大斗「詔」開寶四年七月「丙申」. 兩本無「詔」. 依目錄. 鐵本漏「丙申」二字.
四　自今應「兩京」及諸道州府. 鐵本原作「西京」.
六　目下　開寶七年五月「乙丑」. 鐵本漏「乙丑」二字.
八　「有妄」增價欺罔官錢. 鐵本原作「有罔」增價.
一〇　尙念戰爭「之後」. 兩本原作「之彼」.
一二　「邀」厚利. 鐵本漏「邀」.
一三　目　禁約上供物「監臨官」. 兩本原作「監臨者」. 按文內及目錄均作「監臨官」. 據改.
一四　「必恣」掊克. 兩本原作「必咨」.
二〇　目　二月「至」九月禁捕獵詔. 目錄作「止」.
二一　而逆時「令自」宜禁民. 兩本錯倒爲「自令」.
七三二・二　非有「關預」. 兩本原作「閔預」.
五　俾因「滿秩」之時。鐵本原作「滿袂」.
七　出令「不行」……「察在任」日勞績. 兩本原作

一　「惟行」．讀本原作「寮在任」．

一一　目　嶺南長吏多方「化導」．鐵本原作「化遵」．

一三　理九眞郡．兩本原作「久眞」．

一五　目及目下　「貸息」不得輸倍詔淳化四年「七月辛亥」．目錄抄本均作「貲息」．鐵本漏「七月辛亥」四字．

一九　「違者」加罪．鐵本原作「建者」．

七三三·二　目　按讞刑「獄」監筦倉庫詔．目錄漏「獄」．

五　目下　淳化五年八「月甲午」．鐵本漏「月甲午」三字．

九　目下　淳化三年五月「辛巳」．鐵本漏「辛巳」二字．

一〇　率循舊「章」……「頗」爲煩苛之規．鐵本漏「章」．「頗」上多「以」．

一二　通商「惠工」……並不得商「其」筭．鐵本原作「惠上」．兩本疑漏「其」字．按文目及目錄均作「商其筭」．

一三　目　「禁并州故城內居止耕種詔」．兩本此目闕脫．據目錄補．

一五　給限「百日」．鐵本原作「百百」．

一六　應故城內「稅物」悉除之．鐵本原作「祱物」．

一八　宜令有司嚴加「戒飭」．讀本作「戒勵」．

二一　私家「並」不得停留．鐵本「並」下多「家」．

卷一百九十九校記

七三四·一三　目　禁進奉物不得「銷金線」文綉詔．目錄作「銷金緣」．

一五　「載伸」大中之道……「庶上行」而下傚．兩本原作「載仲」．並作「表上行」．

一七　卽許「施行」．鐵本原作「私行」．

一八　如重「製造」．兩本原作「裂造」．

二〇　目　大內宮院「苑囿」．鐵目作「苑國」．

二三　爲「浮靡」之用．鐵本原作「淳靡」．

七三五·三　目下　大中祥符「二年正月戊辰」．鐵本漏「二」以下六字．

七　目及目下　禁約河北「民棄農業學禁術詔大中祥符二年十月」．鐵本漏「民」以下十六字．

八　言念「僻違」．鐵本原作「僻爲」．

一〇　目下　大中祥符二年十一月「癸酉」．鐵本漏「癸酉」二字．

一三　目及目下　禁粘竿「彈弓」「罝網」……「大中」祥符．鐵目作「礑弓」．鐵本鐵目作「置網」．文內同．讀本原作「大和」．

二三　宜申「明敕」．兩本原作「明政」．

七三六·二　目下　大中祥符八年四月「丙午」．鐵本漏「丙午」二字．

三　應裝納「倉廒」之處．讀本原作「倉敖」．

八　其「乘輿」法物……並「不依」銷金．鐵本原作「乘與」．讀本原作「不衣」．

一〇　其明金「裝假果」花版樂身之類．鐵本原作「裝殿果」．

一一　本犯人及「工匠」干連人並當重斷．鐵本原作「上匠」．

一三　皇城左右「街司」．讀本原作「衔司」．

一五　藪牧「之畜」．兩本原作「之蓄」．

一七　「悅目」則多．鐵本原作「悅日」．

一八　「常加」禁察．鐵本原作「長加」．

二二　「達於予聞」．鐵本倒作「達予於聞」．

七三七·一　目下　景祐元年五月丙「寅」．鐵本漏「寅」．

二 「弗戒」於紛華．鐵本原作「弗成」．
九 目 詳定「宮室物玩」制度詔．目錄作詳定「服玩室居」．
一〇 「貴不逼賤下不僣上」．兩本原作「貴不逼下賤不僣上」．
一一 「恐因循」而滋甚．鐵本原作「懲因循」．
一四 「用蕃於」庶類．鐵本原作「用著於」．
一五 及諸路轉運司「轄下」州府軍監縣等．兩本原作「瞎下」．
一七 「支賞」錢二十貫文……以「犯事人家財充」．鐵本原作「支嘗」．「犯」以下六字脫漏．
二〇 「頃在」先朝．鐵本作「傾在」．按「傾」通「頃」．
七三八・八 目下 政和八年二月「十二日」．鐵本漏「十二日」三字．
一〇 「以詔萬世違者以大不恭論」．讀本脫漏．
二一 目及目下 禁止「褫服」若氊笠「釣墪」之類御筆政和二年「正月五日」．目錄作「服式」．並作「釣墊」．鐵本漏「正月五日」四字．
一三 以違「御筆論」．鐵本原作「御筆諭」．

卷二百校記

七三九・九 如顯是疑「獄」．兩本疑漏「獄」字．
二一 目下 「建隆三年二月己亥」．鐵本全漏．
一三 其錢以一百文「足」爲陌不滿「者」降罪有差．鐵本無「足」．「者」下多「以」．
七四〇・一 量罪「行罰」「准律」合奏．兩本原作「停罰」．鐵本作「准例律」．
四 著「于」甲令．鐵本漏「于」．
五 目 洒掃「蕩洗」．目錄作「湯洗」．文內亦作「湯洗」．按「湯」「蕩」通．
六 「溽暑」方甚．兩本原作「溽署」．
七 「貧無」所自給者．兩本原作「貧而」．
九 固有「愛憎」之殊．鐵本原作「愛增」．
一〇 子孫「幼者」．鐵本原作「勿者」．
一五 以傷「好生之德焉」．鐵本倒作「好之德生焉」．
二二 「尙有」寃枉之人．鐵本作「上有」．按「上」「尙」通．
七四一・三 憫茲「徽纆」．鐵本原作「徽纏」．
五 目下 太平「興國」．鐵本原作「興因」．
九 「今後」宜令十日一錄問．兩本原作「今復」．
七四二・一 目 「令凡」禁繫之所並洒掃「牢獄」．目錄作「令兄」．鐵本漏「牢獄」二字．
五 「則四時之風雨弗迷」……則兆人之手足「何措」．鐵本倒作「則四時風雨之弗迷」．兩本原作「何惜」．
九 有證左明白「抗拒不伏」……具事由申本屬長吏「判訊」．鐵本作「抗不伏」．讀本作「抗抗不伏」．鐵本「申」下多「以」．兩本原作「判許」．
一五 「苟獄訟」有所枉抑．鐵本原作「荀獄訟」．
七四三・四 恪居「官次」．鐵本原作「官決」．

卷二百一校記

七四四・八 目 「獄無」大小……不得專責有司詔．讀目作「獄毋」．目錄漏「詔」．
九 棘木「平反」．鐵本原作「平仄」．
一三 目 「晝時」斷決．讀本作「盡時」．

一五　「不任科責者流徒罪准律收贖杖」已下釋之。　鐵本「不」以下至杖十三字闕脫作□。據讀本補。

一九　目　誡約審刑「院」。　目錄漏「院」。

二〇　用警「因」循……自今並須盡公結奏。　鐵本漏「因」。「自」上多「以」。

三　目　不得以情理「取旨」。　鐵目作「取青」。

七四五·二　目　「乘驛」往「廣」「南」東西「路」疎決繫囚。　目錄作「乘騎」並漏「南」。兩本漏「廣」「南」「路」三字。

一一　更緊秉政「之臣」。　鐵本原作「之成」。

一三　「俾知」朕意。　鐵本原作「俾之」。

一五　目　令竊掘「偷盜」。　鐵目作「榆盜」。

一六　非原謀造意巨「蠹者並奏裁」。　鐵本漏「蠹」以下五字。

一八　目　禁約「訊囚」非法之具。　鐵目作「訣囚」。

一九　「拷掠」之具。　鐵本作「栲掠」。

二〇　目　「嫻習」法令者許閤門「進」狀詔。　目錄作「閑習」。按「嫺」同「嫻」。「嫺」「閑」通。鐵本漏「進」。

三　應京朝官有「嫻習法令」歷「任」無贓濫者。　鐵本倒作「嫻法習令」。「任」下多「而」。

七四六·一　目下　大中「祥符元年五月壬戌」。　鐵本漏「祥」以下八字。

九　目下　大中祥「符二」年四月「壬寅」。　鐵本漏「符二」「壬寅」四字。

一三　至「拷訊」者。　兩本原作「栲」訊。

一四　庶臻至「當更」示明文。　鐵本倒作「至更」「當示」。

二一　當重行「朝典」。　鐵本原作「朝與」。

二三　目　獲逃「軍」。　鐵本漏「軍」。

七四七·二　目下　大中祥符三「年」閏二月丁巳。　鐵本漏「年」。

三　情重者斷「支體」而戮之。　鐵本原作「文體」。

五　「値炎蒸」之貫「序」。　兩本原作「俯炎蒸」。鐵本作貫□。

七　庶緩「憂勤」。　鐵本原作「夏勤」。

九　暑月「免之」。　鐵本原作「克之」。

一〇　目　天「慶」節　鐵本原作天「度」節。

一一　宜暫停於刑罰自今兩京諸路。　鐵本「於」字錯倒於「京」字之下。

一六　目　不須「覆驗」詔。　目錄作「不須覆檢」。抄本文目作不須「覆」詔。按兩本文內均作不須「覆驗」。據增。

一七　或在「鬱烝」之候。　鐵本原作「之後」。

同　然則「民命至重」。　鐵本倒作「民至命重」。

一九　目　申提刑司「看詳」。　鐵本原作「有詳」。

七四八·一　目　不得「以」元奏「事」狀「抑令」招伏詔。　鐵本作不得「已」。按「已」「以」通。鐵本並漏「事」。且倒作「令抑」。

卷二百二校記

七四九·八　目　乞陵遲合死「强盜」詔。　目錄作「劫盜」。

一一　目　令諸路轉運曉諭「州府」軍監長吏。　鐵本倒作「府州」。

一四　被茲中「典」。　兩本原作中「興」。

七五〇·三　目下　乾興元年「十一月」戊寅。　鐵本作「十二月」。讀本作「二月」。查朔閏表「十二月」丙申朔無戊寅。「二月」庚子朔亦無戊寅。查「十一月」丁卯朔十二爲戊寅。據改。

四　「逮夫」守宰之任。　鐵本原作「逮失」。
六　目　許具案以聞「詔」。　目錄無「詔」。
一一　並從「嚴譴」。　兩本原作「嚴遣」。
一四　自今「强盜」不持仗。　兩本原作「强寇」。據文目改。
一五　仍不分「首從」。　讀本作「首縱」。按「從」「縱」古通。
七五一·二　「勉思」於汝職。　鐵本原作「免思」。
九　目及目下　州縣獄「罪」人死具爲令詔「治平四年十二月丙寅」。
目錄漏「罪」。鐵本紀元年月干支全漏。
一〇　而「瘐死」者多。　兩本原作「痩死」。
一一　如五縣已上「州」歲死三人。　兩本疑漏「州」字。
一三　官吏雖已「行罰」。　鐵本原作「刑罰」。
二一　「徧及」天下。　兩本原作「偏及」。
七五二·七　目　立到杖數「詔」。　兩本漏「詔」。據目錄補。

卷二百三校記

七五三·八　目　令諸道會兵進討「詔」。　兩本漏「詔」。據目錄補。
一一　「念同事」於前朝。　鐵本原作「心同事」。
一四　自取「覆亡」之咎。　鐵本作「復亡」。按「復」「覆」古通。
一七　新授平盧軍「節度」「淄青」等州。　兩本原作「節慶」。
讀本原作「淄責」。
一八　隴西郡「開國公」。　鐵本原作「間國公」。
一九　朕法天無私。　兩本「無」上多「以」。
二〇　「殘魂」假息以興妖。　鐵本原作「錢魂」。
七五四·一　擅舉「極刑」。　鐵本原作「任刑」。
六　合戮之於「朝市」。　兩本原作「朝示」。
一三　「適被」皇風。　兩本原作「適彼」。
一五　目　議王「全斌」等罪詔。　鐵本原作「今斌」。
一六　出總「偏師」。　鐵本原作「偏郎」。
一七　而全斌等違吾「約束」。　鐵本原作「約東」。
一八　而訴寃者日擁國門……隱落「金銀」犀玉錢帛一十六萬「七百餘」貫文。　兩本「寃」下多「之」。鐵本原作「全銀」、「七有餘」。
同　受僞蜀臣僚「賂饋」……諸色「納」虧欠二十八萬「一千餘貫」。　鐵本原作「路饋」、諸色「紬」、「一十餘貫」。
一九　而全斌等「具伏」。　鐵本原作「具休」。
二〇　集文武百官議罪「以聞」。　鐵本原作「以制」。讀本原作「以開」。
二一　目　責降「田欽祚」官詔。　鐵本原作「田欽作」。
二三　御衆「乖方」。　鐵本原作「華方」。
七五五·三　「聞金鼓」以忘身者……任崇「旆鉞」。　鐵本原作「閉全鼓」、「旆鋮」。
六　貳則有「辟」。　鐵本原作有「碑」。
七　指斥「乘輿」……「醜迹」「共露」「具獄」已成。　鐵本原作「來輿」、「魄迹」、「其露」、「共獄」。
八　僉以「梟夷」其族……「用正」憲章以合「經義」尙念嘗居「重位」。　鐵本原作「梟夷」、「州正」、「經我」、「重征」。
同　「凡爾」羣臣。　鐵本原作「足爾」。
九　「妻子」官封。　鐵本原作「妻于」。
一一　目　曹翰削奪在「身」官爵。　讀目漏「身」。
一三　「威塞軍」節度使。　鐵本原作「威寒軍」。

一三　「百辟」集議．鐵本原作「百羣」．
一四　所有盜用「潁州」官倉米麥．鐵本原作「潁川」．
一七　右「補闕」直史館胡旦．鐵本原作「補關」．
一九　乃敢獻頌「闕廷」……雖遠「必達」．讀本原作「關廷」．鐵本原作「必遣」．
二〇　俾隸「方州」……仍不得「簽署」州事．兩本原作「方周」．「僉署」．
七五六·五　寔有「玷於」清朝．鐵本原作「跕於」．
六　用行「黜削」．鐵本原作「點削」．
七　目　張佖「奪俸」詔．鐵本原作「奪體」．
八　戶部郎中判考功「張洎」「審定」故秦國王錢俶「謚議」．鐵本原作「强洎」．「番定」．兩本原作「謐議」．
同　虞部郎中……「張佖」．鐵本原作「强佖」．
一〇　目下　「淳化」三年．鐵本原作「浮化」．
一五　「比者」肅奉戎師……將略「無聞」……疇爲「疏圃」．鐵本原作「北者」．「無間」．「疏圖」．
一六　「孤負」寵靈……「勿忘」改過．鐵本原作「孤角」．兩本原作「忽忘」．
一九　元載持法「太急」．鐵本原作「夫急」。
二〇　「趣裝」離郡．鐵本原作「趣裴」．
七五七·一　「跡惟」寒賤．鐵本原作「跡推」．
二　並一家配隸房州「禁錮」．鐵本原作「集個」．
四　荐升「科級」．鐵本原作「秤級」．
五　殊異「甄升」之意．鐵本原作「甄並」．
六　目　尙書「工部」．鐵目作「上部」．
七　而乃自率「冐臆」．鐵本原作「冒臆」．
八　遂致「驛騷」．鐵本原作「辭騷」．
一三　「宜用」小懲……「可太常」卿分司西京．鐵本原作「宜川」．「河太常」．
一四　「金革」未寧．鐵本原作「全草」．
同　「置制使」……「梁鼎」．鐵本原作「置制候」．「渠鼎」．
一五　公私「大擾」．鐵本原作「大捷」．
一七　互陳「利害」．鐵本原作「剩害」．
一八　「殊乖」輯睦……洎遣「讞官」．鐵本原作「殊車」．兩本原作「獻官」．
七五八·二　「諴合」知非．鐵本原作「誠合」．
三　黜居「別乘」……可「貶徙」衡州別駕．兩本原作「別來」．「貶從」．
六　止從「削秩」．鐵本原作「則秩」．

卷二百四校記

卷目　「宋大詔令集卷二百四」．鐵本空脫．
七五九　同　標目　政事五十七．兩本漏「五十七」三字．
八　目　依前「工部」郎中知鄧州制．鐵本原作「二部」．
九　「早以」雋才．鐵本原作「卑以」．
同　「聿著」勞能．鐵本原作「聿署」．
一三　「柬縕」延災．鐵本作「柬綴」．
一七　忠正「軍」節度副使．兩本無「軍」．
一九　罔叶「注懷」．鐵本原作「汪懷」．
二〇　「擢正」鼎司．鐵本作「權」正．按「擢」「權」古通．
七六〇·二　「苟違」恪謹之風．鐵本原作「苟逢」．

六　「苟當」其罪．鐵本原作「苟雷」．
九　目　寇準貶雷州司戶「勅」．目錄作「詔」．
一四　目　李迪衡州團練副使「勅」．讀目作「詔」．
一六　「亟踐」清塗．鐵本原作「亟錢」．
一七　「貴全」終始．鐵本原作「貴今」．
一八　不得簽書「本州」公事．鐵本原作「本月」．
一九　目及目下　華州刺史「曹瑋」……「除授」左衛大將軍「同上」．鐵本原作「曹璘」「徐授」「目上」．
二〇　「苟涉」比周之迹．鐵本原作「苟步」．
二二　「輒擾」於「平民」……將肅「具寮」「用申」不律．鐵本原作「輒授」「乎民」「具察」「州申」．
七六一・四　締連「逆豎」……「止罷」近司．鐵本原作「送豎」「上罷」．
五　「爾將」安免．鐵本原作「爾特」．
六　目　王隨「責授」秘書少監．鐵目作「資授」．
九　目　王曙貶檢「校」尚書……和州「團練副使」制．目錄漏「校」．並簡作「團副」．
一一　未塞衆多「之論」．鐵本原作「之輪」．
一三　目　降授大理寺丞餘「依」舊制．目錄漏「依」．
一三　先帝「務在」矜寬．鐵本原作「矜在」．
七六二・四　「苟能洗節」以悛心．鐵本原作「苟罷先節」．
七　昵彼「妖巫」．鐵本原作「妖坐」．
九　既蒐慝之「旋聞」．鐵本原作「旋間」．
一五　藥砭「靡効」．鐵本原作「靡勅」．
一六　目　監許州酒「務」．兩本疑漏「務」字．據下目加．
一七　左「正言」任中師「等」……曾「罔被」於親嫌．鐵本原作「王言」「任中師「箏」「罔彼」．
二〇　久處「育材」之地．鐵本原作「有材」．
二二　而又「附託」於權臣……「宜罷」綸曹．鐵本原作「階託」「宜寵」．
二三　勉申撫俗「之方」．鐵本原作「之力」．
七六三・一　目　「焦敏」職方員外郎．鐵本原作「進敏」．
二　報政「蔑聞」．鐵本原作「蔑間」．
七　目　「責」提轉不案「李應機」詔．鐵目作「貴」提轉．鐵本原作「李應撥」．
一二　上柱國「鄆國公」．鐵本作「鄧國公」．按卷二百二十追復制亦作「鄆國公」．查宋史曹利用列傳及宰輔表無「鄧國公」「鄆國公」字樣．
一三　「將構」凶謀．鐵本原作「符構」．
一四　「全失」義方之訓……「未符」公議．鐵本原作「余失」．兩本誤作「未荷」．
一五　可特授銀青光祿大夫「檢校」司空．鐵本原作「儉校」．
二〇　「復贓」狀以繼彰……合行「削藉」．鐵本原作「復賦」「則藉」．

卷二百五校記

七六四　標目　政事「五十八」．鐵本漏「五十八」三字．
八　目　崇信軍「節度」赴「本鎮」詔．鐵本原作「節庭」「木鎮」．
九　「王者」收賢材．鐵本原作「王昔」．
一八　乃居「有密」之地．兩本原作「有密」．

一九　「懷信」嬰誣告之辱．讀原本作「懷言」．

三　目下小字　吳守則「追官」．鐵本原作「逭官」．

七六五・一　「洊服」朝倫．兩本原作「游服」．

三　致州縣之「阿狗」……「誠露」欺誣「既具獄」之上聞．讀本原作「阿狥」．鐵本原作「成露」．兩本原作「尹具獄」．

七　向者「釆其」直誠．鐵本原作「來其」．

一四　「糴眷」西土之人．兩本原作「糴谷」．

二〇　因「近壤」以頒條．兩本原作「近壞」．

七六六・四　有惻哀矜「之度」．鐵本原作「之虔」．

六　目　起居舍人「楊畋」．鐵目作「楊略」．

七　未始有「金革」之備．鐵本原作「金華」．

九　有「右史」之秩．鐵本原作「石史」．

一二　加之「團練」之命．兩本原作「團結」．

一三　「動輒」失理．鐵本原作「動輙」．

一六　而番禺為「都會」……朕心「憮然」．鐵本原作「郡會」．「撫然」．

一八　又縱殺「羸弱」而莫之省者．鐵本原作「贏弱」．

二二　既「不能」預為之禦．鐵本原作「末能」．

七六七・二　目　「仍榜」朝堂「詔」．鐵目作「仍傍」．抄本無「詔」．據目錄加．

三　而風俗「漸靡」於薄也．兩本原作「漸磨」．

六　目　「呂溱」「落職」分司制．鐵本原作「昌溱」．文內原作「宮溱」．讀本原作「言溱」．目錄作「落責」．

七　又使人詣「旁郡」貿易私利朕惟溱「簡直」好節．兩本原作「勞郡」「簡宜」．

八　「固必」有以矯其前失．鐵本原作「國必」．

九　目　呂溱……依舊「分司」．鐵目作「分同」．

一〇　「材寔」之選……「倚以」文武．鐵本原作「材是」「侍以」．

一一　彈劾「繼上」……以示「庶邦」．鐵本原作「經上」「成邦」．

一四　資賦「朴茂」……俾表「政臺」．鐵本原作「村茂」「收臺」．

一五　然納稅「乖當」．鐵本原作「畢當」．

一六　「宜停執法」之重……可落御史中丞「理檢使」．鐵本原作「宜伸熱法」．讀本作「理檢校使」．

七六八・一　目　范鎭戶部侍郎「致仕」制．兩本原作「致事」．

二　行有「懷奸」之寔．兩本原作「懷材」．

四　誠宜「竄殛」．讀本作「竄極」．按「殛」「極」古通．

八　天賦「忠純」．鐵本原作「忠絕」．

九　暨「英考」之宴極．鐵本原作「英孝」．

一三　招接「恩靖州」儂姜美．鐵本原作「息靖州」．

一七　而爾東谿綏德「回遠」之路．鐵本原作「回達」．

二〇　訕毀「國政」．鐵本原作「國致」．

二三　目　「蔡」延慶落職知「滁州」制．讀目漏「蔡」．兩本同作「滌州」．疑為「滁州」之誤．

七六九・一　則為時「起羞」．鐵本原作「起着」．

六　懷獄辭奏覆「之欺」……猶肆「誕謾」．鐵本原作「之敗」「誕設」．

九　「拔自」周行．讀本原作「技自」．

一〇　遠「樞臣」之獲罪．鐵本原作「摳臣」．

卷二百六校記

七七〇・二三 朕所與「圖事」揆策「同休」等戚者也。 讀本原作「圓事」。鐵本原作「用休」。

一三 反覆「異言」。 兩本原作「冀言」。

一八 有司「具獄」。 鐵本原作「惧獄」。

二一 苟異「于斯」……「某擢置」侍從。 鐵本原作「于所」「禁擢置」。

三三 「往掌」偏郡。 兩本原作「往常」。

七七一・一 目下 「得君」上書云……乃斥「先帝」以苛名而「自沽」「訐直」之譽。 鐵本原作「侍君」「先中」「自法」。 兩本原作「訐直」。

三 目 李定責授……少府「少」監。 目錄漏「監」上「少」。按文內亦作「少監」。

四 必正「條章」。 鐵本原作「條軍」。

五 「務忠」所事。 讀本原作「移忠」。

七 目 范子淵降知「峽州」制。 鐵本原作「政州」。

八 興不可成「之役」。 鐵本原作「之後」。

一二 往服寵命。 鐵本「寵」下多「爲」。

一四 「譖訴」公行。 鐵本原作「讃訴」。

一五 「寶文閣」待制。 鐵本原作「寶文間」。

同 共分告織「之功」。 鐵本原作「之巧」。

一九 「永爲」垂世之規。 鐵本原作「水爲」。

二一 尙宜「改過」。 鐵本原作「政過」。

二三 反覆「懲誡」。 兩本原作「懲誠」。

七七二・三 目 張「誡一」。 鐵目作「誠一」。

五 「禮曰」。 鐵本原作「禮回」。

七 目 吳居厚責成州「團練副使」。 目錄簡脫爲「團副」。

九 「爾挾」公威以剝下。 兩本原作「而挾」。按上對句作「爾」。據改。

一〇 罔上「蔑典」。 兩本原作「篾典」。

一三 而「洊歷」貴權。 兩本原作「游歷」。

一八 善則「藻飾」褒顯。 兩本原作「藩飾」。

一九 「弟碩」不類。 鐵本作「第碩」。

七七三・二 形於「詛斥」。 鐵本原作「誼斥」。

三 攷「楊惲」南山之句。 鐵本原作「楊憚」。

六 巧於「伺候」。 鐵本原作「祠候」。

七 小字 不易「窺尋」「□」盧杞之姦邪。 兩本原作「窺事」。「盧」上疑漏一字，加「□」以代之。

八 「天誘」其衷。 鐵本原作「天誇」。

同 醜辭「明詆」於慈闈。 鐵本原作「明紙」。

九 已見「魏其」之志。 鐵本原作「視其」。

一〇 「以戒」姦慝。 兩本原作「以威」。

一一 目 「蘇軾」「落職降官」。 鐵本作「蘇載」。目錄作「落本官」。抄本原作「落職奉官」。

一三 稍躋「淸貴」。 兩本原作「靑貴」。

一四 皆曰蠹國「害民」之弊政。 鐵本原作「客民」。

一九 而乃「幸時」變故。 鐵本原作「孝時」。

二三 「逮予」親政……故「深遏」於羣言。 兩本原作「逮于」。鐵本原作「深過」。

七七四・六 「害賊」忠良不獨遂中傷「之計」。 鐵本原作「害誠」「之訃」。

九　目「蘇轍」降官．讀目作「蘇輒」．

一一　獻書縱言「時事」．讀本原作「時有」．

一四　往自「循省」．讀本原作「循者」．

一六　目「蘇軾」散官．讀目作「蘇軛」．

二〇　雖軾「辯足惑衆」「文足飾非」．讀本作「辯足以惑衆」「文足以飾非」．各多「以」字．

同　毋重「後悔」．讀本作「後懲」．

二一　「毁言」廢忠……讒說「殄行」．鐵本原作「毁宫」「珍行」．

七七五·一　嗟「讒言」之可畏．鐵本原作「諫言」．

二　卒「殞身」於窮裔重罔「慈闈」之聽．鐵本原作「殞員」「慈闇」．

卷二百七校記

七七六·八　目吳「安」詩降官落職．目錄漏「安」．按文內及下卷均作「安詩」．據加．

一二　洎彈章之「繼聞」．鐵本原作「繼間」．

一三　毋重「來悔」……降授左朝奉大夫監光州「鹽酒稅」．鐵本原作「朱悔」「監酒稅」．

一四　目「川知」坊州．鐵本原作「州知」．

二〇　目下小字　就「差監」道州茶鹽酒稅務．鐵本原作「差點」．

二一　「詞多」悖慢．鐵本原作「詞呂」．

七七七·二　曾未「積歲」．鐵本原作「稍威」．

三　「曲成」私黨之意……聊從「薄責」．鐵本原作「典成」「薄貴」．

四　依前「觀文殿」大學士．鐵本原作「觀史殿」．

五　目下　令吏部依元「到部」年月日名次．鐵本原作「列部」．

六　曩使「淮許」．讀本作「淮滸」．

七　置而「不問」．鐵本原作「不間」．

一一　添差鄧州「都監」．兩本原作「詐監」．

一二　目下　奉勅依「下項」．兩本原作「下頃」．

一三　係蠻「貢賜」．鐵本原作「首賜」．

同　理當「重黜」．鐵本原作「重默」．

一四　「降秩」一等．鐵本原作「降校」．

一五　目　范祖禹趙彥若「散官」安置．鐵目作「敢官」．

一六　傳信「萬世」．鐵本原作「秉世」．

一七　翰林「侍讀」學士中大夫「提舉」「兗州」．鐵本原作「侍讚」「衮州」．讀本原作「提學」．

一八　「疵詆」先烈．鐵本原作「疵祗」．

一九　彥若可責授「安遠軍」節度副使．鐵本原作「妄遠軍」．

二〇　目　黃庭堅「涪州」別駕．鐵本原作「治州」．

二一　「左朝奉郎」．鐵本原作「差朝奉郎」．

二二　「古有」常刑．鐵本原作「古可」．

七七八·三　「擢預」史事「多歷歲時」．鐵本原作「摺預」「多思葳時」．

四　謂爾「固爲」譏訕則於今「其藁」不存．讀本原作「同爲」．鐵本原作「其叢」．

同　古有「成訓」……「用厭」師言．鐵本原作「成調」「用獻」．

六　目　呂大防「降官」．鐵本原作「修宮」．

七　朕「恭惟」先皇帝……「爰命」相臣．鐵本原作「來惟」、兩本原作「妥命」。
同　「自干」典刑。　鐵本原作「自牛」。
同　「遭遇」特達……既公「肆於」誕謾。　鐵本原作「遭義」、「肆發」。
九　「擅改」寔錄。　鐵本原作「檀改」。
一〇　可特降授中大夫「守光祿卿」。　鐵本原作「中尤祿卿」。
三　多歷「歲時」。　鐵本原作「歲事」。

卷二百八校記

七八〇·一〇　攘主「圖私」。　鐵本原作「圓私」。
四　「晩同」相光。　鐵本原作「曉同」。
五　「忌忌憚」於父子之間……公肆「排訐」。　鐵本原作「忘忘悼」、「排訐」。
六　「跂念」裕陵……恩難「從貸」。　兩本原作「跂念」、並作「以貸」。
二〇　可「責授」雷州別駕。　鐵本原作「貴授」。
七八一·一　國有「常刑」……匿情而「趨利」。　鐵本原作「常利」、「趨剎」。
同　專爲「流俗」之原人。　鐵本原作「流格」。
二　弃地「以開邊隙」。　鐵本原作「以閧邊隱」。
三　何以「示懲」於後世。　鐵本原作「示懋」。
四　「經過」州軍「交替」。　鐵本原作「絡過」、「交贊」。
七　居職則有蠹國「辱命之羞」。　鐵本原作「摩命之着」。
九　「郴州」居住。　兩本作「彬州」。書內「郴」多誤作「彬」，以下不記。
二　定罪「原情」……「挾僞」以干名。　鐵本原作「厚情」、「拱僞」。
同　「朋姦」之心。　鐵本原作「明姦」。
五　目「王覿」落職。　鐵目作「主覿」。
六　「挾衆」連章。　鐵本原作「挾家」。
三　尙書「屯田」員外郎。　鐵本原作「也田」。
七八二·一　峽州「居住」。　鐵本原作「居州」。
三　囊由「才望」。　鐵本作「方望」。
六　目呂公著「追貶」散官。　鐵目作「逑貶」。
七　當明身沒「之戒」。　鐵本原作「之成」。
八　「蹴持」宰柄。　鐵本原作「蹴待」。
九　可特追貶建武軍「節度副使」。　鐵本倒作「節副度使」。
三　潛懷「睥睨」之邪計……「餘殃」自及。　鐵本原作「睥眼」、兩本原作「除殃」。
四　知有「典刑」。　兩本原作「典則」。
五　目王「巖叟」、「追貶」、「雷州」別駕。　鐵目作「巖望」、「追敗」、「雪丹」。
八　將永爲臣子「之誡」。　鐵本原作「之誠」。
七八三·一　依前管勾南京「鴻慶宮」。　鐵本原作「鴻度宮」。
三　知「欽州」、「顧臨」、「附會」凶黨。　鐵本原作「飲州」、「顧能」、「俯會」。
五　依前官管勾洪州「玉隆觀」。　鐵本原作「上隆觀」。
六　目范「純粹」落職。　鐵目作「純梓」。
七　「忘其」父志。　鐵本原作「志其」。
八　「承乏」邊州。　鐵本原作「承之」。

三　假以「祠觀」之任．兩本原作「祠親」．
一三　目「王汾」落職．鐵目作「王分」．
一四　「罰無」可逃．兩本原作「罰其」．
一七　「管勾」亳州明道宮．兩本原作「管內」．
一八　依前官「管」勾江州太平觀……「未可落」直龍圖閣．
　兩本疑漏「管」字．並作「未可落」．
二一　「竊據」宰司．鐵本原作「竊攄」．
七八四·一〇　目　晁補之落「校理」．鐵目作「枚理」．
一四　人難「異罰」．鐵本原作「巽罰」．
同　「潞國公」文彥博……「更將相」者四紀．鐵本原作
「潞國公」「史將相」．
一八　既久「益彰」……「猶以」「具瞻」之故老．鐵本原作
「蓋彰」「獮以」「其瞻」．

卷二百九校記

七八五·九　肆爲「譏訕」．鐵本原作「誠訕」．
二　「汀州」安置．鐵本原作「汙州」．
三　目　韓忠彥降「資政殿」學士．讀目原作「資故殿」．
一三　「擢自」先帝．鐵本原作「摺自」．
一四　而乃助誣民之「浮說」行「蹷國」之非謀．鐵本原作
「孚說」．兩本原作「蹷倒」．
一九　目　安燾「落職」．目錄作「落責」．
二三　久負「譴呵」．鐵本作「譴何」．按「呵」「何」古通．
七八六·二　目　「葉濤」罷中書舍人．目錄作「葉燾」．
七　金紫「光祿」大夫．鐵本原作「尤祿」．
八　「邱山」之恩．鐵本原作「岬山」．

九　同列「詔詰」．兩本原作「詔結」．
一三　選將「蒐卒」．鐵本原作「蒐卒」．
一八　「致錮」自歸之心．兩本原作「收錮」。
二二　「朕惟」賞罰之公．兩本原作「朕推」．
七八七·三　睦州居住「黃隱」．兩本原無「黃隱」二字．依文例
加．
一六　目「劉奉世」降團副．鐵目作「制奉世」．
一九　目　陝西運使「閤令」．鐵目作「闗令」．
七八八·二　「亟省」前言．鐵本原作「丞省」．
四　目　守少府監「分司」南京．鐵目作「分同」．
七　目　奉議郎知「陝州」「馬誠」降官制．目錄作「陝府」．兩
本無「馬誠」二字．依目錄補．
一〇　目　王沆降通「直郎」添差監「潤」州．鐵目漏「直郎」．
「潤」．
二　「辠」不可赦．讀本原作「辜」不可赦．
同　不遠「爾行」。兩本原作「璽行」．
一七　雖「宗室」吾所至厚也．兩本倒作「室宗」．
二〇　都邑「浩穰」之地．兩本原作「浩攘」．
三　小字　知河南府「孫覽」　兩本原作「係覽」．
七八九·二　目　孫路落職知興「國」軍．目錄漏「國」。
三　「青唐」致亂……總制「河湟」．鐵本原作「責唐」．
「河湼」．
六　目　文「及甫」落職．鐵目原作「及雨」．
八　往自「循省」．鐵本原作「循者」．
一〇　朕「臨政」之初．鐵本原作「臨致」．
一一　「論事」觀望……「體予」寬恩．鐵本原作「誨事」．

「體皆」。
一四 新差知荊南府「邢恕」……倡「浮僞」之辯。 鐵本原作「邪恕」。讀本原作「浮潙」。
一五 「著在」訓詞……用此「獲罪」。 鐵本原作「著夜」。「舊罪」。
一六 「究其」所自。 鐵本原作「完其」。

卷二百十校記

七九〇・一一 目下 根勘賓客往來「饋遺」。 鐵本原作「饒遺」。
一三 不思「盡節」。 鐵本原作「晝節」。
一四 「曾是」弗顧……朕雖「含容」。 鐵本原作「會是」。「舍容」。
一五 目 陳瓘罷「司諫」添差「監」揚州。 抄本原作「司監」。目錄漏「差監」之「監」。
一六 朕所「東求」。 讀本作「柬求」。按「東」為「柬」之別字。
一八 目 章惇「責授」……「潭州」安置「制」。 抄本原作「貴授」。並漏「制」。鐵目作「渾州」。
七九一・五 「妄議」政事。 鐵本原作「委議」。
八 「下闕」。 兩本有「下」無「闕」。後空白二行。闕胡宗回、章惇兩文。見目錄。
九 目 呂惠卿落職制。 兩本無此目。依目錄補。
一〇 「頃緣」舊弼。 鐵本原作「須緣」。
一六 目 謝文瓘罷給事中知濮州「制」。 兩本無「制」。據目錄加。
一七 聽任「必察」。 兩本原作「必祭」。
一八 人其「舍諸」……毋怠「省循」。 鐵本原作「舍請」。「省俯」。
一九 目 曾布落職「提舉」亳州太清宮太平州居住制。 鐵本原作「提譽」。讀目作「曾布落職知楊州制」。
二〇 「難逭」譴訶。 兩本原作「雖逭」。
二三 「曾微」獻替之忠「屢驗」矯誣之迹。 鐵本原作「曾徽」、「屢驓」。
七九二・一 「潛通」賄賂之私。 鐵本原作「潛遹」。
二 無魯相「拔葵」之風……「咎」將誰執。 鐵本原作「技葵」、「咎」上多「私」。
六 蔽「永泰」知人之鑒。 兩本原作「永奏」。
七 「往體」矜容。 兩本原作「性體」。
一五 爾自「速戾」。 鐵本原作「連戾」。
一九 「娼疾」善良……跡其用意之「不臧」。 鐵本原作「娟疾」、「不減」。
二〇 可特授中大夫守「少」府監分司南京。 兩本漏「少」。鐵本「司」下空格。讀本作「□」。恐誤。依例加「分」于「司」字之上。
二三 「責成」之旨。 鐵本原作「貴成」。
七九三・一 交通「賂遺」……「尙安」故居。 兩本原作「路遺」。鐵本原作「尙姿」。
一五 「實專」修奉而「減于」憲度。 兩本原作「賓專」、「滅于」。
七九四・一 晚登「姦黨」之門。 鐵本原作「姦常」。
二 鐫「待制」之寵名。 兩本原作「待對」。
六 假事任於「偏州」。 兩本原作「徧州」。
八 餽馬武夫「之子」「陰許」薦論。 兩本原作「之手」。

「陰詐」.
九　「包羞」對獄. 鐵本原作「包着」.
一三　奉議郎「直秘閣」周彥質……「宿逋」所償. 鐵本原作「直秘間」. 兩本原作「宿通」.
一五　其「洗心」而思咎. 鐵本原作「先心」.
一六　守「尚書」刑部員外郎. 讀本作「常書」.
一八　「詔條」具在. 鐵本原作「招條」.
二二　朝奉郎守衞「尉」……曷膺「揀拔」. 兩本疑漏「尉」字並作「棟拔」.
七九五・一　目　「張閱」等降官制. 目錄作「張閲」.
二　兼提點「刑獄」公事賈君文等. 鐵本原作「則獄」.
六　「士之」大惡. 兩本倒作「之士」.
一三　「銓綜」是司. 鐵本原作「銓鯨」.
二三　「何顏」冒居. 鐵本原作「何顧」.
七九六・一　目　故責授舒州「團練」「循」州安置. 目錄作「團副」. 鐵本「循」字爲原校硃筆. 讀本作「□」.
五　何可「勝誅」. 鐵本原作「勝諫」.
同　甫加「竄逐」……靡不「過優」. 鐵本原作「竄遂」「過懮」.
七　目　梁燾降授「朝請」大夫……寧遠軍節度行軍「司馬」……太師「開府」儀同三司. 兩本原作「朝靖」大夫. 倒作「馬司」並作「聞府」.
一〇　其謀國「則不忠」. 鐵本原作「州不忠」.
一一　蓋內懷怨望好勝「遂外」而忘君臣之義. 鐵本原作「遂非」.
一八　左「光祿」大夫知「河南」府安燾. 鐵本原作「尤祿」「可南」.
二〇　服我「寬宥」往自「省循」. 讀本作「寬恩」.「循省」.
七九七・三　致位「近班」. 鐵本原作「此班」.

卷二百十一校記

七九八・八　目　「嵩山」崇福宮范「純」禮落職. 鐵目作「高山」. 讀目漏「純」.
一〇　爾「倡和」之爲多……「聊裭」近班. 鐵本原作「偪和」.「聊襪」.
一二　朕「祗述」先烈……「延登」輔弼「共濟」事功. 鐵本原作「秖迷」.「廷登」.「兵濟」.
一三　目　知「汝州」「張耒」. 鐵目作「汝川」「張來」.
一四　「勅韓川等」……服我「寬宥」. 兩本原作「初韓川」等. 讀本作「寬恩」.
一八　目　左「朝議」大夫孫亞夫「降授」朝散大夫. 鐵本原作「朝語」. 鐵目作「降救」.
二〇　目　試侍御史「鄭餘」. 鐵本原作「綁餘」.
七九九・五　目　蘇轍降「朝議」大夫. 兩本作「朝請」. 依文及宋史改.
九　目　充「寶文閣」待制. 鐵目作「實文閣」.
一四　「搢紳」之士. 鐵本作「榗紳」. 按「榗」爲「搢」之別字.
一七　目　知濟州周鼎. 讀目漏「州」.
一八　「忍聞羣枉」. 鐵本原作「忍闡羣柱」.
一九　而「𢇍者」不可復續. 兩本原作「豔者」.
二〇　裭職「延閣」. 兩本原作「延門」.
二二　目　「鍾正甫」降朝請郎. 讀目作「種正甫」.

八〇〇·一 三 朕集大成「之業」．鐵本原作「之葉」．

一 「姑捨」所學而從．兩本原作「始捨」．

二 目「右朝議」大夫……陳璀可降「奉議郎」……試「大理少卿」陳察……可降奉議郎「制」．讀目原作「右諫議」並倒作「議奉郎」．目錄作「太常少卿」．抄本無「制」．據目錄加．

六 肆朕「纘圖」．兩本原作「纘國」．

八 目「承議郎」充寶文閣待制．鐵本原作「承讚郎」．

一二 目豐稷責授海州「團副」．兩本原作「團練」．按文內有「往副州團」之句．據改．

一五 鄉原實「害德」之賊．鐵本原作「憲德」．

一六 「無忘」內訟．鐵本原作「無忌」．

一八 「曲加」函貸．兩本原作「典加」．

八〇一·四 目鄒浩「衡州」別駕．讀目作「重州」．

五 嚴恭「寅畏」……「咸有」顯證．鐵本原作「寶畏」．兩本原作「感有」．

六 「嬪御」執事在旁．鐵本原作「擯御」．

卷二百十二校記

八〇二·四 目朱彥降兩官「知」常州制．抄本漏「知」．依目錄加．

一六 幸於「苟免」．鐵本原作「荀免」．

一七 尙守「千里」．鐵本原作「十里」．

一九 秘閣「之眞」……「以邇」媒身諫列．兩本同．「眞」．

同 或爲「直」之誤．鐵本原作「以通」．

二〇 「趣操」如此．鐵本原作「趣探」．

依前官「差遣」如故．兩本原作「左遣」．

八〇三·二 密切門牆「鷹犬」之能．兩本原作「膺犬」．

九 目「張耒散官」黃州「安置」．鐵本原作「張未」．鐵目作「張來敢官」．「女置」．

一二 由「羣枉」潛萌於詭謀……「諂揚」孽僭……陰通峯峯「之誠」．讀本原作「羣姦」．鐵本原作「焰揚」．「之誠」．

一三 「遽形」號慟……豈有「在位」長民．兩本原作「遽取」．「在位」疑倒錯．應作「位在」．

一三 「朝垂」紫綬「晝服」白衣……傳呼「師弟」．鐵本原作「朝衣」「晝衣」．「師弟」二字作「□□」．

一五 目依前「左」光祿大夫．兩本目錄無「左」．據文及宋史加．

一六 「頃」自先朝．讀本漏「頃」．

一八 「往服」寬有．兩本原作「往復」．

二三 面具「奏陳」．兩本倒作「陳奏」．

八〇四·七 目「右正議」大夫黃履追貶「祁州」．抄本作「左正議」．按文內有「還躋右轄」之句．從目錄．又目錄作「祈州」．

一〇 目依舊「提舉」西京崇福宮．抄本作「提調」．文內作「提舉」．依目錄．

一二 「乘朕」不言「輒有」狂生．兩本原作「棄朕」．鐵本原作「轍有」．

一三 欲「輕廢」於中宮．兩本原作「經廢」．

一四 目韓忠彥責散官「濟州」安置．讀目作「齊州」．

一七 沮我「士氣」．兩本原作「土氣」．

一八 目蔣之奇「落職」．鐵目作「落責」．

一九　戍而「守之」……用懲「口」愆。　兩本原作「守知」。「懲」下均漏一字。加「口」以代之。
二一　特授依前「右正議」大夫。　兩本原作「右正職」。按文內上句作「正議」。據改。
二二　目　韓忠彥降磁州「團副」。　兩本及讀目作「團練」。鐵目作「團副」。按文內有「往副兵團」之句。從鐵目。
八〇五・五　目　曾布責授「武泰軍」。　目錄漏「武」。
六　「滔天」之罪……専權「自恣」。　兩本原作「治天」。並作「自咨」。
一一　豈勝「誅殛」。　兩本原作「諸殛」。
一二　各竭所聞。　鐵本「各」上多「各」。
一三　悉務「規畫」。　兩本原作「親畫」。
一八　「口」借恩戚。　兩本「借」上疑漏一字。加「口」以代之。
八〇六・一　誕告「多方」。　兩本倒作「方多」。
二　「靡聞」純一之誠規壞「導揚」之政。　鐵本原作「靡間」。兩本原作「遵揚」。
四　每遣朋淫之「小醜」……或謂奔趨之「凶黨」。　兩本原作「小配」。「幽黨」。
五　猶復包羞而「締構」。　鐵本原作「絺構」。
六　「載觀」爾爲。　鐵本原作「截觀」。
一一　輒「冒榮」而逞志。　兩本原作「胃榮」。
一二　「詭情」誕說……「覬自」躋於政地。　鐵本原作「說情」。「覲自」。
一四　宜「申加」於明罰……騶歷「通嚴」。　兩本原作「申知」。讀本原作「邇嚴」。
一六　雖朕「不得」而私……往司「眞館」。　兩本原作「必得」。「直館」。
二〇　可「特降」朝請大夫。　鐵本原作「特投」。
二一　目　張商英責汝州「團練」副使。　鐵目作「團線」。
二三　鬻「邦侯」之獄。　讀本原作「刑候」。
八〇七・一　「共罔」耿躬。　鐵本原作「共悶」。
二　螻蟻「何知」尙謹事君「之節」。　兩本原作「何如」，「之事」。
四　目　故李「孝儞」。　鐵目作「孝傜」。讀目作「孝偁」。
五　「每資」側媚。　鐵本原作「每寶」。
六　昭緣「衆醜」。　兩本原作「衆配」。
九　目　「蔡嶷」「落職」知滁州。　目錄作「葵嶷」並作「落責」。
一〇　「申誡」有官。　鐵本原作「申誠」。
一五　「遇之」不爲不至……「販買土產」。　鐵本原作「過之」。兩本原作「取買上產」。
一六　春秋「季奏」。　鐵本原作「季秦」。

卷二百十三校記

八〇八　小標目　「備禦」上。　讀目作「備樂」。
八　目　援靈州詔。　讀目漏「州」。
一六　目　何承矩奏敵「界牒」。　鐵本原作「界勝」。
一八　目　「責」李昌齡等。　鐵本原作「靑」李昌齡等。
二一　目　諭河朔「戎人」寘毒「井中」。　鐵本鐵目原作「戒人」，鐵目作「并中」。
二二　間者永靜軍多獲「此藥」。　兩本原作「比藥」。
八〇九・八　並李仁義「件析」事狀……「刼去」人口。　鐵本原作「件折」。兩本原作「刼去」。

九 卿等「各蘊」智謀……朝廷「不任」接續進奉． 鐵本原作「名蘊」．兩本原作「不往」．

一〇 「其賣」與德明書本……「共遇」聖明「各圖」安靜． 兩本原作「其貴」．「共偶」．讀本原作「谷圖」．

一四 止請行軍差「長子」親弟赴京宿衞． 兩本原作「長立」．

一五 如行軍「心懷」忠良． 兩本原作「必懷」．

一六 「冀」朝廷得以憑信． 鐵本原作「異」朝廷．

一八 目 曹克明「愼重詔」． 讀目作「要約事詔」．

一九 「績遣」禁軍濟之． 讀本作「續遣」．按「績」「續」通．

三 目 「北敵」議地界……韓「琦」富弼． 讀本作「敵人」並漏「琦」．

八一〇・六 然後「巡視」右郡． 兩本原作「退視」．

九 目 賜劉「昌祚」． 讀本原作「曷祚」．

一四 小大「失稱」． 鐵本原作「夫稱」．

一六 委未與夏賊「訂和」． 兩本原作「打和」．

二一 直欲「併兵」一路……愼不可以「平日」抄掠． 鐵本原作「併共」．「年日」．

八一一・四 「及」皇城使蕃兵將官酬之． 鐵本原作「反」皇城使．

卷二百十四校記

八一二・一一 目下 元豐七年正月癸「丑」． 鐵本漏「丑」．

一三 宜遍諭「諸將」． 鐵本原作「諸時」．

一四 宜速編排諸「司」所有絹十萬疋． 讀本「司」上多「司」．

一六 目下 元豐「七年」正月甲寅． 鐵本原作「七十」．

一七 宜多方廣布「斥堠」． 鐵本原作「斥喉」．

二〇 兼兇酋人多唛丁「殘忍」． 鐵本作「殘惡」．

二二 及□「羌戶」必有不自安之人……「以衰」賊勢． 鐵本原作「羌尹」．兩本原作「以襄」．

三 最爲困賊「上計」． 兩本原作「上計」．

八一三・八 理須守禦「亭障」． 鐵本原作「亭陣」．

一四 目 「嚴」守備詔． 鐵目作「儲」守備．

二〇 惟事事乃具「有備」無患． 鐵本「有備」下多「有備」．

八一四・一 然「後」爲稱． 讀本漏「後」．

五 「亭候」無虞． 兩本原作「亭虞」．

六 「輒率」强悍之民． 鐵本原作「軏率」．

一〇 目 誡沿邊毋得「侵掠」． 鐵目作「侵涼」．

一四 自今敢犯卿者誅之「可」也． 兩本漏「可」．

一八 目 移徙「寨」柵． 讀目漏「寨」．

二〇 目 「各務」安靜詔． 讀本原作「谷務」．

八一五・二 「鄜延」路經略使夏國再差嵬名「嚔寨」等． 兩本原作「鄜廷」．讀本原作「嚷寨」．

三 申飭「師徒」……沿邊「把守」人等． 兩本原作「司徒」並倒作「守把」．

五 目 賜鄜延等路經「略」使． 目錄漏「略」．

六 朝廷已降「誓詔」． 鐵本原作「警詔」．

卷二百十五校記

八一六・九 「晨」興夕惕． 鐵本原作「農」興．

一七 率土同「和」． 兩本原作「同知」．

一九 目 霖雨「河決」後． 鐵目作「河失」．

八一七・一 目 降「死罪」以下德音．鐵目作「苑罪」．
二 區「宇」一平．讀本原作區「字」．
四 掌獄訟者無令「枉撓」．讀本作「枉橈」．按「撓」「橈」通．
五 永洽「可封」之化．鐵本原作「可到」．
七 王者父事「穹明」．鐵本原作「穹庋」．
九 「萬庾」千倉而有望．兩本原作「萬庋」．
一三 期「刑措」而不用……「大興」工利．鐵本原作「刑指」．「人興」．
一五 「宜覃」渙汗之澤．鐵本原作「宜畢」．
一九 「咨爾」萬方咸知朕意「焉」．兩本原作「啓爾」．鐵本無「焉」．
八一八・五 悉杖脊「黥面」．兩本原作「黥而」．
六 目 在「京畿」縣．讀本作「京幾」．鐵本文內作「王幾」．按「幾」通「畿」．以下二字多互用．不再記．
七 「輟寐」而常思至道．兩本原作「輙寐」．
八 慮「禁繫」之稍繁或滯淹而「未決」……農事「方興」……布德「行惠」．鐵本原作「葉繫」．「未次」．「者興」．「行惡」．
一〇 目及目下 雜犯死罪「以下」咸平「三年五月」丁丑．鐵目作「以不」．讀本原作「三月五月」．
一四 布告「遐邇」．鐵本原作「遐通」．
一六 廣覆「遂」羣生之性王春「伊始」．鐵本原作「逐」羣生．「泊始」．
二二 爰布「薰風」順「長養」之宜……念茲「徽纆」．鐵本原作「董風」．「長食」．兩本原作「徽纒」．
同 雖「踈決」繼命於使臣．鐵本原作「踈次」．
八一九・三 「思」羣生之仁壽……獄市「浩穰」之所寄．鐵本原作「忘」羣生．「治穰」．
五 「用致」財成之化．鐵本原作「州致」．
七 「貞觀」之盛……宣「優裕」之澤．兩本原作「正觀」．「擾裕」．
八 屬萬務之「清閑」．兩本原作「洧閑」．
一〇 「見欠」貸糧．鐵本原作「見及」．
一一 「釋罪」……委三司開封府「具析」以聞．鐵本原作「擇罪」．並作「具枡」．按「析」「枡」同．
一三 目 「天慶」節「五日」內不得用刑詔．鐵本原作「大慶」．兩本原作「五月」．
一五 目下 大中祥符「七年六月」己未．鐵本原作「巳年六月」．
一九 「內惟」菲德．鐵本原作「內雅」．
二三 爰遵渙汗「之」文．讀本漏「之」．
八二〇・一 目 遣使諸路揀配軍「移放」詔．鐵目作「後放」．
九 「自冒」典彝．鐵本原作「旬冒」．

卷二百十六校記

八二二・一〇 「歷」古今而共貫．兩本原作「廬」古今．
一一 載顯鳳圖「之瑞」．兩本原作「之端」．
一六 「昜朕」以愛民……保「社稷」於大寧．讀本原作「最朕」．兩本原作「定稷」．
一七 膺茲「繁祉」．鐵本原作「繫祉」．
二〇 裁「萬樞」之宜．鐵本原作「萬相」．
八二三・一〇 均覃「解雨」之恩．讀本原作「解兩」．

一三 目 具赦前「刺面」軍人元犯詔．讀目脫「刺」．鐵目作「刺向」．

一八 眷言「譴責」之人……貶降行軍「司馬」．鐵本原作「譴員」．讀本原作「譴負」．鐵本原作「司兩」．

一九 任能而「責效」．鐵本原作「責及」．

八二三·二 然「念乏」盛德之事．鐵本原作「念之」．

三 「矜役」遠窮．鐵本原作「矜投」．

五 政有「未平」．鐵本原作「未乎」．

一〇 「會此」肆赦……或滯留以不即「速決」．鐵本原作「會比」．「速次」．

一五 生齒「素繁」．鐵本原作「素緊」．

一六 故美祥之「有來」．讀本原作「有耒」．

一九 「敢怠」於必躬．鐵本原作「敗怠」．

二〇 克守「盈成」之業……尙慮普率「不均」……「或罹於」失中．兩本原作「盈咸」．「一均」．鐵本原作「盛罹於」．

八二四·九 朕「弟及」承祧……「恭默」思治……俾從「時乂」．兩本原作「第及」．並作「恭然」．「時人」．

一四 宜曲推於「渙澤」．讀本原作「泱澤」．

一五 「潁」昌府管內．鐵本原作「穎」昌府．

二〇 恢「微妙」元通之化．鐵本原作「徼妙」．

八二五·六 丕靈承帝「事」．讀本漏「事」．

七 用答函蒙「之祉」．鐵本原作「之社」．

一一 「扶杖」而聽詔令……「大田」在望．鐵本原作「決杖」．「大由」．

一三 時觀牟「來」之秋．讀本作牟「麥」．按「來」「麥」古通．

卷二百十七校記

八二六·八 目 賜「潭邵」等州．目錄作「潭郡」．

一三 「明開」轉禍之門．鐵本原作「明明」．

一三 目 賜潭邵「等界」．讀目無「等界」二字．

一五 宜推「祝網」之心……猶或「執迷」．鐵本原作「稅網」．兩本原作「執述」．

一九 「殿直」軍吏剪刺人等．兩本原作「殿眞」．

二〇 思致「千里」之士．兩本原作「十里」．

二一 「朕當」臨見．鐵本原作「朕嘗」．

八二七·一 目 沉潛「藪澤」．鐵目作「數澤」．

二 朕嗣守「丕圖」……嘉禾忽生於蝎蠹．鐵本作「不圖」．按「不」「丕」通．「嘉」上多「田」．

一〇 頗懼「嚴誅」．鐵本原作「嚴誄」．

一一 「許令」歸業．鐵本原作「詳令」．

一五 所嗟「氓俗」．兩本原作「泯俗」．

一九 設法「招誘」……即具「聞奏」．鐵本原作「詔誘」．讀本原作「開奏」．

八二八·七 「曾有」詐欺官司……必懷「驚憂」……使「無過者」更思勵節．鐵本原作「魯有」．兩本原作「警憂」．鐵本原作「無通者」．

一一 蓋知小民惟利「是從」．讀本原作「是徒」．

一七 目下 李惟淸彈陳洪進「子文顯等」．兩本原作「于文顯等」．

一八 「以其」父有忠勳「未忍」捐棄．兩本倒作「其以」．鐵本原作「米忍」．
一九　目　貸揚州「折博羅」．鐵本原作「折轉羅」．
二二　斷訖仍勒「備償」．鐵本原作「備價」．
八二九·一　大起「訟嚚」「□」悉置於典刑．兩本原作「訟器」．
「悉」上疑漏一字．加「□」以代之．
同　「期乃」蒼黔．鐵本原作「朔乃」．
三　目　妖人「谷隱」．目錄作「大隱」．
四　有國「詳刑」．兩本原作「評刑」．
五　其「谷隱」下弟子．兩本原作「谷應」．
一三　可特與「放還」鄉里．讀本原作「於還」．
一八　目　上書「編管覊管人」．目錄作「編管羈人」．按前第二
目作「覊管編管人」．
二二　「毋憚」後害．兩本原作「毋悼」．
八三〇·一　「可復」仕籍．鐵本原作「可後」．
三　目　韓琦子孫落籍「詔」．鐵目作落籍「認」．
四　弼亮「神考」。鐵本原作「禮考」．
五　依「無過人」例施行．鐵本原作「無道人」．

卷二百十八校記

八三一·一〇　「敢忘」禮遇．鐵本原作「敢志」．
一一　「尋」平澤郡．鐵本原作「尊」平澤郡．
一三　既豁「黔黎」之望．鐵本原作「黜黎」．
一六　官典犯枉法贓「不赦」外．鐵本原作「不數」．
一八　曾受「章捕」懼罪藏匿者．兩本原作「章補」．
二二　而又「枕戈」衽甲．鐵本原作「柷戈」．
二三　暨列盪平「之效」．鐵本原作「之劾」．
八三二·五　目　平劉五淮西曲赦「制」．抄本無「制」．據目錄加．
六　朕撫「九有」之師……近說「遠懷」．讀本原作「几
有」．並作「遠來」．
七　眷茲淮甸之「衝」．讀本原作之「衞」．
八　爰念「寇黨」「經徒」尙多「連逮」．鐵本原作「寇靈」
「速逮」．兩本原作「經從」．
一二　永孚「于休」……「閭里阜繁」．鐵本原作「子休」
「聞里阜纍」．
一三　克捷「踵奏」……頑凶「匪茹」．鐵本原作「踵癸」
「匪如」．
一四　鼓「巉險」以進討掃巢穴而「靡遺」．兩本作「儳險」．
鐵本原作「靡道」．
一五　「夾以」砧斧……編戶罹「鋒鏑」之慘　鐵本原作「失
以」．兩本原作「絳鏑」．
一七　「赦過」宥罪．鐵本原作「赦道」．
二二　秦州內屬「三族」戎人等克慕「華風」．鐵本原作「三
放」並作「皇風」．
八三三·三　宜「龔行」於天討．鐵本原作「襲行」．
四　軍器庫「副使」．鐵本原作「剽使」．
五　目　「北伐」詔．抄本原作「□□」．據目錄補．
八　凡爾「衆多」．鐵本原作「家多」．
一〇　皆依「舊任」……別加「擢用」．讀本原作「舊仕」．鐵
本原作「擅用」．
一一　「鄉村」民戶．兩本原作「鄉材」．
一三　目下　雍熙「三年」四月乙卯．鐵本原作「五年」．按雍熙無
「五年」．查朔閏表四月乙卯在「三年」．從讀本．

一七　目　募河北强壯殺「蕃賊」詔．　抄本作「殺□賊」．據目錄補．

一八　豈黷武以窮「兵」……剋「期」「剪」「戮」．　鐵本「兵」「期」「戮」三字破缺．「剪」字破脫．

二〇　當「優奬」之．　兩本原作「擾奬」．

末　小標目　武功「上」．　抄本目錄均脫「上」字．　按下卷作「武功下」．照加．

八三四·五　「除殘」去弊．　鐵本原作「際殘」．

九　「軍旅」雖懷於勇銳．　兩本原作「軍族」．

一四　常持「兢畏」以爲心．　鐵本原作「兢長」．

一九　由是「屯戍」之人．　鐵本原作「屯成」．

二〇　親乘「軍輅」．　讀本原作「革輅」．

八三五·四　清時寬「尉察」之虞．　鐵本作「尉蔡」．按「察」「蔡」古通．

五　命出師而「討擊」．　兩本原作「討繫」．

九　「穀實」屢登．　兩本原作「穀寶」．

一六　目　「陜右」宿兵．　鐵目作「陜在」．

二二　雖日事於「繕完」．　鐵本原作「繕充」．

八三六·一　理宜「均慶」．　鐵本原作「均廢」．

三　「徒降」從杖．　鐵本原作「徙降」．

六　目　曲赦廣「南」東西制．　兩本同漏「南」字．據文加．

一〇　曲示「憂勞」之懷．　鐵本原作「優勞」．

一一　「粵予」統臨．　鐵本原作「粵手」．

一五　「蕞然」狡凶．　讀本原作「叢然」．

一六　「遠餽」軍儲……「動多」煩促之令．　鐵本原作「遠饒」．讀本原作「勤多」．

一八　「應德音」該說不盡事件．　鐵本原作「臆德音」．

二〇　目　「曲赦」陜西河東．　讀目作「曲陜」陜西．

卷二百十九校記

八三七·一〇　置「馬步軍」都總管．　鐵本原作「焉步軍」．

一四　「今北」歸窮．　讀本原作「今此」．

一五　宣布「渙恩」．　鐵本原作「濱恩」．

一六　「共熙」遠績．　鐵本原作「其熙」．

八三八·二　目　曲赦梓州路州軍「德音」．　目錄脫漏「德音」二字．

三　盡「要害」膏腴之地．　鐵本原作「安害」．

一七　「亭障」相望．　鐵本原作「亭陣」．

三　招攜「來遠」「遏爾」蠻方．　鐵本原作「未遠」．「邊爾」．

八三九·二　橫議「捐棄」．　兩本原作「捐葉」．

四　宜覃「惠澤」．　鐵本原作「悉澤」．

七　詰爾「戎兵」．　鐵本原作「戎共」．

同　乃眷「湟中」之壤「昔爲」隴右之邦．　鐵本原作「湼中」．「背爲」．

八　深入「其阻」．　鐵本原作「其祖」．

九　快「累年」之共憤．　鐵本原作「累平」．

一三　「罔敢」遑寧．　鐵本原作「罔敬」．

一七　解髮「來臣」．　鐵本原作「乘臣」．

三　而師不煩於「頓戰」……「元元」有調發之勤．　鐵本原作「頓戟」．兩本原作「元工」．

八四〇·一　興利「除」害．　兩本原無「除」字．

八四一·二　騷動「障塞」．　鐵本原作「陣塞」．

四　奄有金湯「險固」．　兩本原作「儉固」．
七　目　陝西「河東」曲赦．　鐵目作「河車」．
九　庶其「□」此．　兩本「其」下疑脫一字．加「□」以代之．
一〇　雉堞「相望」．　鐵本原作「桐望」．
一二　德洋「恩普」……體予至意「焉」．　鐵本原作「恩普」．並漏「焉」字．
一三　目　平「燕河」北河東「路」「燕」山府……武應「朔蔚」……等州「曲赦」．　抄本「燕河」及燕山府之「燕」均作「□」．據目錄補．目錄漏「路」．並作「翔蔚」．鐵本原作「四赦」．
一七　刑罰「峻深」．　鐵本原作「峻保」．
一八　「簞食」壺漿．　鐵本原作「覃食」．
二〇　「道貸」且成．　鐵本原作「道貨」．
二三　禁暴者「以」不殺爲武．　讀本無「以」字．

八四二·一

一　「竊據封圻」方藝祖「肇基」．　兩本原作「切據卦圻」．讀本原作「肇修」．
二　欲成「繼伐」之勳．　讀本原作「繼代」．
三　徹彼「土疆」．　讀本作「疆土」．
四　「亭障」騫翔；「西軼榆溪」之阻．　鐵本原作「亭陣」．兩本原作「四軼揄溪」．
同　丕變羣情之「闓懌」．　讀本原作「闓懌」．
五　「闢土宇」以版章……「咸體」朕懷．　鐵本原作「闘土宇」．「或體」．
九　必法「前王」……求訪醫術「優長者」．　鐵本原作「前至」．「侵長者」．
一三　漏「指揮」所管州府．　鐵本原作「捐揮」．
一四　有詣闕「進」醫書者．　兩本疑脫「進」字．
一六　將疾疢之「是療」……慮其「天枉」．　鐵本原作「是瘵」．「天任」．
三　中「黃門」一人．　兩本原作「簧門」．

八四三·二

二　訪聞「近日」在京軍民．　兩本倒作「日近」．
五　詔學「設局」．　兩本原作「設屬」．
六　「士稍勸焉」尙慮方書「藥法」．　鐵本作「士精勸矣」．並作「樂法」．
七　差「曾孝忠」．　讀本作「曹孝忠」．
同　差文臣「米肱」劉植．　讀本作「朱肱」．
同　仍以政和「聖濟經」爲名．　鐵本原作「聖濟致」．
一〇　無夭傷「札瘥」之患……與「有其」功歟．　兩本原作「禮瘥」．讀本倒作「其有」．
一三　毋得「追擾」．　鐵本原作「追優」．
一三　其或過差「弗虔」「罔」功幸賞……「咸躋」壽域．　鐵本原作「弗皮」．讀本原作「費虔」．鐵本漏「罔」．並作「咸濟」．

卷二百二十校記

八四四

小標目　褒恤「上」．　抄本目錄均無「上」字．按以下標目有「中」「下」字樣．照加．
八　目　楊業贈太尉大同軍節度使「制」．　抄本無「制」．據目錄加．
九　「歿加」賁寵．　鐵本原作「役加」．
一〇　方提「貔虎」之師．　鐵本作「貔虎」．按「貔」同「貔」．

一七 資「乙辰」之討論。讀本作「乙夜」。
一九 目 贈侍中楚「昭輔」贈「中」書令制。兩本原作「詔輔」、「書」上漏「中」。依目錄改、加。「制」下原有「犯毫回」三小字。無義。刪。
三 屬茲「均慶」之辰。兩本原作「均愛」。
八四五・一 故「陝州」城東村處士。讀本原作「陝川」。
二 「忽拔」封奏。兩本原作「忽被」。
三 厚其「賻助」之資。鐵本原作「賻物」。
七 惟「蓬閣」之司文……豈獨旌於「泉壤」。鐵本原作「逢閣」、「泉攘」。
九 目 可贈太師「中書令」制。鐵目作「中書合」。讀目作「中書舍」。
一三 目 「保平軍」節度使。讀目作「郎平軍」。
一四 朕每「慕之」。兩本原作「暮之」。
一五 「早蓄」壯圖。鐵本原作「早蕃」。
二 知「制誥」楊億。兩本原作「制詔」。
三 革時風之「澆浮」。鐵本原作「澆淳」。
同 儒林之「蓍龜」。讀本原作「蕃龜」。
八四六・五 貝錦「難辨」。鐵本原作「雜辨」。
六 而「誅功」易名「尙闕」恩禮。讀本原作「誅功」。兩本原作「尙關」。
一〇 「齎恨」奄殂。鐵本原作「齋恨」。「齎」「齋」二字以下多誤。不再記。
一一 恐懼「徙處」曰悼。兩本原作「徒處」。
一五 目 可贈太子太傅「制」。抄本無「制」。據目錄加。
一六 禮尊「冕服」之襚……立身「未幾」。鐵本原作「冕服」、「木幾」。
一七 還守「本邦」。兩本原作「木邦」。
一八 俾參「綺里」之游……增慰「壙穸」之靈。鐵本原作「倚里」。兩本原作「壙宵」。
三 以遹謀「嘉猷」。鐵本作「嘉論」。
八四七・二 目 「鈐轄」、「蔣偕」可贈「信武軍」。鐵本原作「矜轄」、「信武臣」。鐵目作「將偕」。
三 「受命」之日。兩本原作「愛命」。
四 「襚寵」于幽穸英魂「如生」歆此「追飾」。鐵本原作「隧寵」。並作「如主」、「追歸」。
七 「勑某」曰者遠人。鐵本原作「勑集」。
九 勇以「立節」者。鐵本原作「主節」者。
一四 舉通「治術」。鐵本原作「沼術」。
一五 以至更治「西秦」。兩本原作「西奉」。
一六 「訃音」上聞……其克「歆承」。鐵本原作「訃者」、「歆永」。
一九 頗著「風績」……一子「幼駿」。鐵本原作「風積」、並作「幼駭」。
八四八・二 「食瓜」而美……「刻蜜」、「爲章」。鐵本原作「食爪」、「爲重」。讀本作「刻密」。按「蜜」、「密」古通。
五 「何痛」如之。鐵本原作「同痛」。
同 永興軍節度管內「觀察」處置等使。鐵本原作「觀殊」。
八 嚮以懷辭「□」任。兩本「辭」下疑脫一字。加「□」以代之。

卷二百二十一校記

八四九・一二　豈特爲天下「勸哉」。鐵本原作「勸戒」。

一三　「追紀」夙勸。鐵本原作「追純」。

一五目　右「諫議」大夫。鐵目作「課議」。

一六　「能世」其家。讀本原作「能毋」。

一七　有「倚相」之學……精爽「尙存」。兩本原作「琦相」。讀本原作「面存」。

一八目下　元豐三年「二月」。讀本作「一月」。

一九　「寔稱」法從之賢原往「追榮」。鐵本原作「寔稍」、「追葉」。

二〇　荐更「膴仕」……是資「學術」……「殿內」淸要之選。鐵本原作「服仕」、「學猶」、「股內」。

八五〇・一　「朕方」倚以天下之治功……嬰疢「踰時」。鐵本原作「朕言」、「諭時」。

二　俾卽「燕閒」。鐵本原作「燕問」。

三　庸詔「泉壤」「尙克」歆服。鐵本原作「泉懷」、「尙堯」。

七目　兼尙書令「劉沆」。鐵目作「劉流」。

一一　維時「顯庸」。鐵本原作「頭庸」。

一六目　寧遠軍節度「楊遂」。鐵目作「梅遂」。

一八　罷朝「臨奠」……「追念」飾終。鐵本原作「臨莫」、「進念」。

一九目下　元祐「元年」。兩本作「七年」。按宋史作「元年」。下目亦作「元年」。據改。

二〇　「瑰瑋」之文。鐵本原作「瑰璋」。

二一　用能於朞歲「之間」靡「然」變天下之俗……老師「瞿聃」。鐵本原作「之問」。讀本「然」下多「然」。鐵本原作「瞿博」。

二三　「冠羣賢」而首用。讀本原作「寇羣賢」。

八五一・二　是用「寵以」師臣之位。鐵本作「龍以」。按「寵」「龍」通。

四目　「呂誨」贈通議大夫。鐵本原作「呂海」。

五　疾「刀筆」之吏。鐵本原作「力筆」。

一〇目下　元祐七年。上下均爲元年。宋史作「元祐初加樞密直學士知渭州」。

一二　士以「得時」爲急。鐵本原作「佯時」。

一六　湛涵「六經」。鐵本原作「方經」。

一七　「紬繹」新書……未能旁求「諸野」。鐵本原作「洎澤」、「詣野」。

一八　「惴慄」之嘆。兩本原作「儒慄」。

一九　納棺「以襚」。鐵本原作「以隧」。

二〇目　「呂公著」贈太師。鐵目作「召公著」。

八五二・一　所謂善人天地「之紀」。鐵本原作「之犯」。

二　「想像」如在……有若韋賢「元成」。兩本原作「相像」。鐵本原作「章成」。讀本原作「韋成」。

三　方同治國「之樂」遽惜泰山「之頹」。兩本原作「之藥」。鐵本原作「之頪」。

同　嗟「箕疇」之何爲。兩本原作「某儔」。

六　「仰維」先帝之知人。兩本原作「仰終」。

七　以「研桑」之計。鐵本原作「所桑」。

一三　尙賁「泉扃」。讀本作「泉扁」。

一五　士之「失職」者……有顯「于時」．　兩本原作「夫職」．鐵本原作「予時」．

一八　「伸一時」之公義．　鐵本原作「仲一時」．

八五三・一　痛心「駭目」．　鐵本原作「駭自」．

二　可特贈右「正言」．　讀本作「正議」．

四　「不待辨」而自白．　鐵本原作「不侍辨」．

六　橫被「廢斥」．　鐵本原作「慶斥」．

一〇　中外想聞其「風采」．　鐵本原作「風未」．

一一　未協「至公」．　鐵本原作「主公」．

一三　目　文彥博「追復官制」．　鐵本倒作「追官復制」．

一三　「徽纆桁楊」「棲置」弗用．　鐵本原作「徽纆術楊」．「棲置」．

一七　目　呂「公著」．　鐵目作「光著」．

一九　小字　「呂云」東朝一品．　讀本原作「品云」．

同　公著復太子「太保」．　鐵本原作「人保」．

八五四・二　小字　「早以」器能．　讀本原作「平以」．

六　先帝「察其無它」「哀其」篤老．　鐵本作「蔡其無㐌」．按「蔡」「察」古通．並作「哀衰」篤老．

卷二百二十二校記

八五五・八　目　王巖叟追復「朝奉郎」……「謚」獻簡……「顧臨」……「趙高」．　讀目倒作「朝郎奉」．鐵本原作「謚」獻簡．鐵目作「碩臨」．目錄作「趙高」．

一一　豈朕「哀矜」．　鐵本原作「哀於」．

一三　致位「近侍」．　鐵本原作「近特」．

一四　闔棺「未已」．　鐵本原作「木已」．

八五六・四　目　「同知」樞密院安惇．　鐵目作「固知」．

一七　目　左正議大夫「致仕」．　鐵本原作「致任」．

一九　更練「有爲」．　讀本原作「百爲」．

二三　「學問」該洽而知要．　鐵本倒作「問學」．

八五七・九　「著于」一方．　鐵本原作「者于」．

一〇　「奄焉」淪謝……「贈䃅」之典．　鐵本原作「奄馬」．兩本原作「贈隧」．依上兩卷讀本作「䃅」．

一一　目　章「楶」．　目錄作章「粢」．

一四　「秦都」所畀．　鐵本原作「泰都」．

一五　勉從「頤養」尙覬「留侯」之强飯．　兩本原作「熙養」．「劉侯」．

二三　興言「愴怛」．　鐵本原作「憶怛」．

八五八・二　作爲負賴「反倫」之語．　兩本原作「友倫」．

四　「以詔」爲臣．　鐵本原作「以話」．

五　昔盤庚之告其「臣曰」．　鐵本原作告其「臣白」．

一三　與其「子雱」修撰經義．　鐵本原作「子雰」．

一四　蓋得「非常」之人．　鐵本原作「兆常」．

一六　若伊尹「佐佑」厥辟．　鐵本原作「佑佑」．

一八　「參考國章」．　鐵本倒作「參國考章」．

二〇　雱同其父「安石」．　鐵本原作「安名」．

二三　目及目下　「天」章閣待制政和「三年」三月□日．　鐵目漏「天」．並作「二年」．按安石封舒王雱配享文廟御筆在「三年」正月．似應從讀本．

八五九・一　闡道德「性命」之微言．　兩本原作「信命」．

二　「屬我右文」之時．　鐵本原作「右我」．

九　「俶擾」天紀……既「罹于」鋒鏑……「達予聞聽」．

三　兩本原作「俶優」，「羅于」，「達于聞德」．
一六　「民罹」塗炭．　兩本原作「民羅」．
　念「遺」骸之不掩．　兩本漏「遺」，據文目加．
一九　用申「拯救」……「用伸」明勸．　鐵本原作「極救」，「用神」．
同　令「本界」巡檢及習水者……許收其「遺物」．　鐵本原作「木界」，兩本原作「賞物」．

卷二百二十三校記

八六〇·八　目下　乾德五年「七月」丁酉．　讀本作「十月」，以丁酉推之應爲「七月」，從鐵本．
九　天下「多輦」佛像赴京銷毀……「忽從」鎔廢．　兩本原作「多輩」，「認從」．
一四　只許於本寺「趣壇」受戒．　讀本作「起壇」．
一三　仍令尙書祠部專切「檢點」．　讀本倒作「點檢」．
八六一·一　目　夜集「士女」．　鐵目作「壬女」．
二　深爲「褻黷」．　鐵本原作「藝黷」．
四　目　「召河陽」濟源道士．　目錄作「詔河陽」．
七　目　「更放」二人．　兩本原作「更於」二人．
九　其寺觀院舍「及住房」僧道．　鐵本原作「友住房」．
一二　仰答「神休」．　鐵本原作「神沐」．
一四　「列眞之宇」．　鐵本作「列其之字」．
二三　「必斥」其名．　鐵本原作「心斥」．
八六二·一　目下　「大中」祥符．　兩本原作「大宗」．
七　目　以「太宗」御製妙覺集．　目錄作「太守」．
一〇　目　不得入藏「傳法院」．　讀目作「經法院」．
一一　是資於「傳譯」……「必邪正」以相參．　鐵本原作「倬譯」，兩本原作「心邪正」．
一四　大師「徐和常」．　兩本同，目錄作「知常」．
一五　「行無」淄磷．　兩本原作「行爲」．
一九　使太元「空同」之書．　兩本原作「空洞」．
八六三·一　以爾含和「葆眞」．　鐵本原作「葆其」．
二　「用示」褒嘉．　鐵本原作「用小」．
六　可「特封」寶籙先生．　兩本原作「特實」．
七　目　雖「詼詭」譎怪．　目錄作「誒詭」．
一〇　悉以「名聞」．　兩本倒作「聞名」．
一一　目及目下　敢言「毀拆」寺院沙汰僧徒「者」□月「十七日」．　抄本讀目作「毀坼」，文內同，目錄無「者」字，鐵本原作「十七月」．
一三　「材木」之費……不勞而「易辦」「訪聞」姦人造言．　鐵本原作「村木」，讀本作「易辨」，按「辨」「辦」通．　兩本原作「謗聞」．
同　「夫道」二而已．　鐵本原作「夫遺」．

卷二百二十四校記

八六四　標目　政事「七十七」．　鐵本脫漏「七十七」三字．
二　蓋歷歲「千數百矣」．　鐵本原作「手數百矣」．
一三　「自爲」一帙……可「規倣」唐制．　鐵本原作「白爲」，讀本「爲」上漏一字，兩本原作「視倣」．
一七　「偕行于」今日可依「下項」．　兩本原作「偕行子」，「下頃」．
一八　「性命」之本．　鐵本原作「往命」．

八六五・二　「悉由」庠序．鐵本原作「悉曲」．
二　且依「舊外」．鐵本原作「之外」．
三　並「得替」如品官．鐵本原作「停替」．
四　異人間「至深」盧山林高蹈之士．讀本「至深」二字作「□□」．
一六　或「身」自犯刑責．鐵本原作或「負」．
八六八・九　朕方敦「禮義」「遹追」三代．讀本作「禮儀」．按「義」「儀」同．鐵本原作「適追」．

卷二百二十五校記

八六九　標目　政事「七十八」．兩本脫漏「七十八」三字．
八　目　「討」蜀詔．目錄作「封」蜀詔．從抄本．
三　「比爲」內地自累朝之「艱否」．鐵本原作「北爲」．兩本原作「難否」．
八七〇・四　復周漢之「舊章」……「左衽椎髻」之邦．鐵本作「舊疆」．兩本原作「左言推髻」．
六　而能察「天道」之惡盈．兩本原作「天地」．
一六　妖氣「皆平」．鐵本原作「背平」．
二〇　食邑「二千戶」．兩本作「二千石」．
三　目　賜江南「國主」書．鐵目作「國王」．
八七一・一　「兢倒」干戈．兩本原作「兢列」．
同　「三事」之臣．鐵本原作「王事」．
一〇　「愛育」黎元．兩本原作「爰育」．
八七二・八　目　諭江南李「煜」不令客旅過江．鐵目漏「煜」．
九　「其間」不無羣小．兩本原作「其問」．
一〇　每達「朕聽」．兩本原作「朕德」．
三　成彼「瘡痍」之苦．兩本原作「病痍」．
八七三・三　我無「愛焉」．鐵本原作「愛馬」．

卷二百二十六校記

八七四・八　目　招諭「淮南」．目錄作「江南」．按文內亦作「淮南」．從抄本．
一〇　「敢拒」大邦……按「黃寇」之喪亂．鐵本原作「欺拒」．兩本原作「黃冠」．
一四　自當「歸命」陳叔寶之「數盡」．兩本原作「歸合」．鐵本原作「敎盡」．
一五　納「圭符」而請命．鐵本原作「佳符」．
一八　目　峽口有「舟船」詔．抄本讀目作「舟舡」．文內亦作「舟船」．從鐵目．
一九　或云敎習「舟楫」．鐵本原作「舟棹」．
二〇　備見爾「臣寮」．鐵本原作「臣繫」．
二　用修「國信」．鐵本原作「因信」．
同　「釋中外」之疑懷．鐵本原作「擇中外」．
三　爾既未來「朝覲」．讀本原作「朝勤」．
八七五・二　今並收到「文帖」封往．鐵本原作「又帖」．
四　省所奏「不拆」重封進呈江南李煜送到書事．兩本原作「不折」．「江」下多「西」．
同　銘鐘「鏤鼎」……不墜「忠貞」之節．鐵本原作「鋖鼎」．兩本倒作「貞忠」．
五　「具封函」而上進．鐵本原作「目封函」．
六　目　「攻取」常州詔．鐵目作「政取」．
七　推至誠而「待物」……「久被」撫綏之化．鐵本原作

「待勑」,「久破」.

八 「貢封章」則惟見恭勤……而又疊傾「誠欵」. 鐵本原作「旨封章」,「誠數」.

九 故我心之「罔問」. 兩本原作「間問」.

一二 「必罄」忠勤今候「丁德裕」到彼「住三五日」. 鐵本原作「必繫」,「不德裕」.兩本原作「往三五日」.

一五 「當識」撫安之意. 兩本原作「當認」.

一七 目 諭潤州「僞命」知州. 鐵本原作「偏命」.

一九 見進「大軍」. 鐵本原作「大率」.

二一 朝脫「危亡」之地. 鐵本原作「究亡」.

八七六・五 或以爲「困在」危途……偶「誤計」于一人. 鐵本原作「因在」,「誤封」.

七 讀「梯轓」之速進……「迅若」風驅. 鐵本原作「梯輕」,「逃若」.

八 闢茲「効順」之門……悔亦「難追」. 鐵本原作「効順」.兩本原作「艱追」.

九 從鑑等先因「貢奉」來至京師久茲「駐泊」郵亭. 鐵本原作「可奉」,「駐治」.讀本原作「駐洎」.

一二 子育「兆民」. 鐵本原作「兵民」.

一三 「捷音」繼至. 鐵本原作「捷奇」.

一六 目 招諭「江南」知州. 目錄作「江州」知州.

一八 一昨「朱」令贇. 兩本原作「來」令贇.

一九 「令贇」之輩. 鐵本原作「令贊」.

二一 必皆「聞知」. 鐵本原作「間知」.

二二 閭閻無「驚擾」之虞. 鐵本原作「驚授」.

二三 戎事「方勞」. 兩本原作「方榮」.

卷二百二十七校記

八七七・一〇 無懷「憂惧」之心. 鐵本原作「夏惧」.

一三 目 已降「常州」. 鐵目作「當州」.

一四 「取彼」堅城……力盡而遂輸「降欵」. 鐵本原作「馭彼」,「降敕」.

一五 其爲「嘉賞」. 鐵本原作「嘉賈」.

一七 「困急徵」暴斂之風. 鐵本原作「因急徵」.

一八 「各著」農桑. 鐵本原作「各着」.

二一 以致「雷霆」師徒. 讀本原作「雷電」.

八七八・四 孫皓「降晉」. 鐵本原作「降昔」.

一〇 目 錢俶「納土」曲赦「兩浙」. 鐵目作「納王」,「兩淛」.

一四 彼中「官吏差去」使臣. 兩本倒作「官差吏去」.

一五 目 親征「河東詔」. 兩本原作「河東路」.從目錄.

一六 所冀「咸遂」昭蘇. 讀本原作「成遂」.

一七 「毆略」黎庶. 兩本原作「歐略」.

一八 「龔行」天討. 兩本原作「襲行」.

一九 目 招諭河東「劉繼元」. 讀目作「劉繼先」.

八七九・二 所宜「熟慮」. 鐵本原作「熱慮」.

一一 朕君臨「區宇」. 讀本作「寰宇」.

一六 「儻非」靜亂. 鐵本原作「僅非」.

二一 目 劉繼元「拜官詔」. 目錄作「拜官制」.

八八〇・一 所以親御「戎衣」. 讀本作「六軍」.

三 可特授檢校太師右衛「上將軍」. 讀本原作右衛「王將軍」.

一二 「乘時」自取其功名. 鐵本原作「來時」.

一四　無墜盤盂「之誠」。兩本原作「之誠」。
一八　偃「武節」以來朝。兩本原作「戒節」。

卷二百二十八校記

八八一·一二　「逖聞」爲慰。鐵本原作「逖間」。
八八二·一　目　與契丹「國主」書。兩本原作「國王」。
一四　庶務「縈懷」。兩本原作「縈懷」。
二〇　「不宣白」下兩本原有「差使中大夫行正」七字。無義，刪。
三　至德「崇仁」。兩本原作「業仁」。
八八三·八　目下　天聖「九年」。鐵本原作「几年」。
八八四·四　目下　爲回謝契丹「國信使」。鐵本原作「國舘使」。
五　「昔我」烈考。鐵本原作「昔敎」。
六　「援石氏」之割城。兩本原作「授石氏」。
九　「開決」波灑……至於「備塞」「隘路」「閱集」大兵。兩本原作「闢決」「溢路」。讀本原作「備寒」。鐵本原作「閱集」。
一一　「誓書」之外。鐵本原作「誓盡」。
一七　若不依自初「約束」。鐵本原作「約來」。
一九　允協迎年「之祝」。兩本原作「之視」。
八八五·一　「緬企」柔慈。鐵本原作「緬金」。
二　「用達」襟悰。鐵本原作「用遠」。

卷二百二十九校記

八八六·一九　目　「皇太后」。鐵目作「望太后」。
二二　藹德等「回」。兩本脫「回」字。
八八七·四　目　「回謝契丹皇太后告哀書」。讀目與下目「回契丹太皇太后回謝書」倒錯。
五　姪大宋皇帝。鐵本「宋」下多「家」。
一三　「惟久睦」於仁鄰。鐵本原作「罹久睦」。
一六　太皇太后「上僊」。鐵本原作「上倦」。
二一　「允正旦」國信使副。兩本原作「克正旦」。
八八九·四　目　賀乾元節「謝」書。抄本脫「謝」字。據目錄加。
五　曲導「慈音」之貺。兩本原作「茲音」。
九　「具諸」別幅。兩本原作「具請」。
一三　「具達」遙懷。鐵本原作「具遠」。
一七　「冀綏」元祉。兩本原作「冀緩」。按上目及以下四目均無「書」字。依前後目加。

卷二百三十校記

八九一·一三　目　皇帝登寶位報「契」丹皇太后書。兩本漏「契」。
八九二·一九　庶延「壽祉之遐」。讀本倒作「壽之祉遐」。
八九三·七　目　皇帝回契丹皇帝賀「壽聖」節書。目錄作「聖壽」。下目同。
一六　目　英宗皇帝與大遼皇太后「遺」書。兩本漏「遺」。
一九　目　皇帝賀「大遼」皇帝生辰書。鐵目作「文遼」。
二〇　「聰仁」睿孝天祐皇帝。兩本原作「聰明」。按前後文均作「聰仁」。
八九四·一　謹致書于「叔祖母」。兩本倒作「祖叔母」。
八　有少禮「物」。讀本漏「物」。
一九　大遼「慈懿」仁和……皇太后。鐵本原作「怒懿」。
同　「夙致」誕辰之慶……「曷殫」敷喻。兩本原作「風八九五・二 致」．鐵本原作「昌殫」．
天水郡「開國侯」．鐵本原作「開國使」．

卷二百三十一校記

八九六 小標目「四裔四」「契丹四」．按上卷爲「三」，下卷爲「五」．
本卷原作「四裔五」「契丹五」，據改．
一八 目「問候」大遼書．鐵本原作「問朕」．
八九七・三 履端月「之元」．讀本原作「之光」．
五 目 回大遼「賀」正旦書．目錄漏「賀」．
六 「睿孝」天祐皇帝．讀本原作「睿聖」．下第二文同．
一二 目 賀大遼「皇太后」生辰書．兩本原作「皇帝」．
一三 時屬「秒冬」．兩本原作「抄冬」．
八九八・二 遙爲「申晝」．兩本原作「申畫」．
一四 目 回大遼皇帝「賀同天節」書．目錄漏「賀同天節」四字．
二 共講「二國」之慶．兩本原作「三國」．
八九九・六 目下「元祐」二年．兩本原作「元和」．
九 「益用」保護．兩本原作「益州」．
一三 攝提「正旦」．兩本原作「正丑」．
九〇〇・二 「皇華」北至．兩本原作「星華」．
九 目 賀「興龍」節書．讀本作「興隆」．按「龍」「隆」同．

卷二百三十二校記

九〇一・一一 函容「浸久」．鐵本原作「漫久」．
一五 宜「益敦」於大信．鐵本原作「盖敦」．
一九 「昨自」元豐以來．讀本原作「昨日」．

九〇二・五 親臨「寇境」．鐵本原作「冠境」．
一三 「服罪」聽命……許以自新「之路」．鐵本原作「朕罪」並漏「之路」．
九〇三・二 目 爲「大遼」皇帝輟朝．鐵本作「北遼」．按前後均作「大遼」，依讀本．
五 目下「嘉祐」二年．鐵本原作「壽祐」．
六 「間馳」使傳之來．鐵本原作「問馳」．
九 宜特輟「視」朝七日．讀本無「視」．
一一 目下 景德「元年」．鐵本原作「九年」．按景德僅「四年」，從讀本．
一三 所云望「遣人」通和事朕君臨「大寶」「子育」羣氓．鐵本原作「遺久」「于育」．讀本作君臨「萬邦」．
一三 「誠」「亦」協素懷．兩本同．以上句對偶言，或多「誠」，或多「亦」．
一五 目 賜王繼忠「詔」．兩本無「詔」，下目同．從目錄．
一六 「今月」二十六日石普遣人齎到卿「重封」奏狀「知已」領得近降手詔……「再閱」奏陳．鐵本原作「今年」「書封」．兩本原作「和已」「再聞」．
一八 豈「專耀」於武功．鐵本原作「專議」．
一九 令自「且冀」前去．兩本原作「具冀」．
同 俾一价「之使」……冀兩朝「之情」．鐵本原作「之徒」「之精」．
二二 「曹」利用……遣人齎送接援「付彼」．鐵本原作「曾」利用．讀本原作「付被」．
九〇四・一 果稱天雄軍以「未奉」詔旨．讀本原作「來奉」．
一三 目下 景德元年「十二月」戊子．鐵本作「十一月」．查朔閏

四 表「十一月」無戊子．從讀本．
「明達」誠懷……「百姓」必期於安堵．鐵本原作「明遠」、「有姓」．
五 已命「署司」量出兵甲剪除「賊盜」「安撫」人民．鐵本原作「達司」、「朕盜」、「姿撫」．
七 卿宜「細具」敷揚……同卜「歲寒」．鐵本原作「紬具」、「朕寒」．
九 「近因」信使……悉備「平和」……「兼韓國華等」奏．鐵本原作「近固」、「平如」、「魚韓圖華等」．
同 昨時初「到彼」卿「託寄」附家書內乞賒「專差」使命．鐵本原作「到波」、「記寄」、「專議」．

卷二百三十三校記

九〇五・一〇 王者推赤心以「待人」．兩本原作「待天」．
一七 既除「手足」之親．兩本原作「乎足」．
九〇六・五 「授之」節旄．兩本原作「援之」．
一一 蔚有「長才」舉宗聯命氏「之榮」．兩本原作「長十」．讀本原作「之策」．
一三 寵榮「之固」．鐵本原作「之因」．
二〇 「邊壘」亦爲常事．鐵本原作「邊疊」．
二三 「晝時」勘窮．兩本原作「畫時」．
九〇七・六 「克壯」英猷．鐵本原作「克牡」．
一四 目 西平王趙德明「加」恩制．抄本漏「加」．從目錄補．
一八 煥「采章」而「彌縟」．兩本原作「宋章」、「彌辱」．
二三 目 趙「元昊」靜難軍節「度」．讀本讀目作「元明」．以下同．目錄漏「度」．
九〇八・三 嘉「捍難」於邊衡．兩本原作「捭難」．
七 「郅支」自立……「炳焉」通誼．兩本原作「到支」．鐵本原作「炳馬」．
同 「性含」虺毒「志負」狠貪．兩本原作「性合」、「忘負」．
二 「貸其」方命之愆……「攘竊」塞民．兩本原作「代其」、「攘切」．
九〇九・八 張子奭充「冊禮使」．讀本作「冊命使」．

卷二百三十四校記

九一〇・一七 目下 慶曆六年九月「甲午」．鐵本原作「申午」．
一九 面更「商議」．兩本原作「高議」．
九一一・一〇 至時乞「給賜」藏經事．兩本原作「路賜」．
九一二・一〇 聊倩「庶匠」以聞事．鐵本原作「庶臣」．
一一 目 如舊稱賜姓名「詔」．兩本無「詔」．據目錄加．
一三 上旻「降禍」．鐵本原作「降福」．
一四 自再納於「誓言」．讀本作自再納於「本朝」．
一九 毋開「間隙」之萌．兩本原作「問隙」．
二三 「比雖」馳於詔命．兩本原作「此雖」．
九一三・六 「爰自」近歲．兩本原作「爰日」．
八 將大義「之」不存．依上對句．兩本漏「之」字．
同 儻終「不悛」……今「特遣」某人齎詔．兩本原作「不便」、「將遣」．
一一 朝廷「戢兵」所以息民．鐵本原作「戢共」．
一三 益遵「藩侯」之儀．鐵本作「藩漢」．

卷二百三十五校記

九一四・一一 「購亡命」之卒．兩本原作「構亡命」．
一三 「緬爾」裔土．兩本原作「緬慕」．
一七 「應難」起移．兩本原作「應雖」．
三三 「自今」所宜遵守誓詔．兩本原作「自守」所宜．
九一五・一 目 「誡約」夏國詔．鐵本原作「誠約」．
二 國家遠撫「方域」．兩本原作「方城」．
四 先行「詰問」．兩本原作「誥問」．
五 卽託言是「邊上」首領．兩本原作「適上」．
六 「□」可都無統制……若向去更有侵犯．兩本「可」上疑脫一字．加「□」以代之．鐵本「去」下多「之」．
七 且言今後「嚴誡」邊上「酋首」．鐵本原作「嚴誠」．讀本作「酋將」．
九 必不「能」先起事端．鐵本無「能」字．
一三 「逮此」露章之禀命．兩本原作「建此」．
一八 「蹇殫」累世之忠．鐵本原作「蹇彈」．
一九 「當曲示」於慰存……規欲「自新」．兩本原作「嘗曲示」．「日新」．
二二 朝廷必當「誡勅」邊吏．鐵本原作「誠勅」．
九一六・四 蓋此「酋戎」之晝．鐵本原作「酉戎」．
一〇 朕已戒勅「邊吏」．兩本原作「遣吏」．
一四 目下 「或」夏國主．兩本原作「成」夏國主．
一九 「外孚」誓言．鐵本原作「外字」．

卷二百三十六校記

九一八・一二 王師「徂征」……義存「拯患」．兩本原作「徂往」．鐵本作「極患」．按「極」字典無．書內從手從木之字多不分．或爲別體．
九一九・六 各「祗」乃心．讀本漏「祗」．
七 目下 元祐「元年」十二月十六日．兩本原作「七年」．按前後目均作「元年」．據改．
八 「詔」夏國主嗣子乾順．兩本原作「紹」夏國主．
一三 充「祭奠」使．鐵本原作「祭莫」．
一五 賀正「旦」「馬駞」共一百頭疋事．兩本漏「旦」．據目加．鐵本原作「馬馳」．
一九 亦具「賜目」．鐵本原作「賜日」．
二〇 目 「進」謝恩馬駞回詔．讀目漏「進」．
九二〇・二 「往裏賻事」．兩本倒作「往賻裏事」．
三 目下 元祐「二年」正月乙丑．鐵本原作「一年」．

卷二百三十七校記

九二二・一 目 並「南平王」李乾德．鐵目原作「南乎王」．
九二三・一〇 「析圭」胙土．鐵本原作「析至」．
一六 「天順」軍使．兩本原作「大順」．
同 食邑「二千戶」王佃．兩本同．按前詔作「三千戶」．
九二四・一 食邑「二千戶」．兩本原作「二千石」．
九 「順考」彝章．兩本原作「順孝」．
九二五・一 紅圞褥「二隻」．鐵本作「一隻」．
一七 「生羅」一百疋．兩本原作「主羅」．
一八 黃羅袂複「封全」．兩本原作「封金」．
一九 黃羅袂「外複」二條．兩本倒作「複外」．

九二六・三　遺書指不多及．兩本「及」下原有「音移想」三字．無義．删．

四　目　賜謝回賜銀器衣著「等書」．讀本作「等詔」．

四　目　賜高麗國王「詔」．目錄作「書」．

一五　感疾癘於「支末」頃者「間問」．兩本誤作「支木」．讀本原作「閒間」．

一六　「驚想」海邦．兩本原作「驚想」．

二一　是以選遣「侍醫」．兩本原作「恃醫」．

九二七・八　目　並別賜「書」．鐵本無「書」字．

九　朕極四海「之懽」．兩本原作「之權」．

一四　惟是「祝延」．兩本原作「祝筵」．

一九　目　樂人「奏樂」．讀目原作「奉樂」．

二二　目　如「女眞」願將馬與「中國」爲市．抄本原作「女直」．「中闕」．從目錄．

三三　「女眞」入貢．兩本原作「女直」．

卷二百三十八校記

九二九　小標目　交「阯」．兩本作「交阯」或「交趾」．按「阯」「趾」同．漢書武帝紀作「阯」．以下不記．

九　目及目下　交阯「黎桓」加恩制淳化「元年」．目錄作「黎植」．鐵本誤作「九年」．按淳化僅「五年」．從讀本．

一三　克推「惠愛」．鐵本原作「思愛」．

一六　燭「皇靈」於有截．兩本原作「皇帝」．

一七　靜海軍節度觀察「處置」等使．兩本原作「使置」等使．

九三〇・八　航貢品而「繇險」．兩本原作「繇險」．

九　俾旌守方「之重」．鐵本原作「之童」．

一四　可「特進」檢校太尉．兩本原作「特授進」．删「授」．兩本「進」上或漏「特」．同頁二行作「特授特進」．卽其例．

一六　至音「洽奏」法物「具陳」．鐵本原作「洽秦」．「貝陳」．

二一　「涓成」宗饗昭輯「上儀」．鐵本原作「湏成」．「止儀」．

九三一・一　目　李日尊進封「南平王」．鐵目原作「尙平王」．

三　屬纂極之「初辰」．鐵本原作「和辰」．

五　目　賜李日尊轉「官告勑書」．目錄作「官勑勑書」．

九　靡忘「嘆奬」．兩本原作「嘆弊」．

一二　「奠茲」南邦．鐵本原作「莫茲」．

一三　「□」欣載於寵章．兩本原作「欣載於寵章」．依下對句．「欣」上疑脫一字．加「□」以代之．

九三二・四　不許「綱運」上京進奉．兩本原作「綱連」．

六　深體「懷來」．讀本原作「懷采」．如本道進奉「綱運」到來……依舊例「接待」故茲「示諭」．兩本原作「綱連」．讀本作「椄待」．按「椄」「接」同古今字．兩本原作「示論」．

九　庸「紹爵土以揚光休」．鐵本「庸」下七字作「□」．

一七　目　討交趾「勑榜」．抄本原無「榜」字．從目錄．

二二　「執虜」獻功．兩本原作「執擄」．

九三三・二　「占城」占臘於交賊素有血讎．鐵本原作「古城」．

五　卿撫有「南交」．鐵本原作「兩交」．

六　「襲行」天討．兩本原作「襲行」．

一五　某「性惟」信厚．兩本原作「性推」．
一九　備昭「勤欸」．兩本原作「勤嘆」．
二〇目　「李乾德進封南平王制」．兩本原作「又詔」．按文爲進封南平王事．查目錄「又詔」以下尚有「賜交趾郡王李乾德勅書」．「賜交趾郡王李乾德詔」．「李乾德加恩制」．「賜新除依前交趾郡王李乾德加恩制詔書」．「李乾德進封南平王制」五目．又詔及下四目．兩本無文．目錄加「文闕」二字．
九三四・一　三　席「奕世」之勤勞．兩本原作「變世」．
一　而能謹「維藩」之誼……是用錫爾以有國之「茅土」．
　　兩本原作「爲藩」．鐵本原作「等土」．
二　可「特授」依前檢校太尉．兩本原作「特援」．
一四　檢校「太」尉．兩本原漏「太」字．
一八　燕及「敷天」之福……用渙「褒庸」之寵．兩本「敷天」之下多「下」．並原作「褒康」．
一九　「丕藏」上儀．讀本原作「丕葳」．

卷二百三十九校記

九三五　小標目　「四裔」十二．鐵本原作「四蕃」．
二　首輪「事上」之忠．兩本原作「享上」．
三　其對函蒙「之祉」．兩本原作「之社」．
四目及目下　大理國入貢御筆「手詔」政和六年「十」二月三十「日」．鐵目作「子詔」．鐵本作政和六年「十」二月三十．漏「十」漏「日」．查宋史本紀大理入貢在「十二月」．從讀本．
一五　嘉與萬邦「黎獻」……越在「遐裔」．讀本無「黎獻」二字．並作「遐陬」．
小標目下　「喎厮囉」「瞎征」．抄本原作「喎斯囉」並作「瞎往」．按目錄宋史同作「喎厮羅」「瞎征」．據改．
二〇目下　康定元年二月「庚」「□」．鐵本有「庚」無「□」．讀本「庚」字亦缺脫．
九三六・三　二　父子「竭力」．兩本原作「竭立」．
三　「徑往」賊界．鐵本原作「往往」．
三　「洮州」管內觀察處置等使．鐵本原作「兆州」．
六　仍陪「四履」之封．兩本原作「回履」．
九　或「景從」陪祠．兩本原作「景泛」．
一〇　「民物」阜安……「乘車束馬」．兩本原作「民屋」．鐵本原作「乘單車馬」．讀本原作「乘車卓馬」．
一二　僉咨「輿議」．鐵本原作「興議」．
一六　「固無」外閫之虞．兩本原作「罔無」．
一九　以孚「汗渙」之號．兩本原作「邦渙」．
九三七・一目　賜「西蕃」邈川「首領保順軍」節度……「例支」請俸詔．抄本作「西路」．從目錄．兩本倒爲「首保領順軍」．鐵目作「倒支」．
五目　賜起復董氈官勑牒．目錄及文「官」下有「告」．
六　特起「苴麻」之制．兩本原作「苴蔴」．
七　充保順軍節度「押蕃落」等使．兩本均漏「落」字．
九　三年「之喪」．讀本原作「之表」．
一〇　起「素絰」於廬中．讀本原作「素經」．
一三　「夫不美歟」．鐵本原作「失不美歟」．
一七　用褒「旌於」美志．鐵本原作用褒「於於」．
二〇目　移鎮西平「節度」制．讀本原作「淸度」．

九三八・一 「徙湟水」之節．兩本原作「徒湟水」．
七 「特」推恩渥．讀本漏「特」．
一〇 彌用「睠懷」．鐵本原作「腃懷」．
一三 載舉肇禋「之文」．讀本原作「之之」．
一四 盡慎「宗祊」。兩本原作「宗折」．
一五 目下 元豐八年「哲宗」即位．兩本原作「招宗」．
一八 爾「益堅」於亮節．讀本原作「益監」．
二二 使持節肅州諸軍事．兩本「軍」下多「州」．
九三九・一 服「壘纕」而「從政」。兩本原作「壘纕」「泛政」．
二 凉州「刺史」．兩本原作「剌州」．
三 封寧塞郡開國公．兩本「寧」下多「王」．據元祐元年二月丁丑起復制刪．
二一 「迓三神」之釐．兩本原作「逆三神」．
一七 「以犯」王略．兩本原作「以祀」．
二三 義始「壘衰」……禮終「素韠」「苴麻」之哀既除．兩本原作「壘襄」．「素蹕」．讀本原作「苴蔴」．
九四〇・二 勤勞「繼代」．鐵本原作「繼伐」．
同 「更畀」榮名越進「文階」之崇．兩本原作「更界」．「文陷」．
四 押蕃落「等使」．兩本原作「守使」．

卷二百四十校記

九四一 小標目 「西蕃下」．鐵本原作「西蕃十」．
九 目 「賜」阿里骨詔．目錄作「陽」阿里骨詔．
一〇 及「近淮」進奉渴失納余龍到闕．兩本原作「近淮」．
一七 目 西蕃首領「隴逋」河西節度制．鐵目作「隴捞」．讀目作「隴椤」．
九四二・二 「叫」軍門而請命．兩本原作「叫」軍門．
五 俾「職徼」以爲「邊」．「且」嚮風而表屬．兩本原作俾「職微」以爲「巡」「宜」嚮風而表屬．
一八 汝等遮欄「木柢」．兩本原作「木衹」．
九四三・七 目 渤海府「主」應王師詔．目錄漏「主」．
八 朕「昨提」銳旅．兩本原作「作提」．
一一 當大行封賞「□□□□」入於朝廷．讀本無四「□」．
一五 「積憤」莫伸……況「又」天災之流行．兩本原作「積僨」．讀本漏「又」．
一六 當予「伐罪」之秋．兩本原作「代罪」．
三 「宜往」賀蘭山．兩本原作「宜仕」．
九四四・一 報「涇原」鎭．兩本原作「經原」．
六 寔增「憫悍」．兩本原作「惆悍」．
九 素傾誠「□」．兩本「誠」下疑脫一字．加「□」以代之．
三 「□□□」命用伸眷倚．兩本「命」上疑脫三字．加三「□」以代之．
一五 式遵「頒朔」之規．兩本原作「須朔」．
一九 用旌忠毅．讀本「用」下多「毅」．
二 目 趙懷「德」．讀目「德」字空脫．
三 「蔵」事國陽……疇嘉「忠」勤．兩本原作「藏事」．讀本漏「忠」．
九四五・二 「膺受」師符．鐵本原作「贗受」．
三 從灑「春容」之澤．讀本原作「春容」．

八　追封「懷化」郡王·兩本原作「安化」·據目改·

一六　回賜卿銀下闕·兩本「銀」下疑有闕文·加「下闕」二字·

九四六·三　汝「世居」裔壤·兩本原作「世能」·

四　目　進興龍「節」溪布敕書·抄本「龍」下脫「節」·從目錄·

五　進奉興龍「節」溪布·鐵本「龍」下脫「節」·依文目加·